全本全注全译丛书

中华经典名著

檀作文◎译注

曾国藩家书 上

中华书局

图书在版编目（CIP）数据

曾国藩家书/檀作文译注. —北京：中华书局,2017.4
(2024.6 重印)
　（中华经典名著全本全注全译丛书）
　ISBN 978-7-101-12456-9

　Ⅰ.曾… 　Ⅱ.檀… 　Ⅲ.①曾国藩-书信集②《曾国藩家书》-译文③《曾国藩家书》-注释 　Ⅳ.K827＝52

中国版本图书馆 CIP 数据核字（2017）第 041830 号

书　　　名	曾国藩家书(全三册)
译 注 者	檀作文
丛 书 名	中华经典名著全本全注全译丛书
责 任 编 辑	刘胜利　刘树林
责 任 印 制	管　斌
出 版 发 行	中华书局
	（北京市丰台区太平桥西里 38 号　100073）
	http://www.zhbc.com.cn
	E-mail:zhbc@zhbc.com.cn
印　　　刷	北京盛通印刷股份有限公司
版　　　次	2017 年 4 月第 1 版
	2024 年 6 月第 11 次印刷
规　　　格	开本/880×1230 毫米　1/32
	印张 68¾　字数 1200 千字
印　　　数	129001-139000 册
国 际 书 号	ISBN 978-7-101-12456-9
定　　　价	156.00 元

总目

上册

卷十

上册

卷二

前　言

　　曾国藩(1811—1872)，初名子城，字伯涵，号涤生，是晚清著名政治家、军事家、思想家、文学家。嘉庆十六年(1811)，曾国藩出生于长沙府湘乡荷叶塘白杨坪(今属湖南)一户普通耕读人家。曾国藩自幼随父曾麟书在家塾利见斋读书，后又至衡阳唐氏宗祠、湘乡涟滨书院、长沙岳麓书院就读；道光十八年(1838)中进士，道光二十年(1840)授翰林院检讨，道光二十七年(1847)升任内阁学士兼礼部侍郎衔，道光二十九年(1849)擢礼部右侍郎，后历署兵、工、刑、吏各部侍郎。曾国藩为京官期间，受当时理学名臣唐鉴、倭仁等影响，致力于程朱理学，进德修业，笃于修身，颇有清誉。咸丰元年(1851)，太平天国起事；咸丰二年(1852)，曾国藩丁母忧回乡，太平军进犯湖南，围长沙不克，转而攻陷武昌，连下沿江郡县，十一月清廷命曾国藩会同湖南巡抚办理本省团练；咸丰三年(1853)，曾国藩在衡阳创建湘军水师；咸丰四年(1854)，曾国藩始率湘勇与太平军交战；咸丰十年(1860)四月，赏兵部尚书衔，署两江总督，六月，补两江总督，以钦差大臣督办江南军务；咸丰十一年(1861)，湘军曾国荃部攻克安庆，曾国藩奉旨督办苏、皖、浙、赣四省军务；同治元年(1862)，曾国藩以两江总督协办大学士，坐镇安庆，指挥湘军围攻太平天国首都天京(南京)；同治三年(1864)，湘军曾国荃部攻克天京，曾国藩因功加太子太保衔，封一等毅勇侯。同治六年(1867)补授体仁阁大学士;同治七年(1868)补武英殿大学士,调直隶总督;同治九年(1870)再任两江总督;同治十一年(1872)死于两江总督任上,清廷为之辍朝三日,追赠太傅,谥文正,祀京师昭忠、贤良祠。

曾国藩因创建湘军剿灭太平天国,号称同治中兴第一名臣;又因首倡洋务运动,为中国现代化建设之先驱,在中国近代史上具有深远的影响力。梁启超盛赞曾国藩,说:"岂惟近代,盖有史以来不一二睹之大人也已!岂惟中国,抑全世界不一二睹之大人也已!然而文正固非有超群绝伦之天才,在并时诸贤杰中,称最钝拙;其所遭值事会,亦终生在指逆之中。然乃立德、立功、立言三不朽,所成就震古烁今而莫与京者,其一生得力在立志自拔于流俗,而困而知,而勉而行,历百千艰阻而不挫屈,不求近效,铢积寸累,受之以虚,将之以勤,植之以刚,贞之以恒,帅之以诚,勇猛精进,坚苦卓绝。吾以为曾文正公今而犹壮年,中国必由其手获救。"

曾国藩以坚苦卓绝之精神,成立"三不朽"之事业,被誉为传统中国最后一个完人。其著作,亦为世人宝爱。在曾国藩的所有著作中,影响最大、传播最深广的,则莫过于《曾文正公家书》。

《曾文正公家书》十卷(附《曾文正公家训》二卷),由长沙传忠书局刊于光绪五年(己卯,1879),晚于光绪二年(丙子,1876)该书局刊刻的《曾文正公全集》三年。《曾文正公家书》与《曾文正公家训》的区别在于:《曾文正公家训》收录的是曾国藩写给两个儿子曾纪泽和曾纪鸿的书信;《曾文正公家书》主要收录的是曾国藩写给家里长辈和同胞兄弟的书信(《曾文正公家书》所收寄给儿子的书信仅有几封,其中三封写于咸丰二年八、九月间,当时曾国藩闻母讣,由江西奔丧,写信给留在京寓的曾纪泽交代善后事宜)。"家训"特指父祖对子孙立身处世、持家治业的教诲,故"曾国藩家书"之名可包"曾国藩家训",而"曾国藩家训"之名不可以包"曾国藩家书"。我们这次的做法,是遵循惯例,将《曾文正公家书》和《曾文正公家训》当作两部书来处理。

　　曾国藩家书卷帙繁多，内容丰富，信息量极大，是研究曾国藩生平及近代中国史的重要文献资料，具有极高史料价值。曾国藩是湘军创始人，曾氏兄弟尤其是曾国藩、曾国荃二人是清廷镇压太平军和捻军的最高统帅，咸丰三年（1853）以后，曾国藩家书的主要内容，便是和曾国荃谈论军务，是研究湘军镇压太平军和捻军这段历史的第一手资料。咸丰二年（1852）之前，为京官时期，曾国藩经常在家书中向家人讲述自己参加大考、考差以及充当会试考官的具体情形，并指导几位弟弟如何应对科举考试，是了解清代科举及相关制度的好材料。此外，曾国藩还热衷于向家人讲述自己与湖南籍京官的日常交往，以及师友之间在学问方面的切磋交流情形，是研究道、咸之际学术思想史的珍贵史料。

　　史料价值之外，曾国藩家书还具有极高的学术思想价值。曾国藩的治军才能很受后人重视。蔡锷将军辑录《曾胡治兵语录》以为兵书。曾国藩家书中与曾国荃谈论军务的内容，便是曾国藩军事思想最集中的体现。曾国藩的治家思想，尤其是教育子弟成才和门风建设的经验，亦受后人重视。曾国藩在道光二十二年（1842）十一月十七日致诸弟书中说：“余欲尽孝道，更无他事，我能教诸弟进德业一分，则我之孝有一分；能教诸弟进十分，则我孝有十分；若全不能教弟成名，则我大不孝矣。”以教育诸弟成才为尽孝之道，是曾国藩家书一以贯之的指导原则。做京官期间，身为长兄的曾国藩，在家书中不厌其烦地教导诸弟如何读书作文、如何亲师取友，期望诸弟进德修业、学问有成。平定太平天国期间，诸弟亦多从军，尤其九弟曾国荃更是独当一面的前敌大将，曾国藩写给曾国荃的信，则多教导其事事谨慎、勿骄勿躁。平定太平天国之后，曾国藩、曾国荃兄弟封侯封伯，位居督抚之任，可谓门庭鼎盛，曾国藩却以位高于众、权重于人，怀大名不祥之惧，教育诸弟及子侄戒惰戒傲，不可忘本。曾国藩将其祖父星冈公遗训概括为“书、蔬、鱼、猪，早、扫、考、宝”八个字，在家书中三番五次告诫其弟曾国潢要谨守先世耕读之训，并以此教训子侄。

《清史稿》说曾国藩"事功本于学问,善以礼运",又说他"时举先世耕读之训,教诫其家",可谓得其环中。蒋介石盛赞曾国藩,说:"吾姑不问其当时应变之手段,思想之新旧,成败之过程如何,而其苦心毅力,自立立人、自达达人之道,盖已足为吾人之师资矣。"曾国藩自立立人、自达达人,为国家长育人才,固不止于教育子弟之一端,但最能体现曾国藩"事功本于学问"、"举先世耕读之训,教诫其家"的,无疑是他的家书了。

曾国藩家书,亦具备极高文学价值。曾国藩为文章大家,李瀚章说:"公之文章虽闳博奇玮,峥嵘磅礴,无所不赅;而出之有本,言必由衷,如揭肺腑以相告语。是故言直而不伤于激,缜密周详而不流于琐碎。"梁启超说:"彼其所言,字字皆得之阅历而切于实际,故其亲切有味,资吾侪当前之受用者,非唐宋以后儒先之言所能逮也。"最能体现曾国藩文章"字字皆得之阅历而切于实际"、"出之有本,言必由衷,如揭肺腑以相告语"这一特点的,大约也是他的家书。

我们这部《曾国藩家书》,文字一以中华书局影印本《曾国藩家书》(底本即传忠书局光绪五年《曾文正公家书》初刻本)为依据;个别地方,参考他本,择善而从。对于异体字,则按出版惯例作了统一处理。对于原刻本中保留的一些个人书写习惯,如"廿"、"二十"歧出,或作"廿",或作"二十",则一仍其旧。每篇家书的标题,也和中华书局影印本《曾国藩家书》保持一致。

本书的注释工作,集中在笺注僻字、语典、人名、地名、官制等典章制度以及简述历史背景方面。

曾国藩家书虽以浅近文言写成,但曾国藩饱读诗书,习惯化用经书典故,这是其行文一大显著特点,是以凡有语典,本书皆一一注明出处。

曾国藩家书,涉及人名众多,是笺注的难点所在,也是本书的特色所在。本书人名注有数百条之多,单列出来近十万字。有相当多的人名,不仅不见于《清史稿》、《清史列传》、《中兴将帅别传》等书,也未被

《中国历代人名大辞典》等工具书收录。笔者遍检《湖湘文库》相关地方志，对曾国藩家书中出现的绝大多数人名加以注释，尽可能包含姓名、字号、谥号、籍贯、科名、生卒年、仕宦经历、著述情况及重大事功等信息；但仍有个别人名无从查证，只能秉承先贤宁阙疑、毋自必的精神，老老实实注明"未详"二字。相信不久的将来，这些疑难会随着更多的地方志及家谱电子化和网络化而得到不同程度的解决。曾国藩家书中的人名，相当一部分是重复出现的。本书的体例是凡第一次出现，详注；再次出现，视具体情况，简注或不注。曾国藩家书中，有一些人名，可以确定其身份是长夫、佣人，因无事迹可考，原则上不出注；但若能确定其确有具体司职的，如王福、韩升经管文案，则予以注明。有一些人名，可以确定其身份是曾国藩身边的戈什哈（亲兵）或巡捕，若生平事迹不可考，亦不出注。

　　至于曾国藩家书所涉及的地名，凡县级以下建置，尽可能出注。县级以上建置，若古今名称一致的，则不出注。若名称不一致，或行政区划归属发生改变的，则出注。人名注中所涉及籍贯地名，同此标准。若古今名称不一致，或行政区划归属发生改变，则用括号的方式注明今为某地或今属某地。

　　在本书的写作过程中，张云龙、邓曼兰、沈强三位好友帮我做了部分初稿，翁飞老师、张健松、张孝进、雍繁星、刘聪、潘丕秀、段子君诸兄，以及一位只知道网名叫"没有我找不到的电子书"的朋友，给了我许多具体指点。中华书局的几位责编，为本书的定稿和编校工作，付出了太多的劳动。谨在此深表感谢！

　　因限于学力，加之时间仓促，自知疏漏难免，诚望大雅君子有以教我。

檀作文

丁酉新正于京西雒诵堂

卷一

【题解】

本卷共收书信三十八封,起于道光二十年(1840)二月初九日,讫于道光二十三年(1843)六月初六日;有写给祖父母的,有写给父母的,有写给诸位弟弟的,也有个别是写给叔父的,皆写于京城。

道光二十年(1840),曾国藩三十岁,四月翰林院散馆,授职检讨;九月,钦派顺天乡试磨勘官。道光二十一年(1841)十月,充国史馆协修官。道光二十三年(1843)三月,奉旨以翰林院侍讲升用;六月,充四川正考官,年底返京。

九弟曾国荃道光二十一年(1841)至京,道光二十二年(1842)七月出京,在曾国藩京寓读书一年半,畏其严而思归。

这四年的家书,曾国藩主要和家人讲述了三方面的内容:一是自己参加大考、考差的情形,二是与湖南籍京官的日常交往,三是师友之间在学问方面的切磋交流。前二者,在某种程度上可以补史之阙文。后者,对研究曾国藩的学术思想极为重要。曾国藩一生学问,以程朱理学为根基。曾国藩与程朱理学结缘,始于道光二十一年(1841)。是年七月,唐鉴由江宁蕃司入官太常寺卿,曾国藩虚心向他问学。这位同乡前辈劝曾国藩专门在朱子学上用心。数年之间,曾国藩与信奉程朱理学的唐鉴、倭仁、吴廷栋、何桂珍、窦垿、邵懿辰、陈源兖诸人过从甚密。这群人相互砥砺,实际构成道、咸、同时期理学中流砥柱,在晚清思想史上占重要地位。曾国藩不仅自己以程朱理学为指导,坚持日记和日课,还在家书中屡次教导诸位弟弟也这样做。

道光二十年庚子岁
二月初九日　致父母书

男国藩跪禀父亲母亲大人膝下①:

　　去年十二月十六日,男在汉口寄家信,付湘潭人和纸行②,不知已收到否?后于廿一日在汉口开车。二人共雇二把手小车六辆③,男占三辆半。行三百余里,至河南八里汉度岁④。正月初二日开车,初七日至周家口⑤,即换大车⑥。雇三套篷车二辆,每套钱十五千文。男占四套,朱占二套⑦。初九日开车,十二日至河南省城,拜客耽搁四天,获百余金。十六日起行,即于是日三更趁风平浪静径渡黄河。廿八日到京。一路清吉平安,天气亦好,惟过年二天微雪耳。到京在长郡会馆卸车⑧。二月初一日移寓南横街千佛庵。屋四间,每月赁钱四千文,与梅、陈二人居址甚近⑨。三人联会,间日一课。每课一赋一诗誊真⑩。初八日是汤中堂老师大课⑪,题"智若禹之行水赋"⑫,以"行所无事则智大矣"为韵⑬;诗题"赋得池面鱼吹柳絮行"得"吹"字⑭。三月尚有大课一次。

【注释】

　　①男:儿子。一般用作对父母提到自己时的自称。禀:下对上报

告。膝下:在与父母通信时,用作敬辞,表示对父母的爱慕。

②湘潭:县名。清属长沙府,即今湖南湘潭。纸行:纸店。

③二把手:即独轮车。

④八里汊:地名。疑即今河南信阳息县八里岔乡。

⑤周家口:地名。即今河南周口川汇。明、清时期,周家口是西北
与江南物资交流的重要枢纽。

⑥大车:泛称牲口拉的两轮或四轮车。

⑦朱:即为朱富春,字啸山,或作"笑山"。曾国藩同乡好友。

⑧长郡会馆:长沙驻京会馆,原址在北京虎坊桥。会馆,旧时同省、
同府、同县或同业的人在京城、省城或国内外大商埠设立的机
构,主要以馆址的房屋供同乡、同业聚会或寄寓。

⑨梅:即为梅钟澍(shù,?—1841),字霖生,湖南宁乡人。与曾国藩
同为道光十八年(1838)进士,官礼部主事。存《薜花崖馆诗存》。
陈:即为陈源兖(?—1853),字岱云,湖南茶陵人。与曾国藩同
为道光十八年(1838)进士,历任江西吉安知府、安徽池州知府。
咸丰三年(1853)奉安徽巡抚江忠源檄,协守庐州,战败自缢。

⑩誊真:用楷书誊写。清代科举考试及公文皆讲究用端楷书写,谓
之"誊真"。清黄六鸿《福惠全书·莅任·出堂规式》:"凡申详上
台文册,俱于前一日送稿案放行誊真,次日送印,纸张宜坚白,字
画务端楷,不许潦草洗补。"商衍鎏《清代科举考试述录》第二章
第三节:"第一二场前空白无格素纸七页,以六页备起草,第七页
留备弥封,草稿起止用小红字为记,后红格十四页誊真。"

⑪汤中堂:即为汤金钊(1772—1856),字敦甫,浙江萧山人。嘉庆
四年(1799)进士,历任礼部尚书、吏部尚书、工部尚书、户部尚书
等职。道光十八年(1838)任协办大学士,咸丰四年(1854)加太
子太保,咸丰六年(1856)卒,谥文端。《清史稿》有传。中堂,唐
代于中书省设政事堂,以宰相领其事,后因称宰相为"中堂"。

明、清以后则指内阁大学士。老师：明、清两代，生员、举子称座主和学官为"老师"。明王世贞《觚不觚录》："至分宜当国，而谀者称老翁，其厚之甚者称夫子。此后门生称座主俱曰老师。"大课：参加人数较多、规模大的社课。

⑫智若禹之行水：语出《孟子·离娄下》："孟子曰：'天下之言性也，则故而已矣。故者以利为本。所恶于智者，为其凿也。如智者若禹之行水也，则无恶于智矣。禹之行水也，行其所无事也。如智者亦行其所无事，则智亦大矣。天之高也，星辰之远也，苟求其故，千岁之日至，可坐而致也。'"意谓如果聪明人像禹治水那样。

⑬以"行所无事则智大矣"为韵：指所作之赋，须以"行"、"所"、"无"、"事"、"则"、"智"、"大"、"矣"八字为韵脚。

⑭赋得：凡摘取古人成句为诗题，题首多冠以"赋得"二字。如南朝梁元帝有《赋得兰泽多芳草》一诗。科举时代的试帖诗，因试题多取成句，故题前均有"赋得"二字。亦应用于应制之作及诗人集会分题。后遂将"赋得"视为一种诗体。即景赋诗者也往往以"赋得"为题。朱光潜《谈文学·作文与运思》："从前人写旧诗标题常用'偶成'和'赋得'的字样……'赋得'者定题分韵，拈得一字，就用它为韵做诗。"

【译文】

儿国藩跪禀父亲母亲大人膝下：

去年十二月十六日，儿子我在汉口寄家信，托付湘潭人和纸行代交，不知是否已经收到？后来于二十一日这天从汉口开车启程。两个人一共雇了二把手小车六辆，儿子我占其中的三辆半。走了三百多里地，到河南八里汉这个地方过除夕。正月初二日又开车启程，初七日至周家口，立马换用大车。雇了三套篷车二辆，每套的价钱是十五千文。儿子我占四套，朱啸山占二套。初九日出发，十二日到河南省城，拜访客人共耽搁四天时间,获赠金一百多两。十六日出发,当天三更,趁风平浪静之际,直接渡过黄河。二十八日到达京城。一路上平安顺利,天气也好,只有过年那两天下小雪。到京城后,在长郡会馆卸车安歇。二月初一日,搬到南横街千佛庵居住。有四间房,每月的租金是四千文,和梅霖生、陈岱云两位的居址离得很近。我们三个人结社,隔一天做一次功课。每次社课,写一篇赋、一首诗,并交一篇誊真。初八日是汤中堂老师主持的大课,赋的题目是"智若禹之行水赋",用"行所无事则智大矣"这几个字作韵脚;诗的题目是"赋得池面鱼吹柳絮行",我所分得的是"吹"字。三月份还会有一次大课。

同年未到者不过一二人①,梅、陈二人皆正月始到。岱云江南、山东之行无甚佳处,到京除偿债外,不过存二三百金,又有八口之家。

【注释】

①同年:古代科举考试同科中式者互称"同年"。唐代同榜进士称"同年",明、清乡试、会试同榜登科者皆称"同年"。

【译文】

同年们还未到的不过一两个人而已,梅、陈二人皆是正月才到。陈岱云江南、山东之行没有什么可圈可点之事,到京城后除了偿还债务之外,他自己能留下来的不过二三百两,又有八口之家要养。

男路上用去百金,刻下光景颇好①。接家眷之说,郑小珊现无回信②。伊若允诺,似尽妥妙;如其不可,则另图善计,或缓一二年亦可,因儿子太小故也。家中诸事都不挂念,惟诸弟读书不知有进境否③?须将所作文字诗赋寄一二首来京。丹阁叔大作亦望寄示④。男在京一切谨慎，家中尽可放心。

【注释】

①刻下：现在，目前。光景：日子，生活情况。

②郑小珊：即为郑敦谨（1803—1885），字叔厚，号小山，亦写作"小珊"，湖南长沙人。道光十五年（1835）进士，历任刑部主事、登州知府、广东布政使、河南布政使、山西布政使、直隶布政使、山东学政、大理寺卿、户部侍郎、河东河道总督、湖北巡抚、山西巡抚、工部尚书、兵部尚书等职。光绪十一年（1885）卒，谥恪慎。郑敦谨精通医术，与曾国藩同为京官时期，往来密切，常为曾国藩家人诊病。

③进境：指学业进步的情况。

④丹阁叔：即为曾国藩从叔曾毓芝。曾毓芝，字凤书，号丹阁。与曾国藩有同窗之谊。

【译文】

儿子我在路上用了一百两银子，现在日子还蛮好过。接家眷来京这件事，郑小珊那边现在还没有回信。他若是答应帮忙，那似乎是最好不过了；如果他不同意，则须另外再想好办法，或者缓上一两年再办也可以，考虑到孩子太小这一缘故。家里的各种事情我都放心，只是不知道几个弟弟读书有没有进步？他们所作的文字，诗，或者赋，最好寄一二首到京城给我看看。丹阁叔的大作，也希望能寄给我看。儿子我在京城做一切事都很谨慎，家里尽可放心。

又禀者①：大行皇后于正月十一日升遐②，百日以内禁薙发③，期年禁燕会音乐④。何仙槎年伯于二月初五日溘逝⑤。

是日男在何家早饭，并未闻其大病，不数刻而凶问至矣⑥。没后加太子太保衔⑦。其次子何子毅⑧，已于去年十一月物故⑨。自前年出京后，同乡相继殂逝者⑩：夏一卿、李高衢、杨宝筠三主事⑪，熊子谦、谢讱庵及何氏父子凡七人⑫。光景为之一变。男现慎保身体，自奉颇厚⑬。

【注释】

①又禀者：书信用语，表示尚有其他事项禀告。

②大行：古代称刚死而尚未定谥号的皇帝、皇后为"大行"。升遐：帝王去世的婉辞，亦指后妃等死亡。

③薙（tì）：同"剃"。

④期（jī）年：一周年。燕会：宴饮会聚。

⑤何仙槎：即为何凌汉（1772—1840），字云门，一字仙槎，湖南道州（今道县）人。嘉庆十年（1805）进士，历任福建学政、浙江学政、顺天府尹、大理寺卿、都察院左都御史、兵部右侍郎、礼部左侍郎、工部尚书、吏部尚书、户部尚书等职。道光二十年（1840）卒，赠太子太保，谥文安。《清史稿》有传。年伯：科举时代对与父亲同年登科者的尊称，明代中叶以后亦用以称同年的父亲或伯叔，后用以泛指父辈。溘（kè）逝：忽然去世。

⑥不数刻：没过多久。刻，古代用漏壶计时，一昼夜共一百刻。今用钟表计时，一刻等于十五分钟。凶问：死讯，噩耗。

⑦没（mò）：通"殁"，死。加太子太保衔：加赠太子太保之官衔。加衔指给官吏高于本职的虚衔，表示尊贵。清制以太师、太傅、太保、少师、少傅、少保等为大臣加衔。见《清会典·吏部·官制一》。太子太保，官名。辅导太子的官。

⑧何子毅：即为何绍业（1799—1839），字子毅。何凌汉次子，何绍

基孪生兄弟。由荫生官兵部员外郎。善书画,有医名。

⑨物故:死亡,去世。

⑩殂(cú)逝:逝世,去世。

⑪夏一卿:即为夏恒(1790—1839),字一卿,湖南攸县人。道光九年(1829)进士,官吏部考工司主事。善诗文,有《一卿遗稿》传世。李高衢、杨宝筠:二人皆为湖南人。曾官主事。卒于道光十八年(1838)至二十年(1840)之间。余不详。主事:官名。汉代光禄勋属官有主事。北魏置尚书主事令史,为令史中的首领。隋以后但称主事,本为雇员性质,非正规官职。金代始列为正官,职务以文牍杂务为主,也分管郎中、员外郎之职。明代于各部司官中置主事,官阶从七品升为从六品。清代又升为正六品,与郎中、员外郎并列为六部司官。其他官署如内务府、理藩院及各部亦有主事。民国初于国务院秘书厅、各部及驻外使馆中,设主事,在佥事下,相当后之科员。

⑫熊子谦:即为熊光大(1797—1838),字子谦,湖南零陵人。道光三年(1823)进士。历官刑部主事、兴泉永兵备道。谢讱庵:湖南人。卒于道光十八年(1838)至二十年(1840)之间。余不详。

⑬自奉:指自身日常生活的供养。

【译文】

另有几件事禀告:大行皇后于正月十一日薨逝升天,朝廷规定百日以内禁止剃发,周年之内禁止宴饮奏乐。何仙槎年伯于二月初五日这天忽然去世。这一天儿子我在何家吃早饭,并未听说他有什么大病,没过多久竟然收到他去世的噩耗。他死后,朝廷奉赠太子太保衔。他的二儿子何子毅,死在去年十一月。自前年我离开京城以后,同乡先后去世的有:夏一卿、李高衢、杨宝筠三位主事,熊子谦、谢讱庵及何氏父子,一共七人。情况为之一变。儿子我现在很注重保养身体,日常生活享用很丰厚。

季仙九师升正詹①,放浙江学政②,初十日出京。廖钰夫师升尚书③。吴甄甫师任福建巡抚④。朱师、徐师灵榇⑤,并已回南矣。

【注释】

①季仙九:即为季芝昌(1791—1861),字云书,号仙九,江苏江阴人。道光十二年(1832)进士,历官山东学政、浙江学政、山西巡抚、户部侍郎、闽浙总督等职。升正詹:指由少詹事晋升为詹事。秦始置詹事,职掌皇后、太子家事。东汉废。魏、晋复置。唐建詹事府,辽、金、元置詹事院。明、清皆置詹事府,设詹事及少詹事,为三、四品官,其下有左右春坊及司经局等,备翰林官的升迁,无实职。清末废。

②放:外放,由中央派到地方做官。学政:"提督学政"的简称,又叫"督学使者"。清中叶以后,派往各省,按期至所属各府、厅考试童生及生员。均从进士出身的官吏中简派,三年一任。不问本人官阶大小,在充任学政时,与督、抚平行。

③廖钰夫:即为廖鸿荃(1778—1864),初名金城,字应礼,号钰夫,福建侯官县(今福州)人。嘉庆十四年(1809)进士,累官至工部尚书、经筵讲官,生平典乡试多次,又督学江苏、浙江等省,号称"门生半天下"。同治三年(1864),特加太子少保衔,卒谥文恪。尚书:明、清两代是政府各部的最高长官。

④吴甄甫:即为吴文镕(1792—1854),字甄甫,江苏仪征人。嘉庆二十四年(1819)进士,历任侍读学士、顺天学政、刑部侍郎、福建巡抚、云贵总督、闽浙总督、湖广总督等职。咸丰四年(1854),在黄州被太平军打败,投水自杀,谥文节。《清史稿》有传。巡抚:官名。明洪熙元年(1425)始设巡抚专职。清为省级地方政府长官,总揽全省军事、吏治、刑狱、民政等,职权甚重。

⑤朱师：即为曾国藩的会试座师朱士彦（1771—1838），江苏宝应
（今属扬州）人。嘉庆七年（1802）进士，历官至左都御史，工、吏、
兵诸部尚书。多次主持会试及督湖北、浙江、安徽学政。徐师：
即为曾国藩的乡试座师徐云瑞。徐云瑞，字书样，号晓村，江苏
甘泉（今扬州江都）人。道光九年（1829）进士。道光十四年
（1834）典湖南乡试，曾国藩于是年中举。

【译文】

季仙九师晋升为詹事，并外放做浙江学政，初十日出京。廖钰夫师
升任尚书。吴甄甫师任福建巡抚。朱师、徐师的灵柩，都已送回南方。

詹有乾家墨到京竟不可用①，以胶太重也。拟仍付回，
或退或用随便。接家眷事，三月又有信回。家中信来，须将
本房及各亲戚家附载详明②，堂上各老人须一一分叙③，以烦
琐为贵。

谨此跪禀万福金安④！

【注释】

①詹有乾：清代湖南著名制墨字号。
②本房：指自家在宗族中所属的一房。房，指家族中的分支。
③堂上：尊长居住的地方，代指长辈。
④万福：多福。旧时的祝福语。金安：旧时的祝福语，多用于对长
辈和尊敬的人。

【译文】

詹有乾家墨带到京城竟然不能用，因为胶的成分太重的缘故。打
算还是托人带回去，或者退货或者留用，看怎么方便。接家眷来京这件
事，三月还有一封信寄回去。家里寄信过来，要将本房及其他亲戚各家

情况附载详明，尤其是各位高龄长辈的情况，要一一分别叙述清楚，讲得越细致越好。

谨此跪禀万福金安！

道光二十一年辛丑
四月十七日　致祖父书

祖父大人万福金安：

四月十一日由折差发第六号家信①，十六日折弁又到②。

【注释】

①折差：信差，负责送信的邮递人员。

②折弁：同"折差"，信差。弁，旧时称军官的卫兵。

【译文】

祖父大人万福金安：

四月十一日通过信差寄出第六封家信，十六日信差又到了。

孙男等平安如常①，孙妇亦起居维慎②。曾孙数日内添吃粥一顿，因母乳日少，饭食难喂，每日两饭一粥。

【注释】

①孙男：孙子，对祖父母提到自己时的自称。

②孙妇：孙媳妇。

【译文】

您孙儿我等和往常一样平安，您孙媳妇在日常起居方面也很小心谨慎。您曾孙子近日开始每天多吃一顿粥，因为母乳一天比一天少，而饭食又难喂，每天喂两顿饭一顿粥。

今年散馆^①，湖南三人皆留^②。全单内共留五十二人^③，仅三人改部属^④，三人改知县^⑤。翰林衙门现已多至百四五十人^⑥，可谓极盛。

【注释】

①散馆：明、清时翰林院设庶常馆，新进士朝考得庶吉士资格者入馆学习，三年期满举行考试后，成绩优良者留馆，授以编修、检讨之职，其余分发各部为给事中、御史、主事，或出为州县官，谓之"散馆"。清制，进士之中在一甲里一、二、三名的分别为状元、榜眼、探花。在二甲、三甲里的，再应朝考，成绩优者到翰林院学习三年，称"庶吉士"。

②湖南三人：即为湖南籍的同科进士梅钟澍、陈源兖及曾国藩本人。留：即留馆。

③全单：指道光十八年(1838)进士榜单全员。

④改部属：指新进士在翰林院庶常馆散馆时，被分发到各部为给事中、御史、主事。

⑤改知县：指新进士在翰林院庶常馆散馆时，被外派做知县。

⑥翰林衙门：翰林院官署。翰林，皇帝的文学侍从官，唐朝始设，明、清改从进士中选拔。衙门，旧时官吏办事的地方。

【译文】

今年翰林院庶常馆散馆，湖南籍的三个人都得以留馆。同榜进士得以进翰林院庶常馆学习的，共留五十二人，仅有三人改派到部里，三人外放做知县。翰林衙门内的人员，现在已经多到一百四五十个人，真可谓盛极一时。

琦善已于十四日押解到京①。奉上谕派亲王三人、郡王一人、军机大臣、大学士、六部尚书会同审讯②。现未定案。

【注释】

①琦善：即为博尔济吉特·琦善（1790—1854），字静庵，满洲正黄旗人。世袭一等侯爵。嘉庆十一年（1806）由荫生授刑部员外郎，历任布政使、巡抚等职，官至直隶总督、文渊阁大学士。道光二十年（1840）奉旨接替林则徐担任两广总督，因与英军签订《穿鼻草约》，割让香港，赔款六百万元，被革职发配。

②上谕：古时皇帝以诏书形式发布的命令、告示。亲王：皇帝或国王近支亲属中封王者。其名始于南朝末期。隋代以皇帝的伯叔兄弟和皇子为亲王，唐代以皇帝的兄弟和皇子为亲王。宋、明各代，一般因袭不改。清代开始以亲王为封号且别加美名。蒙古贵族亦有封亲王者。郡王：爵位名。其名始于西晋。唐、宋以后，郡王皆为次于亲王一等的爵号。除皇室外，臣下亦得封郡王。清代宗室封爵第三级称为多罗郡王，简称"郡王"。军机大臣：清代设军机处，为辅佐皇帝的政务机构。任职者无定员，由亲王、大学士、尚书、侍郎或京堂充任，称为"军机大臣"。大学士：官名。唐中宗景龙二年（708），修文馆置大学士四人。宋沿唐之旧，昭文馆、集贤殿大学士，皆宰相领之。明代始专以殿阁大学士为宰辅之官，然官阶仅五品，其职务是替皇帝批答奏章、承理政务。自宣宗时乃以师保尚书兼大学士，官尊于六卿，职近宰相，称为"阁老"。清因之，设内阁大学士四人，为正一品；协办大学士二人，为从一品，成为文臣最高的官位，称为"中堂"。

【译文】

琦善已经在十四日押解到京城。奉上谕,派亲王三人、郡王一人、军机大臣、大学士、六部尚书,会合一处,共同审讯。现在还没有定案。

梅霖生同年因去岁咳嗽未愈,日内颇患咯血。同乡各京官宅皆如故。

【译文】

梅霖生同年因为去年咳嗽没有痊愈,这些天咯血颇为严重。在京做官的几位同乡家里都还是老样子。

澄侯弟三月初四在县城发信已经收到①,正月廿五信至今未接。兰姊以何时分娩②?是男是女?伏望下次示知③。

【注释】

①澄侯:即为曾国藩之弟曾国潢。曾国潢(1820—1886),原名国英,字澄侯。族中排行第四。

②兰姊:即为曾国藩之姊曾国兰(1808—1863),嫁同乡王国九为妻。

③伏望:表希望的敬辞。多用于下对上。

【译文】

澄侯弟三月初四日在县城发的信我已经收到,正月二十五日发的信至今未收到。兰姊是在什么日子生孩子的?生的是男孩还是女孩?很希望下次来信能告诉我。

楚善八叔事①,不知去冬是何光景?如绝无解危之处,则二伯祖母将穷迫难堪②,竟希公之后人将见笑于乡里矣③。孙国藩去冬已写信求东阳叔祖兄弟④,不知有补益否。此事全求祖父大人作主。如能救焚拯溺⑤,何难嘘枯回生⑥！伏念祖父平日积德累仁⑦,救难济急⑧,孙所知者,已难指数⑨。如廖品一之孤、上莲叔之妻、彭定五之子、福益叔祖之母⑩,及小罗巷、樟树堂各庵,皆代为筹画,曲加矜恤⑪。凡他人所束手无策、计无复之者,得祖父善为调停⑫,旋乾转坤⑬,无不立即解危,而况楚善八叔同胞之亲、万难之时乎？孙因念及家事,四千里外,杳无消息,不知同堂诸叔目前光景。又念家中此时亦甚艰窘,辄敢冒昧饶舌⑭,伏求祖父大人宽宥无知之罪⑮。楚善叔事如有设法之处,望详细寄信来京。

　　兹逢折便,敬禀一二。

　　即跪叩祖母大人万福金安！

【注释】

①楚善八叔:即为曾国藩从叔曾楚善。行八,乃曾国藩曾祖父竟希公之孙。

②穷迫难堪:困窘得无法承受。

③竟希公:即为曾国藩曾祖父曾衍胜(1743—1816),号竟希。

④东阳叔祖:即为曾国藩叔祖曾东阳,号旸谷。家住添梓坪。叔祖,父亲的叔叔,祖父的弟弟。

⑤救焚拯溺:救人于水火之中。焚,指火灾。溺,指落水者。

⑥何难:有何困难。嘘枯回生:比喻起死回生,拯绝扶危。嘘,吹,指和风吹拂。

⑦伏念:旧时致书于尊者多用之。伏,敬辞。念,念及,想到。积德

　　累仁：积累德行与仁义。

⑧救难济急：在别人急难时给予帮助。

⑨指数：屈指计算。

⑩廖品一：曾国藩同乡。余不详。孤：孤儿，指幼年丧父亲或父母
　　双亡。上莲叔：曾国藩族叔。彭定五：曾国藩同乡。余不详。福
　　益叔祖：曾国藩同族叔祖。

⑪曲加矜恤：指无微不至地关爱体恤。曲，细致，照顾到各个方面。
　　矜恤，怜悯抚恤。

⑫调停：居间调解，平息争端。

⑬旋乾转坤：谓改天换地，扭转局面。乾，天。坤，地。

⑭辄：即。冒昧：指不顾地位、能力、场合是否适宜，而大胆地提供
　　或提出意见或看法，多用作谦辞。饶舌：多嘴，乱说话。

⑮宽宥：宽恕，原谅。

【译文】

　　楚善八叔的事，不知去年冬天是怎样情形？如果绝对没有解决问题的办法，那二伯祖母必将穷困窘迫，竟希公的后人将被乡里的人耻笑了。孙儿国藩去年冬天已经写过信去求东阳叔祖兄弟，不知可有帮助。这件事全求祖父大人做主。如能救他于水深火热之中，起死回生有何难的！默想祖父大人平日积恩德做善事，救助急难中人，孙儿我所了解的，已不计其数。如救助廖品一的孤儿、上莲叔的妻子、彭定五的儿子、福益叔祖的母亲，以及小罗巷、樟树堂的各尼庵，都代为筹划，用心体恤。凡是旁人束手无策、一点儿办法都想不出的，只要祖父出面好生调停，便能扭转乾坤，没有不立即解决问题的，何况有同胞之亲的楚善八叔正处在万难之中呢？孙儿我因为挂念家中的事，而处于四千多里地外，一点儿消息都没有，不知同堂的各位叔叔目前情形。又想家中此时也很艰难窘迫，所以才敢冒昧多嘴，恳求祖父大人宽恕我无知的罪过。楚善叔的事情，如有可以设法的地方，希望写信寄到京城，详细告知。

现赶上信差方便，恭敬地禀告一两件事。

即跪叩祖母大人万福金安！

五月十八日　致父亲书

男国藩跪禀父亲大人万福金安：

　　自闰三月十四日在都门拜送父亲①，嗣后共接家信五封②。十五日接四弟在涟滨所发信③，系第二号，始知正月信已失矣；廿二日接父亲在廿里铺发信④；四月廿八巳刻接在汉口寄曹颖生家信⑤；申刻又接在汴梁寄信⑥；五月十五接父亲到长沙发信，内有四弟信、六弟文章五首。谨悉祖父母大人康强⑦，家中老幼平安，诸弟读书发奋，并喜父亲出京一路顺畅，自京至省，仅三十余日，真极神速。

【注释】

①都门：京都城门，借指京都。

②嗣后：以后。

③涟滨：地名，亦为书院名。涟滨书院旧址在今湖南湘潭湘乡，曾国藩及其弟曾在此处读书。

④廿里铺：清直隶河间府地名。即今河北沧州河间二十里铺村。

⑤巳刻：指九点至十一点。曹颖生：不详。

⑥申刻：指十五点至十七点。汴梁：古地名。即今河南开封。

⑦谨悉：犹敬悉。书信常用语。康强：强健，康健。

【译文】

儿国藩跪禀父亲大人万福金安：

　　自从闰三月十四日在京城拜送父亲回家之后，共接到家信五封。

十五日接到四弟在涟滨发的信，是第二封信，才知道正月寄的信已丢失；二十二日接到父亲在卅里铺发的信；四月二十八日巳时接到在汉口让曹颖生代交的家信；申时又接到在汴梁寄的信；五月十五日接到父亲到长沙发的信，里头有四弟的信、六弟的文章五首。得知祖父母大人身体康健，家里老小都平安，几个弟弟都发奋读书，并且高兴地知道父亲出京后一路顺畅，从京城到省城，路上只用了三十多天时间，真可谓神速。

　　男于闰月十六发第五号家信，四月十一发六号，十七发七号，不知家中均收到否？迩际男身体如常①，每夜早眠，起亦渐早，惟不耐久思，思多则头昏，故常冥心于无用②，优游涵养③，以谨守父亲保身之训。九弟功课有常④，《礼记》九本已点完⑤，《鉴》已看至三国⑥，《斯文精萃》诗、文⑦，各已读半本。诗略进功，文章未进功。男亦不求速效。观其领悟，已有心得，大约手不从心耳。

【注释】

①迩际：近来，眼下。

②冥心：泯灭俗念，使心境宁静。

③优游：悠闲自在，从容不迫。涵养：修身养性。

④九弟：即为曾国藩之弟曾国荃。曾国荃（1824—1890），字沅浦，号叔淳，又名曾子植。族中排行第九。曾国荃是湘军中后期主要将领之一，率"吉"字营，攻克吉安、安庆、天京等城，屡立大功，后官至两江总督。

⑤《礼记》："十三经"之一，又称《小戴礼记》，凡四十九篇，西汉戴圣所编。是一部儒家礼学文献汇编。点：古书一般不断句，一边读

一边在书上加句读标点,称之为点。

⑥《鉴》:指《资治通鉴》。北宋司马光所著编年体史书。

⑦《斯文精萃》:书名。清人尹继善所辑古诗文选本。

【译文】

儿子我于闰月十六日寄出第五封家信,四月十一日寄出第六封,十七日寄出第七封,不知家中是否都已收到?儿子我近来身体如常,每晚早睡,起得也越来越早,只是不能用脑过度,过度了就头昏,所以经常静下心来不想任何事情,悠闲从容地修身养性,谨守父亲大人关于保养身体的训示。九弟的功课坚持得很有规律,《礼记》九本都已经点读完,《资治通鉴》已经看到三国部分,《斯文精萃》一书所选诗、文,各读了半本。写诗稍有长进,作文没有进步。儿子我也不求很快见效。看他对书的领会,已经有些心得,大约只是手不从心,还表达不出吧。

甲三于四月下旬能行走①,不须扶持,尚未能言,无乳可食,每日一粥两饭。冢妇身体亦好②,已有梦熊之喜③。婢仆皆如故。

【注释】

①甲三:即为曾国藩次子曾纪泽(1839—1890),字劼刚,乳名甲三。清朝著名外交家,光绪年间曾担任清政府驻英、法、俄大使,官至户部侍郎,谥惠敏。

②冢妇:嫡长子之妻。这里指曾国藩的妻子。

③梦熊:语出《诗经·小雅·斯干》:“吉梦维何?维熊维罴。”“大人占之,维熊维罴,男子之祥。”郑笺:“熊罴在山,阳之祥也,故为生男。”古人因以梦中见熊罴为生男的征兆。后以梦熊作生男的颂语。亦用以代指怀孕。

【译文】

甲三在四月下旬已经能走路，不要大人扶持，还不会说话，没有奶吃，每天喂一顿粥两顿饭。您长儿媳身体也好，又怀上了一个男孩。婢女仆从都与原来一样。

今年新进士，龙翰臣得状元①，系前任湘乡知县见田年伯之世兄②。同乡六人，得四庶常③、两知县。复试单已于闰三月十六付回。兹又付呈殿试朝考全单④。

【注释】

①龙翰臣：即为龙启瑞（1814—1858），字翰臣，广西临桂县（今桂林）人。道光二十一年（1841）状元，历任广东乡试副考官、湖北学政、江西学政、江西布政使等职。龙启瑞是清代著名学者，精于音韵之学，著有《经籍举要》、《尔雅经注集证》、《经德堂文集》等。

②见田年伯：即为龙光甸（？—1849），字见田，广西临桂县（今桂林）人。嘉庆二十四年（1819）举人，历任溆浦、湘阴、黔阳知县及乍浦、台州同知等职。世兄：明、清时称座师、房师的儿子为世兄。后亦为有世交的平辈间之互称。清顾炎武《生员论中》："有所谓主考官者谓之座师，有所谓同考官者谓之房师……座师、房师之子谓之世兄。"亦用作对世交晚辈的称呼。

③庶常：即庶吉士。

④殿试：科举考试中最高一级。皇帝亲临殿廷策试。也称"廷试"。源于西汉时皇帝亲策贤良文学之士。始于周武则天天授二年（691）于洛阳殿前亲策贡举人，但尚未成定制。宋开宝八年（975），太祖于讲武殿策试贡院合格举人，并颁定名次，自此始为

常制。太平兴国八年（983），将殿试后进士分为五甲。元无殿试。明清殿试后分为三甲：一甲三名赐进士及第，通称状元、榜眼、探花；二甲赐进士出身，第一名通称传胪；三甲赐同进士出身。参阅清赵翼《陔余丛考·殿试》。朝考：清代科举制度。凡新科进士引见前，由皇帝再考试一次，称朝考。朝考后授官，前列者为庶吉士，次者分别为主事、中书、知县等。清平步青《霞外攟屑·掌故·沈筠钱金甫》："以雍正癸卯科，新进士引见前，先行考试，是为朝考之始。"参阅《清文献通考·选举三》。

【译文】

今年新科进士，龙翰臣得了状元，他是前任湘乡知县见田年伯的公子。同乡六个进士，得了四个庶常、两个知县。复试单已经在闰三月十六日寄回。现又寄呈殿试朝考的全部人员名单。

同乡京官如故。郑莘田给谏服阕来京①。梅霖生病势沉重，深为可虑。黎樾乔老前辈处②，父亲未去辞行，男已道达此意。广东之事，四月十八日得捷音，兹将抄报付回。

【注释】

①郑莘田：即为郑世任，号莘田，湖南长沙人。嘉庆十八年（1813）拔贡，历任户部郎中、御史、给事中、贵西兵备道等职。给谏：唐宋时给事中及谏议大夫的合称。清代用作六科给事中的别称。服阕：守丧期满除服。阕，终了。

②黎樾乔：即为黎吉云（1795—1854），原名光曙，字云征，号樾乔，又作"月乔"，室名黛方山庄，湖南湘潭人。道光十三年（1833）进士，历任顺天乡试同考官、江南道监察御史等职。善书，工八分。著有《黛方山庄诗集》。老前辈：清朝翰林对比自己早入翰林院

者的尊称。

【译文】

同乡的几位京官都还是老样子。郑莘田给谏服丧期满回到京城。梅霖生病势严重，很是让人担心。黎樾乔老前辈那里，父亲您没有去辞行，儿子我已代为致意。广东那边的事，四月十八日得捷报，现将抄报寄回。

男等在京自知谨慎，堂上各老人不必挂怀。家中事，兰姊去年生育，是男是女？楚善事如何成就^①？伏望示知。

男谨禀。

即请母亲大人万福金安！

【注释】

①成就：成全。

【译文】

儿子我等在京城，自己知道要谨慎，堂上各位老人不必挂念。家里的事，兰姐去年生育，生的是男孩还是女孩？楚善的事是怎样成全的？儿子我诚恳地希望父亲大人告诉一下。

儿谨禀。

即请母亲大人万福金安！

六月初七日　　致祖父书

孙男国藩跪禀祖父大人万福金安：

五月十八日孙在京发第八号家信，内有六弟文二篇^①，广东事抄报一纸，本年殿试朝考单一纸，寄四弟、六弟新旧信二封，绢写格言一幅；孙国荃寄呈文四篇、诗十首、字一纸，呈堂上禀三纸，寄四弟信一封，不审已收到否②？六月初五日接家信一封，系四弟四月初十日在省城发，得悉一切。不胜欣慰！

【注释】

①六弟：即为曾国藩之弟曾国华。曾国华（1822—1858），字温甫。族中排行第六，出继给叔叔骥云为嗣。咸丰八年（1858）战死于三河镇。

②不审：不清楚，不知道。

【译文】

孙儿国藩跪禀祖父大人万福金安：

五月十八日孙儿我在京城寄出第八封家信，里头有六弟文章两篇，广东事抄报一页，本年殿试朝考单一页，寄四弟、六弟新旧信两封，用绢写的格言一幅；孙儿国荃寄呈的文章四篇、诗十首、字一页，呈给堂上大人禀告情况的书信三页，寄四弟信一封，不晓得是否都已收到？六月初五日接到家信一封，是四弟四月初十日在省城寄的，一切情况都已知道。我很是欣慰！

孙国藩日内身体平安。国荃于廿三日微受暑热，服药一帖，次日即愈；初三日复患腹泻，服药二帖即愈。曾孙甲三于廿三日腹泻不止，比请郑小珊诊治①，次日添请吴竹如②，皆云系脾虚而兼受暑气，三日内服药六帖，亦无大效。廿六日添请本京王医，专服凉药③，渐次平复④。初一、二两日未吃药。刻下病已全好,唯脾元尚亏,体尚未复,孙等自知细心调理。观其行走如常,饮食如常,不吃药即可复体,堂上不必挂念。冢孙妇身体亦好⑤。婢仆如旧。

【注释】

①比:即。

②吴竹如:即为吴廷栋(1793—1873),字彦甫,号竹如,安徽霍山人。道光五年(1825)拔贡,历任河间知府、山东布政使、大理寺卿、刑部侍郎。同治十二年(1873)卒,年八十有一。吴廷栋服膺宋儒,为清代理学名臣。

③凉药:一般指败火、解热的中药。

④平复:痊愈,复原。

⑤冢孙妇:嫡长孙的妻子。

【译文】

孙儿国藩我近日身体平安。国荃二十三日这天稍微受了点儿暑热,吃了一帖药,第二天就好了;初三日又得了腹泻,吃了两帖药就好了。您曾孙甲三二十三日这天腹泻不止,即请郑小珊诊治,第二天又加请了吴竹如,都说是脾虚兼受暑热,三天内吃了六帖药,也没见大效。二十六日加请京城的王医生,专吃凉药,逐渐平复。初一、初二两天没有吃药。现在病已经好了,只是脾元还亏,体魄还没有复元,孙儿等自己知道细心调理。看他走路和吃饭都和往常一样,不用吃药应该就可以恢复体魄,堂上大人不必挂念。您长孙媳妇身体也好。婢女仆人都是老样子。

同乡梅霖生病于五月中旬日日加重,十八日上床,廿五日子时仙逝①。胡云阁先生亦同日同时同刻仙逝②。梅霖生

身后一切事宜,系陈岱云、黎月乔与孙三人料理,戊戌同年
赙仪共五百两③,吴甄甫夫子^{戊戌总裁}进京赙赠百两④,将来
一概共可张罗千余金,计京中用费及灵柩回南途费,不过用
四百金,其余尚可周恤遗孤。自五月下旬以至六月初,诸事
殷繁⑤,荃孙亦未得读书。六弟前寄文来京,尚有三篇孙未
暇改。

【注释】

①子时:指二十三点至凌晨一点。

②胡云阁:即为胡达源(1777—1841),字清甫,号云阁,湖南益阳
人。嘉庆二十四年(1819)进士,授翰林院编修,历任少詹事、贵
州学政等职。其子胡林翼为晚清名臣。

③戊戌:即道光十八年(1838)。赙(fù)仪:即赙礼,赙金。赙,拿钱
财帮助别人办理丧事。

④总裁:明、清中央编纂机构的主管官员或主持会试的官员。

⑤殷繁:繁多,众多。

【译文】

同乡梅霖生的病情自五月中旬以来天天加重,十八日躺倒在床上,
二十五日子时逝世。胡云阁先生也在同日同时同刻逝世。梅霖生死后
的一切事情,是陈岱云、黎月乔与孙儿我三人料理的,戊戌科同年共赠
赙仪五百两,吴甄甫夫子^{戊戌总裁}进京馈赠赙仪百两,将来共可张罗到
一千多两,预计京中用费及送灵柩回湖南的路费,加起来不会超过四百
两,其余的还可以周济遗孤。自五月下旬到六月初,事务特别繁忙,孙
儿国荃也没有读书。六弟日前寄到京城的文章,还有三篇孙儿我没有
顾得上改。

广东事已成功,由军功升官及戴花翎、蓝翎者①,共二百余人。将上谕抄回前半节,其后半载升官人名,未及全抄。

【注释】

①花翎:清朝以孔雀羽制成拖在礼冠后表示官品的饰物。本来由皇帝赐给建有功勋的人或贵族,后来五品以上的官就可以出钱捐花翎戴。花翎有单眼、双眼、三眼之别,以三眼花翎为最贵。蓝翎:清代礼冠上的饰物。插在冠后,用鹖尾制成,蓝色,故称。初用以赏赐官阶低的功臣,后很滥,并可出钱捐得。清昭梿《啸亭续录·花翎蓝翎定制》:"凡领侍卫府员、护军营、前锋营、火器营、銮仪卫满员五品以上者,皆冠戴孔雀花翎,六品以下者冠戴鹖羽蓝翎,以为辨别。"

【译文】

广东方面的事情已经成功,由军功升官及戴花翎、蓝翎的,共两百多人。现将上谕抄前半节寄回家,后半节记载升官人名,没有能全抄。

昨接家信,始知楚善八叔竹山湾田①,已于去冬归祖父大人承买。八叔之家稍安,而我家更窘迫,不知祖父如何调停? 去冬今年如何设法? 望于家信内详示。孙等在京别无生计,大约冬初即须借账,不能备仰事之资寄回②,不胜愧悚③。吴春冈分发浙江④,告假由江南回家,七月初起程。

余容续禀。

即禀祖父祖母大人万福金安!

孙跪禀。

【注释】

①竹山湾：曾国藩家乡地名。即今湖南娄底双峰井字镇竹山村。

②仰事之资：语出《孟子·梁惠王上》："是故明君制民之产，必使仰足以事父母，俯足以畜妻子，乐岁终身饱，凶年免于死亡。"指用以孝敬父母、祖父母的钱财物质。

③愧悚：惭愧惶恐。

④吴春冈：即为吴荣楷，字春冈，湖南湘乡人。道光二十一年（1841）进士，历任浙江嵊县、武康、余姚、海盐等县知县。分发：清制，道府以下非实缺人员分省发往补用者，谓之"分发"。

【译文】

　　昨天接到家信，才知道楚善八叔竹山湾田，已在去年冬天归祖父大人承买。这样一来，八叔的家里稍微安定，而我家就更窘迫了，不知祖父如何对付解决？去年冬天及今年，想些什么法子？望在家信中详细告知。孙儿等在京城没有别的挣钱途径，大约冬初就要借账，不能准备孝敬堂上大人的资费寄回家，万分惭愧。吴春冈被外放到浙江，请假从江南回家，七月初起程。

　　其余的以后再行禀告。

　　即禀祖父祖母大人万福金安！

　　孙跪禀。

六月廿九日·致祖父书

孙男国藩跪禀祖父大人万福金安：

　　六月初七日发家信第九号。廿九日早接丹阁十叔信，系正月廿八日发①，始知祖父大人于二月间体气违和②，三月已全愈③，至今康健如常，家中老幼均吉。不胜欣幸！四弟于五月初九寄信物于彭山屺处④，至今尚未到，大约七月可到。

【注释】

①正月：据下文，疑为"五月"之讹误。

②违和：身体失于调理而不适。用于称他人患病的婉辞。

③全愈：即痊愈。全，通"痊"。

④彭山屺（1814—1879）：字九峰，湖南衡阳人。道光二十年（1840）湖南武科乡试解元。曾国藩世交，曾为曾国藩湘军高级幕僚，官至从二品长沙副将。

【译文】

孙儿国藩跪禀祖父大人万福金安：

六月初七日寄出第九封家信。二十九日早上接到丹阁十叔的来信，是正月（五月？）二十八日寄的，才知道祖父大人二月间身体欠佳，三月已经痊愈，至今康健如常，家中老幼都平安。我欢喜得不行！四弟五月初九日托彭山屺所寄的信和物，至今还没有收到，大约七月可到。

丹阁叔信内言，去年楚善叔田业卖与我家，承管其中，曲折甚多。添梓坪借钱三百四十千①，其实只三百千，外四十千系丹阁叔兄弟代出。丹阁叔因我家景况艰窘，勉强代楚善叔解危，将来受累不浅，故所代出之四十千，自去冬至今，不敢向我家明言，不特不敢明告祖父，即父亲、叔父之前，渠亦不敢直说②。盖事前说出，则事必不成，不成则楚善叔逼迫无路，二伯祖母奉养必阙③，而本房日见凋败，终无安静之日矣。事后说出，则我家既受其累，又受其欺，祖父大人必怒,渠更无辞可对,无地自容。故将此事写信告知孙男,托孙原其不得已之故④,转禀告祖父大人。现在家中艰难,渠所代出之四十千,想无钱可以付渠。八月心斋兄南旋⑤,孙拟在京借银数十两付回家中。归楚此项⑥,大约须腊底可到,因心斋兄走江南回故也。

【注释】

①添梓坪:地名。即今湖南娄底双峰荷叶镇天坪村天子坪。曾国藩出生在天坪村的白杨坪。这里指曾氏家族住在添梓坪的一支。

②渠:他。

③阙:缺乏。

④原:谅解,原谅。

⑤心斋:即为曾广渊,号心斋,湖南湘乡人。系曾国藩本家。道光二十一年(1841)进士,卒于道光二十五年(1845)。南旋:回南方。

⑥归楚:还清债务。

【译文】

丹阁叔信中说,去年楚善叔的田卖给我家,他居中承办,曲折很多。添梓坪借钱三百四十千,其实只有三百千,另外四十千是丹阁叔兄弟代出的。丹阁叔因考虑到我家情况窘困,勉强代楚善叔解决困难,将来必定受累不浅,所以他代出的四十千钱,自去年冬天到现在,不敢向我家明说,不仅不敢明告祖父大人,就是在父亲、叔父面前,他也不敢直说。因为如果事前说出,此事一定不成,不成的话,楚善叔就会被逼得无路可走,二伯祖母的奉养一事必然没有着落,而且本房一天比一天凋败,终究不会有安静的一天。事后说出,则我家既在这件事中受累,又被欺骗，祖父大人必然大怒，他更无言可对，无地自容。所以他把这件事写信告知孙儿我，托孙儿我体谅他这样做是出于不得已的缘故，并将此事原委转告祖父大人。现在家里艰难，他所代出的四十千钱，想必没有钱可以付给他。八月份心斋兄回湖南，孙儿准备在京城问人借银几十两，托他带回家里。还债的这笔钱，因为心斋兄取道江南回湖南的缘故，大约在腊月底可到。

孙此刻在京光景渐窘，然当京官者，大半皆东扯西支，从无充裕之时，亦从无冻饿之时，家中不必系怀。孙现经管长郡会馆事，公项存件亦已无几。

【译文】

孙儿我此刻在京城光景日渐窘迫，但是当京官的，大半东扯西支，从没有充裕的时候，也从没有受冻挨饿的时候，家里不必系挂。孙儿我现在管理长郡会馆的事务，公项存件也已经所剩无几了。

孙日内身体如恒①。九弟亦好。甲三自五月廿三日起病，至今虽全愈，然十分之中，尚有一二分未尽复旧。刻下每日吃炒米粥二餐，泡冻米吃二次②，乳已全无，而伊亦要吃。据医云，此等乳最不养人。因其夜哭甚，不能遽断乳。从前发热烦躁，夜卧不安，食物不化，及一切诸患，此时皆已去尽，日日嬉笑好吃。现在尚服补脾之药，大约再服四五帖，本体全复，即可不药。孙妇亦感冒三天，郑小珊云服凉药后须略吃安胎药，目下亦健爽如常。甲三病时，孙妇曾于五月廿五日跪许装修家中观世音菩萨金身，伏求家中今年酬愿③。又言西冲有寿佛神像④，祖母曾叩许装修，亦系为甲三而许，亦求今年酬谢了愿。

【注释】

①如恒：如常，老样子。

②冻米：一种小吃，将米炒熟之后，晾晒储存，食用的时候用开水泡。

③酬愿：还愿。求神佛保佑的人，实践对神佛许下的报酬。

④西冲：曾国藩家乡地名。即今湖南娄底双峰永丰镇西冲村。冲，亦写作"坤"，指山区的平地，多为溪流冲积而成。寿佛：即阿弥陀佛，因阿弥陀佛的寿命无量，故又称"无量寿佛"。

【译文】

孙儿我近来身体如常。九弟也很好。甲三自五月二十三日起生病，到现在虽然好了，但还有一两分没有复元。如今每天吃炒米粥两餐，泡冻米两次，乳已经没有了，而他还要吃。据医生说这种乳最不养人。因为他晚上哭得厉害，不能立即断奶。从前发热烦燥，晚上睡不安稳，消化不良，以及其他种种毛病，现在都好了，天天嬉笑贪吃。现在还在吃补脾的药，大约再吃四五帖，身体全部复元，就可以不吃药了。您孙媳妇也感冒三天，郑小珊说吃凉药之后还要再稍吃些安胎药，眼下也和往常一样健康爽利。甲三病的时候，您孙媳妇曾在五月二十五日跪着许愿要为家里供的观世音菩萨装修金身，恳请家里今年还愿。又说西冲有寿佛神像，祖母曾经叩头许愿装修金身，也是为甲三许的愿，恳请今年也要酬谢还愿。

梅霖生身后事办理颇如意，其子可于七月扶榇回南①。同乡各官如常。家中若有信来，望将王率五家光景写明②。

肃此谨禀祖父母大人万福金安③！

【注释】

①扶榇（chèn）：即扶柩，护送灵柩。

②王率五：即为曾国藩之妹曾国蕙的丈夫王待聘。

③肃此：敬辞。对尊长书札用语，表示恭敬地修此书信，放在颂祝语的前面。

【译文】

梅霖生身后的事办理得很如意，他儿子可于七月护送灵柩回湖南。同乡各位京官还是老样子。家中如果有信寄来，希望将王率五家情况写明。

肃此谨禀祖父母大人万福金安！

八月初三日   致父母书

男国藩跪禀父亲大人万福金安：

五月十八日发家信第八号，知家中已经收到。六月初七发第九号，内有男呈祖父禀一件，国荃寄四弟信一件。七月初二发第十号，内有黄芽白菜子，不知俱已收到否？

【译文】

儿国藩跪禀父亲大人万福金安：

五月十八日寄的第八封家信，知道家中已经收到。六月初七日寄第九封，内有儿子我呈祖父大人禀一件，国荃寄四弟信一件。七月初二日寄第十封家信，里头装有黄芽白菜子，不知道是否都已收到？

男等接得父亲归途三次信：一系河间廿里铺发^①，一汴梁城发，一武昌发；又长沙发信亦收到。六月廿九接丹阁叔信。七月初九彭山屺到京，接到四弟在省所寄《经世文编》一部^②，慎诒堂"四书"、《周易》各一部^③，小皮箱三口有布套，龙须草席一床，信一件，又叔父手书。得悉一切：谱已修好，楚善叔事已有成局，彭山屺处兑钱四十千文。外楚善叔信一件，岳父信一件。七月廿七日接到家信二件：一系五月十五在家写，一系六月廿七在省写。外欧阳牧云信一^④，曾香海信一^⑤，心斋家信二，荆七信一^⑥，俱收到。

【注释】

①河间：府县名。此指直隶河间府河间县，即今河北沧州河间。

②《经世文编》：有《皇明经世文编》、《皇清经世文编》两种，此处指《皇清经世文编》。《皇清经世文编》由贺长龄主持，魏源代为编辑。一百二十卷。道光六年（1826）成书，次年刊行。文编从七百余家清人奏议、文集中，选录有关经世致用的文章共二千二百三十六篇，时间起自清初，止于道光三年（1823）。分学术、治体、吏政、户政、礼政、兵政、刑政、工政八类，每类下又有子目，如学术下分原学、儒行、法语、广论、文学、师友等。正文前列"姓名总目"三篇，介绍被选录各家的简历及其著作。无文集、奏议而选自他书者，也开列说明。文编刊行后，影响很大，翻刻者不断，并出现了许多补编、续编和新编本。

③慎诒堂：明、清时代刻书业著名堂号，所刻经书颇为流行。四书：指《大学》、《中庸》、《论语》、《孟子》四种儒家经典。《周易》：中国古代哲学著作，儒家"五经"之一。

④欧阳牧云：即为曾国藩妻兄欧阳柄铨，字牧云。

⑤曾香海：即为曾毓芳，字伯醇，号香海。

⑥荆七：即为王荆七。与曾国藩妹夫王率五同宗，是追随曾国藩最久的仆人。

【译文】

儿子我等接得父亲归途中三次信：一封是在河间廿里铺发的，一封是在汴梁城发的，一封是在武昌发的；另外，在长沙发的信亦已收到。六月二十九日接到丹阁叔的信。七月初九日彭山屺到京城，接到四弟在省城所寄《经世文编》一部，慎诒堂"四书"、《周易》各一部，小皮箱三口皆有布套，龙须草席一床，信一封，以及叔父的亲笔信。一切情况都已知道：家谱已修好，楚善叔事已有成局，彭山屺处兑钱四十千文。此外有楚善叔的信一封，岳父的信一封。七月二十七日接到家信两封：一封是五月十五日在家写的，一封是六月二十七日在省城写的。此外，欧阳牧云信一封，曾香海信一封，心斋家信两封，荆七信一封，都收到了。

彭山屺进京，道上为雨泥所苦，又值黄河水涨，渡河时大费力，行李衣服皆湿。惟男所寄书，渠收贮箱内，全无潮损，真可感也！到京又以腊肉、莲、茶送男。渠于初九晚到，男于十三日请酒，十六日将四十千钱交楚①。渠于十八日赁住黑市，离城十八里，系武会试进场之地②，男必去送考。

【注释】

①交楚：还清债务，付清钱款。

②会试：明、清科举制度，每三年会集各省举人于京城考试为会试。

【译文】

彭山屺来京城，一路上为大雨泥泞所苦，又正赶上黄河涨水，渡河时很费力，行李衣服都湿了。只是儿子托他带的书，他收贮在箱里，一点儿都没有受潮受损，真是令人感动！到京后，他又送腊肉、莲子、茶叶给儿子我。他是初九日晚上到京的，儿子我十三日请他吃酒，十六日还清欠他的四十千钱。他十八日在黑市租房住下，离城十八里，是武会试进场的地方，儿子我一定会去送考。

　　男在京身体平安。国荃亦如常。男妇于六月廿三、四感冒，服药数帖，全愈，又服安胎药数帖。孙纪泽自病全愈后，又服补剂十余帖，辰下体已复元①。每日行走欢呼，虽不能言，已无所不知，食粥一大碗，不食零物。仆婢皆如常，周贵已荐随陈云心回南②，其人蠢而负恩。萧祥已跟别人③，男见其老成④，加钱呼之复来。

【注释】

①辰下：犹日下，眼下。

②周贵：曾国藩仆人。陈云心：即为陈起诗（1795—1842），字敦甫，号筠心，又作"云心"，湖南郴州雅溪人。道光九年（1829）进士，官吏部考功司兼稽勋司主事。陈起诗与魏源、汤鹏、左宗植并称为"湖南四杰"。主要著作有《孔子年谱》《四书求是录》《补全唐诗选辑》《罗经图考》《四删诗》。

③萧祥：曾国藩仆人。道光二十一（1841）前后在曾国藩京寓服务。

④老成：诚实稳重。

【译文】

儿子我在京身体平安。国荃也是老样子。您儿媳妇六月二十三、四日感冒，吃了几帖药后全好了，又吃了几帖安胎药。您孙子纪泽自从病好之后，又吃了十多帖补药，现在身体已复元。每天行走欢呼，虽然还不能说话，但是已经什么都懂，每天吃粥一大碗，不吃零食。仆人婢女都还是老样子,周贵已推荐跟随陈云心回湖南,这个人既愚蠢又忘恩负义。萧祥已去别人那边做事,儿子我见他诚实稳重,加了钱又叫他回来了。

　　男目下光景渐窘,恰有俸银接续,冬下又望外官例寄炭资①。今年尚可勉强支持,至明年则更难筹画。借钱之难,京城与家乡相仿,但不勒追强逼耳。前次寄信回家,言添梓坪借项内②,松轩叔兄弟实代出钱四十千③,男可寄银回家完清此项④。近因完彭山屺项,又移徙房屋,用钱日多,恐难再付银回家。

【注释】

①炭资:取暖费。又称"炭敬"。清朝官员同僚好友之间,外派者往往在年底赠送京官一笔钱财,称"炭资",因谦称微博仅供岁末买炭取暖之用。

②项:款项,钱款,经费。

③松轩叔:曾国藩从叔,曾丹阁兄弟。

④完清:还清。

【译文】

　　儿子我眼下情形日渐窘迫,恰好有俸银接续,冬季又指望外放的同僚按例寄一些炭资。今年还可勉强支持,到明年就更难筹划了。借钱难,在京城与在家乡没有两样,只是这里不催逼还债罢了。前次寄信回家,说到添梓坪借钱款项里头,松轩叔兄弟实际上代为出钱四十千,儿子我可寄钱回家,还清这笔债。近来因为还彭山屺的款项,又换房子,用钱一天比一天多,恐怕很难再寄钱回家。

男现看定屋在绳匠胡同北头路东①，准于八月初六日迁居。初二日已搬一香案去，取吉日也。棉花六条胡同之屋②，王翰城言冬间极不吉③，且言重庆下者不宜住三面悬空之屋④，故遂迁移绳匠胡同房，每月大钱十千⑤，收拾又须十余千。心斋借男银已全楚⑥，渠家中付来银五百五十两，又有各项出息⑦。渠言尚须借银出京，不知信否。

【注释】

①绳匠胡同：老北京地名。现北京菜市口大街所在位置。

②棉花六条胡同：棉花胡同，位于北京西城东北部。

③王翰城：即为王继贤（1792—1850），字翰城，湖南黔城长坡村人。由廪贡生赴京都入国子监。侍郎何凌汉看重他的才华，请他到家中授业子孙。不久任中书科中书。道光二十三年（1843）任山西省汾州府永宁州知州。

④重庆：指祖父母与父母俱存。宋楼钥《跋金花帖子绫本小录》："祖、父俱存者，今日重庆。"明宋濂《望云图》诗序："人之壮年有大父母、父母俱存而号重庆者矣。下此，则父与母无故而号具庆者矣。"

⑤大钱：旧时的一种铜钱，较普通铜钱大，面值也比普通铜钱高。《清史稿·食货志五》："大钱当千至当十，凡五等，重自二两递减至四钱四分……百以上文曰'咸丰元宝'，以下曰'重宝'。"

⑥全楚：全部还清。

⑦出息：收益。

【译文】

儿子我现在看定的房子在绳匠胡同北头路东，准备在八月初六日这天搬家。初二日已经搬了一个香案去，是图个吉日。棉花六条胡同的房子，王翰城说冬天很不吉利，并且说父、祖俱在的人不宜住三面悬空的房子，所以才迁到绳匠胡同，房租每月大钱十千，收拾房屋又要十多千。心斋借儿子我的钱已全部还清，他家寄来银子五百五十两，又有各项收益。他说还要借钱离京，不知道是真是假。

广东事前已平息，近又传闻异辞①，参赞大臣隆文已病死②，杨芳已告病回湖南③。七月间又奉旨派参赞大臣特依顺往广东查办④，八月初一日又奉旨派玉明往天津⑤，哈哴阿往山海关⑥。黄河于六月十四日开口，汴梁四面水围，幸不淹城。七月十六奉旨派王鼎、慧成往河南查办⑦。现闻泛溢千里，恐其直注洪泽湖。又闻将开捐名"豫工"⑧，例办河南工程也。

【注释】

①异辞：说法不一。

②参赞大臣：官名。清代设于新疆伊犁、塔尔巴哈台、乌什等处，地位略低于将军。又多设于出征之统帅下，赞襄军务。隆文（？—1841）：字存质，号云章，伊尔根觉罗氏，满洲正红旗人。嘉庆进士，历任刑部主事、翰林院侍讲、内阁学士、驻藏大臣、吏部侍郎、户部侍郎、刑部尚书、兵部尚书、军机大臣等职。道光二十一年（1841），以参赞大臣身份与奕山赴广东防剿英国侵略军，被迫签订《广州和约》后，忧愤不食而死，谥端毅。

③杨芳（1770—1846）：字通达，号诚斋，贵州松桃厅（今松桃）人。行伍出身，因军功历任湖南、直隶、广西、四川等省提督。道光二十一年（1841），以参赞大臣身份与奕山赴广东防剿英国侵略军，被迫签订《广州和约》后，重病卧床，道光帝批准他回湖南提督任

所治病。道光二十三年(1843)告老还乡。二十六年(1846)病
逝。告病：官吏因病请求退休。

④特依顺：他塔拉氏。清朝将领。道光二十一年(1841)，以都统衔
受命为参赞大臣，随奕山赴广东帮办军务。次年，署杭州将军。
道光二十六年(1846)，任乌里雅苏台将军。

⑤玉明：清朝将领。道光年间任盛京将军。

⑥哈哴阿：瓜尔佳氏，满洲正黄旗人。袭一等威勇侯。历任御前侍
卫、副都统等职。道光二十九年(1849)卒，赠太子少保，谥刚恪。

⑦王鼎(1768—1842)：字定九，号省厓，陕西蒲城县人。嘉庆元年
(1796)进士，历任翰林院编修、侍讲学士、侍读学士、户部尚书、
河南巡抚、直隶总督、军机大臣、东阁大学士等职。鸦片战争中
极力主战，反对议和。道光二十二年(1842)6月8日深夜，怀揣
"条约不可轻许，恶例不可轻开，穆(按：指首席军机大臣穆彰阿)
不可任，林(按：指林则徐)不可弃也"的遗疏，于圆明园自缢。慧
成：道光时期大臣，曾官通政使、河东河道总督、浙闽总督。

⑧豫工：清朝用以治理河南境内水患的募捐名目。

【译文】

　　广东的事情已经平息，但最近又听到一些不同的说法，参赞大臣隆
文已经病死，杨芳已经告病回湖南休养。七月份朝廷又下旨派参赞大
臣特依顺前往广东查办，八月初一日朝廷又下旨派玉明前往天津，哈哴
阿前往山海关。黄河在六月十四日决堤，汴梁城四面被水包围，万幸并
未淹城。七月十六日，朝廷下旨派王鼎、慧成前往河南查办水患。听说
现在河水泛溢千里，担心要直接注入洪泽湖。还听说将要举办以"豫
工"为名目的募捐，照例是为了河南的水患治理工程。

　　男已于七月留须。楚善叔有信寄男，系四月写，备言其
苦。近闻衡阳田已卖①，应可勉强度日。戊戌冬所借十千二

百,男曾言帮他,曾禀告叔父,未禀祖父大人,是男之罪,非渠之过。其余细微曲折,时成时否,时朋买②,时独买,叔父信不甚详明,楚善叔信甚详,男不敢尽信。总之,渠但免债主追逼,即是好处,第目前无屋可住③,不知何处安身?若万一老亲幼子栖托无所,则流离四徙,尤可怜悯。以男愚见,可仍使渠住近处,断不可住衡阳,求祖父大人代渠谋一安居。若有余赀④,则佃田耕作。又求父亲寄信问朱尧阶⑤,备言楚善光景之苦与男关注之切,问渠所管产业可佃与楚善耕否。渠若允从,则男另有信求尧阶,租谷须格外从轻。但路太远,至少亦须耕六十亩,方可了吃⑥。尧阶寿屏托心斋带回⑦。

【注释】

①衡阳:县名。清属衡州府,即今湖南衡阳。

②朋买:合伙购买。

③第:只是。

④赀:通"资"。

⑤朱尧阶:即为朱冀(1802—1872),字尧阶,湖南湘乡人。居乡讲学,从者甚众。朱尧阶与曾国藩交好,曾常年接济曾氏兄弟。

⑥了吃:解决吃饭问题。

⑦寿屏:呈赠给寿诞者的寿文、寿词、诗画屏条。

【译文】

儿子我已于七月留须。楚善叔有信寄给儿子我,是四月间写的,详细说了他生活的困苦。近日听说他衡阳的田已经卖掉,应该可以勉强度日了。他在戊戌年冬天所借的十千二百钱,儿子我曾说过要帮他,这件事我曾经禀告过叔父,但没有禀告祖父大人,是儿子我的错,不是他的错。其他的具体情况,一时说成,一时又说不成,一时说几个人一起买,一时又说单独买,叔父信中说得不是很明确,楚善叔的信倒是很详细,但儿子我不敢都信。总之,他只要能免去被债主追逼之苦,便是很好,只是目前没有屋住,不知在何处安身?万一老母幼子无处可以栖托,流离失所,四处流浪,那更可怜。以儿子我的愚见,可以仍旧让他住在附近,绝不能去衡阳住,恳请祖父大人代他找一个可以住的地方。如果还有多余的钱,那么就租田耕作。另外恳请父亲大人寄信问朱尧阶,详细说明楚善情形的困苦和儿子我对此事的殷切关注,问他所经营的产业可否租给楚善耕种。他如果同意,那儿子我另外再写信求尧阶,租谷要格外从轻。但是路太远,至少也要耕六十亩,才够吃的。尧阶的寿屏托心斋带回去。

　　严丽生在湘乡不理公事①,簠簋不饬②,声名狼籍。如查有真实劣迹,或有上案,不妨抄录付京,因有御史在男处查访也③,但须机密。

【注释】

①严丽生:即为严学淦,字丽生,江苏丹徒人。嘉庆九年(1804)举人,道光年间为湖南湘乡县令。有诗名,著有《海云堂诗集》,舒位《乾嘉诗坛点将录》点其为"九纹龙"。湘乡:县名。清属长沙府,范围比今天的湘潭湘乡要大,含今娄底双峰在内。

②簠簋(fǔ guǐ)不饬:亦作"簠簋不修"、"簠簋不饰",是对做官不廉正的一种婉转说法。《汉书·贾谊传》:"古者大臣有坐不廉而废者,不谓不廉,曰'簠簋不饰'。"簠,古代盛食物的方形器具。簋,古代盛食物的圆形器具。饬,整治,整顿。

③御史:官名。明、清指主管纠察的官吏。春秋战国时期列国皆有

御史，为国君亲近之职，掌文书及记事。秦设御史大夫，职副丞相，位甚尊；并以御史监郡，遂有纠察弹劾之权，盖因近臣使作耳目。汉以后，御史职衔累有变化，职责则专司纠弹，而文书记事乃归太史掌管。

【译文】

严丽生在湘乡不理公事，做官不廉洁，声名狼藉。如果查到他的真实劣迹，或者案子，不妨抄录付来京城，因为有御史在儿子我这边查访，但务必要机密。

四弟、六弟考试不知如何？得不足喜，失不足忧，总以发愤读书为主。史宜日日看，不可间断。九弟阅《易知录》①，现已看至隋朝。温经须先穷一经②，一经通后，再治他经，切不可兼营并骛，一无所得。厚二总以书熟为主③，每日读诗一首。

又谨禀父母亲大人万福金安！

【注释】

①《易知录》：指《纲鉴易知录》，是清代学者吴乘权编辑的简明中国通史读本，初刻于康熙五十年（1711）。全书共一百零七卷，一百八十多万字。上起盘古开天辟地的神话时代，下迄明朝灭亡，其间重大的历史事件，重要的历史人物，都有简略的记载。由于纪事简明，头绪清楚，使人一看了然，所以叫作《易知录》

②温经：温习经书。明、清时代读书人普遍在童蒙时期诵读"四书五经"，长大后再读这些经典，即称"温经"。

③厚二：曾国藩幼弟曾国葆乳名。曾国葆（1828—1862），派名传履，字季洪。曾家五兄弟年最幼者。咸丰九年（1859）因悲愤兄

国华战殁于三河镇，加入湘军作战且改名为贞干，改字事恒。同治元年(1862)因操劳过度病逝于南京雨花台湘军大营内。

【译文】

四弟和六弟这次考试，不知考得如何？即使得中也并不值得高兴，万一不中也不值得忧虑，总还是要以发奋读书为主。史书应当天天看，不可间断。九弟翻阅《易知录》，现在已经看到隋朝了。温习经书，要先彻底搞懂一种经书，搞懂一种之后，再去研究其他经书，千万不能同时在几种经书上用力，以至于一无所得。厚二读书，总归要以将书读熟为主，每天须读一首诗。

又谨禀父母亲大人万福金安！

八月十七日 致父母书

男国藩跪禀父母亲大人万福金安：

八月初三日，男发家信第十一号，信甚长，不审已收到否？十四日接家信，内有父亲、叔父并丹阁叔信各一件，得悉丹阁叔入泮①，且堂上各大人康健。不胜欣幸！

【注释】

①入泮：明、清时代考取县学生员称为"入泮"。古代学宫前有泮水，故称学校为"泮宫"。

【译文】

儿国藩跪禀父母亲大人万福金安：

八月初三日，儿子我寄出第十一封家信，这封信很长，不知家里收到没有？十四日接到家信，里头有父亲、叔父和丹阁叔的信各一封，得知丹阁叔考取县学生员，堂上各大人身体健康。儿子我欢喜得不行！

　　男于八月初六日移寓绳匠胡同北头路东,屋甚好,共十八间,每月房租京钱二十千文。前在棉花胡同,房甚逼仄^①,此时房屋爽垲^②,气象轩敞^③。男与九弟言,恨不能接堂上各大人来京住此。

【注释】

①逼仄:空间狭窄拥挤。

②爽垲(kǎi):高爽干燥。

③轩敞:宽敞明亮。

【译文】

　　儿子我于八月初六日搬家到绳匠胡同北头路东,房子很好,一共有十八间,每月房租京钱二十千文。以前在棉花胡同住的房子,太过狭窄拥挤,现在这房子清爽干燥,宽敞明亮。儿子我和九弟说,恨不能接堂上各位大人来京城住在这里。

　　男身体平安。九弟亦如常,前不过小恙,两日即愈,未服补剂。甲三自病体复元后,日见肥胖,每日欢呼趋走,精神不倦。冢妇亦如恒。九弟《礼记》读完,现读《周礼》^①。

【注释】

①《周礼》:儒家经典,“十三经”之一。相传为周公所作。又称《周官》。是周代官制之书,分天官、地官、春官、夏官、秋官、冬官六篇。冬官早已亡逸,后人以《考工记》补之。

【译文】

　　儿子我身体平安。九弟也是老样子,前些日子不过生一点儿小病,两天就好了,没有吃补药。甲三自病体复元之后,一天比一天胖,每天都叫嚷着到处跑，精神从不疲倦。您长儿媳妇也是老样子。九弟《礼记》已读完，现在读《周礼》。

　　心斋兄于八月十六日［出京］^①，男向渠借钱四十千，付至家用。渠允于到湘乡时，送银廿八两，交勤七叔处转交男家^②，且言万不致误。男订待渠到京日偿还其银，若到家中，不必还他。

【注释】

①［出京］：据文义，当有"出京"二字。传忠书局本缺。

②勤七叔：即为曾国藩族叔曾勤七。

【译文】

心斋兄八月十六日出京，儿子我向他借钱四十千，交付家里用。他答应到湘乡时，送银子二十八两，交付勤七叔，由勤七叔转交我家，并且说绝对不会出差错。儿子我与他约定等他回京城时再还他银子，如果他到家里，不必还他银子。

　　又，男寄有冬菜一篓，朱尧阶寿屏一付，在心斋处。冬菜托交勤七叔送至家，寿屏托交朱啸山转寄。香海处月内准有信去。王睢园处去冬有信去^①，至今无回信，殊不可解。

【注释】

①王睢园：即为王景章，字星甫，号睢园，浙江嵊县人。道光年间曾任湖南辰溪知县。

【译文】

又，儿子我寄了一篓冬菜，朱尧阶寿屏一副，在心斋那里。冬菜托交勤七叔送到家里，寿屏托交朱啸山转寄。香海处月内准定寄信过去。王睢园处去年冬天曾寄信过去，至今没有回音，真是不可理解。

　　颜字不宜写白折①，男拟改临褚、柳②。

【注释】

①颜字：颜体字。颜指唐朝书法家颜真卿。白折：即白折子。旧时用于练字习文的空白折子。因多用于写呈文、公文，亦借指呈文、公文。

②褚：即为褚遂良。唐初书法家。柳：即为柳公权。唐朝书法家。

【译文】

颜体字不适合写白折子，儿子我准备改临褚体字和柳体字。

　　去年跪托叔父大人之事①，承已代觅一具，感戴之至，泥首万拜②。若得再觅一具，即于今冬明春办就更妙。敬谢叔父，另有信一函。

　　在京一切，自知谨慎。

　　男跪禀。

【注释】

①跪托：谦辞。恳求、恳请他人帮忙做某事。

②泥首：以泥涂首，表示自辱服罪。后指顿首至地。

【译文】

去年恳请叔父大人代找棺木，承他已经找到一具，感激之至，叩头万拜。如能再找一具，就在今冬明春办妥更妙。我另有书信一封，专门敬谢叔父。

在京城一切事，儿子我自己知道谨慎。

儿跪禀。

八月十七日 致叔父书

侄国藩敬禀叔父大人侍下：

本年家信三号、正月一号，至今尚未收到。由彭九峰寄之信，七月初九收到。七夕所发之信，八月十四收到，欣悉家中一切。

【译文】

侄儿国藩敬禀叔父大人侍下：

本年的第三封家信和正月的第一封家信，至今尚未收到。托彭九峰寄的信，七月初九日收到。七夕寄的信，八月十四日收到，侄儿我欣喜获悉家中一切情况。

三月之事，本侄分所当为，情所不得已，何足挂齿。

【译文】

三月的事，本是侄儿我分内所当为，也是情理上所不得不为，哪里值得一说。

前年跪托之事，蒙在渣前买得顶好料一具①，侄谨率弟国荃南望拜谢，感抃难名②。更求再买一具，即于今冬明春请木匠办就。其所需之钱，望写信来京，侄可觅便付回。一切经营费心，何能图报。

【注释】

①渣前：地名。疑即今衡阳渣江。料：寿料,寿材,老年人生前备下
　的棺材。

②感抃(biàn)：感激而欣喜。抃,因欢欣而鼓掌。

【译文】

前年恳请帮忙的事情,承蒙您在渣前买得顶好寿料一具,侄儿我谨
率弟国荃面向南方家乡向您拜谢,感激欣喜之情实在难以言表。还要请
求您帮忙再买一具,在今冬明春请木匠做妥。所需费用多少,盼您写信
来京,侄儿我找机会托人将钱带回给您。此事劳您承办费心,难以图报。

　　姊母之病全愈,不知是何光景,曾否服药？尚有不时言
笑否？若有信来,望详细示知为幸。

　　肃此恭请叔父母大人万福金安！

　　侄率弟国荃谨禀。

【译文】

姊母的病全好了,不知是什么光景,曾服过药吗？时不时可还有说
有笑？叔父如果写信来,万望将具体情况详细告知侄儿。

肃此恭请叔父母大人万福金安！

侄率弟国荃谨禀。

九月十五日　　致父母书

男国藩跪禀父母亲大人万福金安：

　　八月十四接家信三件：内系得父亲信一、叔父信一、丹

阁叔信一。十八日男发家信第十二号，不知已收到否？

【译文】

儿国藩跪禀父母亲大人万福金安：

八月十四日接到家信三封：里头有父亲写的信一封、叔父写的信一封、丹阁叔写的信一封。十八日儿子我寄出家信第十二封，不知是否已经收到？

男等在京身体平安。甲三母子如常。惟九弟迫思南归①，不解何故。自九月初间即言欲归②。男始闻骇异，再四就询，终不明言，不知男何处不友，遂尔开罪于弟，使弟不愿同居。男劝其明白陈辞，万不可蕴藏于心，稍生猜疑。如男有不是，弟宜正容责之，婉言导之，使男改过自赎。再三劝谕，弟终无一言。如男全无过愆③，弟愿归侍定省④，亦宜写信先告知父亲，待回信到时，家中谕令南归，然后择伴束装⑤，尚未为晚。男因弟归志已决，百计阻留，劝其多住四十天，而弟仍不愿，欲与彭山屺同归。彭会试罢屈，拟九月底南旋，现在尚少途费，待渠家寄银来京。男目下已告匮⑥，九弟若归，途费甚难措办。

【注释】

①迫思：极想，太想。

②初间：指一个月的上旬。

③过愆(qiān)：过错，错误。愆，罪过，过失。

④定省：语出《礼记·曲礼上》："凡为人子之礼，冬温而夏清，昏定

而晨省。"郑玄注:"定,安其床衽也;省,问其安否何如。"后因称子女早晚向双亲问安。

⑤束装:收拾行装,准备出发。

⑥告匮:宣告用度缺乏。

【译文】

儿子们在京城身体平安。甲三母子还是老样子。只有九弟急切想回南方老家,不晓得是什么缘故。从九月初就说想回去。儿子我初听很是惊讶,再四问他,他终究不肯说明原因,不知道儿子我哪里做得不对,乃至于得罪弟弟,使得弟弟不愿意和我一起住。儿子我劝弟弟有什么话就明明白白说出来,千万不要憋在心里,以致兄弟间彼此猜疑。如果儿子我有什么不对,弟弟当很严肃地指出来,婉言劝导,使儿子我及时改正,弥补自己所犯的过错。儿子我再三劝说弟弟,弟弟终究是一言不发。如果儿子我什么过错也没有,弟弟只是想回家服侍父母亲,也应该先写信回家告诉父亲,等家里的回信到了,父亲命他回南方老家,然后再选择同伴、收拾行李,也不算晚。儿子我因弟弟回家的心意已定,想尽一切办法劝说挽留,劝弟弟多住四十天,但弟弟仍然不愿意,想和彭山屺一同回湖南。彭山屺会试落榜,准备九月底回湖南,现在路费还不够,正等他家里寄银两到京城。儿子我眼下也缺钱,九弟如果回家,路费很难筹办。

英夷在浙江滋扰日甚。河南水灾,豫楚一路饥民甚多,行旅大有戒心①。胡咏芝前辈扶榇南归②,行李家眷,雇一大船,颇挟重赀,闻昨已被抢劫,言之可惨。九弟年少无知,又无大帮作伴③,又无健仆,又无途费充裕,又值道上不甚恬谧之际④。兼此数者,男所以大不放心,万万不令弟归。即家中闻之,亦万万放心不下。男现在苦留九弟在此,弟若婉从⑤,则读书如故,半月内男又有禀呈;弟若执拗不从,则男当责以大义,必不令其独行。

【注释】

①行旅:旅客。

②胡咏芝:即为胡林翼(1812—1861),字贶生,号润芝,亦作"润之",又号咏芝,湖南益阳人。湘军重要将领。道光十六年(1836)进士,先后充会试同考官、江南乡试副考官,历任安顺、镇远、黎平知府,咸丰四年(1854)迁四川按察使,次年调湖北按察使,升湖北布政使、署巡抚。抚鄂期间,整饬吏治,引荐人才,协调各方关系,支援曾国藩率领湘军与太平军作战。咸丰十一年(1861)病卒,谥文忠。胡林翼与曾国藩、李鸿章、左宗棠并称为"中兴四大名臣"。

③大帮:结伙同行的一大群人。

④恬谧:安静,安宁。

⑤婉从:顺从。

【译文】

英国鬼子在浙江骚扰,一天比一天厉害。河南闹水灾,河南到湖北一路上逃难的饥民很多,走这条路的旅客们都提心吊胆。胡咏芝前辈护送灵柩回南方,家眷行李,雇了一条大船,带了不少财物,听说昨天已经被抢劫,说起来可真是凄惨。九弟年少无知,又不是和一大群人一起走,又没有强健的仆人跟着,况且路费又不充裕,又偏偏赶上路上不太平的时候。这几个不利的因素,让儿子我很不放心,万万不敢让弟弟回去。就是家中知道这个消息,也绝对放心不下。儿子我现在苦苦挽留九弟,弟弟如果听从,就和往常一样读书,半月之内儿子我会另外写信将情况禀告父亲;弟弟如果执意不听劝告,儿子我会用大道理要求他,绝对不让他一个人走。

自从闰三月以来，弟未尝片语违忤①，男亦从未加以词色②，兄弟极为湛乐③。兹忽欲归，男寝馈难安④，展转思维，不解何故，男万难辞咎⑤。父亲寄谕来京，先责男教书不尽职、待弟不友爱之罪，后责弟少年无知之罪，弟当翻然改寤⑥。男教训不先，鞠爱不切⑦，不胜战栗待罪之至⑧。伏望父母亲俯赐惩责，俾知悛悔遵守⑨，断不敢怙过饰非⑩，致兄弟仍稍有嫌隙。男谨禀告家中，望无使外人闻知，疑男兄弟不睦，盖九弟不过坚执，实无丝毫怨男也。

男谨禀。

【注释】

①违忤：违背，不顺从。

②词色：言语和神态。多指批评性的言语和严肃神态。

③湛乐：安乐。

④寝馈难安：寝食不安。馈，进食。

⑤辞咎：推脱罪责。

⑥翻然改寤：形容很快认识到过错而悔改醒悟。寤，谓使觉悟。

⑦鞠爱：抚爱，宠爱。切：关切，贴心。

⑧待罪：谦辞。意谓不胜其职而将获罪。

⑨悛（quān）悔：悔改，悔悟。悛，悔改。

⑩怙（hù）过：坚持错误。饰非：粉饰掩盖错误。

【译文】

自从闰三月以来，弟弟从未说过一句不顺从的话，儿子我也从未严厉训斥弟弟，兄弟相处很是和乐。现在弟弟忽想回老家，儿子我真是寝食不安，翻来覆去地想，愣是想不明白为什么会这样，儿子我一定有什么地方做得不对，绝对推托不了。父亲您寄亲笔信来京，先教训儿子我教书不够尽职、对弟弟不够友爱的过错,然后批评弟弟少年无知的过错,弟弟一定会恍然大悟并改正错误。儿子我教育弟弟不够及时,爱护弟弟不够贴心,实在是害怕不胜其职。希望父母亲大人责骂惩罚,让我知道改正错误,儿子我绝对不敢文过饰非,使兄弟之间仍然稍有嫌隙。儿子我谨慎禀告家中,希望不要让外人知道这事,以致怀疑儿子们兄弟之间不和睦,因为九弟不过坚持要回家而已,实在对儿子我没有丝毫的埋怨。

儿谨禀。

十月十九日　致父母书

男国藩跪禀父母亲大人万福金安:

十月十七日接奉在县城所发手谕,知家中老幼安吉,各亲戚家并皆如常。七月廿五由黄恕皆处寄信、八月十三日由县附信寄折差①,皆未收到。男于八月初三发第十一号家信,十八发第十二号,九月十六发第十三号,不知皆收到否?

【注释】

①黄恕皆:即为黄倬,字恕皆,湖南善化(今长沙)人。道光二十年(1840)进士,改庶吉士,授编修,历任四川学政、浙江学政,官至吏部左侍郎。为近代湖南名士,著有《介园遗集》。与曾国藩交好。

【译文】

儿国藩跪禀父母亲大人万福金安:

十月十七日收到了父亲从县城寄来的亲笔信,得知家中老小平安,各亲戚家也都和往常一样。七月二十五日托黄恕皆寄的信、八月十三日在县城交付信差的信，都没有接到。儿子我在八月初三日寄出第十一封家信，十八日寄出第十二封家信，九月十六日寄出第十三封家信，不知家里是否都已接到？

男在京身体平安，近因体气日强，每天发奋用功。早起温经，早饭后读廿三史①，下半日阅诗、古文，每日共可看书八十页，皆过笔圈点②，若有耽搁，则止看一半。

【注释】

①廿三史：《史记》、《汉书》、《后汉书》、《三国志》、《晋书》、《宋书》、《齐书》、《梁书》、《陈书》、《（北）魏书》、《北齐书》、《北周书》、《隋书》、《南史》、《北史》、《旧唐书》、《新唐书》、《旧五代史》、《新五代史》、《宋史》、《辽史》、《金史》、《元史》二十三种正史的合称。宋人将前十九种并称为"十七史"（《（新、旧）唐书》、《（新、旧）五代史》各只算一种）。明万历国子监刊行正史，在宋时所称的"十七史"之外增加《宋》、《辽》、《金》、《元》四史，称为"廿一史"。因《（新、旧）唐书》、《（新、旧）五代史》各有两种，故又称"廿三史"。

②圈点：在书或文稿上加圈或点，用来标出认为精彩、重要或值得注意的语句。

【译文】

儿子我在京城身体很好，近来由于精气神越来越足，每天发奋用功。清早起来温习经书，早饭后读二十三史，下半天读诗和古文，每天一共可以读八十页书，全部用笔圈点一过，如果有事情耽误，就只看一半。

九弟体好如常，但不甚读书。前八月下旬迫切思归，男再四劝慰,询其何故,九弟终不明言,惟不读书,不肯在上房共饭①。男因就弟房二人同食,男妇独在上房饭,九月一月皆如此。弟待男恭敬如常,待男妇和易如常,男夫妇相待亦如常,但不解其思归之故。男告弟云"凡兄弟有不是处,必须明言,万不可蓄疑于心。如我有不是,弟当明争婉讽②。我若不听,弟当写信禀告堂上。今欲一人独归,浪用途费,错过光阴,道路艰险,尔又年少无知,祖父母、父母闻之,必且食不甘味,寝不安枕,我又安能放心?是万万不可也"等语。又写书一封,详言不可归之故,共二千余字;又作诗一首示弟。弟微有悔意,而尚不读书。十月初九,男及弟等恭庆寿辰。十一日,男三十初度③,弟具酒食,肃衣冠④,为男祝贺,嗣是复在上房四人共饭⑤,和好无猜。

【注释】

①上房:正房。

②婉讽:委婉地劝说。

③初度:生日。

④肃衣冠:穿戴整齐(以参加仪式性活动)。

⑤嗣是:从此。

【译文】

九弟身体和往常一样健康,只是不怎么读书。此前八月下旬急切想回老家,儿子我再四劝解安慰,询问他为啥这样,九弟终究不肯明说,只是不读书,不肯在上房一起吃饭。儿子我只好到九弟房中与他一起吃饭,留您儿媳妇一个人在上房吃饭,整个九月都这样。九弟对我和从前一样恭敬,对您儿媳妇也和从前一样和气,儿子我夫妻俩对他也和往常一样,就是不明白他为什么想回老家。儿子我跟九弟说"凡是兄弟之间有了矛盾,一定要明白地说出来,万万不能内心憋屈而胡乱猜疑。假如我有不对的地方,弟弟你应当明白指出并好言劝说。我若是不听劝告,弟弟你当写信告诉堂上大人。现在想一个人独自回老家,浪费盘缠不说,且又错过大好光阴,况且路上不安全,你又年纪轻轻缺少经验,祖父母和父母亲知道了,一定会吃不下饭,睡不好觉,我又怎能放心呢? 这是万万不可以的"这些话。儿子我又写了一封信给弟弟,详细说明不能回老家的原因,一共写了两千多字;又作了一首诗给弟弟看。九弟略微有些后悔,但还是不读书。十月初九日,儿子我与九弟等恭庆父亲生辰。十一日,儿子我过三十岁生日,九弟备好酒菜,穿戴整齐,祝贺我,从这天之后,又重新四个人一起到上房吃饭,和好如初。

　　昨接父亲手谕,中有示荃男一纸,言"境遇难得,光阴不再"等语,弟始愧悔读书。男教弟千万言,而弟不听;父亲教弟数言,而弟遽惶恐改悟。是知非弟之咎,乃男不能友爱,不克修德化导之罪也①。伏求更赐手谕,责男之罪,俾男得率教改过②,幸甚。

【注释】

①不克:不能。化导:教化开导。

②率教:遵从教导。

【译文】

　　昨天收到父亲大人的亲笔信,其中有一页是专门写给国荃的,写有"境遇难得,光阴不再"等话,九弟方才愧疚后悔,开始读书。儿子我教导弟弟说尽了千言万语,而弟弟不听;父亲大人教导弟弟几句话,弟弟就诚惶诚恐、幡然改悟。由此可知,这不是弟弟有什么不对,而是儿子我不关爱兄弟,而且修为不够,不能教化开导弟弟。还望父亲大人再赐亲笔信,责备儿子的过错,让儿子我能遵从教导、改正错误,这样才再好不过。

男妇身体如常。孙男日见结实,皮色较前稍黑,尚不解语。

【译文】

您儿媳妇身体健康。您孙儿一天比一天结实,皮肤比以前稍黑一些,还不会说话。

男自六月接管会馆公项,每月收房租大钱十五千文。此项例听经管支用,俟交卸时算出①,不算利钱。男除用此项外,每月仅用银十一二两。若稍省俭,明年尚可不借钱。比家中用度较奢华。祖父母、父母不必悬念②。

【注释】

①交卸:卸去职务交付与后任。

②悬念:挂念。

【译文】

儿子我从六月接管会馆公务,每月收房租大钱十五千文。这笔钱照惯例由经办人支用,等离职交接时算还即可,不收利息钱。儿子我除了用这笔钱之外,每月仅花费十一二两银子。如果再稍稍节俭些,明年还可以不用借钱。同家里相比,开销宽裕多了。祖父母和父母亲不必挂念。

男本月可补国史馆协修官，此轮次挨派者。英夷之事，九月十七大胜，在福建、台湾生擒夷人一百三十三名，斩首三十二名，大快人心。许吉斋师放甘肃知府①。同乡何宅尽室南归②。余俱如故。同乡京官现仅十余人。

敬呈近事，余容续禀。

男谨禀。

【注释】

①许吉斋：即为许乃安，字吉斋，号退庐，浙江钱塘人。道光十二年（1832）进士，改庶吉士，授编修，官兰州知府、署兰州道。

②同乡何宅：指何绍基一家。

【译文】

儿子我本月可以补国史馆协修官，这个是依次派任的。英国鬼子的事，九月十七日我军大胜，在福建、台湾两地生擒鬼子一百三十三名，斩首三十二名，真是大快人心。许吉斋师外放甘肃做知府。同乡何家全家回南边。其他人都还是老样子。同乡在京城做官的现在只有十几个人。

恭敬地禀报最近发生的事情，其余的请容许我以后再禀告。

儿谨禀。

又呈附录诗一首，云："松柏翳危岩①，葛藟相钩带②。兄弟匪他人，患难亦相赖。行酒烹肥羊，嘉宾填门外。丧乱一以闻，寂寞何人会。维鸟有鹡鸰③，维兽有狼狈。兄弟审无猜，外侮将予奈。愿为同岑石④，无为水下濑⑤。水急不可矶⑥，石坚犹可磕。谁谓百年长，仓皇已老大⑦。我迈而斯征⑧,辛勤共粗粝⑨。来世安可期,今生勿玩愒⑩！"

【注释】

①翳:指树荫遮蔽。

②葛藟(lěi):植物名。落叶木质藤本。叶广卵形,夏季开花,圆锥花序,果实黑色,可入药。

③鹣(jiān)鹣:鸟名。即比翼鸟,多用来形容夫妻或兄弟。

④同岑石:同在一山的石头。

⑤濑:从沙石上流过的急水。

⑥矶:突出江边的岩石或小石山。此处用作动词。

⑦仓皇:形容匆忙急迫的样子。

⑧迈:行。此句是千里之行始于足下之意。

⑨粗粝:糙米。泛指粗劣的食物。

⑩玩愒(kài):"玩岁愒日"的略语。谓贪图安逸,旷废时日。

【译文】

又呈附录诗一首,如下:"松柏翳危岩,葛藟相钩带。兄弟匪他人,患难亦相赖。行酒烹肥羊,嘉宾填门外。丧乱一以闻,寂寞何人会。维鸟有鹣鹣,维兽有狼狈。兄弟审无猜,外侮将予奈。愿为同岑石,无为水下濑。水急不可矶,石坚犹可磕。谁谓百年长,仓皇已老大。我迈而斯征,辛勤共粗粝。来世安可期,今生勿玩愒！"

十一月十九日　　致祖父母书

孙男国藩国荃跪禀祖父母大人万福金安:

十一月初二日,孙发家信第十五号,外小鞋四双,由宝庆武举唐君带至湘乡县城罗宅①,大约新正可到②。

【注释】

①宝庆：府名。地当今湖南邵阳。武举：指武举人。明、清两代各省武生在省城乡试，考中的叫"武举人"。唐君：不详。罗宅：疑即罗泽南家。

②新正：农历新年正月。

【译文】

孙儿国藩国荃跪禀祖父母大人万福金安：

十一月初二日这天，孙儿寄出第十五封家信，另附小鞋四双，由宝庆武举人唐君带到湘乡县城罗家，大约新年正月能到。

　　十五日戌刻①，孙妇产生一女②。是日，孙妇饮食起居如故，更初始作势③，二更即达生④，极为平安。寓中所雇仆妇，因其刁悍，已于先两日遣去，亦未请稳婆⑤，其断脐、洗三诸事⑥，皆孙妇亲自经手。

【注释】

①戌刻：指十九点到二十一点。

②产生：生育，分娩。

③更初：黄昏，傍晚。相当于十九点至二十一点。旧时自黄昏至拂晓一夜间，分为甲、乙、丙、丁、戊五段，谓之"五更"。又称"五鼓"、"五夜"。作势：开始某一举动。

④达生：语出《诗经·大雅·生民》："先生如达。"郑笺云："达，羊子也。大矣后稷之在其母，终人道十月而生。生如达之生，言易也。"顺生，顺产。

⑤稳婆：旧时以接生为业的妇女。

⑥洗三：旧俗，婴儿出生后第三天给婴儿洗澡。

【译文】

十五日戌刻,您二老的孙媳妇分娩,生了一个女孩。这日,您孙媳妇饮食起居都和往常没有两样,傍晚的时候有要分娩的迹象;二更时分即顺利分娩,极其平安。家里雇的女佣人,因她太过刁蛮强悍,前两天就已经让她走了,也没有专门请接生婆,断脐和洗三这些事情,都是您孙媳妇亲自动手做的。

　　曾孙甲三于初十日伤风,十七日大愈,现已复元,系郑小珊医治。孙等在京身体如常。同乡李碧峰在京①,孙怜其穷苦无依,接在宅内居住,新年可代伊找馆也②。

　　谨禀。

【注释】

①李碧峰:或作"李笔峰",湖南湘乡人。道光二十一年(1841)、二十二年(1842)前后在京,孤苦无依,曾得曾国藩接济,寄住曾国藩寓所,并由曾国藩代觅学馆。

②找馆:找个地方教书。馆,旧时指教学的地方,如家馆、蒙馆。

【译文】

您二老的曾孙甲三在初十日这天伤风,十七日这天基本好了,现在已经复元,是郑小珊医治的。孙儿等在京城身体都好。同乡李碧峰在京城,孙儿可怜他穷苦无依,接他到家里居住,开年可以替他找个学馆教书。

　　谨禀。

十二月二十一日　　致父母书

男国藩跪禀父母亲大人万福金安:

　　十一月十八,男有信寄呈,写十五日生女事,不知到否?

昨十二月十七日，奉到手谕，知家中百凡顺遂①。不胜欣幸！男等在京，身体平安，孙男孙女皆好。现在共用四人，荆七专抱孙男，以春梅事多，不能兼顾也。孙男每日清早与男同起，即送出外，夜始接归上房。孙女满月，有客一席。九弟读书，近有李碧峰同居，较有乐趣。男精神不甚好，不能勤教，亦不督责。每日兄弟语笑欢娱，萧然自乐②，而九弟似有进境，兹将昨日课文原稿呈上③。

【注释】

①百凡：犹"凡百"。泛指一切。顺遂：顺当，顺利，合乎心意。

②萧然：潇洒、悠闲的样子。

③课文：指私塾中学生习作的诗文。

【译文】

儿国藩跪禀父母亲大人万福金安：

十一月十八日，儿子我有信寄呈，写十五日生女之事，不知信收到没有？日前十二月十七日，接到父母大人的亲笔信，知道家里一切顺利。我欢喜得不行！儿子等在京城，身体平安，您孙儿孙女都好。京城这边现在一共请了四个佣人，荆七专门抱您的孙子，因春梅要做的事情多，无暇他顾。您的孙子每天早晨与儿子我同时起床，便被送到外边，晚上才接回上房。您孙女满月请了一桌酒席。九弟读书，近来因为有李碧峰同住，比较有乐趣。儿子我精神不很好，不能太勤快地教他，也不督责。每天兄弟在一块儿说说笑笑，潇潇洒洒，怡然自乐，而九弟似乎有了进步，现将他日前的习作原稿呈上。

男今年过年，除用去会馆房租六十千外，又借银五十两，前日冀望外间或有炭资之赠，今冬乃绝无此项。闻今年家中可尽完旧债,是男在外有负累,而家无负累,此最可喜之事。岱云则南北负累,时常忧贫,然其人忠信笃敬,见信于人,亦无窘迫之时。

【译文】

儿子我今年过年,除花掉会馆房租六十千以外,又向人借了五十两银,前些天还指望外面或者会送炭资,不曾想今年冬天绝没有这个款项。听说今年家里可以把旧债还清,儿子我在外有负担拖累,但家里没有负担拖累,这是最可喜的事。岱云是南北两方面都有负担拖累,时常为贫困忧虑,幸好他这人忠诚可信,厚道恭敬,大家都信任他,所以也没有窘迫的时候。

同乡京官俞岱青先生告假①,拟明年春初出京,男有干鹿肉托渠带回。杜兰溪、周华甫皆拟送家眷出京②。岱云约男同送家眷,男不肯送,渠谋亦中止。彭山屺出京,男为代借五十金,昨已如数付来。心斋临行时,约送银廿八两至勤七叔处转交我家,不知能践言否。嗣后家中信来,四弟、六弟各写数行,能写长信更好。

男谨禀。

【注释】

①俞岱青:即为俞东枝,字岱青,湖南善化(今长沙)人。道光六年(1826)进士,选翰林院庶吉士,散馆授编修。后任山西提学,升监察御史。后退居乡里,任教于朗江、仰高、昭潭书院。

②杜兰溪:即为杜学礼,字兰溪,湖南临武人。道光二十四年

(1844)进士。由工部郎中例授道员,历署广东廉惠潮诸道。周
华甫:即为周扬之,字华甫,湖南益阳人。曾任道光朝户部主事,
卒于道光二十八年(1848)。

【译文】

同乡的京官俞岱青先生告假,准备明年春初离京,儿子我准备了一
些干鹿肉,托他带回。杜兰溪、周华甫准备送家眷离京。岱云约儿子我
同送家眷,儿子我不肯送,他的计划也中止了。彭山屺离京,儿子代他
向人借五十两银子,日前已经如数付来。心斋临走的时候,我约他送二
十八两银子到勤七叔处,转交我家,不知道他能照着办不。以后家中来
信,四弟、六弟各写几行,能够写长信就更好。

儿谨禀。

道光二十二年
正月初七日　致父母书

男国藩国荃跪禀父亲大人万福金安:

去年十二月廿一日,发平安信第十七号,内呈家中信六
件,寄外人信九件,不知已收到否?

【译文】

儿国藩国荃跪禀父亲大人万福金安:

去年十二月二十一日,儿子我寄出第十七封平安信,里头有给家里
的信六封,给外人的信九封,不知道是否已经收到?

男与九弟身体清吉①。冢妇亦平安。孙男甲三体好,每
日吃粥两顿,不吃零星饮食,去冬已能讲话。孙女亦体好,

乳食最多,合寓顺适。今年新正,景象阳和^②,较去年正月甚
为暖烘。

【注释】

①清吉:身体健康,清爽吉祥。

②景象阳和:阳光明朗,天气温暖。

【译文】

儿子我与九弟都身体健康吉祥。您长儿媳妇也平安。您孙儿甲三
身体好,每天吃两顿粥,不吃零食,去年冬天已经会说话。您孙女身体
也好,吃乳很多,我们全家顺适。今年正月,天气晴朗温暖,比去年正月
要暖和许多。

兹因俞岱青先生南回,付鹿脯一方^①,以为堂上大人甘
旨之需^②。鹿肉恐难寄远,故熏腊附回。此间现熏有腊肉、
猪舌、猪心、腊鱼之类,与家中无异。如有便附物来京,望附
茶叶、大布而已。茶叶须托朱尧阶清明时在永丰买^③,则其
价亦廉,茶叶亦好。家中之布附至此间,为用甚大,但家中
费用窘迫,无钱办此耳。

【注释】

①鹿脯:鹿肉干。

②甘旨:指供养父母、祖父母的食物,泛指生活需求。

③永丰:地名。离曾国藩故里荷叶塘不远,清属湘乡县,即今湖南
　娄底双峰永丰镇。

【译文】

现在因为俞岱青先生回南方,请他带一块鹿肉干回去,供堂上大人

食用。鲜鹿肉怕难寄到远方，所以特地熏腊了一下才寄。我这里现在熏有腊肉、猪舌、猪心、腊鱼之类，跟家里没有两样。如果有便人来京城可以带东西，希望只带茶叶和大布就好。茶叶要托朱尧阶清明时节在永丰买，这样的话不但价格便宜，茶叶还好。家里的布带到这里，用处很大，只是家里经济困窘，没钱买布。

同县李碧峰苦不堪言，男代为张罗，已觅得馆，每月学俸银三两①。在男处将住三月，所费无几，而彼则感激难名。馆地现尚未定，大约可成。

在京一切，自知谨慎。

即请父母亲大人万福金安！

【注释】

①学俸：旧称教师的薪水。

【译文】

同县李碧峰真是苦得没法说，儿子我替他张罗，已经找到教书的学馆，每月薪水三两银子。他在儿子我家里将要住三个月，所费并没有多少，而他却感激得不行。学馆的具体地点现在还没确定，但大约会成功。

儿等在京一切，自己知道小心谨慎。

即请父母亲大人万福金安！

正月十八日　致父母书

男国藩跪禀父母亲大人万福金安：

新正初七日男发第一号家信并鹿脯一方，托俞岱青先生交彭山屺转寄,不知到否? 去年腊月十九发家信,内共信十余封,想已到矣。

【译文】

儿国藩跪禀父母亲大人万福金安:

正月初七日儿子我寄出第一封家信和一块鹿肉干,托俞岱青先生交彭山屺转寄家中,不知是否已收到? 去年腊月十九日寄的家信,里头共有十多封信,想必家中已经收到了。

初七日信系男荃代书。初八早,男兄弟率合寓上下焚香祝寿。下半日荃弟患病,发热畏寒,遍身骨节痛,胁气疼痛①。次早,请小珊诊,系时疫症②。连日服药,现已大愈。小珊云:"凡南人体素阴虚者③,入京多患此症。"从前彭棣楼夫妇皆患此症④,罗苏溪、劳辛阶、郑小珊、周华甫亦曾有此病⑤。男庚子年之病⑥,亦是此症。其治法不外滋阴祛邪⑦,二者兼顾。九弟此次之病,又兼肝家有郁、胃家有滞⑧,故病势来得甚陡⑨。自初八至十三,胁气疼痛,呻吟之声震屋瓦。男等日夜惶惧。初九即请吴竹如医治。连日共请四医,总以竹如为主、小珊为辅。十四日胁痛已止,肝火亦平⑩。十五日已能食粥,日减日退,现在微有邪热在胃⑪。小珊云:"再过数日,邪热祛尽,即可服补剂。本月尽当可复体还元。"男自己亥年进京⑫,庚子年自身大病,辛丑年孙儿病,今年九弟病,仰托祖父母、父母福荫⑬,皆保万全。何幸如之!因此思丁酉春祖父之病⑭,男不获在家伏侍⑮,至今尚觉心悸⑯。九弟意欲于病起复体后归家⑰,男不敢复留。待他全好时，当借途费、择良伴，令其南归。大约在三月起行。

【注释】

①胁：从腋下到肋骨尽处的部分。

②时疫：一时流行的传染病。

③阴虚：中医学名词。精血或津液亏损的病理现象。因精血和津液都属阴，故称"阴虚"。《素问·调经论》："经言阳虚则外寒，阴虚则内热。"

④彭棣楼：即为彭舒荨（？—1852），字棣楼，湖南长沙人。道光九年（1829）进士，历任永昌、思恩、梧州知府，广东高廉道、湖北汉黄德道道台。

⑤罗苏溪：即为罗绕典（1793—1854），字兰陔，号苏溪，湖南安化人。道光九年（1829）进士，历任顺天乡试同考官、顺天乡试正考官、山西平阳知府、山西督粮道按察使、山西布政使、贵州布政使、贵州巡抚、湖北巡抚、云贵总督等职。劳辛阶：即为劳崇光（1802—1867），字辛阶，湖南善化（今长沙）人。道光十二年（1832）进士，历任广西布政使、两广总督、云贵总督等职。卒赠太子太保，谥文毅。著有《常惺惺斋诗文稿》等。

⑥庚子年：即道光二十年（1840）。

⑦滋阴：滋补阴虚，为中医的一种疗法。祛邪：驱除风邪。邪，中医指引起疾病的环境因素。

⑧肝家有郁：肝气郁结。中医指一种关于肝脏的疾病，有头晕、目眩、胸闷、胁痛、嗳气、呕吐等症状。胃家有滞：中医术语。指胃气滞胀，消化不良。

⑨甚陡：指病情很急，发作得很突然。

⑩肝火：中医术语。指肝气亢盛的热象。多因七情过极、肝阳化火或肝经蕴热所致。症见头晕、面红、目赤、口苦、急躁易怒、舌边

尖红、脉弦数；甚或昏厥、发狂、呕血等。

⑪邪热：又称"热邪"。中医术语。热邪为六淫之一，人体遭受热邪后可出现热像、伤阴、动风、动血并引起发热、口渴喜冷饮、大便干、小便黄、烦躁、苔黄、舌质红、脉数。严重时，会出现抽搐、痉挛一类风动或出血症状。

⑫己亥年：即道光十九年（1839）。

⑬福荫：亦作"福廕"，犹福庇，赐福保护之意。

⑭丁酉：即道光十七年（1837）。

⑮不获：不能，不得。

⑯心悸：心中害怕。

⑰病起：病情有起色，病愈。复体：身体恢复健康状态。

【译文】

初七日寄的信是由国荃代写的。初八日一早，儿兄弟俩率领全家上下焚香祝寿。下半日荃弟患病，发热畏寒，浑身骨节痛，胁气疼痛。第二天一早，请郑小珊诊治，说是一时流行的传染病。天天服药，现在已经基本好了。小珊说："南方人凡是身体一向阴虚的，到京城多得这病。"从前彭棣楼夫妇都得过这病，罗苏溪、劳辛阶、郑小珊、周华甫也都曾得这病。儿子我庚子年所患，也是这病。治这病的方法不外乎滋阴祛邪，二者兼顾。九弟这次的病，又加上肝气郁结、胃气滞胀，所以病情来得很急。从初八日至十三日，胁气疼痛，呻吟之声震动屋瓦。儿子我等日夜惶惧。初九日就请了吴竹如来医治。连日来一共请了四个医生，以吴竹如为主诊、郑小珊为辅治。十四日这天胁痛已经停止，肝火也平复下来。十五日这天已经能喝粥，病势一天比一天减退，现在胃部还稍稍有些邪热。郑小珊说："再过几天，邪热都除尽了，就可以服用补药。本月之内应该可以恢复健康。"您儿子我从己亥年进京，庚子年自己身患大病，辛丑年您孙儿患病，今年九弟患病，全靠托祖父母、父母的福，才都得以保全。真是太幸运了！由此想到丁酉年春天祖父患病，儿子我不能在家照料,至今还觉得心有余悸。九弟想在病好身体恢复健康之后回老家,儿子我不敢再留他。等他身体全好了的时候,儿子我当为他借路费、选择好的同伴,让他回南边老家。大约在三月起身南行。

英逆去秋在浙滋扰,冬间无甚动作。若今春不来天津,或来而我师全胜,使彼片帆不返,则社稷苍生之福也^①。黄河决口,去岁动工,用银五百余万,业已告竣^②,腊底又复决口。湖北崇阳民变^③,现在调兵剿办^④,当易平息。

余容续禀。

男谨呈。

【注释】

①社稷:古代帝王、诸侯所祭的土神和谷神,代指国家。苍生:指百姓。

②告竣:宣告完毕,完成(多指较大的工程)。

③崇阳民变:指道光二十一年(1841)腊月锺人杰领导的崇阳农民起义。崇阳,县名。即今湖北咸宁崇阳。

④剿办:谓使用武力镇压,从严惩办。

【译文】

英国鬼子去年秋天在浙江一带滋事骚扰,冬天没有什么动作。如果今年春天不来天津,或者来了而我军大获全胜,歼灭它整个舰队让它片甲不留,便是国家和百姓的福分了。黄河决口治理工程,去年动工,共用银子五百多万两,已经宣告竣工,腊月底又再次决口。湖北崇阳现发生民变,现在已调集军队镇压,应该很容易平息。

其他的容以后禀告。

儿谨呈。

二月二十四日　致父母书

男国藩跪禀父母亲大人万福金安：

正月十七日发第二号家信，不知已收到否？

【译文】

儿国藩跪禀父母亲大人万福金安：

正月十七日寄的第二封家信，不知是否已经收到？

男身体平安，男妇亦如常。九弟之病，自正月十六日后，日见强旺。二月一日开荤，现已全复元矣。二月以来，日日习字，甚有长进。男亦常习小楷，以为明年考差之具[①]。近来改临智永《千字文》帖[②]，不复临颜、柳二家帖，以不合时宜故也。孙男身体甚好，每日佻达欢呼[③]，曾无歇息[④]。孙女亦好。

【注释】

①考差：科举制度中考官的考选差派制度，始于雍正三年（1725）。嘉庆五年（1800）令满、汉二品以下进士出身之侍郎、内阁学士、三品京堂，及未经考试试差之四、五品京堂，俱赴上书房考试，不愿考者听便。钦命论、诗题各一，谓之"大考差"。此后循例行之。

②智永：俗姓王，会稽人。南朝陈僧。王羲之七世孙。出家住永欣寺，称永禅师。擅书法，诸体咸善，草书尤妙。隋炀帝曾说："智永得右军肉，智果得右军骨。"今传《真草千字文》书迹。《千字

文》:是南北朝梁周兴嗣编纂的,由一千个汉字组成的长韵文,四字一句,用以教授儿童基本汉字。

③佻达:语出《诗经·郑风·子衿》:"挑兮达兮,在城阙兮。"毛传:"挑达,往来相见貌。"不安静,走来走去的样子。双声联绵字,亦写作"挑达"。

④曾:乃,竟。

【译文】

您儿子我身体平安,您儿媳妇身体也和往常一样好。九弟的病,从正月十六日以后,一天比一天好起来。二月一日起开始吃荤,现在已全部复元。二月以来,天天练字,很有长进。儿子我也常常练习小楷,为明年考差做准备。近来改临智永的《千字文》帖,不再临习颜、柳两家的字帖,因为这两家帖不合时宜的缘故。您孙儿身体很好,每天乱走欢叫,也不歇息。您孙女也好。

　　浙江之事,闻于正月底交战,仍尔不胜①。去岁所失宁波府城②,定海、镇海二县城③,尚未收复。英夷滋扰以来,皆汉奸助之为虐。此辈食毛践土④,丧尽天良,不知何日罪恶贯盈,始得聚而歼灭。湖北崇阳县逆贼锺人杰为乱⑤,攻占崇阳、通城二县⑥。裕制军即日扑灭⑦,将钟人杰及逆党槛送京师正法⑧。余孽俱已搜尽。锺逆倡乱不及一月⑨,党羽姻属,皆伏天诛。黄河去年决口,昨已合龙⑩,大功告成矣。

【注释】

①仍尔:仍旧。

②宁波:清浙江省府名。即今浙江宁波。

③定海:即今浙江舟山定海。清康熙二十七年(1688)设定海县,道

光二十一年(1841)升为直隶厅。镇海：即今浙江宁波镇海。后梁开平三年(909)，吴越王钱镠始置望海县，旋即改名定海县。康熙二十六年(1687)改名镇海县。

④食毛践土：语出《左传·昭公七年》："封略之内，何非君土？食土之毛，谁非君臣？"居其地而食其土之所产。谓一切生活所需，均属国君所有。旧时常用作感戴君恩之辞。毛，指可食植物。

⑤锺人杰(1803—1842)：湖北崇阳白霓桥人。秀才出身，道光二十一年(1841)腊月领导崇阳县三千余人举义，攻占崇阳、通城二县，道光二十二年(1842)正月被清军剿灭。

⑥通城：县名。即今湖北咸宁通城。

⑦裕制军：即为当时湖广总督裕泰。裕泰(1788—1851)，字东岩，号余山，他塔剌氏，满洲正红旗人。由官学生考授翻译中书。道光间官至湖广总督。咸丰元年(1851)调陕甘，未及赴任，卒。谥庄毅。制军，明、清时总督的别称。又称"制台"。

⑧槛送：以囚车押送。

⑨倡乱：造反，带头作乱。

⑩合龙：修筑堤坝或桥梁时从两端开始施工，最后在中间接合，称"合龙"。亦称"合龙门"。宋沈括《梦溪笔谈·官政一》："凡塞河决，垂合，中间一埽，谓之'合龙门'，功全在此。"

【译文】

浙江的事，听说在正月底交战，仍旧是不能取胜。去年失守的宁波府城，定海、镇海两县城，还没有收复。英国鬼子滋事骚扰以来，总有汉奸助纣为虐。这帮人虽然生在中国长在中国，却丧尽天良，不知道哪一天才罪恶贯盈，最终被聚到一起歼灭。湖北崇阳县逆贼锺人杰作乱，攻占崇阳、通城两县。裕制军几天就扑灭暴乱，将锺人杰及其党羽用囚车送到京城处决。余孽已经一网打尽。锺逆造反不到一个月，党羽姻属，都被朝廷处决。黄河去年决口，日前已经合龙，大功业已告成。

九弟前病中思归,近因难觅好伴,且闻道上有虞①,是以不复作归计。弟自病好后,亦安心,不甚思家。李碧峰在寓住三月,现已找得馆地,在唐同年李杜家教书②,每月俸金二两,月费一千。男于二月初配丸药一料,重三斤,约计费钱六千文。男等在京谨慎,望父母亲大人放心。

男谨禀。

【注释】

①有虞:有难以预料的危险。

②唐同年:即为唐李杜(1796—1866),字诗甫,湖南祁阳人。道光十六年(1836)进士,历任吏部主事、靖边知县、商州知州。同治初年回乡,任文昌书院山长。

【译文】

九弟前些日子生病想家,近来因为找不到好同伴,又听说路上不很太平,因此不再有回家的打算。弟弟自从病好之后,也安心许多,不怎么想家了。李碧峰在我家住了三个月,现在已经找到教书的学馆,在唐同年李杜家教书,每个月薪水银二两,每月花费一千文。儿子我在二月初配丸药一料,有三斤重,大约花费六千文钱。儿子等在京城小心谨慎,望父母亲大人放心。

儿谨禀。

三月十一日　致父母书

男国藩跪禀父母亲大人万福金安:

二月廿三日,发家信第三号,不知已收到否? 正月所寄鹿脯，想已到。三月初奉大人正月十二日手谕，具悉一切。又知附有布匹、腊肉等在黄莆卿处①，第不知黄氏兄弟何日进京，又不知家中系专人送至省城，抑托人顺带也。

【注释】

①黄莆卿：即为黄兆麟，字叔文，号黻卿，湖南善化人。道光二十年（1840）进士，改庶吉士，授编修，曾官光禄寺少卿。有《古樽山房遗稿》。

【译文】

儿国藩跪禀父母亲大人万福金安：

二月二十三日，寄出第三封家信，不知是否已经收到？正月里寄的鹿肉干，想已收到。三月初接到父亲大人正月十二日的亲笔信，一切情况都已知道。又得知有布匹、腊肉等物托付黄莆卿转交，只是不知道黄氏兄弟哪天进京，又不知道家中是派专人送到省城，还是托人顺路带去的。

男在京身体如常，男妇亦清吉。九弟体已复元。前二月间，因其初愈，每日只令写字养神。三月以来，仍理旧业，依去年功课。未服补剂，男分丸药六两与他吃，因年少不敢峻补。孙男女皆好，拟于三月间点牛痘。此间牛痘局，系广东京官请名医设局积德，不索一钱，万无一失。

【译文】

儿子我在京身体如往常一样好，您儿媳妇也健康吉祥。九弟身体已经复元。前两个月，因为他大病初愈，每天只是让他写字养神。三月份以来，仍旧修习以往的学业，照去年的功课安排。没有吃补药，儿子我分丸药六两给他吃，因他年少，不敢补得太猛。您孙儿孙女都好，准备在三月份种牛痘。这里的牛痘局，是广东籍的京官请名医开设的，是为了积德，不要一文钱，万无一失。

男近来每日习帖，不多看书。同年邀为试帖诗课①，十日内作诗五首，用白折写好公评，以为明年考差之具。又吴子序同年有两弟在男处附课看文②。又金台书院每月月课③，男亦代人作文。因久荒制艺④，不得不略为温习。

【注释】

①试帖诗：源于唐代，受帖经、试帖影响而产生，为科举考试所采用。其诗大都为五言六韵或八韵的排律，以古人诗句或成语为题，冠以"赋得"二字，并限韵脚。清代试帖诗格式限制尤严，内容大多直接或间接歌颂皇帝功德，并须切题。

②吴子序：即为吴嘉宾（1803—1864），字子序，江西南丰人。道光十八年（1838）进士，累官至内阁中书。吴嘉宾与曾国藩是同榜进士，过从甚密。他以经学和古文名世，是桐城派在江西的代表人物，一生著述甚丰，代表作有《求自得之室文钞》、《周易说》、《书说》、《诗说》、《诸经说》等。附课：指在正式的书院外拜师，并将所作试帖诗和时文进呈给老师请其评阅。

③金台书院：是清朝中叶在京城建立的一所书院。遗址在今崇文门外东晓市大街203号。金台书院的前身系洪承畴的私宅。清康熙三十九年（1700），京兆尹钱晋锡在宛平设义学，后并入洪庄，名首善义学；乾隆十五年（1750）正式改名为金台书院。金台书院隶属顺天府官署，所收学员主要是京师和各省准备参加会试、殿试的举人和贡生，但顺天府的童生亦可就读。

④制艺：指八股文。姚华《论文后编·目录下》："熙宁中王安石创

立经义,以为取士之格,明复仿之,更变其式,不惟陈义,并尚代
言,体用排偶,谓之八比,通称制艺,亦名举业。"

【译文】

儿子我近来每天临习字帖,看书不多。同年邀请一起作试帖诗课,
十日之内作五首诗,用白折子写好,大家在一起评论优劣,为明年考差
作准备。另吴子序同年有两个弟弟在儿子我这里跟着学习,让我帮着
指导写文章。另金台书院每月有月课,儿子我也代别人作文章。因为
荒废制艺太久,不得不稍稍温习一下。

　　此刻光景已窘,幸每月可收公项房钱十五千,外些微挪
借,即可过度①。京城银钱比外间究为活动②。家中去年彻
底澄清,余债无多,此真可喜。

【注释】

①过度:过活,度日。

②活动:灵活。

【译文】

现在日子过得已经窘迫,幸亏每月可收公项房钱十五千,外加四处
挪借一些,就可以过日子。京城的银钱比外面还是要灵活一些。家里
去年彻底还清,剩下的债不多,这真是可喜之事。

　　蕙妹仅存钱四百千①,以二百在新窑食租②,不知住何人
屋,负薪汲水又靠何人。率五素来文弱,何能习劳? 后有家
信,望将蕙妹家事琐细详书。

　　余容后禀。

　　男谨呈。

【注释】

①蕙妹:即为曾国藩胞妹曾国蕙(1814—1864),嫁王待聘为妻。

②新窑:地名。疑即今湖南湘潭新窑咀。食租:放租,收利息。

【译文】

蕙妹仅有存款四百千文,用二百千在新窑放租,不知道现在住谁家的屋子,砍柴挑水又靠谁。率五一向文弱,怎么能够做这些苦力? 以后有家信来,希望将蕙妹的家事琐细写详细。

其他的容以后禀告。

儿谨呈。

四月廿七日　　致祖父母书

孙男国藩跪禀祖父母大人万福金安:

三月十一日发家信第四号,四月初十、廿三发第五号、第六号,后两号皆寄省城陈家,因寄有银参笔帖等物,待诸弟晋省时当面去接。

【译文】

孙儿国藩跪禀祖父母大人万福金安:

三月十一日寄出第四封家信,四月初十、二十三日寄出第五封、第六封,后两封都是寄到省城陈家的,因为寄有银票、人参、毛笔、字帖等物品,等几位弟弟进省城时当面接收。

四月廿一日,接壬寅第二号家信①,内祖父、父亲、叔父手书各一,两弟信并诗文俱收。伏读祖父手谕②,字迹与早年相同，知精神较健，家中老幼平安。不胜欣幸！游子在外，最重惟平安二字。承叔父代办寿具，兄弟感恩，何以图报？湘潭带漆，必须多带。此物难辨真假，不可邀人去同买，反有奸弊。在省考试时，与朋友问看漆之法，多问则必能知一二。若临买时，向纸行邀人同去③，则必吃亏。如不知看漆之法，则今年不必买太多，待明年讲究熟习，再买不迟。今年漆新寿具之时，祖父母寿具必须加漆。以后每年加漆一次，四具同加。约计每年漆钱多少，写信来京，孙付至省城甚易。此事万不可从俭，子孙所为报恩之处，惟此最为切实，其余皆虚文也。孙意总以厚漆为主，由一层以加至数十层，愈厚愈坚，不必多用瓷灰、夏布等物，恐其与漆不相胶黏，历久而脱壳也。然此事孙未尝经历讲究，不知如何而后尽善。家中如何办法，望四弟详细写信告知，更望叔父教训诸弟经理。

【注释】

①壬寅：指道光二十二年（1842）。

②伏读：敬辞。恭敬地阅读。

③纸行：专门卖香纸的店铺。

【译文】

四月二十一日，接到壬寅年第二封家信，其中祖父、父亲、叔父亲笔信各一封，两位弟弟的信和诗文都已收到。恭敬地拜读祖父大人的亲笔信，字迹和早些年相同，知道祖父大人精神比较强健，家中老少平安。我欢喜得不行！游子出门在外，最看重的就是平安二字。承蒙叔父代劳筹办寿具，我们兄弟感恩戴德，不知如何才能报答？从湘潭带漆回家,必须多带。漆这东西难以分清真货假货,不能邀人一起去买,若邀人同买,反而容易被欺诈蒙骗。在省城考试时,向朋友请教看漆的方法,多问几个人就能略知一二了。如果临买漆的时候,到纸行邀人陪同前去,那可就要吃亏了。如果不懂看漆的方法,那今年不必买太多,等明年摸清门道了,再买不迟。今年漆新寿具的时候,祖父母的寿具必须加漆。以后每年要加漆一次,四具同时加漆。大约每年漆钱要多少,写信来京城,孙儿付钱到省城很容易。这件事万万不可以从俭,子孙所能做的报恩之事,只有这件事最切实,其余的都是表面文章。孙儿我的意思,总还以漆得厚一些为主,从一层加到几十层,漆得越厚越坚固,不必多用瓷灰、夏布等东西,只怕这些东西与漆不相黏合,时间长了会脱壳。但这件事孙儿我没有经历过,也没有好好研究过,不知道怎样做才是尽善尽美。家里怎么做,希望四弟写信一五一十地告诉我,更希望叔父教训几位弟弟经办。

　　家心斋兄去年临行时,言到县即送银廿八两至我家。孙因十叔所代之钱①,恐家中年底难办,故向心斋通挪②。因渠曾挪过孙的。今渠既未送来,则不必向渠借也。家中目下敷用不缺③,此孙所第一放心者。孙在京已借银二百两。此地通挪甚易,故不甚窘迫,恐不能顾家耳。曾孙姊妹二人体甚好。四月廿三日已种牛痘。牛痘万无一失,系广东京官设局济活贫家婴儿,不取一钱。兹附回种法一张,敬呈慈览。湘潭、长沙皆有牛痘公局,可惜乡间无人知之。

【注释】

①十叔:即丹阁十叔。见前注。
②通挪:通融挪借钱财。

③敷用：日常费用支出。

【译文】

　　本家心斋兄去年临走的时候，说一到县内就送银二十八两到我家。孙儿我因为十叔所代出的钱，恐家里年底难以筹办，所以向心斋挪借。因他也曾经挪过孙儿我的。现在他既然没有送来，那就不必向他借了。家里眼下维持生活不缺钱用，是孙儿我第一放心的事。孙儿在京城已借了银子二百两。这里挪借很容易，所以不太窘迫，但是只怕不能照顾到家里了。您曾孙兄妹两人身体很好。四月二十三日已经种了牛痘。牛痘万无一失，是广东籍京官设局救济贫家婴儿，不收一分文。现寄回种牛痘法一张，敬呈堂上大人一看。湘潭、长沙都有牛痘公局，可惜乡里没人知道。

　　英夷去年攻占浙江宁波府及定海、镇海两县，今年退出宁波，攻占乍浦①，极可痛恨，京城人心安静如无事时，想不日可殄灭也②。

　　孙谨禀。

【注释】

　　①乍浦：港口名。即今嘉兴港，位于杭州湾跨海大桥北侧，是浙江北部唯一的出海口和海上对外贸易口岸。

　　②殄（tiǎn）灭：灭绝，消灭干净。

【译文】

　　英国鬼子去年攻占浙江宁波府及定海、镇海两县，今年退出宁波，攻占乍浦，极可痛恨，但京城人心安静得好像没事时一样，我想不久当可歼灭敌人。

　　孙儿谨禀。

六月初十日　致祖父母书

孙男国藩跪禀祖父母大人万福金安：

　　四月廿七日呈家信第七号，内共四信，不知已收到否？

【译文】

孙儿国藩跪禀祖父母大人万福金安：

　　四月二十七日发第七封家信，里头共有四封信，不知家里是否已经收到？

　　孙兄弟在京平安，孙妇身体如常。曾孙兄妹二人种痘后现花极佳，男种六颗出五颗，女种四颗出三颗，并皆清吉。寓内上下平善①。

【注释】

　　①平善：平安，安康。

【译文】

　　孙儿兄弟俩在京城平安，您孙媳妇身体也和往常一样。您曾孙兄妹二人种痘后出痘情形很好，您曾孙子种六颗出了五颗，您曾孙女种四颗出了三颗，都健康吉祥。全家上下都平安。

　　逆夷海氛甚恶，现在江苏滋扰，宝山失守①，官兵退缩不前，反在民间骚扰，不知何日方可荡平。天津防堵甚严，或可无虑。

【注释】

①宝山：地名。即今上海宝山。

【译文】

　　洋鬼子在沿海闹得很嚣张，现在江苏滋扰生事，宝山失守了，官兵退缩不敢前进，反而在民间骚扰，不知哪一天才能平定。天津防范堵截很严密，或者不用过多担心。

　　同乡何子贞全家住南京①，闻又将进京。谢果堂太守兴峨于六月初进京②，意欲捐复③，多恐不能。郑莘田世任放贵州贵西道④。黎樾乔转京畿道。同乡京官绝少，孙在京光景虽艰，而各处通挪，从无窘迫之时，但不能寄赀回家，以奉甘旨之需，时深愧悚。前寄书徵一表叔⑤，言将代作墓志，刻下实无便可寄。蕙妹移居后，究不知光景如何？孙时常挂念，若有家信来京，望详明书示。

　　孙在京自当谨慎，足以仰慰慈厪⑥。

　　孙谨禀。

【注释】

①何子贞：即为何绍基（1799—1873），字子贞，号东洲，湖南道州人。道光十六年（1836）进士，曾任四川学政、福建乡试考官等职。历主山东泺源、长沙城南书院。通经史，是晚清著名诗人、书法家，著有《惜道味斋经说》、《东洲草堂诗文钞》、《说文段注驳正》等书。

②谢果堂：即为谢兴峨（1779—1849），字果堂，湖南湘乡人。嘉庆二十四年（1819）进士，曾任宝丰知县、陕州知州、叙州知府等职。

太守：汉朝设立的一郡最高行政主管官吏。隋、唐后的刺史、知府也别称"太守"。

③捐复：清代制度，捐银恢复受处分降革的原官职。《清史稿·选举志七》："（康熙）三十五年，帝念降革留任人员，因公处分，辄停升转，诏许捐复。"

④道：中国历史上行政区域的名称。唐代相当于现在的省，清代和民国初年在省以下设道。

⑤徵一：即为彭徵一。曾国藩表叔。余不详。

⑥慈廑（qín）：指长辈的殷切关怀。

【译文】

同乡何子贞全家住在南京，听说又打算进京城。谢果堂太守兴峣在六月初进京，想要捐复官职，恐怕不能成功。郑莘田世任外放贵州贵西道。黎樾乔转任京畿道。同乡在京城做官的很少，孙儿在京城的日子虽说有些艰难，但到处挪借，从来没有窘迫过，只是不能寄钱财回家，以奉侍父母、祖父母的生活需要，时刻深感愧疚。前不久写信给徵一表叔，说将代作墓志，但眼下实在没有便人可寄。蕙妹搬家后，不知道情况到底怎么样？孙儿我时时挂念，如果有家信来京城，希望详细而明白地告诉我。

孙儿在京自己知道小心谨慎，可使堂上大人得到安慰。

孙儿谨禀。

七月初四日　　致父母书

男国藩跪禀父母亲大人万福金安：

六月廿八日接到家书，系三月廿四日所发，知十九日四弟得生子，男等合室相庆。四妹生产虽难，然血晕亦是常事。且此次既能保全,则下次较为容易。男未得信时,常以为虑。既得此信,如释重负。

【译文】

儿国藩跪禀父母亲大人万福金安:

六月二十八日接到家信,是三月二十四日所寄,知悉十九日四弟生了个男孩,儿子们全家都在一起庆贺。四妹生孩子虽然困难,但晕血也是常事。既然这次能够保全,那么下次应该会容易许多。儿子我没有收到信的时候,常为这事担心。现在已经收到信,心里的重负放了下来。

六月底,我县有人来京捐官王道瀣①。渠在宁乡界住,言四月县考时,渠在城内并在彭兴岐云门寺、丁信风两处面晤四弟、六弟②,知案首是吴定五③。男十三年前在陈氏宗祠读书,定五才发蒙作起讲④,在杨畏斋处受业⑤。去年闻吴春冈说定五甚为发奋,今果得志,可谓成就甚速。其余前十名及每场题目,渠已忘记。后有信来,乞四弟写出。

【注释】

①捐官:纳资求官。王道瀣:湖南湘乡人。曾国藩同乡。

②彭兴岐:湖南湘乡人。余不详。丁信风:湖南湘乡人。余不详。

③案首:明、清时科举考试,县、府试及院试的第一名。吴定五:湖南湘乡人。道光二十二年(1842)县考案首。

④发蒙:启蒙。起讲:八股文的第三股,概要叙述全文,以引发议论。

⑤杨畏斋:湖南湘乡人。塾师。受业:跟随老师学习。

【译文】

六月底,我县有人来京捐官王道隆。他在宁乡界住,说四月县考时,他在城内,并且在彭兴岐云门寺、丁信风两处和四弟、六弟见过面,知道第一名是吴定五。儿子我十三年前在陈氏宗祠读书,定五才刚开始学如何作起讲,在杨畏斋那里读书。去年听吴春冈说定五很发奋,现在果然得志,可以说是成就很快了。其余前十名及每场的题目,他已忘记。以后来信,请四弟告诉我。

四弟、六弟考运不好,不必挂怀。俗语云:"不怕进得迟,只要中得快。"从前邵丹畦前辈甲名四十三岁入学①,五十二岁作学政。现任广西藩台汪朗渠鸣相于道光十二年入学②,十三年点状元。阮芸台元前辈于乾隆五十三年县、府试皆未取头场③,即于其年入学中举,五十四年点翰林,五十五年留馆,五十六年大考第一④,比放浙江学政⑤,五十九年升浙江巡抚。些小得失不足患,特患业之不精耳!两弟场中文若得意,可将原卷领出寄京;若不得意,不寄可也。

【注释】

①邵丹畦:即为邵甲名,字丹畦。嘉庆二十四年(1819)进士,官至江苏布政使。入学:旧指生徒或童生经考试录取后进府、州、县学读书。

②藩台:明、清时布政使的俗称。汪朗渠:即为汪鸣相(1794—1840),字佩珩,号朗渠,江西彭泽人。道光十三年(1833)状元,历任翰林院修撰、顺天乡试同考官、广西乡试正考官等职。著有《云帆霜铎联吟草》等。道光十二年:即1832年。

③阮芸台:即为阮元(1764—1849),字伯元,号芸台,江苏仪征人。

乾隆五十四年(1789)进士，历乾隆、嘉庆、道光三朝，先后任礼部、兵部、户部、工部侍郎，山东、浙江学政，浙江、江西、河南巡抚及漕运总督、湖广总督、两广总督、云贵总督、体仁阁大学士等职。被尊为三朝阁老、九省疆臣。一代文宗，也是清代著名学者。乾隆五十三年：即1788年。县、府试：县试和府试。县试，清代由县官主持的考试。取得出身的童生，由本县廪生保结后才能报名赴考。约考五场，试八股文、试帖诗、经论、律赋等。事实上第一场录取后即有参加上一级府试资格。府试，科举时代府一级考试。头场：指乡试或会试的第一场考试。明、清两代科举考试中乡试、会试各分三场，中选的关键在第一场。

④大考：清制，翰林、詹事的升职考试。凡詹事府少詹事以下，翰林院侍读学士以下，每十年左右，临时宣布召集考试。考试结果分四等，分别予以超擢、升阶、罚俸、降调、休致、革职。

⑤比：不久，立即。

【译文】

　　四弟和六弟考运不好，不必放在心上。俗话说："不怕进得迟，只要中得快。"从前邵丹畦前辈甲名四十三岁才入学，五十二岁做了学政。现任广西藩台汪朗渠鸣相在道光十二年入学，十三年点的状元。阮芸台元前辈在乾隆五十三年的县试和府试的头场，都没有录取，但就在当年他入学并中举，五十四年点翰林，五十五年留馆，五十六年大考得第一名，外放任浙江学政，五十九年升任浙江巡抚。小小得失不足为患，只怕学业不精啊！两位弟弟考场里的文章如果得意，可把原卷领出来寄到京城；如果不得意，不寄也可以。

男等在京平安。纪泽兄妹二人体甚结实，皮色亦黑。

【译文】

儿子等在京平安。纪泽兄妹二人身体结实，肤色也黑。

逆夷在江苏滋扰，于六月十一日攻陷镇江①，有大船数十只在大江游弈，江宁、扬州二府颇可危虑②。然而天不降灾，圣人在上③，故京师人心镇定。

【注释】

①镇江：清代府名。即今江苏镇江。

②江宁：古代府名。即今江苏南京。扬州：清代府名。即今江苏扬州。

③圣人：指皇帝。

【译文】

洋鬼子在江苏滋扰生事，于六月十一日攻陷镇江，有大船几十条在大江上游弋，江宁、扬州两府情势危急，很让人担心。然而没有什么天灾，且有圣天子在上，所以京城人心安定。

同乡王翰城继贤，黔阳人，中书科中书①。告假出京。男与陈岱云亦拟送家眷南旋，与郑莘田、王翰城四家同队出京。郑名世任，给事中，现放贵州贵西道。男与陈家本于六月底定计，后于七月初一请人扶乩另纸录出大仙示语②，似可不必轻举妄动，是以中止。现在男与陈家仍不送家眷回南也。同县谢果堂先生兴峣来京为其次子捐盐大使③，男已请至寓陪席。其世兄与王道隆尚未请，拟得便亦须请一次。

【注释】

①中书：官名。"中书舍人"的省称。隋、唐时为中书省的属官。明、清废中书省，于内阁设中书舍人，掌撰拟、缮写之事。

②扶乩(jī)：一种迷信活动。扶，指扶架子。乩，谓卜以问疑。术士制丁字形木架，其直端顶部悬锥下垂。架放在沙盘上，由两人各以食指分扶横木两端，依法请神，木架的下垂部分即在沙上画成文字，作为神的启示，或与人唱和，或示人吉凶，或与人处方。旧时民间常于农历正月十五夜扶乩。

③盐大使：清代盐库大使，全称"盐运司库大使"，为正八品官，属于杂职官之一。

【译文】

同乡王翰城继贤，黔阳人，中书科中书。告假出京。儿子我和陈岱云也准备送家眷回南方，与郑莘田、王翰城四家结伴同队出京。郑名世任，给事中，现放贵州贵西道。儿子我与陈家本在六月底确定好计划，后在七月初一日请人扶乩另纸录出大仙示语，似可不必轻举妄动，因此中止了原计划。现在儿子我与陈家不送家眷回南方了。同县谢果堂先生兴峣来京城为他次子捐盐大使，儿子我已请他至京城寓所吃饭。他家公子和王道隆尚未邀请，打算在方便的时候也请一次。

　　正月间俞岱青先生出京，男寄有鹿脯一方，托找彭山屺转寄，俞后托谢吉人转寄①，不知到否？又四月托李昺冈荣灿寄银寄笔②，托曹西垣寄参③，并交陈季牧处④，不知到否？前父亲教男养须之法，男仅留上唇须，不能用水浸透，色黄者多、黑者少；下唇拟待三十六岁始留。男每接家信，嫌其不详，嗣后更愿详示。

　　男谨禀。

【注释】

①谢吉人:即为谢邦鉴,字吉人,湖南湘乡人。谢振定之子。道光二十五年(1845)进士,曾任江苏高淳知县。

②李嵋冈:即为李荣灿,字嵋冈,湖南临武人。嘉庆十八年(1813)拔贡,历任弥勒知县、宁州知府、蒙化同知、开化知府。咸丰九年(1859),擢云南盐法道,后病死于任所。

③曹西垣:即为曹光汉,号西垣。与曾国藩同出徐晓村门下。道光十四年(1834)举人。

④陈季牧:即为陈源豫,字季牧,湖南茶陵人。陈岱云弟,善书法。

【译文】

正月间俞岱青先生出京,儿子我寄有鹿脯一块,让俞找彭山屺托彭转寄,之后俞托谢吉人转寄,不知家里收到没有?四月又托李嵋冈荣灿寄银两与毛笔,托曹西垣寄人参,一并交到陈季牧那里,不知收到没有?日前父亲教儿子我养须的方法,儿子我只留上唇须,不能用水浸透,黄色的多黑色的少;下唇须准备等三十六岁开始留。儿子我每次接到家信,都嫌写得不详细,以后希望详细训示。

儿谨禀。

八月初一日　致祖父母书

孙男国藩跪禀祖父母大人万福金安:

七月初五日发第九号信,内言六月廿四后,孙与岱云意欲送家眷回南,至七月初一谋之于神,乃决计不送。

【译文】

孙儿国藩跪禀祖父母大人万福金安:

七月初五日寄第九封信,里头说六月二十四日后,孙儿我与岱云想送家眷回南方，到七月初一日扶乩问神之后，才下决心不送。

初五日发信后，至初八日，九弟仍思南归，其意甚坚，不可挽回，与孙商量，孙即不复劝阻。九弟自从去年四月父亲归时，即有思归之意。至九月间，则归心似箭。孙苦苦细问，终不明言其所以然。年少无知，大抵厌常而喜新，未到京则想京，既到京则想家，在所不免。又家中仆婢，或对孙则恭敬，对弟则简慢①，亦在所不免。孙于去年决不许他归，严责曲劝，千言万语，弟亦深以为然，几及两月，乃决计不归。今年正月，病中又思归，孙即不敢复留矣。三月复元后，弟又自言不归。四、五、六月，读书习字，一切如常。至六月底，因孙有送家眷之说，而弟之归兴又发。孙见其意，是为远离膝下，思归尽服事之劳。且逆夷滋扰，外间讹言可畏，虽明知蕞尔螳臂不足以当车辙②，而九弟既非在外服官③，即宜在家承欢④，非同有职位者闻警而告假，使人笑其无胆、骂其无义也。且归心既动，若强留在此，则心如悬旌⑤，不能读书，徒废时日。兼此数层，故孙比即定计，打发他回，不复禁阻。

【注释】

①简慢：轻忽怠慢，礼数不周。

②蕞(zuì)尔：语出《左传·昭公七年》："郑虽无腆，抑谚曰'蕞尔国'，而三世执其政柄。"形容小貌。螳臂不足以当车辙：语出《庄子·人间世》："汝不知夫螳螂乎？怒其臂以当车辙，不知其不胜任也。"后以"螳臂当车"比喻自不量力，招致失败。《韩诗外传》

卷八："齐庄公出猎,有螳螂举足将搏其轮。问其御曰:'此何虫也?'御曰:'此螳螂也。其为虫,知进而不知退,不量力而轻就敌。'"

③服官:任职做官。

④承欢:迎合人意,博取欢心。多指侍奉父母、君王等。

⑤心如悬旌:语出《战国策·楚策一》:"寡人卧不安席,食不甘味,心摇摇如悬旌,而无所终薄。"形容内心不定,如风中的旌旗一样摇摆。

【译文】

初五日发信之后,到初八日这天,九弟仍然想回南方,他的心意很坚定,无法挽回,他和孙儿我商量,孙儿我不再劝阻。九弟自从去年四月父亲南归之时,就有想回家的念头。到九月份,则归心似箭。孙儿我苦苦细问,他终究不肯说明原因。年少无知,大都厌倦一成不变而喜欢新鲜,没来京城就想来京城,已到京城就想家里,在所难免。此外,家中的仆人奴婢,或许对孙儿我很恭敬,对弟弟就怠慢,也是在所难免。孙儿我去年坚决不许他回南方,严厉责备且委婉劝勉,说了千言万语,弟弟也很认同我说的话,劝了将近两个月,他才下决心不回去。今年正月,弟弟病中又想回家,孙儿我不敢再留他了。三月身体复元后,弟又自己说不回去。四、五、六三个月,读书习字,一切如常。到六月底,因孙儿我有送家眷回南方一说,弟弟回家的心思又起来了。孙儿我看他的心意,是因为远离父母、祖父母身边,想回去承担服侍长辈的责任。况且洋鬼子滋扰生事,外边的谣言可畏,虽然明明知道小小的螳臂是不足以挡住大车的前进的,但九弟既然不是在外做官,就应该待在家里侍奉老人,和有职位的人一听到警报就告假,让人笑他无胆、骂他无义,是不一样的。况且回家的念头既起,如果将他强留在这里,那么他的心如风中的旗帜一样摇摆不定,不能读书,也是白白浪费时间。考虑到这多重原因,所以孙儿我立即拿定主意,打发他回家,不再劝阻。

恰好郑莘田先生名世任，长沙人，癸酉拔贡，小京官，由御史升给事中，现放贵西兵备道。将去贵州上任①，迂道走湖南省城②，定于十六日起程，孙即将九弟托他结伴同行。此系初八、九起议，十四日始决计，即于数日内将一切货物办齐，十五日雇车。郑宅大车七辆渠已于十三日雇定，九弟雇轿车一辆，价钱二十七千文。时价轿车本只要二十三千，孙见车店内有顶好官车一辆，牲口亦极好，其车较常车大二寸、深一尺，坐者最舒拂，故情愿多出大钱四千，恐九弟在道上受热生病。雇底下人，名向泽，其人新来，未知好歹，观其光景，似尚有良心者。昨，九弟出京七日，在任邱县寄信来京③，云向泽伺候甚好。十六日未刻出京④，孙送至城外廿里，见道上有积潦甚多⑤，孙大不放心，恐路上有翻车、陷车等事，深为懊悔。廿三日，接到弟在途中所发信，始稍放心。兹将九弟原信附呈。

【注释】

①癸酉：指嘉庆十八年（1813）。拔贡：科举制度中选拔贡入国子监的生员的一种。清制，初定六年一次，乾隆七年改为每十二年（即逢酉岁）一次，由各省学政选拔文行兼优的生员，贡入京师，称为"拔贡生"，简称"拔贡"。同时，经朝考合格，入选者一等任七品京官，二等任知县，三等任教职；更下者罢归，谓之"废贡"。参阅清福格《听雨丛谈》卷五、《清史稿·选举志一》。小京官：清代，满人自从六品至从九品、蒙古人自从六品至八品、汉军自正六品至从七品、汉人自正六品至未入流的某些中央职官皆称小京官。

②迂道：绕路。

③任邱：县名。今作"任丘"。清属直隶河间府，即今河北沧州
　　任丘。

④未刻：指十三点至十五点。

⑤积潦(lǎo)：成灾的积水。

【译文】

　　恰好郑莘田先生名世任，长沙人，癸酉拔贡小京官，由御史升给事中，现放贵西兵备道。将到贵州上任，绕道经过湖南省城，定在十六日这天起程，孙儿我便将九弟托付给他，结伴同行。这是初八、九日开始商量，十四日这天正式决定的，当即在数天之内将一切货物办齐，十五日这天雇的车。郑宅雇大车七辆他已经在十三日这天雇好，九弟雇轿车一辆，价钱二十七千文。时价轿车本只要二十三千，孙儿我见车店内有顶好官车一辆，牲口也极好，其车比一般的车大二寸、深一尺，坐的人最舒服，所以情愿多出大钱四千，为的是怕九弟在路上受热生病。雇的仆人名叫向泽，这人是新来的，不知道具体是好是歹，但看他的样子，像是还有些良心。日前，即九弟出京的第七天，在任邱县寄信来京城，说向泽伺候得很好。十六日未时出京，孙儿我送到城外二十里地，看见路上有很多积水，很不放心，怕路上有翻车、陷车等危险，非常懊悔。二十三日这天，接到弟弟在路上寄的信，才稍稍放心。现将九弟原信附上寄给您看。

　　孙交九弟途费纹银三十二两整先日交车行上脚大钱十三千五百文及上车现大钱六千文两项在外①，外买货物及送人东西，另开一单九弟带回。**外封银十两，敬奉堂上六位老人吃肉之赀。**孙对九弟云，万一少途费，即扯此银亦可。若到家后，断不可以他事借用此银。然途费亦断不至少也。向泽订工费大钱二千文，已在京交楚。郑家与九弟在长沙分队。孙嘱其在省换小船到县，向泽即在县城开销他②。向泽意欲送至家，

如果至家,留住几日打发,求祖父随时斟酌。

【注释】

①纹银:清代通行的一种标准银两。成色最佳。以大条银或碎银铸成,形似马蹄,表面有皱纹,故称"纹银"或"马蹄银"。俗称"宝纹"、"足纹"。《清文献通考·钱币四》:"凡一切行使,大抵数少则用钱,数多则用银。其用银之处,官司所发,例以纹银。"上脚大钱:即"脚钱",旧指搬运费,或给运送货物的驾车人的赏钱。上车现大钱:指雇佣车辆的费用。

②开销:打发,使离去。

【译文】

孙儿我交给九弟路费纹银三十二两整先日交车行上脚大钱十三千五百文及上车现大钱六千文两项在外,外买货物及送人东西,另开一单九弟带回。此外封了十两银子,是专门敬奉堂上六位老人买肉吃的钱。孙儿对九弟说,万一路费短缺,即可将这封银子拆了用。但如果是到家之后,万万不可以用其他理由借用这银子。但是,路费也绝对不会短缺的。向泽那边商定的工费是大钱二千文,已经在京城付清。郑家和九弟在长沙分开走。孙儿我嘱咐他在省城换乘小船到县里,向泽就在县城让他走人。向泽若想送到家里,如果到了家里,就留他住几天再打发上路,请祖父根据具体情况决定。

九弟自到京后,去年上半年用功甚好。六月因甲三病,耽搁半月余。九月,弟欲归,不肯读书,耽搁两月。今春弟病,耽搁两月。其余工夫,或作或辍,虽多间断,亦有长进。计此一年半之中,惟书法进功最大。外此则看《纲鉴》卅六本,读《礼记》四本,读《周礼》一本,读《斯文精萃》两本半,因

《周礼》读不熟,故换读《精萃》。作文六十余篇,读文三十余首。

【译文】

　　九弟自从到京城之后,去年上半年很用功。六月因甲三生病,耽搁了半个多月。九月份,弟弟想回家,不肯读书,耽搁了两个月。今年春天弟弟生病,耽搁了两个月。其余时间,则有时学习有时停下,虽然经常中断,但也有长进。算起来,这一年半之中,只有书法长进最大。此外便是看了《纲鉴》三十六本,读了《礼记》四本,读了《周礼》一本,读了《斯文精萃》两本半,因为《周礼》读不熟,所以换读《精萃》。作文六十多篇,读文三十多首。

　　父亲出京后,孙未尝按期改文,未尝讲书,未能按期点诗文,此孙之过,无所逃罪者也。读文作文,全不用心,凡事无恒,屡责不改,此九弟之过也。好与弟谈伦常、讲品行,使之扩见识、立远志,目前已颇识为学之次第,将来有路可循,此孙堪对祖、父者也。待兄甚敬,待侄辈甚慈,循规蹈矩,一切匪彝慆淫之事①,毫不敢近,举止大方,性情挚厚,此弟之好处也。弟有最坏之处,在于不知艰苦。年纪本轻,又未尝辛苦,宜其不知。再过几年,应该知道。

【注释】

　　①匪彝慆(tāo)淫:语出《尚书·汤诰》:"凡我造邦,无从匪彝,无即慆淫。"孔传:"彝,常。"蔡沈《集传》:"慆,慢也。慆淫,指逸乐言。"匪彝,违背常规的行为。慆淫,享乐过度,怠慢放纵。

【译文】

　　父亲出京之后,孙儿我没有按期为弟弟改作文,没有讲书,没有按期圈阅诗文，这是孙儿我的过错，没有什么推脱的借口。读文作文，都不用心，做什么事都没恒心，经常批评也不改正，这是九弟的过错。孙儿我喜欢和弟弟谈伦常、讲品行，为的是让弟弟增长见识、树立远大志向，目前弟弟已经对做学问的先后次序有相当了解，将来有路径可以遵循，这是孙儿我可以对得住祖父和父亲的地方。弟弟对待兄长很尊敬，对待侄子们很慈爱，做事循规蹈矩，一切过分的不该做的事，丝毫不敢接近，举止大方，性情挚厚，这是弟弟好的方面。弟弟有一方面最不好，便是不知艰苦。年纪本来就轻，又没有吃过苦，也难怪不知道。再过几年，应该知道一些。

九弟约计可于九月半到家。孙恐家中骇异，疑兄弟或有嫌隙，致生忧虑，故将在京、出京情形述其梗概。至琐细之故，九弟到家详述，使堂上大人知孙兄弟绝无纤介之隙也。

【译文】

九弟大约能在九月半到家。孙儿我怕家里觉得太过意外，担心兄弟之间有什么误会，以致为此生出忧虑，所以将在京、出京的情形叙述一个大概。至于琐碎的原因，九弟到家之后会详细讲，要让家里长辈知道孙儿兄弟两个之间绝对没有一丝误会和不和。

孙身体如常，惟常耳鸣，不解何故。孙妇及曾孙兄妹二人皆好。丫环因其年已长，其人太蠢，已与媒婆兑换一个，京城有官媒婆，凡买妾买婢，皆由她经纪。彼此不找一钱。此婢名双喜，天津人，年十三岁，貌比春梅更陋，而略聪明。寓中男仆皆如故。

【译文】

孙儿我身体还和往常一样，只是常常耳鸣，不晓得是怎么回事。您孙媳妇和曾孙兄妹两人也都好。丫环因她年龄已经大了,人又太蠢,已经和媒婆兑换了一个,京城有官媒婆,凡买妾买婢,皆由她经纪。彼此不找一文钱。这个丫鬟名叫双喜,天津人,今年十三岁,长相比春梅更寒碜,但要稍稍聪明一些。家中的男仆都还是老样子。

　　同县谢果堂先生为其子捐盐大使,王道隆王恒信之侄捐府经历①,黄鉴之子捐典史②,以外无人。孙在京一切自宜谨慎,伏望堂上大人放心。

　　孙谨禀。

【注释】

　　①府经历:知府的属官,主管出纳、文书事。

　　②黄鉴:字晓潭,湖南湘乡人。道光年间任宣化巡检。典史:官名。元始置,明、清沿置,为知县下掌管缉捕、监狱的属官。如无县丞、主簿,则典史兼领其职。

【译文】

　　同县的谢果堂先生为他儿子捐盐大使,王道隆王恒信之侄捐府经历,黄鉴的儿子捐典史,再没其他人了。孙儿知道在京一切须小心谨慎,恳请堂上大人放心。

　　孙儿谨禀。

八月十二日　　致父母书

男国藩跪禀父母亲大人万福金安:

　　八月初二日发第十号家信,内载九弟南旋事甚详,不审到否?九弟自七月十六出京,廿三即有信来京,嗣后在道上未发信来,刻下想已到樊城矣①。不知道上果平安否,男实难放心。黄河决口百九十余丈,在江南桃源县之北②,为患较去年河南不过三分之一。逆夷在江南半月内无甚消息,大约和议已成。同县有黄鉴者,为口外宣化巡检③。去年回家,在湘乡带一老妈来京。因使用不合,仍托人携带南归。现寄居男寓,求男代觅地方附回,途费则黄自出。

【注释】

①樊城:古镇名。清代至民国时期樊城为襄阳县辖镇,即今湖北襄阳樊城。

②桃源:地名。为今江苏泗阳旧称。元至元十四年(1277)始设桃园县,辖今泗阳地,属淮安路。明代,桃园县改称桃源县,属淮安府。清代相沿不变。民国初年,地名规范统一时,因与湖南桃源县重名而改称泗阳。

③口外:泛指长城以北地区。也称"口北"。主要指张家口以北的河北北部和内蒙古中部。因长城关隘多称口,如古北口、喜峰口、张家口、杀虎口等,故名。宣化:地名。即今河北张家口宣化。巡检:官署名巡检司,官名巡检使,省称"巡检"。始设于五代后唐庄宗时期。宋时于京师府界东西两路,各置都同巡检二人,京城四门巡检各一人。又于沿边、沿江、沿海置巡检司。掌训练甲兵,巡逻州邑,职权颇重,后受所在县令节制。明、清时,凡镇市、关隘要害处俱设巡检司,归县令管辖。

【译文】

儿国藩跪禀父母亲大人万福金安:

八月初二日这天寄出第十封家信,里头说九弟回南方的事很详细,不知道信收到了没有? 九弟自七月十六日出京,二十三日就有信来京城,此后在路上没寄信来,眼下想已走到樊城了。不知道一路上是否真的平安,儿子我实在难以放心。黄河决口一百九十多丈,在江南桃源县的北边,造成的灾难跟去年河南比不过三分之一。洋鬼子在江南半月内没什么消息,大约和议已经谈成。同县有个叫黄鉴的,官任口外宣化巡检。去年回家,在湘乡带一老妈来京城。因为用起来不顺心,仍旧托人带回南边。现在寄居儿子我寓所,求儿子我代找地方的人带回去,路费则由黄自己出。

谢果堂先生已于八月初六出京,住京两月,与男极相投洽①,临别依依难舍。同乡如唐镜海、俞岱青、谢果堂三前辈②,皆老成典型③,于男皆青眼相待④。何子贞全家皆已来京。男妇及孙男女身体如常。

【注释】

①投洽:情投意合,合得来。

②唐镜海:即为唐鉴,字境海,湖南善化人。嘉庆十四年(1809)进士,改翰林院庶吉士,散馆授检讨。历任浙江道御史、山西按察使、浙江布政使、太常寺卿等。学宗程朱,为清代理学名臣,倭仁、曾国藩、吴廷栋等皆从其问学。著有《国朝学案小识》、《朱子年谱考异》等书。

③老成:稳重,持重。典型:典范。

④青眼:指对人喜爱或器重,与白眼相对。

【译文】

谢果堂先生已经在八月初六日出京,住京城两个月,与儿子我非常合得来,临别之际依依难舍。同乡如唐镜海、俞岱青、谢果堂三位前辈,都是老成持重的典范,他们对儿子我格外看重。何子贞全家都已经来京城。您儿媳妇和孙儿孙女身体都和往常一样好。

　　此次折差于七月十六在省起身，想父亲彼时尚在省城，不知何以无信？陈岱云家信言学院十六封门①。四弟、六弟府考②，渠亦不知。彭王姑墓志铭③，九弟起程时，仓卒未及写。今写毕，又无便寄，求告知徵一表叔。正月十二所办寿具，不知已漆否？万不可用黄二漆匠④。此人男深恶之，他亦不肯尽心也。彭宫五亦不可用⑤，彼未学过，且太迟钝。

　　余俟续禀。

　　男谨禀。

【注释】

①学院：即学院衙门。

②府考：即府试。

③王姑：古称祖父的姐妹。《尔雅·释亲》："王父之姐妹为王姑。"郝懿行《义疏》："王姑者，从王父而得尊称也。"

④黄二：曾国藩家乡漆匠。

⑤彭宫五：曾国藩家乡漆匠。

【译文】

　　这回信差七月十六日在省里动身，我想父亲那时候应该还在省城，不知道为什么没有信？陈岱云家信说学院十六日这天封门。四弟、六弟府考，他也不知道。彭王姑的墓志铭，九弟动身的时候，太过匆忙没有来得及写。现在已经写好，又没有便人可以寄，请求您告诉徵一表叔。正月十二日置办的寿具，不知道是否已经漆好？千万不能用黄二漆匠。这个人儿子对他是深恶痛绝，他也不肯尽心来做。彭宫五也不能用，他没学过，且人太迟钝。

　　其他的等以后再禀告。

　　儿谨禀。

九月十七日　致祖父母书

孙男国藩跪禀祖父母大人万福金安：

九月十三日接到家信，系七月父亲在省所发，内有叔父信及欧阳牧云致函，知祖母于七月初三日因占犯致恙①，不药而愈。可胜欣幸！高丽参足以补气②，然身上稍有寒热，服之便不相宜，以后务须斟酌用之。若微觉感冒，即忌用此物，平日康强时，和入丸药内服最好。然此时家中想已无多，不知可供明年一单丸药之用否？若其不足，须写信来京，以便觅便寄回。

【注释】

①佔犯：指不小心染病。

②补气：中医治疗气虚症的方法。也常用于血虚，因气旺可以生血。也称"益气"。

【译文】

孙儿国藩跪禀祖父母大人万福金安：

九月十三日接到家信，是七月份父亲在省城发的，里头有叔父和欧阳牧云的信函，知道祖母在七月初三日身感微恙，没有吃药便好了。真是令人欣慰！高丽参虽然可以补气，但身上稍微有点儿寒热，吃它就不太合适，以后一定要斟酌服用。如果稍稍有些感冒，服用它就很忌讳，平日身体健康强壮的时候，把它和在丸药里吃最好。但现在家里想必也没有多少了，不知还可供应明年一个单子的丸药用不？如果不够，要写信到京城，以便找便人带回家。

　　四弟、六弟考试又不得志,颇难为怀①,然大器晚成②,堂上不必以此置虑。闻六弟将有梦熊之喜。幸甚! 近叔父为婶母之病劳苦忧郁,有怀莫宣③。今六弟一索得男④,则叔父含饴弄孙⑤,瓜瓞日蕃⑥,其乐何如! 唐镜海先生德望为京城第一,其令嗣极孝⑦,亦系兄子承继者⑧。先生今年六十五岁,得生一子,人皆以为盛德之报。

【注释】

①颇难为怀:难以释怀,心里不是滋味。

②大器晚成:语出《老子》:"大器晚成,大音希声。"指大材需要很长时间加工才能做成,喻指有大才的人要经长期磨炼,成就往往较晚。或作对长期不得意人的安慰话。

③有怀莫宣:指心里有很多苦楚却又无处诉说。

④一索:语出《周易·说卦》:"震,一索而得男,故谓之长男。巽,一索而得女,故谓之长女。"指第一胎。

⑤含饴弄孙:含着饴糖逗幼小孙子,形容老年人恬适自娱的乐趣。

⑥瓜瓞(dié)日蕃:比喻子孙满堂。瓞,小瓜。蕃,繁多。

⑦令嗣:指才德美好的儿子。属敬辞。

⑧承继:过继。给没有儿子的伯父、叔父等做儿子。

【译文】

　　四弟、六弟考试又没有考中,心里不是滋味,然而大器晚成,堂上大人不必为了这件事而忧虑。听说六弟将有生儿子的喜兆。太幸运了! 近来叔父为了婶母生病又辛苦又忧郁,心里有许多苦楚无处诉说。现在六弟第一胎生男孩,那么叔父含饴弄孙,子孙满堂,会快乐成什么样子! 唐镜海先生的品德威望在京城里是首屈一指,他的儿子十分孝敬,也是从兄长处过继过来的。先生今年六十五岁,生了一个儿子,大家都说这是上天对他美好德行的报答。

英夷在江南，抚局已定，盖金陵为南北咽喉①，逆夷既已扼吭而据要害②，不得不权为和戎之策③，以安民而息兵。去年逆夷在广东曾经就抚，其费去六百万两。此次之费，外间有言二千一百万者，又有言此项皆劝绅民捐输④，不动帑藏者⑤。皆不知的否⑥。现在夷船已全数出海，各处防海之兵陆续撤回，天津亦已撤退。议抚之使，系伊里布、耆英及两江总督牛鉴三人⑦。牛鉴有失地之罪，故抚局成后，即革职拿问。伊里布去广东代奕山为将军⑧，耆英为两江总督。自英夷滋扰，已历二年，将不知兵，兵不用命，于国威不无少损⑨。然此次议抚，实出于不得已，但使夷人从此永不犯边，四海晏然安堵⑩，则以大事小乐天之道⑪，孰不以为上策哉？

【注释】

①金陵：古邑名。即今江苏南京。

②扼吭：喻控制要害部位。

③和戎：指与少数民族或别国讲和修好。

④捐输：指因国家有困难而捐献财物。

⑤帑（tǎng）藏：国库。

⑥的：准确。

⑦伊里布（1772—1843）：字莘农，爱新觉罗氏，满洲镶黄旗人。清宗室。嘉庆六年（1801）进士，累官陕西巡抚、山东巡抚、云南巡抚、云贵总督、协办大学士、两江总督。鸦片战争爆发后，受命为钦差大臣，赴浙江。道光二十二年（1842）九月任广州将军，与耆英、牛鉴代表清政府同英国订立《南京条约》。耆英（1787—

1858)：字介春，爱新觉罗氏，满洲正蓝旗人。清宗室，太祖努尔哈赤之弟穆尔哈齐之后。历官内阁学士、护军统领、内务府大臣、礼部尚书、户部尚书、钦差大臣兼两广总督等。后被咸丰帝赐自尽。牛鉴(1785—1858)：字镜堂，号雪樵，甘肃武威人。嘉庆十九年(1814)进士，累官粮储道、按察使、布政使，历任江苏巡抚、河南巡抚，道光二十一年(1841)九月授两江总督。

⑧奕山(1790—1878)：字静轩，爱新觉罗氏，满洲镶蓝旗人。清宗室，道光帝侄。侍卫出身，历任塔尔巴哈台领队大臣、伊犁参赞大臣、伊犁将军等职。

⑨不无少损：略有所损。

⑩晏然：安宁，安定。安堵：犹安居。

⑪以大事小乐天之道：语出《孟子·梁惠王下》："惟仁者为能以大事小，是故汤事葛，文王事昆夷。惟智者为能以小事大，故太王事獯鬻，勾践事吴。以大事小者，乐天者也；以小事大者，畏天者也。乐天者保天下，畏天者保其国。"

【译文】

英国鬼子在江南一带，安抚的局面已定，乃因金陵是南北交通咽喉之地，英国鬼子既然已经控制住这个要害，我方不得不出于权宜之计而采取和番的策略，以安定百姓，平息战火。去年洋鬼子在广东曾经接受安抚，花了六百万两。这次的费用，外面传闻是二千一百万两，又传说这项费用都是劝导绅士和百姓捐款，不动用国库。这两个消息都不知道是否确切。现在洋船已经全部出海，各处防海的军队陆续撤回，天津的也已撤回。和谈的使节，是伊里布、耆英及两江总督牛鉴三个人。牛鉴有守地失守的罪过，所以和谈以后，马上革职拿问。伊里布去广东代替奕山做将军，耆英任两江总督。自从英国鬼子滋事骚扰，已经两年，带兵的不懂打仗，当兵的不听号令，不能不说是稍稍有损国威。然而这次议和，实在是出于不得已，但若能使洋鬼子从此不再侵犯边境，天下百姓安居乐业，那么朝廷学习商汤王、周文王那样承受天命，以大国侍奉小国，谁又不认为是上策呢？

孙身体如常，孙妇及曾孙兄妹并皆平安。同县黄晓潭_鉴荐一老妈吴姓来。渠在湘乡苦请他来，而其妻凌虐婢仆百般惨酷。黄求孙代为开脱①。孙接至家住一月，转荐至方夔卿太守_{宗钧}处②，托其带回湖南，大约明春可到湘乡。

【注释】

①开脱：此处指打发走人，解决麻烦。

②方夔卿：即为方宗钧（1802—1867），字鸣韶，号夔卿，湖南岳阳人。道光六年（1826）进士，历官户部郎中、归德知府、开封知府。著有《周易释义》、《通鉴纲目地理考》、《易安室试律》等。

【译文】

孙儿我身体如常，您孙媳妇及曾孙兄妹都平安。同县黄晓潭_鉴推荐一位姓吴的老妈子来。这是黄晓潭从湘乡想方设法请来的，而他的妻子虐待下人十分残酷。因此黄请求孙儿我代他打发。孙儿接她在家里住了一月，转荐到方夔卿太守_{宗钧}家，托他带回湖南，大约明年春天可到湘乡。

今年进学之人①，孙见《题名录》②，仅认识彭惠田一人③，不知廿三、四都进人否④。谢宽仁、吴光煦取一等⑤，皆少年可慕。一等第一，《题名录》刻黄生平⑥，不知即黄星平否。孙每接家信，常嫌其不详，以后务求详明，虽乡间田宅婚嫁之事，不妨写出，使游子如神在里门，各族戚家，尤须一一示知。幸甚！

敬请祖父母大人万安！余容后呈。

孙谨禀。

【注释】

①进学：明、清两代科举，童生应岁试，录取入府、县学，称"进学"。进学的童生称"秀才"。

②《题名录》：科举时代刻有同榜中式者姓名、年龄、籍贯的名册。有的也在录前载有主考、同考官等的姓名。

③彭惠田：湘乡人。道光二十二年(1842)进学。

④廿三、四都：即湘乡县廿三都、廿四都。都为县下一级行政单位，相当于现在的乡。

⑤谢宽仁：湘乡人。道光二十二年(1842)进学。吴光煦：湘乡人。道光二十二年(1842)进学。

⑥黄生平：即为黄星平，湘乡人。道光二十二年(1842)，名列湘乡县新录学生员一等第一。

【译文】

今年进学的人，孙儿看见《题名录》，只认识彭惠田一人，不知道二十三都和二十四都有没有人进学。谢宽仁、吴光煦考取一等，两个都青春年少，令人艳美。一等第一名，《题名录》刻的是黄生平，不知道是否就是黄星平。孙儿每次接到家信，总嫌信写得不详细，以后务请写得详细明白，即便是乡里买田卖屋、婚姻嫁娶之类的事，不妨都写上，使在外的游子好像精神仍旧在家里一样，各族亲戚家的事，尤其要一一告知。能那样就太好了！

敬请祖父母大人万福金安！其余的容以后再禀告。

孙儿谨禀。

九月十八日　致四位老弟书

四位老弟足下：

　　九弟行程，计此时可以到家。自任邱发信之后，至今未接到第二封信，不胜悬悬①，不知道上不甚艰险否？四弟、六弟院试②，计此时应有信，而折差久不见来，实深悬望③。

【注释】

　　①悬悬：因惦记而不安的样子。

　　②院试：清代由各省学政主持的考试。曾经府试录取的士子可参加院试。因学政称提督学院，故由学政主持的考试，亦名"院试"，又以旧制称提学道，故亦沿称"道考"。录取者即为生员，送入府、县学官，称"入学"，受教官的月课与考校。

　　③悬望：盼望，挂念。

【译文】

四位老弟足下：

　　九弟的行程，算起来这时候应该到家了。自从在任邱发信之后，到现在没有接到第二封信，心里实在惦念不安，不知道路上是不是不太艰难凶险？四弟、六弟参加院试，算起来这时候应该有信说起，但是很久不见信差来，实在是太挂念了。

　　予身体较九弟在京时一样，总以耳鸣为苦。问之吴竹如，云只有静养一法，非药物所能为力。而应酬日繁，予又素性浮躁，何能着实养静。拟搬进内城住，可省一半无谓之往还，现在尚未找得。予时时自悔终未能洗涤自新。九弟归去之后，予定刚日读经、柔日读史之法①。读经常懒散，不沉着。读《后汉书》②，现已丹笔点过八本，虽全不记忆，而较之去年读《前汉书》领会较深③。九月十一日起，同课人议：每课一文一诗，即于本日申刻用白折写。予文诗极为同课人所赞赏，然予于八股绝无实学，虽感诸君奖借之殷④，实则自愧愈深也。待下次折差来，可付课文数篇回家。予居家懒做考差工夫，即借此课以磨厉考具，或亦不至临场窘迫耳。

【注释】

①刚日：犹单日。柔日：犹双日。古以"十干"记日，甲、丙、戊、庚、壬五日居奇位，属阳刚，故称"刚日"；乙、丁、己、辛、癸五日居偶位，属阴柔，故称"柔日"。《礼记·曲礼上》："外事以刚日，内事以柔日。"孔颖达疏："刚，奇日也，十日有五奇、五偶。甲、丙、戊、庚、壬五奇为刚也……乙、丁、己、辛、癸五偶为柔也。"

②《后汉书》：记载东汉历史的纪传体史书，南朝宋范晔著，与《史记》、《汉书》、《三国志》并称"前四史"。

③《前汉书》：即《汉书》。记载汉高祖元年（前206）至王莽地皇四年（23）历史的史书。我国第一部纪传体断代史。东汉班固撰。

④奖借：勉励推许。

【译文】

我身体和九弟在京时一个样，总是为耳鸣苦恼。向吴竹如请教，他说只有静养这一个法子，不是药物能解决的。可是应酬一天比一天繁忙，我又一向性情浮躁，哪里能实实在在地静养呢。我打算搬进内城居住，可以省掉一半没有意义的人情往来，现在还没找到地方。我常常自悔终究不能尽除积习日新其德。九弟回老家之后，我定下刚日读经、柔日读史的方案。读经常常懒散，不够沉着。读《后汉书》，现在已经用红笔点过八本，虽然全不记得，但比去年读《前汉书》要领会得深一些。九月十一日起，一同做功课的人商议：每次课，作一篇文写一首诗，就在当天申刻用白折子写好。我的文和诗为一同做功课的几个人极力赞赏，但我在八股文方面绝对没有真实功夫，虽然感激诸君子殷勤勉励推许，但自己内心更觉惭愧。等下次信差来，可以托付带几篇课业文章回家。我平时在家懒得做考差的工夫，就借这课业磨炼考试的本事，大概也不至于临场窘迫吧。

　　吴竹如近日往来极密，来则作竟日之谈①，所言皆身心国家大道理。渠言有窦兰泉者②，^{墀，}云南人。见道极精当平实。窦亦深知予者，彼此现尚未拜往。竹如必要予搬进城住③，盖城内镜海先生可以师事，倭艮峰先生、窦兰泉可以友事④。师友夹持，虽懦夫亦有立志。予思朱子言⑤："为学譬如熬肉，先须用猛火煮，然后用漫火温。"予生平工夫，全未用猛火煮过，虽略有见识，乃是从悟境得来。偶用功，亦不过优游玩索已耳。如未沸之汤，遽用漫火温之，将愈煮愈不熟矣。以是急思搬进城内，屏除一切，从事于克己之学⑥。镜海、艮峰两先生亦劝我急搬。而城外朋友，予亦有思常见者数人，如邵蕙西、吴子序、何子贞、陈岱云是也⑦。蕙西尝言："与周公瑾交，如饮醇醪⑧。"我两人颇有此风味，故每见辄长谈不舍。子序之为人，予至今不能定其品，然识见最大且精。尝教我云："用功譬若掘井，与其多掘数井而皆不及泉，何若老守一井，力求及泉而用之不竭乎？"此语正与予病相合,盖予所谓"掘井多而皆不及泉"者也。何子贞与予讲字极相合,谓我真知大源,断不可暴弃⑨。予尝谓天下万事万理皆出于乾坤二卦,即以作字论之:"纯以神行,大气鼓荡,脉络周通,潜心内转,此乾道也;结构精巧,向背有法,修短合度,此坤道也。凡乾,以神气言;凡坤,以形质言。礼乐不可斯须去身⑩,即此道也。乐本于乾,礼本于坤。作字而优游自得真力弥满者⑪,即乐之意也;丝丝入扣、转折合法,即礼之意也。"偶与子贞言及此,子贞深以为然,谓渠生平得力,尽于此矣。陈岱云与吾处处痛痒相关,此九弟所知者也。

【注释】

①竟日:终日,一整天。

②窦兰泉:即为窦垿(1804—1865),字于坫,又字子州,号兰泉,云南罗平州(今曲靖罗平)人。道光五年(1825)中解元,道光九年(1829)中进士。历任吏部主事、考功司行走、文选主事、员外郎郎中、学验封司、记名道府,后擢升江西道御史,钦差办理云南团课,为云南总督吴振棫劾,罢官,闲居七年,最后以知府职分发贵州补用,逝于贵州任上。

③要:邀请。

④倭艮峰:即为倭仁(1804—1871),字艮峰,乌齐格里氏,蒙古正红旗人。晚清大臣,理学家,同治帝之师。道光九年(1829)进士,选庶吉士,授编修,历中允、侍讲、侍读,任副都统、工部尚书、文渊阁大学士、文华殿大学士。卒赠太保,谥文端,入祀贤良祠。所著辑为《倭文端公遗书》。

⑤朱子:即为朱熹(1130—1200),字元晦,号晦庵。宋朝著名的思

想家、哲学家、教育家。著述甚多,有《四书章句集注》、《诗集传》、《周易本义》等。

⑥克己之学:语出《论语・颜渊第十二》:"颜渊问仁。子曰:'克己复礼为仁。一日克己复礼,天下归仁焉。为仁由己,而由人乎哉?'"指儒家修身之学。克己,指克制私欲,严以律己。

⑦邵蕙西:即为邵懿辰(1810—1861),字位西,亦作"蕙西",浙江仁和(今杭州)人。道光十一年(1831)举人,授内阁中书,历任刑部员外郎、济宁知府等职。咸丰十一年(1861)太平军围攻杭州,邵懿辰助浙江巡抚王有龄守城,死难。邵懿辰长于经学,文宗桐城派,与曾国藩往来密切,撰有《礼经通论》、《尚书传授同异考》、《孝经通论》、《四库简明目录标注》等书。

⑧与周公瑾交,如饮醇醪:是三国时期吴国将领程普赞誉周瑜的话。《三国志・吴书》裴松之注:"《江表传》曰:普颇以年长,数陵侮瑜。瑜折节容下,终不与校。普后自敬服而亲重之,乃告人曰:'与周公瑾交,若饮醇醪,不觉自醉。'时人以其谦让服人如此。"醇醪,浓烈精纯的美酒。

⑨暴弃:不求上进,不自爱。同"自暴自弃"。

⑩斯须:一会儿,片刻。《礼记・祭义》:"礼乐不可斯须去身。"郑玄注:"斯须,犹须臾也。"

⑪优游:形容从容自得的样子。

【译文】

吴竹如近日与我往来很密,来了便要谈一整天话,所说的都是关于修身养性和治国齐家的大道理。他说有个叫窦兰泉的人,名墭,云南人。悟道非常精当和平实。窦对我也很了解,我和窦彼此之间还没有拜访过。吴竹如坚持邀我搬进城里住,因为城里有唐镜海先生可以做老师,倭艮峰先生和窦兰泉可以做朋友。师友两相扶持,就是一个懦夫也会立志。我想起朱子说过:"做学问就好比熬肉,先要用猛火煮,然后要用慢火温。"我这辈子没下过苦功,完全没用猛火煮过,虽然有些见识,也都是从悟境中得到的。偶尔用功,也不过优哉游哉地玩味一下罢了。就好比没有煮开的汤,立即用慢火来温,只怕会越煮越不熟啊。因此,我也急于想搬进城里去,排除一切杂念,从事于克己修身的学问。镜海、艮峰两位先生也劝我快搬。而城外的朋友,也有几个是我想常常见到的,如邵蕙西、吴子序、何子贞、陈岱云。蕙西曾经说过:"与周公瑾交朋友,如喝美酒。"我们两人交往很有这种风味,所以每次见面都会长谈,舍不得分手。吴子序的为人,我至今不能判定他的品味,但他的见识最是博大精深。他曾经教导我,说:"用功好比挖井,与其挖好几口井而都不见泉水,还不如老挖一口井,努力挖到看见泉水为止,那样不就能取之不尽、用之不竭了吗?"这几句话正切合我的毛病,因为我就是一个"挖井多而不见泉水"的人。何子贞与我讨论书法非常相合,说我真的懂得书法的门道,绝不可自暴自弃。我曾说天下万事万物的道理都是从乾坤二卦出来的,就以书法而论吧:"纯粹用神韵行笔,有一种大气鼓荡其中,脉络周通,聚精会神心气流转,这就是乾卦的道理;讲究结构精细巧妙,向背有法度,长短合规矩,这就是坤卦的道理。乾是就精神气韵而言,坤是就形体质地而论。我们人类片刻都不可以离开礼和乐,也是这个道理。乐是本于乾道的,礼是本于坤道的。写字而能优游自得,真力弥满,这就是乐的境界;而丝丝入扣、转折合法,这就是礼的意味了。"我偶尔与子贞谈到这些,子贞觉得很对,说他这辈子写字,得力之处全在这里。陈岱云和我处处痛痒相关,这是九弟知道的。

　　写至此,接得家书,知四弟、六弟未得入学,怅怅①。然科名有无迟早②,总由前定,丝毫不能勉强。吾辈读书,只有两事:一者进德之事,讲求乎诚正修齐之道,以图无忝所生③;一者修业之事④,操习乎记诵词章之术,以图自卫其身⑤。进德之事，难以尽言。至于修业以卫身，吾请言之：卫身莫大于谋食，农工商，劳力以求食者也；士，劳心以求食者也。故或食禄于朝、教授于乡，或为传食之客⑥，或为入幕之宾⑦，皆须计其所业足以得食而无愧。科名者，食禄之阶也，亦须计吾所业将来不至尸位素餐⑧，而后得科名而无愧。食之得不得，穷通⑨，由天作主；予夺，由人作主。业之精不精，则由我作主。然吾未见业果精而终不得食者也。农果力耕，虽有饥馑，必有丰年；商果积货，虽有壅滞，必有通时；士果能精其业，安见其终不得科名哉？即终不得科名，又岂无他途可以求食者哉？然则特患业之不精耳。求业之精，别无他法，曰专而已矣。谚曰："艺多不养身。"谓不专也。吾掘井多而无泉可饮，不专之咎也。诸弟总须力图专业。如九弟志在习字，亦不必尽废他业；但每日习字工夫，断不可不提起精神，随时随事皆可触悟。四弟、六弟，吾不知其心有专嗜否，若志在穷经，则须专守一经；志在作制义⑩，则须专看一家文稿；志在作古文，则须专看一家文集；作各体诗亦然；作试帖亦然。万不可以兼营并骛。兼营则必一无所能矣。切嘱切嘱！千万千万！此后写信来，诸弟各有专守之业，务须写明，且须详问极言，长篇累牍，使我读其手书，即可知其志向识见。凡专一业之人必有心得，亦必有疑义。诸弟有心得，可以告我，共赏之；有疑义，可以问我，共析之。且书信既详，则四千里外之兄弟不啻晤言一室⑪，乐何如乎！予生平于伦常中，惟兄弟一伦抱愧尤深。盖父亲以其所知者尽以教我，而我不能以吾所知者尽教诸弟，是不孝之大者也。九弟在京年余，进益无多，每一念及，无地自容。嗣后我写诸弟信，总用此格纸，弟宜存留，每年装订成册。其中好处，万不可忽略看过。诸弟写信寄我，亦须用一色格纸，以便装订。

【注释】

①怅怅：形容失意、内心不快乐的样子。

②科名：科举功名，清代科举制度中经乡试、会试录取之称。

③无忝：不玷辱，不羞愧。《尚书·君牙》："今命尔予翼，作股肱心膂，缵乃旧服，无忝祖考。"所生：指父母。

④修业：本指研读书籍，引申为修营功业。

⑤自卫其身：谋生，养活自己。

⑥传（zhuàn）食之客：语出《孟子·滕文公下》："后车数十乘，从者数百人，以传食于诸侯，不以泰乎？"传食，谓舍止诸侯之客馆，而受其饮食款待。后指受人供养，被达官贵人奉为上宾。传，驿舍也。

⑦入幕之宾：语出《晋书·郗超传》："谢安与王坦之尝诣温论事，温令超帐中卧听之。风动帐开，安笑曰：'郗生可谓入幕之宾矣。'"指跟上司关系亲近或参与机密的人。

⑧尸位素餐：指空占着职位，什么事也不做，白吃闲饭。

⑨穷通：困厄和显达。

⑩制义：即八股文。《明史·选举志二》："其文略仿宋经义，然代古人语气为之，体用排偶，谓之八股，通谓之制义。"

⑪不啻：与……没有差别，如同。

【译文】

写到这里，接到家信，知道四弟和六弟没能录取入学，好郁闷啊。

但是科名的有和无、早或迟，都是命中注定的，半点儿也勉强不得。我们这些人读书，只有两件事：一是进德，讲求诚心、正意、修身、齐家的道理，努力做到不负父母生养之德；一是修业，学习和掌握记诵词章的技巧，努力做到能够谋身。进德的事情，一言难尽。至于学习一门技术来谋身，我且来说一说：谋身没有比谋食更大的事了。农民、工人和商人，都是通过劳力来谋食的；士人，则是通过劳心来谋食的。因此士人或者在朝廷当官拿俸禄，或者在乡里教书糊口，或者在富贵人家当食客，或者给达官贵人做幕僚，都要看他所学的专业是不是可以谋食而无愧于心。科名，是当官拿俸禄的晋身之阶，也要衡量自己学业如何，将来不至于尸位素餐，然后才能得了科名而问心无愧。能不能够谋到食，穷愁和亨通，都是由老天做主；给予还是夺走，是由他人做主。只有专业精通还是不精通，是由我们自己做主。我从没见过专业很精而最终却谋不到食物的。农夫若果真努力耕种，虽然也会遇上饥荒，但一定有大丰收；商人若果真努力积藏货物，虽然也会遇见滞销积压，但一定会有货物畅销生意亨通的时候；士人若果真能精通学业，那怎见得他始终不会有科名呢？就算他最终得不到科名，又怎见得没有其他谋食的途径呢？因此说只怕专业不精啊。要想专业精通，没有别的办法，只是要专一罢了。谚语说："学得太杂，不能养身。"说的就是不专啊。我挖了许多井却没有泉水可喝，就是不专造成的后果。各位弟弟可要力求专业啊。比如说九弟志在书法，也不必荒废了其他；但每天下功夫写字的时候，绝不可以不提起精神，随时随地、任何一件事都是可以触动灵感的。四弟和六弟，我不知道他们心里有什么专门的爱好没有，如果志向在搞懂经学，那么就应该专门在一种经典上用功；如果志向在科举的八股制义上头，那么就应该专门学习一家的文稿；如果志向在写作古文方面，那么就应该专门揣摩一家的文集；作各种体裁的诗也是一样的；学作试帖诗也是一样的。万万不可以什么都学，心有旁骛。样样都学，一定会一无所长。千万牢记！千万千万！以后家里写信过来，各位弟弟有什么专攻的学业,请务必写明,并且要详细说明,尽可能多说,长篇累牍地写,使我读了你们的亲笔信之后,就可以知道你们的志趣和见识。凡是能够专一门的人一定会有心得,也一定会有很多疑问。弟弟们有什么心得,可以告诉我,为兄便可以一起来欣赏;有什么疑问,可以来问我,为兄便可以一起来分析。并且信写得详细了,那么弟兄们虽然远隔四千里,也好像在一间房里当面谈论一样,那是何等快乐啊!我这辈子对于伦常,只有兄弟这一伦愧疚最深。因为父亲把他所知道的都教给了我,而我却不能把我所知道的都教给弟弟们,真是大大的不孝啊。九弟在京城一年多,进步实在不多,每一想起这事,我真是无地自容。以后我给弟弟们写信,总用这种格子纸,弟弟们最好留着,每年装订成一册。其中若有什么好的地方,千万不能随便看过就算了。弟弟们写信给我,也要用一色格子纸,以便于装订成册。

　　谢果堂先生出京后,来信并诗二首。先生年已六十余,名望甚重,与予见面辄彼此倾心,别后又拳拳不忘①,想见老辈爱才之笃②。兹将诗并予送诗附阅,传播里中③,使共知此老为大君子也。

【注释】

①拳拳:形容诚恳、深切的样子。

②笃:深厚。

③里中:指乡里,乡亲。

【译文】

　　谢果堂先生离京之后,寄来一封信和两首诗。先生年纪已经六十多岁,名望很高,和我一见面就彼此很有好感,分别之后又念念不忘,可以想见老一辈爱才是何等深切。现在将先生送我的诗和我送先生的诗

一起随信寄给你们看,在乡亲中传播,让大家都知道这位老先生是大大
的君子。

予有大铜尺一方,屡寻不得,九弟已带归否? 频年寄黄
英白菜子,家中种之,好否? 在省时已买漆否? 漆匠果用何
人? 信来并祈详示。

兄国藩手具①。

【注释】

①手具:犹亲笔。具,办理。

【译文】

我有大铜尺一方,找了多次也找不到,是不是九弟带回老家了? 年
年寄黄英白菜籽,家里种得可好? 在省城的时候,是否已经买漆? 漆匠
到底用的哪一个? 回信时,盼能详细告知。

兄国藩亲笔。

十月二十六日　致父母书

男国藩跪禀父母亲大人万福金安:

十月廿二奉到手谕,敬悉一切。郑小珊处小隙已解①。
男从前于过失每自忽略,自十月以来念念改过,虽小必惩,
其详具载示弟书中。耳鸣近日略好,然微劳即鸣。每日除
应酬外,不能不略自用功;虽欲节劳②,实难再节。手谕示以
节劳、节欲、节饮食,谨当时时省记。

【注释】

①小隙：小矛盾，小纠纷，小误会。

②节劳：节制身心活动，使不过分疲劳。

【译文】

儿国藩跪禀父母亲大人万福金安：

十月二十二日接到父亲大人的亲笔信，一切情况都已知道。郑小珊那边的小误会已经消除。儿子我从前对自己的过失往往忽略，从十月以来则一心改过，即使是很小的过失也一定戒止，具体情况都写在给弟弟的信中。耳鸣近些天好了一些，但是稍稍辛苦就犯。每日除了应酬之外，不能不稍稍用功读书；虽然想不太疲劳，但是很难做到。父亲信里教我要在心力、欲望和饮食三方面多多节制，儿子我当时刻牢记。

萧辛五先生处寄信①，不识靠得住否。龙翰臣父子已于十月初一日到京，布匹线索俱已照单收到，惟茶叶尚在黄恕皆处。恕皆有信与男，本月可到也。男妇等及孙男女皆平安。

余详与弟书。

谨禀。

【注释】

①萧辛五：又作"萧莘五"。余不详。

【译文】

托萧辛五先生寄信，不晓得是否靠得住。龙翰臣父子已于十月初一日这天到京，布匹和线索等都已经照单子上收到，只剩茶叶还在黄恕皆那里。恕皆有信寄给儿子我，说本月可以寄到。您儿媳妇及您孙子孙女等都平安。

其他的详见写给弟弟的信。

谨禀。

十月廿六日[1]　致四位老弟书

十月廿一,接九弟在长沙所发信,内途中日记六叶[2],外药子一包。廿二,接九月初二日家信。欣悉以慰!

【注释】

①本篇刻本无抬头称呼,当是与诸弟书。

②叶:书页。

【译文】

十月二十一日,接到九弟在长沙寄出的信,里头有途中日记六页,外附药子一包。二十二日,接到九月初二日家里寄的信。一切情况都已知道,很欣慰!

自九弟出京后,余无日不忧虑,诚恐道路变故多端,难以臆揣。及读来书,果不出吾所料,千辛万苦,始得到家。幸哉幸哉! 郑伴之不足恃[1],余早已知之矣。郁滋堂如此之好[2],余实不胜感激。在长沙时,曾未道及彭山屺,何也? 又为祖母买皮袄,极好极好,可以补吾之过矣。

【注释】

①郑伴:指与曾国荃结伴回湖南的郑莘田。不足恃:靠不住。

②郁滋堂:曾国藩友人。余不详。

【译文】

　　自从九弟出京之后，我没有一天不担心，实在怕路上变故太多，难以想象。等到读弟弟的来信，果然不出我所料，历尽千辛万苦，终于到家。真是幸运啊！同行的郑家靠不住，我早就已经知道。郁滋堂这样好，我实在是感激不尽。在长沙时，竟一句也没提到彭山屺，这是为什么呢？又，弟弟为祖母买皮袄，极好极好，可以弥补我的罪过。

　　观四弟来信甚详，其发奋自励之志溢于行间；然必欲找馆出外，此何意也？不过谓家塾离家太近，容易耽搁，不如出外较清净耳。然出外从师，则无甚耽搁；若出外教书，其耽搁更甚于家塾矣。且苟能发奋自立，则家塾可读书，即旷野之地、热闹之场，亦可读书，负薪牧豕①，皆可读书。苟不能发奋自立，则家塾不宜读书，即清净之乡、神仙之境，皆不能读书。何必择地，何必择时，但自问立志之真不真耳。

【注释】

①负薪牧豕：指在背柴放猪时读书，比喻勤奋好学。西汉朱买臣负薪诵书，东汉承宫牧豕听经。《汉书·朱买臣传》："朱买臣字翁子，吴人也。家贫，好读书，不治产业，常艾薪樵，卖以给食，担束薪，行且诵书。"《后汉书·承宫传》："承宫字少子，琅邪姑幕人也。少孤，年八岁为人牧豕。乡里徐子盛者，以《春秋经》授诸生数百人，宫过息庐下，乐其业，因就听经，遂请留门下，为诸生拾薪。执苦数年，勤学不倦。经典既明，乃归家教授。"

【译文】

　　我看四弟来信写得很详细，发奋读书、自励自强的志向无不流露于字里行间；但一定要到外头找学堂，这究竟是什么想法呢？四弟不过是说家塾离家里太近,容易耽搁,不如外头清净。然而,如果是到外头跟老师读书,自然不会有什么耽搁;但如果是出外教书,那耽搁起来可比在家塾里要厉害多了。况且,一个人若能发奋自立,那么,非但家塾可以读书,就是荒郊野外、热闹场所,也可以读书,即使打柴放牧,也都可以读书。如不能发奋自立,那么非但家塾不宜读书,就是再清净的地方、神仙居住的环境,都不能读书。何必要挑地方,何必要选时间,且扪心自问,自己是不是真的要立志读书。

　　六弟自怨数奇①,余亦深以为然。然屈于小试②,辄发牢骚,吾窃笑其志之小而所忧之不大也。君子之立志也,有民胞物与之量③,有内圣外王之业④,而后不忝于父母之生,不愧为天地之完人。故其为忧也,以不如舜、不如周公为忧也,以德不修、学不讲为忧也。是故顽民梗化⑤,则忧之;蛮夷猾夏⑥,则忧之;小人在位、贤才否闭⑦,则忧之;匹夫匹妇不被己泽⑧,则忧之。所谓悲天命而悯人穷,此君子之所忧也。若夫一身之屈伸、一家之饥饱,世俗之荣辱得失、贵贱毁誉,君子固不暇忧及此也。六弟屈于小试,自称数奇,余窃笑其所忧之不大也。

【注释】

①数奇:指命运不好,遇事不利。

②小试:亦称"小考"。清代童生试的习称。包括县试、府试和院试。是取得生员资格的入学考试。

③民胞物与:语出宋张载《西铭》:"民,吾同胞;物,吾与也。"意谓世人皆为我的同胞,万物俱是我的同类。此处指泛爱一切人和物。

④内圣外王:儒家修身为政的最高理想。谓内备圣人之至德,施之

于外,则为王者之政。

⑤顽民:泛指愚妄不化的人。梗化:顽固不服从教化。

⑥蛮夷猾夏:语出《尚书·尧典》。指野蛮的夷狄侵扰华夏。猾,乱。

⑦否闭:运气不好,没有机会。否,运气不好。闭,闭塞,没有好的机会。

⑧不被己泽:没有受到自己的恩惠。

【译文】

六弟埋怨自己命不好,我也深有同感。但只是一场小考试失利,就发牢骚,我暗笑他志向太小,心中所忧虑的不够大。君子立志,要有泛爱一切人和物的器量,以内圣外王为功业,才不辜负父母双亲的生育之恩,不愧为天地之间一个完人。因此,君子的忧虑,是因为自己不如舜帝和周公而忧虑,是因为自己德行没有修到家、学问没有做成功而忧虑。因此,顽固的刁民难以感化,君子会忧虑;野蛮的夷狄侵扰华夏,君子会忧虑;小人在位、贤人没有机会,君子会忧虑;普通百姓没有得到自己的恩泽,君子会忧虑。通常所说的为天命无常而悲哀、因人民困苦而怜悯,这才是君子的忧虑。如果只是一己的曲折与顺利、一家的贫寒与温饱,以及世俗社会的荣耀与耻辱、所得与失落、富贵与贫贱、诋毁与赞誉,君子是没工夫去忧虑这些的。六弟因一次小考试不成功,便说自己命不好,我暗笑他所忧虑的对象太过渺小。

　　盖人不读书则已,亦既自名曰读书人,则必从事于《大学》①。《大学》之纲领有三:明德、新民、止至善②,皆我分内事也。若读书不能体贴到身上去,谓此三项与我身了不相涉,则读书何用?虽使能文能诗、博雅自诩,亦只算得识字之牧猪奴耳,岂得谓之明理有用之人也乎?朝廷以制艺取士,亦谓其能代圣贤立言,必能明圣贤之理,行圣贤之行,可以居官莅民③,整躬率物也④。若以明德、新民为分外事,则虽能文能诗,而于修己治人之道实茫然不讲,朝廷用此等人作官,与用牧猪奴作官,何以异哉?

【注释】

①《大学》:原为《礼记》之一篇,相传为曾子所作。朱子为之集注,与《中庸》、《论语》、《孟子》并列,合称"四书"。

②明德:光明的德性。新民:使人精神面貌焕然一新。《大学》古本作"亲民",朱子改为"新民"。止至善:即止于至善。《大学》篇首云:"大学之道,在明明德,在亲(新)民,在止于至善。"明德、新民、止至善,合称《大学》三纲。

③莅民:管理百姓。

④整躬率物:整饬自身做出榜样,以为下属示范。

【译文】

假若有人不读书便罢了,只要自称为读书人,就一定要在《大学》上下功夫。《大学》的纲领有三条:明德、新民、止至善,都是我们分内的事情。如果读书不能落实到自己的身上去,说这三项与我毫不相干,那读书又有什么用呢?就算他能写文章、能做诗词,以博学多闻、品行雅正自诩,也只算一个会认字的牧猪奴而已,这样的人也配叫明白事理的有用人才么?朝廷以制艺来录取士人,也是认为他既然能代圣贤立言,必然明白圣贤所说的道理,能依圣贤的行为准则做事,有能力做官,管理民众,严以律己,为天下人做表率。如果将明德、新民当作分外之事,那么,就算他擅长诗文,但对于修己治人的道理茫然无知,朝廷用这种人做官,和用牧猪奴做官,又有什么区别呢?

　　然则既自名为读书人,则《大学》之纲领皆己身切要之事明矣。其条目有八①。自我观之,其致功之处,则仅二者而已:曰格物②,曰诚意。格物,致知之事也③。诚意,力行之事也。物者何? 即所谓本末之物也。身、心、意、知、家、国、天下,皆物也。天地万物,皆物也。日用常行之事,皆物也。格者,即物而穷其理也。如事亲定省,物也。究其所以当定省之理,即格物也。事兄随行,物也。究其所以当随行之理,即格物也。吾心,物也。究其存心之理,又博究其省察涵养以存心之理④,即格物也。吾身,物也。究其敬身之理⑤,又博究其立齐坐尸以敬身之理⑥,即格物也。每日所看之书,句句皆物也。切己体察,穷究其理,即格物也。此致知之事也。所谓诚意者,即其所知而力行之,是不欺也。知一句便行一句,此力行之事也。此二者并进,下学在此⑦,上达亦在此⑧。

【注释】

①条目有八:指《大学》八目。格物、致知、诚意、正心、修身、齐家、治国、平天下,合称《大学》八目。目,指细则。

②格物:探究万物之理。

③致知:获得知识。

④省察:自省。涵养:用滋润熏陶的方式修身养性。

⑤敬身:谓敬重自身。《礼记·哀公问》:"公曰:'敢问何谓敬身?'"《孔子家语·大婚》:"是故君子无不敬。敬也者,敬身为大。"

⑥立齐坐尸:即立如齐(斋)、坐如尸,意谓立的时候要像斋戒时一样端庄,坐的时候要像为尸时一样肃穆。《礼记·曲礼上》:"坐

如尸,立如齐。"郑玄注"坐如尸",曰"视貌正";注"立如齐",曰"磬且听也"。齐,同"斋",指斋戒祭祀。尸,古代祭祀时,代表死者受祭的人。

⑦下学:语出《论语·宪问》:"子曰:不怨天,不尤人,下学而上达。"何晏《集解》引孔安国曰:"下学人事,上知天命。"指学习粗浅的入门功夫,了解人情事理的基本常识。

⑧上达:指通晓学问的根本精神。

【译文】

既然自称读书人,那么《大学》的纲领,都是自己立身切要的事情,不言自明。《大学》应修的条目共有八个方面。但据我看来,最有用的,只有两条:一是格物,二是诚意。格物的功用是致知。诚意则是力行的根本。物是什么? 就是各种大小巨细之事。身、心、意、知、家、国、天下,都是物。天地间的万事万物,都是物。日常生活中所做的各种事情,也都是物。所谓格,是指对具体事务进行研究,穷尽它的道理。譬如,侍奉父母,早晚请安,是物。探究为什么要早晚定时向父母请安的道理,就是格物。尊重兄长,时时追随身后,是物。探究为什么要时时追随在兄长身后的道理,就是格物。我们的心,是物。探究安放本来之心的道理,并进一步研究如何通过自省、自察、涵养等功夫来安放本来之心,就是格物。我们的身体,是物。探究敬惜身体的道理,并进一步研究如何通过庄重恭敬地站、起、坐、卧来敬惜自己的身体,就是格物。我们每天所看的书,句句都是物。将书中说的落实到自己身上,细细体会,深究其中的道理,就是格物。这都是致知方面的事。所谓诚意,就是根据自己领悟的道理努力去做,不自欺欺人。领悟了一句的道理,便按这一句的道理去做,这是力行的事。这两个方面要齐头并进,所谓的了解人情事理的基本常识在这里,所谓的通晓学问的根本精神也在这里。

　　吾友吴竹如格物工夫颇深，一事一物，皆求其理。倭艮峰先生则诚意工夫极严，每日有日课册。一日之中，一念之差，一事之失，一言一默，皆笔之于书，书皆楷字。三月则订一本。自乙未年起①，今三十本矣。盖其慎独之严②，虽妄念偶动，必即时克治，而著之于书。故所读之书，句句皆切身之要药。兹将艮峰先生日课，抄三叶付归，与诸弟看。

【注释】

①乙未年：指道光十五年（1835）。

②慎独：语出《礼记·大学》：“此谓诚于中，形于外，故君子必慎其独也。”在独处中谨慎不苟。

【译文】

　　我的朋友吴竹如格物功夫很深，一事一物，都要讲求它的道理。倭艮峰先生诚意功夫很严，每天都记日课册子。一天之中，无论是一个念头的差错，还是一件事情的过失，说了什么话，抑或是对某事保持沉默，都要用笔记下来，而且用正楷字记录。每三个月订成一本。从乙未年起，至今已经订了三十本。因为他在慎独方面对自己要求严格，所以虽然也有妄念偶动的时候，但一定能及时克服，且写在日课册上。因此，他读的书，句句都能成为切合自身的良药。现将艮峰先生的日课，抄三页寄回，给弟弟们看。

　　余自十月初一日起，亦照艮峰样，每日一念一事，皆写之于册，以便触目克治，亦写楷书。冯树堂与余同日记起①，亦有日课册。树堂极为虚心，爱我如兄，敬我如师，将来必有所成。余向来有无恒之弊，自此次写日课本子起，可保终身有恒矣。盖明师益友,重重夹持,能进不能退也。本欲抄余日课册付诸弟阅,因今日镜海先生来,要将本子带回去,故不及抄。十一月有折差,准抄几叶付回也。

【注释】

①冯树堂:即为冯卓怀,字树堂,湖南长沙人。曾官四川万县知县。冯卓怀与曾国藩交好,曾经做过曾国藩儿子曾纪泽的私塾老师。曾国藩驻兵祁门时,冯卓怀放弃四川万县县令职位,投其麾下充任幕僚。后因事不合受曾国藩当众斥责,愤然离去。

【译文】

我从十月初一日起,也学艮峰那样,每天的一个念头、一件事情,都写在册子上,以便于自己随时看见,心有触动,并能克服改正,也写正楷字。冯树堂也有日课册子,和我同一天开始记事。树堂非常虚心,爱护我如同兄长,敬重我如同老师,他将来一定有所成就。我向来有缺乏恒心的毛病,从这回写日课本子开始,可以保证一生有恒心了。因为有这许多良师和益友,一重又一重地挟持着我,我只能前进不能后退啊。本想抄我的日课册寄给弟弟们看,但因为今天镜海先生过来,要将本子带回去,所以来不及抄。十一月有信差,准定抄几页寄回。

余之益友,如倭艮峰之瑟僴①,令人对之肃然。吴竹如、窦兰泉之精义,一言一事,必求至是。吴子序、邵蕙西之谈经,深思明辨。何子贞之谈字,其精妙处,无一不合,其谈诗尤最符契②。子贞深喜吾诗,故吾自十月来,已作诗十八首,兹抄二叶付回,与诸弟阅。冯树堂、陈岱云之立志,汲汲不遑③,亦良友也。镜海先生,吾虽未尝执贽请业④,而心已师之矣。

【注释】

①瑟僴(xiàn)：语出《诗经·卫风·淇奥》："瞻彼淇奥，绿竹猗猗。有匪君子，如切如磋，如琢如磨，瑟兮僴兮，赫兮咺兮。"毛传："瑟，矜庄貌。僴，宽大也。"庄敬宽厚。

②符契：符和，契合，相投。

③汲汲：心情急切貌。

④贽：拜见师长时所持的礼物。

【译文】

我的益友，如倭艮峰的端庄宽厚，令人肃然起敬。吴竹如、窦兰泉的深求义理，每一句话、每一件事，必能实事求是。吴子序、邵蕙西讨论经学，可谓深思明辨。何子贞议论书法，精彩绝伦之处，与我无一不合，谈论诗学尤其意见一致。子贞很喜欢我的诗，所以我从十月以来，已作了十八首，现抄两页寄回，供众位弟弟一阅。冯树堂、陈岱云立志，急切紧张，全然无暇他顾的模样，也是我的良友。镜海先生，我虽然没有拿着礼物上门请求授业，而心里早已当他是老师了。

吾每作书与诸弟，不觉其言之长，想诸弟或厌烦难看矣。然诸弟苟有长信与我，我实乐之，如获至宝，人固各有性情也。

【译文】

我每次给弟弟们写信，不觉得篇幅太长，料想弟弟们或者觉得厌烦看不下去。然而弟弟们如果写长信给我，我实在快乐，如同得到无价之宝一样，人真是性情各有不同啊。

余自十月初一日起记日课，念念欲改过自新。思从前与小珊有隙,实是一朝之忿①,不近人情,即欲登门谢罪。恰好初九日小珊来拜寿,是夜余即至小珊家久谈。十三日与岱云合伙请小珊吃饭,从此欢笑如初,前隙尽释矣。金竺虔报满用知县②,现住小珊家。喉痛月余,现已全好。李笔峰在汤家如故③。易莲舫要出门就馆④,现亦甚用功,亦学倭艮峰者也。同乡李石梧已升陕西巡抚⑤。两大将军皆锁拿解京治罪⑥,拟斩监候⑦。英夷之事业已和抚,去银二千一百万两,又各处让他码头五处。现在英夷已全退矣。两江总督牛鉴亦锁解刑部治罪。

近事大略如此,容再续书。

兄国藩手具。

【注释】

①一朝之忿:语出《论语·颜渊》:"一朝之忿,忘其身,以及其亲,非惑与?"一时激发的愤恨。

②金竺虔:即为金藻,字竺虔,湖南长沙人。报满:清官制名。指官员任期(历俸)已满,由所在部院堂官或所在地方督抚咨报吏部、兵部或相关之部院,等候升转或调补。或在京各部院额外主事上学习行走之新科进士、七品小京官等,学习或见习期满(一般为三年),由各该部院堂官咨报吏部,或奏留本部院补以主事实职,或归班由吏部另行铨选补用。

③汤家:指汤鹏家。汤鹏(1801—1844),字海秋,自号浮邱子,湖南益阳人。道光三年(1823)进士,历任礼部主事、军机章京、户部主事、山东道监察御史等职。著有《浮邱子》《明林》《海秋制艺》《海秋诗集》等。

④易莲舫:曾国藩友人。余不详。

⑤李石梧：即为李星沅(1797—1851)，字子湘，号石梧，湖南湘阴人。道光十二年(1832)进士，曾任兵部尚书、陕西巡抚、陕甘总督、江苏巡抚、云贵总督、云南巡抚、两江总督等职。著有《芋香山馆诗文集》、《李文恭公奏议》、《李文恭公全集》、《李星沅日记》等。

⑥两大将军：即广州将军伊里布、伊犁将军奕山。见前注。解京：押送京城。

⑦斩监候：即斩候决。明、清时代刑律谓将判处斩刑的犯人暂时监禁，候秋审、朝审后再决定是否执行。

【译文】

我从十月初一日起记日课，一心一意要改过自新。想起从前与小珊有误会，实在是一时气恼，不近人情，本打算登门谢罪。恰好初九日这天小珊来拜寿，当天夜里我就到小珊家里长谈。十三日和岱云一起请小珊吃饭，从此欢笑如初，以前的不愉快忘得一干二净。金竺虔见习期满，被任用为知县，现在住在小珊家里。他喉咙痛了一个多月，现在已经全好了。李笔峰在汤家还是老样子。易莲舫打算出门找学堂教书，现在也很用功，他也是学倭艮峰的。同乡李石梧已经升任陕西巡抚。两位大将军已经锁拿归案，押送到京师治罪，判刑斩候决。英国鬼子的事情已经和谈安抚，耗去白银二千一百万两，又在各处一共让他五处码头通商。现在英国鬼子已经全部退兵。两江总督牛鉴也押解到刑部治罪。

近来的事情大概如此，请等以后再继续写信告知。

兄国藩亲笔。

十一月十七日　　致父母书

男国藩跪禀父母亲大人万福金安：

十月廿七日发第十二号信，不知到否？男在京身体甚好,男妇亦如常。孙男日益发胖,毫无小恙。孙女于昨十五日满周,一年之内无半点累大人之处,真可谓易养者也。合寓上下平安。

【译文】

儿国藩跪禀父母亲大人万福金安:

十月二十七日发的第十二封信,不知收到了没有? 儿子我在京城身体甚好,您儿媳妇也健康如常。您二老的孙子日渐发胖,一点儿小毛病也没有。您孙女于日前十五日满周岁,一年之内没有半点儿让大人累的地方,真可以说是好养的了。全家上下平安。

海疆平定以来,政简人和,雍熙如旧①。廖钰夫师署漕运总督②,兼署南河总督③。奕山、奕经并拟斩监候罪④。满协办大学士⑤,敬徵补授⑥,汉大学士尚未宣麻⑦。今年南河决口⑧,河督麟庆革职⑨,现放潘锡恩为总河⑩。同乡京官并皆如常。

其余琐事详载诸弟信中,不敢上渎。

男谨禀。

【注释】

①雍熙:和乐升平的样子。

②漕运总督:明、清两朝中央政府派出的统管全国漕运事务的高级官员,品级为从一品或正二品。始设于明景泰二年(1451),驻节于南直隶淮安府城(今江苏淮安),全称为"总督漕运兼提督军务巡抚凤阳等处兼管河道",不仅管理跨数省长达三千多华里的运

河沿线,并且还管理地方行政事务,在明代和清初兼庐凤巡抚,管理凤阳府、淮安府、扬州府、庐州府和徐州、和州和滁州三州;自清末的咸丰十年(1860)起节制江苏长江以北诸镇、诸道。而各省的督粮道,都隶属于漕运总督。

③南河总督:清代设在清江浦(今江苏淮安)的高级官员,全名为"江南河道总督",品级为从一品或正二品,负责江苏河道的疏浚及堤防。

④奕经(1791—1853):字润峰,爱新觉罗氏,满洲镶红旗人。清宗室。历任乾清门侍卫、内阁学士、都统、兵部侍郎、吏部侍郎、户部侍郎、吏部尚书、协办大学士、扬威将军等职。道光二十一年(1841),以扬威将军抗击英军不利,解职。咸丰三年(1853),奉旨防御太平军,病死徐州。

⑤协办大学士:清朝职官名。顺治十五年(1658),清王朝参照明制,改内三院为内阁,内阁设大学士,大学士加殿、阁头衔(如"武英殿大学士"、"文渊阁大学士")。乾隆四年(1739)增设协办大学士,十三年(1748)额定为满、汉各一员,由六部尚书或总督中选任,为大学士副职,可递升大学士。品等为从一品。

⑥敬徵(?—1851):爱新觉罗氏,满洲镶白旗人。清宗室,肃武亲王豪格五世孙。嘉庆十年(1805),袭封不入八分辅国公,历任头等侍卫、副都统、内阁学士、銮仪使、工部侍郎、内务府大臣、左都御史、兵部尚书、工部尚书、都统、协办大学士等职。咸丰元年(1851)卒,谥文悫。

⑦宣麻:唐、宋拜相命将,用白麻纸写诏书公布于朝,称为"宣麻"。后遂以为诏拜将相之称。《新唐书·百官志一》:"开元二十六年,又改翰林供奉为学士,别置学士院,专掌内命。凡拜将相,号令征伐,皆用白麻。"

⑧南河:南河总督掌管防治的江南(今江苏、安徽两省)境内的黄

河、运河、洪泽湖、海口等。

⑨麟庆：即为完颜麟庆（1791—1846），字伯余，别字振祥，号见亭，满洲镶黄旗人。嘉庆十四年（1809）进士，历任内阁中书、兵部主事、徽州知府、颍州知府、河南开归陈许道道台、河南按察使、贵州布政使等职。道光十三年（1833），擢湖北巡抚，寻授江南河道总督。著有《黄运河口古今图说》、《河工器具图说》、《鸿雪因缘记》、《凝香室集》等。

⑩潘锡恩（1785—1866）：字纯夫，又字芸阁，安徽泾县人。嘉庆十六年（1811）进士，历任翰林院编修、侍读学士等职，累官至江南河道总督兼漕运总督。晚年晋封太子少保，卒谥文慎。总河：明、清总理河道的官名。明设总河侍郎。清初称"河道总督"，雍正时改称"总河"。《明史·河渠志一》："成化七年命王恕为工部侍郎，奉敕总理河道。总河侍郎之设，自恕始也。"

【译文】

海疆平定以来，政事清减，人民和乐，又像往日一样天下太平。廖钰夫师任漕运总督，兼署南河总督。奕山、奕经二人都被判斩候决。朝廷补授敬徵为满协办大学士，尚未宣布汉大学士的任命人选。今年南河决口，河督麟庆被免职，现派潘锡恩为总河。同乡京官都还是老样子。

其余琐事详见写给弟弟们的信中，不敢亵渎二老。

儿谨禀。

十一月十七日   致诸位贤弟书

诸位贤弟足下：

十月廿七日寄弟书一封，内信四叶、抄倭艮峰先生日课三叶、抄诗二叶,已改寄萧莘五先生处,不由庄五爷公馆矣①。不知已到无误否?

【注释】

①庄五爷:不详。

【译文】

诸位贤弟足下:

十月二十七日寄给弟弟们一封信,里头有四页信、手抄倭艮峰先生日课三页、抄诗二页,已经改寄萧莘五先生那里,不从庄五爷公馆走了。不知道是否已收无误?

十一月前八日已将日课抄与弟阅,嗣后每次家信,可抄三叶付回。日课本皆楷书,一笔不苟,惜抄回不能作楷书耳。冯树堂进功最猛,余亦教之如弟,知无不言。可惜九弟不能在京与树堂日日切磋,余无日无刻不太息也①。九弟在京年半,余懒散不努力。九弟去后,余乃稍能立志,盖余实负九弟矣。余尝语岱云曰:"余欲尽孝道,更无他事,我能教诸弟进德业一分,则我之孝有一分;能教诸弟进十分,则我孝有十分;若全不能教弟成名,则我大不孝矣。"九弟之无所进,是我之大不孝也。惟愿诸弟发奋立志,念念有恒,以补我不孝之罪。幸甚幸甚!

【注释】

①太息:叹息。

【译文】

十一月前八日的日课已经抄了给弟弟一阅,以后每次写家信,可抄三页寄回去。日课本都是用楷书写的,一笔不苟,可惜抄回去给弟弟们看的不能用楷书写。冯树堂进步最快,我教他就像教自己的弟弟一样,凡我知道的没有不说给他。可惜九弟不能在京城与树堂一起日日切磋,我无时无刻不为这个叹息。九弟在京城一年半,我懒散不努力。九弟走了之后,我才稍稍能立志,我实在是对不起九弟啊。我曾经和岱云说:"我想尽孝道,其实也没有别的事,我能够教育弟弟们在道德和学业方面长进一分,那我便尽了一分孝;能够教育弟弟们进步十分,那我便尽了十分孝;如果全然不能教弟弟们成名,那我便是大大的不孝了。"九弟没有什么长进,于我是大不孝啊。只希望弟弟们发奋图强,立志向上,时时刻刻能有恒心,以弥补我的不孝之罪。那就太幸运了!

　　岱云与易五近亦有日课册①,惜其识不甚超越。余虽日日与之谈论,渠究不能悉心领会,颇疑我言太夸。然岱云近极勤奋,将来必有所成。

【注释】

①易五:不详。疑即易莲舫。

【译文】

　　岱云和易五近来也有日课册子,可惜他见识不太高明。我虽然天天和他谈论,他终究不能悉心领会,且还有些怀疑我说得太玄虚。但是岱云近来极其勤奋,将来必能有一番成就。

　　何子敬近待我甚好①,常彼此作诗唱和。盖因其兄钦佩我诗,且谈字最相合,故子敬亦改容加礼。子贞现临隶字,每日临七八叶，今年已千叶矣。近又考订《汉书》之讹，每日手不释卷。盖子贞之学长于五事：一曰《仪礼》精②，二曰《汉书》熟，三曰《说文》精③，四曰各体诗好，五曰字好。此五事者，渠意皆欲有所传于后。以余观之，此三者余不甚精，不知浅深究竟何如。若字，则必传千古无疑矣。诗亦远出时手之上，而能卓然成家。近日京城诗家颇少，故余亦欲多做几首。

【注释】

①何子敬：即为何绍祺，字子敬，湖南道州人。何凌汉之子，何绍基之弟。

②《仪礼》：儒家"十三经"之一，是先秦时期的汉族礼制汇编。记载有关冠、婚、丧、乡、射、朝、聘等礼仪，凡十七篇。所计多东周以前传袭下来的礼俗仪式。

③《说文》：即《说文解字》。中国第一部系统地分析汉字字形和考究字源的字书。东汉许慎撰。

【译文】

何子敬近来对我特别好，经常彼此作诗唱和。因为他哥哥钦佩我的诗才，而且谈起写字最相契合，所以子敬也对我格外礼貌。子贞现在临习隶书，每天临七八页，今年已经有一千页。近来又考订《汉书》的讹误，每天手不释卷。子贞的学问在五个方面有专长：一是精通《仪礼》，二是熟悉《汉书》，三是精通《说文》，四是各体诗都写得好，五是字写得好。这五个方面，他都想能留名后世。在我看来，前三样我不太在行，不知道他造诣到底有多深。至于书法，他是一定能名传千古的。诗的水平也远远超过同时的普通人，卓然成家。近来京城写诗的人很少，所以我也想多做几首。

金竺虔在小珊家住，颇有面善心非之隙。唐诗甫亦与小珊有隙。余现仍与小珊来往，泯然无嫌①，但心中不甚惬洽耳②。曹西垣与邹云陔十月十六起程③，现尚未到。汤海秋久与之处，其人诞言太多④，十句之中仅一二句可信。今冬嫁女二次：一系杜兰溪之子，一系李石梧之子入赘。黎樾翁亦有次女招赘。其婿虽未读书，远胜于冯舅矣⑤。李笔峰尚馆海秋处，因代考供事，得银数十，衣服焕然一新。王翰城捐知州，去大钱八千串。何子敬捐知县，去大钱七千串。皆于明年可选实缺⑥。黄子寿处⑦，本日去看他，工夫甚长进，古文有才华，好买书，东翻西阅，涉猎颇多，心中已有许多古董。何世兄亦甚好⑧，沉潜之至⑨，天分不高，将来必有所成。吴竹如近日未出城，余亦未去，盖每见则耽搁一天也。其世兄亦极沉潜，言动中礼，现在亦学倭艮峰先生。吾观何、吴两世兄之姿质，与诸弟相等，远不及周受珊、黄子寿⑩，而将来成就，何、吴必更切实。此其故，诸弟能看书自知之。愿诸弟勉之而已。此数人者，皆后起不凡之人才也。安得诸弟与之联镳并驾⑪，则余之大幸也。

【注释】

①泯然：看不出一点儿痕迹的样子。

②惬洽：融洽。

③邹云陔：即为邹正杰，字云陔，湖南浏阳人。道光二十年（1840）进士，历任翰林院编修、京畿道监察御史、广西浔州知府。

④诞言：夸大虚诞的言词。

⑤冯舅：不详。

⑥实缺：清制，以额定之官职，经正式任命者为实缺，其委派署理者
　　为署缺。缺，清代指官员的职位。

⑦黄子寿：即为黄彭年（1824—1890），字子寿，号陶楼，晚号更生，
　　贵州贵筑县人，原籍湖南醴陵。道光二十五年（1845）进士，咸丰
　　初，随父黄辅辰赴贵筑办团练。同治元年（1862），入四川总督骆
　　秉章幕府，参赞军机。同治二年（1863），为陕西巡抚刘蓉延聘，
　　主讲关中书院。旋为直隶总督李鸿章延聘，纂辑《畿辅通志》，并
　　主讲保定莲池书院。光绪九年（1883）任湖北按察使，历任江苏
　　布政使、湖北布政使。著有《三省边防考略》、《金沙江考略》、《陶
　　楼文钞》等。

⑧何世兄：指何绍基子。

⑨沉潜：性格深沉，沉稳。

⑩周受珊：即为周开锡（1826—1871），原名开镆，字绶珊，号受山，
　　湖南益阳人。自少随父居京师，能诗文，但屡试不第。道光二十
　　九年（1849），就读于长沙。咸丰三年（1853），上书曾国藩言"兵
　　食机宜"，旋返益阳办团练。先后入胡林翼、李续宜幕。同治元
　　年（1862）入左宗棠幕，筹办军饷，因功升护理福建巡抚，后任福
　　建船政局提调。

⑪联镳（biāo）：喻相等或同进。《北史·甄琛传》："观其状也，则周
　　孔联镳，伊颜接袵。"

【译文】

　　金竺虔住在小珊家里，两个人有些面和心不和。唐诗甫也和小珊
有矛盾。我现在仍旧与小珊往来，表面上没有嫌隙，但心里还是不太融
洽。曹西垣和邹云陔十月十六日起程，现在还没到。与汤海秋相处很
久了，他这个人夸大虚诞的话太多，十句话中仅一二句能信。今年冬天
嫁女儿的有两次：一是杜兰溪家，一是李石梧家女婿入赘。黎樾翁也是
二女儿招赘。他女婿虽然没读过什么书，但比冯舅要强很多。李笔峰

还在汤海秋家教书,因为代人考试,挣了几十两银子,衣服焕然一新。王翰城捐知州,花了大钱八千串。何子敬捐知县,花了大钱七千串。明年都可以选实缺上任。我今天去看了黄子寿,他的功夫很有长进,古文很有才华,喜欢买书,东翻翻西看看,涉猎很广,心里已收藏了不少掌故。何家的公子也很好,沉稳得很,虽然天分不是很高,但将来一定有所成就。吴竹如近日没有出城,我也没有去,因为见一次面便耽搁一天时光。他家公子也很沉稳,言行合乎礼节,现在也师事倭艮峰先生。我看何、吴两家公子的资质,和弟弟们不相上下,远不及周受珊、黄子寿,但将来的成就,何、吴两位一定更切实些。这其中的缘故,弟弟们都能读书,自然懂我的意思。希望弟弟们好自勉励。这几位,都是年轻一辈不平凡的人才。要是什么时候弟弟们能够与他们并驾齐驱,那就是我的大幸运。

季仙九先生到京服阕,待我甚好,有青眼相看之意。同年会课①,近皆懒散,而十日一会如故。

【注释】

①会课:文人结社,定期集会,研习功课,传观所作文字,谓之"会课"。

【译文】

季仙九先生守丧期满,到了京城,他待我特好,有另眼相看的意思。同年们相约功课,近来都比较懒散,但十天聚在一起做一次功课,依然如故。

余今年过年,尚须借银百五十金,以五十还杜家,以百金用。李石梧到京,交出长郡馆公费,即在公项借用,免出外开口更好。不然,则尚须张罗也。

【译文】

我今年过年,还须借一百五十两银子,拿五十两还给杜家,留一百两用。李石梧到京城,交出长郡馆公费,我就在公项里借用,免得出外开口问人借,更好一些。不然的话,还需要张罗。

门上陈升一言不合而去[1],故余作《傲奴诗》。现换一周升作门上[2],颇好。余读《易·旅》"丧其童仆",《象》曰[3]:"以旅与下,其义丧也。"解之者曰:"以旅与下者,谓视童仆如旅人,刻薄寡恩,漠然无情,则童仆亦将视主上如逆旅矣[4]。"余待下虽不刻薄,而颇有视如逆旅之意,故人不尽忠。以后,余当视之如家人手足也,分虽严明而情贵周通。贤弟待人亦宜知之。

【注释】

①门上:即门上人,犹今之门卫。陈升:曾国藩仆人。道光二十二年(1842)为曾国藩京寓门卫,一言不合而去,曾国藩为作《傲奴诗》。旧时门卫,多在姓氏后加一升字以称呼,讨口彩。

②周升:曾国藩仆人。道光二十二年(1842)接替陈升做曾国藩京寓门卫。

③《象》:即《象辞》。《周易》解释卦象与爻象之辞。

④逆旅:客舍,旅馆。此处指路人。

【译文】

门上陈升因为一言不合拂袖而去,我为此做了一首《傲奴诗》。现在换了周升做门上,比较好。我读《易·旅》"丧其童仆",《象辞》说:"以旅与下,其义丧也。"解释的人说:"所谓以旅与下,是说将童仆看作路人一般,刻薄寡恩,漠然无情,那么童仆也就把主人看作路人了。"我对下人虽说不刻薄,却也有将他们看作路人的嫌疑,所以他们就不能尽忠于我。今后我要把下人当家里人一样看待,对他们亲如手足,主仆身份界限虽要明白而严格地区分,但人情上还是以沟通为贵。贤弟们对待别人,也应明白这个道理。

余每闻折差到,辄望家信。不知能设法多寄几次否?若寄信,则诸弟必须详写日记数天,幸甚。余写信,亦不必代诸弟多立课程①,盖恐多看则生厌,故但将余近日实在光景写示而已,伏惟诸弟细察。

【注释】

①课程:有规定数量和内容的工作或学习进程。宋陈鹄《耆旧续闻》卷二:"后生为学,必须严定课程,必须数年劳苦。"清顾炎武《与友人辞往教书》:"有实心向学之机,多则数人,少则三四人,立为课程,两日三日一会,质疑问难,冀得造就成材,以续斯文之统。"

【译文】

我每次听说信差到来,就巴望有家信。不知道能想法多寄几次家信不?如果寄信来,弟弟们必须详细写出几天的日记为幸。我写信,也不必替弟弟们多立课程,因为怕看多了会厌烦,所以只将我近日的实际情况写给弟弟们看罢了,恳请诸位弟弟细心体察。

十二月二十日　致父母书

男国藩跪禀父母亲大人万福金安:

十二月十四奉到十月初七手谕,敬悉一切。芝妹又小产①。男恐其气性太躁②，有伤天和③，亦于生产有碍，以后须平心和气。伏望大人教之。

【注释】

①芝妹：即为曾国芝（1817—1846）。嫁朱咏春（又名丽春，号存一，梓门桥人）。小产：流产。

②气性：气质，性情。特指容易生气或生气后一时不易消除的脾气。

③天和：指人天生的元气。

【译文】

儿国藩跪禀父母亲大人万福金安：

十二月十四日接到父亲大人十月初七日的亲笔信，一切情况都已知道。芝妹又流产。儿子我怕她气性太躁，易伤元气，对生孩子也有不好的影响，以后须要心气平和才是。恳请父母亲大人多多教诲她。

朱备之世兄任宝庆同知①。其人浑朴②，京师颇有笑其憨者，实则笃厚君子也。龙见田年伯来京，男请酒，渠辞不赴；意欲再请翰臣，待明春始办席也。在省未送程仪③，待见面可说明。

【注释】

①朱备：不详。同知：官名。称副职。宋代中央有同知阁门事、同知枢密院事，府、州军亦有同知府事、同知州军事。元、明因之。清代唯府、州及盐运使置同知，府同知即以同知为官称，州同知称"州同"，盐同知称"盐同"。

②浑朴：朴实，淳厚。

③程仪：亦称"程敬"，旧时赠送旅行者的财礼。

【译文】

朱备的公子出任宝庆府同知。他为人朴实，京城里有些人笑他有几分呆气，实际上他是个淳厚君子。龙见田年伯来京城，儿子我请他吃酒，他推辞不赴宴；我想再把他儿子翰臣一起请了，等明年春天才办酒席。在省内没有送他旅费，等见面时再说明。

漆寿具既用黄二漆匠亦好，男断不与此等小人计较，但恐其不尽心耳。闻瓷灰不可多用，多用则积久易脱，不如多漆厚漆，有益无损。不知的否。以后每年四具必须同漆一次，男每年必付四两银至家，专为买漆之用。九弟前带回银十两，为堂上吃肉之费，不知已用完否？

【译文】

漆寿具既然请了黄二漆匠也好，儿子我绝不和这等小人计较，只是怕他不尽心干活。听说瓷灰不能用太多，用多了，时间一长，容易脱落，不如多漆几层厚漆，有益无害。不知是否的确如此。以后每年四具寿材必须同时漆一次，儿子我每年一定寄四两银子到家，专门用来买漆。九弟前次带回十两银子，供堂上大人买肉吃，不知道是否已经用完？

男等及孙男女身体俱如常。今年用费共六百余金，绝不窘手，左右逢源，绰有余裕。另有寄弟信详言之。正月祖父大人七十大寿，男已作寿屏两架。明年有便，可付回一架。

【译文】

儿子等和您孙儿孙女身体都像往常一样建康。今年共花费六百多两银子，手头绝不困窘，可谓左右逢源，绰绰有余。另外有寄给弟弟的信详细说这些。正月祖父大人过七十大寿，儿子我已经做了两架寿屏。明年有便差，可以寄一架回去。

今年京察[1]，京城各衙门京察，堂官出考语[2]，列等第，取一等者，即外放道府[3]。湖南惟黎樾乔得一等。翰林未满三年俸者，例不京察。

【注释】

[1] 京察：明、清定期考核京官的制度。明代每六年举行一次。清代吏部设考功清吏司，改为三年考核一次，在京的称"京察"，在外地的称"大计"。《明史·选举志三》："考察之法，京官六年，以巳、亥之岁，四品以上自陈以取上裁，五品以下分别致仕、降调、闲住为民者有差，具册奏请，谓之京察。"

[2] 堂官：明、清对中央各部长官如尚书、侍郎等的通称，因在各衙署大堂上办公而得名。堂官对司官而言，各部以外的独立机构的长官，如知县、知府等，亦可称堂官。

[3] 道府：清时道一级地方政府，或该级政府的行政长官。

【译文】

今年京察，京城各衙门京察，由堂官出具考核评语，排列等第，考为一等的人，就外放做道府。湖南籍的只有黎樾乔考了一等。翰林不满三年俸的，照例不京察。

同乡黄莆卿兄弟到京，收到茶叶一篓，重廿斤，尽可供二年之食，惟托人东西太大，不免累赘，心实不安，而渠殊不介意也。在京一切自知谨慎。

男谨禀。

【译文】

同乡黄莆卿兄弟到京城，收到茶叶一篓，重二十斤，足足可以喝两年了，只是托人寄太大的东西，难免累赘，内心实在不安，但他丝毫也不介意。在京城一切事情我自己知道要谨慎。

儿谨禀。

十二月二十日　致诸位贤弟书

诸位贤弟足下：

十一月十七寄第三号信，想已收到。父亲到县纳漕①，诸弟何不寄一信，交县城转寄省城也？以后凡遇有便，即须寄信。切要切要！九弟到家，遍走各亲戚家，必各有一番景况，何不详以告我？

【注释】

①纳漕：缴纳漕粮。漕粮是我国封建时代由东南地区漕运京师的税粮。辛亥革命后改征货币，漕粮名存实亡。黄宗羲《明夷待访录·田制三》："有明自漕粮而外，尽数折银，不特折钱之布帛为银，而历代相仍不折之谷米，亦无不为银矣。"

【译文】

诸位贤弟足下：

十一月十七日寄的第三封信，料想已经收到。父亲到县城缴纳漕税,弟弟们为什么不寄一封信交由县城转寄省城呢? 以后凡是遇到有便人,就应该寄信。此事极其重要! 九弟到家,将各亲戚家走访一遍,各家一定有各家的情况,为什么不详细告诉我呢?

四妹小产,以后生育颇难,然此事最大,断不可以人力勉强,劝渠家只须听其自然,不可过于矜持①。又闻四妹起最晏②,往往其姑反服事他③,此反常之事,最足折福④,天下未有不孝之妇而可得好处者,诸弟必须时劝导之,晓之以大义。

【注释】

①矜持:此处意为固执。

②晏:迟、晚。

③姑:婆母。

④折福:折损福分。

【译文】

四妹流产,以后生育很难,但这是头等大事,绝不可以人为勉强,劝她家且听其自然,不宜过于固执。又听说四妹起床最晚,往往是她的婆婆服侍她,这是反常的事情,最容易折福,天下从来没有不孝的媳妇能有好下场的,弟弟们可要时时劝导她,教给她人伦大义。

诸弟在家读书,不审每日如何用功? 余自十月初一立志自新以来,虽懒惰如故,而每日楷书写日记,每日读史十叶,每日记《茶余偶谈》一则,此三事未尝一日间断。十月廿一日立誓永戒吃水烟,洎今已两月不吃烟①,已习惯成自然矣。予自立课程甚多,惟记《茶余偶谈》、读史十叶、写日记楷本此三事者,誓终身不间断也。诸弟每人自立课程,必须有日日不断之功,虽行船走路,俱须带在身边。予除此三事外,他课程不必能有成,而此三事者将终身以之。

【注释】

①洎(jì)今:迄今,至今。洎,到,至。

【译文】

弟弟们在家读书,不知道每天是如何用功的?我自十月初一日立志自新以来,虽然还像从前一样懒惰,但每天用楷书写日记,读史书十页,记《茶余偶谈》一则,这三件事从没有间断过一天。我十月二十一日发誓永远戒掉吃水烟的毛病,至今已经两个月不吃了,习惯已成自然。我自己设的课程很多,只有记《茶余偶谈》、读史书十页、用楷书写日记这三件事,发誓终身不间断。弟弟们每人自己设立课程,必须要有天天不间断的功夫,即使行船赶路,都要带在身边。我除这三件事以外,其他课程不一定能求成功,但这三件事将终身实行。

前立志作《曾氏家训》一部,曾与九弟详细道及。后因采择经史,若非经史烂熟胸中,则割裂零碎,毫无线索;至于采择诸子各家之言,尤为浩繁,虽抄数百卷,犹不能尽收。然后知古人作《大学衍义》、《衍义补》诸书①,乃胸中自有条例,自有议论,而随便引书以证明之,非翻书而遍抄之也。然后知著书之难。故暂且不作《曾氏家训》,若将来胸中道理愈多,议论愈贯串,仍当为之。

【注释】

①《大学衍义》：南宋著名理学家真德秀所作，继承朱子思想，发挥《大学》奥义。《衍义补》：即《大学衍义补》，是一部阐发《大学》经义，论述"治国平天下之道"的儒学著作。明儒丘濬撰。

【译文】

以前我立志要作一部《曾氏家训》，曾经和九弟详细说到过。后来因为采择经学、历史之书，如果不是经史烂熟胸中，就会觉得材料割裂零碎，一点儿线索也没有；至于采择诸子百家的言论，工程更是浩大繁琐，即使抄上几百卷，还是不能收罗完全。然后我才知道古人作《大学衍义》、《衍义补》这些书，真是胸中自有条例，自有议论，而后随意征引古书来证明，并不是翻遍所有的书都抄下来。此后我才知道著书有多么难。所以暂且不作《曾氏家训》，如果将来胸中明白的道理多了，议论也更能贯通圆融，仍旧还是要作的。

现在朋友愈多：讲躬行心得者，则有镜海先生、艮峰前辈、吴竹如、窦兰泉、冯树堂；穷经知道者，则有吴子序、邵蕙西；讲诗文字而艺通于道者，则有何子贞；才气奔放，则有汤海秋；英气逼人，志大神静，则有黄子寿。又有王少鹤①、名锡振，广西主事，年廿七岁，张筱浦之妹夫②。朱廉甫③、名琦，广西乙未翰林。吴莘畬④、名尚志，广东人，吴抚台之世兄⑤。庞作人⑥，名文寿，浙江人。此四君者，皆闻予名而先来拜，虽所造有浅深，要皆有志之士，不甘居于庸碌者也。京师为人文渊薮⑦，不求则无之，愈求则愈出。近来闻好友甚多，予不欲先去拜别人，恐徒标榜虚声⑧。盖求友以匡己之不逮⑨，此大益也；标榜以盗虚名，是大损也。天下有益之事，即有足损者寓乎其中，不可不辨。

【注释】

①王少鹤：即为王锡振（1815—876），字少鹤，后更名王拯，字定甫，广西马平（今柳州）人。道光二十一年（1841）进士，历任户部主事、军机章京、大理寺少卿、太常寺卿、左副御史、通政使等职。晚年主讲于桂林榕湖经舍、秀峰讲舍。王拯文宗桐城派，著有《龙壁山诗文集》、《茂陵秋雨词》等。《清史稿》有传。

②张筱浦：即为张芾（1814—1862），字黼侯，号筱浦，陕西泾阳人。道光十五年（1835）进士，历任内阁学士、江苏学政、工部侍郎、吏部侍郎、江西学政、刑部侍郎、江西巡抚等职。咸丰年间，曾奉命督办皖南军务。

③朱廉甫：即为朱琦（1803—1861），字濂甫，号伯韩，广西临桂（今桂林）人。道光十五年（1835）进士，官至御史，以直言敢谏闻名，与苏廷魁、陈庆镛合称"谏垣三直"。咸丰十一年（1861），太平军攻破杭州城，朱琦战死。朱琦学宗程朱，文宗桐城派，著有《怡志堂集》、《台垣奏议》等。

④吴莘畬：即为吴尚志，字莘畬，广东南海（今佛山）人。曾任工部员外郎。系晚清小说家吴趼人祖父、湖广总督吴荣光之子。

⑤吴抚台：即为湖广总督吴荣光。吴荣光（1773—1843），字伯荣，号荷屋，广东南海（今佛山）人。嘉庆四年（1799）进士，道光间官至湖南巡抚，署湖广总督，坐事降调福建布政使。有《历代名人年谱》、《石云山人集》。抚台，明清巡抚的别称。

⑥庞作人：即为庞文寿，字作人，浙江人。

⑦人文渊薮：人文荟萃之地。渊薮，人或事物聚集的地方。

⑧虚声：虚名，虚誉。

⑨匡：纠正。不逮：不足之处，过错。

【译文】

现在我的朋友越来越多：讲求实践心得的，有镜海先生、艮峰前辈、吴竹如、窦兰泉、冯树堂；研究经学很深并领悟大道的，有吴子序、邵蕙西；讲求诗词、文章、书法这些艺术且能上升到道的层面的，有何子贞；才气奔放的，有汤海秋；英气逼人，志向远大而精神安静的，有黄子寿。又有王少鹤，名锡振，广西主事，年二十七岁，张筱浦的妹夫。朱廉甫、名琦，广西乙未翰林。吴莘畬、名尚志，广东人，吴抚台的公子。庞作人，名文寿，浙江人。这四位都是听说了我的名声而先来登门拜访的，虽说他们的学问造诣有深有浅，但他们都是有志之士，不甘以庸碌之辈自居。京城是人文荟萃之地，不去探求便没有，越去探求人才就越多。近来听说值得交往的益友很多，但我不想先去拜访别人，我怕徒然标榜虚名。交朋结友是用来匡正自己的不足的，这样大有益处；自我标榜以盗取虚名，则是大大有损。天下的有益之事，往往便有不益的事包含其中，不可不加辨别。

　　黄子寿近作《选将论》一篇，共六千余字，真奇才也！子寿戊戌年始作破题①，而六年之中，遂成大学问，此天分独绝，万不可学而至，诸弟不必震而惊之。予不愿诸弟学他，但愿诸弟学吴世兄、何世兄。吴竹如之世兄，现亦学艮峰先生写日记，言有矩、动有法，其静气实实可爱。何子贞之世兄，每日自朝至夕，总是温书，三百六十日，除作诗文时，无一刻不温书，真可谓有恒者矣。故予从前限功课教诸弟，近来写信寄弟从不另开课程，但教诸弟有恒而已。盖士人读书，第一要有志，第二要有识，第三要有恒。有志则断不甘为下流。有识则知学问无尽，不敢以一得自足，如河伯之观海，如井蛙之窥天，皆无识者也。有恒则断无不成之事。此三者缺一不可。诸弟此时惟有识不可以骤几^②，至于有志、有恒，则诸弟勉之而已。予身体甚弱，不能苦思，苦思则头晕；不耐久坐，久坐则倦乏。时时属望^③，惟诸弟而已。

【注释】

①破题：唐、宋时应举诗赋和经义的起首处，须用几句话说破题目要义，叫"破题"。明、清时八股文的头两句，亦沿称"破题"，并成为一种固定的程式。

②骤几：指立即接近、达到某一水平。

③属望：殷切期望，寄予厚望。

【译文】

黄子寿最近写了一篇《选将论》，共六千多字，真是奇才啊！黄子寿戊戌年才开始学作破题，而六年之中，便成就了大学问，他的天分真是世上少有，万万不是靠积累学力而能达到，弟弟们不必震惊。我不希望弟弟们学他，只希望弟弟们学吴公子、何公子。吴竹如的公子，现在也学艮峰先生记日记，一言一行都有规矩法度，他的静气功夫实在可爱。何子贞的公子，每天从早到晚，总是温习书本，三百六十天，除了作诗文外，没有一刻不在温习书本，真可算是有恒心的人啊。所以我从前限定功课教弟弟们治学，近来写给弟弟们的信从不另开课程，只是要弟弟们有恒心罢了。士人读书，第一要有志气，第二要有见识，第三要有恒心。有志气就绝不甘居下游。有见识就明白学问永无止境，不敢以一得之见而自满自足，像河伯观海、井蛙窥天，都是缺乏见识的。有恒心就绝没有做不成的事。这三方面缺一不可。弟弟们现在只有见识不是马上可以达到一定境界的，至于有志气、有恒心，弟弟们勉励吧。我身体很虚弱，不能用心苦思，用脑过度就头昏；也不能久坐，坐久了便倦乏。时时刻刻所期望的，只有几位弟弟罢了。

明年正月,恭逢祖大人七十大寿,京城以进十为正庆,予本拟在戏园设寿筵,窦兰泉及艮峰先生劝止之,故不复张筵①。盖京城张筵唱戏,名为庆寿,实则打把戏。兰泉之劝止,正以此故。现在作寿屏两架:一架淳化笺四大幅②,系何子贞撰文并书,字有茶碗口大;一架冷金笺八小幅③,系吴子序撰文,予自书。淳化笺系内府用纸④,纸厚如钱,光彩耀目,寻常琉璃厂无有也。昨日偶有之,因买四张。子贞字甚古雅,惜太大,万不能寄回。奈何奈何!

【注释】

①张筵:摆酒设宴。

②淳化笺:淳化所产名贵纸张。

③冷金笺:即冷金纸。笺纸上泥金称“冷金”,分有纹、无纹两种,纹有布纹、罗纹区别。冷金笺唐时已有,宋、明以来,苏州、四川都有生产。宋米芾《书史》:“王羲之《玉润帖》是唐人冷金纸上双钩摹出。”

④内府:清“内务府”简称。清代内务府主要职能是管理皇家事务,诸如皇家日膳、服饰、库贮、礼仪、工程、农庄、畜牧、警卫扈从、山泽采捕等,还把持盐政、分收榷关、收受贡品。内务府主要机构有“七司三院”,最重要的是广储司,专储皇室的金银珠宝、皮草、瓷器、绸缎、衣服、茶叶等特供品。

【译文】

明年正月,恭逢祖父大人七十大寿,京城以十整岁做寿为正式庆典,我本准备在戏园设寿筵,窦兰泉和艮峰先生劝我不要这样做,所以不准备办了。因为京城设宴唱戏,名义上是庆寿,实际上是要把戏。兰泉之所以劝阻我,就是因为这个缘故。现已做好寿屏两架:一架是淳化笺四大幅,由何子贞撰文并书写,字有茶碗口大;一架是冷金笺八小幅,由吴子序撰文,我自己书写。淳化笺是内府用纸,纸厚如钱,光彩夺目,平常时候琉璃厂是没有的。日前偶尔有了,因此买了四张。子贞的字很古雅,可惜太大,绝对不能寄回。真是没办法!

　　侄儿甲三体日胖而颇蠢,夜间小解知自报,不至于湿床褥。女儿体好,最易扶携①,全不劳大人费心力。

【注释】

①扶携:扶植提携。此处指养育。

【译文】

侄儿甲三日渐长得蠢胖,夜里小便知道自己告诉大人,不至于尿湿床褥。女儿身体好,最容易带,完全不需要大人费心。

　　今年冬间,贺耦庚先生寄卅金①,李双圃先生寄廿金②,其余尚有小进项,汤海秋又自言借百金与我用。计还清兰溪、寄云外③,尚可宽裕过年。统计今年除借会馆房钱外,仅借百五十金,岱云则略多些。岱云言在京已该账九百余金④,家中亦有此数,将来正不易还,寒士出身,不知何日是了也。我在京该账尚不过四百金,然苟不得差,则日见日紧矣。

　　书不能尽言,惟诸弟鉴察。

　　兄国藩手草。

【注释】

①贺耦庚:即为贺长龄(1785—1848),字耦庚,号耐庵,湖南善化

（今长沙）人。嘉庆十三年(1808)进士，道光时历任江苏、福建等省布政使，后官至云贵总督。曾任长沙岳麓书院山长，委托好友魏源纂辑《皇朝经世文编》一百二十卷。著有《耐庵诗文集》、《孝经集注》等。与曾国藩是儿女亲家。

②李双圃：即为李象鹍(1782—1849)，字云皋，号双圃，长沙人。李象鹍弟。嘉庆十六年(1811)进士，选庶吉士，授检讨。累官至贵州布政使。著有《棣怀堂随笔》十一卷，《双圃赋钞》一卷，《双圃诗钞》一卷，《云湖合编》一卷(与周作楫合撰)。

③寄云：即为毛鸿宾(1811—1867)，字翙云，又字寄云，号菊隐，山东历城人。与曾国藩同为道光十八年(1838)进士，交情甚笃，历任监察御史、给事中、湖南巡抚、两广总督等职。

④该账：欠账。

【译文】

今年冬天，贺耦庚先生寄给我三十两银子，李双圃先生寄给我二十两银子，此外还有些小进项，汤海秋又自己说要借一百两银子给我用。算起来，还清兰溪、寄云债务之外，还可以宽裕过年。总计今年除借会馆房钱外，仅仅借银一百五十两，岱云则比我借得多一些。岱云说在京城已经欠账九百两银子，家里欠债也有这个数，将来真是不容易还清啊，贫寒出身，苦日子不知道何日才是尽头。我在京城欠债还不到四百两银子，但是如果得不到差事，那就一天比一天窘迫了。

书不尽言，期望弟弟们鉴察。

兄国藩亲笔。

附录

课程

主敬。整齐严肃，无时不惧。无事时心在腔子里，应事时专一不杂。

【译文】

主敬。整齐严肃,无时无刻不存畏惧之心。没有事的时候心在腔子里,应对事情的时候专一不杂乱。

静坐。每日不拘何时,静坐一会,体验静极生阳来复之仁心。正位凝命,如鼎之镇。

【译文】

静坐。每天不必管什么时间,都要静坐一会儿,体验静到极点生阳来复的仁心。正襟危坐,神情凝重,如同大鼎一样镇定。

早起。黎明即起,醒后勿沾恋。

【译文】

早起。黎明时分就要起来,醒来之后不要恋床。

读书不二。一书未点完,断不看他书。东翻西阅,都是徇外为人①。

【注释】

①徇外:顺从于身外的客观环境,内心不坚定,为外界牵着走。

【译文】

读书不二。一部书没有圈点完毕,绝对不可以看别的书。东翻翻西看看,都是徇外和为人之学。

读史。"廿三史"每日读十叶，虽有事，不间断。

【译文】

读史。"二十三史"每天读十页，即使有事再忙，也不间断。

写日记。须端楷。凡日间过恶：身过、心过、口过，皆记出，终身不间断。

【译文】

写日记。要写正楷字。凡是一天之中的过错：身过、心过、口过，都记下来，终身不间断。

日知其所亡①。每日记《茶余偶谈》一则，分德行门、学问门、经济门、艺术门。

【注释】

①亡：无，没有。

【译文】

日知其所无。每天记《茶余偶谈》一则，分德行门、学问门、经济门、艺术门。

月无忘所能。每月作诗文数首，以验积理之多寡、养气之盛否。

【译文】

月无忘所能。每月写诗和文数篇，用以验证自己理学功夫积累得多还是少，正气涵养得盛还是不盛。

　　谨言。刻刻留心。

【译文】

谨言。时时刻刻都要留心。

　　养气。无不可对人言之事。气藏丹田。

【译文】

养气。内心没有不能对人讲的事。气藏丹田。

　　保身。谨遵大人手谕：节欲，节劳，节饮食。

【译文】

保身。谨慎遵守父亲大人的指示：节制欲望，节制劳累，节制饮食。

　　作字。早饭后作字。凡笔墨应酬，当作自己功课。

【译文】

作字。早饭后写字。凡是笔墨应酬，当作自己做功课。

　　夜不出门。旷功疲神，切戒切戒！

【译文】

夜不出门。荒废功课，疲惫精神，千万戒除！

道光二十三年

正月十七日　致父母书

男国藩跪禀父母亲大人万福金安：

正月八日恭庆祖父母双寿，男去腊作寿屏二架。今年同乡送寿对者五人①，拜寿来客四十人。早面四席，晚酒三席。未吃晚酒者，于十七日、廿日补请二席。又倩人画《椿萱重荫图》②，观者无不叹羡。

【注释】

①寿对：祝寿的对联。

②倩（qìng）：请。椿萱重荫：《庄子·逍遥游》谓大椿长寿，后世因以"椿"称父。《诗经·卫风·伯兮》："焉得谖草，言树之背。"谖草，萱草。后世因以"萱"称母。椿、萱连用，代称父母。"椿萱并茂"，比喻父母都健在；"椿萱重荫"，比喻祖父母、父母都健在。

【译文】

儿国藩跪禀父母亲大人万福金安：

正月初八日恭庆祖父祖母双寿，儿子去年腊月做了两架寿屏。今年同乡送祝寿对联的有五个人，前来拜寿的客人有四十人。早上吃面请了四席，晚上吃酒请了三席。没有吃晚上酒席的，在十七日、二十日又补请了两席。又请人画了《椿萱重荫图》，来看的人无不赞叹艳美。

　　男身体如常。新年应酬太繁,几至日不暇给①。媳妇及孙儿女俱平安。

【注释】

①日不暇给:形容事务繁忙,没有空闲。

【译文】

儿子我身体还和往常一样。新年里应酬太多,几乎忙不过来。您儿媳妇和孙子、孙女都平安。

　　正月十五接到四弟、六弟信。四弟欲偕季弟从汪觉庵师游①,六弟欲偕九弟至省城读书。男思大人家事日烦,必不能常在家塾照管诸弟;且四弟天分平常,断不可一日无师讲书改诗文,断不可一课耽搁。伏望堂上大人俯从男等之请,即命四弟、季弟从觉庵师。其束修银②,男于八月付回,两弟自必加倍发奋矣。六弟实不羁之才③,乡间孤陋寡闻,断不足以启其见识而竖其志向,且少年英锐之气不可久挫。六弟不得入学,既挫之矣;欲进京而男阻之,再挫之矣;若又不许肄业省城④,则毋乃太挫其锐气乎? 伏望堂上大人俯从男等之请,即命六弟、九弟下省读书。其费用,男于二月间付银廿两至金竺虔家。

【注释】

①汪觉庵:湖南衡阳人,曾执教于衡阳唐氏家塾。道光十年(1830),曾国藩就读于衡阳唐氏宗祠,师从汪觉庵。

②束修:学费。古代儿童入学必用束修(捆在一起的十条干肉)作

为拜师的礼物,后指老师的酬金。

③不羁:谓才行高远,不可拘限。《文选·邹阳〈狱中上书自明〉》:"使不羁之士,与牛骥同皁。"李善注:"不羁,谓才行高远,不可羁系也。"

④肄业:修习课业。

【译文】

正月十五日接到四弟和六弟的信。四弟想和季弟一起跟从汪觉庵老师读书,六弟想和九弟一起到省城读书。儿子我想父亲大人家里的杂事一天比一天繁琐,肯定不能经常在家塾照管几位弟弟;况且四弟天分一般,绝不可以一天没有老师为他讲解课文和修改诗文,一节功课都不可以耽搁。殷切希望堂上大人能听从儿子们的请求,马上让四弟和季弟跟从觉庵老师读书。他们两个的学费,儿子我在八月寄过来,两位弟弟想必会加倍地发奋学习。六弟实在是不羁的人才,乡下条件太差、见闻不广,断不足以启迪他的见识,竖立他的志向,况且年轻人的锐气不可以长久地受挫折。六弟未能顺利入学,已经是受挫折了;他想进京,儿子我又阻止了他,可说是再次受挫;如果又不准他去省城读书,是不是太挫他的锐气了呢?殷切希望堂上大人听从儿子们的请求,马上让六弟和九弟到省城读书。他们两个的学费,儿子我在二月间交付二十两银子到金竺虔家里。

夫家和则福自生。若一家之中,兄有言弟无不从,弟有请兄无不应,和气蒸蒸而家不兴者,未之有也;反是而不败者,亦未之有也。伏望大人察男之志。即此敬禀叔父大人,恕不另具。六弟将来必为叔父克家之子①,即为吾族光大门第,可喜也。

谨述一二,余俟续禀。

【注释】

①克家:语出《易·蒙》:"纳妇吉,子克家。"孔颖达疏:"子孙能克荷家事,故云子克家也。"指能承担家事、继承家业。

【译文】

　　有道是家庭和睦福泽就自然产生。如果一家之中,哥哥说了什么话弟弟无不听从,弟弟有什么请求哥哥总是答应,一门之中充满和气而家道不兴旺的,是从来没有的;情况相反而家道不败落的,也是从来没有的。殷切希望父母亲大人体谅儿子我的想法。也在这里敬禀叔父大人,恕我不再另写信了。六弟将来必能承担叔父家的家事,并能为我们家族光大门第,值得欣喜。

　　恭谨地说这些,其余的等下次再禀告。

正月十七日　致诸位老弟书

诸位老弟足下:

　　正月十五日接到四弟、六弟、九弟十二月初五日所发家信。

【译文】

诸位老弟足下:

　　正月十五日接到四弟、六弟、九弟十二月初五日所发的家信。

　　四弟之信三叶,语语平实,责我待人不恕①,甚为切当。谓月月书信徒以空言责弟辈,却又不能实有好消息,令堂上阅兄之书,疑弟辈粗俗庸碌,使弟辈无地可容云云。此数语，兄读之不觉汗下。我去年曾与九弟闲谈云："为人子者，若使父母见得我好些，谓诸兄弟俱不及我，这便是不孝；若使族党称道我好些②，谓诸兄弟俱不如我，这便是不弟③。"何也？盖使父母心中有贤愚之分，使族党口中有贤愚之分，则必其平日有讨好底意思，暗用机计，使自己得好名声，而使其兄弟得坏名声，必其后日之嫌隙由此而生也。刘大爷、刘三爷兄弟皆想做好人，卒至视如仇雠④。因刘三爷得好名声于父母族党之间，而刘大爷得坏名声故也。今四弟之所责我者，正是此道理，我所以读之汗下。但愿兄弟五人，各各明白这道理，彼此互相原谅。兄以弟得坏名为忧，弟以兄得好名为快。兄不能使弟尽道得令名，是兄之罪；弟不能使兄尽道得令名，是弟之罪。若各各如此存心，则亿万年无纤芥之嫌矣⑤。

【注释】

①恕：恕道，待人宽容，体谅他人。

②族党：聚居的同族亲属。

③弟：通"悌"，指弟弟敬爱哥哥。

④仇雠：冤家，对头。雠，即仇。

⑤纤芥：细微。

【译文】

四弟的信写了三页，句句都很平实，责备我对人不够宽容，四弟说得很是切当。四弟说我每个月写的家信，只是用空洞的言语责备弟弟们，却又不能有实实在在的好消息，让堂上大人看见兄长写的话，怀疑弟弟们是举止粗俗、庸碌无为之辈，使弟弟们无地自容。四弟的这几句话，为兄我看了不觉汗下。我去年和九弟闲谈，曾经说过："为人子的，如果让父母看到我一个人好些，觉得其他兄弟都不如我，这便是不孝；如果让族人、乡党称赞我一个人好些，觉得其他兄弟都不如我，这便是对兄弟不友爱。"为什么这样说呢？因为让父母心里对弟兄几个有好坏之分，让族人、乡党的舆论对弟兄几个有好坏之分，想必这人平日里便有讨好的念头，在暗地里用心机和诡计，使自己得好名声，而使他的弟兄得坏名声，以后弟兄之间的嫌疑和摩擦必定从这里滋生。刘大爷、刘三爷兄弟两个都想做好人，最后变为仇敌，将对方看作眼中钉。这是因刘三爷在父母和族人、乡党那里得到好名声，而刘大爷得到的却是坏名声的缘故。而今四弟之所以责备我，正是因为这个道理，因此我读了之后觉得汗下。但愿我们兄弟五个，每个人都明白这个道理，彼此之间互相原谅。兄长因弟弟得坏名声而忧虑，弟弟因兄长得好名声而快乐。兄长不能使弟弟在道义上完善并因此得到好名声，是兄长的罪过；弟弟不能使兄长在道义上完善并因此得到好名声，是弟弟的罪过。如果弟兄们每个人都能这样想，哪怕是一万年、一亿年，彼此之间也不会有丝毫的嫌隙。

　　至于家塾读书之说，我亦知其甚难，曾与九弟面谈及数十次矣。但四弟前次来书，言欲找馆出外教书。兄意教馆之荒功误事，较之家塾为尤甚。与其出而教馆，不如静坐家塾。若云一出家塾便有明师益友，则我境之所谓明师益友者我皆知之，且已夙夜熟筹之矣①。惟汪觉庵师及阳沧溟先生是兄意中所信为可师者②。然衡阳风俗，只有冬学要紧③，自五月以后，师弟皆奉行故事而已。同学之人，类皆庸鄙无志者，又最好讪笑人。其笑法不一，总之不离乎轻薄而已。四弟若到衡阳去，必以翰林之弟相笑。薄俗可恶。乡间无朋友，实是第一恨事。不惟无益，且大有损。习俗染人，所谓与鲍鱼处亦与之俱化也。兄尝与九弟道及，谓衡阳不可以读书，涟滨不可以读书，为损友太多故也④。

【注释】

①夙夜：早晚，日夜。筹：筹划，谋划。

②阳沧溟：即为欧阳凝祉（1786—1869），谱名安黎，原名鳌，字柱六，号沧溟，又号福田，湖南衡阳县金溪庙人。廪生，颇负才名，与曾国藩父曾麟书相厚。道光四年（1824），见少年曾国藩所作诗文，大加赞赏，以女许字。曾国藩入仕后，欧阳凝祉出任衡阳莲湖书院山长。

③冬学：农村在冬闲时开办的季节性学校。宋陆游《冬日郊居》诗："儿童冬学闹比邻，据案愚儒却自珍。"自注："农家十月，乃遣子弟入学，谓之冬学。"

④损友：语出《论语·季氏》："益者三友，损者三友：友直、友谅、友多闻，益矣；友便辟，友善柔，友便佞，损矣。"于修身有害的朋友。

【译文】

至于说到在家塾读书，我也知道是很难的事情，我曾经和九弟当面谈及数十次。但是四弟上次来信说，准备到外面找一个书馆教书。为兄我以为在外面的书馆教书，最容易荒废学业、耽误正事，比在家塾更为严重。与其到外面的书馆任教，还不如安安静静地待在家塾里。如果说一走出家塾就能碰到良师益友，但我们家乡一带的所谓良师益友，我都知道，而且早就日夜考虑过。只有汪觉庵老师和欧阳沧溟先生，是为兄我心目中所确信可以做老师的人。但是衡阳地方的风俗，只有冬学要紧，自五月以后，老师和学生都是遵循习惯敷衍了事罢了。一同念书的，基本是庸碌粗鄙、没有志向的人，又最喜欢讥笑、讽刺人。他们取笑人的方法不一而足，但总而言之，不外乎轻薄罢了。四弟如果到衡阳去，他们必定会笑你是翰林的弟弟。真是轻薄鄙俗，可恶至极。乡间没有可以讨论学问的朋友，实在是最遗憾的事情。在家乡一带求学，不但没有益处，并且大大地有害。习俗能熏染和改变人，这就是人们常说的与鲍鱼相处慢慢地就同化了。为兄我曾经和九弟提到过，说衡阳不可以读书，涟滨不可以读书，便是因为不好的朋友太多的缘故。

　　今四弟意必从觉庵师游，则千万听兄嘱咐，但取明师之益，无受损友之损也。接到此信，立即率厚二到觉庵师处受业。其束修，今年谨具钱十挂。兄于八月准付回，不至累及家中。非不欲从丰，实不能耳。兄所最虑者，同学之人无志嬉游，端节以后放散不事事，恐弟与厚二效尤耳①。切戒切戒！凡从师，必久而后可以获益。四弟与季弟今年从觉庵师，若地方相安，则明年仍可从游。若一年换一处，是即无恒者见异思迁也，欲求长进难矣。

　　此以上答四弟信之大略也。

【注释】

　　①效尤：仿效坏的行为。

【译文】

　　现在四弟一定要追随觉庵老师求学，那可千万要听为兄我的嘱咐，只学良师的好处，不受那些不好的朋友的害。四弟你接到这封信，立即带着厚二到觉庵老师处接受教育。学费今年谨准备十挂钱。为兄我在八月准定寄回，不至于给家里添麻烦。不是不想送得丰厚一点儿，实在是做不到。为兄我最忧虑的是，一起念书的人胸无大志，只知嬉游，端午节之后就懒散放任，不务正业，生怕弟弟你和厚二也跟着学他们的坏样子。千万戒除啊！凡是跟从老师读书，定然是要经历过很长一段时间，然后才可以获益。四弟与季弟今年跟从觉庵老师，如果觉得那地方不错，那么明年还可以跟着觉庵老师读书。如果一年换一个地方，那便是没有恒心、见异思迁，想要进步可就难了。

　　这以上是对四弟来信的大致答复。

　　六弟之信，乃一篇绝妙古文。排奡似昌黎[①]，拗很似半山[②]。予论古文，总须有倔强不驯之气、愈拗愈深之意，故于太史公外[③]，独取昌黎、半山两家。论诗亦取傲兀不群者[④]，论字亦然。每蓄此意而不轻谈，近得何子贞，意见极相合，偶谈一二句，两人相视而笑。不知六弟乃生成有此一枝妙笔。往时见弟文，亦无大奇特者。今观此信，然后知吾弟真不羁才也。欢喜无极，欢喜无极！凡兄所有志而力不能为者，吾弟皆可为之矣。

【注释】

①排奡（ào）：形容文章风格沉雄矫健。昌黎：即为韩愈（768—824），字退之。唐代文学家、思想家，著有《韩昌黎集》四十卷。世居昌黎，后世因尊称他为"昌黎先生"。

②拗很：形容文风深沉变幻。半山：即为王安石（1021—1086），字介甫，号半山。北宋政治家、文学家，著有《王临川集》。王安石在钟山的故宅称半山，故别号"半山"。

③太史公：即为史马迁（前145—前90），字子长。西汉史学家、文学家，创作了中国第一部纪传体通史《史记》。因曾任太史令，故称"太史公"。

④傲兀不群：高傲而不流于俗。

【译文】

六弟的来信，真是一篇绝妙的古文啊。沉雄矫健如同韩昌黎，深沉变幻如同王半山。我论及古文，总是说要有倔强张扬、桀骜不驯的气象，越是转折越是深邃的意味，所以在太史公司马迁以外，只取韩昌黎、王半山两家。我论诗也是推举傲兀不群的，论书法也一样。我常常这么认为，却不轻易谈论，近来得了何子贞这位朋友，两人意见非常相合，偶尔谈一两句，两个人往往相对会心而笑。没想到六弟竟然天生有这样一支妙笔。从前看弟弟你的文章，也没觉得有什么出奇的地方。而今看这封信，才知道我弟弟真是有不羁的才华。真是欢喜得不行，欢喜得不行啊！凡是为兄我有志向而力不从心的，弟弟都可以做。

信中言兄与诸君子讲学，恐其渐成朋党①，所见甚是。然弟尽可放心。兄最怕标榜，常存暗然尚纲之意②，断不至有所谓门户自表者也③。信中言四弟浮躁不虚心，亦切中四弟之病。四弟当视为良友药石之言④。

【注释】

①朋党：指同类的人以恶相济而结成的集团。后指因政见不同而形成的相互倾轧的宗派。

②暗然尚纲(jiǒng)：语出《礼记·中庸》："《诗》曰：'衣锦尚纲'，恶其文之著也。故君子之道，暗然而日章；小人之道，的然而日亡。"郑玄注："言君子深远难知，小人浅近易知。人所以不知孔子，以其深远。禅为纲。锦衣之美而君子以纲表之，为其文章露见，似小人也。"形容君子深沉隐晦，不显山露水。纲，罩在外面的单衣。

③门户：派别，朋党。

④药石：古时指治病的药物和砭石，后比喻规劝别人改过向善。

【译文】

信中说到兄长我与诸位君子一起切磋学问，恐怕渐渐会形成朋党，这个意见很有道理。但是弟弟你尽可放心。为兄我最怕的就是自我标榜了，内心始终有圣人教导的暗然尚纲的念头，悄然自谦，不敢自我表露，绝对不会出现有所谓以门户自我标榜的情况。信中说四弟浮躁不虚心，也是说中了四弟的短处。四弟应该把这话当成治病良药。

信中又有"荒芜已久，甚无纪律"二语。此甚不是。臣子与君亲，但当称扬善美，不可道及过错；但当谕亲于道，不可疵议细节①。兄从前常犯此大恶，但尚是腹诽②，未曾形之笔墨，如今思之，不孝孰大乎是？常与阳牧云并九弟言及之，以后愿与诸弟痛惩此大罪。六弟接到此信，立即至父亲前磕头，并代我磕头请罪。

【注释】

①疵议：非议，指责。

②腹诽：亦作"腹非"。口里不言，心中讥笑。

【译文】

六弟你信中又有"荒芜已久，甚无纪律"这两句话。这太不对了。臣对君，子对父，只应当称颂赞言好的方面，而不能提不对的地方；只应当跟父亲讲明大道，不可非议细节。为兄我从前常犯这大罪恶，但还只是内心有看法而已，并没有用笔墨写出来，现在想起来，还有比这更不孝的么？我常和欧阳牧云以及九弟说到这个，以后希望和弟弟们一起对这个大罪过痛加惩戒。六弟接到这封信，立即到父亲面前磕头，并且代我磕头请罪。

信中又言:"弟之牢骚,非小人之热中①,乃志士之惜阴。"读至此,不胜惘然,恨不得生两翅忽飞到家,将老弟劝慰一番,纵谈数日乃快。然向使诸弟已入学,则谣言必谓学院做情。众口铄金②,何从辨起? 所谓塞翁失马③,安知非福? 科名迟早,实有前定,虽惜阴念切,正不必以虚名萦怀耳。

【注释】

①热中:原谓内心躁急,后多指急切追逐名利权势。

②众口铄金:众人的言论能够熔化金属,比喻舆论影响的强大。亦喻众口同声可混淆视听。

③塞翁失马:语出《淮南子·人间训》:"夫祸福之转而相生,其变难见也。近塞上之人,有善术者,马无故亡而入胡,人皆吊之。其父曰:'此何遽不为福乎?'居数月,其马将骏马而归,人皆贺之。其父曰:'此何遽不为祸乎?'家富良马,其子好骑,堕而折其髀,人皆吊之。其父曰:'此何遽不为福乎?'居一年,胡人大入塞,丁壮者引弦而战,近塞之人,死者十九,此独以跛之故,父子相保。故福之为祸,祸之为福,化不可极,深不可测也。"后因以"塞翁失马"比喻祸福相倚,坏事变成好事。

【译文】

六弟你信中又说:"弟弟我的牢骚,不同于小人的热衷名利,而是出于志士仁人的爱惜光阴啊。"读到这里,为兄我无比惘然,恨不得生出双翅,飞到家里,好好劝慰老弟一番,兄弟二人长谈几天才快活。但是,假使弟弟们都已经被录取入学,那么一定会有谣言说学政徇私情。众口铄金,又如何去辨解呢? 正所谓塞翁失马,安知非福? 科名的迟与早,实在是命中注定,虽说是爱惜光阴,念头急切,但实在不必为了那个虚名而耿耿于怀啊。

来信言"看《礼记》疏一本半，浩浩茫茫，苦无所得，今已尽弃，不敢复阅。现读朱子《纲目》^①，日十余叶"云云。说到此处，兄不胜悔恨。恨早岁不曾用功，如今虽欲教弟，譬盲者而欲导人之迷途也，求其不误，难矣。然兄最好苦思，又得诸益友相质证，于读书之道，有必不可易者数端：

【注释】

①《纲目》：《资治通鉴纲目》的简称，朱熹生前未能定稿的史学著作，由他的门人赵师渊续编完成。

【译文】

六弟你来信说"《礼记》疏看了一本半，只觉得茫茫然，苦于全无心得，现在已经放弃，不敢再往下读。眼下在读朱子《纲目》，每天十多页"。说到这里，为兄我万分悔恨。恨自己早年不曾好好用功，如今虽然想教弟弟，也好比盲人想给迷路的人指道，想要不错，真是太难了。但为兄我最喜欢苦思，又有几位良师益友相互质问证实，对于读书之道，我觉得有几桩事是亘古不变的：

穷经必专一经，不可泛骛。读经以研寻义理为本，考据名物为末。读经有一"耐"字诀：一句不通，不看下句；今日不通，明日再读；今年不精，明年再读。此所谓耐也。读史之法，莫妙于设身处地，每看一处，如我便与当时之人酬酢笑语于其间。不必人人皆能记也，但记一人，则恍如接其人；不必事事皆能记也，但记一事，则恍如亲其事。经以穷理,史以考事。舍此二者,更别无学矣。

【译文】

想要精通经学,一定要专心搞懂一经,不能贪多。读经以研究探寻义理为本,考据名物为末。读经有一个诀窍,便是"耐"字:一句读不通,不看下一句;今天读不通,明天继续读;今年读不精,明年继续读。这便是耐字功夫。读史书的方法,最妙的法子是能设身处地,每看一处,仿佛我便和那时的人应酬往来,谈笑于其中。不必人人都能记得,但记得其中一人,便好像和他有接触一样;不必事事都能记得,但记得其中一桩事,就好像自己亲身经历过一样。经是用来讲求道理的,史是用来考实事情的。除了这两方面,再没有什么别的学问了。

盖自西汉以至于今,识字之儒约有三途:曰义理之学,曰考据之学,曰词章之学。各执一途,互相诋毁。兄之私意,以为义理之学最大。义理明,则躬行有要而经济有本①。词章之学,亦所以发挥义理者也。考据之学,吾无取焉矣。此三途者,皆从事经史,各有门径。吾以为欲读经史,但当研究义理,则心一而不纷。是故经则专守一经,史则专熟一代,读经史则专主义理。此皆守约之道②,确乎不可易者也。

【注释】

①经济:经世济民。
②守约:用心专一,心无旁骛。

【译文】

自从西汉以来,直到今天,识字的读书人,大约有三种路线:一是义理之学,一是考据之学,一是词章之学。往往各执一偏,相互攻击诋毁。

为兄我的个人意见，认为义理之学最大。义理明白了，那身体力行就可抓住要害，经世致用也就有了根本。词章之学，其实也是用以发挥义理的。考据之学，我觉得没有可取之处。这三种路线，都从经史入手，各有各的路子而已。我觉得想读经史，便应研究义理，那样内心才专一而不芜杂。所以读经要专守一经，治史要专熟一代之史，读经史要以义理为主。这都是简易可行的道理，的的确确，绝不可改。

　　若夫经史而外，诸子百家，汗牛充栋①。或欲阅之，但当读一人之专集，不当东翻西阅。如读《昌黎集》，则目之所见、耳之所闻，无非昌黎，以为天地间除《昌黎集》而外更别无书也。此一集未读完，断断不换他集，亦"专"字诀也。六弟谨记之。

【注释】

①汗牛充栋：语出唐柳宗元《文通先生陆给事墓表》："其为书，处则充栋宇，出则汗牛马。"谓书籍存放时可堆至屋顶，运输时可使牛马累得出汗。后用"汗牛充栋"形容著作或藏书极多。

【译文】

　　至于说到经史以外的，诸子百家，汗牛充栋。如果想读的话，应当只读一家的专集，不能东翻翻西看看。比如说读《昌黎集》，那眼睛看的、耳朵听的，没有一样不是韩昌黎，觉得天地之间除了《昌黎集》之外再没有其他书。这一部集子没有读完，绝不换其他的集子，这也是"专"字诀窍。六弟你要谨记啊。

　　读经、读史、读专集，讲义理之学，此有志者万不可易者也。圣人复起，必从吾言矣。然此亦仅为有大志者言之，若夫为科名之学，则要读"四书"文①，读试帖律赋，头绪甚多。四弟、九弟、厚二弟天质较低，必须为科名之学。六弟既有大志，虽不科名可也，但当守一"耐"字诀耳。观来信言读《礼记》疏似不能耐者。勉之勉之！

【注释】

①"四书"文：明、清科举考试所用的文体。多取"四书"语命题，亦称"八股文"、"时文"。

【译文】

读经、读史、读一家的专集，探究义理之学，这对有志读书的人来说是万万不可改易的道理。就算圣人重新活过来，也一定认同我的话。然而，这也仅仅只是为有大志的人说的，至于说到科名考试之学，就要读"四书"文，读试帖律赋，头绪很多。四弟、九弟和厚二弟天资较低，必须做科名的学问。六弟既然胸有大志，即使不走科名路线也是可以的，但要谨守一"耐"字诀。看六弟你来信说到读《礼记》疏的情形，似乎做不到一个耐字。要加油啊！

兄少时天分不甚低，厥后日与庸鄙者处，全无所闻，窃被茅塞久矣①。及乙未到京后，始有志学诗、古文并作字之法，亦泊无良友。近年得一二良友，知有所谓经学者、经济者，有所谓躬行实践者，始知范、韩可学而至也②，马迁、韩愈亦可学而至也，程、朱亦可学而至也③。慨然思尽涤前日之污，以为更生之人，以为父母之肖子④，以为诸弟之先导。无如体气本弱⑤，耳鸣不止，稍稍用心便觉劳顿。每自思念，天既限我以不能苦思，是天不欲成我之学问也，故近日以来，意颇疏散。计今年若可得一差，能还一切旧债，则将归田养亲，不复恋恋于利禄矣。粗识几字，不敢为非以蹈大戾已耳，不复有志于先哲矣。吾人第一以保身为要，我所以无大志愿者，恐用心太过，足以疲神也。诸弟亦须时时以保身为念。无忽无忽！

【注释】

①茅塞：语出《孟子·尽心下》："山径之蹊间，介然用之而成路；为间不用，则茅塞之矣。今茅塞子之心矣！"后人用《孟子》语意以比喻思路闭塞，或愚昧无知。多作自谦之辞。

②范、韩：即为范仲淹（989—1052）、韩琦（1008—1075）。范仲淹，字希文。北宋著名政治家、军事家、文学家，有《范文正公集》传世。韩琦，字稚圭。北宋政治家、词人。二人同率军防御西夏，享有很高威望，人称"韩范"，边疆传颂："军中有一韩，西贼闻之心骨寒；军中有一范，西贼闻之惊破胆。"

③程、朱：宋代理学大师程颢（1032—1085）、程颐（1033—1107）和朱熹，并称"程朱"。程颢，字伯淳，学者称"明道先生"。北宋哲学家、教育家，北宋理学的奠基者。程颐，字正叔，世称"伊川先生"。北宋理学家和教育家。

④肖子：在为人、志趣等方面与其父一样的儿子。

⑤无如：无奈，奈何。

【译文】

为兄我自幼天分不低，以后天天和庸碌鄙俗之人相处，一点儿见闻也没有，心窍被茅草塞住很久了。自乙未年到京城之后，才开始有志学诗、古文和书法，只可惜没有良师益友。近年有了一两个良师益友，才知道有所谓的经学和经世济用之学，有所谓的身体力行，才知道范仲淹、韩琦的境界是可以通过学习达到的,司马迁、韩愈的才华也是可以通过学习达到的,程子、朱子的修养和学问也是可以通过学习达到的。感慨之余,便想将过去的污秽洗涤干净,做一个新生之人,做父母的有出息的孝子,做弟弟们的先行榜样。无奈体质太弱,耳鸣不止,稍稍用心就觉得累。我每天都想,老天既然用不能苦思来限制我,那是老天不要我成就大学问,所以最近意志很懒散。计划今年如果能得一差事,能将所有的旧债还清,便准备回乡侍奉双亲,不再依恋功名利禄了。我也就认得几个字,不敢做坏事以招致大罪罢了,不再想向前贤看齐了。我们第一要看重的就是保养好身体,我所以没有很大志向,是怕太过用心,容易让精神衰老疲惫。弟弟们也要常常想着保养好身体。千万不要掉以轻心!

来信又驳我前书,谓必须博雅有才而后可明理有用,所见极是。兄前书之意,盖以躬行为重,即子夏"贤贤易色"章之意①。以为博雅者不足贵,惟明理者乃有用,特其立论过激耳。六弟信中之意,以为不博雅多闻,安能明理有用。立论极精,但弟须力行之,不可徒与兄辩驳见长耳。

【注释】

①子夏"贤贤易色"章:指《论语·学而》:"子夏曰:'贤贤易色,事父母能竭其力,事君能致其身,与朋友交言而有信。虽曰未学,吾必谓之学矣。'"贤贤易色,尊崇贤者而改变喜好女色之心。

【译文】

来信又批驳我前一封信的意见,说必须知识渊博、富有才干,然后才能明白道理、对社会有用,这个看法很对。为兄我前一封信的意思,是说身体力行最重要,也就是《论语》里子夏"贤贤易色"一章书的意思。

认为知识渊博并不可贵,只有明白大道理才有用,只是立论有些偏激。六弟来信的意思,认为如果不能知识渊博而见识广,如何能明白道理、对社会有用。立论极其精当,只是弟弟你要身体力行,不能停留在只和为兄我在言论上争论是非长短。

　　来信又言四弟与季弟从游觉庵师,六弟、九弟仍来京中,或肄业城南云云①。兄之欲得老弟共住京中也,其情如孤雁之求曹也②。自九弟辛丑秋思归③,兄百计挽留,九弟当能言之。及至去秋决计南归,兄实无可如何,只得听其自便。若九弟今年复来,则一岁之内忽去忽来,不特堂上诸大人不肯,即旁观亦且笑我兄弟轻举妄动。且两弟同来,途费须得八十金,此时实难措办。弟云能自为计,则兄窃不信。曹西垣去冬已到京,郭云仙明年始起程④,目下亦无好伴。惟城南肄业之说,则甚为得计。兄于二月间准付银廿两至金竺虔家,以为六弟、九弟省城读书之用。竺虔于二月起身南旋,其银四月初可到。弟接到此信,立即下省肄业。

【注释】

①城南:即长沙城南书院。城南书院原是南宋大儒张栻的父亲张濬在潭州的居所,绍兴三十一年(1161)建于南门外妙高峰,张栻和朱熹曾在此讲学论道。后废为寺。明正德二年(1507),湖广行省参议吴世忠、湖南提学道陈凤梧曾谋求在妙高峰恢复城南书院,但此地已被吉藩府所据而未果,直到嘉靖四十二年(1563),长沙府推官翟台才在妙高峰寺下建得学堂五间,万历中复圮。1903年,长沙城南书院改制为湖南师范馆,即为今湖南第一师范。

②曹：等辈，同类。

③辛丑：即道光二十一年（1841）。

④郭云仙：即为郭嵩焘（1818—1891），字伯琛，号筠仙、云仙、筠轩，别号玉池老人，湖南湘阴人。道光二十七年（1847）进士，咸丰四年（1854）至六年（1856）佐曾国藩幕。咸丰八年（1858）入值上书房。同治元年（1862）任苏松粮储道，迁两淮盐运使。同治二年（1863）任广东巡抚。同治五年（1866）罢官回籍，在长沙城南书院及思贤讲舍讲学。光绪元年（1875）入总理衙门，旋即出任驻英公使。光绪四年（1878）兼任驻法使臣，次年迫于压力称病辞归。郭嵩焘是我国首位驻外使节，是"洋务运动"时期重要思想家。

【译文】

来信又说四弟与季弟跟从觉庵老师受业，六弟、九弟仍然来京，或到城南书院读书，等等。为兄我想和弟弟们共住京城，这种感情好比孤雁求群。自从九弟辛丑年秋天想回家，为兄我百计挽留，九弟可以证明这一点。等到去年秋天九弟下定决心南归，为兄我实在无可奈何，只得听他自便。如果九弟今年再来，便是一年之内忽去忽来，不仅堂上诸位大人不肯，就是旁人看了也会笑话我兄弟轻举妄动。况且，两位弟弟一同来，路费要花八十两银子，现在实在难以筹办。六弟说能够自己解决，为兄私下里表示不信。曹西垣去年冬天到京，郭云仙明年才能起程，眼下也没有好的同伴。只有在城南书院学习这事，算是实际。为兄我在二月里准寄二十两银子到金竺虔家，以供六弟、九弟在省城读书之用。竺虔在二月起程回南方，这笔银子四月初可收到。弟弟接到这封信，立即出发到省城读书。

省城中兄相好的，如郭云仙、凌笛舟、孙芝房①，皆在别处坐书院。贺蔗农、俞岱青、陈尧农、陈庆覃诸先生皆官场中人②，不能伏案用功矣。惟闻有丁君者③，名叙忠，号秩臣，长沙廪生④。学问切实，践履笃诚⑤，兄虽未曾见面，而稔知其可师⑥。凡与我相好者，皆极力称道丁君。两弟到省，先到城南住斋，立即去拜丁君托陈季牧为介绍，执贽受业。凡人必有师，若无师，则严惮之心不生⑦。既以丁君为师，此外择友则慎之又慎。昌黎曰："善不吾与，吾强与之附；不善不吾恶，吾强与之拒。"一生之成败，皆关乎朋友之贤否，不可不慎也。

【注释】

①凌笛舟：即为凌玉垣，字荻舟，湖南善化（今长沙）人。道光二十年（1840）举人，官工部屯田司主事。著有《兰芬馆诗初钞》十三卷。孙芝房：即为孙鼎臣（1819—1859），字子余，号芝房，湖南善化（今长沙）人。道光二十五年（1845）进士，历任翰林院编修、贵州乡试考官、翰林院侍读、日讲起居注官。工古文辞，著有《苍筤文集》六卷。

②贺蔗农：即为贺熙龄（1788—1846），字光甫，号蔗农，湖南善化（今长沙）人。嘉庆十九年（1814）进士，历任翰林院编修、河南道御史、湖北学政、山东道监察御史。晚年辞官，主讲长沙城南书院，并倡立湘水校经堂。有《寒香馆诗文钞》传世。陈尧农：即为陈本钦，号尧农。曾主讲长沙城南书院。陈庆覃：即为陈岱霖，字庆覃。嘉庆二十五年（1820）进士，历官工部主事、兵部郎中、监察御史等职。

③丁君：即为丁叙忠，号秩臣，湖南长沙人。读书务求根砥，尤潜心于宋五子书，晚年精研《周易》。主讲求忠书院，以笃行教门下。著有《读易初稿》八卷、《读易通解》十二卷。

④廪生：明、清两代称由公家给以膳食的生员。又称"廪膳生"。明初生员有定额，皆食廪。其后名额增多，因称初设食廪者为"廪膳员"，省称"廪生"；增多者称"增广生员"，省称"增生"。又于额外增取，附于诸生之末，称"附学生员"，省称"附生"。后凡初入学者皆称"附生"，其岁、科两试等第高者可补为增生、廪生。廪生中食廪年深者可充岁贡。清制略同。参阅《明史·选举志一》、《清史稿·选举志一》。

⑤践履：实践，履行。为儒家修身功夫。笃诚：切实忠诚。《左传·文公十八年》："齐圣广渊，明允笃诚，天下之民，谓之八恺。"

⑥稔知：素知，熟知。

⑦严惮：敬畏，害怕。

【译文】

为兄我在省城中的好友，如郭云仙、凌笛舟、孙芝房，都在别处的书院授业。贺蔗农、俞岱青、陈尧农、陈庆覃几位先生都是官场中人，不能够埋头用功。只听说有位丁君，名叙忠，号秩臣，长沙廪生。学问扎实，笃信儒家修身大道并能践行，为兄我虽然未曾见过他，却熟知他可以做老师。凡是与我交好的人，都极力称赞丁君。两位弟弟到了省城，先在城南书院安顿下来，立即去拜见丁君托陈季牧做介绍，行弟子之礼，跟他学习。凡是人，一定要有老师，如果没有老师，就缺乏敬畏之心。拜了丁君作老师，此外，选择朋友也一定要慎之又慎。韩昌黎说："善不和我在一起，我努力与善在一起；不善不嫌弃我要和我在一起，我努力拒绝它。"一生的成败，都与朋友的好坏息息相关，不可以不谨慎啊。

来信以进京为上策，以肄业城南为次策。兄非不欲从上策，因九弟去来太速，不好写信禀堂上。不特九弟形迹矛盾，即我禀堂上，亦必自相矛盾也。又目下实难办途费。六弟言能自为计，亦未历甘苦之言耳。若我今年能得一差，则两弟今冬与朱啸山同来甚好。目前且从次策。如六弟不以为然，则再写信来商议可也。

此答六弟信之大略也。

【译文】

来信把进京读书视为上策，把在城南书院读书列为次策。为兄我并不是不想取上策，实在是因为九弟来去太过匆匆，不好写信向堂上大人禀告。不仅九弟的做法前后矛盾，就是我向堂上大人禀告此事，也必定会自相矛盾。况且眼下旅费难以筹措。六弟说自己可以想办法，也不过是未经历甘苦的人所说的话而已。如果今年我能得到差事，那么两位弟弟今年冬天和朱啸山一同过来蛮好。目前暂且采取次策。假若六弟不同意，再写信来与我商议也行。

以上是对六弟来信的大致回复。

九弟之信，写家事详细，惜话说太短。兄则每每太长，以后截长补短为妙。尧阶若有大事，诸弟随去一人帮他几天。牧云接我长信，何以全无回信？毋乃嫌我话太直乎？扶乩之事，全不足信。九弟总须立志读书，不必想及此等事。季弟一切皆须听诸兄话。

此次折弁走甚急，不暇抄日记本。余容后告。冯树堂闻弟将到省城，写一荐条，荐两朋友。弟留心访之可也。

【译文】

九弟的信，写家事很详细，只可惜话说得太短。为兄我写信常常太长,以后截长补短才好。朱尧阶如果有大事需要帮手,弟弟们随便去一个人,帮他几天。欧阳牧云接到我的长信,为何完全没有回音?该不会是嫌我的话说得太直吧?扶乩这种事,完全不可信。九弟终归要立志读书,不要想这些事。季弟一切都要听几位哥哥的话。

　　这次信差走得太急,来不及抄日记本。其余的,容我以后再告。冯树堂听说弟弟们要到省城,写有推荐条,推荐了两位朋友。弟弟不妨留心寻访。

二月十九日　致父母书

男国藩跪禀父母亲大人万福金安:

　　正月十七日,男发第一号家信,内呈堂上信三页,复诸弟信九页,教四弟与厚二从汪觉庵师,六弟、九弟到省从丁秩臣,谅已收到。二月十六日,接到家信第一号,系新正初三交彭山屺者,敬悉一切。去年十二月十一,祖父大人忽患肠风,赖神灵默佑,得以速痊,然游子闻之,尚觉心悸。六弟生女,自是大喜。初八日恭逢寿诞,男不克在家庆祝,心尤依依①。

【注释】

　　①依依:形容思慕怀念的心情。

【译文】

儿国藩跪禀父母亲大人万福金安:

　　正月十七日,儿子寄出第一封家信,里面有寄给堂上大人的信三页,回复给弟弟们的信九页,教四弟和厚二随汪觉庵老师学习,六弟、九弟到省城跟从丁秩臣学习,想必已经收到了。二月十六日,接到第一封家信,是新年正月初三日交彭山屺的那封,一切情况都已知道。去年十二月十一日,祖父大人忽然患肠风,幸亏神灵保佑,很快痊愈了,但在外的游子听了,还是心有余悸。六弟生了一个女儿,这自然是大喜事。初八日恭逢寿诞,儿子我不能在家里庆祝,心里特别挂怀。

诸弟在家不听教训,不甚发奋,男观诸弟来信,即已知之。盖诸弟之意,总不愿在家塾读书,自己亥年男在家时,诸弟即有此意,牢不可破。六弟欲从男进京,男因散馆去留未定,故比时未许。

【译文】

几位弟弟在家不听教训,不很发奋,儿子我看弟弟们的来信就已经知道了。看来几位弟弟的心意,还是不愿意在家塾读书,自己亥年儿子我在家里时,几位弟弟就有这个意思,真是牢不可破。六弟想跟儿子我进京,儿子我因翰林院庶吉士期满而去留尚未确定,所以当时没有答应。

庚子年接家眷,即请弟等送,意欲弟等来京读书也,特以祖父母、父母在上,男不敢专擅[1],故但写诸弟,而不指定何人。迨九弟来京,其意颇遂,而四弟、六弟之意尚未遂也。年年株守家园,时有耽搁,大人又不能常在家教之,近地又无良友,考试又不利。兼此数者,怫郁难申[2],故四弟、六弟不免怨男。

【注释】

①专擅:不请示或不经上级批准而擅自行动。

②怫郁难申：忧郁之情难以舒展。

【译文】

　　庚子年儿子我接家眷进京，就请求由弟弟们护送，便是想让弟弟们来京读书，只是因为祖父母、父母大人在上，儿子我不敢擅作主张，所以只写明由弟弟们护送，而没有具体指定由谁送。等到九弟来京，他可以说是如愿以偿了，可是四弟和六弟的心愿却没有满足。年年待在家里，学问难免有时耽搁，父亲大人又不能总是待在家里教育他们，附近又没有好的朋友，进学考试又失利。几方面不顺加在一起，内心郁闷无处诉苦，因此四弟和六弟难免要埋怨我。

　　其可以怨男者有故：丁酉在家，教弟威克厥爱①，可怨一矣；己亥在家，未尝教弟一字，可怨二矣；临进京不肯带六弟，可怨三矣；不为弟另择外傅，仅延丹阁叔教之，拂厥本意，可怨四矣；明知两弟不愿家居，而屡次信回，劝弟寂守家塾，可怨五矣。惟男有可怨者五端，故四弟、六弟难免内怀隐衷②，前此含意不申，故从不写信与男，去腊来信甚长，则尽情吐露矣。

【注释】

　　①威克厥爱：威严超过慈爱。厥，其。

　　②隐衷：内心深处难以对人说的或不愿告诉人的苦衷。

【译文】

　　四弟和六弟埋怨我是有原因的：丁酉年儿子我在家教他们时，威严太过，慈爱不足，这是可以埋怨的第一个原因；己亥年在家，儿子我连一个字都没有教弟弟们，这是可以埋怨的第二个原因；临到进京了，又不肯带六弟，这是可以埋怨的第三个原因；不为弟弟们从外头选择老师，而只请了丹阁叔来教他们，违背了他们的心意，这是可以埋怨的第四个原因；明明知道两位弟弟不愿在家，却每次回信都劝他们守在家塾读书，这是可以埋怨的第五个原因。想想正因为儿子我有可被埋怨的五个原因，因此四弟和六弟难免将隐情藏在心里，以前一直闷在肚子里不能申述，所以从不给儿子我写信，去年腊月写了一封长信，才把这一肚子苦水都吐出来。

男接信时，又喜又惧。喜者，喜弟志气勃勃不可遏也；惧者，惧男再拂弟意，将伤和气矣。兄弟和，虽穷氓小户必兴；兄弟不和，虽世家宦族必败。男深知此理，故禀堂上各位大人俯从男等兄弟之请。

【译文】

儿子我接到信的时候，真是又高兴又担心。高兴的是，弟弟们有不可遏止的勃勃志气；担心的是，儿子我若再次违背他们的意愿，恐将伤了兄弟之间的和气。兄弟和睦，即使是穷困的小户人家，也必将兴旺；兄弟不和，即使是世代的官宦人家，也必将败落。儿子我深深懂得这个道理，所以禀告堂上各位大人，听从儿子我等兄弟几人的请求。

男之意，实以和睦兄弟为第一。九弟前年欲归，男百般苦留，至去年则不复强留，亦恐拂弟意也。临别时，彼此恋恋，情深似海。故男自九弟去后，思之尤切，信之尤深，谓九弟纵不为科目中人，亦当为孝弟中人。兄弟人人如此，可以终身互相依倚，则虽不得禄位，亦何伤哉？

【译文】

儿子我的念头，实在是把兄弟和睦放在第一位。九弟前年想回去，儿子我想尽办法苦苦挽留，到去年则不再强留，也是怕违背了九弟他的意愿。临分别的时候，我和九弟彼此依依不舍，情深似海。因此儿子我从九弟走后，非常想念他，也更加相信，觉得九弟即使不是科场中人，也会是孝悌中人。兄弟们如果能个个如此，可以终身互相依靠，就算不当官，又有什么关系呢？

　　恐堂上大人接到男正月信必且惊而怪之，谓两弟到衡阳，两弟到省，何其不知艰苦，擅自专命。殊不知男为兄弟和好起见，故复缕陈一切[①]，并恐大人未见四弟、六弟来信，故封还附呈。总愿堂上六位大人俯从男等三人之请而已。

【注释】

①缕陈：详细地陈述，缕述。多指下级向上级陈述意见。

【译文】

有些担心堂上大人读到儿子我正月写的信，必然会惊讶并要责怪我，说让两个弟弟到衡阳读书，两个弟弟到省城读书，怎么这样不知道其中艰苦，怎么就擅自做主了呢。要知道儿子我实在是为了兄弟和睦友好起见，才反复申诉这一切，儿子我又担心大人没有见到四弟和六弟的来信，所以一并附在后头寄回。只希望堂上六位大人能听从儿子我等兄弟三人的请求。

　　伏读手谕，谓男教弟宜明言责之，不宜琐琐告以阅历工夫。男自忆连年教弟之信不下数万字，或明责，或婉劝，或博称，或约指，知无不言，总之尽心竭力而已。

男妇孙男女身体皆平安,伏乞放心^①。

男谨禀。

【注释】

①伏乞:向尊者恳求。伏,敬辞。

【译文】

恭读父母亲大人的亲笔书信,教诲儿子我教育弟弟们应该把话说明,明白责备为好,不应唠唠叨叨地给他们讲太多阅历。儿子我回忆这么多年来为教育弟弟们而写的信,不少于几万字,或是明白地责备他们,或是委婉地规劝他们,或是广泛论述,或是细细指点,凡是我所知道的,没有不说给他们听的,总而言之,尽我的一切努力吧。

您儿媳妇和孙子孙女都平安,请放心。

儿谨禀。

三月十九日　致诸位老弟书

诸位老弟足下:

正月间曾寄一信与诸弟,想已收到。二月发家信时甚匆忙,故无信与弟。

【译文】

诸位老弟足下:

正月间曾寄一封信给弟弟们,想必已经收到。二月寄家信时非常匆忙,所以没有信件给弟弟们。

三月初六巳刻奉上谕,于初十日大考翰詹①,余心甚着急,缘写作俱生,恐不能完卷。不图十三日早见等第单,余名次二等第一,遂得仰荷天恩,赏擢不次②,以翰林院侍讲升用③。格外之恩、非常之荣,将来何以报称?惟有时时惶悚,思有补于万一而已。

【注释】

①翰詹:清代对翰林和詹事的合称。

②赏擢:奖赏,擢升。不次:语出《汉书·东方朔传》:"武帝初即位,征天下举方正贤良文学材力之士,待以不次之位。"颜师古注:"不拘常次,言超擢也。"不依寻常次序。犹言超擢,破格。

③翰林院侍讲:明、清中央政府官职之一,品等为从五品。该官职主要配置于内阁或翰林院,辖下有典簿、侍诏等。主要任务为文史修撰,编修与检讨。

【译文】

三月初六日巳刻接到圣旨,定在初十日这天大考翰林詹事,我心里很着急,因为写字、作文都生疏了,怕不能完成答卷。没有想到十三日早上看到发榜的等第名单,我的名次列为第二等第一名,于是仰仗皇恩,得到破格赏赐和擢升,升为翰林院侍讲。这种格外的恩惠、非同寻常的荣誉,我将来又如何报答?只有时刻保持惶恐警惕之心,希望能贡献自己微不足道的力量。

兹因金竺虔南旋之便,付回五品补服四付、水晶顶二品、阿胶二封、鹿胶二封①,母亲耳环一双。竺虔到省时,老弟照单查收。阿胶系毛寄云所赠,最为难得之物,家中须慎重用之。

【注释】

①补服：明、清时的官服。因其前胸及后背缀有用金线和彩丝绣成的补子，故称。通常文官绣鸟，武官绣兽。各品补子纹样，均有规定。水晶顶：水晶制作的礼帽顶子。清制，五品官礼帽用水晶顶。顶，即顶戴。清代用以区别官员等级的帽饰。依顶珠品质、颜色的不同而区分官阶大小。也称"顶子"、"顶带"。

【译文】

现因金竺虔回南边之便，请他带回家五品补服四副、水晶顶戴两座、阿胶两封、鹿胶两封，给母亲戴的耳环一双。竺虔到省城时，老弟照清单查收。阿胶是毛寄云送的，最是稀罕难得，家里要慎重地使用。

竺虔曾借余银四十两，言定到省即还。其银以廿二两为六弟、九弟读书省城之资，以四两为买书买笔之资，以六两为四弟、季弟衡阳从师束修之资，以四两为买漆之费，即每岁漆一次之谓也。以四两为欧阳太岳母奠金①。贤弟接到银后，各项照数分用可也。

【注释】

①奠金：送给办丧事的人家的礼金。

【译文】

竺虔曾经问我借过四十两银子，说好到省城便还钱。这些银两中，二十二两是六弟和九弟在省城读书的学费，四两是买书买笔的费用，六两是四弟、季弟到衡阳拜师的礼金，四两是买漆的费用，就是每年漆一次寿材的费用。四两是给欧阳太岳母的祭奠礼金。贤弟收到银子后，依照以上分配数额使用即可。

此次竺虔到家，大约在五月节后，故一切不详写，待折差来时，另写一详明信付回，大约四月半可到。贤弟在省如有欠用之物，可写信到京，要我付回。另付回大考名次及升降一单。照收。

余不具述。

兄国藩手草。

【译文】

这次竺虔到家，大约在端午节后，所以一切不详细写了，等信差来时，另外写一封详细的信带回，大约四月半可以到。贤弟在省城如果缺什么要用的东西，可以写信到京城，要我寄回去。另外信中附有大考名次以及官职升降表。请照收。

其余不一一写了。

兄国藩亲笔。

三月廿三日　　致祖父母书

孙男国藩跪禀祖父母大人万福金安：

二月十九日，孙发第二号家信。三月十九日发第三号交金竺虔，想必五月中始可到省。孙以下合家皆平安。

【译文】

孙儿国藩跪禀祖父母大人万福金安：

二月十九日，孙儿寄了第二封家信。三月十九日寄了第三封信交给金竺虔带回，想必五月中旬才可以到省城。孙儿全家平安。

　　三月初六日奉上谕,于初十日大考翰詹,在圆明园正大光明殿考试。孙初闻之,心甚惊恐,盖久不作赋,字亦生疏。向来大考,大约六年一次。此次自己亥岁二月大考到今,仅满四年,万不料有此一举。故同人闻命下之时,无不惶悚。孙与陈岱云等在园同寓。初十日卯刻进场①,酉正出场②。题目另纸敬录,诗赋亦另誊出。通共翰詹一百二十七人,告病不入场者三人,邵灿③,己亥湖南主考④。锡麟⑤。江泰来⑥,安徽人。病愈仍须补考,在殿上搜出夹带比交刑部治罪者一人,名如山戊戌同年⑦。其余皆整齐完场。十一日皇上亲阅卷一日。十二日钦派阅卷大臣七人,阅毕拟定名次,进呈皇上钦定。一等五名,二等五十五名,三等五十六名,四等七名。孙蒙皇上天恩,拔取二等第一名。湖南六翰林,二等四人,三等二人。另有全单。十四日引见⑧,共升官者十一人,记名候升者五人,赏缎者十九人。升官者,不赏缎。

【注释】

①卯刻:指五点到七点。

②酉正:指十八点。

③邵灿(?—1862):字耀圃,号又村,浙江余姚人。道光十二年(1832)进士,历任翰林院编修、吏部左侍郎、漕运总督、河道总督等职。

④主考:指乡试或会试的主考官。《明史·选举志二》:"主考,乡、会试俱二人。"

⑤锡麟:旗人。道光九年(1829)进士。余不详。

⑥江泰来:安徽旌德人。道光十五年(1835)进士。

⑦如山：字冠九，号古稀男子，姓赫舍里氏，满洲镶蓝旗人。道光十八年(1838)进士，历官浙江按察使、四川布政使。以书画名。著有《写秋轩诗存》、《寒松阁谈艺琐录》、《历代画史汇传附录》、《海上墨林》、《韬养斋笔记》、《益州书画录续编》。

⑧引见：指皇帝接见臣下或宾客时由有关大臣引导入见。

【译文】

三月初六日接到圣旨，在初十日这天大考翰林詹事，在圆明园正大光明殿考试。孙儿刚开始听到这消息，心里非常惊恐，因好久不作赋了，字也生疏。向来大考，大约每六年一次。这次自从己亥年二月大考到现在，才只四年，万万没有想到有这个举措。所以同人听到圣旨下达的时候，没有不感到惶恐惊悚的。孙儿与陈岱云等在园内同住。初十日卯时进考场，酉正出场。题目另外用纸敬录，诗赋也另外誊写一份。翰林詹事总共一百二十七人，告病未进考场的三人，邵灿，己亥湖南主考。锡麟。江泰来，安徽人。病好了仍旧要补考，在殿上搜查出夹带作弊拟交刑部治罪的一人，名叫如山戊戌年的同年。其余的人都很整齐地考完。十一日皇上亲自阅卷一天。十二日钦派阅卷大臣七人，看完试卷拟定名次，进呈皇上钦定。一等五名，二等五十五名，三等五十六名，四等七名。孙儿蒙皇上天恩，拔取二等第一名。湖南六个翰林，二等四人，三等二人。另有全部名单。十四日得到皇上接见，升官的共有十一人，记名候升的五人，赏缎的十九人。升官的不赏缎。

孙蒙皇上格外天恩，升授翰林院侍讲，十七日谢恩，现在尚未补缺①，有缺出即应孙补。其他升降赏赉②，另有全单。湖南以大考升官者，从前雍正二年惟陈文肃公名大受，乾隆朝宰相。一等第一③，以编修升侍读④；近来道光十三年胡云阁先生二等第四，以学士升少詹；并孙，三人而已。孙名次不如陈文肃之高,而升官与之同,此皇上破格之恩也。孙学问肤浅,见识庸鄙,受君父之厚恩,蒙祖宗之德荫,将来何以为报? 惟当竭力尽忠而已。

【注释】

①补缺:递补官职。

②赏赉(lài):赏赐。

③陈文肃:即为陈大受(1702—1751),字占咸,号可斋,湖南祁阳县人。雍正十一年(1733)进士,选庶吉士。乾隆元年(1736),授编修,御试第一,擢侍读,充日讲起居注官。乾隆十三年(1748),升任协办大学士、军机大臣、太子太保、太子太傅,外任安徽、江苏、福建巡抚,直隶总督、两广总督。乾隆十六年(1751)卒。军功加三级,死后谥文肃。

④侍读:古代官名。为帝王、皇子讲学之官。其职务与侍读学士略同,然级别较其为低。宋有翰林侍读之官,明、清沿置翰林院侍读。

【译文】

孙儿承蒙皇上格外天恩,升授翰林院侍讲,十七日谢恩,现在还没有补缺,只要有缺出就应由孙儿补。其他升降赏赐,另有全部单子。湖南因大考升官的,从前雍正二年只有陈文肃公名大受,乾隆朝宰相。一等第一名,由编修升为侍读;近来道光十三年胡云阁先生二等第四,由学士升少詹;加上孙儿,一共才三人罢了。孙儿名次不如陈文肃高,而升官与他相同,这是皇上破格的恩典。孙儿学问肤浅,见识庸鄙,受君父的厚恩,蒙祖宗的德荫,将来如何报答? 只有竭力尽忠罢了。

金竺虔于昨廿一日回省,孙托带五品补服四付、水晶顶戴二座、阿胶一斤半、鹿胶一斤、耳环一双,外竺虔借银五十两,即以付回。昨在竺虔处寄第三号信,信面、信里皆写银四十两,发信后渠又借去十两,故前后二信不符。竺虔于五月半可到省,若六弟、九弟在省,则可面交;若无人在省,则家中专人去取,或诸弟有高兴到省者亦妙。

【译文】

金竺虔日前于二十一日回省,孙儿托他带五品补服四副、水晶顶戴两座、阿胶一斤半、鹿胶一斤、耳环一双,另外竺虔借的银子五十两,也顺便带给家里。日前在竺虔处寄第三封信,信面和信里写的都是银子四十两,发信之后他又借去十两,所以前后两信不符。竺虔在五月中旬可以到省城,如果六弟、九弟在省城,可以让他当面交付;如无人在省城,家里可派专人去取,或者弟弟们有高兴去省城的也好。

今年考差大约在五月中旬,孙拟于四月半下园用功。您孙妇现已有喜,约七月可分娩。您曾孙兄弟并如常。寓中今年添用一老妈,用度较去年略多,此次升官约多用银百两,东扯西借,尚不窘迫。不知有邯郸报来家否①?若其已来,开销不可太多。孙十四引见,渠若于廿八以前报到,是真邯郸报,赏银四五十两可也。若至四月始报,是省城伪报,赏数两足矣。但家中景况不审何如,伏恳示悉为幸。

孙跪禀。

【注释】

①邯郸报:据文意,当指向科考升官者家属汇报喜讯的人。何以称

　　邯郸报,待考。

【译文】

　　今年考差大约在五月中旬,孙儿准备在四月中下旬进围用功。孙媳妇现在已有身孕,大概七月可分娩。您曾孙兄弟都一切照旧。京寓中今年又添了一个老妈子,花销比去年略多一些,这次升官大约要多用银子一百两,东挪西借,还不是很窘迫。不知邯郸喜报到家了么?若喜报已来,打赏不可太多。孙儿是十四日得到皇上接见的,他如果在二十八日以前报喜,是真的邯郸报,可以赏给报子银子四五十两。如果到四月才报喜,就是省城的伪报,赏给报子几两银子就足够了。但家中景况不知道怎么样,恳请祖父母大人告知为幸。

　　孙儿跪禀。

四月二十日　致父母书

男国藩跪禀父母亲大人万福金安:

　　三月廿日男发第三号信,廿四日发第四号信,谅已收到。托金竺虔带回之物,谅已照信收到。男及男妇、孙男女皆平安如常。男因身子不甚壮健,恐今年得差劳苦,故现服补药,预为调养。已作丸药二单。考差尚无信,大约在五月初旬。

【译文】

儿国藩跪禀父母亲大人万福金安:

　　三月二十日儿子我寄出第三封信,二十四日寄出第四封信,想必已经收到了。托金竺虔带回去的东西,料想也照信收到了。儿子我及您儿媳、孙子孙女都和往常一样,平安无事。儿子我因为身体不是很强壮,恐怕今年当差会很辛苦,所以现在开始吃补药,想预先调养一下身子。已经做好了两服丸药。考差还没有消息,大约在五月上旬会有结果。

四月初四,御史陈公上折直谏①。此近日所仅见,朝臣仰之如景星庆云②。兹将折稿付回。三月底盘查国库,不对数银九百二十五万两。历任库官及查库御史,皆革职分赔,查库王大臣亦摊赔。此从来未有之巨案也。湖南查库御史有石承藻、刘梦兰二人③,查库大臣有周系英、刘权之、何凌汉三人④。已故者,令子孙分赔。何家须赔银三千两。

【注释】

①御史陈公:即为时任御史的陈庆镛。陈庆镛(1795—1858),字颂南,一字乾翔,福建晋江人。道光十二年(1832)进士,官至御史。道光二十三年(1843)四月四日,上疏论复起琦善等人为刑赏失措,道光帝纳谏,复革琦善、文蔚、奕经之职。

②景星:大星,德星,瑞星。古谓现于有道之国。庆云:五色云。古人以为祥瑞之气。

③石承藻:字黼庭,湖南湘潭人。嘉庆十三年(1808)进士,历任翰林院编修、御史、给事中、光禄寺署正。刘梦兰:字觉香,湖南武陵人。嘉庆二十四年(1819)进士,历任户部主事、郎中、御史、河南乡试官、南宁知府。晚年罢归,主讲朗江书院。

④周系英(1765—1824):字孟才,湖南湘潭人。乾隆五十八年(1793)进士,历任翰林院编修、侍讲、四川学政、太常寺卿、光禄寺卿、山西学政、兵部右侍郎、吏部侍郎、工部侍郎、户部左侍郎等职。刘权之(1739—1819):字德舆,号云房,湖南长沙人。乾

隆二十五年(1760)进士,历任翰林院编修、司经局洗马、安徽学
政、大理寺卿、左副都御史、山东学政、礼部侍郎、吏部侍郎、左都
御史、吏部尚书、军机大臣、协办大学士、体仁阁大学士等职。卒
谥文恪。《清史稿》有传。

【译文】

四月初四日,御史陈公上奏折直言进谏。这是近来所仅见的,朝廷
大臣们都非常敬仰他,将此举视为国之祥瑞。现在将奏折的稿子附在
信后寄回。三月底盘查国库,有九百二十五万两银子对不上数。历任
库官和查库的御史,都被革职,还要承担赔偿,查库的王大臣也摊派了
赔偿。这是从来没有发生过的大案。湖南库查御史有石承藻、刘梦兰
两人,查库大臣有周系英、刘权之、何凌汉三人。已经去世的,让子孙分
别承担赔偿。何家要赔银子三千两。

同乡唐诗甫李杜选陕西靖边县①,于四月廿一出京。王
翰城选山西冀宁州知州②,于五月底可出京。余俱如故。男
二月接信后,至今望信甚切。

男谨禀。

【注释】

①靖边:县名。清代,先属榆林府,后属延安府。即今陕西榆林
　靖边。

②冀宁州:疑为永宁州之讹。清代山西有冀宁道,无冀宁州。光绪
　《湖南通志》卷一九五、同治《黔阳县志》卷三十五,皆云王继贤
　(翰城)道光二十三年(1843)选山西汾州府永宁州知州。永宁
　州,即今山西吕梁离石。

【译文】

同乡唐诗甫李杜被选派陕西靖边做知县,在四月二十一日离京赴

任。王翰城被选派山西冀宁州任知州，五月底将离京赴任。其余的同乡都跟往常一样。儿子我自从二月收到家信后，至今非常盼望来信。

儿谨禀。

六月初六日 致祖父母书

孙男国藩跪禀祖父母大人万福金安：

四月廿日孙发第五号家信，不知到否？五月廿九接到家中第二号信，系三月初一发。六月初二日接第三号信，系四月十八发的。具悉家中老幼平安，百事顺遂。欣幸之至！

【译文】

孙儿国藩跪禀祖父母大人万福金安：

四月二十日孙儿寄出第五封家信，不知道收到没有？五月二十九日接到家里第二封信，是三月初一日发的。六月初二日接到第三封信，是四月十八日发的。知道家里老幼平安，百事如意。我非常高兴！

六弟下省读书，从其所愿，情意既畅，志气必奋，将来必大有成，可为叔父预贺。祖父去岁曾赐孙手书，今年又已半年，不知目力何如？下次信来，仍求亲笔书数语示孙。大考喜信，不知开销报人钱若干？

【译文】

六弟到省城读书，实现了他的愿望，情意既然得以通畅，志气一定会奋发，将来必定有很大成就，可以预先祝贺叔父大人。祖父去年曾经赐给孙儿亲笔信，今年又已半年了，不知视力如何？下次来信，仍然请求祖父亲笔写几句话训示孙儿。大考喜信，不知家里打赏报喜的人多少钱？

孙自今年来，身体不甚好，幸加意保养，得以无恙。大考以后，全未用功。五月初六日考差，孙妥帖完卷，虽无毛病，亦无好处。前题"使诸大夫国人皆有所矜式"①，经题"天下有道，则行有枝叶"②，诗题"赋得角黍"得"经"字③，共二百四十一人进场。初八日派阅卷大臣十二人，每人分卷廿本。传闻取七本，不取者十三本。弥封未拆④，故阅卷者亦不知所取何人，所黜何人。取与不取，一概进呈，恭候钦定。外间谣言，某人第一，某人未取，俱不足凭。总待放差后⑤，方可略测端倪。亦有真第一而不得，有真未取而得差者，静以听之而已。同乡考差九人，皆妥当完卷。

【注释】

①使诸大夫国人皆有所矜式：语出《孟子·公孙丑下》："他日，王谓时子曰：'我欲中国而授孟子室，养弟子以万钟，使诸大夫国人皆有所矜式。子盍为我言之！'时子因陈子而以告孟子，陈子以时子之言告孟子。"意谓使众大夫和平民百姓都有学习的楷模。

②天下有道，则行有枝叶：语出《礼记·表记》："子曰：'君子不以辞尽人。故天下有道，则行有枝叶；天下无道，则辞有枝叶。'"意谓天下有道则人们的行为就美好。

③角黍：即粽子。以箬叶或芦苇叶等裹米蒸煮使熟。状如三角，古用黏黍，故称。《太平御览》卷八五一引晋周处《风土记》："俗以菰叶裹黍米，以淳浓灰汁煮之令烂熟，于五月五日及夏至啖之。

一名粽，一名角黍。"

④弥封：把试卷上填写姓名的地方折角或盖纸糊住，以防止舞弊。宋高承《事物纪原·学校贡举·封弥》："《国史异纂》曰：'武后以吏部选人多不实，乃令试日自糊其名，暗考以定其等第。'盖糊名考校，自唐始也。今贡举发解，皆用其事曰弥封。"

⑤放差：官制名。也称"钦差"。即皇帝差派廷臣执行某项特定任务。清制，凡放差，均由军机处承旨进呈名单，由皇帝以朱笔圈出，是为特简。若单内无名者，即无放差之可能。

【译文】

孙儿自今年以来，身体不太好，幸亏留意保养，才没有出毛病。大考以后，全没有用功。五月初六日考差，孙儿妥当做完试卷，虽说没有毛病，也没有什么佳处。前题是"使诸大夫国人皆有所矜式"，经题是"天下有道，则行有枝叶"，诗题是"赋得角黍"得"经"字，共有二百四十一人进场。初八日派阅卷大臣十二人阅卷，每人分卷子二十本。传说每二十本中取七本，淘汰十三本。卷子都是糊名弥封的，不得拆看，所以阅卷人也不知道取的是哪一个，淘汰的是哪一个。不管取还是不取，卷子一例进呈，恭候皇上亲自裁定。外面谣言，某人第一，某人未取，都不足为凭。都要等外派差事以后才看得出一些儿眉目。也有真取第一而不得差事，有真未取而得到差事的，还是静等消息吧。同乡一共九人考差，都妥当完成答卷。

六月初一，放云南主考龚宝莲辛丑榜眼、段大章戊戌同年①，贵州主考龙元僖、王桂庚子湖南主考②。

【注释】

①龚宝莲：字印之，号静轩，顺天府大兴县（今属北京）人。道光二

十一年(1841)进士,历任翰林院编修、云南乡试主考官、会试同考官、侍读、司经局洗马、日讲起居注官、广东学政等职。段大章:字倬云,号果山,四川巴县人。道光十八年(1838)进士,历任翰林院编修、云南乡试主考官。

②龙元僖(1809—?):字兰簃,广东顺德(今佛山顺德)大良人。道光十五年(1835)进士,历任侍讲、国子监祭酒、太常寺卿、会试副总裁等。王桂:字秋卿,江苏甘泉(今扬州江都)人。道光九年(1829)己丑科进士。曾官吏部主事、广平府知府。曾为湖南主考、贵州主考。

【译文】

六月初一日,外放云南主考龚宝莲辛丑榜眼、段大章戊戌同年、贵州主考龙元僖、王桂庚子湖南主考。

孙在京平安,孙妇及曾孙兄妹皆如常。前所付银,谅已到家。高丽参目前难寄,容当觅便寄回。六弟在城南,孙已有信托陈尧农先生。同乡官皆如旧,黄正斋坐粮船来①,已于六月初三到京。

余容后禀。

【注释】

①黄正斋:即为黄楷盛,字正斋,湖南湘乡人。曾官铜仁知府,任东皋书院山长。

【译文】

孙儿我在京平安,您孙媳妇及曾孙兄妹都和往常一样好。前次托人交付的银子,想必已送到家。高丽参目前难以托人带,请容许我日后找到便人时再寄回家。六弟到城南书院读书,孙儿我已经有信托付陈尧农先生。同乡官员都还是老样子，黄正斋坐粮船来京，已于六月初三日到京城。

　　其余的情况请容许我以后再行禀告。

六月六日　致温甫弟书

温甫六弟左右：

　　五月廿九、六月初一，连接弟三月初一、四月廿五、五月初一三次所发之信，并"四书"文二首，笔仗实实可爱①。信中有云："于兄弟则直达其隐②，父子祖孙间不得不曲致其情③。"此数语有大道理。余之行事，每自以为至诚可质天地，何妨直情径行。昨接四弟信，始知家人天亲之地，亦有时须委曲以行之者。吾过矣！吾过矣！

【注释】

①笔仗：指书画诗文的风格。
②隐：隐衷，隐情，不便告诉别人的想法。
③曲致：委婉、曲折地表达。

【译文】

温甫六弟左右：

　　五月二十九日、六月初一日，我接连收到弟弟你三月初一日、四月二十五日、五月初一日三次所发的信，以及"四书"文两篇，文风真是可爱。你信中说："在兄弟面前，只需直截了当陈述自己内心的真实想法；父子、祖孙之间，有些想法则不得不委婉曲折地表达。"这几句话有大道理。我做事，常常自以为出自至诚之心，有天地作证，直来直去也没有什么妨碍。昨天接到四弟的信，读后才知道即使是家人天伦至亲之间，有些事也要委婉曲折地处理。我以前真是错了！真是错了！

 香海为人最好，吾虽未与久居，而相知颇深，尔以兄事之可也。丁秩臣、王衡臣两君①，吾皆未见，大约可为尔之师。或师之，或友之，在弟自为审择。若果威仪可则，淳实宏通，师之可也。若仅博雅能文，友之可也。或师或友，皆宜常存敬畏之心，不宜视为等夷，渐至慢亵，则不复能受其益矣。

【注释】

 ①王衡臣：湖南饱学之士，曾执教于长沙，曾国藩有意令诸弟拜于其门下。咸丰元年(1851)卒。

【译文】

 香海为人最好，我虽然和他相处时间不长，但相互之间了解很深，你可以把他当兄长一样对待。丁秩臣、王衡臣两位，我都没有见过，大约可以做弟弟你的老师。是拜他们做老师，还是认他们做朋友，弟弟你自己拿主意。如果他们的威仪值得效法，为人淳厚实在，学问宏博通达，可以拜他们做老师。如果他们只是知识渊博能写文章，认作朋友就可以了。不论是拜作老师或者是认作朋友，都应时时抱有敬畏的心理，不应将他们看轻了，以至于渐渐地生出怠慢、亵渎之心，那样的话，便不能从他们那里受到教益了。

 尔三月之信，所定功课太多。多则必不能专，万万不可。后信言已向陈季牧借《史记》①，此不可不熟看之书。尔既看《史记》，则断不可看他书。功课无一定呆法，但须专耳。余从前教诸弟，常限以功课，近来觉限人以课程，往往强人以所难，苟其不愿，虽日日遵照限程，亦复无益。故近来教弟，但有一"专"字耳。"专"字之外，又有数语教弟。兹特将冷金笺写出，弟可贴之座右，时时省览；并抄一付，寄家中三弟。

【注释】

①《史记》：中国第一部纪传体通史，记载了从上古传说中的黄帝时代，一直到汉武帝元狩元年（前122）共三千多年的历史。西汉司马迁撰。

【译文】

弟弟你三月的来信中所定的功课太多。多了就必然不能专，万万不行。后一封信里说已经向陈季牧借《史记》，这是不可不熟读的书。你既然看《史记》，便绝不能看其他书了。功课没有一定的呆办法，只是要专。我从前教弟弟们，常常限定功课，最近觉得限定课程，往往是强人所难，假使他不情愿，即使天天遵照限定的课程，也还是没有益处。所以我近来教弟弟们，只强调一个"专"字。"专"字以外，又有几句话要教弟弟。现特地用冷金笺写出来，弟弟你可以贴在书桌的右边，时时看看；并且另抄一副，寄给家中的三位弟弟。

香海言时文须学《东莱博议》①，甚是。尔先须过笔圈点一遍，然后自选几篇读熟。即不读亦可。无论何书，总须从首至尾通看一遍。不然，乱翻几叶，摘抄几篇，而此书之大局精处，茫然不知也。

【注释】

①时文：即八股文。《东莱博议》：宋代大儒吕祖谦所撰，全书共四卷，选《左传》文六十六篇，分析阐发，又称《左氏博议》。吕祖谦自称该书"为诸生课试之作"，封建时代读书人多奉为教科书。吕祖谦的曾祖吕好问(1064—1131)，南宋初年以恩封东莱郡侯。宋人称吕祖谦的伯祖吕本中(1084—1145)为东莱先生，称吕祖谦小东莱先生。后世则称吕祖谦为东莱先生。

【译文】

香海说学时文要学《东莱博议》，说得很对。弟弟你先要用笔圈点一遍，然后自选几篇，读得烂熟。就是不读也可以。无论什么书，总要从头到尾通读一遍。不然的话，乱翻几页，摘抄几篇，而对这书的整体布局、精华之处，却茫茫然一无所知。

学诗，从《中州集》入亦好①。然吾意读总集，不如读专集。此事人人意见各殊，嗜好不同。吾之嗜好，于五古，则喜读《文选》②；于七古，则喜读《昌黎集》；于五律，则喜读杜集③；七律，亦最喜杜诗，而苦不能步趋，故兼读《元遗山集》④。吾作诗，最短于七律，他体皆有心得。惜京都无人可与畅语者。尔要学诗，先须看一家集，不要东翻西阅；先须学一体，不可各体同学，盖明一体则皆明也。凌笛舟最善为律诗，若在省，尔可就之求教。

【注释】

①《中州集》：金人元好问编定的金朝诗歌总集。共十卷，辑录作家二百五十一人，作品两千多首。

②《文选》：又称《昭明文选》。南朝梁萧统组织编选。所选作家上

起先秦，下至梁初，选录作品则以"事出于沉思，义归乎翰藻"为原则。

③杜集：指杜甫的诗歌集。杜甫（712—770），字子美，自号少陵野老。唐代诗人，被后人称为"诗圣"，诗被称为"诗史"。

④《元遗山集》：金人元好问别集名。

【译文】

学诗，从《中州集》入手也很好。但是我总以为读总集，不如读专集。说到这事，每个人的看法都不同，嗜好也不同。我的嗜好，若说五古，则喜欢读《文选》；若说七古，则喜欢读《昌黎集》；若说五律，则喜欢读杜集；若论七律，也最喜欢杜甫的诗，只是苦于不能做到亦步亦趋，所以有时候也一并读《元遗山集》。我作诗最不擅长七律，其他体裁都有心得。可惜京城里没有人可以一起畅谈。弟弟你要学诗，先要看一家的集子，不要东翻西看；先要学一体，不能各种体裁同时学，因为只要明白了一体，各体便都明白了。凌笛舟最擅长写律诗，如果在省内，弟弟可以找他请教。

习字，临《千字文》亦可，但须有恒。每日临帖一百字，万万无间断，则数年必成书家矣。陈季牧最喜谈字，且深思善悟。吾见其寄岱云信，实能知写字之法，可爱可畏！尔可从之切磋。此等好学之友，愈多愈好。

【译文】

习字，临《千字文》也可以，但要有恒心。每天临帖一百字，万万不要间断，那么几年坚持下来便成书法家了。陈季牧最喜欢谈论书法，而且思考很深又善于领悟。我见过他寄给岱云的信，实在是真懂书法之道的，成就可喜可敬！弟弟你可以跟他切磋学习。这样好学的朋友，越多越好。

来信要我寄诗回南。余今年身体不甚壮健，不能用心，故作诗绝少，仅作《感春诗》七古五章。慷慨悲歌，自谓不让陈卧子[①]；而语太激烈，不敢示人。余则仅作应酬诗数首，了无可观。顷作《寄贤弟诗》二首，弟观之以为何如？京笔现在无便可寄，总在秋间寄回。若无笔写，暂向陈季牧借一支，后日还他可也。

兄国藩手草。

【注释】

①陈卧子：即为陈子龙（1608—1647），字卧子，南直隶松江华亭（今属上海）人。明末著名文人、抗清英雄。

【译文】

你来信要我寄诗回家。我今年身体不太壮健，不能用心，所以很少写诗，只写有《感春诗》七古五章。慷慨悲歌，自以为不输于陈卧子；但用词太激烈，不敢拿出来给人看。剩下的就只写了几首应酬的诗，一无可看。前不久写的《寄贤弟诗》二首，弟弟你看了以后，认为写得怎么样？京笔现在没有便人可以寄，横竖会在秋天寄回。如果弟弟你没有笔写字，可以暂时向陈季牧借一支，以后再还他就是了。

兄国藩亲笔。

六月六日　致澄侯、叔淳、季洪弟书

澄侯、叔淳、季洪三弟左右[①]：

五月底连接三月一日、四月十八两次所发家信。

【注释】

①叔淳:即为曾国荃,字沅浦,又字叔淳。见前注。季洪:即为曾国葆(1828—1862),字季洪。是曾家五兄弟中最小的一个。咸丰九年(1859)因兄国华战死于三河镇,加入湘军作战且改名为贞干,改字事恒。同治元年(1862)因操劳过度病逝于南京雨花台湘军大营内。

【译文】

澄侯、叔淳、季洪三弟左右:

五月底接连收到三月初一日、四月十八日两次所发的家信。

四弟之信,具见真性情,有困心横虑、郁积思通之象①。此事断不可求速效。求速效必助长②,非徒无益,而又害之。只要日积月累,如愚公之移山,终久必有豁然贯通之候③。愈欲速,则愈锢蔽矣④。来书往往词不达意,我能深谅其苦。

【注释】

①困心横虑:语出《孟子·告子下》:"困于心,衡于虑,而后作。"朱子集注:"事势穷蹙,以至困于心,横于虑,然后能奋发而兴起。"焦循《正义》:"(苏秦)夜发书伏诵,引锥自刺其股,可谓困心横虑矣。"亦作"困心衡虑"。谓心意困苦,忧虑满胸。亦指费尽心思。

②助长:语出《孟子·公孙丑上》:"必有事焉而勿正,心勿忘,勿助长也。"人为促使增长。

③豁然贯通:语出朱子《大学章句》:"至于用力之久,而一旦豁然贯通焉。"顿时晓悟。

④锢蔽:禁锢蔽塞。

【译文】

四弟的来信,可以看出真性情,有满腔忧虑郁积太久而需要发泄疏通的迹象。这事万万不可以追求速效。追求速效就一定会拔苗助长，非但没有益处，反而有害。只要日积月累，像愚公移山一样，最终一定会有豁然贯通的时候。越是想快，内心反而越发禁锢蔽塞。来信往往词不达意，为兄我能深深体谅贤弟内心的苦闷。

今人都将"学"字看错了。若细读"贤贤易色"一章，则绝大学问即在家庭日用之间。于"孝"、"弟"两字上尽一分，便是一分学；尽十分，便是十分学。今人读书，皆为科名起见，于孝弟、伦纪之大①，反似与书不相关。殊不知书上所载的、作文时所代圣贤说的，无非要明白这个道理。若果事事做得，即笔下说不出，何妨？若事事不能做，并有亏于伦纪之大，即文章说得好，亦只算个名教中之罪人②。贤弟性情真挚，而短于诗文，何不日日在"孝"、"弟"两字上用功？《曲礼》、《内则》所说的③，句句依他做出，务使祖父母、父母、叔父母无一时不安乐，无一时不顺适；下而兄弟妻子皆蔼然有恩、秩然有序④，此真大学问也。若诗文不好，此小事，不足计。即好极，亦不值一钱。不知贤弟肯听此语否？

【注释】

①伦纪：伦常纲纪，指处理君臣、父子、兄弟、夫妇关系所应遵守的基本准则。

②名教：指以正名定分为主的封建礼教。晋袁宏《后汉纪·献帝纪》："夫君臣父子，名教之本也。"三国魏嵇康《释私论》："矜尚不存乎心，故能越名教而任自然。"

③《曲礼》、《内则》：皆《礼记》篇名。

④蔼然：温和、和善貌。

【译文】

现在的人都把"学"字看错了。如果仔细读过《论语》"贤贤易色"一章书，就知道绝大的学问就在家庭日用之中。在"孝"、"悌"两字上尽了一分力，便是一分学；尽了十分力，便是十分学。现在的人读书，都是为了科名，对于孝悌、伦常这样的大道，反而似乎与读书毫不相干。殊不知书上所写的、写文章时代圣贤说的，无非是要明白这个道理。如果真的事事都能做到，那么就是笔下写不出来，又有什么关系呢？如果事事都不能做到，并且有亏于伦常纲纪这些大义，就算文章说得再好，也只能算是一个名教中的罪人。贤弟性情真挚，而不善于诗文，何不天天在"孝"、"悌"两字上下功夫？《曲礼》、《内则》里所说的，句句依它去做，务必使祖父母、父母、叔父母没有一时不安乐、没有一刻不舒适；往下对于兄弟、妻子、儿女都和蔼有恩、井然有序，这才是大学问啊。如果诗文写不好，这是小事，不必计较。就是写得好得不得了，也不值一钱。不知道贤弟肯听这话不？

科名之所以可贵者，谓其足以承堂上之欢也，谓禄仕可以养亲也①。今吾已得之矣，即使诸弟不得，亦可以承欢，可以养亲。何必兄弟尽得哉？贤弟若细思此理，但于孝弟上用功，不于诗文上用功，则诗文不期进而自进矣。

【注释】

①养亲：奉养父母双亲。

【译文】

科举功名之所以可贵，是因为它足以令堂上大人内心欢喜，是因为拿了俸禄可以奉养双亲。现在我已得到科名，即使弟弟们不得，也可以让父母欢欣，也可以奉养双亲。何必要兄弟都能得科名呢？贤弟如果细想这个道理，只在孝悌上用功，不在诗文上用功，那么诗文也会不指望它进步却自然进步的。

凡作字，总须得势，务使一笔可以走千里。三弟之字，笔笔无势，是以局促不能远纵。去年曾与九弟说及，想近来已忘之矣。

【译文】

凡是写字，总要有气势，使一笔可以走千里。三位弟弟的字，笔笔没有气势，所以局促而不能远纵。去年曾经和九弟说过，想是近来忘记了吧。

九弟欲看余白折。余所写折子甚少，故不付。大铜尺已经寻得。付笔回南，目前实无妙便，俟秋间定当付还。

【译文】

九弟想看我写的白折。我所写的折子太少，所以就不付回。大铜尺已经找到。托人带笔回南边，目前实在没有好的便人，等秋天一定找人带回去。

去年所寄牧云信未寄去，但其信前半劝牧云用功，后半劝凌云莫看地[①]，实有道理。九弟可将其信抄一遍，仍交与他，但将纺棉花一段删去可也。地仙为人主葬[②]，害人一家，丧良心不少，未有不家败人亡者，不可不力阻凌云也。至于纺棉花之说,如直隶之三河县、灵寿县③,无论贫富男妇,人人纺布为生,如我境之耕田为生也。江南之妇人耕田,犹三河之男人纺布也。湖南如浏阳之夏布、祁阳之葛布、宜昌之棉布④,皆无论贫富男妇,人人依以为业。此并不足为骇异也。第风俗难以遽变,必至骇人听闻,不如删去一段为妙。

　　书不尽言。

　　兄国藩手草。

【注释】

①凌云:即为曾国藩妻弟欧阳秉钧,字凌云。咸丰末年,他与侄儿欧阳定果一道入曾氏军营,后在湖北当差,官至光禄寺署正。看地:旧时给人察看宅基、坟地以定吉凶的迷信活动。

②地仙:看坟地吉凶的风水先生。

③三河县:清属直隶府,即今河北廊坊三河。灵寿县:清属直隶府,即今河北石家庄灵寿。

④浏阳:清属长沙府,即湖南长沙浏阳。祁阳:清属永州府,即今湖南永州祁阳。宜昌:清设宜昌府,即今湖北宜昌。

【译文】

　　去年要寄给牧云的信没有寄去,但这封信前半截劝牧云用功,后半截劝凌云莫找地仙看风水,却是大有道理。九弟可将这封信抄一遍,仍然交给他,但是可以将纺棉花一段删去。地仙为人主持葬礼,祸害人家,真是丧良心,凡是迷信地仙的没有不家败人亡的,不可不极力劝阻凌云啊。至于纺棉花这事,譬如直隶的三河县、灵寿县,无论贫富男女,人人纺布为生,就像我们家乡人人耕田为生一样。江南的女人耕田,和三河的男人纺布一样。湖南如浏阳的夏布、祁阳的葛布、宜昌的棉布,都是无论贫富男女,人人以此为业。这并不值得大惊小怪。只是风俗难以短时间内快速改变，一定骇人听闻，还不如删去这一段为好。

文字难以一一表达我内心的想法。

兄国藩亲笔。

卷二

【题解】

本卷共收书信四十五封，起于道光二十四年（1844）正月廿五日，讫于道光二十六年（1846）十月十五日；有写给祖父母的，有写给父母的，有写给诸位弟弟的，也有个别是写给叔父的，皆写于京城。

道光二十四年（1844），曾国藩三十四岁，十二月初七日，转补翰林院侍读。道光二十五年（1845）三月，钦派会试同考官；五月初二日，升詹士府右春坊右庶子；六月，转补左庶子；九月二十四日，升翰林院侍讲学士；十二月十二日，补日讲起居注官；二十二日，充文渊阁直阁事。

道光二十五年（1845）九月，四弟曾国潢、六弟曾国华进京。道光二十六年（1846），曾国藩为曾国华纳资入监，应顺天乡试而不取。并为曾国潢捐监生。十一月闻祖母之讣（实丧于九月十八日）。

这三年的家书，主要涉及几方面的内容：一是向家人汇报自己的升职情况及履职经历，二是向家人讲述自己与湖南籍京官的交往情况，三是教育几位弟弟怎样读书和应考。曾国藩在道光二十五年（1845）四月十五日写给弟弟们的家书中，介绍了自己作为会试分房官阅卷的具体情况，是了解清代科举史的好材料。在道光二十五年（1845）五月廿九日致父母书中，提到长郡会馆头门悬挂"同科十进士，庆榜三名元"一联；在道光二十五年（1845）五月初五日致诸弟书中说："今年新进士善书者甚多,而湖南尤甚。萧史楼既得状元,而周荇农(寿昌)去岁中南元,孙芝房(鼎臣)又取朝元,可谓极盛。现在同乡诸人讲求词章之学者固多,讲求性理之学者亦不少,将来省运必大盛。"不但是科举轶事,更有助于我们对晚清湖湘文化全面兴盛的理解。在读书方面,曾国藩屡次以"有恒"二字劝勉诸弟;并告诸弟读诗须看一家之专集,不可读选本。道光二十四年(1844)三月初十日致六弟、九弟书的末尾,附有《五箴》一首、《养身要言》一纸、《求缺斋课程》一纸,对曾国藩此期修身治学反映最为全面。我们从这三年的家书中,还可以了解到:曾国藩此一时期与郭嵩焘、江忠源、冯树堂过往甚密,并关注罗泽南在湖南的教学活动;自道光二十五年(1845)夏间癣疾发作(此一问题困扰终生);曾国藩力劝父亲勿干预公事。

道光二十四年

正月廿五日　致父母书

男国藩跪禀父母亲大人万福金安:

男在四川,于十一月廿日还京。彼时无折弁回南,至十二月十六始发家信,十二月除夕又发一信,交曾受恬处①。受恬名兴仁,善化丙子举人②,任江西分宜县知县③,上年进京引见,正月初四出都,迂道由长沙回江西。男与心斋各借银一百两与渠作途费。男又托渠带银三百两,系蓝布密缝三包。鹿胶二斤半、阿胶二斤共一包,高丽参半斤一包,荆七银四十两一包。又信一封,交陈宅④,托其代为收下,面交六弟、九弟。大约二月下旬可到省。受恬所借之银百两,若在省能还更好。若不能还,亦不必急索。俟渠到江西必还。只订定妥交陈宅,毋寄不可靠之人耳。若六月尚未收到,则写信寄京,男作信至江西催取也。

【注释】

①曾受恬:即为曾兴仁,字受恬,或作"受田",湖南善化(今长沙)人。嘉庆二十一年(1816)举人,曾任江西分宜县令。著有《砚考》《缥缃新记》。

②善化:古县名。地当今湖南长沙的一部分。宋哲宗元符元年(1098)分长沙县五乡及湘潭县两乡建善化县,历经宋、元,至明洪武十年(1377)并入长沙县。明洪武十三年(1380)复设善化县,历经明、清,至民国元年(1912)并入长沙县。举人:明、清两代称乡试录取者。

③分宜:县名。清属袁州府,即今江西新余分宜。

④陈宅:指陈季牧宅。

【译文】

儿国藩跪禀父母亲大人万福金安:

儿子我在四川,于十一月二十日回到京城。那时没有信差回湖南,到十二月十六日才发家信,十二月除夕又发一封信,交曾受恬处。受恬名兴仁,善化丙子举人,任江西分宜县知县,去年进京引见,正月初四日离京,绕道由长沙回江西。儿子我与心斋各借银子一百两给他作路费。儿子又托他带了三百两银子,是蓝布密缝的三包。鹿胶两斤半、阿胶两斤共一包,高丽参半斤一包,给荆七的银子四十两一包。另外有一封信,交陈宅,托他代收,当面交给六弟、九弟。大约二月下旬可以到省城。受恬所借的一百两银子,如果在省里能还更好。如不能还,也不要急于索取。等他到江西后一定会还。只交代他一定交陈宅,不要托不可靠的人。如果六月还没有收到，那就写信到京城，儿子我再写信到江西去催要。

　　陈岱云之贤配于正月八日仙逝。去年岱云病时，曾经割臂疗夫。十二月初二日生一子，小大平安。至除夕得气痛病①，正月初三即服人参，初八长逝。岱云哀伤异常。男代为经理一切。廿三日开吊，男赙银十六两。陈宅共收赙仪三百廿余两。

【注释】

①气痛：中医术语，病症名。气滞三焦所致疼痛。

【译文】

　　陈岱云的夫人在正月初八日去世。去年岱云得病时，夫人曾经割臂疗夫。十二月初二日生了一个男孩，小大平安。到除夕得气痛病，正月初三日就服人参，初八日病逝。岱云异常哀伤。儿子我代为经理一切。廿三日开吊，儿子我送赙银十六两。陈宅共收赙仪三百二十余两。

　　廿二夜，男接家信，得悉一切。欣喜之至！蕙妹移寓竹山湾自好，但不知作何局面？待聘妹夫恐不谙耕作事①，不宜舄田作也②。祖父大人七旬晋一大庆，不知家中开筵否？男在京仅一席，以去年庆寿故也。祖母大人小恙旋愈，甚喜！以后断不可上楼，不可理家事。叔父大人之病不知究竟何如？下次求详书示知。

【注释】

①不谙：不熟悉。

②舄（xì）田：水田。

【译文】

二十二日晚，儿子我接到家信，一切情况都已知道。我欣喜之至！蕙妹搬到竹山湾住，自然是好，但不知道具体情形怎样？待聘妹夫恐怕不熟悉耕作之事，种不来水田。祖父大人七十岁晋一的大庆，不知家里开了筵席没有？儿子我在京城只办了一桌，因为去年已做过七十大寿的缘故。祖母大人小病马上好了，真让人高兴！以后绝不能上楼，不可以管家务。叔父大人的病不知究竟怎样？下次求家里写信详细告知。

男前次信回，言付银千两至家，以六百为家中完债及零用之费，以四百为馈赠戚族之用。昨由受恬处寄归四百，即分送各戚族可也。其余六百，朱啸山处既兑钱百三十千，即除去一百两；四月间再付五百回家，与同乡公车带回①，不同县者亦可，男自有斟酌也。

【注释】

①公车：汉代以公家车马递送应征的人，后因以"公车"泛指入京应试的举人。

【译文】

儿子我上次的家信，说寄银子一千两回家，用六百两还债和零用，用四百两送亲戚族人。日前由受恬处寄回四百两，就分送亲戚族人吧。其余六百，既然在朱啸山处兑钱百三十千，即除去一百两；四月间再付五百两回，交给同乡入京应试的举人带回，不同县的也可以，儿子我自有考虑。

男自四川归后，身体发胖，精神甚好，夜间不出门。虽未畜车①，而每出必以车，无一处徒步。保养之法，大人尽可放心。男妇及孙男女皆平安。陈岱云十二月所生之子，亦雇乳妈在男宅抚养。其女在郑小山家抚养。本家心斋，男待他甚好。渠亦凡事必问男。所作诗赋，男知无不言。冯树堂于正月十六来男寓住。目前渠自用功，男尽心与之讲究一切。会试后，即命孙儿上学，每月修金四两。郭筠仙进京，亦在男处住。现尚未到。四川门生②，已到四人。二月间即考国子监学正③。今年正月初三，下诏举行恩科④，明年皇太后万寿⑤，定有覃恩⑥，可请诰封⑦。此男所最为切望者也。去年因科场舞弊，皇上命部议定，以后新举人到京，皆于二月十五复试；倘有文理纰缪者，分别革职、停科等罚，甚可惧也。在京一切男自知慎。

　　余容续陈。

　　男谨禀。

【注释】

①畜车：自备车辆。

②门生：科举考试及第者对主考官自称"门生"。

③学正：宋、元、明、清国子监所属学官，协助博士教学，并负训导之责。

④恩科：宋时科举，承五代后晋之制，凡士子于乡试合格后，礼部试或廷试多次未录者，遇皇帝亲试时，可别立名册呈奏，特许附试，称为"特奏名"，一般皆能得中，故称"恩科"。清代于寻常例试外，逢朝廷庆典，特别开科考试，也称"恩科"。若正科与恩科合并举行，则称"恩正并科"。

⑤万寿：封建时代指皇帝、皇太后的生日。

⑥覃（tán）恩：广施恩泽。旧时多用以称帝王对臣民的封赏、赦免等。

⑦诰封：明、清对五品以上官员及其先代和妻室以皇帝的诰命授予封典，谓"诰封"。

【译文】

儿子我自四川回京后，身体发胖，精神很好，晚上不出门。虽然没有自置车辆，但每次出门必定用车，没有一处是走路。保养身体的方法，大人尽可放心。您儿媳妇及孙儿孙女都平安。陈岱云十二月所生的儿子，也雇了乳妈，在儿子我家里抚养。他女儿放在郑小山家抚养。本家心斋，儿子我待他很好。他也什么事都向我请教。他所写的诗和赋，儿子我都认真评点，知无不言。冯树堂在正月十六日来儿子我处住。目前他自己用功，儿子我也尽心和他讲究一切。会试以后，就叫您孙儿上学，每月学费四两。郭筠仙进京，也在儿子我处住。现在还没有到。四川门生，已到了四个。二月间就考国子监学正。今年正月初三日，皇上已下诏举行恩科，明年皇太后万寿，一定会有覃恩，可以请求诰封。这是儿子我最为关注的。去年因为科场舞弊，皇上命令部里讨论商定，以后新举人到京，都在二月十五日复试；倘若有文理荒谬的人，将分别给予革职、停科等处罚，很可怕的。在京一切事情儿子我自己知道谨慎。

其余的容以后再禀告。

儿谨禀。

正月廿六日　致四位老弟书

四位老弟左右：

正月二十三日接到诸弟信，系腊月十六在省城发。不胜欣慰！四弟女许朱良四姻伯之孙①，兰姊女许贺孝七之子②，人家甚好。可贺！惟蕙妹家颇可虑，亦家运也。

【注释】

①许：许亲，许配。女方接受男方求亲。朱良四：湘乡人。曾国藩四妹曾国芝嫁朱良七（朱良四弟）子朱咏春为妻，故曾国藩称其为姻伯。

②贺孝七：湘乡人。曾国藩姊国兰之女嫁其子为妻。余不详。

【译文】

四位老弟左右：

正月二十三日接到弟弟们的信，是腊月十六日在省城寄出的。我欢喜得不行！四弟的女儿许配朱良四姻伯的孙子，兰姐的女儿许配贺孝七的儿子，人家很好。可喜可贺！只是蕙妹家的情况很值得忧虑，也是家运如此啊。

六弟、九弟今年仍读书省城，罗罗山兄处附课甚好①。既在此附课，则不必送诗文与他处看，以明有所专主也。凡事皆贵专。求师不专，则受益也不入；求友不专，则博爱而不亲。心有所专宗，而博观他途以扩其识，亦无不可。无所专宗，而见异思迁，此眩彼夺②，则大不可。罗山兄甚为刘霞仙、欧晓岑所推服③，有杨生任光者④，亦能道其梗概，则其可为师表明矣，惜吾不得常与居游也。在省用钱，可在家中支用，银三十两，则够二弟一年之用矣，亦在吾寄一千两之内。予不能别寄与弟也。

【注释】

①罗罗山：即为罗泽南（1807—1856），字仲岳，号罗山，湖南省湘乡（今双峰）人。咸丰元年（1851）由附生举孝廉方正，咸丰二年（1852）始以在籍生员身份率生徒倡办团练，次年协助曾国藩编练湘军，自此率湘军转战江西、湖北、湖南三省，与太平军作战，因战功历迁知县、同知、道员，加按察使衔。咸丰六年（1856）在进攻武昌之战中，中弹身亡，咸丰帝下诏以巡抚例优恤，谥忠节，加巴图鲁荣号，建专祠奉祀。罗泽南是近代湖南理学经世派的代表人物，道光六年（1826）应童子试不第，即回乡讲学，先后在湘乡、长沙等地坐馆，前后长达二十多年，湘军名将王鑫、李续宾、李续宜、蒋益澧、刘腾鸿等，皆出其门下。著有《周易本义衍言》、《姚江学辨》等书。与曾国藩是儿女亲家。

②此眩彼夺：这边眩目，那边也光彩夺目，形容贪婪的人欲望没有止境。

③刘霞仙：即为刘蓉（1816—1873），字孟容，一作"孟蓉"，号霞仙，湖南湘乡人。诸生。咸丰初，佐罗泽南治团练。咸丰四年（1854）入曾国藩幕。咸丰六年（1856）因弟刘蕃战殁而扶榇归养。咸丰十年（1860）佐骆秉章督四川军务，擢知府。同治二年（1863）七月任陕西巡抚，后因抗击西捻军不力而被免官。刘蓉与曾国藩相交最久，亦是桐城派古文家，著有《思辨录疑义》、《养晦堂文集》等。欧晓岑：即为欧阳兆熊，字晓岑，号鲍叟，湖南湘潭人。道光十七年（1837）举人。家富庶而性豪爽，仗义疏财，与曾国藩、左宗棠、江忠源等交谊颇深。推服：赞许佩服。

④杨任光：不详。

【译文】

六弟、九弟今年仍旧在省城读书，一边在罗罗山那里附课请教，很好。既然在罗罗山那里附课，就不必送诗文在其他老师处批阅了，以表明学有专主。做任何事，都贵在专一。拜师不专一，那即便略有受益也很难深入；交友不专一，那便是博爱而没有知心至交。内心有专一的宗旨，而博采众长以增长见识，也不是不可以。内心没有专一的宗旨，而见异思迁，贪恋这边，又贪恋那边，那是不可以的。罗山兄很为刘霞仙、欧阳晓岑所推崇，有一个杨生任光，也能说出他的大概，罗山可以为人师表，是再明白不过的了，可惜我不能常常和他一起交流。在省城的用费，可以在家里支用，三十两银子，应该够两个弟弟用一年了，这笔钱也包括在我寄给家里的一千两之内。我不能另外寄给弟弟了。

　　我去年十一月廿日到京，彼时无折差回南，至十二月中旬始发信。乃两弟之信，骂我糊涂，何不检点至此！赵子舟与我同行^①，曾无一信，其糊涂更何如耶？余自去年五月底至腊月初，未尝接一家信。我在蜀，可写信由京寄家；岂家中信不可由京寄蜀耶？又将骂何人糊涂耶？凡动笔不可不检点。

【注释】

①赵子舟：即为赵楫，字子舟。道光二十三年（1843），曾国藩充四川正考官，赵楫副之。

【译文】

　　我去年十一月二十日到京，那时没有信差回湖南，到十二月中旬才发信。结果，两位弟弟来信骂我糊涂，怎么可以这样不检点！赵子舟和我一路同行，一封信也没有写，那他更是如何糊涂呢？我从去年五月底到腊月初，没有接过一封家信。我在四川，可以写信由京城寄家里；难道家里不可以写信由京城转寄四川吗？那又该骂谁糊涂呢？凡是下笔不可以不检点。

陈尧农先生信至今未接到。黄仙垣未到京①。家中付物，难于费心，以后一切布线等物，均不必付。九弟与郑、陈、冯、曹四信②，写作俱佳。可喜之至！六弟与我信，字太草率。此关乎一生福分，故不能不告汝也。四弟写信，语太不圆。由于天分，吾不复责。

余容续布，诸惟心照。

兄国藩手具。

【注释】

①黄仙垣：不详。

②郑、陈、冯、曹：即郑小山、陈岱云、冯树堂、曹西垣。均见前注。

【译文】

陈尧农先生的信至今没有接到。黄仙垣没到京城。家中带物，很是费心，以后一切布线等物品，都不必带了。九弟写给郑、陈、冯、曹四位的信，文字和书法都好。可喜之至！六弟写给我的信，字太潦草。这是关系一生福分的事，所以不能不告诉你。四弟写信，语言太不圆熟。因为天分所限，我不再责备他。

其余的容我以后再写，各种事情彼此心照不宣。

兄国藩亲笔。

二月十四日　　致四位老弟书

四位老弟左右：

正月廿六日发第一号家信。二月初十日黄仙垣来京，接到家信，备悉一切。欣慰之至！所付诸物，已接脯肉一方、鹅肉一边、杂碎四件、布一包、烘笼二个。余皆彭雨苍带来①。

【译文】

四位老弟左右:

正月二十六日寄出第一封家信。二月初十日黄仙垣来京,接到家信,一切情况都已知道。我欣慰之至!托他带的东西,已经收到腊肉一方、鹅肉一边、杂碎四件、布一包、烘笼两个。其他的都是彭雨苍带来。

朱啸山亦于是日到,现与家心斋同居。系兄代伊觅得房子,距余寓甚近,不过一箭远耳。郭筠仙现尚未到,余已为赁本胡同关帝庙房,使渠在庙中住,在余家火食①。

【注释】

①火食:开火做饭。

【译文】

朱啸山也是这天到京的,现在和本家心斋住一起。是为兄代他找的房子,离我家很近,不过一箭之地。郭筠仙现在还没有到,我已经为他租了本胡同关帝庙的房子,让他在庙里住,在我家吃饭。

冯树堂正月十六来余家住,拟会试后再行上学,因小儿春间怕冷故也。树堂于二月十三考国子监学正,题"而耻恶衣恶食者"二句①,"不以天下奉一人"策②,共五百人入场。

树堂写作俱佳,应可必得。

【注释】

①而耻恶衣恶食者:语出《论语·里仁》:"子曰:'士志于道,而耻恶衣恶食者,未足与议也。'"意谓以穿旧衣吃劣食为耻辱。

②策:策论,策问。古代科举考试的一种文体。就当时政治问题加以论说,提出对策。宋代以来各朝常用作科举试士的项目之一。

【译文】

冯树堂正月十六日来我家住,准备会试以后再开学,因小儿春间怕冷的缘故。树堂在二月十三日考国子监学正,题目是"而耻恶衣恶食者"两句,"不以天下奉一人"策,共有五百人进场考试。树堂的文章和书法都好,应该可以考上。

陈岱云于初六日移寓报国寺①。其配之枢,亦停寺中。岱云哀伤异常,不可劝止,作祭文一篇,三千余字。余为作墓志铭一首,不知陈宅已寄归否?余懒誊寄也。

【注释】

①移寓:犹移居,迁居。

【译文】

陈岱云在初六日搬到报国寺住。他夫人的灵枢,也停在寺里。岱云非常哀痛,怎么劝都不行,给亡妻写了一篇祭文,有三千多字。我为他夫人作了一篇墓志铭,不知陈家已寄回去没有?我懒得誊写寄了。

四川门生现已到廿余人。我县会试者,大约可十五人。甲午同年①,大约可廿五六人。然有求于余者,颇不乏人。

【注释】

①甲午同年：指道光十四年（1834）甲午科与曾国藩同科考中的湖南举人。

【译文】

四川门生现在到了二十多个。我县参加会试的，大约十五人。甲午科同年，大约二十五六人。但有求于我的，还真不少呢。

余今年应酬更繁。幸身体大好，迥不似从前光景①。面胖而润，较前稍白矣。耳鸣亦好十之七八，尚有微根未断，不过月余可全好也。内人及儿子、两女儿皆好。陈氏小儿在余家乳养者亦好。

【注释】

①迥不似：完全不像。

【译文】

我今年应酬更多。幸亏身体很好，完全不像从前那样。脸胖而圆润，比以前稍稍白了。耳鸣也好了十之七八，还有点儿没有断根，不过个把月即可全好。我妻子及儿子、两个女儿都好。在我家乳养的陈家小儿也好。

六弟、九弟在城南读书，得罗罗山为之师甚妙。然城南课似亦宜应，不应恐山长不以为然也①。所作诗文及功课，望日内付来。四弟、季弟从觉庵师读自佳。四弟年已渐长，须每日看史书十叶，无论能得科名与否，总可以稍长见识。季弟每日亦须看史，然温经更要紧，今年不必急急赴试也。

【注释】

①山长：唐、五代时对山居讲学者的敬称。宋、元时为官立书院置
　山长，讲学兼领院务；明、清时改由地方聘请。清末改书院为学
　堂，山长之制乃废。

【译文】

六弟、九弟在城南书院读书，能拜罗罗山作老师，很妙。但是城南
书院的功课似乎也要应付，不然的话恐怕山长会有看法。所作诗文和
功课，望日内寄来。四弟、季弟从觉庵师读书，自然好。四弟年纪渐渐
大了，要每天看史书十页，不管能不能得科名，总可以稍长一些见识。
季弟每天也要看史书，但温习经书更要紧，今年不必急于赴考。

　　曾受恬自京南归，余寄回银四百两、高丽参半斤、鹿胶
阿胶共五斤、闱墨廿部①，不知家中已收到否？尚有衣一箱、
银五百两，俟公车南归带回。

【注释】

①闱墨：科举制度，自明以来，乡试、会试后，主考挑选试卷中文字
　符合程式的，编刻成书，明称"小录"，清称"闱墨"。

【译文】

曾受恬从京城回南方，我托他寄回家银子四百两、高丽参半斤、鹿
胶阿胶共五斤、闱墨二十部，不知道家中收到了没有？还有一箱衣服、
五百两银子，等参加会试的举人南归带回去。

　　同乡汤海秋与杜兰溪，子女已过门而废婚①，系汤家女
儿及父母并不是。余俱如故。周介夫鸣鸾放安徽庐凤道②，
其女儿欲许字纪泽。常南陔大淳升安徽臬台③，其孙女欲许

字纪泽。余俱不甚愿。季仙九师为安徽学政后,升吏部右侍郎④。廖老师名鸿荃,去年放钦差至河南塞河决,至今未成功,昨革职,赏七品顶戴,在河工效力赎罪⑤。黄河大工不成,实国家大可忧虑之事。如何如何!

余容后陈。

国藩手具。

【注释】

①过门:指女子已嫁到男家。

②周介夫:即为周鸣鸾,字介夫,湖南长沙人。乾隆六十年(1795)举人,历任襄阳知县、武昌知府、安徽庐凤道台、四川按察使、大理寺少卿等职。庐凤道:清康熙九年(1670)置庐凤道,驻凤阳府(今安徽凤阳),领庐州府、凤阳府。其后,管辖范围时有变动。

③常南陔:即为常大淳(1792—1853),字正夫,号兰陔,又号南陔,湖南衡阳人。道光三年(1823)进士,历任翰林院编修、御史、福建督粮道、浙江盐运使、安徽按察使、湖北按察使、陕西布政使、湖北布政使、浙江巡抚、湖北巡抚。1853年1月,太平军攻陷武昌城,常大淳死难。诏赠总督,谥文节,祀昭忠祠。臬台:明、清时按察使的别称。

④右侍郎:官名。侍郎为唐以后中央六部的副长官。明、清时设左、右二侍郎。

⑤河工:指修筑河堤、开浚河道等工程。旧时多指治理黄河的工程。

【译文】

同乡汤海秋与杜兰溪,子女已过门而又解除婚姻,是汤家女儿及父母做得不对。其他人都是老样子。周介夫鸣鸾放安徽庐凤道,他的女儿想许配给纪泽。常南陔大淳升安徽臬台,他的孙女想许配给纪泽。我都不太情愿。季仙九师做安徽学政后,升任吏部右侍郎。廖老师名鸿荃,去年放钦差到河南堵塞黄河决口,至今没有成功,日前被革职,赏七品顶戴,在河工效力赎罪。黄河大工程不成功,实在是国家最可忧虑的事情。如何是好!

其他的事情且容以后再说。

国藩亲笔。

三月初十日 　致祖父母书

孙国藩跪禀祖父母大人万福金安:

二月十四,孙发第二号信,不知已收到否? 孙身体平安,孙妇及曾孙男女皆好。孙去年腊月十八曾寄信到家,言"寄家银一千两,以六百为家中还债之用,以四百为馈赠亲族之用"。其分赠数目,另载寄弟信中,以明不敢自专之义也。后接家信,知兑啸山百三十千,则此银已亏空一百矣。顷闻曾受恬丁艰^①,其借银恐难遽完^②,则又亏空一百矣。所存仅八百,而家中旧债尚多。馈赠亲族之银,系孙一人愚见,不知祖父母、父亲、叔父以为可行否? 伏乞裁夺。

【注释】

①丁艰:遭逢父母丧事。旧制,父母死后,子女要守丧,三年内不做官,不婚娶,不赴宴,不应考。

②遽完:迅速归还。

【译文】

孙儿国藩跪禀祖父母大人万福金安:

二月十四日,孙儿我寄出第二封信,不知收到没有? 孙儿身体平安,您孙媳妇及您的曾孙子曾孙女都好。孙儿去年腊月十八日曾经寄信回家,说"寄给家里银子一千两,其中六百两用来还债,四百两用来赠送亲戚族人"。分送数目,另写在给弟弟的信中,表明我不敢自己专断的意思。后来接到家信,知道在啸山处兑钱百三十千,那这笔银子便少一百两了。刚刚听说曾受恬堂上有丧事,他借的银子恐怕难以迅速归还,这就又亏空一百两。所剩仅仅八百两,而家里旧债还很多。送亲戚族人的钱,是孙儿一个人的愚蠢见解,不知祖父母、父亲、叔父认为可行不可行?伏乞裁决定夺。

　　孙所以汲汲馈赠者,盖有二故:一则我家气运太盛,不可不格外小心,以为持盈保泰之道①。旧债尽清,则好处太全,恐盈极生亏。留债不清,则好中不足,亦处乐之法也。二则各亲戚家皆贫而年老者,今不略为伙助②,则他日不知何如。自孙入都后,如彭满舅曾祖、彭王姑母、欧阳岳祖母、江通十舅③,已死数人矣。再过数年,则意中所欲馈赠之人,正不保何若矣。家中之债,今虽不还,后尚可还。赠人之举,今若不为,后必悔之。此二者,孙之愚见如此。然孙少不更事,未能远谋,一切求祖、父、叔父作主,孙断不敢擅自专权。其银待欧阳小岑南归④,孙寄一大箱,衣物、银两概寄渠处,孙认一半车钱。彼时再有信回。

　　孙谨禀。

【注释】

①持盈保泰:谓处在极盛时要谦逊谨慎以保持平安。《老子》:"持而盈之,不如其已。"《国语·越语下》:"夫国家之事,有持盈,有

定倾,有节事。"韦昭注:"持,守也。盈,满也。"

②伙(cì)助:帮助。

③彭满舅曾祖:即为曾国藩祖母曾彭氏(星冈公之妻)的小舅舅。彭
　王姑母:即为曾国藩祖父星冈公的姊妹,嫁彭氏。彭徽一之母。
　欧阳岳祖母:即为曾国藩岳父欧阳凝祉的母亲。江通十舅:即为
　曾国藩母亲曾江氏的兄弟江宾盛。江宾盛(1790—1843),字永
　燕,行通十。

④欧阳小岑:即欧阳晓岑。见前注。

【译文】

　　孙儿所以急于送赠,有两个缘故:一是我家气运太盛了,不可以不格外小心,要注意持盈保泰的道理。旧账还尽,好处太全,恐怕盈到极点便转为亏损。留点儿债不还清,那虽美中不足,但也是处于乐境的办法。二是各亲戚家都是穷困而又年老的,现在不略加资助,以后真不知怎么样。自从孙儿进京后,如彭满舅曾祖、彭王姑母、欧阳岳祖母、江通十舅,已死了好几个。再过几年,那我们想要送赠的人中,还不知道能剩几个。家里的债,现在即使不还,以后还可以还。送人的事,现在不做,以后一定会后悔。这两样,是孙儿我的愚见。然而孙儿年轻不懂事,没有什么远见,一切求祖父、父亲和叔父做主,孙儿绝不敢自己专权。这笔银子等欧阳小岑回湖南,孙儿我寄一大箱,衣物和银两一概寄在他那里,孙儿我负担一半车钱。那时还会有信寄家里。

　　孙儿谨禀。

三月初十日　　致六弟、九弟书

六弟、九弟左右:

　　三月八日接到两弟二月十五所发信,信面载第二号,则

知第一号信未到。比去提塘追索①，渠云并未到京，恐尚在省未发也。以后信宜交提塘挂号，不宜交折差手，反致差错。来书言自去年五月至十二月，计共发信七八次。兄到京后，家人仅检出二次：一系五月二十二日发，一系十月十六日发，其余皆不见。远信难达，往往似此。

【注释】

①提塘：清代官名。清各省督、抚选派本省武进士及候补、修选守
　　备等，送请兵部充补，驻于京城，三年一代，称"提塘官"。掌投递
　　本省与京师各官署往来文书。

【译文】

六弟、九弟左右：

　　三月初八日收到两位弟弟二月十五日寄出的信，信面上写着第二封，可知第一封信未曾寄到。等到去提塘那边追问索要，回答说信件并未到京城，恐怕还在省内没有发出。以后信件最好送到提塘挂号，不要送到信差手里，这样反而容易导致差错。来信说自去年五月到十二月，算起来共发信七八次。为兄我到京城后，家人只翻出两次来信：一是五月二十二日所发，一是十月十六日所发，其余的都没有看见。远程的信件很难收到，往往如此。

　　腊月信有"糊涂"字样，亦情之不能禁者。盖望眼欲穿之时，疑信杂生，怨怒交至。惟骨肉之情愈挚，则望之愈殷；望之愈殷，则责之愈切。度日如年，居室如圜墙①，望好音如万金之获，闻谣言如风声鹤唳②；又加以堂上之悬思③，重以严寒之逼人。其不能不出怨言以相詈者④，情之至也。然为

兄者观此二字，则虽曲谅其情⑤，亦不能不责之。非责其情，责其字句之不检点耳。何芥蒂之有哉⑥？至于回京时有折弁南还，则兄实不知。当到家之际，门几如市⑦，诸务繁剧。吾弟可想而知。兄意谓家中接榜后所发一信，则万事可以放心矣，岂尚有悬挂者哉？来书辨论详明，兄今不复辨。盖彼此之心虽隔万里，而赤诚不啻目见，本无纤毫之疑，何必因二字而多费唇舌？以后来信，万万不必提起可也。

【注释】

①圜（yuán）墙：牢狱。《汉书·司马迁传》："今交手足，受木索，暴肌肤，受榜箠，幽于圜墙之中。"颜师古注："圜墙，狱也，《周礼》谓之圜土。"

②风声鹤唳：《晋书·谢玄传》记载，东晋时，秦主苻坚率众攻晋，列阵淝水，谢玄等率精兵击破秦军，秦军在败逃途中极度惊慌疑惧而自相惊扰。"闻风声鹤唳，皆以为王师已至"。形容非常慌张，到了自惊自扰的程度。唳，鹤叫声。

③悬思：挂念，想念。

④詈（lì）：骂。

⑤曲谅：垂谅，特加原谅。

⑥芥蒂：细小的梗塞物，比喻积在心中的怨恨、不满或不快。

⑦门几如市：门庭如同闹市，形容登门求见者甚多。

【译文】

腊月的来信里有"糊涂"字样，也是出于情不自禁。因为望眼欲穿之际，怀疑和信赖同生，怨恨和恼怒齐至。骨肉之情越是真挚，盼望的心情就越殷切；盼望的心情越殷切，责备的言辞就越尖锐。真是度日如年，居家好比坐牢，盼望好消息如同想得到黄金万两，听到谣言好比风声鹤唳;又加上堂上大人很挂念,况且还严寒逼人。之所以不能不发出怨言责骂,也是因为感情达到极点。然而,为兄我看见这两个字,虽然可以体谅这种心情,但也不能不责备你。不是责备你的情感,是责备你遣词造句不检点。这有什么必要耿耿于怀呢? 至于回京时就有信差回湖南,为兄我实不知情。我到京城家里的时候,几乎门庭若市,各种事情繁杂紧迫。我弟应可想而知。为兄我心想家里接到我在发榜后所寄的一封信,就可以万事放心了,哪里还会有许多牵挂呢? 来信辩论详细明白,为兄我现在不再辩了。因为我们彼此的心虽隔万里,但赤诚之情何异于当面看见,本没有丝毫的疑虑,何必为了这两字再多费口舌? 以后来信,万万不要再提这事了。

所寄银两,以四百为馈赠族戚之用。来书云:"非有未经审量之处,即似稍有近名之心。"此二语推勘入微①,兄不能不内省者也。又云:"所识穷乏得我而为之,抑逆知家中必不为此慷慨②,而姑为是言。"斯二语者,毋亦拟阿兄不伦乎③? 兄虽不肖④,亦何至鄙且奸至于如此之甚! 所以为此者,盖族戚中有断不可不一援手之人,而其余则牵连而及。

【注释】

①推勘:考察,推求。

②逆知:预知。

③不伦:即不伦不类,形容不成样子或不规范。

④不肖:谦辞。不才,不贤。

【译文】

我寄回家的银两,其中四百两用来赠送亲族。弟弟来信说:"若不是曾经慎重考虑,便似乎稍有好名的心理。"这两句话推测人心细致深微,为兄我不能不自我反省。信中又说:"那些穷困的人可以得到我的帮助,恐怕是预知家里一定不会如此慷慨,才姑且这样说的。"这两句,不是把为兄我看成不伦不类的人了么?为兄我虽不肖,又何至于卑鄙、奸猾到这种地步!之所以这样做,是因为亲族中有绝不能不帮助的人,其余的是牵连到一起的。

兄己亥年至外家,见大舅陶穴而居①,种菜而食,为恻然者久之②。通十舅送我,谓曰:"外甥做外官,则阿舅来作烧火夫也。"南五舅送至长沙③,握手曰:"明年送外甥妇来京。"余曰:"京城苦,舅勿来。"舅曰:"然,然吾终寻汝任所也。"言已泣下。兄念母舅皆已年高,饥寒之况可想,而十舅且死矣。及今不一援手,则大舅、五舅者,又能沾我辈之余润乎④?十舅虽死,兄意犹当恤其妻子,且从俗为之延僧,如所谓道场者⑤,以慰逝者之魂而尽吾不忍死其舅之心。我弟我弟,以为可乎?

【注释】

①大舅:即为曾国藩母亲曾江氏的大哥江明盛。江明盛(1777—1862),字永熙,行冠六。陶穴:语出《诗经·大雅·緜》:"古公亶父,陶复陶穴,未有家室。"毛传:"陶其壤而穴之。"郑玄笺:"凿地曰穴,皆如陶然。"此处形容屋子极简陋。

②恻然:哀怜貌,悲伤貌。

③南五舅:即曾国藩母亲曾江氏的兄弟江如盛。江如盛(1794?—1874),字永董,行南五。

④余润:比喻旁及的德泽、利益。

⑤道场:指和尚或道士做法事的场所。亦指所做的法事。

【译文】

为兄我己亥年到外婆家,看见大舅住处极其简陋,靠种菜为生,心里难过许久。通十舅送我时说:"外甥一旦外放做官,舅舅我去做伙夫。"南五舅送我到长沙,握着我的手说:"明年送外甥媳妇到京城。"我说:"京城太苦,舅舅不要来。"舅舅说:"好,但我还是要找到你做官的衙门的。"说完这话就哭了。为兄我挂念几位母舅岁数都很大了,饥寒的情况可以想见,而且十舅还去世了。到现在不去助他们一臂之力,那大舅、五舅又能沾我们的什么光呢? 十舅虽然过世,为兄我觉得应当抚恤他的妻子儿女,还要随风俗习惯为他请和尚,比如做道场之类的,以安慰死者的灵魂,尽我们不忍心十舅去世的心意。弟弟啊弟弟,你们觉得怎么样呢?

兰姊、蕙妹,家运皆舛①。兄好为识微之妄谈②,谓姊犹可支撑,蕙妹再过数年则不能自存活矣。同胞之爱,纵彼无觊望③,吾能不视如一家一身乎?

【注释】

①舛:不顺。

②识微:语出《易·系辞下》:"君子知微知彰,知柔知刚,万物之望。"后以"识微"指看到事务的苗头而能察知它的本质和发展趋向。

③觊(jué)望:此处指过分的希望和企图。

【译文】

兰姐和蕙妹两家都家运不顺。为兄喜欢妄谈一些将来的运势,说兰姐家还可支撑下去,而蕙妹再过几年日子恐怕过不下去。同胞姐妹,即使她们没有奢望,但我们能不把她们看作一家人吗?

　　欧阳沧溟先生夙债甚多，其家之苦况，又有非吾家可比者，故其母丧，不能稍隆厥礼。岳母送余时，亦涕泣而道。兄赠之独丰，则犹徇世俗之见也。

【译文】

　　欧阳沧溟先生旧债太多，他家的困苦情形，又有我家所不能比的，所以他母亲过世，因丧礼不能稍微办得隆重一点儿，而缺了礼数。岳母送我时，也一边哭一边跟我说这些苦情。为兄我送他的特别丰厚一些，也是跟从世俗的人情世故罢了。

　　楚善叔为债主逼迫，抢地无门①，二伯祖母尝为余泣言之。又泣告子植曰②："八儿夜来泪注地，湿围径五尺也。"而田货于我家，价既不昂，事又多磨。尝贻书于我，备陈吞声饮泣之状③。此子植所亲见，兄弟尝唏嘘久之。

【注释】

　　①抢(qiāng)地无门：比喻无处申诉、无处求援。抢地，以头触地。

　　②子植：即曾国藩九弟曾国荃。见前注。

　　③吞声饮泣：流泪入口，不敢哭出声音，形容无声地悲泣。

【译文】

　　楚善叔被债主逼债，求告无门，二伯祖母曾对我哭诉。又哭着对子植说："八儿晚上哭得眼泪掉在地上，湿了足有五尺见方。"而田卖给我家，价钱又不贵，事又费周折。又曾写信给我，详细诉说他吞声饮泣的惨况。这是子植亲眼看见的，我们兄弟曾为此叹息良久。

丹阁叔与宝田表叔昔与同砚席十年①,岂意今日云泥隔绝至此②!知其窘迫难堪之时,必有饮恨于实命之不犹者矣。丹阁戊戌年曾以钱八千贺我,贤弟谅其景况,岂易办八千者乎?以为喜极,固可感也;以为钓饵,则亦可怜也。任尊叔见我得官③,其欢喜出于至诚,亦可思也。

【注释】

①宝田表叔:不详。同砚席:同一砚台和座席,指在一起研讨诗文或学习。

②云泥:云在天而泥在地,比喻境况天差地别。

③任尊叔:即为曾任尊。曾国藩族叔,曾国藩曾祖父竟希公之孙。

【译文】

丹阁叔与宝田表叔过去与我同窗十年,哪料到如今是一个在天上一个在地下,境遇相差那么远!想必他们在窘迫难堪的时候,一定会流泪痛恨自己的命运太差。丹阁叔戊戌年曾经用八千钱祝贺我高中,贤弟估量他的光景,拿出八千钱是容易的事吗?当他这样做是因为高兴过头,固然令人感动;当他这样做是为了放长线钓大鱼,那也很可怜。任尊叔看见我得了官,发自内心地欢喜,也是难以忘却的。

竟希公一项,当甲午年抽公项三十二千为贺礼,渠两房颇不悦,祖父曰:"待藩孙得官,第一件先复竟希公项。"此语言之已熟,特各堂叔不敢反唇相稽耳。同为竟希公之嗣,而菀枯悬殊若此①,设造物者一旦移其菀于彼二房,而移其枯于我房,则无论六百,即六两亦安可得耶?

【注释】

①菀(yù)枯：或作"苑枯"。语出《国语·晋语二》："〔优施〕乃歌曰：'暇豫之吾吾，不如乌乌。人皆集于菀，已独集于枯。'里克笑曰：'何谓菀？何谓枯？'优施曰：'其母为夫人，其子为君，可不谓菀乎？其母既死，其子又有谤，可不谓枯乎？枯且有伤。'"后以"菀枯"指荣枯，亦喻指荣辱、优劣等。

【译文】

竟希公一项，当甲午年抽公项三十二千作为我的贺礼时，他们两房很不高兴，祖父说："等国藩孙儿做了官，第一件事是先还竟希公款。"这话已讲过很多次了，只是各堂叔不敢反唇相讥罢了。同是竟希公的后人，而荣枯悬殊如此，假设老天爷有一天把荣福转移到他们两房，把败落转移到我房，那不要说六百两，就是六两银子也哪能得到？

六弟、九弟之岳家，皆寡妇孤儿，槁饿无策①。我家不拯之，则孰拯之者？我家少八两，未必遂为债户逼取；渠得八两，则举室回春。贤弟试设身处地，而知其如救水火也。

【注释】

①槁饿：穷困饥饿。

【译文】

六弟和九弟的岳家，都是寡妇孤儿，穷困饥饿而束手无策。我家不救济他们，那谁来救济呢？我家少八两银子，未必就受债主逼迫；他们有了八两银子，则全家如沐春风。贤弟试着设身处地为他们着想，便知道这好比是救人于水深火热之中啊。

彭王姑待我甚厚，晚年家贫，见我辄泣。兹王姑已没，故赠宜仁王姑丈①，亦不忍以死视王姑之意也。腾七②，则姑之子，与我同孩提长养。各舅祖，则推祖母之爱而及也。彭舅曾祖③，则推祖父之爱而及也。陈本七、邓升六二先生④，则因觉庵师而牵连及之者也。

【注释】

①宜仁王姑丈：即为彭宜仁。彭徵一之父，娶曾国藩祖父星冈公之姊妹（彭王姑）为妻。

②腾七：曾国藩表兄弟，姑之子。

③彭舅曾祖：曾国藩祖父星冈公之舅。

④陈本七：不详。邓升六：湘乡人。曾国葆岳父，与曾父书亭公是多年好友。

【译文】

彭王姑对我很好，晚年她家穷了，看见我就哭。现在她老人家已经过世，所以我要赠送宜仁王姑丈，也是不忍因王姑死了不念旧情的缘故啊。赠送腾七，因为他是姑母的儿子，与我从小一起长大。赠送各舅祖，是因为将对祖母的爱推及他们；赠送彭舅曾祖，是因为将对祖父的爱推及他。赠送陈本七、邓升六两位先生，是因为觉庵老师的关系而延及他们。

其余馈赠之人，非实有不忍于心者，则皆因人而及。非敢有意讨好沽名钓誉，又安敢以己之豪爽形祖、父之刻啬，为此奸鄙之心之行也哉？

【译文】

其他要赠送的人，若非确实不忍心看他们贫困的，便是因为一些人事关系牵扯到他们。不敢做有意讨好、沽名钓誉的事,又哪里胆敢用自己的豪爽来对比、突出祖、父的吝啬,有这种奸猾卑鄙之心,做这种奸猾卑鄙的事呢?

诸弟生我十年以后,见诸戚族家皆穷,而我家尚好,以为本分如此耳,而不知其初皆与我家同盛者也。兄悉见其盛时气象,而今日零落如此,则大难为情矣。凡盛衰在气象:气象盛,则虽饥亦乐;气象衰,则虽饱亦忧。今我家方全盛之时,而贤弟以区区数百金为极少,不足比数。设以贤弟处楚善、宽五之地①,或处葛、熊二家之地②,贤弟能一日以安乎?

【注释】

①宽五:曾国藩堂弟。

②葛、熊二家:分指六弟曾国华、九弟曾国荃的岳家。曾国华娶葛氏,曾国荃娶熊氏。

【译文】

弟弟们比我晚生十年,看见亲戚家都穷,而我家还不错,以为这是本来如此,而不知道起初他们都和我家一样兴盛。为兄我见过他们家道兴盛时的气象,可是现在零落成这样,心里很不是滋味。家道的盛与衰,全看气象:气象盛,即使饥寒也快乐;气象衰,即使温饱也忧愁。现在我家正在全盛时期,而贤弟认为这几百两银子太少,不算什么。假设贤弟处在楚善、宽五的境地,或者处在葛、熊两家的境地,贤弟能过一天安心的日子么?

凡遇之丰啬顺舛,有数存焉,虽圣人不能自为主张。天可使吾今日处丰亨之境，即可使吾明日处楚善、宽五之境。君子之处顺境，兢兢焉常觉天之过厚于我，我当以所余补人之不足。君子之处啬境，亦兢兢焉常觉天之厚于我；非果厚也，以为较之尤啬者，而我固已厚矣。古人所谓境地须看不如我者，此之谓也。

【译文】

　　凡是一个人的境遇，丰盛顺遂还是艰涩多难，都有天意在，即使圣人也不能自己安排。老天爷可以让我们今天处于丰盛顺通的境遇，也可以使我们明天处于楚善、宽五的境地。君子处于顺境的时候，战战兢兢，时时觉得老天爷对自己太过宽厚了，我应该拿自己有余的去补他人的不足。君子处于逆境，也战战兢兢，时时觉得老天对我宽厚；并不是说真的有多宽厚，但比那些境况更不如的人，对我就还算宽厚了。古人常说的境遇要跟不如自己的人比，就是这个道理。

　　来书有"区区千金"四字，其毋乃不知天之已厚于我兄弟乎？兄尝观《易》之道，察盈虚消息之理，而知人不可无缺陷也。日中则昃，月盈则亏，天有孤虚①，地阙东南，未有常全而不缺者。"剥"也者②，"复"之几也，君子以为可喜也。"夬"也者，"姤"之渐也，君子以为可危也。是故既吉矣，则由吝以趋于凶；既凶矣，则由悔以趋于吉。君子但知有悔耳。悔者，所以守其缺而不敢求全也。小人则时时求全。全者既得，而吝与凶随之矣。众人常缺，而一人常全，天道屈伸之故，岂若是不公乎？

【注释】

①孤虚：古代方术用语。即计日时，以十天干顺次与十二地支相配为一旬，所余的两地支称之为"孤"，与孤相对者为"虚"。古时常用以推算吉凶祸福及事之成败。《史记·龟策列传》："日辰不全，故有孤虚。"裴骃《集解》："甲乙谓之日，子丑谓之辰。《六甲孤虚法》：甲子旬中无戌亥，戌亥即为孤，辰巳即为虚。甲戌旬中无申酉，申酉为孤，寅卯即为虚。甲申旬中无午未，午未为孤，子丑即为虚。甲午旬中无辰巳，辰巳为孤，戌亥即为虚。甲辰旬中无寅卯，寅卯为孤，申酉即为虚。甲寅旬中无子丑，子丑为孤，午未即为虚。刘歆《七略》有《风后孤虚》二十卷。"

②剥：与下文"复"、"夬"、"姤"，同为《周易》卦名。

【译文】

来信里有"区区千金"四个字，难道不知道老天爷已经是待我们兄弟过于宽厚了么？为兄我曾经研究《易》的大道，体察圆缺消长的道理，从而懂得人不可以没有缺陷。太阳走到天的正中便会向西偏，月亮圆了便会缺，天有孤虚时日，地有东南缺口，没有始终圆满而不缺的。"剥"预示了"复"的可能，君子觉得可喜。"夬"意味着"姤"的开始，君子认为暗藏危机。所以说，既然已经处于吉利了，便由艰难逐渐走向凶险；既然已经处于凶险了，则由悔又可转化为吉。君子只知道悔而已。所谓悔，是要固守有缺陷而不敢十全十美。小人则时时刻刻求全。全既然获得了，而艰难与凶险也就随之而来。众人经常处于缺的境地，而一个人独独常处于全的境地，天道能屈能伸的规律，哪能如此不公平呢？

今吾家椿萱重庆，兄弟无故，京师无比美者，亦可谓至万全者矣。故兄但求缺陷，名所居曰求阙斋。盖求缺于他事,而求全于堂上。此则区区之至愿也。家中旧债不能悉清,堂上衣服不能多办,诸弟所需不能一给,亦求缺陷之义也。内人不明此意,时时欲置办衣物,兄亦时时教之:"今幸未全备。待其全时,则吝与凶随之矣。此最可畏者也。"贤弟夫妇诉怨于房闼之间①,此是缺陷。吾弟当思所以弥其缺而不可尽给其求,盖尽给则渐几于全矣。吾弟聪明绝人,将来见道有得,必且韪余之言也②。

【注释】

①房闼(tà):闺房,卧房。

②韪(wěi):是,认可,认同。

【译文】

现在我家堂上两代老人健在,兄弟没有变故,在京城是没有人可相媲美的,也可说是万分完美了。所以为兄我只求有所缺陷,把住的房子取名叫求阙斋。是想在其他事情上有所缺陷,而求全求美于堂上老人。这是我小小的一点儿心愿。家里旧债不能全都还清,堂上大人的衣服不能多置办,弟弟们所要的东西不能全都供给,这也都是求缺的道理。我妻子不明白这个道理,时刻要添置衣物,为兄我也时刻教导她:"如今幸好没有全备。等到全备的时候,那吝与凶便随之而来。这是最可怕的。"贤弟夫妇在家里互相埋怨,这是缺陷。贤弟应当想法弥补这个缺陷,但不能满足所有的要求,因为如果全都满足便渐渐逼近求全的境地了。贤弟聪明过人,将来领悟大道理,一定会认同我这番话的。

　　至于家中欠债,则兄实有不尽知者。去年二月十六接父亲正月四日手谕,中云:"年事一切银钱敷用有余。上年所借头息钱均已完清。家中极为顺遂,故不窘迫。"父亲所言如此，兄亦不甚了了。不知所完究系何项，未完尚有何项。兄所知者，仅江孝八外祖百两、朱岚暄五十两而已^①。其余如耒阳本家之账^②，则兄由京寄还，不与家中相干。甲午冬借添梓坪钱五十千，尚不知作何还法，正拟此次禀问祖父。此外账目，兄实不知。下次信来，务望详开一单，使兄得渐次筹画。如弟所云家中欠债千余金，若兄早知之，亦断不肯以四百赠人矣。如今信去已阅三月，馈赠族戚之语，不知乡党已传播否？若已传播而实不至，则祖、父受啬吝之名，我加一信，亦难免二三其德之诮。此兄读两弟来书，所为踌躇而无策者也。兹特呈堂上一禀，依九弟之言书之，谓朱啸山、曾受恬处二百落空，非初意所料；其馈赠之项，听祖、父、叔父裁夺。或以二百为赠，每人减半亦可；或家中十分窘迫，即不赠亦可。戚族来者，家中即以此信示之，庶不悖于过则归己之义。贤弟观之，以为何如也？

【注释】

①江孝八外祖：曾国藩母亲曾江氏的叔叔，行八。朱岚暄：即为朱增华，字岚暄，亦作"岚轩"，湘乡人。

②耒阳：地名。清为衡州府下属县，即今湖南衡阳耒阳。

【译文】

至于家里欠的账，为兄我实在不完全知道。去年二月十六日接到父亲正月初四日的亲笔信，信中说："一年之内的各种事情，银钱足够开支。上年所借的头息钱都已还清。家里很顺遂，因此不窘迫。"父亲是这样说的，为兄我也不很清楚。不知道还的究竟是哪些款项，没有还的又是哪些款项。为兄我所知道的，只有江孝八外祖一百两、朱岚暄五十两而已。其余的比如来阳本家的账,由为兄我从京城寄还,和家里不相干。甲午年冬天借的添梓坪钱五十千,还不知道是怎样的还法,正准备这次写信请示祖父。此外的账目,为兄我实在不清楚。下次来信,务请开列一个详细的单子,让为兄我可以逐渐筹划还钱。像弟弟所说那样家里欠债一千多两,如果为兄我早知内情,也绝不肯拿四百两出来送人。现在信寄回去已经有三个月了,赠送亲族的话,不知道已经在乡间传播出去没有?如果已经传播出去而实际又没有做到,那祖、父便要背吝啬的恶名,我加一封信,也难免被人指责是二三其德。这是为兄读完两位弟弟的来信后,感到很犹豫、不知道怎么办的地方。现在特地呈堂上大人一封信,依九弟的意思写,就说朱啸山、曾受恬两处的二百两银子落空,非始料所及;赠送亲族银钱数目多少,听凭祖父、父亲、叔父裁决定夺。或者拿二百两出来作为赠金,每个人家减半也可以;或者家里过于窘迫,不送亲族银钱也可以。亲族有人上门,家里就把这封信拿给他们看,这样或许可以不违背有过错揽到自己头上的古训。贤弟你们看,这样如何呢?

若祖、父、叔父以前信为是,慨然赠之,则此禀不必付归,兄另有安信付去,恐堂上慷慨持赠,反因接吾书而尼沮。凡仁心之发,必一鼓作气,尽吾力之所能为。稍有转念,则疑心生,私心亦生。疑心生,则计较多而出纳吝矣;私心生,则好恶偏而轻重乖矣。使家中慷慨乐与,则慎无以吾书生堂上之转念也。使堂上无转念,则此举也,阿兄发之,堂上成之,无论其为是为非,诸弟置之不论可耳。向使去年得云贵、广西等省苦差,并无一钱寄家,家中亦不能责我也。

【译文】

如果祖父、父亲和叔父认为我上封信说得对，很慷慨地赠送亲族，那这封信不必寄回，为兄我另外有信寄去，怕堂上大人本要慷慨赠钱，反而因为接了我的这封信而打消念头。凡是行仁义的念头一产生，一定要一鼓作气，尽我的力量去做。稍微有点儿转念，那疑心就会产生，私心杂念也跟着产生。一有疑心，计较就多了，钱财出手就会很吝啬；一有私心，那好与坏就会发生偏差，轻与重也将失去标准了。假使家里慷慨乐施，那请千万不要因为我的信而使堂上大人转变念头。让堂上大人不转变赠亲族钱财的念头，那这个举措，便是由为兄我发起，由堂上大人最终成全，不管是对是错，弟弟们可以放在一边不去管它。假使去年我得的是云贵、广西等省的苦差，并没有一分钱寄回家，家里也是不能责怪我的。

九弟来书，楷法佳妙，余爱之不忍释手。起笔、收笔皆藏锋，无一笔撒手乱丢，所谓有往皆复也。想与陈季牧讲究，彼此各有心得。可喜可喜！然吾所教尔者，尚有二事焉：一曰换笔。古人每笔中间必有一换，如绳索然，第一股在上；一换，则第二股在上；再换，则第三股在上也。笔尖之着纸者仅少许耳。此少许者，吾当作四方铁笔用，起处东方在左、西方向右，一换，则东方向右矣。笔尖无所谓方也，我心中常觉其方。一换而东，再换而北，三换而西，则笔尖四面有锋，不仅一面相向矣。二曰结字有法。结字之法无穷，但求胸有成竹耳。

【译文】

九弟来信，楷体字写得真好，我看了爱不释手。起笔、收笔都能藏锋,没有一笔撒手乱丢,真所谓有往皆有复。想必是与陈季牧一起探讨交流,彼此各有心得。真让人高兴!但是我教你写字方面的,还有两件事:一是换笔。古人每笔中间必定会换,好比绳索,本来第一股在上;换一次,第二股就在上了;再换一次,第三股又在上了。笔尖和纸接触的只有一小点儿地方。这一小点儿地方,我把它当作四方铁笔去用,起笔的时候,东方在左、西方向右,一换笔,东方就向右了。笔尖是无所谓方位的,我心中常常觉得它有方位。一换笔向东,再换笔向北,三换笔向西,那笔尖就四面有锋,不仅仅是一面相向了。二是字的间架结构有方法。字的间架结构的方法无穷无尽,只求胸有成竹便好。

六弟之信,文笔拗而劲;九弟文笔婉而达,将来皆必有成。但目下不知各看何书? 万不可徒看考墨卷①,汩没性灵②。每日习字不必多,作百字可耳。读背诵之书不必多,十叶可耳。看涉猎之书不必多,亦十叶可耳。但一部未完,不可换他部。此万万不易之道。阿兄数千里外教尔,仅此一语耳。

【注释】

①墨卷:指八股范文。宋以来,称取中士人的文章为"程文"。清代刻录程文,试官往往按题自作一篇,亦称"程文";为区别起见,而把刻录的取中试卷(士子所作)改称"墨卷"。清顾炎武《日知录·程文》:"至本朝,先亦用士子程文刻录,后多主司所作,遂又分士子所作之文,别谓之墨卷。"

②汩(gǔ)没:埋没,湮灭。

【译文】

六弟的信,文笔拗倔而刚劲;九弟的文笔委婉而通达,将来都一定能有成就。但眼下不知道两位弟弟各在读什么书？万万不能只看那些考试样卷，埋没了自己的性灵。每天写字不一定要很多，写一百个字就可以了。读背诵之书也不必贪多，十页就可以了。泛泛翻阅也不必求多，十页就够了。但是一部书没有读完，不可以换其他。这是万万不能改变的道理。为兄我在几千里之外教你的，只有这一句话而已。

罗罗山兄读书明大义，极所钦仰，惜不能会面畅谈。余近来读书无所得，酬应之繁，日不暇给，实实可厌。惟古文、各体诗，自觉有进境，将来此事当有成就；恨当世无韩愈、王安石一流人与我相质证耳。贤弟亦宜趁此时学为诗、古文，无论是否，且试拈笔为之。及今不作，将来年长，愈怕丑而不为矣。每月六课，不必其定作时文也。古文、诗、赋、四六①，无所不作，行之有常，将来百川分流，同归于海。则通一艺即通众艺，通于艺即通于道，初不分而二之也。

【注释】

①四六：文体名。骈文的一体。因为以四字、六字为对偶，故名。

【译文】

罗罗山兄读书能探求大义，我十分钦佩敬仰他，可惜不能见面畅谈。我近来读书没有什么收获，各种应酬，一天到晚忙不过来，实在讨厌。只是古文及各体诗，自己觉得有进步，将来这方面应当有些成就；遗憾的是当今之世遇不到韩愈、王安石一流人，可以相互质疑求证。贤弟也应趁现在学习作诗和写古文，无论写得好不好，姑且提笔去写。现在不写，将来年纪大了，越怕丑越不写了。每月六课，不一定都要练习时文。古文、诗、赋、四六，没有一样不写，长期坚持，将来定能百川分流，同归于海。那便是精通一门技艺就能通各种技艺，精通技艺便能精通大道,这本就不是要截然分成不同门类的。

　　此论虽太高,然不能不为诸弟言之。使知大本大原,则心有定向,而不至于摇摇无着。虽当其应试之时,全无得失之见乱其意中;即其用力举业之时,亦于正业不相妨碍。诸弟试静心领略,亦可徐徐会悟也。

【译文】

　　这个见解虽然太高深,却不能不对弟弟们说。假使弟弟们知道什么是大根本、大原则,便能心里有底、有方向,不至于摇摆不定。即便是正当考试的时候,完全没有患得患失的心态来扰乱本心;即便是在用力科举考试的时候,也与正业不相妨碍。弟弟们试着平心静气地来领略,也可慢慢领悟。

　　外附录《五箴》一首、《养身要言》一纸、《求缺斋课程》一纸。诗文不暇录,惟谅之。
　　兄国藩手草。

【译文】

　　附录《五箴》一首、《养身要言》一张、《求缺斋课程》一张。诗文没有时间抄录,请原谅。
　　兄国藩亲笔。

附录

　　五箴　　并序,甲辰春作[1]

少不自立，茌苒遂泊今兹。盖古人学成之年，而吾碌碌尚如斯也，不其戚矣！继是以往，人事日纷，德慧日损，下流之赴，抑又可知。夫疢疾所以益智②，逸豫所以亡身③。仆以中材而履安顺，将欲刻苦而自振拔，谅哉其难之与！作《五箴》以自创云④。

【注释】

①甲辰：即道光二十四年(1844)。

②疢(chèn)疾：忧患，灾患。《孟子·尽心上》："人之有德慧术知者，恒存乎疢疾。"朱子注："疢疾，犹灾患也。言人必有疢疾，则能动心忍性，增益其所不能也。"

③逸豫：安乐。

④自创：自警，自我鞭策。

【译文】

五箴　并序，甲辰春作

年少时不求自立，任光阴流逝，直到而今。在古人已经学有所成的年纪，我却仍是这样碌碌无为，太让人伤感了！从此以后，要忙的俗事越来越多，德行和智慧却一天天减少，渐趋下流，这是可预知的。忧患能让人增长智慧，安逸能让人丧亡。我只有中等天赋，处境又平安顺利，想要痛下苦功奋发向上，这有多困难，可以想见。因此写这《五箴》以警示鞭策自己。

立志箴

煌煌先哲，彼不犹人。藐焉小子，亦父母之身。聪明福禄，予我者厚哉！弃天而佚，是及凶灾。积悔累千，其终也已。往者不可追，请从今始。荷道以躬，舆之以言①。一息尚活，永矢弗谖^②。

【注释】

①舆：车。此处活用为动词，承载、发扬意。

②永矢弗谖(xuān)：语出《诗经·卫风·考盘》："独寐寤言，永矢弗谖。"决心永远牢记着。

【译文】

立志箴

光辉伟大的先哲们，他们不也和我一样是普通人么。我虽然藐小，但也和先哲一样是父母所生。耳聪目明，享有福禄，老天赐予我的已经太丰厚！违背天道，贪图安逸，必然招来凶灾。积累的悔恨上千，该是终止的时候了。已经逝去的岁月无法挽回，那就从今天开始做个新人吧。亲身承担道义，并用语言加以发扬。只要一息尚存，就牢记誓言，永不违背。

居敬箴

天地定位，二五胚胎^①。鼎焉作配，实曰三才^②。俨恪斋明，以凝女命^③。女之不庄，伐生戕性。谁人可慢^④？何事可弛^⑤？弛事者无成，慢人者反尔。纵彼不反，亦长吾骄。人则下女，天罚昭昭。

【注释】

①二五胚胎：指阴阳五行为万物之始。二，指阴、阳二气。五，指金、木、水、火、土五行。

②三才：天、地、人谓之"三才"。

③女：通"汝"，你。

④慢：怠慢。

⑤弛：松弛，懈怠，漫不经心。

【译文】

居敬箴

天地既定，阴阳二气与金木水火土五行化生万物。天地人鼎足而配，称为三才。肃穆庄严，最终诞生了你这生命。你若内心不端庄，便会残害与生俱来的天性。哪个人可以轻易怠慢？哪一件事可以随意懈怠？做事懈怠的人终将一事无成，怠慢他人也会被他人怠慢。即使他们不像我怠慢他们一样怠慢我，也会助长我的骄傲。人们最终会看不起你，老天对你的惩罚绝不含糊。

主静箴

斋宿日观①，天鸡一鸣。万籁俱息，但闻钟声。后有毒蛇，前有猛虎。神定不慑，谁敢余侮？岂伊避人，日对三军。我虑则一，彼纷不纷。驰骛半生，曾不自主。今其老矣，殆扰扰以终古。

【注释】

①日观：泰山峰名。为著名的观日出之处。北魏郦道元《水经注·汶水》引汉应劭《汉官仪》："泰山东南山顶名曰日观。日观者，鸡一鸣时，见日始欲出，长三丈许，故以名焉。"

【译文】

主静箴

静心住在日观，听见天鸡鸣叫。万籁俱寂，只听得见晨钟的声音。后面有毒蛇，前头有猛虎。但只要我气定神闲，谁又敢欺侮我？哪里要避开众人，每天都面对三军。我的内心精诚专一，不因他们的纷扰而动摇。心猿意马了大半辈子，从不曾做过自己内心的主人。现在年纪大了，只怕要纷乱浮躁地度过一生。

谨言箴

巧语悦人，自扰其身。闲言送日^①，亦搅女神。解人不夸，夸者不解。道听途说，智笑愚骇。骇者终明，谓女实欺。笑者鄙女，虽矢犹疑。尤悔既丛，铭以自攻。铭而复蹈，嗟女既耄。

【注释】

①送日：度日，打发时日。

【译文】

谨言箴

用花言巧语取悦别人，最终只会干扰自身。整天闲言碎语，也会搅乱你的心神。懂的人绝不夸夸其谈，夸夸其谈的人绝不真懂。那些道听途说的东西，只会让智者发笑、愚者惊骇。那些惊骇的人最终会弄清原委，会认为你其实是在欺骗。那些笑话你的人会鄙视你，即便你发誓也会怀疑你。过错与悔恨交集丛生，铭记在心以求自我改正。铭记在心却仍然重蹈覆辙，可叹你已白发苍苍一事无成。

有恒箴

自吾识字，百历洎兹。二十有八载，则无一知。曩之所忻^①，阅时而鄙。故者既抛，新者旋徙。德业之不常，曰为物牵。尔之再食^②，曾未闻或愆。黍黍之增，久乃盈斗。天君司命，敢告马走^③。

【注释】

①忻(xīn)：心喜。

②再食：指每日两餐。

③马走：语出《文选·司马迁〈报任少卿〉》："太史公牛马走，司马迁再拜言。"即"牛马走"。自谦之辞。

【译文】

有恒箴

自从我识字以来，经历许多直到而今。二十八年，可怜没有一点儿真知。从前欣赏的东西，过了一段时间后又都很鄙夷。以前的东西既已抛弃，新学的东西很快丢掉。德行和学业不能持久，借口是因为被外物所左右。你日食两餐，没听说过什么时候会错过。（怎么进德修业之事就忘了呢？）一粒黍一粒黍地积累，时间久了就能装满一斗。主管命运的老天爷啊，我今天就向您禀告（以明决心）。

养身要言　癸卯入蜀道中作①

一阳初动处，万物始生时。不藏怒焉，不宿怨焉②。右仁，所以养肝也。

【注释】

①癸卯：即道光二十三年(1843)。

②不藏怒焉，不宿怨焉：语出《孟子·万章上》："仁人之于弟也，不藏怒焉，不宿怨焉，亲爱之而已矣。"朱注："藏怒，谓藏匿其怒。宿怨，谓留蓄其怨。"指不怀恨在心。

【译文】

养身要言　癸卯入蜀道中作

阳气萌动之初，万物生长之始。不怀恨于心，不长久怨恨。右仁，所以养肝。

内而整齐思虑，外而敬慎威仪。泰而不骄，威而不猛。右礼，所以养心也。

【译文】

内心坚定安静，外表恭敬谨慎具备威仪。安泰而不骄傲，威严而不严厉。右礼，所以养心。

饮食有节，起居有常。作事有恒，容止有定。右信，所以养脾也。

【译文】

饮食有节制，起居有规律。做事有恒心，仪容举止合乎规矩。右信，所以养脾。

扩然而大公，物来而顺应。裁之吾心而安，揆之天理而顺①。右义，所以养肺也。

【注释】

①揆(kuí)：衡量。

【译文】

心胸宽阔而大公无私，遇到什么都能适应。扪心自问则心安，用天理衡量而理顺。右义，所以养肺。

心欲其定，气欲其定，神欲其定，体欲其定。右智，所以养肾也。

【译文】

心要安定，气要安定，神要安定，身体也要安定。右智，所以养肾。

《求阙斋课程》 癸卯孟夏立

读熟读书十叶。看应看书十叶。习字一百。数息百八。记《过隙影》即日记。记《茶余偶谈》一则。右每日课。

【译文】

《求阙斋课程》 癸卯孟夏立

读熟读的书十页。看应看的书十页。习字一百个。默数呼吸一百零八下。记《过隙影》即日记。记《茶余偶谈》一则。右每日课。

逢三日写回信。逢八日作诗、古文一艺。右月课。

【译文】

逢三日写回信。逢八日作诗、古文一艺。右月课。

熟读书：《易经》、《诗经》、《史记》、《明史》、屈子、《庄子》、杜诗、韩文①。

【注释】

①《诗经》：我国最早的诗歌总集。收录从西周初年到春秋中期诗

歌三〇五首，分"风"、"雅"、"颂"三部分。《明史》："二十四史"最后一部。纪传体断代史，记载了从朱元璋洪武元年（1368）到朱由检崇祯十七年（1644）两百多年的历史。屈子：此指屈原的作品。屈原，名平，字原，战国时期楚国人。诗人、政治家，著有《离骚》、《九歌》、《天问》等。《庄子》：道家经典。分"内篇"、"外篇"、"杂篇"三部分，反应了庄子的相对主义和神秘主义哲学思想和人生观。杜诗：指杜甫的诗歌作品。韩文：指韩愈的散文作品。

【译文】

熟读书：《易经》、《诗经》、《史记》、《明史》、屈子、《庄子》、杜诗、韩文。

应看书：不具载。

【译文】

应看书：不一一罗列。

四月二十二日　致四位老弟书

四位老弟左右：

前黄仙垣归，托带四川闹墨四十部，共二包，无家信。顷欧阳小岑归，托带大皮箱一口，内银五百十两、衣服一单，单存箱内。又长包一个，内袍褂料及毡子诸物，亦有单存包内，有家信数行。外又有寄霞仙信一件、书一包，共十套。不知仙垣、小岑二君到时，诸弟尚在省城否。

【译文】

四位老弟左右：

之前黄仙垣回湖南，托他带四川闱墨四十部，共两包，没有家信。不久前欧阳小岑回湖南，托他带大皮箱一口，内银五百十两、衣服一单，单存箱内。另外有长包一个，里头放袍褂料及毡子等东西，也有清单存放包内，有几行字的家信。此外又有寄给霞仙的信一件、书一包，共十套。不知道仙垣、小岑二君到的时候，弟弟们还在不在省城。

兹安化梁蓂庄同年献廷南还[1]，又托带四川闱墨四十部，共一包。有一包系油纸封的，内装钉闱墨廿部、彭王姑墓志铭一幅、内业误叶，栗误慄。龙翰臣写散馆卷三开、自写白折一本。试笔写的，故大小不匀。又布包鹿胶一包重三斤。又乡试录《题名录》共一包。照收。并附大挑单一纸[2]。

【注释】

①安化：县名。清属长沙府，即今湖南益阳安化。梁蓂庄：即为梁献廷，字蓂庄，辈名治达，湖南安化人。道光十四年（1834）举人，授澧州安福县教谕。与曾国藩友善，后于四川金沙与太平军石达开部交战战死。诰赠资政大夫。

②大挑：清乾隆以后定制，三科以上会试不中的举人，挑取其中一等的以知县用，二等的以教职用。六年举行一次，意在使举人出身的有较宽的出路。

【译文】

现安化籍梁蓂庄同年献廷回湖南，又托他带四川闱墨四十部，共一包。有一包是用油纸封的，里头有装订的闱墨二十部、彭王姑墓志铭一幅、里头业字误写成叶，栗字误写成慄了。龙翰臣写散馆卷三开、我自己写的白折一本。因为是试笔写的,所以字的大小不太匀称。还用布包鹿胶一包重三斤。又有乡试录《题名录》共一包。请照单接收。并附有大挑名单一张。

其进士《题名录》及《散馆录》,随后交折差带回。统俟后信详述。

兄国藩手草。

【译文】

进士《题名录》及《散馆录》,随后交信差带回。一并等下封信中详细叙述。

兄国藩亲笔。

五月十二日　致父母书

男国藩跪禀父母亲大人万福金安:

五月十一接到四月十三自省城所发信,具悉一切。

【译文】

儿国藩跪禀父母亲大人万福金安:

五月十一日接到四月十三日从省城所发出的家信,一切情况都已知道。

母亲齿痛,不知比从前略松否? 现服何药? 下次望四弟寄方来看。叔父之病至今未愈,想甚沉重。望将药方病症书明，寄京。刘东屏医道甚精①，然高云亭犹嫌其过于胆大②，不知近日精进何如？务宜慎之又慎！

【注释】

①刘东屏：即为刘冠群，号东屏，湖南湘乡人。与曾国藩之父为世交。精医术。屈身讼庭：自涉官司。

②高云亭：湘乡人。医师。余不详。

【译文】

母亲牙痛，不知道病情比从前稍轻些没有？现在服用什么药？下次希望四弟寄药方给我看。叔父的病到现在都没有好，想必很重。希望将药方病症写清楚，寄到京城。刘东屏医学很精通，但是高云亭还是嫌他过于胆大，不知道近来有什么进步没有？务必要慎重再慎重！

王率五荒唐如此，何以善其后？若使到京，男当严以束之，婉以劝之。明年会试后，偕公车南归，自然安置妥当，家中尽可放心。特恐其不到京耳。

【译文】

王率五荒唐成这样，如何妥善处理后来的事？若使他到京城，儿子我会严格约束他，并委婉地加以劝说。明年会试以后，和应试的举子一起回湖南，我自然会安置妥当，家中尽可放心。只怕他不到京城来。

本家受恬之银，男当写信去催。江西抚台系男戊戌座师①，男可写信提及，亦不能言调剂之说②。

【注释】

①戊戌座师:即吴文镕。见前注。吴文镕时任江西巡抚。曾国藩
　　是戊戌科进士,吴文镕是戊戌科总裁。

②调剂:调济,照顾。《二十年目睹之怪现状》第十四回:"我这大关
　　的差事,明明是藩台有了交情,他有心调剂我的。"

【译文】

　　本家受恬借的银子,儿子我会写信去催。江西抚台是儿子我的戊
戌座师,儿子可写信提及,但也不便说及格外照顾之意。

　　常南陔之世兄,闻其宦家习气太重。孙男孙女尚幼,不
必急于联婚。且男之意,儿女联姻,但求勤俭孝友之家,不
愿与宦家结契联婚①,不使子弟长奢惰之习。不知大人意见
何如?望即日将常家女庚退去②,托阳九婉言以谢③。渠托
买高丽参,因亲事不成,亦不便买。

【注释】

①结契:本指结交相得,此处指结亲。

②女庚:指女方的年庚帖子。旧时谈婚论嫁,男女双方通过媒人互
　　换庚帖。

③阳九:不详。

【译文】

　　常南陔家的公子,听说他官宦人家的习气太重。您孙子孙女年纪
还小,不必急着结亲许配。况且儿子我的心意,儿女联姻,只求对方是
勤劳简朴孝顺友爱人家,不愿意和官宦人家结亲联婚,不想让子弟养成
奢侈懒惰的恶习。不知大人意见如何?希望立即将常家女娃的庚帖退
还回去,托阳九委婉地推辞谢绝。他托我代买高丽参,因为亲事没有

成，也不便代他买。

本家道三兄弟托荐馆①，男当代为留心。然分发湖南者，即使在京答应，未必到省果去找他，此亦不可靠者也。常南陔处，即由男写信回复。

【注释】

①道三：曾国藩本家兄弟。余不详。荐馆：推荐找学馆教书。

【译文】

本家道三兄弟托我推荐学馆教书，儿子我自会代他留心。但是分发湖南做官的，即使在京城答应了，未必到省就一定会去找他，这也不是很靠得住。常南陔那边，就由儿子我写信回复。

前男送各戚族家银两，不知祖父、父亲、叔父之意云何①？男之浅见，不送，则家家不送；要送，则家家全送。要减，则每家减去一半；不减，则家家不减。不然，口惠而实不至②，亲族之间嫌怨丛生③，将来衅生不测④，反成仇雠。伏乞堂上审慎施行。百叩百叩！

男谨禀。

【注释】

①云何：如何，怎样。

②口惠：嘴上说得好听，空口许人好处。

③丛生：本指草木茂盛，喻指多种情况同时发生。

④衅：指感情上出现的裂痕、争端。不测：意想不到。

【译文】

此前儿子送各戚族家银两，不知祖父、父亲、叔父的意思如何？儿子我的肤浅意见是，不送的话，就家家都不要送；送的话，就家家全都送。要减的话，就每家减去一半；不减的话，就家家都不要减。不然的话，空口许人好处而实际却没有做到，亲族之间难免生出各种憎恨和抱怨，将来引起意想不到的争端，反而成了冤家仇人。恳请堂上大人谨慎处理。百叩百叩！

儿谨禀。

五月十二日　致四位老弟书

四位老弟足下：

自三月十三日发信后，至今未寄一信。余于三月廿四日移寓前门内西边碾儿胡同，与城外消息不通。四月间到折差一次，余竟不知。迨既知，而折差已去矣。惟四月十九欧阳小岑南归，余寄衣箱银物并信一件。四月廿四梁萝庄南归，余寄书卷零物并信一件。两信皆仅数语，至今想尚未到。四月十三黄仙垣南归，余寄闱墨并无书信，想亦未到。兹将三次所寄各物另开清单付回，待三人到时，家中照单查收可也。

【译文】

四位老弟足下：

自三月十三日发信之后，至今未寄一信。我于三月二十四日移居到前门内西边碾儿胡同，与城外不通音信。四月间信差来过一次，我竟然不知道。等到知道，信差已经走了。只有四月十九日，欧阳小岑回南边，我托他带衣箱银物和信一封。四月二十四日梁菉庄回南边，我托他带书卷杂物和信一封。两封信都只有几句话，至今想必还没有寄到。四月十三日黄仙垣回南边，我托他带闱墨，并没有寄信，想必也还没有到。现在将三次所寄各种东西另开一份清单付回，等他们三人到时，家里照单查收即可。

内城现住房共廿八间，每月房租京钱叁拾串，极为宽敞。冯树堂、郭筠仙所住房屋皆清洁。甲三于三月廿四日上学，天分不高不低，现已读四十天，读至"自修齐至平治"矣①。因其年太小，故不加严。已读者，字皆能认。两女皆平安。陈岱云之子在余家亦甚好。内人身子如常，现又有喜，大约九月可生。

【注释】

①修齐、平治：《大学》纲目之名。即修身、齐家、治国、平天下。

【译文】

内城的现住房一共二十八间，每月房租京钱三十串，极宽敞。冯树堂、郭筠仙所住房屋都很清洁。甲三在三月二十四日上学，天分不高不低，现在已读了四十天，读到"自修齐至平治"了。因他年龄太小，所以管得不严。已读的字，他都认得。两个女儿都平安。陈岱云的儿子在我家也很好。我妻子身体如常，现在又有身孕，大约九月间可以生产。

余体气较去年略好，近因应酬太繁，天气渐热，又有耳鸣之病。今年应酬较往年更增数倍。第一，为人写对联条幅，合四川、湖南两省求书者几日不暇给。第二，公车来借钱者甚多，无论有借无借，多借少借，皆须婉言款待。第三，则请酒拜客及会馆公事。第四，则接见门生。颇费精神。又加以散馆，殿试则代人料理，考差则自己料理。诸事冗杂，遂无暇读书矣。

【译文】

　　我身体气色比去年略好一些，近来因为应酬太忙，天气渐渐热起来，又发了耳鸣的病。今年的应酬比往年又多了好些倍。第一，是为别人写对联和条幅，四川、湖南两省来求字的人太多，合在一起，简直日不暇给。第二，入京应试之人来借钱的很多，不管有钱借还是没钱借，多借些还是少借些，都要以委婉的言辞接待。第三，是宴请和拜会客人，以及忙会馆的公事。第四，是接见门生。真是很费精神。又加上赶上散馆，殿试是代人料理，考差则是自己忙碌。各种事情千头万绪，便没时间读书了。

　　三月廿八大挑甲午科，共挑知县四人、教官十九人。其全单已于梁菉庄所带信内寄回。四月初八日发会试榜，湖南中七人，四川中八人，去年门生中二人。另有《题名录》附寄。十二日新进士复试，十四发，一等廿一名，另有单附寄。十六日考差，余在场，二文一诗，皆妥当无弊病，写亦无错落。兹将诗稿寄回。十八日散馆，一等十九名。本家心斋取一等十二名，陈启迈取二等第三名①，二人俱留馆。徐棻因诗内"皴"字误写"皱"字②，改作知县，良可惜也。廿二日散馆者引见，廿六、七两日考差者引见，廿八日新进士朝考，三十日发，全单附回。廿一日新进士殿试，廿四日点状元，全榜附回。五月初四、五两日新进士引见。初一日放云贵试差,初二日钦派大教习二人③,初六日奏派小教习六人,余亦与焉。

【注释】

①陈启迈(1796—1862):字子皋,号竹伯,湖南武陵人。道光二十一年(1841)进士,历任江西左江道、江西按察使、直隶布政使、江宁布政使。咸丰四年(1854)任江西巡抚,因筹办军饷之事与曾国藩不和,次年被革职。

②徐棻:字芸渠,湖南长沙人。道光二十一年(1841)进士。掌教城南书院、岳麓书院凡二十五年,四方学子云从影附。藏书数十万卷,能诗文,工书法。

③教习:学官名。掌课试之事。明代选进士入翰林院学习,称"庶吉士",命学士一人(后改为礼、吏两部侍郎二人)任教,称为"教习"。清代沿用此制,翰林院设庶常馆,由满、汉大臣各一人任教习,选侍讲、侍读以下官任小教习。

【译文】

三月二十八日,对甲午科不中的举人进行大选,共挑选出知县四人、教官十九人。其所有名单已在梁萚庄所带的信中寄回。四月初八日发布会试榜,湖南中七人,四川中八人,我去年的门生中两人。另外有《题名录》附寄回家。十二日新进士复试,十四日发布,一等共二十一名,另有名单附信寄回。十六日考差,我在场应考,两篇文章一首诗,都很妥当没有毛病,书写也没有错乱。现将诗稿寄回。十八日在翰林院学习的庶吉士结业考试,一等共十九名。本家心斋取一等十二名,陈启迈取二等第三名,二人一起留馆任职。徐棻因诗内"皴"字误写成"皱"字,改作知县,十分可惜。二十二日皇上接见在翰林院学习期满的人;

二十六、七两日接见考差的人,二十八日新进士朝考,三十日发布,全部名单附信寄回家里。二十一日新进士殿试,二十四日点状元,中榜的全部名单附信寄回家里。五月初四、初五两日皇上接见新进士。初一日任命赴云贵负责乡试的考官,初二日钦派大教习两人,初六日奏派小教习六人,我也名列其中。

　　初十日奉上谕:翰林侍读以下,詹事府洗马以下①,自十六日起每日召见二员。余名次第六,大约十八日可以召见。从前无逐日分见翰詹之例,自道光十五年始一举行②,足征圣上勤政求才之意。十八年亦如之,今年又如之。此次召见,则今年放差大半,奏对称旨者居其半,诗文高取者居其半也。

【注释】

①洗(xiǎn)马:官名。本作"先马"。汉沿秦置,为东宫官属,职如谒者,太子出则为前导。晋时改掌图籍。隋改司经局洗马。至清末废。

②道光十五年:即 1835 年。

【译文】

初十日奉上谕:翰林侍读以下,詹事府洗马以下,自十六日起,每日召见两名。我排在第六,大约十八日可以被皇上召见。从前没有逐日分别召见翰林院、詹事府官员的成例,自道光十五年才开始第一次举行,足以证明圣上勤政求才的心意。十八年也这样,今年又如此。这次召见,则是今年派出去做官差的占一大半,其中奏对合圣上心意的占一半,诗文获好评的占一半。

五月十一日接到四月十三家信，内四弟、六弟各文二首，九弟、季弟各文一首。四弟东皋课文甚洁净①，诗亦稳妥。"则何以哉"一篇亦清顺有法，第词句多不圆足，笔亦平沓不超脱。平沓最为文家所忌，宜力求痛改此病。六弟笔气爽利，近亦渐就范围。然词意平庸，无才气峥嵘之处，非吾意中之温甫也。如六弟之天姿不凡，此时作文，当求议论纵横，才气奔放，作为如火如荼之文，将来庶有成就。不然一挑半剔，意浅调卑，即使获售，亦当自惭其文之浅薄不堪。若其不售，则又两失之矣。今年从罗罗山游，不知罗山意见如何？吾谓六弟今年入泮固妙，万一不入，则当尽弃前功，一志从事于先辈大家之文。年过二十，不为少矣。若再扶墙摩壁，役役于考卷截搭小题之中②，将来时过而业仍不精，必有悔恨于失计者，不可不早图也。余当日实见不到此，幸而早得科名，未受其害。向使至今未尝入泮，则数十年从事于吊渡映带之间，仍然一无所得，岂不腼颜也哉！此中误人终身多矣。温甫以世家之子弟，负过人之姿质，即使终不入泮，尚不至于饥饿，奈何亦以考卷误终身也？九弟要余改文详批，余实不善改小考文③，当请曹西垣代改，下次折弁付回。季弟文气清爽异常，喜出望外，意亦层出不穷。以后务求才情横溢，气势充畅，切不可挑剔敷衍，安于庸陋。勉之勉之！初基不可不大也。书法亦有褚字笔意，尤为可喜。总之，吾所望于诸弟者，不在科名之有无，第一则孝弟为瑞，其次则文章不朽。诸弟若果能自立，当务其大者远者，毋徒汲汲于进学也。

【注释】

①东皋：水边向阳高地。泛指田园。代指归隐。晋陶渊明《归去来兮辞》："登东皋以舒啸。"

②役役：奔走钻营貌。小题：明、清科举考试时以"四书"文句命题为小题。

③小考：旧时童生应县试、生员应学政府考的俗称。

【译文】

五月十一日接到四月十三日寄的家信，其中有四弟和六弟的文章各两篇，九弟和季弟的文章各一篇。四弟的东皋课文写得很干净，诗也下笔稳妥。"则何以战"一篇也清通流畅，有法度，只是词句多不够圆足，行文也嫌平软拖沓，不够超脱。行文平软拖沓是写文章的人最忌讳的，应当努力改掉这个毛病。六弟行文，下笔文气爽利，近来也渐渐能守规矩。但是词意平庸，没有一处能让人看到才气峥嵘，不是我想象中的那个温甫。像六弟这样有非同寻常的天姿，这个年纪写文章，应当讲求纵横议论，才气奔放，写如火如荼的文章，这样将来才会有所成就。不然的话，在细枝末节上发表点儿小见解，立意浅俗，格调卑下，就算得志，能中科名，也当因文章浅薄不堪入目而自觉形秽。万一不得志，不能中科名，那可就是两方面都有很大的损失了。六弟今年跟罗罗山读书，不知罗山是什么意见？依我看，六弟今年若能入学，自然很好，万一不能入学，就应当放弃前一段日子的努力，全心全意地学习前辈大家的文章。年过二十，不算年轻了。如果如同黑暗中扶着墙摸着壁似的一点点儿地探索，还忙于应对科举考试那种剪刀糨糊式的考题，等将来青春年华过去了，而学业仍然不够精良，一定会有悔恨自己失策的一天，不可以不早些考虑啊。我当年也确实没有看到这点，幸亏早早地得了科名，没有被它祸害。假使我到今天还没有入学，几十年的光阴都浪费在考虑应考作文那点儿过渡照应的小伎俩上，对文章的大道仍然一无所知，那岂不是很汗颜吗？科举考试误人终身的太多太多。温甫你以世家子弟的出身，又有过人的天资，就算不能入学，还不至于没饭吃，如何可以在考卷上头贻误终身呢？九弟要我帮助修改文章并详细批注，我实在不擅长改小考文章，当请曹西垣代改，下次由信差付回。季弟文气清爽异常，真是喜出望外，文思也层出不穷。以后务必讲求才情横溢，气势充沛畅达，万万不可挑剔敷衍，安于平庸鄙陋。加油啊！初始的根基不可不大。书法也有褚遂良的笔意，尤其可喜。总之，我所希望于弟弟们的，不在科名的有无，第一是以孝、悌为宝，其次便是文章不朽。弟弟们如果真能立志，应当致力于讲求宏大和长远，不要只忙于功名升学这一件事。

　　冯树堂、郭筠仙在寓看书作文，功无间断。陈季牧日日习字，亦可畏也。四川门生留京约二十人，用功者颇多。

　　余不尽书。

　　兄国藩草。

【译文】

　　冯树堂、郭筠仙在京城寓所用功看书作文，学业从不间断。陈季牧天天练字，也令人敬畏。四川门生留京的大约二十人，用功的很多。

　　其他的事不一一说了。

　　兄国藩亲笔。

六月二十三日　致父母书

男国藩跪禀父母亲大人万福金安：

　　五月十二日，男发第六号信，其信甚厚。内有寄欧阳小岑、黄仙垣、梁荤庄三处货物单。此刻三人想俱到省，不审已照单查收否？

【译文】

儿国藩跪禀父母亲大人万福金安：

五月十二日，儿子发第六封信，那封信很厚。里边有托欧阳小岑、黄仙垣、梁萼庄三处寄的货物单。这时候，他们三人想来都到省城了，不晓得东西已经照单查收了吗？

男及男妇身体清吉。孙儿亦好。六月十七日，《三字经》读完①；十八日，读《尔雅》起②。二孙女皆好。冯树堂、郭筠仙皆在寓如常。

【注释】

①《三字经》：中国传统启蒙教材，相传为南宋王应麟所撰。取材典范，三字一句，朗朗上口又通俗易懂。内容包括中国传统文化的文学、历史、哲学、天文地理、人伦义理等。

②《尔雅》：辞书之祖，"十三经"之一。收集了比较丰富的古代汉语词汇。

【译文】

儿子和您儿媳妇身体很好。您孙儿也很好。六月十七日，读完《三字经》；十八日，开始读《尔雅》。您两个孙女都好。冯树堂、郭筠仙都住在我寓所，还是老样子。

王率五妹夫于五月廿三日到京，其从弟仕四同来①。二人在湘潭支钱十千，在长沙搭船，四月十二日至汉口。在汉口杉牌敞内住十天。廿二在汉口起身，步行至京，道上备尝辛苦。幸天气最好，一路无雨无风，平安到京。在道上仅伤风两日，服药二帖而愈。到京又服凉药二帖、补药三帖，现在精神全好。初到京时，遍身衣裤、鞋、袜皆坏，件件临时新制，而率五仍不知艰苦。京城实无位置他处^②，只得暂留男寓，待有便即令他回家。男自调停妥当，家中不必挂心，蕙妹亦不必着急。至于仕四，目前尚在男寓吃饭。待一月既满，如有朋友回南，则荐仕四作仆人带归；如无便可荐，则亦只得麾之出门^③，不能长留男寓也。湖北主考仓少平系男同年相好^④，男托仓带仕四到湖北。仓七月初一出京，男给仕四钱约六千，即可安乐到家。本不欲优待他，然不如此，则渠必流落京城，终恐为男之累，不如早打发他回为妥。

【注释】

①仕四：即为王仕四。曾国藩妹夫王率五的堂弟。

②位置：安排职位，提供工作机会。

③麾：原指指挥，这里指驱使。

④仓少平：即为仓景愉（1815？—1890？），原名景恬，字静则，号少坪，河南中牟人。道光十八年（1838）进士，历任翰林院庶吉士、编修，湖北正考官、湖南按察使、云南布政使等职。

【译文】

　　王率五妹夫在五月二十三日到京，他堂弟仕四和他一起来。两人在湘潭支取十千钱，在长沙搭船，四月十二日到汉口。在汉口杉牌敞内住了十天。二十二日从汉口出发，步行到京，路上尝尽了辛苦。幸亏天气最好，一路上无风无雨，平安走到京城。在路上仅仅伤风两天，服药两帖就好了。到京后又吃两帖凉药、三帖补药，现在精神都好了。刚到京城时，全身衣裤、鞋子、袜子都坏了，件件临时新做，而率五仍然不知道艰苦。京城实在没有地方安排他，只得暂时留在儿子的寓所，等待方便时就让他回家。儿子自会处理妥当，家里不必挂念，蕙妹也不必着急。至于仕四，目前还在儿子寓所吃饭。等满了一个月，如果有朋友回南方，就推荐仕四做仆人带回去；如果不方便推荐，也就只能让他出门，不能长期留在儿子家。湖北主考仓少平是儿子同年好友，儿子拜托仓带仕四到湖北。仓七月初一日出京，儿子给仕四钱六千左右，就可以安乐到家。本不想优待他的，但不这样做，那么他一定会流落在京城，结果恐怕还是要成儿子的负担，不如趁早打发他回去为妥。

祖父大人于四月鼻血多出，男闻不胜惶恐。闻率五说祖父近日不吃酒，不甚健步，不知究竟何如？万求一一详示。叔父病势似不轻，男尤挂心，务求将病症开示。男教习庶吉士，五月十八日上学，门生六人。二十日蒙皇上御勤政殿召见，天语垂问及男奏对，约共六七十句。

【译文】

祖父大人在四月出鼻血很多，儿子听了不胜惶恐。听率五说祖父近来不喝酒，走路不太得力，不知道情况到底怎样？万望一五一十详细告知。叔父的病情似乎不轻，儿子尤其挂念，务求将病情症状写明告我。儿子我教习庶吉士，五月十八日上学，门生六人。二十日蒙皇上在勤政殿召见，圣上垂问及儿子回答，约共六七十句。

今年考差，只剩河南、山东、山西三省，大约男已无望。男今年甚怕放差，盖因去年男妇生产是踏花生①，今年恐走旧路，出门难以放心；且去年途中之病，至今心悸。男日来应酬已少，读书如故。寓中用度浩繁，共二十口吃饭，实为可怕。居家保身一切，男知谨慎，大人不必挂念。

　　男谨禀。

【注释】

①踏花生：俗谓小儿生时双脚先下为踏花生。

【译文】

　　今年考差，只剩河南、山东、山西三省，大约儿子已无希望。儿子今年很害怕放差，这是因为去年您儿媳妇生产是踏花生，今年恐怕还是老样子，出门很难放心；而且去年途中的病，至今想起来还有些害怕。儿子最近应酬已减少，读书像以前一样。家中用度浩繁，一共二十口人吃饭，实在是可怕。在家爱护身体等一切事宜，儿子知道要谨慎，大人不必挂念。

　　儿谨禀。

七月二十日　致父母书

男国藩跪禀父母亲大人万福金安：

　　六月二十三日男发第七号信，交折差。七月初一日发第八号，交王仕四手。不知已收到否？

【译文】

儿国藩跪禀父母亲大人万福金安：

　　六月二十三日儿子发第七封信，交给信差。七月初一日发第八封信，交给王仕四。不知道已经收到了没有？

六月廿日接六弟五月十二书，七月十六接四弟、九弟五月廿九日书，皆言忙迫之至。寥寥数语，字迹潦草，即县试案首、前列，皆不写出。同乡有同日接信者，即考古、考老生皆已详载①。同一折差也，各家发信迟十余日而从容，诸弟发信早十余日而忙迫，何也？且次次忙迫，无一次稍从容者，又何也？

【注释】

①考古：即考"经古"。清代科举考试，童试正场前先考"经古"一场，经古题初为经解、史论、诗赋，咸丰时增性理、孝经论。能录取者，大半入学。但经古场考否，听凭考生自愿。考老生：未详。疑即老秀才。

【译文】

六月二十日接到六弟五月十二日的信，七月十六日接到四弟、九弟五月二十九日的信，都说非常忙。寥寥几句话，字迹潦草，即便是县试的案首和前列，都不写出来。同乡有同一天接到信的，就连考古、考老生都已详细写明。同一信差，各家发信迟十多天而从容不迫，弟弟们早十多天却说忙得不行，这是为什么呢？而且每次都忙，没有一次稍稍从容不迫的，又是什么原因呢？

男等在京，大小平安。同乡诸家皆好，惟汤海秋于七月八日得病，初九未刻即逝。六月二十八考教习①，冯树堂、郭筠仙、朱啸山皆取。湖南今年考差，仅何子贞得差，余皆未放。惟陈岱云光景最苦。男因去年之病，反以不放为乐。

【注释】

①教习:此教习为普通官学教习,与庶常馆大教习、小教习不同。

【译文】

儿子等人在京城,大小平安。同乡各家都好,只是汤海秋在七月初八日生病,初九日未刻就死了。六月二十八日考教习,冯树堂、郭筠仙、朱啸山都考取了。湖南今年考差,只有何子贞得了差事,其余的都没有外放。只是陈岱云光景最苦。儿子因为去年的病,反而以不外放出京为乐。

王仕四已善为遣回。率五大约在粮船回,现尚未定。渠身体平安,二妹不必挂心。叔父之病,男累求详信直告,至今未得,实不放心。甲三读《尔雅》,每日二十余字,颇肯率教①。

【注释】

①率教:遵从教导。

【译文】

王仕四已经被妥善派回。率五大约坐粮船回去,现在还未确定。他身体平安,二妹不必挂念。叔父的病,儿子多次请求详细据实告诉,到现在还没有知道详情,实在不放心。甲三读《尔雅》,每天二十多字,还肯受教。

六弟今年正月信欲从罗罗山处附课,男甚喜之。后来信绝不提及,不知何故。所付来京之文,殊不甚好。在省读书二年,不见长进,男心实忧之而无如何,只恨男不善教诲而已。大抵第一要除骄傲气习。中无所有而夜郎自大，此最坏事。四弟、九弟虽不长进，亦不自满。求大人教六弟，总期不自满足为要。

　　余俟续呈。

　　男谨禀。

【译文】

　　六弟今年正月来信想在罗罗山那里附课，儿子很高兴。后来的信绝不提及，不知道为什么。所寄来的文章，都很不好。在省城读书两年，不见长进，儿子心里很忧虑，而没有办法，只恨儿子不善于教诲。大概最要除去骄傲习气。腹中空空，没有学问而夜郎自大，这种情况最坏。四弟、九弟虽然不长进，但也不自满。请求大人教诲六弟，总希望不自满才是关键。

　　其他的事等以后再禀告。

　　儿谨禀。

八月二十九日　致祖父母书

孙国藩跪禀祖父母大人万福金安：

　　八月廿七日接到七月十五、廿五两次所发之信，内祖父母各一信，父亲、母亲、叔父各一信，诸弟亦皆有信，欣悉一切。慰幸之至！叔父之病，得此次信，始可放心。祖父正月手书之信，孙比收他处①，后偶忘之，近亦寻出。孙七月二十发第九号信，不知到否？

【注释】

①比：比时，先时，往时。

【译文】

孙儿国藩跪禀祖父母大人万福金安：

　　八月二十七日接到家里七月十五日、二十五日两次所发的信，其中祖父母信各一封，父亲、母亲和叔父信各一封，弟弟们也都有信，很高兴地知道一切情况。我非常安慰！叔父的病，收到这次的信，才可以放心。祖父正月亲笔写的信，孙儿当时收藏在其他地方，后来偶尔忘了放在哪里，最近也找出来了。孙儿七月二十日发了第九封信，不知道到了没有？

　　八月廿八日，陈岱云之弟送灵榇回南，坐粮船。孙以率五妹夫与之同伴南归。船钱饭钱，陈宅皆不受。孙送至城外，率五挥泪而别，甚为可怜。率五来意，本欲考供事①，冀得一官以养家。孙以供事必须十余年乃可得一典史，宦海风波，安危莫卜，卑官小吏尤多危机，每见佐杂末秩下场鲜有好者②。孙在外已久，阅历已多，故再三苦言，劝率五居乡，勤俭守旧，不必出外做官。劝之既久，率五亦以为然。其打发行李诸物，孙一一办妥，另开单呈览。

【注释】

①供事：清代京吏之一。《清会典·吏部·验封清吏司》："凡京吏之别三：一曰供事，二曰儒士，三曰经承。"注："宗人府、内阁、上谕馆、文渊阁、翰林院、詹事府、中书科、内廷三馆及修书各馆，各衙门则例馆，皆曰供事。"

②末秩：最低级的官吏。

【译文】

八月二十八日,陈岱云的弟弟送棺椁回湖南,坐的是粮船。孙儿让率五妹夫和他一同回南方。船钱和饭钱,陈家都不接受。孙儿送到城外,率五挥泪而别,很可怜。率五的来意,本来想考供事,希望得到一个官位挣薪水养家。孙儿认为供事需要十多年时间才能升职作典史,宦海多风波,安危不测,小官小吏更多危机,每每看见打杂的小吏很少有好下场的。孙儿在外已久,阅历较多,所以再三苦苦劝说率五住在乡里,勤俭守旧,不必外出做官。劝他已久,率五也认为确实是这个道理。他回家的行李等物品,孙儿一一办好,另开单子呈览。

孙送率五归家,即于是日申刻生女。母女俱平安。

【译文】

孙儿送率五回家,就在当天申刻生了一个女儿。母女都平安。

前正月间,孙寄银回南,有馈赠亲族之意,理宜由堂上定数目,方合《内则》"不敢私与"之道①。孙比时糊涂,擅开一单,轻重之际,多不妥当,幸堂上各大人斟酌增减,方为得宜。但岳家太多,他处相形见绌,孙稍有不安耳。

【注释】

①不敢私与:语出《礼记·内则》:"子妇无私货,无私畜,无私器,不敢私假,不敢私与。"指父母在,子媳不敢擅自做主赠人钱物。

【译文】

前正月间,孙儿寄钱回南边,有送赠亲戚族人的意思,理应由堂上大人定具体数目,才合《内则》"不敢私与"的原则。孙儿当时糊涂,擅自开了一个单子，轻重之际，有很多地方不妥当，幸亏有堂上各位大人斟酌增减，才处理得很适宜。但岳家太多，其他地方相形见绌，孙儿心里稍有不安。

率五至家，大约在春初可以到家。渠不告而出，心中怀惭。到家后，望大人不加责，并戒家中及近处无相讥讪为幸①。

孙谨禀。

【注释】

①讥讪：讥笑，嘲笑。

【译文】

率五回家，大约在初春可以到家。他不告而出，内心十分惭愧。到家后，希望大人不要加以责骂，并告诫家里人和左邻右舍不要讥讽嘲笑他为好。

孙儿谨禀。

八月廿九日　致四位老弟书

四位老弟左右：

昨廿七日接信，快畅之至，以信多而处处详明也。

【译文】

四位老弟左右：

日前二十七日接到来信，真是畅快之至，因为信多而且所写之事处处详细明白的缘故。

　　四弟《七夕诗》甚佳,已详批诗后。从此多作诗亦甚好,但须有志有恒,乃有成就耳。余于诗亦有工夫,恨当世无韩昌黎及苏、黄一辈人可与发吾狂言者①。但人事太多,故不常作诗,用心思索,则无时敢忘之耳。

【注释】

①苏、黄:即为苏轼、黄庭坚。苏轼(1037—1101),字子瞻,号东坡居士。北宋文学家,"唐宋八大家"之一。黄庭坚(1045—1105),字鲁直,号山谷道人。北宋文学家,"苏门四学士"之一。

【译文】

　　四弟的《七夕诗》写得很好,我已将意见详细批在诗后。若四弟从此多作诗,也是很好的,但须有志向有恒心,才能有所成就。我对于写诗也下过功夫,只恨当世没有韩昌黎和苏东坡、黄庭坚一辈人,可跟他们一起口出狂言。只因俗事应酬太多,所以我不常作诗,至于用心思索写诗之道,那还是时刻不敢忘记的。

　　吾人只有进德、修业两事靠得住。进德,则孝弟仁义是也;修业,则诗文作字是也。此二者由我作主,得尺则我之尺也,得寸则我之寸也。今日进一分德,便算积了一升谷;明日修一分业,又算余了一文钱;德业并增,则家私日起①。至于功名富贵,悉由命定,丝毫不能自主。昔某官有一门生为本省学政,托以两孙,当面拜为门生。后其两孙岁考临场大病②,科考丁艰③,竟不入学。数年后两孙乃皆入,其长者仍得两榜④。此可见早迟之际,时刻皆有前定。尽其在我,听其在天,万不可稍生妄想。六弟天分较诸弟更高,今年受黜,未免愤怨,然及此正可困心横虑,大加卧薪尝胆之功,切不可因愤废学。

【注释】

①家私:家财,家产。

②岁考:明代提学官和清代学政,每年对所属府、州、县生员、廪生举行的考试。分别优劣,酌定赏罚。凡府、州、县的生员、增生、廪生皆须应岁考。《明史·选举志一》:"提学官在任三岁,两试诸生。先以六等试诸生优劣,谓之岁考。一等前列者,视廪膳生有缺,依次充补,其次补增广生。一、二等皆给赏;三等如常;四等挞责;五等则廪、增递降一等,附生降为青衣;六等黜革。"

③科考:明、清科举,乡试前由学官举行的甄别性考试。生员达一定等第,方准送乡试。《明史·选举志一》:"提学官在任三岁,两试诸生。先以六等试诸生优劣,谓之岁考……继取一、二等为科举生员,俾应乡试,谓之科考……其等第仍分为六,而大抵多置三等。三等不得应乡试。"

④两榜:即进士。科举时代,谓考取举人的榜为乙榜,考取进士的榜为甲榜,进士名列两榜,故称。

【译文】

对于我们这些人来说,只有进德、修业两件事靠得住。进德,指的便是孝悌仁义这些品德;修业,指的是吟诗作文和写字这方面的本事。这两件事,都是可以由我们自己做主的,有一尺的进步,便是我们自己的一尺;有一寸的进步,便是我们自己的一寸。今天进了一分德,便可算是积了一升谷子;明天修了一分业,又算攒了一分钱;品德和技能都有所增进,那么家业也就一天天兴旺了。至于功名富贵,这些都是由命运决定的,我们自己一点儿也不能做主。从前某位官员有一个门生做本省的学政,便将两个孙儿托他帮忙,当面拜做了门生。但后来那两个孙儿在临近年考时大病一场,到了科考时,又因父母故去而必须在家里守孝,结果竟不能录取。几年之后两人才都入学,年长的那一个还中了进士。由此可见,入学的早晚,具体时间都是命中注定的。我们且尽人力所及努力学习,至于能否录取且听天由命好了,万万不可有些许异想天开的想法。六弟的天分比其他几位弟弟更高一些,今年没有考取,难免气愤埋怨,但这时候正应该在困境中发奋有为,狠下一番卧薪尝胆的功夫,万万不能因气愤而废弃学业。

　　九弟劝我治家之法,甚有道理。喜甚慰甚!自荆七遣去之后,家中亦甚整齐,问率五归家便知。《书》曰:"非知之艰,行之维艰①。"九弟所言之理,亦我所深知者,但不能庄严威厉,使人望若神明耳。自此后当以九弟言书诸绅,而刻刻警省。

【注释】

①非知之艰,行之维艰:语出《尚书·说命》篇。《书》,又称《尚书》或《书经》。儒家"十三经"之一。是我国最早的历史文献汇编。全书共分"虞书"、"夏书"、"商书"、"周书"四部分,起《尧典》,终《秦誓》。

【译文】

　　九弟劝我治家的方法,很有道理。我很高兴,也深感欣慰!自从荆七走了以后,家里也还很整齐,等率五回来便知道。《尚书》里说:"认识事物并不难,实践才是最难的。"九弟所说的道理,也是我深深知道的,只可惜我做不到庄严威厉,让人看见如同见了神明一样敬重。从此以后,我要把九弟的批评写在腰带上,时时刻刻警惕反省。

季弟天性笃厚,诚如四弟所云,乐何如之！求我示读书之法,及进德之道。另纸开示。

余不具。

国藩手草。

【译文】

季弟天性诚笃朴实,正像四弟所说的,是何等的快乐哦！要求我指示读书方法,以及进德的途径。我另外找张纸,一一开列。

其余不多写。

国藩亲笔。

九月十九日　致父母书

男国藩跪禀父母亲大人万福金安:

八月二十九日男发第十号信,备载廿八生女及率五回南事,不知已收到否?

【译文】

儿国藩跪禀父母亲大人万福金安:

八月二十九日儿子我发第十封家信,详细叙述二十八日生女儿及率五南回之事,不知道家里已收到此信没有?

男身体平安。冢妇月内甚好。去年月里有病①,今年尽除去。孙儿女皆好。初十日,顺天乡试发榜,湖南中三人。长沙周荇农中南元原名康立②。

【注释】

①月里:坐月子期间。

②周荇农:即为周寿昌(1814—1884),原名康立,字应甫,一字荇农,号友生、自庵等,湖南长沙人。道光二十五年(1845)进士,历任翰林编修、内阁学士、礼部侍郎等职。光绪初罢官居京师,以著述为事,著有《思益堂集》《汉书注校补》。南元:明、清科举时代,南方诸省的人应试北闱(乡试)考中第二名者,称为"南元"。因第一名例归直隶籍人,故第二名也称元。《清稗类钞·考试类》:"乾隆辛卯,高宗以解元文甚不佳,移第三,以南元为第一。发卷出,奏事太监曹某奏称:'顺天乡榜向以顺天人置等一。'乃易还之。"

【译文】

儿子我身体平安。您二老的长媳妇月子里也很好。去年月子里有病,今年病症都除去了。您孙儿孙女也好。初十日,顺天乡试发榜,湖南中了三人。长沙周荇农中南元原名康立。

率五之归,本拟附家心斋处。因率五不愿坐车,故附陈岱云之弟处,同坐粮船。昨岱云自天津归,云船不甚好,男颇不放心。幸船上人多,应无可虑。

【译文】

率五回湖南,本来打算托附本家心斋那里。因为率五不愿坐车,所以托附陈岱云的弟弟那里，一起坐粮船。日前岱云从天津回来，说船不太好，儿子我很不放心。幸亏船上人多，应该没有什么可担心的。

　　诸弟考试后，尽肄业小罗巷庵①，不知勤惰若何？此时惟季弟较小，三弟俱年过二十，总以看书为主。我境惟彭薄墅先生看书略多②，自后无一人讲究者，大抵为考试文章所误。殊不知看书与考试，全不相碍。彼不看书者，亦仍不利考如故也。我家诸弟，此时无论考试之利不利，无论文章之工不工，总以看书为急。不然，则年岁日长，科名无成，学问亦无一字可靠，将来求为塾师而不可得。或经或史，或诗集、文集，每日总宜看二十叶。男今年以来，无日不看书。虽万事丛忙，亦不废正业。

【注释】

①小罗巷庵：湘乡境内寺名。

②彭薄墅：即为彭兴譲，字薄墅，湖南湘乡人。乾隆五十四年（1789）拔贡，甚有时名。著有《春秋传注读本》、《幺螺草诗文集》、《瑞锦堂诗》等。

【译文】

　　弟弟们考试过后，都在小罗巷庵学习，不知道是勤奋还是懒惰？这时候只有季弟年纪较小，其他三位弟弟都已年过二十，总归要以看书为主。我家乡只有彭薄墅先生看书稍多，此后没有一个讲究多看书的人，大都被考试文章所误。其实看书和考试完全互不妨碍。那些不看书的人，也还是和从前一样不善于考试。我家的几个弟弟，这时候无论考试顺利还是不顺利，无论文章写得工整不工整，总归以看书为最紧要。不然的话，年纪一天比一天大，科名未得，学问上也没一个字靠得住，将来求做一个私塾先生都办不到。或者经书或者史书，或者诗集、文集，每天总应该看二十页。儿子我今年以来，没有一天不看书。即使各种事情丛集忙乱异常，也不废读书正业。

闻九弟意欲与刘霞仙同伴读书。霞仙近来见道甚有所得，九弟若去，应有进益。望大人斟酌行之。男不敢自主。此事在九弟自为定计。若愧奋直前，有破釜沉舟之志，则远游不负。若徒悠忽因循①，则近处尽可度日，何必远行百里外哉！求大人察九弟之志而定计焉。

　　余容续呈。

　　男谨禀。

【注释】

①悠忽：悠闲懒散，马马虎虎。《世说新语·容止》："刘伶身长六尺，貌甚丑颓，而悠悠忽忽，土木形骸。"因循：疏懒，怠惰，闲散。

【译文】

听说九弟想和刘霞仙一起读书。霞仙近来在感悟大道上很有心得，九弟如果去，应该会有帮助，有所进步。恳请大人考虑处理。儿子我不敢自作主张。这件事，靠九弟自己拿主意。如果能惭愧发奋，勇往直前，有破釜沉舟的决心，那么就会不辜负远游求学的志向了。如果只是和从前一样马虎懒散，那么在家附近也可以混日子，何必要远行到百里以外呢！恳求大人考察九弟的心志，再做决定。

　　其他的等以后再禀告。

　　儿谨禀。

九月十九日　致四位老弟书

四位老弟足下：

　　自七月发信后，未接诸弟信。乡间寄信，较省城百倍之难，故余亦不望也。

【译文】

四位老弟足下：

　　自从七月发信以后，没有接到弟弟们的信。乡下寄信，比在省城困难百倍，所以我也不奢望了。

　　九弟前信有意与刘霞仙同伴读书，此意甚佳。霞仙近来读朱子书大有所见，不知其言语容止、规模气象何如？若果言动有礼，威仪可则，则直以为师可也，岂特友之哉！然与之同居，亦须真能取益乃佳，无徒浮慕虚名。人苟能自立志，则圣贤豪杰何事不可为？何必借助于人！“我欲仁，斯仁至矣①”。我欲为孔、孟②，则日夜孜孜③，惟孔、孟之是学，人谁得而御我哉？若自己不立志，则虽日与尧、舜、禹、汤同住④，亦彼自彼、我自我矣，何与于我哉？

【注释】

　①我欲仁，斯仁至矣：语出《论语·述而》：“子曰：‘仁远乎哉？我欲仁，斯仁至矣。’”朱子集注：“仁者，心之德，非在外也。放而不求，故有以为远者；反而求之，则即此而在矣，夫岂远哉？程子

曰：'为仁由己，欲之则至，何远之有？'"

②孔、孟：即孔子和孟子。孔子，春秋鲁国人。中国著名的思想家、教育家。开创儒学，编纂《春秋》，修订"六经"。孟子，山东邹人。战国时期儒家代表人物，继承并发扬了孔子的思想。

③孜孜：勤勉、不懈怠貌。

④尧：姓伊祁，名放勋。中国上古时期部落联盟首领、"五帝"之一。为人简朴，德高望重，被后世儒家奉为圣明君主的典型。舜：姚姓，名重华。中国上古时期部落联盟首领、"五帝"之一。舜巡行天下，除去四凶，挑选贤人治理民事，任用大禹治水，受尧禅让继承帝位。禹：姓姒，名文命。夏朝开国君主。因治理洪水有功，受舜禅让继承帝位。汤：姓子，名履。商朝开国君主。以宽治民。

【译文】

九弟前次信里说想和刘霞仙同伴读书，这个想法很好。霞仙最近读朱子书很有心得体会，不知道他在言语容止和规格气象方面到底怎样？如果真的一言一行都合礼，威仪可以作为榜样，那直接拜他做老师也是可以的，又岂止是以朋友之道相处啊！但是和他住一起，也要真能学到有益的东西才好，不能徒慕虚名。一个人，如果真能自己立志，那圣贤豪杰之事，又有哪一样做不到呢？又何必要借助于人！有道是"我欲仁，斯仁至矣"。我想做孔、孟那样的圣贤，那就日夜勤勉，只学习孔、孟的榜样，又有谁能阻止我不让我成功？如果自己不能立志，即便天天和尧、舜、禹、汤住在一起，也只能他是他、我是我啊，他们又与我有什么相干呢？

去年温甫欲读书省城，吾以为离却家门局促之地而与省城诸胜己者处，其长进当不可限量。乃两年以来，看书亦不甚多。至于诗文，则绝无长进，是不得归咎于地方之局促也。去年余为择师丁君叙忠，后以丁君处太远，不能从。余意中遂无他师可从。今年弟自择罗罗山改文，而嗣后杳无信息，是又不得归咎于无良友也。日月逝矣，再过数年，则满三十，不能不趁三十以前立志猛进也。

【译文】

去年温甫想到省城读书，我以为离开家门小地方，而和省城里那些比自己强的人相处，会有不可限量的进步。谁晓得两年以来，看书也不很多。至于诗文，则一点儿进步也没有，可见不能把责任归咎到地方局促狭小啊。去年我代为选择了丁叙忠君做老师，后来因为丁君那里太远，不能追随。我心目中于是没有别的老师可以追随。今年温甫弟自己选择在罗罗山处附课改文，但此后又全无消息，可见又不能把责任归咎于没有良师益友。时光飞逝，再过几年，就三十岁了，不能不趁三十以前痛下决心猛进啊。

余受父教，而余不能教弟成名，此余所深愧者。他人与余交，多有受余益者，而独诸弟不能受余之益，此又余所深恨者也。今寄霞仙信一封，诸弟可抄存信稿而细玩之。此余数年来学思之力，略具大端。

【译文】

我受父亲教诲，却不能教育弟弟成名，这是我最深深惭愧的。别的人和我交往，有很多从我这里受益的，单单只有弟弟们不能从我这里受益，这是我最大的遗憾。现在我寄给霞仙一封信，弟弟们可以抄写存留信稿，而细细体会。这是我数年以来学习与思考最得力之处，大概都在这里了。

六弟前嘱余将所作诗录寄回。余往年皆未存稿，近年存稿者，不过百余首耳，实无暇抄写，待明年将全本付回可也。

国藩草。

【译文】

六弟此前嘱咐我将所写的诗抄录寄回家。我往年都没有留底稿，近年留底稿的，不过一百余首，实在没空抄写，等明年抄一整本寄回家。

国藩亲笔。

十月廿一日　致父母书

男国藩跪禀父母亲大人万福金安：

九月廿日，男发十一号信，内有寄刘霞仙一封，想已收到。

【译文】

儿国藩跪禀父母亲大人万福金安：

九月二十日，儿子我发出第十一封家信，里头有寄给刘霞仙的一封信，想必已经收到。

男身体平安，读书日有常课。自六月底起，至今未尝间断一天。男妇如常，渐渐有乳。孙男读书有恒，已读《尔雅》一本。共四本，大约明年下半年可读完。此书太难，他书则易为力矣。三孙女皆好，余亦合室平安。男自七月起，寓中

已养车马，每年须费百金。因郭雨三奉讳出京^①，渠车马借
与男用。渠曾借男五十金，亦未见还。

【注释】

① 郭雨三：即为郭沛霖（1809—1859），字仲霖，号雨三，湖北蕲水
人。与曾国藩同为道光十八年（1838）进士，历任翰林院编修、左
赞善，曾署两淮盐运使。咸丰九年（1859）死于太平军之乱，追赠
光禄寺卿。著有《日知堂集》。与曾国藩是儿女亲家。奉讳：语
出《礼记·曲礼上》："卒哭乃讳。"陈澔《集说》："凡卒哭之前，犹
用事生之礼，故卒哭乃讳其名。"后人因称居丧为"奉讳"。

【译文】

儿子我身体平安，读书每天都有固定功课。自六月底起，至今不曾
有一天中断。您儿媳妇还是老样子，渐渐有奶水。您二老的孙子读书
也能坚持，已经读完《尔雅》一本。一共四本，大约明年下半年可以全部
读完。这书太难，其他的书就很容易读了。您三个孙女都好，其他方面
都全室平安。儿子我从七月起，寓中已配车马，每年须花费一百两银
子。因为郭雨三奔丧出京，他的车马借给儿子我用。他曾经问儿子我
借过五十两银子，也没还。

率五在东昌有信来京^①，兹附呈。渠在道上，船钱火食
皆陈宅的，所需用者不过剃头、吃烟而已，故男仅给银十两、
钱五千而已。意谓钱已够用，银可剩下到家也。兹渠到东
昌已将钱用完，不知余银敷用否。若不敷，陈处挪移自易，
然男已不放心。

【注释】

①东昌：古州府名。元设东昌路，明、清为东昌府，即今山东聊城。

【译文】

率五在东昌有信来京，现在附呈堂上。他在路上，船钱和火食都是陈家出，所需花费的不过是剃头和吃烟的费用而已，所以儿子我仅给他银子十两、钱五千。我预计钱已经够用，银子可以剩下带到家里。现在他到东昌已经将钱用完，不知道剩下的银子够用不。如果不够用，问陈那边借自然容易，但是儿子我已经不放心。

邹至堂来①，望付茶叶一篓、大小剪刀各二把，其余布匹、腊肉之类俱不必付，盖家中极难办，路上极难带也。初九日，父亲大人寿辰，京寓客共三席。十一月初三日，母亲大人六十寿辰，男不获在家庆祝，不胜瞻恋②。男拟于寿辰后作寿屏一架，即留在京张挂，不必付回。诸弟读书，不知明年定在何处，望于今冬写信告知，男不胜悬望。

谨禀。即跪叩父母亲大人双寿大喜！

【注释】

①邹至堂：湖南湘乡人。道光二十四年（1844）举人。与曾国藩友善，曾入曾国藩幕。

②瞻恋：仰慕依恋。

【译文】

邹至堂来京，希望能托他带茶叶一篓、大小剪刀各两把，其余布匹、腊肉之类的都不必托他带，因为这些东西家里很难置办，路上也很难携带。初九日，父亲大人寿辰，京寓一共请客三席。十一月初三日，母亲大人六十寿辰，儿子我不能在家庆祝，实在想念得不行。儿子我准备在寿辰以后做一架寿屏，就留在京城寓所张挂，不必托人带回家。弟弟们读书，不知道明年定在哪里，希望今年冬天写信告诉我，儿子我实在很牵挂。

　　谨禀。即跪叩父母亲大人双寿大喜！

十月二十一日　致四位老弟书

四位老弟足下：

　　前次回信内有四弟诗，想已收到。九月家信有送率五诗五首，想已阅过。

【译文】

四位老弟足下：

　　前次回信内有四弟的诗，想必已经收到。九月家信有送率五诗五首，想必已经读过。

　　吾人为学，最要虚心。尝见朋友中有美材者①，往往恃才傲物②，动谓人不如己，见乡墨则骂乡墨不通③，见会墨则骂会墨不通④，既骂房官⑤，又骂主考，未入学者，则骂学院。平心而论，己之所为诗文，实亦无胜人之处；不特无胜人之处，而且有不堪对人之处。只为不肯反求诸己⑥，便都见得人家不是。既骂考官，又骂同考而先得者。傲气既长，终不进功，所以潦倒一生而无寸进也。

【注释】

　　①美材：不凡的资质。

②恃才傲物:自负其才,藐视他人。

③乡墨:指乡试的闱墨。闱墨见前注。

④会墨:指会试的闱墨。

⑤房官:明、清时乡、会试时分房阅卷的考官。

⑥反求诸己:语出《孟子·公孙丑上》:"射者正己而后发,发而不中,不怨胜己者,反求诸己而已矣。"犹反躬自问。谓从自己方面找原因。

【译文】

我们做学问,最要虚心。曾见朋友中有资质极好的,往往恃才傲物,动不动就说人家不如自己,见了乡墨就骂乡墨不通,见了会墨就骂会墨不通,既骂房官,又骂主考,没被录取入学就骂学院。平心而论,他自己所做的诗或文,实在也没有什么过人之处;不仅没有过人之处,而且还有见不得人的地方。只是因为不能从自己方面找原因,便觉得人家都不对。既骂考官,又骂同时参加考试而先被录取的。傲气既已助长,最终不能有些许进步,所以潦倒一生而无丝毫长进。

余平生科名极为顺遂,惟小考七次始售①。然每次不进,未尝敢出一怨言,但深愧自己试场之诗文太丑而已。至今思之,如芒在背②。当时之不敢怨言,诸弟问父亲、叔父及朱尧阶便知。盖场屋之中③,只有文丑而侥幸者,断无文佳而埋没者,此一定之理也。

【注释】

①售:此指考中。

②如芒在背:语出《汉书·霍光传》:"宣帝始立,谒见高庙,大将军光从骖乘。上内严惮之,若有芒刺在背。"好比芒刺扎在背上,形

容极度不安。

③场屋：又称"科场"。科举考试的地方。

【译文】

　　我平生在科举考试方面非常顺遂，只是小考考了七次才考中。但每次不中，没敢说过一句抱怨的话，只是深深惭愧自己的考试诗文太丑罢了。现在想起来，还如芒刺在背。那时不敢口出怨言，弟弟们问父亲、叔父和朱尧阶便都知道了。因为考试场里，只有文章丑陋而侥幸得中的，绝没有文章好而被埋没的，这是绝对的道理。

　　　三房十四叔非不勤读①，只为傲气太胜，自满自足，遂不能有所成。京城之中亦多有自满之人，识者见之，发一冷笑而已。又有当名士者，鄙科名为粪土，或好作诗古文，或好讲考据，或好谈理学，嚣嚣然自以为压倒一切矣②。自识者观之，彼其所造曾无几何，亦足发一冷笑而已。故吾人用功，力除傲气，力戒自满，毋为人所冷笑，乃有进步也。

【注释】

①三房十四叔：曾国藩同族的叔叔。属三房一支，行十四。房，家族的一支。

②嚣嚣：傲慢貌。

【译文】

　　三房十四叔不是不勤奋读书，只因傲气太盛，自满自足，便不能有所成就。京城之中也有很多自满的人，有见识的人看到他们，不过冷笑一声罢了。又有当名士的人，把科名看得和粪土一样，或者喜欢作点儿诗和古文，或者喜欢搞点儿考据，或者喜欢谈论理学，目空一切自以为才学能压倒一切人。但在有见识的人看来，他们的造诣也没多高，也只配让人冷笑一声罢了。所以我们用功，要力除傲气，力戒自满，不要让别人冷笑，才会有进步。

诸弟平日皆恂恂退让①，第累年小试不售，恐因愤激之久，致生骄惰之气，故特作书戒之。务望细思吾言而深省焉。幸甚幸甚！

国藩手草。

【注释】

①恂恂：语出《论语·乡党》："孔子于乡党，恂恂如也，似不能言者。"陆德明《释文》："恂恂，温恭之貌。"温顺恭谨貌。

【译文】

弟弟们平时都温恭退让，只因多年小考没有中，恐因愤激太久，以致产生骄傲懈怠的习气，所以特别写信告诫。请务必多想一想我说的话而深刻反省。那就太幸运了！

国藩亲笔。

十一月二十一日　致祖父母书

孙国藩跪禀祖父母大人万福金安：

十月廿一日发十二号家信，想已收到。孙在京平安，孙妇及曾孙男女四人皆好。曾孙最好写字，散学后则在其母房中多写，至更初犹不肯睡，骂亦不止。目下天寒墨冻，脱手写多不成字①，兹命之写禀安帖寄呈②，以博堂上大人一欢笑而已。

【注释】

①脱手写：此指放手让小孩子自己写字，和"手把手教"相对。

②禀安帖：家中晚辈写给长辈请安的帖子。

【译文】

孙儿国藩跪禀祖父母大人万福金安：

我十月二十一日发出第十二封家信，想必已经收到。孙儿在京平安，您孙媳妇及曾孙子曾孙女四人都好。您曾孙子最喜欢写字，散学之后就在他母亲房里多写，到更初还不肯睡觉，骂他他也不停止。眼下天寒墨冻，让他脱手写，基本不成字样，现在命他写禀安帖寄呈家里，以博取堂上大人开口欢笑。

上半年所付黑狸皮褂，不知祖父大人合身否？闻狸皮在南边易于回潮，黑色变为黄色，不知信否。若果尔，则回潮天气须勤勤检视。又凡收皮货，须在省城买潮老①。其色如白淮盐②，微带黄色，其气如樟木。用皮纸包好③，每包约寸大，每衣内置三四包。收衣时，仍将此包置衣内。又每年晒皮货，晒衣之日，不必折收；须过两天，待热气退尽乃收。

【注释】

①潮老：一般写作"潮脑"，即樟脑丸。

②淮盐：指淮河流域江苏盐场所产的盐。

③皮纸：指用桑树皮、楮树皮等制成的一种坚韧的纸。

【译文】

上半年托人寄回去的黑狸皮褂，不知道祖父大人穿得合身不？听说狸皮在南边容易回潮，黑色变成黄色，不知道果真是这样不。如果真是这样的话，那回潮天气就要勤勤检视。另外，凡是收藏皮货，必须在省城买潮老。它的颜色像白淮盐，微微带点儿黄色，它的香气像樟木。用皮纸包好，每包约一寸大小，每件衣服里放三四包。收藏衣服时，仍将这包放衣服里。此外，每年晒皮货，晒衣服的当天，不要折叠收放；须等过两天，等到热气退尽了才收起来。

江西家受恬明府昨有信来①，云此银今冬必付到，不知近来接到否？如未接，则立即写信来京，再去催取。兑银之难②，往往如此。

【注释】

①明府：县令的美称。明府本是汉、魏以来对郡守牧尹的尊称，又称"明府君"。汉亦有以明府称县令之例，唐以后多用以专称县令。

②兑银：还银子。

【译文】

江西本家受恬明府日前有信寄来，说要还家里的银子今年冬天一定托人带到，不知道家里近日接到银子没有？如果没有接到，就立即写信来京，我再去催取。让人还银之难，往往这样。

同乡唐镜海先生，三年以来连生三子。而长者前以病殇，幼者昨又以痘殇，仅存次子，尚未周岁，良可悼叹。现在京官甚少，仅二十二人。昨十月廿五日谢恩赴宫门叩头者，仅到三人，尤非盛时气象。兹将谢折付回呈览。

【译文】

同乡唐镜海先生，三年以来接连生三个儿子。大的那个早些时候因病死了，小的那个日前又因出痘而死，只剩第二个儿子，还没满周岁，真是令人悲叹。现在京官很少，仅有二十二人。日前十月二十五日谢恩，到宫门叩头的，只到了三个人，尤其不像盛时的气象。现在将谢折付回家里，呈堂上大人一阅。

　　王率五到家，须即寄一信。仕四已于八月初到省，不知曾到我家否？母亲生日，京中仅客一席，待明年当付寿屏回。家中有所需之物，须写信来，明年会试后寄归。
　　孙谨禀。

【译文】
　　王率五到家，须立刻寄一封信给我。仕四已于八月初到省，不知曾到我家没有？母亲生日，京中仅请了一桌客人，等明年当会托人带寿屏回家。家中有什么需要的东西，一定要写信来，明年会试之后托人带回去。
　　孙谨禀。

十一月廿一日　致四位老弟书

四位老弟足下：
　　前月寄信，想已接到。余蒙祖宗遗泽①，祖、父教训，幸得科名，内顾无所忧②，外遇无不如意③，一无所缺矣。所望者，再得诸弟强立④，同心一力，何患令名之不显？何患家运之不兴？欲别立课程，多讲规条，使诸弟遵而行之，又恐诸弟习见而生厌心；欲默默而不言，又非长兄督责之道。是以往年常示诸弟以课程，近来则只教以"有恒"二字。所望于诸弟者，但将诸弟每月功课写明告我，则我心大慰矣。

【注释】

①遗泽：祖辈遗留下来的恩泽。

②内顾：指对家事的顾念。

③外遇：在外的遭遇、境遇。

④强立：遇事能明辨不疑，自强自立。《礼记·学记》："九年知类通达，强立而不反，谓之大成。"郑玄注："强立，临事不惑也。"孔颖达疏："强立谓专强独立，不有疑滞。"

【译文】

四位老弟足下：

前月寄的信，想必已经接到。我承蒙祖宗遗留下来的恩泽，祖父和父亲的教训，幸运地得了科名，家里的事没有什么可担忧的，在外的境遇没有不如意的，再没有任何不满意的地方。所希望的是，弟弟们能自强自立，同心协力，还怕什么美名不能显扬？还怕什么家运不兴旺呢？我想另外专门限定课程，多讲规矩条文，使弟弟们遵照执行，又怕弟弟们见得太多而生厌烦之心；想默默地什么也不说，又不合长兄督责的道义。所以往年常常指示限定弟弟们的功课，近来却只教弟弟们"有恒"两个字。对弟弟们的希望是，只要将弟弟们每月的功课，写明白告诉我，那我的心里便觉有很大的安慰。

乃诸弟每次写信，从不将自己之业写明，乃好言家事及京中诸事。此时家中重庆，外事又有我料理，诸弟一概不管可也。以后写信，但将每月作诗几首、作文几首、看书几卷，详细告我，则我欢喜无量。诸弟或能为科名中人，或能为学问中人,其为父母之令子一也,我之欢喜一也。慎弗以科名稍迟,而遂谓无可自力也^①。如霞仙今日之身分,则比等闲之秀才高矣。若学问愈进,身分愈高,则等闲之举人、进士又不足论矣。

【注释】

①无可自力:无处可尽自己的力量。

【译文】

但弟弟们每次写信,从不把自己的学业写清楚,只是喜欢说家事和京城中的事。这时候,家里祖父母、父母两代长辈都健在,外面的事又有我照料处理,弟弟们可以什么都不用管。以后写信,只要将每月作诗几首、作文几篇、看书几卷,详细告诉我,那我就高兴得不得了。弟弟们或者可以成为考取科名的人,或者可以成为学问中的人,无论哪样,都一样是父母的好儿子,一样让我高兴。千万不要因为考取科名稍迟,便说自己英雄无用武之地。比如刘霞仙,他今天的身份,比一般的秀才就高一些。如果他学问再进步,身份就更高,那一般的举人和进士就又不足论了。

学问之道无穷,而总以有恒为主。兄往年极无恒,近年略好,而犹未纯熟^①。自七月初一起,至今则无一日间断:每日临帖百字,抄书百字,看书少亦须满二十页,多则不论。自七月起,至今已看过《王荆公文集》百卷、《归震川文集》四十卷、《诗经大全》二十卷、《后汉书》百卷^②,皆朱笔加圈批。虽极忙,亦须了本日功课,不以昨日耽搁而今日补做,不以明日有事而今日预做。诸弟若能有恒如此,则虽四弟中等之资,亦当有所成就,况六弟、九弟上等之资乎?

【注释】

①纯熟:指在某方面熟练、精通,达到很高的境界。

②王荆公:即王安石。见前注。王安石曾被封荆国公。归震川:即为归有光(1507—1571),字熙甫,号震川。明代散文家,著有《震川先生文集》。《诗经大全》:一名《诗传大全》,又名《诗集传大全》。明胡广等奉敕编撰。系《五经大全》之一,成书于永乐十三年(1415)。颁行天下,成为明代科举考试的标准之一。

【译文】

为学之道无穷无尽,总归以有恒为主。为兄往年极没恒心,近年略为好一些,而还没到纯熟的境界。从七月初一日起,至今则没有一天间断过:每天临帖一百字,抄书一百字,看书至少二十页,超过则不说。从七月起,到现在已经看过《王荆公文集》一百卷、《归震川文集》四十卷、《诗经大全》二十卷、《后汉书》一百卷,都用朱笔加圈点批注。即使很忙,也要了结当天的功课,不因昨天耽搁了而今天补做,也不因明天有事而今天预先做。弟弟们如果能这样坚持,那即便是四弟中等的资质,也应当有所成就,更何况六弟、九弟那样的上等资质呢?

明年肄业之所,不知已有定否?或在家,或在外,无不可者。谓在家不可用功,此巧于卸责者也。吾今在京,日日事务纷冗①,而犹可以不间断,况家中万万不及此间之纷冗乎?

【注释】

①纷冗:纷乱繁杂。

【译文】

明年读书的地方，不知定下来没有？或者在家，或者在外，都无不可。说在家不好用功，这是巧于推卸责任。我现在京城，天天事务纷繁杂乱，都可以做到不间断，何况弟弟们在家绝对比不上我这里繁忙呢？

树堂、筠仙自十月起，每十日作文一首，每日看书十五页，亦极有恒。诸弟试将朱子《纲目》过笔圈点，定以有恒，不过数月即圈完矣。若看注疏[①]，每经亦不过数月即完。切勿以家中有事而间断看书之课，又弗以考试将近而间断看书之课。虽走路之日，到店亦可看；考试之日，出场亦可看也。

【注释】

①注疏：注和疏的并称。注是对经书字句的注解，又称"传"、"笺"、"解"、"章句"等；疏是对注的注解，又称"义疏"、"正义"、"疏义"等。注、疏内容关乎经籍中文字正假、语词意义、音读正讹、语法修辞，以及名物、典制、史实等。宋人将"十三经"之汉注唐疏合刊，"注疏"之称始流行。

【译文】

树堂、筠仙从十月起，每十天作文一篇，每天看书十五页，也很能坚持。弟弟们试着把朱子《纲目》过一遍，用笔圈点，下决心坚持，不过几个月的时间就可以圈点完。如果看注疏，每种经书不过几个月就能看完。千万不要因为家里有事就间断看书的课程，也不要因为考试将近就间断看书的课程。即便是出门的时候，到旅店也都可以看；考试期间，出了考场也可以看。

兄日夜悬望,独此"有恒"二字告诸弟,伏愿诸弟刻刻留心。幸甚幸甚!

兄国藩手草。

【译文】

为兄我日夜牵挂,只将这"有恒"二字告诉弟弟们,愿弟弟们时时刻刻留心。那就太幸运了!

兄国藩亲笔。

十二月十四日　致祖父母书

孙国藩跪禀祖父母大人万福金安:

十一月二十二日发十三号信。廿九日祖母大人寿辰,孙等叩头遥祝。寓中客一席,次日请同县公车一席。

【译文】

孙儿国藩跪禀祖父母大人万福金安:

十一月二十二日发出第十三封家信。二十九日祖母大人寿辰,孙儿等叩头遥祝。寓中请了一桌客,第二天又请同县进京赶考的举人吃了一次酒席。

初七日皇上御门①,孙得转补翰林院侍读。所遗侍讲缺,许乃钊补升②。侍讲转侍读,照例不谢恩,故孙未具折谢恩③。

【注释】

①御门：清代皇帝在宫门听政，称"御门"。顺治时御太和门，康熙时改御乾清门。御门时，凡王公大臣、大学士、内阁学士、各部院、九卿、科、道、侍卫、记注诸官皆侍班；凡奏事、题本、除授、引见，皆在此举行。雍、乾两朝，俱仍其制，咸丰以后，此典遂废。清王士祺《居易录谈》卷上："御门听政，冬春辰初三刻，夏秋辰正三刻。"震钧《天咫偶闻·皇城》："盖国初御门之典，在太和门。后改御乾清门，因亦移入，即唐代之常朝也。常朝五日一举，故御门五日为期。"参阅《清通典·礼·嘉二》《清文献通考·王礼四》。

②许乃钊（1799—1878）：字信臣，号贞恒，又号讯岑、讯臣，晚号邃翁，浙江钱塘（今杭州）人。道光十五年（1835）进士，历任翰林院编修、河南学政、广东学政。咸丰三年（1853）任江苏巡抚，兼江南大营帮办，此后辗转兵间，屡落屡起。咸丰七年（1857）以三品顶戴帮办江南军务。次年，补光禄寺卿。咸丰十年（1860），因江南大营被太平军攻破，许被革职回籍。后病卒。著有《武备辑要》、《荒政辑要》、《安澜纪要》、《回澜纪要》、《乡守辑要合钞》等书。

③具折：备拟奏折。

【译文】

初七日皇上御门，孙儿我得转补翰林院侍读。所空出来的侍讲一缺，由许乃钊补升。侍讲转侍读，照例不谢恩，所以孙儿我没有具折谢恩。

今冬京中未得厚雪。初九日设三坛求雪，四、五、六阿哥诣三坛行礼①，皇上亲诣太高殿行礼②。十一日即得大雪。

天心感召，呼吸相通③，良可贺也。

【注释】

①阿哥：清代皇子的通称。清梁章钜《称谓录·皇诸子》："诸皇子亦有称阿哥者，知阿哥当为皇子之通称。"

②太高殿：皇家道观名。在今北京景山前街西部，与紫禁城西北角楼隔筒子河相望。是皇室演练道教科仪的场所，也是明、清两代皇帝祷告上天、求雨祈晴的地方。

③呼吸：指精神方面的感应，多指人神之际。

【译文】

今年冬天京城没有下厚雪。皇家在初九日设三坛求雪，四、五、六阿哥到三坛行礼，皇上亲自到太高殿行礼。十一日就求来了大雪。上天感应到了皇家的虔诚，天人精神相通，真是可喜可贺。

孙等在京平安。曾孙读书有恒，惟好写字，见闲纸则乱画，请其母钉成本子。孙今年用度尚宽裕，明年上半年尚好，至五月后再作计。昨接曾兴仁信，知渠银尚未还。孙甚着急，已写信去催，不知家中今年可不窘迫否？

【译文】

孙儿等在京城平安。您二老的曾孙子读书也能坚持，最喜欢写字，一看见闲置的纸就乱写乱涂，请他母亲钉成本子。孙儿我今年用度还宽裕，明年上半年还可以，到五月以后再作打算。日前接到曾兴仁的信，得知他借的银子还没有还。孙儿很着急，已经写信去催，不知道家里今年困难不？

同乡京官皆如故，冯树堂、郭筠仙在寓亦好。

【译文】

同乡京官都是老样子,冯树堂、郭筠仙在我寓内也好。

荆七自五月出去,至今未敢见孙面,在同乡陈洪钟主事家①,光景亦好。若使流落失所,孙亦必宥而收恤之②。特渠对人言,情愿饿死,不愿回南,此实难处置。孙则情愿多给银两,使他回去,不愿他在京再犯出事。望大人明示以计,俾孙遵行。

【注释】

①陈洪钟:湖南长沙人,寄籍山西安邑。道光二十年(1840)进士,历官刑部郎中、宜昌知府、施南知府、郧阳知府。

②宥:宽恕。收恤:收容,怜恤。

【译文】

荆七自五月出走,至今不敢见孙儿的面,他现在同乡陈洪钟主事家里,情形也还好。假使他流离失所,孙儿也一定原谅他并收留怜恤他。只是他跟人家说,情愿饿死,也不愿回湖南,这实在难以处置。孙儿则情愿多给银两,让他回去,不愿他在京城再惹事。希望大人明白指示我如何做,让孙儿遵照执行。

四弟等自七月寄信来后,至今未再得信,孙甚切望。

【译文】

四弟等自七月寄信来后,至今没有信来,孙儿非常盼望。

严太爷在京引见①,来拜一次。孙回拜一次,又请酒,渠未赴席。此人向有狂妄之名。孙己亥年在家，一切不与之计较，故相安于无事。大约明春可回湘乡任。

孙谨禀。

【注释】

①严太爷：即严丽生。见前注。

【译文】

严太爷在京引见，来拜访过孙儿一次。孙儿回拜过他一次，又请酒席，他没来赴宴。他这个人向来有狂妄的名声。孙儿己亥年在家，一切不和他计较，所以相安无事。他大约明年春天可回湘乡任上。

孙儿谨禀。

十二月十八日　致诸位老弟书

诸位老弟足下：

十四日发十四号家信，因折弁行急，未作书与诸弟。十六早接到十一月十二所发信，内父亲一信、四位老弟各一件。是日午刻又接九月十二所寄信①，内父亲及四、六、九弟各一件，具悉一切。不胜欣幸！

【注释】

①午刻：指十一点至十三点。

【译文】

诸位老弟足下：

十四日发第十四封家信，因为信差走得急，没有写信给弟弟们。十六日早上接到十一月十二日所发的信，里边有父亲一封信、四位老弟信各一封。当天午时又接到九月十二日所寄的信，里边有父亲及四、六、九弟信各一封，一切情况都已知道。我欢喜得不行！

　　曹石樵明府待我家甚为有礼①，可感之至。兹寄一信去。西坤四位②，因送项太简致生嫌隙。今虽不复形之口角③，而其心究不免有觖望。故特作信寄丹阁叔，使知我家光景亦非甚裕者。贤弟将此信呈堂上诸大人，以为开诚布公否？如堂上诸大人执意不肯送去，则不送亦可也。

【注释】

①曹石樵：即为曹笏，号石樵，江西南昌人。道光十五年（1835）进士。道光二十四年（1844）三月署湘乡县令，道光二十五年（1845）二月卸任。明府：县令的美称。本是汉、魏以来对郡守牧尹的尊称，又称"明府君"。汉亦有以"明府"称县令之例，唐以后多用以专称县令。

②西坤：又作"西冲"。见前注。

③形之口角：言语争吵。

【译文】

　　曹石樵明府对我家人很有礼貌，真是感谢之至。我现在寄一封信给他。西坤那边四位，因为所送钱财太薄而产生矛盾。现在虽然不再言语争吵，但他们内心终究不免有些埋怨。所以我特意写信寄给丹阁叔，让他们知道我家的情形也不是很宽裕。弟弟们将这封信呈给堂上大人们，看看是否开诚布公？如果堂上大人坚决不肯送去，就不送也可以的。

四弟之诗又有长进，第命意不甚高超^①，声调不甚响亮。命意之高，须要透过一层。如说考试，则须说科名是身外物，不足介怀，则诗意高矣。若说必以得科名为荣，则意浅矣。举此一端，余可类推。腔调则以多读诗为主，熟则响矣。

【注释】

①第：只是。

【译文】

四弟的诗又有进步，只是立意不太高远，声调不很响亮。立意高，要透过一层意思说。如果说考试，便应该说科名是身外之物，不必介意，诗意也就高了。如果说一定要得科名方以为荣，那意思就浅了。单举这一个例子，其他的可以类推。腔调则以多读诗为主，诗读得熟，腔调也就响亮。

去年树堂所寄之笔，亦我亲手买者。"春光醉"目前每支大钱五百文，实不能再寄。"汉璧"尚可寄。然必须明年会试后乃有便人回南，春间不能寄也。五十读书固好^①，然不宜以此耽搁自己功课。女子无才便是德，此语不诬也^②。

【注释】

①五十：曾国藩侄女，曾国潢女儿名。

②不诬：不假。

【译文】

去年托树堂寄的笔，也是我亲自买的。"春光醉"目前每支值大钱五百文，实在不能再寄。"汉璧"还可以寄。但必须明年会试以后才可托人顺便带回南方，春季不能寄了。五十读书固然是好，但是不应因此耽搁了自己的功课。女子无才便是德，这话是不会错的。

　　常家欲与我结婚，我所以不愿者，因闻常世兄最好恃父势作威福，衣服鲜明，仆从烜赫①，恐其家女子有宦家骄奢习气，乱我家规，诱我子弟好佚耳②。今渠再三要结婚，发甲五八字去③。恐渠家是要与我为亲家，非欲与弟为亲家，此语不可不明告之。贤弟婚事，我不敢作主，但亲家为人何如，亦须向汪三处查明④。若吃鸦片烟，则万不可对。若无此事，则听堂上各大人与弟自主之可也。所谓翰堂秀才者⑤，其父子皆不宜亲近。我曾见过，想衡阳人亦有知之者。若要对亲，或另请媒人亦可。

【注释】

①烜赫：显赫，气焰嚣张。

②好佚：贪图享受，好逸恶劳。

③甲五：曾国潢长子曾纪梁小名。

④汪三：不详。

⑤翰堂秀才：不详。

【译文】

　　常家想要和我家结儿女亲家，我之所以不愿意，是因为听说常家的公子最喜欢依仗他父亲的权势作威作福，穿衣总是过于华丽，仆人前呼后拥，气焰嚣张，我怕他家的女子也有做官人家的骄傲奢靡习气，破坏了我家的家规，引诱我家子弟走向贪图享受、好逸恶劳的路子。现在他再三要结亲，把甲五的八字发过去。恐怕他家是要与我结亲家，而不是想与弟弟结为亲家，这话我不能不明白相告。贤弟结亲的事，我不敢做主，但是亲家为人怎么样，也要先到汪三那边查问清楚。如果吃鸦片烟，那万万不可结亲。如果没有这件事，那就听堂上各位大人与贤弟自主好了。那个所谓的翰堂秀才，他们父子两人都不宜亲近。我曾经见过他们，想必衡阳当地人也有知道他们底细的。如果要对亲，或者可以另外请媒人。

　　六弟九月之信，于自己近来弊病颇能自知，正好用功自医，而犹曰"终日泄泄"①，此则我所不解者也。家中之事，弟不必管。天破了自有女娲管，洪水大了自有禹王管，家事有堂上大人管，外事有我管，弟只安心自管功课而已，何必问其他哉？

【注释】

①泄（yì）泄：弛缓，懈怠。《诗经·大雅·板》："天之方蹶，无然泄泄。"朱子《集传》："泄泄，犹沓沓也；盖弛缓之意。"

【译文】

　　六弟九月的信，对自己近来的毛病颇有自知之明，正好趁此自己用功克治，还说什么"终日浑噩无所事事"，这便是我所不能明白的了。家里的事情，弟弟们不必去管。天破了自有女娲去补，洪水大了自有禹王去治，家里的事有堂上大人管，外边的事有我管，弟弟们只应安心管好自己的功课就好，何必要过问其他事情呢？

　　至于宗族姻党，无论他与我家有隙无隙①，在弟辈只宜一概爱之敬之。孔子曰："泛爱众而亲仁②。"孟子曰："爱人不亲反其仁，礼人不答反其敬③。"此刻未理家事，若便多生嫌怨,将来当家立业,岂不个个都是仇人? 古来无与宗族乡党为仇之圣贤,弟辈万不可专责他人也。

【注释】

①隙:嫌隙,矛盾。

②泛爱众而亲仁:语出《论语·学而》。朱子集注:"泛,广也。众,谓众人。亲,近也。仁,谓仁者。"

③爱人不亲反其仁,礼人不答反其敬:语出《孟子·离娄上》:"孟子曰:'爱人不亲反其仁,治人不治反其智,礼人不答反其敬。行有不得者,皆反求诸己,其身正而天下归之。'"朱子集注:"我爱人而人不亲我,则反求诸己,恐我之仁未至也。智敬放此。"

【译文】

至于宗族姻亲,不管他和我们家有嫌隙还是没有嫌隙,对于弟弟们来说,你们都应一概地敬爱他们。孔子说:"广泛地爱众人,亲近有仁德的人。"孟子说:"我爱别人,别人却不亲近我,我当反躬自省,是不是自己的仁爱还不够;我以礼待人,别人却不理睬我,我当反躬自省,是不是自己还不够恭敬。"现在还没有管理家事,如果便生出许多嫌怨来,那将来当家立业,岂不个个都是仇人? 自古以来就没有和宗族、乡党结仇的圣贤之人,弟弟们千万不要总是指责别人啊。

十一月信言现看《庄子》并《史记》,甚善。但作事必须有恒,不可谓考试在即,便将未看完之书丢下。必须从首至尾,句句看完。若能明年将《史记》看完,则以后看书不可限量,不必问进学与否也。贤弟论袁诗、论作字亦皆有所见①,然空言无益,须多做诗多临帖乃可谈耳。譬如人欲进京,一步不行,而在家空言进京程途,亦何益哉? 即言之津津,人谁得而信之哉？

【注释】

①袁诗：袁枚的诗歌作品。袁枚（1716—1797），字子才，号简斋，晚
　号随园老人。清代诗人、散文家，代表作品有《小仓山房集》《随
　园诗话》等。

【译文】

十一月的来信中说眼下正在看《庄子》和《史记》，很好。但做事必须持之以恒，不能因为马上要考试了，便把没有看完的书丢下。必须从头到尾，一句一句地看完。如果明年能够把《史记》看完，那么以后看书便是不可限量了，犯不着去问是否能进学。贤弟你讨论袁枚的诗和书法，也都有见解，但是说空话全无益处，必须自己多作诗、多临帖，才可以谈心得体会。比方说有人要进京城，却一步路也不走，只在家里空口说进京的旅程如何如何，这又有什么用呢？即使说得唾沫横飞，又有谁会相信呢？

九弟之信所以规劝我者甚切，余览之不觉毛骨悚然。然我用功，实脚踏实地，不敢一毫欺人。若如此做去，不作外官，将来道德文章必粗有成就。上不敢欺天地祖父，下不敢欺诸弟与儿子也。而省城之闻望日隆，即我亦不知其所自来。我在京师，惟恐名浮于实，故不先拜一人，不自诩一言，深以过情之闻为耻耳。

【译文】

九弟在来信中对我的规劝都很切中要害，我看了之后不觉为之毛骨悚然。但我用功，实在是脚踏实地，一丝一毫都不敢欺骗别人。如果

这样做下去，即使不做外官，将来在道德文章方面想必也能小有成就。上不敢欺骗天地祖父，下不敢欺骗各位弟弟与家中晚辈。而我在省城的声望一天比一天高，就连我自己也不知道这究竟是怎么回事。我在京城，只怕名过于实，所以不先拜访一个人，不自吹一句话，实在是以超过实际情况的称许为可耻。

　　来书写大场题及榜信①，此间九月早已知之。惟县考案首、前列及进学之人，则至今不知。诸弟以后写信，于此等小事及近处族戚家光景，务必一一详载。季弟信亦谦虚可爱，然徒谦亦不好，总要努力前进。此全在为兄者倡率之②。余他无可取，惟近来日日有恒，可为诸弟倡率。四弟、六弟纵不欲以有恒自立，独不怕坏季弟之样子乎？

【注释】

①大场：明、清时称乡试试场，亦指乡试。

②倡率：率先从事，引导。

【译文】

　　来信写大场题目和榜信，这里九月就早已经知道了。至于县考案首、前列几名和进学的人都是谁，到现在还不知道。弟弟们以后写信，在这些小事情以及附近本家亲戚的情况，务必一一详细写明。季弟的信也谦虚可爱，然而只是谦虚也不好，总要努力前进才行。这全在做哥哥的倡导和以身作则。我，别的方面没有可取的，只有近来天天坚持一项，可以作弟弟们的表率。四弟、六弟即使不想以持之以恒自立，难道不怕季弟跟着样子学坏吗？

　　昨十六日卓秉恬拜大学士①，陈官俊得协办大学士②。

自王中堂死后③,隔三年,大学士始放人,亦一奇也。

书不尽宣。

兄国藩手具。

【注释】

①卓秉恬(1782—1855):字静远,号海帆,四川华阳人。嘉庆七年
　(1802)进士,历任兵部尚书、户部尚书、吏部尚书、协办大学士、
　文渊阁大学士、武英殿大学士等职。卒赠太子太保,谥文端。

②陈官俊(1782—1849):字伟堂,山东潍县(今潍坊)人。嘉庆十三
　年(1808)进士,历任吏部侍郎、工部尚书、礼部尚书等职。道光
　二十四年(1844),以吏部尚书协办大学士。道光二十九年
　(1849)卒,赠太子太保,谥文悫。

③王中堂:即为王鼎。道光十八年(1838)授东阁大学士,道光二十
　二年(1842)卒于任上。

【译文】

日前十六日卓秉恬官拜大学士,陈官俊得任协办大学士。从王中
堂死后,隔三年,大学士才任命人选,也是一大怪事。

写不尽写。

兄国藩亲笔。

道光二十五年乙巳

二月初一日　　致四位老弟书

四位老弟足下:

去年十二月廿二日寄去书函谅已收到。顷接四弟信,

谓前信小注中误写二字。其诗比即付还，今亦忘其所误谓
何矣。

【译文】

四位老弟足下：

　　去年十二月二十二日寄出的书信想必已经收到。刚接到四弟的
信，说前信小注中写错了两个字。那首诗马上寄回，但现在也忘了到底
是哪里写错了。

　　诸弟写信总云仓忙。六弟去年曾言城南寄信之难，每
次至抚院赍奏厅打听云云①，是何其蠢也！静坐书院，三百
六十日，日日皆可写信，何必打听折差行期而后动笔哉？或
送至提塘，或送至岱云家，皆万无一失，何必问了无关涉之
赍奏厅哉？若弟等仓忙，则兄之仓忙殆过十倍，将终岁无一
字寄家矣。

【注释】

①抚院：指巡抚衙门。明、清时巡抚例兼都察院右副都御史或右佥
　都御史衔，故称。赍奏厅：其职责是负责把基层的奏章整理归
　档，然后送达朝廷。

【译文】

　　弟弟们写信总说太过忙碌。六弟去年曾说在城南书院寄信的困
难，每次要到巡抚衙门赍奏厅打听，这是有多愚蠢啊！静坐书院，三百
六十天，天天都可写信啊，何必打听信差的行期再动笔呢？或者送到提
塘那里，或者送到陈岱云家，都万无一失，何必去问半点儿关系也没有
的赍奏厅呢？如果说弟弟们很忙碌，那为兄我的忙碌比你们又何止十

倍,那岂不是整年没有一个字寄给家里。

送王五诗第二首①,弟不能解,数千里致书来问。此极虚心,余得信甚喜。若事事勤思善问,何患不一日千里?兹另纸写明寄回。

【注释】

①王五:即曾国藩妹夫王率五。曾国蕙之夫。

【译文】

送给王率五的第二首诗,弟弟看不明白,几千里外写信来问。这是极其虚心之事,我见到信很开心。如果每一件事都能勤于思考善于发问,何怕没有一日千里的进步?现在我专门找张纸写明白寄回去。

家塾读书,余明知非诸弟所甚愿,然近处实无名师可从。省城如陈尧农、罗罗山,皆可谓明师,而六弟、九弟又不善求益。且住省二年,诗文与字皆无大长进。如今我虽欲再言,堂上大人亦必不肯听。不如安分耐烦,寂处里间①,无师无友,挺然特立②,作第一等人物。此则我之所期于诸弟者也。昔婺源汪双池先生一贫如洗③,三十以前在窑上为人佣工画碗。三十以后读书,训蒙到老,终身不应科举。卒著书百余卷,为本朝有数名儒。彼何尝有师友哉?又何尝出里间哉?余所望于诸弟者,如是而已,然总不出乎"立志"、"有恒"四字之外也。

【注释】

①里间:里巷,乡里。

②特立：独立，挺立。

③婺源：原属安徽微州府，即今江西婺源。汪双池：即为汪绂（1692—1759），初名烜，字灿人，号双池、重生，安徽婺源人。乾隆年初诸生。少时家贫，佣于江西景德镇为画碗之役。苦学成名，著述颇富。

【译文】

在家塾读书，我明知弟弟们不很愿意，但附近实在没有名师可以追随。省城如陈尧农、罗罗山，都可说是名师，而六弟、九弟又不大善于求学。况且住省城两年，诗文和字都没有多大长进。如今即使我想再帮着说话，堂上大人也一定不肯听。不如少安勿躁，寂处乡间，没有老师也没有朋友，坚定而独立，做第一等人物。这是我所期待于弟弟们的。过去婺源的汪双池先生家贫如洗，三十岁以前在窑上为别人帮工画碗。三十岁以后读书，教书到老，终身不参加科举考试。最终写了一百多卷书，为本朝数得着的名儒。他何尝有良师益友呢？又何尝走出过家乡？我所期待于弟弟们的，如此而已，不外乎"立志"、"有恒"四字。

买笔付回，刻下实无妙便，须公车归乃可带回，大约府试、院试可得用，县试则赶不到也。诸弟在家作文，若能按月付至京，则余请树堂看。随到随改，不过两月，家中又可收到。

书不详尽，余俟续具。

兄国藩手草。

【译文】

买笔寄回家，眼下实在没有方便的人可以托付，要等进京应试的举人回去才能带回，大约府试、院试可以用上，县试估计赶不上。弟弟们在家写文章，如能按月寄到京城，那我便请冯树堂看。随到随改，不过两个月，家中就可收到改过的文章了。

信写得不详尽，其余等以后再写。

兄国藩亲笔。

三月初五日　致四位老弟书

四位老弟足下：

二月有折差到京，余因眼蒙，故未写信。三月初三接到正月廿四所发家信，无事不详悉。忻喜之至！此次眼尚微红，不敢多作字，故未另禀堂上。一切详此书中，烦弟等代禀告焉。

【译文】

四位老弟足下：

二月有信差到京城，我因为眼蒙，所以没有写信。三月初三日接到正月二十四日所发家信，没有一件事不详细知悉。我高兴得很！这次眼睛还微微发红，不敢多写字，所以没有另外写信禀呈堂上大人。一切都详细写在这封信里，麻烦弟弟们代为禀告堂上大人。

去年所寄银，余有分馈亲族之意。厥后屡次信问，总未详明示悉。顷奉父亲示谕，云皆已周到，酌量减半。然以余所闻，亦有过于半者，亦有不及一半者。下次信来，务求九弟开一单告我为幸。

【译文】

去年寄回家的银钱,我有分赠亲戚族人的意思。后来多次写信询问,总是没有详细告知。刚刚接到父亲亲笔信,说都已经处理周到,酌量减少一半。但据我所听说,也有超过一半的,也有不到一半的。下次来信,恳求九弟列一个单子告诉我为好。

受恬之钱,既专使去取,余又有京信去,想必可以取回,则可以还江岷山、东海之项矣①。岷山、东海之银,本有利息,余拟送他高丽参共半斤,挂屏、对联各一付,或者可少减利钱,待公车归时带回。

【注释】

①江岷山、东海:二人为曾国藩的舅父,曾母江太夫人的兄弟。

【译文】

受恬的钱,既已专门派人去取,我又从京城寄信去,想必可以拿回,这样就可以还江岷山、东海的钱了。问岷山、东海借的钱,本是有利息的,我打算送他们半斤高丽参,挂屏、对联各一副,或许可以稍稍减少一些利息钱,等进京赶考的举人回家时带回。

父亲手谕要寄银百两回家,亦待公车带回。有此一项,则可以还率五之钱矣。率五想已到家,渠是好体面之人,不必时时责备他,惟以体面待他,渠亦自然学好。

【译文】

父亲来信要寄一百两银子回家,也等进京赶考的举人带回去。有了这一笔，就可以还率五的钱了。率五想必已经到家，他是好体面的人，不必时时责备他，只以体面对待他，他也自然会学好。

兰姊买田，可喜之至！惟与人同居，小事要看松些，不可在在讨人恼①。

【注释】

①在在：处处，方方面面。

【译文】

兰姐买田，真是太好了！只是和人住一起，小事情要看轻一点儿，不能处处讨人嫌。

欧阳牧云要与我重订婚姻，我非不愿，但渠与其妹是同胞所生，兄妹之子女犹然骨肉也。古者婚姻之道，所以厚别也，故同姓不婚。中表为婚，此俗礼之大失。譬如嫁女而号泣，奠礼而三献①，丧事而用乐，此皆俗礼之失，我辈不可不力辨之。四弟以此义告牧云，吾徐当作信覆告也。

【注释】

①三献：古代祭祀时献酒三次，即初献爵、亚献爵、终献爵，合称"三献"。《仪礼·聘礼》："荐脯醢，三献。"

【译文】

欧阳牧云要和我做儿女亲家，亲上加亲，我不是不愿意，但他和他妹妹是同胞所生，兄妹的子女好比亲骨肉。古人的婚姻大道，是看重区别的，所以同姓之间不通婚。表兄妹结婚，是俗礼的大错。如嫁女时哭泣，祭礼用三献，办丧事奏乐，都是俗礼的大错，我们不能不力辨其非。四弟且将这个意思告诉牧云，我过些时候也会再写信答复他。

　　罗芸皋于二月十八日到京①，路上备尝辛苦，为从来进京者所未有。于廿七日在圆明园正大光明殿补行复试。湖南补复试者四人。余在园送考，四人皆平安，感余之情。今年新科复试，正场取一等三十七人，二、三等人数甚多。四等十三人，罚停会试二科。补复者一等十人，二、三等共百六十人。四等五人，亦罚停二科。立法之初，无革职者，可谓宽大。湘乡共到十人。邓铁松因病不能进场②。渠吐血是老病，或者可保无虞③。

【注释】

①罗芸皋：即为罗天阊，字开九，别字云皋，号西塘，湖南湘潭人。有《周易补注》、《学古初稿》、《西堂草》等著作传世。

②邓铁松：即为邓鹤龄，字铁松，湖南湘乡人。道光十二年（1832）举人。道光二十五年（1845），病逝于由京还湘道中。

③无虞：平安无事。

【译文】

　　罗芸皋于二月十八日到京，路上尝尽了辛苦，是从来进京城的人所没有遭遇过的。二十七日在圆明园正大光明殿举行复试补考。湖南复试补考的共四人。我到园送考，四个人都平安，对我有感激之情。今年新科复试，正场取一等三十七人，二、三等人数很多。四等十三人，罚停会试二科。复试补考，一等十人，二、三等共一百六十人。四等五人，也罚停二科。立法之初，没有革职一项，可以说是宽大了。湘乡一共到了十个人。邓铁松因生病不能进场。他吐血是老毛病，或者并没有什么危险。

芸皋所带小菜、布匹、茶叶俱已收到，但不知付物甚多，何以并无家信？四弟去年所寄诗已圈批寄还，不知收到否？汪觉庵师寿文大约在八月前付到。五十已纳征礼成①，可贺可贺！朱家气象甚好，但劝其少学官款，我家亦然。

【注释】

①纳征：即纳币。古代婚礼六礼之一。《仪礼·士昏礼》："纳征，玄纁、束帛、俪皮，如纳吉礼。"郑玄注："征，成也，使使者纳币以成昏礼。"贾公彦疏："纳此，则昏礼成，故云征也。"

【译文】

家里托芸皋带的小菜、布匹、茶叶都已收到，只是不明白托寄许多东西，怎么却没有家信？四弟去年寄来的诗我已圈批寄回，不知道收到了没？汪觉庵老师的祝寿文大约在八月前寄到。五十侄女已行纳征之礼，可喜可贺！朱家气象很好，只是劝他少学官样，我们家也一样。

啸山接到咨文①，上有祖母已没字样，甚为哀痛，归思极迫。余再三劝解，场后即来余寓同住。我家共住三人。郭二于二月初八到京②，复试二等第八。上下合家皆清吉。余耳仍鸣，无他恙。内人及子女皆平安。树堂榜后要南归，将来择师尚未定。

【注释】

①咨文：旧时公文的一种。多用于同级官署或同级官阶之间。

②郭二：即为郭嵩焘的二弟郭崑焘。郭崑焘（1823—1882），原名先梓，字仲毅，自号意诚，又作"翊臣"，晚号樗叟，湖南湘阴人。道

光二十四年(1844)举人。咸丰间参湘抚张亮基、骆秉章等幕府，叙功赏国子监助教衔，晋内阁中书、四品卿。著有《云卧山庄诗集》等。

【译文】

朱啸山接到咨文，上面有祖母已经去世字样，极为哀痛，思归心切。我再三劝解，出考场后就来我家一起住。我家一共住了三人。郭二在二月初八日到京城，复试成绩二等第八。上下全家都很好。我还是耳鸣，没有别的毛病。我妻子和儿女都平安。冯树堂发榜后要回南方去，将来选择谁做纪泽的老师还没确定。

六弟信中言功课在廉让之间，此语殊不可解。所需书籍，惟《子史精华》家中现有①，准托公车带归。《汉魏百三家》京城甚贵②，余已托人在扬州买，尚未接到。《稗海》及《绥寇纪略》亦贵③，且寄此书与人，则必帮人车价，因此书尚非吾弟所宜急务者，故不买寄。元、明名古文尚无选本，近来邵蕙西已选元文，渠劝我选明文，我因无暇尚未选。古文选本，惟姚姬传先生所选本最好。吾近来圈过一遍，可于公车带回。六弟用墨笔加圈一遍可也。

【注释】

①《子史精华》：清康熙帝命允禄、吴襄等编纂的一部类书。分三十部二百八十类，专门摘取子部、史部，以及少数经部、集部书中有关社会、自然、学术文化等方面的名言佳句汇集成册。

②《汉魏百三家》：即《汉魏六朝百三家集》。明代张溥编选。是一部中国古代诗文总集。以明代张燮《七十二家集》为基础，兼采冯惟讷《诗纪》、梅鼎祚《文纪》，集中收录上起汉代贾谊，下至隋

代薛道衡的作品共一〇三家。

③《稗海》：笔记丛书。明商濬辑。所收多野史稗乘、杂识漫录，起自晋张华《博物志》，止于元蒋子正《山房随笔》。《绥寇纪略》：清初吴伟业撰。记述明末农民战争的史书。

【译文】

六弟信中说功课在廉让之间，这话真不好理解。所需的书籍，只有《子史精华》是家里现有的，准定托进京赶考的举人带回。《汉魏六朝百三家集》，京城卖得太贵，我已托人在扬州买，还没有收到。《稗海》和《绥寇纪略》两种书也很贵，况且托人寄这种书，是一定要帮人家分担车费的，因这两种书还不是弟弟你现在急需读的，所以就不买了往回寄。元、明两朝的名家古文还没有选本，近来邵蕙西已经选过元文，他劝我选明文，我因没空还没有选。古文选本，只有姚姬传先生所选的本子最好。我近来圈点过一遍，可托进京赶考的举人带回。六弟你也用墨笔加圈一遍吧。

九弟诗大进，读之为之距跃三百①，即和四章寄回。树堂、筠仙、意诚三君②，皆各有和章。诗之为道，各人门径不同，难执一己之成见以概论。吾前教四弟学袁简斋，以四弟笔情与袁相近也。今观九弟笔情，则与元遗山相近。吾教诸弟学诗无别法，但须看一家之专集，不可读选本以汩没性灵。至要至要！吾于五七古学杜、韩③，五七律学杜④。此二家无一字不细看。外此则古诗学苏、黄⑤，律诗学义山⑥。此三家亦无一字不看。五家之外，则用功浅矣。我之门径如此，诸弟或从我行，或别寻门径，随人性之所近而为之可耳。

【注释】

①距跃三百:语出《左传·僖公二十八年》:"距跃三百,曲踊三百。"
　杜预注:"距跃,超越也。"形容欢呼雀跃的样子。

②意诚:即为郭嵩焘,号意城,又作"翅臣"。见前注。

③杜、韩:即杜甫、韩愈。

④杜:即杜甫。

⑤苏、黄:即苏轼、黄庭坚。

⑥义山:即为李商隐(813—858),字义山,号玉溪生。晚唐诗人,有
　《李义山诗集》。

【译文】

　　九弟写诗大有进步,我读过之后为弟欢喜雀跃,马上和了四章寄回去。树堂、筠仙、意城三个人,也都各有和诗。写诗之道,每个人的路子都不相同,很难用个人的成见来概括一切。我从前教四弟学袁简斋,是因为四弟和袁风格相近。现在我看九弟的风格,和元遗山相近。我教弟弟们学诗,没有别的方法,只要看一家的专集,不可以读选本,把自己的个性和灵气全弄没了。这点极其重要!我写五古和七古学杜、韩两家;五律、七律学杜。这两家没有一个字不仔细看的。此外,古体诗我学苏、黄,律诗我学李义山。这三家我也是没有一个字不看的。五家以外的诗,我用的功夫就浅了。我学诗的路子就这样,弟弟们或者跟着我的路子走,或者另外找路子,随自己的性情所近去做就好。

　　余近来事极繁,然无日不看书。今年已批韩诗一部,正月十八批毕。现在批《史记》,已三分之二,大约四月可批完。诸弟所看书望详示。邻里有事,亦望示知。

　　国藩手草。

【译文】

我近来事务繁忙极了，但没有一天不看书。今年已经批阅韩诗一部，正月十八日批完的。现在批阅《史记》，已经有三分之二了，大约四月可以批完。弟弟们所看的书，希望详细告诉我。邻里乡间有什么事情，也希望告知。

国藩亲笔。

四月十五日　致父母书

男国藩跪禀父母亲大人：

男于三月初六日蒙恩得分会试房①，四月十一日发榜出场，身体清吉，合室平安。所有一切事宜写信交折差先寄。兹因啸山还家，托带纹银百两、高丽参斤半、《子史精华》六套、《古文辞类纂》二套、《绥寇纪略》一套②，皆六弟信要看之书。

【注释】

①分会试房：指出任会试时分房阅卷的考官。清代科举考试，南闱和北闱的同考官都分为十八房，分住东、西经房，负有分房阅卷之责，故称"分房"。

②《古文辞类纂》：清代姚鼐编的各类文章总集，成书于乾隆四十四年(1779)，是代表"桐城派"散文观点的一部选本。全书七十五卷，选录战国至清代的古文，依文体分为论辨、序跋、奏议、书说、赠序、诏令、传状、碑志、杂记、箴铭、颂赞、辞赋、哀祭十三类。书首有序目，略述各类文体的特点、源流及其义例。

【译文】

儿国藩跪禀父母亲大人：

儿子我于三月初六日蒙皇上恩典得了会试分房阅卷官差事，四月十一日发榜出场，身体健康，全家平安。所有一切事宜写信交给信差先寄回家。现因啸山回家，托他带纹银一百两、高丽参斤半、《子史精华》六套、《古文辞类纂》两套、《绥寇纪略》一套，都是六弟来信要看的书。

高丽参，男意送江岷山、东海二家六两，以冀少减息银①。又送金竺虔之尊人二两②，以报东道之谊。听大人裁处。男尚办有送江家、金家及朱岚暄挂屏，俟郭筠仙带回。又有寿屏及考试笔等物，亦俟他处寄回。

余俟续具。

男谨禀。

【注释】

①少：稍微。

②尊人：对他人或自己父母的敬称。

【译文】

高丽参，儿子我的意思，送江岷山、东海两家六两，希望借此减少一些利息钱。又送金虔竺的父亲二两，以报答他做东道主的情谊。听大人裁夺。儿子我还办有送江家、金家和朱岚暄的挂屏，等郭筠仙带回去。另有寿屏及考试用笔等，也等他回湖南的时候托他带回。

其余的等下次再禀告。

儿谨禀。

四月十五日 　致四位老弟书

四位老弟足下：

　　三月初六日,余发第二号家信。是日皇上天恩,余得会试分房差。即于是日巳刻入闱①,十三日始阅卷。十八房每位分卷二百七十余②,至廿三日,头场即已看毕。廿四看二、三场,至四月初四皆看完。各房荐卷多少不等③,多者或百余,少者亦荐六十余卷。余荐六十四卷,而惟余中卷独多,共中十九人,他房皆不能及。十一日发榜,余即于是早出闱④。在场月余极清吉,寓内眷口小大平安⑤。出闱数日,一切忙迫,人客络绎不绝。

【注释】

①入闱:指科举考试时考生或监考人员等进入考场。

②十八房:明会试、清会试及乡试,十八名同考官分房批阅"五经"试卷,故称"十八房"。清顾炎武《日知录·十八房》:"今制,会试用考试官二员总裁,同考试官十八员,分阅五经,谓之十八房。"《文献通考·选举》:"顺天乡试,仍照旧例,其外省乡试……大省十八房。"清赵翼《陔余丛考·十八房》:"本朝会试及京闱乡试,所用同考官凡十八员,谓之十八房。按,分经本始于宋理宗绍定二年,但不载房数。今之十八房,盖沿前明制也……《易》《诗》各五房,《书》四房,《春秋》《礼记》各二房,共十八房,相沿已久。"参阅《清史稿·选举志三》。

③荐卷:科举考试中被选荐的试卷。

④出闱:旧时指科举考试结束后考生或监考人员离开试院。

⑤眷口：家眷。

【译文】

四位老弟足下：

　　三月初六日，我发出第二封家信。这天，承蒙皇上天恩，我得到会试分房阅卷官差事。就在当天巳刻进考场，十三日开始阅卷。十八房每位阅卷官分到二百七十多份卷子，到二十三日，头场的卷子就已看完。二十四日看二场、三场的卷子，到四月初四日全都看完。各房推荐的卷子多少不等，多的或者百多卷，少的也有六十多卷。我推荐了六十四卷，而只有我推荐的卷子中了的最多，共中十九人，是其他房不能比的。十一日发榜，我就在当天早上出考场。在考场一个多月身体健康，寓内家眷人丁大小平安。出考场这几天，一切很忙碌，客人络绎不绝。

　　朱啸山于四月十六日出京。余寄有纹银百两、高丽参一斤半，书一包：内《子史精华》六套、《古文辞类纂》二套、《绥寇纪略》一套，到家日查收。别有寿屏及笔等项尚未办齐，待郭筠仙带归。

【译文】

　　朱啸山于四月十六日从京城离开。我托他带回纹银一百两、高丽参一斤半，书一包：内有《子史精华》六套、《古文辞类纂》两套、《绥寇纪略》一套，到家时请查收。另有寿屏和笔等东西还没有办齐，等郭筠仙带回。

　　十四日新进士复试，题"君子喻于义"①，"赋得'竹箭有筠'得'行'字"。我县谢吉人中进士后，因一切不便，故邀来在余寓住。

【注释】

①君子喻于义：语出《论语·里仁》："子曰：'君子喻于义，小人喻于利。'"

【译文】

十四日新进士复试，题目是"君子喻于义"，"赋得'竹箭有筠'得'行'字"。我县谢吉人中进士后，因各方面不方便，所以邀他住在我家中。

十五日接三月初十日家信，内有祖父、父亲、叔父手谕及诸弟诗文并信。其文，此次仅半日，忙不及改，准于下次付回。

【译文】

十五日接三月初十日家信，内有祖父、父亲、叔父亲笔信以及诸位弟弟的诗文和信。弟弟写的文章，因这次只有半天时间，忙得来不及改，准定在下次寄回。

四弟之信所问，盖窦牟、窦庠、窦巩兄弟①，皆从昌黎游，去年所写"牟尼"，实误写"尼"字也。汪双池先生灿系雍正年间人，所著有《理学逢源》等书。

【注释】

①窦牟、窦庠、窦巩兄弟：唐代窦氏兄弟，扶风平陵人。窦牟，字贻周。德宗贞元二年（786）进士，历官虞部郎中、洛阳令、泽州刺史。与兄窦常，弟窦群、窦庠、窦巩合著《窦氏联珠集》。

【译文】

四弟来信所问的，是窦牟、窦庠、窦巩兄弟，都追随昌黎问学，去年信里所写"牟尼"，实际上是误写"尼"字。汪双池先生灿是雍正年间人，他的著作有《理学逢源》等。

郭筠仙、翊臣兄弟及冯树堂俱要出京①，寓内要另请先生，现尚未定。草布一二，祈贤弟代禀堂上各位大人。今日上半天已作一函呈父亲大人，交朱啸山，大约六月可到。

兄国藩手草。

【注释】

①翊臣：即为郭嵩焘（1823—1882）。

【译文】

郭筠仙、翊臣兄弟及冯树堂都要离开京城，家里要另外请先生，现在还没有定。草草写了几句，希望贤弟代为禀告堂上各位大人。今日上半天已写了一封信呈父亲大人，交给了朱啸山，大约六月可以到。

兄国藩亲笔。

四月廿四日　致四位老弟书

四位老弟左右：

四月十六日曾写信交折弁带回，想已收到。十七日朱啸山南归，托带纹银百两、高丽参一斤半、书一包计九套。

【译文】

四位老弟左右：

四月十六日曾写信交信差带回，想必已经收到。十七日朱啸山回湖南，托他带纹银一百两、高丽参一斤半、书一包共九套。

　　兹因冯树堂南还，又托带寿屏一架、狼兼毫笔二十枝、鹿胶二斤、对联条幅一包，内金年伯耀南四条、朱岚暄四条、萧辛五对一幅、江岷山母舅四条、东海舅父四条、父亲横披一个、叔父折扇一柄①。乞照单查收。

【注释】

①金年伯耀南：即金竺虔的父亲金耀南。

【译文】

　　现因冯树堂回湖南，又托他带寿屏一架、狼兼毫笔二十枝、鹿胶二斤、对联条幅一包，内有：金年伯耀南四条、朱岚暄四条、萧辛五对联一副、江岷山母舅四条、东海舅父四条、父亲横批一个、叔父折扇一柄。请照单查收。

　　前信言送江岷山、东海高丽参六两，送金耀南年伯参二两，皆必不可不送之物，惟诸弟禀告父亲大人送之可也。

【译文】

　　前不久的信上说送江岷山、东海高丽参六两，送金耀南年伯参二两，都是一定要送的，只是弟弟们要禀告父亲大人再送。

　　树堂归后，我家先生尚未定。诸弟若在省得见树堂，不可不殷勤亲近。亲近愈久，获益愈多。

【译文】

　　树堂回去后，我家老师还没有定。弟弟们如果在省城遇见树堂，不可不殷勤亲近。亲近越久，受益越多。

今年湖南萧史楼得状元①，可谓极盛。八进士皆在长沙府。黄琴坞之胞兄及令嗣皆中②，亦长沙人也。

余续具。

兄国藩手草。

【注释】

①萧史楼：即为萧锦忠（1803—1854），原名衡，字黼平，号史楼，湖南茶陵人。道光二十五年（1845）状元，官授翰林院修撰，掌修国史。因两弟相继身亡，乞归侍养双亲，闭门著书，不再出仕。咸丰四年（1854）冬，在家烤炭火中毒而死。著有《舆地汇参》、《自然斋时文诗赋》。

②黄琴坞：即为黄辅辰（1798—1866），字琴坞，贵州贵筑人，原籍湖南醴陵。道光十五年（1835）进士，历官吏部主事、郎中、验封司员外郎、陕西凤邠盐法道。咸丰时，曾在贵筑办团练。著有《营田辑要》、《小酉山房文集》等。其兄黄辅相、子黄彭年，皆中道光二十五年（1845）进士。

【译文】

今年湖南萧史楼得了状元，可说盛况空前。八个进士都是长沙府的。黄琴坞的胞兄及儿子都考中，也是长沙府人。

其余的以后再写。

兄国藩亲笔。

五月初五日　致四位老弟书

四位老弟足下：

四月十六日，余寄第三号交折差，备述进场阅卷及收门生诸事,内附寄会试《题名录》一纸。十七日朱啸山南旋,余寄第四号信,外银一百两、书一包计九函、高丽参一斤半。廿五日冯树堂南旋,余寄第五号家信,外寿屏一架、鹿胶二斤一包、对联条幅扇子及笔共一布包。想此三信,皆于六月可接到。

【译文】

四位老弟足下:

　　四月十六日,我寄出第三封家信,交给信差,详细叙述进场阅卷及收门生等方面的事情,里头附寄有会试《题名录》一纸。十七日朱啸山回南方,我托他寄第四封家信,此外有银子一百两、书一包共九函、高丽参一斤半。二十五日冯树堂回南方,我托他寄第五封家信,外加寿屏一架、鹿胶二斤一包、对联条幅扇子和笔一布包。想必这三封信,都在六月可以接到。

　　树堂去后,余于五月初二日新请李竹坞先生名如箴,永顺府龙山县人,丁酉拔贡,庚子举人。教书①。其人端方和顺②,有志性理之学③,虽不能如树堂之笃诚照人④,而已为同辈所最难得者。

【注释】

①李竹坞:即为李如箴,湖南永顺府龙山县人。道光十七年(1837)拔贡,道光二十年(1840)举人。曾国藩曾延聘其为家塾教师,教授曾纪泽。又作"李竹屋"。

②端方:庄重正直。

③性理之学:指宋儒程朱派理学。

④照人：指能以赤诚之心待人。

【译文】

树堂走后，我在五月初二日新请李竹坞先生名如笔，永顺府龙山县人，丁酉拔贡，庚子举人。教书。他为人庄重正直、和善温顺，有志于性理之学，虽然比不上树堂切实忠诚肝胆照人，但已经是同辈中最难得的了。

初二早，皇上御门办事。余蒙天恩，得升詹事府右春坊右庶子①。次日具折谢恩，蒙召见于勤政殿，天语垂问共四十余句。是日同升官者：李菡升都察院左副都御史②，罗惇衍升通政司副使③，及余共三人。

【注释】

①右春坊：机构名。詹事府内部机构之一，设右庶子、右中允、右赞善等官，俱满、汉各一人。原职掌东宫讲读笺奏，惟雍正以后不立太子，詹事府无辅导皇太子之职事，乃从事记注、纂修，充文武殿试掌卷官、廷试阅卷官等。

②李菡（？—1863）：字丰垣，号滋园，直隶宝坻（今天津宝坻）人。道光二年（1822）进士，历任翰院林编修、礼部侍郎、兵部侍郎、仓场侍郎、工部侍郎、吏部侍郎、工部尚书等职。卒谥文恪。都察院：明、清时的中央监察机构。左副都御史：官名。清代都察院次官，协助正官左都御史综理院事。满、汉各二人，秩正三品。

③罗惇衍（1814—1874）：字椒生，广东顺德人。道光十五年（1835）进士，历任翰林院编修、四川学政、侍讲、侍读学士、户部尚书、工部尚书、武英殿总裁、翰林院掌院学士等职。卒谥文恪。一生崇尚理学，与倭仁齐名。著有《集义编》、《庸言》、《孔子集语》等。通政司副使：官名。通政使司的副职。通政使司简称"通政司"，

是明、清时期的官署名。清代通政使司的主要职责是收纳各省题本，校阅后送交内阁。查有题本不合规制的，揭送内阁参办；如题本有逾限期的，则须移文有关部门议办。在京各衙门的一切奏本，不分公私，也均须送通政使司呈进。因宋有通进银台司掌接受四方章奏案牍，故别称为"银台"。

【译文】

初二日早上，皇上御门办事。我蒙受皇上的恩德，得以升职为詹事府右春坊右庶子。第二天具折谢恩，在勤政殿蒙恩召见，皇上下问共四十多句。这一天一起升官的：李菡升都察院左副都御史，罗惇衍升通政司副使，和我共三人。

余蒙祖、父余泽，频叨非分之荣①。此次升官，尤出意外。日夜恐惧修省②，实无德足以当之。诸弟远隔数千里外，必须匡我之不逮，时时寄书规我之过③，务使累世积德不自我一人而堕，庶几持盈保泰，得免速致颠危④。诸弟能常进箴规⑤，则弟即吾之良师益友也。而诸弟亦宜常存敬畏，勿谓家有人作官，而遂敢于侮人；勿谓己有文学，而遂敢于恃才傲人。常存此心，则是载福之道也⑥。

【注释】

①叨：承受。

②修省：修身反省。

③规：规劝，劝说。

④颠危：失败，覆灭。

⑤箴规：劝诫规谏。

⑥载福：承受福惠。汉焦赣《易林·坎之乾》："宏张四国，载福

绥厚。"

【译文】

我蒙祖父、父亲积下的恩泽，多次承受非分的荣耀。这次升官，尤其出乎意料。日夜恐惧修身自省，觉得实在没有德行足以担当此任。弟弟们远隔几千里之外，必须纠正我的不足，时时寄信提醒我不犯错误，务必使世代累积的美德不由我一人而堕落，或许可以持盈保泰，以免迅速招致失败和覆灭之灾。弟弟们能够经常规劝我，那么你们就是我的良师益友。而弟弟们也要常存敬畏之心，不要以为家里有人做官，就敢欺侮人；不要以为自己有学问有才华，就敢恃才傲人。常存这样的敬畏之心，那是承载福惠的大道。

今年新进士善书者甚多①，而湖南尤甚。萧史楼既得状元，而周荇农寿昌去岁中南元，孙芝房鼎臣又取朝元②，可谓极盛。现在同乡诸人讲求词章之学者固多，讲求性理之学者亦不少，将来省运必大盛。

【注释】

①善书：擅长书法。

②朝元：清代朝考名次分一、二、三等，一等第一名称"朝元"。参阅《清会典事例》卷三六、商衍鎏《清代科举考试述录》第三章第四节。

【译文】

今年的新进士擅长书法的很多，湖南籍的更是如此。萧史楼中状元，而周荇农寿昌去年中南元，孙芝房鼎臣又得朝元，可以说是盛况空前。现在同乡之人讲求词章之学的固然很多，讲求性理之学的也不少，将来我省气运一定很旺盛。

余身体平安，惟应酬太繁，日不暇给，自三月进闱以来，至今已满两月，未得看书。内人身体极弱，而无病痛。医者云必须服大补剂，乃可回元①。现在所服之药，与母亲大人十五年前所服之白术黑姜方略同②，差有效验。儿女四人皆平顺，婢仆辈亦如常。

【注释】

①回元：康复。

②白术：一种菊科多年生草本植物，单叶，狭长，花紫色，头状花序。其根茎可用作中药，味甘苦，性温，健脾和中，主治脾虚食少倦怠等症。

【译文】

我身体平安，只是应酬太多，日不暇给，自三月进考场以来，到现在已满两个月，不能看书。我妻子身体很弱，但没有病痛。医生说必须服用大补药，才能康复。现在吃的药，和母亲大人十五年前所服的白术黑姜方大致相同，还算有效果。儿女四人都平安，婢女仆人也都是老样子。

去年寄家之银两，屡次写信求将分给戚族之数目详实告我，而至今无一字见示，殊不可解。以后务求四弟将账目开出寄京，以释我之疑。又余所欲问家乡之事甚多，兹另开一单，烦弟逐条对是祷。

兄国藩草。

【译文】

去年寄回家的银两，屡次写信要求把分给亲戚族人的数目详细告诉我，然而至今没有一个字给我看，真不理解。恳求四弟日后务必将账目明细列清楚，寄给我，以解除我的疑惑。另外我想问家乡的事很多，现另开一个单子，麻烦弟弟逐条回答，甚盼。

兄国藩亲笔。

五月廿九日　　致父母书

男国藩跪禀父母亲大人膝下：

五月初六日，男发第六号家信后，十七日接到诸弟四月廿二日在县所发信。欣悉九弟得取前列第三，余三弟皆取前廿名。欢慰之至！

【译文】

儿国藩跪禀父母亲大人膝下：

五月初六日，儿子我寄出第六封家信后，十七日收到弟弟们四月二十二日在县城发的信。得知九弟考中了第三名，其余三个弟弟也都考进了前二十名。我高兴得不行！

诸弟前所付诗文到京，兹特请杨春皆改正付回①。今年长进甚远，良可忻慰。向来六弟文笔最矫健，四弟笔颇笨滞，观其《为仁矣》一篇，则文笔大变，与六弟并称健者②。九弟文笔清贵，近来更圆转如意。季弟诗笔亦秀雅。男再三审览，实堪怡悦。

【注释】

①杨春皆：即为杨汝麟，一作"汝霖"，字春垓，又作"春皆"，湖南新

化人。由教习官知县,工书法。与曾国藩相友善。

②健者:能手,好手,有本事的人。

【译文】

弟弟们上次寄到京城的诗文,现特请杨春皆改正并寄回。弟弟们今年长进非常大,令人感到欣慰。一直以来,六弟的文笔最矫健,四弟的文笔很笨拙拖沓,现在看了四弟的这篇《为仁矣》,感觉文笔有很大变化,简直和六弟一样可以称为行家里手。九弟的文笔历来清新高贵,最近又变得流利自然。季弟的文笔也非常清秀雅致。这些诗文我再三阅读,确实赏心悦目。

　　男在京平安。十六、七偶受暑①,服药数帖,禁荤数日而愈,现已照常应酬。男妇服补剂已二十余帖,大有效验。医人云虚弱之症,能受补则易好。孙男女及合室下人皆清吉。

【注释】

①受暑:即中暑。有的方言叫发痧。

【译文】

儿子我在京城一切平安。十六、七日偶然中暑,吃了几服药,忌了几天荤便好了,现在已经能够像往常那样应酬。您儿媳妇已经吃了二十多服补药,效果非常好。医生说身体虚弱这种病症,能受补就会很容易好起来。您孙子孙女还有住在一起的下人们都平安。

　　长沙馆于五月十二日演戏、题名①,状元、南元、朝元三匾,同日张挂,极为热闹,皆男总办,而人人乐从。头门对联云②:"同科十进士,庆榜三名元。"可谓盛矣。

【注释】

①长沙馆：指长沙会馆。

②头门：正门。

【译文】

长沙会馆在五月十二日演戏并题匾，状元、南元、朝元三张匾，在同一天内张挂，非常热闹，这些事情都是由儿子我主持操办，其他人也都愿意听从儿子指挥。头门的对联是："同科十进士，庆榜三名元。"真可谓盛况空前。

同县邓铁松在京患吐血病，甚为危症，大约不可挽回。同乡有危急事，多有就男商量者，男效祖大人之法，银钱则量力佽助，办事则竭力经营。

【译文】

同县的邓铁松在京城患吐血病，病情很重，应该是没救了。在京同乡遇到危急的事情，大多会来找儿子我商量，儿子我效仿祖父大人的做法，钱财方面量力而助，办事方面则竭尽全力。

严丽生取九弟置前列，男理应写信谢他，因其平日官声不甚好，故不愿谢。不审大人意见何如？

【译文】

严丽生把九弟的名次录取到前列，儿子我理应写信感谢他，但因他平时为官的名声不是很好，所以不想给他写信致谢。不知道父亲大人意下如何？

我家既为乡绅，万不可入署说公事，致为官长所鄙薄。即本家有事，情愿吃亏，万不可与人构讼①，令官长疑为倚势凌人。

伏乞慈鉴。

男谨禀。

【注释】

①构讼：告状，打官司。

【译文】

我们家既然是乡绅，就千万不要到衙门上去说公事，免得让地方官鄙视。即便是家中出事，宁可吃亏，也不要与人到衙门去打官司，免得让地方官怀疑我家仗势欺人。

恳求父母亲大人明鉴。

儿谨禀。

六月十九日　致父母书

男国藩跪禀父母亲大人万福金安：

五月三十日发第七号家信，内有升官谢恩折及四弟、九弟、季弟诗文，不知到否？

【译文】

儿国藩跪禀父母亲大人万福金安：

儿子我五月三十日发出第七封家信，里头有升官谢恩折和四弟、九弟、季弟的诗文，不知收到了没有？

　　男于五月中旬出瘟疹①，服药即效，已全愈矣，而余热未尽，近日头上生癣，身上生热毒②，每日服银花、甘草等药。医云："内热未散，宜发出，不宜遏抑。身上之毒，至秋即可全好。头上之癣，亦不至蔓延。"又云："恐家中祖莹上有不洁处③，虽不宜挑动④，亦不可不打扫。"男以皮肤之患，不甚经意，仍读书应酬如故，饮食起居一切如故。男妇服附片、高丽参、熟地、白术等药⑤，已五十余日，饭量略加，尚未十分壮健，然行事起居亦复如常。孙男女四人并皆平安。家中仆婢皆好。

【注释】

①瘟疹：指病人身上有斑或疹等症状的急性传染病，如猩红热、斑疹伤寒等。

②热毒：中医病症名。即温毒。指火热病邪郁结成毒。也是疗疮、丹毒、热疖等急性热病的统称。

③祖莹：祖坟。

④挑动：指挖土挑坟。

⑤附片：中药名。取乌头块根炮制而成。属温里药，性味大辛大热，有温阳逐寒之效。熟地：中药名。经过蒸晒的地黄，又叫"熟地黄"。

【译文】

　　儿子我在五月中旬出瘟疹，吃药马上见效，已经好了，但余热没有退尽，近日头上生癣，身上生热毒，每天吃银花、甘草这些药。医生说："内热没有散，应让它发出来，不宜压下去。身上的热毒，到秋天就能好全。头上的癣，也不至于蔓延。"又说："恐怕祖坟上有不干净的地方，虽说不宜挑坟动土，但也不可以不打扫干净。"儿子我认为只是皮肤病，不很放在心上，仍和从前一样读书、应酬，饮食起居一切照旧。您儿媳妇吃附片、高丽参、熟地、白术等药，已经五十多天，饭量稍微增加，还不是十分健壮，但起居做事也一切照常。您孙儿孙女四个都平安。家里的婢女仆人也都好。

前有信言寄金年伯高丽参二两，此万不可少，望如数分送。去年所送戚族银，男至今未见全单。男年轻识浅，断不敢自作主张，然家中诸事，男亦愿闻其详，求大人谕四弟将全单开示为望。

【译文】

此前有信说寄金年伯高丽参二两，这万万不可少，希望如数分送与他。去年送亲戚族人的银子，儿子我至今没有见到全部清单。儿子我年纪轻见识浅，绝不敢自作主张，但家中的各种事情，我还是想详细知道，求大人命四弟把全部清单开出来给我看为盼。

诸弟考试，今年想必有所得。如得入学，但择亲属拜客，不必遍拜，亦不必请酒，盖恐亲族难于应酬也。

【译文】

弟弟们参加考试，今年想必会有收获。如果能被录取入学，只选择亲属拜客，不必全都拜，也不必请酒，因为怕亲戚族人难于应酬。

同县邓铁松之病略好，男拟帮钱送他回家，但不知能至家否。宝庆公车邹柳溪死①，一切后事皆男经理。谢吉人、黄麓西皆分发江苏^②,周子佩、夏阶平皆分吏部主事^③。

【注释】

①邹柳溪:即为邹兴愚,字子哲,号柳溪,祖籍湖南新化县,客居陕西紫阳县。道光二十年(1840)举人。

②黄麓西:即为黄廷瓒,字士岱,号麓溪,一作"麓西",湖南益阳人。道光二十五年(1845)进士,官南宁知府,晋按察使衔。

③周子佩:即为周辑瑞,字子佩,湖南善化(今长沙)人。道光二十五年(1845)进士,历任吏部主事、文选司员外郎、镇江知府。夏阶平:即为夏家泰,字阶平,湖南善化(今长沙)人。道光二十五年(1845)进士,官至延津邝道,署福建按察使。

【译文】

同县邓铁松的病情略有好转,儿子我准备资助他钱送他回家,但不知道能送到家不。宝庆府进京赶考的举人邹柳溪死了,所有后事都由儿子我办理。谢吉人、黄麓西两人分发江苏做官,周子佩、夏阶平两人分派到吏部主事的差事。

曾受恬去年所借钱,不知已寄到否? 若未到,须专人去取,万不可再缓。如心斋亦专差,则两家同去;如渠不专差,则我家独去。家中近日用度何如? 男意有人做官,则待邻里不可不略松,而家用不可不守旧。不知是否?

男国藩谨禀。

【译文】

曾受恬去年所借的钱,不知道已经寄到家没有? 如果没有到,要专人去取,万万不可再迟了。如果心斋也派专差,那么两家一起去;如果他不派专差，那我家单独去。家中近日花销怎样？儿子我的意思是家里既然有人做官，那对待邻里不可以不略为宽松一些，而家里的开销不可以不照老样子。不知对不对？

儿国藩谨禀。

七月初一日　　致父母书

男国藩跪禀父母亲大人万福金安：

六月廿一日，男发第八号家信，不审到否？中言头上生癣，身上生热毒云云。近日请医细看，头上亦非癣也，皆热毒耳。用生地煮水长洗①，或用熬浓汁厚涂患处即愈。现在如法洗涂，大有效验。盖本因血热而起，适当郁蒸天气而发②，生地凉血而滋润，所以奏功③。特此告知，望大人放心。

【注释】

①生地：中药名。"生地黄"的简称。未经蒸制的地黄的根，有退热、止血等作用。

②郁蒸：闷热。

③奏功：奏效。

【译文】

儿国藩跪禀父母亲大人万福金安：

六月二十一日，儿子我发第八封家信，不知道到了没有？信里说头上生癣，身上生热毒等等。近日请医生仔细看，头上也不是癣，都还是热毒。用生地煮水长洗，或者用生地熬浓汁厚厚地涂抹患处就好。现在依法洗涤涂抹，很有效果。大概本就是因为血热而起，恰好在闷热天气而生，生地药性凉血而滋润，所以奏效。特此告知，希望大人放心。

　　寓中大小平安。陈岱云之妾于廿二日到京。其幼子寄在男处养者，渠已于廿四日接归自养。同乡各家并皆如旧。李双圃先生象鹍由贵州藩台进京，奉旨以三品京堂候补①。虽在渠为左迁②，而湖南多一京官，亦自可喜。

【注释】

①京堂：清代对某些高级官员的称呼。如都察院、通政司、詹事府、国子监及大理、太常、太仆、光禄、鸿胪等寺的长官，概称"京堂"。在官文书中称"京卿"，一般为三品、四品官。中叶以后，成为一种虚衔。

②左迁：贬官，降职。

【译文】

　　家里大小平安。陈岱云的妾在二十二日到京。他寄养在我这里的小儿子，已在二十四日接回家自己养。同乡各家都是老样子。李双圃先生象鹍从贵州藩台任上调进京城，奉旨以三品京堂身份候补。对他而言虽然是降职，但湖南多了个京官，也是可喜之事。

　　今年考试，想四位老弟中必有入泮者。然世事正难逆料①，万一皆不得售，则诸弟必牢骚抑郁、愤懑不平，此亦人之情也。如果郁忧②，则问四弟、六弟、九弟三人中或有愿进京者，不妨来京一游。可以广耳目、豁心胸，可以叙兄弟之乐，亦男所甚望也。如诸弟不愿来，则不必强，恐其到京而急于思归也。如有一位入学者，则亦不必。恐家中既办印卷③，又办途费，银钱艰窘也。如皆不进而诸弟又甚愿来，则望大人张罗途费，毋阻其愤发之志而遏其抑郁之气，幸甚。

如季弟愿来,则须有一兄同来乃妥。

【注释】

①逆料:预料。

②郁忧:抑郁,忧闷。

③办印卷:指准备印卷费。清代科举,乡试、会试皆设有印卷官,负责印卷之事。童试亦须印考卷,多由府学、县学学书为之。生员入学之后,须付给两学及学书礼金,谓之印卷费。

【译文】

今年考试,四位老弟中想必有能录取入学的。然而世事很难预料,万一都没考中,那弟弟们一定会牢骚抑郁、愤懑不平,这也是人之常情。如果抑郁忧愁,那么问四弟、六弟和九弟三人中有谁希望进京城的,不妨来京城一游。既可以增长见识、开阔心胸,又可以一叙兄弟友爱之乐,也是儿子我所希望的。如果弟弟们不愿意来,那就不必勉强,恐怕他们到了京城而又急于想回家。如果有一位能录取入学,那也不必来京。担心家中既要办理印卷,又要筹集路费,银钱方面艰难窘迫。如果都没考上而弟弟们又很愿意来,那么希望大人张罗路费,不要阻止他们激昂的志向而使胸中抑郁无处发泄,如此才好。如季弟愿意来,则必须有一个哥哥一同来才妥当。

邓铁松病势日危,恐不复能回南。屡劝之勿服药,渠皆不听。今之病,皆药误之也。

【译文】

邓铁松病情日益危险,恐怕再不能生还南方了。儿子我多次劝他不要吃药,他都不听。现在的病,都是被药耽误的。

去年大人教男写字不宜斜脚，男近日已力除此弊。自去年六月起，无论行楷大小字皆悬腕悬肘，是以力足而不精致，伏求大人教训。

男谨禀。

【译文】

父亲大人教我写字不要斜脚，儿子近日已经努力去掉这个弊端。从去年六月开始，无论写行楷书大小字，都悬腕悬肘，所以才力道很足但不精致，恳请大人教导。

儿谨禀。

七月十六日　　致父母书

男国藩跪禀父母亲大人万福金安：

六月廿一日发第八号家信，七月初二日发第九号信，想俱收到。十四日接到四弟在省发信，内有大人手谕，具悉一切。不胜欣慰！家乡一切近事及去年分赠之项，至是始昭然明白矣。

【译文】

儿国藩跪禀父母亲大人万福金安：

六月二十一日发第八封家信，七月初二日发第九封信，想必都已经收到。十四日接到四弟在省城发的信，里边有大人亲笔信，一切情况都已知道。我很欣慰！家乡一切近事以及去年分赠亲戚的款项，到这时才清楚地明白。

男在京平顺，惟身上热毒至今未好。其色白，约有大指头大一颗，通身约有七八十颗，鼻子两旁有而不成堆，余皆成堆，脱白皮痂，发里及颈上约二十余颗，两胁及胸腹约五十余。现以治癣之法治之。有效与否，尚不敢必。幸喜毫无他病，饮食起居如常，读书习字应酬亦如常。

【译文】

儿子我在京城平安，只有身上的热毒至今未好。它的颜色是白的，约有大拇指大小一颗，全身约有七八十颗，鼻子两旁有但是不成堆，其他地方都成了堆，脱白色的痂皮，从头发里到脖子上约二十多颗，两胁和胸腹大约五十多颗。现在用治癣的方法治。是否有效，还不敢确定。幸好没有其他疾病，饮食起居还是老样子，读书习字应酬也照旧。

男妇服补剂渐好。孙儿读《尔雅》后，读《诗经》已至《凯风》^①。朔望行礼^②，颇无失仪^③。孙女及合寓皆平安。

【注释】

①《凯风》：《诗经》篇名。属十五国风之《邶风》。取首句"凯风自南"之"凯风"二字为篇名。

②朔望：朔日和望日。旧历每月初一日和十五日。

③失仪：不符合礼节仪式，没有礼貌。

【译文】

您儿媳妇服补药，身体渐渐好转。您孙儿读完《尔雅》之后，读《诗经》已经读到《凯风》。朔望之日行礼，很不失仪。您孙女和全家都平安。

　　荆七在陈宅,光景尚好。男想叫他回来,不好安置,他亦觍颜不愿回来①。若男得主考、学政,或放外官,则一定叫他回来,带他上任。京官毫无出息。陈宅有小印结分②,故荆七在陈宅比我家好些。男已将此意告荆七,乞家中并告渠兄弟也。

【注释】

①觍颜:厚颜。

②印结:盖有印章的保证文书。结,表示负责或承认了结的字据。《清会典事例·吏部·投供验到》:"初选官,投互结并同乡京官印结。候补官,止投原籍印结及京结。"此指出具印结所得的酬金。《官场现形记》第二七回:"每月印结分的好,也不过几十两银子。"

【译文】

　　荆七在陈家,光景还好。儿子想叫他回来,不好安置,他也是厚颜不愿意回来。如果儿子得主考、学政,或者放外官,那一定叫他回来,带他上任。京官没有丝毫额外收益。陈家有小印结分,所以荆七在陈家比在我家好些。儿子已经将这个想法告诉荆七,请家中一并告诉他的兄弟。

　　前次写升官信未详职守。詹事府本是东宫辅导太子之官①,因本朝另设有上书房教阿哥,故詹事府诸官毫无所事,不过如翰林院为储才养望之地而已②。男居此职,仍日以读书为业。

【注释】

①东宫:指封建时代太子所居住的宫殿阁。借指太子本人。

②养望:培养声誉虚名。

【译文】

上次汇报升官的信没有详细描述职守。詹事府本是东宫辅导太子的官,因为本朝另设置有上书房教阿哥,所以詹事府的诸位官员毫无所事,不过像翰林院是储备人才培养声望的地方罢了。儿子身在这一职务,仍然每天以读书为业。

汪觉庵师寿文准于八月折差付回。温甫弟生子不育①,想不免伤感。然男三十始生子,六弟今年二十三耳,叔父母不必忧虑。四弟与常家对亲甚好。男拟寄挽联一付挽常老太姻母②,亦在下次寄回。

【注释】

①不育:指夭折。

②姻母:对兄弟的岳母的称呼。

【译文】

汪觉庵老师的祝寿文一准在八月托信差带回。温甫弟生子而夭折,想来不免伤感。然而儿子我三十岁才生儿子,六弟今年不过二十三岁,叔父母不必忧虑。四弟与常家结亲很好。儿子拟寄去挽联一副祭奠常府老太姻母,也在下次寄回。

同乡诸家如旧。惟何子贞脚痛已久,恐仓卒难好①。邓铁松病亦难好。余俱平安。

男谨禀。

【注释】

①仓卒：此指短时间内。

【译文】

同乡各家还是老样子。只是何子贞脚疼痛已久，恐怕一时间好不了。邓铁松的病也难好。其他都平安。

儿谨禀。

七月三十日　致四位老弟书

四位老弟足下：

七月十六发第十号家信，想已收到。廿九日折差到京，问之，系七月十一在省起行。维时诸弟正在省①，想是府考将毕之时，岱云之弟及各家皆有信来京，而我弟无信来，何也？余自十四日接到澄侯六月廿三之信，不胜欣慰，日日望府考信到。乃折差至而竟无信，殊不可解。

【注释】

①维时：当时。

【译文】

四位老弟足下：

七月十六日发第十封家信，想必已经收到。二十九日信差到京城，问他，说是七月十一日从省城出发的。当时弟弟们正在省城，想是府考即将结束的时候，岱云的弟弟以及各家都有信来京城，而我弟弟没有信来，这是为什么呢？我从十四日接到澄侯六月二十三日的信，非常欣慰，天天盼望有关府考的信到京。竟然信差到了却没有信，真是无法理解。

余在京身体如常。前日之病，近来请医生姜姓名士冠细看①，云是肺胃两家之热发于皮毛，现在自头上、颈上以至腹下，无处无之。其大者如钱，小者如豆。其色白，以蜜涂之，则转红紫色，爬破亦无水。不喜着衣盖被，盖燥象也。此外毫无所病，一切饮食起居大小二便并皆如常。据姜医云，须用清凉药，使肺胃之热退尽，然后达于皮毛，不可求速效，两月内则可全好矣。言之甚为有理，余将守其说而不摇。

【注释】

①士冠：即为姜士冠。医师，道光二十五年（1845）曾为曾国藩治癣疾。

【译文】

我在京城身体如常。前几天的病，近来请一位姓姜名士冠的医生来仔细看，说是肺胃两处的热发到皮肤上，现在从头上、颈上直到腹下，没一处没生疮。大的像钱，小的如豆。它的颜色是白的，用蜂蜜涂，就转红紫色，搔破也不流水。不喜欢穿衣服盖被子，估计是燥热之象。除此之外什么毛病也没有，一切饮食起居、大便小便都很正常。据姜医生说，必须用清凉之药，使肺胃的热毒退完，然后到皮毛，不能求速效，两个月内就可以全部好了。说得很有道理，我将依照他的说法做而不动摇。

六弟之文，昨日始找出《乐道人之善》一首。其文甚有识见道理，准于下次折差带回。此外诸弟尚有文在京者否？若有，须写信来清出。

【译文】

六弟的文章,日前才找出《乐道人之善》一篇。这篇文章很有见识道理,一准在下次让信差带回去。此外弟弟们还有什么文章在京的吗?如果有,要写信让我清理出来。

汪觉庵师寿文,今日始作就,付回查收。若有不妥处,即请觉庵师改正可也。

【译文】

给汪觉庵老师写的祝寿文,今天才写好,现寄回,请查收。如果有不妥当的地方,就请觉庵老师自己改正。

邓铁松病势不轻,于八月初五日起行回南。此人利心甚炽①。余去年送大钱十千,今又送盘费十两,渠尚怏怏有觖望。

【注释】

①炽:过热,过旺。

【译文】

邓铁松病情不轻,在八月初五日起程回南方。这人利欲熏心。我去年送他大钱十千,现在又送他盘缠十两银子,他还不满有抱怨。

王荆七自去年来不常至我家,昨日因奉父亲大人之命,故唤他来。许他凡我得外差或外官,即带他出京。他现欢天喜地,常来请安。然自此次惩戒之后,想亦不敢十分鸥张矣①。

【注释】

①鸱张:嚣张。

【译文】

王荆七自去年以来不经常到我家,日前因为奉父亲大人的命令,所以叫他来。许诺他但凡我得到外差或外官,就带他出京。他现在欢天喜地,常来请安。但是从这次惩戒之后,想他也不敢十分嚣张了。

今年县前列第二名,是葛二一之子关一否①? 下次书来乞示我。

余俟续布。

兄国藩手具。

【注释】

①葛二一:湘乡人。余不详。关一:即为葛关一,湘乡人。道光二十五年(1845)湘乡县试,名列第二。余不详。

【译文】

今年县前列第二名,是葛二一的儿子关一吗? 下次写信来请告诉我。

其他的下次再说。

兄国藩亲笔。

八月廿一日　　致叔父母书

侄国藩谨启叔父母大人座下:

屡次家书,或呈祖、父,或寄诸弟,想叔父大人皆赐观览①,今年已寄十一次矣。而家中诸弟寄京信,侄每嫌其不详。平日在家时寄省无便,侄亦不怪。昨府考以六月十八到省,而折差七月初九进京,诸弟无信。八月初一折差进京,仅四弟一信,六弟、九弟、季弟皆无信。四弟信又太略。府考共考几场,每场是何题目,开点何人②,前列何人,皆不写一句。院考题目,考古题目,道案首及进学何人③,亦皆不写一句。去年考试亦如此。侄期望甚切,而毫不能得音信,真不可解。九弟前在京时,望家信亦甚切,而归去后,亦懒于寄信,何也?

【注释】

①赐:敬称别人对自己的指示、光顾、答复等,如赐教、赐览。

②开点:明、清科举考试,为防冒名顶替,进场须点名,散卷亦须点名。开点即第一个被点名。此处似指府考每场的第一名,属点名散卷性质。

③道案首:即院案首,指院试第一名。

【译文】

侄儿国藩谨启叔父母大人座下:

几次家信,有的呈给祖父和父亲,有的寄给弟弟们,想必叔父大人都已看过,今年已经寄了十一次。但家里几位弟弟寄到京城的信,侄儿我常嫌写得不够详细。平时在家,没有便人寄到省里,侄儿我也不怪罪。日前府考,六月十八日到省城,而信差七月初九日进京,弟弟们没有信来。八月初一日信差进京,仅四弟一封信,六弟、九弟、季弟都没有来信。四弟的信又太简单。府考一共考几场,每场是什么题目,开点是什么人,前列是什么人,都不写一句。院考题目,考古题目,道案首和进学是什么人,也都不写一句。去年考试也是如此。侄儿我盼望异常,却得不到丝毫音信，真是无法理解。九弟以前在京城时，盼望家信也十分迫切，但回老家之后，也懒得再寄信，这是为什么？

　　侄今年自五月来，满身热毒，烦燥之至，加以应酬最繁，而每次家信必详细言之。现在身上热毒，已服药四十余帖，尚未得好。据医者云虽无大害，然必至十一月乃能去尽。幸饮食起居如恒。因家中客多，不甚清净，于昨十八日移寓吕祖阁庙内①，离家不过半里，而在庙内起火食，无事从不归去。家中侄妇及侄孙、侄孙女三人，皆平安如常。侄孙《诗经》已读至《定之方中》②。同乡诸家亦皆如旧。同年中祁宿藻放湖北黄州府知府③。本家心斋仙逝，实为可哀。下次折差，必作书慰毅然宗伯④。

【注释】

①吕祖阁：在今北京和平门内半壁街路北，内供吕洞宾塑像，建于清初，是清代北京城著名道观。

②《定之方中》：《诗经》篇名。属十五《国风》之《鄘风》，取篇首"定之方中"四字为篇名。

③祁宿藻（? —1853）：字幼章，山西寿阳人。大学士祁隽藻之弟。与曾国藩同为道光十八年（1838）进士，历任编修、黄州知府、武昌知府、广东盐运使、广东按察使、湖南布政使、江宁布政使。咸丰三年（1853）太平军攻占江宁，祁宿藻卒于城上。黄州府：即今湖北黄冈。

④毅然宗伯：曾国藩同宗伯父曾大任，字毅然。曾广渊（号心斋）之父。宗伯，此指同宗的伯父。

【译文】

侄子今年自五月以来，满身热毒，烦躁至极，加上应酬很多，每次家信一定详细谈到。现在身上的热毒，已经服药四十多帖，还没见好。据医生说虽然没有大的妨害，但一定要到十一月才能够痊愈。幸好饮食起居如常。因为家中客人多，不很清净，日前在十八日移住吕祖阁庙里，离家不过半里，而在庙中起火做饭，没有事情从不回去。家中您侄媳妇和侄孙、侄孙女三人，都平安如常。您侄孙《诗经》已经读到《定之方中》。同乡各家也都老样子。同年中祁宿藻外放到湖北黄州府做知府。本家心斋死了，实在令人悲伤。下次信差到京，一定要写信安慰毅然宗伯。

四弟、六弟不审已进京否？若未来，仍须发奋，不可牢骚废学。

侄谨启。

【译文】

四弟、六弟不晓得是否已经上路进京？如果没有来，还是要发奋读书，不能因牢骚而荒废学业。

侄儿谨启。

九月十七日　　致叔父书

侄国藩谨启叔父大人座下：

八月廿二日发十二号家信，想已收到。九月十五、十七连到两折差，又无来信，想四弟、六弟已经来京矣。若使未来，则在省，还家时，将必书信寄京。

【译文】

侄儿国藩谨启叔父大人座下：

我八月二十二日发出第十二封信，想必已经收到。九月十五、十七日接连到了两次信差，又没有来信，想四弟、六弟已经出发来京城了。如果没有来，就在省城，回到家时，一定会写信寄来京城。

侄身上热毒，近日头面大减。请一陈姓医生，每早吃丸药一钱，又有小法术。已请来三次，每次给车马大钱一千二百文。自今年四月得此病，请医甚多，服药亦五十余剂，皆无效验。惟此人来，乃将面上治好，头上已好十分之六，身上尚未好。渠云不过一月即可全愈。侄起居如常，应酬如故，读书亦如故。惟不做诗文，少写楷书而已。侄妇及侄孙儿女皆平安。

【译文】

侄儿我身上的热毒，近来头上、脸上的大幅度减少。请一个姓陈的医生，每天早晨吃丸药一钱，又有小法术。已请来三次，每次给他车马费大钱一千二百文。自从今年四月得这病，请了很多医生，吃药也吃了五十多剂，都没有效果。只有这个人来，竟然将脸上的治好了，头上的也已经治好十分之六，身上的还没治好。他说不到一个月就可以完全治愈。侄儿我起居如常，应酬照旧，读书也照旧。只是不做诗和文，很少写楷书罢了。您侄媳妇及侄孙儿侄孙女都平安。

陈岱云现又有病，虽不似前年之甚，而其气甚馁，亦难骤然复元。湘乡邓铁松孝廉于八月初五出京①，竟于十一日卒于献县道中②。幸有江岷樵忠源同行③，一切附身附棺④，必诚必信。此人义侠之士，与侄极好。今年新化孝廉邹柳溪在京久病而死⑤，一切皆江君料理，送其灵榇回南。今又扶铁松之病而送其死，真侠士也。扶两友之枢行数千里，亦极难矣。侄曾作邹君墓志铭，兹付两张回家。今年七月忘付黄芽白菜子，八月底记出，已无及矣。

【注释】

①孝廉：科举时代的举人。

②献县：清属河间府，即今河北沧州。

③江岷樵：即为江忠源（1812—1854），字常孺，号岷樵，湖南新宁人。道光十七年（1837）举人。以平土匪功保举知县；咸丰初组建楚勇，与太平军争战，在蓑衣渡击毙冯云山；此后，转战湖南、湖北、江西、安徽等地，因军功累升至安徽巡抚。咸丰三年（1853），在庐州陷入太平军包围，年底城破自杀。追赠总督，谥忠烈。江忠源是湘军初期名将，有《江忠烈公遗集》传世。

④附身附棺：入殓时放进棺材和附属死者的物品。亦指配置这些物品的过程和仪节。

⑤新化：县名。清属宝庆府，即今湖南娄底新化。

【译文】

陈岱云现在又病了，虽然不像前年那样严重，但他很气馁，也难很快康复。湘乡邓铁松孝廉在八月初五日离京，竟在十一日死于献县路上。幸亏有江岷樵忠源同行，料理附身附棺等一切事情，极诚极信。江岷樵这个人是侠义之士，和侄儿我关系极好。今年新化孝廉邹柳溪在京长期生病而死，一切都是江君处理，送他的棺椁回湖南。现在他又照顾铁松的病直到临终送死，真是侠士啊。送两个朋友的灵柩走数千里路,也真太难了。侄儿我曾写有邹君墓志铭,现寄两张回家。今年七月忘了托人带黄芽白菜种子回家,八月底才记起来,已经来不及了。

请封之典①,要十月十五始可颁恩诏,大约明年秋间始可寄回。

【注释】

①请封之典:即请求的封典。封典,封建帝王以爵位名号赐予臣下及其家属的荣典。始于晋代,至唐完备,其制各代略有不同。清制,以封典给官员本身称为"授",给曾祖父母、祖父母、父母和妻室,存者称为"封",死者称为"赠"。一品官其曾祖父母以下均有封典,三品以上封其祖父母以下,七品以上封其父母及妻,九品以上仅给予官员本身。

【译文】

请求的封典,要到十月十五日才可以颁布恩诏,大约明年秋季才可寄回家里。

闻彭庆三爷令郎入学①,此是我境后来之秀,不可不加意培植。望于家中贺礼之外,另封贺仪大钱一千,上书侄名,以示奖劝。

余不具。

侄谨启。

【注释】

①彭庆三爷:湘乡人。余不详。

【译文】

听说彭庆三爷的儿子录取入学，这是我们家乡的后起之秀，不可不加意培植。希望在家里的贺礼之外，另外封赠贺仪大钱一千，上头写侄儿我的名字，以示奖励。

其他的不多说了。

侄儿谨启。

十月初一日　致叔父母书

侄国藩谨启叔父母大人万福金安：

九月十八日发第十三号信，是呈叔父者；廿一日发十四号信，是寄九弟者。想俱收到。廿三日，四弟、六弟到京，体气如常。

【译文】

侄儿国藩谨启叔父母大人万福金安：

九月十八日发出第十三封家信，是呈给叔父的；二十一日发出第十四封家信，是寄给九弟的。想必都已收到。二十三日，四弟、六弟到达京城，身体健康如常。

廿四日，皇上御门，侄得升翰林院侍讲学士[①]。每年御门不过四五次，在京各官出缺[②]，此时未经放人者，则候御门之日简放[③]，以示"爵人于朝、与众共之"之意[④]。侄三次升官，皆御门时特擢[⑤]，天恩高厚，不知所报。

【注释】

①翰林院侍讲学士：清代文苑词臣之一。翰林院下设侍讲学士，正四品，员额满二人、汉三人，并不实际担任讲经之职，升迁多为詹事府詹事，再迁即为内阁学士兼礼部侍郎衔，由此，侍郎、尚书可按资而得；若调外任，可为布政、按察两使。

②出缺：因原任人员去职或死亡而职位出现空缺。

③简放：清代谓经铨叙派任道、府以上外官为"简放"。此指任命官员。

④爵人于朝、与众共之：语出《礼记·王制》："凡官民材，必先论之。论辨，然后使之；任事，然后爵之；位定，然后禄之。爵人于朝，与士共之。刑人于市，与众弃之。"意谓在朝会上授人官职，以示不私下授官，乃是与众人共同商议而定。

⑤特擢：破格提拔。

【译文】

二十四日，皇上御门，侄儿得以荣升翰林院侍讲学士。皇上每年御门不过四五次，在京城的职位一旦有空缺，这时还没有任命的，就等皇上御门这一天任命，表示"在朝堂上任命官员，是与大臣们一起商量决定"的意思。侄儿三次升官，都是在皇上御门时特别提拔的，皇上的恩典太高太厚了，不知道该怎样报答。

　　侄合室平安。身上疮癣尚未尽净，惟面上于半月内全好，故谢恩召见，不至陨越以贻羞①，此尤大幸也！

【注释】

①陨越：封建社会上书皇帝时的套语。谓犯上而表示死罪之意。此指因失仪而冒犯皇上。

【译文】

侄儿全家平安。侄儿身上的疮癣还没有好干净，只有脸上的半个月内全好了，所以谢恩召见，不至于因失仪而出丑，这尤其是大幸！

前次写信回家，内有寄家毅然宗丈一封^①，言由长沙金年伯家寄去心斋之母奠仪三十金，此项本罗苏溪寄者，托侄转交，故侄兑与周辑瑞用，由周家递金家。顷闻四弟言，此项已作途费矣，则毅然伯家奠分必须家中赶紧办出付去^②，万不可失信。谢兴岐曾借去银三十两^③，若还来甚好；若未还，求家中另行办去。

【注释】

①宗丈：是对同宗长辈的指称。

②奠分：旧俗治丧，各家分摊送给丧家的奠礼。

③谢兴岐：即为谢山益，字兴岐，湖南湘乡人。

【译文】

前次写信回家，里头有寄给本家毅然宗丈的一封信，说由长沙金年伯家送去心斋母亲的奠仪白银三十两，这笔钱本来是罗苏溪寄的，托侄儿转交，所以侄儿把它兑给周辑瑞用，再由周家转递金家。刚听四弟说，这笔钱已作了路费，那么毅然伯家的奠仪份子钱必须由家里赶紧办妥送去，万万不可失信于人。谢兴岐曾从我这儿借去三十两银子，如果已经还到家里，那很好；如没有还，请家里另外想办法准备。

又黄麓西借侄银二十两，亦闻家中已收。侄在京借银与人颇多，若侄不写信告家中者，则家中不必收取。盖在外与居乡不同，居乡者紧守银钱，自可致富。在外者有紧有松，有发有收，所谓"大门无出，耳门亦无入"①。全仗名声好，乃扯得活；若名声不好，专靠自己收藏之银，则不过一年，即用尽矣。以后外人借侄银者，仍使送还京中，家中不必收取。去年蔡朝十曾借侄钱三十千②，侄已应允作文昌阁捐项，家中亦不必收取。盖侄言不信，则日后虽有求于人，人谁肯应哉？侄于银钱之间，但求四处活动，望堂上大人谅之。

【注释】

①耳门：正院或正房以及大门两旁的侧门。

②蔡朝十：不详。

【译文】

　　另外黄麓西问侄儿借银子二十两，听说家里也已经收了。侄儿我在京城经常借银钱给别人，如果侄儿没有写信告诉家里，那家里也不必收取。因在外和在乡下不同，在乡下紧守银钱，自然可以致富。在外则有时紧张，有时松动，有时借出，有时收入，就是平时说的"大门没有出的，耳门也没入的"。全凭名声好，才扯得活；如果名声不好，专靠自己存的银子，那不过一年，便都用完了。以后外边有人问侄儿借银钱的，仍旧让他们还到京城，家里不必收取。去年蔡朝十曾问侄儿借钱三十千，侄儿已答应他作为文昌阁的捐款了，家里也不必收取。因为侄儿若是言而无信，那以后即便有求于人，又有哪一个肯答应帮忙呢？侄儿对银钱这件事，只求四处活动，希望堂上大人体察原谅。

　　又闻四弟、六弟言父亲大人近来常到省城、县城，曾为蒋市街曾家说坟山事、长寿庵和尚说命案事①，此虽积德之举,然亦是干预公事。侄现在京四品,外放即是臬司②。凡乡绅管公事,地方官无不衔恨。无论有理无理,苟非己事,皆不宜与闻③。地方官外面应酬,心实鄙薄,设或敢于侮慢④,则侄觍然为官而不能免亲之受辱,其负疚当何如耶?以后无论何事,望劝父亲总不到县,总不管事。虽纳税正供⑤,使人至县。伏求堂上大人鉴此苦心,侄时时挂念独此耳。

　　侄谨启。

【注释】

①蒋市街:即今湖南娄底双峰井字镇井字街,蒋琬故里,与曾国藩家乡荷叶镇相邻。曾国藩年少时期,曾在此卖菜篮。长寿庵:疑即南岳衡山长寿庵,在紫云峰下。

②臬司:明、清“提刑按察使司”的别称。主管一省司法。也借称廉访使或按察使。

③与闻:谓参与其事并且得知内情。《左传·隐公十一年》:“齐侯以许让公。公曰:‘君谓许不共,故从君讨之。许既伏其罪矣,虽君有命,寡人弗敢与闻。’”

④设或:假如。

⑤正供:常供,法定的赋税。《清会典事例·户部·赐复一》:“大兵屯驻西边,一切军兴征缮,皆动支正供帑项,不使累及闾阎。”

【译文】

　　又听四弟、六弟说父亲大人最近常到省城和县城,曾经为蒋市街曾家说坟山的事,为长寿庵和尚说命案的事,这虽说是积德的举动,但也是干预公事。侄儿我现在京城是四品官,外放就是出任臬司。凡是乡绅干预公事,地方官没有不怀恨在心的。不管它有理还是无理,只要不是自己的事，都不宜参与。地方官表面上虽与你应酬，心里其实瞧你不起，假设怠慢侮辱了你，那侄儿我虽厚着脸皮做官却不能让父亲大人免受侮辱，内心得有多惭愧啊？以后不管什么事，希望劝父亲不要到县城，总归不要管任何闲事。即便是纳税正供这类事情，也只派人到县城去办。恳求堂上大人体察谅解我的一片苦心，侄儿我时刻放心不下的，只有这件事。

　　侄儿谨启。

十月廿九日　　致父母书

男国藩跪禀父母亲大人万福金安：

　　十月初二，男发十五号家信。廿八日接到手谕第九号，系九月底在县城所发者。

【译文】

儿国藩跪禀父母亲大人万福金安：

　　十月初二日，儿子我发出第十五封家信。二十八日接到父亲大人第九封亲笔信，是九月底在县城所发。

　　男等在京平安。男身上疮毒，至今未得全好。中间自九月中旬数日，即将面上全愈，毫无痂痕，系陈医之力，故升官时召见，无陨越之虞。十月下半月，又觉微有痕迹，头上仍有白皴皮①，身上尚如九月之常，照前七、八月，则已去其大半矣。一切饮食起居毫无患苦。四弟、六弟，用功皆有定课，昨二十八始开课作文。孙男纪泽，《郑风》已读毕②，《古诗十九首》亦已读毕③。男妇及三孙女皆平顺。

【注释】

①皱皮：因干裂等原因脱落的小块表皮。

②《郑风》：《诗经》十五国风之一，是郑国的诗歌。

③《古诗十九首》：组诗名。是南朝梁萧统从传世无名氏《古诗》中选录十九首编入《昭明文选》而成。

【译文】

儿子们在京城都很平安。儿子身上的疮毒，至今还没有全好。中间自九月中旬几天，脸上的全部好了，毫无疤痕，得力于陈医生，所以我这次升官蒙皇上召见时，没有出丑的顾虑。十月下半月，又觉得稍微有点儿痕迹，头上仍然有白色脱皮，身上还和九月一样，但和七、八月的情形相比，那就是好了一大半。饮食起居没有不便。四弟、六弟用功读书，都有固定的课程，昨二十八日开始上课作文。您孙儿纪泽，《郑风》已读完，《古诗十九首》也读完了。您儿媳妇和三个孙女都平安。

　　前信言宗毅然家银三十两，可将谢山益家一项去还①。顷接山益信，云渠去江西时，嘱其子办苏布平元丝银四十两还我家②，想送到矣。如已到，即望大人将银并男前信送毅然家。渠是纹银，我还元丝，必须加水③，还他三十二两可也。萧辛五处鹿胶，准在今冬寄到。

【注释】

①谢山益：字兴岐。见前注。

②苏布平：清代通行于湖南湘潭等地的一种称银平码。清代称银平码有库平、关平、市平等名目，亦有以省命名的湘平等名目。

苏布平小于湘平和库平。库平为清代通用衡制标准。元丝银：清代货币。元丝银底面圆形，表面呈椭圆平面，上铸有卷丝状纹样。一般重量在数两至十两间。

③加水：即加成。因不同成色和形制的银子价值不同，兑换时应加钱补足差额之谓。

【译文】

前次信中说的送宗丈毅然家银子三十两，可拿谢山益家那笔钱去还。刚接山益的信，说他去江西时，嘱咐他儿子备办苏布平元丝银四十两还我家，想必已经送到了。如果已到，希望大人将银子和儿子前次的信送到毅然家。他本是纹银，我们还元丝，必须加成，还他三十二两吧。萧辛五那边的鹿胶，一准在今年冬天寄到。

初十皇太后七旬万寿，皇上率千官行礼，四位阿哥皆骑马而来。七阿哥仅八岁，亦骑马雍容，真龙种气象。十五日，皇上颁恩诏于太和殿。十六日又生一阿哥，皇上于辛丑年六秩①，壬寅年生八阿哥，乙巳又生九阿哥②，圣躬老而弥康如此③。

【注释】

①秩：十年。

②乙巳：指道光二十五年（1845）。

③圣躬：指皇上的身体。

【译文】

初十日皇太后七十岁寿辰，皇上率领千官行礼，四位阿哥都是骑马来的。七阿哥只有八岁，也骑马，仪态大方，真有龙种的气象。十五日，皇上在太和殿颁发恩诏。十六日又生了一个阿哥，皇上在辛丑年满六十岁,壬寅年生八阿哥,乙巳年又生九阿哥,皇上真是身体康健,老当益壮。

　　男得请封章①,如今年可用玺,则明春可寄回;如明夏用玺,则秋间寄回。然既得诏旨,则虽诰轴未归②,而恩已至矣。望祖父先换蓝顶③,其四品补服,候男在京寄回。可与诰轴并付。湖南各家俱平安。

　　余俟续具。

　　男谨禀。

【注释】

　　①封章:此同"封典"。

　　②诰轴:书写皇帝命令的卷轴。

　　③蓝顶:清代三品、四品官的帽顶子。亦代指三品、四品官职或三品、四品官员。

【译文】

　　儿子我得以请求封章,如果今年可以盖玉玺,那明年春天可以寄回家;如明年夏天盖玉玺,那明年秋天寄回家。既然已得到诏旨,那虽说诰轴还没有寄回,但恩典已经到手。希望祖父先换蓝顶,四品补服等儿子我在京城寄回。可以和诰轴一起寄。湖南各家都平安。

　　其余等下次继续禀告。

　　儿谨禀。

十一月二十日　　致父母书

男国藩跪禀父母亲大人万福金安:

　　十一月初一发十六号家信,内有覃恩条例单①,不知收到否？

【注释】
①覃恩：广施恩泽。旧时多用以称帝王对臣民的封赏、赦免等。

【译文】

儿国藩跪禀父母亲大人万福金安：

十一月初一日发出第十六封家信，里头有覃恩条例单，不知收到了没有？

男头上疮癣至今未愈。近日每天洗二次，夜洗药水，早洗开水，本无大毒，或可因勤洗而好。闻四弟言家中连年生热毒者八人，并男共九人，恐祖坟有不洁净处，望时时打扫，但不可妄为动土，致惊幽灵。

【译文】

儿子我头上的疮癣至今还没好。近日每天洗两次，晚上用药水洗，早上用开水洗，本来没有什么大毒，或者能因为勤洗而治好。听四弟说家里连年生热毒的有八个，加上儿子我共九个，恐怕祖坟有不洁净的地方，希望时时打扫，但不可轻易挑坟动土，以致惊吓了鬼神。

四弟、六弟及儿妇、孙男女等皆平安。男近与同年会课作赋，每日看书如常，饮食起居如故。四弟课纪泽读，师徒皆有常程①。六弟文章极好，拟明年纳监下场②，但现无银，不知张罗得就否。

【注释】

①常程：日常固定的课程。

②纳监：明、清科举时代富家子弟纳资为监生。下场：谓科举时代考生进考场应试。

【译文】

四弟、六弟及您儿媳妇、孙子孙女等都平安。儿子我近来与同年会课作赋，每天照旧坚持看书，饮食起居也照旧。四弟教纪泽读书，师生俩都有固定的课程。六弟文章极好，准备明年纳监下考场，但现在还没有纳监的钱，不知能不能张罗好。

同乡唐镜海先生已告病，明春即将回南。所著《国朝学案》一书①，系男约同人代为发刻②，其刻价则系耦庚先生所出。前门内有义塾③，每年延师八人④，教贫户子弟三百余人。昨首事杜姓已死⑤，男约同人接管其事，亦系集腋成裘⑥，男花费亦无几。

【注释】

①《国朝学案》：即《国朝学案小识》，十五卷，清人唐鉴著。该书将清代讲学诸儒分立《传道学案》、《翼道学案》、《守道学案》、《经学学案》、《心宗学案》等五学案，共列清初至嘉庆间学者二百六十一人，各为之传，记其生平、学术渊源、学术思想、主要著作。每传后附同学或从游者、问答者。全书大旨在"道"字，扶持程朱理学。

②同人：志同道合的朋友。

③义塾：旧时不收学费的私塾。

④延师：聘请老师。

⑤首事：指出头主管其事的人或头面人物。

⑥集腋成裘：语出《慎子·知忠》："故廊庙之材，盖非一木之枝也；粹白之裘，盖非一狐之皮也。"比喻积少成多。腋，指狐狸腋下的毛皮。

【译文】

同乡唐镜海先生已经告病请求退休，明年春天即将回湖南。他所著《国朝学案》一书，是儿子我约了志同道合之人代为刊刻的，刻版的钱是由稆庚先生出的。前门内有义塾，每年聘请八位老师，教贫困户子弟三百多人。日前义塾的主管杜某死了，儿子我约志同道合之人接管他的事，也是集腋成裘，儿子花费也并没几个钱。

纪泽虽从四弟读书，而李竹屋先生尚在男宅住。渠颇思南归，但未十分定计耳。

【译文】

纪泽虽然跟四弟读书，但李竹屋先生还住在儿子家里。他很想回湖南，但还没有最后决定。

诰封二轴，今年不能用玺，明年乃可寄回。

【译文】

皇上赐的诰封两轴，今年不能盖玉玺，明年才能寄回家。

萧辛五处，已于十一月寄鹿胶一斤、阿胶半斤与他。家中若需鹿胶、阿胶，望付信来京，以便觅寄。

男谨禀。

【译文】

萧辛五那里,十一月已寄鹿胶一斤、阿胶半斤给他。家里如果需要鹿胶、阿胶,请写信来京,以便儿子托人带回去。

儿谨禀。

道光二十六年丙午
正月初三日　致父母书

男国藩跪禀父母亲大人万福金安:

乙巳十一月廿二日发家信十七号,其日同乡彭棣楼放广西思恩府知府①。廿四日,陈岱云放江西吉安府知府②。岱云年仅三十二岁,而以翰林出为太守,亦近来所仅见者。人皆代渠庆幸,而渠深以未得主考、学政为恨。且近日外官情形,动多掣肘,不如京官清贵安稳。能得外差,固为幸事。即不得差,亦可读书养望,不染尘壒③。岱云虽以得郡为荣,仍以失去玉堂为悔④。自放官后,捆挡月余⑤,已于十二月廿八出京。是夕,渠有家书到京,男拆开。

【注释】

①思恩府:清末,思恩府领宾州、那马厅、武缘县、迁江县、上林县及白山、兴隆、定罗、旧城、都阳、古零、安定七土司。境域大概在今广西武鸣、宾阳、上林、马山、田东、平果、都安等地的全部或一部。

②吉安府:即今江西吉安。古称庐陵。

③尘壒(ài):飞扬的灰土,亦喻指尘世、尘俗。宋赵抃《题周敦颐濂

溪书堂》诗:"清深远城市,洁净去尘墋。"

④玉堂:宋以后称翰林院为"玉堂"。

⑤摒挡:收拾料理,筹措。

【译文】

儿国藩跪禀父母亲大人万福金安:

乙巳年十一月二十二日发出第十七封家信,这天同乡彭棣楼外放任广西思恩府知府。二十四日,陈岱云外放任江西吉安府知府。岱云年仅三十二岁,而以翰林出任为知府,也是近来仅见的。别人都为他庆幸,而他却因不曾外放做主考和学政深深遗憾。并且近日地方官的情况,做什么事情常常被人掣肘,不如京官清贵安稳。能够得到京外的差事,固然是好事。即便不得差事,也可以读书提高声望,不沾染俗世尘埃。岱云虽然以得任知府为荣耀,但还是以离开翰林院而后悔。自接到任命以后,收拾了一个多月,已在十二月二十八日离开京城。这天晚上,他有家信到京城,儿子我替他拆看。

接大人十一月廿四所示手谕,内叔父及九弟、季弟各一信,彭莆庵表叔一信①,具悉家中一切事。

【注释】

①彭莆庵:曾国藩表叔。

【译文】

接到大人十一月二十四日亲笔信,里头有叔父及九弟、季弟的信各一封,彭莆庵表叔的信一封,家中一切情况都已知道。

前信言莫管闲事,非恐大人出入衙门,盖以我邑书吏欺人肥己①,党邪嫉正②。设有公正之乡绅,取彼所鱼肉之善良而扶植之,取彼所朋比之狐鼠而锄抑之③,则于彼大有不便,必且造作谣言,加我以不美之名,进谗于官,代我构不解之怨④。而官亦阴庇彼辈⑤,外虽以好言待我,实则暗笑之而深斥之,甚且当面嘲讽。且此门一开,则求者踵至⑥,必将日不暇给,不如一切谢绝。今大人手示,亦云杜门谢客⑦,此男所深为庆幸者也。

【注释】

① 书吏:承办文书的吏员。

② 党邪嫉正:与坏人结伙,嫉妒好人。

③ 朋比:阿附,互相勾结,结成私党。狐鼠:城狐社鼠,喻小人、坏人。

④ 构不解之怨:结很大的仇怨。

⑤ 阴庇:暗地庇护。

⑥ 踵至:接踵而至,陆续到来。

⑦ 杜门谢客:谓闭门不与外界交往。

【译文】

前次的信里说莫管闲事,并不是怕大人出入衙门,而是因为我县的书吏,向来靠欺侮别人养肥自己,与邪恶势力结党,嫉妒打击正人君子。假设有公正的乡绅,扶植他们欺压的善人,打压与他们朋比为奸的坏人,那对他们是大大的不利,他们一定会造谣生事,把一些不好的名声加在我们头上,在地方官面前进谗言,让我们和地方官结下难解的仇怨。而地方官也暗中庇护他们,表面上虽然对我们好言好语,实际上却在暗笑或斥责我们,甚至当面冷嘲热讽。况且一旦有了先例,那上门求助的人就会接踵而来,必然日不暇给,不如全都谢绝。现在父亲亲笔信,也说要闭门谢客,这是儿子我最感庆幸的。

男身体平安，热毒至今未好，涂药则稍愈，总不能断根。十二月十二，蒙恩充补日讲起居注官①。廿二日，又得充文渊阁直阁事②。两次恭谢天恩，兹并将原折付回。讲官共十八人，满八缺，汉十缺。其职司则皇上所到之处，须轮四人侍立。直阁事四缺，不分满汉，其职司则皇上临御经筵之日③，四人皆侍立而已。

【注释】

①日讲起居注官：清朝官名。由翰林院、詹事府官以原衔允任。凡皇帝御门听政、朝会宴享、大祭祀、大典礼、每年勾决重囚及常朝，皆以日讲起居注官侍班。凡谒陵、校猎、巡狩，皆随侍扈从。按年编次起居注，送内阁庋藏。

②充：充任，担任。文渊阁直阁事：清朝官名。文渊阁属官，掌典守、整理、晾晒《四库全书》。额设四人，于满、汉内阁学士，詹事府詹事、少詹事，翰林院侍读学士、侍讲学士内简充。

③经筵：汉、唐以来帝王为讲论经史而特设的御前讲席。宋代始称经筵，置讲官以翰林学士或其他官员充任或兼任。元、明、清三代沿袭此制。清制，经筵讲官，为大臣兼衔，于仲秋、仲春之日进讲。

【译文】

儿子我身体平安，热毒至今还没好，涂药就稍微好点儿，但总是不能根治。十二月十二日，蒙皇上恩德，充补日讲起居注官。二十二日，又得充任文渊阁直阁事。两次恭敬地叩谢皇恩，现将原谢恩折寄回家。讲官共十八人，满官八位，汉官十位。其职责是皇上所到的地方，须有四位轮流侍立。直阁事四员，不分满汉，其职责是皇上驾临经筵的时候，四个人都侍立罢了。

四弟、六弟皆有进境。孙男读书已至《陈风》^①。男妇及孙女等皆好。

【注释】

①《陈风》：《诗经》十五国风之一，为先秦时代陈国的诗歌。

【译文】

四弟、六弟都有进步。您孙儿读书已读到《陈风》。您儿媳妇和孙女等都好。

欧阳牧云有信来京，与男商请封及荐馆事。二事，男俱不能应允，故作书宛转告之。外办江绸套料一件、丽参二两、鹿胶一斤、对联一付^①，为岳父庆祝之仪。恐省城寄家无便，故托彭棣楼带至衡阳学署^②。

【注释】

①江绸：即鸭江绸，是柞蚕丝绸织物中的一个大类品种，利用手工缫制的特种柞蚕丝和普通柞蚕丝交织的织物，是中国的传统丝织物。

②衡阳学署：衡阳府学官署。曾国藩的岳父欧阳沧溟时任衡阳书院山长。

【译文】

欧阳牧云有信寄到京城，与儿子商量请封和荐馆的事。这两件事，儿子都没法答应，所以写信婉转地告诉他。另外置办了江绸套料一件、高丽参二两、鹿胶一斤、对联一副，作为岳父庆祝的贺仪。恐怕省城没有便人可以托付寄到家里，所以托彭棣楼带到衡阳学署。

朱尧阶每年赠谷四十石①，受惠太多，恐难为报，今年必当辞却。小斗四十石②，不过值钱四十千，男每年可付此数到家，不可再受他谷，望家中力辞之。毅然家之银，想已送矣。若未送，须秤元银三十二两，以渠来系纹银也。男有挽联，托岱云交萧辛五转寄毅然家，想可无误。

【注释】

①石：计算容量的单位。十斗为一石。

②小斗：容量小于标准量的斗。

【译文】

朱尧阶每年赠送我家稻谷四十石，受惠太多，恐怕难以回报，今年一定要推辞谢绝。小斗四十石谷子，不过值钱四十千而已，儿子我每年可以寄这笔钱到家里，不能再接受他的谷子，希望家中坚决推辞。毅然家的银子，想已送到。如果还没送，要秤元丝银三十二两，因他原来是纹银。儿子写有挽联，托岱云交萧辛五转交毅然家，想必不会耽误。

岱云归，男寄有冬菜十斤、阿胶二斤、笔四支、墨四条，《同门录》十本①。彭棣楼归，男寄有蓝顶二个、四品补服四付，俱交萧辛五家转寄。伏乞查收。

男谨禀。

【注释】

①《同门录》：科举时代同科者的花名册。

【译文】

岱云回南边，儿子我托他寄有冬菜十斤、阿胶二斤、笔四支、墨四条,《同门录》十本。彭棣楼回南边,儿子我寄有蓝顶两个、四品补服四副,都交萧辛五家转寄。恳请查收。

儿谨禀。

二月十六日   致父母书

男国藩跪禀父母亲大人万福金安:

正月初三日发第一号家信。初七日彭棣楼太守出京,男寄补服四付、蓝顶二个,又寄欧阳沧溟先生江绸褂料一件、对联一付、高丽参二两、鹿胶一斤,又寄彭莘庵表叔鹿胶一斤。二月初寄第三号家信。想俱收到。

【译文】

儿国藩跪禀父母亲大人万福金安:

正月初三日发出第一封家信。初七日彭棣楼太守出京,儿子我托他寄补服四副、蓝顶两个,又托他寄欧阳沧溟先生江绸褂料一件、对联一副、高丽参二两、鹿胶一斤,又托他寄彭莘庵表叔鹿胶一斤。二月初寄第三封家信。想必都已经收到。

男等在京合室平安。男病尚未全愈,二月初吃龙胆泻肝汤①,甚为受累,始知病在肝虚②。近来专服补肝之品,颇觉有效。以首乌为君③,而加以蒺藜、山药、赤芍、兔丝诸味④。男此时不求疮癣遽好,但求脏腑无病,身体如常,即为如天之福。今年虽不能得差,男亦毫无怨尤⑤。

【注释】

①龙胆：多年生草本植物。叶对生，卵形或披针形。秋季开花，聚伞花序顶生，蓝紫色。中医以根入药。性寒味苦，主治黄疸、热痢、目赤、咽痛及小便热痛等症。

②肝虚：中医术语。一般即指肝阴虚，又称肝阴不足，指由情志不遂，气郁化火；或温热病后期，耗伤肝阴；或肾阴不足，水不涵木，所导致的肝之阴液亏虚而内热上扰征候。症见头晕耳鸣，两目干涩，视力减退，面部烘热或颧红，口燥咽干，五心烦热，潮热盗汗，或胁肋隐隐灼痛，或手足蠕动等。治宜滋阴养肝为主。

③首乌：又名"何首乌"。蓼科植物，有雌、雄二种（赤、白二种），药用者为赤首乌的块根，有促进毛发生长的功效。

④蒺藜：又名"白蒺藜"。被长柔毛或长硬毛。多生于沙地、荒坡。青鲜时可做饲料。果入药能平肝明目，散风行血。山药：又称"薯蓣"。其干燥根茎可入药，具有滋养强壮、助消化、敛虚汗、止泻之功效，主治脾虚腹泻、肺虚咳嗽、消渴（糖尿病）之疾。赤芍：中药名。为毛茛科植物赤芍或川赤芍的干燥根。春、秋二季采挖，晒干。味苦，性微寒。有清热凉血、活血祛瘀的功效。兔丝：即菟丝子，别名"豆寄生"、"黄丝藤"等。一年生寄生草本。子药用，有补肝肾、益精壮阳及止泻的功能。

⑤怨尤：埋怨，懊恼。

【译文】

儿子等人在京城全家平安。儿子的病还没有完全好，二月初吃龙胆泄肝汤，非常受罪，才知道病在肝虚。最近专门服用补肝的物品，觉得很有效果。以首乌为主，而加用蒺藜、山药、赤芍、菟丝子等几味药。儿子我现在不求疮癣马上好，但求脏腑无病，身体如常，就是天大的福分。今年即便不能得到差事，儿子我也丝毫不会怨天尤人。

同乡张钟涟丁艰①，男代为张罗一切，令之即日奔丧回里。黎樾乔于二月十四到京。

【注释】

①张钟涟：字湘纹，湖南湘乡人。道光二十四年（1844）副贡，以军功选用教谕，加五品衔。著有《虫吟草堂诗文集》。

【译文】

同乡张钟涟丁艰，儿子我替他张罗一切，让他当天奔丧回家。黎樾乔在二月十四日到京城。

四弟近日读书，专以求解为急，每日摘疑义二条来问。为男煮药求医及纪泽教读，皆四弟独任其劳。六弟近日文思大进，每月作"四书"文六首、经文三首①，同人无不击节称赏。

【注释】

①经文：明、清科举考试应试文中，以"五经"命题者。

【译文】

四弟近来读书，专门以求解为当务之急，每天摘出两条有疑难的问题来问我。为儿子我煮药求医和教纪泽读书，都是四弟一力承担。六弟近日写文章的才思大进，每月写"四书"文六首、经文三首，同人没有一个不击节赞赏的。

请封之事，大约六月可以用玺，秋冬可以寄家。余详四弟书中。

男谨禀。

【译文】

请封的事，大约六月可以盖印，秋冬之际可以寄回家。其他方面详见四弟写的信。

儿谨禀。

三月廿五日 致父母书

男国藩跪禀父母亲大人万福金安：

上次男写信略述癣病情形，有不去考差之意。近有一张姓医，包一个月治好，偶试一处，居然有验。现在赶紧医治。如果得好，男仍定去考差。若不愈，则不去考差。总之考与不考，皆无关紧要。考而得之，不过多得钱耳。考而不得，与不考同，亦未必不可支持度日。每年考差三百余人，而得差者通共不过七十余人，故终身翰林屡次考差而不得者，亦常有也，如我邑邓笔山、罗九峰是已①。男只求平安，伏望堂上大人勿以得差为望。

【注释】

①邓笔山：即为邓文泮(1740—1790)，号笔山，湖南湘乡人。乾隆三十一年(1766)进士，累官至云南布政使。罗九峰：即为罗国俊(1734—1799)，字宾初，号九峰，湖南湘乡人。乾隆三十四年(1769)进士，由侍读学士，累官至礼部右侍郎。著有《馆阁存余集》。

【译文】

儿国藩跪禀父母亲大人万福金安：

上次儿子我写信略述癣病情形，有不去考差的意思。最近有一个姓张的医生，包一个月治好，偶尔试医一处，居然有效果。现在赶紧医治。如果能治好，儿子仍决定去考差。如果治不好，就不去考差。总之，去不去考差，都无关紧要。考差录取了，不过多得银钱而已。考不取，与不考是一个样，也未必不能支持过日子。每年参加考差的有三百多人，得差的总共不过七十多人，所以做一辈子翰林而屡次考差却未得差的，也有的是，比如我们家乡的邓笔山、罗九峰便是。儿子我只求平安，希望堂上大人不要太过指望儿子能得差。

四弟已写信言男病，男恐大人不放心，故特书此纸。

男谨禀。

【译文】

四弟已写信说我的病了，儿子我恐怕大人不放心，所以特别写这封信。

儿谨禀。

<h2 style="text-align:center">四月十六日 致子植、季洪弟书</h2>

子植、季洪两弟左右：

四月十四日接子植二月、三月两次手书，又接季洪信一片。子植何其详，季洪何其略也！今年以来，京中已发信七号，不审俱收到否？

【译文】

子植、季洪两弟左右：

四月十四日接子植二月、三月两次亲笔信，又接季洪信一封。子植的信那么详细,季洪的信却那么简略! 今年以来,我在京城已发家信七封,不晓得都收到没有?

第六号、第七号,余皆有禀呈堂上,言今年恐不考差。彼时身体虽平安,而癣疥之疾未愈,头上、面上、颈上并斑剥陆离①,恐不便于陛见②,故情愿不考差。恐堂上诸大人不放心,故特作白折楷信,以安慰老亲之念。三月初有直隶张姓医生,言最善治癣,贴膏药于癣上,三日一换,贴三次即可拔出脓水,贴七次即全愈矣。初十日,令于左胁试贴一处,果有效验。廿日即令贴头、面、颈上,至四月八日,而七次皆已贴毕,将膏药揭去,仅余红晕,向之厚皮顽癣,今已荡然平矣。十五、六即贴遍身,计不过半月,即可毕事,至五月初旬考差而通身已全好矣。现在仍写白折,一定赴试。虽得不得自有一定,不敢妄想,而苟能赴考,亦可上慰高堂诸大人期望之心。

【注释】

①斑剥陆离:参差错综分布,斑斑点点而有剥落的样子。

②陛见:谓臣下谒见皇帝。

【译文】

第六封、第七封家信,我都有禀告堂上大人,说今年恐怕不去考差了。那时身体虽然平安,而癣疥没有好,头上、脸上、颈上,到处脱皮,斑斑点点,恐怕不便于觐见皇上,所以情愿不去考差。恐怕堂上诸大人不放心,所以特意用白折楷书写信,以安慰高年大人的牵挂之心。三月初有一位直隶姓张的医生,说最擅长治癣,贴膏药在癣上,三天一换,贴三次就可拔出脓水,贴七次就能痊愈。初十日,叫他在左胁一处试贴,果然有效。二十日叫他贴头、脸、颈,到四月初八日,七次都已贴完,将膏药揭掉,仅仅剩下红晕,以前的厚皮顽癣,已荡然而平。十五、六日就贴遍全身,算起来不过半个月时间,就可完事,到五月初旬考差,通身就都全好了。现在仍然练习写白折,一定参加考试。虽然说考上考不上都是命中注定的,不敢妄想,但只要能去考,也上可安慰高堂之上各位大人期待之心。

寓中大小安吉。惟温甫前月底偶感冒风寒,遂痛左膝,服药二三帖不效,请外科开一针而愈。澄弟去年习柳字,殊不足观。今年改习赵字,而参以李北海《云麾碑》之笔意①,大为长进。温弟时文已才华横溢,长安诸友多称赏之。书法以命意太高②,笔不足以赴其所见,故在温老自不称意,而人亦无由称之。故论文则温高于澄,澄难为兄③;论书则澄高于温,温难为弟。

【注释】

①李北海:即为李邕(678—747),字泰和。唐代书法家。曾为北海太守,世称"李北海"。《云麾碑》:全称《唐故云麾将军右武卫大将军赠秦州都督彭国公谥曰昭公李府君神道碑并序》,亦称《李思训碑》。李邕撰文并书碑,碑文记述唐右武卫大将军李思训生平事迹,立于李思训墓道,在今陕西蒲城桥陵。《金石萃编》载:碑高一丈一尺三寸六分,宽四尺八寸五分。字共三十行,满行七十字。碑石下半段文字残缺已甚。

②命意:寓意,用意。常用指作文、绘画等的确立主旨。

③难为兄:语出《世说新语·德行》:"陈元方子长文有英才,与季方

子孝先各论其父功德,争之不能决。咨之太丘。太丘曰:'元方难为兄,季方难为弟。'"一般与"难为弟"连用,比喻两物并美,各有千秋。本篇此处则是说在文章方面,澄侯不及温甫。

【译文】

家中大小平安。只有温甫前月底偶染风寒感冒,因而左膝疼痛,吃了两三帖中药不见效,请外科大夫打一针就好了。澄弟去年学习柳体字,很不咋地。今年改学赵体字,而参以李北海《云麾碑》的笔意,大为长进。温弟写时文已经是才华横溢,京城的朋友们大多称赞。书法方面,则命意太高,笔法的表现力跟不上,所以在温弟自己不能满意,而他人也无可称赞。所以论到时文水平,则温甫高于澄侯,澄侯难以为兄;论书法水平,则澄侯高于温甫,温甫难以为弟。

子植书法,驾涤、澄、温而上之①,可爱之至! 可爱之至! 但不知家中旧有《和尚碑》徐浩书及《郭家庙》颜真卿书否②? 若能参以二帖之沉着,则直追古人不难矣。

【注释】

①涤:指曾国藩本人。曾国藩号涤生。

②《和尚碑》:即《不空和尚碑》,全称《唐太兴善寺故大德大辩正广智三藏和尚碑铭并序》,唐代严郢撰,徐浩书,于建中二年(781)立于长安。《郭家庙》:即《郭氏家庙碑》,全称《有唐故中大夫使持节寿州诸军事寿州刺史上柱国赠太保郭公庙碑铭》,唐代宗李豫隶书题额,颜真卿撰并书,自署广德二年(764)十一月二十一日立。

【译文】

子植在书法方面的造诣,超过涤生、澄侯、温甫三人,可爱极了! 可爱极了！但不知道家里藏有《和尚碑》徐浩书及《郭家庙》颜真卿书没？如果能参以两帖的沉着，那造诣直追古人就不是什么难事了。

狼兼毫四枝既不合用，可以二枝送莘田叔[1]，以二枝送莘庵表叔。正月间曾在岱云处寄羊毫二枝，不知已收到否？至五月，锺子宾名音鸿，戊戌同年，放辰州府知府。太守往湖南[2]，又可再寄二枝。以后两弟需用之物，随时写信至京可也。

【注释】

①莘田叔：即为曾国藩族叔曾莘田。

②锺子宾：即为锺音鸿，字子宾，江西兴国人。与曾国藩同为道光十八年（1838）进士，历任翰林院编修、山东主考、辰州知府、辰沅永靖道道台，晚年掌教赣州府濂溪书院。为同治《兴国县志》总修、《赣州府志》总纂。辰州：清代府名。辖沅陵（今湖南沅陵）、泸溪（今湖南泸溪）、辰溪（今湖南辰溪）、溆浦（今湖南溆浦）共四县。地处湖南西部，地理位置与今怀化大致相当。

【译文】

四枝狼兼毫既然不合用，可以送两枝给莘田叔，送两枝给莘庵表叔。正月里曾经托岱云寄羊毫两枝，不知道已经收到没有？到五月份，锺子宾名音鸿，戊戌同年，放辰州府知府。太守去湖南，可以再寄两枝。以后两位弟弟要用的东西，随时写信到京城就可以。

祖父大人嘱买四川漆，现在四川门生留京者仅二人，敖册贤、陈世镛[1]。皆极寒之士[2]。由京至渠家有五千余里，由四川至湖南有四千余里，彼此路皆太远。此二人在京，常半年不能得家信,即令彼能寄信至渠家,渠家亦万无便可附湖南。九弟须详禀祖父大人,不如在省以重价购顶上川漆为便③。

【注释】

①敖册贤:字金甫,荣昌人。咸丰三年(1853)进士,改庶吉士,授编修,截取知府。有《椿荫轩诗钞》。陈世镶:四川人。与敖册贤同为道光二十三年(1843)举人,曾国藩门生。曾为龙泉县令,署黄平知州。

②极寒:极度贫寒。

③顶上:质量最上等的。

【译文】

祖父大人嘱咐买四川漆,现在四川门生留在京城的仅有两人,敖册贤、陈世镶。家境都太过贫寒。从京城到他们家乡有五千多里路,从四川到湖南有四千多里路,彼此路都太远。这两人在京城经常半年收不到家信,即便他们能寄信回家,他们家里也万万没有便人可以带东西到湖南。九弟要将此一情况详细禀告祖父大人,不如在省城以高价购买最上等的川漆更为方便一些。

做直牌匾,祖父大人系貤封中宪大夫①,父亲系诰封中宪大夫,祖母貤封恭人②,母亲诰封恭人。京官加一级请封,侍讲学士是从四品,故堂上皆正四品也。蓝顶是暗蓝,余正月已寄回二顶矣。

【注释】

①貤(yí)封:旧时官员以自身所受的封爵名号呈请朝廷移授给亲族

尊长。中宪大夫：金代为吏部文官正五品的封阶，明、清则为文
职正四品封阶。

②恭人：古时命妇封号之一。宋徽宗政和三年(1113)定制，中散大
夫至中大夫之妻封恭人，亦为元六品、明和清四品官员之妻的封
号。如系赠封母或祖母，则称太恭人。又清制，宗室之奉恩将军
妻亦封恭人。后多用作对官员妻子的尊称。

【译文】

做直牌匾，祖父大人是貤封中宪大夫，父亲是诰封中宪大夫，祖母
貤封恭人，母亲诰封恭人。京官加一级请封，侍讲学士是从四品，所以
堂上都是正四品。蓝顶是暗蓝，我正月已经寄回两顶。

书不宣尽，诸详澄、温书中。今日身上敷药，不及为楷，
堂上诸大人，两弟代为禀告可也。

【译文】

信里写不尽写，其他事情详见澄侯、温甫的信。今天身上敷药，来
不及写楷书，堂上诸位大人，就请两位弟弟代为禀告。

五月十七日　　致父母书

男国藩跪禀父母亲大人万福金安：

四月十七日，男发第八号家信，言男一定考差。五月初
二日赴圆明园，初六日在正大光明殿考试，共二百七十人入
场，湖南凡十二人。首题"无为小人儒"①，次题"任官惟贤
才"一节②，诗题"'灵雨既零'得'霝'字"③。男两文各七百

字,全卷未错落一字。惟久病之后,两眼朦胧,场中写前二开不甚得意,后五开略好。今年考差,好手甚多,男卷难于出色。兹命四弟誊头篇与诗一首寄回,伏乞大人赐观。知男在场中不敢潦草,则知男病后精神毫无伤损,可以放心。知男写卷不得意,则求大人不必悬望得差。堂上大人不以男病为忧,不以得差为望,则男心安恬矣。

【注释】

①无为小人儒:语出《论语·雍也》:"子谓子夏曰:'女为君子儒,无为小人儒。'"

②任官惟贤才:语出《尚书·咸有一德》:"任官惟贤材,左右惟其人。"

③灵雨既零:语出《诗经·鄘风·定之方中》:"灵雨既零,命彼倌人。星言夙驾,说于桑田。匪直也人,秉心塞渊,騋牝三千。"意谓刚刚下了一场好雨。

【译文】

儿国藩跪禀父母亲大人万福金安:

　　四月十七日,儿子我发第八封家信,说一定参加考差。五月初二日赴圆明园,初六日在正大光明殿考试,共计二百七十人入场,湖南有十二人。首题是"无为小人儒",次题是"任官惟贤才"一节,诗题是"'灵雨既零'得'霶'字"。儿子我两篇文章各七百字,全卷没有写错一个字、写落一个字。只是久病以后,两眼朦胧,在场中写前二开不很如意,后五开略好些。今年考差,好手很多,儿子我的卷子难于出色。现命四弟誊头篇文章和诗一首寄回,伏乞大人审读。知道儿子我在考场之中不敢潦草,就知道儿子病后精神没有一点儿损伤,可以放心。知道儿子写考卷不很如意,那就求大人不必过于指望儿子得到差事。堂上大人不因儿子的病而忧虑，不以得差为指望，那儿子我就心安了。

　　男身上癣疾，经张医调治，已愈十之七矣。若从此渐渐好去，不过闰月可奏全效。寓中大小平安。男妇有梦熊之喜，大约八、九月当生。四弟书法，日日长进。冯树堂于五月十七到京，以后纪泽仍请树堂教，四弟可专心读书。六弟捐监，拟于本月内上兑①，填写三代履历、里邻户长一切，男自斟酌，大人尽可放心。纪泽生书已读至"浩浩昊天"②，古诗已读半本，书皆熟。三孙女皆平安。

【注释】

①上兑：旧时向政府交纳捐官银两叫"上兑"。

②生书：未读过的书。亦指新课。浩浩昊天：语出《诗经·小雅·雨无正》："浩浩昊天，不骏其德。降丧饥馑，斩伐四国。旻天疾威，弗虑弗图。舍彼有罪，既伏其辜。若此无罪，沦胥以铺。"昊天，苍天。

【译文】

　　儿子身上的癣疾，经张医生调治，已经好了十分之七。如果从此渐渐好下去，不用过闰月就可以完全好了。寓中大小都平安。您儿媳妇有怀男孩的喜兆，大约八、九月生产。四弟的书法，一天天长进。冯树堂在五月十七日到京城，以后纪泽仍旧请树堂教，四弟可以专心读书。六弟捐监生，准备在本月交纳捐银，填写三代履历、里邻户长这些事，儿子我自会斟酌办理，大人尽可放心。纪泽新课已读到"浩浩昊天"了，古诗已读半本，书都读得熟。您三个孙女都平安。

　　同乡各家皆如常。惟湘阴易问斋_{文澍}丁艰①。湖南在京小考入学者六人,皆系好手。黄正斋小京官六年报满,三月已升主事。杜兰溪四月升员外郎^②,今年亦与考差。

【注释】

①湘阴:清属长沙府,即今湖南岳阳湘阴。易问斋:即为易文澥,号问斋,湖南湘阴人。道光十五年(1835)举人,官户部浙江司郎中,授青州知府,署锦州府。著有《达观楼诗集》四卷。

②员外郎:官名。员外,本指正员以外的郎官。晋武帝始设员外散骑常侍,员外散骑侍郎,简称"员外郎"。隋开皇时,尚书省二十四司各设员外郎一人,为各司的次官。唐以后,直至明、清,各部都有员外郎,位在郎中之次。

【译文】

同乡各家都还是老样子。只有湘阴易问斋文澥丁艰。湖南在京参加小考而录取入学的共六人,都是好手。黄正斋小京官六年报满,三月已升职任主事。杜兰溪四月升员外郎,今年也参加考差。

京师今年久旱,屡次求雨,尚未优渥^①,皇上焦思^②。未知南省年岁何如也^③?

男谨禀。

【注释】

①优渥:语出《诗经·小雅·信南山》:"益之以霡霂,既优既渥。"雨水充足。

②焦思:语出《史记·夏本纪》:"禹伤先人父鲧功之不成受诛,乃劳身焦思,居外三十年,过家门不敢入。"焦苦思虑。

③年岁:此指年成。

【译文】

京城今年久旱，多次求雨，还没有下过大雨，皇上很焦急。不知湖南年成如何？

儿谨禀。

闰五月十五日　　致父母书

男国藩跪禀父母亲大人万福金安：

五月十八日发第九号家信，内有考差诗文。

【译文】

儿国藩跪禀父母亲大人万福金安：

五月十八日儿子发出第九封家信，里头有考差的诗文。

男自考差后，癣疾日愈，现在头面已不甚显矣，身上自腰以上亦十去七八，自腿以下尚未治。万一放差，尽可面圣谢恩。但如此顽病而得渐好，已为非常之喜，不敢复设妄想矣。

【译文】

儿子我自从考差以后，癣疾一天天见好，现在头上和脸上的已经不明显了，身上从腰以上的疮也已经去掉十分之七八了，腿以下的还没有治。万一被任命差事，尽可以去见皇上谢恩了。但这么厉害的顽症而能够渐渐好转，已经非常高兴，不敢再有其他妄想了。

六弟捐监,于五月廿八日具呈,闰月初兑银,廿一日可领照①,六月初一日可至国子监考到②,十五即可录科③。仰承祖、父、叔父之余荫④,六弟幸得成就功名。敬贺敬贺!

【注释】

①领照:领取执照。

②考到:清朝国子监监生有内外班之分,内班待遇高于外班,外班补内班,须经两次考试,第一次补班考试,称"考到"。

③录科:清代科举考试制度,凡科考一、二等,及三等小省前五名、大省前十名准送乡试外,其余因故未考者,及在籍之监生、荫生、官生、贡生名不列于学官,不经科考者,均由学政考试,名为"录科"。经录科录取者,即可参加乡试。

④仰承:敬辞。敬受,承受。

【译文】

六弟捐监生,于五月二十八日呈报上去,闰月初交银子,二十一日可以领到执照,六月初一日可到国子监考到,十五日就可录科。仰仗祖父、父亲、叔父的余荫,六弟有幸成就功名。敬贺敬贺!

男身体平安,现补气服汤药,内有高丽参、焦术①。男妇及孙男女四人并如常。四弟自树堂来教书之后,四弟工课益勤。六弟近日文章虽无大进,亦未荒怠。

余俟续呈。

男谨禀。

【注释】

①焦术:即焦白术,为药材白术炮制加工后的饮片。白术炒用时,

炒至黑褐色，称为"焦白术"，其功用偏于健脾止泻。

【译文】

儿子我身体平安，现在吃补气的汤药，其中有高丽参、焦术。您儿媳妇及孙子孙女四人都好。四弟自从树堂来教书以后，功课越来越勤奋。六弟近日写文章虽没有大的进步，也没有荒疏。

其余的容以后再行禀告。

儿谨禀。

七月初三日　致父母书

男国藩跪禀父母亲大人万福金安：

闰五月廿六日，男发家信第十一号，想已收到。邹云陔出粤西差①，男寄有高丽参半斤、鹿胶一斤、膏药三十个、眼药三包、张湘纹金顶一品②，大约七月初可到省城，家中月半后可接到也。

【注释】

①出粤西差：奉命临时到粤西办事。明、清时期，京官临时被派遣外地办理公事，称"出差"。

②张湘纹：即为张钟涟，字湘纹。见前注。金顶：指金属制造的顶子。清制，七品以下用金顶。

【译文】

儿国藩跪禀父母亲大人万福金安：

闰五月二十六日，儿子我发出第十一封家信，想必已经收到。邹云陔到粤西出差，儿子托他寄高丽参半斤、鹿胶一斤、膏药三十个、眼药三包、张湘纹金顶一品，大约七月初可以到省城，家里月半以后可以接到。

六弟六月初一日在国子监考到,题"视其所以"①,经题"闻善以相告也"二句②,六弟取列一百三名。廿五日录科,题"齐之以礼"③,诗题"'荷珠'得'珠'字",六弟亦取列百余名。两次皆二百余人入场。

【注释】

①视其所以:语出《论语·为政》:"子曰:'视其所以,观其所由,察其所安。人焉廋哉?人焉廋哉?'"意谓观察他的所作所为。

②闻善以相告也:语出《礼记·儒行》:"儒皆闻善以相告也,见善以相示也;爵位相先也,患难相死也;久相待也,远相致也。其任举有如此者。"

③齐之以礼:语出《论语·为政》:"子曰:'道之以政,齐之以刑,民免而无耻。道之以德,齐之以礼,有耻且格。'"意谓用礼教规范民众。

【译文】

六弟六月初一日在国子监考到,题目是"视其所以",经题是"闻善以相告也"二句,六弟列取第一百零三名。二十五日录科,题目是"齐之以礼",诗题是"'荷珠'得'珠'字",六弟也取列在一百多名。这两次考试都有两百多人进场。

男等身体皆平安,男妇及孙男女皆安泰。今年诰封轴数甚多,闻须八月始能办完发下。男于八月领到,即恳湖南新学院带至长沙。男另办祖父母寿屏一架,华山石刻陈抟所书"寿"字一个①,新刻诰封卷一百本。共四件,皆交新学院带回,转交陈岱云家。求父亲大人于九月廿六、七赴省。邹云陔由广西归,过长沙,不过十月初旬。渠有还男银八十两,面订交陈季牧手。父亲或面会云陔,或不去会他,即在陈宅接银亦可。十月下旬,新学院即可到省,渠有关防②,父亲万不可去拜他,但在陈家接诰轴可也。若新学院与男素不相识,则男另觅妥便寄回③,亦在十月底可到省,最迟亦不过十一月初旬。父亲接到,带归县城,寄放相好人家或店内。至廿六日,令九弟下县去接。廿八日夜,九弟宿贺家坳等处④。廿九日,祖母大人八十大寿,用吹手执事接诰封数里⑤。接至家,于门外向北置一香案,案上竖圣旨牌位,将诰轴置于案上,祖父母率父母望北行三跪九叩首礼。

【注释】

①陈抟(871—989):字图南,号扶摇子,赐号白云先生、希夷先生,亳州真源(今河南鹿邑)人。北宋著名道家学者。

②关防:此指职涉机密,防守甚严,以防泄密。

③妥便:妥当,适宜。

④贺家坳:地名。即今湖南双峰荷叶镇贺家坳。

⑤吹手:吹鼓手。

【译文】

儿子等身体平安,您儿媳妇及孙儿孙女都好。今年诰封轴子数目很多,听说八月才能办完并发下来。儿子在八月领到后,马上恳请湖南新任学院带到长沙。儿子另外置办了祖父母寿屏一架,华山石刻陈抟写的"寿"字一个,新刻诰封卷一百本。一共四件,都交新学院带回,转交陈岱云家。恳请父亲大人在九月二十六、七日去省城。邹云陔由广西回来,经过长沙,不会晚于十月初旬。他要还儿子我银子八十两,我与他当面约定交到陈季牧的手里。父亲或者当面会见云陔,或者不去见他,就在陈家收银子也可以。十月下旬,新学院就可到省城,他有关防在身，父亲千万不能去拜会他，只在陈家接诰轴就可以了。如果新学院与儿子我素不相识，我便另外找人将东西妥当寄回，也在十月底可以到省城，最迟也不晚于十一月上旬。父亲接到后，带回县城，寄放在要好的人家或店铺里。到二十六日，叫九弟到县里去接。二十八日晚上，让九弟住贺家坳等处。二十九日，祖母大人八十大寿，用吹鼓手执事接诰封几里路。接到家，在门外向北面放一张香案，案上立圣旨牌位，将诰轴放在案上，祖父母带领父母亲望北行三跪九叩首的大礼。

　　寿屏请萧史楼写，史楼现未得差。若八月不放学政，则渠必告假回籍，诰轴托渠带归亦可也。一切男自知裁酌。兹寄回黄芽白菜子一包查收。
　　余俟续呈。
　　男谨禀。

【译文】
　　寿屏请萧史楼写，史楼现在没有得差使。如果八月不外派做学政，那他一定会告假回乡，诰轴托他带回家也可以。一切事宜，儿子我自会斟酌处理。现寄回黄芽白菜籽一包，请查收。
　　其余的以后再行禀告。
　　儿谨禀。

九月十九日　致父母书

男国藩跪禀父母亲大人万福金安：
　　九月十七日，接读第五、第六两号家信。喜堂上各老人安康，家事顺遂，无任欢慰！

【译文】

儿国藩跪禀父母亲大人万福金安：

九月十七日，接读第五封家信和第六封家信。很高兴地知道堂上各位老人身体安康，家事顺遂，非常欣慰！

男今年不得差，六弟乡试不售，想堂上大人不免内忧，然男则正以不得为喜。盖天下之理，满则招损，亢则有悔①，日中则昃，月盈则亏，至当不易之理也。男毫无学识而官至学士，频邀非分之荣，祖父母、父母皆康强，可谓极盛矣。现在京官翰林中无重庆下者，惟我家独享难得之福。是以男慄慄恐惧②，不敢求分外之荣，但求堂上大人眠食如常，阖家平安，即为至幸。万望祖父母、父母、叔父母无以男不得差、六弟不中为虑，则大慰矣。况男三次考差，两次已得；六弟初次下场，年纪尚轻，尤不必挂心也。

【注释】

①亢则有悔：语出《易·乾》：“上九，亢龙有悔。”孔颖达疏：“上九，亢阳之至，大而极盛，故曰亢龙，此自然之象。以人事言之，似圣人有龙德，上居天位，久而亢极，物极则反，故有悔也。”谓居高位而不知谦退，则盛极而衰，不免败亡之悔。

②慄慄：戒惧貌。

【译文】

儿子我今年没有得到差使，六弟乡试没有考取，想必堂上大人不免忧虑，然而儿子我却反而因不得而高兴。因为天下的道理，太过圆满就会招致损失，位子太高容易招致败亡，太阳当顶便会西落，月亮圆了就会缺，这是绝对不会改变的道理。儿子我一点儿学识也没有却官居学士一职,多次得到非分的荣誉,祖父母、父母又都身体健康,可说是盛极一时了。目前京官翰林中没有祖父母、父母两辈老人都健在的,只有我家独享这种难得的福泽。因而儿子我战战兢兢,不敢奢求非分的荣宠,但求堂上大人睡眠饮食正常,全家平安,就是最大的幸运。希望祖父母、父母、叔父母不要因为我不得差、六弟未能考中而忧虑,能如此那我就大为安慰了。况且儿子我三次考差,两次得差;六弟初次下场考试,年纪还轻,尤其不必放在心上。

　　同县黄正斋,乡试当外帘差①,出闱即患痰病②,时明时昏,近日略愈。

【注释】

①外帘:指科举乡试、会试时在考场担任提调监试等事务的官员。《明史·选举志二》:"试官入院,辄封钥内外门户。在外提调、监试等谓之外帘官,在内主考、同考谓之内帘官。"

②痰病:中医指精神性疾病。

【译文】

　　同县的黄正斋,乡试当外帘差,出考场就犯痰病,神智有时清醒有时不清醒,近日稍微好些了。

　　男癣疾近日大好,头面全看不见,身上亦好了九分。十八生女,男妇极平安。惟体太弱,满月当大补养。在京一切,男自知谨慎。

【译文】

　　儿子我的癣疾近日好了很多,头上脸上已经完全看不出,身上也好了十分之九。十八日生了一个女儿,您儿媳妇很平安。只是身子太弱,满月后当大大地补养。在京城的一切事情,儿子我自己知道谨慎。

八月廿三日,折差处发第十四号信。廿七日,周缦云处寄寿屏①,发十五号信。九月十二日,善化郑七处寄诰封卷六十本②,发第十六号信,均求查收。

男谨禀。

【注释】

①周缦云:即为周学睿,字缦云,浙江乌程(今湖州)人。道光二十年(1840)进士。以善画名。

②郑七:湖南善化(今长沙)人。余不详。

【译文】

八月二十三日,我在信差处发出第十四封家信。二十七日,在周缦云处寄寿屏,发第十五封家信。九月十二日,在善化郑七处寄诰封卷六十本,发第十六封家信,均请查收。

儿谨禀。

十月十五日　致父母书

男国藩跪禀父母亲大人万福金安:

九月十九日发第十七号信,十月初五发十八号信,谅已收到。

【译文】

儿国藩跪禀父母亲大人万福金安:

我九月十九日发出第十七封家信,十月初五日发出第十八封家信,想必已经收到。

　　十二、三、四日内诰轴用宝①，大约十八日可领到。同乡夏阶平吏部_{家泰}丁内艰②，二十日起程回南。男因渠是素服，不便托带诰轴，又恐其在道上拜客，或有耽搁。祖母大人于出月廿九大寿③，若赶紧送回，尚可于寿辰迎接诰轴。是以特命四弟束装出京，专送诰轴回家，与夏阶平同伴，计十一月十七、八可到汉口。汉口到岳州④，不过三四天。岳州风顺则坐船，风不顺则雇轿，五天可到家。四弟到省即专人回家，以便家中办事，迎接诰命。

【注释】

①用宝：同"用玺"，盖玉玺。

②丁内艰：即丁母忧，为母亲去世服丧。

③出月：出了本月，即下月。

④岳州：即今岳阳。

【译文】

　　九月十二、十三、十四日三天内诰轴盖玉玺，大约十八日可以领到。同乡夏阶平吏部家泰因母亲去世，二十日起程回湖南。儿子我因他身穿孝服，不便托他带诰轴，又怕他在路上拜会客人，或者会耽搁。祖母大人于下月二十九日大寿，如果赶紧送回，还可在寿辰日迎接诰轴。所以特地叫四弟整装离京，专门送诰轴回家，与夏阶平结伴同行，预计十一月十七、八日可到汉口。汉口到岳州，不过三四天路程。岳州风顺的话就坐船，风不顺的话就雇轿子，五天可以到家。四弟一到省城就请专人回家，以便家里办事，迎接诰命。

第凡事难以预料,恐四弟道上或有风水阻隔,不能赶上祖母寿辰,亦未可知。家中做生日酒,且不必办接诰封事。若四弟能到,廿七日有信,廿八办鼓手、香亭①,廿九接封可也。若廿七无四弟到省之信,则廿九但办寿筵,明年正月初八接封可也。倘四弟不归而托别人,不特廿九赶不上,恐初八亦接不到,此男所以特命四弟送归之意耳。

【注释】

①香亭:内置香炉的结彩小亭。可抬,旧时赛会、出殡等场合多用之。

【译文】

只是凡事都难以预料,恐怕四弟路上有风和水的阻隔,不能赶上祖母寿辰,也不好说。家里做生日酒,暂且不必办接诰封的事。若四弟能到,二十七日有消息,二十八日办鼓手、香亭,二十九日接诰封即可。如果二十七日没有四弟到省城的音信,那二十九日就只办寿筵,明年正月初八日接诰封也可以。倘使四弟不回而另托别人带,不仅二十九日赶不上,恐怕初八日也接不到,这是儿子我之所以要特意请四弟回去的缘由。

四弟数千里来京,伊意不愿遽归。男与国子监祭酒车意园先生商议①,令四弟在国子监报名,先交银数十两,即可给予顶戴。男因具呈为四弟报名,先缴银三十两,其余俟明年陆续缴纳。缴完之日,即可领照。男以此打发四弟,四弟亦欣然感谢,且言愿在家中帮堂上大人照料家事,不愿再应小考。男亦颇以为然。

【注释】

①国子监祭酒：古代学官名。是国子监的主管官，晋武帝咸宁四年（278）始设，以后历代多沿用。车意园：即为车克慎，号意园，山东济宁人。道光十三年（1833）进士，历任翰林院编修、右赞善、安徽学政、国子监祭酒、内阁学士、工部侍郎、礼部右侍郎等职。

【译文】

四弟几千里来京城，他的意思是不想急于回去。儿子我和国子监祭酒车意园先生商议，叫四弟在国子监报名，先交银子几十两，就可给顶戴。儿子因备办呈文给四弟报名，先缴纳银子三十两，其余等明年陆续缴纳。缴完银款那天，即可领到执照。儿子我这么打发四弟回家，四弟也高兴地表示感谢，并且说愿在家里帮堂上大人照料家事，不愿再去参加小考。儿子我也觉得这样很好。

　　男等在京身体平安，男妇生女后亦平善。六弟决计留京。九弟在江西有信来，甚好。陈岱云待之如胞弟，饮食教诲，极为可感！书法亦大有长进。然无故而依人，究似非宜。男写书与九弟，嘱其今年偕郭筠仙同伴回家，大约年底可到家。男在京一切用度自有调停，家中不必挂心。

　　男谨禀。

【译文】

儿子等在京城身体平安，您儿媳妇生了女儿之后也健康。六弟决定留在京城。九弟在江西有信来京，也蛮好。陈岱云对他好像亲弟弟，不但管吃喝，还时时教诲，太令人感动！书法也大有进步。然而没有缘由而去依靠别人，究竟还是不合适。儿子我写信给九弟，嘱咐他今年同郭筠仙结伴回家，大约年底可以到家。儿子我在京城一切用度自有安排，家里不必挂念。

　　儿谨禀。

卷三

【题解】

　　本卷共收书信四十二封,起于道光二十七年(1847)正月十七日,讫于道光三十年(1850)三月三十日;有写给祖父的,有写给父母的,有写给诸位弟弟的,也有个别是写给叔父的,皆写于京城。

　　道光二十七年(1847),曾国藩37岁,六月初二,奉旨升授内阁学士兼礼部侍郎衔。道光二十八年(1848),曾国藩38岁,九月十八日,钦派稽察中书科事务。道光二十九年(1849),曾国藩39岁,正月廿二日,奉旨升授礼部右侍郎;八月初二日,奉旨兼署兵部右侍郎。道光三十年(1850),曾国藩40岁,六月初四日,奉旨兼署工部左侍郎。

　　道光二十八年(1848)九月,令弟国华离京回湖南。道光二十九年(1849)十一月十五日,闻祖考星冈公之讣。

　　这四年的家书,主要涉及的仍然是以下方面的内容:一是向家人汇报自己的升职情况及履职经历;二是向家人讲述自己与湖南籍京官的交往情况;三是教育几位弟弟怎样读书和做人。

　　尤可注意者,一是曾国藩升任侍郎的心态。曾国藩在道光二十七年(1847)六月十八日与澄侯、子植、季洪三弟书中说:"蒙皇上天恩及祖父德泽,予得超升内阁学士。顾影扪心,实深惭悚!湖南三十七岁至二品者,本朝尚无一人。予之德薄才劣,何以堪此!近来中进士十年得阁学者,惟壬辰季仙九师,乙未张小浦,及予三人。而予之才地,实不及彼二人远甚,以是尤深愧仄。"在道光二十七年(1847)六月十七日禀祖父大人书中说:"孙荷蒙皇上破格天恩,升授内阁学士兼礼部侍郎衔。由从四品骤升二品,超越四级,迁擢不次,惶悚实深。"曾国藩在中进士之后,十年内位至卿贰,对道光帝的知遇之恩万分感激,立志要报效朝廷。

二是曾国藩位至卿贰之后对门风的重视。曾国藩在道光二十七年(1847)七月十八日与弟书中谆谆告诫四弟曾国潢:"家中《五种遗规》,四弟须日日看之,句句学之。我所望于四弟者,惟此而已。家中蒙祖父厚德余荫,我得忝列卿贰,若使兄弟妯娌不和睦,后辈子女无法则,则骄奢淫佚,立见消败。虽贵为宰相,何足取哉?我家祖父、父亲、叔父三位大人规矩极严,榜样极好,我辈踵而行之,极易为力。别家无好榜样者,亦须自立门户,自立规条;况我家祖父现样,岂可不遵行之而忍令堕落之乎?"

三是曾国藩自言立身之素志与待兄弟之素志。弟弟曾国华嫌哥哥对自己过于严刻,曾国藩在道光二十九年(1849)三月廿一日与诸弟书中解释说:"然我自问此心,尚觉无愧于兄弟者,盖有说焉:大凡做官的人,往往厚于妻子而薄于兄弟,私肥于一家而刻薄于亲戚族党。予自三十岁以来,即以做官发财为可耻,以宦囊积金遗子孙为可羞可恨,故私心立誓,总不靠做官发财以遗后人。神明鉴临,予不食言。此时事奉高堂,每年仅寄些须,以为甘旨之佐。族戚中之穷者,亦即每年各分少许,以尽吾区区之意。盖即多寄家中,而堂上所食所衣亦不能因而加丰,与其独肥一家,使戚族因怨我而并恨堂上,何如分润戚族,使戚族戴我堂上之德而更加一番钦敬乎?将来若作外官,禄入较丰,自誓除廉俸之外,不取一钱。廉俸若日多,则周济亲戚族党者日广,断不畜积银钱为儿子衣食之需。盖儿子若贤,则不靠宦囊,亦能自觅衣饭;儿子若不肖,则多积一钱,渠将多造一孽,后来淫佚作恶,必且大玷家声。故立定此志,决不肯以做官发财,决不肯留银钱与后人。若禄入较丰,除堂上甘旨之外，尽以周济亲戚族党之穷者。此我之素志也。至于兄弟之际，吾亦惟爱之以德，不欲爱之以姑息。教之以勤俭，劝之以习劳守朴，爱兄弟以德也；丰衣美食，俯仰如意，爱兄弟以姑息也。姑息之爱，使兄弟惰肢体，长骄气，将来丧德亏行。是即我率兄弟以不孝也，吾不敢也。我仕宦十余年，现在京寓所有，惟书籍、衣服二者。衣服则当差者必不可少，书籍则我生平嗜好在此，是以二物略多。将来我罢官归家，我夫妇所有之衣服，则与五兄弟拈阄均分。我所办之书籍，则存贮利见斋中，兄弟及后辈皆不得私取一本。除此二者，予断不别存一物以为宦囊，一丝一粟不以自私。此又我待兄弟之素志也。"

道光二十七年丁未

正月十七日　致祖父书

孙男国藩跪禀祖父大人万福金安：

去年十二月十七发第廿二号信，并挽联一包、朱心泉诰命一轴①，交徐玉山太守带交萧辛五处②。想三月可到。又于廿日发第廿三号信交折弁，想二月可到。

【注释】

①朱心泉：湘乡人，县学教谕。

②徐玉山：徐嘉瑞，字毓珊，一字玉山，湖北安陆人。嘉庆十七年（1812）拔贡，官至江南道御史、湖南衡永道。著有《宝拙斋文存》。

【译文】

孙国藩跪禀祖父大人万福金安：

我去年十二月十七日发出第二十二号家信，并挽联一包、朱心泉诰命一轴,交徐玉山太守带交萧辛五处。想必三月可以送到。又在二十日发出第二十三封家信,交给信差投递,想必二月可以到。

新正十五日,接到家中十一月十九所发信,敬悉大人之病已愈大半,不知近日得全愈否? 孙去冬信言须参用化痰之药,不知可从否?

【译文】

正月十五日,接到家中十一月十九日所发的信,知道祖父大人的病已好了大半,不晓得最近痊愈了没有? 孙儿我去年冬天写信说要参用一些化痰的药,不晓得是否可以听从?

祖母已于十二月初十安葬,甚好甚好,但孙有略不放心者。孙幸蒙祖父福佑,忝居卿大夫之末①,则祖母坟茔必须局面宏敞。其墓下拜扫之处须宽阔,其外须建立诰封牌坊②,又其外须立神道碑③。木斗冲规模隘小④,离河太近,无立牌坊与神道碑之地。是以孙不甚放心,意欲从容另寻一地,以图改葬。不求富贵吉祥,但求无水蚁、无凶险,面前宏敞而已。不知大人以为何如? 若可,则家中在近境四十里内从容寻地可也。

余俟续具。

孙谨禀。

【注释】

①忝(tiǎn)居:谦辞。惭愧地担任某一职位。

②牌坊：旧时为表彰某人的德行而设立的一种纪念性建筑物，如贞
　节牌坊、功德牌坊等。柱间上部为横向匾额，题有文字。

③神道碑：旧时立于墓道前记载死者生平事迹的石碑。

④木斗冲：曾国藩家乡湘乡荷叶塘境内的地名。

【译文】

　　祖母已在十二月初十日安葬，很好很好，但孙儿稍微有点儿不放心。孙儿幸蒙祖父得福，身为朝廷命官，那祖母的坟地必须局面恢宏。祖母墓下供后人拜祭的地方必须宽阔，坟墓外边必须建立诰封牌坊，又须立神道碑。木斗冲地方小，离河太近，没有立牌坊和神道碑之处。所以孙儿我不太放心，想从容另找一个地方，考虑改葬。不求富贵吉祥，但求没有蚁蛀水淹等凶险，前面宏阔宽敞就好。不知道祖父大人觉得怎样？如果认可我的意见的话，那家里在附近四十里内从容地寻地就可以。

　　其他的，以后再写。

　　孙儿谨禀。

正月十八日　致父母书

男国藩跪禀父母亲大人礼次①：

　　正月十五日，接到父亲、叔父十一月二十所发手书，敬悉一切。但折弁于腊月廿八，在长沙起程，不知四弟何以尚未到省？

【注释】

①礼次：书信用词。用在对方守丧期间。

【译文】

儿国藩跪禀父母亲大人礼次：

正月十五日，接到父亲、叔父十一月二十日所发的亲笔信，恭敬地知道一切情况。但信差于腊月二十八日在长沙起程，不晓得四弟这时何以还没有到省城？

祖母葬地，易敬臣之说甚是[①]。男去冬已写信与朱尧阶，请渠寻地。兹又寄书与敬臣。尧阶看妥之后，可请敬臣一看。以尧阶为主，而以敬臣为辅。尧阶看定后，若毫无疑义，不再请敬臣可也。若有疑义，则请渠二人商之。男书先寄去，若请他时，四弟再写一信去。男有信禀祖父大人，不知祖父可允从否？若执意不听，则遵命不敢违拗，求大人相机而行。

【注释】

①易敬臣：湖南湘乡人。善相地。

【译文】

祖母所葬坟地，易敬臣的说法很对。儿子我去年冬天已写信给朱尧阶，请他帮选一块地方。现又寄信给敬臣。尧阶看好之后，可以请敬臣看一看。以尧阶为主，以敬臣为辅。尧阶看定之后，如果没有一点儿疑义，不再请敬臣看也可以。如果有疑义，那就请他二人商量。儿子我的信先寄去，如果到时候请他，四弟再写信去。儿子我有信禀呈祖父大人，不知祖父大人会不会答应？如果祖父大人执意不听，那就遵命，不敢违反，恳请父亲大人根据实际情况作决定。

大人念及京中恐无钱用，男在京事事省俭，偶值阙乏之时,尚有朋友可以通挪。去年家中收各项约共五百金,望收藏二百勿用,以备不时之需。丁、戊二年不考差①,恐男无钱寄回。男在京用度,自有打算,大人不必挂心。

【注释】

①丁、戊:指道光丁酉年(1837)、道光戊戌年(1838)。

【译文】

父亲大人挂念儿子我在京城恐怕没钱用,儿子我在京城事事俭省,偶尔遇到缺钱的时候,还有朋友可以挪借。去年家里收入各项大约共五百两,希望收藏二百两不用,以备不时之需。丁、戊二年不考差,恐怕儿子我没有钱寄回家。儿子我在京城的花费,自己有打算,大人不必挂念。

此间情形,四弟必能详言之。家中办丧事情形,亦望四弟详告,共发孝衣几十件? 飨祭几堂? 远处来吊者几人?一一细载为幸。

【译文】

我这边的情形,四弟一定能详细介绍。家中办丧事的情形,也希望四弟详细告诉我:一共发了孝衣几十件? 飨祭办了几堂? 远处来吊丧的共多少人? 请一一详细写明为好。

男身体平安。一男四女①,痘后俱好,男妇亦如常。

【注释】

①一男四女:指曾国藩长子曾纪泽,长女曾纪静,次女曾纪耀,三女

曾纪琛，四女曾纪纯。

【译文】

儿子我身体平安。一男四女，种痘以后都好，儿媳妇也健康如常。

闻母亲想六弟回家，叔父信来，亦欲六弟随公车南旋。此事须由六弟自家作主，男不劝之归，亦不敢留。

【译文】

听说母亲想叫六弟回家，叔父来信，也想要六弟和进京赶考的举人一起回家。这件事要由六弟自己做主，儿子不劝他回去，也不敢留。

家中诸务浩繁，四弟可一人经理。九弟、季弟必须读书，万不可耽搁他。九弟、季弟亦万不可懒散自弃。去年江西之行，已不免为人所窃笑，以后切不可轻举妄动。只要天不管，地不管，伏案用功而已。

【译文】

家中事务繁多，四弟可以一个人经营办理。九弟、季弟必须读书，千万不能耽误他们。九弟、季弟也万万不可懒散自弃。九弟去年江西之行，已经不免被人窃笑，以后千万不可轻举妄动。只要天不管，地不管，伏案用功就可以了。

男在京时时想望者，只望诸弟中有一发愤自立之人，虽不得科名，亦是男的大帮手。万望家中勿以琐事耽搁九弟、季弟；亦望两弟鉴我苦心，结实用功也。

【译文】

儿子我在京城时时想念，只指望弟弟们中有一个发愤自立的人，即使不得科名，也是儿子我的大帮手。万望家里不要让琐事耽误了九弟、季弟；也希望两位弟弟体谅我的苦心，踏实用功啊。

男之癣疾，近又小发，但不似去春之甚耳。同乡各家如常。刘月槎已于十五日到京①。

余俟续呈。

男谨禀。

【注释】

①刘月槎：刘象恒，字月槎，湖南湘乡人。道光年间举人。

【译文】

儿子我的癣疾，最近又轻微发作，但不像去年春天那么严重。同乡各家都老样子。刘月槎已在十五日到京。

其余的，请允许我下次再禀呈。

儿谨禀。

二月十二日　致澄侯、子植、季洪弟书

澄侯、子植、季洪三弟左右：

二月十一日接到三弟正月初旬手书，具悉一切。澄侯以腊月廿三至岳州，余见罗芸皋已知之。后过湖又阻风，竟走七十余天始到。人事之难测如此！吾弟此后又添了阅历工夫矣。黎樾乔托带之件，当装车时，吾语弟曰："此物在大

箱旁边恐不妥，弟明日到店，须另安置善地。"不知弟犹记得我言否？出门人事事皆须细心。今既已弄坏，则亦不必过于着急。盖此事黎樾翁与弟当分任其咎。两人皆粗心，不得专责弟一人也。

【译文】

澄侯、子植、季洪三弟左右：

二月二十一日接到三位弟弟正月上旬写的亲笔信，知道了一切情况。澄侯在腊月二十三日到岳州，我和罗芸皋见面时就已经知道了。后来过洞庭湖，又被风阻挡，竟然一共走了七十多天才到家。人世间的事竟如此难以预测！我弟弟以后又添了一段阅历功夫了。黎樾乔托弟弟带的东西，在装车时，我告诉弟弟说："这东西在大箱旁边恐怕不妥，弟弟明天到旅店，需要另外安置好地方。"不知道弟还记得我的话否？出门的人，事事都要细心。现在既然已经弄坏，那也不必过于着急。因为这件事，黎樾翁与弟弟应当分别承担责任。两个人都粗心，不能只责备弟弟一个人。

祖大人之病久不见效，兄细思之，恐有火，不宜服热药，盖祖父体赋素强①，丁酉之春以服补药之故②，竟成大病。后泽六爷以凉药治好③。此次每日能吃三中碗饭，则火未甚衰，恐医者不察，徒见小便太数，则以为火衰所致，概以热药投之，亦足误事。兄不明医理，又难遥度，而回忆丁酉年之往事，又闻陶云汀先生为补药所误之说④，特书告家中。望与名医细商，不知有可服凉药之理否？

【注释】

①体赋：体质。

②丁酉：道光十七年(1837)。

③泽六爷：葛泽六，湘乡人。精于医道，与曾家是世交。

④陶云汀：陶澍(1778—1839)，字子霖，号云汀，湖南安化人。嘉庆
　七年(1802)进士，改庶吉士，授编修。官至两江总督，加太子少
　保衔，赠太子太保，谥文毅。著有《印心石屋诗钞》、《蜀輶日记》、
　《陶渊明集辑注》等。

【译文】

　　祖父大人的病许久不见好转，为兄我仔细想了一下，恐怕是有火，
不适宜服用热药治疗，因为祖父体质一向强健，丁酉年的春天因为服用
补药的缘故，竟然生了大病。后来泽六爷用凉药治好了此病。这回，每
天能吃三中碗饭，那火气就不是很弱，怕医生不了解这个情况，只是见
小便太频繁，就认为是火衰所造成，一概用热药来治，也足以误事。为
兄我不太明白医家的道理，又难以遥相测度，但回忆起丁酉年的往事，
又听过陶云汀先生被补药耽误的说法，所以特地写信告诉家里。希望
家里与名医仔细商量，不知道有可以吃凉药的道理不？

　　兄自去年接祖母讣后①，即日日思抽身南归。无如欲为
归计，有三难焉：现在京寓欠帐五百多金，欲归则无钱还帐，
而来往途费亦须四百金，甚难措办。一难也。不带家眷而
归，则恐我在家或有事留住，不能遽还京师，是两头牵扯；如
带家眷，则途费更多，家中又无房屋。二难也。我一人回
家，轻身快马，不过半年可以还京。第开缺之后，明年恐尚
不能补缺，又须在京闲住一年。三难也。

【注释】

①讣（fù）：告丧。

【译文】

为兄我从去年知道祖母去世的消息后，就天天想抽身南归。奈何想回家，有三大难处：现在在京城寓内欠账五百多两，想回家可没有钱还账，而且来回路费也要四百两，太难置办。这是困难之一。不带家眷同归，那就怕我在家里因为有事情留住，不能立即返回京城，这就两头牵扯；如果带家眷，那路上花费更多，家里又没有房屋可住。这是困难之二。我一个人回家，轻身快马，不过半年可以回到京城。只是开缺以后，来年恐怕还不能补缺，又要在京城闲住一年。这是困难之三。

有此三难，是以踌躇不决。而梦寐之中，时时想念堂上老人，望诸弟将兄意详告祖父及父母。如堂上有望我回家之意，则弟书信与我，我概将家眷留在京师，我立即回家。如堂上老人全无望我归省之意，则我亦不敢轻举妄动。下次写信，务必详细书堂上各位老人之意。

【译文】

有这三个困难，因此踌躇不决。而睡梦之间，时时思念堂上老人，希望各位弟弟将为兄我的心意详细告诉祖父和父亲母亲。若堂上大人有希望我回家的意思，那弟弟们就写信给我，我就将家眷留在京城，我自己立即回家。若堂上老人完全没有希望我回家探亲的意思，那我也不敢轻举妄动。下次写信，务必详细写清楚堂上各位老人的意思。

祖母之葬事既已办得坚固，则不必说及他事。日前所开山向吉凶之说①，亦未可尽信。山向之说，地理也；祖父有命而子孙从之,天理也。祖父之意已坚,而为子孙者乃拂违其意,而改卜他处,则祖父一怒,肝气必郁,病势必加,是已大逆天理;虽得吉地,犹将变凶,而况未必吉乎? 自今以后不必再提改葬之说。或吉或凶,听天由命。即朱尧阶、易敬臣,亦不必请他寻地。尧阶二人如看得有妥地,亦不妨买。四弟则在家帮父亲、叔父管家事,时时不离祖父左右。九弟、季弟则专心读书。只要事事不违天理,则地理之说,可置之不论不议矣。

【注释】

①山向:旧时看风水的所定的坟茔方位。据说山向的吉凶,与年月日有关。《汉魏南北朝墓志集释·刘猛进墓志》:"即以其年建子之月三日丙寅岁平南海郡西北朝亭东一里半,坟向艮宫,厥名甲寅之墓。"此即山向之说。

【译文】

祖母下葬的事情,既然已经办得很牢靠,就不必再谈其他的事。之前所指出的山向吉凶的说法,也不可全信。山向的说法,是地理方面的原则;祖父有命令而子孙听从,是天理方面的原则。祖父的心意已定,而作为子孙违背他老人家的意愿,占卜改用别的地方,那祖父一生气,肝气一定抑郁,病势一定加剧,这已经是大大地违背天理;即使得到吉祥的地方,还是会变得凶险,更何况还不一定是吉地呢? 从今以后,不必再提改葬的说法。或吉或凶,听天由命。就连朱尧阶、易敬臣两个,也不必请他找地。尧阶二人如果看中了好地,也不妨买。四弟就在家帮父亲、叔父管家务事,时刻不离祖父左右。九弟、季弟则专心读书。只要事事不违背天理,那么地理方面的说法,可以置之不论了。

吾身之癣，春间又发，特不如去岁之甚①。面上颈上则与弟出京时一样，未再发也。六弟近日颇发愤，早间亦能早起。纪泽《诗经》尚未读完，现系竹屋教，总多间断，将来必要请一最能专馆之人。

【注释】

①特：只，不过。

【译文】

我身上的癣，开春又发作了，只是不像去年那样严重。脸上颈上，和四弟离京时一个样，没有再发。六弟近日很发愤，早晨也能早起。纪泽的《诗经》还没有读完，现在是李竹屋教他，总是间断，将来一定要请一个最能专馆教书的人。

黎樾乔御史报满引见，回原衙门行走①。黄正斋之长子于正月初间失去，至今尚未归来。邓星阶就正斋之馆②，李希庵就杜兰溪之馆③，系我所荐。同县刘九爷、罗邹二人及新科三人皆已到京④，住新馆。江岷樵住张相公庙⑤，去我家甚近。郭筠仙尚未到。袁漱六于正月廿四到京⑥，现在家眷住北半截胡同。周荇农尚未到。杨春皆于正月二日生一子。刘药云移寓虎坊桥⑦，其病已全好。赵崧原之妻于正月仙逝⑧。舒伯鲁二月出都⑨。我家碾儿胡同房东将归，三四月必须搬家。黄秋农之银已付来⑩，加利息十两，兄意欲退还他。

【注释】

① 行走：犹言入值办事。清制，凡不属于专设官职，调充某项职役的都用此称。

② 邓星阶：邓子垣（1831—1864），字星阶（又作"辛阶"），湖南新宁人。咸丰初，以诸生从刘长佑剿贼，累保知县。后升知府、道员。同治八年（1869），进图黄平，中炮死，谥壮毅。

③ 李希庵：李续宜（1822—1863），字克让，号希庵，湖南湘乡人。清末湘军将领，浙江布政使李续宾之弟。咸丰初以文童从李续宾镇压太平军，转战江西、湖北、安徽，官至安徽巡抚。

④ 刘九爷、罗邹二人：皆湘乡人。余不详。

⑤ 张相公庙：位于今北京西城区迎新街南段，原为关帝庙。清康熙二十二年（1683）重建，供奉文、武二帝及宋封浙江潮神靖江张公。

⑥ 袁漱六：袁芳瑛（1814—1859），字漱六，湖南湘潭人。官至松江知府。为清代著名藏书家之一。

⑦ 刘药云：刘传莹（1818—1848），字椒云，号实甫，别署通糜生，湖北汉阳人。道光十九年（1839）举人，授国子监学正。工于诗文，精于音韵、文字、考据学，对舆地有深研。据所藏辑《孟子要略》一书，由曾国藩校刻刊行，流行于世。虎坊桥：原为桥名，后演变为街名。为明时"虎房"演化而来。今指北京珠市口西大街与骡马市大街东西相接、南新华街与虎坊路南北相通的十字路口附近。

⑧ 赵崧原：不详。

⑨ 舒伯鲁：舒焘，字伯鲁，湖南溆浦人。诸生，官户部郎中。梅曾亮弟子，工诗文。有《绿绮轩文钞》等。

⑩ 黄秋农：不详。

【译文】

黎樾乔御史报满引见，回原衙门行走。黄正斋的长子在正月初走丢了，到现在还没回来。邓星阶到黄正斋家教书，李希庵到杜兰溪家教书，都是我所推荐。同县刘九爷、罗邹二人和新科进士三人都已到京，住在新会馆。江岷樵住张相公庙，离我家很近。郭筠仙还没有到。袁漱六在正月二十四日到京，现在家眷住在北半截胡同。周荇农还没有到。杨春皆在正月二日生了个儿子。刘药云搬到虎坊桥去住了，他的病已经痊愈。赵崧原的妻子在正月去世。舒伯鲁二月离开京都。我们家碾儿胡同房东准备回来，三四月份我必须搬家。黄秋农的银钱已寄来，加了利息十两，为兄我想退回给他。

九弟、季弟读书，开口便有自画之意①。见得年纪已大，功名无成，遂有懒惰之意。此万万不可。兄之乡试座师徐晓村、许吉斋两先生②，会试房师季仙九先生，皆系二十六七入泮，三十余岁中举，四十余岁入词林③。诸弟但须日日用功，万不必作叹老嗟卑之想④。譬如人欲之京师，一步不动而长吁短叹，但曰京师之远，岂我所能到乎？则旁观者必笑之矣。吾愿吾弟步步前行，日日不止，自有到期，不必计算远近而徒长吁短叹也。望澄侯时时将此譬喻说与子植、季洪听之。千万千万！无怠无怠！

【注释】

①自画：自己限制自己。《论语·雍也》："冉求曰：'非不说子之道，力不足也。'子曰：'力不足者，中道而废，今女画。'"

②徐晓村：徐云瑞，字书祥，号晓村。见前注。

③词林：翰林院的别称。

④叹老嗟卑:感叹年已老大而犹未显达。

【译文】

　　九弟、季弟读书,开口就有不思进取的意味。发现年纪已经大了,功名不成,于是有懒惰的意思。这是万万不可以的。为兄我的乡试座师徐晓村、许吉斋两位先生,会试房老师季仙九先生,都是二十六七岁入学,三十多岁中举,四十多岁中进士做翰林。弟弟们只需要天天用功,万万不能有叹老嗟卑的念头。譬如有人想到京城,一步不动而长吁短叹,只是说京城有多远,怎么会是我这样的人能到得了的?那么旁观的人一定会笑话他的。我希望我弟弟们一步一步往前走,天天不停,自然会有走到京城的那一天,不必计算路程远近而徒自长吁短叹。希望澄侯时时将这比喻说法讲给子植、季洪听。千万千万! 不要懈怠,不要懈怠!

　　九弟信言诸妯娌不甚相能①,尤望诸弟修身型妻②,力变此风。若非诸弟痛责己躬,则内之气象必不改,而乖戾之致咎不远矣。望诸弟熟读《训俗遗规》、《教女遗规》③,以责己躬,以教妻子。此事全赖澄弟为之表率,关系至大。千万千万! 不胜嘱切之至! 伏惟留心自反为幸。

　　兄国藩手草。

【注释】

①不甚相能:不太和睦。《左传·襄公二十一年》:"范鞅以其亡也,怨栾氏,故与栾盈为公族大夫而不相能。"杨伯峻注:"不相能,犹言不相得。"

②型妻:为妻子做榜样。《诗经·大雅·思齐》:"刑于寡妻,至于兄弟,以御于家邦。"

③《训俗遗规》、《教女遗规》：为陈宏谋《五种遗规》之二种。

【译文】

九弟信中说众妯娌相处不和，特别希望弟弟们努力修身，给妻子做榜样，努力改变这种风气。如果弟弟们不沉痛责备自己的过错，那门内的风气一定不会改变，而因乖张暴戾导致的灾祸就不远了。希望弟弟们熟读《训俗遗规》、《教女遗规》，通过责备自己的过错，来教导妻子。这件事全靠澄弟做表率，关系非常大。千万千万！千叮万嘱！请留心自我反省为幸。

哥哥国藩亲笔。

三月初十日　致父母书

男国藩跪禀父母亲大人膝下：

昨初九日巳刻，接读大人示谕及诸弟信，藉悉一切。祖父大人之病已渐愈，不胜祷祝，想可由此而全愈也。男前与朱家信，言无时不思乡土，亦久宦之人所不免，故前次家信亦言之。今既承大人之命，男则一意服官，不取违拗，不作是想矣。

【译文】

儿国藩跪禀父母亲大人膝下：

昨初九日巳刻，接读大人亲笔指示以及弟弟们的信，借以知道家中一切情形。祖父大人的病已渐渐好了，太值得祷告和祝愿了，想来可以从此一步步痊愈。儿子我前次给朱家的信里，说无时无刻不想念家乡，也是在外做官久了的人所难免的，所以前次家信中也说到这个意思。现在既然接受父母亲大人的命，儿子我便一心一意做官，不敢违反慈命，不再作这种打算了。

昨初六日派总裁房差，同乡惟黄恕皆一人。单另列，初八日题目亦另列。男今年又不得差，则家中气运不致太宣泄，祖父大人之病必可以速愈，诸弟今年或亦可以入学，此盈虚自然之理也。

【译文】

昨初六日委派会试总裁和房官差事，同乡只有黄恕皆一个。名单另外开列，初八日的题目也另外开列。儿子我今年又没有得到差事，那么家里的气运不至于露泄太过，祖父大人的病一定可以很快好起来，弟弟们今年也可能入学，这是此消彼长的自然之理。

男癣病虽发，不甚狠①，近用蒋医方朝夕治之②。渠言此病不要紧，可以徐愈。治病既好，渠亦不要钱。两大人不必悬念。

【注释】

①狠：厉害，情形严重。

②蒋医：蒋医生。余不详。

【译文】

儿子我的癣病虽然发作，但不太厉害，近来用蒋医生的药方早晚治疗。他说这个病不要紧，可以慢慢好。治好了病，他也不要钱。两位大人不必挂念。

男妇及华男、孙男女身体俱好,均无庸挂虑。男等所望者,惟祖父大人病之速愈,暨两大人之节劳,叔母目疾速愈,俾叔父宽怀耳。

余容另禀。

【译文】

我媳妇及国华、孙儿孙女身体都好,都不用挂念。儿子等所期望的,只是祖父大人的病快快痊愈,父母亲大人不要太过劳累,叔母的眼病快点儿好,让叔父宽心。

其余的,请允许以后再行禀告。

三月初十日　致澄侯、子植、季洪弟书

澄侯四弟、子植九弟、季洪二弟左右:

二月十一接到第一、第二号来信,三月初十接到第三、四、五、六号来信,系正月十二、十八、廿二及二月朔日所发而一次收到①。家中诸事,琐屑毕知②,不胜欢慰!

【注释】

①朔日:农历初一。

②琐屑:指细小、琐碎的事情。

【译文】

澄侯四弟、子植九弟、季洪二弟左右:

二月十一日接连收到第一和第二封来信,三月初十日收到第三、四、五、六封来信,是家里在正月十二、十八、二十二日及二月初一日所

发,一次全收到了。家中的各种事情,连很琐碎的都知道了,非常高兴!

祖大人之病,竟以服沉香少愈①,幸甚!然予终疑祖大人之体本好,因服补药太多,致火壅于上焦②,不能下降。虽服沉香而愈,尚恐非切中肯綮之剂③。要须服清导之品,降火滋阴为妙。予虽不知医理,窃疑必须如此。上次家书,亦曾写及,不知曾与诸医商酌否?

【注释】

①沉香:木名。产于亚热带,木质坚硬而重,黄色,有香味。芯材为著名熏香料。中医以含有黑色树脂的树根或树干加工后入药,有镇痛、健胃等作用。

②上焦:中医谓六腑中的三焦之一。一般指胃的上口到舌下这一部位,包括心肺。主要功能是呼吸和血液循环等。《灵枢·营卫生会》:"上焦出于胃上口并咽以上,贯膈而布胸中。"

③切中肯綮(qìng):切中要害。肯綮,筋骨结合的地方,比喻要害或关键。《庄子·养生主》:"技经肯綮之未尝,而况大軱乎?"陆德明释文:"肯,着骨肉也。綮,犹结处也。"

【译文】

祖父大人的病,最后竟然因服用沉香而稍有好转,很幸运!但是我始终怀疑祖父大人的身体本来就好,因为服用补药太多,导致火壅塞在上焦,不能下降。虽然服用沉香就好了,但恐怕还不是切中要害的方子。总归要服用清凉利导的药品,降火滋阴才好。我虽然不懂医家的道理,但私下怀疑必须如此。我上次的家信里也曾写到,不知家里是否曾与几位医生商议斟酌过?

丁酉年祖大人之病,亦误服补剂,赖泽六爷投以凉药而效。此次何以总不请泽六爷一诊?泽六爷近年待我家甚好,即不请他诊病,亦须澄弟到他处常常来往,不可太疏。大小喜事,宜常送礼。

【译文】

丁酉年祖父大人的病,也是误吃补药,幸亏泽六爷用凉药医治才好。这次为什么总不请泽六爷来看病呢?泽六爷近年对我家很好,即使不请他诊病,也应该让澄弟到他那里常常往来,不能太疏远。大小喜事,应该常送礼。

尧阶既允为我觅妥地,如其觅得,即听渠买。买后或迁或否,仍由堂上大人做主,诸弟不必执见①。

【注释】

①执见:固执己见。

【译文】

尧阶既已答应帮我们找好坟地,如果找到,就让他买。买了之后,或者迁坟或者不迁,仍然由堂上大人做主,弟弟们不必固执己见。

上次信言予思归甚切,属弟探堂上大人意思何如。顷奉父亲手书,责我甚切。兄自是谨遵父命,不敢作归计矣。

【译文】

上次信中说我想回家心切,嘱托弟弟们探明堂上大人的意见是怎样的。刚刚接到父亲的亲笔信，很严厉地责备我。为兄我自然谨遵父命，不敢再作回家的打算了。

郭筠仙兄弟于二月二十到京，筠仙与其叔及江岷樵住张相公庙，去我家甚近。翊臣即住我家，树堂亦在我家入场。我家又添二人服侍李、郭二君①。大约榜后退一人，只用一打杂人耳。

【注释】
①李、郭二君：指李竹屋、郭翊臣。皆见前注。

【译文】

郭筠仙兄弟在二月二十日到京城，筠仙与他的叔叔还有江岷樵住张相公庙，离我家很近。翊臣就住在我家，树堂也在我家下考场。我家又添两人服侍李竹屋、郭翊臣二位。大约发榜之后辞退一人，只使用一个打杂的人罢了。

筠仙自江西来，述岱云母子之意，欲我将第二女许配渠第二子，求婚之意甚诚。前年岱云在京，亦曾托曹西垣说及，予答以缓几年再议，今又托筠仙为媒，情与势皆不可却。岱云兄弟之为人，与其居官治家之道，九弟在江西一一目击。烦九弟细告父母，并告祖父，求堂上大人吩咐。或对或否，以便回江西之信。予夫妇现无成见。对之意有六分，不对之意亦有四分，但求堂上大人主张。

【译文】

筠仙从江西来，说了岱云母子的意思，想我把二女许配他家二儿子,求婚的心意很诚恳。前年岱云在京城,也曾经托曹西垣说过此事,我答复他说缓几年再商议,现在他又托筠仙做媒,不论从感情还是形势来说,都不好推脱。岱云兄弟的为人,以及他如何做官和治家,九弟在江西都一一看在眼里。就麻烦九弟详细告知父母,以及祖父,求堂上诸位大人吩咐。是答应或是不答应,以便答复江西那边。我夫妇眼下对此事并没有什么成见。结亲的意思有六分,不结亲的意思也有四分,只求堂上诸位大人拿主意。

九弟去年在江西,予前信稍有微词①,不过恐人看轻耳。仔细思之,亦无妨碍,且有莫之为而为者②,九弟不必自悔艾也③。

【注释】

①微词:委婉而隐含讽谕的言辞,隐晦的批评。

②莫之为而为者:语出《孟子·万章(上)》:"舜、禹、益相去久远,其子之贤不肖,皆天也,非人之所能为也。莫之为而为者,天也;莫之致而至者,命也。"没有人让他们做,他们却做了。指天意。

③自悔艾:自怨自艾。

【译文】

九弟去年在江西,我之前的信稍有微词,不过是怕被别人看轻罢了。仔细考虑,其实也无妨,况且自有天意,九弟不必自怨自艾。

碾儿胡同之屋房东四月要回京,予已看南横街圆通观东间壁房屋一所,大约三月尾可移寓。此房系汪醇卿之宅教习门生汪廷儒①,比碾儿胡同狭一小半,取其不费力易搬,故暂移彼,若有好房,当再迁移。

【注释】

①汪醇卿：汪廷儒（1804—1852），字醇卿，又字菀青，江苏仪征人。道光二十四年（1844）进士，历官翰林院编修、江西副主考。以书画名。辑《广陵思古》内、外编，书未成而卒。教习门生：清制，翰林院设庶常馆，专门培养庶吉士，以侍读学士、侍讲学士分教，俗称"小教习"。小教习所教的庶吉士，称"教习门生"。

【译文】

碾儿胡同的房子，房东四月要回京城，我已相中南横街圆通观东间壁房屋一所，大约三月底可搬家。这房子是汪醇卿的宅子教习门生汪廷儒，比碾儿胡同狭窄一小半，考虑到不费力气容易搬过去，所以暂时搬到那里，如果有好房，应该会再次搬家。

　　黄秋农之银已付还，加利十两，予仍退之。周子佩于三月三日喜事。正斋之子竟尚未归。黄莘卿、周韩臣闻皆将告假回籍①，莘卿已定十七日起行。刘盛唐得疯疾②，不能入闱，可悯之至。袁漱六到京数日，即下园子用功。其夫人生女仅三日下船进京，可谓胆大。周荐农散馆，至今未到，其胆尤大。曾仪斋宗达正月廿六在省起行③，二月廿九日到京；凌笛舟正月廿八起行，亦廿九到京，可谓快极。而澄弟出京，偏延至七十余天始到④。人事之无定如此！

【注释】

①周韩臣：周玉麒（1804—1875），字韩臣，湖南长沙人。道光二十四年（1844）进士。历任监察御史、鸿胪寺卿、太常寺卿、浙江学政、内阁学士等职。晚年居乡，相继主讲城南书院、求实书院、岳麓书院。著有《思益堂诗赋》。

②刘盛唐：道光朝举人。

③曾仪斋：曾宗遽，字仪斋，湖南邵阳人。道光二年(1822)举人，官
　至茶陵州学正。

④偏延：拖延，被耽误。

【译文】

黄秋农欠的银子已还，加了十两的利息，我仍然退还他。周子佩在三月三日办喜事。正斋的儿子竟然还没回来。黄莘卿、周韩臣听说都要告假还乡，莘卿已经确定十七日出发。刘盛唐得了疯病，不能进考场，非常可怜。袁漱六到京城没几天，就下园子用功。他夫人生下女儿仅三天后就坐船进京，真是大胆。周荇农散馆，迄今还没有到，他的胆子更大。曾仪斋宗遽正月二十六日从省城出发，二月二十九日到京城；凌笛舟正月二十八日出发，也在二月二十九日到京城，真可以说很神速。但澄弟离京回家，拖延耽误到七十多天才到家。人世间的事没个定准，居然能这样！

　　新举人复试，题"人而无恒"二句①，赋得"仓庚鸣"得"鸣"字。四等十一人，各罚会试二科，湖南无之。

【注释】

①"人而无恒"二句：语出《论语·子路》："子曰：'南人有言曰："人
　而无恒，不可以作巫医。"善夫！'"

【译文】

新举人复试，《四书》题是"人而无恒"二句，诗题是赋得"仓庚鸣"得"鸣"字。四等十一人，各罚停会试两科，里面没有湖南人。

　　我身癣疾，春间略发而不甚为害。有人说方，将石灰澄

清水,用水调桐油揸之①,则白皮立去,如前年揸铜绿膏。予现二三日一揸,使之不起白皮,剃头后不过微露红影,不甚红,虽召见亦无碍。除头顶外,他处皆不揸,以其仅能济一时,不能除根也。内人及子女皆平安。

【注释】

①揸(chá):同"搽",涂抹。

【译文】

我身上的癣疾,春天稍微发作,但为害不太严重。有人说了个方子,拿石灰澄清水,用水调桐油涂抹患处,白皮就立刻可以去除,就像前年涂抹铜绿膏一样。我现在两三天一涂抹,让它不起白皮,剃头后不过微微露出点儿红影,不太红,即便皇上召见也没有妨碍。除了头顶之外,其他地方都不涂抹,因为这个方子只能救一时,不能消除病根。内人和儿子女儿都平安。

今年分房,同乡仅恕皆,同年仅松泉与寄云大弟①,未免太少。余虽不得差,一切自有张罗,家中不必挂心。今日予写信颇多,又系冯、李诸君出场之日②,实无片刻暇,故予未作楷信禀堂上,乞弟为我说明。

【注释】

①松泉:钮福保(1805—1854),字右申,号松泉,浙江乌程人。道光十八年(1838)状元,与曾国藩同榜。历任翰林院修撰、江南乡试副主考官、江西乡试副主考官、广西学政、会试同考官,官至詹事府少詹事。寄云:毛寄云。见前注。

②冯、李:指冯树堂、李竹屋。见前注。

【译文】

今年会试分房得差，同乡只有黄恕皆，同年只有松泉和寄云大弟，未免太少了。我虽然没有得到差事，但一切自有张罗，家里不必挂念。今天我写信很多，又是冯树堂、李竹屋诸君出考场的日子，实在是没有片刻闲暇，所以我没写楷书禀告堂上父母大人，乞求弟弟们为我说清楚。

澄弟理家事之间，须时时看《五种遗规》。植弟、洪弟须发愤读书；不必管家事。

兄国藩草。

【译文】

澄弟料理家事期间，要经常看《五种遗规》。植弟、洪弟要发奋读书；不必管家务事。

哥哥国藩亲笔。

六月十七日　致祖父书

孙国藩跪禀祖父大人万福金安：

六月十五日接家中第九号信，系四月初三日四弟在县城发者。知祖父身体康强，服刘三爷之药①，旧恙已经全愈，孙等不胜欣喜。前五月底，孙发第五号信，言大考蒙恩记名赏缎事，想家中已收到。

【注释】

①刘三爷：刘镜湖，行三，湘乡人。精于医道。乃刘蓉之叔，与曾家

是世交。

【译文】

孙儿国藩跪禀祖父大人万福金安：

六月十五日接到家里第九封信，是四月初三日四弟在县城寄出的。知道祖父身体健康，服用刘三爷开的药，旧毛病已经完全好了，孙儿等欢喜得不行。前五月底，孙儿我发第五封信，说大考蒙恩记名赏缎之事，想必家中已经收到。

六月初二，孙荷蒙皇上破格天恩，升授内阁学士兼礼部侍郎衔①。由从四品骤升二品，超越四级，迁擢不次，惶悚实深。

【注释】

①内阁学士兼礼部侍郎衔：内阁学士是清内阁属官，满六员，汉四员，从二品，例兼礼部侍郎衔。满学士在乾清门御门听政时，为皇帝宣读文本；汉学士掌题本批红（即根据皇帝旨意用朱笔批答题本）。学士还有参赞政务之责，需向皇帝陈奏政见。

【译文】

六月初二日，孙儿承蒙皇上破格天恩，升授内阁学士兼礼部侍郎衔。从四品突然升二品，超越四级，不拘常规提拔，实在深感惶恐。

初六日考试教习，孙又蒙天恩派为阅卷大臣。初六日入闱，初七日王大臣点名①。士子入闱者，进士、举人共三百八十余名，贡生入闱者一百七十余名②。初八早发题纸，十一日发榜，十三日复试，十四日复命③。

【注释】

①点名：旧时科举考试，为防冒名顶替，须点名入场。

②贡生：指科举时代，考选府、州、县生员（秀才）送到国子监（大学）肄业的人。

③复命：完成使命后回报情况。

【译文】

初六日考试教习，孙儿又蒙受天恩，被派做阅卷大臣。初六日进考场，初七日王大臣点名。士子进考场的，进士、举人共有三百八十多名，贡生进考场的一百七十多名。初八日早上发题纸，十一日发榜，十三日复试，十四日复命。

初三日谢恩及十四复命，两次召见，奏对尚无愆误①。教习取中额数共一百二十一名，湖南得取十一人，另有全单。

【注释】

①愆误：差错。

【译文】

初三日谢恩和十四日复命，两次蒙皇上召见，奏对尚没有过失错误。教习录取名额共一百二十一名，湖南得中十一人，另外有全部名单。

十七日冯树堂回南，孙寄回红顶二个、二品补服三付及他物①，另有单。大约八月初旬可到省，存陈季牧家中。望大人于中秋前后专人至省来接，命九弟写信与季牧可也。

【注释】

①红顶:红色的帽顶子。清代官服,礼帽上用不同质料和颜色的顶子以区别官阶,一、二品官员戴红色珊瑚珠的顶子。

【译文】

十七日冯树堂回南方,孙儿寄回红顶子两个、二品补服三副以及其他的东西,另外有单子。大约八月上旬可以到省城,存放陈季牧家中。希望大人在中秋前后专门派人到省城来接,让九弟写信给季牧就可以。

孙等身体平安,癣疾已将全好,头上竟看不见。孙妇及曾孙男女皆好。

余俟续具。

孙谨禀。

【译文】

孙儿等身体平安,癣病已将全好,头上竟看不见痕迹了。孙媳妇及曾孙儿、曾孙女都好。

其他的,等以后再禀告。

孙儿谨禀。

六月十七日　致叔父母书

侄国藩敬禀叔父婶母大人万福金安:

新年两次禀安,未得另书敬告一切。侄以庸鄙无知,托祖宗之福荫,幸窃禄位,时时抚衷滋愧①!兹于本月大考,复荷皇上天恩,越四级而超升。侄何德何能,堪此殊荣!常恐祖宗积累之福，自我一人享尽，大可惧也。望叔父作书教侄，幸甚！

【注释】

①抚衷：扪心自问。滋愧：心生愧疚。

【译文】

侄儿国藩敬禀叔父婶母大人万福金安：

新的一年两次寄呈禀安帖，没有另外写信敬告一切情况。侄儿以庸碌鄙俗无知之身，托祖宗的福荫，幸得窃居官位，扪心自问，时时羞愧！刚刚本月大考，又承蒙皇上天恩，超越四级提拔。侄儿我有何德何能，能受得起这样大的荣耀！常常担心祖宗积累的福德，被我一个人都享用尽了，太令人害怕了。希望叔父写信教导侄儿，很幸运！

金竺虔归，寄回银五十两。其四十两用法：六弟、九弟在省读书，用二十六两；四弟、季弟学俸六两；买漆四两；欧阳太岳母奠金四两。前第三号信业已载明矣。后又有十两，若作家中用度，则嫌其太少，添此无益，减此无损。侄意戚族中有最苦者，不得不些须顾送①。求叔父将此十金换钱，分送最亲最苦之处。叔父于无意中送他，万不可说出自侄之意，使未得者有觖望有怨言。二伯祖母处，或不送钱，按期送肉与油盐之类，随叔父斟酌行之可也。

侄谨禀。

【注释】

①些须：少许，一丁点儿。

【译文】

　　金竺虔回去，我托他带回银子五十两。其中四十两的用途：六弟、九弟在省城读书，用二十六两；四弟、季弟学费，六两；买漆，四两；欧阳太岳母奠金，四两。之前的第三封家信已经写得明明白白。后来又有十两，如果作为家中花销，就嫌太少，添加这项全然无益，减少这项也无损害。侄儿的意思是，亲戚中有最苦的，不能不送他们一点儿。求叔父将这十两银子换成钱，分别送给最亲最苦的几位。叔父最好在无意中送他，千万不可说出是侄儿我的意思，令那些没有得到馈赠的人失望和抱怨。二伯祖母那里，可以不送钱，定时送肉和油盐之类的东西，由叔父大人斟酌实行就可以。

　　侄儿谨禀。

六月十八日　　致澄侯、子植、季洪弟书

澄侯、子植、季洪三位老弟足下：

　　五月寄去一信，内有大考赋稿，想已收到。

【译文】

澄侯、子植、季洪三位老弟足下：

　　五月寄回去一封信，里头有参加大考的赋稿，想必已经收到。

　　六月二日，蒙皇上天恩及祖父德泽，予得超升内阁学士。顾影扪心，实深惭悚！湖南三十七岁至二品者，本朝尚无一人。予之德薄才劣，何以堪此！近来中进士十年得阁学者[1]，惟壬辰季仙九师[2]，乙未张小浦[3]，及予三人。而予之才地，实不及彼二人远甚，以是尤深愧仄[4]。

【注释】

①阁学：明、清时期对内阁学士的称呼。

②壬辰：即道光十二年（1832）。

③乙未：当为乙巳年之讹。乙未年，是道光十五年（1835）；乙巳年，是道光二十五年（1845）。张芾（小浦），是乙未科进士，乙巳年升阁学。张小浦：张芾，号筱浦，亦作"小浦"。见前注。

④愧仄（zè）：自惭形秽。

【译文】

六月二日，承蒙皇上的天恩以及祖父的德泽，我得以越级升为内阁学士。顾影鉴形，扪心自问，我实在是深感惭愧惶恐！湖南人三十七岁做官做到二品的，本朝还没有一个。我的德行如此微薄、才能如此低劣，怎么能够担当这样的重任！近来中进士后十年内升做内阁学士的，只有壬辰年季仙九老师，乙未年张小浦，加上我共三人。而我的才华资质，实在跟他们两个相差太远，所以尤其深为惭愧。

　　冯树堂就易念园馆①，系予所荐，以书启兼教读②，每年得百六十金。李竹屋出京后，已来信四封。在保定，讷制台赠以三十金③，且留干馆与他④。在江苏，陆立夫先生亦荐干俸馆与他⑤。渠甚感激我。考教习，余为总裁，而同乡寒士如蔡贞斋等皆不得取⑥，余实抱愧。

【注释】

①易念园：易棠，字召甘，号念园，湖南善化（今长沙）人。道光九年（1829）进士，官至陕甘总督。著有《贻芬书屋诗文集》。

②书启：旧时官署里专管起草书信等事的人。

③讷制台：指时任直隶总督的讷尔经额。讷尔经额（1784—1857），

字近堂，费莫氏，满洲正白旗人。嘉庆八年（1803）翻译进士，官至文渊阁大学士。道光二十年（1840）至咸丰三年（1853），任直隶总督。咸丰三年，以直隶总督授钦差大臣，节制黄河南北各军堵截太平天国北伐军，解怀庆围。旋因北伐军陷直隶临洺关，所部军械辎重尽失，军退广平（今河北永年东南），被革职，留直隶随同办理军务。不久北伐军逼后京畿，又以贻误军机定斩监候，寻戍军台。六年（1856）释回，命守慕陵。

④干馆：挂名的私塾先生，不用工作，就能领薪水。下文"干俸馆"同。

⑤陆立夫：陆建瀛（1792—1853），字立夫，湖北沔阳（今仙桃）人。道光二年（1822）进士，初授编修。充会试同考官，云南、山东乡试正考官，翰林院侍讲、侍读，历任云南巡抚、江苏巡抚，官至两江总督。咸丰三年（1853）二月初十，江宁城破时被太平军杀死。干俸：挂名不工作而领取的薪水。

⑥蔡贞斋：湖南攸县人。道光年间举人，道光二十九年（1849）在袁漱六家教读。

【译文】

冯树堂到易念园家教书，是我推荐的，负责起草书信并兼职教书，每年收入一百六十两银子。李竹屋离京城后，已经来过四封信。在保定时，讷制台送了他三十两银子，并且留了一个挂名的教席位置给他。在江苏时，陆立夫先生也推荐了只需挂名就能领薪水的教席给他。他很感激我。考教习，我是总裁，但同乡寒士如蔡贞斋等都没有录取，我实在感到愧疚。

寄回祖父、父亲袍褂二付。祖父系夹的，宜好好收拾，每月一看，数月一晒。百岁之后，即以此为敛服①，以其为天恩所赐，其材料外间买不出也。父亲做棉的，则不妨长着，不必为深远之计。盖父亲年未六十,将来或更有君恩赐服,亦未可知。

【注释】

①敛服:殡殓时给死人穿的衣服。敛,通"殓"。《仪礼·既夕礼》:"柩至于圹,敛服载之。"

【译文】

寄回祖父、父亲袍褂二副。祖父的是夹衣,要好好收拾,每月看一看,隔几个月晒一晒。祖父百年之后,就用这件做殓服,因这是皇上赐的,材料外面买不到。父亲的做成棉的,不妨时常穿着,不用考虑太长远。因为父亲还不到六十,将来或许还有皇上赐的衣料,也不好说。

祖母大人葬后,家中诸事顺遂,祖父之病已好,予之癣疾亦愈,且骤升至二品,则风水之好可知,万万不可改葬。若再改葬,则谓之不祥,且大不孝矣。然其地予究嫌其面前不甚宽敞,不便立牌坊起诰封碑亭,又不便起享堂立神道碑①。予意仍欲求尧阶相一吉地,为祖父大人将来寿藏②。弟可将此意禀告祖父,不知可见允否? 盖诰封碑亭,断不可不修,而祖母又断不可改葬,将来势不能合葬,乞禀告祖父,总以祖父之意为定。

【注释】

①享堂:祭堂,供奉祖宗牌位或神鬼偶像的地方。

②寿藏:生时所建的墓圹。《后汉书·赵岐传》:"年九十余,建安六年卒,先自为寿藏。"李贤注:"寿藏,谓冢圹也。称寿者,取其久

远之意也；犹如寿宫、寿器之类。"

【译文】

祖母大人安葬后，家中的事情都顺遂，祖父的病已经好了，我的癣疾也好了，并且一下子升到二品官，那么风水有多好可以想见，万万不能改葬。如果再改葬，那就叫做不祥，并且是大不孝了。但是，那块坟地我终究还是嫌它前面不太宽敞，不便立牌坊和建造封碑亭，也不方便建享堂和立神道碑。我的意思是仍然想求尧阶找一块吉利的地，做祖父大人百年之后的坟地。弟弟们可以将这层意思禀告祖父，不晓得他老人家会不会应允？谙封碑亭，决不可以不建，但祖母又不可以改葬，将来两位老人势必不能合葬，求你们禀告祖父，总要以祖父大人的意思为定。

前此问长女对袁家，次女对陈家，不知堂上之意如何？现在陈家信来，谓我家一定对，渠甚欢喜。

余容后具。

兄国藩草。

【译文】

前次信中问我大女儿许配袁家，二女儿许配陈家，不晓得堂上大人的意见如何？现在陈家来信，说我家一定和他家结亲，他家很高兴。

其余的，请允许我以后再写。

哥哥国藩亲笔。

六月二十七日　致父母书

男国藩跪禀父母亲大人礼次：

十八日发第八号信，言升官事，欲萧辛五先生专人送回,计七月中旬可以到家。昨又接四弟六月初一日所发之信,藉悉一切。于祖父大人之病略不言及,惟言至刘家更补药方,可以长服者,则病已尽除矣。游子闻之,不胜欣幸之至。

【译文】

儿国藩跪禀父母亲大人礼次:

十八日发出第八封家信,说升官的事,想让萧辛五先生专人送回,预计七月中旬可以到家。昨日又接到四弟在六月初一日所发出的家信,借以知道一切情况。对祖父大人的病情几乎没有提到,只有说到刘家重新换药方,可以长期服用的那种,那病症应已完全消除了。游子听到这个消息,高兴得不行。

男升官后,应酬较繁,用费较广,而俸入亦较多①,可以应用,不至窘迫。昨派教习总裁②,门生来见者多,共收贽敬二百余金③,而南省同乡均未受,不在此数。

【注释】

①俸入:俸禄收入。

②教习总裁:清代主持会试的官员称"总裁",主持教习考试的官员,亦称"总裁"。

③贽(zhì)敬:准备礼物来谒见,以示隆重。也用以指学生拜见老师时所持的贽金。

【译文】

儿子我升官后,应酬更多,花销也更大,但俸禄和收入也比以前多了,应该够用,不至于窘迫。昨日被派任做教习总裁,门生来拜见的很多，共收礼金二百多两，而湖南同乡的礼金一个都没有接受，不在这个数目内。

前陈岱云托郭筠仙说媒，欲男以二女儿配伊次子。男比写信告禀，求堂上决可否。昨四弟信来，言堂上皆许可。男将于秋间择期订盟。前信又言以大女儿许袁漱六之长子，是男等先与袁家说及。漱六尚有品学，其子亦聪明伶俐。与之结姻，谅无不可，亦求堂上大人示知。

【译文】

之前陈岱云托郭筠仙说媒，想要儿子我把二女儿许配他的二儿子。儿子我前回写信禀告，求堂上大人决定是否可以。昨日四弟有信来，说堂上大人都同意。儿子我将在秋季选一个日子订婚。之前信里又说将大女儿许配给袁漱六的大儿子，是儿子我等先与袁家说起这事的。漱六还有品行和学问，他儿子也聪明伶俐。与他结成姻亲，想必没有不合适的地方，也求堂上大人告知是否可行。

藩男癣疾将近全愈，尚略有形影，而日见日好。华男身体甚壮健。余大小男女俱平安。堂上不必挂念。

余俟另禀。

男百拜呈。

【译文】

儿身上的癣疾将近痊愈，还稍稍有一点儿痕迹，但已经一天比一天好。国华身体很健壮。其他人，不论大小男女都平安。堂上大人不必挂念。

　　其他的事情，请等我另外禀告。

　　儿百拜敬呈。

六月二十七日　致澄侯、子植、季洪弟书

澄侯、子植、季洪三弟足下：

　　自四月廿七日得大考谕旨以后①，廿九日发家信，五月十八又发一信，二十九又发一信，六月十八又发一信，不审俱收到否？二十五日接到澄弟六月一日所发信，具悉一切，欣慰之至。

【注释】

　　①谕旨：皇帝的诏令。

【译文】

澄侯、子植、季洪三弟足下：

　　从四月二十七日接到大考谕旨以后，二十九日发家信，五月十八日又发了一封信，二十九日又发了一封信，六月十八日又发了一封信，不晓得都收到了吗？二十五日接到澄弟六月一日所发的信，详细知道一切情况，欣慰之至。

　　发卷所走各家①，一半系余旧友，惟屡次扰人，心殊不安。我自从己亥年在外把戏，至今以为恨事。将来万一作外官，或督抚②，或学政，从前施情于我者③，或数百，或数千，皆钓饵也。渠若到任上来，不应则失之刻薄，应之则施一报

十,尚不足以满其欲。故兄自庚子到京以来④,于今八年,不肯轻受人惠,情愿人占我的便益⑤,断不肯我占人的便益。将来若作外官,京城以内无责报于我者。澄弟在京年余,亦得略见其概矣。此次澄弟所受各家之情,成事不说⑥。以后凡事不可占人半点便益,不可轻取人财,切记切记!

【注释】

①发卷:疑指科举时代生员入学后发给亲友催送礼金的帖子。曾国藩道光二十六年(1846)十月为曾国潢纳资捐监生,并云"明年陆续缴清"。

②督抚:"总督"和"巡抚"的并称。明清两代最高地方官,兼理军政、刑狱。

③施情:给予恩惠。

④庚子:道光二十年(1840)。

⑤便益:同"便宜"。

⑥成事不说:语出《论语·八佾》:"成事不说,遂事不谏,既往不咎。"对做过的事不再提它。

【译文】

发卷所走的各家,一半是我的老朋友,只是屡次打扰人家,心里很不安。我自从己亥年在外面游荡,到今天仍然觉得遗憾。将来万一做外官,或做督抚,或做学政,以前对我有过恩惠的人,或送过几百银钱,或送过几千银钱,都像是钓鱼用的饵。他如果到我衙门上来,不答应他的要求吧,失于刻薄寡恩;答应他的要求吧,给他十倍的报偿,也未必能满足他的欲望。所以为兄我自从庚子年到京城以来,至今已有八年,从不肯轻易受别人的恩惠,情愿别人占我的便宜和好处,绝不肯去占别人的便宜和好处。将来如果做外官,京城以内便没有责备我不报恩的人。

澄弟在京城一年多,也应稍知大概的。这次澄弟接受各家的恩惠,既成事实,且不去说它了。以后凡事不可占人半点儿便宜,不可轻易接受别人钱财,牢记牢记!

彭十九家姻事①,兄意彭家发泄将尽,不能久于蕴蓄,此时以女对渠家,亦若从前之以蕙妹定王家也,目前非不华丽,而十年之外,局面亦必一变。澄弟一男二女,不知何以急急定婚若此?岂少缓须臾②,即恐无亲家耶?贤弟行事,多躁而少静,以后尚期三思。儿女姻缘前生注定,我不敢阻,亦不敢劝,但嘱贤弟少安毋躁而已。

【注释】
①彭十九:不详。
②须臾:片刻,一会儿。

【译文】
彭十九家提及联姻之事,为兄我觉得彭家的家运已快发到尽头,不能再坚持多久了,这个时候把女儿许配他家,就好比从前把蕙妹许配王家一样,眼前不是不华丽,但十年之后,局面一定会有所变化。澄弟你只有一男二女,不晓得为什么要这么急急忙忙定亲事?难道稍稍推迟片刻,就怕找不到亲家了么?贤弟做事,过于毛躁而很少有冷静的时候,以后遇事望能三思而行。儿女姻缘,皆由前生注定,我不敢阻挠,也不敢劝止,只是嘱咐贤弟你稍安勿躁罢了。

成忍斋府学教授系正七品①,封赠一代②,敕命二轴③。朱心泉县学教谕系正八品④,仅封本身,父母则无封。心翁之父母乃貤封也。家中现有《搢绅》⑤,何不一翻阅?

【注释】

①成忍斋：成毅，号忍斋，湖南湘乡人。与曾国藩同为道光十八年（1838）进士，官岳州府教授。府学：古代官学之一种。由府一级设立。清顾炎武《日知录·生员额数》："洪武初，令在京府学六十人，在外府学四十人，州学三十人，县学二十人，日给廪膳。"

②封赠：封建时代推恩臣下，将官爵授予其父母。父母存者称"封"，死者称"赠"。封赠之制，起于晋与南朝宋，至唐始备。最初仅及于父母，唐末五代以后，始上追曾祖、祖、父母三代，往往以子孙的官位为赠。宋洪迈《容斋四笔·宰相赠本生父母官》："封赠先世，自晋宋以来有之，迨唐始备。然率不过一代，其恩延及祖庙者绝鲜，亦未尝至极品……唐末五季，宰辅贵臣，始追荣三代，国朝因之。"清赵翼《陔余丛考·封赠》："元许有壬言：今制，封赠祖父母，降于父母一等。则元时封赠先世，亦尚有差别。本朝令甲，一二品封三代，三品以下封二代，六品以下封一代，皆用其本身官秩，并许以本身封典回赠其祖。则例封一代者，实亦得封二代。"

③敕命：明清封赠六品以下官职的命令称"敕命"。

④县学：旧时供生员读书之学校。科举制度童试录取后准入县学读书，以备参加高一级之考试，谓之"进学"、"入学"或"入泮"，士子称"庠生"、"生员"，俗称"秀才"。教谕：学官名。宋代在京师设立的小学和武学中始置教谕。元明清，县学亦置教谕，掌文庙祭祀，教育所属生员。

⑤《搢绅》：即《搢绅录》，亦称《爵秩全函缙绅全书》。清代记载京朝及外省职官履历的书，由书坊逐年刊行，详载各职官的姓名、籍贯、出身等。取古代官吏缙绅垂笏之义为书名。

【译文】

成忍斋府学教授是正七品，封赠一代，敕命二轴。朱心泉县学教谕是正八品，仅封本身，父母没有封赠。心翁的父母是貤封。家里现有《搢绅录》，为什么不查阅一下呢？

　　牧云一等，汪三入学，皆为可喜。啸山教习，容当托曹西垣一查。

【译文】

　　牧云成绩名列一等，汪三入学，都是可喜之事。啸山的教习一职，请容许我托曹西垣查一下。

　　京寓中大小平安。纪泽读书已至"宗族称孝焉"①，大女儿读书已至"吾十有五"②。前三月买驴子一头，顷赵炳堃又送一头③。二品本应坐绿呢车④，兄一切向来简朴，故仍坐蓝呢车。寓中用度比前较大，每年进项亦较多。每年俸银三百两、饭银一百两。其他外间进项尚与从前相似。

【注释】

①宗族称孝焉：语出《论语·子路》："子贡问曰：'何如斯可谓之士矣？'子曰：'行己有耻，使于四方，不辱君命，可谓士矣。'曰：'敢问其次。'曰：'宗族称孝焉，乡党称弟焉。'曰：'敢问其次。'曰：'言必信，行必果，硁硁然，小人哉！抑亦可以为次矣。'"

②吾十有五：语出《论语·为政》："子曰：'吾十有五而志于学，三十而立，四十而不惑，五十而知天命，六十而耳顺，七十而从心所欲，不逾矩。'"

③赵炳堃（kūn）：陕西大荔乡绅，后死于"同治回乱"。

④绿呢车：清制，二品官所坐之车，以绿呢为盖饰。

【译文】

京城家里大小平安。纪泽读书已经读到"宗族称孝焉"章,大女儿读书已到"吾十有五"章。三月里买了一头驴子,前不久赵炳堃又送了一头。二品官本应坐绿呢车,为兄我一切向来简朴,所以仍坐蓝呢车。家里花费比以前要大一些,每年进项也相对多一些。每年俸银三百两、饭银一百两。其他外面的进项还和以前差不多。

同乡诸人皆如旧。李竹屋在苏寄信来,立夫先生许以干馆。

余不一一。

兄国藩手草。

【译文】

几位同乡都还是老样子。李竹屋在苏州寄信来,立夫先生同意给他干馆待遇。

其余的就不一一说了。

哥哥国藩亲笔。

七月十八日　致父母书

男国藩跪禀父母亲大人膝下:

十六夜,接到六月初八日所发家信,欣悉一切。祖父大人病已什愈八九,尤为莫大之福。六月二十八日曾发一信,言升官事,想已收到。冯树堂六月十七日出京,寄回红顶、补服、袍褂、手钏、笔等物,计八月可以到家。贺礼耕七月初五日出京^①，寄回鹿胶、丽参等物，计九月可以到家。

【注释】

①贺礼耕：贺熙龄，一字礼耕。其兄贺长龄，字耦耕。

【译文】

儿国藩跪禀父母亲大人膝下：

十六日晚上，接到家里六月初八日所发的信，欣喜地知道一切。祖父大人的病已好了十之八九，尤其是最大的幸福。六月二十八日，我曾发出一封信，说升官的事，想必已经收到。冯树堂六月十七日离京，托他带回红顶、补服、袍褂子、手钏、笔等物品，预计八月可以到家。贺礼耕在七月初五日离京，寄回鹿胶、丽参等物品，预计九月可以到家。

四弟、九弟信来，言家中大小诸事皆大人躬亲之^①，未免过于劳苦。勤俭本持家之道，而人所处之地各不同。大人之身，上奉高堂，下荫儿孙，外为族党乡里所模范。千金之躯，诚宜珍重。且男忝窃卿贰^②，服役已兼数人，而大人以家务劳苦如是，男实不安于心。此后万望总持大纲^③，以细微事付之四弟。四弟固谨慎者，必能负荷。而大人与叔父大人惟日侍祖父大人前，相与娱乐，则万幸矣！

【注释】

①躬亲：亲自做。

②忝窃：谦言辱居其位或愧得其名。卿贰：次于卿相的朝中大官。

③总持大纲：在大纲方面上把握，谓讲原则。

【译文】

四弟、九弟有信来，说家中大小各种事情都是父亲大人亲自操劳，不免过于劳苦。勤俭本是持家之道,但每个人所处的地位各不相同。父亲大人的身份,上头要奉养高堂,下面要养育子孙,外边还要给族党乡里做模范。千金之躯,确实应该珍重。况且儿子我位居下卿之职,底下已经有好几个佣人,但父亲大人因家务如此辛苦,儿子我实在不能安心。以后希望父亲大人把握大纲,将细微的事交给四弟。四弟本就是谨慎之人,一定能够承担。父亲大人与叔父大人,只要天天陪侍祖父大人面前,一起娱乐,就万幸了!

京寓大小平安,一切自知谨慎,堂上各位大人,不必挂念。余容另禀。

【译文】

京城家里大小平安,一切事情我自己知道谨慎,堂上各位大人不必挂念。其他事情,请允许另外再禀告。

<h2 style="text-align:center">七月十八日　致诸弟书</h2>

四弟、九弟、季弟足下:

六月廿八日发第九号家信,想已收到。七月以来,京寓大小平安。癣疾虽头面微有痕迹,而于召见已绝无妨碍。从此不治,听之可也。

【译文】

四弟、九弟、季弟足下:

我在六月二十八日发出第九封家信,想必家里已经收到。七月以来,京城寓中大小都平安。我的癣病虽然头上脸上还稍微有些痕迹,但被皇上召见已绝无妨碍。从今不再医治，听之任之也行。

　　丁士元散馆^①，是诗中"皓月"误写"浩"字。胡家玉是赋中"先生"误写"先王"^②。

【注释】

①丁士元：道光二十五年（1845）进士。

②胡家玉（1810—1886）：字小蘧，江西新建人。道光二十一年（1841）进士，历任贵州学政、军机处章京、太常寺卿，四川乡试正考官，累官至都察院左副都御史，补兵部左侍郎，坐事夺官。光绪年间补通政司参议，次年因病离职，后卒于南昌寄庐。著有《胡小蘧通参自订年谱》一卷。

【译文】

　　丁士元翰林院散馆，失误是将诗中"皓月"的"皓"误写成"浩"字。胡家玉的失误，则是将赋中的"先生"误写成"先王"。

　　李竹屋今年在我家教书三个月，临行送他俸金，渠坚不肯受。其人知情知义，予仅送他褂料被面等物，竟未送银。渠出京后来信三次。予有信托立夫先生为渠荐馆。昨立夫先生信来，已请竹屋在署教读矣，可喜可慰。

【译文】

　　李竹屋今年在我家教书三个月，临行前送他薪金，他坚决不收。这个人知情义，我仅送他褂料被面等物，竟没有送银钱。他离京后来了三次信。我写信托立夫先生为他推荐教书的地方。昨日立夫先生有信来，说已请竹屋在署中教书了，很是欢喜欣慰。

耦庚先生革职，同乡莫不嗟叹。而渠屡次信来，绝不怪我，尤为可感可敬。

【译文】

耦庚先生被革职，同乡之人没有不感叹的。而他多次写信来，绝不怪罪我，尤其让人感到敬佩。

《岳阳楼记》①，大约明年总可寄到。家中《五种遗规》，四弟须日日看之，句句学之。我所望于四弟者，惟此而已。家中蒙祖父厚德余荫，我得忝列卿贰，若使兄弟姒娌不和睦，后辈子女无法则，则骄奢淫佚，立见消败。虽贵为宰相，何足取哉？我家祖父、父亲、叔父三位大人规矩极严，榜样极好，我辈踵而行之②，极易为力。别家无好榜样者，亦须自立门户，自立规条；况我家祖父现样，岂可不遵行之而忍令堕落之乎？现在我不在家，一切望四弟作主。兄弟不和，四弟之罪也；姒娌不睦，四弟之罪也；后辈骄恣不法，四弟之罪也。我有三事奉劝四弟：一曰勤，二曰早起，三曰看《五种遗规》。四弟能信此三语，便是爱兄敬兄；若不信此三语，便是弁髦老兄③。我家将来气象之兴衰，全系乎四弟一人之身。

【注释】

①《岳阳楼记》：宋范仲淹撰。此篇文章作于"庆历新政"失败范仲淹遭贬谪期间，以其叙事简明、写景传神和议论真切而为世人传诵。

②踵：原指脚后跟，这里是追随、继承的意思。

③弁髦：瞧不起，鄙视。弁，黑色布帽。髦，童子眉际垂发。古代男
子行冠礼，先加缁布冠，次加皮弁，后加爵弁，三加后，即弃缁布
冠不用，并剃去垂髦，理发为髻。因以"弁髦"喻弃置无用之物。

【译文】

《岳阳楼记》，大概明年总可以寄到。家里收藏的《五种遗规》，四弟
必须每天翻看，句句都要学习。我所期望于四弟的，也就是这个了。家
中承蒙祖父厚德余荫，我得以忝列高位，假使兄弟姒娌之间不和睦，后
辈子女全无规矩，骄奢淫逸，家业立刻就会衰败。即便是贵为宰相，又
有什么可以称道呢？我家祖父、父亲、叔父三位大人规矩极其严格，榜
样当得极好，我们这辈人只照着样子学，就极容易做好。别的人家没有
好榜样，尚且也须要自立门户，自立规矩，何况我家祖辈父辈有现成的
榜样，怎么可以不遵照奉行而忍心看着家风堕落呢？现在我不在家，一
切希望四弟做主。兄弟之间不和睦，是四弟的错；姒娌之间不和睦，是
四弟的错；晚辈骄恣不知礼仪，也是四弟的错。我有三件事奉劝四弟：
一是勤快，二是早起，三是看《五种遗规》。四弟若能信守我这三句话，
就是爱戴为兄敬重为兄；如果不信守这三句话，便是瞧不起我这个老
兄。我家将来家运是兴是衰，全看四弟你能否以身作则了。

六弟近来气性极和平，今年以来未曾动气，自是我家好
气象。惟兄弟俱懒。我以有事而懒，六弟无事而亦懒，是我
不甚满意处。若二人俱勤，则气象更兴旺矣。

【译文】

六弟近来脾气性格极为平和，今年以来没有发过脾气，这自然是我家
好气象。只是兄弟两个都懒。我是因有事情而懒，六弟是没事也犯懒，这
是我不太满意的地方。如果兄弟二人都勤快，那家中气象就更兴旺了。

　　吴、彭两寿文及小四书序①、王待聘之父母家传，俱于八月付回，大约九月可到。

【注释】

①吴、彭：不详。

【译文】

　　吴、彭两处的祝寿文及小四书序、王待聘父母的家传等文章，都在八月托人带回，大约九月可以收到。

　　袁漱六处，予意已定将长女许与他，六弟已当面与他说过几次矣，想堂上大人断无不允。予意即于近日订庚①，望四弟禀告堂上。陈岱云处姻事，予意尚有迟疑。前日四弟信来，写堂上允诺欢喜之意。筠仙已经看见，比书信告岱云矣。将来亦必成局，而予意尚有一二分迟疑。岱云丁艰，余拟送奠仪，多则五十，少则四十，别有对联之类，家中不必另致情也②。

　　余不尽言。

　　兄国藩手草。

【注释】

①订庚：订婚。

②致情：（赠送财物）表达情意。

【译文】

　　袁漱六那里，我已拿定主意把长女许配给他家，六弟已经当面和他谈过几次了，想来堂上大人绝对不会不同意。我的意思是近日就订婚，希望四弟禀告堂上各位长辈。陈岱云处婚事，我还没有拿定主意。前些日子四弟来信，说堂上大人答应这门亲事并十分高兴。筠仙已经看到此信，他前不久写信告诉了岱云。这门亲事将来也必成定局，只是我心中还有几分犹豫。岱云家中老人去世，我准备送点儿银子作奠仪，多则五十两，少则四十两，另有挽联之类物品，家中就不必另外表示了。

　　其他的，一时间说也说不尽。

　　哥哥国藩亲笔。

八月十八日　致澄侯、子植、季洪弟书

澄侯、子植、季洪三弟左右：

　　八月十六日折弁到京，系七月廿九日在省起行。维时植、洪二弟正在省城，不解何无一字寄京？闻学院二十六日始考古，则二十九日我邑尚未院试也。

【译文】

澄侯、子植、季洪三弟左右：

　　八月十六日信差到京，是七月二十九日在省城出发的。当时子植、季洪两位弟弟正好在省城，不明白为什么没有写一个字寄往京城？听说学院二十六日开始考经古题，那二十九日我县还没有进行院试。

　　京中大小平安。予之癣疾七月底较六月稍差，然无碍召见之事，则亦听之而已。六弟在国子监考课，各位堂官颇加青眼①。上次蔡司业课古学经文一篇、经解一篇、赋一篇、诗一篇②，六弟取第一。奖励甚重：帖一套、佳墨八条。内人

近颇多病，不能健饭③。现在服药，当不要紧也。纪泽读书，前四月间所请之湖北魏先生④，渠八月中即回家。我家已于八月初七日换请一宋先生⑤，常德府丙午举人⑥。今年考取教习，系我门生，其人专严勤教。余有回人书札，亦交渠代写。纪泽现已读至《梁惠王章句下》⑦。每日读书，颇能领会。

【注释】

①堂官：明清对中央各部长官如尚书、侍郎等的通称，因在各衙署大堂上办公而得名。"堂官"对"司官"而言，各部以外的独立机构的长官，如知县、知府等，亦可称"堂官"。

②司业：学官名。隋以后国子监置司业，为监内的副长官，协助祭酒，掌儒学训导之政。至清末始废。古学经文：即"经古"题。见前注。

③健饭：食量大，食欲好。

④魏先生：不详。

⑤宋先生：指宋士心，后更名炳璜，字芗宾，湖南常德人。道光二十六年（1846）举人，官岑溪知县，赠知府。

⑥丙午：即道光二十六年（1846）。

⑦《梁惠王章句》：《四书章句》中《孟子》里的篇名。

【译文】

京城寓中大小平安。我的癣病，七月底比六月情况稍差一些，但也不妨碍皇帝召见，也就听之任之了。六弟在国子监参加考核，主管的各位教官都很欣赏他。上次蔡司业考核古学经文一篇、经解一篇、赋一篇、诗一篇，六弟名列第一。奖励很隆重：帖一套、好墨八条。内人近来常生病，食欲不佳。现在吃药，应该不要紧。纪泽读书，此前四月间所请的湖北魏先生，他八月中就回家了。我家已在八月初七日另请了一位姓宋的先生，是常德府丙午科举人。宋先生今年考取教习，是我的门生，他这人教书很勤快，既专又严。我有书信需要回复，也交由他代笔。纪泽读书，现在已读到《梁惠王章句下》。每天读书，颇能领会书中大义。

大女儿与袁家订姻，已于八月初六日写庚书过礼。郭筠仙为媒，即须出都，后年始能复来。故趁其在京时，先行纳采①。袁家过礼来：真金簪一、真金耳环一对、镀金手镯二、镀金戒指二、红绿湖绉各三丈、金花一对。我家回礼：袍褂料一套、靴一、帽一、朝珠一、补子一、扇插一、笔插一。又女婿见面仪六两。

【注释】

①纳采：古代婚嫁"六礼"之一。男方遣媒人带着聘礼向女方正式求婚。

【译文】

大女儿和袁家定亲，已经在八月初六日写好庚书交换礼物。郭筠仙做媒，他马上要离开京城，后年才能再来。所以趁他在京城时，先行纳采之礼。袁家送过来的聘礼：真金簪一支、真金耳环一对、镀金手镯两个、镀金戒指两个、红绿湖绉各三丈、金花一对。我家的回礼：袍褂料一套、靴子一套、帽子一顶、朝珠一个、补子一副、扇插一件、笔插一件。另外女婿见面礼银子六两。

陈家姻事，前接四弟信，知家中堂上大人甚欢喜。现在岱云丁艰，自不能定庚，只好待渠服满后。诸弟若与陈家昆仲见面时①,亦不必道及姻事。岱云之丧事,余已送赙仪三十两交郭筠仙带归,又有挽联一付。京官向例不送外官之银,予送三十两,则已为重矣。诸弟若到省,只须办香烛去行礼,不必再送情也。

【注释】

①昆仲:兄弟。

【译文】

陈家的亲事,此前接到四弟的信,知道家中堂上大人非常欢喜。现在岱云服丧,自然不能订婚,只好等他服丧期满之后。弟弟们要是和陈家兄弟见面,也不要谈及结亲的事情。岱云家的丧事,我已经送赙仪三十两,托郭筠仙带回去,另有挽联一副。京官向来的惯例是不送外官银子的,我送三十两,就已经是很重的礼了。弟弟们如果到省城,只需置办香烛去行礼,不必再送人情礼了。

同乡萧史楼、郭筠仙、孙鳌舟、徐寿衡并出京①,在八月底起行。郭、孙走江南,徐走山西。邓辛阶尚在黄正斋家坐馆。蔡贞斋在袁漱六家。龙滋圃就一同乡任江南金山县者之馆②,已出京矣。车钟毓亦就金山馆③。金山县之幕中人才,可谓极盛。

【注释】

①孙鳌舟:或作"鳌洲",湖南善化(今长沙)人。孙鼎臣胞弟。徐寿衡:徐树铭,字寿蘅,号澄园,湖南长沙人。道光二十七年(1847)进士,尝从唐鉴、曾国藩学,历官兵部、吏部、工部左右侍郎,福建

督学，浙江督学，都察院左都御史，工部尚书。有《澄园遗集》。

②龙滋圃：不详。金山县：即今上海金山区。

③车钟毓：不详。

【译文】

同乡萧史楼、郭筠仙、孙鳌舟、徐寿衡一起离京，在八月底出发。郭、孙两位取道江南，徐从山西走。邓辛阶还在黄正斋家教书。蔡贞斋在袁漱六家教书。龙滋圃到一位在江南金山县做县令的同乡家教书，已经离京。车钟毓也到金山坐馆教书。金山县幕府中的人才，可谓盛极一时。

王荆七现来，要求再入我家。我家现在本用两个跟班，目前有一个要去，拟仍叫荆七来。但不知"高僧"能久持戒行否？文小南之尊翁亦于八月出京①。黎月乔亦欲出京，大约在冬间矣。

书不详尽，余俟续寄。

兄国藩手草。

【注释】

①文小南：文岳英（1805—1871），号小南，湖南衡山人。道光十七年（1837）拔贡，朝考授小京官，任户部主事。道光二十年（1840）中顺天举人，充军机处行走、方略馆纂修。晚年主讲文峰、石鼓、渌江等书院。

【译文】

王荆七现在回来，要求重新到我家做事。我家现在本来用着两个跟班的，目前有一个要离开，计划还是叫荆七来。但不知道这位"高僧"能否长久守规矩不乱来？文小南的父亲在八月离京。黎月乔也准备离京，大约会在冬天走。

　　信里没法一一写得详尽，其余的事情，请允许我以后再写信回家。

　　哥哥国藩亲笔。

九月初十日　致澄侯、子植、季洪弟书

澄侯、子植、季洪足下：

　　九月重阳日接到家信三封，内父亲手谕二件，澄侯六月廿五在家发信一件，七月十五在省发信一件，十九又一件，八月十三又一件，子植七月十九发一件，八月十三又一件，季洪亦有七月十九一片。子植府试文章在此包内。题名录二纸，盖至是始识九弟案首入学之信。前八月折弁到京，乃七月廿八、九在省起行者。计是时九弟府首喜信已发交提塘矣，而渠不带来，良可憾也。此外又有张湘纹、曾季甫、唐镜丈、首班臣、邓荻仙、欧阳沧溟丈各信亦俱收到①。我与温甫看一夜始完。两次喜信使祖大人病体大愈，此为人子孙者之大幸也。

【注释】

①曾季甫：曾毓英，字季甫。咸丰九年（1859）曾帅新化团练防堵太平军石达开部，被赖裕新击败。首班臣：首焕彪，字班臣，湖南郴州人。道光十四年（1834）举人，与曾国藩同科。邓荻仙：不详。

【译文】

澄侯、子植、季洪足下：

　　九月重阳节当天接到三封家信，里头有父亲亲笔信两件，澄侯六月

二十五日在家发的信一件，七月十五日在省城发的信一件，十九日发的又一件，八月十三日发的又一件，子植七月十九日发的一件，八月十三日发的又一件，季洪也有七月十九日的一页。子植府试的文章在这包里。题名录两页，直到现在才读到九弟以案首资格入学的信。此前八月信差到京，是七月二十八、九日在省城出发的。算起来这时候九弟得中府首的喜信已经发出并交给提塘了，但他不带来，真是遗憾。此外，又有张湘纹、曾季甫、唐镜海、首班臣、邓获仙、欧阳沧溟丈各人的信，也都已收到。我和温甫整整看了一晚上才看完。两次喜信，让祖父大人病情大为好转，这是为人子孙的大幸福啊！

　　呈请晋封①，仍须覃恩之年。辛亥年是皇上七旬万寿②，大约可以请晋封祖父母、父母，并可貤封叔父母，且可诰赠曾祖父母矣③。然使身不加修，学不加进，而滥受天恩，徒觉愧悚。故兄自升官后，时时战兢惕惧。近来身体甚好，耳又微聋。甲三读书，先生极好，严而且勤，教书亦极得法。长女《上论》将读毕矣④。温甫国子监应课已经补班⑤。寓中眷口俱平顺。

【注释】

①晋封：加封。

②辛亥：当指咸丰元年（1851）。

③诰赠：明清对五品以上官员的曾祖父母、祖父母、父母及妻室之殁者，以皇帝的诰命追赠封号，叫"诰赠"。

④《上论》：《论语》前十篇（"学而第一"至"乡党第十"）称《上论》。

⑤补班：清朝国子监监生有内、外班之分。内班待遇高于外班，外班补内班，须经两次考试。

【译文】

呈请晋封，仍然须要赶在覃恩的年份。辛亥年是皇上七旬万寿，大约可以请晋封祖父母、父母，并可貤封叔父母，而且可以诰赠曾祖父母。但是假若我在修身和进学方面没有长进，却过多地蒙受皇恩，内心还是觉得惭愧和慌惧。所以为兄我自升官之后，时刻战战兢兢，警惕敬畏。近来身体很好，耳朵却又有些听不见。甲三读书，先生极好，严厉而又勤奋，教书也极有方法。大女儿《上论》快要读完了。温甫在国子监应课，已经由外班补内班。寓中家眷，大小都平安顺遂。

荆七现又收在我家，于门上跟班之外，多用一人，以充买办行走之用①，即以荆七补缺，甚为胜任。渠亦如士会还朝、苏武返汉②，欣幸之至。四弟可告知渠家也。

【注释】

①买办：旧时负责采购或兼理杂务的差役。

②士会还朝：士会是春秋时晋国正卿。晋襄公死，士会奉赵盾之命，使秦迎立公子雍，因晋国变计立灵公，遂羁留秦国，直至七年后方始返晋。苏武返汉：苏武是汉武帝时人，奉命出使匈奴，为匈奴所扣留，十九年方始归汉。

【译文】

荆七现在又回到我家做事，在门上跟班之外，多用一个人，用来负责采购并兼理杂务，就用荆七补这个缺，颇能胜任。他也像士会从秦回到晋朝、苏武从匈奴回到汉朝一样，高兴得很。四弟可以告诉他家里。

袁漱六因其幼女已死，现搬住湘潭馆。订庚之事，前已写信告堂上矣。陈家姻事，堂上大人既欣然允许，余岂复有不满意者！惟订庚须稍迟，或俟岱云起复^①，亦未可知。至姻事，则确有成言矣^②。

【注释】

①起复：指服父母丧期满后重新出来做官。

②成言：订约，成议。《左传·襄公二十七年》："壬戌，楚公子黑肱先至，成言于晋。"《楚辞·离骚》："初既与余成言兮，后悔遁而有他。"朱子集注："成言，谓成其要约之言也。"

【译文】

袁漱六因为小女儿死了，现在搬到湘潭会馆去住。定亲的事，此前已写信禀告过堂上大人。陈家的亲事，堂上大人既然欣然应允，我又怎么会有不满意的地方！只是定亲须要稍稍推迟，或者等岱云服丧期满重新任职，也说不好。至于结亲这件事，那是约好不变的。

曾心斋曾借银八十与郭瑞田^①，渠现还百金交余，托转寄毅然先生。目前尚无妥便，一入它人手，又恐化为乌有，故不得不慎重。弟可先作书告毅然丈，说我所以慎重之故。亦总在今冬明春寄到也。

【注释】

①郭瑞田：不详。

【译文】

曾心斋曾经借八十两银子给郭瑞田，郭瑞田现在还一百两银子给我，托我转寄毅然先生。目前尚无合适的便人可以托付，这银子一入他人之手，又怕化为乌有，所以不得不慎重。弟弟可以先写信告诉毅然先生，说明我之所以慎重的缘故。也总归会在今冬明春可以寄到。

朱啸山托曹西垣查教习之期。西垣查得，言尚遥遥无期。弟亦可告啸山也。

【译文】

朱啸山托曹西垣查教习何时可以排到。西垣查得结果，说还是遥遥无期。弟弟也可以告诉啸山。

刘福桥先生要挂屏四张①，现亦无便可寄，盖徐寿衡不回家，史楼、筠仙亦明年方可到省，故皆不敢寄。罗筠皋之银②，亦无便寄，弟可并告筠皋也。

【注释】

①刘福桥：不详。

②罗筠皋：即罗芸皋。见前注。

【译文】

刘福桥先生索要挂屏四张，现在也没便人可以托付，因为徐寿衡不回家，史楼、筠仙也要明年才能到省城，所以不敢托他们寄。罗筠皋的银子，也没便人可寄，弟弟可以一并告诉筠皋。

沧溟丈以我言魏家讼事，回书颇有不豫之意①。牧云无笔写字，弟可先将树堂带回之笔分三枝送他。待彭大生归②，我再寄笔回。岳父寄贡卷至京③，余拟送贺仪大钱二十千，亦交彭大生带回。柳衙叔仙逝④，余拟备奠仪大钱八千，亦交彭大生带回。惟毅然先生及筠皋之项不敢交彭，恐其难担艰险。

【注释】

①不豫：不高兴。《孟子·梁惠王下》："吾王不豫，吾何以助？"

②彭大生：不详。

③贡卷：指拔贡考试卷子。寄存京师者，当包含考生履历及阅卷官员评语。

④柳衙叔：曾国藩族叔曾柳衙。

【译文】

沧溟老丈因为我说及魏家的官司，回信很有些不高兴的意思。牧云没有好笔写字，弟弟可以先将树堂带回的笔分三枝送他。等彭大生回去，我再托他带笔。岳父寄贡卷到京城，我准备送贺仪大钱二十千，也交给彭大生带回去。柳衙叔去世，我准备送奠仪大钱八千，也交彭大生带回去。只有毅然先生和筠皋的款项不敢交付彭大生，怕他难以担负这个艰险。

　　九弟印卷费，须出大钱百千，乃为不丰不啬①，不被人讥议。或三股均送，或两学较多、门斗较少亦可②。但须今年内送去，不可捱至明年。教官最为清苦，我辈仕宦之家，不可不有以体谅之也。家中今年想尚可支吾，至明年上半年，余必寄银至家应用。

【注释】

①啬：少。

②两学：指府学、县学教官。门斗：官学中的仆役。清末民初徐珂《清稗类钞·胥役·门斗》："旧称为学官供役者曰门斗，盖学中本为生员设廪膳，称门斗者，当是以司阍兼司仓，故合门子、斗子之名而称之耳。"

【译文】

九弟进学的印卷费，须出大钱一百千，才算不多不少，不被人嘲笑议论。或者三股平均送，或者府学县学教官稍多一些、具体办事的门斗稍少一些也可以。但须要在今年内送去，不能拖到明年。教官最是清苦，我们这样的做官人家，不能不稍微体谅他们。家中今年花销想必还能支持，到明年上半年，我一定寄银子到家供家里使用。

　　陈岱云到省，四弟与郭三合办呢幛①，甚是妥叶②。余送渠奠分三十金，已交筠仙带去矣。别有挽联，现尚未寄。梅劭生求我作书与锺子宾③，准在近日付去。

【注释】

①郭三：指郭嵩焘、郭崑焘的弟弟郭崙焘。

②妥叶：同"妥谐"、"妥协"，指事情处理得妥当协调。

③梅劭生：梅劭苏，即梅鉴源，字劭苏，晚更肇森，湖南宁乡人。其父梅钟澍，为道光十八年（1838）进士，与曾国藩、锺音鸿（子宾）同年。时，锺子宾外放湖南辰州知府，故梅劭苏托曾国藩写信给锺子宾，或请求照顾。

【译文】

陈岱云到省城，四弟和郭三合办呢幛，非常妥当。我送他奠分银子三十两，已交筠仙带过去。另外还有挽联，现在还没有寄。梅劭生求我给锺子宾写信，一准在近日托人带去。

　　唐画郊之信①，屡次未回，则实以懒惰之故。渠托我代求各翰林法书。澄侯不在京，而欲我为此等事，毋乃强人以难乎？收到邹芸陔所带各件②，屡次写信道之，不知来信何以屡问？添梓坪各件，容当再寄物与他，四弟先为我道谢可也。

【注释】

①唐画郊：不详。

②邹芸陔：邹正杰，原名见龙，字云陔，湖南浏阳人。道光二十年（1840）进士，历任翰林院编修、京畿道监察御使、广西浔州知府。

【译文】

唐画郊的信，多次都没回复，实在是因为懒惰的缘故。他托我代求各位翰林的书法作品。澄侯不在京城，而想要我做这样的事，这难道不是强人所难吗？收到邹芸陔所带的各件，每次写信都说到，不晓得为什么每次来信都要问？添梓坪各件，应该还会寄东西给那边，四弟先替我道谢皆可以。

四弟以女许彭家，姻缘前定，断不可因我前言而稍生疑心。九弟入学，家中材料可以做衣，若再久收，恐被虫打①。做数套衣，兄弟易衣而出最好。家中诸皮衣，年年须多买樟脑，好好收拾，否则必为虫伤矣。同乡诸家如常。

书不能尽，折弁在京仅一日，故多草率。

兄国藩手具。

【注释】

①虫打：虫蛀。

【译文】

四弟将女儿许配彭家，姻缘前世注定，万万不能因为我从前说过的话而稍稍产生怀疑的念头。九弟入学，家里的布料可以做衣服，如果再放得太久，只怕会被虫蛀。做几套衣服，兄弟换衣服出门最好。家里的几件皮衣，年年都要多买樟脑丸，好好存放，否则一定会被虫蛀。同乡在京的各家都还是老样子。

　　信没法一一说得详尽，信差在京城仅留一天时间，因此说得草率。

　　哥哥国藩亲笔。

十月十五日　　致澄侯、沅浦、季洪弟书

澄侯、沅甫、季洪三弟足下：

　　十月十二日接到九月初六澄弟在县学宪行台所发信①，十五日又接二十三日在省城曾子庙所发信。其八月在省各信，已于前月收到，前次信已提及矣。惟九月一日托树堂代寄一信，今尚未到。

【注释】

　　①县学宪行台：学政在县里的办公官署。学宪，学政。行台，指旧时地方大吏的官署与居住之所。

【译文】

澄侯、沅甫、季洪三弟足下：

　　十月十二日接到九月初六日澄弟在县学宪行台所发出的家信，十五日又接到二十三日在省城曾子庙所发出的家信。那些八月在省城发的信，已经在上个月收到，上次信已经提到了。只是九月一日托树堂代寄的一封信，至今还没有收到。

　　京寓大小平安。余之癣疾近日已全好，百分中不过一

二分未复元，皆生首乌之功也。六弟近日体亦好。内人怀喜，大约明年正月分娩。甲三兄妹皆好。甲三读至《滕文公上》，大女读至《颜渊第十二》。

【译文】

京城寓中大小平安。我的癣病近日已经全好，百分中不过一二分没有康复，都亏生首乌的功效。六弟近日也身体健康。内人又有身孕，大约明年正月分娩。甲三兄妹都好。甲三读书读到《孟子·滕文公上》，大女儿读书读到《论语·颜渊第十二》。

余蒙皇上天恩，得派武会试正总裁，又派武殿试读卷大臣①。会试于十三日入闱，十七发榜，复命后始归。殿试三十日入内阁，初四发榜始归，共中额六十四人。殿试读卷，不过阅其默写武经。其弓矢技勇，皆皇上亲自阅看。初二日，皇上在紫光阁阅马步箭②。初三日，皇上在景运门外箭亭内看弓刀石③，读卷大臣及兵部堂官两日皆在御前侍班。湖南新进士谌琼林以石力不符④，罚停殿试一科。今年但有状元、榜眼而无探花⑤，仰见皇上慎重科名之意。

【注释】

①读卷大臣：清代殿试主考官名称，相当于乡试之主考官、会试之总裁。因殿试为皇帝亲临，考官不敢称总裁；又因殿试为皇帝亲自策问，故主考大臣不称阅卷而称读卷。

②马步箭：箭术中的骑射和步射。《六部成语注解·兵部》：“马步箭：武官军政考验，或武科试，皆较马步箭，以定高下。”

③箭亭：位于紫禁城东部景运门外、奉先殿以南的开阔平地上，是
　　清朝皇帝及其子孙练习骑马射箭之所。弓刀石：指武科所试弓
　　刀技艺及臂力。

④谌琼林：字碧堂，号树山，派名瑶忠，湖南溆浦人。清道光二十七
　　年(1847)丁未科武进士。初授湖北兴国州(今湖北阳新)守备，
　　后升任湖南乾州都司。咸丰初年，统兵勇赴湖北，卒于行营。

⑤状元、榜眼、探花：称科举考试中殿试考取第一名、第二名、第三
　　名的人。

【译文】

　　我蒙受皇上天恩，被委派做武会试正总裁，又派做武殿试读卷大
臣。会试在十三日进考场，十七日发榜，复命后才回家。殿试三十日入
内阁，初四日发榜才回家，共录取六十四人。殿试读卷，不过是阅览考
生默写的武经。至于弓矢等技勇，都是皇上亲自阅看。初二日，皇上在
紫光阁亲阅马步箭。初三日，皇上在景运门外箭亭内看弓刀石，读卷大
臣及兵部堂官两天都在御前当班侍卫。湖南新进士谌琼林因石力不合
标准，被罚停殿试一科。今年只有状元、榜眼而没有探花，由此可见皇
上很看重科名。

　　同乡诸公并皆如常。黄恕皆喉痛，病势甚重。郑小山
随大钦差至河南办赈济。近日河南大旱，山东盗贼蜂起，行
旅为之不安。

【译文】

　　同乡的各位都还是老样子。黄恕皆喉咙痛，病情很重。郑小山随
大钦差到河南办理赈济事宜。近日河南大旱，山东盗贼到处都是，行旅
之人因此而不安。

十月九日父亲大人寿辰，余因家中有祖母之制，故未宴客，早晚皆仅一席。凌荻舟现就园子一馆，其回城内则寓余处。宋芗宾在余家教书，亦甚相得。

余不尽书。

兄国藩手草。

【译文】

十月九日父亲大人寿辰，我因为家里为祖母服丧，所以没有请客吃酒，早晚都只有一桌饭。凌荻舟现住馆在园子，他回城里还是住在我家。宋芗宾在我家教书，相处得也很好。

其他的，写不尽写。

哥哥国藩亲笔。

十二月初六日　致父母书

男国藩跪禀父母亲大人万福金安：

十二月初五日接到家中十一月初旬所发家信，具悉一切。男等在京身体平安。男癣疾已全愈，六弟体气如常。纪泽兄妹五人皆好。男妇怀喜平安，不服药。

【译文】

儿国藩跪禀父母亲大人万福金安：

十二月初五日接到家中十一月上旬所发的家信，详细知道一切情况。儿等在京身体平安。儿子我的癣疾已经痊愈，六弟身体健康如常。纪泽兄妹五人都好。儿媳妇怀孕了，身体平安，不吃药。

同乡各家亦皆无恙。陈本七先生来京^①,男自有处置之法,大人尽可放心。大约款待从厚,而打发从薄。男光景颇窘,渠来亦必自悔。

【注释】

①陈本七:湖南湘乡人。与曾国藩家系故旧之交。

【译文】

同乡各家也都好。陈本七先生来京,儿子我自有安置的方法,父母大人尽可放心。大约是款待从厚,而打发送钱从薄。儿子我日子很窘迫,他来的话也一定会后悔的。

九弟信言母亲常睡不着。男妇亦患此病,用熟地、当归蒸母鸡食之,大有效验。九弟可常办与母亲吃。乡间鸡肉、猪肉最为养人,若常用黄芪、当归等类蒸之,略带药性而无药气,堂上五位老人食之,甚有益也,望诸弟时时留心办之。

【译文】

九弟信中说母亲常常睡不着。儿妇也患这病,用熟地、当归蒸母鸡吃,效果很好。九弟可以常常备办给母亲吃。乡下鸡肉、猪肉最养人,如果常用黄芪、当归等放在一起蒸,略微带点儿药性但没有药气,堂上五位老人吃,一定很有益,希望弟弟们时时留心置办。

老秧田背后三角丘是竹山湾至我家大路,男曾对四弟言及,要将路改于塝下^①,在檀山嘴那边架一小桥,由豆土排上横穿过来。其三角丘则多栽竹树,上接新塘塝大枫树,下接檀山嘴大藤，包裹甚为完紧，我家之气更聚。望堂上大人细思。如以为可，求叔父于明春栽竹种树；如不可，叔父写信示知为幸。

【注释】

①塅(kàn)：险陡的山崖。

【译文】

老秧田背后三角丘，是竹山湾到我家的大路，儿子我曾对四弟说过，要将路改到塅下，在檀山嘴那边架一座小桥，从豆土排上横穿过来。三角丘那边多栽竹树，上和新塘塅大枫树相接，下和檀山嘴大藤相接，包裹得就很完整紧密，我家的气就更聚合了。希望堂上大人细细考虑。如果认为可行，求叔父大人明年春天栽竹种树；如不可行，叔父大人写信告知为好。

　　男等于二十日期服已满①，敬谨祭告。廿九日又祭告一次。

　　余俟续具。

【注释】

①期服：亦作"朞服"，齐衰为期一年的丧服。旧制，凡服丧为长辈如祖父母、伯叔父母、未嫁的姑母等，平辈如兄弟、姐妹、妻，小辈如侄、嫡孙等，均服期服。又如子之丧，其父反服，已嫁女子为祖父母、父母服丧，也服期服。

【译文】

儿子等在二十日服丧已满，恭敬而谨慎地祭告。二十九日，又祭告了一次。

其余的，等以后再说。

道光二十八年戊申

正月廿一日　　致澄侯、子植、季洪弟书

澄侯、子植、季洪足下：

　　正月十一日发第一号家信，是日予极不闲，又见温甫在外未归，心中懊恼，故仅写信与诸弟，未尝为书禀堂上大人。不知此书近已接到否？

【译文】

澄侯、子植、季洪足下：

　　正月十一日发了一封家信，那天我很忙，又见温甫外出没有回来，心里很恼火，所以只写信给各位弟弟，没有给堂上大人。不知道这封信近日收到没有？

　　温弟近定黄正斋家馆，每月俸银五两。温弟自去岁以来，时存牢骚抑郁之意。太史公所谓"居则忽忽若有所亡，出则不知其所往"者①，温甫颇有此象。举业工夫，大为抛荒。间或思一振奋②，而兴致不能鼓舞。余深以为虑，每劝其痛着祖鞭③，并心一往。温弟辄言思得一馆，使身有管束，庶心有维系。余思自为京官，光景尚不十分窘迫，焉有不能养一胞弟而必与寒士争馆地？向人求荐，实难启口，是以久不为之谋馆。

【注释】

①居则忽忽若有所亡，出则不知其所往：语出司马迁《报任少卿书》，比喻魂不守舍。

②间（jiàn）或：偶尔，有时候。

③祖鞭：即"祖生（指祖逖）鞭"。语出《世说新语·赏誉下》"刘琨称祖车骑为朗诣"，刘孝标注引晋虞预《晋书》："刘琨与亲旧书曰：'吾枕戈待旦，志枭逆虏，常恐祖生先吾着鞭耳。'"后因以"祖生鞭"为勉人努力进取的典故。

【译文】

温弟最近在黄正斋家中任私人教师，每月有五两的俸银。温弟自从去年以来，常存有一肚子牢骚和抑郁不得志的情绪，像太史公所讲的"在家好像丢失了什么，出去则不知前往何方"的，温弟的状态和这个很相像。应考的功夫大为抛弃和荒废。偶尔也想振作一番，但兴致总是鼓不起来。我深深地感到忧虑，经常劝他痛下决心争取进步，一心一意奔前程。温弟则说他想安排一个教席，使自己有所管束，使思想有所维系。我想自己自从做京官，光景还不是很窘迫，难道养不起一个同胞弟弟，而必须与贫寒的士人去争夺一个教席？向别人求荐一差事，实难启齿，所以许久都没有去做。

　　自去岁秋冬以来，闻温弟妇有疾，温弟羁留日久，牢落无耦①，而叔父抱孙之念甚切，不能不思温弟南归。且余既官二品，明年顺天主考亦在可简放之列，恐温弟留京三年，又告回避。念此数者，欲劝温弟南旋，故上次信道及此层，欲诸弟细心斟酌。

【注释】

①牢落无耦：缺少伴偶，孤寂无聊的样子。

【译文】

自去年秋冬以来，听说温弟媳妇有病，温弟在京城待得太久，孤身一人，而叔父抱孙子的心情很迫切，不能不想温弟回南方的事。而且我既然做了二品官员，明年顺天主考，我也在可能简放的范围之内，恐怕温弟留在京城三年，有回避的问题。想到这几点，想劝温弟回湖南，所以上次信中谈到这一层，想诸位弟弟细心斟酌。

不料发信之后，不过数日，温弟即定得黄正斋馆地。现在既已定馆，身有所管束，心亦有所系属，举业工夫又可渐渐整理，待今年下半年再看光景。

【译文】

不料发信过后不几天，温弟就定了黄正斋的教馆。现在既已定了馆，他的身子有所管束，思想也有所维系，应考的功夫又可以渐渐整理，只得等今年下半年再看看光景吧。

如我或圣眷略好，有明年主考之望，则到四五月再与温弟商入南闱或入北闱行止①；如我今年圣眷平常，或别有外放意外之事，则温弟仍留京师，一定观北闱，不必议南旋之说也。

【注释】

①南闱、北闱：明清科举考试，称江南乡试为"南闱"，顺天乡试为"北闱"。

【译文】

如果圣上对我的看法略好些，明年有当主考的希望，到了四五月，再与温弟商量是参加江南乡试或者顺天乡考的事情；如果当今圣上对我的看法一如平常，或者有意想不到的外放的事，那么温弟仍旧留在京城，一定参加顺天乡试，不必再考虑回乡了。

坐馆以羁束身心，自是最好事，然正斋家澄弟所深知者，万一不合，温弟亦难久坐。见可而留，知难而退，但不得罪东家，好去好来，即无不可耳。

【译文】

坐馆用以管束自己的身心，自然是最好之事，然而正斋家的学馆，澄弟最了解，万一不合，温弟也难久留。看到可以就留下，知道难处就退出，但不能得罪东家，好去好来，就没有什么不可以的了。

余自去岁以来，日日想归省亲，所以不能者：一则京账将近一千，归家途费又须数百，甚难措办。二则二品归籍，必须具折，折中难于措辞。私心所愿者，得一学差，三年任满，归家省亲，上也。若其不能，则或明年得一外省主考，能办途费，后年必归，次也。若二者不能，只望六弟、九弟明年得中一人，后年得一京官，支持门面，余则归家告养①，他日再定行止。如三者皆不得，则直待六年之后，至母亲七十之年，余誓具折告养，虽负债累万，归无储粟②，亦断断不顾矣。然此实不得已之计。若能于前三者之中得其一者，则后年可见堂上各大人，乃如天之福也！不审祖宗默佑否？

【注释】

①告养：旧称官吏因父母年高，告归奉养。

②储粟：余粮，借指余钱。

【译文】

我自从去年以来，天天想回家探亲，之所以不能成行的原因在于：一是京城欠的债将近一千，回家路费又要几百，恐难筹集。二是二品官回籍，必须自己写奏折，奏折难于措辞。自己内心所想的，是得一个学差，三年任满，回家探亲，这是上策。如果不行，或者明年得一个外省主考，能筹集路费，后年必定回家，这是中策。如果两条都不可能，只希望六弟、九弟明年二人之中考上一人，后年得一个京官，支撑门面，我便告养归家，以后再定行止。如果三条都不行，便等六年之后，到母亲七十岁时，我发誓要奏明皇上，告老归家，虽说欠债上万，没有一文钱的路费，也决不顾及了。然而这实在是不得已的谋划。如果能在三条之中得其中一条，那么后年可以见到堂上大人，真是天大的福气了！不知祖宗能不能默默保佑？

现在寓中一切平安。癣疾上半身全好，惟腰下尚有纤痕。家门之福，可谓全盛，而余心归省之情①，难以自慰，因偶书及，遂备陈之。

【注释】

①归省（xǐng）：回家探望父母。

【译文】

现在我这边家中一切平安。癣疾上半身全部好了，只是腰下面还有一点点儿。我家的福气，可说是全盛时期，而我回家探亲的心情，难以自慰，所以偶尔写到这里，便详细地禀告一番。

毅然伯之项，去年已至余寓，今始觅便寄南。家中可将书封好,即行送去。

余不详尽,诸惟心照。

兄国藩手草。

【译文】

毅然伯之款项去年已到了我住处,今年才找到机会,我乘便寄回。家中可将信封好,马上送去。

其余不详细说了,彼此心照不宣。

哥哥国藩亲笔。

四月十四日　致父母书

男国藩跪禀父母亲大人礼安:

三月廿日,男发第五号家信。内言及长孙纪泽与桂阳州李家定亲之事①,不审已收到否?男等身体平安。次孙于廿四日满月,送礼者共十余家。是日未请客,陆续请酒酬谢。男妇生产之后,体气甚好,所雇乳母最为壮健。华男在黄正斋家馆,诸凡如恒。

【注释】

①桂阳州:即今湖南桂阳州,清代为直隶州。李家定亲之事:指桂阳李贲予拟将其妹许给曾国藩之子曾纪泽之事。

【译文】

儿国藩跪禀父母亲大人礼安:

三月二十日,儿子我发出第五封家信。里边谈到长孙纪泽与桂阳州李家定亲的事，不晓得是否已收到？儿子等人身体平安。次孙在二十四日满月，送礼的共有十多家。当天没请客，陆陆续续请酒答谢。儿妇生产之后，身体很好，雇的奶妈很健壮。国华在黄正斋家坐馆教书，一切如常。

祖大人之病未知近日如何？两次折弁皆无来信，心甚焦急。兹寄回辽东人参五枝，重一两五钱。在京每两价银二十四两，至南中则大贵矣。大约高丽参宜用三钱者，用辽参则减为一钱；若用之太少，则亦不能见功。祖父年高气衰，服之想必有效。男前有信托江岷樵买全虎骨，不知已办到否？闻之医云，老年偏瘫之症，病右者，以虎骨之右半体熬胶医之；病左者，以虎骨之左半体熬胶医之，可奏奇效。此方虽好，不知祖大人体气相宜否？当与刘三爷商之。若辽参则醇正温和，万无流弊①。

【注释】

①流弊：此指药的副作用。

【译文】

祖父大人的病不知道最近怎么样？两次信差都没有信来，心里很焦急。现在寄回辽东人参五枝，重一两五钱。在京城每两人参价钱是二十四两银子，到南方可就贵了。大约高丽参应该用三钱，用辽参则减为一钱；如果用太少，那也不能见功效。祖父年高气衰，服用辽东人参想必有效果。儿子我之前寄信托江岷樵买全副虎骨，不晓得是否已经买到？听医生说，老年偏瘫的病症，病在右边，用老虎骨的右半体熬胶医治；病在左边，用老虎骨的左半部分熬胶医治，可以有意想不到的效果。这个方子虽然好，但不晓得祖父大人的体质是否适宜？应当和刘三爷商量。至于辽东人参则药性醇正温和，绝对没有任何副作用。

次孙体气甚壮，郭雨三沛霖欲妻之以女①。雨三戊戌同年，癸卯大考二等第三，升右赞善②。其兄用宾③，壬辰翰林，现任山西蒲州府知府。其家教勤俭可风④。其次女去年所生，长次孙一岁。与之结婚，男甚愿之，不审堂上大人以为何如？下次信来，伏祈示知。

【注释】

①妻之：使……为之妻。

②右赞善：清詹事府右春坊之属官。满、汉各一人，从六品。汉员兼翰林院检讨衔。掌记注、撰文之事。

③用宾：郭用宾，榜名利宾，号观亭，湖北蕲水人。道光十二年（1832）进士，乃郭雨三之兄，曾官山西蒲州知府。

④可风：可作风范。

【译文】

次孙体质很强壮，郭雨三沛霖想把女儿许配给他。雨三和我戊戌科同年，癸卯大考名列二等第三，升任右赞善一职。他的哥哥郭用宾，是壬辰科翰林，现任山西蒲州府知府。他家的家教在勤俭方面可圈可点，可作风范。他的二女儿是去年所生，比次孙长一岁。与他家结亲，儿子我很愿意，不晓得堂上大人认为怎样？下次来信，祈请告知。

又寄回再造丸二颗①，系山东杜家所制者。杜家为天下第一有福之家，广积阴德。此药最为贵重，有人参、鹿茸、蕲蛇等药在内，服之一无流弊，杜氏原单附呈，求照方用之。

【注释】

①再造丸：中成药名。为治风剂。具有祛风化痰、活血通络之功效。用于风痰阻络所致的中风，症见半身不遂，口舌歪斜、手足麻木、疼痛痉挛、言语謇涩。

【译文】

又寄回再造丸两颗，是山东杜家所制。杜家为天下第一有福人家，广积阴德。这种药最为贵重，有人参、鹿茸、蕲蛇等药物在内，服用没有任何副作用，附上杜氏配方原单，祈求按照方子服用。

　　欧阳沧溟先生谋衡阳书院一席，男求季仙九先生写信与伍府尊①，求家中即遣人送至岳家为要。同乡周华甫扬之、李梅生杭皆于三月仙逝②，余俱如故。男等在京，一切自知谨慎，伏乞堂上大人放心。

　　男谨禀。

【注释】

①伍府尊：指衡州知府伍恂。伍恂，字仲常，江苏籍举人。道光二十七年（1847）任衡州知府。府尊，明、清时对知府的尊称。

②李梅生：李杭，字梅生，湖南湘阴人。道光二十四年（1844）进士，卒于道光二十八年（1848）。

【译文】

　　欧阳沧溟先生想出任衡阳书院山长，儿子我求季仙九先生写信给伍府尊，请求家里派人将信送到岳父家要紧。同乡周华甫扬之、李梅生杭都在三月去世，其余的都是老样子。儿等在京城，一切自己知道谨慎，请堂上大人放心。

　　儿谨禀。

五月初十日　致父母书

男国藩跪禀父母亲大人礼安：

四月底接家中二月廿六所发书，五月初八又接三月廿九所发书，具悉一切。祖父大人病体未愈，不知可服虎骨胶否？

【译文】

儿国藩跪禀父母亲大人礼安：

四月底接到家中二月二十六日所发的信，五月初八日又接到三月二十九日所发的信，知道一切情况。祖父大人的病还没有好，不知道能不能服用虎骨胶？

男在京身体如常。华男在黄家就馆，端节后仍于初八日上学。纪泽读《告子》至"鱼，我所欲也"，书尚熟。次孙体甚肥胖。四孙女俱平安，长孙女《论语》已读毕。冢妇亦好。其余眷口如常。

【译文】

儿子我在京城身体如常。国华在黄家坐馆教书，端午节之后仍然在初八日上学。纪泽读《孟子》读到《告子》篇"鱼，我所欲也"章，书还算背得熟。次孙身体很肥胖。四个孙女儿都平安，长孙女《论语》已经读完。儿妇也很好。其余家眷都和平常一样。

前叔父信言知广彭姓山内有地，有干田十亩。男思好地峰回气聚，其田必膏腴，其山必易生树木，盖气之所积，自然丰润。若硗田童山山无草木曰童①，气本不聚，鲜有佳城②，如庙山宗祠各山之童涸，断无吉穴矣③。大抵凡至一处，觉得气势团聚山水环抱者，乃可以寻地，否则不免误认也。知广之地不知何如，男因有干田十亩之说，故进此说。

【注释】

①硗（qiāo）田：缺水贫瘠的干田。童山：不生草木，光秃秃的山。

②佳城：指墓地。

③吉穴：风水好的坟地。

【译文】

之前叔父来信说知广彭姓山内有地，有干田十亩。儿子想风水好的地方峰回气聚，田地一定肥沃，山一定易于树木生长，因为地气集聚，自然丰饶润泽。如果土壤贫瘠草木不生山无草木称"童"，那地本就不聚气，很少会是什么好坟地，像庙山宗祠各山荒芜干涸，绝对没有好墓地。总之，凡是到一个地方，觉得气势团聚，山水环抱，才可以寻地，否则难免会将风水不好的坟地误认成风水好的坟地。知广的地不知道怎样，儿子因为家信提到有干田十亩，所以提供这一参考意见。

祖母葬后，家中尚属平安，其地或尚可用。如他处买地，不必专买丈尺。若附近田亩在三四百千内者，京中尽可寄回。京中欠账已过千金，然张罗尚为活动，从不窘迫，堂上大人尽可放心。余容续禀。

男谨禀。

【译文】

祖母下葬之后，家里还算平安，那地方或许还能用。如果在其他地方买地，不必专门买几丈几尺的。如果附近田地价钱在三四百千以内的，京中完全可以寄钱回家。京城寓中欠账已超过一千两，但四处张罗还算方便，从来都不窘迫，堂上大人大可放心。其余的，请容许我以后再行禀告。

儿谨禀。

五月初十日　致澄侯、子植、季洪弟书

澄侯、子植、季洪三弟左右：

澄侯在广东前后共发信七封，至郴州、耒阳又发二信，三月十一到家以后又发二信，皆已收到。植、洪二弟，今年所发三信，亦俱收到。

【译文】

澄侯、子植、季洪三弟左右：

澄侯在广东前后共发信七封，到郴州、耒阳又发了两封，三月十一日到家以后又发了两封，都已经收到。子植、季洪两位弟弟今年所发的三封信也都收到了。

澄弟在广东处置一切，甚有道理。退念园、庄生各处程仪①，尤为可取。其办朱家事②，亦为谋甚忠；虽无济于事，而朱家必可无怨。《论语》曰："言忠信，行笃敬，虽蛮貊之邦行矣③。"吾弟出外，一切如此，吾何虑哉！贺八爷、冯树堂、梁俪裳三处④,吾当写信去谢,澄弟亦宜各寄一书。即易念园处,渠既送有程仪,弟虽未受,亦当写一谢信寄去。其信即交易宅,由渠家书汇封可也。若易宅不便,即托岱云觅寄。

【注释】

①庄生:指庄心庠,广东番禺人。道光年间进士,官永绥同知。

②朱家:指朱岚轩家。

③言忠信,行笃敬,虽蛮貊(mò)之邦行矣:语出《论语·卫灵公》:"子曰:'言忠信,行笃敬,虽蛮貊之邦行矣。言不忠信,行不笃敬,虽州里行乎哉?'"笃,厚道。蛮貊,泛指少数民族部落。

④贺八爷:不详。梁俪裳:即梁国琮,字俪裳,广东番禺人。道光十八年(1838)进士,与曾国藩为戊戌科同年。

【译文】

澄弟在广东处理一切事务,很是合理。退还易念园及庄生各处程仪,做得尤其好。办理朱家的事情,也为他家谋划得很忠诚;虽然无济于事,但朱家一定不会有怨言。《论语》里说:"言忠信,行笃敬,虽蛮貊之邦行矣。"我弟弟出门在外,一切都能如此,我还担心什么呢!贺八爷、冯树堂、梁俪裳三处,我会写信致谢,澄弟也应该各寄一封信去。易念园那边,他既已送了程仪,弟弟你虽然没有接受,也应该写一封感谢信寄去。他的信交到易宅,由他家和家信一起寄去就可以。如果易宅不方便,就托岱云寻便人寄去。

季洪考试不利,区区得失,无足介怀。补发之案有名,不去复试,甚为得体。今年院试若能得意,固为大幸。即使不遽获售,去年家中既隽一人①,则今岁小挫,亦盈虚自然之理,不必抑郁。

【注释】

①隽：古时以小鸟为射的，射中为"隽"。科举时代，喻称考中。

【译文】

季洪考试失利，小小的得失，不必介意。补发的榜上有名字，不去复试，很是得体。今年院试如果能考中，当然是很幸运的。即使不能马上考中，去年家里既然考中了一个，那今年稍受挫折，也是此消彼长的一定之理，不必郁闷。

植弟书法甚佳，然向例未经过岁考者，不合选拔①。弟若去考拔，则同人必指而目之②。及其不得，人不以为不合例而失，且以为写作不佳而黜。吾明知其不合例，何必受人一番指目乎？弟书问我去考与否，吾意以科考正场为断③。若正场能取一等补廪④，则考拔之时，已是廪生入场矣；若不能补廪，则附生考拔⑤，殊可不必，徒招人妒忌也。

【注释】

①选拔：参加拔贡考试。

②指而目之：语本《礼记·大学》："曾子曰：'十目所视，十手所指，其严乎！'"后谓众所注视或众所指责。《史记·陈涉世家》："旦日，卒中往往语，皆指目陈胜。"

③正场：科举考试中的正试场次。

④补廪：明、清科举制度，生员经岁、科两试成绩优秀者，增生可依次升廪生，谓之"补廪"。

⑤附生：明、清时附学生的简称。附学生，是明、清科举时代生员名称之一。明洪武初，生员虽定额，但不久即增广，不拘额数。至宣德时，以初设食廪者为"廪膳生员"，增广者称"增广生员"，各

有一定额数。到正统元年(1436)，额外增取，附于诸生之末，则称"附学生员"，省称"附生"。清代凡童生入学者皆称"附生"，即秀才。清福格《听雨丛谈》卷十一："考此制准乎明季之法……其后添置名额，谓之增广生。又益置名额，谓之附学生。盖谓附于庠序，不更膳以廪禄也。"

【译文】

植弟的书法真是很好，但向来的惯例，未曾通过岁考的人，是不符合选拔条件的。弟弟你如果去考拔贡，那么同考的人必然会对你指指点点，都盯着你。等到没有录取，别人不会认为你是不合惯例而未被录取，还以为你是因为文章和书法不好而被黜落。我们明知这是不合惯例的，何必还要因此遭受旁人的一番指指点点呢？弟弟你来信问我去不去考，我的意见是根据科场正考的情况来判断。如果正场能考中一等增补廪生，那参加拔贡考试的时候，已经是以廪生的资格入场了；如果不能增补廪生，那就是以附生的身份去考，便是大可不必，只是白白地招人妒忌。

我县新官加赋，我家不必答言，任他加多少，我家依而行之。如有告官者，我家不必入场。凡大员之家，无半字涉公庭①，乃为得体；为民除害之说，为所辖之属言之，非谓去本地方官也。

【注释】

①公庭：公堂，衙门。

【译文】

我县新官增加赋税，我家不必干预，随他加多少，我家都照给就是了。如果有人去告状，我家不要掺和进去。凡是朝廷大员的家人，要没有半个字涉及到公事,才算得体;所谓"为民除害"的说法,是指除掉自己管辖的下属而言,不是说去掉家乡的地方官。

排山之事尚未查出①,待下次折弁付回。欧阳之廿千及柳衙叔之钱,望澄弟先找一项垫出,待彭大生还来即行归款。彭山屺之业师任千总名占魁现在京引见,六月即可回到省。九弟及牧云所需之笔及叔父所嘱之膏药、眼药均托任君带回。曹西垣教习报满引见,以知县用,七月动身还家。母亲及叔父之衣并阿胶等项,均托西垣带回。

【注释】

①排山:曾排山,曾官善化教谕。

【译文】

排山的事尚未查出,等下次信差带回去。欧阳家的二十千钱和柳衙叔的钱,希望澄弟先找一笔款子垫出,等彭大生回湖南后立即回款。彭山屺的业师任千总名占魁现在京城引见,六月即可回到省城。九弟和牧云所需的笔及叔父所叮嘱的膏药、眼药,都托任君带回家。曹西垣教习报满引见,以知县身份任用,七月动身回家。母亲和叔父的衣服,以及阿胶等东西,都托西垣带回去。

去年内赐衣料①,袍褂皆可裁三件。后因我进闱考教习,家中叫裁缝做,渠裁之不得法,又窃去整料,遂仅裁祖父、父亲两套。本思另办好料,为母亲制衣寄回,因母亲尚在制中,故未遽寄。叔父去年四十晋一,本思制衣寄祝,亦因在制,未遽寄也。兹准拟托西垣带回,大约九月可以到家,腊月服阕,即可着矣。

【注释】

①内赐:宫内所赐。

【译文】

　　去年宫内所赐衣料,袍和褂本来都能裁三件。后来因为我下场考教习,家中叫裁缝做,裁剪不得法,又偷走整段的料子,所以只做了祖父、父亲的两套。本来想另外找块好料子为母亲做衣服寄回家,但因母亲尚在服丧,所以没有立刻寄。叔父去年四十晋一,本想做衣服寄回去祝贺,也因为尚在服丧,没有立刻寄。现在准备托西垣带回去,大约九月可到家,腊月服丧期满,就可以穿了。

　　纪梁读书①,每日百二十字,与泽儿正是一样,只要有恒,不必贪多。

【注释】

①纪梁:曾纪梁,曾国藩之侄,曾国潢长子。

【译文】

　　纪梁读书,每天一百二十个字,与泽儿正好一样,只要有恒心,不必贪多。

　　澄弟亦须常看《五种遗规》及《呻吟语》①。洗尽浮华,朴实谙练②,上承祖父,下型子弟,吾于澄实有厚望焉!

　　兄国藩手草。

【注释】

①《呻吟语》：明代理学家吕坤所作的语录体小品文集。共六卷，前
　　三卷为内篇，后三卷为外篇。内篇论性命、存心、伦理、谈道、修
　　身、问学、应务、养生，外篇论天地、世运、圣贤、品藻、治道、人情、
　　物理、广喻、词章等。

②谙(ān)练：人情练达。

【译文】

　　澄弟即便不读书，也要经常翻看《五种遗规》和《呻吟语》。洗尽浮
华，朴实干练，上头继承祖父和父亲的传统，下头给家中子弟树立榜样，
我对澄弟实在是寄予厚望啊！

　　哥哥国藩亲笔。

六月十七日　　致澄侯、子植、季洪弟书

澄侯、子植、季洪三弟左右：

　　五月廿四发第八号家信，由任梅谱手寄去①。高丽参二
两、回生丸一颗、眼药数种②，膏药四百余张，并白菜、大茄
种，用大木匣即去年寄镜来京之匣盛好寄回，不知已收到否？

【注释】

①任梅谱：任占魁，字梅谱，湖南湘乡人。乃彭山屺业师，曾官
　　千总。

②回生丸：中药名。主治阴虚内热。

【译文】

澄侯、子植、季洪三弟左右：

　　五月二十四日发出第八封家信，由任梅谱亲手带去。高丽参二两、

回生丸一颗、眼药数种，膏药四百余张，另有白菜、大茄种子，用大木匣即去年寄镜来京城时所带的匣子盛好寄回家，不知家里是否已经收到？

六月十六日接到家信，系澄侯五月初七在县城所发，具悉一切。

【译文】

六月十六日接到家信，是澄侯五月初七日在县城所发的，知道了一切情况。

月内京寓大小平安。予癣疾上身已好，惟腿上未愈。六弟在家一月，诸事如常。内人及儿女辈皆好。郭雨三之大女许与黄莩卿之次子，系予作伐柯人①，亦因其次女欲许余次子故，并将大女嫁湖南。此昏事似不可辞，不知堂上大人之意云何？

【注释】

①伐柯人：媒人。语出《诗经·豳风·伐柯》："伐柯如何？匪斧不克。娶妻如何？匪媒不得。"后因以"伐柯"谓做媒。

【译文】

月内京城寓中大小平安。我的癣病，上身已经好了，只是腿上还没好。六弟在家已经一个月，各种事情都是老样子。内人和儿女们都好。郭雨三的大女儿许配给黄莩卿的次子，是我做媒人，也是因为他次女准备许配给我次子的缘故，一并将大女儿嫁到湖南。这件婚事似乎不能推脱，不晓得堂上大人意下如何？

　　澄侯在县和八都官司①，忠信见孚于众人②，可喜之至。朱岚轩之事，弟虽二十分出力，尚未将银全数取回。渠若以钱来谢，吾弟宜斟酌行之。或受或不受，或辞多受少，总以不好利为主。此后近而乡党，远而县城省城，皆靠澄弟一人与人相酬酢③。总之不贪财、不失信、不自是，有此三者，自然鬼服神钦④，到处人皆敬重。此刻初出茅庐，尤宜慎之又慎。若三者有一，则不为人所与矣⑤。

【注释】

①八都：湘乡下属行政区划名。

②见孚：见信，被人信任。孚，信服。

③酬酢：应酬交往。

④鬼服神钦：为鬼神所佩服。

⑤所与：所赞同。

【译文】

　　澄侯在县城和八都处理公事，忠信都能被众人认可，真是太好了。朱岚轩的事情，弟弟虽然二十分出力，但还是没有将银子全部取回。他如果拿钱来感谢，弟弟应考虑怎么做。接受或是不接受，或是推辞较多接受较少，总归要以不贪财为主。此后，近到乡里，远到县城、省城，都靠澄弟一人和人应付周旋。总之要不贪财、不失信、不自是，做到这三样，自然连鬼神都佩服你，到哪里都受人敬重。此刻初出茅庐，尤其要慎之又慎。如果三样有一样没做到，就不被人所赞许了。

　　李东崖先生来信要达天听①，予置之不论。其诰轴，则杜兰溪即日可交李笔峰。刘东屏先生常屈身讼庭，究为不美。澄弟若见之，道予寄语②，劝其"危行言逊，蠖屈存身"八字而已③。

【注释】

①李东崖：不详。达天听：让皇帝知道。

②寄语：转告的话。

③危行言逊：语出《论语·宪问》："邦有道，危言危行；邦无道，危行言逊。"指行为正直，言语谦逊。蠖（huò）屈存身：比喻人在时运不济的时候，应该像尺蠖一样曲屈收敛以保存自己。蠖，虫名。尺蠖。

【译文】

李东崖先生来信，要我报告皇上，我置之不理。他的诰轴，杜兰溪即日就可交给李笔峰。刘东屏先生常常牵扯官司，终究不是什么好事。澄弟如果见到他，转告我的话，劝他"危行言逊，蠖屈存身"八个字而已。

墓石之地，其田野颇为开爽，若过墓石而至胡起三所居一带，尤宽敞①。予喜其扩荡眼界，可即并田买之，要钱可写信来京。凡局面不开展、眼鼻攒集之地②，予皆不喜，可以此意告尧阶也。

【注释】

①胡起三：不详。

②眼鼻攒集之地：眼睛鼻子挤在一处，形容拥挤不堪。

【译文】

墓石的地，田野很开阔轩爽，如果过墓石而到胡起三所住一带，就尤为宽敞。我喜欢那里眼界开阔，可连田一起买下，要钱的话，可以写信来京。凡是局面不开阔、太过拥挤的地，我都不喜欢，可以将我这意思告诉尧阶。

　　何子贞于六月十二丧妻，今年渠家已丧三人，家运可谓乖舛①。

【注释】

①乖舛(chuǎn)：不顺，运气不好。

【译文】

　　何子贞在六月十二日死了妻子，今年他家已经死了三个人，家运可以说是太不好了。

　　季弟考试万一不得，不必牢骚。盖予既忝窃侥幸，九弟去年已进，若今年又得，是极盛，则有盈满之惧，亦可畏也。

【译文】

　　季弟考试万一不中，也不必牢骚。因为我已经过了一次侥幸，九弟去年已进学，如果今年家里又考中一个，那就过盛，便有盈满将亏的恐惧，也很可怕。

　　同乡诸家，一切如常。凌笛舟近已移居胡光伯家①，不住我家矣。

　　书不十一，余俟续具。

　　兄国藩手草。

【注释】

①胡光伯：即胡焯，字光伯，湖南武陵人。道光二十一年（1841）辛

丑科进士，改庶吉士，授编修，历官侍读。有《楚颂斋诗集》。

【译文】

同乡各家，一切如常。凌笛舟近日已经搬到胡光伯家，不住在我家了。

纸短情长，表达不了十分之一，其余的，等以后再写。

哥哥国藩亲笔。

七月二十日　致叔父母书

侄国藩谨禀叔父母大人礼安：

六月十七发第九号信，七月初三发第十号信，想次第收到。十七日接家信二件，内父亲一谕、四弟一书、九弟季弟在省各一书、欧阳牧云一书，得悉一切。

【译文】

侄儿国藩谨禀叔父母大人礼安：

我六月十七日发出第九号家信，七月初三日发出第十封家信，想必家中已次第收到。十七日接到家信两件，里头有父亲亲笔信一封、四弟信一封、九弟季弟在省城的信各一封、欧阳牧云信一封，得以知悉一切情况。

祖大人之病不得少减，日夜劳父亲、叔父辛苦服事，而侄远离膝下，竟不得效丝毫之力，中夜思维，刻不能安。江岷樵有信来，言渠已买得虎骨，七月当亲送我家，以之熬膏，可医痿痹云云①。不知果送来否？闻叔父去年起公屋，劳心劳力,备极经营。外面极堂皇,工作极坚固,费钱不过百千,而见者拟为三百千规模。焦劳太过^②,后至吐血。旋又以祖父复病,勤劬弥甚^③。而父亲亦于奉事祖父之余操理家政,刻不少休。

【注释】

①痿痹:肢体不能动作或丧失感觉。

②焦劳:焦虑烦劳。

③勤劬(qú):辛勤劳累。

【译文】

祖父大人的病情没有稍微减轻,日日夜夜劳动父亲、叔父辛苦服事,而侄儿我远离膝下,竟然不能出一丝一毫之力,夜里思前想后,一刻也不能安宁。江岷樵有信来,说他已经买到虎骨了,七月当亲自送到我家,用虎骨熬膏,可以医治祖父大人的痿痹病。不晓得果真送来没有?听说叔父去年起公屋,劳心劳力,各方面经营。外观极其堂皇,工程极其坚固,花费不过百千钱,但看见的人都以为是花费三百千钱才有如此规模。操心劳累太过,以至于后来吐血。后又因祖父再病,更加辛勤劳累。而父亲也在奉事祖父之余操持料理家政,一刻也不能休息。

侄窃伏思父亲、叔父二大人年寿日高,精力日迈^①,正宜保养神气,稍稍休息,家中琐细事务,可命四弟管理。至服事祖父,凡劳心细察之事,则父亲、叔父躬任之;凡劳力粗重之事,则另添一雇工,一人不够则雇二人。雇工不要做他事,专在祖大人身边,其人要小心秀气。

【注释】

①日迈：一天比一天衰老。

【译文】

侄儿私下里想父亲、叔父两位大人年寿越来越高，精力也越来越迟暮，正应该保养精气神，稍稍休息，家中的琐细事务，可以让四弟管理。至于服事祖父，凡是须要用心细细体察的事，由父亲、叔父亲躬；凡是劳力粗笨的事，可另添一个雇工，一个不够的话，就雇两个。雇工不要做别的事，专门在祖父大人身边侍候即可，要细心秀气的人。

侄近年以来精力日差，偶用心略甚，癣疾即发，夜坐略久，次日即昏倦。是以力加保养，不甚用功。以求无病无痛，上慰堂上之远怀。外间求作文、求写字者，求批改诗文者，往往历久而莫偿宿诺①，是以时时抱疚，日日无心安神恬之时。

【注释】

①宿诺：未能及时兑现的诺言。

【译文】

侄儿近年来精力一天比一天差，偶尔用心稍过，癣病就发作，夜里稍坐太久，次日即疲倦昏聩。因此努力保养，不太用功。希望无病无痛，上可以安慰堂上各位大人的牵挂之怀。外面求做文、求写字的，求批改诗文的，往往过了很长时间都不能兑现许下的诺言，因此常常觉得惭愧，天天没有心安神恬的时候。

前四弟在京，能为我料理一切琐事，六弟则毫不能管。故四弟归去之后，侄于外间之回信、家乡应留心之事，不免疏忽废弛。

【译文】

以前四弟在京，能替我料理一切琐事，六弟则什么都不能管。所以从四弟回去之后，侄儿在回复外面的书信、家乡应该留心的事情等方面，不免疏忽耽误。

侄等近日身体平安，合室小大皆顺。六弟在京，侄苦劝其南归。一则免告回避；二则尽仰事俯畜之职①；三则六弟两年未作文，必在家中父亲、叔父严责方可用功。乡试，渠不肯归，侄亦无如之何。

【注释】

①仰事俯畜：语出《孟子·梁惠王上》："是故明君制民之产，必使仰足以事父母，俯足以畜妻子。"后因以"仰事俯畜"谓对上侍奉父母，对下养育妻儿。亦泛指维持全家生活。

【译文】

侄儿等近日身体平安，全家大小都很顺遂。六弟在京，侄儿苦苦劝他回南边。一则免得我顺天乡试告回避；二则回家尽侍奉父母、养育妻儿的职责；三则六弟两年没有写文章，必须在家里有父亲、叔父严厉督责下才能用功。他不肯回家参加乡试，侄儿也拿他没办法。

叔父去年四十晋一，侄谨备袍套一付。叔母今年四十大寿，侄谨备棉外套一件。皆交曹西垣带回，服阕后即可着①。母亲外褂并汉绿布夹袄，亦一同付回。

【注释】

①阕：终。

【译文】

叔父去年四十晋一大寿，侄儿谨置备袍套一副。叔母今年四十大寿，侄儿谨置备棉外套一件。都交给曹西垣带回去，服丧期满就可以穿。母亲外褂并汉绿布夹袄，也一同付回。

　　闻母亲近思用一丫鬟，此亦易办，在省城买不过三四十千；若有湖北逃荒者来乡，今年湖北大水奇灾。则更为便益。望叔父命四弟留心速买，以供母亲、叔母之使令。其价，侄即寄回。

【译文】

听说母亲最近想用一个丫环，这也很容易办到，在省城买一个，不过三四十千钱；如果有湖北逃荒的来我乡，今年湖北大水奇灾。就更便宜。希望叔父让四弟留心，尽快买一个，供母亲、叔母使唤。费用，侄儿立即寄回家。

　　侄今年光景之窘较甚于往年，然东支西扯尚可敷衍。若明年能得外差或升侍郎①，便可弥缝②。家中今年季弟喜事，不知不窘迫否？侄于八月接到俸银，即当寄五十金回，即去年每岁百金之说也。

【注释】

①侍郎：古代官名。汉制，郎官入台省，三年后称侍郎。隋唐以后，

中书、门下及尚书省所属各部皆以侍郎为长官之副。至清雍正时,递升至正二品,与尚书同为各部的堂官。

②弥缝:勉强维持。

【译文】

　　侄儿今年的家境,比往年更加困窘,但东支西扯,还可以应付。如果明年能得一个外差,或者升职做侍郎,就可以勉强应付了。家里今年季弟办喜事,不晓得是不是窘迫?侄儿在八月接到俸银,就会寄五十两银子回家,就是去年说的每年寄一百两银子回家。

　　在京一切张罗,侄自有调停,毫不费力,堂上大人不必挂念。

　　侄谨禀。

【译文】

　　在京城的一切张罗,侄儿自有办法,毫不费力,堂上诸位大人不必挂念。

　　侄儿谨禀。

九月十二日　致叔父母书

侄国藩谨禀叔父母大人福安:

　　八月十六日发第十三号家信,不审已收到否?

【译文】

侄儿国藩跪禀叔父母大人福安:

　　我八月十六日发出第十三封家信,不晓得家里是否已经收到?

九月初十日，接到四弟、九弟、季弟等信，系八月半在省城所发者，知祖大人之病，又得稍减，九弟得补廪，不胜欣幸！

【译文】

九月初十日，接到四弟、九弟、季弟等的信，是八月中旬在省城所发出的，得知祖父大人的病又减轻了一些，九弟得以增补廪生，高兴得不行！

前劳辛垓廉访八月十一出京①，侄寄去衣包一个，计衣十件，不知已到否？侄有银数十两欲寄回家，久无妙便②。十月间武冈张君经赞回长沙③，拟托渠带回，闻叔父为圳上公屋加工修治④，侄亦欲寄银数两，为叔父助犒赏匠人之资。罗六嘉租所存银二十二两在侄处⑤。右三项，皆拟托张君带归。

【注释】

①劳辛垓：即劳辛阶。见前注。廉访：按察使的别称。

②妙便：可靠方便的人。

③张经赞（1814—1887?）：字南皆，湖南武冈人。道光十七年（1837）丁酉拔贡，广东候补同知。有《爇余吟草》。

④圳：田边水沟。多用于地名。

⑤罗嘉租：字芸皋，湖南湘乡（今娄底）人。道光二十四年（1844）举人，拣选知县。咸丰年间，入罗泽南幕，不久病卒。

【译文】

日前劳辛垓廉访八月十一日离京，侄儿我托他寄回衣包一个，共计十件衣服,不晓得已经收到没有?侄儿有几十两银子想寄回家,许久都没有可靠方便的人。十月份,武冈张经赞君回长沙,打算托他带回去。听说叔父加工修治圳上公屋,侄儿我也想寄几十两银子,作为协助叔父打赏工匠的钱。罗六嘉柜所存的银子二十二两,也在侄儿处。以上三项,都打算托张君带回。

前欧阳沧溟先生馆事,伍太尊已复书于季仙九先生,兹季师又回一信于伍处,托侄便寄,家中可送至欧阳家,嘱其即投伍府尊也。牧云又托查万崇轩先生选教官之迟早①,兹已查出,写一红条,大约明冬可选。此二事可嘱澄侯写信告知牧云。

【注释】

①万崇轩:不详。

【译文】

日前欧阳沧溟先生谋求衡阳书院山长一席之事,伍太尊已复信季仙九先生,现季师又回一封信给伍太尊处,托侄儿得便寄回家,家里可送到欧阳先生家,嘱咐他马上交给伍府尊。牧云又托我查万崇轩先生选教馆时间的事情,现已代他查出,写一红条,大约明年冬天可选。这两件事,可嘱咐澄侯写信告诉牧云。

侄等在京,身体平安。西席宋湘宾九月十一出京①。是日即聘庞君名际云,号省三②,直隶人。曹西垣初十挈眷出都③。黎月乔十六出京。江岷樵于初八到京。严仙舫初十到京④。余同乡俱如旧。

【注释】

①西席:古人席次尚右,右为宾师之位,居西而面东。清梁章钜《称谓录》卷八载:"汉明帝尊桓荣以师礼,上幸太常府,令荣坐东面,设几。故师曰西席。"后尊称受业之师或幕友为"西席"。宋湘宾:即宋芗宾。见前注。

②庞际云(? —1884):原名震龙,字省三,山东宁津人。道光二十三年(1843)举人,咸丰二年(1852)进士,任刑部主事后入曾国藩幕。后历任江宁盐巡道、两淮盐运使、淮阳海道加湖北按察使衔、署湖南布政使、湖南巡抚、云南布政使。著有《十五芝山房文集》。

③挈眷:携带家眷。

④严仙舫:即严正基(? —1857),原名芝,字仙舫,湖南溆浦人。严如熤之子,副贡生,少随父练习吏事,历官郑州知州、常州知府、署淮扬道按察使、河南布政使、湖北布政使、通政副使、通政使。

【译文】

侄儿等在京城,身体平安。我家私塾老师宋湘宾九月十一日出京。当天就聘了庞君名际云,号省三做老师,庞君是直隶人。曹西垣初十日拖家带口出京。黎月乔十六日出京。江岷樵于初八日到京。严仙舫初十日到京。其他同乡都还是老样子。

常南陔先生欲以其幼女许配纪泽,托郭筠仙说媒。李家尚未说定。两家似皆可对,不知堂上大人之意若何? 望示知。

余容续具。

侄谨禀。

【译文】

常南陔先生想将他幼女许配给纪泽，托郭筠仙来说媒。李家那头还没有说定。两家似乎都可以结亲，不晓得堂上大人的意思怎样？希望给以指示。

其余的，请容许我以后再行禀告。

侄儿谨禀。

十一月十四日　致澄侯、子植、季洪弟书

澄侯、子植、季洪三弟左右：

十月十九日温甫弟出京。二十日发第十五号家信，不知此时收到否？吾目疾尚未全好，此次尚不能写信呈堂上，故仍以书告诸弟。

【译文】

澄侯、子植、季洪三弟左右：

十月十九日温甫弟出京。二十日我发第十五封家信，不知道这个时候收到了没有？我的眼病还没有完全好，这次还不能写信呈给堂上大人，所以就仍是写信告诉弟弟们。

前九月十八蒙皇上天恩，派稽察中书科事务①。十月初二一信，因恐张楠皆到迟②，故未写。二十日一信，因六弟出京，诸事仓皇③，又忘写也。稽察中书科向系于阁学四人中钦派一人，只算差使，不算升官。其属员有中书六人、笔帖式八人④。其所管之事为册封诰命。凡封亲王用金册⑤，封

郡王用银册⑥，封贝勒、贝子以下用龙边笺册⑦，封镇国公以下及文武五品以上官俱用诰命⑧，六品以下俱用敕命⑨。以上皆在中书科缮写。予于十八日奉旨派出，十九日具折谢恩。兹将原折寄回，系在园笔帖式所写，故字甚丑。

【注释】

①稽察：检查。中书科：明、清官署名。定额中书舍人为二十人，从七品，掌书写诰敕、制诏、银册、铁券等。

②张楠皆：张经赞（1814—1887?），字南皆。见前注。

③仓皇：匆忙急迫。

④笔帖式：官名。清代于各衙署设置的低级文官，掌理翻译满汉章奏文书。

⑤金册：金箔制的册封诏书。清制，凡皇帝册封后妃、亲王、公主、郡王等，均分别授以金、银之册，由工部屯田清吏司制造库制造。其制为：金册金页长七寸一分、宽三寸二分，镌满汉字，填青。

⑥银册：清沿古制，皇帝册封妃、嫔及封郡王、郡王福晋，将册文镌刻于镀金银册之上，作为凭证文书。银册由工部监制，其册文由翰林院撰拟，交由内阁中书科书写，并由工部派制造库工匠至中书科镌刻。

⑦贝勒：全称"多罗贝勒"，满文 dorobeile，本为部落之长的意思，是清代满洲、蒙古贵族的世袭封爵，位在郡王下，贝子上。贝子：满语 beise 的音译。早期满族社会中，意为"天生"贵族。清立国后，为宗室及蒙古贵族爵号，位次贝勒。在镇国公之上。龙边笺册：清代册封贝勒、贝子、郡主、县主、郡君以及贝勒、贝子的夫人所用之纸册。其册为明黄绢面，衬高丽纸，绘金云龙，长一丈五尺六寸，宽一尺二寸，以金黄潞绸为套。

⑧镇国公：爵位名。清朝宗室、觉罗、外藩爵位，分为入八分镇国公
　　与不入八分镇国公两种。入八分镇国公（或者称为"奉恩镇国
　　公"，简称"镇国公"），为第五等爵，次于固山贝子，高于辅国公。
　　不入八分镇国公，在入八分辅国公以下，不入八分辅国公以上，
　　为第七等爵。诰命：又称"诰书"，是皇帝封赠官员的专用文书。
　　所谓诰，是以上告下的意思。古代以大义谕众叫"诰"。清代诰
　　命是用五色或三色纻丝织成的。由于各官员的品级不同，诰命
　　封赠的范围及轴数、图案也各有不同，清朝规定，凡封镇国公以
　　下、奉恩将军以上，用龙边诰命，锦面、玉轴。封蒙古贝子、镇国
　　公、辅国公、札萨克台吉、塔布囊、蒙古王公福晋及封外国王妃、
　　世子、世孙的诰命，为锦面、犀轴。诰命由翰林院撰拟，有固定的
　　程式，用骈体文，按品级高低增减字句，由内阁颁发。诰命发放
　　的对象不同，叫法也不同。如五品官员本身受封称为"诰授"，封
　　其曾祖父母、祖父母、父母及妻，生者称"诰封"，死者称"诰赠"。
⑨敕命：明清赠封六品以下官职的命令称"敕命"。

【译文】

　　之前九月十八日承蒙皇上天恩，派我稽查中书科事务。十月初二
日的一封信，由于担心张楠皆到得晚，所以没有写。二十日的一封信，
因为六弟离开京城，许多事情匆忙急迫，又忘记写了。稽查中书科一向
在内阁学士四人中钦派一人，只算差使，不算升官。下属有中书六人、
笔帖式八人。所管的事物是册封和诰命。凡是册封亲王用金册，册封
郡王用银册，封贝勒、贝子以下用龙边笺册，封镇国公以下及文武五品
以上的官员都用诰命，六品以下的官员都用敕命。以上都在中书科缮
写。我在十八日奉旨派出，十九日具折谢恩。现将原折寄回，是在园笔
帖式所写的，所以字很难看。

　　前六弟归时，予曾寄母亲零用银五两，内人寄岳母零用

银二两。因思予在京多年，并未寄零钱与婶母使用，且四位弟妇买棉买麻亦极窘迫。嗣后每年予所寄亲族银内当添母亲、婶母零用钱各四千、四位弟妇零用钱各三千，每年共二十千。今年张楠皆处银到，澄弟即将各亲族处照单分送。又将婶母四千及四位弟妇各三千零用钱分送。母亲今年已有银五两，不必再送。以后每年照今年为例。上半年春俸，予寄五六十两归，以为家中用度。其有不足，望家中设法张罗。下半年秋俸①，予寄五六十两归，以为各亲族帮项及母亲、婶母、四位弟妇零用之项。去年所开之单，记共八十千，若添家中此项，则共百千矣。不知须银多少，乞澄弟告知。予之寄以今年为常规，家中所送亲族者，亦望于今年举行定例。惟孟学公之子孙赴考者②，今年在省，不知曾送给否？若未送，望按名补送，以为买笔之需。至要至要！一切万祈照单施行。

【注释】

①春俸、秋俸：清代官员的俸禄，一年分两次领，上半年领的叫"春俸"，下半年领的叫"秋俸"。

②孟学公：曾国藩九世祖。

【译文】

　　之前六弟回家的时候，我曾寄给母亲零用银子五两，内人寄给岳母零用二两银子。于是想到我在京城很多年，并没有寄零钱给婶母使用，而且四位弟媳妇买棉买麻手头也很窘迫。以后每年我寄给亲族的银钱款项内将添母亲、婶母零用钱各四千、四位弟媳妇零用钱各三千，每年共二十千。今年张楠皆那里银子到了，澄弟就照单分送各亲属处。又将婶母四千及四位弟媳妇各三千零用银子分别送到。母亲今年已经有银子五两，不必再送到。以后每年照今年为例。上半年春俸，我寄五六十两回去，作为家中用度。有不够的，希望家中设法张罗。下半年秋俸，我寄五六十两回去，作为帮助各亲戚和母亲、婶母、四位弟媳妇零用钱。去年所开的单子，共计八十千，如果加上家中这笔，就一共是百千。不知道需要多少两银子，请澄弟告诉我。我寄钱回家，以今年为常规，家中所送亲族的，也希望在今年形成固定惯例。只是孟学公的子孙参加考试，今年在省城的，不知道曾送钱没有？如果没有送，希望按名单补送，供买笔所需。非常重要，非常重要！一切万望照单执行。

　　予身体平安，家中大小皆如常。纪泽读书已读至《太甲上》。同乡孙鳌洲已到京①。余并如故。昨日放定郡王载铨、季仙九先生至天津办盐务②，又放耆英、朱凤标至山东办盐务③。十一日刑部主事朱寿康系朱伯韩之胞弟、户部主事袁铨、广西提塘李鹏飞俱因在娼家饮酒④，提督府锁拿交刑部治罪⑤。十月宝中堂兴殁⑥。昨耆英授大学士，琦善仍得协办。余容后具。

　　国藩草。

【注释】

①孙鳌洲：即孙鳌舟。见前注。

②载铨：爱新觉罗·载铨（1794—1854），清宗室，满洲镶红旗人。乾隆帝玄孙，定端亲王奕绍长子。袭定郡王，追封亲王。有《行有恒堂集》。

③朱凤标（1800—1873）：字桐轩，号建霞，浙江萧山人。道光十二年（1832）进士。太平天国北伐军至河南，与贾桢等条拟防剿六事。咸丰初累擢至户部尚书。后因典顺天乡试事被劾革职。不

久复起,同治间官至体仁阁大学士。致仕卒,谥文端。

④朱寿康:原名瑄,广西临桂(今桂林)人。乃朱琦胞弟。道光二十七年(1847)丁未科进士,任刑部主事,因在娼家饮酒被治罪。袁铨:广西平南人。道光二十七年(1847)丁未科进士,任户部主事。道光二十八年(1848)十一月十一日因在娼家饮酒被治罪。李鹏飞:广西提塘人。道光二十八年(1848)十一月十一日因在娼家饮酒被治罪。

⑤提督府:此指九门提督衙门。全名是提督九门步兵统领,掌管京城九门门禁。

⑥宝中堂:即宝兴(1777—1848),字见山,觉罗氏,满洲镶黄旗人。嘉庆十五年(1810)进士,授编修。官至四川总督、文渊阁大学士。卒谥文庄。

【译文】

　　我身体平安,家中大小都是老样子。纪泽读书已经读到《尚书·太甲上》。同乡孙鳌洲已经到京。其余的几位,都是老样子。昨日朝廷派定郡王载铨和季仙九先生到天津办理盐务,又派耆英、朱凤标到山东办理盐务。十一日刑部主事朱寿康系朱伯韩的亲弟弟、户部主事袁铨、广西提塘李鹏飞都因为在娼家喝酒,被提督府锁拿交到刑部治罪。十月宝中堂兴没了。昨日耆英被授职为大学士,琦善仍被授职为协办大学士。

　　其余的事情,请容我以后再说。

　　国藩亲笔。

十二月初十日　致澄侯、温甫、子植、季洪弟书

澄侯、温甫、子植、季洪四弟左右:

　　十一月十四发第十四号家信,不知收到否? 十二月初

九接到家中十月十二一信、十一月初一日一信、初十日一信，具悉一切。

【译文】

澄侯、温甫、子植、季洪四弟左右：

十一月十四日发出第十四封家信，不知收到了没有？十二月初九日接到家里十月十二日一封信、十一月初一日一封信、初十日一封信，得以知道一切情况。

家中改屋，有与我意见相同之处。我于前次信内曾将全屋画图寄归，想已收到。家中既已改妥，则不必依我之图矣。但三角丘之路必须改于檀山嘴下，而于三角丘密种竹木。此我画图之要嘱，望诸弟禀告堂上，急急行之。家中改房，亦有不与我合意者，已成则不必再改。但六弟房改在炉子内，此系内外往来之屋，欲其通气，不欲其闳塞①，余意以为必不可，不若以长横屋上半节间断作房为妥。连间两隔。下半节作横屋客坐②，中间一节作过道，上半节作房。内茅房在石柱屋后，亦嫌太远，不如于季洪房外高磡打进去七八尺，即旧茅房沟对过之磡，若打进丈余，则与上首栗树处同宽，既可起茅房、澡堂，而后边地面宽宏，家有喜事，碗盏、菜货亦有地安置，不至局促，不知可否？

【注释】

①闳(bì)塞：闭塞。闳，阻隔。

②客坐：招待客人的屋室、房间。

【译文】

家里改造屋子，有与我意见相同的地方。我在之前的信里曾将全屋画图寄回，想必已经收到。家里既然已经改好，就不必依我的图样了。但三角丘的路必须改到檀山嘴下，而在三角丘密密麻麻种上竹子和树木。这是我画的图里最关键的地方，希望诸位弟弟禀告堂上，快快去做。家里改造房子，也有与我意见不一致的地方，已做成就不必再改了。但六弟的房改在炉子内，这是内外往来的屋子，要让它通气，不能让它闭塞，我认为这样绝对不合适；不如拿长横屋的上半节间断作房比较好。接连作两个隔断。下半节作横屋待客室，中间一节作过道，上半节作房。内茅房在石柱屋后头，也嫌太远，不如在季洪房外高堤打进去七八尺，即旧茅房沟对过的堤，如果打进一丈多，就与上首栗树那儿同样宽。就可盖茅房、澡堂，而后边地面宽大，家里有喜事，碗盏、菜货等也有地方安置，不至于局促，不知道是否可行？

家中丽参已完，明春得便即寄。彭十九之寿屏，亦准明春寄到。此间事务甚多，我又多病，是以迟迟。

【译文】

家里高丽参已吃完，明年春天有方便的人马上托他寄回。彭十九的寿屏，也准备在明年春天寄到。最近事务很多，我又多病，所以迟迟没有寄信。

澄弟办贼，甚快人心。然必使其亲房人等知我家是图地方安静，不是为一家逞势张威，庶人人畏我之威，而不恨我之太恶。贼既办后，不特面上不可露得意之声色，即心中亦必存一番哀矜的意思。诸弟人人当留心也。

【译文】

澄弟惩治歹人，真是大快人心。但必须让那些歹人的亲戚朋友等晓得我家这么做，图的是地方上的太平，而不是为我们自己一家显权势、摆威风，这样才可能使旁人既敬畏我的威严，却又不恨我做事太狠。歹人既已惩治之后，不但脸上不能露出得意之色，就是在心里，也要对他们存一些同情的心意。几位弟弟，人人都要留心啊。

徵一表叔在我家教读甚好，此次未写信请安，诸弟为我转达。

【译文】

徵一表叔在我家教书教得很好，这次没有写信请安，诸位弟弟替我转达问候。

同乡周荇农家之鲍石卿前与六弟交游①，近因在妓家饮酒，提督府捉交刑部革去供事②，而荇农、荻舟尚游荡不畏法，真可怪也！

【注释】

①鲍石卿：不详。

②供事：职官名。清代京吏之一。《清会典·吏部·验封清吏司》：

"凡京吏之别三：一曰供事，二曰儒士，三曰经承。"注："宗人府、内阁、上谕馆、文渊阁、翰林院、詹事府、中书科、内廷三馆及修书各馆，各衙门则例馆，皆曰供事。"

【译文】

同乡周荇农家的鲍石卿之前和六弟有来往，最近因在妓家饮酒，被提督府捉去交刑部革去供事职,但苻农、荻舟还放荡不羁,不畏王法,真是怪事!

余近日常有目疾,余俱康泰。内人及二儿四女皆平安,小儿甚胖大。西席庞公拟十一回家,正月半来,将请李笔峰代馆。宋芗宾在道上仆跌断腿,五十余天始抵樊城,大可悯也。

余不一一。

国藩手草。

【译文】

我近日眼睛常常不舒服,其他都健康太平。内人和两个儿子四个女儿都平安,小儿子很胖大。家塾老师庞先生计划十一日回家,正月半再来,将请李笔峰代教一段时间。宋芗宾在路上摔断了腿,五十多天才到樊城,太可怜了。

其余的,就不一一说了。

国藩亲笔。

道光二十九年己酉

正月初十日　致四位老弟书

四位老弟足下:

去腊初十日发戊申第十八号家信①,厥后廿六日接温弟在湖北所发信②。正月初八日接诸弟腊月十五所发信,而温弟在河南托邹墨林转寄一信③,则至今未到。澄弟十一月十九所发一信，亦至今未到也。

【注释】

①戊申：道光二十八年(1848)。

②厥后：之后。厥，之。

③邹墨林：湖南善化(今长沙)人。乃邹寿璋之兄，江忠源表兄。道光十四年(1834)中举，与曾国藩同科。精于医道。与曾国藩交情甚密，后入曾国藩幕。

【译文】

四位老弟足下：

去年腊月初十日发出戊申年第十八封家信，之后腊月二十六日接到温弟在湖北所发的信。正月初八日接到弟弟们腊月十五日所发的信；而温弟在河南托邹墨林转寄的一封信，却至今没有收到。澄弟十一月十九日所发的一封信，至今也没有收到。

澄弟生子，庆贺庆贺！吾与澄弟，去年"报最"①，今年轮应温、植、洪三人"报最"矣。但植弟之妇，闻已有吉语②，恐"政成"当在温弟之前③，植弟未免疾行先长耳④。四位弟妇，闻皆率母亲、叔母之教，能勤能俭，予闻之不胜欣喜！已办有材料，今春为四弟妇各制一衣，觅便即行寄回。

【注释】

①报最：犹举最。旧时长官考察下属，把政绩最好的列名报告朝廷叫"报最"。此处为戏谑语，借指生孩子的喜事。

②有吉语：有喜，指怀有身孕。

③政成：官员在政绩方面的成就。此处为戏谑语，借指生子。

④疾行先长：古人以徐行后长为知礼，以疾行先长为失礼。此处为
　戏谑语，戏指弟弟比哥哥先做父亲。

【译文】

　　澄弟生了儿子，祝贺祝贺！我与澄弟去年都"报最"生孩子了，今年
应该轮到温、植、洪三个"报最"了。只有植弟的媳妇，据说已经有喜，生
育应该在温弟之前，植弟在生孩子方面走到哥哥前边去了。四位弟媳
妇，听说都秉承母亲、叔母的教导，既勤快又简朴，我听了高兴得很！已
经办了材料，今年春天为四位弟媳妇各做一件衣服，找到方便的人就寄
回家。

　　澄弟捐监执照①，亦准于今年寄回。父亲名书"呈祥"，
取麟趾呈祥之义也②。前年温弟捐监，叔父名书"呈材"，取
天骥呈材之义也③。当时恐六弟尚须小试，故捐监填名略
变，以为通融地步。而今温弟既一成不易，故用"呈祥"配
"呈材"，暗寓"麟"字"骥"字于中。将来即分两房，曰呈祥
房，曰呈材房，亦免得直写父、叔官名耳。

【注释】

①执照：官府所发的文字凭证。

②麟趾呈祥：《诗经·周南·麟之趾》："麟之趾，振振公子。"郑玄
　笺："喻公子信厚，与礼相应，有似于麟。"后以"麟趾"比喻有仁德
　之家子孙昌盛。曾国藩父名麟书，取麟趾呈祥之义，而在曾国潢
　捐监执照父名一栏填"呈祥"之名。

③天骥呈材：天骥即天马、神马，材美。曾国藩之叔名骥云，曾国华
　过继给曾骥云为后，因为曾国华的捐监执照父名一栏，取天骥呈
　材之义，填"呈材"之名。

【译文】

澄弟捐监生的执照，也准定在今年寄回，父亲的名字写作"呈祥"，取麟趾呈祥之义。前年温弟捐监生，叔父的名字写作"呈材"，取天骥呈材之义。当时恐怕六弟还要参加小试，所以捐监填名字时略微变通了一下，以便将来有通融的余地。但现在温弟既然一字不改，所以就用"呈祥"配"呈材"，暗中包含"麟"字"骥"字在其中。将来就是分两房，一个叫呈祥房，一个叫呈材房，也免得直接写父亲、叔父的官名。

　　李子山曾希六族伯[①]，托我捐功名[②]，其伙计陈体元亦托捐[③]。我丁酉年在栗江煤垄[④]，此二人待我不薄。若非煤垄之钱，则丁酉万不能进京。渠来托我，不能不应，拟今岁为之办就。其银钱嘱渠送至我家，有便将执照付至家中。渠银钱一到，即发执照与渠可也。即未收全，亦可发也。丁酉年办进京盘费，如朱文八、王燧三、燧六等皆分文不借[⑤]，则曾、陈二人岂不可感也哉？现在乔心农晋芳放常德知府[⑥]，二月出京，四弟监照与二人执照，大约可托渠带至湖南也。

【注释】

①李子山：地名。在今湖南衡阳衡南县境内。曾希六：曾国藩同族伯父。

②捐功名：捐钱给朝廷，换取一个头衔。功名，旧指科举称号或官职名位。

③陈体元：曾希六家伙计。余不详。

④栗江：地名。即今湖南衡阳衡南县栗江镇。煤垄：亦作"煤垅"，指小煤场。

⑤朱文八、王燧三、燧六：不详。

⑥乔心农：即乔晋芳（1804—?），字心农，一字春皋，山西闻喜人。道光十五年（1835）乙未科探花，历官湖南常德知府、长沙知府。

【译文】

李子山的曾希六族伯托我捐功名，他的伙计陈体元也托我捐功名。我丁酉年在栗江煤垄，这两位对我很好。如果不是煤垄的钱，那丁酉年我万万进不了京。他们来托我，不能不答应，准备今年就为他们办好。捐功名需用的钱，嘱咐他们送到家里就可以了，有方便的人我就把执照寄回家里。他们的钱一到，就可以发执照给他们。就算钱没有全部收齐，也可发给他们执照。丁酉年筹办进京的盘缠，如朱文八、王燧三、燧六等人，都是分文不借，曾、陈两位可不是令人感动吗？现在乔心农晋芳外放常德知府，二月离京，四弟的监生执照与曾、陈两人的执照，大约可托他带到湖南。

去年年内各族戚之钱，不知如数散给否？若未给，望今春补给，免得我时时挂心。考试者十千及乞丐之十千，不审皆给否？务乞详以示我。

【译文】

去年一年内要送各亲族的钱，不知道有没有按数散给他们？如果没有给，希望今年春天补发给他们，免得我常常挂记在心。考试的给十千，借钱的给十千，不晓得都给了没有？请务必详细告诉我。

竹山湾找当价①，不知比楚善叔一头原价何如？乞明告我。既买竹山湾，又买庙堂上，银钱一空，似非所宜。以后望家中无买田，须略积钱，以备不时之需。

【注释】

①当价：等价，合适的价钱。

【译文】

竹山湾找当价，不晓得跟楚善叔那头原价比怎么样？希望能明明白白地告诉我。既然买了竹山湾的田，又买了庙堂上的，银钱统统花光，好像不很合适。以后希望家里不要买田，要略微积点儿钱，以备不时之需。

植弟诗才颇好，但须看古人专集一家乃有把握，万不可徒看选本。植弟则一无所看，故无把握也。季洪诗文难于进功，须用心习字，将来即学叔父之规模，亦有功于家庭。

【译文】

植弟写诗的才情很好，但是要看古人某一家的专集，才有心得体会，万万不可只去看什么选本。植弟却是连一家专集都不曾看，所以没有心得。季洪的诗文，难以进步，应用心学习书法，将来若能学到叔父那般田地，也是有功于家庭的。

纪泽儿自去腊庞先生归河间，请李笔峰来代馆，日加奖赞，悟性大进。一日忽自作四言诗一篇，命题曰《舜征有苗篇》。余始不信，次日余与黄壽吾面试之①，果能清顺。或者得祖、父德荫，小有成就，亦未可知。兹命其誊出寄呈堂上，以博一笑。然记性不好，终不敢信其可造也。

【注释】

①黄壽吾：不详。

【译文】

纪泽儿自去年十二月庞先生回河间,请李笔峰来代课,每天对他奖励称赞,悟性大有进步。一天,忽然自己作了一首四言诗,题目是《舜征有苗篇》。我开始不信,第二天与黄蒿吾当面考试,果真能写得清通顺畅。或许得祖父和父亲的德泽余荫,将来小有成就,也不好说。现在命他誊正,寄呈堂上大人,以博一笑。但他记性不好,我还是怀疑他是否是可造之材。

兹寄回正月初一至初十日上谕及宫门钞①,以后按月寄归。温弟所允萧辛五《搢绅》,当于乔心农处付渠。李竹屋思鹿胶、丽参,亦俟乔公始寄。此次余欲写信与竹屋,实无少暇矣。

【注释】

①宫门钞:古代报纸名,又名"邸报"。因其内容均抄自宫内发出的可以公布的本章或谕旨,而传向宫外各地,故称"宫门钞"。详见"邸报"注。

【译文】

现寄回正月初一至初十日上谕和宫门钞,以后按月寄回。温弟答应给萧辛五的《搢绅》,会托乔心农带给他。李竹屋想要鹿胶、高丽参,也等乔公去湖南才寄。这次我想写信给竹屋,实在是没有片刻闲暇。

予身体平安,家中大小如常,二儿肥胖。

余不一一。

兄国藩手草。

【译文】

我身体平安,家中大小都还是老样子,二儿子肥胖。

其余的,就不一一说了。

哥哥国藩亲笔。

梁俪裳兄弟到京,盛称澄弟之才。且言广东骗客账以千万计,从无一人取回一文者,澄弟可谓破天荒也。

【译文】

梁俪裳兄弟到京城,极力夸赞澄弟的才华。而且说广东那边骗客人钱财多到成千上万,从来没有一个人能要回一文钱,澄弟这回可以说是破天荒了。

二月初六日　　致父母书

男国藩跪禀父母亲大人万福金安:

正月十一日,男发第一号家信,并寄呈京报①,想已收到。

【注释】

①京报:也称"邸报"。清代北京由报房商人发行出售的类似报纸的出版物,用活木字排印。内容包括内阁发抄的皇帝谕旨、大臣奏议等官方文书和有关政治情报。多者十余页,少者五六页,一月一期。至清末为近代报纸所代替。

【译文】

儿国藩跪禀父母亲大人万福金安:

正月十一日,我发出第一封家信,同时寄呈京报,想必已经收到。

廿二日男蒙皇上天恩，升授礼部侍郎①。次日具折谢恩，蒙召对②，诲谕谆切③。廿五日午刻上任，属员共百余人，同县黄正斋亦在内。从前阁学虽兼部堂衔④，实与部务毫不相干。今既为部堂，则事务较繁，每日须至署办事。八日一至圆明园奏事，谓之该班⑤。间有急事，不待八日而即陈奏者，谓之加班。除衙门官事之外，又有应酬私事，日内甚忙冗，几于刻无暇晷⑥，幸身体平安，合家大小如常。

【注释】

①礼部侍郎：礼部副长官，明代正三品，清代为从二品。

②召对：君主召见臣下令其回答有关政事、经义等方面的问题。

③诲谕：亦作"诲喻"，教诲晓谕。

④部堂：清代各部尚书、侍郎之称。各省总督例兼兵部尚书衔者，也称"部堂"。

⑤该班：值班。

⑥刻无暇晷(guǐ)：形容极忙，连片刻闲暇都没有。

【译文】

二十二日儿子我承蒙皇上天恩，升授礼部侍郎一职。第二天具折谢恩，蒙皇上召对，并谆切教导。二十五日午时上任，下属共一百多人，同县黄正斋也在里面。从前内阁学士虽然兼部堂衔，实际上与部门事务毫不相干。现在已经成为部堂，事情就比较繁杂，每天要到官署办公。八天中有一日到圆明园奏事，称为"该班"。其间若有紧急的事情，不到八天就立即上奏的，是所谓的"加班"。除衙门公务之外，又有应酬方面的私事，最近很忙，几乎没有片刻空闲时间，幸亏身体平安，全家大小如常。

纪泽读书已至《酒诰》，每日讲《纲鉴》一页，颇能记忆。次孙体甚肥胖。同乡诸人，并皆如旧。余详与诸弟信中。

男谨禀。

【译文】

纪泽读书，已经读到了《尚书》的《酒诰》篇，每天讲《纲鉴》一页，能较牢固地记住。次孙身体很胖。同乡各位，都是老样子。其余的，详见给弟弟们的信。

儿谨禀。

二月初六日　致澄侯、温甫、子植、季洪弟书

澄侯、温甫、子植、季洪四位老弟左右：

正月十日曾寄家信，甚为详备。二月初三接到澄弟十一月二十夜之信，领悉一切。

【译文】

澄侯、温甫、子植、季洪四位老弟左右：

正月十日曾寄家信，很是详细。二月初三日接到澄弟十一月二十日晚上的信，得以知道家中一切情况。

今年大京察，侍郎中休致者二人①，德远村厚、冯吾园芝两先生也②。余即补吾园先生之缺。

【注释】

①休致：官吏年老去职。也指辞职或被辞退。

②德远村：德厚，原名宁，字宗维，号远村，觉罗氏，满洲正红旗人。嘉庆十九年（1814）进士，官工部侍郎。冯吾园：冯芝，原名缵，字厚田，号吾园，山西代州（今代县）人。嘉庆十三年（1808）进士。官至礼部左侍郎、武英殿总裁。

【译文】

今年大京察，侍郎中休致的有两个，即德远村厚、冯吾园芝两先生。我便是补吾园先生的缺额。

向来三载考绩①，外官谓之大计②，京官谓之京察。京察分三项：一、二品大员及三品之副都御史③，皇上皆能记忆，其人不必引见，御笔自下朱谕④，以为彰瘅⑤。此一项也。自宗人府丞以下⑥，凡三、四、五品京堂皆引见，有黜而无陟。前丙午在碾儿胡同时⑦，间壁学士奎光⑧，即引见休致者也。此一项也。自五品而下，如翰林、内阁、御史、六部⑨，由各堂官考察，分别一、二、三等。一等则放府道，从前如劳辛阶、易念园，今年如陈竹伯，皆京察一等也。此一项也。

【注释】

①考绩：按一定标准考核官吏的成绩。《尚书·舜典》："三载考绩。三考，黜陟幽明。"孔传："三年有成，故以考功。九岁则能否幽明有别，黜退其幽者，升进其明者。"

②大计：《周礼·天官·太宰》："三岁则大计群吏之治，而诛赏之。"郑玄注引郑司农曰："三载考绩。"明、清两代考核外官的制度叫"大计"，每三年举行一次。

③副都御史：官名。明始置，为都察院左、右都御史的副职，亦分左、右，正三品。在外督抚，也加都御史或副、佥都御史衔。清沿

置,以左副都御史协理都察院事,满、汉各二人。以右副都御史
与右都御史、右佥都御史为外督抚系衔。清乾隆十三年(1748)
始废右都御衔。

④朱谕:清制,内外奏章或特降之旨,由皇帝用朱笔批示,以示出于
亲笔。

⑤彰瘅(dàn):表彰美善,憎恨邪恶。《尚书·毕命》:"旌别淑慝,表
厥宅里,彰善瘅恶,树之风声。"孔传:"言当识别顽民之善恶,表
异其居里,明其为善,病其为恶,立其善风,扬其善声。"

⑥宗人府丞:官名。清代宗人府属官,掌管宗人府汉文册籍等事。
额缺一人,由汉人补授,正三品。

⑦丙午:即道光二十六年(1846)。

⑧奎光:道光时内阁学士。康熙第十四子,允禵五世孙,由举人官
至内阁学士兼礼部侍郎衔。

⑨六部:隋唐至清,中央行政机构分吏、户、礼、兵、刑、工六部。

【译文】

　　向来三年考绩,外官叫做"大计",京官叫做"京察"。京察分三项:
一、二品大员及三品副都御史,皇上都记得,这些人不必引见,由皇上御
笔下朱谕,表彰的表彰,惩恶的惩恶。这是一项。自宗人府丞以下,凡
三、四、五品京堂都引见,只有罢免没有升迁。丙午年住在碾儿胡同时,
隔壁的学士奎光,便是引见休致的。这是一项。自五品以下,如翰林、
内阁、御史、六部,由各堂长官考绩,分别一、二、三等。一等的,外放做
知府或道员,从前如劳辛阶、易念园,今年如陈竹伯,都是京察一等。这
是一项。

　　余自到礼部,比从前较忙冗,恨不得有人帮办寓中琐杂
事。然以家中祖父之病,父、叔勤苦已极,诸弟万无来京之
理。且如温弟在京,余方再三劝诱,令之南归,今岂肯再蹈

覆辙，令之北来？

【译文】

我自从到了礼部，比以前要更忙些，恨不得有人帮忙打理寓中的琐屑事物。但是因为家里祖父有病，父亲和叔父都太过辛苦，弟弟们万万没有来京城的道理。况且像温弟在京城，我再三劝说诱导，叫他回南边，现在怎么能重蹈覆辙，叫他北上呢？

江岷樵以拣发之官浙江①，补缺不知何时。余因温弟临别叮嘱之言，荐邓星阶偕岷往浙，岷樵既应允矣。适徐芸渠请星阶教书，星即就徐馆，言定秋间仍往浙依江，江亦应允。

【注释】

①拣发：清代官制用语。谓在候选人员中挑选分发任用。之：去，
　前往。

【译文】

江岷樵以拣发资格去浙江做官，不知道什么时候能补上实缺。我因温弟临别时的叮嘱，推荐邓星阶和岷樵一起去浙江，岷樵已经答应了。恰好徐芸渠请星阶去教书，星阶就去了徐家做老师，说好秋天仍然去浙江投靠江岷樵，江岷樵也答应了。

邹墨林自河南来京，意欲捐教，现寓圆通观，其为人实诚笃君子也。袁漱六新正初旬，忽吐血数天，现已全愈。

【译文】

邹墨林从河南来京城，想捐教习，现住在圆通观，他为人实在是诚

实笃厚的君子。袁漱六正月上旬，忽然吐血好几天，现在已经好了。

黄正斋竟为本部司员①，颇难为情。余一切循谦恭之道，欲破除藩篱，而黄总不免拘谨。

【注释】

①司员：清代各部属官的通称。指部内各司的郎中、员外郎、主事以及主事以下的七品小京官。

【译文】

黄正斋竟然成了本部的下属官员，很难为情。我一切遵循谦虚恭谨相待的态度，想破除上下级之间的隔阂，但黄总免不了有些拘谨。

余现尚未换绿呢车，惟添一骡。盖八日一赴园，不能不养三牲口也。

书不一一。

兄国藩草。

【译文】

我现在还没有换绿呢车，只添了一匹骡子。因为每八天要去圆明园一趟，不能不养三匹牲口。

信没法一一说清。

哥哥国藩亲笔。

三月初一日   致澄侯、温甫、子植、季洪弟书

澄侯、温甫、子植、季洪足下：

二月廿六发家信第三号，想可早到。

【译文】

澄侯、温甫、子植、季洪足下：

二月二十六日我发出第三封家信，想来可以早些到家。

兹乘乔心农先生常德太守之便，付去纹银六十三两，零共六大锭，外又一小锭，系内子寄其伯母，乞寄欧阳牧云转交。又邓星皆寄银六两，亦在此包内，并渠信专人送去。又高丽参一布包。内顶上者一两，共十四枝，专办与祖父大人用。次等者三两，共五枝。又次等者，白参半斤①，不计枝。今年所买参，皆择其佳者，较往年略贵，故不甚多。又鹿胶二斤，共一布包。又一品补服四付，共一布包。前年所寄补服，内有打籽者②，系一品服。合此次所寄，共得五付。补服不分男女，向来相传鸟嘴有向内向外之分，皆无稽之言也。一品顶带三枚，则置高丽参匣之内。望诸弟逐件清出，呈堂上大人。乔太守要由山西再转湖南，到长沙大约在闰四月底。

此信不详他事，容下次再详也。

国藩手草。

【注释】

① 白参：指加工的人参产品中，除红参以外的各种参，如生晒参、白糖参、白干参等，一般统称为"白参"。

② 打籽：汉族刺绣传统针法之一，是点绣的一种，主要运用于苏绣。用线条绕成粒状小圈，绣一针，形成一粒"子"，故名。

【译文】

现在趁着乔心农先生赴任常德太守的方便,寄去纹银六十三两,零共六大锭,另外又有一小锭,是内人寄给她伯母的,请托欧阳牧云转交。另外邓星皆寄六两银子,也在这个包里,请将此银和他的信一起让专人送去。另有一布包高丽参。里边品质顶上的一两,共十四枝,是专门办理给祖父大人享用的。次等的三两,共五枝。又次一等的白参半斤,不计枝。今年所买的参,都选择好的,价格比往年稍贵一些,所以没买太多。还有鹿胶二斤,共装在一个布包里。还有一品补服四副,共装在一个布包里。去年所寄的补服,里头有打籽的,是一品服。加上本次所寄,一共有五副。补服不分男女,向来相传鸟嘴有向内向外的分别,都是无稽之谈。一品顶带三枚,就放在装高丽参的匣子内。希望弟弟们一件一件地清理出来,呈给堂上大人。乔太守要经山西再转往湖南,到长沙大约在闰四月底。

这封信不写其他的事,请容许我下次再详细叙。

国藩亲笔。

三月廿一日　　致澄侯、温甫、子植、季洪弟书

澄侯、温甫、子植、季洪足下:

正月初十日发第一号家信,二月初八日发第二号家信,报升任礼部侍郎之喜,廿六日发第三号信,皆由折差带寄。三月初一日由常德太守乔心农处寄第四号信,计托带银七十两、高丽参十余两、鹿胶二斤、一品顶带三枚、补服五付等件。渠由山西迂道转至湖南,大约须五月端午前后乃可到长沙。

【译文】

澄侯、温甫、子植、季洪足下：

我正月初十日发第一封家信，二月初八日发第二封家信，报升任礼部侍郎的喜讯，二十六日发第三封家信，都由信差带寄。三月初一日由常德太守乔心农那里寄第四封家信，共计托带银子七十两、高丽参十多两、鹿胶二斤、一品顶带三枚、补服五副等东西。他从山西绕道去湖南，大约要五月端午前后才能到长沙。

予尚有寄兰姊、蕙妹及四位弟妇江绸棉外褂各一件，仿照去年寄呈母亲、叔母之样。前乔心农太守行时不能多带，兹因陈竹伯新放广西左江道，可于四月出京，拟即托渠带回。

【译文】

我还寄给兰姊、蕙妹和四位弟媳妇江绸棉外褂各一件，仿照去年寄送给母亲、叔母的样式。之前乔心农太守走时不能多带，现因陈竹伯新近外放广西左江道，可以在四月出京，打算托他带回来。

澄弟《岳阳楼记》，亦即托竹伯带回家中。二月初四澄弟所发之信，三月十八接到。正月十六、七之信，则至今未接到。据二月四日书云，前信着刘一送至省城①，共二封，因欧阳家、邓星阶、曾厨子各有信云云。不知两次折弁何以未见带到？温弟在省时，曾发一书与我，到家后未见一书，想亦在正月一封之中。此书遗失，我心终耿耿也。

【注释】

①刘一：与下文"曾厨子"，不详。

【译文】

澄弟要的《岳阳楼记》，也托竹伯带回家中。二月初四日澄弟所发的信，三月十八日接到。正月十六、七日的信，到现在还没有收到。根据二月四日信中所说，之前有信让刘一送到省城，共两封，因为欧阳家、邓星阶、曾厨子都有信等等。不知道两次信差为什么都没有带到？温弟在省城的时候，曾经发过一封信给我，到家后没见到一封，想来也在正月一封之中。这信遗失，我始终耿耿于怀。

温弟在省所发书，因闻澄弟之计，而我不为揭破①，一时气忿，故语多激切不平之词。予正月复温弟一书，将前后所闻温弟之行，不得已禀告堂上，及澄弟、植弟不敢禀告而误用诡计之故一概揭破。温弟骤看此书，未免恨我，然兄弟之间，一言欺诈，终不可久。尽行揭破，虽目前嫌其太直，而日久终能相谅。

【注释】

①揭破：说破，使掩盖着的真相显露出来。

【译文】

温弟在省城所发的信，因为听说是澄弟的计谋，而我没有说破，一时气愤，所以措辞很激烈不满。我正月又给温弟写了一封信，将前后所听到温弟的行为，不得以禀告给堂上大人，对于澄弟、植弟不敢禀告而误用诡计的原因一一说破。温弟突然看到这封信，不免怨我，但是兄弟之间，有一句话欺骗，都终究不能长久。全部都说破，即使目前嫌太直，但日子久了终究能相互谅解。

现在澄弟书来,言温弟鼎力办事,甚至一夜不寐,又不辞劳,又耐得烦云云。我闻之欢喜之至,感激之至。温弟天分本高,若能改去荡佚一路①,归入勤俭一边,则兄弟之幸也,合家之福也。

【注释】

①荡佚:放纵,不受约束。

【译文】

现在澄弟在来信里说温弟积极出力做事,甚至一整夜不睡觉,又不辞劳苦,又能忍耐麻烦等等。我听了非常高兴,非常感激。温弟天分本来就高,如果能改去放荡挥霍的作风,回归到克勤克俭的正路,那便是兄弟的幸运、全家的幸福。

我待温弟似乎近于严刻,然我自问此心,尚觉无愧于兄弟者,盖有说焉:

大凡做官的人,往往厚于妻子而薄于兄弟,私肥于一家而刻薄于亲戚族党。予自三十岁以来,即以做官发财为可耻,以宦囊积金遗子孙为可羞可恨①,故私心立誓,总不靠做官发财以遗后人。神明鉴临②,予不食言③。此时事奉高堂,每年仅寄些须,以为甘旨之佐。族戚中之穷者,亦即每年各分少许,以尽吾区区之意。盖即多寄家中,而堂上所食所衣亦不能因而加丰,与其独肥一家,使戚族因怨我而并恨堂上,何如分润戚族,使戚族戴我堂上之德而更加一番钦敬乎?将来若作外官,禄入较丰,自誓除廉俸之外④,不取一钱。廉俸若日多,则周济亲戚族党者日广,断不畜积银钱为

儿子衣食之需。盖儿子若贤,则不靠宦囊,亦能自觅衣饭;
儿子若不肖,则多积一钱,渠将多造一孽,后来淫佚作恶⑤,
必且大玷家声⑥。故立定此志,决不肯以做官发财,决不肯
留银钱与后人。若禄入较丰,除堂上甘旨之外,尽以周济亲
戚族党之穷者。此我之素志也⑦。

【注释】

①宦囊:因做官而得到的财物。

②鉴临:(上天或神灵)审察,监视。

③食言:言已出而又吞没之,谓言而无信。《尚书·汤誓》:"尔无不
　　信,朕不食言。"孔传:"食尽其言,伪不实。"

④廉俸:清代官吏正俸和"养廉银"的合称。清制规定,官吏于常俸
　　之外,按职务等级每年另给银钱,曰"养廉银"。

⑤淫佚:纵欲放荡。

⑥家声:家族世传的声名美誉。

⑦素志:向来的志愿。

【译文】

我对温弟似乎近于严刻,但我扪心自问,还是觉得无愧于兄弟之
情,这是有说法的:

大凡做官的人,往往对妻子儿女很丰厚而对兄弟很刻薄,让自己一
家过得滋润而对亲戚族党很吝啬。我从三十岁以来,就以做官发财为
可耻,以中饱私囊积钱留给子孙为羞愧和遗憾,所以私下里立誓,绝不
靠做官发财以留给后人。上有神明鉴察,我一定说到做到。现在侍奉
高堂诸位大人,每年仅寄少许,作为帮助改善伙食的费用。同族和亲戚
中的穷人,也每年各分少许,以尽我一点儿微博心意。因为就算多寄一
点儿给家里,但堂上诸位大人吃的穿的也不会因此丰厚多少,与其只顾

自己一家，让亲戚族人因怨我而一并怨恨堂上大人，怎么能跟分一些救济亲戚，使亲戚们感激我家堂上大人的恩德而更多一些钦敬比呢？将来我若做外官，俸禄收入比较丰厚，我发誓除廉俸之外，不拿一文钱。廉俸若一天比一天多，就周济亲戚族党一天比一天多，绝不私存银钱作为儿子衣食所需。因为儿子如果贤明，就不靠做官攒的钱，也能自己弄到衣穿饭食；儿子如果不才，那多积一文钱，他就将多造一分孽，到后来骄奢淫逸做尽坏事，必定会玷污家族的声誉。所以立定此志，决不肯靠做官发财，决不肯留银钱给后人。如果俸禄收入较为丰厚，除堂上改善生活之外，全部用来周济亲戚族党中的穷人。这是我平素的志向。

　　至于兄弟之际，吾亦惟爱之以德，不欲爱之以姑息①。教之以勤俭，劝之以习劳守朴，爱兄弟以德也；丰衣美食，俯仰如意，爱兄弟以姑息也。姑息之爱，使兄弟惰肢体，长骄气，将来丧德亏行；是即我率兄弟以不孝也，吾不敢也。我仕宦十余年，现在京寓所有，惟书籍、衣服二者。衣服则当差者必不可少，书籍则我生平嗜好在此，是以二物略多。将来我罢官归家，我夫妇所有之衣服，则与五兄弟拈阄均分。我所办之书籍，则存贮利见斋中②，兄弟及后辈皆不得私取一本。除此二者，予断不别存一物以为宦囊，一丝一粟不以自私。此又我待兄弟之素志也。恐温弟不能深谅我之心，故将我终身大规模告与诸弟，惟诸弟体察而深思焉。

【注释】

①姑息：无原则的宽容。

②利见斋：曾氏家塾名。曾国藩之父曾麟书曾在利见斋教书课子。

【译文】

至于兄弟之间,我也只以德爱你们,不想以姑息纵容的方式爱你们。教兄弟克勤克俭,勉励兄弟习劳守朴,是以德爱兄弟;丰衣美食,处处都顺他们的心意,是用姑息纵容的方式爱兄弟。姑息纵容的这种爱,使兄弟肢体懒惰,骄气滋长,将来在德行方面有亏欠;那便是我引导兄弟不孝啊,我可不敢。我做官十多年,现在京城寓所有的只是书籍、衣服两样。衣服是做官的人必不可少的,书籍则是我平生的嗜好,所以这两样东西略多。将来我罢官回家,我夫妇所有的衣服,就与五位兄弟拈阄均分。我所置办的书籍,则存贮在利见斋中,兄弟及后辈都不得私拿一本。除这两样,我绝不另存一样东西以饱私囊,一根丝一粒米都不据为私有。这是我对待兄弟的素志。怕温弟不能深刻体谅我的内心,所以将我终身大规划告诉弟弟们,希望弟弟们体会而深思。

去年所寄亲戚各项,不知果照单分送否? 杜兰溪为我买《皇清经解》[1],不知植弟已由省城搬至家中否?

【注释】

[1]《皇清经解》:又名《清经解》、《学海堂经解》,阮元主编。道光五年(1825)八月,始刻《清经解》,至道光九年(1829)九月,全书辑刻完毕,共收七十三家,一百八十三种著作,凡一千四百卷。此书是汇集儒家经学经解之大成,是对乾嘉学术的一次全面总结。

【译文】

去年寄给亲戚们的款项,不晓得都照单子分别送去了没有? 杜兰溪为我买《皇清经解》,不晓得植弟已从省城搬到家中了吗?

京寓一切平安。纪泽《书经》读至《冏命》[1]。二儿甚肥大。易南谷开复原官②，来京引见。闻左青士亦开复矣③。同乡官京中者，诸皆如常。

余不一一。

兄国藩手草。

【注释】

①《书经》：即《尚书》。见前注。《冏命》为其篇名。

②易南谷：易卓梅，号南谷，湖南湘乡人。嘉庆二十五年（1820）庚辰科进士，历官江苏宿迁、江都、睢宁知县。道光十六年（1836），青年曾国藩游历江南，过睢宁，曾向易卓梅借贷百金，于金陵购《廿三史》以归。开复：清代指官吏被降革后恢复其原官或原衔。《清会典事例·吏部五三·官员开复》：“内外官员有因事故降级留任者，三年无过，方准开复。”

③左青士：即左仁，原名辉春，字青士，湖南湘乡人。举人，官至徐州知府。道光二十七年（1847），左仁在家乡芭蕉山下设立私塾，聘请湘中名师罗泽南教学。

【译文】

京城寓中一切平安。纪泽《尚书》已经读到《冏命》。二儿子特别肥大。易南谷开复原官，来京引见。听说左青士也开复了。同乡在京城做官的几位都是老样子。

其余的，就不一一细说了。

兄国藩手草。

再者：九弟生子大喜，敬贺敬贺！自丙午冬葬祖妣大人于木兜冲之后①，我家已添三男丁，我则升阁学，升侍郎，九弟则进学补廪。其地之吉，已有明效可验。我平日最不信风水，而于朱子所云"山环水抱"、"藏风聚气"二语，则笃信之。木兜冲之地，予平日不以为然，而葬后乃吉祥如此，可见福人自葬福地，绝非可以人力参预其间。家中买地，若出重价，则断断可以不必；若数十千，则买一二处无碍。

【注释】

①丙午：即道光二十六年（1846）。祖妣（bǐ）：指祖母。

【译文】

　　再者：九弟生了儿子，大喜事啊，敬贺敬贺！从丙午年冬天葬祖母大人在木兜冲以后，我家已经添了三个男丁，我升了内阁学士，又升侍郎，九弟进学增补廪生。这是风水宝地，已经有明显的效果可证明。我平时最不信风水，而对于朱子所说的"山环水抱"、"藏风聚气"两句话，深信不疑。木兜冲那块坟地，我平时不以为然，但安葬之后竟然这样吉祥，可见有福之人自然会葬在福地，决不是可以用人力干预的。家里买地，如果出高价，那绝对可以不买；如果只要数十千钱，那么买一两处也没关系。

　　宋湘宾去年回家，腊月始到。山西之馆既失，而湖北一带又一无所得。今年因常南陔之约重来湖北，而南陔已迁官陕西矣。命运之穷如此！去年曾有书寄温弟，兹亦付去，上二次忘付也。

【译文】

　　宋湘宾去年回家，腊月才到。山西的学馆教席已经失去，而在湖北一带又一无所获。今年因为有常南陔的约定再到湖北，但南陔已经升官去陕西了。命运的窘迫竟能如此！去年他曾有信寄给温弟，现也寄回,上两次忘记寄了。

　　李笔峰代馆一月,又在寓抄书一月,现在已搬出矣。毫无道理之人,究竟难与相处。庞省三在我家教书,光景甚好。邹墨林来京捐复教官①,在元通观住,日日来我家闲谈。长沙老馆,我今年大加修整,人人皆以为好。琐事兼述,诸惟心照。

【注释】

①捐复:捐银恢复受处分降革的原官。

【译文】

　　李笔峰在学馆代课一个月,又在寓所抄书一个月,现在已经搬走了。毫无道理的人,终究很难与他相处。庞省三在我家教书,情况很好。邹墨林来京城捐复教官,住在元通观,每天来我家闲谈。老长沙会馆,我今年大力翻修整顿,人人都认为好。说几句琐事,一切心照不宣。

四月十六日　　致父母书

男国藩跪禀父母亲大人万福金安:

　　四月十四日接奉父亲三月初九日手谕,并叔父大人贺喜手示,及四弟家书。敬悉祖父大人病体未好,且日加沉剧,父、叔率诸兄弟服侍已逾三年,无昼夜之闲,无须臾之懈。独男一人远离膝下,未得一日尽孙子之职,罪责甚深。闻华弟、荃弟文思大进,葆弟之文,得华弟讲改,亦日驰千里。远人闻此,欢慰无极!

【译文】

儿国藩跪禀父母亲大人万福金安：

四月十四日接到父亲三月初九日的亲笔信，和叔父大人亲笔写的贺喜帖子，以及四弟写的家信。敬悉祖父大人的病没好，而且一天比一天加重，父亲和叔父率领弟弟们服侍已经超过三年，没日没夜，无片刻松懈的时候。单单儿子我远离祖父大人膝下，没有尽一天孙子该尽的职责，罪责太深。听说华弟、荃弟文思大有长进，葆弟的文章，得到华弟讲解批改，进步也是一日千里。远方的人听到这些，欢喜得不得了！

男近来身体不甚结实，稍一用心，即癣发于面。医者皆言心亏血热，故不能养肝；热极生风，阳气上干，故见于头面。男恐大发，则不能入见，二月廿三谢恩，蒙召见。三月十四值班，蒙召见。三十又蒙召见，故不敢用心，谨守大人保养身体之训。隔日一至衙门办公事，余则在家，不妄出门。

【译文】

儿子我近来身体不很结实，稍微用心，癣就发在脸上。医生都说是心亏血热，所以不能养肝；热极生风，阳气上犯，所以出现在脸上。儿子我怕癣一旦大面积发作，就不能觐见皇上，二月二十三日谢恩，蒙召见。三月十四日值班，蒙召见。三十日又蒙召见。所以不敢用心，谨守父亲大人保养身体的教导。隔天去一次衙门办公事，其余时间就待在家里，不随便出门。

现在衙门诸事，男俱已熟悉，各司官于男皆甚佩服，上下水乳交融，同寅亦极协和①。男虽终身在礼部衙门为国家办此照例之事，不苟不懈，尽就条理，亦所深愿也。

【注释】

①同寅:同僚。

【译文】

现在衙门的事,儿子我已经都很熟悉,衙中下属官员对儿子我都很佩服,上下水乳交融,同僚也相处得很协调。儿子我即便终身只在礼部衙门为国家办各类照例的事,不苟且不懈怠,全都处理得有条有理,也是我真心希望做到的。

英夷在广东,今年复请入城;徐总督办理有方①,外夷折服,竟不入城。从此永无夷祸,圣心嘉悦之至②!四月十五日上谕甚嘉奖,兹付呈。李石梧前辈告病,陆立夫总制两江,亦极能胜任。术者每言皇上连年命运行劫财地③,去冬始交脱。皇上亦每为臣工言之。今年气象,果为昌泰,诚国家之福也!

【注释】

①徐总督:指时任两广总督的徐广缙。徐广缙(1797—1858),字仲升,又字靖侯,河南鹿邑人。嘉庆二十五年(1820)进士。授编修。道光末累擢两广总督兼通商大臣。咸丰间任钦差大臣署湖广总督镇压太平军。以失武昌革职。后令带罪赴河南镇压捻军。病卒。办理有方:指徐广缙在道光二十九年(1849)两广总督任上,拒绝英国人要求进广州城一事。鸦片战争之后,签订《中英南京条约》,广州是五口通商的口岸之一,但广州不允许英人入城,只能在城外贸易。道光二十七年(1847)二月,两广总督耆英在英方武力要挟下,和英方签订了缓期二年的入广州城条约。道光二十九年(1849)正月,英国新任公使文翰向两广总督

　　徐广缙提出届时践约入城的要求，徐广缙坚决拒绝，为此开展了
　　长达数月的外交斡旋。到四月下旬，英方被迫放弃了入城要求，
　　请求恢复通商关系。这一外交胜利，震动朝野，道光皇帝喜出望
　　外，称赞他有"过人之智"，是"贤能柱石之臣"。

②嘉悦：高兴并赞许。

③劫财：八字星命术语。意谓使财帛受到劫败。

【译文】

　　英国人在广东，今年又请求进城；徐总督办理有方，外国人很是折服，最后没有进城。从此永无外国兵祸，皇上甚是嘉许！四月十五日上谕很是嘉奖，现在寄呈。李石梧前辈告病退休，陆立夫任两江总督，也极胜任。术士们常说皇上连年的命运行劫财地会损失财物，去年冬天开始摆脱这种局面。皇上也常常和大臣们这样说。今年的气象，果然是昌盛太平，实在是国家的福气！

　　儿妇及孙女辈皆好。长孙纪泽前因开蒙太早，教得太宽。顷读毕《书经》，请先生再将《诗经》点读一遍。夜间讲《纲鉴》，《正史约》已讲至秦商鞅开阡陌①。

【注释】

①《正史约》：《纲鉴正史约》的简称。明人顾锡畴编撰，凡三十
　　六卷。

【译文】

　　儿媳妇和孙儿孙女们都好。长孙纪泽以前因为发蒙太早，教得不严。刚读完《尚书》，请先生再将《诗经》点读一遍。晚上讲《纲鉴》，《正史约》已经讲到秦商鞅开阡陌了。

李家亲事，男因桂阳州往来太不便，已在媒人唐鹤九处回信不对①。常家亲事，男因其女系妾所生，且闻其嫡庶不甚和睦，又闻其世兄不甚守俭敦朴，亦不愿对。南陔先生今年来京时，男不与之提及此事，渠已知其不谐矣②。

【注释】

①唐鹤九：即唐景皋，字鹤九，山东临清人。同治元年（1862）署六安州，后为庐州知府。

②不谐：事情不成。

【译文】

李家那边的亲事，儿子我因为桂阳州往来不方便，已经在媒人唐鹤九那里回话不结亲了。常家那边的亲事，儿子我因为他女儿是小妾所生，而且听说他的妻和妾不太和睦，又听说他家公子不是很能遵守简朴敦朴之道，也不愿意结亲。南陔先生今年来京的时候，儿子我没和他提起这件事，他已经知道不成了。

纪泽儿之姻事屡次不就，男当年亦十五岁始定婚，则纪泽再缓一二年，亦无不可。或求大人即在乡间选一耕读人家之女，或男在京自定，总以无富贵气习者为主。纪沄对郭雨三之女，虽未订盟①，而彼此呼亲家，称姻弟，往来亲密，断不改移。二孙女对岱云之次子，亦不改移。谨此禀问，余详与诸弟书中。

男谨禀。

【注释】

①订盟：订婚仪式的一种，意为婚姻说合，送订婚礼金。俗称"小

聘(订)"。

【译文】

孙儿纪泽的婚事,屡次不成功,儿子我当年也是十五岁才开始订婚,那么纪泽再缓一两年,也没有什么不可以。或者求大人就在乡下选一个耕读人家的女儿,或者儿子我在京城自己决定,总归以没有富贵习气为主。纪沄和郭雨三的女儿婚配,虽然还没有正式订亲,但彼此称亲家,称姻弟,往来亲密,决不会改变。二孙女许配岱云的次子,也不改变。谨此禀告并慰问,其余的,详细写在给弟弟们的信中。

儿谨禀。

四月十六日　　致澄侯、温甫、子植、季洪弟书

澄侯、温甫、子植、季洪足下:

四月十四日接到己酉三月初九所发第四号来信[①],次日又接到二月廿三所发第三号来信,其二月初四所发第二号信则已于前次三月十八接到矣,惟正月十六、七所发第一号信则至今未接到。京寓今年寄回之家书:正月初十发第一号折弁,二月初八发第二号折弁,廿六发第三号折弁,三月初一发第四号乔心农太守,大约五月初可到省;十九发第五号折弁,四月十四发第六号由陈竹伯观察,大约五月底可到省。《岳阳楼记》,竹伯走时尚未到手,是以未交渠。然一两月内,不少妥便,亦必可寄到家也。

【注释】

①己酉:即道光二十九年(1849)。

【译文】

澄侯、温甫、子植、季洪足下：

　　四月十四日接到家里己酉年三月初九日所发的第四封来信，第二天又接到二月二十三日所发的第三封来信，在二月初四日所发的第二封信已经在上次三月十八日接到了；只有正月十六、七日所发的第一封信，到现在还没有接到。京城寓所今年寄回的家信：正月初十日发第一封信差；二月初八日发第二封信差；二十六日发第三封信差；三月初一日发第四封乔心农太守，大约五月初可以到省城；十九日发第五封信差；四月十四日发第六封由陈竹伯观察，大约五月底可到省。《岳阳楼记》，竹伯走的时候还没有拿到手，因此没有交给他。但一两个月内，有不少可靠的便人，也可以寄到家了。

　　祖父大人之病，日见日甚如此，为子孙者远隔数千里外，此心何能稍置！温弟去年若未归，此时在京，亦刻不能安矣。诸弟仰观父、叔纯孝之行，能人人竭力尽劳，服事堂上，此我家第一吉祥事。我在京寓，食膏粱而衣锦绣，竟不能效半点孙子之职；妻子皆安坐享用，不能分母亲之劳。每一念及，不觉汗下①。

【注释】

　　①汗下：汗流而下，形容惭愧、恐惧或焦急。

【译文】

　　祖父大人的病，一天天严重，到了现在这个样子，我这个做子孙后代的远隔几千里之外，如何能稍稍心安！温弟去年如果没有回去，这时在京城，也一定一刻不能安心。弟弟们向上看着父亲、叔父纯孝的行为，能人人不辞劳苦，服事堂上，这是我们家第一吉祥的事。我在京城寓所,吃美味佳肴穿锦绣衣裳,竟然不能尽一丝半点儿做孙子的职责;妻子儿女都安坐享用,不能分担母亲的辛劳。每次一想到这些,都很汗颜。

　　吾细思凡天下官宦之家,多只一代享用便尽,其子孙始而骄佚,继而流荡,终而沟壑①,能庆延一二代者鲜矣②;商贾之家,勤俭者能延三四代;耕读之家,谨朴者能延五六代;孝友之家,则可以绵延十代八代。我今赖祖宗之积累,少年早达,深恐其以一身享用殆尽,故教诸弟及儿辈,但愿其为耕读孝友之家,不愿其为仕宦之家。诸弟读书不可不多,用功不可不勤,切不可时时为科第仕宦起见。若不能看透此层道理,则虽巍科显宦③,终算不得祖父之贤肖、我家之功臣。若能看透此道理,则我钦佩之至。澄弟每以我升官得差,便谓我是肖子贤孙,殊不知此非贤肖也。如以此为贤肖,则李林甫、卢怀慎辈④,何尝不位极人臣,舄奕一时⑤,讵得谓之贤肖哉⑥?予自问学浅识薄,谬膺高位⑦,然所刻刻留心者,此时虽在宦海之中,却时作上岸之计。要令罢官家居之日,己身可以淡泊,妻子可以服劳,可以对祖、父、兄弟,可以对宗族乡党。如是而已。诸弟见我之立心制行与我所言有不符处⑧,望时时切实箴规。至要至要!

【注释】
①沟壑:借指野死之处或困厄之境。
②庆延:德业福泽得以延续。鲜(xiǎn):少。
③巍科:犹高第。古代称科举考试名次在前者。显宦:高官,达官。

④李林甫(?—752)：小字哥奴，排行十，唐高祖从父弟之曾孙。因厚结武惠妃与武三思女，于玄宗开元二十三年(735)任礼部尚书、同中书门下三品，寻代张九龄为中书、集贤殿大学士，又封晋国公。厚结宦官、嫔妃，探听玄宗意旨，故出言进奏，动必称旨，深得玄宗宠信。居相位凡十九年，权势至盛，朝野侧目，政事败坏。为人面柔而有狡计，对人暗加陷害不形于词色，人称"口蜜腹剑"。因其主张重用番将，使安禄山得掌重兵，致起安史之乱。卢怀慎(?—716)：滑州灵昌人。少清谨，举进士。历监察御史、吏部员外郎。中宗神龙中，迁侍御史。景龙中，进右御史台中丞。迁黄门侍郎，封渔阳县伯。玄宗开元元年(713)，进同紫微黄门平章事。三年(715)，改黄门监。卢怀慎与姚崇对掌枢密，自以才不及崇，每事皆推让之，时人讥为"伴食宰相"。然为官清俭，以直道始终。四年(716)，兼礼部尚书，卒，赠荆州大都督，谥文成。

⑤焉(xì)奕：光耀，显耀。汉应场《文质论》："衮冕旗旐，焉奕乎朝廷。"

⑥讵(jù)：岂，难道。

⑦膺(yīng)：担当。

⑧制行：德行。

【译文】

　　我细细思量，凡是天下做官的人家，大多只一代人便将祖上所积的福德享用尽了，他们的子孙开始骄奢淫逸，紧接着放荡挥霍，最终穷困而死，福泽能延续一二代的太少了；经商做买卖的人家，勤劳节俭的，福泽能绵延三四代；以耕种和读书为业的人家，谨慎朴实的，福泽能绵延五六代；孝顺友爱的人家，福泽可以绵延十代八代。我现在靠祖宗积累的恩德，年纪轻轻就飞黄腾达，深怕以我一己之身将祖宗积德享用尽了，所以教育弟弟们和孩子们，但愿我们是耕读孝友之家，不希望是仕官之家。诸位弟弟读书不可不多，用功不可不勤快，切切不可以时时刻刻只想功名和升官。如果不能看穿这层道理，那即便再达科显官，终究不能算祖辈父辈的肖子贤孙、我们家的功臣。如果弟弟能看穿这个道理，那足以令我钦佩之至。澄弟常常因我升官得差，就说我是肖子贤孙，竟然不晓得这不是贤肖。如果把这个当作贤和肖，那李林甫、卢怀慎等人，何尝不是位极人臣，显赫一时，难道能说他们是贤肖之人吗？扪心自问，我知道自己学识浅薄，错误地接受高位，但时时刻刻留心，现在虽然在宦海之中，却一直在作上岸的准备。总归是要在罢官居家的那一天，自己可以淡泊名利，妻子儿女可以做事效劳，不愧对祖、父、兄弟，不愧对宗族乡党。如此而已。弟弟们看到我在立心和德行方面与我所说的有不符的地方，希望时时切实批评规劝我。要紧要紧！

鹿茸一药，我去腊甚想买就寄家，曾请漱六、岷樵两人买五六天，最后买得一架，定银九十两。而请人细看，尚云无力。其有力者，必须百余金，到南中则直二百余金矣，然至少亦须四五两乃可奏效。今澄弟来书，言谭君送四五钱便有小效①，则去年之不买就急寄，余之罪可胜悔哉！近日拟赶买一架付归。以父、叔之孝行推之，祖大人应可收药力之效。叔母之病，不知宜用何药？若南中难得者，望书信来京购买。

【注释】

①谭君：谭庸方，湖南湘乡永丰（今双峰永丰）人。道光二十九年（1849）二月十三日，曾赠鹿茸四钱一分给曾国藩祖父星冈公治病。

【译文】

鹿茸这药，我去年腊月很想买好寄回家里，曾请袁漱六、江岷樵二人买了五六天，最后买了一架，定价九十两银子。但请人细细看，还说药力不够。药力够得，必须一百多两银子，到南方就值二百多两银子了；但至少也要四五两才可以起到药效。现在澄弟来信，说谭君送四五钱就有小效果，那去年不买好火速寄回，我的罪过真是后悔莫及啊！最近打算赶紧买一架寄回去。据父亲、叔父的孝行推断，祖父大人应该可以收到药力应有的效果。叔母的病，不知道该用什么药？如果是南边难以找到的，希望写信来，我在京城购买。

安良会极好。地方有盗贼，我家出力除之，正是我家此时应行之事。细毛虫之事，尚不过分，然必须到这田地方可动手。不然，则难免恃势欺压之名。既已惊动官长，故我特作书谢施梧冈①，到家即封口送县可也。去年欧阳家之事，今亦作书谢伍仲常②，送阳凌云，属其封口寄去可也。

【注释】

①施梧冈：即师（按：曾国藩家书颇多此类同音现象）梧冈。师鸣凤，字梧冈，山西汾西人。廪贡。道光二十八年（1848）二月至道光三十年（1850）十月，任湘乡县令。

②伍仲常：时任衡阳知府。见前注。

【译文】

安良会很好。地方上有盗贼，我家出力除贼，正是我家现在应该做的事。细毛虫的事，还不过分，但必须到这个地步才可以动手。不然的话，就难免落下仗势欺人的名声。既然已经惊动官长，所以我专门写信感谢施梧冈，信一到家，就可以封口送去县衙。去年欧阳家的事，现在也写信感谢伍仲常,请送交欧阳凌云,吩咐他封口寄去就好。

　　澄弟寄俪裳书,无一字不合。蒋祝三信已交渠①。兹有回信,家中可专人送至渠家,亦免得他父母悬望。予因身体不旺,生怕得病,万事废弛,抱疚之事甚多。本想诸弟一人来京帮我,因温、沅乡试在迩②,澄又为家中必不可少之人,洪则年轻,一人不能来京;且祖大人未好,岂可一人再离膝下? 只得俟明年再说。

【注释】

　　①蒋祝三:不详。

　　②在迩:近在眼前。

【译文】

　　澄弟寄给梁俪裳的信,没有一个字不合适。蒋祝三信已交他。这里有回信,家里可以派专人送到他家,也免得他父母牵挂。我因为身体不太健旺,生怕生病,什么事情都耽误,内疚的事很多。本来想诸位弟弟中有一个人到京城来帮我,因温、沅二弟乡试近在眼前,澄弟又是家中必不可少的人,洪弟则太年轻,一个人不能来京城;而且祖父大人病还没好,怎可再有一个人远离身边? 只好等明年再说。

　　希六之事,余必为之捐从九品。但恐秋间乃能上兑,乡试后南旋者乃可带照归耳。

　　书不能详,余俟续寄。

　　国藩手草。

【译文】

希六的事，我一定会为他捐从九品。只怕到秋天才能捐银，乡试之后有回湖南的便人就可以将执照带回去。

信里不能一一细说，其余的内容等以后再寄。

国藩亲笔。

五月十五日　致澄侯、温甫、子植、季洪弟书

澄侯、温甫、子植、季洪足下：

四月十八日发家信第七号，想已收到。近一月余无折弁来，以新抚台尚未到任。五月十一接澄弟四月八日所发第五号信，并廿六日所发第六号信，而正月十七日第一号至今未到，诚不可解。

【译文】

澄侯、温甫、子植、季洪足下：

我四月十八日所发的第七封家信，想必已经收到。最近一个多月并没有信差来，因为新的抚台还没有到任。五月十一日接到澄弟四月八日所发的第五封信、二十六日所发的第六封信，但正月十七日的第一封家信至今没有收到，实在不知道是怎么回事。

京寓自四月以来，一切平安。癣疾经邹墨林开方做丸药，有附子、黄芪等补阳之药[①]，愈见大好。面上、头上，生人全看不出矣。纪泽儿近作史论[②]，略成章句[③]。兹命其誊两首寄呈堂上一阅。次儿之名，音与叔父名相近，已改名纪

鸿④。体甚肥大,尚不能行,不能说话。四女皆好。闰四月初九日考差题"士志于道"一章⑤,经题"闰月则阖门左扉"⑥,诗题"赋得'岁丰仍节俭'得'仍'字"⑦。

【注释】

①附子:植物名。多年生草本,株高三四尺,茎作四棱,叶掌状,如艾。秋月开花,若僧鞋,俗称"僧鞋菊"。叶茎有毒,根尤剧,含乌头碱,性大热,味辛,可入药。对虚脱、水肿、霍乱等有疗效。黄芪(qí):即黄耆,药草名。多年生草本,夏季开花,黄色。根甚长,可入药。明李时珍《本草纲目·草一·黄耆》:"耆,长也。色黄,为补药之长,故名。"

②史论:文体名。原指作史者在"本纪"、"列传"之后评述所记史事和人物的文字。后来凡是关于历史事件和历史人物的论文,也都称为"史论"。

③章句:此处指文章、诗词能够成句成篇。

④纪鸿:曾纪鸿(1848—1881),字栗诚,原名纪沄,乳名科一,湖南湘乡人。曾国藩子。同治中恩赏举人。少年好学,与兄纪泽并精算学,尤明代数术。有《对数详解》、《园率考真图解》。

⑤"士志于道"一章:指《论语·里仁》"士志于道,而耻恶衣恶食者,未足与议也"章。

⑥闰月则阖门左扉:出自《礼记·玉藻》:"天子玉藻,十有二旒,前后邃延,龙卷以祭。玄端而朝日于东门之外,听朔于南门之外,闰月则阖门左扉,立于其中。"扉,门。

⑦岁丰仍节俭:出自唐白居易所作《太平乐》:"岁丰仍节俭,时泰更销兵。圣念长如此,何忧不太平。"

【译文】

京城寓所,自四月以来一切平安。癣疾经邹墨林开药方做了药丸,包含附子、黄芪等滋补阳气的药，更加显得快全好了。脸上、脑袋上的癣，不熟悉的人完全看不出来。纪泽孩儿最近做的史论文章，大略可算成篇了。现命他抄写两首呈送堂上大人审阅。我二儿子的名字与叔父的名字读音相近，已经改名为纪鸿。他长得很胖，还不能走路，也不能说话。四个女儿也都安好。闰四月初九日，考差题目是《论语》的"士志于道"一章，经义的题目是《礼记》的"闰月则阖门左扉"一句，诗题是"赋得'岁丰仍节俭'"，我分得"仍"字作韵脚。

　　澄弟《岳阳楼记》拟交广西主考带去①，大约七月初旬可到长沙。澄弟若高兴入闱②，中元前后到长沙③，定可接到。然温、植二弟到省以后，恐家中无人伺候，澄弟即不入闱亦可。宜禀堂上，问宜如何耳。

【注释】

①主考：指主考官。掌主持各省及京师乡试。职务为总阅应试人的试卷，分别去取，核定名次，奏报取中的举人及试卷。

②入闱：指参加科举考试。

③中元：传统节日"三元"（上元、中元、下元）之一。中元为农历七月十五日。

【译文】

　　澄弟要的《岳阳楼记》打算交给广西主考带去，大约七月上旬可以到长沙。如果澄弟乐意参加科举考试，中元节前后可以去长沙，一定可以接到《岳阳楼记》。但是温弟、植弟到省城后，恐怕家中无人侍奉堂上大人，澄弟现在不来参加科举考试也可以。澄弟应该禀明堂上大人，请示该怎么做。

　　去年冬底所寄各族戚家微资,今年家书总未提及,不知竟一一如数交去否? 乞示知。

　　余不详尽,俟下次续具。

　　兄国藩手草。

【译文】

　　去年年底寄给各位本家亲戚的微薄礼金,今年的家书一直都没有提到,不知最后都一一按数目交过去了吗? 希望你们能告诉我。

　　我不再一一说了,等下次再写信详细说吧。

　　哥哥国藩亲笔。

六月初一日　　致澄侯、温甫、子植、季洪弟书

澄侯、温甫、子植、季洪四位老弟足下:

　　五月十五日发家信第八号并《京报》一厚包,廿四日由广西主考孙萐田太史锵鸣处发第九号信①,并澄弟监照、户部照二纸②,又今年主考车顺轨乡试文一篇、徐元勋会试文三篇共为一包③,不审何日可到? 孙太史于五月廿八在京起程,大约七月中旬可过长沙。待渠过去后,家中可至岱云处接监照也。

【注释】

①孙萐田:即孙锵鸣(1817—1901),字韶甫,号萐田,晚号止庵,浙江瑞安人。道光二十一年(1841)进士,官翰林院侍讲学士,以重宴鹿鸣加侍郎衔,为李鸿章房师。工书。著有《止庵读书记》、

《东瓯大事记》《海日楼遗集》等。

②监照：监生的凭证。监，通"鉴"。户部照：即户部执照。明、清两代富家子弟捐财货于官府取得监生资格，或出钱捐官，捐了银两后得到的一个公开化手续凭证。

③车顺轨：字云衢，陕西合阳人。生卒年不详。道光二十年（1840）庚子科进士，历任国史馆编修、文渊阁校理、湖南学政、皇室侍读、侍讲等职，多次上疏陈述时事，主张革除弊政。在湖南时，提携后进，嘉惠士林。咸丰初年因病回家，主讲于古莘、泾干、五凤、关中等书院。其道德文章，享誉三秦。徐元勋（1823—1889）：字竹盟，又字雅樵，号传山，别号船三，浙江海宁人。道光十七年（1837）举人，道光二十五年（1845）进士。工书。曾任湖南主考，后为双山讲舍山长。

【译文】

澄侯、温甫、子植、季洪四位老弟足下：

五月十五日发了第八封家信和一厚包《京报》，二十四日在广西主考孙葇田太史锵鸣那发了第九封家信，还有澄弟的监照和户部照，再加上今年主考官车顺轨参加乡试的文章一篇、徐元勋参加会试的文章三篇，合为一包，不知什么时候会到？孙太史五月二十八日在北京起程，大约七月中旬可以经过长沙。待他过来长沙后，家中可派人到陈岱云那接收澄弟的监照。

京寓近日平安。癣疾服邹墨林丸药方最为有效。内人腹泄七八天，亦服邹所开方而效。

【译文】

我家最近一切平安。治疗癣疾吃邹墨林开的丸药方最见效。内人腹泻七八天,吃过邹墨林所开的药方也好了。

　　昨日折弁到,又未接信。澄弟近日写信极勤且详,而京中犹时有望眼欲穿之时。盖不住省城,则折弁之或迟或早无由查问。正月十六第一号家信,至今尚未接到。予屡次以书告诸弟,又书告岱云,托其向提塘并萧辛五处确查。昨岱云回信内夹有萧辛五回片,写明正月十六之信已于廿一日交提塘王二手收。又言四月十四周副爷维新到京①,此信已交京提塘云云。予接辛五来片,比遣人去京提塘问明。据答云周维新到京,并无此信;若有,万无不送之理。且既系正月廿一交省提塘,则二月廿三有韩折弁到京,三月十八有张折弁到京,何以两人俱未带而必待四月十四之周维新哉? 今仍将辛五原片付回家中,望诸弟再到提塘细查:正月廿一辛五送到时,提塘曾挂收信号簿否②? 并问辛五兄,何以知二月之韩弁、三月之张弁俱未带此信而直待周维新始带? 且辛五片称四月十四信交京提塘门上收,系闻何人所言? 何以至今杳然③? 一一查得水落石出④,复示为要。予因正月十六之信至为详细,且分为两封,故十分认真。若实查不出,则求澄弟再细写一编,并告邓星阶家、曾厨子家,道前信已失落也。

【注释】

①副爷:将领的属僚,官阶较低的武官。亦用以诙称士兵。周维新:不详。

②号簿:编号记录的本子。

③杳(yǎo)然：形容看不到、听不见，无影无踪。

④水落石出：本谓水位下降后石头显露出来，后用以比喻事物真相
　完全显露。

【译文】

昨日信差到了，又没有接到家中来信。虽然澄弟最近写得勤快而详细，但京中人还是有望眼欲穿的时候。大概是因为你们没住在省城，信差的迟早情况无从查问。正月十六日的第一封家信，现在还没有收到。我多次写信告诉诸位弟弟，又写信告诉陈岱云，托他到提塘、萧辛五先生处调查清楚。昨日岱云的回信内夹有萧辛五先生回的附件，说正月十六日的信已经在二十一日交给提塘王二手里。又说四月十四日周副爷维新到京，已经把正月十六日这封信交给了驻京提塘官等等。我接到辛五的附件，近来派人去驻京提塘处询问。据他们所答，周维新到京城并没有带此信；如果有，万万没有不投送的道理。况且，既然是正月二十一日交给了省城提塘，二月二十三日有韩信差到京，三月十八日有张信差到京，为什么他们二人都没带来而一定要等到四月十四日的周维新呢？现在，我仍将辛五的附件寄回家中，希望诸位弟弟再到省城提塘细细查询：正月二十一日辛五把信件送到省城提塘时，提塘官是否将信号登记在簿子上？再问问辛五兄，他怎么知道二月的韩信差、三月的张信差都没有带信，直等到周维新才带了信？并且，辛五的附件说四月十四日信件交给了驻京提塘，是听谁说的？为什么这封信至今杳无音信？诸位弟弟一一查明，务必再写信告诉我。因为正月十六日的信件写得非常详细，并且分为两封，所以对它十分认真。如果实在查不出来，就请澄弟再细写一遍，并且告诉邓星阶家、曾厨子家，说正月十六日的信已经丢失了。

纪泽儿读书如常。兹又付呈论数首，皆先生未改一字者。纪鸿儿体甚肥胖。前闻排行已列"丙一"，不知"乙"字

一排十人何以遽满？乞下次示知。得毋以"乙"字不佳^①，遂越而排"丙"乎？予意不必用"甲乙丙丁"为排，可另取四字，曰"甲科鼎盛"，则音节响亮，便于呼唤。诸弟如以为然，即可遍告诸再从兄弟^②。

【注释】

①得毋：得无，犹言能不、岂不、莫非。亦作"得亡"、"行毋"。

②再从兄弟：共同一位曾祖的兄弟。次于至亲而同祖的亲属关系叫"从"，又次一层，同曾祖的亲属关系叫"再从"。

【译文】

纪泽孩儿还是像往常一样读书。现在又寄来几篇诗文，都是先生未曾改过一字的。纪鸿孩儿还是长得很胖。之前听说纪鸿的排行已经排到"丙一"了，不知"乙"字一排十人为什么这么快满了？希望诸位弟弟下次写信时告诉我。难道是因为"乙"字不好，所以直接越过"乙"而排到"丙"呢？我觉得不必拘泥于用"甲乙丙丁"排行，可以另外再取四个字，如"甲科鼎盛"，音节响亮，便于呼唤。诸位弟弟如果觉得这样好，就可以遍告诸位再从兄弟。

山西巡抚王兆琛^①，钦差审明各款，现奉旨革职拿问，将来不知作何究竟。此公名声狼籍，得此番镌示^②，亦足寒贪吏之胆。

【注释】

①王兆琛（1786—1852）：原名兆玺，字献甫，一字叔玉，号西坡，又号西舶，山东福山（今烟台福山）人。嘉庆二十二年（1817）进士，道光间官至山西巡抚。有《正俗备用字解》、《眄棠书屋文集》。

②镌示：降职并公示。

【译文】

山西巡抚王兆琛，钦差审查明白了他的各条罪证，现奉旨将之革职，正捉拿审问，将来不知道会有什么结果。此人声名狼籍，这一回被革职公示，也足以让贪官污吏们胆寒。

袁漱六病尚未全好，同乡各家如常。季仙九先生放山西巡抚，送我绿呢车。现尚未乘，拟待一、二年后再换。凌荻舟、徐芸渠并考取军机，引见记名①；黄正甫、张润农未记②。

余不悉具。

兄国藩手草。

【注释】

①记名：清制，官吏有功绩，交吏部或军机处记名，以备提升。

②黄正甫：湖南人。道光二十九年（1849）考军机，未获记名。张润农：即张荣组（1806—1872），字锡圭，号滀卿、润农，湖南永州人。道光十五年（1835）乙未科举人，考取内阁中书；咸丰元年（1851）拣发广西知州，后丧母丁忧；咸丰三年（1853），率兵平叛会党，因功擢衡州知府；后历任广西右江兵备道、委广西按察使。奉旨纂修《湘楚二军忠义录》。另著有《六经存汉》、《七经天文附篇》、《兰太令史录》、《廿二史约篇》、《通经致用录》、《南征诗草》、《听鱼山房文诗》等。

【译文】

袁漱六的病还没有全好，其余同乡各家都像往常一样。季仙九先生外调山西巡抚，送我一辆绿呢车。我还没有开始乘坐，打算等过一、二年再换乘此车。凌获舟、徐芸渠都考取了军机处，引见了皇帝并记名；黄正甫、张润农没有被记名。

其他就不再详细说了。

哥哥国藩亲笔。

六月十四日　　致澄侯、温甫、子植、季洪弟书

澄侯、温甫、子植、季洪四位老弟足下：

五月二十四发家书第九号，不知已收到否？六月初二日又发家书第十号交折弁，想已收到矣。昨十三日折弁又到两次，皆无来信，盼望之至。

【译文】

澄侯、温甫、子植、季洪四位老弟足下：

五月二十四日发的第九封家信，不知已经收到了吗？六月初二日又发了第十封家信交给信差，想必已经收到了吧。昨天是十三日，信差又来了两次，都没有你们的来信，我盼望之至。

六月以来，京师大雨极多，人多有病。寓中如予及内人儿子皆略腹泄，幸数日即愈。闻江南大水，今年乡试必须改期，现尚未见奏明。

【译文】

六月以来，京城的大雨极多，人也大多生病了。寓所里的人，像我和内人、孩儿，都有点儿腹泻，幸亏没几天就好了。听说江南发大水，今

年的乡试必须要改期了，只是现在还没见有奏折奏明。

　　予今年考差，颇望得江西主考，冀家中亲属可就至江西一叙天伦之乐。昨田敬堂得放江西试差①，而我私愿不遂。南望家山，远怀堂上，真不知仕宦之略有何味也！现在祖父大人之病，数月不接音信，不知何处耽延②？想澄弟必发有数次信矣。

【注释】

①田敬堂：田雨公（1808—1876），字敬堂，号杏轩，山西盂县人。道光十八年（1838）进士，与曾国藩同科。授编修，升大理寺少卿。晚年归里，主讲平定冠山、榆次凤鸣以及太原晋阳等书院。道光二十九年（1849）任江西乡试主考官。

②耽延：耽搁，拖延。

【译文】

　　今年科考的差派，我很有希望当江西主考，希望家中亲属到时可以到江西一叙天伦之乐。昨天，田敬堂得以外放江西会试官，而我的一点点儿个人愿望却不能实现。南望家乡的山峰，远怀堂上大人，真不知仕宦生涯有什么趣味！现在祖父大人生病，我好几个月都不曾接到家中来信，不知是在哪里耽搁了？料想澄弟必定已经发过很多次信了。

　　山西巡抚王西舲兆琛，钦差大臣陈孚恩、福济审出各款①，拟定发往新疆，皇上未允，严旨解交刑部，会同军机再行鞫审②。兹将御史原参折子付回，足见仕宦者一不自慎，身败名裂。而去年梁星舫萼涵中丞果得蒙恩湔雪③，褒其廉正,君子终乐得为君子也。

【注释】

①陈孚恩(1802—1866):字少默,号子鹤,别号紫藟,江西新城人。陈希曾次子,刘大观婿。道光五年(1825)拔贡,朝考一等,由七品小官仕至吏部尚书、军机大臣。清代著名书法家。福济(?—1875):字元修,必禄氏,满洲镶白旗人。道光十三年(1833)进士。授编修。咸丰三年(1853)授安徽巡抚,镇压太平军。八年(1858),因无法应付局势,借口患病乞假,调任内阁学士。同治间官至乌里雅苏台将军。

②鞫(jū)审:审问。

③梁星舫:即梁萼涵(1798—1858),字心芳,号棣轩,山东荣成人。嘉庆二十五年(1820)进士。历任福建道监察御史、京畿道监察御史、浙江按察使、甘肃布政使、云南布政使,官至山西巡抚。著有《伯孟书斋稿》。湔(jiān)雪:洗雪,洗刷。

【译文】

山西巡抚王西舶兆琛,由钦差大臣陈孚恩、福济审出各条罪证,起草奏折要将他发配新疆,但皇上没有准奏,下旨严令将王兆琛移交刑部,和军机处一同再行审问。现在将御史原来参奏王兆琛的折子寄回来,足见当官的人稍微不谨慎就会身败名裂。反观去年梁星舫萼涵中丞果然蒙恩洗刷冤屈,被褒奖为廉洁正直,可见君子终身都乐得做君子啊!

庞省三之兄来京乡试,住圆通观,自起火食。唐镜丈之世兄住黄莆卿家。余来乡试者,同乡无几。

书不十一,统俟续布。

兄国藩手草。

【译文】

庞省三的兄长来京城参加乡试，住在圆通观，自己备办日常饭食。唐镜海先生的公子住在黄莘卿家里。其余来京城参加乡试的，同乡并没有几个。

书信只说了不到十分之一，其他事情等以后再说吧。

哥哥国藩亲笔。

六月廿九日　致澄侯、温甫、子植、季洪弟书

澄侯、温甫、子植、季洪四位老弟足下：

六月初二日发家信第十号，十五发第十一号，廿日发第十二号，不知次第收到否？

【译文】

澄侯、温甫、子植、季洪四位老弟足下：

六月初二日发的第十封家信、十五日发的第十一封家信、二十日发的第十二封家信，都按次序收到了吗？

恕皆于廿二日奉使陕西。今年湖南差运颇利。日内身体平安。内人自前腹泄后，至今尚服黄芪、丽参、附片之类，自此可保安泰。纪泽儿读书尚熟，《诗经》现读至《生民之什》①，古诗读至左太冲《咏史》②，《纲鉴》讲至汉高祖末年。所作史论，较前月所作意思略多，兹付回三首。次儿肥胖可爱。四女儿皆好。庞省三教书甚为得法。宋湘宾在湖北藩署光景颇好，昨有书来致意温弟。

【注释】

①《生民之什》：指《诗经·大雅》以《生民》为首的十篇。

②左太冲：即左思（约 250—305），字太冲，临淄（今属山东）人。西晋著名文学家。其作品旧传有集五卷，今存者仅赋二篇，诗十四首。《三都赋》与《咏史》诗是其代表作。

【译文】

黄恕皆在二十二日奉命出使陕西。今年湖南信差的运转很顺利。我近日里身体很好。内人从前段时间腹泻以来，到现在一直服食黄芪、丽参、附片之类的补药，身体可保安康。纪泽孩儿读书喜欢读熟，《诗经》现在读到《生民之什》，古诗读到左思的《咏史》，《纲鉴》读到汉高祖末年。纪泽孩儿做的史论文章，比前几月所做的多了些新意，现在寄回三篇。纪鸿孩儿肥胖可爱。四个女儿都很好。庞省三先生教书很讲究方法。宋湘宾在湖北蕃司衙门过得很好，昨日收到他的书信，有问候温弟的内容。

　　长郡馆向来规模不好，人人不喜。今年我督工匠大改规模，人人拍案称奇①。现在同乡人请我将湖广馆一改定规制②，拟于八月兴工，想十月可毕役③。

【注释】

①拍案称奇：对奇异的事情拍着桌子惊叹。

②湖广馆：即湖广会馆。由湖南、湖北两地士人所建接待两湖进京赶考举人的会馆。

③毕役：完工，完事。

【译文】

长郡会馆的格局向来不好，大家都不喜欢。今年由我监督工匠大加改造，人人都拍案称奇。现在有同乡请我将湖广会馆的规模形制一并改了，我打算八月开工，十月份应该就可以完成。

郭云仙家水势不知如何？温甫在省见之，可问明告我。渠欠漱六五十金，近已偿去。若见云仙、翊丞，可即告之，不另写信。岱云寄程正棨信亦已妥交①，见岱云时即告之。寄庄心庠、张礼度信各一件②，到日即送去。

余不一一，俟下次续具。

兄国藩手草。

【注释】

①程正棨(qǐ)：安徽休宁人。道光十九年(1839)己亥恩科举人，曾官安陆同知。

②张礼度：咸丰四年(1854)为台拱同知，在公堂上被苗民打死。

【译文】

不知郭云仙家里水势如何？温甫如果在省城看见了他，可以问明白了告诉我。他欠漱六的五十两银子，最近已经还了。如果见到云仙、翊丞，告诉他们就行了，我就不另外写信了。岱云寄给程正棨的信已经妥善交过去了，看见岱云了就告诉他。他寄给庄心庠、张礼度的信各一封，到的那天我就会送过去。

我不再一一叙述了，下次写信再说吧。

哥哥国藩亲笔。

七月十五日　致澄侯、温甫、子植、季洪弟书

澄侯、温甫、子植、季洪四位老弟足下：

七月十三日接到澄弟六月初七所发第九号家信，具悉

一切。吾于六月共发四次信,不知俱收到否? 今年陆费中丞丁忧①,闰四月无折差到,故自四月十七发信后,直至五月中旬始再发信,宜家中悬望也。

【注释】

①陆费中丞:指当时的湖南巡抚陆费瑔。陆费瑔,原名恩洪,字玉泉,号春帆,浙江桐乡人。嘉庆十三年(1808)副贡,官至湖南巡抚。有《真息斋诗钞》。陆费(bì)为复姓,因父为陆氏,母为费氏,兼挑两族,合为陆费氏。

【译文】

澄侯、温甫、子植、季洪四位老弟足下:

七月十三日,接到澄弟六月初七日所发的第九封家信,知道一切情况。我六月共发了四次信,不晓得都收到了吗? 今年陆费中丞丁忧,闰四月没有信差来。所以,我从四月十七日发了家信之后,一直到五月中旬才再次发信,家中应该悬心挂念了吧。

祖父大人之病,日见增加,远人闻之,实深忧惧。前六月廿日所付之鹿茸片,不知何日可到,亦未知可微有功否?

【译文】

祖父大人的病越来越严重了,远方的我听说后,着实深深地忧虑恐惧。之前六月二十日所寄的鹿茸片,不知什么时候能到,也不知道会不会起点儿微末作用?

予之癣病,多年沉痼①,赖邹墨林举黄芪附片方,竟得全愈。内人六月之病,亦极沉重,幸墨林诊治,遂得化险为夷,变危为安。同乡找墨林看病者甚多，皆随手立效。墨林之弟岳屏四兄②，今年曾到京，寓元通观，其医道甚好，现已归家。予此次以书附墨林家书内，求岳屏至我家诊治祖父大人，或者挽回万一，亦未可知。岳屏人最诚实，而又精明，即周旋不到③，必不见怪。家中只需打发轿夫大钱二千④，不必别有所赠送。渠若不来，家中亦不必去请他。

【注释】

①沉痼：历时较久、顽固难治的病。

②岳屏：即邹寿璋（1817—1863），字岳屏，湖南善化人。乃江忠源表兄。以监生从军。咸丰三年（1853），受曾国藩委统带湘军右营。咸丰五年（1855），受委统带湘潭水师，叙州同，加同知衔。同治元年（1862）擢同知，加知府衔。次年病卒。

③周旋：应酬周到。

④大钱：旧时的一种铜钱，较普通铜钱大，价值也比普通铜钱高。

【译文】

我的癖疾本是多年难治的老病，现在靠吃邹墨林的黄芪附片药方，竟然痊愈了。内人六月生的病也非常严重，幸亏墨林诊治，才化险为夷，转危为安。同乡中找墨林看病的人很多，墨林都能手到病除。墨林的弟弟岳屏四兄，今年到过京城，寄住在元通观，他的医术也很好，现在已经回家了。我这次写了一封信附在墨林的家信里，求岳屏到我家诊治祖父大人，或者有希望挽回些许，也说不定。岳屏为人最诚实，却又精明，即使我家有照顾不周之处，也一定不会见怪。家里只须打发轿夫大钱二千，不必另外送东西。他如果不来，家里也不必再去请他了。

乡间之谷贵至三千五百，此亘古未有者①，小民何以聊生②？吾自入官以来，即思为曾氏置一义田③，以赡救孟学公以下贫民④；为本境置义田，以赡救廿四都贫民⑤。不料世道日苦，予之处境未裕。无论为京官者自治不暇，即使外放，或为学政，或为督抚，而如今年三江两湖之大水灾⑥，几于鸿嗷半天下⑦，为大官者，更何忍于廉俸之外多取半文乎！是义田之愿，恐终不能偿。然予之定计，苟仕宦所入，每年除供奉堂上甘旨外，或稍有赢余，吾断不肯买一亩田、积一文钱，必皆留为义田之用。此我之定计，望诸弟皆体谅之。

【注释】

①亘古未有：自古至今从未有过。

②聊生：赖以维持生活（多用于否定）。聊，依靠，依赖。

③义田：汉袁康《越绝书·外传记地传》："富中大塘者，勾践治以为义田；为肥饶，谓之富中。"此当为义田之始。后即泛称为赡养族人或贫困者而置的田产。

④赡救：周济救助。

⑤廿四都：即曾国藩的家乡湘乡荷叶塘乡。都，是元、明、清时期县下一级的行政区划。

⑥三江两湖：泛指江南各地。

⑦鸿嗷：即哀鸿遍野，比喻天下受灾民众之多。

【译文】

乡下的稻谷价钱贵到三千五百文钱，这是自古以来没有过的，老百姓将靠什么为生啊？我自从当官以来，就想为曾氏置办一处义田，以救助孟学公以下的贫民；为本地置办义田，以救助二十四都的贫民。不料世道一天比一天艰难，我的处境没有富裕。不要说京官料理自家生计还不够，就是外放做官，或做学政，或做督抚，而像今年这样三江两湖的大水灾,难民的哀号声几乎遍布半个中国,做大官的,又如何忍心在俸禄之外多拿半文呢!因此置办义田的愿望,恐怕最终难以如愿以偿。然而我拿定主意,只要是官俸收入,每年除供堂上大人的生活所需之外,或许稍有盈余,我决不肯买一亩田、存一文钱,一定都留着做办置义田的资金。这是我已下定的决心,希望弟弟们体谅。

今年我在京用度较大,借账不少。八月当为希六及陈体元捐从九品,九月榜后可付照回,十月可到家,十一月可向渠两家索银,大约共须三百金。我付此项回家,此外不另附银也。

【译文】

今年我在京城的花销比较大,借了不少钱。八月要为曾希六和陈体元各捐一个从九品官,九月发榜后可把执照寄回,十月可以到家,十一月可以向他们两家要钱,大约一共需三百两。我寄这项回家,就不再另外寄钱了。

率五在永丰①,有人争请,予闻之甚喜。特书手信与渠,亦望其忠信成立耳。

【注释】

①永丰:地名。即今湖南娄底双峰永丰镇,离曾国藩故里荷叶塘不远,清属湘乡县。

【译文】

率五在永丰有人争着请,我听了很高兴。我特意亲手写了一封信给他,希望他成为一个以忠信自立的君子。

纪鸿已能行走，体甚壮实。同乡各家如常。同年毛寄云于六月廿八日丁内艰。陈伟堂相国于七月初二仙逝①，病系中痰，不过片刻即殁。江南、浙江、湖北皆展于九月举行乡试②。闻江南水灾尤甚，恐须再展至十月。各省大灾，皇上焦劳，臣子更宜忧惕之时③，故一切外差，皆绝不萌妄想，望家中亦不必悬盼。

书不详尽。

兄国藩手草。

【注释】

①陈伟堂：陈官俊，号伟堂。见前注。

②展：宽延，推迟。

③忧惕：忧虑戒惧。

【译文】

纪鸿已经能走了，长得很壮实。同乡各家一切如常。同年毛寄云六月二十八日丁母忧。陈伟堂相国七月初二日死于中痰，当时不到片刻便死了。江南、浙江、湖北都延迟到九月举行乡试。听说江南的水灾尤其厉害，恐怕会再延期到十月。各省大灾，皇上焦虑烦劳，更是臣子们忧虑戒惧的时候，所以我对一切外差都不萌生妄想，家中也不必悬心盼望。

信不能一一写得很详尽，待下次再续。

哥哥曾国藩亲笔。

九月廿一日　致澄侯、温甫、子植、季洪弟书

澄侯、温甫、子植、季洪四位老弟足下：

九月十八日接到澄弟八月十七夜一书、植弟一书，具悉

一切。

【译文】

澄侯、温甫、子植、季洪四位老弟足下：

九月十八日接到澄弟八月十七日晚上写的一封信、植弟一封信，一切都了解了。

吾于八月十二发十五号家信，不审此时收到否？

【译文】

我八月十二日发的第十五封家信，你们现在收到了吗？

京寓大小平安。纪泽儿于八月十七、八遘脾家积滞之疾①。初时错服补剂，至廿九乃服石膏②，九月初二服大黄③，遂大见效。至重阳后全愈。惟前阴微肿，日内调治，将就痊可。饮食起居，皆已复常。纪鸿儿体最结实，日日欢笑走跃。余皆安善。

【注释】

①遘：遇，遭遇。脾家：脾脏所在之处。泛指腹部。积滞：积聚滞留。

②石膏：含水的硫酸钙。可用以塑像及制造模型，亦可入药。

③大黄：药草名。也叫"川军"。多年生草本，分布于我国湖北、陕西、四川、云南等省。根茎可入药，性寒，味苦，功能攻积导滞、泻火解毒，主治实热便秘、腹痛胀满、瘀血闭经、痈肿等症。

【译文】

我一家大小都平安。纪泽孩儿八月十七、八日脾胃积食。刚开始吃错了方剂，到二十九日服食石膏，九月初二日又服食大黄，才开始大好。等到重阳后，纪泽孩儿就痊愈了。只是前阴稍微发肿，再调治几日就可以痊愈了。日常饮食起居，都已经恢复如常。纪鸿孩儿的身体最好，天天快快乐乐、蹦蹦跳跳的。其余一切都好。

廿五日宗室举人复试①，廿七派阅卷大臣三人。十五日顺天举人复试②，十七日派阅卷大臣六人。吾两次皆与焉。季世兄复试一等③，赛司农尚阿之子、徐制军泽醇之子皆一等也④，同乡唐、翁二君皆一等⑤，余不详载。

【注释】

①宗室举人：清代科举制名。指宗室子弟参加宗室乡试中式者。康熙三十六年（1697）置，时举时罢，至嘉庆六年（1801）始成定制。凡宗室子弟应乡试，先由宗人府考试骑射，合格者始准入闱，且只试一场，一日为限。取中者别为一榜，于宗人府张挂。中式举人以宗人府司员、笔帖式补用，并应宗室会试。光绪三十一年（1905）废止。宗室，特指与君主同宗族之人。犹言皇族。

②顺天：明、清两代北京地区称为"顺天府"，顺天府的辖区在清初多有变化，乾隆八年（1743）开始固定了下来，共领五州十九县，即通、蓟、涿、霸、昌平五州和大兴、宛平、良乡、房山、东安、固安、永清、保定、大城、文安、武清、香河、宝坻、宁河、三河、平谷、顺义、密云、怀柔十九县，又混称为"顺天府二十四州县"。

③季世兄：指季仙九之子。

④赛司农：指赛尚阿。阿鲁特·赛尚阿（1794—1875），字鹤汀，阿

鲁特氏,蒙古正蓝旗人。嘉庆二十一年(1816)翻译举人,授理藩院笔帖式,充军机章京,官至文华殿大学士。咸丰间,以钦差大臣赴广西镇压太平军,调度无方,致太平军得长驱北上,夺职。发军台效力,不久释放回来。徐制军:指徐泽醇(1787—1858),字梅桥,号乐天翁,汉军正蓝旗人。嘉庆二十五年(1820)进士,榜名英魁。历任官吏部主事、重庆府知府,山西河东道、江南河库道、湖南按察使、山东布政使、山东巡抚、署河东河道总督、四川总督、礼部尚书、署户部尚书等职。卒谥恭勤。

⑤唐、翁二君:不详。

【译文】

二十五日宗室举人参加复试,二十七日派遣阅卷大臣三人。十五日顺天举人参加复试,十七日派遣阅卷大臣六人。这两次阅卷我都参加了。季世兄、赛司农尚阿之子、徐制军泽醇之子复试都是一等,同乡唐、翁二君也是一等,其余就不详加记载了。

　　澄弟欲买鹿茸,且与谭、彭二家均分①。此次廷芳宇至长沙②,尚不能买,缘近日银钱甚窘。稍有可图,即行买就,今冬明春准可付回。

【注释】

①谭、彭二家:不详。

②廷芳宇:廷桂,字芳宇,满州正白旗人。道光十九年(1839)己亥科举人。同治间曾官永州知府。有《仿玉局黄楼诗稿》。

【译文】

　　澄弟想要买鹿茸,而且想和谭、彭两家平分吧。此次廷芳宇到长沙,也还不能买,因为最近财政状况十分窘迫。我若稍有能力购买,就会去买，今年冬天或明年春天一定能寄回来。

　　曾、陈二家之银①，如必俟照到乃可取，则今冬周济亲族一项，可先向添梓坪借用。我此次先为书告东阳叔祖也。郭筠仙七月十六丁内艰，诸弟来信并未提及，何也？或省中尚未得知与？

　　书不十一。

　　兄国藩手草。

【注释】

　　①曾、陈：曾希六、陈体元。

【译文】

　　曾、陈两家的银两，如果一定要等到执照到了才可以取，今年周济亲族的款项可先向添梓坪的东阳叔祖借。我这次先写信告知东阳叔祖。郭筠仙六月十七日丁母忧，诸位弟弟的来信中并没有提及，为什么？难道省城中还不知道这事吗？

　　书信写了不到十分之一，下次再说吧。

　　哥哥国藩亲笔。

十月初四日　致澄侯、温甫、子植、季洪弟书

澄侯、温甫、子植、季洪四位老弟足下：

　　八月十二日发第十五号家信，九月廿二日发第十六号家信，想次第收到。十月初二日接到澄弟八月廿六一书，具悉一切。是日又从岱云书内见《南省题名录》①，三弟皆不与

选，为之怅喟。

【注释】

①《南省题名录》：指湖南省乡试录取人员题名录。

【译文】

澄侯、温甫、子植、季洪四位老弟足下：

八月十二日我发了第十五封家信，九月二十二日又发了第十六封家信，想必你们已经依次收到了。十月初二日接到澄弟八月二十六日的家书，一切我都知晓了。当日又从岱云的书信内看见《（湖）南省题名录》，三位弟弟都没有录取，我甚是惆怅，为你们叹息。

吾家累世积德，祖父及父、叔二人皆孝友仁厚①，食其报者，宜不止我一人。此理之可信者。吾邑从前邓、罗诸家官阶较大②，其昆季子孙皆无相继而起之人③。此又事之不可必者。吾近于宦场，颇厌其繁俗而无补于国计民生，惟势之所处，求退不能。但愿得诸弟稍有进步，家中略有仰事之赀④，即思决志归养⑤，以行吾素。今诸弟科第略迟⑥，而吾在此间，公私万事丛集，无人帮照。每一思之，未尝不作茫无畔岸之想也。吾现已定计于明年八月乞假归省，后年二月还京，专待家中回信详明见示。

【注释】

①孝友：事父母孝顺、对兄弟友爱。仁厚：仁爱宽厚。

②邓、罗诸家：指邓笔山、罗九峰二家。见前注。

③昆季：兄弟。长为昆，幼为季。

④仰事：指侍奉父母，维持一家生活。《孟子·梁惠王上》："是故明
　君制民之产，必使仰足以事父母，俯足以畜妻子。"赀：通"资"。
⑤决志：拿定主意，下定决心。归养：回家奉养父母。亦指回家
　休养。
⑥科第：科考及第。

【译文】

　　我曾家累世积德行善，祖父、父亲、叔父都是对父母孝顺、对兄弟友
爱的仁义宽厚之人，享受其福报的，应该不只我一个。这从道理上说是
值得相信的。我们县从前的邓、罗等家，官阶都较大，但他们的兄弟子
孙都没有继承他们而起的。这从事实上来说，又是不一定的。我身处
官场，非常讨厌其中烦琐庸俗而又无利于国计民生的事情，只是情势所
逼，不能求归退隐。只愿诸位弟弟稍有进步，家中略有侍奉父母的资
本，我就能下定决心求归养老，实践我向来的操守。现在诸位弟弟科举
及第稍晚，我在官场里，公私万事集于一身，无人辅助照应。每想到这
层，未尝没有舟行水中，何时靠岸的茫然的感。我现在决定明年八月告
假省亲，后年二月再返京，只等待家中回信，详细告知我意见。

　　今年父亲六十大寿，吾竟不克在家叩祝①，悚疚之至。
十月初四日，奉旨派作较射大臣②。顺天武闱乡试，于初五、
六马箭，初七、八日步箭，初九、十技勇，十一发榜，十二复
命。此八日皆入武闱，不克回寓，父亲寿辰，并不能如往年
办面席以宴客也。然予既定计明年还家庆寿，则今年在京
即不称觞③，犹与吾乡重逢一不重晋十之例相合④。

【注释】

①叩祝：跪拜祝贺。

②较射大臣：指武闱乡试主考官。

③称觞（shāng）：举杯祝酒。

④逢一：指恰逢几十一岁，如五十一岁、六十一岁等。晋十：指恰好
　几十岁整，如五十岁整、六十岁整等。

【译文】

今年父亲六十大寿，我竟不能在家叩拜祝寿，实在是恐惧且愧疚之极。十月初四日，我奉旨当较射大臣。顺天武举乡试，初五、六日考骑马射箭，初七、八日考徒步射箭，初九、十日考武艺和勇力，十一日公布录取名单，十二日回京复命。这八天我都在武举考场，不能回寓所，父亲的寿辰也不能如往年举办面席宴请宾客。我既然决定明年回老家为父亲庆寿，今年在京就不举杯祝酒了，正与我们家乡看重逢几十一岁寿辰而不重视几十岁整寿辰的惯例吻合。

家中分赠亲族之钱，吾恐银到太迟，难于换钱，故前次为书寄德六七叔祖，并办百褶裙送叔曾祖母。现在廷芳宇桂尚未起行，大约年底乃可到湖南。若曾希六、陈体元二家，必待照到乃送钱来，则我家今年窘矣。二家捐项，我在京共去京平足纹二百四十一两六钱①，若合南中漕平②，则当二百三十六两五钱。渠送钱若略少几千，我家不必与之争。盖丁酉之冬，非渠煤垄，则万不能进京也。明年春间应寄家用之钱，乞暂以曾、陈捐项用之③。我上半年只能寄鹿茸，下半年乃再寄银耳。

【注释】

①京平足纹：指在北京铸造的成色足的纹银。

②漕平：旧时征收漕银的衡量标准。历代征收的银两，到清代改征

白银。此衡量标准后为民间采用，但各地标准不一。郑观应《盛世危言·铸银》："〔纹银〕用之于市肆，则耗损频多，有加耗，有贴费，有减水，有折色；有库平、湘平之异，有漕平、规平之殊。"《新华月报》1955 年第 3 期："旧中国的货币制度长期以来是不统一的。在银两制度的情况下，由于各种秤的分量不一致，分为库平、关平、漕平、市平等。"

③蹔：同"暂"。

【译文】

分赠家里亲族的钱，只怕银两到得太迟，难以换钱，所以上次写信寄给德六七叔祖，并置办百褶裙送给叔曾祖母。现在廷芳宇桂还没有启程，大约年底才能到湖南。如果曾希六、陈体元两家一定要等到执照到手才送钱来，我家今年就窘迫了。两家的捐款，我在京城共花去京平足纹银二百四十一两六钱，如果折合南方漕平，应该值二百三十六两五钱。他送的钱如果略少几千钱，我们家就不要与他争论了。丁酉年冬，如果不是靠他的煤矿，我无论如何都进不了京。明年春天我应该会寄回家用的钱，你们暂时用曾、陈两家的捐款吧。我上半年只能寄鹿茸，下半年才能再寄银两。

《皇清经解》一书，不知取回否？若未取回，可专人去取。盖此等书，诸弟略一涉猎，即扩见识，不宜轻以赠人也。明年小考，须送十千，大场，又须送十千。此等钱家中有人分领，便是一家之祥瑞。但澄弟须于在省城时张罗此项付各考者，乃为及时。

【译文】

《皇清经解》一书，不知取回来了吗？如果没有取回，可派人去取。

像这样的书,诸位弟弟稍微涉猎就能增广见识,不应该轻易送给别人。明年就是三年一次的小考,须要送十千钱,参加乡试的还要送十千钱。像这类的钱,家中有人分领,就是一家的祥瑞。但是澄弟必须在省城时张罗此事,及时把钱交给本家各位考生。

京寓大小平安。纪泽儿已病两月,近日全愈,今日已上书馆矣。纪鸿儿极结实,声音洪亮异常。仆婢辈皆守旧。同乡各家,亦皆无恙。邹墨林尚住我家。

【译文】

京城寓中大小都平安。纪泽孩儿病了两个月,近来已痊愈,今日又去书馆上学了。纪鸿孩儿身体结实,声音非常洪亮。奴仆、婢女等人还是老样子。同乡的各家都安好。邹墨林还住在我这里。

张雨农之子闱艺甚佳①,而不得售,近又已作文数首,其勇往可畏爱也。

【注释】

①张雨农:即张洵(1780—?),字裔苏,号雨农,山东无棣人。道光二年(1822)进士,入翰林院为庶吉士,外放为浙江太平县知县,官至玉环厅同知,病逝于任上。著有《桐华山馆诗钞》。闱艺:指科举考试时考场上写的诗文。

【译文】

张雨农的儿子科考诗文非常好,但不能及第,近来又作了几篇诗文,他这勇往直前的品质真是可畏又可爱。

书不详尽。写此毕，即赴武闱，十二始归寓。余俟后报。

国藩手草。

【译文】

书信不能一一写得很详尽。写完这封信我就要去武举考场了，到十二日才能回寓所。其他的容我以后再告知吧。

国藩亲笔。

十一月初五日 　致澄侯、温甫、子植、季洪弟书

澄侯、温甫、子植、季洪四弟左右：

十月初四日发第十七号家信，由折弁带交。十七日发十八号信，由廷芳宇桂明府带交。便寄曾希六、陈体元从九品执照各一纸，欧阳沧溟先生、陈开煦换执照并批回各二张①，添梓坪叔庶曾祖母百褶裙一条，曾、陈二人九品补服各一付，母亲大人耳帽一件以上共一包，膏药一千张、眼药各种、阿胶二斤、朝珠二挂、笔五枝、针底子六十个以上共一木匣②，曾、陈二人各对一付，沧溟先生横幅篆字一付以上共一卷。计十二月中旬应可到省，存陈岱云宅，家中于小除夕前二日遣人至省走领可也③。芳宇在汉口须见上司，恐难早到。然遇顺风，则腊月初亦可到，家中或着人早去亦可。

【注释】

①陈开煦（xù）：或作"陈开旭"，生平不详，当是湖南湘乡、衡阳一代

人，与曾国藩有旧。批回：上级答复下级的批示公文。

②朝珠：清代朝服上佩带的珠串。状如念珠，计一百零八颗。珠用东珠（珍珠）、珊瑚、翡翠、琥珀、蜜蜡等制作，以明黄、金黄及石青色等诸色绦为饰，由项上垂挂于胸前。朝官，凡文官五品、武官四品以上，军机处、侍卫、礼部、国子监、太常寺、光禄寺、鸿胪寺等所属官，以及五品官命妇以上，才得挂用。根据官品大小和地位高低，用珠和绦色都有区别。其中东珠和明黄色绦只有皇帝、皇后和皇太后才能使用。

③小除夕：旧称除夕的前一日为"小除夕"。

【译文】

澄侯、温甫、子植、季洪四弟左右：

十月初四日发了第十七封家信，交由信差带走。十七日又发了十八封家信，由廷芳宇桂明府带走。顺便寄来曾希六、陈体元从九品执照两张，欧阳沧溟先生和陈开煦要换的执照和衙门批回各两张，添梓坪叔庶曾祖母的百褶裙一条，曾、陈二人的九品补服各一副，母亲大人的耳帽一件以上是一包，还有一千张膏药、各种眼药、两斤阿胶、两挂朝珠、五枝笔、六十个针底子都放在小木匣里，曾、陈二人各一副对联，沧溟先生一幅横幅篆字共为一卷。大概十二月中旬可到省城，存放在陈岱云家里，家里可在小除夕前两天派人领走。芳宇在汉口要去面见上司，恐怕不会早到。如果遇到顺风，腊月初也就可以到了，家中早点儿派人去也可以。

余于十月初五起至十一止，在围较射，十七出榜。四围共中百六十四人，余围内分中五十二人。向例武举人、武进士复试，如有弓力不符者，则原阅之王大臣，每一名罚俸半年。今年仅张字围不符者三名①，王大臣各罚俸一年半。余围幸无不符之人。不然，则罚俸年半，去银近五百金，在京官已视为切肤之痛矣。

【注释】

①张字围：指道光二十年（1849）顺天武闱乡试，某张姓考官主考的考场。张为何人，不详。

【译文】

我十月初五日起至十一日在考场主持考生比赛射技，十七日发榜。四个考场共考上一百六十四人，我的考场中了五十二人。按惯例，武举人、武进士还要参加复试，如果有实际弓力与成绩不符合的，原来判成绩的王公大臣都要罚俸禄，每一个考生罚半年。今年只有张字围考场有三人成绩不符，判成绩的王公大臣各罚俸禄一年半。我的考场幸亏没有成绩不实的人。不然就要罚去半年俸禄，近五百两，在京官看来已经是切肤之痛了。

寓中大小平安。纪泽儿体已全复，纪鸿儿甚壮实。

【译文】

家里大小平安。纪泽孩儿身体已完全康复，纪鸿孩儿长得很是强壮结实。

邹墨林近由庙内移至我家住，拟明年再行南归。袁漱六由会馆移至虎坊桥，好而贱。贞斋榜后本拟南旋，因愤懑不甘，仍寓漱六处教读。刘镜清教习已传到①，因丁艰而竟不能补，不知命途之舛何至于此！凌荻舟近病内伤②，医者言其甚难奏效。

【注释】

①刘镜清：阙疑。

②内伤：中医学名词。指七情过极、劳累过度、饮食不调等原因所引起的脏气损伤。

【译文】

邹墨林最近从庙里搬到我家里来住，打算明年再回南方。袁漱六由会馆搬到了虎坊桥，房子很好且价格便宜。贞斋落榜后，本打算回去，因气愤、不甘心，仍旧寄居漱六那里读书教学。刘镜清教习，朝廷已传他报到，因为守丧竟然不能补官，不知道一个人的命运为何竟如此曲折！凌获舟近来脏气损伤，医生说很难治好。

黄恕皆在陕差旋①，述其与陕抚殊为冰炭②。江岷樵在浙署秀水县事，百姓感戴③，编为歌谣。署内一贫如洗。藩台闻之，使人私借千金，以为日食之资。其为上司器重如此。其办赈务④，办保甲⑤，无一不合于古。顷湖南报到，新宁被斋匪余孽煽乱⑥，杀前令李公之阖家⑦，署令万公亦被戕⑧，焚掠无算，则岷樵之父母家属，不知消息若何？可为酸鼻。余于明日当飞报岷樵，令其即行言旋，以赴家难。

【注释】

①差旋：外派差事结束回京。

②冰炭：冰块和炭火，比喻性质相反，不能相容。或以喻矛盾冲突。

③感戴：感激爱戴（用于对上级）。

④赈务：赈济的事务。

⑤保甲:旧时统治百姓的户籍编制。清代保甲之法,十户为牌,设
一牌头;十牌为甲,设一甲头;十甲为保,设一保长。户给印牌,
书其姓名丁口,出则注其所往,入则稽其所来。

⑥新宁:隶属于邵阳,位于湖南省西南部。斋匪:清廷对斋教徒的
称呼。斋教是从无为教即罗教中分离出来的,成员以活动在农
村集镇的农民和小手工业者居多,逐渐发展成为影响甚大的民
间宗教教派。斋教以罗教信仰为主,却以修炼内丹为教义核心,
是典型的外佛内道。同时,它又融合了摩尼教、弥勒教和白莲教
的某些特点。

⑦前令李公:指前任新宁县令李博。李博,河南温县人。拔贡,道
光二十六年(1846)任新宁县令。道光二十九年(1849),死于李
沅发之乱。

⑧署令万公:指代理新宁县令万鼎恩。万鼎恩,湖北天门人。道光
二十九年(1849),以岳州府经历代理新宁县令,死于李沅发
之乱。

【译文】

　　黄恕皆被派遣到陕西公干,回来后说他与陕西巡抚水火不容。江
岷樵在浙江处理秀水县公事,百姓对他感恩戴德,把他的事迹编成了歌
谣。他的官署里一贫如洗。藩台听说后,派人私人借给他纹银一千两
作为每天的日常花销。他竟被上司如此器重。他办理赈济事务、保甲
等,没有一处不符合祖宗法度。刚刚收到湖南消息,新宁被斋匪余孽煽
动作乱,杀害了前任县令李公全家、现任署令万公,焚烧抢劫无数,不知
岷樵的父母、家属等情况如何?真是令人心酸。我明天一定迅速告知
岷樵,叫他马上回家救急。

　　余近日忙乱如常,幸身体平安,惟八月家书,曾言及明
年假归省亲之事,至今未奉堂上手谕。而九月诸弟未中,想

不无抑郁之怀,不知尚能自为排遣否? 此二端时时挂念,望澄侯详写告我。祖父大人之病,不知日内如何? 余归心箭急,实为此也。

【译文】

我近来还是像往常一样繁忙,幸喜身体还好,只是八月的家信曾提及明年请假回家探亲一事,至今没有收到堂上大人的亲笔训示。九月诸位弟弟又没有中举,心里大概都感到压抑忧郁吧,不知道还能不能自我排遣? 这两件事我时常挂念,希望澄侯写信详细告诉我。祖父大人的病近来怎样? 这正是我归心似箭的真正原因。

母亲大人昨日生日,寓中早面五席、晚饭三席。母亲牙痛之疾,近来家信未尝提及。断根与否? 望下次示知。

书不十一,余俟续具。

兄国藩手草。

【译文】

母亲大人昨日生日,我在家里开了早面五桌、晚饭三桌。母亲牙痛的病情,近来书信中没有提到。母亲的牙痛病断根了吗? 希望澄侯写信详细告诉我。

就写这些,下次再叙吧。

哥哥国藩亲笔。

十二月初三日　致澄侯、温甫、子植、季洪弟书

澄侯、温甫、子植、季洪四弟左右:

十一月十五日接到祖父大人讣音①,中肠惨痛②。自以

游子在外,不克佐父母襄办大事,负罪婴疚,无可赎挽。比于十八日折差之便,先寄银百零五两,计元宝二锭③,由陈岱云宅专足送至家中④,不知刻已收到否?

【注释】

①讣音:报丧的信息、文告。

②中肠:犹内心。

③元宝:我国旧时铸成马蹄形的银锭,常作货币流通。金元宝重五两或十两,银元宝一般重五十两。

④专足:专门派去投送紧要文书或物件的人。

【译文】

澄侯、温甫、子植、季洪四弟左右:

十一月十五日接到祖父大人的死讯,心中惨痛。游子在外,不能帮父母备办丧事,深有负罪、愧疚之感,无法救赎。等到十八日信差便利的时候,先寄回一百零五两银子,共计两锭元宝,到了陈岱云家里由专人送至家中,不知现在是否已经收到?

国藩于十六日成服①,十七日托军机大臣署礼部侍郎何大人汝霖代为面奏②,请假两月,在家穿孝。自十七以后,每日吊客甚多。二十九日开吊③,是早祭奠。因系祖妣冥寿之期,一并为文祭告。开吊之日,不收赙仪。讣帖刻"谨遵遗命,赙仪概不敢领"二语④,共发讣帖五百余分。凡来者不送银钱,皆送祭幛、挽联之类⑤,甚为体面。共收祭文八篇、祭幛七十五张、挽联二十七对、祭席十二桌、猪羊二付。其余香烛纸钱之类,不计其数。送礼物来者,用领谢帖;间有送银钱来者，用"奉遗命璧谢"帖。兹将讣帖等印发者，付回样子与家中一看。

【注释】

①成服：旧时丧礼大殓之后，亲属按照与死者关系的亲疏穿上不同的丧服，叫"成服"。

②何大人：指何汝霖（1781—1852），字雨人，又字润之，江苏江宁人。道光五年（1825）举人，补工部主事，官至军机大臣、兵部尚书、礼部尚书、户部尚书等。卒谥恪慎。

③开吊：有丧事的人家在出殡以前接待亲友来吊唁。

④讣帖：报丧帖子。

⑤祭幛：吊唁死者的幛子，祭奠用。

【译文】

我十六日穿上丧服，十七日托军机大臣兼礼部侍郎何大人汝霖代为面奏，请假两月，在家穿孝。自十七日以来，每日来吊唁的客人甚多。二十九日开吊，早上举行了祭奠仪式。因为也是祖母大人的冥寿，我一并写了祭文祭告亡灵。开吊那天不收礼。报丧的帖子上刻"谨遵遗命，赙仪概不敢领"两句话，一共发出去五百多份。凡是来参加吊唁的人都不送银钱，送的是祭幛、挽联之类的物品，甚是体面。我一共收到祭文八篇、祭幛七十五张、挽联二十七对、祭席十二桌、猪羊两副。其他香烛、纸钱之类，不计其数。送礼物来的，回领谢帖；偶尔有送银钱来的，回"奉遗命璧谢"帖。现将印发的帖子寄回家中，让家里人看看。

各处送祭幛来者，哈喇大呢甚多①，亦有缎匹江绸者。余意欲将哈喇作马褂数十件②，分寄家中族戚之尤亲者。盖南中老人考终③，往往有分遗念之说④，或分衣，或分银钱。

重五伯祖曾以獭皮马褂一件与王高七作遗念衣⑤，即其证也。

【注释】

①哈喇：蒙古语。指黑色。

②马褂：旧时男子穿在长袍外面的对襟的短褂，以黑色为最普通。原为满族人骑马时所穿的衣服，故名。

③考终：享尽天年，寿终。

④遗念：泛指死者遗物。

⑤王高七：不详。

【译文】

各处送来的祭幛以黑色大呢居多，也有缎布、江绸。我想将黑色大呢做几十件马褂，分别寄给尤其亲厚的族人和亲戚。江南一带的老人寿终正寝，往往有分死者遗物的说法，或者分衣，或者分银钱。重五伯祖曾经分了一件獭皮马褂给王高七作纪念死者的衣服，就是证据。

　　澄弟之信，劝我不可告假回家，所言非不是。余亦再四思维，恐难轻动。惟离家十年，想见堂上之心，实为迫切。今祖父大事既已办过，则二亲似可迎养①。然六旬以上之老人，四千有余之远道，宿聚之资既已不易，舟车之险尤为可畏，更不敢轻举妄动。烦诸弟细细商酌，禀知父母亲及叔父母，或告假归省，或迎养堂上，二者必居其一，国藩之心乃可少安。父母亲近来欲见国藩之意，与不愿国藩假归之意，孰缓孰急？望诸弟细细体察，详以告我。祷切望切②！

　　国藩手草。

【注释】

①迎养:谓迎接尊亲同居一起,以便孝养。

②祷切:书信客套用语。表示祈求急切。

【译文】

　　澄弟的来信劝我不可请假回家,这也不无道理。我也多次思量,恐怕不能轻易回去。只是离家十年,真正迫切想见到堂上大人。现在祖父大人的事已经办妥,双亲好像可以迎来北京奉养。但双亲年过六十,路途又有四千多里之远,路上住宿、吃饭的钱已难以负担,坐车行船的危险更是可怕,更不敢让双亲轻易来京城。麻烦诸位弟弟细细商量、斟酌,禀告父母和叔父母,或者我请假回家省亲,或者接双亲来京奉养,两种必选其一,我的心才能稍稍安定。父母亲近来想见我的心情,与不愿我告假回家的心情,哪种更为迫切?希望诸位弟弟细细体察,详细告知我。国藩殷切祈盼!

　　国藩亲笔。

道光三十年庚戌

正月初九日　致澄侯、温甫、子植、季洪弟书

澄侯、温甫、子植、季洪四位老弟足下:

　　正月初六日接到家信三函:一系十一月初三所发,有父亲手谕温弟代书者;一系十一月十八所发,有父亲手谕植弟代书者;一系十二月初三澄弟在县城所发一书。甚为详明,使游子在外,巨细了然①。

【注释】

①巨细:指大的和小的(各种事情)。了然:明白,清楚。

【译文】

澄侯、温甫、子植、季洪四位老弟足下：

正月初六日我接到家信三封：一封是十一月初三日所发，有温弟代写的父亲手谕；一封是十一月十八日所发，为植弟代写的父亲手谕；还有一封是十二月初三日澄弟在县城所发。甚是详细明了，使在外的游子巨细了然。

庙山上金叔不知为何事而可取腾七之数^①？若非道义可得者，则不可轻易受此。要做好人，第一要在此处下手，能令鬼服神钦，则自然识日进、气日刚。否则，不觉堕入卑污一流^②，必有被人看不起之日，不可不慎！诸弟现处极好之时，家事有我一人担当，正好做个光明磊落神钦鬼服之人。名声既出，信义既著，随便答言，无事不成，不必爱此小便宜也。

【注释】

①金叔：不详。

②卑污：卑鄙龌龊。

【译文】

庙山上的金叔不晓得因为什么原因而收和腾七一样多的钱？如果不合道义，就不能轻易拿别人钱财。要做好人，首先要在这方面下功夫，能令鬼神钦佩，自然使见识日渐增长、气质日渐刚健。否则，不自觉地堕入卑鄙龌龊一流，有朝一日必定被人看不起，不可以不谨慎！诸位弟弟现在处境极好，家事由我一人担当，正应做一个光明磊落、鬼神钦佩之人。讲究信义的名声在外，随时方便答应人家的事，就没有办不到的，没必要贪这种小便宜。

父亲两次手谕，皆不欲予乞假归家。而予之意，甚思日侍父母之侧，不得不为迎养之计。去冬家书，曾以归省、迎养二事与诸弟相商。今父亲手示，既不许归省，则迎养之计更不可缓。所难者，堂上有四位老人。若专迎父母而不迎叔父母，不特予心中不安，即父母心中亦必不安。若四位并迎，则叔母病未全好，远道跋涉尤艰。予意欲于今年八月初旬，迎父亲、母亲、叔父三位老人来京，留叔母在家，诸弟妇细心伺候；明年正月元宵节后，即送叔父回南。我得与叔父相聚数月，则我之心安。父母得与叔父同行数千里到京，则父母之心安。叔母在家半年，专雇一人服侍，诸弟妇又细心奉养，则叔父亦可放心。叔父在家，抑郁数十年，今出外潇洒半年，又得观京师之壮丽，又得与侄儿、侄妇、侄孙团聚，则叔父亦可快畅。在家坐轿至湘潭，澄侯先至潭雇定好船，伺候老人开船后，澄弟即可回家。船至汉口，予遣荆七在汉口迎接。由汉口坐三乘轿子至京，行李婢仆，则用小车，甚为易办。求诸弟细商堂上老人，春间即赐回信。至要至要！

【译文】

　　父亲两次亲笔书信，都不让我请假探亲。但我的心意，是想天天在父母身边侍候，不得不实行接父母过来的计划。去年冬天的家信，我曾经就回家探亲还是接父母过来的事与弟弟们商量。现在父亲亲笔书信，不许我回家探亲，那么接过来的计划更是不能推迟了。困难的是堂上有四位老人。如果只接父母而不接叔父母过来，不仅我心里不安，就是父母亲心里也一定不安。如果四位老人都接过来，但叔母的病没有全好，长途旅行，跋山涉水太过辛苦。我的想法是在今年八月上旬，接父母亲和叔父三位老人来京城,将叔母留在家里,几位弟媳妇细心伺候老人家;明年正月元宵节以后,便送叔父南下回乡。我能和叔父相聚几个月,可以令我心安。父母亲能够与叔父同行几千里路到京城,可令父母亲心安。叔母在家半年,要专门请一个佣人服侍,几位弟媳妇又细心奉养,也可令叔父心安。叔父在家,抑郁寡欢几十年,现在出来潇洒半年,又能看看恢宏壮丽的京城,又可以和侄儿、侄媳妇、侄孙团聚,叔父的心情也可以快乐舒畅一些。来的时候,从家里坐轿子到湘潭,澄侯先过去,雇好上等船只,伺候老人开船之后,便可回家。船到汉口,我派荆七到那里迎接。从汉口坐三乘轿子到京城,行李和佣人,可以坐小车,很容易办。请弟弟们和堂上几位老人细细商量,春间就给我回信。千万千万!

　　李泽昱、李英灿进京①,余必加意庇护。八斗冲地②,望绘图与我看。诸弟自侍病至葬事,十分劳苦,我不克帮,心甚歉愧!

【注释】

①李泽昱(yù):生平不详。曾国藩同乡。李英灿:生平不详。曾国藩同乡。

②八斗冲:地名。在今湖南娄底双峰荷塘乡乔桂村。

【译文】

　　李泽昱、李英灿来京城,我一定会多加照顾。八斗冲地,希望能画个图给我看。诸位弟弟从照顾病人到备办丧事,十分辛苦,我不能帮忙,心中十分愧疚!

　　京师大小平安。皇太后大丧已于正月七日二十七日满^①,脱去孝衣。初八日系祖父冥诞,我作文致祭,即于是日亦脱白孝,以后照常当差。

心中万绪,不及尽书,统容续布。

兄国藩手草。

【注释】

①二十七日:清制,臣子为皇太后服丧二十七日。

【译文】

我一家大小皆平安。皇太后大丧到正月初七日服丧二十七日期满,我脱去了孝衣。初八日是祖父冥寿,我写了文章祭奠祖父,当日也脱去孝衣,以后正常当差。

心中千头万绪,不能都写尽,容我下次再说吧。

哥哥国藩亲笔。

三月三十日　致父母书

男国藩跪禀父母亲大人礼安:

潢男三月十五到京,十八日发安信一件^①,实系五号,误写作四号,四月内应可收到。

【注释】

①安信:报平安的信。

【译文】

儿国藩跪禀父母亲大人礼安:

国潢三月十五日到京,十八日发平安信一封,实际上是第五封信,误写作了第四封信，应该可以在四月收到。

　　藩男十九日下园子，二十日卯刻恭送大行皇太后上西陵①。西陵在易州，离京二百六十里。二十四下午到，廿五辰刻致祭②，比日转身③，赶走一百廿里，廿六日走百四里，申刻到家④。一路清吉，而昼夜未免辛苦。廿八早复命。

【注释】

①卯刻：用于记时，指早晨五时到七时。大行：古代称刚死而尚未定谥号的皇帝、皇后。西陵：陵墓名。清代帝王陵寝。在河北易县西永宁山下，全国重点文物保护单位之一。有雍正泰陵、嘉庆昌陵、道光慕陵和光绪崇陵。因地在北京之西，总称"西陵"。

②辰刻：用于记时，指上午七时至九时。

③比日：连日。转身：动身回转。

④申刻：用于记时，指下午十五时至十七时。

【译文】

　　我十九日下园子，二十日卯刻恭送大行皇太后上西陵。西陵在易州，离京城二百六十里。二十四日下午到达，二十五日辰时举行祭奠仪式。连日回程，赶路一百二十里，二十六日走一百四十里，申时回到家里。一路上清平吉祥，但昼夜兼程不免辛苦。二十八日早上向皇上复命。

　　数日内作奏折，拟初一早上。其折因前奏举行日讲，圣上已允，谕于百日后举行，兹折要将如何举行之法切实呈奏也。

【译文】

几天之内写的奏折,打算初一早晨呈上。这个折子因前不久奏请举行日讲,圣上已经允许,下令在百日后举行,现在这折子要把如何举行日讲的方法切实上奏。

廿九日申刻,接到大人二月廿一日手示,内六弟一信,九弟二十六之信,并六弟与他之信一并付来。知堂上四位大人康健如常,合家平安,父母亲大人俯允来京①,男等内外不胜欣喜!手谕云:"起程要待潢男秋冬两季归,明年二月,潢男仍送两大人进京云云。"男等敬谨从命。叔父一二年内既不肯来,男等亦不敢强。潢男归家,或九月,或十月,容再定妥。男等内外及两孙、孙女皆好,堂上老人不必悬念。

余俟续禀。

【注释】

①俯允:敬称对方(一般是长辈或上级)允许。

【译文】

二十九日申时,接到父亲大人二月二十一日的亲笔信,其中有六弟一封信、九弟二十六日的一封信,六弟给他的信也一起寄了来。我知道堂上四位大人身体康健,全家平安,父母亲大人又答应来京城,儿子一家里里外外都不胜欣喜!信中指示孩儿说:"起程要等到国潢秋冬两季回来之后,明年二月,国潢仍旧送两位大人进京等等。"儿子等敬谨从命。叔父一两年之内既然不肯来京,儿子也不敢勉强。国潢回家,或者是九月,或者是十月,请容许再行妥善决定。儿子一切都好,两位孙子、孙女都好,堂上大人不必悬心挂念。

其余的,容以后再继续禀告。

卷四

【题解】

本卷共收书信五十四封，起于咸丰元年(1851)三月初四日，讫于咸丰四年(1854)十一月廿七日。

这些信，大多数是曾国藩写给诸位弟弟的，也有个别是写给父亲的。最为特殊的是，有六封信是写给儿子纪泽的，有四封信是写给妻兄欧阳牧云的。

传忠书局本《曾文正公家书》《曾文正公家训》体例甚明：写给祖父母、父母、叔父母和诸位弟弟的，收入《家书》；写给两个儿子的，收入《家训》。但何以也有个别写给儿子纪泽的信会收入《家书》呢？是因为这几封信内容特殊。咸丰二年(1852)，曾国藩42岁，奉命出任江西主考，七月二十五日在安徽太湖小池驿途中，闻母丧之讣，遂改道回原籍为母守制。因家眷在京，曾国藩写信给留在京城的长子纪泽，交代处理京寓事宜。又因纪泽年幼，须由在京寓小住的舅父欧阳牧云监护料理家事，所以有几封信是曾国藩专门托付妻兄欧阳牧云代为处理家事的。从这几封信我们看出：一、曾国藩处理事情极细致且有条理：钱财借贷细目及相关善后事宜，如何收拾书籍字画诸物，一一指画分明；二、待人重恕道，反复叮咛儿子不可因缺钱而向穷朋友索债；三、对太平军造成的危害极关注，不让家属涉险南归。四、曾国藩在咸丰二年(1852)十一月廿九日奉旨帮同办理团练乡民搜查土匪诸事务,起初有些犹豫;后因武昌失守,形势急转,郭嵩焘力劝保护桑梓,才挺身而出。

自咸丰三年(1853)以来,曾国藩家书的主要内容,以与诸位弟弟谈论军务为主,是研究湘军镇压太平军这段历史的第一手资料。曾国藩在咸丰四年(1854)四月二十日与诸弟书中写道:"水勇自廿四、五日成章诏营内逃去百余人,胡维峰营内逃去数十人。廿七日,何南青营内逃去一哨,将战船炮位弃之东阳港,尽抢船中之钱米帆布等件以行。廿八日,各营逃至三四百人之多,不待初二靖江战败而后有此一溃也。其在湘潭打胜仗之五营,亦但知抢分贼赃,全不回省,即行逃回县城。甚至将战船送入湘乡河内,各勇登岸逃归,听战船漂流河中,丢失货物。彭雪琴发功牌与水手,水手见忽有顶戴,遂自言并册上姓名全是假的,应募之时乱捏姓名,以备将来稍不整齐,不能执册以相索云云。鄙意欲预为逃走之地,先设捏名之计。湘勇之丧心昧良,已可概见。"从中,我们不难看出后来名震天下的湘军,在创建之初是多么缺乏组织纪律性。由此益知曾国藩是古往今来不可多得的练兵之才。

自主持军务以来,曾国藩日理万机,烦乱不堪,但仍不忘在家书中告诫弟弟们要重视家风建设,教育晚辈要勤慎、勤敬。曾国藩在咸丰四年六月初二日与诸弟书中写道:"儿侄辈总须教之读书,凡事当有收拾,宜令勤慎,无作欠伸懒漫样子。至要至要!吾兄弟中惟澄弟较勤,吾近日亦勉为勤敬。即令世运艰屯,而一家之中勤则兴,懒则败,一定之理。愿吾弟及吾儿侄等听之省之。"在咸丰四年六月十八日与诸弟书中写道:"诸弟在家教子侄,总须有'勤'、'敬'二字。无论治世乱世,凡一家之中,能勤能敬,未有不兴者;不勤不敬,未有不败者。至切至切!余深悔往日未能实行此二字也。千万叮嘱!澄弟向来本勤,但敬不足耳。阅历之后,应知此二字之不可须臾离也。"

自主持军务以来,曾国藩仍循在京旧例,每年寄银一百余两回家,一则供家用,一则周济亲戚。此银皆从个人俸禄所出,决不挪用军饷分毫。曾国藩在咸丰四年十一月初七日与诸弟书中写道:"兹因魏荫亭亲家还乡之便,付去银一百两,为家中卒岁之资。以三分计之,新屋人多,取其二以供用;老屋人少,取其一以供用。外五十两一封,以送亲族各家,即往年在京寄回之旧例也。以后我家光景略好,此项断不可缺。家中却不可过于宽裕。处此乱世,愈穷愈好。我现在军中,声名极好。所过之处,百姓爆竹焚香跪迎,送钱米猪羊来犒军者络绎不绝。以祖宗累世之厚德,使我一人食此隆报,享此荣名,寸心兢兢,且愧且慎。现在但愿官阶不再进,虚名不再张,常葆此以无咎,即是持身守家之道。至军事之成败利钝,此关乎国家之福,吾惟力尽人事,不敢存丝毫侥幸之心。"在咸丰四年十一月二十三日与诸弟书中写道:"荫亭归,余寄百五十金还家,以五十周济亲族,此百金恐尚不敷家用。军中银钱,余不敢妄取丝毫也。名者,造物所珍重爱惜,不轻以予人者。余德薄能鲜,而享天下之大名,虽由高曾祖父累世积德所致,而自问总觉不称,故不敢稍涉骄奢。家中自父亲、叔父奉养宜隆外,凡诸弟及吾妻吾子吾侄吾诸女侄女辈,概愿俭于自奉,不可倚势骄人。古人谓无实而享大名者,必有奇祸。吾常常以此儆惧,故不能不详告贤弟,尤望贤弟时时教戒吾子吾侄也。"由此,皆可见曾国藩治家处事之道。

咸丰元年辛亥

三月初四日　致温甫、沅浦、季洪弟书

温甫、沅浦、季洪三弟左右:

二月初二日接到第一、第二号家信,一系正月二十发,一系二月十二发,具悉一切。日内极挂念沅弟,得沅弟一红纸片,甚欣慰也。

【译文】

温甫、沅浦、季洪三弟左右：

二月初二日接到第一、第二封家信，一是正月二十日所发，一是二月十二日所发，你们说的一切情况都已知道。最近非常挂念沅弟，收到沅弟的一张红纸片，甚是欣慰。

澄弟已于二月廿六出京，诰轴须四月用宝，澄弟不能待，将来另托人带归。澄弟与安化张星垣奎、衡山陈谷堂焯墀二大令同行①，至保定，又约杨毓楠之弟同行②。鹅毛管眼药、贴毒膏药，澄弟未带。将来托魏亚农带归③，黄生之胞侄也。梁同年献廷托请诰封之事，将来必为办妥，渠之银，弟尽可收用。京寓大小平安。癣疾微发，尚不为害。

【注释】

①张星垣：张奎，字星垣，湖南安化人。曾官长安知县。陈谷堂：陈焯墀，号谷堂，湖南衡山人。道光间举人，官至直隶州知州、补用道。

②杨毓楠：咸丰、同治年间清廷官员，曾官肥乡知县、广平知府。

③魏亚农：不详。

【译文】

澄弟已经在二月二十六日回去了，诰轴必须四月份盖玉玺，澄弟不能等，将来再托人带回去。澄弟与安化张星垣奎、衡山陈谷堂焯墀两位大令同行，到保定又约了杨毓楠的弟弟同行。澄弟没带鹅毛管眼药和贴毒膏药，将来我会托黄生的胞侄魏亚农带回去。梁同年献廷托我请求诰命封赏，将来一定会为他办妥，弟弟们完全可以收下他送来的银两。我一家大小皆平安。癣疾又稍微发作了一些，但还不会妨害我。

陈岱云之如夫人殁于安徽^①。顷接其信,甚为凄惋。同乡周辅亭得御史^②。常世兄、劳世兄两荫生皆内用^③,将来为光禄寺署正^④,可分印结^⑤,亦善地也。

【注释】

①如夫人:原意谓同于夫人,后即以称妾。

②周辅亭:曾国藩同乡,咸丰初年官御史。

③常世兄、劳世兄:分指常大淳、劳崇光之子。荫生:封建时代由于上代有功勋被特许为具有任官资格的人。内用:指任命为京官。

④光禄寺署正:文职京官。清代光禄寺大官署主官,满、汉各一人,秩从六品,职掌大官署所办供备祭物诸事。

⑤印结:盖有印章的保证文书。此指出具印结所得的酬金。

【译文】

陈岱云的如夫人在安徽去世,接到他的信时候,感到非常凄惋。同乡的周辅亭当上了御史。常世兄、劳世兄两位荫生都被任命为京官,将来成为光禄寺署正,可以分到印结钱,也是好着落。

兰姊多病,予颇忧虑。下次书来,尚乞详示。父大人命予家书中不必太琐琐,故不多及。

国藩草。

【译文】

兰姐体弱多病,我非常担忧。下次写信来请告诉我兰姐的详细情况。父亲大人命我家书不必太琐碎,所以不再多写了。

国藩亲笔。

三月十二日　　致澄侯、温甫、子植、季洪弟书

澄、温、植、洪四弟左右：

　　三月初四发第三号家信。其后初九日，予上一折，言兵饷事①。适于是日皇上以粤西事棘②，恐现在彼中者，不堪寄此重托，特放赛中堂前往③。以予折所言甚是，但目前难以遽行，命将折封存军机处，待粤西事定后再行办理。赛中堂清廉公正，名望素著，此行应可迅奏肤功④。但湖南逼近粤西，兵差过境，恐州县不免藉此生端，不无一番蹂躏耳。

【注释】

①兵饷：军人的薪俸。也泛指军队的给养和费用。

②粤西事：指洪秀全、杨秀清在广西金田起义。

③赛中堂：指大学士赛尚阿。见前注。

④肤功：大功。

【译文】

澄、温、植、洪四弟左右：

　　三月初四日我发了第三封家信。之后初九日我上了一个奏折讲军饷的事。恰巧那天，因为广西洪、杨之乱的事情棘手，皇上担心现在那里的官员难以担当重任，特地调派赛中堂前往。皇上认为我奏折所讲的都很有道理，但是目前难以迅速实行，便命令把奏折封存在军机处，等广西平定后再来办理。赛中堂清廉公正，素有名望，他这次前往应该可以迅速立大功。但是，湖南与粤西邻近，兵差过境，恐怕州官、县官不免借口生事，不可避免地要经历一番蹂躏。

　　魏亚农以三月十三日出都,向予借银二十两。既系姻亲,又系黄生之侄,不能不借与渠。渠言到家后即行送交予家,未知果然否?叔父前信要鹅毛管眼药并硇砂膏药①,兹付回眼药百筒、膏药千张,交魏亚农带回,呈叔父收存,为时行方便之用。其折底亦付回查收②。

【注释】

①硇(náo)砂:由天然氯化铵凝聚而成的矿物。

②折底:奏折底稿。

【译文】

　　魏亚农三月十三日离京,向我借了二十两银子。既是姻亲,又是黄生的侄儿,不能不把银两借给他。他说到家后便把银子还到家里,不知还了没有?叔父在前次信中说要鹅毛管眼药、硇砂膏药,现寄回眼药一百筒、膏药一千张,托魏亚农带回去,交给叔父收好,平时用起来也方便些。奏折底稿也寄回来,交叔父查收。

　　澄弟在保定想有信交刘午峰处①。昨刘有书寄子彦②,而澄弟书未到,不解何故?已有信往保定去查矣。澄弟去后,吾极思念。偶自外归,辄至其房。早起辄寻其室,夜或遣人往呼。想弟在途路弥思我也。

　　书不十一,余俟续具。

　　兄国藩手草。

【注释】

①刘午峰:曾国藩友人,精医术。

②子彦：李子彦，湖南举人。与曾国藩友善。

【译文】

　　澄弟在保定，想必有信交给刘午峰。昨天刘午峰有信寄给子彦，而澄弟的书信却没有到，不知是什么缘故？我已写信到保定去查了。澄弟离京后，我很想念他。偶尔从外回来，便到他房里去看看。早晨起来会去他卧室找他，晚上还派人去喊他。想来澄弟在路上会更加思念我。

　　书信写不到十分之一，容我以后再写吧。

　　哥哥国藩亲笔。

四月初三日　　致澄侯、温甫、子植、季洪弟书

澄侯、温甫、子植、季洪四位老弟左右：

　　三月初四日，此间发第三号家信交折弁，十二日发第四号信交魏亚农，又寄眼药鹅毛筒及硇砂膏药共一包，计可于五月收到。季洪三月初六所发第三号信，于四月初一日收到。

【译文】

澄侯、温甫、子植、季洪四位老弟左右：

　　三月初四日，发第三封家信交给信差，十二日发第四封信交给魏亚农，又寄回一包眼药鹅毛筒、硇砂膏药，应该可以在五月份收到。季洪三月初六日所发的第三封信，已经在四月初一日收到了。

　　邓升六爷竟尔仙逝，可胜伤悼！如有可助恤之处，诸弟时时留心。此不特戚谊，亦父大人多年好友也。

【译文】

邓升六爷竟然仙逝了，真是不胜悲伤！如果有可以帮忙的地方，诸位弟弟一定要时时留心。这不但是亲戚，也是父亲大人多年的好友。

乡里凶年赈助之说①，予曾与澄弟言之。若逢荒歉之年，为我办二十石谷，专周济本境数庙贫乏之人。自澄弟出京之后，予又思得一法，如朱子社仓之制②，若能仿而行之，则更为可久。朱子之制：先捐谷数十石或数百石贮一公仓内，青黄不接之月借贷与饥民③，冬月取息二分收还。每石加二斗。若遇小歉则蠲其息之半④，每石加一斗。大凶年则全蠲之，借一石还一石。但取耗谷三升而已。朱子此法行之福建，其后天下法之，后世效之。今各县所谓社仓谷者是也，其实名存实亡。每遇凶年，小民曾不得借贷颗粒，且并社仓而无之。仅有常平仓谷⑤，前后任尚算交代，小民亦不得过而问焉。盖事经官吏，则良法美政，后皆归于子虚乌有。

【注释】

①凶年：荒年。赈助：救助。

②社仓：即义仓。古代为防荒年而在乡社设置的粮仓。

③青黄不接：谓陈粮已经吃完，新粮还未接上。青，指未成熟的庄稼。黄，指已成熟的庄稼。

④蠲(juān)：除去，免去。

⑤常平仓：古代为调节米价而设置的一种仓廪。汉宣帝时耿寿昌首先倡建，以谷贱时用较高价籴入，谷贵时减价粜出，来平衡米价，故名。

【译文】

　　荒年在乡里救助饥民的想法，我曾经和澄弟说过。如果遇到饥荒、歉收的年份，为我置办二十石谷子，专门周济本乡几处庙里贫乏的人。从澄弟离京之后，我又想到一个办法，像朱子的社仓制度，如果能仿照这个制度实行，赈济之事将更为长久。朱子的制度如下：先捐几十石或几百石谷子贮藏在公仓内，青黄不接的月份再借贷给饥民，冬天返还谷子时，取利息二分。每石加两斗。如果遇到收成稍微不好的年份，就减免利息的一半，每石加一斗。如果遇到大凶之年，利息全部减免，借一石还一石。只取耗损的谷子三升。朱子这个制度先在福建实行，最后天下后世都效法他。就是各县现在所谓的社仓谷，但实际上已经名存实亡。每逢凶年，平民百姓都不能借贷半颗谷子，并且连社仓中都没有谷子。只有常平仓谷，前后任之间还算有交代，但小老百姓也不得过问。由于由官吏经办，不管怎样的良法美政，最后都会归于子虚乌有。

　　国藩今欲取社仓之法而私行之我境。我家先捐谷二十石，附近各富家亦劝其量为捐谷。于夏月借与贫户，秋冬月取一分息收还。每石加一斗。丰年不增，凶年不减。凡贫户来借者，须于四月初间告知经管社仓之人。经管量谷之多少，分布于各借户，令每人书券一纸，冬月还谷销券。如有不还者，同社皆理斥，议罚加倍。以后每年我家量力添捐几石。或有地方争讼①，理曲者，罚令量捐社谷少许。每年增加，不过十年，可积至数百石，则我境可无饥民矣。盖夏月谷价昂贵，秋冬价渐平落，数月之内，一转移之间，而贫民已大占便宜，受惠无量矣。吾乡昔年有食双谷者②，此风近想未息。若行此法，则双谷之风可息。前与澄弟面商之，说我家每年备谷救地方贫户。细细思之，施之既不能及远，行之又不可以久;且其法止能济下贫乞食之家,而不能济中贫体面之家。不若社仓之法,既可以及于远,又可以贞于久;施者不甚伤惠,取者又不伤廉。即中贫体面之家,亦可以大享其利。本家如任尊、楚善叔、宽五、厚一各家,亲戚如宝田、腾七、宫九、荆四各家③,每年得借社仓之谷,或亦不无小补。澄弟务细细告之父大人、叔父大人,将此事于一二年内办成,实吾乡莫大之福也!

【注释】

①争讼:因争论而诉讼。

②双谷:未详。

③宫九、荆四:未详。

【译文】

我想在我乡私下实行社仓制度。我家带头捐谷二十石,也劝附近富庶人家量力捐谷。夏天把谷子借给贫困人家,秋冬之际取一分利息收回。每一石多还一斗。丰年不再增加利息,荒年也不再减免利息。凡贫困人家来借谷子的,必须在四月初的时候告知经营管理社仓的人。此人再看谷子的多少,分别借与各家,让借了谷子的人写一张借券,冬天把谷子还回来了再销券。如果有不还谷子的人,同社的人讲道理斥责他,加倍罚他的谷子。以后,我家每年量力多捐几石。如果地方上有诉讼而理亏之人,罚他量力捐一些社仓谷。每年都能增加一些谷子,不超过十年,就可以累积到几百石,我乡就没有饥民了。夏天谷子的价格太高,秋冬才慢慢降下来,数月之内,一借一还之间,贫民可以占很大的便宜,受惠无穷。我乡曾经有吃双谷的,这种风气应该还没有消失。如果实行我说的这种办法,这种风气就可以止息了。之前与澄弟商量,说我家每年备办粮食来救急地方上的贫困人家。细细思考,所救急的人家又触及不到远方,救济也不能长久;并且,这种方法只能救济贫穷乞讨的人家,不能救济中资体面的人家。不像社仓制度,既可以救济较远的人家,又能长久地维持下去;捐出粮食的人不至于太优惠而吃亏,拿了粮食的人也不至于太廉价而占便宜。就算是中资体面的人家也可以享受优惠。本家的任尊、楚善叔、宽五、厚一各家,亲戚中如宝田、腾七、宫九、荆四各家,每年可以借社仓的谷,也许可以填补一二。澄弟务必细细告知父亲大人、叔父大人,将此事在一两年内办妥,诚然是我乡莫大的福分!

我家捐谷,即写曾呈祥、曾呈材双名。头一年捐二十石,已后每年或三石,或五石,或数十石。地方每年有乐捐者,或多或少不拘,但至少亦须从一石起。吾思此事甚熟,澄弟试与叔大人细思之,并禀父亲大人,果可急于施行否?近日即以回信告我。

【译文】

我家捐赠的粮食就记曾呈祥、曾呈材的名字。第一年捐二十石,以后每年捐三石、五石或几十石。地方上每年有乐于捐赠的,不拘多少,但至少从一石起捐。此事我想得很熟,澄弟再与各位大人细细思量,禀明父亲大人,看看是否可以赶快实行?近日就回信告诉我吧。

京寓大小平安。保定所发家信,三月末始到。赛中堂于初九日出京赴广西。考差在四月十四。同乡林昆圃于三月中旬作古①。予为之写知单②,大约可得百金。熊秋佩丁外艰③。余无他事。予前所寄折稿,澄弟可抄一分交彭筱房④,并托转寄江岷樵。抄一分交刘霞仙,并托转寄郭筠仙。

【注释】

①林昆圃：曾国藩同乡。

②知单：旧时一种宴客或集会的通知单。上写被邀请者的姓名，专
　　人持单面邀，应邀者在自己名下写"知"字，辞谢者则写"谢"字。

③熊秋佩：不详。丁外艰：同"丁父忧"，遭逢父亲丧事。

④彭筱房：曾国藩友人。

【译文】

我在京一家大小平安。保定发来的家信，三月末才到。赛中堂初
九离京去广西。考选差派在四月十四日。同乡的林昆圃三月中旬过世
了。我为他写通知单，大约可得奠仪一百两。熊秋佩丁外艰。其余就
没什么事了。我之前所寄的奏折稿子，澄弟可以抄写一份交给彭筱房，
并托他转寄江岷樵。再抄一份给刘霞仙，并托他转寄郭筠仙。

　　赛中堂视师广西，带小钦差七十五人，京兵二百四十
名，京炮八十八尊，抬枪四十杆①，铅子万余斤②，火药数千
斤。沿途办差，实为不易。粤西之事，日以猖獗。李石梧与
周天爵、向荣皆甚不和③，未知何日始得廓清④。圣主宵旰焦
灼⑤，廷臣亦多献策，而军事非亲临其地，难以遥度。故予屡
欲上折，而终不敢率尔也。

　　余不一一。

　　兄国藩手草。

【注释】

①抬枪：过去使用的一种火器。枪筒粗长，发射时装上火药和铁
　　砂，枪筒放在一人肩上，由另一人点导火线。

②铅子：铅制的枪炮弹丸。

③周天爵（1774—1853）：字敬修，山东东阿人。嘉庆十六年（1811）
　进士。道光中累擢至湖广总督。因属吏滥用非刑、诬执良民，革
　职。后再起用，又以滥刑等事命休致。咸丰元年（1851）起用为
　广西巡抚，偕李星沅赴广西征讨太平军。每战必亲自临阵，唯与
　向荣等不谐，寻解军务。二年（1852），安庆失守后任安徽巡抚，
　平定宿州、怀远捻军。庐州陷，奉命援庐，以疾卒于军。谥文忠。
　向荣（1799—1856）：字欣然，四川大宁人，寄籍甘肃固原。行伍
　出身。为杨遇春所识拔，擢为游击。道光间累擢为提督，历四
　川、湖南、固原各地。太平军起，文宗特调为广西提督。三年
　（1854）任钦差大臣，尾随太平军至天京，建江南大营。六年
　（1856），大营兵溃，退至丹阳病死（一说自缢）。谥忠武。

④廓清：澄清，肃清。

⑤宵旰（gàn）：犹日夜。

【译文】

　　赛中堂到广西督率军旅，带小钦差七十五人，京兵二百四十名，京
炮八十八尊，抬枪四十杆，铅丸一万多斤，火药几千斤。沿途办差，实在
是不容易。粤西的匪贼，日益猖獗。李石梧与周天爵、向荣都很不合，
不知哪天才能肃清乱局。圣上日夜焦灼，朝上之臣也献策良多，但是如
果不是亲临前线，军事上的事情实在难以遥遥规划。我屡次想呈上折
子，最终不敢草率行事。

　　我不再一一说了。

　　哥哥国藩亲笔。

五月十四日　　致澄侯、温甫、子植、季洪弟书

澄侯、温甫、子植、季洪四位老弟足下：

　　四月初三日发第五号家信，厥后折差久不来，是以月余

无家书。五月十二折弁来,接到家中四号信,乃四月一日所发者,具悉一切。植弟大愈,此最可喜!

【译文】

澄侯、温甫、子植、季洪四位老弟足下:

　　我四月初三日发了第五封家信,其后信差久久没来,因此一个多月没有收到家书。五月二十日信差来,接到家中四月一日发来的第四封书信,详细地知道一切。植弟大好,这是我最为感到高兴的!

　　京寓一切平安,癣疾又大愈,比去年六月更无形迹。去年六月之愈,已为五年来所未有,今又过之。或者从此日退,不复能为恶矣。皮毛之疾,究不甚足虑,久而弥可信也。

【译文】

　　在京一家大小平安,癣疾全好,比去年六月更看不出了。去年六月的愈合,已经是五年来从未有过的,现在的情形又超过了去年六月。也许从此一日一日好了,不会再被癣疾缠绕了。身体皮毛上的疾病终究不足为虑,时间越久这句话越可信。

　　四月十四日考差题"乐民之乐者,民亦乐其乐"①,经文题"必有忍,其乃有济,有容,德乃大"②,赋得"濂溪乐处"得"焉"字。

【注释】

　　①乐民之乐者,民亦乐其乐:语出《孟子·梁惠王下》。以百姓的快

乐为快乐,百姓也以他的快乐为快乐。

②必有忍,其乃有济,有容,德乃大:语出《尚书·君陈》。一定要忍耐,这样才能成功;能够宽容,德行才能光大。

【译文】

四月十四日考差,题目是"乐民之乐者,民亦乐其乐",经文题目是"必有忍,其乃有济,有容,德乃大",诗题为"赋得'濂溪乐处'",分得"焉"字。

二十六日,余又进一谏疏①,敬陈圣德三端,预防流弊②。其言颇过激切,而圣量如海,尚能容纳,岂汉唐以下之英主所可及哉! 余之意,盖以受恩深重,官至二品,不为不尊;堂上则诰封三代,儿子则荫任六品,不为不荣。若于此时,再不尽忠直言,更待何时乃可建言③? 而皇上圣德之美,出于天亶自然④,满廷臣工遂不敢以片言逆耳⑤,将来恐一念骄矜,遂至恶直而好谀,则此日臣工不得辞其咎。是以趁此元年新政⑥,即将此骄矜之机关说破,使圣心日就兢业,而绝自是之萌,此余区区之本意也。现在人才不振,皆谨小而忽于大,人人皆习脂韦唯阿之风⑦,欲以此疏稍挽风气,冀在廷皆趋于骨鲠⑧,而遇事不敢退缩。此余区区之余意也。

【注释】

①谏疏:条陈得失的奏章。

②流弊:相沿而成的弊病。

③建言:通过口头或文章提出的有益的意见。

④天亶(dǎn):帝王的天性。

⑤逆耳：刺耳，不中听。多指批评意见。

⑥元年：即咸丰元年（1851）。

⑦脂韦：油脂和软皮。《楚辞·卜居》："宁廉洁正直以自清乎？将突梯滑稽如脂如韦以絜楹乎？"后因以"脂韦"比喻阿谀或圆滑。唯阿：形容卑恭顺从。

⑧骨鲠：比喻刚直。

【译文】

二十六日，我又上呈了谏疏，恭敬地陈述了皇上三方面的圣德，预防流弊。我的言辞过于激切，但皇上的肚量如同大海，还能容纳得下，哪里是汉唐以来的英明圣主可以比拟的呢！我的意思是，自己所受的恩泽深厚，官当到了二品，不能不算尊贵；堂上诰封三代，儿子荫官六品，不能不算荣耀。如果在这种时候再不尽忠直言，那还等到什么时候再进言呢？而皇上的美好圣德出于天性，整个朝廷的大臣们不敢说一句逆耳的话，恐怕长此下去助长皇上的骄傲自满，从此厌恶正直忠臣而喜好谄媚小人，那么大臣们就难辞其咎了。因此，趁着咸丰元年实行新政的机会，把这个关键说破，使皇上日日兢兢业业，断绝自以为是的思想萌芽，这是我小小的本意。现在国家人才不兴旺，都谨小慎微而疏忽了大的方面，人人都学习圆滑处世、阿谀奉承的风气，我想通过这个谏疏稍微挽回一下恶劣之风，希望朝臣都变得刚强正忠，遇事不敢退缩。这是我另外一点小小的心意。

折子初上之时，余意恐犯不测之威，业将得失祸福置之度外，不意圣慈含容①，曲赐矜全②。自是以后，余益当尽忠报国，不得复顾身家之私。然此后折奏虽多，亦断无有似此折之激直者；此折尚蒙优容③，则以后奏折，必不致或触圣怒可知。诸弟可将吾意细告堂上大人，毋以余奏折不慎，或以戆直干天威为虑也④。

【注释】

①圣慈：旧时对皇帝或皇太后的美称。含容：容纳。

②曲赐：敬辞。犹言承蒙赐予，称尊长的赐予、关照等。矜全：怜惜而予以保全。

③优容：宽待，宽容。

④戆（zhuàng）直：迂愚刚直。干：触犯，冒犯，冲犯。

【译文】

折子刚呈上去时，我私下里还担心会触怒天威，已经把得失祸福置之度外了，不料皇上竟仁慈包涵，恩赐保全。自此以后，我更要尽忠报国，不再去顾虑身家性命这些私事了。但是以后要上呈的奏折虽多，也断断不会再有像这个奏折这么激烈直接的了；这个折子还能蒙皇上优容，那么以后的折子是否会触怒龙颜就不可知了。诸位弟弟可以把我这个意思详细禀告堂上大人，不要让堂上大人担心我上奏折不谨慎，或会因为憨直而干犯天威。

　　父亲每次家书，皆教我尽忠图报，不必系念家事。余敬体吾父之教训，是以公尔忘私、国尔忘家，计此后但略寄数百金偿家中旧债，即一心以国事为主，一切升官得差之念，毫不挂于意中。故昨五月初七大京堂考差，余即未往赴考。侍郎之得差不得差，原不关乎与考不与考。上年己酉科①，侍郎考差而得者三人，瑞常、花沙纳、张芾是也②；未考而得者亦三人，灵桂、福济、王广荫是也③。今年侍郎考差者五人，不考者三人。是日题"以义制事，以礼制心论"④，诗题"楼观沧海日"得"涛"字"⑤。五月初一放云贵差，十二放两广、福建三省，名见京报内，兹不另录。袁漱六考差颇为得意，诗亦工妥，应可一得，以救积困⑥。

【注释】

①己酉：即道光二十九年(1849)。

②瑞常(？—1872)：字芝生，号西樵，石尔德特氏，蒙古镶红旗人。道光十二年(1832)进士，授编修。同治间官至文华殿大学士，管理刑部。历事三朝，端谨无过。卒谥文端。有《如舟吟馆诗钞》。花沙纳(1806—1859)：字毓仲，号松岑，乌米氏，蒙古正黄旗人。道光十二年(1832)进士，授编修。累官工部、户部侍郎，兼管钱法堂事务。咸丰间历署都统、理藩院尚书、翰林院掌院学士，奏请停捐纳举人、生员成议，酌行钞法。官至吏部尚书。卒谥文定。

③灵桂(1815—1885)：字芗生，爱新觉罗氏，满洲正蓝旗人。清宗室大臣，恭亲王常宁七世孙。道光十五年(1835)中举人，咸丰二十一年(1871)授编修。同治年间，兼理部务、旗务。光绪元年(1875)，充实录馆总裁、玉牒馆副总裁、吏部尚书、崇文门正监督、吏部尚书兼协办大学士、武英殿总裁、体仁阁大学士、武英殿大学士。十一年(1885)卒，追赠太保，入祀贤良祠，谥文恭。王广荫(？—1852)：字爱棠，江苏通州人。道光三年(1823)榜眼，授翰林院编修。累官工部左侍郎、左都御史、工部尚书、兵部尚书。卒谥文慎。著有《集益斋稿》四卷。

④以义制事，以礼制心：语出《尚书·仲虺之诰》。

⑤楼观沧海日：语出唐宋之问《灵隐寺》："楼观沧海日，门对浙江潮。"

⑥积困：长年的困境。

【译文】

父亲每次家信都教育我尽忠报国，不必挂念家事。我恭敬地体会父亲的教训，所以公而忘私，国而忘家，今后只准备略寄几百两回家，偿还家里的旧债，便一心以国家大事为主，一切升官、得差使的念头，都丝毫不放在心上。所以昨日五月初七日大京堂考差，我便没有去参考。侍郎的得差与不得差，本来就和考与不考无关。去年己酉科，侍郎参加考试而得差的三人，瑞常、花沙纳、张芾；没有参加考试而得差的也是三人，灵桂、福济、王广荫。今年侍郎参加考试而得差的五人，没有参加考试而得差使的三人。那天的题目是"以义制事，以礼制心论"，诗题是"楼观沧海日"，得"涛"字。五月初一日，外放云南、贵州，十二日外放广东、广西、福建三省，名单登在京报上，现不另抄了。袁漱六考差很是得意，诗也作得工妥，应该可以得一差使，救济他长年的困境。

朱石翘明府初政甚好^①，自是我邑之福，余下次当写信与之。霞仙得县首，亦见其犹能拔取真士^②。

【注释】

①朱石翘：朱孙贻（？—1866），字石翘，一作"石樵"，江西清江人。
　历署宁乡、长沙、湘乡知县。咸丰初，以战功升宝庆知府。
②真士：有操守、有才能之士。

【译文】

朱石翘明府的新政非常好，自然是我们家乡的福气，我下次会写信给他。霞仙考中县首，可见他尤其能够选拔有操守、有才能的士人。

刘继振既系水口近邻^①，又送钱至我家，求请封典，义不可辞，但渠三十年四月选授训导^②，已在正月廿六恩诏之后，不知尚可办否。当再向吏部查明。如不可办,则当俟明年四月升祔恩诏乃可呈请③。若并升祔之时推恩不能及于外官④,则当以钱退还,家中须于近日详告刘家,言目前不克呈请,须待明年六月乃有的信耳。

【注释】

①刘继振:湘乡人。道、咸之际任宝庆府武冈州训导。水口:地名。即今湖南娄底双峰走马街镇水口村,离曾国藩家乡不远。

②三十年:即道光三十年(1850)。选授:经过选定授以官职。训导:学官名。明清府、州、县儒学的辅助教职。

③升祔(fù):升入祖庙附祭于先祖。

④推恩:帝王对臣属推广封赠,以示恩典。外官:地方官,与京官相对。

【译文】

刘继振既然是水口村的近邻,又送钱到我家来请求封典,我义不容辞,但他道光三十年四月选拔了训导,已是在二十六日恩诏之后,不知道还能不能办。我当再去吏部查明。如果不可以办,就应当等明年四月升祔,皇帝下降恩的诏书,才可以呈请。如果连升祔的时候都不能推恩于外官,就应当把钱退还给他,家里要在近日详细告诉刘家,说目前还不能呈请,要等明年六月才有准确的音信。

澄弟河南、汉口之信,皆已接到。行路之难,乃至于此!自汉口以后,想一路载福星矣。刘午峰、张星垣、陈谷堂之银皆可收,刘、陈尤宜受之,不受反似拘泥①。然交际之道,与其失之滥,不若失之隘。吾弟能如此,乃吾之所欣慰者也。西垣四月廿九到京,住余宅内,大约八月可出都。

【注释】

①拘泥(nì)：固执而不知变通。

【译文】

澄弟河南、汉口的信都已经接到了。行路的艰难，竟达到这种程度！从汉口开始，想必是一路福星高照了。刘午峰、张星垣、陈谷堂的银子都可以收，刘、陈二位的银子尤其要收，不收反而显得拘泥。但是，人际交往的道理，与其失之泛滥，不如失之狭隘。我的弟弟能够做到这样，我很欣慰。西垣四月二十九日到京，住在我家，大约八月可以离京。

此次所寄折底，如欧阳家、汪家及诸亲族①，不妨抄送共阅。见余忝窃高位，亦欲忠直图报，不敢唯阿取容②，惧其玷辱宗族，辜负期望也。

余不一一。

兄国藩手草。

【注释】

①欧阳家：指曾国藩的岳家欧阳沧溟家，欧阳沧溟曾是曾国藩的老师。汪家：指曾国藩的老师汪觉庵家。

②唯阿(ē)取容：只讨好别人以求自己安身。

【译文】

这次所寄的奏折底稿，不妨抄送欧阳家、汪家以及各亲族看看。使他们知道，我虽窃居高位，也想尽忠报国，不敢卑恭讨好，就怕辱没了宗族，辜负祖宗的期望。

其余不一一写了。

哥哥国藩亲笔。

六月初一日　致澄侯、温甫、子植、季洪弟书

澄侯、温甫、子植、季洪四位老弟足下：

五月十四日发第六号家信，内有四月廿六日具奏一疏稿。余虽不能法古人之忠直，而皇上圣度优容，则实有非汉唐以下之君所能及者，已将感激图报之意于前书内详告诸弟矣。五月廿六日，又蒙皇上天恩，兼署刑部右侍郎。次日具折谢恩，即将余感戴之忱写出。兹将原折付归。

【译文】

澄侯、温甫、子植、季洪四位老弟足下：

我五月十四日发出第六封家信，附四月二十六日上呈的谏疏稿子。我虽然不能效法古人的忠心和正直，但皇上的宽容气度实在是汉唐以下的君主所不能比拟的，我在前一封信已将感恩图报的想法详细告知诸位弟弟了。五月二十六日，再度蒙浩荡皇恩，兼摄刑部右侍郎。我第二天拟奏折谢皇上隆恩，将我感恩戴德的诚心写出来。现在将我的原稿寄回来。

日内京寓大小平安。癣疾大好，较去年澄弟在此时更好三倍，头面毫无踪影，两腿虽未净尽，不复足为患也。同乡周子佩之母病体不轻，下身不仁①，恐成偏枯②。徐寿蘅放四川主考③。湖南放四川者，向极吉利，嘉庆辛酉之杨刚亭先生、庚午之陶文毅、道光甲午之李文恭、乙未之罗苏溪④，有成例矣。邝炉青、陈俊臣两人皆已来京⑤。陈挈眷而邝则

否,邝富而陈寒,所为似相反。然究以挈眷为是,邝一二年亦必悔之耳。林崑圃事,余为写知单,得百余金,合之开吊,共二百金,将来可以赡其七十四岁之老母也。漱六望差甚切,未知能如愿否。现在已放一半,而实录馆当差人员尚未放一人⑥。唐镜海于十八日到京,廿三日召见,垂询一切。天颜有喜,极耆儒晚遇之荣⑦。现已召见五次,将来尚可入对十余次⑧。

【注释】

①不仁:指肌肤肢体麻木,不灵便。

②偏枯:偏瘫,半身不遂。

③徐寿蘅:又作"徐寿衡"。见前注。

④杨刚亭:杨健(1765—1843),字刚亭,湖南清泉人。嘉庆元年(1796)进士,分户部主事。道光间官至湖北巡抚。善决疑狱。筑堤防灾,捐养廉银修筑钟祥的柴坝,钟祥人名其堤曰"杨公堤"。陶文毅:陶澍,谥文毅。见前注。李文恭:李星沅,谥文恭。见前注。罗苏溪:罗绕典,号苏溪。见前注。

⑤邝炉青:不详。陈俊臣:陈士杰(1824—1892),字隽丞,湖南桂阳人。道光二十九年(1849)拔贡。咸丰中为湖南练团,后改为广武军,屡与太平军石达开部交战,同治初又扼之于长江上游。曾入曾国藩幕,光绪间累官至山东巡抚。

⑥实录馆:清代历朝纂修实录并无常设之馆,均是在上一代皇帝死后,由新嗣位的皇帝临时抽调在职官员设置实录馆,组成纂修机构。作为特设之馆,事毕即行解散。组成人员有监修总裁、总裁、副总裁、提调、纂修、收掌、满汉文翻译、满汉文誊录等官员。实录之大红绫本,称为"尊藏本",则往往抽调庶吉士缮写,为有

相当功力之馆阁体。

⑦耆(qí)儒：德高的老儒。晚遇：晚年显达。

⑧入对：臣下进入皇宫回答皇帝提出的问题或质问。

【译文】

最近我一家大小平安。我的癣疾大好了，比去年澄弟在这里的时候还好三倍，头上、脸上的癣消退得一干二净，只有腿上的还没有消尽，但也已经不足为患了。同乡周子佩的母亲病得不轻，下身麻木，恐怕会半身不遂。徐寿蘅外放四川主考官。湖南人外放去四川的一向都很吉利，如嘉庆辛酉年去的杨刚亭先生、庚午年去的陶文毅公、道光甲午年去的李文恭公、乙未年去的罗苏溪先生，都是先例。邝炉青、陈俊臣两人都已来京。陈俊臣带了家属而邝炉青没带，邝炉青富庶而陈俊臣贫寒，看上去正相反。但是，终究是携带家眷比较好，邝炉青过一二年一定会后悔。林崑圃的丧事，我为他写通知单，得了一百多两，再加上开吊所得，共二百两，将来可以赡养他七十四岁的老母亲。漱六非常希望得到一份差事，不知道是否能够如愿。现在外放的人已经有了一半，但实录馆当差人员还没一个。唐镜海先生十八日到京，二十三日被皇上召见，垂询一切。皇上龙颜大悦，极尽老师宿儒晚年知遇的恩荣。现在唐镜海先生已经被皇上召见五次，将来还能入对十几次。

罗山前有信来，词气温纯，似有道者之言。余已回信一次。顷又有信来，言纪泽未定婚，欲为贺耦庚先生之女作伐①，年十二矣。余嫌其小一岁，且耦庚先生究系长辈。从前左季高与陶文毅为昏②，余即讥其辈行不伦。余今不欲仍蹈其辙，拟敬为辞谢。现尚未作书复罗山，诸弟若在省见罗山兄，可将余两层意思先为道破，余它日仍当回书告知一切。余近思为纪泽定昏，其意颇急切。夏阶平处一说，本可相安，因其与黄子寿为亲家，余亦嫌辈行少屈，是以未就。黄莆卿有女年十三，近托袁漱六往求昏。莆卿言恐余升任总宪③，渠须回避。不知渠是实意，抑系不愿成昏而托辞以谢也，故现未说定。弟可一一禀告堂上大人。又余意乡间若有孝友书香之家，不必问其贫富，亦可开亲④，澄弟盍为我细细物色一遍⑤？然余将同邑各家一想，亦未闻有真孝友人家也。

【注释】

①作伐：《诗经·豳风·伐柯》："伐柯如何，匪斧不克；取妻如何，匪媒不得。"后因称做媒为"作伐"。

②左季高：左宗棠（1812—1885），字季高，一字朴存，号湘上农人，湖南湘阴人。少年时屡试不第，后就读于长沙岳麓书院，遍读群书，钻研舆地、兵法。因平定太平天国，收复新疆等功，官至东阁大学士、军机大臣，封二等恪靖侯。是晚清著名军事家、政治家，洋务派首领。在湘军统帅中，位望仅次于曾国藩；与曾国藩、李鸿章并称"同治中兴名臣"。左宗棠长女左孝瑜嫁陶澍之子陶桄。昏：同"婚"。

③总宪：明、清都察院左都御史的别称。御史台古称"宪台"，故称。

④开亲：方言。结亲，订婚。

⑤盍（hé）：何不。

【译文】

罗山之前寄来一封信，词气温和纯厚，像有道之人说的话。我已经回过一次信。他马上又有信来，说纪泽还没有订婚，想要为贺耦庚先生十二岁的女儿做媒。我嫌她小一岁，并且耦庚先生终究是长辈。从前左季高与陶文毅结为亲家，我还笑他们乱了辈分。我现在不愿意也这样做,打算恭敬地谢绝他。现在还没有写信给罗山,诸位弟弟如果在省城看见罗山兄,可以将我这两层意思先道破,其余的一切我会择日写信告诉他。我最近想为纪泽订婚,这一心意也比较急切。夏阶平那里本来合适,但因为他跟黄子寿是亲家,我也嫌他的辈分稍低,因此不肯低就。黄莤卿有位十三岁的女儿,最近我托袁漱六去求婚。莤卿说,恐怕我升任总宪,他须要回避。不知是他真心这样想,还是他不愿意与我结亲而说的托词,所以现在还没有说定。诸位弟弟可以一一禀告堂上大人。再者,我认为家乡如果有孝友书香之家,不用看他家的贫富,也可以和他们讲亲,澄弟可否为我细细挑选一遍?但是,我将同乡的各家想一想,似乎也没有听说有真正孝顺友爱的人家。

　　余至刑部,日日忙冗异常,迥不与礼部、工部、兵部相同。若长在此部,则不复能看书矣。湖南副主考乔鹤侪水部颇称博雅①,今年经策必须讲究古茂②。曹西垣办分发③,本月可引见,七月可出京。朱石翘明府昨有信来,言澄弟四月底到县。此次折弁到京,石翘有信,而澄弟无信,殊不可解。兹有书复朱,家中封好送去。

　　诸惟心照,余俟续布。

　　国藩手草。

【注释】

①乔鹤侪:乔松年(1815—1875),字健侯,号鹤侪,山西清徐人。道光十五年(1835)进士,授工部主事。咸丰间为苏州知府,从总督怡良镇压上海小刀会起义军。同治间为安徽巡抚,募勇镇压捻军。官至东河总督。卒谥勤恪。著有《萝藦亭札记》、《萝藦亭遗诗》、《纬麌》等。水部:官名。魏置水部郎,晋设水部曹郎,隋、唐

　　至宋均以水部为工部四司之一,明、清改为都水司,掌有关水道
　　之政令。相沿仍以水部为工部司官的一般称呼。博雅:谓学识
　　渊博,品行端正。
②经策:古代对秀才、孝廉之考试方法。"经"即试经,"策"即策问。
　　古茂:古雅美盛。
③分发:清制,道府以下非实缺人员分省发往补用者,谓之"分发"。

【译文】

　　我到刑部任职,日日异常繁忙琐碎,和礼部、工部、兵部迥然不同。
如果长年在此,就不能好好看书了。湖南副主考乔鹤侪供职水部,以博
雅著称,今年的试经、策问必须讲究古雅美盛。曹西垣办理分发之事,
本月可以引见皇上,七月可以离京。朱石翘县令昨天有信寄来,说澄弟
是四月底到的。这次信差到京,石翘又有信,但澄弟无信,实在不知为
何。这里有信回复朱县令,家中封好派人送去吧。

　　一切心照不宣,其他待我下次再说。

　　国藩亲笔。

七月初八日　　致澄侯、温甫、子植、季洪弟书

澄侯、温甫、子植、季洪四位老弟足下:

　　七月初六日接澄弟四月廿六信,五月初一、初八、廿三
各信,具悉一切。植弟、洪弟各信亦俱收到。洪弟之书已
至,六月初二所发者亦到。澄弟回家,至此始算放心。

【译文】

澄侯、温甫、子植、季洪四位老弟足下:

　　七月初六日接到澄弟四月二十六日的信,还有五月初一、初八、二

十三日所发的信，知晓一切情况。植弟、洪弟的信也都收到了。洪弟的信已经到了，六月初二日发的也到了。澄弟此番回家，到现在才算放心。

樊城河内泡沙，如此可怖，闻之心悸。余戊戌年九月下旬在樊城河，半夜忽遭大风，帆散缆断，濒于危殆，后亦许观音戏，至今犹有余惊。以后我家出行者，万不可再走樊城河，戒之记之，敬告子孙可也。

【译文】

樊城河内的泡沙如此恐怖，听着都觉得心悸。我戊戌年九月下旬在樊城河，半夜忽然遭遇大风，船帆散了，缆绳也断了，形势十分危急，后来允诺送观音戏才脱险，至今还觉得心惊肉跳。以后我家远行的人万万不能再走樊城河，务必引以为戒，还要郑重告诫子孙。

彭山屺苦况如此，良为可怜！一月内外当更求一书以甦涸鲋①，但不知有济否耳。此等人谋，亦须其人气运有以承之，如谢博泉之事即鲜实效②。若使南翁在彼③，当稍有起色矣。

【注释】

①甦（sū）：缓解，免除。涸鲋："涸辙之鲋"的略语。典出《庄子·外物》。指在干涸了的车辙沟里的鲫鱼，喻指处境艰难或无益之助。

②谢博泉：不详。

③南翁：指黄冕，字服周，号南坡，湖南长沙人。初官两淮盐大使，

办理淮、扬赈济有声。累迁知府,署常州、镇江。善治水利。咸丰间创厘税,兴盐茶之利,以供军饷。晚授云南迤西道,辞病不赴。卒年七十五。

【译文】

彭山屺的境况竟如此之苦,实在是可怜!一个月左右应该再求一封信以救济困境,但不知是否有效。这种谋划,也要人有运气来承受,如谢博泉的事就没什么实质效果。如果南翁在这里,应该会稍有起色。

凌荻舟之银,虽周小楼与荻舟之子私相授受①,以欺紫嫂,而荻子又当受小楼之欺,终吞于周氏之腹而后已。余处现尚存凌银将二百金,拟今年当全寄去。澄弟既将此中消息与孙筱石道破②,则此后一概交孙,万无一失。刘午峰曾言赙赠百金③,不知今岁可收到否?余今年还凌银须二百,又须另筹二百五十金寄家,颇为枯窘④。今年光景大不如去年,然后知澄弟福星来临,有益于人不浅也。其二百五十金,望澄弟在家中兑与捐职者及进京会试者⑤。总在今冬明春归款,不致有误,但不可以更多耳。

【注释】

①周小楼:不详。私相授受:私底下授受交易。

②孙筱(xiǎo)石:孙守信(?—1858),字小石(亦写作"筱石"),湖南长沙人。道光末从攻李沅发,为知县。咸丰间先后从罗泽南、李续宾镇压太平军,咸丰八年(1858)死于三河镇之役。

③赙(fù)赠:谓赠送丧家以财物。

④枯窘:枯竭贫乏。

⑤捐职:谓捐纳得官。

【译文】

凌荻舟的银子,虽然周小楼和荻舟的儿子私底下授受,欺瞒紫嫂,但荻舟的儿子应该又受到小楼的欺瞒,银两最终被周氏吞没了。我这里还存了凌荻舟二百两,打算今年全寄去。澄弟既然将这个消息与孙筱石说破了,那以后一概交给孙筱石,万无一失。刘午峰曾经说赙赠一百两,不知今年收到了吗?我今年还要还给凌荻舟二百两,又要另筹二百五十两寄回家,财政颇为窘迫。今年的景况大不如去年,但是听闻澄弟福星来临,也算是对人有不小的好处了。这二百五十两,希望澄弟在家中兑给捐职和进京参加会试的人。今年冬天或明年春天一定会有钱款归还,不会耽误,但不会有更多的钱。

父大人至县城两次,数日之经营,为我邑造无穷之福泽。上而邑长生感,下而百姓歌颂,此诚盛德之事。但乡民可与谋始,难与乐成。恐历时稍久,不能人人踊跃输将①,亦未必奏效无滞。我家倡义②,风示一邑③,但期鼓舞风声而不必总揽全局,庶可进可退,绰绰余裕耳。

【注释】

①输将:资助,捐献。

②倡义:首倡大义,宣扬大义。

③风示:晓谕,教诲,告诫。

【译文】

父亲大人到县城两次,几日的经营,为我乡缔造了无穷的福泽。在上的县长心生感激,在下的百姓歌功颂德,这真是盛德之事。但是可与乡民谋划创业,却难以与乡民守成。只怕时间稍久,就不能人人踊跃捐献粮食,也不一定顺利奏效,毫无阻难。我家首创大义,晓谕全县,只期望能鼓舞风气,而不强求把握全局,如此便可做到进退自如,绰绰有余。

朱明府之得民心①,予已托人致书上游,属其久留我邑。若因办饷得手,而遂爱民勤政,除盗息讼,则我邑之受赐多矣。社仓之法,有借无还,今日风俗,诚然如此!澄弟所见,良为洞悉时变之言,此事竟不可议举行。王介甫青苗之法所以病民者②,亦以其轻于借而艰于还也。

【注释】

①朱明府:指湘乡县令朱石樵。见前注。
②王介甫青苗之法:即王安石"青苗法",亦称"常平新法"。宋神宗熙宁二年(1069),执政王安石推行"青苗法",规定凡州县各等民户,在每年夏、秋两收前,可到当地官府借贷现钱或粮谷,以补助耕作。借户贫富搭配,十户为保,互相检查。贷款数额依各户资产分五等,一等户每次可借十五贯,末等户一贯。当年借款随夏、秋两税归还,每期取息二分。

【译文】

朱县令深得民心,我已经托人向上级写信,让他长久地留在我县。若因为成功办饷而更加勤政爱民,扫除盗贼,止息诉讼,那实在是对我县莫大的恩赐。实行社仓法,粮食有借无还,现在的风俗还真是这样!澄弟的见解实在是洞悉社会变化的金玉良言,此事竟不能付诸实践了。王安石的青苗法之所以坑害百姓,也是因为好借难还。

季弟书中言,每思留心于言行之差错,以时时儆惕①。余观此语,欣慰之至。凡人一身,只有"迁善改过"四字可靠;凡人一家,只有"修德读书"四字可靠。此八字者,能尽一分，必有一分之庆；不尽一分，必有一分之殃。其或休咎相反②，必其中有不诚，而所谓改过修德者，不足以质诸鬼神也。吾与诸弟勉之又勉，务求有为善之实，不使我家高曾祖父之积累自我兄弟而剥丧。此则余家之幸也。

【注释】

①儆惕：警觉戒慎。

②休咎：吉凶，福祸。

【译文】

季弟的信里说，时常想着留心于自己言行中的差错，时时警惕。我看到这样的话，极其欣慰。作为一个人，只有"迁善改过"四个字可靠；作为一个家，只有"修德读书"四字可靠。这八个字，能做好一分，便有一分的福泽；做不好一分，便有一分的灾害。如果善恶相反，一定是人心不诚，所谓的改过、修德等，不足以验证于鬼神。我与诸位弟弟再三共勉，务必要真正的行善，不让我家高祖、曾祖、祖父几世的积累到我们兄弟这里化为乌有。这就是我家的幸运。

余癣疾上身全好，自腰以下略有未净。精神较前三年竟好得几分，亦为人子者仰慰亲心之一端。宅内小大上下俱平安。

【译文】

我上身的癣疾全好了，只是从腰以下还有一点儿没有消退干净。精神状态比前三年竟然还好了几分，这也是我作为儿子可以宽慰父母的一个方面。我家里大大小小、上上下下都很平安。

同乡周子佩丁忧，余送银八两，挽联一付。杜兰溪放山西差。漱六又不得差，颇难为情。写作俱佳，而不可恃如此。曹西垣请分发，将于月半之官皖中。李笔峰完娶之后，光景奇窘。同乡各家大半拮据①。纪泽近日诗论又稍长进。

书不十一，顺候近佳②，余俟续具。

兄国藩手草。

【注释】

①拮据：艰难困顿，经济窘迫。

②顺候：书信结尾时表示问候的套语。近佳：犹近好。常用于书信。

【译文】

同乡的周子佩丁忧，我送了八两银子、一副挽联。杜兰溪外调山西。袁漱六又没有得到差使，很难堪。文章也好，书法也好，竟不可倚仗到如此地步。曹西垣请求分发，将在一个半月后到安徽做官。李笔峰完婚之后，景况特别窘迫。同乡的各家大半都拮据。纪泽最近作诗和论文又稍有长进。

纸短情长，文字表达不了情感的十分之一，希望听到最近一切都好的消息，其余待我下次写信再说。

哥哥国藩亲笔。

八月十三日　致澄侯、温甫、子植、季洪弟书

澄侯、温甫、子植、季洪四位老弟足下：

七月初九日发家信第八号，想已收到。八月初十折差

来京,接张湘纹书。计折弁当于七月廿外起行,诸弟正在省城而无家书,何也? 诸弟发家书交提塘后,往往屡次不带,或一次带数封,折弁颇为可恶! 诸弟须设法与提塘略一往还①,当面谆托②,或稍有济③。否则每次望信,甚闷损人也④。

【注释】

①往还:交游,交往。

②谆托:恳切相托。

③有济:有帮助。

④闷损:犹闷坏。

【译文】

澄侯、温甫、子植、季洪四位老弟足下:

我七月初九日发了第八封家信,想必诸位弟弟已经收到了。信差八月初十日来京,我接到张湘纹的书信。算起来信差应该是七月二十日开外启程的,当时诸位弟弟正在省城却没有家书寄来,为什么呢? 诸位弟弟发家书到提塘后,信差往往屡次不带,或者一次带好几封,真是可恶! 诸位弟弟必须设法与提塘稍微交往,当面恳切相托,也许稍有补益。否则,每次期盼来信,也太闷坏人了。

京寓小大平安。前月内人病数日,近已全愈。曹西垣于八月四日出京之官安徽。张书斋于十一日出京之官贵州①。今冬本欲寄银到家,因前次澄弟书言公车来京,家中尽可兑银,是以予不另寄。除圳里田价外②,尚须送亲族年例银五十金,亦宜早早筹画。共计若干,概向各处公车妥兑，免致年底掣肘。如无处可兑，即须闰八月寄信来京，以便另办，然不如兑之为便也。

【注释】

①张书斋：曾国藩友人。余不详。

②凹里：曾国藩家乡地名。

【译文】

我一家大小都平安。上个月内人生了几天病，最近已经痊愈了。曹西垣八月四日离京去安徽做官。张书斋十一日离京去贵州做官。今年冬天本来想寄银子回家，但是澄弟上次来信说有赶考的举人来京，家里可以与他们兑换银子，所以我就不再另外寄了。除了凹里田价外，还要送亲族例银五十两，也应该早早筹划。一共若干银，都向各处进京赶考的举人兑换好，以免年底受到什么妨碍。如果没有地方兑银子，必须闰八月寄信告诉我，以便另外准备，但还是没有向赶考的举人兑换方便。

诰轴已经用宝，日内即可发下，九月即可到家。

【译文】

诰轴已经盖了玉玺，几日内就能发下来，九月就能到家。

乡试题刻于京报上。诗题得"庤"字①，系出高宗御制②。是题诗中句云"即此供吟眺，奚烦事豁庤"，场中无人知之也。李子彦之文甚好，镜云文尚未见③。宋湘宾教习已传到，昨日专人告知。

【注释】

①嶚(xiāo)：高峻深邃。

②高宗：清高宗爱新觉罗·弘历，年号"乾隆"。

③镜云：吴镜云。咸丰元年(1851)顺天乡试中举，入闱前住曾国藩京寓。

【译文】

乡试题目刻在京报上。诗题得"嶚"字，出自高宗御制诗。这题的诗句是"即此供吟眺，奚烦事豁嶚"，考场中没有人知道。李子彦的文章非常好，镜云的文章还没有看见。宋湘宾教习已经传到，昨天我专门派人去告诉他。

李石梧身后恩典甚厚。乃七月末翰林院撰祭文、碑文进呈，朱批竟加严饬①，谓其夸奖过当，词藻太多，且贬其调度乖方②，功过难掩，历任封疆③，尤不足称云云。饬令翰林院另行改撰。其后复撰进呈，遂多贬词。功名之际，难得终始完全也④。

【注释】

①朱批：用朱笔写的批语，为清代皇帝用朱笔在奏章上所作的批示。严饬：严加指责。

②调度：安排，调遣。乖方：违背法度，失当。

③封疆：指总督、巡抚一级的封疆大吏。

④完全：完美，完善。

【译文】

李石梧死后，皇帝的恩典十分厚重。翰林院七月末上呈祭文、碑文，皇帝朱批竟严加批评，说文章夸奖过当，辞藻太繁复，并且批评李石梧调度失当,功劳、罪过都很明显,历年担任封疆大吏,更是当不起如此称赞。皇上严令翰林院另行改写。再后来上呈的文章,贬低之词就多了。功德、名声,实在难以善始善终。

　　耦庚先生家亲事,予颇思成就。一则以耦翁罢官,予亦内有愧心,思借此联为一家,以赎予隐微之愆①。二则耦翁家教向好,贤而无子,或者其女子必贤②。诸弟可为我细访罗罗山,下次信来详告。若女子果厚重,则儿子十七岁归家省祖父母、叔祖父母时,即可成喜事也。前托在乡间择婚,细思吾邑读书积德之家如贺氏者,亦实无之,诸弟暂不必昌言耳③。

　　余俟续布。

　　兄国藩手草。

【注释】

①隐微之愆:隐约细微的罪过。

②女子:此指耦庚的女儿。

③昌言:犹倡言,提倡。

【译文】

　　与耦庚先生家的亲事,我很想成就。一来耦翁被罢官,我心存愧疚,想借此机会联姻,成为一家,救赎我隐约细微的过错。二来耦翁的家教一直都很好,可惜没有儿子,他的女儿一定很贤良。诸位弟弟可为我细细访问罗山兄,下次写信的时候详细告诉我。如果耦翁家的女儿确实敦厚持重,纪泽孩儿十七岁回家探望祖父母、叔祖父母的时候就可以成就喜事。之前托弟弟们在乡下挑选好人家,我细细想来,实在没有像贺氏那样读书积德的世家,诸位弟弟暂时不要办这件事情了。

其他的以后再说吧。

哥哥国藩亲笔。

八月十九日　致澄侯、温甫、子植、季洪弟书

澄侯、温甫、子植、季洪四位老弟足下：

八月十四日发第九号信，至十七日接到家信第七、第八二号，欣悉一切。

【译文】

澄侯、温甫、子植、季洪四位老弟足下：

八月十四日发了第九封家信，十七日接到家信第七、第八两封，尽悉一切，颇觉欣喜。

左光八为吾乡巨盗①，能除其根株②，扫其巢穴，则我境长享其利，自是莫大阴功③。第湖南会匪所在勾结④，往往牵一发而全神皆动，现在制军程公特至湖南⑤，即是奉旨查办此事。盖恐粤西匪徒穷窜，一入湖南境内，则楚之会匪因而窃发也⑥。左光八一起，想尚非巨夥入会者流。然我境办之，不可过激而生变。现闻其请正绅保举，改行为良，且可捉贼自效⑦，此自一好机会。万一不然，亦须相机图之，不可用力太猛，易发难收也。

【注释】

①左光八：道光、咸丰之际湘乡大盗，兴让八都人。纠集各乡各县

盗贼百余人,遇强者则窃,遇弱者则劫,在本都和邻近的二十三、二十四都作案近三十年。

②根株:比喻事物的根基、基础。

③阴功:古代指在人世间所做而在阴间可以记功的好事。

④会匪:近代史上,官方文书和某些私人记述中,往往把民间秘密结社及其成员称为"会匪"。大刀会被统治者便称之为"刀匪"和"会匪"。其他称为会匪的有兴中会、安清道友、袍哥、天地会、哥弟会、三合会、三点会、小刀会等。

⑤制军程公:指时任湖广总督的程矞采。程矞采(1783—1858),初名新胜,字霭初,又字晴峰,江西新建(今属南昌)人。嘉庆十六年(1811)进士。授礼部主事。道光间任广东巡抚,参与签订《虎门条约》。道、咸之际任湖广总督。太平军进入湖南时,以堵击失败,坐夺职,旋戍新疆。越数年释回,旋卒。

⑥窃发:暗中发动。

⑦自效:愿为别人或集团贡献自己的力量或生命。

【译文】

左光八是我乡大盗,现在能够除去他的根基,扫荡他的巢穴,我们家乡便会长享太平,自然是积了莫大的阴功。只是湖南的匪徒组织互相勾结,往往是牵一发而动全神,现在总督程公特地到湖南,就是奉旨查办这件事。恐怕粤西的匪徒窘迫逃窜,一旦到达湖南境内,湖南湖北的匪徒便会暗中发动。左光八这一伙,我想还不是大团伙。但是我乡惩办他,不可太过激切以致徒生变故。现在听说他请了正直的绅士出面保举,改过从良,并且可以抓贼为朝廷效力,这自然是一个极好的机会。万一这办法不行,也要抓住时机智取,不可用力太猛,发难容易,收拾残局难。

公议粮饷一事,果出通邑之愿①,则造福无量。至于帮钱垫官之亏空,则我家万不可出力。盖亏空万六千两,须大钱三万余千,每都几须派千串②。现在为此说者,不过数大绅士一时豪气,为此急公好义之言③。将来各处分派,仍是巧者强者少出而讨好于官之前,拙者弱者多出而不免受人之勒。穷乡殷实小户,必有怨声载道者。且此风一开,则下次他官来此,既引师令之借钱办公为证④,又引朱令之民帮垫亏为证⑤,或亦分派民间出钱帮他,反觉无辞以谢。若相援为例,来一官帮一官,吾邑自此无安息之日。凡行公事,须深谋远虑。此事若各绅有意,吾家不必拦阻。若吾家倡议,万万不可。

【注释】

①通邑:全邑。

②都:元、明、清时期县下一级行政区划名。明、清时基层行政区划是图,图下分十庄,图有地保;图上设都,相当于区或乡。

③急公好义:热心公益,见义勇为。

④师令:师县令,湘乡前任县令师梧冈。

⑤朱令:朱县令,湘乡现任县令朱石樵。

【译文】

公议粮饷这件事,如果真的是出于全乡的愿望,真是造福无量。至于出钱去垫付官府的亏空,我家万万不能出力。亏空一万六千两,大概须要大钱三万多千,每都要摊派千串。现在这么倡议的人,不过是几个大乡绅,因一时豪气而说出这种急公好义的言论。将来分派到各处,还不是取巧之人、豪强之人出得少,却在官府面前讨好;笨拙之人、弱小之人出得多,但还不免受别人勒索。穷乡僻壤的殷实小户,一定会怨声载道。并且,这种风气一开,下次其他官员来了,便会拿师县令借钱办公的例证、又拿朱县令的百姓出钱垫付官府亏空的例证，分派民间出钱帮他，那时反而没什么话好拒绝他。如果官员们这样互相援引以作为例证，来一位官员就要去帮一位官员，那我们家乡从此没有安宁日子过了。凡是公事，都必须深谋远虑。这件事如果各位乡绅有意去做，我家也不必去阻拦。但是，我家万万不可出面倡议。

　　且官之补缺，皆有呆法①。何缺出②，轮何班补，虽抚藩不能稍为变动③。澄弟在外多年，岂此等亦未知耶？朱公若不轮到班，则虽帮垫亏空，通邑挽留，而格于成例，亦不可行。若已轮到班，则虽不垫亏空，亦自不能不补此缺。间有特为变通者，督抚专折奏请，亦不敢大违成例。季弟来书，若以朱公之实授与否，全视乎亏空之能垫与否，恐亦不尽然也。曾仪斋若系革职，则不复能穿补子；若系大计休致，则尚可穿。

【注释】

①呆法：不易改动的固定方案。

②缺出：官制用语。即指有额定的官员职位空出，可以按制度铨选和任命应升、应除或应调的官员前往继任。

③抚藩：抚台、藩台，即巡抚和布政使。

【译文】

　　并且，官员的补缺都有固定的方案。什么地方出缺了，轮到哪班人员去补缺，即使是抚台、藩台衙门也不能稍稍改动。澄弟在外多年，难道连这类事都不知道吗？朱公如果没有轮到班，即使帮他垫付了亏空，加上全县人挽留，也会碍于惯例而无济于事。如果已经轮到他的班，即使不垫付亏空，也自然不能不让他来补这个缺。间或有特别需要变通办理的,要总督和巡抚专门写奏折请示,但也不能太违背规矩。季弟来信,似乎认为朱公能不能补缺全系于亏空有没有被填补,恐怕不见得是这样。曾仪斋如果是革职,那就不能穿官服;如果是因为吏部三年一次的考核而辞官的,还可以穿。

　　季弟有志于道义身心之学[①],余阅其书,不胜欣喜。凡人无不可为圣贤,绝不系乎读书之多寡。吾弟诚有志于此,须熟读《小学》及《五种遗规》二书[②]。此外各书能读固佳,不读亦初无所损。可以为天地之完人,可以为父母之肖子,不必因读书而后有所加于毫末也[③]。匪但四六、古诗可以不看[④],即古文为吾弟所愿学者,而不看亦自无妨。但守《小学》《遗规》二书,行一句算一句,行十句算十句,贤于记诵词章之学万万矣。

【注释】

①道义:道德义理。

②《小学》:书名,朱子所撰。全书六卷,分内、外两篇。内篇有四个纲目:前三个是"立教"、"明伦"、"敬身",第四个是"鉴古"。外篇分两部分:一是"嘉言",二是"善行"。"鉴古"、"嘉言"和"善行",均各有"立教"、"明伦"、"敬身"三纲目。"鉴古",按三个纲目记载夏、商、周三代时圣人贤者已行之迹;"嘉言"和"善行"则是按三个纲目记载汉以后贤者的嘉言善行。这三部分都是相对应地实证内篇的论述的。

③毫末:毫毛的末端,比喻极其细微。

④匪但:不仅。匪,同"非"。四六:代指骈文。

【译文】

季弟有志于道德义理、修身养性的学问，我读了他的信，非常高兴。人人都可以成为圣贤，决不在于读书的多少。弟弟们如果真的有志于此，必须熟读《小学》《五种遗规》二书。其他的书，能读的话固然很好，不读的话，刚开始也没什么妨害。弟弟们也可以成为天地间完全意义上的人，也可以成为父母孝顺贤德的孩子，不一定要读书才能做得好一点儿。不但骈文、古诗不用读，就是弟弟们想学的古文，不读也没什么妨害。只要固守《小学》《五种遗规》二书所说，实行一句算一句，实行十句算十句，比记诵诗词、文章好万万倍。

季弟又言愿尽孝道，惟亲命是听，此尤足补我之缺憾。我在京十余年，定省有阙[①]，色笑远违[②]，寸心之疚，无刻或释。若诸弟在家能婉愉孝养[③]，视无形，听无声；则余能尽忠，弟能尽孝，岂非一门之祥瑞哉？愿诸弟坚持此志，日日勿忘，则兄之疚可以稍释。幸甚幸甚！

书不十一，余俟续具。

兄国藩手草。

【注释】

①定省：晨昏定省，子女早晚向父母请安问好的礼节。

②色笑：指音容笑貌。远违：久违，好久不见。

③婉愉：和悦。孝养：竭尽孝忱奉养父母。

【译文】

季弟又说希望能尽孝道，听从双亲的教导，这尤其可以弥补我的缺憾。我在京城十多年，没能好好晨昏定省，久违父母双亲的音容笑貌，内心十分愧疚，没有一刻可以释怀。如果弟弟们在家，能够和悦地竭心尽力孝顺堂上大人，视于无形，听于无声，面面俱到，则我能尽忠，弟弟们能尽孝，这难道不是我们一家的祥瑞吗？愿弟弟们坚持这种心志，无一日忘记，我的愧疚也可以稍稍释怀了。很幸运很幸运！

　　信上不再一一写了，以后再说吧。

　　哥哥国藩亲笔。

闰八月十二日   致澄侯、温甫、子植、季洪弟书

澄侯、温甫、子植、季洪四位老弟左右：

　　八月二十日发家信第十号，想已收到。顷闰月初十日折弁来京，计其在省起行当在前月廿外，乃竟未接到家信。诸弟出闱后，不惟不付文章，亦并不抄一题寄一信，何耶？或者已发而折弁未带，未可知也。

【译文】

澄侯、温甫、子植、季洪四位老弟左右：

　　八月二十日我发了第十封家信，想必诸位弟弟已经收到。闰月初十日信差就来了，他该是在上个月二十几日起程的，而我竟没有接到家信。诸位弟弟考完科举后，不仅没有寄来文章，也没有抄来一道题或者寄来一封信，为什么？或者是诸位弟弟发了家信，但信差没有带来，现在我也不知道。

　　近来京寓平安，癣疾又微发。以兼署刑部，较为繁劳。儿女辈皆如常，足慰堂上老人之垂念。惟近来有两件事大不快意。一件国事：系黄河于丰县北岸决口①，数十万生灵

罹此凶灾^②。目前抚恤固非易事，将来堵筑，非帑金数百万不可^③。且漕船尚未回空^④，水道中梗^⑤，恐致贻误。一件家事：诰封已于八月用宝，我家各轴竟尚未用。吾意思急急寄回，以博父母大人、叔父母大人之一欢，乃竟未领得，心焉负疚。去年请封时，系由礼部行文吏部^⑥，彼时曾与澄弟谈及。以为六部毕竟声势相通，办事较易。岂知不另托人不另给钱，则书办置之不议不论^⑦，遂将第一次用宝之期已误过矣。现在已另托夏阶平妥办，不知今夕尚用宝否？然父亲、叔父顶戴、补服皆于服阕后即穿用一品服色，盖此以去年颁诏之日为定，不以接轴之日为定也。

【注释】

①丰县：地名。古称"凤城"，又称"丰邑"、"秦台"，即今江苏徐州丰县，位于徐州最西北部。

②罹（lí）：遭受。

③帑（tǎng）金：钱币。多指国库所藏。

④漕船：用于漕运的船只。回空：车船等回程时不载旅客或货物。

⑤梗：阻塞。

⑥行文：行文书，发布公文。

⑦书办：管办文书的属吏。亦泛指掌管文书翰墨的人。

【译文】

我一家大小平安，只是我的癣疾又稍微发作了。因为我兼摄刑部，事务也比较繁忙。儿女们都跟往常一样，足慰堂上老人挂念之心。近来只有两件事不大让人快活。一件是国事：黄河在丰县北岸的堤坝被冲垮，数十万生灵横遭惨祸。目前，抚恤灾民已经很不容易，将来堵缺口、筑堤坝，国库非拨出数百万不可。并且，漕船还没有空着回来，水道阻塞，恐怕会误事。另一件是家事：诰封已经在八月份盖了玉玺，但我家的诰轴还没有。我本想速速把诰轴寄回，让父母大人、叔父母大人高兴高兴，谁知竟然没有领到诰轴，心里十分愧疚。去年请求封赏的时候，是由礼部向吏部发布公文，当时还和澄弟谈到此事。我本以为，毕竟六部声势相通，办起事情来比较容易。谁知，不另托人、不另给钱，书办就置之不理，就这样将第一次盖玉玺的时间错过了。现在，我已经另托夏阶平去妥善办理了，不知现在盖了没有？但是，父亲和叔父的顶戴、补服都可以在守丧期满后就用一品的，这是以颁发诏书的日子为准，不是以接到诰轴的日子为准。

　　顺天于初十日发榜，湖南中十一人。镜云中而子彦黜，一喜一惋。然子彦九月就婚蔚州①，亦是大喜，小挫正无伤也。曹冶山镕于闰月初殁于老馆②，实为可怜。近来此等事，棺木之费皆我任之③，颇觉拮据不给。然使无人任之，又岂可听其客死无归？

【注释】

　　①蔚州：地名。即今河北蔚县。

　　②曹冶山：曹镕，字冶山，湖南人。咸丰元年（1851）病殁于京师。

　　　老馆：当指长郡会馆老馆。

　　③任：负担。

【译文】

　　顺天府初十日发榜，湖南省十一人中举。镜云中举，但子彦未中，一欢喜一惋惜。但是，子彦九月就要到蔚州结婚，也是大喜的事情，这种小挫折无伤大雅。曹冶山镕闰月初在老馆病殁，实在是可怜。近来出现这类事情，棺材等的费用都是我出，颇觉拮据而难以负担。但是，如果没人负担这些费用，难道任他客死异乡而无安息之地吗？

耦庚先生之女，其德容言功^①，诸弟曾打听分明否？

【注释】

①德容言功：指妇德（指妇女贞顺的德行）、妇容（指妇女端庄柔顺的容态）、妇言（指妇女的言辞）、妇功（亦作"妇工"，指纺织、刺绣、缝纫等事）。旧时礼教要求妇女具备的四种德行。

【译文】

耦庚先生女儿的妇德、妇容、妇言、妇功，诸位弟弟都打听清楚了吗？

兰姊、蕙妹二家不睦，将来不宜在一屋居住。即田地毗连，亦非所宜。

【译文】

兰姐、蕙妹两家不和睦，将来不适合居住在一起。即使是田地相连，也不合适。

予署刑部，大约十月可卸事。现在审办琦善一案^①，正为吃紧之时。予保养身体，自知慎重。诸弟禀知堂上大人，敬求放心。

余俟续布。

兄国藩手草。

【注释】

①琦善一案：当指言官参劾陕甘总督兼署青海办事大臣琦善妄杀一事。曾国藩时为刑部侍郎，审办此案。《清史稿·琦善传》："(琦善)二十九年，调陕甘总督，兼署青海办事大臣，……既而言官劾其妄杀，命都统萨迎阿往按，革职逮问。咸丰二年，定谳发吉林效力赎罪，寻释回。"

【译文】

我兼摄刑部，大约十月可以卸任。现在审理琦善的案子，正是局势紧张的时候。我保养身体，自会慎重。诸位弟弟禀告堂上大人，敬请堂上大人放心。

其他的以后再说。

哥哥国藩亲笔。

九月初五日　致澄侯、温甫、子植、季洪弟书

澄侯、温甫、子植、季洪四弟足下：

日来京寓大小平安。癣疾又已微发，幸不为害，听之而已。

【译文】

澄侯、温甫、子植、季洪四位老弟足下：

近来京城家中大小平安。癣疾又已经微微发作，幸亏没有大害，姑且听之任之。

湖南榜发，吾邑竟不中一人。沅弟书中言温弟之文典丽高皇①，亦尔被抑，不知我诸弟中将来科名究竟何如？以

祖宗之积累及父亲、叔父之居心立行^②，则诸弟应可多食厥报。以诸弟之年华正盛，即稍迟一科，亦未遽为过时。特兄自近年以来事务日多，精神日耗，常常望诸弟有继起者，长住京城，为我助一臂之力。且望诸弟分此重任，余亦欲稍稍息肩^③，乃不得一售，使我中心无倚。

【注释】

①典丽：典雅华丽。喬(yù)皇：辉煌，光辉。

②居心：指安心。立行：建德修行。

③息肩：卸去负担。

【译文】

湖南今科已经发榜，我们县竟然一个人也没有考中。沅弟信中说温弟的文章典丽堂皇，居然也被埋没，不晓得我几位弟弟中将来究竟能否得中科名？凭依祖宗的积德，父亲、叔父的居心和行事，几位弟弟将来必得善报，高中科名。几位弟弟都还年华正盛，就算稍微迟一两科考取功名，也不能说是错过时机。只是为兄我近年以来，事务一天天增多，精神一天天耗损，常常希望几位弟弟中有继我而起之人，长住在京城，为我助一臂之力。并且希望几位弟弟能分担重任，我也想稍微轻松一下，没想到几位弟弟没有一个考中，让我心里觉得没有倚靠。

盖植弟今年一病，百事荒废，场中又患眼疾，自难见长。温弟天分本甲于诸弟，惟牢骚太多，性情太懒。前在京华，不好看书，又不作文，余心即甚忧之。近闻还家以后，亦复牢骚如常，或数月不搦管为文^①。吾家之无人继起，诸弟犹可稍宽其责，温弟则实自弃，不得尽诿其咎于命运。吾尝见友朋中牢骚太甚者,其后必多抑塞②,如吴枃台、凌荻舟之流③,指不胜屈。盖无故而怨天,则天必不许;无故而尤人,则人必不服。感应之理,自然随之。温弟所处,乃读书人中最顺之境,乃动则怨尤满腹,百不如意,实我之所不解。以后务宜力除此病,以吴枃台、凌荻舟为眼前之大戒。凡遇牢骚欲发之时,则反躬自思④:吾果有何不足而蓄此不平之气?猛然内省⑤,决然去之。不惟平心谦抑⑥,可以早得科名,亦且养此和气⑦,可以稍减病患。万望温弟再三细想,勿以吾言为老生常谈⑧,不值一哂也⑨。

【注释】

①搦(nuò)管:握笔,执笔为文。

②抑塞:压抑,阻塞。

③吴枃台:不详。疑指吴南屏。

④反躬:反过来要求自己,自我检束。

⑤内省(xǐng):内心反省自己的思想和言行,检查有无过失。

⑥平心:使心情平和,态度冷静。谦抑:犹谦逊。

⑦和气:犹元气、中气。中医谓人体内能使各器官发挥机能的原动力。

⑧老生常谈:原指年老书生的平凡议论,后泛指讲惯了的老话。

⑨不值一哂(shěn):不值得一笑。哂,微笑,比喻毫无价值。也表示对某种事物或行为的轻蔑和讥笑。

【译文】

植弟因为今年得病,百事荒废,考试时又患眼病,自然难以看到长进。温弟的天分,在几位弟弟中算是最好的,只是牢骚太多,性情太懒。从前在京城,就不喜欢读书,又不爱写文章,我当时心里就很为他担忧。

近来又听说温弟回家后,还是和从前一样爱发牢骚,常常几个月都不拿笔写文章。我家之所以无人继我而起,其他几位弟弟应负的责任还可以说较轻一些,温弟实在是自暴自弃,不应推诿责任,只说命运不好。我每每见到朋友中牢骚太甚的人,后来必然命运坎坷,比如吴枟台、凌获身这样的人,屈指算来,真是数也数不清。无缘无故地埋怨老天,老天肯定不会答应;没有来由地指责他人,他人则肯定不服。感应相报的道理,很自然地体现到每个人身上。温弟目前的处境,乃是读书人中最顺利的了,动不动就满腹牢骚,怨这怨那,百般不如意,实在是我所不理解。温弟以后务必努力去掉这个毛病,以吴枟台、凌获身为前车之鉴。凡是遇到将要发牢骚的时候,就应自我反省:我究竟有哪些不足,又凭什么积蓄了这么多不平之气? 要积极地深刻反省,毫不犹豫地去掉牢骚不平之气。如此,则不仅仅可以平心静气,低调谦虚,早日得中科名;还可以在体内养这和气,稍稍减少病患。万望温弟反复思量,不要将我的话当作老生常谈,不值得理会。

王晓林先生_植在江西为钦差^①,昨有旨命其署江西巡抚。余署刑部,恐须至明年乃能交卸。袁漱六昨又生一女,凡四女,已殇其二。又丧其兄,又丧其弟,又一差不得。甚矣! 穷翰林之难当也。黄麓西由江苏引见入京,迥非昔日初中进士时气象,居然有经济才。王衡臣于闰月初九引见,以知县用,后于月底搬寓下洼一庙中,竟于九月初二夜无故遽卒。先夕与同寓文任吾谈至二更^②,次早饭时,讶其不起,开门视之,则已死矣。死生之理,善人之报,竟不可解。

【注释】

①王晓林:王植,字叔培,一字晓林,晚号秉烛老人,直隶清苑(今属

河北保定)人。嘉庆二十二年(1817)进士,授编修。咸丰初官至
江西巡抚。有《经解述》、《深柳书堂诗文集》。稙:当作"植",因
形近而讹。

②先夕:头天夜里。文任吾:文希范,字任吾,湖南益阳人。道光二
十三年(1843)癸卯科举人。保举知县,升同知,署湖北孝感知
县,以知府留湖北补用。咸丰二年(1852)正月,在曾国藩京寓
教读。

【译文】

王晓林先生稙在江西当钦差,昨天有圣旨命他兼署江西巡抚。我
兼署刑部,恐怕要到明年才能卸任。袁漱六昨天又生了一个女儿,一共
四个女儿,已经死了两个。他又死了兄长和弟弟,又一份差事也得不
到。他这个穷翰林当得也太难了!黄麓西从江苏引见入京,已经远不
是当初刚中进士时的气象,居然很有经世济用的才能。王衡臣是闰月
初九日引见的,用为知县,月底搬到我寓下洼一庙中,竟然在九月初二
日夜里突然无故死了。头天夜晚还和同住一起的文任吾谈到二更,次
日早饭,奇怪他没起床,开门去看,人就已经死了。死死生生的道理,所
谓的善有善报,我竟然突然不理解了。

邑中劝捐弥补亏空之事,余前已有信言之,万不可勉强
勒派①。我县之亏,亏于官者半,亏于书吏者半②,而民则无
辜也。向来书吏之中饱③,上则吃官,下则吃民,名为包征包
解④,其实当征之时,则以百姓为鱼肉而吞噬之;当解之时,
则以官为雉媒而播弄之⑤。官索钱粮于书吏之手,犹索食于
虎狼之口。再四求之,而终不肯吐。所以积成巨亏,并非实
欠在民,亦非官之侵蚀入己也。今年父亲大人议定粮饷之
事,一破从前包征包解之陋风,实为官民两利;所不利者,仅

书吏耳。即见制台留朱公,亦造福一邑不小,诸弟皆宜极力助父大人办成此事。惟捐银弥亏,则不宜操之太急,须人人愿捐乃可。若稍有勒派,则好义之事,反为厉民之举,将来或翻为书吏所藉口,必且串通劣绅,仍还包征包解之故智,万不可不预防也。

【注释】

①勒派:强行摊派。

②书吏:承办文书的吏员。

③中饱:即中饱私囊。原谓居间者得利,后指经手钱财时,以欺诈手段从中取利。

④包征包解:清代田赋征解方式,即田赋征解一由书差承揽,州县除分得固定数量的规礼外,其余悉置不问。

⑤雉媒:为猎人所驯养用以诱捕野雉的雉。播弄:操纵,摆布。

【译文】

家乡劝捐弥补亏空的事,我前些日子已经有信说过,万万不可以勉强摊派。我县的亏空,亏在官手上的占一半,亏在书吏手上的占一半,但老百姓是无辜的。从来书吏中饱私囊,上头吃官,下头吃民,名义上是包征包解,其实当征收的时候,便把百姓当作鱼肉而吞噬;当解送的时候,又把官员当作招引的雉媒而从中播弄。官员从书吏手上索取钱粮,就好比从虎狼口里讨食。再三请求,就是不肯吐出来。所以才积累成大亏空,并不是因为百姓真的欠税,也不是官员自己侵吞了。今年父亲大人议定粮饷的事,完全打破从前包征包解的陋习,实在是于官于民都有利;所不利的,只是书吏而已。就是去见制台挽留朱公这件事,也对家乡造福不小,弟弟们应该尽力帮父亲大人办成这件事。只是捐钱补亏空这件事,不要操之过急,一定要人人自愿捐才行。如果稍微有勒派，那么一件力求正义的事，反而成了损害人们的行为，将来或者反而被书吏们当作借口，并且必然会串通地方上的劣绅，闹着要恢复包征包解的老办法，万万不可不早作预防。

梁侍御处银二百①，月内必送去。凌宅之二百②，亦已兑去。公车来，兑五七十金，为送亲族之用，亦必不可缓。但京寓近极艰窘，此外不可再兑也。邑令既与我家商办公事，自不能不往还，然诸弟苟可得已，即不宜常常入署。陶、李二处③，容当为书。本邑亦难保无假名请托者，澄弟宜预告之。

书不详尽，余俟续具。

兄国藩手草。

【注释】

①梁侍御：指梁俪裳。见前注。侍御，唐代称殿中侍御史、监察御史为"侍御"，后世因沿袭此称。唐赵璘《因话录》："御史台三院，一曰台院，其僚曰侍御史，众呼为端公；二曰殿院，其僚曰殿中侍御史，众呼为侍御；三曰察院，其僚曰监察御忠，众呼亦曰侍御。"

②凌宅：凌荻舟宅。

③陶、李：不详。

【译文】

梁侍御那二百两银子，月内一定会送去。凌宅的二百两，也已经汇兑过去。进京赶考的举子来京，汇兑五七十两，用来送给亲戚族人，也不能缓。但是，京城家中最近极其艰苦困窘，此外再不能多兑银钱了。县令既然与我家商办公事，自然不能不来往，但是，弟弟们如果可以见到县令的话，就不适合经常去县衙。陶、李两处，我会写信。本县难免会有假名请托的人，澄弟应该提前告诉我。

书信不能一一详说，以后我再写吧。

哥哥国藩亲笔。

十月十二日　致澄侯、温甫、子植、季洪弟书

澄侯、温甫、子植、季洪四弟足下：

九月廿六日发家信第十三号，想已收到。十月初十日，接到家中闰月廿八所发信及九月初二、九月十四所发各件。十二夜又于陈伯符处接到父亲大人闰八月初七所发之信，系交罗罗山手转寄者。陈伯符者①，贺耦庚先生之妻舅也，故罗山托其亲带来京。得此家书四件，一切皆详知矣。

【注释】

①陈伯符：贺耦庚之妻舅。与曾国藩交好，曾为曾国藩僚属，多年　负责粮台银钱之事。又尝为曾纪泽塾师。

【译文】

澄侯、温甫、子植、季洪四弟足下：

九月二十六日我发了第十三封家信，想必诸位弟弟已经收到。十月初十日那天，接到家中闰月二十八、九月初二、九月十四日发来的信件。十二日晚上又在陈伯符那里接到父亲大人闰八月初七日发的家信，乃是交罗罗山转寄的。陈伯符是贺耦庚先生的妻舅，所以罗山托他寄信。收到这四封家书，一切情况都已知道。

纪泽聘贺家姻事，观闰八月父亲及澄弟信，已定于十月订

盟;观九月十四澄弟一信,则又改于正月订盟。而此间却有一点挂碍^①,不得不详告家中者。京师女流之辈,凡儿女定亲,最讲究嫡出、庶出之分。内人闻贺家姻事,即托打听是否庶出,余以其无从细询,亦遂置之。昨初十日接家中正月订盟之音,十一日即内人亲至徐家打听,知贺女实系庶出,内人即甚不愿。余比晓以大义,以为嫡出、庶出何必区别,且父亲大人业已喜而应允,岂可复有他议?内人之意,以为为夫者先有嫌妻庶出之意,则为妻者更有踧踖难安之情^②,日后曲折情事,亦不可不早为虑及。求诸弟宛转禀明父母,尚须斟酌,趱缓订盟为要^③。陈伯符于十月十日到京,余因内人俗意甚坚,即于十二日夜请贺礼庚、陈伯符二人至寓中^④,告以实情,求伯符先以书告贺家,将女庚不必遽送,俟再商定。伯符已应允,明日即发书,十月底可到贺家。但兄前有书回家,言亲事求父亲大人作主,今父亲欢喜应允,而我乃以妇女俗见从而挠惑^⑤,甚为非礼。惟婚姻百年之事,必先求姑媳夫妇相安^⑥,故不能不以此层上渎^⑦。即罗山处,亦可将我此信抄送一阅。我初无别见也。夏阶平之女,内人见其容貌端庄,女工极精,甚思对之。又同乡陈奉曾一女^⑧,相貌极为富厚福泽,内人亦思对之。若贺家果不成,则此二处必有一成,明春亦可订盟。余注意尤在夏家也。京城及省城订盟,男家必办金簪、金环、玉镯之类,至少亦须花五十金。若父亲大人决意欲与贺家成亲,则此数者亦不可少。家中现无钱可办,须我在京中明年交公车带回,七月间诸弟乡试晋省之便^⑨,再行订盟,亦不为晚。望澄弟下次信详以告我。

【注释】

①挂碍：牵挂。

②跼蹐(jú jí)：语出《诗经·小雅·正月》："谓天盖高，不敢不局。谓地盖厚，不敢不蹐。"郑玄笺："局蹐者，天高而有雷霆，地厚而有陷沦也。此民疾苦王政，上下皆可畏怖之言也。"后因以形容戒慎、畏惧之貌。

③蹔(zàn)：同"暂"。

④贺礼庚：当为贺长龄弟贺熙龄号。

⑤挠惑：骚乱，烦乱。

⑥姑媳：婆母与儿媳。

⑦上渎：冒犯尊长。

⑧陈奉曾：曾国藩同乡。

⑨晋省：进省。

【译文】

纪泽孩儿与贺家的婚事，看闰八月父亲和澄弟的信，知道已经定在十月订盟；看九月十四日澄弟的信，知道又改在正月订盟了。这边有一点儿麻烦，不得不详细告知家中。京师妇女，凡其儿女定亲，最讲究对方嫡、庶的分别。内人听说纪泽与贺家的婚事，就托人打听对方是否庶出，我因为没什么地方细细询问，就不了了之。初十日接到家中决定正月订盟的消息，内人十一日就亲自到徐家打听，知道那贺家女儿确实是庶出，就非常不情愿。我屡屡劝说她晓以大义，说嫡、庶有何区别，况且父亲大人也已经欣喜地答应了，怎能再有别的想法？内人的意思是，做丈夫的先有嫌弃妻子庶出的意思，做妻子的更会局促不安，日后情事错综复杂，也不可不早作考虑。请诸位弟弟宛转的禀明父母大人，此事还须斟酌，暂且将订盟之事缓一缓。陈伯符十月十日到达京城，我因为内人这世俗之见甚是坚定，就在十二日夜里请贺礼庚、陈伯符二人到家中，告以实情，求伯符先写信告诉贺家，不必急着把女方的生辰八字送来,等着再作商量。伯符已经答应第二天就发信,信件十月底可以到贺家。但是,我之前写信回家,说纪泽孩儿的亲事请父亲大人做主,如今父亲大人欢喜应允,我却因为妇女俗见而使父亲大人困扰,实在是不合礼数。但是婚姻是百年之事,一定要先求得婆媳、夫妇相安,所以不能不拿这层意思轻慢了父亲大人。到罗山那里,也可以将我这封信抄一份给他看。我本来是没有什么别的意见的。夏阶平的女儿,内人见她容貌端庄,精于女工,非常想让纪泽孩儿与她婚配。又有同乡陈奉曾的女儿,相貌极其富态、有福,内人也想把她说给纪泽。如果与贺家的亲事真的不成,这两家中间一定要有成的,明年春天就可以去订盟。我自己尤其重视夏家的女儿。京城和省城订盟的习俗,男方必须备办金簪、金环、玉镯等物件,至少要花费五十两。如果父亲大人决定与贺家结亲,这个数也不能少。家里现在没有现钱来办这件事,必须等我明年在京中交给赶考的举人带回,趁着七月份诸位弟弟到省城参加乡试的时候再订盟,也不会太晚。希望澄弟下次写信再告诉我详细情况。

　　祖父佛会既于十月初办过[1],则父母、叔父母四位大人现已即吉[2],余恐尚未除服[3],故昨父亲生日,外未宴客,仅内有女客二席。十一,我四十晋一,则并女客而无之。

【注释】

　　①佛会:礼佛的法会。包括念佛、诵经、拜忏、唱赞等内容。

　　②即吉:谓居丧期满。古代除去丧服后才能参与吉礼,故称。

　　③除服:脱去丧服,谓不再守孝。

【译文】

　　祖父的佛会既然已经在十月初办过,父母大人、叔父母大人的服丧期现在必然已经满了,我怕我自己尚在服丧期,昨日父亲生日,并未在外宴请宾客，只有两席自家女客。十一日那天，我四十一岁生日，连女客也没有宴请了。

朱石樵为官竟如此之好，实可佩服！至于铳砂伤其面尚勇往前进，真不愧为民父母。父亲大人竭力帮助，洵大有造于一邑①。诸弟苟可出力，亦必尽心相扶。现在粤西未靖②，万一吾楚盗贼有乘间窃发者③，得此好官粗定章程④，以后吾邑各乡自为团练⑤，虽各县盗贼四起，而吾邑自可安然无恙，如秦之桃花源⑥，岂不安乐？须将此意告邑之正经绅耆⑦，自为守助。

【注释】

①洵：诚实，实在。

②靖：使安定，平定。

③乘间(jiàn)：利用机会，趁空子。窃发：暗中发动。

④章程：程式，规定。

⑤团练：办团练。宋代至民国初年，于正规军之外就地选取丁壮，加以训练的地主武装组织，称"团练"。

⑥桃花源：此指晋陶渊明《桃花源记》里所塑造的世界，喻为美好的境地。

⑦绅耆：旧称地方上的绅士和年老有声望的人。

【译文】

朱石樵为官竟然这么好，我实在是佩服！他被火枪打伤了脸还勇往直前，真不愧是老百姓的父母官。父亲大人竭力帮助他，定然可以极大地造福我县。诸位弟弟如果有可以出力的地方，一定要尽心尽力地帮他。现在广西匪乱还没有平定，万一楚地盗贼趁机而动，有这么一位好官定下法规制度,以后我县各乡可以自己组织团练,即使各县盗贼蜂起,我县自然可以安然无恙,就像秦时的桃花源,难道不安乐吗? 一定要将我这层意思告诉县里的正经绅耆,让他们自己守望相助。

牧云补廪,烦弟为我致意道喜。季弟往凹里教书,不带家眷最好,必须多有人在母亲前,乃为承欢之道。季洪十日一归省,亦尽孝之要也。而来书所云寡欲多男之理,亦未始不寓乎其中。甲五读书,总以背熟经书、常讲史鉴为要。每夜讲一刻足矣。季弟看书不必求多,亦不必求记,但每日有常,自有进境,万不可厌常喜新,此书未完,忽换彼书耳。

兄国藩手草。

【译文】

牧云升为廪生,劳烦弟弟为我问候、道喜。季弟在凹里教书,最好还是不带家眷,必须多点儿人在母亲跟前伺候,才是承欢之道。季洪每十天回家探望父母一次,也是尽孝道的紧要之处。而来信所说节制欲望、多繁育子息的道理,也未尝不是蕴含大道理。甲五读书,重要的是背熟经书、常讲史鉴。每晚讲一刻钟就够了。季弟看书不必贪多,也不要试图记诵,每日读书如常,自然会有进益,万万不可以厌恶常读的书而喜欢新书,这本书没看完,就忽然换到那本书去了。

哥哥国藩亲笔。

十二月廿二日　致澄侯、温甫、子植、季洪弟书

澄侯、温甫、子植、季洪四位老弟足下:

十二月十一日发家书十六号,中言纪泽儿姻事,求家中

即行与贺家订盟,其应办各物,已于书中载明。并悔前此嫌是庶出之咎云云,想已接到。如尚未到,接得此信,即赶紧与贺家订盟可也。

【译文】

澄侯、温甫、子植、季洪四位老弟足下:

我十二月十一日发了第十六封家书,信中说到纪泽孩儿的婚事,请家里即刻到贺家订盟,此间应备办的各种物件,也在信中写明了。信中还写了后悔之前嫌弃贺家女儿是庶出等话,想必家里已经收到。如果还没接到,接到信就赶紧去贺家订盟吧。

诰封各轴已于今日领到,正月廿六恩诏四轴,曾祖父母、祖父母、父母、叔父母。四月十三恩诏亦四轴,三月初三恩诏一轴,本身妻室。凡九轴。八月初六用宝一次,我家诸轴因未曾托人,是以未办。曾于闰八月写信告知,深愧我办事之疏忽。后虽托夏阶平,犹未放心,又托江苏友人徐宗勉①,渠系中书科中书,专办诰敕事宜②。今日承徐君亲送来宅,极为妥当,一切写法、行款俱极斟酌③,比廿六年所领者不啻天渊之别④,颇为欣慰。虽比八月用宝者迟五个月,而办法较精,且同年同乡中有八月领到者,或止一次,未能三次同领;或此番尚未用宝者亦颇有之。诸弟为我敬告父母大人、叔父母大人,恭贺大喜也。惟目前无出京之人,恐须明年会试后乃交公车带归。重大之件,不敢轻率。向使八月领到,亦止十二月陈泰阶一处可付⑤,与雨苍同行⑥。此外无便。

【注释】

①徐宗勉：江苏南通人。咸丰元年（1851）为内阁中书科中书。

②诰敕：朝廷封官授爵的敕书。

③行款：文字的书写顺序和排列形式，包括字序和行序。

④廿六年：即道光二十六年（1846）。天渊之别：比喻相隔极远，差别极大。

⑤陈泰阶：咸丰四年（1854）为贵州桐梓知县。

⑥雨苍：李云麟，字雨苍，汉军正白旗人。善古文及经世之学，师事曾国藩，官至四品京堂。

【译文】

诰封各轴已在今天领到了，包括正月二十六日恩诏四轴，曾祖父母、祖父母、父母、叔父母。四月十三日的恩诏也是四轴，三月初三日恩诏一轴，内人。一共九轴。八月初六日盖了一次玉玺，我家的诸轴因为没有托人，并没有盖。这件事在闰八月的时候写信告诉了家里，为我办事的疏忽深感惭愧。后来虽托付夏阶平，还是不能放心，又托了江苏朋友徐宗勉，他是中书科中书，专门办与诰敕相关的事情。今日承蒙徐君亲自把诰轴送到我家里，极为妥当，一切写法、行款等都非常讲究，与道光二十六年所领的有天壤之别，我很是欣慰。我家诰轴虽然比八月领的晚了五个月，但做得比较精致，并且同年同乡中有八月份领到的，或者只有一次，未能三次都领到的；现在尚没盖玉玺的也有。诸位弟弟为我恭敬地禀明父母大人、叔父母大人，向他们大贺。只是目前还没离京的人，恐怕还须等到明年会试过后交给赶考的举人带回。重大物品，不敢轻率处理。如果八月份领到了诰轴，也只有到十二月陈泰阶那里可以寄付，他与雨苍同路。此外再也没有什么方便的地方了。

　　余于十八日陈奏民间疾苦一疏，十九日奏银钱并用章程一疏，奉朱批交户部议奏①，兹将两折付回。文任吾于十三日搬至我家，庞省三于廿四日放学，寓中一切如常，内外大小平安。今年腊底颇窘，须借二百金乃可过年。不然，恐被留住也。袁漱六亦被年留住。刘佩泉断弦②，其苦不可名状③，儿女大小五六人无人看视。黎越翁尚未到京，闻明年二月始能到，未带家眷。涂心畲已到京④，尚未来见我。公车中惟龙皞臣及澧州馆到二人而已⑤。粤西事用银已及千万两而尚无确耗⑥，户部日见支绌⑦，内库亦仅余六百万⑧。时事多艰，无策以补救万一，实为可愧！明年拟告归，以避尸位素餐之咎⑨，诸弟为我先告堂上可也。

余不一一。

国藩手草。

【注释】

①议奏：谓讨论后将处理意见向皇帝奏闻。

②刘佩泉：刘长绂，原名铎试，字佩泉，湖南湘潭人。道光十五年（1835）举人。考取内阁中书，后迁内阁侍讲，擢琼州知府。在任废除苛捐，振兴文教，颇有政声。断弦：古以琴瑟调和喻夫妇和谐，故谓丧妻为"断弦"。

③不可名状：无法用言辞形容。

④涂心畲：不详。

⑤龙皞臣：龙汝霖，字皞臣，湖南攸县人。道光二十六年（1846）举人。由教习官山西曲沃知县。与郭嵩焘等友善。著有《坚白斋集》。澧州：清代湖南州名，即今湖南常德澧县。

⑥确耗：准确的消息。

⑦支绌：左支右绌，谓处境窘促，顾此失彼，穷于应付。

⑧内库：皇宫的府库。

⑨尸位素餐：谓居位食禄而不尽职。

【译文】

我十八日上陈民间疾苦的奏章，十九日上奏银钱并用的奏章，已经奉朱批交户部议奏，现在将两个折子寄回来。文任吾十三日搬到我家，庞省三二十四日放学，寓所一切如常，内外大小平安。今年年底比较困窘，必须借二百两才能过年，不然，就要被年留住了。袁漱六也被年留住。刘佩泉丧妻，他的凄苦不可言说，留下儿女大大小小五六人无人看管。黎越翁还没有到京，听说明年二月才能到，也没有带家眷。涂心畬已经到京，但是还没有来见我。进京赶考的举人中只有龙皞臣及澧州会馆到了二人而已。广西匪乱之事已经用银千万两，至今还没有准确消息，户部越来越窘促，内库也只有六百万两了。时事多艰辛，我却没有补救万分之一的计策，实在是惭愧！明年打算告老还乡，避免落下尸位素餐的罪过，诸位弟弟可以先为我禀告堂上大人。

其他不再一一写了。

国藩亲笔。

咸丰二年壬子

正月初九日　致澄侯、温甫、子植、季洪弟书

澄侯、温甫、子植、季洪四位老弟足下：

正月初八接到十二月初旬父大人所发二信，皆系在县城发者，不胜忻慰①。纪泽儿订婚之事，予于十二月连发二信，皆言十月十二所发之信言嫌贺女庶出之说系一时谬误，自知悔过，求诸弟为我敬告父亲大人，仍求作主，决意对成，以谐佳耦。不知此二书俱已到家否？细思贺家簪缨门弟②，恐闻有前一说，惧其女将来过门受气，或因此不愿对，亦未

可知。果尔，则澄弟设法往省城，坚托罗罗山、刘霞仙二君将内人性情细告贺家，务祈成此亲事，不致陷我于不孝之咎。

【注释】

①忻(xīn)慰：欣慰。

②簪缨：古代官吏的冠饰，比喻显贵。

【译文】

澄侯、温甫、子植、季洪四位老弟足下：

正月初八日接到十二月上旬父亲大人所发的两封信，都是在县城发的，不胜欣慰。纪泽孩儿订婚的事情，我十二月连发了两封信，都说十月十二日所发的信中嫌贺家女儿庶出的说法是一时谬误，自觉后悔，求诸位弟弟为我敬告父亲大人，仍然求父亲大人做主，让纪泽孩儿与她婚配，以成佳偶。不知这两封信是否到了家里？细细想来，贺家门弟高贵，恐怕听说我之前有那样的说法，会害怕女儿将来嫁过来受气，或许就因此不愿把女儿嫁给纪泽，也不一定。若果然如此，澄弟就设法前往省城，坚决托付罗罗山、刘霞仙二人将内人的性情细细告诉贺家，务必祈求能结成亲事，不至于陷我于不孝。

澄弟与朱尧阶成亲，余甚欢喜。我朋友最初之交，无过于尧阶者，盖今日姻缘，已定于二十年以前矣。魏家亦我境第一诗书人家，魏栋尚未到京①，容当照拂一切也。植弟买笔事，总在春间寄南，以备科考之用。若科考不在前三名，则不宜考优②，无使学政笑我家太外行也。《关帝觉世经》刷五百张③，须公车回南乃可付归，《阴骘文》、《感应篇》亦须公车南去乃可带④。澄弟戒烟，正与阿兄同年。余以壬寅年戒烟⑤,三十二也,澄弟去年亦三十二也。戒酒似可不必,三两杯以养血未始不可,但不宜多耳。去年带回父大人之干尖子皮褂,不知已做成否? 若未做,可即做成,用月白缎子为面。今年当更寄白风毛褂回家⑥,敬送与叔父大人。若父、叔二大人同日出门,则各穿一件;若不同出门,则薄寒穿干尖子,盛寒穿白风毛。予官至二品,而堂上大人衣服之少如此,于孝道则未尽,而弥足以彰堂上居家之俭德矣。

【注释】

① 魏栋(1815—1888):字召亭,湖南衡阳人。道光年间举人。其弟魏承樾与曾国藩之弟曾国潢为儿女亲家。咸丰四年(1854),曾国藩在衡阳组练水师,魏栋即入曾幕,长期负责粮台银钱事务,官至道员加布政使衔。

② 考优:指考优贡生。清制,每三年各省学政于府、州、县在学生员中选拔文行俱优者,会同督抚考核确定名数,贡入京师国子监,称为"优贡"。经朝考合格后可任职。与岁贡、恩贡、拔贡、副贡合称"五贡"。

③《关帝觉世经》:关帝降笔的训示之语,全文约六百四十余字,其要旨是使世人醒悟,俾知改过迁善。成书年代不详,一般认为是清初。自十八世纪以后,《感应篇》、《阴骘文》、《觉世经》三部最受尊崇的善书,结集一起以"三圣经"之名刊行。在内容方面,与《感应篇》相比,《阴骘文》的道教色彩比较浓厚,而《觉世经》的儒教色彩比较强烈。

④《阴骘文》:《文昌帝君阴骘文》的简称,道教重要典籍。道教劝善书之一种,以通俗的形式劝人行善积德,久久必将得到神灵赐福。作者不详。成书年代也难下定论。一般认为作者是道士,

书成于《太上感应篇》之后，至迟不会晚于元代。《阴骘文》有各种手抄本、刊刻本，清代道士将其收入《道藏辑要》星集，为一卷。《感应篇》：《太上感应篇》的简称，道教书名。全书千余字，宣扬天人感应，劝善惩恶。作者无名，版本很多，流传甚广。

⑤壬寅：指道光二十二年(1842)。

⑥风毛：皮衣襟上和袖口处的装饰性皮毛边。

【译文】

澄弟与朱尧阶结成亲家，我甚是欢喜。我的朋友，最初莫过于尧阶，今日有此姻缘，大概二十年前就注定了。魏家也是家乡第一书香世家，魏栋还没有进京，应该会照顾一切。植弟要买笔，我会在春天的时候把笔寄回去，以备科考之用。如果科考名次不在前三名，就不应该考优贡，不要让学政笑我家太外行。《关帝觉世经》印了五百张，要等公车南回才能寄回去，《阴骘文》、《感应篇》也必须等公车南行才能带回去。澄弟戒烟正好与我同年。我壬寅年戒烟，当时三十二岁，澄弟去年也是三十二。澄弟就不一定要戒酒了，喝两三杯保养气血也未尝不可，但不应该喝太多。去年给父亲大人带回来的干尖子皮褂，不知已经做好了吗？如果还没做，现在就可以做好，用月白缎子做面料。今年会把有白色毛边的皮褂寄回家，敬送叔父大人。如果父亲大人、叔父大人同时出门，就各穿一件；如果不同时出门，微寒的时候就穿干尖子，盛寒的时候就穿白毛边的。我官阶到二品，堂上大人的衣服却如此之少，是我未尽孝道，但足以彰显堂上大人居家节俭的美德。

　　京寓大小平安，癣疾未发。文任吾先生希范于正月六日上学。其人理学甚深，今年又得一贤师。植弟劝我教泽儿学八股，其言甚切，至有理；但我意要"五经"读完①，始可动手。计明年即可完经书，做时文，尚不过满十四岁。京师教子弟，十四岁开笔者甚多。若三年成篇，十七岁即可作佳文。现在本系荫生，例不准赴小考。拟令照我之样，廿四岁始行乡试，实可学做八股者十年。若稍有聪明，岂有不通者哉？若十九、二十即行乡试，无论万万不中，即中得太早，又有何味？我所以决计令其明秋始学八股，廿四始乡试也。九弟为我禀告父大人，实不为迟，不必挂虑。

【注释】

①五经：五部儒家经典，即《诗》、《书》、《易》、《礼》、《春秋》。其称始于汉武帝建元五年（前136）。其中《礼》，汉时指《仪礼》，后世指《礼记》；《春秋》，后世并《左传》而言。

【译文】

我一家大小平安，我的癣疾也没有发作。文任吾希范先生正月六日开学。文先生理学功底很深，我家今年又得到一位良师。植弟劝我教纪泽孩儿学八股，言辞恳切，极有道理，但我觉得要读完"五经"才可以着手写八股文。算起来明年可以读完经书，学做八股文时还不满十四岁。京师教育子弟，十四岁让子弟们开始做八股文的很多。如果学三年可以写成八股文，十七岁就可以做出好文章。纪泽现在本是荫生，按例不准参加小考。我打算让他照我的样子，二十四岁开始参加乡试，还有十年时间可以学做八股。如果稍微有点儿聪明才智，岂会有不通的？如果十九、二十岁就参加乡试，且不说万万不会考中，即使这么早中了，又有什么味？我之所以决定让他明年秋天开始学八股，是让他二十四岁开始参加乡试。九弟为我禀告父亲大人，纪泽学八股的事情不会迟，不必劳心忧虑。

余近来常思归家，今年秋间实思挈眷南旋，诸弟为我禀告堂上大人，春间即望一回信。九弟进京之说，暂不必急急。同乡诸家如故。

　　余容后日续寄。

　　兄国藩手草。

【译文】

　　我近年来常常想回家，今年秋天打算带家眷南归，诸位弟弟为我禀告堂上大人，盼望明年春天有回信。九弟进京的事情，暂时不必着急。同乡各家一切如常。

　　我日后再继续写信回家吧。

　　哥哥国藩亲笔。

七月廿六日　　谕纪泽儿书

字谕纪泽儿：

　　七月廿五日丑正二刻①，余行抵安徽太湖县之小池驿，惨闻吾母大故。余德不修，无实学而有虚名，自知当有祸变，惧之久矣。不谓天不陨灭我身，而反灾及我母。回思吾平日隐慝大罪，不可胜数，一闻此信，无地自容。

【注释】

　　①丑正二刻：指凌晨两点三十分。

【译文】

字谕纪泽儿：

　　七月二十五日丑时二刻，我们一行人抵达安徽太湖县的小池驿，听到我母亲辞世的悲痛消息。我德行不修，无实学而徒有虚名，知道将会有灾变，内心害怕很久了。谁料上天不诛灭我，反倒祸及我的母亲。回想我平日里隐匿的大罪不可胜数，一听到我母亲的死讯，真真无地自容。

小池驿去大江之滨，尚有二百里。此两日内，雇一小轿，仍走旱路，至湖北黄梅县临江之处，即行雇船。计由黄梅至武昌，不过六七百里，由武昌至长沙，不过千里，大约八月中秋后可望到家。一出家辄十四年，吾母音容不可再见，痛极痛极！不孝之罪，岂有稍减之处？兹念京寓眷口尚多，还家甚难，特寄信到京，料理一切。开列于后：

【译文】

小池驿距长江岸还有二百里。这两天雇了一顶小轿，仍走陆路，到湖北黄梅县临江的地方再雇船。估计从黄梅到武昌不超过六七百里，从武昌到长沙不超过千里，大约八月中秋后可以到家。我一离家就是十四年，母亲的音容笑貌再也见不到了，痛极痛极！不孝的罪过，哪里能再减轻呢？考虑到京中家眷还多，都带回家很难，现在特意寄信回来，让你料理一切。现在把这些事情罗列于下：

一、我出京时，将一切家事面托毛寄云年伯，均蒙慨许。此时遭此大变，尔往叩求寄云年伯筹画一切，必能俯允。现在京寓银钱分毫无出，家眷回南路费，人口太多，计须四五百金，求寄云年伯张罗。此外，同乡如黎樾乔、黄恕皆老伯，同年如王静庵、袁午桥年伯[①]，平日皆有肝胆[②]，待我甚厚，或可求其凑办旅费。受人恩情，当为将来报答之地，不可多求人也。袁漱六姻伯处，只可求其出力帮办一切，不可令其张罗银钱，渠甚苦也。

【注释】

①王静庵：王溥，字博之，号静庵，陕西蒲城人。道光十八年（1838）进士，与曾国藩同科。初任工部都水司主事，历任平阳（今山西临汾）知府、太原知府，先后三任藩台，四任臬台，官至两淮盐运使。袁午桥：袁甲三（1806—1863），字午桥，河南项城人。袁世凯从祖父。道光十五年（1835）进士，授礼部主事，迁御史。咸丰间在安徽、河南镇压捻军，屡败张乐行，代胜保为钦差大臣，屡陈苗沛霖不可信，强散其属圩二百余处。官至漕运总督。以病解职。卒谥端敏。有《袁端敏公奏议》。

②肝胆：比喻真心诚意。

【译文】

一、我离京的时候，将一切家事当面托付给你毛寄云年伯，他都慷慨地答应了。此时我家遭此大变，你去叩求寄云年伯筹划一切，他一定会答应。现在京中寓所没有银钱，一分一毫都无所出，家眷又太多，南归的路费大概需要四五百两，你去求你寄云年伯张罗。此外，同乡如黎樾乔、黄恕皆老伯，同年如王静庵、袁午桥年伯，平日里都是真心诚意之人，对我又亲厚，或许你可以去求他们凑旅费。袁漱六姻伯那里，只能求他出力帮忙备办一切，不能请他张罗银钱，他家里很苦。

二、京寓所欠之帐，惟西顺兴最多；此外如杨临川、王静庵、李玉泉、王吉云、陈仲鸾诸兄①，皆多年未偿。可求寄云年伯及黎、黄、王、袁诸君内，择其尤相熟者，前往为我展缓②,我再有信致各处。外间若有奠金来者,我当概存寄云、午桥两处。有一两即以一两还债,有一钱即以一钱还债。若并无分文,只得待我起复后再还。

【注释】

①杨临川:不详。李玉泉:李文安(1801—1855),字式和,号玉川,又号玉泉,别号愚荃,榜名文玕,安徽合肥人。乃晚清重臣李鸿章之父。道光十八年(1838)进士,与曾国藩同科。历官刑部郎中,记名御史。有《李光禄公遗集》。王吉云:王履谦,字吉云,号晓山,顺天府大兴县人。道光十八年(1838)进士,与曾国藩同科。官至左副都御史,后因镇压太平军不力被罢职,发配新疆。陈仲鸾:陈鸿翊,字仲鸾,宁河北塘(现天津滨海新区北塘)人。道光十八年(1838)进士,与曾国藩同科。曾任山西道御史、汀漳龙兵备道等职。

②展缓:延缓,宽限。

【译文】

二、京寓里欠的账,只有西顺兴最多;此外,如杨临川、王静庵、李玉泉、王吉云、陈仲鸾诸位老兄的债,都多年没有偿还。你可以去求寄云年伯和黎、黄、王、袁等伯伯,挑其中最熟悉的,前去请求再多多宽限,我也会再写信到各处。外面如果有送奠仪钱的,我们都应存在寄云、午桥两家。有一两就还一两的债,有一钱就还一钱的债。如果并没有一分一文,只能等到我起复后再还。

三、家眷出京,行路最不易。樊城旱路既难,水路尤险,此外更无好路。不如仍走王家营为妥①,只有十八日旱路。到清江即王家营也时②,有郭雨三亲家在彼;到池州江边③,有陈岱云亲家及树堂在彼。到汉口时,吾当托人照料。江路虽险,沿途有人照顾,或略好些。闻扬州有红船最稳④,虽略贵亦可雇。尔母最怕坐车,或雇一驮轿亦可⑤。然驮轿最不好坐,尔母可先试之。如不能坐,则仍坐三套大车为妥。于驮轿、大车之外另雇一空轿车备用,不可装行李。

【注释】

①王家营:地名。即今江苏淮安淮阴区政府所在地王营镇。

②清江:即清江浦,在今江苏淮安。原本是清河码头至山阳城(今淮安区)之间的运河名。

③池州:即今安徽池州。

④红船:一种较大、较平稳的船,旧时长江一带多用作救生船。凡江行遇风涛之险,均由红船任拯救之责。见《清会典·工部三·都水清吏司》。

⑤驮轿:驮在骡马等背上的轿子。

【译文】

三、家眷离京,路上最不容易。樊城陆路难走,水路更加艰险,此外就没有好路了。还是走王家营妥当,只有十八天陆路。到了清江就是王家营时,有郭雨三亲家在那里;到了池州江边,有陈岱云亲家和冯树堂在那里。到了汉口,我会托人照料。水路虽然危险,一路有人照顾,或许还稍微好点儿。听说扬州有红船最稳当,虽然稍贵一些,也可以雇用。你母亲最怕坐车,或者可以雇一顶驮轿。但是驮轿最不好坐,你母亲可以先试试。如果不能坐,还是坐三套大车妥当。在驮轿、大车之外,另外雇一顶空轿车备用,别装行李。

四、开吊散讣①,不可太滥。除同年、同乡、门生外,惟门

簿上有来往者散之^②，此外不可散一分。其单请庞省三先生
定，此系无途费，不得已而为之，不可滥也。即不滥，我已愧
恨极矣！

【注释】

①散讣：散发报丧的通知。

②门簿：来客登记簿、留名簿。

【译文】

四、开追悼会的时候，散发讣告不能太泛滥。除了同年、同乡、门生
之外，只有门簿上有来往的才发讣告，其他的一例不发。散发讣告的名
单请庞省三先生来定，这是因为没有路费而不得已为之，所以不能滥
发。即便不滥发，我也已经非常羞愧了！

五、外间亲友，不能不讣告寄信，然尤不可滥，大约不过
二三十封。我到武昌时，当寄一单来，并寄信稿，此刻不可
遽发信。

【译文】

五、外地的亲友，不能不寄讣告，但尤其不能滥寄，所需寄送的大约
不超过二三十封。我到武昌的时候会寄一张名单来，附带信稿，现在不
能突然往外地亲友发信。

六、铺店账目，宜一一清楚。今年端节已全楚矣。此外
只有松竹斋新账，可请省三先生往清。可少给他，不可全欠
他。又有天元德皮货店，请寄云年伯往清。其新猞猁狲皮

裷即退还他①,若已做成,即并缎面送赠寄云可也。万一无钱,皮局账亦暂展限②,但累寄云年伯多矣。

【注释】

①猞猁狲:兽名。又称"猞猁"。似猫而大,尾短。两耳尖端有两撮长毛,两颊的毛也长。全身淡黄色,有灰褐色斑点,尾端黑色。四肢粗长,善于爬树,行动敏捷,性凶猛。皮毛厚而软,是珍贵的毛皮。

②展限:谓放宽限期。

【译文】

六、店铺的账目,应该一一清算。今年端午的时候,已经全还清了。此外只有松竹斋的新账,可以请省三先生去清算。只可以少还他,不能全欠着不还。还有天元德皮货店的账,请寄云年伯去清算吧。有一件新的猞猁狲皮裷,退还给店铺;如果已经做好了,就连着缎面一起送给寄云。万一没有钱,请皮局放宽还钱期限,只是太给你寄云年伯添累了。

七、西顺兴账,自丁未年夏起至辛亥年夏止①,皆有折子,可将折子找出,请一明白人细算一遍。如省三先生、湘宾先生及子彦皆可。究竟用他多少钱,专算本钱,不必兼算利钱。待本钱还清,然后再还利钱。我到武昌时,当写一信与萧沛之三兄②。待我信到后,然后请寄云年伯去讲明可也。总须将本钱、利钱划为两段,乃不至繆辘不清③。六月所借之捐贡银一百廿余金,须设法还他,乃足以服人。此事须与寄云年伯熟计。

【注释】

①丁未年：道光二十七年（1847）。辛亥年：咸丰元年（1851）。

②萧沛之：西顺兴老板。

③缪辂（jiāo gé）：亦作"缪辂"，交错纷乱貌。

【译文】

七、欠西顺兴的账，从丁未年夏到辛亥年夏都有折子，你可以将折子找出来，请一位明白人来仔细算一遍。如省三先生、湘滨先生和子彦，都可以。究竟用了他多少钱，专把本钱算出来，不必算利钱。等到本钱还清，然后再还利钱。我到武昌时，会写一封信给萧沛之三兄。等我的信到了之后，再请寄云年伯当面去讲明白。总之，一定要将本钱、利钱分为两部分，才不至于交错不清。六月份所借的捐贡银一百二十余两，一定要设法还了，才足以服人。这件事一定要和你寄云年伯好好商量。

八、高松年有银百五十金①，我经手借与曹西垣，每月利息京钱十千②。今我家出京，高之利钱已无着落。渠系苦人，我当写信与西垣，嘱其赶紧寄京。目前求黎樾乔老伯代西垣清几个月利钱，至恳至恳！并请高与黎见面一次。

【注释】

①高松年：不详。

②京钱：旧时北京通行的钱。清沈涛《瑟榭丛谈》："今京师用钱，以五百为一千，名曰'京钱'。"《二十年目睹之怪现状》第六回："京城里小茶馆泡茶，只要两个京钱，合着外省的四文。"

【译文】

八、高松年有一百五十两，经我的手借给了曹西垣，每月利息是京钱十千。现在我家离京，高松年的利钱就没有着落了。高松年也是苦命人，我会写信给西垣，嘱咐他赶快把钱寄到京城。现在就请黎樾乔老伯代替西垣还清这几个月的利钱，一定要一定要！并且要请高松年与黎樾乔老伯见上一面。

九、木器等类，我出京时已面许全交与寄云，兹即一一交去，不可分散，概交寄云年伯。盖器本少，若分则更少矣。送渠一人，犹成人情耳。锡器瓷器，亦交与他。

【译文】

九、木器之类，我出京的时候已经当面许诺全部交给寄云，现在你就一一交去，不许拆分，全部交给你寄云年伯。因为器具本就很少，分开来送就更少了。把木器全送给寄云一人，还可以做个人情。锡器、瓷器，也都交给寄云。

十、书籍，我出京时一一点明，与尔舅父看过。其要紧者，皆可带回。此外我所不带之书，惟《皇清经解》六十函算一大部，我出京时已与尔舅说明，即赠送与寄云年伯；又《会典》五十函算一大部，可借与寄云用。自此二部外，并无大部，亦无好板。可买打磨厂油箱，一一请书店伙计装好，上贯铁钉封皮。交寄云转寄存一庙内，每月出赁钱可也。边袖石借《通典》一函①，田敬堂借地图八幅，吴南屏借《梅伯言诗册》②，俱往取出带回。

【注释】

①边袖石：边浴礼（1820—1861），字儆友，号袖石，直隶任丘（今属

河北)人。道光二十四年(1844)甲辰科进士。授编修。官至河南布政使。嗜诗,有《袖石诗钞》、《东郡趋庭集》、《健修堂诗录》等。《通典》:唐杜佑撰。共二百卷,内分九门,子目一千五百余条,约一百九十万字。记述唐天宝以前历代经济、政治、礼法、兵刑等典章制度及地志民族的专书。北宋时即有刊本,元、明、清各代有多种刊本流传,其中以清朝乾隆武英殿刻"九通本"最为流行。

②吴南屏:吴敏树(1805—1873),字本深,号南屏,湖南巴陵(今岳阳)人。道光十二年(1832)举人,官浏阳教谕。有文名,有《柈湖诗文集》传世。梅伯言:梅曾亮(1786—1856),字伯言,江苏上元人。道光二年(1822)进士,官户部郎中。师事桐城派姚鼐,专力古文,居京师二十余年,有盛名。诗亦清秀。晚年主讲扬州书院。有《柏枧山房文集》。

【译文】

十、至于书籍,出京的时候我一一查点明白了,给你舅父看过。要紧的书都可以带回来。此外,我不带的书中,只有《皇清经解》六十函算一大部,我离京的时候已经跟你舅父说过了,把它送给寄云年伯;再者,《会典》五十函算一大部,可借给寄云年伯用。除了这两大部,就没有大部头书了,也没有好的版本。可以买打磨厂的油木箱,请书店伙计一一装订好,箱上钉钉、包好外皮。交给寄云年伯转存一家寺庙,每月出点儿租金就可以了。边袖石借去《通典》一函,田敬堂借走地图八幅,吴南屏借了《梅伯言诗册》,都去取来带回家。

十一、大厅书架之后有油木箱三个,内皆法帖之类①,其已裱好者可全带回,其未裱者带回亦可送人。家信及外来信,粘在本子上者皆宜带回。地舆图三付皆宜带回②。又有十八省散图亦带回。字画、对联之类，择好者带回，上下木轴均撤去，以便卷成一捆。其不好者、太宽者，不必带，做一宽箱封锁，与书箱同寄一庙内。凡收拾书籍、字画之类，均请省三先生及子彦帮办，而牧云一一过目。其不带者，均用箱寄庙。

【注释】

①法帖：名家书法的范本。

②地舆：语本《淮南子·原道》："以地为舆。"指大地。

【译文】

十一、大厅的书架后面有三个油木箱，里面装的都是法帖之类，其中已经装裱好的，可以全部带回来，没有装裱的也可以带回来送人。家信、外来信，粘在本子上的，都应该带回来。地舆图三幅，都应该带回来。十八省的零散地图也带回来。字画、对联之类，选择好的带回来，撤去上下木轴，卷成一捆。那些不好的、太宽的都不必带，做一个带锁的宽木箱装着，与书籍一同寄存一家庙里。凡收拾书籍、字画之类，都请省三先生和子彦帮忙，牧云一一过目。凡不带的，都用箱子装好，寄存庙里。

十二、我本思在江西归家，凡本家亲友皆以银钱赠送，今既毫无可赠，尔母归来，须略备接仪，但须轻巧不累赘者，如毡帽、挽袖之类①，亦不可多费钱。如捞砂膏、眼药之属②，亦宜带些；高丽参，带半斤。

【注释】

①挽袖：妇女外褂袖口上形如袖套的装饰品。

②捞砂膏：即硇砂膏。湘方言 n、l 不分，故曾国藩将"硇砂"写作"捞砂"。

【译文】

十二、我本想在江西回家，凡本家亲友，都赠送银钱，现在已经没什么可送的了。你母亲回来，必须稍微准备些见面礼，一定要轻巧便携的，如毡帽、挽袖之类，也不可太破费。捞砂膏、眼药之类，也应该带一些；高丽参，带半斤。

十三、纪泽宜做绵袍褂一付，靴帽各一，以便向祖父前叩头承欢。

【译文】

十三、纪泽孩儿应该去做一副棉袍褂、一双靴子、一顶帽子，以便向你祖父叩头承欢。

十四、王雁汀先生寄书①，有一单，我已点与子彦看。记得《乾隆》二集系王世兄取去，五集系王太史敦敏向刘世兄借去②，余刘世兄取去者有一片，此外皆在架上，可送还他。

【注释】

①王雁汀：王庆云（1798—1862），字家镂，又字贤关，号乐一、雁汀，福建闽县人。道光九年（1829）进士，历任编修、户部侍郎、陕西巡抚，及四川、两广总督等官。于朝章国典，极为熟悉，理财尤有心得。卒谥文勤。有《石渠余记》传世。

②王太史（敦敏）：王凯泰（1823—1875），字幼轩，号补帆，原名敦敏，字幼徇，江苏宝应人。道光三十年（1850）进士。授编修。咸

丰间在籍办团练。同治间赴上海，入李鸿章幕府，治营务及厘金。旋以道员留浙江，升任浙江按察使，官至福建巡抚。光绪初巡视台湾，还省病卒。谥文勤。

【译文】

十四、王雁汀先生寄放在我家的书，有一张书单，我已经点给子彦看了。我记得《乾隆》第二集是王世兄拿去了，第五集是王太史敦敏向刘世兄借去了，剩下的，刘世兄拿去的有一片，其他的都在架子上，你可以拿去还给王雁汀先生。

十五、苗仙麓寄卖之书——《声订》《声读表》共一种、《毛诗韵订》一种、《建首字读》本①。想到江西销售几部，今既不能，可将书架顶上三种各四十余部还他，交黎樴乔老伯转交。

【注释】

①苗仙麓：苗夔(1783—1857)，初名学植，字先路，号仙麓，直隶肃宁人。道光十一年(1831)辛卯优贡生。授徒穷乡。主讲翼经书院。治《毛诗》，尤精声韵之学。有《说文声读表》、《毛诗韵订》等。

【译文】

十五、苗仙麓寄卖的书有——《声订》《声读表》共一种、《毛诗韵订》一种、《建首字读本》。他想到江西销售几部。现在既然不能帮他卖，你可以将书架顶上的三种共四十几部书还给他，就交给黎樴乔老伯转交吧。

十六、送家眷出京，求牧云总其事。如牧云已中举，亦求于复试后九月廿外起行，由王家营水路至汉口，或不还家，仍由汉口至京会试可也。下人中必须罗福、盛贵，若沈祥能来更好，否则李长子亦可。大约男仆须四人，女仆须三人。九月廿前后必须起程，不可再迟。一定由王家营走，我当写信托沿途亲友照料。

【译文】

十六、送家眷离京之事，求牧云总管。如果牧云已经中举，就求他在复试后九月二十几日启程，从王家营水路到汉口，牧云可以不回家，仍然从汉口到京城去参加会试。下人中，罗福、盛贵必须跟着，如果沈祥能跟着更好，不然李长子也可以。男仆大约要四人，女仆要三人。九月二十日前后必须启程，不能再晚了。一定要从王家营走，我会写信拜托沿途的亲友照顾。

八月初八日　蕲水舟中书

字谕纪泽儿：

吾于七月廿五日在太湖县途次痛闻吾母大故①，是日仍雇小轿行六十里。是夜未睡，写京中家信料理一切，命尔等眷口于开吊后赶紧出京。廿六夜发信，交湖北抚台寄京。廿七发信，交江西抚台寄京。两信是一样说话，而江西信更详。恐到得迟，故由两处发耳。惟仓卒哀痛之中有未尽想到者，兹又想出数条，开示于后：

【注释】

①途次：半路上，旅途中的住宿处。

【译文】

字谕纪泽儿：

我七月二十五日在太湖县途中悲痛地听到母亲辞世的消息，当日，仍然雇一顶小轿走了六十里。这天夜里没睡，往京城的家里写了封信料理一切，让你等家眷在开吊后赶紧离京回乡。二十六日夜里发信，交给湖北抚台寄到京城。二十七日又发一封信，交给江西抚台寄到京城。两封信内容相同，交给江西抚台的信更详细些罢了。只怕信到得迟，所以从两处发出。只是哀痛仓促之间，有想得不周全的，现在又想出几条，列在后面：

一、他人欠我账目，算来亦将近千金。惟同年鄢勖斋_敏学[1]，当时听其肤受之愬而借与百金[2]，其实此人并不足惜。_{寄云兄深知此事。}今渠已参官[3]，不复论已。此外凡有借我钱者，皆光景甚窘之人。此时我虽窘迫，亦不必向人索取。如袁亲家、黎樾翁、汤世兄、周荇农、邹云陔，此时皆甚不宽裕。至留京公车，如复生同年、吴镜云、李子彦、刘裕轩、曾爱堂诸人[4]，尤为清苦异常，皆万不可向其索取。即送来，亦可退还。盖我欠人之帐，即不能还清出京，人欠我之账，而欲其还，是不恕也[5]。从前黎樾翁出京时，亦极窘，而不肯索穷友之债，是可为法。至于胡光伯之八十两、刘仙石之二百千钱[6]，渠差旋时，自必还交袁亲家处，此时亦不必告知渠家也。外间有借我者，亦极窘，我亦不写信去问他。

【注释】

①鄢勖（yān xù）斋：鄢敏学，字修来，号勖斋，广西柳州马平人。道

光十八年(1838)进士,与曾国藩同科,曾权知固安县事。

②肤受之愬(sù):指谗言。肤受,谓浮泛不实,或谓利害切身。《论语·颜渊》:"浸润之谮,肤受之愬,不行焉,可谓明也已矣。"邢昺疏:"皮肤受尘,垢秽其外,不能入内也。以喻谮毁之语,但在外蒌斐,构成其过恶,非其人内实有罪也。"朱熹集注:"肤受,谓肌肤所受,利害切身。"《汉书·谷永传》:"〔将军〕不听浸润之谮,不食肤受之愬。"颜师古注:"肤受,谓入皮肤至骨髓,言其深也。"

③参官:被参劾而罢官。

④复生:李复生。举人出身,与曾国藩为甲午科同年。曾国藩幕僚,长期负责湘军银钱所。刘裕轩、曾爱堂:湖南举人。不详。

⑤恕:推己及人,仁爱待物。《论语·卫灵公》:"子贡问曰:'有一言而可以终身行之者乎?'子曰:'其恕乎!己所不欲,勿施于人。'"

⑥刘仙石:刘书年(1811—1861),字仙石,直隶献县人。道光二十五年(1845)进士,改翰林院庶吉士,授编修。充会试同考官,浙江乡试副考官,官至贵阳知府,以功加道员衔。著有《贵阳说经残稿》。

【译文】

一、别人欠我的账,算起来也有近千金。只有同年鄢勘斋敏学,当时听了他的花言巧语而借给他一百两,实际上这个人一点儿都不值得同情。寄云兄深知此事。如今他已经被参官,就不用再说什么了。此外,凡有从我这借钱的,都是处境比较窘迫的人。现在我虽然窘迫,也不要向他们索取银钱。如袁亲家、黎樾翁、汤世兄、周荇农、邹云陔,现在都不宽裕。至于留京的举子,如复生同年、吴镜云、李子彦、刘裕轩、曾爱堂等人,尤其清苦,万万不能叫他们还钱。即便他们把钱送来,也要退还回去。我欠别人的账,出京之前不能还清,别人欠我的账却想让他们还,这是不能推己及人。从前,黎樾翁出京的时候也非常窘迫,但却不肯索要穷朋友的欠款,这是值得效法的。至于胡光伯的八十两、刘仙石的二百千钱,他们出差回来时自会交还给袁亲家,现在也不要去告诉他们家。外面有从我这借钱的人,都非常窘迫,我也不写信去问他们了。

二、我于廿八、廿九在九江耽阁两日,江西省城公送来奠分银一千两,余以三百两寄京还债,以西顺兴今年之代捐贡银及寄云兄代买皮货银之类,皆甚紧急。其银交湖北主考带进京。想到京时,家眷已出京矣,即交寄云兄,择其急者而还之。下剩七百金,以二百余金在省城还帐,带四百余金至家办葬事。

【译文】

二、我二十八、二十九日在九江耽搁两天,江西省城公送来奠分银一千两,我拿三百两寄到京城还债,因为西顺兴今年代捐的贡银和寄云兄代买皮货的银两之类,都很紧急。就把银两交给湖北主考带进京城了。料想银两到达京城的时候,家眷已经离开京城了,就把银两交给寄云兄,选择较紧急的先还了。还剩下七百两,拿两百多两在省城还账,再带四百多两回家办丧事。

三、驮轿要雇,即须二乘①。尔母带纪鸿坐一乘,乳妈带六小姐、五小姐坐一乘。若止一乘,则道上与众车不同队,极孤冷也。此外雇空太平车一乘②,备尔母道上换用。又雇空轿车一乘,备尔与诸妹弱小者坐。其余用三套头大车。我之主见,大略如此。若不妥当,仍请袁姻伯及毛、黎各老伯斟酌,不必以我言为定准。

【注释】

①乘(shèng)：量词。用以计算轿子等。

②太平车：古代一种载重的大车。车两侧有栏板，前有多头牲畜
　　牵引。

【译文】

　　三、驮轿要雇的话就必须两乘。你母亲带着纪鸿坐一乘，乳妈带着
六小姐、五小姐坐一乘。如果只有一乘，路上就与别的车不在同一队，
非常孤冷。此外，再雇一乘空的太平车，备着给你母亲在路上换用。再
雇一乘空轿车，备着给你和体弱的妹妹们乘坐。其他都用三套头大车。
我的意思大概如此。如果不妥当，仍然请袁姻伯和毛、黎各老伯商量决
定，不一定要以我说的为定准。

　　四、李子彦无论中否，皆须出京，可请其与我家眷同行
几天。行至雄县，渠分路至保定去①，亦不甚绕也。到清江
浦写船②，可请郭雨三姻伯雇，或雇湖广划子二只亦可③，或
至扬州换雇红船，或雇湘乡钓钩子亦可④。沿途须发家信，
至清江浦，托郭姻伯寄信，至扬州，托刘星房老伯寄信⑤，至
池州，托陈姻伯，至九江，亦可求九江知府寄，至湖北，托常
太姻伯寄，以慰家中悬望。信面写法另附一条⑥。

【注释】

①分路：谓分道而行。

②写船：租赁船只。写，租赁。

③划子：用桨拨水行驶的小船。亦泛指小船。

④钓钩子：旧时湘江一带的一种小渔船。

⑤刘星房：刘良驹，字星房，号叔千，江西南丰人。道光九年(1829)

　　己丑科进士,官至两淮盐运使。

⑥信面:信封的正面。

【译文】

　　四、李子彦无论是否考中都必须离京,可以请他和我家家眷同行几天。到了雄县,他再走别的路去保定,也不是很绕。到清江浦雇船,可以请郭雨三姻伯帮忙去雇,或者去雇两只湖广的划子,或者到扬州换红船,或者去雇湘乡钓钩子船也可以。沿途要往家里发信,到清江浦可以请郭姻伯寄,到扬州可以请刘星房老伯寄,到池州可以请陈姻伯寄,到九江可以求九江知府寄,到湖北可以托常太姻伯寄,以安慰家里人牵挂之情。信面的写法我会另附一条。

　　五、小儿女等须多做几件棉衣,道上十月固冷,船上尤寒也。

【译文】

　　五、要给小儿女们多做几件棉衣,路上十月份的时候本很冷,船上更冷。

　　六、御书诗匾及戴醇士、刘苣云所写匾①,俱可请裱匠启下,卷起带回。王孝凤借去天图②,其底本系郭筠仙送我的,暂存孝凤处,将来请交筠仙。

【注释】

①戴醇士:戴熙(1805—1860),字醇士、莼溪、松屏,号鹿床居士、井东居士,谥文节,浙江钱塘人。道光十二年(1832)进士,授编修。官至兵部右侍郎,以直言黜官休致。咸丰十年(1860),太平军破

杭州时，投池自杀。诗书画有名于时，山水画尤为人所重。有
《习苦斋画絮》、《粤雅集》等。刘茮（jiāo）云：刘传莹（1818—
1848），字椒云（一作"茮云"），号实甫，别署通麋生，湖北汉阳人。
道光十九年（1839）举人，授国子监学正。工于诗文，精于音韵、
文字、考据学，对舆地有深研。据所藏辑《孟子要略》一书，由曾
国藩校刻刊行，流行于世。

②王孝凤：王家璧，字孝凤，湖北武昌人。道光二十四年（1844）进
士，授兵部主事。同治间，从曾国藩、左宗棠军，累荐以四品京堂
补用。光绪间，累官光禄寺少卿。卒年七十。有《狄云行馆诗文
集》、《周易集注》、《洪范通易说》。天图：星空图。

【译文】

六、皇上亲笔写的诗匾和戴醇士、刘茮云所写的匾，都可以请裱匠
启下，卷起带回来。王孝凤借走的天图，底本是郭筠仙送我的，暂时存
在孝凤那里，将来请他交还筠仙。

七、我船一路阻风，行十一日，尚止走得三百余里，极为
焦灼！幸冯树堂由池州回家，来至船上，与我作伴，可一同
到省，堪慰孤寂，京中可以放心。

【译文】

七、我的船一路逆风，走了十一天才只走了三百多里，心里极其焦
灼！幸亏冯树堂从池州回家，到我的船上和我做伴，同我一起到省，能
够抚慰我的孤寂无聊，京中家眷也可以放心。

八、江西送奠仪千金外，有门包百金①。丁贵、孙福等七
人，已分去六十金，尚存四十金。将来罗福、盛贵、沈祥等到

家,每人可分八九两。渠等在京要支钱,亦可支与他,渠等皆极苦也。

【注释】

①门包:指贿赂守门人的财物。

【译文】

八、江西这边送了奠仪千两,另有门包一百两。丁贵、孙福等七人已经分去六十两,还有四十两。将来罗福、盛贵、沈祥到家,每人可以分八九两。他们如果在京城要支钱,也可以支给他们,他们都很苦。

九、我在九江时,知府陈景曾、知县李福甲午同年皆待我极好①。家眷过九江时,我已托他照应,但讨快,不讨关,讨关,免关钱也;讨快,但求快快放行,不免关税也。尔等过时,渠若照应,但可讨快,不可代船户讨免关。

【注释】

①陈景曾:陈若霖第三子,福建螺江人。拔贡出身,曾官山西潞安、江西九江府知府、江西广饶九南兵备道。李福:湖南人。与曾国藩同为道光十四年(1834)甲午科举人。

【译文】

九、我在九江的时候,知府陈景曾、知县李福甲午同年都待我很好。家眷过九江的时候,我已经托他们照应,只讨快,不讨关,讨关可以免关钱;讨快只求快快放行,不免关税。你们过关时,他如果照应,只可讨快,不能代船家讨免关。

十、船上最怕盗贼。我在九江时,德化县派一差人护送。每夜安船后,差人唤塘兵打更①,究竟好些。家眷过池州时,可求陈姻伯饬县派一差人护送,沿途写一溜信②,一径护送到湖南③,或略好些。若陈姻伯因系亲戚,避嫌不肯,则仍至九江求德化县派差护送。每过一县换一差,不过赏大钱二百文。

【注释】

①塘兵:清代自京至省,驿站设有塘兵,沿途接替递送。

②溜信:上县传知下县,谓之"溜信"。

③一径:方言。一直,谓持续不断。

【译文】

十、在船上最怕遇到盗贼。我在九江的时候,德化县派了一位官差护送。每晚把船停稳以后,这位官差就叫塘兵打更,到底会好一些。家眷过池州的时候,可求陈姻伯让县官派一位官差护送,沿途写一个溜信,让官差一直护送到湖南,或许会好一点儿。如果陈姻伯因为你是亲戚而避嫌不答应,就仍到九江求德化县派官差护送。每到一县就换一位官差,不过赏大钱二百文。

八月十二日夜　在武昌城内发家信

余于初八日在舟中写就家信,十一早始到黄州。因阻风太久,遂雇一小轿起旱。十二日未刻到湖北省城①。晤常南陔先生之世兄,始知湖南消息。长沙被围危急,道路梗阻,行旅不通。不胜悲痛,焦灼之至!现在武昌小住,家眷此时万不可出京,且待明年春间再说。开吊之后,另搬一小房子住,余陆续设法寄银进京用。匆匆草此,俟一二日内续寄。

【注释】

①未刻:指下午十三时至十五时。

【译文】

　　我初八日这天在船中写了这封信,十一日早上才到黄州。因逆风期太长,雇了一顶小轿改走陆路。十二日未时到达湖北省城。与常南陔的世兄会了面,才得知湖南消息。长沙被围困,情况危急,道路阻塞,出行不通。我此刻不胜悲伤,焦灼之至!我现在在武昌小住,家眷此时万万不能离京,暂且等到明年春天再说吧。开吊之后,你们就找一个小房子住下,我会陆陆续续送银钱进京。匆匆写下此信,等一二日内我再写。

八日十三夜　　在湖北省城写谕纪泽儿书

　　十三日在湖北省城住一天,左思右想,只得仍回家见吾父为是。拟十四日起行,由岳州、湘阴绕道出沅江、益阳以至湘乡,约须半月,沿途自知慎重。如果遇贼,即仍回湖北省城。陆续有家信寄京,不必挂念。

【译文】

　　我十三日在湖北省城住了一天,思来想去,还是只能回家见我父亲。我打算十四日出发,从岳州、湘阴县绕道,途经沅江、益阳,到达湘乡,大约需要半个月,一路我自会慎重。如果遇到盗贼,仍然返回湖北省城。我陆陆续续会写信寄往京城,不必挂念。

　　家眷既不出京,止将书检存箱内,搬一房子,余物概不必动。余行李皆存常大人署中①,留荆七、孙福看守。自带丁、韩二人回南②,常又差四人护送,可以放心。

　　涤生字。

【注释】

　　①常大人:指湖北巡抚常大淳。

　　②丁、韩:曾国藩仆人。

【译文】

　　家眷既然不离京了,只要将书存放在箱子里,搬到一个房子里,其他东西都不必动了。我的行李都存放在常大人的官署里,留下荆七、孙福看守。我自己带着丁、韩二人回湖南,常大人又派了四人护送,可以放心。

　　涤生亲笔。

八月廿六日　谕纪泽儿书

字谕纪泽儿:

　　余于八月十四日在湖北起行,十八至岳州,由湘阴、宁乡绕道,于廿三日到家,在腰里新屋痛哭吾母。廿五日至白杨坪老屋,敬谒吾祖星冈公坟墓。

【译文】

字谕纪泽儿：

我八月十四日在湖北出发，十八日到达岳州，从湘阴、宁乡绕道，二十三日到达家中，在腰里的新屋痛哭我母亲。二十五日，到白杨坪老屋，恭敬地为祖父星冈公扫墓。

家中老少平安，地方亦安静。合境团练武艺颇好，土匪可以无虞。

【译文】

家中老少平安，地方上也清静。我乡团练武艺很好，可以不用担心土匪。

吾奉父亲大人之命，于九月十三日暂厝吾母于腰里屋后①，俟将来寻得吉地，再行迁葬。

【注释】

①厝(cuò)：停柩待葬，或浅埋以待改葬。

【译文】

我奉父亲大人的命令，在九月十三日暂时把先母的灵柩浅埋在腰里屋后，等将来找到风水好的墓地，再行迁葬。

家眷在京，暂时不必出京，俟长沙事平，再有信来。王吉云同年在湖北主考回京，余交三百廿金，托渠带京，想近日可到。余将发各处讣信，刻尚无暇，待九月再寄。

【译文】

家眷在京城，暂时不必回来，等长沙的事平定了，我会再写信来。王吉云同年在湖北主考完回京，我托他带了三百二十两银子到京城，想来近日应该能到了。我要往各处发讣告信，目前尚无闲暇，等九月再寄。

京中寄信回，交湖北常大人处最妥。

【译文】

京城寄信回来，交给湖北的常大人那里最妥帖。

岳父、岳母，俱于廿五日来我家，身体甚好，尔可告知尔母。

余不尽。

涤生手示。

【译文】

岳父、岳母二十五日都来到我家，身体都很好，你可以告诉你母亲。

其他的，不再详细写了。

涤生亲笔。

九月十八日　谕纪泽儿书

字谕纪泽儿：

予自在太湖县闻讣后，于廿六日书家信一号，托陈岱云交安徽提塘寄京；廿七日发二号家信，托常南陔交湖北提塘寄京；廿八日发三号，交丁松亭转交江西提塘寄京①。此三次信，皆命家眷赶紧出京之说也。八月十三日，在湖北发家信第四号，十四日发第五号，廿六日到家后发家信第六号。此三次信皆言长沙被围，家眷不必出京之说也。不知皆已收到否？

【注释】

①丁松亭：丁浩，字养滨，号松亭，河南宝丰人。道光十六年（1836）进士，由中书升侍读，历任江南、广西、江西各道监察御史。咸丰二年（1852）任江西副主考。同治五年（1866）外放，历知广、雷、琼三府事，均以廉明著称。著有《清华斋诗集》。

【译文】

字谕纪泽儿：

我从在太湖县闻听母亲去世的消息之后，在二十六日写了第一封家信，托陈岱云交安徽提塘寄往京城；二十七日发第二封家信，托常南陔交湖北提塘寄往京城；二十八日发第三封家信，交丁松亭转交江西提塘寄往京城。这三次信，都是让家眷赶紧出京。八月十三日，在湖北发第四封家信，十四日发第五封家信，二十六日到家后发第六封家信。这三次信都是说长沙被围，家眷不必出京。不知都已收到没有？

余于廿三日到家，家中一切清吉。父亲大人及叔父母以下皆平安。余癣疾自到家后日见痊愈。地方团练，人人皆习武艺，土匪决可无虞。粤匪之氛虽恶，我境僻处万山之中，不当孔道①，亦断不受其蹂躏。现奉父亲大人之命，于九月十三日权厝先妣于下腰里屋后山内，俟明年寻有吉地，再行改葬。所有出殡之事，一切皆从俭约。

【注释】

①孔道：大道。

【译文】

我在二十三日到家，家中一切都好。父亲大人及叔父母以下都平安。我的癣疾自从到家后，一天比一天好了。地方上组办团练，人人都练习武艺，土匪绝对不用担心。广西盗贼虽然气焰嚣张，我县处在偏僻的群山之中，不在交通要道上，也绝不会受贼兵蹂躏。我现奉父亲大人的命令，于九月十三日将先母暂且葬在下腰里屋后山内，等明年找到风水宝地，再行改葬。所有出殡相关事宜，一切皆从俭约。

丁贵自廿七日已打发他去了。我在家并未带一仆人，盖居乡即全守乡间旧样子，不参半点官宦气习。丁贵自回益阳，至渠家住数日，仍回湖北为我搬取行李回家，与荆七二人同归。孙福系山东人，至湖南声音不通，即命渠由湖北回京，给渠盘川十六两①，想渠今冬可到京也。

【注释】

①盘川：盘缠，旅费。

【译文】

丁贵自二十七日已打发他走了。我在家并没有带一个仆人，因为居乡就要全部保持乡间的老样子，不掺半点儿官宦的习气。丁贵自己回益阳，到他家住几日，仍然回湖北为我搬取行李回家，和荆七两个人一起来湘乡。孙福是山东人，到湖南语言不通，就让他从湖北回京城，给了他盘缠十六两，想来他在今年冬天可以到达京城。

　　尔奉尔母及诸弟妹在京，一切皆宜谨慎。目前不必出京，待长沙贼退后，余有信来，再行收拾出京。兹寄去信稿一件、各省应发信单一件。亦可将信稿求袁姻伯或庞师照写一纸发刻①。其各省应发信，仍求袁、毛、黎、黄、王、袁诸位妥为寄去。余到家后，诸务丛集，各处不及再写信。前在湖北所发各处信，想已到矣。

【注释】

①发刻：交付刻板印刷，付印。

【译文】

　　你侍奉你母亲和弟弟妹妹们在京城，一切都应谨慎。目前不必出京，待长沙贼兵退后，我有信来，再收拾出京。现寄去信稿一件、各省应发信单一件。也可以求袁姻伯或庞师将信稿照写一纸，拿去印刻。各省应发的信，仍求袁、毛、黎、黄、王、袁诸位妥善寄去。我到家后，各家事情忙到一起，各处来不及再写信。此前在湖北所发往各处的信，想必已经收到了。

　　十三日申刻①，母亲大人发引②，戌刻下窆③。十九日筑坟可毕。现在地方安静。闻长沙屡获胜仗，想近日即可解围。尔等回家，为期亦近。

【注释】

①申刻：指下午十五时到十七时。

②发引：谓执绋，参加出殡的礼仪。用以指出殡，灵车启行。

③戌刻：指傍晚十九时到二十一时。堳(sì)：埋棺材的坑。

【译文】

十三日申刻，母亲大人发引出殡，戌刻下葬。十九日坟墓可以修筑完毕。现在地方上很安静。听说长沙多次打胜仗，想来近日就能够解围。你们回家的日子也应该不远了。

罗劬农_{芸皋之弟}至我家①，求我家在京中略为分润渠兄②。我家若有钱，或十两，或八两，可略分与芸皋用。不然，恐同县留京诸人有断炊之患也。

书不能尽，余俟续示。

【注释】

①罗劬农：湖南湘乡人。罗芸皋之弟。

②分润：分钱接济。

【译文】

罗劬农芸皋之弟到我家，求我家在京中稍稍接济他哥哥。我家如果有钱的话，或者十两，或者八两，可以稍稍分一点儿给芸皋用。不然的话，恐怕同县留在京城的几位有断炊的危险了。

信写不尽，其他的等以后再说。

十一月十四日　　致牧云仁兄书

牧云仁兄大人阁下：

屡接手书，舍间一切皆蒙经理，感极感极！

【译文】

牧云仁兄大人阁下：

多次接到来信，我家一切都蒙兄经营料理，太感激太感激！

弟自八月廿三到家后，已发信三次。十月初十一次交常南陔家，闻南陔先生家中十八始遣人到湖北，是时适值长沙贼匪窜往宁乡、益阳一带，不知此信果到京否？

【译文】

我自八月二十三日到家后，已经发信三次。十月初十日的一次，交常南陔家，听说南陔先生家中十八日才派人到湖北，这时正赶上长沙的贼匪窜往宁乡、益阳一带，不晓得这信究竟到京城没有？

自十月以来，弟家大小平安。十一月初一未刻，四舍弟生一子，排行科九①，母子均极平安。初二起佛会，初四夜散。初七日弟至尊府，岳父在衡州未归，岳母康健，嫂夫人身体如常，其余小大均吉。

【注释】

①科九：曾国潢次子曾纪湘，字耀衡，乳名科九。

【译文】

自十月以来，我家大小平安。十一月初一日未时，我四弟生了一个儿子，排行科九，母子都很平安。初二日起佛会，初四日夜里散场。初七我到尊府，岳父在衡州没有回来，岳母很康健，嫂夫人身体平安，其余大小都好。

弟家请魏荫亭教书①，即召亭之弟，四舍弟之亲家也。学生共三人，舍侄甲五、胞姊之子临三、胞妹之子昆八②，十月十七上馆③。荫亭极善教书，弟生平所见教读者殆无其敌。自黎明初醒以至夜深将睡，殆无须臾不与学生讲解。一月之中，学生进功真可谓一日千里。

【注释】

①魏荫亭：魏承樾，字荫亭，湖南衡阳人。举人出身，著有《左传便读》《性怡斋诗草》等书。咸丰初年受聘在荷叶塘曾府教书，与曾国藩之弟曾国潢为儿女亲家。

②临三：王临三，曾国藩姊曾国兰之子。昆八：王昆三，曾国藩妹曾国蕙之子。

③上馆：学馆开学。

【译文】

我家请魏荫亭教书，就是召亭的弟弟，我四弟的亲家。学生共有三人，我侄子甲五、我姐姐的儿子临三、我妹妹的儿子昆八，十月十七日开学。荫亭特别善于教书，我生平所见教人读书的，几乎没有一个比得上他。自黎明初醒，一直到夜深将睡，几乎没有片刻不跟学生讲解。一月之中，学生功夫大有进步，真可以说是一日千里。

弟于京中一切不甚挂念，所最挂念者，惟念纪泽儿年少，恐其学坏，敬求老兄大人时时教诲，时时防闲①，总须多解多讲，令其神不外散，乃为有益，千万千万！又须令其习字，可拜李寿廷为师②，每日习大字二百，亦是要事。京中用钱须格外省俭。王吉云进京带银三百，又存银二百在南陔先生处，留为寄京之用，此外则更无分毫可寄。

【注释】

①防闲：防，堤也，用于制水；闲，圈栏也，用于制兽。引申为防备和
　　禁阻。

②李寿廷：李树人，字寿廷，号玉泉，湖北随州人。道光十七年
　　（1837）拔贡，朝考一等，授小京官；道光十九年（1839）己亥科顺
　　天乡林壬榜举人，升户部主事。擅长楷书，名重一时。咸丰四年
　　（1854）告归随州。寻以功保升户部员外郎，赏戴花翎，不久
　　去世。

【译文】

弟对京城寓中的一切都不是很挂念，最挂念的是想到纪泽儿年纪
太小，怕他学坏，敬求老兄大人您时时教诲他，时时禁止他放纵，总归要
多给他讲解书中的道理，让他精神内敛有所约束，才算有益，千万千万！
还要让他学写字，可以拜李寿廷做老师，每天练习大字二百个，也是要
紧事。京城寓中用钱，必须格外节省。王吉云进京，托他带银三百两，
另外存了银子二百两在南陔先生那里，留作寄京城寓中之用，此外，就
再没有一个子儿可寄了。

现在贼匪盘踞岳州，恐湖北亦属可虞，不知明年正月家
眷可回南否？弟意正月节后家眷由通州上船，二月可至扬
州。万一湖北不靖，则由苏州小河转至浙江，由江西水路到
家。不过中间盘堤二次①，虽为日甚久，而一则免大江之险，
一则无盗贼之警，似尚可行，求老兄更与诸友熟计之。

【注释】

①盘堤：周转。

【译文】

现在贼匪盘踞岳州，只怕湖北也有危险，不晓得明年正月家眷能不能回湖南？我想正月节后，家眷由通州上船，二月可到扬州。万一湖北不安宁，就由苏州小河转到浙江，由江西水路到家。不过中间周转两次，虽然路上要用很长时间，但一来可以免除大江行船的危险，一来没有盗贼的隐患，似乎还行得通，求老兄与诸位好友仔细商量。

弟身体平安，癣疾请刘医诊治，云须食淡二七。不吃盐、茶、酒、醋。昨十月廿三起已淡七日，此次十一月初八日起又淡七日。虽未全愈，而夜间能熟睡。

【译文】

我身体平安，癣疾请刘医生诊治，说须要吃淡的两个七天的周期。不吃盐、茶、酒、醋。此前十月二十三日起，已吃淡的七日；这次十一月初八日起，又吃淡的七日。虽然没有痊愈，但夜里能熟睡。

兄八月廿三在张抚台家所寄之信①，十月廿七接到。

【注释】

①张抚台：指时任湖南巡抚的张亮基。张亮基（1807—1871），字采臣，号石卿，江苏铜山（今徐州）人。道光十四年（1834）举人。官内阁中书。咸丰间任湖南巡抚，守长沙御太平军，防守八十余日。后调抚山东，以忤胜保革职，戍军台。逾年释回。官至云贵总督。谥惠肃。

【译文】

尊兄八月二十三日在张抚台家所寄的信，十月二十七日接到。

此次不另写家书，诸惟心照。

【译文】

这次不另外再写家书了，所有一切，心照不宣。

十二月十五日　　致牧云仁兄书

牧云仁兄大人左右：

十一月十八发家信一件，交湖南抚台转寄。十二月初七发家信一件，交益阳县李筱泉明府①，托其由常德交云贵折差转寄。其弟李少荃编修②，不知何时可到京中？十月十二所发之信，已于十二月初六接到矣。九月之信，至今未到。

【注释】

①李筱泉：李瀚章（1821—1899），字筱泉，一作"小泉"，晚年自号钝叟，安徽合肥人。李鸿章兄。其父李文安，曾官刑部郎中，与曾国藩为戊戌（道光十八年，1838年）同年。道光二十九年（1849）以拔贡生铨湖南永定知县。曾从曾国藩主饷运事。同治间擢湖南巡抚，屡阻击太平军李世贤部及贵州苗教各军。四督湖广，后移督两广。以疾归。卒谥勤恪。有《合肥李勤恪公政书》《李勤恪公奏议》等传世。

②李少荃:李鸿章(1823—1901),字少荃,晚号仪叟,安徽合肥人。
道光二十七年(1847)进士,授编修。咸丰三年(1853),回籍从
军。从曾国藩于江西。同治元年(1862),受曾国藩命编淮军,任
江苏巡抚。与戈登"常胜军"合力抵抗太平军,复占苏、常、嘉、
湖。封一等肃毅伯,署两江总督。五年(1866),任钦差大臣,镇
压东、西捻军。九年(1870),为直隶总督兼北洋通商事务大臣,
授文华殿、武英殿大学士。于南方创设上海广方言馆、金陵机器
局、上海轮船招商局、机器织布局等。又与曾国藩建江南制造
局。于北方则开办开平矿务局、天津电报总局、津榆铁路等。以
"自强"、"求富"为号召,为洋务派首脑。又创建北洋海军。外交
以妥协求和为宗旨。中法战争乘胜求和;中日战争力求避战,招
致败绩,分别签署《中法新约》和《马关条约》。八国联军之役,以
全权大臣与奕劻共同签署《辛丑和约》。卒谥文忠。有《李文忠
公全集》。

【译文】

牧云仁兄大人左右:

　　我十一月十八日发家信一件,交湖南抚台转寄。十二月初七日发
家信一件,交益阳县李筱泉明府,托他由常德交云贵信差转寄。他弟弟
李少荃编修不晓得何时可到京中?您十月十二日所发的信,已于十二
月初六日接到。九月的信,至今未到。

　　弟身体极好,面色红润发胖,在京十余年,无此气象。
合家大小平安。尊府人人清吉。

【译文】

　　我身体极好,面色红润发胖,在京十多年,没这种气象。合家大小

平安。尊府人人平安康健。

十二月十三日申刻，湖南巡抚专差送到咨文，十一月廿九奉旨，命弟在本省帮同办理团练乡民、搜查土匪诸事务。弟闻讣到家仅满四月，葬母之事，草草权厝，尚思寻地改葬。家中诸事，尚未料理。此时若遽出而办理官事，则不孝之罪滋大。且所办之事，亦难寻头绪。若其认真督办，必须遍走各县，号召绅耆，劝其捐赀集事①，恐为益仅十之二，而扰累者十之八。若不甚认真，不过安坐省城，使军需局内多一项供应，各官多一处应酬而已。再四思维，实无裨于国事，是以具折陈情，恳乞终制②。

【注释】

①赀(zī)：通"资"。

②终制：父母去世服满三年之丧。

【译文】

十二月十三日申时，湖南巡抚专差送到咨文，十一月二十九日接到圣旨，命我在本省帮同办理团练乡民搜查土匪诸事务。我得知母丧消息到家仅满四月，草草地暂时将母亲安葬，还想寻风水宝地改葬。家里的各种事情，还没有料理。这时候如果马上出来办理官事，那不孝的罪名可就大了。况且所要办的事，也难有头绪。如果认真督办，必须走遍各个县，号召绅士耆老，劝他们捐钱集中力量共事，只怕好的成分仅有十分之二，而扰民伤财的成分却要占十分之八。如果不是很认真，只不过是安坐省城，使军需局内多一项供应，各官员多一处应酬而已。考虑再三，觉得实在于国事无补，因此拟折子上奏陈述实情，恳求在家守三年之丧。

　　兹将折稿寄京，相好中如袁、毛、黎、黄、王、袁、庞诸君①，尽可令其一阅。此外，如邵蕙西、李少荃、王雁汀、吕鹤田有欲阅者②，亦可一阅。盖欲使知交中谅我寸心，不必登诸荐牍③，令我出而办事，陷于不孝也。

【注释】

　　①袁、毛、黎、黄、王、袁、庞：分指袁芳瑛、毛鸿宾、黎吉云、黄倬、王溥、袁甲三、庞际云。

　　②吕鹤田：吕贤基（1803—1853），字羲音，号鹤田，安徽旌德人。道光十五年（1835）进士，授编修。迁给事中，数论时政得失。咸丰元年（1851），擢工部侍郎。三年（1853），赴安徽办理团练。太平军破舒城时死。赠尚书衔，谥文节。有《立诚轩古今体诗》。

　　③荐牍：推荐人才的文书。

【译文】

　　现在将折子底稿寄往京城，好友中如袁、毛、黎、黄、王、袁、庞诸位，尽可请他们一看。其他人，如邵蕙西、李少荃、王雁汀、吕鹤田等，有愿意看的，也可以一看。想让知交好友们体谅我的初衷，不必将我列进向国家推荐人才的文书中，让我出面办事，陷我于不孝的境地。

　　弟自奉旨后，始知汉阳失守。乡间音问难通，即县城亦无确信。眷口在京或归或否，惟兄与内人裁度。或由浙江、江西一路，或由樊城一路，或竟作久住之计，全不作归家之想，均由兄为主。弟僻处乡间，消息不明，不遥决也。

【译文】

　　我在接到圣旨之后，才知道汉阳已经失守。乡下信息不通，即便县城也没准确的消息。家眷在京城，或者回或者不回，全凭仁兄和内人决断。或者从浙江、江西走；或者从樊城走；或者就准备久住京城，完全不作回家的打算，都由仁兄做主。我处在偏僻的乡下，消息不明，不远隔数千里作决定。

纪泽儿身体不健，宜常常行动，或坐车至圆明园一二次亦可。无事总宜读书习字。

余不一一。

【译文】

纪泽孩儿身体不太健壮，应常常运动，或者坐车到圆明园一两次也可以。没有事情的时候，总是要读书习字。

其他的，不一一说了。

十二月廿五日　　致牧云仁兄书

牧云仁兄大人足下：

前信写就，正拟专人送至省城，请张抚台代为发折。十五夜接张抚台来信二件，知武昌失守，不胜骇叹。郭云仙亦于十五夜来我家，劝我到省帮办团练等事。弟以湖北失守，关系甚大，又恐长沙人心惶惧，理宜出而保护桑梓①，即于十七日由家起行，廿一日抵省。先以稽查城内土匪奸细为要务，其次则勤于操练。江岷樵所带之壮勇二千，甚为可恃，即留于长沙防守。弟又招湘乡壮勇千名，亦颇有纪律，若日日操练，可期得力。现在大股业已顺长江而下，只怕分股回窜,不得不严为防备。幸张抚台至明决,勇于任事,乡绅亦多信吾之言,或可办理得宜。京中全家,不必挂心。

【注释】

①桑梓:《诗经·小雅·小弁》:"维桑与梓,必恭敬止。"朱子《集传》:"桑、梓,二木。古者五亩之宅,树之墙下,以遗子孙给蚕食、具器用者也……桑梓父母所植。"东汉以来一直以"桑梓"借指故乡或乡亲父老。

【译文】

牧云仁兄大人足下:

前一封信写完,正准备派专人送到省城,请张抚台代我发折。十五日夜里接到张抚台来信二件,得知武昌失守,惊讶叹息得不行。郭云仙也在十五日的夜里来我家,劝我到省城帮办团练等事。我因湖北失守,关系太大,又怕长沙人心惶惧,理应挺身而出保护家乡,就在十七日从家起行,二十一日到达省城。先以稽查城内土匪奸细为紧急要务,其次则勤于操练。江岷樵所带的二千壮勇,很可以作倚靠,就留在长沙防守。我又招湘乡壮勇一千名,也很有纪律,如果天天操练,可以指望派上用场。现在粤匪大部分已顺长江而下,只担心小股回窜,不得不严为防备。幸亏张抚台明决之极,勇于任事,乡绅也多信服我的话,或许可以办理得宜。京中全家,不必挂念。

湖北既失守,则道途必多盗贼,家眷不宜出京。望兄辛苦照料一切,不胜感激。若冯树堂来京,一切与之商议,必甚妥叶。

书不能详,诸惟心照。

【译文】

湖北既已失守，那路上一定有很多盗贼，家眷不宜出京。恳请仁兄辛苦照料一切事宜，感激不尽。如果冯树堂来京城，一切和他商议，一定会很妥当的。

信没法写得太详细，各个方面，心照不宣。

咸丰三年癸丑
正月十二日　　致牧云仁兄书

牧云仁兄大人阁下：

十二月廿八发家信一件。其时弟以奉旨来长沙，具折陈奏，将折稿封存家信中，不知到否？

【译文】

牧云仁兄大人阁下：

十二月二十八日，我发出一封家信。当时我因奉旨来长沙，具折上奏，将奏折的底稿封存在家信内，不晓得到了没有？

正月以来，弟在省身体平安。九弟于初九到省，知舍间自严亲以下并安好。又接岳父大人手示，知尊府一切平安。正月二日，余写一信，交湘乡公车刘月槎、贺石农带京^①，信中言会试后，家眷与公车一同回南。近日仔细思之，恐仍以不出京为妥。盖道途多梗，即不遇粤寇，犹恐土匪所在窃发，终不放心。不如待其稍定，再看机会。

【注释】

①贺石农：贺洪熙，原名勋，字石农，湖南湘乡人。道光二十三年
（1843）癸卯科举人。以知县分发四川，署雷州厅。

【译文】

正月以来，我在省城身体平安。九弟在初九日到省城，得知我家自
老父亲以下都安好。又接到岳父大人的亲笔信，得知您府上一切平安。
正月初二日，我写了一封信，交给湘乡举人刘月槎、贺石农带往京城，信
里说会试以后，家眷和进京赶考的举人一道回湖南。近日仔细考虑，觉
得还是不出京更妥当。因为路上困难太多，即便不碰上粤寇，也怕土匪
暗中使坏，终究不放心。不如等局面稍微安定，再看机会。

正月初三日，粤匪自武昌下窜，水陆两路并发，不识直
扑安徽乎？抑入江西乎？现尚未得确耗。南陔先生闻于城
门尽节，其夫人及大世兄并大孙女并于初七殉难，其二世兄
与二少奶奶并各孙男女等皆为贼所掠，幸不甚凌辱。昨初
三日逆贼下窜之时，闻将城中男女一概裹胁①，驱之上船，投
江自尽者不可胜数。恐常氏遂无遗类矣②，惨哉！

【注释】

①裹胁：用胁迫手段使人跟从（做坏事），或被胁迫而跟从别人（做
坏事）。

②无遗类：没有活着的人。《史记·高祖本纪》："项羽尝攻襄城，襄
城无遗类，皆阬之。"

【译文】

正月初三日，粤匪从武昌下窜，水陆两路并发，不晓得是直扑安徽，
还是进入江西境内？现在还没有得到确切的消息。南陔先生听说死在

城门,他夫人及大公子和大孙女都在初七日殉难;他二公子和二少奶奶以及孙儿孙女们都被贼兵掳掠,幸亏不太遭凌辱。此前初三日逆贼下窜的时候,听说将城中男女全部裹胁,驱赶上船,投江自尽的不计其数。只怕常氏连一个活口都没能留下,太悲惨了!

正月十一日,湖南张中丞至湖北履总督任,收复省城。江岷樵与之同往,弟再三托岷樵,嘱其收常氏之遗骸,求常氏之孤孽①,不知可得一二否? 常氏有一家人由湖北贼中逃难回者,弟亦遣之同往。不知常氏何辜②,遭此奇祸,殊不可解!

【注释】

①孤孽:此处指遗孤。

②辜:罪过。

【译文】

正月十一日,湖南张中丞到湖北履职总督,收复省城。江岷樵和他同往,我再三托岷樵,嘱咐他收常氏的遗骸,寻觅常氏遗孤,不晓得能不能找到一两个? 常氏有一家人从湖北贼中逃难回来的,我也遣他们一起去。不晓得常氏有何罪,竟然遭遇这等奇祸,真是不可理解!

弟在省办事,以查办土匪为第一要务,以各县之正人,办各县之匪徒,总在访求公正绅耆为下手工夫。其次则操练兵勇。三年之艾,亦须及时收蓄,以为七年治病地步①。

【注释】

①"三年之艾"三句:此句意谓,凡事要平时准备,事到临头再想办

法就来不及。《孟子·离娄上》:"今之欲王者,犹七年之病,求三年之艾也。"

【译文】

我在省城办事,以查办土匪为第一要紧之事,用各县的正直世人,办理各县的匪徒,总归是以访求公正绅士长老为下手功夫。其次则是操练兵勇。三年的艾,也须及时收蓄,才能指望治七年的病。

四、九舍弟及刘霞仙、郭筠仙俱在长沙,与弟同居作伴,甚不寂寞。癣疾十愈其八。自在京以来,未尝如此大好。此近日第一欣幸之事。

【译文】

我家四弟、九弟和刘霞仙、郭筠仙都在长沙,和我住一起做伴,颇不寂寞。我的癣病,十分好了八分。从在京以来,从来没有这样大好过。这是近来第一欣幸的事。

纪泽读书,求兄勤勤讲解,务使怡然以悦,乃为至善。
书不详尽,诸惟心照。
顺请日安。

【译文】

纪泽读书,求仁兄勤快讲解,务必让他愉快接受,才是最好。
信没法写得太详尽,各种事情,心照不宣。
顺请日安。

十月初四日　致父亲书

男国藩跪禀父亲大人万福金安：

　　屡次接到廿三日、廿八日、廿九日、初二日手谕，敬悉一切。

【译文】

儿国藩跪禀父亲大人万福金安：

　　依次接到父亲大人二十三日、二十八日、二十九日、初二日的亲笔信，您说的一切情况都已知道。

　　男前所以招勇往江南杀贼者，以江岷樵麾下人少，必须万人一气诸将一心，而后渠可以指挥如意，所向无前。故八月三十日寄书与岷樵，言陆续训练，交渠统带。此男练勇往江南之说也。王璞山因闻七月廿四日江西之役谢、易四人殉难①，乡勇八十人阵亡②，因大发义愤，欲招湘勇二千前往两江杀贼③，为易、谢诸人报仇。此璞山之意也。男系为大局起见，璞山系为复仇起见。男兼招宝庆、湘乡及各州县之勇，璞山则专招湘乡一县之勇。男系添六千人，合在江西之宝勇、湘勇足成万人，概归岷樵统带。璞山则招二千人，由渠统带。男与璞山大指虽同，中间亦有参差不合之处。恐家书及传言但云招勇往江南，而其中细微分合之故，未能尽陈于大人之前也。

【注释】

①王璞山:王鑫(1825—1857),字璞山,湖南湘乡人。道光二十八年(1848),从学于湘中理学大家罗泽南。咸丰二年(1852)与县令朱孙诒、刘蓉开办湘勇。因与曾国藩不合,咸丰四年(1854)从湘军大队东征。咸丰七年(1857)三月率老湘营援江西,屡立战功,九月卒于军中。赠布政使衔,依二品从优议恤,予骑都尉世职。江西、湖南建专祠,谥壮武。王鑫既殁,所部老湘营归其弟王开化及张运兰分统。王鑫驭众严而有恩,闲时教士兵读《孝经》《四书》,用兵好出奇制胜,所著有《练勇刍言》《阵法新编》。谢、易四人:指谢邦翰、易良干、罗信东、罗镇南四人。谢邦翰,字春池。易良干,字临庄。罗信东,字介山。罗镇南,字晓岚。皆罗泽南弟子,咸丰三年(1853)七月二十四日战死于南昌。

②乡勇:指在湘乡招募的兵勇。

③两江:清江南省和江西省的合称,地辖江苏、安徽、江西三省。《清会典·户部·尚书侍郎职掌二》:"山东省之南为两江,其省三:曰江南之江苏,曰江南之安徽,曰江西。"

【译文】

儿子之前之所以招募兵勇到江南杀贼,是因为江岷樵手下兵少,必须万人一气、诸将一心,他才可以指挥如意,所向无前。所以,我八月三十日写信给岷樵,说我会陆续训练士兵,交给他统一带领。这是我训练士兵到江南的原委。王璞山听说七月二十四日江西战役谢、易等四人殉难,乡勇八十人阵亡,义愤填膺,想招募湘勇两千人前往两江杀贼,为谢、易等诸人报仇。这是王璞山的意思。儿子是为大局着想,璞山是为报仇起见。儿子我还招募了宝庆、湘乡各州县的兵勇,璞山专门招募湘乡一县的兵勇。我调派六千人,再加上在江西的宝庆勇、湘乡勇,共一万多人,都归岷樵统一带领。璞山招募两千人,由他自己带领。儿子我与璞山虽然宗旨一样,中间也有不一样的地方。怕家书和传言只说招募士兵前往江南，而个中细微分合的原委，不能全部在父亲大人面前陈述。

　　自九月以来，闻岷樵本县之勇皆溃散回楚，而男之初计为之一变。闻贼匪退出江西，回窜上游，攻破田镇①，逼近湖北，而男之计又一变。而璞山则自前次招勇报仇之说通禀抚、藩各宪②，上宪皆嘉其志而壮其才。昨璞山往省，抚、藩命其急招勇三千赴省救援。闻近日在涟滨开局，大招壮勇，即日晋省。器械未齐，训练未精，此则不特非男之意，亦并非璞山之初志也。事势之推移，有不自知而出于此，若非人力所能自主耳。

【注释】

①田镇：即田家镇，坐落于九江上游约65公里，武汉下游150公里，广济县城西南约40公里的长江中下游北岸江面狭隘处，与对岸半壁山和富池口互为犄角，是鄂、皖、赣的门户和入武汉之咽喉。其地势险要，以山锁江，湖泊连接，被誉为"武汉第一门户"和"楚江锁钥"。湘军与太平军曾于此地激战。

②宪：旧指朝廷委驻各行省的高级官吏。如清代称巡抚、藩司、臬司为三大宪。引申为对上司的尊称。

【译文】

　　从九月以来，听说岷樵本县的兵勇都败逃楚地，我最初的计划为之一变。听说贼匪退出江西，窜回上游，攻破田家镇，逼近湖北，我的计策又改变了。璞山前次招募士兵报仇，禀告抚台、藩台等各宪，上司们都嘉奖其志气、赞叹其才能。昨天璞山去江西，抚台、藩台等命他速速招募士兵三千到江西救援。听说最近在湘乡涟滨开始大量招募壮勇，不日就要到省了。器械不齐、训练也不精,这不但不是我的意思,也不是璞山最初的心意。事势推移,不自知而如此,不是人力所能自主的。

季弟之归,乃弟之意,男不敢强留。昨奉大人手示,严切责以大义①,不特弟不敢言归,男亦何敢稍存私见②,使胞弟迹近规避③,导诸勇以退缩之路。现令季弟仍认按:原本此处有数行空白之不可为,且见专用本地人之有时而不可恃也。男现在专思办水战之法,拟簰与船并用④。湘潭驻扎,男与树堂亦尝熟思之。办船等事,宜离贼踪略远。恐未曾办成之际,遽尔蜂拥而来,则前功尽弃。

【注释】

①严切:严峻,严厉。

②私见:个人的意见或见解。

③规避:设法躲避。

④簰:同"箄",筏子。

【译文】

季弟要回去,是季弟自己的意思,儿子我不敢强留。昨天读到父亲大人亲笔信,严厉地讲大道理责备他,不仅季弟不敢再说回去,儿子我又岂敢稍存个人想法,让胞弟躲避危险,引导诸位兵勇走向退缩的道路。现令季弟仍认按:原本此处有数行空白之不可为,并且认为专用本地人有时并不可靠。儿子我现在专力思考打水战的方法,打算并用筏子和船。在湘潭驻扎之事,儿子与树堂也曾经深思熟虑过。备办船只等,应该要离贼匪的踪迹略远。只怕船队还没有办成,贼匪就迅速蜂拥而来,那就前功尽弃了。

　　朱石翁已至湖北,刻难遽回。余湘勇留江西吴城者^①,男已专人去调矣。江岷樵闻亦已到湖北省城。谨此奉闻^②。男办理一切,自知谨慎,求大人不必挂心。

【注释】

①吴城:江西永修吴城镇,位于江西永修东北部,鄱阳湖西汉。

②奉闻:敬辞。告知。

【译文】

　　朱石樵已经到了湖北,此刻难以迅速回来。其他湘勇留在江西吴城的,儿子已经派专人去调遣了。听说江岷樵也到了湖北省城。儿子恭敬地把这些告诉父亲大人。儿子自会谨慎地办理一切,请父亲大人不必挂在心上。

咸丰四年甲寅
三月廿五日　致父亲书

男国藩跪禀父亲大人万福金安:

　　廿二日接到十九日慈谕^①,训戒军中要务数条,谨一一禀复:

【注释】

①慈谕:指父母亲的口头训示或亲笔信。

【译文】

儿国藩跪禀父亲大人万福金安:

　　二十二日接到十九日父亲大人的亲笔信,训诫军中紧要事务多条,儿子现在谨一一回禀：

一、营中吃饭宜早，此一定不易之理①。本朝圣圣相承②，神明寿考③，即系早起能振刷精神之故④。即现在粤匪暴乱，为神人所共怒，而其行军，亦系四更吃饭，五更起行。男营中起太晏，吃饭太晏⑤，是一大坏事。营规振刷不起，即是此咎。自接慈谕后，男每日于放明炮时起来，黎明看各营操演。而吃饭仍晏，实难骤改。当徐徐改作天明吃饭，未知能做得到否。

【注释】

①一定不易：固定不变。易，变易。

②圣圣相承：指历代圣贤天子相继承。

③神明：明智如神。寿考：年高，长寿。

④振刷：奋起图新，振作。

⑤晏：晚。

【译文】

一、军营中吃饭应该趁早，这是铁定不变的道理。本朝代代圣主相传，英明长寿，就是能早起振奋精神的缘故。即便现在的广西贼匪暴乱，为人神所共愤，他们行军也是四更吃饭、五更动身。儿子我的军营中起得太晚、吃饭太晚，是一件坏事。军营的规矩不能振奋，就是因为这个罪错。自从接到父亲的亲笔信后，儿子我每天放明炮时起来，黎明时分巡视各营操练。但吃饭还是晚，实在很难突然改变。儿子应当慢慢改为天亮吃饭，不知能不能做到。

二、扎营一事，男每苦口教各营官，又下札教之。言筑墙须八尺高、三尺厚,壕沟须八尺宽、六尺深;墙内有内壕一道,墙外有外壕二道或三道;壕内须密钉竹签云云。各营官总不能遵行。季弟于此等事尤不肯认真。男亦太宽,故各营不甚听话。岳州之溃败①,即系因未能扎营之故。嗣后当严戒各营也。

【注释】

①岳州之溃败:指咸丰四年(1854)三月湘军在岳州被太平军打败一事。

【译文】

二、扎营这件事情,儿子我每次苦口婆心地教导各位营官,又下发公文教导他们。说筑墙必须八尺高、三尺厚,壕沟必须八尺宽、六尺深;墙内要有内壕一条,墙外要有外壕两条或三条;壕内必须密密麻麻地订好竹签等等。各位营官总不能遵守。季弟对此事尤其不认真。我也太宽容,所以各营都不是很听话。岳州之战的溃败,就是因为没有好好扎营的缘故。以后我会严厉告诫各营。

三、调军出战,不可太散。慈谕所戒,极为详明。昨在岳州,胡林翼已先至平江①,通城屡禀来岳请兵救援②,是以于初五日遣塔、周继往③。其岳州城内王璞山有勇二千四百,朱石樵有六百,男三营有一千七百,以为可保无虞矣,不谓璞山至羊楼司一败④。而初十开仗,仅男三营与朱石樵之六百人,合共不满三千人,而贼至三万之多,是以致败。此后不敢分散。然即合为一气,而我军仅五千人,贼尚多至六七倍,拟添募陆勇万人,乃足以供分布耳。

【注释】

①胡林翼(1812—1861)：字润之，又字咏芝。见前注。平江：县名。清属岳州府，今隶湖南岳阳，位于湖南省东北部，处汨水、罗水上游。

②通城：别称"银邑"，汉为下隽县地，故简称"隽"。位于湖北省东南部，湘、鄂、赣三省交界处，是咸宁、岳阳、九江金三角中心交汇点。

③塔、周：指湘军营官塔齐布、周凤山。塔齐布，字智亭，托尔佳(陶佳)氏，满洲镶黄旗人。初为火器营鸟枪护军。咸丰初由三等侍卫拣发湖南，为都司，以守长沙升游击。旋从曾国藩镇压太平军。四年(1854)，湘潭之战，当先陷阵，名声大著。自此转战湘鄂，屡为军锋，官至湖北提督。后攻九江，呕血死。谥忠武。周凤山，字梧冈，湖南道州人。原为绿营千总，咸丰三年(1853)入湘军，为湘军最初的十个营官之一。咸丰五年(1855)七月塔齐布死后，周凤山在九江代领其军。官至罗定协副将。

④羊楼司：地名。羊楼司镇，属湖南省，位于湖南临湘北部，地处湘、鄂边界，扼三湘咽喉，守湘北门户，是湖南省四大边境重镇之一。王鑫在羊楼司为太平军所败。

【译文】

三、调兵出战，不能太分散。父亲大人的亲笔信告诫得极其详细明白。昨天在岳州，胡林翼已经先到了平江县，通城多次来岳州禀报请求救援，因此初五日派了塔齐布、周凤山二人相继前往。岳州已有王璞山带领的士卒两千四百、朱石樵六百、儿子我三个营一千七百，以为可以万无一失，不料璞山在羊楼司镇大败。初十日开战，儿子三个营和朱石樵六百人，总共不满三千，但贼匪有三万多，因此败下阵来。此后，军队再也不敢分散。但是，即使是合为一团，我方只有五千人，贼匪还多六七倍，儿子打算招募陆军一万，以供分遣布置。

四、破贼阵法，平日男训戒极多，兼画图训诸营官。二月十三日，男亲画贼之莲花抄尾阵，寄交璞山，璞山并不回信；寄交季弟，季弟回信言贼了无伎俩①，并无所谓抄尾阵；寄交杨名声、邹寿璋等②，回信言当留心。慈训言当用常山蛇阵法，必须极熟极精之兵勇乃能如此。昨日岳州之败，贼并未用抄尾法，交手不过一个时辰，即纷纷奔退，若使贼用抄尾法，则我兵更胆怯矣。若兵勇无胆无艺，任凭好阵法，他也不管，临阵总是奔回，实可痛恨。

【注释】

①了无：全无，毫无。伎俩：技能，本领。

②杨名声：湖南桂阳人。咸丰三年(1853)入湘军，是最早的陆军营官之一，带新化勇。后为曾国藩身边亲随之人，深得信任。咸丰八年(1858)曾国华死于三河镇，曾国藩派杨名声等至三河寻觅尸骨。邹寿璋：字岳屏。见前注。

【译文】

四、破贼的阵法，儿子平日训诫极多，还画图训导诸位营官。二月十三日，儿子亲手画出贼匪的莲花抄尾阵，寄给璞山，璞山并没有回信；寄给季弟，季弟回信说贼匪毫无本事，并没有什么所谓的抄尾阵；寄给杨名声、邹寿璋等人，他们回信说要多留意。父亲大人训诫，应该用常山蛇阵法，且必须极熟、极精的兵卒才能奏效。昨天在岳州战败，贼匪并没有用抄尾法，交手不过一个时辰，我军将士纷纷奔退，如果贼匪用了抄尾法，我军就更加胆怯了。如果将士们既没有胆量、又没有本领，任凭它是再好的阵法也不管用，阵前总是往回跑，实在让人痛恨。

五、拿获形迹可疑之人以后，必严办之，断不姑息。

【译文】

五、抓住形迹可疑的人，以后一定严加惩办，绝不姑息。

以上各条，谨一一禀复，再求慈训。
男谨禀。

【译文】

以上各条，儿子我谨一一回禀，再请父亲大人训示。
儿子谨禀。

三月廿五日　致澄侯、温甫、子植弟书

澄、温、植三弟左右：

　　澄弟有病，即可不必来此。此间诸事杂乱，澄弟虽来，亦难收拾，不如在家料理一切也。长夫来此者至六十名之多①，澄弟于此等处不知节省，亦疏略也。兹一概遣归，仅留十三名在此。如不好，尚须再遣回。

【注释】

　　①长夫：长工。

【译文】

澄、温、植三弟左右：

　　澄弟生病，可以不来这里。这里各种事情纷繁杂乱，澄弟即使来了，也难以收拾，不如在家里料理好一切。长工来这里的有六十多人，澄弟在这种地方不知道节省，也是疏忽了。现在一概遣回，只留下十三人。如果不好用，这十三人还要被遣回去。

　　昨夜褚太守带三营水师至靖江剿贼①，不知能得手否？塔、周大胜仗归来，余赏银千两、功牌百张、猪十口、酒五百斤②，颇觉鼓舞。现惟邓湘一营难于收辑耳③。

　　余不一一。

【注释】

①褚太守：指褚汝航（？—1854），字一帆，江苏吴县人，一作广东人。道光二十八年（1848）捐职布政司经历，发广西。咸丰初以知府应曾国藩招至湖南，督造战舰，练水师。擢道员。后率师船救城陵矶，被围阵亡。褚汝航当时有知府头衔，故称"太守"。靖江：指靖港江面。靖港原名"芦江"，唐朝大将李靖曾在此驻军，因其治军有方，从不骚扰百姓，故后人将此地改名为"靖港"。靖港镇自古得水运优势，坐落于湘江西岸，曾为三湘物资集散的繁荣商埠，美名"小汉口"，现属湖南长沙。

②功牌：旧时颁给有功将士的一种奖牌。原用银制，清代改用纸制。从五品以下，分为各级。有功牌就算有了出身。后来赏赐日滥，辗转顶替，甚至有预印空白，随时填写的。

③邓湘营：湘军营号。收辑：招集整顿，收复安抚。

【译文】

　　昨晚褚太守带领三营水军到靖港江面剿匪，不知是否成功了？塔齐布、周凤山二人打了大胜仗回来，我赏他们一千两白银、一百张功牌、十头猪、五百斤酒，塔、周二人很受鼓舞。现在只有邓湘一个营难以收集整顿。

　　其他不再一一说了。

四月初四日　　致澄侯、温甫、沅浦弟书

澄、温、沅三位老弟足下：

初四日午刻安五等来①，接到家信，具悉一切。父大人声色不动，毫无惊怖，实我辈所万不能及。

【注释】

①安五：不详。

【译文】

澄、温、沅三位老弟足下：

初四日午时安五等人来了，接到寄信，一切情况都已知道。父亲大人不动声色，毫不惊惧，实在是我辈万万赶不上的。

贼于廿七早辰刻破湘潭①，即刻分股窜至朱亭、渌口、朱洲一带②，掳大河及一宿河之船③，又分股窜至湘乡掳涟江之船④。廿八早，塔副将在潭大获胜仗⑤，踏破贼营三座，烧毁木城一座⑥，杀贼至六百余人。是夜贼又筑营垒。塔副将与大战二次。初次烧贼营二座，杀贼七百人。二次真长发老贼拚命出战⑦，塔将又大胜，杀贼千余。初一、初二皆大战，官兵大捷。五仗共杀贼至四千人，三日连破贼营三次。至第四日，贼不敢筑营矣。凡自贼中逃出者，皆言自广西起事以来，官兵从无此非常之胜。褚太守、彭玉麟、杨载福、邹世琦至湘潭水战⑧，自初一日黎明起至初三止，烧毁贼船至七百余号之多，亦为近来所仅见。

【注释】

① 辰刻:早上七时到九时。

② 朱亭:古称"浦湾"。位于株洲南端,北连平山,南接衡东,东靠凤凰,西临湘江。渌口:位于株洲所在地,自古为湘东门户,是通往广东沿海之咽喉,为兵家必争之地。朱洲:即株洲。

③ 一宿河:在湖南株洲、湘潭一带。与贵州广顺县东从仁里"一宿河"同名。今湘潭有易俗河镇,"易俗河"应即"一宿河"。

④ 涟江:湖南湘乡、娄底一带水名,又称"涟水"。与贵州之涟江、江苏之涟水同名而实异。

⑤ 塔副将:即塔齐布(1817—1855)。潭:湘潭。

⑥ 木城:安放在城墙外的木制的守城设施。

⑦ 真长发老贼:指太平军中自广西来的元老,非沿途裹挟加入者。最是凶悍。

⑧ 褚太守:即褚汝航。彭玉麟(1816—1890):字雪琴,号退省斋主人,湖南衡阳人。诸生。道光末参与镇压李沅发起事。后至耒阳为人经理典当,以典当资募勇虚张声势阻退逼近县境之太平军。复投曾国藩,分统湘军水师。半壁山之役,以知府记名。以后佐陆军下九江、安庆,改提督、兵部右侍郎。同治二年(1863),督水师破九洑洲,进而截断天京粮道。战后,定长江水师营制,每年巡阅长江,名颇著。中法战争时,率部驻虎门,上疏力排和议。官至兵部尚书。卒谥刚直。杨载福(1822—1890):原名载福,字厚庵,后更名岳斌,湖南善化人。幼善骑射。道光末由行伍补长沙协外委。咸丰初从曾国藩为水师营官。身经岳州、田家镇、武汉、九江、安庆、九洑洲等战役,为湘军水师名将。同治初,官至陕甘总督。六年(1867),引疾归。光绪间一度再起,赴台湾与刘铭传同御法军。卒谥勇悫。邹世琦:字伯韩,湖南新化人。邹汉纪子。四岁而孤,幼承诸父叔绩、叔明之教,精通舆地

学。曾依《宝庆疆里记》例撰《新宁疆里记》二卷，世称精审。另著有《贵阳府疆里图记》十六卷、《洋桥诗词》二卷。

【译文】

贼匪二十七日早上辰时攻破湘潭，马上就分几路逃窜到朱亭、渌口、株洲一带，抢劫了大河、一宿河的船只，又分几路逃窜到湘乡抢劫了涟江的船只。二十八日早上，塔副将在湘潭大获全胜，踏破三座贼营，烧毁一座木城，杀贼六百多人。这天晚上，贼匪又筑起营垒。塔副将与贼匪大战两次。第一次，烧毁两座营，杀贼七百多人。第二次，广西来的长毛老贼拼命出战，塔副将又大胜，杀贼一千多。初一、初二次交战，都是官兵大获全胜。五仗一共杀贼四千，三天连破贼营三次。到第四天，贼匪再也不敢筑营了。凡是贼匪中逃出来的，都说从广西起事以来，官兵从来没有获得过这样的胜利。褚太守、彭玉麟、杨载福、邹世琦到湘潭参加水战，从初一日黎明到初三日已经烧毁贼船七百多条，也是最近剿贼以来少见的战果。

现在湘潭贼势甚为穷蹙①，若能破城，剿灭此股，则靖江以下之贼、朱亭以上之贼皆为易办。湘潭大战之时，贼调回湘乡一枝兵②，我县得以无恙③，我家得以安全，皆塔副将之功也。

【注释】

①穷蹙(cù)：窘迫，困厄。

②一枝：一支。犹言一队。

③无恙：平安，无灾祸。

【译文】

现在，湘潭贼匪非常困窘，如果能攻克湘潭，剿灭这股贼匪，那靖江以下、朱亭以上的贼匪都容易剿了。湘潭大战的时候，贼匪调回湘乡的一支军队，我县得以免除灾祸，我家得以保全，都是塔副将的功劳。

所可恨者，吾于初二日带水师五营、陆勇八百至靖江攻剿贼巢，申刻开仗，仅半顿饭久，陆勇奔溃，水勇亦纷纷奔窜。二千余人，竟至全数溃散，弃船、炮而不顾，深可痛恨！惟钓钩子未出队者，略存子药炮位，而各水手亦纷纷尽散。红船之水手仅存三人①，余船竟无一水手，实为第一可怪之事。刻下兄已移寓妙高峰②，留数百陆勇护卫。如使湘潭一股竟就扑灭净尽，则天下事大有可为；若湘潭贼不遽灭，则贼集日众，湖南大局竟多棘手之处③。尽人事以听天，吾惟日日谨慎而已。

余俟续布。

【注释】

①红船：即红单船。广东商人造船需禀报海关，给予红单以备稽查，故所造船名"红单船"。这种船体大，坚实，行驶快速，每艘可安炮二三十门。后来，广东官员用以海防。咸丰时期，清政府把红单船武装调至长江流域镇压太平军。

②妙高峰：旧为长沙城南第一名胜，城南书院旧址；现为湖南长沙妙高峰巷，湖南省第一师范学院所在地。

③棘手：荆棘刺手，比喻事情难办或难以对付。

【译文】

可恨的是，我初二日带水军五营、陆军八百到靖江攻剿贼巢，申时开战，只有半顿饭的时间，陆军奔逃，水军也纷纷逃窜。两千多人，竟然全部逃散没了，连船、炮都丢弃不顾了，实在是让人深深痛恨！只有钓钩子船没出战,略微保存了一些弹药和火炮,但水手都纷纷逃散。红船的水手仅存三人,其他船一位水手也没有,实在是第一怪事。现在为兄我已经转移到妙高峰,留下几百陆军护卫。如果能将湘潭贼匪剿灭干净,天下事大有可为;如果湘潭的贼匪不能迅速剿灭,贼匪日益聚集,越来越多,湖南的局势就会有很多棘手的地方。尽人事以听天命,我会天天小心谨慎。

其他以后再说吧。

四月十四日　致澄侯、温甫、子植、季洪弟书

澄侯、温甫、子植、季洪四位老弟左右:

十四日刘一、名四来,安五来,先后接到父大人手谕及洪弟信,具悉一切。

【译文】

澄侯、温甫、子植、季洪四位老弟左右:

十四日刘一、名四、安五前来,先后接到父亲大人亲笔信和洪弟的信,一切情况都已知道。

靖江之贼,现已全数开去,窜奔下游,湘阴及洞庭皆已无贼,直至岳州以下矣。新墙一带土匪皆已扑灭^①,惟通城、崇阳之贼尚未剿净^②,时时有窥伺平江之意^③。湘潭之贼,在一宿河以上被烧上岸者,窜至醴陵、萍乡、万载一带^④,闻又裹胁多人,不知其尽窜江西,抑仍回湖南浏、平一带^⑤。如其回来,亦易剿也。安化土匪现尚未剿尽^⑥,想日内可平定。

【注释】

①新墙:地名。今湖南岳阳新墙镇,位于湖南岳阳境内,处新墙河下游南岸,距岳阳县城 12 公里。

②崇阳:县名。位于湖北省南陲,居湘、鄂、赣三省交界处。

③窥伺:觊觎,伺机窃取。

④醴陵:现为湖南省县级市,由株洲代管。萍乡:现为江西省地级市,位于江西省西部,毗邻湖南省。万载:现为江西省县级市,地处赣中西北边陲,锦江上游,峰顶山以北。

⑤浏、平:浏阳、平江。

⑥安化:县名。隶属于湖南益阳,位于资水中游,湘中偏北,雪峰山北段。

【译文】

靖江的贼匪,现在已经全部离开,逃窜到下游,湘阴和洞庭,直到岳州以下,都没有贼匪了。新墙一带的土匪都已经被剿灭,只有通城、崇阳县的贼匪还没有剿灭干净,时时企图攻占平江。湘潭的贼匪,在一宿河以上被烧上岸的,逃窜到了醴陵、萍乡、万载一带,听说又新胁迫了很多人跟从,不知道他们会全部逃窜到江西,还是仍然返回到湖南浏阳、平江一带。如果贼匪们回来,也容易剿灭。安化的土匪现在还没有剿灭干净,料想几天内应该可以平定。

　　吾于三月十八发岳州战败请交部治罪一折,于四月初十日奉到朱批"另有旨"。又夹片奏初五邹国彪被火烧伤、初七大风坏船一案①,奉朱批"何事机不顺若是,另有旨"。又夹片奏探听贼情各条,奉朱批"览。其片已存留军机处矣"②。又有廷寄一道、谕旨一道③,兹抄录付回。十二日会同抚台、提台奏湘潭、宁乡、靖江各处胜仗败仗一折④,兹抄付回。其折系左季高所为。又单衔奏靖江战败请交部从重治罪一折⑤，又奏调各员一片。均于十二日发，六百里递去。兹抄录寄家，呈父、叔大人一阅。兄不善用兵，屡失事机，实无以对圣主。幸湘潭大胜，保全桑梓，此心犹觉稍安。现拟修整船只，添招练勇，待广西勇到、广东兵到，再作出师之计。而饷项已空⑥，无从设法。艰难之状，不知所终⑦。人心之坏，又处处使人寒心。吾惟尽一分心作一日事，至于成败，则不能复计较矣。

【注释】

①夹片：清代官吏向皇帝上疏或向上司禀事，遇有不便写于一起的情节，或另有所陈，则另用帖书写，夹在奏折或手本的第一幅内，叫"夹片"。邹国彨（chī）：湘军水师营官。咸丰四年（1854）四月初五日被火烧伤。

②军机处：清代辅佐皇帝的政务机构。任职者无定员，由亲王、大学士、尚书、侍郎或京堂充任，称为"军机大臣"。其僚属称为"军机章京"。职掌为每日晋见皇帝，商承处理军国要务，用奉面谕旨的名义对各部门、各地方负责官员发布指示。

③廷寄：清时皇帝的谕旨，分"明发"和"廷寄"两种。"明发"交内阁发布，"廷寄"由军机大臣专寄给外省将军、都统、督、抚、钦差等大员，开首有"军机大臣奉面谕旨"等字样。谕旨：皇帝的诏令。

④抚台：巡抚的尊称。提台：提督的尊称。宁乡：置邑于三国，建县于北宋。隶属湖南省会长沙，属长沙西郊区。

⑤单衔：单独具衔或独自署名。

⑥饷项：军费。

⑦不知所终：不知道结局和下落如何。

【译文】

我三月十八日发了岳州战败请求交刑部治罪的折子，四月初十日接到"另有旨"的朱批。又用夹片上奏初五日邹国彭被火烧伤、初七日大风吹坏船只的案子，接到朱批"何以事机如此不顺，另有旨"。又有夹片上奏探听到的各条贼匪军情，接到朱批"览。其片已存留军机处"。又有廷寄、谕旨各一道，现在各抄录一份寄回来。十二日和巡抚、提督一同上奏湘潭、宁乡、靖江各处打仗胜败情况的折子，现在也抄一份寄回来。这折子是左季高写的。又独自署名上奏靖江战败请求从重治罪的折子，加上调派各位官员的奏折。都在十二日发了出去，六百里加急快递。现在都抄录一份寄回来，上呈父亲、叔父大人阅览。我不善用兵，屡次错失良机，实在没有颜面面对皇上。幸好湘潭之战大胜，保全了家乡，才稍微安心。现在打算修整船只，招募、训练士兵，等广西和广东的兵勇都到了，再计划出师。但军饷已经耗尽，没什么法子可想。这种艰难的境况不知道最后会怎样。人心坏的一面，又到处使我寒心。我只能尽好每一份心、做好每一天的事，至于成败，就不能斤斤计较了。

　　魏荫亭近回馆否？澄弟须力求其来。吾家子侄半耕半读，以守先人之旧，慎无存半点官气①。不许坐轿，不许唤人取水添茶等事。其拾柴、收粪等事，须一一为之；插田、莳禾等事②，亦时时学之。庶渐渐务本，而不习于淫佚矣③。至要至要，千嘱万嘱！

【注释】

①官气：官僚气派，官僚作风。
②莳(shì)禾：种禾，种庄稼。
③淫佚：恣纵逸乐。

【译文】

魏荫亭最近回馆了吗？澄弟必须尽力请他来。我家子侄半耕半读，保持先人的老习惯，千万不要有半点儿官气。不许坐轿子、不许使唤别人打水添茶等。拾柴、收粪等事情，必须亲力亲为；插秧、种庄稼等农事也要经常学着。希望晚辈们能慢慢务本，不要沾染恣纵逸乐的习气。此事极其重要！我在此千叮万嘱！

四月十六日 夜书于长沙妙高峰

澄、温、子植、季洪四弟足下：

昨寄去一函，谅已收到。十五日接父大人手谕，敬知一切。

【译文】

澄、温、子植、季洪四弟足下：

昨天寄回去一封信，想必已经收到了。十五日接到父亲大人的亲笔信，恭敬地知道了一切情况。

兄每日黎明看操，现已阅看四日，专看戈什哈及亲兵二种①。然有所表率，他营亦将兴起。

【注释】

①戈什哈：满语。清代高级官员的侍从护卫。亲兵：随身的卫兵。

【译文】

哥哥我每天黎明起来巡视操练，到现在已经巡视了四天，专门巡视戈什哈和亲兵。只要有所表率，其他营也会照做。

　　父大人命招湘乡之原水手，赶紧前赴鄂省下游。此时所患者，水手易添，船只难办。不特衡州新造之船难以遽就①，即在省之船，经屡次风波、屡次战阵后，亦多有损坏者，修整难以遽毕。且广西水勇、广东水兵皆于五月可到，不得不少为等候。整顿成军，稍有把握，然后扬帆东下。

【注释】

　　①衡州：衡阳的古称。历史上曾有衡州府，大致覆盖现在湖南省的衡阳、永州和郴州局部地区。

【译文】

　　父亲大人命我招募湘乡原来的水手，迅速前往湖北下游地区。现在需要担心的是，水手容易添补，船只却很难置办。不但衡州新造的船难以迅速造成，即使在省城的船，经过多次风吹浪打和战阵后，也损坏很多，难以迅速修整完毕。并且，广西、广东的水军都得到五月份才可以到，不能不稍微等候。加以整顿，稍有把握，才扬帆东下。

　　余近来因肝气太燥①，动与人多所不合，所以办事多不能成。澄弟近日肝气尤旺，不能为我解事，反为我添许多唇舌争端。军中多一人不见其益，家中少一人则见其损。澄侯及诸弟以后尽可不来营，但在家中教训后辈。半耕半读，未明而起，同习劳苦，不习骄佚，则所以保家门而免劫数者，可以人力主之。望诸弟慎之又慎也。

【注释】

①肝气：中医指肝脏的精气，引申指容易发怒的心情。

【译文】

我最近肝火很旺，动不动就与人合不来，办起事情来也总不能成功。澄弟最近肝火尤其旺盛，不但不能为我办事，反而为我平添许多口舌之争。军营中多他一人没什么好处，家中少他一人却会有损失。澄侯和诸位弟弟以后完全可以不来军营，只在家中教育后辈。半耕半读，天不亮就起床，和子弟们一同修习劳苦之事，不沾染骄奢淫逸的习气，是保全家门不遭劫数的法门，可以凭人力成就。希望诸位弟弟千万谨慎对待。

四月二十日　致澄侯、温甫、子植、季洪弟书

澄、温、植、洪老弟左右：

十七、十九接父大人十三、十五手谕及澄弟两函，具悉一切。兹分列各条于后，祈诸弟禀知父大人，兼禀叔父大人：

【译文】

澄、温、植、洪老弟左右：

十七、十九日接到父亲大人十三、十五日写的亲笔信和澄弟的两封信，一切情况都已知道。现在分列各条如下，希望诸位弟弟禀告父亲大人、叔父大人：

一、水勇自廿四、五日成章诏营内逃去百余人①，胡维峰营内逃去数十人②。廿七日，何南青营内逃去一哨③，将战船

炮位弃之东阳港④，尽抢船中之钱米帆布等件以行。廿八日，各营逃至三四百人之多，不待初二靖江战败而后有此一溃也。其在湘潭打胜仗之五营，亦但知抢分贼赃，全不回省，即行逃回县城。甚至将战船送入湘乡河内，各勇登岸逃归，听战船漂流河中，丢失货物。彭雪琴发功牌与水手，水手见忽有顶戴，遂自言并册上姓名全是假的，应募之时乱捏姓名，以备将来稍不整齐⑤，不能执册以相索云云。鄙意欲预为逃走之地，先设捏名之计。湘勇之丧心昧良，已可概见。若将已散者复行招回，则断难得力。衡、永之水勇不过五月可到⑥，亦不甚迟迟也。

【注释】

①成章诏：成名标，字章诏。咸丰三年（1853），在衡州助曾国藩造船，为岳州水师守备。咸丰四年（1854），为湘军水师正前营。后因贪污革职。

②胡维峰：胡嘉垣，字维峰。咸丰三年（1853），帮买船只。咸丰四年（1854），为湘军水师正后营营官。

③何南青：湘军水师向导官。哨：湘军建制，营下设哨。湘军水师，以每一船为一哨。

④东阳港：湘江港口名。在湘潭、株洲之间。

⑤不整齐：指品行不端正。

⑥衡、永：衡阳、永州。

【译文】

一、水勇自二十四、二十五日成章诏营里逃走一百多人，胡维峰营里逃走几十人。二十七日，何南青营里逃走一哨，将战船、火炮弃置在东阳港，抢尽了船里的钱粮、帆布等。二十八日，各营逃走人数多至三四百,不用等到初二日靖江战败才有这种溃逃。在湘潭打了胜仗的五个营,也只知道分抢赃物,都不回省城,只逃回县城。他们甚至将战船送到湘乡河里,水勇登上岸边逃回来后,听任战船在河里漂流,丢失货物。彭雪琴发功牌给水手,水手看见忽然有顶戴,自己承认名册上的姓名都是假的,是应募的时候胡乱捏造的姓名,以备将来稍不端正,长官不能拿名册索拿等等。我认为他们预计好了要逃走,才有了事先捏造假名的计划。湘乡水勇丧尽天良,由此可见。如果将已经逃散的人员再行招回,一定很难得力。衡州、永州的水勇不超过五月可以到,也不是太迟。

　　二、广东水师总兵陈大人带广东兵一百、洋炮一百①,已于四月初六日到郴②,月内可到省。广西水勇亦五月可到。衡州造新船,省城整旧船,皆五月可齐,不至延到七月始行也。

【注释】

①广东水师总兵陈大人:指陈辉龙,广东吴川人。以广东兵船跟随曾国藩围剿太平军。死于城陵矶之役中,死事上闻,赐谥壮勇。总兵,官名。明代遣将出征,别设总兵官、副总兵官以统领军务。其后总兵官镇守一方,渐成常驻武官,简称"总兵"。清因之,于各省置提督,提督下分设总兵官及副总兵官。总兵所辖者为镇,故亦称"总镇"。

②郴(chēn):即郴州。位于湖南省东南部,地处南岭山脉与罗霄山脉交错、长江水系与珠江水系分流的地带,自古以来为中原通往华南沿海的咽喉。

【译文】

二、广东水军总兵陈大人带领一百广东兵、一百洋炮,四月初六日已经到达郴州,本月可以到省城。广西水勇五月也可以到。衡州新造的船只、省城修整的旧船,五月份都可以齐全,不至于延迟到七月份才能出发。

三、澄弟自到省帮办以来①,千辛万苦,巨细必亲。在衡数月,尤为竭力尽心。衡郡诸绅佩服,以为从来所未有。昨日有郑桂森上条陈②,言见澄侯先生在湘阴时景象,渠在船上,不觉感激泣下云云。澄弟之才力诚心,实为人所难学。惟近日公道不明,外间悠悠之口,亦有好造谣言讥澄弟之短者。而澄弟见我诸事不顺,为人欺侮,愈加愤激,肝火上炎③,不免时时恼怒,盛气向人④。人但见澄弟之盛气,而不知实有激之逼之使然者也。人以盛气凌物诮澄⑤,澄以盛气伤肝致病。余恐其因抑郁而成内伤,又恐其因气盛而招怨声,故澄归之后,即听其在家养息,不催其仍来营中。盖亦见家中之事,非澄不能提新宅之纲;乡间之事,非澄不能代大人之劳也。并无纤介有不足于澄弟之处⑥,澄弟当深知之,必须向大人膝下详禀之。

【注释】

①帮办:此处指协助办理。

②郑桂森:湘阴绅士。条陈:指分条陈述意见的呈文。

③上炎:指邪火上升。

④盛气:充满怒气。

⑤凌物:谓傲视、凌辱他人。诮(qiào):责备。

⑥纤介:丝毫细微。

【译文】

三、澄弟自从到省城帮忙办理公务以来，千辛万苦，事必躬亲。在衡州几个月，尤其竭心尽力。衡州诸位乡绅都非常佩服，认为从来没有像他这样的人。昨天郑桂森上条陈，说看见澄侯先生在湘阴时的景象，他在船上，不觉感激泣下等等。澄弟的才能和诚心，实在是别人难学到的。只是近来公道不明，外面悠悠之口也有喜欢造谣讥笑澄弟短处的。而澄弟见我诸事不顺，被人欺侮，更加激愤，肝火上升，不免经常恼怒，对人充满怒气。别人只看见澄弟的怒气，却不知道澄弟实际上是被逼、被激才这样。别人指责澄弟盛气凌人，澄弟因为怒气伤肝而生病。我怕他因抑郁而积成内伤，又怕他因怒气而招致埋怨，所以澄弟回去后，就让他在家休养，不催促他来营里。也因为看到家里的事只有澄弟能挑大梁振起新宅；乡里的事，只有澄弟能为父亲大人代劳。我并没有觉得澄弟有丝毫不足之处，澄弟自己应该知道的，一定要向父亲大人禀告。

四、王璞山之骄蹇致败①，贻误大局，凡有识者皆知之。昨在家招数百乡勇，在石潭杀残贼三十人②，遂报假胜仗，言杀贼数百人。余深恶之。余与中丞、提军三人会衔具奏一折③，系左季高所作，余先本将折稿看过，后渠又添出几段，竟将璞山之假胜仗添入。发折后，始送稿来画④，已无可如何，只得隐忍画之。朱石樵在岳州战败逃回，在宁乡战败，逃奔数次，昨到省城，仍令其署宝庆府事，已于十八日去上任矣。是非之颠倒如此！余在省日日恼郁，诸事皆不顺手，只得委曲徐图⑤。昨当面将朱石樵责备，渠亦无辞以对，然官场中多不以我为然。将来事无一成，辜负皇上委任之意，惟有自愧自恨而已，岂能怨人乎？怨人又岂有益乎？大抵世之乱也，必先由于是非不明、白黑不分。诸弟必欲一一强为区别，则愈求分明，愈致混淆，必将呕气到底。愿诸弟学为和平，学为糊涂。璞山之事，从今以后，不特不可出诸口，而且不可存诸心。

【注释】

①骄蹇（jiǎn）：傲慢，不顺从，不守法度。

②石潭：地名。即今湖南湘潭石潭镇。

③会衔：两个或两个以上的机关或其主管人，共同在发出的公文上签署名衔。具奏：备文上奏。

④画：签押，署名。

⑤徐图：慢慢地设法谋取。

【译文】

四、王璞山因骄慢导致失败，耽误大局，凡是有见识的人都知道。他昨天在家乡招募乡勇好几百，在石潭杀残留的贼匪三十，于是假报胜仗，说杀了贼匪几百人。我非常厌恶他这种行为。我和巡抚、提督三人联名上奏，折子是左季高写的，我本来先把奏折稿子看过一遍，后来他又添了几段，竟然将璞山的假胜仗添进去了。发折以后才把稿子送来让我署名，我已经不能怎么样，只能隐忍签了。朱石樵在岳州战败逃回来，在宁乡战败又逃跑几次，昨天到达省城，仍然令他署理宝庆府公事，已经在十八日去上任了。竟然如此颠倒是非！我在省城日日烦恼郁闷，诸事都不顺，只能委屈自己，慢慢再想办法。昨天当面责备朱石樵，他也没什么可说的，但官场中大多数人认为是我不对。将来一事无成，辜负皇上的委任，只有自觉惭愧、悔恨罢了，怎么能去怨恨别人？怨恨别人又有什么好处？大概世道的混乱，一定是先因为是非不明、黑白不分。诸位弟弟如果想一一强行区别，越求分明，越会混淆，一定会怄气到底。希望诸位弟弟学着和平，学着糊涂。璞山这件事，以后不但不许再说，也不许再想了。

五、我廿四都之长夫不耐劳苦，好穿长衣鞋袜，不敢远行，时刻思归。余拟在此另雇长夫。其本境长夫，止留三四人在此，以便送信归家。

【译文】

五、我二十四都的长工都不能吃苦耐劳，喜欢穿长衣、鞋袜，不敢走远路，又时时刻刻想着回去。我打算在这里另外雇一些长工。本境长工只留三四人，以便送信回去。

六、率五病故，我绝不知信息。季弟何以并不告我？前澄弟信中有半句，我始骇然。昨葛十一来，乃实知之。刻下已搬柩还乡否？若尚在省，急须写信来，我当设法送归也。其如何病，如何殁，季弟当详告我。

【译文】

六、率五病死，我一点儿都不知道消息。季弟为什么没有告诉我？之前澄弟的信中有一言半句提到此事，我才觉得惊讶。昨天葛十一来，才确确实实地知道了。现在已经把率五的灵柩带回老家了吗？如果还在省城，一定速速写信告诉我，我一定设法送他回去。他是怎么病的，又是怎么死的，请季弟详细告诉我。

以上数条，望诸弟细心体贴，缕禀堂上大人为要。

【译文】

以上几条,希望诸位弟弟细心体会,逐条禀告堂上大人才是紧要的。

四月廿一日　　致澄侯、温甫、沅浦、季洪弟书

澄、温、沅、洪四弟左右:

屡日发家信数次,想已收到。

【译文】

澄、温、沅、洪四弟左右:

这几日以来发了好几次家信,想必都已经收到了。

实收换部照①,须造清册一本②,大非易事。现命孙阆青经理此事③,恐非二十日不能了。纵不能如请咨部功牌册之精妙,亦不宜太草率也。三月廿二所发一折,顷于四月二十日接奉朱批并廷寄,兹照抄送回,呈堂上大人一阅。

【注释】

①实收:官库收纳银两后所发给的收据。《二十年目睹之怪现状》第六十四回:"本来各处办捐的老例,系先填一张实收,由捐局汇齐捐款,解到部里,由部里填了官照发出来,然后由报捐的拿了实收,去倒换官照。"部照:旧时中央各部发给的凭证。

②清册:将财、物或有关项目清理后详细登记的册子。

③孙阆青:孙第培,字阆青,浙江仁和人,流寓广西桂林。官茶陵知

州。以画名。经理：经办管理，处理。

【译文】

实收要换部照，必须造一本清册，实在不太容易。现在命孙阆青来经办此事，恐怕要二十天才行。即使不能像所要求的咨部功牌册那么精妙，也不应该太马虎。三月二十二日发的折子，立马在四月二十日接到朱批和廷寄，现在照抄一份寄回来，呈交堂上大人阅览。

广东水师兵已于廿一日到一百矣，洋炮亦到百尊。广西水勇尚未到。衡州所造新船，闻甚不合用。顷有信与萧可兄①，令其略改也。

【注释】

①萧可兄：指萧可卿，湖南湘乡人。

【译文】

广东水军在二十一日到了一百，洋炮也到了一百尊。广西水勇还没有到。衡州造的新船，听说不是很合用。立马会有信给萧可卿兄，命他稍微改动。

荫亭兄到馆，请其催将侯兄速来①，并告贵州徐河清、韩超、张礼度并皆奏调来楚②，均五月可到也。

余不一一。

【注释】

①将侯：不详。

②徐河清：字华野，山东昌邑人。咸丰二年（1852）进士，历官思南知府、贵东兵备道，卒于光绪三十年（1904），葬于朱里。以画名。

著有《纶音堂诗集》四卷、《齐东韵语》一册。韩超（1800—1878）：字寓仲，号南溪，直隶昌黎（今属河北）人。道光十四年（1834）副贡。历署贵州三角屯州同、独山知州。以练民团捕盗，为黎平知府胡林翼所倚重。咸丰间累擢至署贵州巡抚。谥果靖。有《韩果靖遗诗》。

【译文】

荫亭兄到馆，请他催将侯兄快来，并告诉他贵州徐河清、韩超、张礼度都被调来楚地，五月份能到。

其他不再一一写了。

五月初一日　致澄侯、沅浦、季洪弟书

澄、沅、洪三弟左右：

三十日奉到父大人手谕及三弟信件，具悉一切。

【译文】

澄、沅、洪三弟左右：

三十日接到父亲大人亲笔信和三弟信件，一切情况都已知道。

长夫俱留在此，吃上头饭，每日给钱百文，实无一事可劳其筋力，故不能不略减也。

【译文】

长工全部留在这里，吃上头的饭，每天给一百文，实在没什么事可以让他们劳累，所以不能不稍微降低他们的待遇。

沅弟言我仁爱有余威猛不足，澄弟在此时亦常说及，近日友人爱我者人人说及。无奈性已生定，竟不能威猛。所以不能威猛，由于不能精明，事事被人欺侮，故人得而玩易之也①。

【注释】

①玩易：轻视。

【译文】

沅弟说我仁爱有余、威猛不足，澄弟在这里的时候也常说到，近来关爱我的朋友也都这么说。无奈生性如此，竟然威猛不起来。不能威猛的原因是不精明，事事被人欺侮，所以人人都能轻视我。

甲三之论、甲五之小讲①，已加批付回。科一、科三、科四之字俱好②。科一请安禀③，其字画粗大，颇有乃父之风。

【注释】

①小讲：明、清八股文之"起讲"亦称"小讲"，八股文中的第三段文字，是议论开始的部分。

②科三：曾国潢次子曾纪渠乳名。科四：曾国荃长子曾纪瑞乳名。

③请安禀：旧时儿女给父母辈写信，要请安问好，并且禀告自己的情况。

【译文】

甲三的史论、甲五的小讲，已经写了批语并寄回来。科一、科三、科四的字都写得很好。科一写的请安信，字画粗大，很有他父亲的风格。

季弟在益阳所领钱，文绅士文任吾等已料理清楚。在湘阴时，即在兄处领得实收，兄到岳州忘告季弟耳。

【译文】

季弟在益阳领的钱，绅士文任吾等已经处理清楚。在湘阴时就在我这里领得实收，我到岳州时忘了告诉你。

四月初一日与中丞会衔奏请调贵州、广东兵①，兹于廿六日奉到寄谕②，抄录付回。

余不一一。

【注释】

①中丞：指湖南巡抚骆秉章。

②寄谕：所传递的皇帝的谕旨。

【译文】

四月初一日和中丞联合署名上奏折请求调派贵州、广东的军队，现在将二十六日接到的谕旨抄录一份寄回来。

其他不再一一写了。

五月初四日　致澄侯、温甫、季洪弟书

澄、温、季三位侍右①：

初二日接奉寄谕。兄两次请罪，尚止革职，不加严谴②。鲍提军革职③，即以塔副将署提军任④。圣鉴之公明，天恩之高厚，实令人感激无地，兹抄录付回。

【注释】

①侍右：同"左右"，指身边的助手。旧时信札常用以称呼对方。不
　直称对方，而称其执事者，表示尊敬。

②严谴：严厉谴责，从重处罚。

③鲍提军：指提督鲍起豹。鲍起豹（1794—1858），字文蔚，号爱山，
　安徽六安州人。道光四年（1824）补江苏苏松镇守备，官至湖南
　提督。咸丰初守长沙，因与曾国藩不合，咸丰四年（1854）被
　革职。

④署提军任：代理提督一职。

【译文】

澄、温、季三位侍右：

　　初二日接到皇上谕旨。我两次请罪，皇上只将我革职，没有严加谴
责。鲍提督革职，立刻任命塔副将为提督。圣上明鉴，皇恩浩荡，实在
让我感激，且无地自容，现在把谕旨抄录一份寄回来。

　　江采七于三月自庐州回①，初三到省。千辛万苦，或三
日而仅得两饭，或数夜而不得一眠。乱世行路之难，真奇难
也！在湖北时得见魏召亭，光景甚窘。曾与采五言及②，万
一城破，当由大东门避去。湖北官弁兵勇，久无饷银，真不
堪设想也。召亭家书一件付去。

【注释】

①江采七：不详。庐州：古州郡名。治所在今安徽合肥。清末庐州
　领合肥、舒城、巢县、庐江四县和无为一州。

②采五：江采五。不详。

【译文】

江采七三月从庐州回来,初三日到省城。路上千辛万苦,或者三天只能吃上两顿饭,或者好几夜睡不上一觉。乱世赶路的艰难,真是奇难无比啊!在湖北的时候看见了魏召亭,境况非常窘迫。我曾经和采五说过,万一省城被破,应该从大东门逃跑。湖北的官兵久久领不到薪俸,真是不堪设想。附寄召亭家书一封。

兄身体甚好。树堂、云仙皆来此过节,专待衡州船到、广西勇到,即配齐东下。塔智亭于初八日先带陆勇三千余人至岳州去①。

余不一一。

【注释】

①塔智亭:塔齐布,字智亭。见前注。

【译文】

我身体很好。树堂、云仙都来我这里过节,专门等到衡州的船到、广西的兵到,就配齐东下。塔智亭初八日带领陆军三千多先去了岳州。

其他不再一一说了。

五月初九日　致澄侯、温甫、沅浦、季洪弟书

澄、温、沅、季老弟左右:

初九日芝三到省,接奉父大人手谕及澄、季、芝生各信①,具悉一切。余于初八日具折谢恩,并夹片三件,兹一并抄录付回。凡谕旨、章奏等件付至家中者,务宜好为藏弆②。

我兄弟五人，无一人肯整齐收拾者，亦不是勤俭人家气象。以后宜收拾完整，可珍之物固应爱惜，即寻常器件亦当汇集品分，有条有理。竹头木屑，皆为有用，则随处皆取携不穷也。温弟在此住旬余③，心平气和，论事有识。以后可保家中兄弟无纷争之事，余在外大可放心。

【注释】

①芝生：易良翰，字芝生，湖南湘乡人。罗泽南弟子。曾为荷叶塘曾府塾师。

②藏弆(jǔ)：收藏。

③旬余：十多天。

【译文】

澄、温、沅、季老弟左右：

初九日芝三到省城，我接到父亲大人亲笔信和澄弟、季弟、芝生的信件，知晓一切。我初八日拟奏折谢恩，附带三件夹片，现一起抄录一份寄回来。凡是谕旨、奏章等信件寄回家里的，一定要好好收藏。我们兄弟五人，没有一人肯整整齐齐收拾的，这不是勤俭人家的做派。以后应该收拾完整，值得珍惜的物品固然要爱惜，寻常物件也应该收集分类，使之有理。竹头、木屑，都是有用的东西，那么随处都可以取之不尽了。温弟在我这里住了十多天，心平气和，谈论事物也有见识。以后可以保障家里兄弟没有纷争，我在外面可以放心了。

李筱泉之家眷意欲寄居湘乡。一则省城虽防守甚严，而时时有寇至之虑。一则寓公馆比之居乡，其奢俭相去甚远。渠托江采五在中沙等处①，又托余在廿三、四都等处寻觅住居②。澄弟等为之留心。或在离我家二三十里之区择一善地，以省俭为主，渠光景甚窘也。余再三辞之，言我家尚难自保，且迁徙而远避，又焉能庇及他人？渠意总欲居乡，缓急尚可藏匿山穴③；至土匪抢劫，渠本无可抢云云。余不能再辞，澄弟可一为照拂之。

【注释】

①中沙：地名。即今湖南湘乡中沙镇。

②廿三、四都：即湘乡的二十三都、二十四都。二十四都，即曾国藩故乡荷叶塘。

③缓急：偏指"急"，指危急之事或发生变故之时。

【译文】

李筱泉的家眷想住在湘乡。其一，省城虽然防守严密，但时常有敌寇阑进的忧患。其二，住公馆和住在乡下相比，花销相差很大。他托江采五在中沙等地方找住所，又托我在二十三、四都等处寻找。澄弟等为他留心吧。可以在离我家二三十里的地方找一个好住处，以节俭为主，他的境况也很窘迫。我再三推辞，说我家还难以自保，已经迁徙避害，哪还能庇护他人？他总想住在乡下，有什么危急情况还可以躲在山洞里；至于土匪抢劫，他说本来就没什么东西可抢等等。我不能再推辞，澄弟就照顾照顾他吧。

鲍提军于初八日出省至辰州住①，塔智亭初十拟至岳州。

余不一一，即请近佳。

【注释】

①辰州：古地名。指今湖南怀化沅陵，位于湖南省西北部。

【译文】

鲍提督初八日离开省城在辰州住下，塔智亭计划初十日到岳阳。

其他不再一一说了，希望近来一切都好。

五月二十日　致父亲书

男国藩跪禀父亲大人万福金安：

二十日申刻唐四到，奉到手谕，敬悉一切。家中大小平安，乡间田禾畅茂①，甚为忻慰。

【注释】

①畅茂：旺盛繁茂。

【译文】

儿国藩跪禀父亲大人万福金安：

二十日申时唐四到了，接到父亲大人亲笔信，恭敬地知道了一切情形。家中大小平安，乡里庄稼旺盛繁茂，我非常欣慰。

贼匪于初六日复窜入岳州城内，约有二三千人，岳阳城下及南津港船约有数百号①。初八、九分船窜至西湖②，扰安乡县③。十三日龙阳失守④。东而益阳，西而常德⑤，并皆戒严。此间调李相堂都司带楚勇一千⑥，胡咏芝带黔勇六百前往；又调周凤山带道州勇一千一百⑦，想廿三、四可先后到常；又赵璞山带新宁勇一千⑧，由宝庆往常德；又有贵州兵一千亦至，常德想可保全。塔智亭于十二日起程至岳，现尚未到。

【注释】

①南津港：港口名。在今湖南岳阳。

②西湖：此指洞庭湖西部。

③安乡县：今隶属于湖南常德，位于湖南省北部。

④龙阳：县名。即今湖南常德汉寿旧名。

⑤常德：古称"武陵"，别名"柳城"，是湖南省省辖市。位于湖南北部，洞庭湖西侧，武陵山下，史称"川黔咽喉，云贵门户"。

⑥李相堂：李辅朝，字相堂，湖南新宁人。湘军统领。官至参将。都司：明朝首设的官制名称，位阶约为今中级军官。清沿明制，一般为绿营武官。在清朝，该官品为正四品，位于参将与游击之下，县府守备官之上，或任协将或副将的中等军官，也可称为"协标都司"。楚勇：亦称"宝勇"，湘军中在宝庆所募之勇。

⑦道州：又称"道县"，雅称"莲城"，位于湖南南部，与两广毗邻。

⑧赵璞山：赵启玉，字璞山，直隶通州人。咸丰间署新宁县令。

【译文】

贼匪初六日又窜入岳州城里，大约有两三千人，岳阳城下和南津港还有好几百条船。初八、九日，贼匪分船窜到西湖，骚扰安乡县。十三日，龙阳失守。东边的益阳，西边的常德，都紧急戒严。这边调派李相堂都司带领楚勇一千，胡咏芝带领黔勇六百前往常德；又调派周凤山带道州勇一千一百，应该二十三、四日可先后到达常德；又有赵璞山带新宁勇一千从宝庆到常德；又有贵州兵一千到常德，常德应该可以保全了。塔智亭十二日夜启程前往岳州，现在还没有到。

男在省修理战船，已有八分工程。衡州新船及广西水勇，均于本月可到。出月初，即可令水师至西湖剿贼。十八日，城墙上之兵一二千人闹至中丞署内，因每银一两折放钱二千文,系奉户部咨①,而兵不肯从。斫柱毁轿,闹至三堂②,实属可虑。二十日,吴坤修之火器所起火③,火药烧去数千斤,其余火器全烧,伤人数十,现尚未查清。此事关系最要紧,男之心绪不能顺适④。然必认真办理,断不因此而稍形懈弛⑤。

【注释】

①咨:旧时用于同级官署的一种公文。后亦指移送公文。

②三堂:第三进堂屋。

③吴坤修(1816—1872):字竹庄,江西永修县吴城吉山村人。捐纳从九品,分发湖南。咸丰间为湘军水师司军械,旋领新募"彪"字营,转战赣、皖。同治间官至安徽布政使、署巡抚。曾刊《半亩园丛书》,有《三耻斋诗集》。

④顺适:顺心适意,顺遂舒适。

⑤懈弛:懈怠,松懈。

【译文】

儿子我在省城修理战船,已经有了八分工程。衡州的新船、广西的水勇都能在本月到达。出了月初就可以命令水军到西湖剿贼。十八日,城墙上的守兵一二千人闹到中丞公署,因为每两银子折放两千文,本是奉了户部公文,但兵卒不同意。毁坏柱子、轿子等,闹到了第三进堂屋,实在让人忧虑。二十日,吴坤修的火器所起火,烧去几千斤火药,其余火器全部烧毁,烧伤几十人,现在还没有查清相关情况。此事关系最重大,使儿子心绪不宁,但儿子必定会认真办理,绝不因此事而稍有松散懈怠。

大人此次下县,系因公事,绅士之请。以后总求不履县城,男心尤安。尤望不必来省,军务倥偬之际①,免使省中大府多出一番应酬。男亦惟尽心办理一切,不以牵裾依恋②,转增大人慈爱感喟之怀。伏乞大人垂鉴③。

　余容续禀。

【注释】

①倥偬(kǒng zǒng):事情纷繁迫促。

②牵裾:牵拉着衣襟。

③伏乞:向尊者恳求。伏,敬辞。垂鉴:犹言俯察、下察、垂察。

【译文】

　父亲大人这次到县里,是因为公事和绅士们的请求。以后总求父亲大人不要到县城来,儿子才安心。尤其希望父亲大人不要到省城来,以免省府大员军务繁忙之际又多出一番应酬。儿子也只有尽心办理一切,不以牵拉衣襟般地依恋,加深父亲大人的慈爱情怀和感慨。伏乞父亲大人体察下情。

　其他容儿子以后再禀告。

六月初二日　致澄侯、温甫、子植、季洪弟书

澄侯、温甫、子植、季洪老弟足下:

　父大人自县还家后,又接一信,知合家清吉。甚慰甚慰!

【译文】

澄侯、温甫、子植、季洪老弟足下:

　父亲大人从县城回家后,我又接到一封信,知道全家清平吉祥。我

非常欣慰!

　　此间发探卒数十人至常德、龙阳探听,均言常德已于十六日失守,省局及各处探信众口一词,而桃源廿三日尚有请兵禀帖来省①。桃源去常六十里,不应郡城失陷一无所闻②,大约常德此时尚未失守。现已遣周凤山带道州、新田勇一千六百前往③,李辅朝带楚勇一千、胡咏芝带黔勇六百、新宁赵令带楚勇千人驰往④,合之贵州兵一千,并常德本城二千,共六七千之多,兵力实不为单。惟中隔河水四渡,不知各兵能过至常否?

【注释】

①桃源:湖南常德辖县,于湖南省西北部。禀帖:旧时民众或下级呈官府的文书。

②郡城:郡治所在地。

③新田:湖南永州下辖县,位于湖南省南部、永州东部。

④李辅朝:字相堂。见前注。新宁赵令:新宁县令赵璞山。见前注。

【译文】

　　这段时间我派了几十名探子到常德、龙阳探听消息,都说常德已经在十六日失守,省局和各处的探子众口一词,而桃源二十三日还有请求派兵援救的禀帖送到省城。桃源离常德六十里,不应该郡城失守了还一无所闻,大概此时常德并没有失守。现在我已派遣周凤山带领道州、新田勇一千六百人前往,又派遣李辅朝带领楚勇一千、胡咏芝带领黔勇六百、新宁赵县令带领楚勇一千驰往常德,加上贵州士兵一千、常德本城的士兵两千,共有六七千之多,兵力实在不算薄弱。只是途中要四次渡过河水,不知各路兵将能否渡过河水顺利到达常德?

　　澧州西接荆州之贼①,南接常德之贼,而蒋家之富久为贼所垂涎②,实属可危。塔提军于廿二日在新墙打一胜仗,夺获贼船四十七只,夺得木城一座。现驻新墙之北,离岳州尚五十里。通城之贼与江老四之楚勇相持月余③。林秀三因声名不好撤回省城④,自通城、平江之官绅庶民及省城之官员,无不说秀三坏话者。毁誉之至⑤,如飘风然⑥,蓬蓬然起于北海⑦,蓬蓬然入于南海,而不知其所自,人力固莫能挽回也。

【注释】

①澧州:即澧县,隶属于湖南常德,因澧水贯穿全境而得名。位于长江中游,湖南省西北部,洞庭湖西岸,与长江直线距离 80公里。

②蒋家:指居住在澧州的安福蒋家,是当地名门大族,富甲天下。垂涎:比喻十分羡慕,极想得到。

③江老四:江忠源之弟江忠济。

④林秀三:林源恩,字秀三,四川达州人。拔贡生。道光二十三年(1843)顺天乡试举人。咸丰元年(1851),选湖南平江县知县。咸丰二年(1852)秋,粤贼犯长沙,林源恩守平江有功,江忠源以为才,保奏知州衔。后募平江勇五百人从曾国藩,曾治罗泽南、塔齐布粮台,并任水师营务。咸丰六年(1856)战死于江西,追赠道员,赐恤如例。

⑤毁誉:诋毁和赞誉。

⑥飘风:旋风,暴风。

⑦蓬蓬然：风吹动貌。《庄子·秋水》："今子蓬蓬然起于北海，蓬蓬
　然入于南海。"

【译文】

　　澧州西连楚地的贼匪，南连常德的贼匪，而蒋家的财产已经被贼匪
垂涎很久，实在是危急。塔提督二十二日在新墙打了胜仗，缴获贼匪四
十七条船只、一座木城。他现在驻扎在新墙北边，离岳州还有五十里。
通城的贼匪与江老四的楚勇相持已经一个多月。林秀三因名声不好撤
回了省城，从通城、平江的官员、绅士、庶民到省城的官员，没有不说秀
三坏话的。诋毁和赞誉到了极点，就像旋风，蓬蓬然从北海吹来，又蓬
蓬然入于南海，却不知道它的源头，靠人力固然难以挽回。

　　水师战船，省河所修葺及衡城所新造者，皆精坚可爱①，
比去年者好得三倍。拟于初十间令褚、夏、杨、彭起行赴常
德剿办②，是为头帮；余待广西水勇到，一同起行为二帮；陈
镇台七月初起行为三帮③。现在发往各处者兵勇共二万人，
饷项十分支绌，幸广东解银十二万，近日可到，略有生机。
罗罗山初三可到省。芝生之信，罗山一到即交，当可速耳。

【注释】

①精坚：精良坚固。

②褚、夏、杨、彭：分指湘军水师营官褚汝航、夏銮、杨载福、彭玉麟。

③陈镇台：指广东水师总兵陈辉龙。陈辉龙奉命协助曾国藩，效力
　于湘军水师。

【译文】

　　水军的战船，省城河里修葺的和衡城新造的，都精良坚固、非常可
爱，比去年的船好三倍。我计划初十日命褚、夏、杨、彭四人启程去常德

剿匪,为第一帮;我等广西水勇到了再一同启程,为第二帮;陈镇台七月初再启程,为第三帮。现在派往各处的兵卒共两万,军费左支右绌,幸好广东押来白银十二万,近日就能到,让我们生出一线生机。罗罗山初三日可以到省城。芝生的信,罗山一到就交,应该很快。

儿侄辈总须教之读书,凡事当有收拾^①,宜令勤慎,无作欠伸懒漫样子^②。至要至要! 吾兄弟中惟澄弟较勤,吾近日亦勉为勤敬。即令世运艰屯^③,而一家之中勤则兴,懒则败,一定之理。愿吾弟及儿侄等听之省之。付回参茸丸一坛,即颜翼臣、王仲山所作者^④。父大人能服更好,若不相宜,叔父及家中相宜者服之可也。

【注释】

①收拾:整理,整顿。

②欠伸:打呵欠,伸懒腰。疲倦的表示。

③艰屯:艰难。

④颜翼臣、王仲山:道光、咸丰之际名医。

【译文】

总是要教子侄辈读书,凡事应当整顿,应该让他们勤奋谨慎,不要作出打哈欠、伸懒腰等懒散的样子。非常重要! 非常重要! 我们兄弟中只有澄弟比较勤快,我最近也勉强勤奋持敬。即使世道艰难,一家之中勤则兴,懒则败,这是千古不变的道理。希望弟弟们和子侄们听明白了。寄回一坛参茸丸,就是颜翼臣、王仲山做的那种。父亲大人能吃最好,如果不合适,叔父或者家中有合适的也可以吃。

六月初四日　　致澄侯、温甫、沅浦、季洪弟书

澄、温、沅、季四弟足下：

昨发一信后，罗山即于初三到省。是日二更得信[1]，周凤山、李辅朝之勇于廿九在龙阳得三胜仗，廿九日夜终宵鏖战[2]，不得休息。初一早，一战即已败溃。盖扎营城外沙洲之上[3]，是夜涨水，侵入营盘。初一早，营内水深尺余，贼船三面环攻，共二千余号之多，此时逃出营外，途中无船可渡。淹毙至二三百人，军器全失[4]。周、李皆健将，此番大挫，尤焦灼也！

【注释】

①二更：指二十一时至二十三时。

②鏖（áo）战：激烈地战斗，苦战。

③沙洲：江河湖海里由泥沙淤积而成的大片陆地。

④军器：军用的器具，如鼓铎、枪械等。

【译文】

澄、温、沅、季四弟足下：

昨天发了一封信后，罗罗山就在初三日到省城了。当天二更得信，周凤山、李辅朝的军队二十九日在龙阳打了三场胜仗，当夜通宵苦战，得不到休息。初一日早上，才一战就溃败了。大概是营城扎在沙洲上，当夜涨水，侵入军营的缘故。初一日早上，军营里积水一尺多，两千多条贼船三面围攻，此时，即使逃出军营，也没有船可以渡水。军队淹死到二三百人，军器也全部丢失了。周、李都是健勇之将，这次遭受如此大的挫折，尤其焦灼。

家中长夫春二、维五、芝三、明四等皆不愿远出，兹皆令其回里。其工钱每月三十日，并未扣一日耳。

余不一一。

【译文】

家里的长工春二、维五、芝三、明四等都不愿意出远门，现在让他们回乡里了。每月给他们算三十天工钱，并没有克扣一日。

其他不再一一写了。

六月初六日　致澄侯、温甫、沅浦、季洪弟书

澄、温、沅、季老弟足下：

昨寄一信，言周凤山、李相堂龙阳之败。后接来禀，知周营千一百人中实伤毙四十人，李营千人中实毙十九人，尚不为大挫。胡咏芝初四由安化至桃源，一路剿贼，周、李即可同去。广西水勇，李太守带来①，今日到省。若配齐船只，尚须十余日，乃可行也。

余不一一。

【注释】

①"广西水勇"二句：指李孟群带广西水勇赴湖南，归曾国藩调度。李孟群（1830—1859），字鹤人，河南光州人。道光二十七年（1847）进士，授广西灵川县知县。咸丰间先在广西对抗太平军，后投效湘军，转战湖南、湖北、安徽。官至安徽巡抚。旋为陈玉成部俘获，自杀。谥武愍。

【译文】

澄、温、沅、季老弟足下：

　　昨天寄回一封信，说周凤山、李相堂龙阳战败。后来接到禀告，知道周营一千一百人中实际上死伤四十人，李营一千人中实际死亡十九人，还不是大挫折。胡咏芝初四日从安化到桃源，一路剿匪，周、李可以立即同去。李知府带了广西水勇来，今天到达省城。如果要配齐船只，还需要十多天才可以启程。

　　其他不再一一说了。

六月十二日　　致澄侯、温甫、沅浦、季洪弟书

澄、温、沅、季四位老弟左右：

　　刘一至，接到父大人手谕并诸弟各信，欣悉乡里人和年丰，犹是盛世景象。

【译文】

澄、温、沅、季四位老弟左右：

　　刘一到了，接到父亲大人亲笔信和诸位弟弟的信件，高兴地知道了乡里人和年丰，还是一番盛世景象。

　　周凤山初一早在沅江城外打败仗，次日退至益阳。初三停住一天。初四仍出征，由安化、桃源一路至常德剿贼。凤山之勇，打仗并未多伤，仅伤十余人，水淹死者又近二十人。其余陆续回营，隔日即能整队出征，真可爱！真可敬！

【译文】

　　周凤山初一日早上在沅江城外打了败仗，第二天退守益阳。初三日在益阳停住一天。初四日仍然出征，从安化、桃源一路到常德剿匪。凤山的兵卒，打仗并没有死伤多少，只有十多人受伤，被水淹死的接近二十。其余陆续回到军营，隔一天就能整队出征，真正可爱、可敬！

　　常德、澧州并于十六日失守，现在均已贼退。初三、四、五，贼船由西湖回至东边，约以千余计。不知系占踞岳州，抑系径赴下游湖北，现未探确。

【译文】

　　常德、澧州都在十六日失守，现在都已经把贼匪打退了。初三、初四、初五日，贼船从西湖回到东边，大概有一千多人。不知道会占据岳州，还是直接到下游的湖北，现在还没有明确探知。

　　初十日奏折奉批回①，谢恩折批云"知道了"，请专折奏事片批云"着准汝单衔奏事"，请塔军门出境剿贼片批云"另有旨"②。其寄谕抄回。圣上此次并不十分催促，尤深感激。

【注释】

　　①批回：粮物、人犯、案牍等送达时上级官府给的批示回文。

　　②塔军门：指塔齐布。明代有称总督、巡抚为军门者，清代则为提督或总兵加提督衔者的尊称。

【译文】

　　初十日的奏折已经奉朱批寄回来了，谢恩的奏折批"知道了"，请专折奏事的夹片批"着准汝单衔奏事"，请塔军门出境剿匪的夹片批"另有旨"。现将圣上寄来的谕旨抄录一份寄回来。圣上这次并没有十分催促，我深表感激。

省城新铸大钱①，甚为可观，兹付当一百者五十文②，当五十者五十文，乞查收。并寄七千五百文收据为凭。

余不一一。

【注释】

①大钱：旧时的一种铜钱，较普通铜钱大，价值也比普通铜钱高。

②文：量词。用于旧时的铜钱。

【译文】

省城新铸的大钱非常好，现在寄回面值一百钱的五十文、面值五十钱的五十文，请查收。一并寄来七千五百文钱的收据，作为凭证。

其他不再一一写了。

六月十八日   致澄侯、温甫、沅浦、季洪弟书

澄、温、沅、季老弟左右：

湖北青抚台于今日入省城①，所带兵勇，均不准其入城，在城外二十里扎营，大约不过五六千人。其所称难民数万在后随来者，亦未可信。此间供应数日，即给与途费，令其至荆州另立省城②，此实未有之变局也。

【注释】

①青抚台：指湖北巡抚青麟。青麟(？—1854)，字墨卿，图们氏，满

洲正白旗人。道光二十一年（1841）进士。由编修累迁内阁学士，督江苏学政，有声名。咸丰间历任户部、礼部侍郎。旋授湖北巡抚，督守武昌。咸丰四年（1854），太平军攻武昌，青麟弃城逃往荆州，被清廷问斩。

②荆州：古称"江陵"，是春秋战国时楚国都城所在地。位于湖北省中南部，长江中游两岸，江汉平原腹地。另立省城：因湖北省城武昌被太平军攻陷，故于荆州另立省城。

【译文】

澄、温、沅、季老弟左右：

湖北的青抚台今天到省城，带领的兵卒一概不许进城，在城外二十里的地方扎营，大约不超过五六千人。他说有数万难民随后而来，也不可信。这边供应他几日，立马打发路费，让他在荆州另立省城，这实在是从来没有过的变局。

　　邹心田处①，已有札至县撤委②。前胡维峰言邹心田可劝捐③，余不知其即至堂之兄也。昨接父大人手谕始知之，故即札县撤之。胡维峰近不妥当，亦必屏斥之。余去年办清泉宁征义、宁宏才一案④，其卷已送回家中，请澄弟查出，即日付来为要。

【注释】

①邹心田：邹志堂之兄，因胡维峰推荐，任职劝捐，咸丰四年（1854）被撤。

②撤委：撤去委员职务。

③劝捐：旧时，若发生重大自然灾害或战争，政府往往组织士绅、富户捐献钱财救助，称为"劝捐"。

④清泉：即清泉县，湖南衡阳衡南旧称。清乾隆二十年（1755）衡州
府衡阳县以"路当要冲，事繁难治"为由分东南之境置清泉县，西
北为衡阳县。因衡州东乡有一名山叫清泉山，以此山名县。民
国时复并衡、清两县为衡阳县。宁征义、宁宏才一案：咸丰三年
（1853），曾国藩诛衡州府县恶差数人。或即此事。

【译文】

邹心田那里，已经有公文到县城撤去委员一职。之前胡维峰说邹
心田可以负责劝捐一事，我不知道他就是至堂的兄长。昨天接到父亲
大人的亲笔信才知道，所以立即下公文到县城撤了他。胡维峰最近办
事也不稳妥，我也一定要斥退他。我去年办理清泉县宁征义、宁宏才的
案件，卷宗已经送回家中，请澄弟找出，务必速速送来。

　　湖北失守，李鹤人之父想已殉难①。鹤人方寸已乱，此
刻无心办事。日内尚不能起行，至七月初旬乃可长征耳。
　　余不一一。

【注释】

①李鹤人之父：指李孟群（鹤人）的父亲李卿谷。为道光二年
（1822）举人，任四川长宁知县，累升湖北督粮道，代理按察使。
咸丰四年（1854），太平军攻陷武昌，湖北巡抚青麟逃亡湖南，李
卿谷守城战死。追赠布政使，并赠骑都尉世职，谥愍肃。

【译文】

湖北失守，李鹤人的父亲想已经殉难了。李鹤人方寸大乱，此时无
心办事。最近还不能启程，到七月上旬才可以开始长征。
　　其他不一一写了。

诸弟在家教子侄，总须有"勤"、"敬"二字。无论治世乱世，凡一家之中，能勤能敬，未有不兴者；不勤不敬，未有不败者。至切至切！余深悔往日未能实行此二字也。千万叮嘱！澄弟向来本勤，但敬不足耳。阅历之后，应知此二字之不可须臾离也。

【译文】

诸位弟弟在家教育子侄辈，总须有"勤"、"敬"二字。无论身处太平盛世还是乱世，一家之中，能勤、能敬，没有不兴盛的；反之，不勤不敬，则没有不落败的。这点极其重要！极其重要！我深深后悔往日不能实行这两个字。在此千叮咛，万嘱咐！澄弟向来勤快，只是持敬不足。经过这些阅历，应该知道这两个字一刻也不能分开。

六月廿三日　致澄侯、温甫、沅浦、季洪弟书

澄、温、沅、季四位老弟左右：

廿二日彭四到，接父大人手谕及诸弟来信，欣悉一切。

【译文】

澄、温、沅、季四位老弟左右：

二十二日彭四到了，接到父亲大人亲笔信和诸位弟弟的来信，很高兴知道一切。

廿日折差归。阅京报，袁漱六于五月十三日引见，得御史；十五日特旨放江苏苏州府遗缺知府①。渠写家信回，要

其家专人至京,渠有多少事要交代。兄因各捐生事②,亦欲造册,专人至京。如袁家人去,即与之同行也。余前奏捐事,部议已准③,兹抄付回。

【注释】

①特旨:帝王的特别诏令。遗缺:空额,因原任人员死亡或去职而空缺的职位。

②捐生:清代报名纳钱换取官职、官衔的人,称为"捐生",亦称"官生"。

③部议:旧时指中央各部内的决定。

【译文】

二十日信差到了。阅读京报,得知袁漱六五月十三日引见皇上,被任命为御史;十五日,又被皇上特别调派为江苏苏州府遗缺知府。他写家信要家里专门派人到京城,有很多事情要交代。我因为各位捐生的事,也想造一本名册,派专人到京城。如果袁家有人去,就一块儿去吧。我之前奏请的有关捐生事宜,朝廷已经批准,现在抄录一份寄回来。

广西水勇于十八日杀死祁阳勇七人①,日内严查逞凶下手之犯,必须按律严办。

【注释】

①祁阳:县名。因地处祁山之南而得名,隶属于湖南永州。

【译文】

广西的水勇十八日杀死祁阳水勇七人,近日在严密排查凶手,必须按律法严加惩办。

湖北青抚台带来之兵勇，大约二万金乃可了事。饥困之后，甚安静，不闹事也。

【译文】

湖北青抚台带来的兵勇，大约需要花费两万两才能打发。经受过饥饿且困顿之后，他们倒是很安静，都没有闹事。

余拟于七月初六起行，甲三、甲五二人，可令其来省送我。盖少年之人，使之得见水陆军旅之事，亦足以长见识。且子侄送我，亦至理之不可少者也。

书不十一，余俟续布。

【译文】

我打算七月初六日启程，可以让甲三、甲五二人来送我。年少之人，可以看见水陆军旅之类的事情，也足以增长见识。况且子侄辈送我，也是人情道理上必不可少的。

纸短情长，书信表达不了十分之一，其他以后再写吧。

七月二十一日　致澄侯、温甫、子植、季洪弟书

澄侯、温甫、子植、季洪四位老弟足下：

自十六日水师大败，十八日陆营获胜，吾两寄家书，想已收到。

【译文】

澄侯、温甫、子植、季洪四位老弟足下：

从十六日水军大败，到十八日陆军获胜，我寄了两次家书，想必已

经收到。

十九、二十皆平安。二十一日陆军开仗，辰勇深入①，误中贼伏。诸殿元阵亡②，带新化勇之刘国庆亦阵亡③，辰勇、新化勇、宝勇相继奔溃④。塔军门坐马扎子镇住⑤，独不奔回，身旁仅数十人。杨名声带宜章勇前往救援⑥，喝令各营倒回，仍前进杀贼，始得保全。智亭又追贼数里，杀毙数十名，我军伤亡者亦仅数十人。下半天水师至陈陵矶开仗⑦，去三板艇二十余只⑧，二更尚未归营，不知胜负若何。下游贼势浩大，合武昌、汉口之贼尽锐上犯。水师太单，恐难得力。吾惟静镇谨守，以固军心而作士气。

【注释】

①辰勇：指湘军中从辰溪招募的兵勇。

②诸殿元：湖南辰溪人，湘军水师营官。苗族，官千总。咸丰四年（1854）七月阵亡。

③新化：新化县，隶属于湖南娄底。位于湖南中部，资水中游，雪峰山东南麓，素有"湘中宝地"之称。刘国庆：湘军营官。

④宝勇：即宝庆勇，湘军中从宝庆招募的兵勇。

⑤马扎子：即马扎，一种小型的坐具。腿交叉，上面绷帆布或麻绳等，可以合拢，便于携带。

⑥宜章：县名。位于湖南郴州南端。

⑦陈陵矶：即城陵矶，长江中游第一矶，与南京燕子矶、马鞍山采石矶并称"长江三大名矶"，是湖南省水路第一门户，位于岳阳东北15公里江湖交会的右岸，隔江与湖北监利相望。《水经注》载："江之右岸有城陵山，山有故城。"

⑧三板艇：常见木制平底艇，艇身通常用三块板做出来，底一块，左、右各一块，行船时水阻去到最小，通常只有三米半到四米半长。有时会加个篷，可以住人。通常用于近岸或者河内。

【译文】

十九、二十日两天都很平安。二十一日陆军开战，辰溪勇深入贼匪，误中贼匪埋伏。诸殿元阵亡，带新化勇的刘国庆也阵亡，辰溪勇、新化勇、宝庆勇相继奔溃。塔军门坐在马扎上坐镇，独不撤退，身旁只有几十人。杨名声带领宜章勇去救援，喝令各营返回战场，仍然前进杀敌，才得以保全。智亭又追杀贼匪好几里，杀死几十人，我方也只伤亡几十人。下半天水军到城陵矶开战，开去二十多只三板艇，二更还没有回营，不知胜负如何。下游贼匪声势浩大，加上武昌、汉口的贼匪全部进犯上游。水军势单力孤，恐怕难以讨得好处。我只有镇静、谨慎地坐镇后方，以此巩固军心、鼓舞士气。

初六、十四胜仗一折，十六、十八胜败互报一折，兹专人送归，呈父、叔大人一阅。

【译文】

初六、十四日胜仗的折子，十六、十八日胜败兼有的折子，现在派专人送回来，上呈父亲大人、叔父大人阅览。

家中兄弟子侄，总宜以"勤"、"敬"二字为法。一家能勤能敬，虽乱世亦有兴旺气象；一身能勤能敬，虽愚人亦有贤智风味。吾生平于此二字少工夫，今谆谆以训吾昆弟子侄，务宜刻刻遵守，至要至要！家中若送信来，子侄辈亦可写禀来岳，并将此二字细细领会，层层写出，使我放心也。

余俟续布。

【译文】

家里的兄弟子侄，总该秉持"敬"、"勤"二字。一家能勤能敬，即使处于乱世也会有兴旺气象；一人能勤能敬，即使是愚笨的人也会有智者贤人的风味。我此生在这二字上下少了功夫，现在诚诚恳恳地教育我兄弟子侄们，你们务必时刻遵守，此事极其重要！极其重要！家中如果有人来送信，子侄辈也可以写信来岳州禀告，并细细体会这两个字，写出每一层意思，让我放心。

其他以后再说。

水师顷已于三更回营①，完好无恙。辰勇闻止伤十余人，阵亡者系一刘千总②，带道标勇者③，非刘国庆也。

【注释】

①三更：晚上二十三点至凌晨一点。

②千总：官名。明初京军三大营置把总，嘉靖中增置千总，皆以功臣担任。以后职权日轻，至清为武职中的下级，位次于守备。

③标：清绿营兵编制单位，总督所辖称"督标"，巡抚所辖称"抚标"。

【译文】

水军已经在三更回营，完好无恙。听说辰溪勇只死伤十几人，阵亡的是一位刘千总，带领道标勇的，并不是刘国庆。

七月廿七日　致澄侯、温甫、子植、季洪弟书

澄侯、温甫、子植、季洪四弟足下：

安五至，接到家书，具悉一切。

【译文】

澄侯、温甫、子植、季洪四弟足下：

安五到了，接到家书，一切情况都已知道。

自十八日一战后，廿一日陆路开仗，小有挫衄①，诸殿元阵亡，千总刘士宜阵亡②，余兵勇伤亡廿余人，贼亦歼毙数十人。二十六日，贼从湖北颁集悍贼二万人，由临湘陆路前来③，意欲扑塔、周、罗山等之营盘④。陆路既得，水军自然失势，拚死攻扑，满山满坑无非黄旗红巾，比三月初十人数更多。幸罗山之湘勇得力，将头起杀退。以后如周凤山之营、杨名声之营，亦俱奋勇，杀贼共七八百名。此股贼来甚多，必有屡次血战。东南大局，在此数日内可定。如天之福陆路得获大胜，水路亦可渐次壮盛也。带水师者，有战阵之险，有风波之苦，又有偷营放火之虑，时时堤防，殊不放心。幸精神尚好，照料能周耳。

【注释】

①挫衄(nǜ)：挫折，失败。

②刘士宜：湘军营官，官至千总。咸丰四年(1854)七月阵亡。

③临湘：县名。今为湖南省县级市，由岳阳市代管。位于湖南省东北端，北部与湖北省相接，因滨湘水与长江会合之处而得名，素称"湘北门户"。

④塔、周、罗山：指湘军营官塔齐布、周凤山、罗泽南。

【译文】

从十八日一战之后，二十一日陆军开战，小有挫败，诸殿元阵亡，千总刘士宜阵亡,其他兵勇伤亡二十多人,贼匪也被歼灭几十人。二十六日,贼匪从湖北集结尤其悍勇的两万人,由临湘县陆路而来,想扑灭塔、周、罗山等人的营盘。陆路既然被贼匪得手,水军自然失势,拼死攻敌,满山满坑,都是敌军的黄旗红巾,比三月初十日的人数更多。幸亏罗山带的湘勇得力,将第一波杀退。接下来,像周凤山、杨名声等的军营,也都奋勇杀敌,共杀敌七八百名。这路贼匪来得非常多,一定会有多次血战。东南的大局,在这几日内可见分晓。如果上天保佑陆军可以大获全胜,水军也可以渐渐强盛起来。带水军的将领,有战场上的危险,有水上风波的苦楚,又有贼匪偷袭放火的忧虑,即使时时提防,都不能放心。幸亏将领们精神还好,可以照料周全。

霞仙定于本月内还家。渠在省实不肯来,兄强之使来。兵凶战危之地,无人不趋而避之。平日至交如冯树堂、郭云仙等,尚不肯来,则其他更何论焉!现除李次青外①,诸事皆兄一人经理,无人肯相助者,想诸弟亦深知之也。甄甫先生去年在湖北时②,身旁仅一旧仆,官亲、幕友、家丁、书差、戈什哈一概走尽③,此亦无足怪之事。兄现在局势犹是有为之秋,不致如甄师处之萧条已甚④。然以此为乐地,而谓人人肯欣然相从,则大不然也。

【注释】

①李次青:李元度(1821—1887),字次青,一字笏庭,自号天岳山樵,晚年号超然老人,湖南平江人。道光二十三年(1843)举人。在奉天游幕时,得读清历朝实录。咸丰间入曾国藩幕。转战皖浙。擢宁池太道,以徽州失守落职。同治初镇压楚、蜀教民起事,官至贵州布政使。善文章,熟悉当代掌故。有《国朝先正事

略》、《天岳山馆文钞》等。主纂同治《平江县志》、《湖南通志》。

②甄甫先生：即吴文镕。见前注。吴文镕为曾国藩座师，故下文曾
　国藩称之为"甄师"。

③官亲：官署中亲近之人。幕友：明、清时地方军政官署中协助办
　理文案、刑名、钱谷等事务的人员，相当于古之幕僚、幕宾。因无
　官职，且由长官私人延聘，视之如友，故称"幕友"，俗称"师爷"。
　家丁：古代将领于正式军队外私人组建的亲信精锐部队。可以
　自行署置官吏，待遇比一般军士要高。书差：犹书办，管办文书
　的属吏。亦泛指掌管文书翰墨的人。

④已甚：太过。

【译文】

　　霞仙决定在本月回家。他在省城实在不肯来，是为兄我强迫他来
的。兵荒战乱的地方，没有人不纷纷躲避。我平日的至交好友如冯树
堂、郭云仙等尚且不肯来，更何况其他人呢！现在除了李次青之外，诸
事都是哥哥一人经理，没有人肯来帮忙，想必诸位弟弟也都知道。甄甫
先生去年在湖北的时候，身边只有一位旧仆人，官亲、幕友、家丁、书差、
戈什哈等都走了，这也不足为怪。哥哥目前的局势还可以有所作为，不
至于像甄师那里一样萧条太过。但是，视这里为乐土，认为人人都愿欣
然相从，那就大错特错了。

　　兄身体如常，癣疾不作，乞告禀父、叔大人千万放心。

【译文】

　　为兄我身体如常，癣疾已经不发了，请诸位弟弟禀告父亲大人、叔
父大人，让他们千万放心。

闰七月初二日　致澄侯、温甫、子植、季洪弟书

澄、温、植、洪四弟足下：

　　初一日胡二、春二、维五至，接父大人及诸弟手书，具悉一切。

【译文】

澄、温、植、洪四弟足下：

　　初一日那天胡二、春三、维五到了，接到父亲大人和诸位弟弟的亲笔信，一切情况都已知道。

　　自廿六日陆路大获胜仗之后，廿八日陆路又大胜，廿九日水路大胜。贼自湖北汉、黄以下①，尽纠其精锐来岳，以与我军相抗。廿八日鏖战至五个时辰之久，塔军门匹马冲突，忽东忽西，全军士卒无一人不俯首咋舌②，称为神勇。廿九日辰刻接仗，塔公打中路，罗山打西路，周凤山打东路。罗山之湘勇此次最为出力。贼分五六千人专扑罗山一路，湘勇竟能以少胜多。我军猛杀则贼退败，退不过二里，辄回戈相向，大杀一回。如是者三退三进，湘勇竟能抵住，不忙不乱。至第三次追去，贼亦不敢回顾矣。周凤山之勇，杨名声之勇，皆极勇敢向前，一可当十。是日自辰至申③，杀贼共计五百余人。贼自败奔，跌岩坠涧死者，其数尚多。

【注释】

①汉、黄：指汉口、黄州。

②俯首咋舌:形容心悦诚服、惊异得说不出话。

③辰:上午七时至九时。申:下午十五时至十七时。

【译文】

从二十六日陆军大获全胜之后,二十八日陆军又打胜仗,二十九日水军打了胜仗。贼匪从湖北汉口、黄州以下,纠集精锐部队到岳州来对抗我军。二十八日苦战五个时辰,塔军门单枪匹马左冲右突,忽东忽西,全军兵卒没有一人不俯首咋舌,称赞塔军门神勇的。二十九日辰时开始打仗,塔军门打中路,罗山打西路,周凤山打东路。罗山的湘勇这次最卖力。贼匪分出五六千人专门攻打罗山,湘勇竟然能以少胜多。我军勇猛杀敌,贼匪就败退,败退不过二里地就回戈相向,大规模扑杀一次。这样三退三进,湘勇竟然都能抵挡住,毫不忙乱。到第三次追杀,贼匪都不敢回头看了。周凤山所率兵勇和杨名声所率兵勇,都极其勇敢地向前冲锋,以一当十。当日自辰时到申时,共杀贼五百多人。贼匪四处奔逃,还有很多跌下悬崖和山涧的。

水师于未刻至陈陵矶①,适有贼船上来。开炮轰击,贼舟奔退,乘胜追下,至擂鼓台②。烧贼船约二十余号,夺获贼船约七十余号,杀毙、溺毙之贼约千余人。盖是日凶悍之贼皆已上岸,每船仅留二三贼在船,余皆被掳之水手。一见官兵开炮轰击,贼与水手纷纷扑水自溺,故我军愈得势也。

【注释】

①未刻:下午十三时至十五时。陈陵矶:即城陵矶。见前注。

②擂鼓台:地名。在今湖南岳阳境内,距城陵矶不远。

【译文】

水军未时到达城陵矶,正好有贼船上来。水军开炮轰击,贼船奔退，我军乘胜追到擂鼓台。烧毁贼船二十多条，缴获贼船七十多条，杀死、淹死贼匪一千多人。大概是当天凶悍的贼匪都已经上岸，每船只留守二三位贼人，其余都是被掳来的水手。一看官兵开炮轰击，贼匪与水手纷纷跳水自杀，所以我军更加得势。

三十、初一日，水师皆出队击贼。三十日未甚交锋。初一日，李鹤人一营在前攻剿，击断陈镇军之旧拖罟船头桅①，毙贼十余人。

【注释】

①陈镇军之旧拖罟(gǔ)船：指广东水师总兵陈辉龙带来的拖罟船，共两只，一只自乘，一只供曾国藩坐乘。靖港之败，为太平军夺去。拖罟船，是清末闽、广水师之大舰。

【译文】

三十、初一日两天，水军都派出队伍击杀贼匪。三十日没怎么交战。初一日那天，李鹤人一营在前面剿杀贼匪，击断陈镇军原先乘坐而被贼匪夺去的拖罟船的桅杆，杀死贼匪十多名。

陆营经廿六、廿八、九日三次血战之后，二日内未开仗。现在陆营有六七分可靠，水营有四五分可靠，拟再备三板数十号、小渔划一百号，出队开仗时，散布满河，抛掷火毬①，以乱贼阵，或更有济。

余不一一，即乞禀告父、叔大人堂上为要，千万放心。

【注释】

①火毬(qiú)：古代用于火攻的一种球形武器。内部填有火药或其

他易燃物,点燃后顺着风向掷出,以烧毁敌人阵地。

【译文】

陆军经过二十六、二十八、九日三次血战之后,两天没有开战。现在陆军有六七分可靠,水军有四五分可靠,我打算再置办几十条三板船,一百条小渔划子,军队出去打仗的时候散布满河,抛掷火球,扰乱敌方阵营,或许会更有效果。

其他我不再一一写了,请务必禀告父亲大人、叔父大人,让他们千万放心。

　　自十六日水师大挫之后,至廿九日获一胜仗,人心始克大定。不料初一日酉刻①,广西勇收队回来,在刘公矶一带开炮②。讹传为贼船上来,岳城百姓纷纷逃奔,扶老携幼,号泣于道。南津港各船皆挂帆开逃③,严禁之而不能止。军心总不坚定,颇可虞也。现在力求镇定,总以不出队、不开仗为主。

【注释】

①酉刻:下午十七时至十九时。

②刘公矶:矶名。在今湖南岳阳君山。

③南津港:港口名。在今湖南岳阳。

【译文】

从十六日水军大败之后,到二十九日打了一场胜仗,军心才能安定下来。不料初一日酉时广西勇收队回营的时候,在刘公矶一带开炮。讹传为贼船上来了,岳城百姓纷纷奔逃,扶老携幼,一路号哭。南津港的船也都张帆逃跑,严令禁止也没用。军心总不坚定,很让人忧虑。现在力求军心镇定,总以不出队、不开战为主。

闰七月初三日　致澄侯、温甫、沅浦、季洪弟书

澄、温、沅、洪老弟左右：

　　初二日，遣刘四、王晚送信回家。是日申刻得信，智亭于巳刻传令直扑贼营①。行至近贼营盘，天大风雨，贼点大炮不然②，放火毬亦不然。我军勇气百倍，虽数万竹签布地，数重深沟高墙，竟能一直扑入。一营既破，各营胆寒。不过一时之久，竟将贼营十三座全行踏破。数万之贼狂奔大溃，满山遍谷。我军穷追，愈追愈力，有直追至陈陵矶江边，逼贼下水者不下千人。有追至半途而返，收取贼物者，大约抢到骡马六七百匹、大炮数十位、抬枪数百支、鸟枪刀矛以千件计、旗帜亦以千计③。自有此贼以来，未有如此剿洗痛快者也。

【注释】

　　①巳刻：上午九时至十一时。

　　②然：同"燃"，点燃。

　　③鸟枪：旧式火枪。今指贮以铁砂的猎枪。

【译文】

澄、温、沅、洪老弟左右：

　　初二日那天，派了刘四、王晚送信回家。我当天申时得到消息，智亭在巳时传令直接扑灭贼匪营城。到接近贼匪营城的时候，风雨大作，贼匪点不燃大炮、放不了火球。我军勇气倍增，即使面对插满了好几万竹签的地面、好几重深沟高墙，竟然都能一路冲进去。一营既然被攻

破,其他各营都胆寒。不过一会儿,竟然将贼匪营城十三座全部踏破,几万贼匪全部奔溃,漫山遍野。我军穷追猛打,越追越勇猛,一直追到城陵矶江边,贼匪被逼迫下水的不下千人。有追到半路而返回收缴贼匪物品的,大约抢到骡马六七百匹、大炮几十尊、抬枪几百支、鸟枪刀矛几千件、旗帜几千件。自从贼匪作乱以来,没有剿得这么痛快的。

兄申刻得信,又派水师前往追剿。行至陈陵矶即已天黑,因驻扎焉。派三板往下追十余里,贼舟已全数下窜。今日黎明,各船当进追。待其追贼归来,水营当进扎陈陵矶下擂鼓台一带,以与陆营相近联络一气。

余俟续布。

【译文】

为兄我申时得到消息,又派水军前往追剿。走到城陵矶已经天黑,就地驻扎。又派三板船往下追了十几里,贼船已经全部逃窜下游。今天黎明,各船当继续前进追杀。等到追贼回来,水军就近驻扎在城陵矶下边的擂鼓台一带,与陆军相近,以便联络通气。

其他以后再说。

闰七月初九日 致澄侯、温甫、子植、季洪弟书

澄侯、温甫、子植、季洪足下:

自初二日陆路连蹋贼营十三座[1],夺获马骡七八百匹,军械二千余件[2]。是夜,水师进追四十里,贼舟舍命奔逃。初三日又追百余里,贼弃舟登岸者甚多。初四日,追至六溪

口③。追得贼船十余号，开炮轰击，贼仅放数炮抵拒，旋即登岸逃走。我军入口内之湖搜剿④，搜得贼船百数十号，一见我军开炮围攻，即纷纷弃舟而去。军士争欲抢船，杨载福下令"止许焚烧，不许抢夺"，遂将百余船一炬焚之。是夜，将士搜湖三十里，通宵未睡。次早，仍回新堤、螺山驻扎⑤。以小划探至金口⑥，皆无贼船。

【注释】

①蹋：踏。

②军械：各种武器、弹药及其仪器、器材和附件等的统称。

③六溪口：地名。即陆溪口，在今湖北咸宁嘉鱼陆溪镇，为陆水入江口，离三国赤壁之战古战场不远。

④口内：指六溪口内。

⑤新堤：地名。在今湖北洪湖城区。螺山：即今湖北洪湖螺山镇。

⑥小划：用桨划的小船。金口：即今武汉江夏金口渡，地处长江中游南岸、武汉经济开发区东部。

【译文】

澄侯、温甫、子植、季洪足下：

从初二日陆军踏破十三座贼营，缴获骡马七八百匹，军械两千多件。这天夜里，水军追贼四十里，贼船拼命奔逃。初三日又追击贼匪一百多里，许多贼匪弃船登岸。初四日，追到六溪口。追到十多条贼船，开炮轰击，贼匪只放了几炮抵抗，马上登岸逃跑。我军进入六溪口的内湖搜剿，搜到贼船一百几十条，一看我军开炮围攻，就纷纷弃船逃跑。士兵们争着想要抢船，杨载福下令"只许焚烧，不许抢夺"，于是将一百多条船一把火烧了。当夜，将士们搜索湖泊三十里，整晚都没有睡。次日早上，仍然回新堤、螺山驻扎。小划子探到金口，都没有贼船。

自金口至武昌六十里,不知贼船尚存若干。此番若能乘胜直追下去,武汉竟易收复。可惜我水师尚须添募,船炮亦未齐全;陆路之兵,尚无粮台随行①,不能遽进。连日北风甚大,亦难东下。风稍息,余即进扎螺山也。兹遣人回送一信,即日移营前进。求堂上大人放心。

余不一一。

【注释】

①粮台:清代行军时沿途所设经理军粮的机构。

【译文】

从金口到武昌六十里,不知道还有多少贼船。这次如果乘胜追击下去,武汉会很容易收复。可惜我方水军还需要添船募勇,船炮也不齐全;陆军也还没有粮台随行,不能急速前进。这几日北风很大,也难以东下。等到大风稍微止息,我就进扎螺山。现在派人送回一封信,马上移营前进,请堂上大人放心。

其他不再一一写了。

闰七月十四日　　致澄侯、温甫、沅浦、季洪弟书

澄、温、沅、洪四弟左右:

兄于初十日开船,十一日巳刻至螺山,去岳州八十里。杨载福、萧捷三两营①,已下驻扎新堤,去螺山又四十五里。

【注释】

①萧捷三(? —1855):道光十七年(1837)中武举,授长沙协千总,

因战功升永绥守备。咸丰年间随曾国藩率领水师转战湖北、江西等地。咸丰三年(1853)攻克湖北蕲州田家镇,升为游击。咸丰四年(1854),太平军攻克湘阴,萧捷三被免职。咸丰五年(1855)率水师进攻江西湖口,在石钟山中炮身亡,朝廷追封副将。

【译文】

澄、温、沅、洪四弟左右:

为兄我初十日开船,十一日巳时已经到了螺山,相距岳州八十里。杨载福、萧捷三两营已经驻扎新堤,离螺山四十五里。

杨、萧于十一夜入倒口黄介湖内①,搜剿余贼,贼仅开十余炮,即纷纷登岸逃走。各哨官谨遵我"不许抢货"之令②,将六十余号空船一概焚烧。岸上百姓焚香于辫顶,跪岸上欢迎,呼各勇为青天大人。各勇每见一人,即得如此称呼,高兴之至。倒口湖内既已搜剿,其下六溪口亦经搜剿,京口以上已无贼踪③。自京口六十里至武昌,尚未探明。

【注释】

①倒口黄介湖:即黄盖湖。位于今湖南、湖北两省交界处,西、南岸近三分之二区域属湖南岳阳临湘管辖,北、东岸三分之一区域属湖北咸宁赤壁管辖。黄盖湖濒临长江,属洞庭湖水系,是洞庭湖区的一部分。相传三国时孙吴宿将黄盖曾在此操练水军。黄盖湖与新堤隔江相望。

②哨官:湘军中管领一哨的长官,归营官辖制。

③京口:即金口。见前注。

【译文】

杨、萧二人于十一日夜里进入倒口黄介湖里，搜索残余贼匪，贼匪只开了十几炮就纷纷上岸逃跑。各位哨官严谨地遵守我"不许强抢船货"的命令，将六十几条空船全部烧毁。岸上的百姓在头顶烧香，跪着欢迎我军，喊各位兵勇为青天大人。各位兵勇每见到一人，就被如此称呼，非常高兴。倒口湖里既然已经搜索完毕，下面的六溪口也经过搜剿，金口之上已经没有贼匪的踪迹了。从金口到武昌的六十里还没有查探明白。

大抵贼于水战一事，极为无能。渠所用者民船，每放一炮，全身震破；所掳水手，皆不愿在贼中久住；又以所掳之百姓，令其勉强打桨①，勉强扶柁，皆非其所素习。即两次得我之船，得我之炮，皆我兵勇自先上岸，情愿将船炮丢弃与他，是以大败。若使我兵勇自顾其船，不将船炮送他，渠亦断不能拢来追我。此屡次打仗，众勇所亲见而熟知者。渠得我之战船洋炮，并不作水战之用，以洋炮搬于岸上扎营，而战船或凿沉江心，或自焚以逃，亦未收战船之用。惟贼中所擅长制胜者，在渔划百余号。每战四出围绕，迷目惊心。此次余亦办得小渔划百廿号，行走如飞。以后我军见贼小划，或不致惊慌耳。

【注释】

①打桨：谓划桨驾船。

【译文】

贼匪对于水战大都极其无能。他们所用的是民船，每放一炮船身就会被震裂;他们所掳来的水手,大都不愿意在贼窝中久住;他们又使用掳来的百姓,命令他们勉强驾船、扶舵,都不是百姓们平素熟习的技能。即使贼匪两次得到我军的船和炮,都是我军兵勇自己先上岸,情愿将船炮丢弃给他们,因此大败。如果让我军兵勇看好自己的船,不将船炮送给他们,他们也绝不敢聚集起来追我军。这是多次打仗兵勇们亲眼看见且熟知的。他们得到我军战船、洋炮,并不用来打水战,而是把洋炮搬到岸上扎营,将战船在江里凿沉或烧毁,自己逃回岸上,并不收为战船使用。贼匪擅长取胜的,只是一百多条小渔划子。每逢交战,小渔划子从四面开出来围住我们,触目皆是,令人害怕。这次我也备办了一百二十条小渔划子,在水上行船如飞。以后我方看见贼匪的小划子,就不至于惊慌失措了。

衡州捐项究竟何如①?便中可一打听②。永丰大布厚而不贵,吾意欲办好帐房五百架,宽大结实,以为军士寒天之用。澄弟若可承办此事,望与尧阶细商,即在本邑捐项内支用。余不一一。望敬禀父亲大人、叔父大人,军中匆忙,不及楷禀也。

【注释】

①捐项:指劝捐款项。

②便中:方便的时候。

【译文】

衡州劝捐的事情究竟怎么样了?方便的时候可以打听一下。永丰的大布很厚,而且价格不贵,我想置办好帐篷五百架,宽大结实,供士兵们在天寒地冻的时候使用。澄弟如果能承办这件事,希望你能和朱尧阶仔细商量,就在本县劝捐款项内支用。其他的,不一一说了。希望恭敬地禀告父亲大人、叔父大人,因军中匆忙,来不及用楷体书写。

诸子侄辈于"勤"、"敬"二字,略有长进否?若尽与此二字相反,其家未有不落者;若个个勤而且敬,其家未有不兴者。无论世乱与世治也。诸弟须刻刻留心,为子侄作榜样。

【译文】

诸子侄辈在"勤"和"敬"二字上,是否略有长进?如果总是与这二字相反而行,家族没有不落败的;如果个个勤且敬,家族没有不兴旺的。无论在乱世还是在治世。诸位弟弟必须时时刻刻留心,为子侄辈做榜样。

凡我屡次所寄奏折、谕旨,家中须好为收藏,不可抛散。或作一匣收之,敬谨弆藏。

【译文】

凡我屡次寄回去的奏折、谕旨,家里必须收藏好,不许抛散。或者专门做一个盒子,敬谨收藏。

闰七月廿七日　致澄侯、温甫、子植、季洪弟书

澄侯、温甫、子植、季洪四位老弟左右:

日来北风甚劲,省城各船不能来营。吾自十六挫失之后,陆续添募水勇。募小划子共百三十号,每号多者六七人,少者三四人,通共小划子载水师千余人,已到七十余号。

此外添募之勇仍用快蟹、长龙、三板等船①，但恨无好炮配之。

【注释】

①快蟹：即快蟹船。船两侧有成排的桨橹，外形活似蜈蚣和螃蟹，船体通常漆成红、黑两色，元、明时期叫"蜈蚣船"，清代称"快蟹"。长龙：清代水师战船名。

【译文】

澄侯、温甫、子植、季洪四位老弟左右：

近几日北风很是猛烈，省城里的船不能开到军营中来。我从十六日挫败之后，陆续招募水勇。募得小划子一百三十多条，每条多的六七人，少的三四人，所有小划子共能搭载水军一千多名，已经到了七十多条。其他招募的水勇还用快蟹、长龙、三板等船，只遗憾没有好炮来配。

水师前营李孟群、左营、中营秦国禄、清江营俞晟各战船皆已驻扎金口①，去武昌仅六十里。右营尚在嘉鱼②，去金口百五十里。后营、定湘营尚随余在新堤，去嘉鱼九十里。通共水师大营八营、小营五营。若在广西借得洋炮急至，则振兴气象，较自省起程时尚远胜之，但恐炮难遽至耳。

【注释】

①秦国禄：湘军水师营官，咸丰四年（1854）领中营。俞晟（shèng）：湘军水师营官，咸丰四年（1854）领清江营。

②嘉鱼：县名。即今湖北咸宁嘉鱼。嘉鱼古名"沙阳堡"，西晋太康元年（280）设县，因取《诗经·小雅·南有嘉鱼》之义而得名。

【译文】

　　水军前营李孟群、左营、中营秦国禄、清江营俞晟各战船都已经驻扎在金口，离武昌仅六十里。右营还在嘉鱼县，离金口一百五十里。后营、定湘营还跟我在新堤，离嘉鱼县九十里。水军共有大营八个、小营五个。如果在广西借的洋炮能速速到来，就能振兴气象，比从省城启程时还好很多，只怕洋炮很难迅速到来。

　　陆兵大队驻扎羊楼司。罗山于十八日在长安驿打一胜仗[1]；廿三日在羊楼洞打胜仗[2]，破一贼卡；廿四日在佛岭打胜仗[3]，破一贼卡；廿六日在羊楼洞打大胜仗。四次共杀贼七八百人，而我军仅一人受伤。湘勇之善战超出各营之上，而罗山以书生而善用兵若此，良可敬也！智亭剿灭崇、通股匪后[4]，即直下收复武汉。水师亦待陆军同进，而水勇皆跃跃欲战，暗笑主将之不进为极怯也。

【注释】

①长安驿：地名，亦为驿站名。即今湖南临湘长安镇。明洪武十年（1381）始设长安驿，相传东晋时有长安人氏避乱来此落籍，因称"长安"。

②羊楼洞：位于赤壁市区西南26公里处的羊楼洞镇，为湘、鄂交界之要冲，明、清之际系蒲圻六大古镇之一。

③佛岭：地名。在今湖北咸宁崇阳境内，在羊楼洞南，相去不远。

④崇、通：指湖北崇阳、通城二县。

【译文】

　　陆军大部队驻扎在羊楼司。罗山十八日在长安驿打了一场胜仗；二十三日在羊楼洞打了一场胜仗，破坏贼匪一个关卡；二十四日又在佛岭打了一场胜仗,破坏贼匪一个关卡;二十六日又在羊楼洞打了大胜仗。四次胜仗一共杀贼七八百名,我军只有一人受伤。湘勇的善战超出各营,而罗山一介书生又如此善于用兵,实在是可敬!智亭剿灭崇阳、通城的贼匪后,直接东下去收复武汉。水军也等待陆军共同行进,水勇都踊跃欲战,暗笑主将的不前进行为极其怯弱。

　　廿一至廿九四次胜仗折已批回,兹抄回呈堂上大人一阅,求诸弟禀明。
　　余不一一。

【译文】
　　二十一到二十九日四次胜仗的折子已经批回,现在抄一份寄回来呈堂上大人阅览,请诸位弟弟禀明。
　　其他不再一一写了。

八月十一日　致澄侯、温甫、子植、季洪弟书

澄侯、温甫、子植、季洪四弟足下:
　　久未遣人回家。家中自唐二、维五等到后亦无信来,想平安也。

【译文】
澄侯、温甫、子植、季洪四弟足下:
　　许久没有派人回去了。家中从唐二、维五到了之后也没有来信,想来全家平安无事。

余于廿九日自新堤移营，八月初一日至嘉鱼县，初五日自坐小舟至牌洲看阅地势[①]，初七日即将大营移驻牌洲。水师前营、左营、中营自又七月廿三日驻扎金口。廿七日贼匪水陆上犯，我陆军未到，水军两路堵之。抢贼船二只，杀贼数十人，得一胜仗。罗山于十八、廿三、廿四、廿六等日得四胜仗。初四发折，俱详叙之，兹付回。

【注释】

①牌洲：即簰洲湾，在湖北咸宁嘉鱼境内，号称"万里长江第一湾"。

【译文】

我二十九日从新堤转移营地，八月初一日到达嘉鱼县，初五日那天，自己坐着小船到牌洲查看地势，初七日就将大营移到牌洲。水军前营、左营、中营从七月二十三日驻扎金口。二十七日贼匪从水、陆两路进犯，我方陆军还没有到，水军分两路堵截贼匪。我军抢夺贼船两条，杀死贼匪几十名，打了一场胜仗。罗山十八、二十三、二十四、二十六日这几天打了四场胜仗。初四日发的奏折都详细叙述了，现在把折子寄回来。

初三日接上谕廷寄，余得赏三品顶戴，现具折谢恩，寄谕并折寄回。余居母丧，并未在家守制，清夜自思，跼蹐不安。若仗皇上天威，江面渐次肃清，即当奏明回籍，事父祭母，稍尽人子之心。诸弟及儿侄辈务宜体我寸心，于父亲饮食起居，十分检点[①]，无稍疏忽！于母亲祭品礼仪，必洁必诚。于叔父处敬爱兼至，无稍隔阂！兄弟姒娣[②]，总不可有半点不和之气。凡一家之中，"勤"、"敬"二字能守得几分，未有不兴；若全无一分，未有不败。"和"字能守得几分，未有不兴；不和，未有不败者。诸弟试在乡间将此三字于族戚人家历历验之，必以吾言为不谬也。诸弟不好收拾洁净，比我尤甚，此是败家气象。嗣后务宜细心收拾，即一纸一缕，竹头木屑，皆宜检拾伶俐，以为儿侄之榜样。一代疏懒，二代淫佚，则必有昼睡夜坐、吸食鸦片之渐矣。四弟、九弟较勤，六弟、季弟较懒。以后勤者愈勤，懒者痛改，莫使子侄学得怠惰样子。至要至要！子侄除读书外，教之扫屋、抹桌凳、收粪、锄草，是极好之事，切不可以为有损架子而不为也。

【注释】

①检点：慎重。

②姒（sì）娣：指姒娣。兄妻为"姒"，弟妻为"娣"。

【译文】

初三日接到圣上廷寄，赏我三品顶戴，现在拟折子谢恩，谕旨和折子我都抄录一份寄回去。我为母亲服丧，却没在家守制，夜深人静，一个人想起来，内心真是慌乱不安。如果仰仗皇上的天威，渐渐将江面上的敌军依次肃清，就当立即给皇上上奏折，请求回家，侍奉父亲，并祭奠母亲，稍稍尽为人之子的一点儿孝心。几位弟弟和家里的儿侄辈，还请务必体谅我的方寸之心，在侍奉父亲饮食起居的时候，要十分细心，不要有任何疏忽和不到之处！祭祀母亲，上祭品务必要清洁，且要诚心诚意。对叔父也要做到既敬又爱，不能有一点儿隔阂！兄弟姒娣之间，务必不能有半点儿不和。凡是一个家庭，"勤"和"敬"这两个字，尚能遵守几分，没有不兴旺的；如果连一分都不能遵守，没有不败落的。"和"字，尚能遵守几分，没有不兴旺的；不和，没有不败落的。弟弟们试着在乡里，用这三个字对家族亲戚一个一个地去验证，一定会觉得我说得不错。弟弟们不喜收拾，不爱干净，比我还要厉害，这是败家的气象。此后务必要细心收拾，即使是一张纸、一根线，或者竹头、木屑，都要及时捡拾起来，为儿侄辈树立榜样。上代人如果疏忽懒怠，下代人就会骄奢淫逸，一定会有昼伏夜游、吃鸦片烟之类的坏毛病渐渐生出来。四弟和九弟比较勤快，六弟和季弟相对懒散。希望日后勤快的更加勤快，懒散的也下决心痛改前非，不要让子侄们跟着学懒惰的坏样子。至要至要！子侄们，除了让他们读书之外，还要教他们打扫房屋、抹桌椅、拾粪、锄草，这些都是很好的事情，千万不能认为这些有损颜面而不做。

九月十三日　致澄侯、温甫、沅浦、季洪弟书

澄、温、沅、季四位老弟左右：

廿五日着胡二等送家信，报收复武汉之喜。廿七日具折奏捷。初一日，制台杨慰农霈到鄂相会①。是日又奏廿四夜焚襄河贼舟之捷②。初七日奏三路进兵之折。其日西刻，杨载福、彭玉麟等率水师六十余船前往下游剿贼。初九日，前次谢恩折奉朱批回鄂。初十日，彭四、刘四等来营。进攻武汉、三路进剿之折，奉朱批到鄂。十一日，武汉克复之折奉朱批、廷寄、谕旨等件。兄署湖北巡抚，并赏戴花翎。兄意母丧未除，断不敢受官职。若一经受职，则二年来之苦心孤诣③，似全为博取高官美职，何以对吾母于地下？何以对宗族乡党？方寸之地，何以自安？是以决计具折辞谢，想诸弟亦必以为然也。

【注释】

①杨慰农：杨霈，字慰农，直隶奉天铁岭人。道光九年（1829）进士，曾任肇庆知府，官至湖广总督。

②襄河：汉江（又称"汉水"）过了襄阳以后，襄阳境内下游称其为"襄河"，属汉江的区域性的别称。

③苦心孤诣：为达到某一目的，或解决某一问题而费尽心思。

【译文】

澄、温、沅、季四位老弟左右：

二十五日派胡二等人送家信，禀报收复武汉的喜讯。二十七日拟奏折报捷。初一日，杨慰农霈总督到湖北与我相会。当日又上奏二十四日夜里焚烧襄河贼船的捷报。初七日上奏三路进军的折子。初七日酉时，杨载福、彭玉麟等率领水军六十多船到下游剿贼。初九日，之前谢恩的折子奉朱批寄回湖北。初十日，彭四、刘四等人来到军营。进攻武汉、三路进军剿贼的折子奉朱批寄回湖北。十一日，武汉克复的折子收到朱批、廷寄、谕旨等件。为兄我被任命为湖北巡抚，并且赏戴花翎。为兄我的意思是，母丧守制还没有到期，绝不敢接受官职。一旦接受了官职，那么两年以来的苦心孤诣，就好像都是为了博取高官美职，那岂不是愧对九泉之下的老母亲？岂不是愧对宗族乡党？自己的方寸良心，又如何能够自安呢？所以我下定决心，要写奏折向皇上辞谢，我想弟弟们也一定赞成我这样做的。

功名之地，自古难居。兄以在籍之官①，募勇造船，成此一番事业，名震一时。人之好名，谁不如我？我有美名，则人必有受不美之名者。相形之际，盖难为情。兄惟谨慎谦虚，时时省惕而已。若仗圣主之威福，能速将江面肃清，荡平此贼，兄决意奏请回籍，事奉吾父，改葬吾母。久或三年，暂或一年，亦足稍慰区区之心。但未知圣意果能俯从否？

【注释】

①在籍之官：因告假、丁忧等原因居于本籍的官员。

【译文】

功绩和名誉，自古以来，就难以自居。为兄我以在籍官员身份，招募乡勇，打造战船，成就了这一番事业，名声震动一时，自是不必说的。凡是人，没有不好名的，哪一个不和我一样呢？我获得美名，一定有别人获得坏名声的。相比之下，真是难堪。为兄我只有谦虚谨慎，时刻警惕，反省自己而已。如果仰仗皇上的威福，能够尽快将江上的敌人肃清，平定这些逆贼，为兄决心奏请皇上批准我回家，侍奉父亲，改葬母亲。长则三年，短则一年，也能稍微宽慰我的方寸之心。但不知道皇上能不能批准？

诸弟在家，总宜教子侄守"勤"、"敬"。吾在外既有权势，则家中子侄，最易流于骄、流于佚，二字皆败家之道也。万望诸弟刻刻留心，勿使后辈近于此二字。至要至要！

【译文】

诸位弟弟在家，总该教育子侄辈持守"勤"、"敬"二字。我在外既然有权势，家中的子侄最容易流于骄奢淫佚，"骄"、"佚"二字都会导致家族衰败。万望诸位弟弟时刻留心，不要让后辈沾染此恶习。此事极其极其重要！

罗罗山于十二日拔营①，智亭于十三日拔营，余十五六亦拔营东下也。

余不一一。乞禀告父亲大人、叔父大人万福金安。

【注释】

①拔营:指部队出发。

【译文】

罗罗山十二日拔营,智亭十三日拔营,我十五、六日也会拔营东下。其他不再一一写了。请禀告父亲大人、叔父大人,祝万福金安。

　　寄骆中丞信节钞一段

　　廿一日,罗山由金口移营至河泊山①,水师出队接应,恐贼因我营垒未成而遽来扑也。水师与花园江边贼营对敌②,各哨官中有勇敢者冲过贼营,直下鹦鹉洲、汉阳、鲇鱼套等处③。贼见水师已出其下,立时慌乱。而罗老及碻湖、义渠各营竟不扎营④,直扑贼垒。贼恐水师抄后、陆军攻前,相率奔溃。罗老、义、碻及李光荣之川勇三路冲入⑤,将贼营三座踏平。烧毁其墙三重,高皆盈丈。又壕三层,引江水入壕内通青林湖⑥,竹签密布十丈,用钓桥出入⑦。彼自奔溃,并此而不能守。军事纯视气之盛衰,不尽关人力也。

【注释】

①河泊山:山名。在湖北武汉境内。

②花园:地名。在湖北武汉境内。

③鹦鹉洲:地名。原在武汉城外江中。相传因东汉末年祢衡《鹦鹉赋》而得名。后祢衡被黄祖杀害,亦葬于洲上。此洲在明末逐渐沉没。清乾隆年间,新淤鹦鹉洲,已和汉阳连成一片。鲇鱼套:

地名。在湖北武汉境内。

④罗老:指罗泽南。见前注。碻湖:不详。义渠:唐训方(1810—
　1877),字义渠,湖南常宁人。道光二十年(1840)举人。咸丰间
　从曾国藩镇压太平军,转战鄂、赣、皖等省,累擢至安徽巡抚。后
　坐事降官,不久出任直隶布政使。

⑤李光荣:鄂军陆营营官。文生,带川勇。

⑥青林湖:湖泊名。在湖北武汉蔡甸。

⑦钓桥:吊桥。古代城门外护城河上的桥,可以吊起。

【译文】

寄骆中丞信节钞一段:

二十一日,罗山从金口移营至河泊山,水师出队接应,怕贼匪因我方营垒尚未扎成就来攻打。水师和花园江边的贼匪营垒对敌,诸位哨官中有勇敢地冲过贼营,直接拿下鹦鹉洲、汉阳、鲇鱼套等地方。贼匪看见水师已经出现在其下方,立时慌乱。而罗老及碻湖、义渠各军竟然连营垒都不扎,就直接扑向贼匪营垒。贼匪害怕我水师从背后包抄、陆军从正面攻打,一起奔逃溃散。罗老、义渠、碻湖各营及李光荣的川勇三路冲入,将贼匪营垒三座踏平。烧毁营墙三重,都有一丈多高。另有壕沟三层,引江水入壕内,和青林湖相通,竹签密布,方圆十丈,用吊桥出入。贼匪自己奔溃,连高墙深沟的营垒都不能守住。军事纯看士气的盛衰,不完全取决于人力。

　　水师自巳刻开仗,至二更始行收队。烧贼船约三百余号,夺获亦近百号。自沌口起下至鹦鹉洲①,东至鲇鱼套,烧毁略尽;套内尚未烧净。西岸沌口之下盐关贼营四五座,亦被魁、杨荆兵蹋破烧毁②。

【注释】

①沌(zhuàn)口:古镇名。在湖北汉阳东南。当沌水入长江之口。沌水上接沔阳诸水,夏、秋水涨可以通航,古时常为武昌至江陵间江运别道。

②魁、杨:指魁玉、杨昌泗。魁玉(1805—1884),字时若,富察氏,满洲镶红旗人。由二品荫生历擢凉州副都统。咸丰间会同曾国藩等在湖北堵击太平军。后调江宁副都统,转战江南各地。军事结束后任江宁将军,旋调成都将军。卒谥果肃。喜吟咏,有《翠筠馆诗》。杨昌泗(1783—1858),字廉泉,湖南乾州人。道光间以武生擢至总兵。咸丰间从攻太平军于湖北。累擢至延绥镇总兵。后赴豫镇压捻军,卒于途中。谥刚介。

【译文】

水师自巳刻开仗,至二更才开始收队。烧毁贼船约三百余条,夺获贼船也有近百条。自沌口起,下至鹦鹉洲,东至鲇鱼套,贼船烧毁殆尽;鲇鱼套内的贼船,还没有烧干净。西岸沌口之下盐关的贼匪营垒四五座,也被魁、杨所率领的湖北方面军踏破烧毁。

盖贼之所以坚垒于两岸者,皆重重置炮以击我之水军。忽见水军冲出营垒之下,顿失所恃,遂相顾惊奔。而水军由江中轰岸营,子如雨下,故东岸罗老、义、確之军能破贼营,西岸魁、杨之军亦破贼营。各夺炮百余座,马数百匹。

【译文】

贼匪之所以在长江两岸巩固营垒,都重重安置火炮,用来轰击我方水军。忽然看见我水军冲出营垒之下,顿时失去凭恃,于是一起惊慌奔逃。而我水军在江中轰击岸上贼营,弹如雨下,所以东岸的罗老、义渠、確湖的部队能攻破贼匪营垒，西岸的魁、杨二将的部队也攻破贼匪营垒。各夺获火炮一百多座，战马好几百匹。

　　廿二日，水师清晨出队，接攻鲇鱼套之船，鏖战约一时之久。各营奋勇，哨官遂弃而之他。竟攻汉口，直下塘角^①，并追剿青山以下^②。从下游雷轰而上，纵火焚舟。适北风甚劲，贼船不能下窜。塘角、汉口、鲇鱼套等处同时延烧，火光烛天，比廿一日所焚之船数尚倍之，夺获贼船约二百余号。杨载福等自青山归来，又入襄河烧船十余里。其未烧尽者，仅鲇鱼套口内数十号、襄河口内若干号而已。是日罗罗山等进蹋鲇鱼套贼营六座，直抵武昌城根。魁、杨荆兵亦蹋尽西岸贼营，直抵汉阳城根。

【注释】

①塘角：地名。在今湖北武汉江夏。

②青山：地名。在今湖北武汉青山，因青山矶得名。

【译文】

　　二十二日，水师清晨出队，与鲇鱼套贼匪船队接战，鏖战大约一个时辰之久。各营兵士奋勇争先，哨官于是率军从鲇鱼套专攻其他地方。竟然攻打汉口，直接拿下塘角，并追剿至青山以下。从下游如雷电一样轰击而上，纵火焚烧敌船。正赶上北风很猛，贼匪船只不能向下逃窜。塘角、汉口、鲇鱼套等处同时被烧，火光连成一片，照亮天空，比二十一日所烧毁的贼船在数量上还多好几倍，夺获贼船大约二百多条。杨载福等自青山归来，又入襄河烧贼船十多里。贼船没有被烧尽的，仅鲇鱼套口内数十条、襄河口内若干条而已。这天，罗罗山等进军，踏破鲇鱼套贼匪营垒六座，直抵武昌城根。魁、杨二将所率的荆兵也将西岸贼匪营垒尽数踏破,直抵汉阳城根。

　　廿三日未明,两城贼众皆逃,仅留数十人点放虚炮。我军辰刻入城,两岸同时克复。贼之衣被钱物一概未收,徒手鬅发鼠窜狂奔。从东门逃出者,至洪山一带遇塔兵①,杀二千人。自军兴以来,未有如此痛快者也。

【注释】

①洪山:地名。古名"东山",又名"黄鹄山",在今湖北武汉洪山。

【译文】

　　二十三日天还没亮,武昌、汉阳两城贼匪全部溃逃,只留几十个人点放虚炮。我军辰刻入城,两岸同时克复。贼匪衣被钱物一概未收,徒手鬅发鼠窜狂奔。从东门逃出的,至洪山一带遇上塔齐布所率兵卒,又被杀死两千人。自从战事兴起以来,杀敌没有像这样痛快的。

十月二十二日　致澄侯、温甫、子植、季洪弟书

澄侯、温甫、子植、季洪四位老弟左右:

　　胡二等于初一日到营,接奉父大人手谕及诸弟信,具悉一切。

【译文】

澄侯、温甫、子植、季洪四位老弟左右:

　　胡二等人初一日来到军营,接到父亲大人亲笔信和弟弟们的信件,知晓一切情况。

　　兄于二十日自汉口起行,二十一日至黄州。二十二日至堵城①,以羊一豕一,为文祭吴甄甫师。二十三日过江至武昌县。二十四在巴河晤郭雨三之弟②,知其兄观亭在山西③,因属邑失守革职,雨三现署两淮盐运使④。二十九日至蕲州⑤,是日水师大战获胜。初一、初四、初五,陆军在田家镇之对岸半壁山大战获胜⑥。初九、初十,水师在蕲州开仗小胜。十三日,水师大破田家镇贼防,烧贼船四千余号。自有此军以来,陆路杀贼之多,无有过于初四之战,水路烧船之多,无有过于十三之役。现在前帮已至九江⑦,吾尚驻田家镇,离九江百五十里。陆路之贼均在广济、黄梅一带⑧,塔、罗于廿三日起行往剿⑨。一切军事之详,均具奏报之中,兹并抄录寄回,祈敬呈父亲大人、叔父大人一览。

【注释】

①堵城:地名。即今湖北黄冈黄州区堵城镇,东临长江。

②巴河:即巴河镇。位于湖北浠水西南部,地处长江与巴水河交汇处,紧靠古城黄州赤壁,与鄂州、黄石隔江相望。

③观亭:郭雨三之兄郭用宾,号观亭。见前注。

④两淮盐运使:掌江南盐业命脉,向两淮盐商征收盐税。两淮盐运使司在扬州,下辖淮安分司、泰州分司等。两淮,泛指淮河两岸。盐运使,官名。始置于元代,专设于两淮、两浙、福建等产盐各省。明、清相沿,其全称为"都转盐运使司盐运使",简称"运司"。其下设有运同、运副、运判、提举等官,有的地方则设"盐法道",其长官为道员。

⑤蕲州:州名。地当今湖北黄冈蕲春。明、清时期为黄州府下属州。民国元年(1912),废黄州府,改蕲州为蕲春县。

⑥半壁山：位于湖北黄石阳新县城东 25 公里处的长江南岸。孤峰
　昂举，悬崖如削，突兀江心，屹如关隘，与北岸田家镇互为犄角，
　形势险要。为湘军与太平军鏖战之著名战场。

⑦前帮：先头部队。

⑧广济：即广济县，因广济河得名。现为湖北武穴，属于湖北黄冈
　代管的县级市，是长江中游港口城市。黄梅：即黄梅县，隶属于
　湖北黄冈。

⑨塔、罗：指湘军将领塔齐布、罗泽南。

【译文】

　　为兄我二十日从汉口启程，二十一日到达黄州。二十二日到达堵
城，用一头羊、一只猪，并作祭文祭告吴甄甫老师。二十三日渡过长江
到达武昌县。二十四日在巴河镇遇见郭雨三的弟弟，知道他的兄长观
亭在山西因为属邑失守而被革职，雨三现在任两淮盐运使。二十九日
到达蕲州，当日水军大战获胜。初一、初四、初五日，陆军在田家镇对岸
半壁山大战获胜。初九、初十日，水军在蕲州开战，获得小胜。十三日，
水军大破贼匪在田家镇的防守，烧毁贼船四千多条。自从创建这支军
队以来，陆路杀贼最多的是初四日的战斗，水路烧船最多的是十三日的
战斗。现在前面一波军队已经到了九江，我还驻扎在田家镇，离九江一
百五十里。陆路的贼匪都在广济、黄梅一带，塔、罗二十三日带领军队
前去剿匪。一切有关军事的详细情况都在奏报里，现在一并抄录一份
寄回来，敬呈父亲大人、叔父大人阅览。

　　刘一、良五于廿日至田家镇。得悉家中老幼均吉，甚慰
甚慰。魏荫亭先生既来军中，父大人命九弟教子侄读书，而
九弟书来坚执不肯，欲余另请明师。余意中实乏明师可以
聘请，日内与霞、次及幕中诸君子熟商①，近处惟罗研生兄是

我心中佩仰之人②，其学问具有本原，于《说文》、音学、舆地③，尤其所长；而诗、古文辞及行楷书法，亦皆讲求有年。吾乡通经学古之士，以邹叔绩为最④，而研生次之。其世兄现在余幕中，故请其写家信，聘研生至吾乡教读。研兄之继配陈氏⑤，与耦庚先生为联襟。渠又明于风水之说，并可在吾乡选择吉地，但不知其果肯来否？渠现馆徐方伯处⑥，未知能辞彼就此否？若果能来，足开吾邑小学之风，于温甫、子植，亦不无裨益。若研兄不能来，则吾心中别无人。植弟坚不肯教，则乞诸弟为访择一师而延聘焉为要。甲三、甲五可同一师，不可分开。科一、科三、科四亦可同师。

　　余不一一，诸俟续布。

【注释】

①霞、次：指刘霞仙（刘蓉）、李次青（李元度）。

②罗研生：罗汝怀（1804—1880），初名汝槐，字廿孙，一作"念生"、"研生"，晚号梅根居士，湖南湘潭人。入省城南书院肄业，致力音韵训诂之学。又广泛涉猎，博通经史。道光十七年（1837）选拔贡生，延试落第后绝意科举，专治经学，著有《湖南文征》二百卷、《诗古音疏证》四卷、《禹贡古今义案》和《禹贡义参》各二卷、《七律流别集》十二卷、《潭雅集》四卷等，共二十四种，又参与修纂光绪刊《湖南通志》。

③舆地：地理。

④邹叔绩：邹汉勋（1805—1854），字叔绩，湖南新化人。咸丰元年（1851）中举。翌年春，赴礼部试，报罢，绕道江苏往访魏源（时知江苏高邮州），相与问学。咸丰三年（1853）初夏，由高邮回到长沙，因胞弟邹汉章随湘军将领江忠源被困江西南昌，与江忠源弟

江忠淑一同往解南昌之围,受知于江忠源,留幕参赞军务。是年十二月,太平军攻克庐州,邹汉勋被杀,尸骨未收。邹汉勋长于舆地之学,与魏源齐名,是中国近代舆地学奠基人之一。一生著述丰富,主要有《五均论》《读书偶识》《水经移注》等三十余种,共四百六十余卷。后人刊有《邹叔子遗书》七种传世。

⑤继配:续娶之妻。

⑥徐方伯:指时任湖南布政使的徐有壬。徐有壬(1800—1860),字君青,亦字钧卿,浙江乌程人,寄籍顺天宛平。道光九年(1829)进士,授户部主事。咸丰间官至江苏巡抚。太平军破苏州时自杀。谥庄悯。精历算。有《务民义斋算学》。方伯,殷周时代一方诸侯之长,后泛称地方长官。汉以来之刺史,唐之采访使、观察使,明、清之布政使均称"方伯"。

【译文】

刘一、良五二十日来到田家镇。得知家中老少都平安,很是欣慰很是欣慰!魏荫亭先生既已来军中,父亲大人命九弟教子侄们读书,可是九弟来信说坚决不肯,要我另外请名师。我心目中实在没有名师可聘请,近日与霞、次以及幕府中诸位君子反复商量,家乡附近只有罗研生兄,是我心中佩服仰慕的人,他的学问都有本源,于《说文》、音韵学、地理地图学,更有专长;而诗、古文辞及行书楷书,也都研究过多年。我乡通经学古的人士,以邹叔绩为第一,而研生其次。他的公子现在我幕中,所以请他写家信回去,聘研生到我乡教书。研兄继配为陈氏,与耦庚先生是联襟。他又明了风水之说,还可帮着在我乡选择一块宝地,但不知他肯来不?他现在徐方伯处教馆,不知能辞掉那边来这里不?如果能来,是足可在我乡开拓小学的风气的,对于温甫、子植,也不无帮助。如果研兄不能来,那我心中就再没有别的人选。植弟坚决不肯教,那便求弟弟们访寻一位老师,聘到家塾,千万。甲三、甲五可以跟同一位老师,不可以分开。科一、科三、科四也可以跟同一位老师。

我不再一一说了，其他等我以后再说吧。

十一月初七日　书于武穴舟中

澄侯、温甫、子植、季洪四位老弟足下：

　　廿五日遣春二、维五归家，曾寄一函，并谕旨奏折二册。

【译文】

澄侯、温甫、子植、季洪四位老弟足下：

　　二十五日派春二、维五回家，寄回一封信，还有谕旨、奏折两册。

　　廿六日，水师在九江开仗获胜。陆路塔、罗之军，在江北蕲州之莲花桥大获胜仗①，杀贼千余人。廿八日克复广济县城。初一日在大河埔大获胜仗②，初四日在黄梅城外大获胜仗，初五日克复黄梅县城。该匪数万，现屯踞江岸之小池口③，与九江府城相对。塔、罗之军，即日追至江岸，即可水陆夹击。能将北岸扫除，然后可渡江以剿九江府城之贼。自至九江后，即可专夫由武宁以达平江、长沙④。

【注释】

①莲花桥：地名。在蕲州境内。

②大河埔：地名。亦作"大河铺"。今湖北黄冈麻城有大河铺水库。

③小池口：地名。即今湖北黄冈黄梅小池镇，地处鄂、赣、皖三省交界，与江西九江隔江相望。

④武宁：县名。清代属南昌府管辖，今为江西九江辖县。

【译文】

二十六日,水军在九江打了胜仗。陆路塔、罗的军队在江北蕲州的莲花桥大获全胜,杀死贼匪一千多人。二十八日收复广济县城。初一日在大河埔大获全胜,初四日在黄梅城外大获胜仗,初五日收复黄梅县城。这路贼匪有几万人,现在盘踞在江岸的小池口,与九江府城相对。塔、罗的军队近日追到江岸,就可以对贼匪进行水、陆夹击。先将北岸的贼匪扫除干净,然后可以渡江剿杀九江府的贼匪。到了九江以后,就可以派专人由武宁到平江、长沙寄信。

兹因魏荫亭亲家还乡之便,付去银一百两,为家中卒岁之资①。以三分计之,新屋人多,取其二以供用;老屋人少,取其一以供用。外五十两一封,以送亲族各家,即往年在京寄回之旧例也。以后我家光景略好,此项断不可缺。家中却不可过于宽裕。处此乱世,愈穷愈好。我现在军中,声名极好。所过之处,百姓爆竹焚香跪迎,送钱米猪羊来犒军者络绎不绝。以祖宗累世之厚德,使我一人食此隆报,享此荣名,寸心兢兢②,且愧且慎。现在但愿官阶不再进,虚名不再张,常葆此以无咎,即是持身守家之道。至军事之成败利钝③,此关乎国家之福,吾惟力尽人事,不敢存丝毫侥幸之心。诸弟禀告堂上大人,不必悬念。

【注释】

①卒岁:度过年终。

②兢兢:战栗貌,小心谨慎的样子。

③利钝:顺利与不顺。

【译文】

现趁魏荫亭亲家回湖南之便，托他带去银子一百两，作为家里年底的用度。分成三份，新屋里的人多，可拿两份用；老屋里的人少，可拿一份用。此外五十两的一封银子，是送给亲族各家的，也是往年从京城寄回去的惯例。以后我家光景稍微好一些，这个款项决不可缺。家里花费却不可过于宽裕。处在动乱年代，越穷越好。我如今在军队中名声极好。所路过的地方，百姓放爆竹，焚香跪地迎接，送钱、送米、送猪、送羊，前来犒劳大军的络绎不绝。因为有祖宗一代又一代积累下来的厚德，才使我一个人得到如此隆重的回报，享有这样的荣名，内心真是战战兢兢，又惭愧又担心。现在只希望官阶不要再升，虚名不要再大，能长期保持现状，不出纰漏，便是持家守身之道了。至于军事方面的成功与失败、得利与失利，这关系国家的福泽，我只能竭尽我所能，不敢存一丝儿侥幸的心理。请弟弟们禀告堂上大人，不必挂念。

　　冯树堂前有信来，要功牌一百张，兹亦交荫亭带归。望澄弟专差送至宝庆，妥交树堂为要。衡州所捐之部照，已交朱峻明带去①。外带照千张，交郭云仙，从原奏之所指也。朱于初二日起行，江隆三亦同归②。给渠钱已四十千，今年送亲族者，不必送隆三可也。

　　余不一一。

【注释】

①朱峻明：不详。

②江隆三：曾国藩表弟，曾母江太夫人之侄。

【译文】

　　冯树堂之前写信来，要功牌一百张，现在也交给荫亭带回去。希望澄弟专门派人送到宝庆,务必妥善交给树堂。衡州捐官的部照,已经交给朱峻明带去。附带部照一千张,交给郭云仙,遵从原奏的指示。朱峻明初二日启程,江隆三也一块儿回去。给他的钱已经有四十千,今年送给亲族的东西,不必再算隆三的了。

其他不再一一说了。

十一月二十三日　书于九江舟次

澄侯、温甫、子植、季洪四位老弟足下:

十月廿五专人送信回家。魏荫亭归,又送一函。想先后收到。十一月廿一日,范知宝来九江[1],接澄弟信,具悉一切。

【注释】

①范知宝:不详。

【译文】

澄侯、温甫、子植、季洪四位老弟足下:

十月二十五日派了专人送信回家。魏荫亭回去,又送了一封信。想必家中已经先后收到。十一月二十一日,范知宝来九江,接到澄弟的信,一切情况都已知道。

部、监各照已交朱峻明带归矣①。树堂要功牌百张,又交荫亭带归。余送朱峻明途费二十金,渠本解船来,故受之。送荫亭二十金,渠竟不受,俟有便,当再寄渠。江隆三表弟来营,余念母亲之侄仅渠有子,送钱四十千。渠买盐花带归^②,不知已到家否？荫亭归,余寄百五十金还家,以五十周济亲族,此百金恐尚不敷家用^③。军中银钱,余不敢妄取丝毫也。名者,造物所珍重爱惜,不轻以予人者。余德薄能鲜^④,而享天下之大名,虽由高曾祖父累世积德所致,而自问总觉不称,故不敢稍涉骄奢。家中自父亲、叔父奉养宜隆外^⑤,凡诸弟及吾妻吾子吾侄吾诸女侄女辈,概愿俭于自奉^⑥,不可倚势骄人。古人谓无实而享大名者,必有奇祸。吾常常以此儆惧,故不能不详告贤弟,尤望贤弟时时教戒吾子吾侄也。

【注释】

①部、监各照:部照和监照。"部照"是旧时中央各部发给的凭证,"监照"是国子监发给监生的学历证书。

②盐花:盐霜,细盐粒。

③不敷:不足,不够。

④能鲜:没有什么才能。

⑤隆:丰厚,隆重。

⑥自奉:谓自身日常生活的供养。

【译文】

各部照、监照已经交给朱峻明带回去。树堂要一百张功牌,也交给荫亭带回去了。我送给朱峻明二十两路费,他本是开船来的,所以就接受了。送给荫亭二十两,他竟然不接受,等方便的时候我再寄给他。江隆三表弟来到军营,我顾念母亲的侄儿中就他有儿子,送给他四十千钱。他买了盐花带回去,不知道已经到了家没有？荫亭回去,我寄了一百五十两回家,用五十两周济亲族,剩下的一百两恐怕还不够家用。军中的银钱,我不敢随意取用分毫。名声,是造物者所珍重爱惜的,不轻易赐予别人。我德薄才浅，却享有天下的大名，即使是高曾祖父累世积累所致，扪心自问，总觉得自己名实不符，所以不敢有丝毫骄奢。家中除了父亲大人、叔父大人的奉养应该丰厚外，凡我弟弟、妻子、子侄、女儿、侄女等，一概自愿俭朴地生活，不许倚仗家族势力而以骄傲示人。古人认为没有实际才能而享有大名声的，一定会遭遇横祸。我常常以此自警，所以不能不详细告诉贤弟，尤其期望贤弟时时教诫子侄辈。

塔、罗自田家镇渡至江北后，五获胜仗，九江对岸之贼遂下窜安徽境。余现泊九江河下，塔、罗渡江攻城。罗于廿一日与贼接仗，杀贼二三百，而我军亦伤亡四十余人。此在近数月内即是小有挫失，而气则未稍损也。

【译文】

塔、罗从田家镇渡河到江北后打了五场胜仗，九江对岸的贼匪往下逃窜到安徽境内。我现在停泊在九江河下，塔、罗渡江攻城。罗二十一日跟贼匪交战，杀死贼匪二三百名，我军也伤亡四十多人。近几个月内即使有小挫折，军中士气也没有什么损伤。

水师已下泊湖口①，去我舟已隔六十里。二十夜，贼自江西小河内放火船百余号，实以干柴、桐油、松脂、火药②，自上游乘风放下，惊我水营。两岸各千余人呐喊，放火箭、火毬。其战船放炮，即随火船冲出，欲乱我阵。幸我军镇定，毫不忙乱，反用小船梭穿于火船之中，攻入贼营，烧贼船十余号，抢贼划数十号。摇撼不动，是亦可喜之事。

【注释】

①湖口：今江西九江湖口，地处湖北、安徽、江西三省交界处。

②桐油：油桐果实榨出的油。有毒。是质量很好的干性油，可制造
油漆、油墨，又可作防水防腐之用。松脂：也称"松香"、"松膏"、
"松胶"、"松液"、"松肪"。由松类树干分泌出的树脂，在空气中
呈黏滞液或块状固体，含松香和松节油。

【译文】

水军已经往下停泊在湖口，离我的船已隔六十里。二十日夜里，贼
匪从江西小河放了一百多条火船，装上干柴、桐油、松脂、火药，从上游
乘风而下，想惊扰我方水军。两岸各有千余人呐喊，并发射火箭、火球。
贼匪的战船放炮，就跟随火船冲出，想要扰乱我军。幸亏我军镇定，毫
不忙乱，反而用小船穿梭在火船中间，攻入贼营，烧毁贼船十多条，抢到
贼匪的小划子几十条。军队不会被撼动，也实在是可喜的事。

余身体平安，癣疾近又大愈，胡须日长且多。军中将士
俱平安。余不一一，即候近佳。并恳禀告父亲大人、叔父大
人福安。

【译文】

我身体平安，癣疾最近又大好了，胡须一天天变长变多。军中的将
士们也都平安。其他不再一一说了，希望最近一切都好。恳请诸位弟
弟禀告父亲大人、叔父大人，并祝他们万福金安。

十一月廿七日① 致诸弟书

前信已封，而春二、维五于廿五日到营，接奉父大人手

谕及诸弟信件,敬悉一切。

【注释】

①传忠书局本,此信无抬头,当是与诸弟书。

【译文】

上一封信已经封好了,春二、维五二十五日到军营,接到父亲大人亲笔信和诸位弟弟的信件,一切情况都已知道。

曾祖生以本境练团派费之事①,而必求救于百里之外,以图免出费赀,其居心不甚良善。刘东屏先生接得父大人手书,此等小事,何难一笑释之,而必展转辨论,拂大人之意? 在寻常人尚不能无介介于中②,况大人兼三达尊③,而又重以世交? 言不见信④,焉能不介怀耶? 望诸弟曲慰大人之意⑤,大度含容⑥,以颐天和⑦,庶使游子在外,得以安心治事。所有来往信件,谨遵父大人谕,即行寄还。

【注释】

①曾祖生:湘乡人。

②介介:形容有心事,不能忘怀。

③三达尊:指世人共同尊重的三个方面:爵位、年齿、德行。

④不见信:不被信任。

⑤曲慰:委曲求全,设法宽慰。

⑥含容:容忍,宽恕。

⑦颐:休养,保养。天和:谓人体之元气。

【译文】

曾祖生认为本境团练派银钱的事情,应该向百里之外的省城求助,以免让自己出钱，他这种居心不是很好。刘东屏先生接到父亲大人的亲笔信，这种小事，一笑释之又有何难，何必辗转辩论而拂逆了父亲大人的意思？寻常人尚且不能不心有芥蒂，何况是身兼三达尊、又是世交的父亲大人？说的话不被世交信任，父亲大人怎么能不介意？希望诸位弟弟委婉地安慰父亲大人，使父亲大人大度地宽恕他人，以保养元气，使在外的游子能够安心做事。所有与他来往的信件，谨遵父亲大人命令，马上寄回家。

吾自服官及近年办理军务①，中心常多郁屈不平之端②，每效母亲大人指腹示儿女曰"此中蓄积多少闲气，无处发泄"。其往年诸事，不及尽知。今年二月在省城河下，凡我所带之兵勇仆从人等，每次上城，必遭毒骂痛打，此四弟、季弟所亲见者。谤怨沸腾③，万口嘲讥，此四弟、季弟所亲闻者。自四月以后，两弟不在此，景况更有令人难堪者。吾惟忍辱包羞④，屈心抑志⑤，以求军事之万有一济⑥。现虽屡获大胜，而愈办愈难，动辄招尤⑦。倘赖圣主如天之福，歼灭此贼，吾实不愿久居宦场，自取烦恼。四弟自去冬以来，亦屡遭求全之毁，蜚来之谤⑧，几于身无完肤。想宦途风味，亦深知之而深畏之矣。而温弟、季弟来书，常以保举一事，疑我之有吝于四弟者，是亦不谅兄之苦衷也。

【注释】

①服官：为官，做官。

②郁屈：郁积，郁结。端：心思，心绪。

③谤怨：指责和怨恨。沸腾：形容声势猛烈。

④包羞:忍受羞辱。

⑤屈心抑志:比喻精神和志向都受到压抑。战国屈原《离骚》:"屈
　心而抑志兮,忍尤而攘诟。"

⑥济:帮助。

⑦尤:罪责,批评。

⑧蜚:同"飞"。

【译文】

　　我自从做官和近年来办理军务,心中经常郁积了很多不平之气,每
次都要效仿母亲大人指着腹部对儿女们说"这里蓄积了多少闲气,没有
地方发泄"。那些陈年往事,已经不能全部知道了。今年二月份我在省
城的河下,凡我带的兵卒、仆从等,每次上城,一定会遭到毒骂和痛打,
这是四弟、季弟亲眼看见过的。自身被埋怨和指责淹没,被天下人嘲笑
讥讽,这是四弟、季弟亲耳听到过的。从四月开始,两位弟弟不在我这
里,有更加令人难堪的境况。我只有忍辱包羞,屈心抑志,但求在军事
方面有万分之一的帮助。现在虽然屡次大获全胜,但公务越来越难办
理,动不动就招致怨恨。如果能仰仗皇上的齐天洪福歼灭贼匪,我实在
不愿意久居官场,自寻烦恼。四弟从去年冬天以来,也被人屡次求全责
备,遭受无缘无故的毁谤,几乎体无完肤。仕宦风波,四弟想必也是深
深了解和畏惧了。而温弟、季弟来信,常常拿不保举四弟这件事来怀疑
我对四弟过于吝啬,也是不能谅解为兄我的苦衷啊。

　　甲三从师一事,吾接九弟信,辞气甚坚,即请研生兄,以
书聘之。今尚未接回信,然业令其世兄两次以家信催之,断
不可更有变局。学堂以古老坪为妥①,研兄居马杶铺乡中②,
亦山林寒苦之士,决无官场习气,尽可放心。至甲三读书,
天分本低,若再以全力学八股、试帖③,则他项学业必全荒

废,吾决计不令其学作八股也。

【注释】

①古老坪:地名。在曾国藩故乡荷叶塘一带。

②马圫铺:地名。即今湖南湘潭马家铺。罗汝怀居此。

③试帖:即试帖诗。中国封建时代的一种诗体,常用于科举考试。也叫"赋得体",以题前常冠以"赋得"二字得名。起源于唐代,多为五言六韵或八韵排律,由帖经、试帖影响而产生。题目范围与用韵原均较宽,唐玄宗开元时始规定韵脚。

【译文】

甲三拜师读书之事,我接到九弟的信,自己不肯任教,语气非常坚决,就考虑请研生兄,并写信聘他。现在还没有收到回信,已经让他家公子写了两次家信催他,绝不会有什么变局。学堂最好办在古老坪,研兄住在马圫铺乡下,也是隐居山林的苦寒之士,绝不会有官场习气,完全可以放心。至于甲三读书,他的天分本来稍低,如果再全力学习八股文、试帖诗,其他学业一定会全部荒废,我决定不让他学习写作八股文。

曾兆安、欧阳钰皆已保举教官①,日内想可奉旨②。

【注释】

①曾兆安:不详。欧阳钰(yù):不详。教官:掌管学校的官员。元、明府学置教授,州学置学正,县学置教谕训导,掌教诲所属生员之事,统称"教官"。又称"校官"、"学官"。

②奉旨:接受皇帝旨命。

【译文】

曾兆安、欧阳钰都已经保举做教官,应该会在近日内接到圣旨。

中华经典名著全本全注全译丛书

中华经典名著

檀作文◎译注

曾国藩家书 中

中华书局

中册

卷五

卷七

卷五

【题解】

本卷共收书信六十六封,起于咸丰五年(1855)正月初二日,讫于咸丰八年(1858)三月三十日。这六十六封信中,有两封是写给儿子纪泽的,其余都是写给诸位弟弟的,尤以写给九弟国荃的为多。

咸丰五年(1855)至八年(1858),湘军与太平军在江西战场相持不下,曾国藩处境艰难。咸丰四年(1854)岁末,湘军水师遇伏,精锐之师陷入鄱阳湖内湖,外江老营被袭,曾国藩不得不考虑在江西省内重整水师。咸丰五年(1855)七月,九江陆营统帅塔齐布病殁于城下;咸丰六年(1856)三月,湘军陆营另一统帅罗泽南因回援湖北而战死于武昌城下。曾国藩痛失左膀右臂,举步维艰。咸丰七年(1857)二月十一日,曾国藩闻父丧之讣。十六日,驰折奏报丁忧开缺。诸种困难情形及恶劣心境,在曾国藩这一时期的家书中,都有充分体现。这一时期的家书中,有一封极为特别,是曾国藩咸丰六年(1856)四月初八日写给"温六老板"的,字面上谈的都是生意事宜,其实是一封密信。"温六老板"即温甫六弟。因罗泽南于武昌战殁,形势危急,曾国藩怕书信落入太平军手里,泄露军情,所以伴装商人口气,信中人亦多用化名。这封信,或许是研究中国古代军事情报史的绝好材料。

曾国藩这一时期的家书,主要内容与咸丰三年(1853)军兴以来的家书相一致，一是与诸弟谈论军务，二是教诲诸弟修身持家。此期家书，有几个内容值得关注。曾国藩在咸丰五年（1855）三月二十日致诸弟书中写道："纪泽儿记性平常，不必力求背诵，但宜常看生书。讲解数遍，自然有益。八股文、试帖诗皆非今日之急务，尽可不看不作。史鉴略熟，宜因而加功，看朱子《纲目》一遍为要。纪鸿儿亦不必读八股文，徒费时日，实无益也。"早在咸丰朝，就明确指出"八股文、试帖诗，皆非今日之急务"，"不必读八股文"，可谓高瞻远瞩。曾国藩此一认识，对咸同以还的上流社会应有相当之影响。半个多世纪后清廷废科举，不难从此看出端倪。具体指导子侄辈读书方面，曾国藩在咸丰六年（1856）十一月二十九日致澄侯书中说："纪泽看《汉书》，须以勤敏行之。每日至少亦须看二十叶，不必惑于'在精不在多'之说。今日半页，明日数页，又明日耽搁间断，或数年而不能毕一部。如煮饭然，歇火则冷，小火则不熟，须用大柴大火乃易成也。甲五经书已读毕否？须速点速读，不必一一求熟。恐因求'熟'之一字，而终身未能读完经书。吾乡子弟未读完经书者甚多，此后当力戒之。诸外甥如未读完经书，当速补之。"曾国藩要求子侄辈速速通读经书而不必一一求熟，对今日吾人读书犹有指导意义。

曾氏一门五兄弟，多以军功见重于世。但军兴以来，曾国藩一直谆谆告诫诸弟远离宦海，尤不宜参与军事。曾国藩在咸丰五年（1855）四月初八日致诸弟书中告诫四弟澄侯说："当此乱世，黑白颠倒，办事万难，贤弟宜藏深山，不宜轻出门一步。澄弟去年三月在省河告归之时，毅然决绝。吾意戢影家园，足迹不履城市。此次一出，实不可解。以后务须隐遁，无论外间何事，一概不可与闻。即家中偶遇横逆之来，亦当再三隐忍，勿与计较。"在咸丰五年（1855）七月初八日致诸弟书中说："诸弟在家侍奉父亲，和睦族党，尽其力之所能为，至于练团带勇，却不宜。"在咸丰五年（1855）十月十四日致诸弟书中说："澄弟带勇至株洲、朱亭等处，此间亦有此信。兹得沅弟信，知系康斗山、刘仙桥二人，澄弟实未管带。甚好甚好！带勇之事，千难万难，任劳任怨，受苦受惊。一经出头，则一二三年不能离此苦恼。若似季弟吃苦数月便尔脱身，又不免为有识者所笑。余食禄有年，受国厚恩，自当尽心竭力办理军务，一息尚存，此志不懈。诸弟则当伏处山林，勤俭耕读，奉亲教子，切不宜干涉军政，恐无益于世，徒损于家。至嘱至嘱！"在咸丰六年（1856）九月初十日致澄侯书中说："嗣后弟于县城、省城均不宜多去。处兹大乱未平之际，惟当藏身匿迹，不可稍露圭角于外。至要至要！吾年来饱阅世态，实畏宦途风波之险，常思及早抽身，以免咎戾。家中一切，有关系衙门者，以不与闻为妙。"

　　九弟曾国荃因援吉安而从军，曾国藩起初也是劝他早为脱身之计。曾国藩在咸丰六年（1856）十月初六日致沅浦书中说："至沅弟之所处，则当自为审度。辱南翁青睐，代为整理营务，送至吉安，无论战之胜败，城之克否，即可敬谢速行。或来章门与余相见，或归里门侍奉老亲，无为仆仆久淹于外也。此事登场甚易，收身甚难。锋镝至危，家庭至乐，何必与兵事为缘？李次青上年发愤带勇，历尽千辛万苦，日昨抚州一败，身辱名裂。不特官绅啧有烦言，即其本邑平江之勇亦怨詈交加。兵犹火也，易于见过，难于见功。弟之才能不逮次青，而所处之位尚不如次青得行其志，若顿兵吉安城下，久不自决，以小战小胜为功，以劝捐办团为能，内乖脊令之义，外成骑虎之势，私情公谊，两无所取。弟之自计不可不审，与憩兄、南兄约不可不明也。"后来，曾国荃声誉日隆，曾国藩则转而在家书中谆谆教诲九弟如何带兵打仗，如：不可牵率出队；戒浪战；扎营不宜离城太近；军气宜聚不宜散，宜忧危不宜悦豫；善觇敌情；本营须固等等。凡此种种，皆为研究曾国藩军事思想第一手材料。在具体指导曾国荃如何带兵打仗之外，曾国藩在家书中还屡屡劝九弟要力戒"长傲"、"多言"二弊，务必笃实强毅、专一有恒。曾国荃后来屡立大功，攻克太平天国首都天京，位至督抚，终为一代名臣，实与乃兄曾国藩的教导分不开。

咸丰五年

正月初二日　致澄侯、温甫、子植、季洪弟书

澄侯、温甫、子植、季洪四位老弟足下：

　　久未专使回家，想家中极为悬念。王芝三等到营①，得悉家中大人安福，合室平善。甚慰甚慰！

【注释】

①王芝三：湘乡人。

【译文】

澄侯、温甫、子植、季洪四位老弟足下：

　　许久没有派专人回来，想必家中极其悬心挂念吧。王芝三等到达军营，知道家中大人平安幸福，全家安康。我非常非常欣慰！

　　此军自破田镇后，满拟九江不日可下①，不料逆贼坚守，屡攻不克。分罗山湘营至湖口，先攻梅家洲坚垒②，亦不能克。而士卒力战于枪炮雨下之中，死伤甚众。盖陆路锐师倏变为钝兵矣③。水师自至湖口屡获大胜，苦战经月，伤亡亦复不少。腊月十二日，水师一百余号轻便之船、精锐之卒，冲入湖口小河内，该逆顿将水卡堵塞，在内河者不能复出，在外江之老营船只多笨重难行，该逆遂将小划乘夜放火，烧去战船、民船四五十号之多。廿五日又被小划偷袭，烧去、抢去各船至二三十号之多。以极盛之水师，一旦以百余号好船陷入内河，而外江水师遂觉无以自立。两次大挫，

而兄之座船被失④。一军耳目所在⑤，遂觉人人惶愕⑥，各船纷纷上驶。自九江以上之隆坪、武穴、田家镇直至蕲州⑦，处处皆有战船，且有弃船而逃者。粮台各所之船⑧，水手尽行逃窜。此等情景，殊难为怀。现率残败之水师驻扎九江城外官牌夹⑨，兄住罗山陆营之内，不知果能力与此贼相持否⑩。

【注释】

①满拟：满心打算。不日：要不了几天，不久。

②梅家洲：地名。即今江西九江庐山杨家场村。地处长江与鄱阳湖交界处，隔江与湖口相望。因东临鄱阳湖，南依庐山，西连浔阳，北襟长江，为兵家必争之地。

③钝兵：指疲弱、缺乏攻击力的军队。

④座船：指曾国藩本人所坐之船。

⑤耳目：指视听所系的事物或标志。

⑥惶愕：惊恐。

⑦隆坪：亦作"龙坪"，地名。即今湖北武穴龙坪镇。武穴：地名。清为镇，属广济县管辖。即今湖北黄冈武穴。

⑧粮台：清代行军时沿途所设经理军粮的机构。

⑨官牌夹：地名。原为长江码头，位于长江南岸、九江西郊。

⑩相持：打持久战，长期抗衡。

【译文】

自从我军攻破田镇之后，我满心打算要不了几天就可以收复九江，不料贼匪的防守十分坚固，我军多次攻城都不能成功。我派罗山的湘营到湖口，先进攻梅家洲这一坚固堡垒，也不能攻克。将士们努力战斗在枪林弹雨中，伤亡很多。陆军精锐部队突然变成缺乏战斗力的疲弱军队了。水军自从在湖口屡次大获全胜后，苦战几个月，伤亡也不少。腊月十二日，水军一百多条轻便的船、精锐的军队，冲进湖口的小河里，贼匪顿时将水中的关卡堵塞，在内河里的船不能再出来，在外江老营的船只大多笨重难行，这些贼匪就用小划子趁着夜色放火，烧去战船、民船共四五十条。二十五日，我军又被小划子偷袭，烧毁、抢去共二三十条船。我这极其盛大的水军，一旦一百多条好船陷在内河，外江的水军竟然不能自立。遭受两次大挫折，而为兄我的座船也丢失了。作为全军耳目所在，一经丢失就人人惶恐，各船纷纷向上游开去。从九江往上的隆坪、武穴、田家镇，直到蕲州，到处都有战船，并且有许多弃船而逃的人。粮台各船的水手都纷纷逃窜。这些情景，真让人不知如何是好。我现在率领残败的水军驻扎在九江城外的官牌夹码头，自己住在罗山的陆军军营里，不知道是否有力量和这股贼匪抗衡到底。

　　兄于廿五日蒙恩赏穿黄马褂①，并颁赐狐皮黄马褂一件、四喜班指一个、白玉巴图鲁翎管一个、小刀一把、火镰一个②，廿六夜蒙恩赏"福"字一幅、大小荷包三对，又有奶饼果食等件颁到军营。廿五夜之变，将班指、翎管、小刀、火镰失去。兹遣人送回黄马褂一件、"福"字一幅、荷包三对。兄船上所失书籍、地图、上谕、奏章，及家书等件，甚为可悚。而二年以来文案信件如山，部照、实收、功牌、账目一并失去，尤为可惜。莘田叔解战船来，离大营止少一二日，竟不能到。军家胜败本属无常，而年余辛苦难补涓埃③，未免心结。廿九日，罗山率湘勇渡江剿小池口之贼，又见挫败，士气愈损。现惟力加整顿，挽回元气，不审能如意否。兹遣长夫自江西送信回家，当无梗阻。书不千一，诸惟心照。即祈代禀堂上大人，不必挂念。

【注释】

①黄马褂:清代的一种官服。巡行扈从大臣,如御前大臣、内大臣、内廷王大臣、侍卫什长等,皆例准穿黄马褂。有功大臣也特赐穿着。

②颁赐:赏赐,分赏。旧时多指帝王将财物分赏给臣下。班指:原是一种射箭用具,套在右手大拇指上,用以勾弦。后成为一种装饰品,多用玉或象牙制成。巴图鲁:满语,意为勇士。清初,满族、蒙古族有战功者多赐此称。在巴图鲁称号之前,复冠他字为"勇号",冠以满文如搏奇、乌能伊之类者,谓之"清字勇号"。后来也用于汉族武官,冠以汉文英勇、刚勇之类者,谓之"汉字勇号"。翎管:清代官吏礼帽上用来固定翎子的管子。火镰:取火工具。用钢制成,形似镰刀,故称。

③涓埃:细流与微尘,比喻微小。

【译文】

为兄我二十五日蒙恩赏赐穿黄马褂,并赏赐狐皮黄马褂一件、四喜班指一个、白玉巴图鲁翎管一根、小刀一把、火镰一个,二十六日夜里又蒙恩赏赐"福"字一幅、大小荷包三对,又有奶饼果食赏到军营。二十五日夜里的偷袭,使我的班指、翎管、小刀、火镰丢失了。我现在派人把黄马褂一件、"福"字一幅、荷包三对送回来。为兄船上遗失书籍、地图、谕旨、奏章、家书等,非常让人害怕。两年以来堆积如山的文案、信件、部照、收据、功牌、账本等一并丢失了,尤其可惜。莘田叔送战船来,距离大营只有一两天路程,竟然过不来。兵家胜败本来无常,我一年多的辛苦却难以补救分毫,未免心中郁结。二十九日,罗山率领湘勇渡过长江剿杀小池口的贼匪,竟然又被打败,士气越来越低了。现在只有力加整顿,挽回军队元气,也不知道能不能如意。我现在派长夫从江西送信回家,应该不会有阻碍。书信写不了千分之一,一切心照不宣。请诸位弟弟代为禀告堂上大人,不必牵挂我。

正月十八日　书于江西省城

澄侯、温甫、子植、季洪老弟足下：

初二日遣人送信回家，想节后可到。

【译文】

澄侯、温甫、子植、季洪老弟足下：

初二日派了人送信回家，节后想必能到。

初四日大风击坏战船三十余号。水师自十二日百余轻便之舟、二千精锐之卒陷入内湖，外江老营两次被贼用小划烧袭，业已不能自立。终日惶惶，如坐针毡①。又复遭此大风，遂全数开赴上游武汉等处。桅折楫摧，多不堪战，不知回至上游，果尚足以御贼否。兄因小舟陷入江西内河者，皆向来能战之船，不甘遽弃之无用之地，必须亲至江西整顿。即于十二日自九江起行，十六日至江西省城，官绅相待甚好。在内之百余船尚皆完好，再加大船数十号，另成一军，即足自立。

【注释】

①如坐针毡：语出《晋书·杜锡传》："性亮直忠烈，屡谏愍怀太子，言辞恳切，太子患之。后置针着锡常所坐处毡中，刺之流血。"后以"如坐针毡"比喻心神不定，坐立不安。

【译文】

初四日那天，大风吹坏战船三十多条。水军从十二日一百多条轻便小船、两千精锐士兵被堵在内河，外江老营两次被贼匪用小划子焚烧、偷袭，现在已经不能自立。终日惶恐，如坐针毡。现在又遭遇这么大的风，于是全部开到上游的武汉等地方。桅杆折了、船桨也坏了，大多都不能战斗了，不知回到上游以后，还能不能抵御贼匪。为兄我因为陷在江西内河的都是平素能战斗的船，不甘心就这样把它们丢弃在没用的地方，必须亲自到江西整顿。我十二日从九江出发，十六日到达江西省城，官吏和绅士们都对我很好。在内河的一百多条船都完好无缺，再加上几十条大船，另外组成一支军队，就足够自立了。

罗山所带湘勇①，自二十九日挫败后，现在淘汰整顿，认真操练。塔公所带之兵勇亦日日操练②。将来兄在江西另成之水军由湖口打出，与塔、罗相依护。其外江新回武汉之水师如果能重整劲旅，则两路会合攻击；如不能重整劲旅，则我专治内河之水师，亦自能独立不惧。江西物力尚厚，供我水陆两军口粮，大约足支八个月。

【注释】

①罗山：即罗泽南。见前注。

②塔公：即塔齐布。见前注。在本卷也称"塔军门"、"智亭军门"。

【译文】

罗山带的湘勇，从二十九日挫败后，现在淘汰整顿，认真操练。塔公带的兵勇也日日操练。将来为兄我在江西另外组建水军从湖口打出来，与塔、罗二军互相倚靠守护。外江新回武汉的水军如果能重新整顿，再度成为精锐部队，那么两路就联合攻击；如果不能整顿为精锐部队，我就专门整治内河的水军，也能自立而无惧。江西物质力量还算雄厚，供应我水陆两军的口粮，大约还足够支撑八个月。

兄身体甚好，惟左腰有寒气作痛，癣疾亦尚未愈，想皆不久可瘥。家中长夫相住甚近。军中危地，恐小有差失①，反为不妙；且送信行走极缓，在营又无事可干，兹尽遣回家。以后若有家信，即用湘乡县官封发至江西南昌府署中，可以必到，兼可速到，不似长夫专送之迟延也。慎勿再令长夫来营。兵凶战危，我境之人俱未历过险难。莘田叔此次行二千里，竟不得见我之面，受尽千惊万苦，实实可悯。嗣后族戚有愿至营者，切劝不必前来。至要至要！书不百一，诸惟心知。其不详者，长夫自能面述耳。

【注释】

①小有差失：稍有差错。

【译文】

为兄我身体还好，只是左腰有寒气作痛，癣疾也还没有瘥愈，大概不久都可以瘥愈。家中长夫住得很近。军营是危险的地方，恐怕会有什么差池，反倒不好了；并且，他们送信走路很慢，在军营中又没有什么事情可以做，我现在把他们都遣回家中。以后如果有家信，就在湘乡县用官封发寄到江西南昌府官署，一定能收到，而且很快，不像长夫专门送来那么迟。千万不要再让长夫来军营。战争危险，我们家乡的人都还没有经历过险难。莘田叔这次走了两千里，竟然还不能见我一面，受尽千惊万苦，实在是可怜。以后族人亲戚有想到军营来的，一定要劝他们不来。此事极其重要！书信写不到百分之一，一切心照不宣。有什么我写得不详细的，长夫能当面说清楚。

二月二十九日　书于江西省城

澄侯、温甫、子植、季洪老弟足下：

廿一日，春二、维五到，接一信。廿六日，唐萍洲官封递到家书一件①。廿九日，王在十、良五到②，接一信。此两次专夫走信均极快，每人赏钱一千。

【注释】

①唐萍洲：即为唐逢辰（1793—1862），字芳行，号萍洲，江西万载人。监生。咸丰三年（1853）九月至咸丰七年（1857）七月，任湘乡县令。同治间官至衡州知府。后文"唐苹洲"、"唐公"、"蘋翁"亦指唐萍洲。

②王在十、良五：湘乡送信长夫。

【译文】

澄侯、温甫、子植、季洪老弟足下：

二十一日，春二、维五到了，我接到一封信。二十六日，唐萍洲官封递来一封家书。二十九日，王在十、良五到了，我又接到一封信。这两次专人走路送信都极快，我赏给他们每人一千钱。

自到江西办理水师，一切尚为顺平。船只三月初可尽完，惟快蟹未毕，目下本不须此。廿七日具折，分两路用兵，兹抄稿寄回。已调罗山来江省，欲令前往饶州剿贼①，不料廿九日得湖北失守之信。诸将士苦战经年，一旦前功尽弃，可惜可憾！贼既占湖北，自必窥伺湖南，兄与塔公一军恐不能不回救桑梓。而回救之法，人少则无济于事，人多则口粮无出。且全军回救，而战船之在江西鄱湖以内者②，又复无人统领，殊不放心。日内定计，发折后再专信回。

【注释】

①饶州：古州府名。春秋时期为楚国番邑，秦置番县，西汉改番阳县，东汉改鄱阳县，隋平陈后置饶州。明、清时期为饶州府，民国初废府属省。即今江西饶州。

②鄱湖：即鄱阳湖。中国第二大湖。位于江西北部、长江中下游南岸。以松门山为界，分为南北两部分，北面为入江水道，南面为主湖体。有70%的水域在江西九江境内，其余20%的水域在江西上饶境内，10%的水域在江西南昌境内。上承赣、抚、信、饶、修五河之水，下接长江。

【译文】

自从到江西经营水军，一切还算顺利。船只三月初可以都准备好，只有快蟹船还没有好，眼前也不需要快蟹。二十七日上奏折，拟分两路用兵，现在把原稿抄一份寄回来。已经调派罗山来江西省城，想让他前往饶州剿贼，不料二十九日得到湖北失守的消息。诸位将士苦战一年，一旦前功尽弃，既可惜又遗憾！贼匪既然占据湖北，一定会窥伺湖南，为兄我与塔公全军恐怕不能不回救家乡。而回救的办法，人少则无济于事，人多则不知道从哪里出口粮。况且，全军回救，在江西鄱湖里的战船又会没有人统领，让人很不放心。近日内会定好计划，发折后再专门回信。

腾七、起三、有六、怀三来江西投效①，即日遣之回家。每人送银四两，腾七加二两。魏荫亭、阳凌云亦来江，亦将速遣回。

【注释】

①起三、有六、怀三：皆曾国藩家乡湘乡人。投效：自请效力。清代有投效军营、投效河工等例。

【译文】

　　腾七、起三、有六、怀三来江西投奔效力于我，近日会遣送他们回家。每人送四两银子，腾七再加二两。魏荫亭、阳凌云也来了江西，我也会快速遣送他们回去。

　　纪泽儿读书，记性不好，悟性较佳。若令其句句读熟，或责其不可再生，则愈读愈蠢，将来仍不能读完经书。请子植弟将泽儿未读之经，每日点五六百字，教一遍，解一遍，令其读十遍，不必能背诵，不必常温习。待其草草点完之后，将来看经解，亦可求熟。若蛮读、蛮记、蛮温，断不能久熟，徒耗日工而已。诸弟必以兄言为不然。吾阅历甚多，问之朋友，皆以为然。儿侄辈写字亦要紧，须令其多临帖。临行草字亦自有益，不必禁之。

　　兄癣疾未好，余俱平安。

　　即问近好！

【译文】

　　纪泽孩儿读书，记性不好，悟性较佳。如果让他句句都读熟，或责令他不可以再对内容生疏，他会越读越蠢，将来经书仍然读不完。请子植弟将泽儿还没有读的经书，每天点五六百字，教他一遍，解说一遍，再让他读十遍，不一定要求他能背诵，也不必要求他常常温习。等他草草点完之后，将来看经书的解释文字，也可以看熟。如果蛮读、蛮记、蛮温，绝不能长久地熟记，只是白白耗费了每日的工夫。诸位弟弟一定会认为为兄我说得不对。我阅历非常多，请教朋友，他们也都是这样看。子侄辈写字也很重要，必须让他们多临帖。临摹行草也有好处，不必禁止。

　　为兄我癣疾还没有好，其余一切平安。

　　祝近来安好！

三月二十日　江西省河七里港舟中书

澄侯、温甫、子植、季洪四弟足下：

　　久未接家信，想堂上大人安康，家中老幼清吉为慰。

【译文】

澄侯、温甫、子植、季洪四弟足下：

　　许久未曾接到家信，料想堂上大人安康，家中老小清平吉祥，始能宽心。

　　自北省再陷①，兄处一军，反在下游，进退两难。在内湖之水师，兄在江西驻扎两月，造船添勇，已有头绪。现在船近二百号，勇逾三千人，认真操练，可成劲旅。兄于十三日出省登舟。郭云仙于十六日到营，曾莘田、易敬臣兄弟于十五日到营，罗芸皋于初旬到营。事机不顺而来者偏众，可见乡间穷苦也。阳凌云初间归去，余送途费八两。魏荫亭尚未归。塔军门尚扎九江。罗山于初十日进剿广信、饶州之贼②。李次青忽然高兴带勇，于十一日起行赴南康府③，实非其所长也。

【注释】

①北省:指湖北省。

②广信:古地名。即广信府。治所在今江西上饶信州。

③南康府:清代江西省下辖州府名。宋置南康军,元升南康路,明
　　初废为西宁府,清因之。故治在今江西九江星子。

【译文】

　　自从湖北省再次失陷,为兄我这一支军队,反倒处在贼匪下游,进退两难。在内湖的水军,为兄在江西驻扎两月,建造船只、招募兵勇,已经有了头绪。现在船差不多有两百条,兵卒超过三千人,认真操练,可以成为精锐部队。为兄我十三日出江西省城登上兵船。郭云仙十六日到达军营,曾莘田、易敬臣兄弟十五日到达军营,罗芸皋上旬到达军营。军事时机不顺而偏偏来者众多,可见乡下有多穷苦。欧阳凌云上旬回去,我送他路费八两。魏荫亭还没有回去。塔军门还驻扎在九江。罗山初十日去剿杀广信、饶州的贼匪。李次青忽然乐意带兵,十一日启程去了南康府,带兵其实不是他的长处。

　　余办内湖水师,即以鄱阳湖为巢穴,间或出江剿贼①,亦不过以三分之一与贼鏖战。剿上游,则在九江、武穴、田镇等处游弋_{不出湖口二百里之内}②。利则久战,不利则退回鄱湖巢穴之内。剿下游,则在彭泽、望江、安庆等处游弋,亦不出湖口二百里之内。利则久战,不利则亦退鄱湖巢穴之内。如此办理,则上游武汉之贼与下游金陵之贼,中间江路被我兵梗阻一段,其势不能常通,亦足以制贼之命。特上游金口等处,我军战船无人统领,常不放心耳。

【注释】

①间或:有时候,偶尔。

②游绎:游弋,巡逻,巡行察看。

【译文】

　　我主持内湖水军,就以鄱阳湖为巢穴,偶尔出江剿贼,也不过派出三分之一的兵力与贼匪苦战。清剿上游,就在九江、武穴、田镇等地方巡逻不超过鄱阳湖口二百里。有利则久战,不利则退回鄱阳湖。清剿下游,就在彭泽、望江、安庆等地方巡逻,也不超过湖口两百里。如果有利就与贼匪久战,如果不利也就退回鄱阳湖。如此安排,上游武汉的贼匪和下游金陵的贼匪,中间的江路都被我军阻断,贼匪不能经常连通,也足以扼住其要害。只是在上游金口等地区,我军的战船没有人统领,常常不能放心。

　　近日吾乡人心慌乱否?去年迁避,终非善策。如贼窜上游岳、常等处①,谣言四起,总以安居不迁为是。季洪弟尽可不必教书,宜在家中读书。沅弟要方望溪、姚姬传文集②,霞仙已代为买得,可用心细看。能阅过一遍,通加圈点,自不患不长进也。

【注释】

①岳:岳州府,即今湖南岳阳。常:常德府,即今湖南常德。

②方望溪:即为方苞(1668—1749),字凤九,一字灵皋,晚年号望溪,安徽桐城人。清代散文家,是桐城派散文的创始人之一。为文以"义法"为宗,义即"言有物",法即"言有序"。与姚鼐、刘大櫆合称"桐城三祖"。著有《望溪先生文集》。姚姬传:即为姚鼐(1731—1815),字姬传,一字梦谷,室名惜抱轩,世称"惜抱先

生"、"姚惜抱",安徽桐城人。清代著名散文家。著有《惜抱轩全集》,曾编选《古文辞类纂》。

【译文】

近日我们家乡是否人心慌乱?去年迁徙避害,终究不是好计策。如果贼匪流窜到上游的岳州、常德等地方,谣言四起,总归还是不要迁徙。季洪弟大可不必外出教书,应该在家中好好读书。沅弟要方望溪、姚姬传的文集,霞仙已经代买,可以用心细看。能阅读一遍,全部圈点,自然不怕没有长进。

纪泽儿记性平常,不必力求背诵,但宜常看生书。讲解数遍,自然有益。八股文、试帖诗皆非今日之急务,尽可不看不作。史鉴略熟①,宜因而加功,看朱子《纲目》一遍为要。纪鸿儿亦不必读八股文,徒费时日,实无益也。修身齐家之道,无过陈文恭公《五种遗规》一书②,诸弟与儿侄辈皆宜常常阅看。

【注释】

①史鉴:泛指史书。

②陈文恭公:即为陈宏谋(1696—1771),字汝咨,号榕门,临桂人。原名弘谋,晚年因避乾隆(弘历)讳改为宏谋。雍正元年(1723)进士,历任江苏按察使、湖南巡抚、云南布政使等职,官至东阁大学士兼工部尚书。在外任三十余年,任经十二行省,官历二十一职,颇有政绩,深得乾隆帝信任,卒谥文恭。治学以薛瑄、高攀龙为宗,辑有《五种遗规》。

【译文】

纪泽孩儿记性一般,不必勉强背诵,但应该常看生疏的书。讲解多遍,自然有益。八股文、试帖诗都不是如今的当务之急,完全可以不看、不作。史书略微熟悉之后,应该在此基础上用功,读一遍朱子《纲目》要紧。纪鸿孩儿也不必读八股文,白白浪费时间,实在没有什么好处。讲修身齐家的道理,没有超过陈文恭公《五种遗规》一书的,诸位弟弟和子侄们应该常常阅读、翻看。

吾夏季衣服有在家者,可交来人即日送营。特袍褂不宜带来,余皆可送也。

诸不一一,惟祈心照。

【译文】

我夏季的衣服在家里的,可交来人即日送到军营。只有长袍和马褂不要,其余都可以送来。

诸事不再一一写了,希望诸位弟弟心里都知道。

三月二十六日　　致澄侯、温甫、沅浦、季洪弟书

澄、温、沅、洪四弟足下:

廿五日,春二、维五来营,接家书数件,具悉一切。

【译文】

澄、温、沅、洪四弟足下:

二十五日,春二、维五来到军营,接到几封家信,一切情况都已知道。

乘败仗之时,兵勇抢劫粮台,此近年最坏风气。向帅营中屡屡见之^①,而皆未惩办。兄奏明将万瑞书即行正法^②,奉严旨饬骆中丞即行正法^③。闻骆中丞不欲杀之,将附片奏请开释^④。近日意见不合,办事之难如此。

【注释】

①向帅:即向荣。见前注。

②万瑞书:湘军水师哨官,因乘太平军袭营之时,搬抢粮台银两,曾国藩请旨饬湖南抚臣将其严拿正法。

③饬:同"敕",命令。骆中丞:即湖南巡抚骆秉章。见前注。后文"骆公"亦指骆秉章。

④附片:附在奏折中兼奏其他简单事项的单片。附片不再具官衔,开头用一"再"字标识。一个奏折,最多只能夹三个附片。开释:释放。

【译文】

乘军队打败仗的时候,兵卒们抢劫粮台,这是近年来军营中最坏的风气。向帅的军营多次发生过这种事,但都没有惩办。为兄奏明皇上将万瑞书立即正法,奉旨命令骆中丞立即执行。我听说骆中丞不想杀他,并将用附片奏请皇上释放他。最近军营意见不合,办事已经如此之难。

吾癣疾大发,幸精神尚足支持。罗山在广信府大获胜仗,杀贼三四千。塔军门在九江平安。

【译文】

我的癣疾大发,所幸精神还足以支撑。罗山在广信大获全胜,杀死贼匪三四千。塔军门在九江也还平安。

纪泽儿读书记性平常，读书不必求熟，且将《左传》、《礼记》于今秋点毕^①，以后听儿之自读自思。成败勤惰，儿当自省而图自立焉。吾与诸弟惟思以身垂范而教子侄^②，不在诲言之谆谆也^③。

即候近祺！

【注释】

①《左传》：中国古代第一部叙事详细的编年史著作，相传是春秋末年鲁国史官左丘明根据鲁国国史《春秋》编成。

②垂范：垂示范例，做榜样。

③诲言：言语教导。

【译文】

纪泽孩儿读书记性一般，不必要求读得太熟，暂且将《左传》、《礼记》在今年秋天点读完毕，以后听任纪泽自己读书思考。成败勤惰，纪泽应该自己想明白而图自立。我与诸位弟弟只需以自身作为子侄们的榜样，不必用言语再三教导。

祝近来吉祥！

四月初八日 致澄侯、温甫、子植、季洪弟书

澄侯、温甫、子植、季洪足下：

凌问樵来^①，接澄弟信，知勇劫粮台事办有头绪，澄弟已归去。甚慰甚慰！当此乱世，黑白颠倒，办事万难，贤弟宜

藏深山,不宜轻出门一步。澄弟去年三月在省河告归之时^②,毅然决绝。吾意戢影家园^③,足迹不履城市。此次一出,实不可解。以后务须隐遁^④,无论外间何事,一概不可与闻^⑤。即家中偶遇横逆之来^⑥,亦当再三隐忍,勿与计较。吾近来在外,于"忍气"二字加倍用功。若仗皇上天威,此事稍有了息之期,吾必杜门养疾^⑦,不愿闻官事也。

【注释】

①凌问樵:即为凌荫庭(或作"廷"),号问樵。曾国藩僚属,湘军水师将领。历官同知、江苏候补道。

②省河:省城水师营地。

③戢(jí)影:匿迹,隐居。

④隐遁:隐居远避尘世。

⑤与闻:谓参与其事并且得知内情。

⑥横逆:犹横祸,厄运。

⑦杜门:闭门。

【译文】

澄侯、温甫、子植、季洪足下:

凌问樵来军营,接到澄弟的信,知道兵卒抢劫粮台一事办起来有头绪,澄弟已经回去了。我倍感欣慰！正值乱世,黑白颠倒,办事万难,贤弟应该潜藏深山,不应该轻易走出家门一步。澄弟去年三月在省城水师营地告辞的时候,坚毅决绝。我觉得你会隐居家园,不再踏足城市。这次出来,我实在不理解。以后务必隐居,无论外面发生什么事,一概不闻不问。即使家中飞来横祸,也应当再三忍让,不要计较。我近来在外,对于"忍气"二字加倍用功。如果仰仗皇上天威,剿贼之事略有止息之日,我一定闭门养病,不想再掺和官场上的事。

癣疾近日大发,懒于治事。自廿七日至吴城镇,迄今已满十日。罗山于廿一日克复弋阳①,廿三日克复兴安②,廿六日两获大胜,克复广信府城。智亭军门尚扎九江。水师前队扎南康府,李次青率陆勇护之,后队扎吴城,均尚安吉,家中不必挂念。莘田在营甚为安雅③,拟留二三月遣归。魏荫亭近日即当告归。

余不一一。

即候近好!

【注释】

①弋阳:县名。清代为江西省广信府下属县,即今江西上饶弋阳。

②兴安:县名。清代为广信府下属县,即今江西横峰。

③安雅:安于正道。《荀子·荣辱》:"譬之越人安越,楚人安楚,君子安雅。"

【译文】

癣疾最近大发,导致我做事比较疏懒。从二十七日到达吴城镇,到现在已经十日了。罗山二十一日收复弋阳,二十三日收复兴安,二十六日打了两场大胜仗,收复广信府城。智亭军门还驻扎在九江。水军前队驻扎在南康府,李次青率领陆军保护,后队驻扎在吴城,都还平安,家里不必挂念。莘田在军营非常坚守正道,我打算留他两三个月再送回去。魏荫亭近日应该会告辞回去。

其他不再一一说了。

祝近来安好!

付去谕旨一本、奏章一本,幸好为收存。向来寄回家中之奏稿,不知收置一处否? 以后望作箱存之为要。诸惟心照。

【译文】

寄回谕旨一本、奏章一本，希望诸位弟弟好好保存。我平时寄回家里的奏折稿件，都收在一起了吗？希望以后能做一个箱子专门保存。其他一切希望诸位弟弟心里都知道。

四月二十日 书于南康城外水营

澄、温、沅、季四位贤弟左右：

十六日在南康府接父亲手谕及澄、沅两弟、纪泽儿之信，系刘一送来。二十日接澄弟一信，系林福秀由县送来①，具悉一切。

【注释】

①林福秀：不详。

【译文】

澄、温、沅、季四位贤弟左右：

十六日在南康府接到父亲大人亲笔信和澄弟、沅弟、纪泽孩儿的信，是刘一送来的。二十日接到澄弟一封信，是林福秀从县里送来的，一切情况都已知道。

余于十三日自吴城进扎南康，水师右营、后营、向导营于十三日进扎青山①。十九日，贼带炮船五六十号、小划船五六十号，前来扑营，鏖战二时，未分胜负。该匪以小划二十余号，又自山后攒出，袭我老营。老营战船业已全数出队，仅坐船水手数人及所雇民船水手，皆逃上岸。各战船哨官见坐船已失，遂尔慌乱，以致败挫。幸战舟炮位毫无损伤，犹为不幸中之大幸。且左营、定湘营尚在南康②，中营尚在吴城，是日未与其事，士气依然振作。现在六营三千人同泊南康，与陆勇平江营三千人相依护，或可速振军威。

【注释】

①青山：古镇名。在今江西九江鄱阳湖滨。地处鄱阳湖与长江交汇处，自古以航运发达而闻名。

②定湘营：湘军水师营号。

【译文】

我十三日从吴城进扎南康，水军右营、后营、向导营十三日进扎青山。十九日，贼匪带了五六十条炮船和五六十条小划子前来攻营，苦战两个时辰，胜负未分。这股贼匪又用二十多条小划子从山后钻出，偷袭我方老营。老营的战船已经全部出动，只有坐船上几名水手和所雇用民船的水手，都逃到了岸上。各战船的哨官看坐船已经失守，于是慌乱，导致战斗失败。幸好战船和火炮没什么损伤，还是不幸中的大幸。况且左营、定湘营还在南康，中营还在吴城，当天没有参加战斗，士气还很振作。现在六个营三千人都停泊在南康，与陆军平江营三千人守望相助，或许可以迅速重振军威。

现在余所统之陆军：塔公带五千人在九江，罗山带三千五百人在广信一带，次青带平江三千人在南康，业已成为三枝，人数亦极不少。赵玉班带五百湘勇来此①，若独成一枝，则不足以自立；若依附塔军、依附罗军，则去我仍隔数百里之远；若依附平江营，则气类不合②。且近日口粮实难接济，玉班之勇可不必来。玉班一人独来，则营中需才孔亟③，必有以位置之也。

【注释】

①赵玉班:即为赵焕联,字玉班,湖南湘乡人。湘军将领。

②气类:气质类型。

③孔亟:很紧急,很急迫。

【译文】

现在我所统领的陆军:塔公带领五千人在九江,罗山带领三千五百人在广信一带,次青带领平江营三千人在南康,已经形成三支军队,人数也非常多。赵玉班带领五百湘勇来我这里,如果独立成为一支军队,则不足以自立;如果依附塔军,或罗军,离我仍然有几百多里;如果依附平江营,两者气质不同。并且,最近实在很难接济他口粮,玉班的兵卒没必要来。如果玉班一个人独自前来,那么,军营现在迫切需要人才,一定会有职位给他。

蒋益澧之事①,唐公如此办理甚好。密传其家人,详明开导,勒令缴出银两,足以允服人心,面面俱圆,请蘋翁即行速办。但使探骊得珠②,即轻轻着笔,亦可以办到矣。

【注释】

①蒋益澧(1833—1875):字芗泉,湖南湘乡人。少时无赖,流浪四方。咸丰间从湘军王鑫,叙从九品。又从罗泽南,以敢战擢知县。罗泽南死后,与李续宾不合,离军。旋仍擢知府。后援广西,入屯桂林。同治初助左宗棠攻浙江。官至广东巡抚。卒谥果敏。

②探骊得珠:事见《庄子·列御寇》。传说古代有个靠编织蒿草帘

为生的人,其子入水,得千金之珠。他对儿子说:"这种珠生在九重深渊的骊龙颔下。你一定是趁它睡着摘来的,如果骊龙当时醒过来,你就没命了。"后以"探骊得珠"喻应试得第或吟诗作文能抓住关键。

【译文】

蒋益澧的事,唐公这样办理非常好。秘密传召他的家人,详细明白地开导他们,勒令他们上缴银两,足以服众,面面俱到,请蘋翁马上办理。只要抓住问题的关键,即使轻轻下手,也可以办到。

此间自水师小挫后,急须多办小划以胜之,但乏能管带小划之人。若有实能带小划者,打仗时并不靠他冲阵,只要开仗之时,在江边攒出攒入,眩贼之眼,助我之势,即属大有裨益。吾弟若见有此等人,或赵玉班能荐此等人,即可招募善驾小划之水手一百余人来营。

【译文】

这里自从水军小败之后,急须多备办小划子来取胜,但缺乏能管理好小划子的人。如果确实有能带小划子的,打仗的时候并不靠他冲锋陷阵,只要在双方交战的时候在江边钻来钻去,迷惑贼匪的视线,助长我军气势,就很好了。诸位弟弟如果看到这样的人,或者赵玉班能推荐这样的人,就可以招募擅长开小划子的水手一百多名来军营。

冯玉珂所缴水勇之抢银及各银应缴银者①,可酌用为途费也。余在营平安,惟癣疾未愈,精神不足,诸事未能一一照管。小心谨慎,冀尽人事以听天命。

诸不详尽,统俟续布。

【注释】

①冯玉珂:不详。

【译文】

冯玉珂所缴的水兵抢走的银两,以及应上交的各项银两,可以视情况用作路费。我在军营中平安,只有癣疾还没有痊愈,精气神不足,诸事不能一一照管。我小心谨慎,希望能尽我所为,再看上天的安排。

其他不再详细写了,等我以后再说吧。

顷与魏荫亭谈及招小划水勇一事,渠可回家与萧可卿商办。大约每划五人,五划立一哨官,每百人四哨官,十余哨即立一营官。此不难于招勇,而难于选求哨官、营官。澄弟若见有可当哨官者,或令其来营,或荐与荫亭。勇则不必招,听萧、魏办理可也。

【译文】

刚才与魏荫亭谈到招募小划子水勇之事,他可以回家和萧可卿商办。大约每个划子需要五个人,五个划子立一位哨官,每一百人就有四位哨官,十多位哨官就立一位营官。招募水勇不难,难的是选求哨官、营官。澄弟如果看见有可以当哨官的,或者让他来军营,或者举荐给荫亭。你就不必招水勇了,让萧可卿、魏荫亭去办就行了。

四月二十五日　致澄侯、温甫、沅浦、季洪弟书

澄、温、沅、季四弟左右:

廿二日齐三、昂十到营,奉到父亲大人手谕并沅弟一

信。廿三日接澄弟在县官封一信，乃三月廿五日所发，比齐三等之信迟十六日。

【译文】

澄、温、沅、季四弟左右：

二十二日齐三、昂十到达军营，接到父亲大人亲笔信和沅弟一封信。二十三日接到澄弟在县官那里封发的一封信，是三月二十五日所发，比齐三他们送的迟了十六天。

水师自十九日小挫，日内未开仗。闻都昌有贼船①，派船二十号前往搜剿，廿二日烧船八十余号，廿三日烧三十余号，皆贼所掳之民舟也。李次青所带之平江陆勇，现扎南康护卫水师。魏荫亭回衡招小划水勇，请萧可卿同办。

【注释】

①都昌：县名。清代为南康府下属县，即今江西九江都昌。濒临鄱阳湖，地处江右"五水汇一湖"要冲，居南昌、九江、景德镇"金三角"中心地带，南联五水，北通长江。

【译文】

水军从十九日小败之后，最近没有开战。听说都昌有贼船，我派了二十条船前往搜剿，二十二日烧毁贼船八十多条，二十三日烧毁贼船三十多条，都是贼匪掳来的民船。李次青带领的平江陆军，现在驻扎在南康保卫水军。魏荫亭回衡阳招募小划子水勇，请萧可卿一同办理。

吾乡有三眼铳①，亦有单眼铳，响振山谷。吾意单眼铳若装子弹于内,尽可打贼。乡间用木削铳尖,往往打得四五十丈远。请澄弟在吾乡打单眼铳数竿,用梗木为把,试装铜扣、小石之类于内,是否可打半里远? 如其合用,即可多打数十竿或百竿,交魏荫亭之水勇带来。其钱由兄营寄回。

【注释】

①三眼铳:有三个枪眼的一种短火器,使用铁或粗钢浇铸而成。

【译文】

我们家乡有三眼铳,也有单眼铳,响彻山谷。我认为,如果在单眼铳里装子弹,完全可以打贼。乡里使用木头削的铳尖,往往可以打出四五十丈远。请澄弟在家乡打造几竿单眼铳,用梗木做把,装一些铜扣、小石头之类的东西在里面,试试看能不能打半里远? 如果合适,就可以多打几十竿或者一百竿,交给魏荫亭的水勇带来。费用由为兄从军营寄来。

兄近日身体尚好,惟火气甚旺,癣疾未愈。莘田在营安静谨慎。冯玉珂亦稳实也。

余不一一,容俟续具。

【译文】

为兄我最近身体还好,只是火气太旺,癣疾也没有痊愈。莘田在军营安静谨慎。冯玉珂也稳重踏实。

其他不再一一写了,容我以后再继续。

蒋芎泉之事,唐蘋翁迫于邑绅之言,不能不办。但须轻妙,不着痕迹。若过于着迹,必至大伤体面,将来使带勇者人人有自危之心,即罗山、迪庵亦觉为之不怡①,非所宜也。

【注释】

①迪庵:即为李续宾(1818—1858),字如九、克惠,号迪庵,亦写作"迪安",湖南湘乡人。贡生出身,咸丰初从其师罗泽南镇压太平军。田家镇之战后,擢至知府。六年(1856),罗泽南死,代统其军。陆续攻占武昌、九江等地,东进皖境。官至浙江布政使。八年(1858)与陈玉成战于三河,被围,战死(一说兵败自杀)。谥忠武。不怡:不愉快。

【译文】

蒋苧泉的事,唐蘋翁迫于县里士绅的言论,不能不办。但必须办得轻巧而不着痕迹。如果过于明显,一定会极大地损伤蒋苧泉的脸面,将来使带兵者人人自危,即使是罗山、迪庵也会为此不愉快,实在不合适。

　　前年在衡州时,与季弟定陆营薪水单:五百人一营者,每月营官、帮办薪水二百六十两①。章程本过于丰厚,故营官周凤山家已成素封②,其余积赀置产者甚多。若专办蒋家,则未免厚于外人而薄于邑人,故兄日内于此事极踌躇也。大营事件甚多,凡关涉本邑者,诸弟总以不管为妥。军事愈办愈难,有非一言所能尽者,诸惟心照。

【注释】

①帮办:指主管人员的助手。或即用为职称。

②素封:语出《史记·货殖列传》:"今有无秩禄之奉,爵邑之入,而乐与之比者,命曰'素封'。"张守节《正义》:"言不仕之人自有田

园收养之给,其利比于封君,故曰'素封'也。"无官爵封邑而富比封君的人。

【译文】

前年在衡州的时候,与季弟定下了陆营的薪水单:五百人一个营的,营官、帮办每月薪水二百六十两。薪水本来就定得过于丰厚,所以营官周凤山家已经比封君还富裕,其余累积了很多资产的人家也很多。如果只办蒋家,未免对外县的人太宽厚而对本县的人太刻薄,所以为兄我这几日对于这件事非常犹豫。大营事情很多,凡关于本县的,诸位弟弟还是不管为好。军事越来越难办,很多事一言难尽,一切心照不宣。

五月二十六日　致澄侯、温甫、沅浦、季洪弟书

澄、温、沅、季四位老弟足下:

廿五日,春二、维五到营,接奉父亲大人手谕并澄、沅来信、纪泽儿禀函,具悉一切。

【译文】

澄、温、沅、季四位老弟足下:

二十五日,春二、维五来到军营,接到父亲大人亲笔信和澄弟、沅弟、纪泽孩儿的来信,一切情况都已知道。

此间自四月十九小挫之后,五月十三各营在青山与该逆大战一次,幸获全胜。该逆水战之法,尽仿我军之所为。船之大小、长短,桨之疏密,炮之远近,皆与我军相等。其不如我军处,在群子不能及远[①],故我军仅伤数人,而该逆伤亡

三百余人。其更胜于我处，在每桨以两人摧送，故船行更快。

【注释】

①群子：和"大子"相对，指霰弹。

【译文】

从四月十九日我军小败之后，五月十三日各营在青山与这股贼匪大战一次，我军幸而获得全胜。这股贼匪水战的方法，全部仿照我军。船的大小、长短，桨的疏密，炮的远近，都和我军差不多。他们不如我军的地方，在于群子射得不够远，所以我军只有几个人受伤，而贼匪伤亡三百多人。他们比我们更强的是，每桨配备两人，所以船开得更快。

罗山克复广信后，本可即由饶州、都昌来湖口会剿，因浙江抚台札令赴徽州会剿①，故停驻景德镇②，未能来湖口。顷又因义宁州失守③，江西抚台调之回保省城，更不能来南康、湖口等处。事机不顺，处处牵掣，非尽由人力作主也。

【注释】

①抚台：旧时对巡抚的尊称。徽州：地名。即今安徽黄山。位于钱塘江上游，浙、皖、赣交接处，地处黄山与天目山脉间，东临吴越故都杭州，与浙西的金、衢、严三州唇齿相依。

②景德镇：地名。处于皖、浙、赣三省交界处，是浙、赣、皖重要的交通枢纽之一。春秋时属楚东境，秦为九江郡番县地，汉属豫章郡鄱阳县，东晋称新平镇，唐置新平县。宋真宗景德元年（1004）因镇产青白瓷质地优良，因此以皇帝年号为名置景德镇，沿用至今。明代州改称为县。即今江西景德镇。

③义宁州:地名。清代隶属于南昌府,在今江西修水、铜鼓一带。

【译文】

罗山收复广信后,本来可以从饶州、都昌来湖口和我们联合剿匪,因为浙江抚台发公文命他去徽州参加剿匪,所以停驻景德镇,没能来湖口。不久又因为义宁州失守,江西抚台调他回来力保省城,更不能来南康、湖口等地方了。行事的时机很不顺畅,处处牵制,不能全凭人力做主。

永丰十六里练团新集之众①,以之壮声威则可,以之打仗则恐不可。澄弟宜认真审察一番。小划子营,如有营官、哨官之才,望即告知荫亭,招之以出。沅弟荐曾和六②,其人本有才,但兵凶战危,渠身家丰厚,未必愿冒险从戎。若慷慨投笔则可③,余以札调则不宜也。朱楚成之才④,不过能带一舢板耳⑤。闻父亲所办单眼铳甚为合用,但引眼宜略大,用引线两三根,更为可靠。

【注释】

①里:古代一种居民组织,先秦以二十五家为里。

②曾和六:湘乡人。

③慷慨投笔:慷慨从军。投笔,谓弃文就武。

④朱楚成:湘乡人。

⑤舢板:清代内河战船之一种。清水师营设战船,内河战船有小哨船、舢板船、长龙船等。

【译文】

永丰十六里新聚集的团练,用来壮大声威还可以,用来打仗恐怕就不行了。澄弟应该认真审察一番。小划子营,如果有营官、哨官之类的人才，希望立即告知荫亭，招募他来。沅弟曾经推荐曾和六，此人本有才华，但兵凶战危，他身家丰厚，未必愿意冒险从军。如果他自己豪情慷慨投笔从戎还可以，我用公文调派他来就不太合适。朱楚成的才能，不过能带一条舢板船。听说父亲大人备办的单眼铳特别合用，但引眼应该再大一些，使用两三根引线，更加可靠。

　　沅弟买得方、姚集，近已阅否？体气多病，得名人文集，静心读之，亦自足以养病。凡读书有难解者，不必遽求甚解。有一字不能记者，不必苦求强记，只须从容涵泳①。今日看几篇，明日看几篇，久久自然有益。但于已阅过者，自作暗号，略批几字，否则历久忘其为已阅未阅矣。筠仙来江西时，余作会合诗一首，一时和者数十人，兹命书办抄一本，寄家一阅。

【注释】

①涵泳：深入领会。

【译文】

　　沅弟买了方、姚的集子，最近已经读了吗？你体质多病，静心阅读名人文集也足以养病。凡读书有很难理解的地方，不必急着弄明白。凡有一字不记得的，也不必苦苦强记，只要从容体会就行了。今天看几篇，明天看几篇，久而久之自然会有进步。但是，已经读过的一定要做记号，略微批几个字，否则时间久了就会忘记自己到底读了没有。筠仙到江西来的时候，我作了一首会合诗，一时有几十人唱和，现在命令书办抄录一本寄回家给你们看看。

　　癣疾近已大愈。惟今年酷暑异常，将士甚苦。

余不一一。

即问近好!

【译文】

癣疾近来已经好了很多。只是今年异常炎热,将士们苦不堪言。

其他不再一一说了。

祝近来安好!

六月十六日　致澄侯、温甫、子植、季洪弟书

澄侯、温甫、子植、季洪四位老弟足下:

春二、维五来营,接奉父亲大人手谕并诸弟信函,敬悉一切。

【译文】

澄侯、温甫、子植、季洪四位老弟足下:

春二、维五来到军营,接到父亲大人亲笔信和诸位弟弟的信件,一切情况都已知道。

此间自五月十三日水战获胜后,三十日,该逆七十余舟上犯至青山一带,我军出队迎敌,又获胜仗。夺回余去年所坐之拖罟船外①,又夺贼战船五只,军心为之一振。六月初七日、初九夜两次风暴,营中坏船十余号,应修整者二十余号。

【注释】

①拖罟(gǔ)船:清末闽、广水师之大舰。广东水师总兵陈辉龙带来拖罟船两只,一只自乘,一只供曾国藩坐乘。靖港之败,为太平军夺去。

【译文】

这里自从五月十三日水战获胜之后,这股贼匪三十日又以七十多条船向上进犯青山一带,我军出队迎敌,又打了胜仗。除了夺回我去年坐的拖罟船之外,还夺得贼匪战船五条,军心为之振奋。六月初七白天、初九夜里两次风暴,营中损坏船只十多条,应该修整的船只有二十多条。

十三日派人至南康对岸之徐家埠①,水陆搜剿。其地去湖口县七十里。贼匪督率土匪在该处收粮,诛求无度②,民不聊生,因派水陆六百人前往搜剿。真贼十余率土匪三百人与我军接仗③,仅放两排枪④,该匪即败窜。追奔十余里,焚贼馆十余所,焚辎重船百余只⑤,击毙十余人,生擒七人。十四收队回南康。十五日,水师至湖口探看贼营情形。该匪坚匿不出,迨我军疲乏将归,逆船突出大战。我军未约定开仗,人心忙乱,遂致挫败。被该匪围去长龙船一号、舢板船二号。三船共阵亡五十余人,受伤二十余人,军士之气为之一减。

【注释】

①徐家埠:地名。即今江西九江都昌徐埠。因水陆交通方便,为明、清时期漕运要地。

②诛求:需索,强制征收。

③真贼:指广西来的太平军。

④排枪:猎枪的一种。

⑤辎重:指随军运载的军用器械、粮秣等。

【译文】

十三日派人到南康对岸的徐家埠,水陆两路搜剿贼匪。徐家埠离湖口县七十里。贼匪督率土匪在这里无限制地强制征收粮食,民不聊生,我因此调派水陆六百人前去搜剿。十多名真贼匪率领三百名土匪与我军开战,我军只放了两排枪他们就逃跑了。我军追杀十多里,烧毁贼窝十多个,烧毁辎重船一百多条,击毙贼匪十多名,生擒七人。十四日收队回南康。十五日,水军到湖口查看贼营的情形。这股贼匪隐藏起来坚决不出,等到我军疲乏而将要回营的时候,突然开船出来与我军大战。我军没有约定作战,人心忙乱,于是大败。这次被贼匪截去一条长龙船、两条舢板船。三船共五十多人阵亡,二十多人受伤,军队士气也下降了。

今年内湖水师共开四仗,两胜两败。湖口一关,竟难遽行打出,不胜焦灼!塔军门在九江十三日打一胜仗,杀贼三百余人,亦无益于大局也。

【译文】

今年内湖水军一共打了四仗,两败两胜。湖口一关,竟然难以迅速冲出去,内心不胜焦灼!塔军门十三日在九江打了一场胜仗,杀死贼匪三百多名,对大局也没有决定性影响。

自义宁州失守,不特江西省城戒严,而湖南亦有东顾之忧。盖义宁与平江、浏阳接壤，贼思由此路窥伺长沙。罗山现回江西省，拟即日进攻义宁，以绝两省腹心之患。若能急急克复，则桑梓有安枕之日。否则三面受敌，湖南亦万难支持。大乱之弭^①，岂尽由人力，亦苍苍者有以主之耳^②！

【注释】

①弭：平息。

②苍苍者：指天。

【译文】

自从义宁州失守之后，不但江西省城戒备森严，湖南也有了来自东边的忧虑。因为义宁与平江、浏阳接壤，贼匪想从这条路侵犯长沙。罗山现在回了江西省城，打算近日进攻义宁，以减除两省的心腹之患。如果能速速收复义宁，家乡就可以高枕无忧。否则三面受敌，湖南也万难支撑。平息大乱，哪里全部由人力决定，恐怕还是上苍在做主宰！

余癣疾未愈，用心尤甚，夜不成寐，常恐耿耿微忱^①，终无补于国事。然办一日事尽一日心，不敢片刻疏懈也。陈竹伯中丞办理军务不惬人心^②，与余诸事亦多龃龉^③。凡共事，和衷最不易易^④。澄弟近日尚在外办公事否？宜以余为戒，步门不出，谢绝一切。余食禄已久，不能不以国家之忧为忧，诸弟则尽可理乱不闻也^⑤。子侄辈总宜教之以勤，勤则百弊皆除，望贤弟留心。

即问四位老弟近好！

【注释】

①耿耿：诚信貌。微忱：微薄的心意。

②不惬:不满意,不称心。

③龃龉(jǔ yǔ):不相投合,抵触。

④和衷:和睦同心。

⑤理乱:治与乱。

【译文】

我癣疾还没好,最近尤其耗费心神,夜里辗转难眠,常常担心我这一片微薄的诚心最终对于国家没有什么补益。然而,办一日事就要尽一日心,不敢有片刻的疏懒懈怠。陈竹伯中丞办理军务不让人称心如意,和我很多事都不太投合。凡共事,和睦同心最不容易。澄弟近日还在外办公吗?你应该以我为戒,不出门一步,谢绝一切烦扰。我食君之禄已久,不能不以国家的忧虑为忧虑,但诸位弟弟完全可以对一切不闻不问,不管是治世还是乱世。子侄辈总该教他们勤奋,勤奋能消除一切弊病,希望诸位弟弟留心。

祝四位弟弟近来安好!

七月初八日　致澄侯、温甫、子植、季洪弟书

澄侯、温甫、子植、季洪四位老弟左右:

刘朝相来营①,得植弟手书,具审一切。

【注释】

①刘朝相:湘乡人。

【译文】

澄侯、温甫、子植、季洪四位老弟左右:

刘朝相来到军营,收到植弟亲笔信,一切情况都已知道。

内湖水师自六月十五日开仗后,至今平安。本拟令李次青带平江勇渡鄱湖之东,与水师会攻湖口。奈自六月底至今,十日大风,不克东渡。初四日风力稍息,平勇登舟,甫经解缆,狂飙大作,旋即折回。弁勇衣被帐棚,寸缕皆湿。天意茫茫,正未可知。不知湖口之贼运数不宜遽灭乎,抑此勇渡湖宜致败挫,故特阻其行以保全此军乎? 现拟俟月半后,请塔军渡湖会剿。

【译文】

内湖水军从六月十五日开战后,至今平安。本来打算命李次青带领平江勇东渡鄱阳湖,与水军联合进攻湖口。奈何从六月底到现在,十天来一直刮大风,军队不能东渡鄱阳湖。初四日那天风力稍小,平江勇登上战船,刚刚解开缆绳,随即狂风大作,于是马上折回来了。兵卒们的衣服、帐篷都被湖水打湿了。天意茫茫,实在很难明白。不知道是湖口的贼匪气数未尽,不应该被迅速消灭,还是军队渡过鄱阳湖会导致挫败,所以老天特意阻止军队出行来保全他们? 现在打算等半个月以后,请塔军渡湖联合剿匪。

罗山进攻义宁,闻初四日可至界上,初五、六日当可开仗。湖南三面用兵,骆中丞请罗山带兵回湘[1],业经入奏。如义宁能攻破,恐罗山须回湖南保全桑梓,则此间又少一支劲旅矣。内湖水师船、炮俱精,特少得力营官,现调彭雪琴来江,当有起色。

【注释】

①骆中丞:即骆秉章。见前注。

【译文】

罗山进攻义宁，听说初四日可以到达边界，初五、六日应该可以开战。湖南三面用兵，骆中丞请罗山带兵回湖南，已经写进奏章。如果能攻破义宁，恐怕罗山必须回湖南保全家乡，这里又会减少一支精锐部队。内湖水军的船、炮都很好，只是缺乏得力的营官，现在调彭雪琴来江西，应该会有起色。

盐务充饷①，是一大好事，惟浙中官商多思专利②。邵位西来江会议，已有头绪。不知渠回浙后，彼中在事人能允行否③。舍此一筹④，则饷源已竭，实有坐困之势⑤。

【注释】

①盐务：指征收经营食盐买卖的税务。

②专利：垄断某种生产或流通以掠取厚利。

③在事人：指主持其事的官员。

④筹：计策，策略，方案。

⑤坐困：谓据守一地而无出路。

【译文】

用盐务所得来补充军饷，是一件大好事，只是浙江官商大多想垄断盐务以谋取私利。邵位西来江西会面商议，已经有了头绪。不知道他回浙江后，浙江方面主事的官员允不允许这样做。舍弃这一项，军饷就没有了来源，实在有坐困此地的趋势。

东安土匪①，不知近日何如？若不犯邵阳界，则吾邑尚可不至震惊。带兵之事，千难万难。澄弟带勇至衡阳，温弟带勇至新桥②，幸托平安，嗣后总以不带勇为妙。吾阅历二年,知此中构怨之事、造孽之端,不一而足③,恨不得与诸弟当面一一缕述之也④。诸弟在家侍奉父亲,和睦族党⑤,尽其力之所能为,至于练团带勇,却不宜。澄弟在外已久,谅知吾言之具有苦衷也。

【注释】

①东安:县名。即今湖南永州东安。

②新桥:地名。即今湖南衡山新桥镇。

③不一而足:不一一列举就足够了,形容很多。

④缕述:详细叙述。

⑤族党:聚居的同族亲属。

【译文】

东安的土匪最近如何? 如果他们不进犯邵阳,我县还不至于震惊。带兵这件事,真是千难万难。澄弟带兵到衡阳,温弟带兵到新桥,幸亏平安无事,以后还以不带兵为好。我亲身经历的这两年,知道这里头遭人埋怨的事情、造孽的事情,多得数不清,恨不得与弟弟们当面一桩一桩地说清楚。弟弟们在家侍奉父亲,与亲族和睦相处,尽自己能力所及来做事便好,至于办团练带兵这些事,却是不宜参与的。澄弟在外已久,想必明白为兄我说这话是有苦衷的。

宽二弟去年下世①,未寄奠分②,至今歉然于心③。兹付回银二十两,为宽二奠金,望送交任尊叔夫妇手收④。

【注释】

①宽二:曾国藩族弟。

②奠分:旧俗治丧,各家分摊送给丧家的奠礼,多为现钱。

③歉然：惭愧貌。

④任尊叔：曾国藩族叔。

【译文】

　　宽二弟去年去世，我没有寄送奠分，至今都觉得很愧疚。现在寄回二十两银子，作为宽二弟的奠金，希望送交任尊叔夫妇亲自查收。

　　植弟前信言身体不健。吾谓读书不求强记，此亦养身之道。凡求强记者，尚有好名之心横亘于方寸①，故愈不能记。若全无名心，记亦可，不记亦可，此心宽然无累，反觉安舒，或反能记一二处，亦未可知。此余阅历语也，植弟试一体验行之。

　　余不一一。

　　即问近好！

【注释】

①横亘：横贯。方寸：代指心。

【译文】

　　植弟前一封信说身体不好。我说读书不必强记，这也是养身之道。凡是强记的，还是有追逐名利的心思横亘在心中，所以更加记不住。如果没有追名逐利之心，记住也可以，记不住也可以，心中宽舒而没有负累，反倒觉得安适舒坦，或许反而能记住一两处也未可知。这是我的经验之谈，植弟可以尝试体验一下。

　　其他不再一一说了。

　　祝近来安好！

八月十三日　致澄侯、温甫、子植、季洪弟书

澄侯、温甫、子植、季洪四弟左右：

　　胡二等来大营，接奉父亲大人、叔父大人手谕及诸弟各书，具悉一切。此次，余已月余未寄家信。

【译文】

澄侯、温甫、子植、季洪四弟左右：

　　胡二等人来到大营，接到父亲大人和叔父大人的亲笔信以及诸位弟弟的信件，一切情况都已知道。这次，我已经一个多月没有寄家信了。

　　七月十八夜，忽报塔军门大病，至三更而凶问至①。余十九往九江陆营料理一切，派周凤山统领浔城陆军②。至廿三日，湖口水陆开仗，萧捷三阵亡。廿五日，余又从九江回至青山水营。连日大北风，不能办一事。廿九日，罗山兄由义宁州单骑行六百里至南康，面议大局。余初一日又回南康。李次青自七月十四渡湖攻剿湖口，十八、廿一、廿三连获胜仗，现已入奏。初四、初八又获胜仗，而水师初八日开仗小挫，失去炮船廿一号、小划二号。次早初九未明，贼船大队前来扑营。我军极力堵御③，轰击二时，该匪败退。今年内湖水师分为两帮，前帮四营，后帮五营，各船百号。初八之胜、初九之败，皆后帮之事，前帮未曾与闻。故水营虽小挫，尚足以自立。

【注释】

①凶问：死讯，噩耗。

②浔城：九江。

③堵御：堵截，抵御。

【译文】

七月十八日夜里，忽然有人来报塔军门大病，到三更就传来噩耗。我十九日到九江陆营料理一切，派周凤山统领浔城陆军。到二十三日，湖口水陆两路开战，萧捷三阵亡。二十五日，我又从九江回到青山镇水营。连日刮大北风，什么事都不能办。二十九日，罗山兄从义宁州独自骑马六百里到南康，和我当面商议大局。我初一日又回南康。李次青从七月十四日渡过鄱阳湖进攻湖口，十八日、二十一日、二十三日连获大胜，现在已经上奏。初四、初八日又打了胜仗，但水军初八日开战小败，失去炮船二十一条、小划子两条。次日初九早上，天还没亮，大队贼船前来攻营。我军极力堵截防御，轰击两个时辰，这股贼匪才败退。今年内湖的水军分为两帮，前帮四个营，后帮五个营，各有一百条船。初八日的胜利、初九日的失败，都是后帮的事情，前帮没有参与。所以水营虽然遭遇小挫败，但还足以自立。

罗山一军，定计由崇、通以进剿武汉①。骆中丞奏调罗军回剿湖南境内；余令其扫荡崇、通一带，则巴陵、平江皆安②，即所以固湘省北门之锁钥也③。由崇、通以捣武汉，则有裨于大局，不仅保全桑梓。年内仍可来南康、湖口，与余军会合。余在南康已过五月，不能打出湖口，仅能保全江西，无能补益全局，焦灼难名。癣疾日甚，身无完肤，夜不成寐，惟日服滋阴之剂，以冀平善。

【注释】

①崇、通：湖北崇阳、通城二县。

②巴陵：岳阳的古称。

③湘省：湖南省。锁钥：喻军事重镇，出入要道。

【译文】

　　罗山的军队，已经决定由崇阳、通城进军武汉。骆中丞上奏皇上调派罗军回湖南境内剿匪；我命罗山荡平崇阳、通城一带，这样就可保全巴陵、平江，即是巩固湖南北门的军事重镇安全。从崇阳、通城进军武汉，有益于大局，不仅仅可以保全家乡。罗山年内还可以来南康、湖口，与我的军队会合。我在南康已经过了五个月，不能打出湖口，只能保全江西，不能补益全局，心中的焦灼难以言说。我的癣疾一日比一日严重，身上没有一处完好的皮肤，夜里也睡不着，只有每日服食滋阴的药剂，以期安康。

　　九弟信来，言纪泽姻事。泽儿年尚轻，姻事概由父亲大人作主，或早办或迟办，或丰或俭，均请父亲经理，内子不得自主也①。至入赘之说②，则断不可，我乡向无此。今冬明年读书，亦由父亲大人作主，诸弟为我择师可也。余在军中，诸事冗杂，多不能理，家事尤不克兼顾。罗研生将来营中，不能教书耳。

　　即问近好！

【注释】

①内子：称己之妻。

②入赘：男子就婚于女家并成为其家庭成员，俗称"上门女婿"。

【译文】

九弟来信，说起纪泽孩儿的婚事。泽儿还很年轻，婚姻之事全由父亲大人做主，早办还是迟办，大办还是从简，全由父亲大人处理，我妻不得自作主张。至于入赘一说，则万万不可，我们家乡向来没有这种先例。今年冬天和明年读书的事，也由父亲大人做主，诸位弟弟可以为我挑选好老师。我身处军营，诸事繁琐杂乱，大多理不清楚，家事尤其不能兼顾。罗研生将要来营，不能去教书了。

祝近来安好！

八月廿七日　书于南康军中

澄侯、温甫、子植、季洪老弟足下：

十四日良五、彭四回家，寄去一信，谅已收到。

【译文】

澄侯、温甫、子植、季洪老弟足下：

十四日良五、彭四回家，我寄回去一封信，料想家中已经收到。

嗣罗山于十六日回剿武汉，霞仙亦即同去。近接武昌信息，知李鹤人于八月初二日败挫，金口陆营被贼蹋毁。胡润芝中丞于初八日被贼蹋破夆山陆营①，南北两岸陆军皆溃，势已万不可支。幸水师尚足自立，杨、彭屯扎沌口②。计罗山一军可于九月初旬抵鄂，或者尚有转机。即鄂事难遽旋转，而罗与杨、彭水陆依护，防御于岳、鄂之间③，亦必可固湘省北路之藩篱也④。内湖水师，自初八日以后迄未开仗，日日操演。次青尚扎湖口，周凤山尚扎九江，俱属安谧⑤。

【注释】

①胡润芝：即胡林翼。见前注。后文"润之"、"润公"、"胡中丞"、
　"咏公"亦指胡林翼。夽（zhā）山：地名。清属汉阳县，在今武汉蔡
　甸境内。

②杨、彭：即杨载福、彭玉麟。见前注。沌（zhuàn）口：古镇名。在今
　湖北汉阳东南，乃沌水入长江之口。

③岳：岳州。鄂：湖北。

④藩篱：边界，屏障。

⑤安谧：安定平静。

【译文】

等罗山十六日回武汉剿贼，霞仙也会一起去。最近接到武昌消息，
知道李鹤人在八月初二日战败，金口的陆营被贼匪踏毁。胡润芝中丞
初八日被贼匪踏破夽山陆营，南北两岸的陆军全部溃败，势必万难支
撑。幸好水军还可以自立，杨载福、彭玉麟驻扎在沌口。估计罗山全军
可以在九月初抵达湖北，或许还有转机。即使湖北的局势难以迅速扭
转，但罗山与杨载福、彭玉麟水陆两军相互依护，在岳州、湖北间防御，
也一定可以巩固湖南省北路的屏障。内湖的水军，从初八日以后没有
开战，天天操练。次青还驻扎在湖口，周凤山还驻扎在九江，都比较
平静。

　　葛十一于初八日在湖口阵亡①，现在寻购尸首，尚未觅
得，已奏请照千总例赐恤②。将来若购得尸骸，当为之送枢
回里；如不可觅，亦必酿金寄恤其家③。此君今年大病数月，
甫经痊愈，尚未复元，即行出队开仗。人劝之勿出，坚不肯

听,卒以力战捐躯,良可伤悯。可先告知其家也。去年腊月廿五夜之役,监印官潘兆奎与文生葛荣册同坐一船④,均报阵亡,已入奏请恤矣。顷潘兆奎竟回至江西,云是夜遇渔舟捞救得生,则葛元五或尚未死⑤,亦不可知。不知其家中有音耗否⑥。

【注释】

①葛十一:效力于湘军水师。

②赐恤:专指官吏死后,根据其生前的功劳大小,追赠官爵,褒封谥号,并给其家属抚恤金。

③醵(jù)金:集资,凑钱。

④监印官:凡施行公文应印者,监印之官考其事目无差,然后印之。也就是说,官印钤用,是要监印官审查过方可施行并署名。监印官的职责一是保管印章,二就是监督主官用印是否规范并进行核实。潘兆奎:湖南安乡县典史,咸丰四年(1854)为曾国藩监印官。文生:文庠生员,即秀才。通过院试的可称为生员或秀才。葛荣册:效力于湘军水师幕府。

⑤葛元五:即葛荣册。

⑥音耗:音信,消息。

【译文】

　　葛十一初八日在湖口阵亡,现在寻购他的尸骸,还没有结果,已经奏请照千总按例赏赐抚恤。将来如果找到他的尸骸,应该把他的灵柩送回老家;如果实在找不到,也要凑钱寄回去抚恤他家里。他今年病了几个月,刚刚痊愈,还没有完全康复,就去带队打仗。大家都劝他不要去,他坚决不听,最终在奋战中捐躯,实在是可怜。可以先把死讯告诉他的家人。去年腊月二十五日夜里的战斗,监印官潘兆奎与文生葛荣册坐了同一条船,都被报告阵亡,已经上奏皇上请求赐恤。不久前潘兆奎竟然回到江西,说是夜里碰到渔船打捞而得救,那么,葛元五或许还没有死,也未可知。不知道他家里有音讯了没。

　　癣疾稍愈,今年七、八两月最甚,诸事废弛。

　　余俟续布。

　　顺问近好!

【译文】

　　我的癣疾稍微好了些,今年七、八月份的时候最严重,诸事荒废懈怠。

　　其他的等我以后再说吧。

　　顺祝近来安好!

　　甲三、甲五等兄弟,总以习劳苦为第一要义。生当乱世,居家之道不可有余财,多财则终为患害。又不可过于安逸偷惰,如由新宅至老宅,必宜常常走路,不可坐轿骑马。又,常常登山亦可以练习筋骸。仕宦之家,不蓄积银钱,使子弟自觉一无可恃,一日不勤则将有饥寒之患,则子弟渐渐勤劳,知谋所以自立矣。

【译文】

　　甲三、甲五等兄弟,总要以修习劳苦之事为第一要义。生逢乱世,居家的方法在于不可以有多余的钱财,财产过多最终会成为祸害。又不可以过于安逸懒惰,如从新宅到老宅,一定要常走路,不可以坐轿或者骑马。再者，常常登山也可以锻炼筋骨。官宦之家，不要积累钱财，使子弟们自己觉悟没有什么可以依仗的，一天不勤快就会有遭受饥寒的忧患，子弟们才会渐渐变得勤快，知道自谋生路。

　　再，父亲大人于初九日大寿，此信到日恐已在十二以后。余二十年来仅在家拜寿一次，游子远离，日月如梭，喜惧之怀①，寸心惴惴。又十一月初三日为母亲大人七旬晋一冥寿，欲设为道场②，殊非儒者事亲之道；欲开筵饬客③，又乏哀痛未忘之意。兹幸沅弟得进一阶④，母亲必含笑于九京⑤。优贡匾额可于初三日悬挂。祭礼须极丰腆⑥，即以祭余宴客可也。

【注释】

①喜惧之怀：语出《论语·里仁》："子曰：'父母之年，不可不知也。一则以喜，一则以惧。'"一方面为父母的长寿而高兴，一方面又为他们的衰老而恐惧。

②道场：请和尚或道士做法事，祭奠亡灵。

③开筵：设宴，摆设酒席。饬客：飨宴宾客。

④得进一阶：指曾国荃获优贡生资格。

⑤九京：即九原，九泉。

⑥丰腆：指饮馔或祭品很丰盛。

【译文】

　　再有，父亲大人初九日大寿，这封信恐怕要到十二日以后才能到。我二十年来只在家里拜过一次寿，游子远离家乡，日月如梭，每逢堂上大人寿辰，既喜且惧，心中忧虑戒慎。还有，十一月初三日是母亲大人七十晋一冥寿，想要设道场做法事，实在不是儒者侍奉双亲的做法；想要摆酒席宴请宾客，又缺乏未忘哀痛的意思。现在幸亏沅弟进了一阶，母亲一定会含笑九泉。优贡生的匾额可以在初三日那天悬挂。祭品必须极其丰厚，可以在祭祀完以后宴请宾客。

昨接上谕，补兵部右侍郎缺。此缺廿九年八月曾署理一次①，日内当具折谢恩。

【注释】

①廿九年：指道光二十九年（1849）。署理：本任官出缺，由别人暂时代理或兼摄。

【译文】

日前接到皇上谕旨，命我补兵部右侍郎之缺。这个官职我曾在二十九年八月署理过一次，近日内会拟奏折谢恩。

澄侯弟在县，何日归家？办理外事，实不易易，徒讨烦恼。诸弟在家，吾意以不干预县府公事为妥，望细心察之。

即问近好！

【译文】

澄侯弟在县城，哪天回去？办理外事，实在不容易，徒增烦恼而已。诸位弟弟在家，我觉得还是不干预县府公事为妥，希望诸位弟弟细心体察。

祝近来安好！

九月三十日　书于屏风水营

澄侯、温甫、子植、季洪四位老弟足下：

廿六日王如一、朱梁七至营①，接九月初二日家书。廿九日刘一、彭四至营，又接十六日家书，具悉一切。

【注释】

①王如一、朱梁七：都是湘乡人。

【译文】

澄侯、温甫、子植、季洪四位老弟足下：

二十六日王如一、朱梁七来到军营，接到九月初二日的家信。二十九日刘一、彭四到达军营，又接到十六日的家信，一切情况都已知道。

沅弟优贡喜信，此间廿三日彭山屺接家信即已闻之。廿七日得左季高书，始知其实。廿九日得家书，乃详也。沅弟在省，寄书来江西大营甚便，何以未一字报平安耶？十月初当可回家，为父亲叩祝大寿。各省优贡朝考，向例在明年五月，沅弟可于明年春间进京。若由浙江一途，可便道由江西至大营，兄弟聚会。吾有书数十箱在京，无人照管，沅弟此去可经理一番。

【译文】

沅弟选上优贡生的喜讯，二十三日彭山屺接到家信我就已经听说了。二十七日接到左季高的书信，才知道实际情况。二十九日接到家信才知道详细情况。沅弟在省城，寄信到江西大营非常方便，为何没有一个字来报平安？我十月初应该可以回家，为父亲大人祝寿。各省优贡生的朝考，向来惯例都在来年五月，沅弟可以在明年春天进京。如果走浙江这条路，还可以顺便由江西到大营，与为兄相聚。我有几十箱书在京城，没有人照看，沅弟这次去可以打理一番。

自七月以来,吾得闻家中事有数件可为欣慰者:温弟妻妾皆有梦熊之兆,足慰祖父母于九原,一也;家中妇女大小皆纺纱织布,闻已成六七机,诸子侄读书尚不懒惰,内外各有职业,二也;阖境丰收,远近无警,此间兵事平顺,足安堂上老人之心,三也。今又闻沅弟喜音,意吾家高曾以来积泽甚长,后人食报更当绵绵不尽。吾兄弟年富力强,尤宜时时内省,处处反躬自责①,勤俭忠厚,以承先而启后,互相勉励可也。

【注释】

①反躬自责:回过头来责备自己。自我反省,自我检束。

【译文】

从七月份以来,我听到的家事中有几件值得欣慰的:温弟的妻妾都有了身孕,足以宽慰九泉之下的祖父母,此其一;家中妇女不论大小都纺纱织布,听说已经织了六七机,子侄辈读书也都勤快,内外都有职业,此其二;全乡丰收,远近不用警戒,我这边军事上也平安顺利,足以让堂上老人安心,此其三。现在又听说了沅弟的好消息,意味着我家从高祖、曾祖以来,积累的福泽无比绵长,后人享受福报更当绵绵不尽。我们兄弟几个年富力强,尤其应该时刻反省自己,处处自我约束、严格要求,勤俭忠厚,以承先启后,互相勉励。

内湖水师久未开仗,日日操练,夜夜防守,颇为认真。周凤山统领九江陆军,亦尚平安。李次青带平江勇三千在苏官渡,去湖口县十里,颇得该处士民之欢心。茶陵州土匪①,间窜扰江西之莲花厅、永新县境内②,吉安人心震动。

顷已调平江勇六百五十人前往剿办,又派水师千人往吉防堵河道,或可保全。

【注释】

①茶陵州:州名。明、清为州,民国改县。即今湖南株洲茶陵。

②莲花厅:地名。清乾隆间置莲花厅,属吉安府。即今江西莲花。

　永新县:即今江西吉安永新。

【译文】

　　内湖水军很久没有开战了,天天操练,夜夜防守,很是认真。周凤山统领九江陆军,也还平安。李次青带领三千平江勇在苏官渡,离湖口县十里,很得当地人喜欢。茶陵州的土匪,偶尔流窜到江西的莲花厅和永新县骚扰,吉安府人心震动。我不久前已经调派平江勇六百五十人前往剿匪,又调派水军一千人前往吉安防守河道,吉安或许可以保全。

　　余癣疾迄未大愈,幸精神尚可支持。王如一等来,二十四日始到。余怒其太迟,令其即归,发途费九百六十文,家中不必加补,以为懒漫者戒。宽十在营住一个月①,打发银六两,途费四千。

【注释】

①宽十:曾国藩族弟。

【译文】

　　我的癣疾至今没有大好,所幸精神还可以支撑。王如一等人来军营,二十四日才到。我为他来得太迟而发怒,命令他马上回去,发给他九百六十文路费,家中不必再添补,作为懒惰散漫之人的警戒。宽十在军营住了一个月，我打发他六两银子，路费四千。

罗山于十四日克复崇阳后，尚无信来。罗研生兄于今日到营。纪泽、纪梁《登九峰山诗》，文气俱顺，且无猥琐之气，将来或皆可冀有成立也。

余不一一。

【译文】

罗山十四日收复崇阳以后，还没有来信。罗研生兄今日来到军营。纪泽、纪梁的《登九峰山诗》，文气俱顺，并且没有小家子气，将来或者可以希望他们都有所成就。

其他不再一一写了。

十月十四日　书于南康府屏风水营

澄侯、温甫、子植、季洪四位老弟左右：

十月十三县城专人来营，接到父亲大人手谕。同日成章鉴来①，又接植弟十五、十八日二函，具悉一切。张德坚处寄书②，至今尚未到。温弟得生一女，母子平安。甚慰甚慰！闻其侧室亦有梦熊之兆，想当再索得男也。

【注释】

①成章鉴：字柳堂，湖南宁乡人。初为湖南抚标兵。咸丰四年（1854）隶塔齐布麾下。塔齐布卒后，任湘军水师定湘营营官，颇得曾国藩赏识，官至副将衔花翎即补参将，病殁于江西吴城。

②张德坚：曾国藩幕僚，《贼情集要》《贼情汇纂》的编撰者。

【译文】

澄侯、温甫、子植、季洪四位老弟左右：

十月十三日县城专门派人来，我接到父亲大人亲笔信。同一天成章鉴也来了，我又接到植弟十五日、十八日的两封信件，一切情况都已知道。张德坚那寄的信，现在还没有到。温弟得生一个女儿，母女平安。我非常欣慰！听说温弟的侧室也有了身孕，料想再生会得一个儿子。

唐苹洲父台恺恻慈祥①，吾邑士民爱戴。此际去任，自必攀辕挽留②。留好官非干预公事可比，余之信所能止者，沅弟之信亦能止之。第不可早发，徒生疑窦耳。

【注释】

①父台：指家乡地方官。恺恻：和乐恻隐。

②攀辕：《后汉书·侯霸传》："更始元年，遣使征霸，百姓老弱相携号哭，遮使者车，或当道而卧。皆曰：'愿乞侯君复留朞年。'"又《第五伦传》："永平五年，坐法征，老小攀车叩马，啼呼相随。"又《循吏传·孟尝》："以病自上，被征当还，吏民攀车请之。尝既不得进，乃载乡民船夜遁去。"后以"攀辕卧辙"为挽留或眷恋良吏的典故。

【译文】

唐苹洲父台和乐慈祥，又有恻隐之心，我县百姓都非常爱戴他。他这次离任，一定会攀辕挽留。留住好官非干预公事可比，我发信可以留他，沅弟发信也能留他。但不能过早发信，白白惹人怀疑。

澄弟带勇至株洲、朱亭等处①，此间亦有此信。兹得沅弟信，知系康斗山、刘仙桥二人②，澄弟实未管带。甚好甚好！带勇之事，千难万难，任劳任怨，受苦受惊。一经出头，则一二三年不能离此苦恼。若似季弟吃苦数月便尔脱身，又不免为有识者所笑。余食禄有年，受国厚恩，自当尽心竭力办理军务，一息尚存，此志不懈。诸弟则当伏处山林，勤俭耕读，奉亲教子，切不宜干涉军政，恐无益于世，徒损于家。至嘱至嘱！

【注释】

①朱亭：地名。在今湖南株洲境内。

②康斗山：即为康景晖，字斗山，湘乡人。咸丰年间湘乡团练负责人之一。刘仙桥：湖南湘乡人。咸丰年间湘乡团练负责人之一。

【译文】

澄弟带兵到株洲、朱亭等地方，这边也有这个说法。现在收到沅弟的信，才知道是康斗山、刘仙桥两人带兵，澄弟其实没带。很好很好！带兵这种事，千辛万苦，任劳任怨，担惊受怕。且一旦开头，就一二三年不能脱离苦海。如果像季弟吃几个月苦就脱身离去，不免被有识之士笑话。我拿俸禄多年，领受国家厚恩，当然应该尽心竭力办理军务，只要一息尚存，报国之志绝不懈怠。但诸位弟弟应该隐居山林，勤俭耕读，侍奉双亲，教育子弟，实在不应该涉足军政，只怕无益于世，还白白使家庭蒙受损失。千万牢记！

罗山分军在濠头堡失利①，彭三元、李杏春殉难②。有此一挫，武汉恐不能即复③。浔阳周凤山一军、湖口李次青一军及水军，平安如故。茶陵贼匪窜至江西，安福、永新失守④，吉安府城戒严。在次青处调平江勇千三百人往援，周臬台亦带千余人往剿⑤，不知能迅速扑灭否。

【注释】

①濠头堡：一作"壕头堡"，地名。在今湖北咸宁通山境内。

②彭三元：字春浦，湖南善化（今长沙）人。湘军将领，初隶塔齐布麾下，后隶罗泽南部，官任参将，咸丰五年（1855）十月战殁于濠头堡。李杏春：字石仙，湖南湘乡人。由廪生投效军营，以功用训导。咸丰四年（1854），随罗泽南征江西。累功进同知直隶州。咸丰五年（1855），随罗泽南进剿湖北通城、崇阳，与参将彭三元一同战死于濠头堡。

③复：克复。

④安福：县名。即今江西吉安安福。

⑤周臬台：即为时任江西按察使的周玉衡。周玉衡，字器之，湖北荆门人。咸丰五年（1855）任江西按察使，总理吉安军务，与太平军作战，次年战死。

【译文】

罗山分队在濠头堡失利，彭三元、李杏春殉难。经过这次挫折，恐怕武汉不能立即收复了。浔阳周凤山全军、湖口李次青全军和水军都平安如故。茶陵贼匪流窜到江西，安福、永新失守，吉安府城戒严。在次青军中调派平江勇一千三百人前往支援，周臬台也带领一千多人前往剿匪，不知能不能迅速消灭这股贼匪。

　　余癣疾日痊，营务平善，无劳挂虑。诸弟为我禀告父亲大人、叔父大人千万放心。

不一一具。

【译文】

我的癣疾一天天的好了，军营中的事务都还顺利，不劳诸位弟弟挂虑。诸位弟弟为我禀告父亲大人、叔父大人，请他们千万放心。

其他不再一一写了。

十月十九日　书于屏风水次

澄侯、温甫、子植、季洪老弟足下：

十月初一日，宽十等归，寄一函。县城专差来，又寄一家信，想均收到。

【译文】

澄侯、温甫、子植、季洪老弟足下：

十月初一日，宽十等人回去，我寄回一封信。县城专差来到军营，我又寄回去一封信，想必家中都已经收到。

营中日内如常。周凤山九江陆军三千余人尚属整顿①。次青在湖口，因分去千三百人往剿吉安，刻拟添募五百人，以厚兵力。吉安之事，闻周桌台带千人已至，或足以资剿办。罗山在羊楼峒，廿六获胜后，尚无嗣音。

【注释】

①整顿：整齐，整饬。

【译文】

营中最近一切如常。周凤山的九江陆军三千多人还算整齐。次青在湖口,因为分去一千三百人到吉安剿匪,现在打算再招募五百人,使兵力更加雄厚。吉安的事,听说周桌台带的一千人已经到达,或许足够剿灭该股贼匪了。罗山在羊楼峒,二十六日获胜后,还没有后续的音信。

　　兹因春二患病,维五送之还家,复寄数行,以慰堂上老人悬念。罗山在岳、鄂间,军气单弱,余甚不放心。家中上而衡、郴①,下而岳、平②,均多可虞③。望多送信几次来大营也。

【注释】

①衡、郴:即衡阳、郴州。

②平:即平江。

③可虞:堪忧。

【译文】

因为现在春二生病,维五送他回去,再寄几行字回来,以宽慰堂上老人的悬念。罗山在岳阳、湖北之间,势单力孤,我非常不放心。家乡上面的衡阳、郴州,下面的岳阳、平江,都很让人担心。希望家里多送几次信来大营报平安。

十一月初四日　　书于南康府水营

澄侯、温甫、子植、季洪四位老弟左右:

　　十月廿八日在十等到营,接奉父亲大人手谕、纪泽儿禀件及儿侄外甥等寿诗,具悉一切。

【译文】

澄侯、温甫、子植、季洪四位老弟左右：

十月二十八日在十等到达军营，接到父亲大人亲笔信、纪泽孩儿请安禀和子侄辈的祝寿诗，一切情况都已知道。

澄弟在朱亭带勇，十八、九可以撤营。欣慰之至！兵凶战危，一经带勇，则畏缩趋避之念决不可存。兵端未息，恐非二三年所能扫除净尽。与其从事之后而进退不得自由，不如早自审度，量而后入。想诸弟亦必细心筹维也①。

【注释】

①筹维：谋划考虑。

【译文】

澄弟在朱亭带兵，十八、九日可以撤营。我欣慰到了极点！兵凶战危，一旦开始带兵，绝不可以心存畏缩、趋避的念头。战乱不息，恐怕不是两三年可以把贼匪扫除干净的。与其从军之后进退维谷而不自由，不如自己早日审时度势，衡量之后再决定要不要参与兵事。想必诸位弟弟一定也已经细心筹谋过了。

南康水师廿八日开仗一次，失长龙船一号。九江陆军相持如故。李次青在湖口亦未开仗。黄莘农先生今年为我军办理捐输①，已解银六十余万两，未收者尚有二十余万。水陆兵勇自入江西境内，已用口粮百余万。此项捐款实为大宗。目下捐款将次用毕，莘翁又接办盐务。盐务之可以筹饷者有二端：一则四月间奏请浙盐三万引②，现在陆续运行,大约除成本外可获净利十万两;一则于江西饶州、吴城、万安、新城四处设卡③,私盐过境,酌抽税课,大约每月亦可得银万余两。若此两举刻期办齐④,则明年军饷竟可无虑。黄司寇之为功于我军者大矣。浙江盐务,先须成本十余万,现请郭云仙往浙一行,张罗本钱。虽未必有济,姑试图之。

【注释】

①黄莘农:即为黄赞汤(1805—1869),字莘农,号徵三,江西庐陵人。道光十三年(1833)进士,历官兵部右侍郎、刑部右侍郎、户部右侍郎、福建学政、河南巡抚、河道总督及广东巡抚等。曾总理西楚两岸盐饷事务,江西盐饷总局。曾国藩赣战三年,黄赞汤曾在江西劝捐济饷八十余万两助济其军。下文的"莘翁"、"黄司寇"也指黄赞汤。捐输:指因国家有困难而捐献财物。

②引:重量单位。宋以后盐或茶运销时以"引"为计量单位,每引规定的斤数,不同时期和地区各不相同。

③万安:县名。即今江西吉安万安。新城:县名。清代江西省建昌府下属县,地当今江西抚州黎川。是由赣入闽的东大门之一。

④刻期:克期,在严格规定的期限内。

【译文】

南康水军二十八日打了一次仗,失去一条长龙船。九江陆军与贼匪相持如故。李次青在湖口也没有开战。黄莘农先生今年为我军办理捐输,已送来白银六十多万两,未收的还有二十多万两。水陆两路的兵卒自从进入江西,已经消耗军资一百多万两。这项捐款实在是大宗。眼下捐款渐渐就用完了,莘翁又接办盐务。盐务可以筹饷的地方有两处:其一,四月份奏请浙盐三万引,现在陆续运行,大约除了成本还可以获净利十万两;其二,在江西饶州、吴城、万安、新城四处设关卡,一旦有私盐过境，酌抽赋税，大约每月也可以收入银子一万多两。如果这两种办法能如期实行，明年的军饷可以不用愁了。黄司寇对我军的功劳实在很大。浙江盐务，先须要成本十多万两，现在请郭云仙到浙江去一趟，张罗本钱。虽然未必能成功，姑且还是试试吧。

　　罗山自入湖北境内克复崇、通后，忽有濠头堡之挫，旋于廿六日、初三日两获大胜，军威大振。伪北王、伪翼王俱上犯岳、鄂之交①，楚事孔棘②。乃十月初二早，庐州克复，杀贼近万，官兵即日可捣安庆，上游之贼均须回救安省，韦、石二逆或俱退回下游。两湖之事，近日必可渐松。此吾省之福，而亦国家之厚泽，冥冥中巧为布置，使悍贼不得逞志于两湖也③。

【注释】

①伪北王：即为太平天国北王韦昌辉。韦昌辉(1823—1856)，原名志正，又名正，广西桂平金田人。太平天国前期领导人之一。他家资富有，少曾读书，知文义，有才华，遇事能见机应变。道光二十八年(1848)入拜上帝会，不久成为中坚，与洪秀全、冯云山结为兄弟，称天父第五子。金田起义后任后护又副军师，领右军主将，官封北王，称六千岁，地位次于天王洪秀全、东王杨秀清、西王萧朝贵、南王冯云山。咸丰六年(1856)，韦昌辉受洪秀全密诏杀杨秀清，不久，亦被洪秀全处死。伪翼王：即为太平天国翼王石达开。石达开(1831—1863)，小名亚达，绰号石敢当，广西贵县人。道光末加入拜上帝会。道光三十年(1850)十二月参加太平天国金田起义。在永安被封为翼王、五千岁。定都天京后，出巡安庆安民。咸丰四年(1854)，督师援上游。次年初，在江西大

破湘军,以后连战均捷。六年(1856),回援天京,旋再赴上游督
师。同年秋,天京发生内讧,回京,险遭韦昌辉杀害,出走后起兵
讨韦。洪秀全诛韦后,招之回京主政。七年(1857),因遭疑忌,
率军出走。此后转战赣、浙、闽、湘、桂、黔、滇、鄂等省,势力渐
衰。同治二年(1863),在紫打地为大渡河所阻,无法突围,乃致
书川督骆秉章,请免杀将士,旋自赴敌营。被解往成都,遭酷刑
杀害。

②孔棘:形势艰危,困窘。

③逞志:快心,称愿,得逞。

【译文】

罗山自从进入湖北收复崇阳、通城后,忽然在濠头堡受挫,但马上
在二十六、初三两天获得两次大胜,军威大振。伪北王、伪翼王都往上
进犯岳阳、湖北之间,湖南、湖北局面艰危困窘。十月初二日早上,收复
庐州,杀死贼匪近一万人,官兵近日内可以直捣安庆,上游的贼匪都必
须回救安庆,韦昌辉、石达开或许都会退回下游。湖南、湖北的战事,近
日一定可以渐渐放松。这是我省的福气,也是国家福泽深厚,冥冥中巧
妙布置,使悍贼不能在两湖地区逞志。

　　兄身体如常,癣疾未愈。昨日系先妣七旬晋一冥寿,军
中不得备礼以祭,负罪滋深。莘翁自省来营商议盐事,军中
亦无盛馔款之,故未将冥寿之期告之也。

　　余不一一。

【译文】

为兄我身体如常,癣疾也还没有好。昨天是亡母七十晋一的冥寿
之期,军中不能备礼祭奠,深感愧疚。莘翁从省城来军营商议盐务之

事,军中也没有丰盛的饭食来款待他,所以没有将亡母的冥寿之期告诉他。

其他不再一一写了。

十二月初一日　书于南康舟中

澄侯、温甫、子植、季洪四位老弟左右:

安五、蒋一来,接到父亲大人手谕及各书函,欣悉温弟生子之喜。至慰至慰!我祖父母生平无一缺憾之事,惟叔父一房后嗣未盛,九泉尚未满意。今叔父得抱长孙,我祖父母必含笑于地下,此实一门之庆。而叔父近年于吉公祠造屋办祭①,极勤极敬,今年又新造两头横屋②,刚值落成之际,得此大喜,又足见我元吉太高祖庇佑后嗣,呼吸可通③,洋洋如在也④。

【注释】

①吉公祠:指曾国藩太高祖元吉公的祠堂。

②横屋:正屋前两侧的房屋。

③呼吸可通:指人与鬼神之间相互有感应。

④洋洋如在:语出《礼记·中庸》:"使天下之人齐明盛服,以承祭祀。洋洋乎如在其上,如在其左右。"朱子注:"洋洋,流动充满之意。"此指鬼神流动充满于祭祀人之间,与祭祀之人同在。

【译文】

澄侯、温甫、子植、季洪四位老弟左右:

安五、蒋一来到军营,接到父亲大人亲笔信和其他各封信件,很高兴地得知温弟喜得儿子。我欣慰之至!我祖父母平生没有一件遗憾的事,只有叔父一房后嗣子孙还不兴盛,九泉之下还不太满意。现在叔父抱了长孙,我祖父母一定能含笑九泉了,这实在是我们家族的喜庆。叔父近年来对于吉公祠的造屋、办祭礼等事极其勤劳、恭敬,今年又新建了两头的横屋,正值落成之际,遇到这么大的喜事,又足见我元吉太高祖庇佑后嗣,神通感应,如在身边。

安五等途次遇贼,迁折数日,始归正道。彭雪琴亦于袁州遇警①,抛弃行李,与安五等同步行数百里,千辛万苦,现尚未到大营。

【注释】

①袁州:古州府名。地当今江西宜春。

【译文】

安五等人半路遭遇贼匪,绕了几天路,才回到正路。彭雪琴也在袁州遭遇危险情况,抛弃行李,和安五等人一起步行了几百里,千辛万苦,现在还没有到达大营。

江省于十一月初十日临江失守①,十一日瑞州失守②。两府同陷,人心皇恐。不得已,调九江周凤山全军前往剿办,暂解浔城之围。吾率水军及湖口、青山两处陆军,尚驻南康,安稳如常。

【注释】

①临江:古州府名。唐于临江建萧滩镇,宋置临江军,元改临江路,明改临江府,民国废。地当今江西樟树。

②瑞州:古州府名。明改瑞州路为瑞州府,民国废。地当今江西

高安。

【译文】

十一月初十日,江西省临江失守,十一日瑞州失守。两座府城同时沦陷,人心惶惶。我不得已调派九江周凤山全军前往剿匪,暂时解除对浔城的围困。我率领水军以及湖口、青山两处的陆军,还驻扎在南康,安稳如常。

吾今年本拟付银百两回家,以三十两奉父亲大人甘旨之需,以二十两为叔父大人含饴之需,以五十两供往年资送亲族之旧例。此时瑞、临有贼,道途阻梗,不能令长夫带银还家。昨接冯树堂信,言渠将宝庆捐功牌之银送二百两与子植,为进京川资^①,不审已收到否? 如已收到,即请子植先代出百金,明年来大营如数给还。或有所增加,亦未可知。如未收到,即请澄侯代为挪借百金,即付还归款也。资送亲族之项,比往年略有增改,兹另开一单,祈酌之。

【注释】

①川资:旅费。

【译文】

我今年本来计划寄一百两银子回家,拿三十两供奉父亲大人饮食,拿二十两供叔父大人抚养孙儿,拿五十两像往年一样资送亲族。但现在临江、瑞州有贼匪,道路不通,不能让长夫带银子回家。日前接到冯树堂的信,说他将宝庆府捐功牌的银子送了二百两给子植,作为进京的盘缠,不知道子植是否已经收到? 如果已经收到,就请子植先代替我出一百金,明年来大营我如数归还。或许还会增加一些,也未可知。如果没有收到,就请澄侯代为挪借一百金,我会马上寄钱回来归还。资送亲族的款项，比往年有所增改，现在另外开一个单子，希望你们斟酌。

咸丰六年

正月十八日　自江西南康府水营发

澄侯、温甫、子植、季洪四位老弟左右：

去年腊月初二遣胡二、佑七送家信，中途遇贼，抢去银两等件，仍回南康大营。嗣后未专人回家，想父亲、叔父及家中老幼悬望之至。以瑞、临尚未克复，长夫视为畏途，故迟迟也。

【译文】

澄侯、温甫、子植、季洪四位老弟左右：

去年腊月初二日派胡二、佑七送家信，中途遭遇贼匪，抢去银两等物品，仍然回了南康大营。之后没有专门派人回家，想必父亲、叔父和家中老小都悬望之至。因为瑞州、临江还没有收复，长夫害怕路上凶险，所以迟迟没有回去。

自周凤山至江西省城，人心为之安定。十二月初四日，大战樟树镇①，杀贼千余，军威颇振。其时即应留贼之浮桥，星夜修造②，次日渡河攻剿，临江必可得手。周凤山不敢渡河，而移剿上游六十里之新淦③，失此机会。于是省城各大吏，有请其移兵救援吉安以解重围者，有欲其上剿峡江者④，有求其留守新淦者，迁延商榷⑤，遂逾二旬。周凤山以水师孤扎樟镇，恐致疏虞⑥，派辰勇、常勇八百人至樟树护卫水师⑦。正月初二，贼匪渡河来扑，辰、常二勇人少败挫，伤亡二百余人。幸初三日大战获胜，军威复振。盖贼匪于初二日得胜后，即上窜新淦，扑周凤山之营。而周凤山于初二日闻败后，亦速回樟树，为辰、常二勇之援。中途遇于瓦山⑧，大战，杀贼千余，夺马七十余匹，军械锅帐无算。初七日，彭雪琴水师又获胜仗，拆贼浮桥，夺贼新舟。水陆两军，目下仍紧扼樟镇，江西省城可保无虞。

【注释】

①樟树镇：地名。清属临江府，即今江西樟树。

②星夜：连夜，形容急速。

③新淦（gàn）：县名。即今江西新干。

④峡江：县名。即今江西吉安峡江。

⑤迁延：拖延。多指时间上的耽误。

⑥疏虞：疏忽，失误。

⑦辰勇：指湘军中在辰州招募的兵勇。常勇：指湘军中在常德招募的兵勇。

⑧瓦山：地名。在今江西宜春奉新境内。

【译文】

自从周凤山到达江西省城，人心为之安定。十二月初四日，大战樟树镇，消灭贼匪一千多人，军威大为振奋。当时就应该保留贼匪的浮桥，连夜修造，次日渡河攻剿，临江一定能得手。周凤山不敢渡河，而移军上游六十里攻剿新淦，错失了这一次机会。于是省城各地方大员，有请周凤山移军救援吉安来解除重围的，有想他往上进剿峡江的，有求他留守新淦的，拖延商榷，于是过了二十天。周凤山因为水军孤立地驻扎在樟树镇，害怕有所失误，于是派辰勇和常勇八百人到樟树镇守卫水军。正月初二日，贼匪渡河进攻，辰勇和常勇人少而挫败，伤亡二百多人。幸亏初三日大战获胜，军威再度振奋。贼匪初二日获胜后，往上流窜到新淦，进攻周凤山的军营。而周凤山初二日听说樟树镇战败后，也速速赶回樟树镇，救援辰勇和常勇。中途在瓦山与贼匪遭遇，周军与贼匪大战，杀死贼匪一千多人，抢夺贼匪七十多匹战马，缴获军械、锅、帐篷无数。初七日那天，彭雪琴的水军又打了胜仗，拆毁贼匪的浮桥，夺得贼匪的新船。水陆两军，眼下还能紧紧扼守樟树镇，江西省城可保太平。

至南康、青山、湖口水陆各营，自腊月初三青山战胜后，未经开仗。李次青带平江勇驻湖口，训练不懈，日有起色。惟望罗山在湖北克复武汉，周、彭在樟镇克复临、瑞，大局方有转机耳。

【译文】

至于南康、青山、湖口水陆各营，自从腊月初三日青山镇大捷之后，一直没有再开战。李次青带领平江勇驻扎在湖口，坚持不懈地训练，一日好过一日。现在只希望罗山在湖北能收复武汉，周凤山、彭雪琴在樟树镇能收复临江、瑞州，剿匪大局才会有转机。

余身体如常，癣疾十愈六七。高云亭于去年十月初二、三来营诊视癣疾，但云可治，并未开方。去后寄二方来，云须服一百帖。今已服六十帖，大有效验，不知果可断根否。兹将二方抄回一览。此间并湖北军情，有寄罗山观察一函[①]，亦抄回一览。兹专人由义宁、平江、长沙回家，不知可无梗阻否。年终，奉圣恩赐"福"字一方、大小荷包三对、食物各件，于正月十六日接到。兹将军机处原咨抄回。其赐件暂不敢寄，俟道途肃清，再行专送。去腊初旬之函，兹一并附呈。

余不一一。

即问近好！

【注释】

①观察：官名。唐代于不设节度使的区域设观察使，省称"观察"，为州以上的长官。宋代观察使实为虚衔。清代作为对道员的尊称。道员即道台，清代省以下、府以上一级的官员。主管范围，有按地区分者，如济东道；有按职务分者，如盐法道。

【译文】

我身体如常，癣疾好了十分之六七。高云亭去年十月初二、三日来我军营为我诊视癣疾，只说能治，却并没有开药方。他离开后寄来两个方子，说必须服用一百帖。我现在已经服了六十帖，很有效果，不知是否真的可以断根。现在将这两个方子抄录一份寄回来给你们看看。这里以及湖北军情，有寄给罗山观察的一封信，也抄录一份寄回来供你们一阅。现在派专人从义宁、平江、长沙回来，不知路上是否会有阻碍。年终，蒙圣上恩典赏赐"福"字一方、大小荷包三对、各种食物，在正月十六日接到。现在将军机处原件抄录一份寄回。赏赐的东西暂时还不敢寄，等到肃清了道路，再派专人送回。去年腊月上旬的信函，现在也一块寄回来。

其他不再一一说了。

祝近来安好！

二月初八日　书于南康

澄侯、温甫、子植、季洪四位老弟左右：

正月十九日发去家信，交王发六、刘照一送回，又派戈什哈萧玉振同送①，想日内可到。正月三十日、二月一日连接澄侯在长沙所发四信，具悉一切。唐四、景三等正月所送之信，至今尚未到营。

【注释】

①戈什哈：满语。清代高级官员的侍从护卫。萧玉振：曾国藩亲兵。

【译文】

澄侯、温甫、子植、季洪四位老弟左右：

正月十九日发去家信，交给王发六、刘照一送回，又派了戈什哈萧玉振同送，这几天想必可以到达家中。正月三十日、二月初一日连续接到澄侯在长沙发的四封信，一切情况都已知道。唐四、景三等人正月送来的信，到现在还没有到达大营。

江西军事，日败坏而不可收拾。周凤山腊月四日攻克樟树，不能乘势进取临江，失此机会。后在新淦迁延十余日，正月五日复回樟镇。因浮桥难成，未遽渡剿临江，吉安府城已于二十五日失守矣。周臬司、陈太守等坚守六十余日①，而外援不至。城破之日，杀戮甚惨。伪翼王石达开自临江至吉安督战。既破吉郡，自回临江，而遣他贼分攻赣州②，以通粤东之路。如使赣郡有失，则江西之西南五府尽为贼有。北路之九、南、饶③，本系屡经残破之区，九江早为贼据，仅存东路数府耳。

【注释】

①陈太守：即为吉安知府陈宗元。陈宗元(？—1856)，字保之，江苏吴江人。道光十三年(1833)进士，曾官吏部主事、郎中等职。咸丰中授江西吉安府。咸丰五年(1855)，太平军攻吉安，陈宗元与周玉衡坚守六十余日，咸丰六年正月城破而死。

②赣州：古州府名。即今江西赣州。是江西的南大门，是中国内地通向东南沿海的重要通道之一。

③九、南、饶：即九江、南康、饶州三府。

【译文】

江西的军事，一天天地败坏而不可收拾。周凤山腊月初四日攻破樟树镇，不能乘势进攻临江，错失良机。后来在新淦耽搁十多天，正月初五日又回到樟树镇。因为浮桥难以造成，没能迅速渡江攻剿临江，而吉安府城已经在二十五日失守了。周臬司、陈太守等人坚守六十多天，而没有外援到来。破城那天，贼匪杀戮无数，甚是惨烈。伪翼王石达开从临江到吉安督战。攻破吉安之后，伪翼王自己回了临江，而派遣别的贼匪分路攻取赣州，以打通到粤东的道路。如果赣郡失守，江西西南五府就会全部被贼匪占有。北路的九江、南康、饶州，本来就是久经战乱的地区，残破不堪，而九江早已被贼匪占据，只有东路几府还没有沦陷。

罗山观察久攻武昌，亦不得手。现经飞函调其回江救援，但道途多梗，不知文报可达否①。刘印渠一军②，闻湘省将筹两月口粮，计二月初启行，不知袁州等处果能得手否。

【注释】

①文报：公文函件。

②刘印渠：即为刘长佑（1818—1887），字子默，号荫渠，一作"印渠"，湖南新宁人。道光二十九年（1849）拔贡。咸丰二年（1852）随江忠源率乡勇赴广西镇压太平军。次年春因镇压浏阳征议堂会众起事，擢知县，旋升同知。6月，奉命领军自长沙驰援南昌；旋即偕罗泽南赴援解吉安围，擢知府。咸丰四年（1854），率军攻克袁州、临江等地，官加按察使衔。咸丰七年（1857）袁州太平圩之战，全军溃败，退保分宜。咸丰九年（1859）回湖南与天地会作战，并追击石达开军，占柳州后，官擢广西布政使。次年任广西巡抚。同治元年（1862）擢闽广总督，旋即调任直隶总督。同治八年（1869）被革职。同治十年（1871）后历任广东巡抚、云贵总督等职。光绪十三年（1887）病逝。谥武慎。著有《刘武慎公遗书》。

【译文】

罗山观察久攻武昌，也没有得手。现在派出紧急信件调他回江西救援，但道路多阻塞，不知道公文能不能到他手中。刘印渠一军，听说湖南省将筹集两个月口粮，计划二月初启程前来，不知道袁州等地方是否能得手。

余在南康，身体平安，癣疾已好十之七。青山陆军正月十八日攻九江城一次，杀贼百余人。水师于二十九打败仗一次，失去战舟六号。湖口陆军于初一日打胜仗一次，杀贼七八十人。省城官绅请余晋省，就近调度。余以南康水陆不放心，尚未定也。

【译文】

我在南康,身体平安,癣疾已经好了十分之七。青山陆军于正月十八日进攻九江一次,杀死贼匪一百多人。水军于二十九日打了一次败仗,失去六条战船。湖口的陆军于初一日打了一次胜仗,杀死贼匪七八十人。省城的官绅请我进省城,以便就近调度。我因为不放心南康的水陆两军,还没有作决定。

纪泽儿定三月廿一日成婚。七日即回湘乡,尚不为久。诸事总须节省,新妇入门之日,请客亦不宜多。何者宜丰,何者宜俭,总求父大人定酌之。

【译文】

纪泽孩儿定于三月二十一日成婚。七天就回湘乡,时间不算太久。各方面总要节省,新妇进门那天,也不宜宴请太多宾客。哪项该丰盛,哪项该节俭,都请父亲大人斟酌决定。

纪泽儿授室太早①,经书尚未读毕。上溯江太夫人来嫔之年②,吾父亦系十八岁,然常就外傅读书③,未久耽搁。纪泽上绳祖武④,亦宜速就外傅,慎无虚度光阴。闻贺夫人博通经史⑤,深明礼法。纪泽至岳家,须缄默寡言,循循规矩。其应行仪节⑥,宜详问谙习⑦,无临时忙乱,为岳母所鄙笑。少庚处⑧,以兄礼事之。此外若见各家同辈,宜格外谦谨,如见尊长之礼。

【注释】

①授室:本谓把家事交给新妇,后以“授室”指娶妻。

②太夫人：后世官吏之母，不论存殁，称"太夫人"。嫔：嫁。

③外傅：古代贵族子弟至一定年龄，出外就学，所从之师称"外傅"。与内傅相对。

④绳：继承。祖武：谓先人的遗迹、事业。武，步武，足迹。

⑤贺夫人：贺长龄之妻，曾纪泽岳母。

⑥仪节：礼法，礼节。

⑦谙习：熟习。

⑧少庚：即为贺长龄之子贺吉甫，号少庚。曾纪泽妻兄。

【译文】

纪泽孩儿成家太早，经书还没有读完。上溯江太夫人嫁过来的时候，我父亲也是十八岁，但常常出外随老师读书，没有耽搁太久。纪泽孩儿上继祖父事业，也应该速速外出随老师学习，切莫虚度光阴。听说贺夫人博通经史，深明礼法。纪泽孩儿到了岳家，必须缄默寡言，循规蹈矩。应该行的礼节，须详细询问、熟习，不要到时候忙乱不堪，被岳母轻视、讥笑。少庚那边，就以对待兄长的礼节对待他。此外，如果见到各家的同辈，应该格外谦虚谨慎，礼节上如见尊长一样。

新妇始至吾家，教以勤俭，纺绩以事缝纫，下厨以议酒食。此二者，妇职之最要者也。孝敬以奉长上，温和以待同辈。此二者，妇道之最要者也。但须教之以渐。渠系富贵子女，未习劳苦，由渐而习，则日变月化，而迁善不知。若改之太骤，则难期有恒。凡此，祈诸弟一一告之。

【译文】

新妇一到我家，须教她勤俭，纺纱、织布来做缝纫，下厨房来安排酒食。这两者，是妇人职责中最紧要的。孝敬侍奉长辈，温和地对待同辈。这两者，是妇道中最紧要的。但必须循序渐进地教她。她是富贵人家的子女，没做过劳苦之事，日积月累，慢慢熟练，才能逐日变化，不知不觉地改善。如果骤然让她改变，就难以指望坚持不懈。所有这些，请诸位弟弟一一告知。

　　江西各属告警，西路糜烂。子植若北上，宜走樊城，不宜走浙江，或暂不北上亦可。优贡例在礼部考试，随时皆可补考。余昔在礼部阅卷数次，熟知之也。

【译文】

　　江西属下各地告急，西路被踩蹦摧残，局面难以收拾。子植如果北上，应该走樊城，不宜取道浙江，或者暂时不北上也可以。优贡生历来在礼部考试，随时可以补考。我曾经在礼部阅过几次卷，知道得很清楚。

四月初八日　致温六老板书

温六老板左右①：

　　三月廿八日，有小伙计自鄂来江②，乃初九日起程者。接润之老板信三条③，知雄九老板噩耗④。吾邑伟人，吾店首功⑤。何堪闻此！迪安老板新开上湘宝行⑥，不知各伙计肯听话否？若其东来，一则恐无盘缠⑦，二则恐润老板太单薄。小店生意萧条。次青伙计在抚州卖买较旺⑧，梧冈伙计亦在彼帮助⑨，邓老八、林秀三亦在彼合伙也⑩。雪琴河里生意尚好⑪，浙闽均有些伙计要来，尚未入境。黄虎臣老板昨往瑞州去做生意⑫，欲与印渠老行通气⑬，不知可得手否。

【注释】

①温六老板：即温甫六弟。见前注。此信为密信，因防泄露，故作商人口气，信中人称皆用化名。

②小伙计：实指送信长夫。

③润之老板：即湖北巡抚胡林翼。见前注。

④雄九老板：即湘军将领罗泽南。见前注。噩耗：指罗泽南战死于武昌一事。

⑤吾店：即我邑，指湘乡。首功：首创之功，第一等功劳。

⑥迪安老板：即代罗泽南指挥全军的李续宾。见前注。新开上湘宝行：指李续宾新接手统领援鄂湘军一事。

⑦盘缠：指军费。

⑧次青伙计：即李元度。见前注。抚州：明、清州府名。即今江西抚州。卖买较旺：指军事局面较好，兵强马壮。

⑨梧冈伙计：即周凤山。见前注。

⑩邓老八：即为邓辅纶(1828—1893)，字弥之，湖南武冈人。咸丰元年(1851)副贡生，曾入南昌围城中省父，一度率兵镇压太平军。以曾国藩荐擢浙江候补道。以诗名，有《白香亭诗文集》。林秀三：即为林源恩，字秀三。

⑪雪琴：即彭玉麟。见前注。河里生意：指水军方面。

⑫黄虎臣老板：即为湘军将领黄虎臣，湖南宁远人。陆军营官，官至都司，咸丰六年(1856)战死于江西建昌。

⑬印渠老行：指刘长佑所带领的一支湘军。

【译文】

温六老板左右：

三月二十八日，有小伙计从湖北来江西，是初九日启程的。我接到润之老板三封信,知道了雄九老板的噩耗。他是我县伟人,立下我店第一等功劳。我怎么忍心听到这样的消息! 迪安老板新开上湘宝行,不知各伙计是否听令? 如果他东来,一怕没有盘缠,二怕润老板势单力孤。小店生意萧条。次青伙计在抚州买卖颇好,梧冈伙计也在那边帮忙,邓老八、林秀三也在一起帮忙。雪琴河里的生意经营得很好,浙江、福建有些伙计要来,但还没有入境。黄虎臣老板日前去瑞州做生意,想和印渠老行通气,不知能否成功。

　　余身体平安,癣疾全愈。在省城与秋山宝店相得①,特本钱太少,伙计又不得力,恐将来火食为难耳。余不一一。澄四老板三月十九发一信来②,已收到矣。

　　开益号手具③。

【注释】

①秋山宝店:即为文俊,字秋山,满洲镶红旗人。举人出身。咸丰中曾官四川按察使、湖北布政使、江西巡抚。

②澄四老板:即澄侯四弟。见前注。

③开益号:曾国藩自称。

【译文】

　　我身体平安,癣疾已经痊愈。在省城与秋山宝店相处甚好,只是本钱太少,伙计们又不得力,恐怕将来难以负担伙食。其他不再一一说了。澄四老板三月十九日发来一封信,我已经收到。

　　开益号亲笔。

　　润公老板、迪安老板、义渠宝号、吴竹宝店均此①。来伙计二人,照给白货②。初七日到小店,初九日行。

【注释】

①义渠宝号：指唐训方处。吴竹宝店：指吴坤修处。

②白货：指银子。

【译文】

润公老板、迪安老板、义渠宝号、吴竹宝店同阅。派来的两名伙计，照样给了银子。初七日来到小店，初九日出发。

七月二十七日　致澄侯、沅浦、季洪弟书

澄侯、沅浦、季洪三位老弟左右：

七月十六夜，温甫弟自瑞州坐战船至省。兄弟相会，得悉阖家老幼平安。十九日韩升至，接澄弟书，备悉一切。欣慰无似①！

【注释】

①无似：犹无比。

【译文】

澄侯、沅浦、季洪三位老弟左右：

七月十六日夜里，温甫弟从瑞州坐战船到江西省城。兄弟相会，得知家中老幼平安。十九日韩升到达大营，接到澄弟书信，一切情况都已知道。我欣慰无比！

此间军事，李次青在抚州大小三十余战，小挫二三次，余俱获胜。虽未克复府城，而东路十余州县赖以保全。饶州经毕金科于六月廿二日大战攻克①，月内尚属安谧。彭雪

琴吴城水师平安,贼舟亦未上犯。瑞州自温甫与吴、普、刘诸军到后②,江西省城又发兵四千人前往迎接,十五日已相会合。十七日贼来扑营,省兵几不能支,幸楚军救援,转败为胜。廿三日吴竹庄率彪勇千人并省兵八百人回剿新昌县③。瑞州贼势浩大,守备完密,尚难遽破也。

【注释】

①毕金科(1833—1857):字应侯,云南临沅人。咸丰间从湘军塔齐布部,与太平军转战于江西。咸丰七年(1857)正月,攻景德镇,遇伏战死。

②吴、普、刘:分指吴坤修、普承尧、刘长佑。普承尧,彝族,云南新平细牙甸人。道光二十四年(1844)武举,次年中恩科进士,选补为湖南宝庆协中军都司。咸丰、同治年间,普承尧奉命率兵镇压太平军,转战湖北、江西、安徽三省;后入川,镇压太平军石达开部。因军功,授官提督,封号扎萨克阁巴图鲁,为江西九江镇总兵。后文"普副将"、"普将"亦指普承尧。

③彪勇:指吴坤修所率"彪"字营。新昌县:清县名。县治今江西宜丰新昌镇。

【译文】

这边军事,李次青在抚州发动大小三十多次战斗,小挫两三次,其余全部获胜。虽然还没能收复府城,但东路十多个州县都仰仗他而保全。毕金科于六月二十二日率军大战,攻克饶州,月内还算平安宁静。彭雪琴吴城水军平安,贼船也没有往上进犯。瑞州自从温甫与吴、普、刘诸军到后,江西省城又派四千人的军队前往迎接,十五日已经会合。十七日贼匪来攻营,省城的军队几乎不能应付,辛亏楚军援救,才转败为胜。二十三日,吴竹庄率领一千名"彪"字营兵勇和八百名省城兵卒回剿新昌县。瑞州贼匪声势浩大，守备周密，还很难迅速攻破。

温弟之病系伤暑热，在营误服大黄太多，几至阳陷于阴。现服补阳之剂，日就痊可，二日内能食能眠。若再服补药数帖，即可复元矣。

【译文】

温弟的病是中暑，在军营误食太多大黄，几乎导致阳气大伤。现在服食补阳气的药剂，一天天好起来，两日内能吃能睡。如果再吃几帖补药，就可以复元了。

余身体平安，癣疾自腿以上皆未发。江西年谷丰稔，足以告慰。

顺候近好！

【译文】

我身体平安，癣疾从腿部以上都没有发。江西谷物丰收，令人感到安慰。

祝近来安好！

八月十八日 致澄侯、沅浦、季洪弟书

澄侯、沅浦、季洪老弟足下：

七月之季遣刘一、安五回家，寄呈家书，想已得达。温弟之病日见痊愈。因盛暑行军，过于劳苦，又误服大黄太

多,故到省后以温补而始奏效。再调养半月即可复元,仍回瑞州也。

【译文】

澄侯、沅浦、季洪老弟足下:

七月末派刘一、安五回家,寄上书信,想必已经到了。温弟的病一天天地看着痊愈了。因为盛夏行军,过于劳苦,又误食了太多大黄,所以到省城后用温补的办法才开始奏效。再调养半个月就可以复元,仍然回瑞州。

瑞郡官军屡获大胜,军威日振,贼势日蹙①。惟闻伪翼王石达开新自鄂中东下,为李迪庵所败,或当来援瑞州,不免大战数场。果能擒此巨憝献俘北阙②,则江省全局立转破竹之势,易于着手耳。

【注释】

①日蹙:形势一天比一天危险。

②巨憝(duì):元凶,大恶人。北阙:用为官禁或朝廷的别称。

【译文】

瑞州官军屡次大获全胜,军队威势一日比一日高涨,而贼匪形势一日比一日窘迫。听说伪翼王石达开最近从湖北中部东下,被李迪庵打败,或许会来支援瑞州,届时不免大战几场。如果真的能俘获元凶石达开献给朝廷,江西全省局势就会立马好转,攻克贼匪就会势如破竹,易于着手。

七月下旬,有永丰败匪勾结江闽交界之边钱会匪①,连陷南丰、新城、泸溪、贵溪、弋阳等县②,河口一镇③,广信府城十分危急。幸浙江防兵之在玉山者逾境来援④,信郡尚保无恙⑤。一波特起,全省震荡。现抽拨次青抚州军中四千人往剿河口,未审能迅速扑灭否。闽兵尚在建昌⑥,兵多贼少,克复久稽⑦。粤兵在赣得保要郡,差强人意。毕金科在饶州,彭雪琴在吴城,均尚平安。

【注释】

①永丰:县名。即今江西吉安永丰。边钱会匪:指咸丰六年(1856)江西吉安与福建建昌交界地区的反清组织。因会众"以钱涂朱,描金为字",故称"边钱会"。

②南丰:县名。即今江西抚州南丰。泸溪:县名。清末为江西省建昌府下属县,即今江西抚州资溪。是江西东大门,也是江西入福建的重要通道。贵溪:地名。清代为江西省广信府下属县,即今江西鹰潭贵溪。

③河口:地名。即今江西上饶铅山河口镇。

④防兵:指明、清时驻防在地方上的军队。玉山:县名。清代属江西省广信府,即今江西上饶玉山。

⑤信郡:指广信府。

⑥建昌:明清州府名。府治在今江西南城。

⑦久稽:长期稽留。

【译文】

七月下旬,有永丰败匪勾结江西、福建交界地带的边钱会匪,接连攻陷南丰、新城、泸溪、贵溪、弋阳等县,以及河口镇,广信府城十分危急。幸亏在玉山的浙江防兵跨过边界来救援,广信暂时还没有沦陷的忧患。这一波攻占突起,全省动荡不安。现在抽调次青抚州军中四千人前往河口剿匪,不知道能不能迅速扑灭。闽兵还在建昌,兵多贼少,克复建昌长期稽留。粤兵在江西能够保住重要的郡县,还算令人满意。毕金科在饶州,彭雪琴在吴城,都还平安。

　　前三月间,澄弟在长沙兑李仲云家银二百两①,刻下营中实无银可拨,只得仍在家中筹还。前年所买衡阳王家洲之田②,可仍卖出,以田价偿李家之债可也。余身体平安,癣疾略发,尚不甚为害。

【注释】

①李仲云:长沙人。

②王家洲:地名。在今湖南衡阳境内。

【译文】

　　之前三月份,澄弟在长沙李仲云家支二百里银子,眼下营中没有银两可拨,只能在家中想办法筹还。前年买的衡阳王家洲的田,可以卖掉,来偿还李家的债款。我身体平安,癣疾稍微发了些,病害还不是很大。

九月初十日　瑞州营次

澄侯、沅浦、季洪三弟左右:

　　九月初二刘一来江西,奉父亲大人、叔父大人手谕,敬悉家中平安。而澄弟在永丰,沅弟在省,季弟居稍远,均无安信。纪泽儿亦未写信,殊不可解。自瑞、临道梗,不通音问者已八阅月①。此次刘一等回家,纪泽应惊喜异常,写详禀以告家中之琐事，以安余之心。即今年新婚一节，亦应将喜事之首尾、新妇之贤否，缕晰禀告。何竟无一字上陈耶？嗣后每次长夫来营，纪泽必写详禀一封，细述家中及亲邻之琐事，并陈己身及诸弟之学业。每次以一千字为率②，即以此当问视之子职可也③。温甫病已全愈，眠食均皆复旧，惟脚力略软，是以尚留省城，再为调养。

【注释】

①阅月：整月。

②为率：为准。

③问视：指请安、探视长辈。子职：为人子的职分。

【译文】

澄侯、沅浦、季洪三弟左右：

九月初二日刘一来江西，接到父亲大人、叔父大人亲笔信，敬知家中平安。但澄弟在永丰，沅弟在省城，季弟住得稍微远一点儿，都没有来信报平安。纪泽孩儿也没有写信来，我实在不理解。自从瑞州、临江道路阻塞，已经八月一整月不通音信。这次刘一等人回家，纪泽孩儿应该异常惊喜，详细写信禀告家中琐事，使我安心。就今年新婚之事，也应该将喜事的详细情况、新妇的贤惠与否清清楚楚地禀告。为何竟然连一个字也没有呢？以后每次长夫来我军营，纪泽一定要详细写一封信，详细记述家里、亲戚、邻居等的琐事，以及自己和诸位弟弟的学业。每次以一千字为标准，就把它当作为人子向父母请安的职责吧。温甫的病已经痊愈，睡眠、饮食等一切恢复如常，只是腿脚还不硬朗，因此还留在省城，再度调养。

余于初三日自省起程，初五日至瑞州。见刘峙衡营务整肃①,治全军如治一家,每日皆饭毕始近黎明,深堪佩服。普承尧宝勇营,亦队伍整齐。吴竹庄彪勇现已分出进省,另剿东路广信之贼。省兵五营在瑞者,亦尚有规矩。余驻瑞数日,即行回省,令温弟来瑞也。

【注释】

①刘峙衡:即为刘腾鸿(1820—1857),字峙衡,湖南涟源人。少时读书无成,而去经商。咸丰中随罗泽南为营官,师事罗泽南。咸丰五年(1855),随罗泽南部援湖北,以战功擢知县,所率勇号湘后营。咸丰六年(1856),奉胡林翼令,率所部千人从曾国华赴援瑞州,因功擢直隶州知州,赐号冲勇巴图鲁。咸丰七年(1857),攻瑞州时中炮死。谥武烈。

【译文】

我初三日从省城启程,初五日到达瑞州。看见刘峙衡军务整肃,整治全军如整治一家,每天都是吃完饭才差不多到黎明,深感佩服。普承尧的宝庆勇,队伍也很整齐。吴竹庄的彪勇现在已经单分出来,开进省城,另剿东路广信的贼匪。省城军队有五个营驻扎在瑞州,也很算有规矩。我驻扎在瑞州几日,就要回省城,让温弟来瑞州。

沅弟在长沙招勇,不知系代南坡兄办就后即交他人管带①,抑系亲自统辖?与周凤山并为一军乎,抑各树一帜乎?此间有"凤"、"新"、"虎"三营千七百人②,周凤山之旧部也,益以渠在长沙所招之千五百人、王吉昌投效之八百人③,已足自成一军,皆永州道、新、宁、江四属之人④。即不收王吉昌之勇,亦尚有伍化蛟等营可以合并⑤。沅弟所招之湘勇,似不必与周合。如来瑞州，则与峙衡合可也，与宝勇合亦可也。如来吉安，则须另觅一军合之。沅弟与黄南兄、夏憩兄熟商后⑥，望专人飞速寄信来江。

余俟续布。

【注释】

①南坡兄：即黄冕。见前注。后文的"南翁"、"南兄"、"南公"、"黄太守"亦指黄冕。

②"凤"、"新"、"虎"三营：即"凤"字营、"新"字营、"虎"字营，营官分别为周凤山、李新华、周虎臣，而以周凤山为统领，咸丰中从攻江西。

③王吉昌：字德才，号容园，湖南江华人。咸丰二年（1852），在本邑倡立团练。咸丰三年（1853）入湘军，初带"凤"字营。咸丰六年（1856）效力于江西，另立"长"字营。咸丰六年十月，战死于江西奉新。

④道：即道州。新：即新田。宁：即宁远。即今湖南宁远。江：即江华。即今湖南江华。

⑤伍化蛟：湘军营官，咸丰六年（1856）效力于江西。

⑥夏憩兄：即为夏廷樾，字憩亭，江西新建人。曾国藩幕府重要成员，曾长期为曾国藩总理粮台。后文提到的"憩翁"亦指夏廷樾。

【译文】

沅弟在长沙招募兵勇，不知道是代南坡兄办好后就交给别人管带，还是亲自统辖？和周凤山的军队合并，还是各树一帜？这里有"凤"、"新"、"虎"三个营一千七百人是周凤山的旧部，加上他在长沙招募的一千五百人、王吉昌投效的八百人，已经足以自成一军，且都是永州府道州、新田、宁远、江华四个地方的人。即使是不收王吉昌的兵勇，也还有伍化蛟等人的军队可以合并。沅弟招募的湘勇，似乎不必与周凤山的军队合并。如果沅弟来瑞州，可以与刘峙衡合并，也可以和宝庆勇合并。如果来吉安，就需要另外找个军队来合并。沅弟和黄南兄、夏憩兄商量好后，希望派专人飞速送信来江西。

其他的等我以后再说吧。

九月初十日　致澄侯弟书

澄侯四弟左右：

顷接来缄，又得所寄吉安一缄，具悉一切。朱太守来我县①，王、刘、蒋、唐往陪②，而弟不往，宜其见怪。嗣后弟于县城、省城均不宜多去。处兹大乱未平之际，惟当藏身匿迹，不可稍露圭角于外③。至要至要！

【注释】

①朱太守：疑指时任宝庆知府的朱石樵。原为湘乡县令。见前注。

②王、刘、蒋、唐：疑指王鑫、刘蓉、蒋益澧、唐萍洲。皆见前注。

③圭角：圭的棱角。指棱角，锋芒。

【译文】

澄侯四弟左右：

刚刚接到来信，又收到寄往吉安的一封信，一切情况都已知道。朱太守来我县，王、刘、蒋、唐等人前往作陪，而澄弟没有去，他见怪也是情理之中。以后不管是县城还是省城，澄弟都不要多去。处在大乱还没有平定的时候，只应该隐藏形迹，不要稍微露一点儿锋芒在外。此事极其重要！

　　吾年来饱阅世态,实畏宦途风波之险,常思及早抽身,以免咎戾①。家中一切,有关系衙门者,以不与闻为妙。

【注释】

①咎戾:罪过,灾祸。

【译文】

　　我多年来阅尽世态,实在害怕宦海风波的危险,常想及早抽身,以免惹祸上身。家中一切事务,只要与官府有关的,总以不过问为好。

九月十七日　致沅浦弟书

沅浦九弟足下:

　　十七日李观察处递到家信①,系沅浦弟在省城所发者。黄南兄劝捐募勇,规复吉安,此豪杰之举也。南路又出此一枝劲兵,则贼势万不能支。

【注释】

①李观察:即为李桓(1827—1891),字叔虎,号黼堂,又作"辅堂",湖南湘阴(今为汨罗)人。李星沅子。咸丰五年(1855)以道员拣发江西,署广饶九南兵备道,历官江西督粮道兼江西厘局总办。同治元年(1862)升江西布政使,署江西巡抚。以故罢归。家居二十年,搜罗清代自天命至道光前人物资料,成《国朝耆献类征》《国朝贤媛类征》,另有《宝韦斋类稿》。

【译文】

沅浦九弟足下:

　　十七日李观察那里送来家信,是沅浦弟在省城发的。黄南兄鼓励捐献、招募兵勇，试图恢复吉安，真是豪杰之举。南路又崛起这么一支精锐的军队，贼匪势必万难支撑。

金田老贼癸、甲两年北犯者既已只轮不返[1]，而曾天养、罗大纲之流亦频遭诛殛[2]，现存悍贼惟石达开、韦俊、陈玉成数人[3]，奔命于各处，实有日就衰落之势。所患江西民风柔弱，见各属并陷[4]，遂靡然以为天倾地坼[5]，不复作反正之想[6]，不待其迫胁以从，而甘心蓄发助战[7]，希图充当军师、旅帅[8]，以讹索其乡人，掳掠郡县村镇，以各肥其私橐。是以每战动盈数万人，我军为之震骇。若果能数道出师，禽斩以千万计[9]，始则江西从逆之民有悔心，继则广东新附之贼生疑贰，而江西之局势必转，粤贼之衰象亦愈见矣。南兄能于吉安一路出师，合瑞、袁已列为三路，是此间官绅士民所祷祀以求者也。即日当先行具奏。

【注释】

①金田老贼：指从广西金田来的太平军。癸、甲两年：指咸丰三年癸丑(1853)、咸丰四年甲寅(1854)两年。北犯者：指太平天国北伐军。咸丰三年(1853)春，太平天国定都天京后，在派兵西征的同时，派天官副丞相林凤祥和地官正丞相李开芳等率军两万余人，挺进华北。北伐军从扬州出发，经安徽、河南等地，进入直隶，逼近天津；但不久军事失利。咸丰五年(1855)，林凤祥、李开芳先后被俘并被处死，北伐军全军覆没。只轮不返：连战车的一只轮子都未能返回，比喻全军覆没。

②曾天养(1795？—1854)：广西桂平人，太平天国将领。参加金田起义时已五十余岁，太平天国建都天京后，擢殿左九指挥。咸丰

三年(1853)，太平军西征，曾天养为主力之一，最称悍将。转战皖北集贤关、桐城、舒城。咸丰四年(1854)占领庐州，进军湖北，又攻入湖南。咸丰四年(1854)七月，曾天养率军在岳州城陵矶斩湘军水师大将陈辉龙、褚汝航、夏銮等，旋被湘军塔齐布部斩杀。追封烈王。罗大纲(1804?—1855?)：原名亚旺，广东揭阳人，一说顺德人，或作广西人。道光间在广西组织天地会。金田起义后，率部加入太平军，封军帅。自桂入湘，屡战有功。咸丰三年(1853)与吴如孝攻下镇江。同年，升为冬官正丞相。后率军援九江，旋退守湖口。五年(1855)，大破湘军水师，反攻湖北，夺取武汉三镇。奉命留守九江，东援芜湖，受重伤，死后追封福王。诛殛：诛杀。

③韦俊(1827—1884)：号义堂，壮族，广西桂平人。太平天国将领，北王韦昌辉之弟，曾率太平军数次攻占武昌。咸丰六年(1856)春，在武昌击毙湘军大将罗泽南。同年秋，因其兄韦昌辉在天京被诛杀，率部出走。咸丰八年(1858)，投降清军，被封为参将，驻守安徽池州。晚年隐居于安徽芜湖。死后葬于安徽宣城。陈玉成(1837—1862)：原名陈丕成，洪秀全赐名玉成，广西藤县人。随叔父陈承瑢参加金田起义。初为太平军童子兵，渐升为将校。参与西征各役，骁勇善战，升冬官正丞相。咸丰六年(1856)，与诸军同破清军江南大营。天京事变后，成为太平军重要将领。咸丰八年(1858)被任命为前军主将，会同李秀成取得浦口大捷，破清军江北大营；驰援庐州，取得三河镇大捷，全歼湘军精锐李续宾部。九年(1859)，晋封英王。十年(1860)，会同各军再破江南大营，东征苏州、常州。咸丰十一年(1861)，援救安庆失败，退守庐州。同治元年(1862)四月，率部从庐州突围，走寿州，被投降清军的苗沛霖诱捕，解送清营。五月初八被处死。

④各属：指江西省下属各州县。

⑤靡然：草木顺风而倒貌，喻望风响应，闻风而动。天倾地坼(chè)：
　　天崩地裂，比喻极大的灾难和变局。

⑥反正：意指消除混乱局面，恢复正常秩序。

⑦蓄发助战：指蓄发加入太平军。清行剃发令，太平军蓄发。

⑧军师：太平天国军衔。太平天国仅东、西、南、北四王可加军师
　　衔，其名位甚高。中国近代史资料丛刊《太平天国·天朝田亩制
　　度》："丞相禀军师，军师奏天王，天王降旨，军师遵行。"旅帅：太
　　平天国官名。既管军政亦管民政，位在师帅之下，卒长之上。

⑨禽："擒"的古字。

【译文】

　　金田老贼癸丑、甲寅两年北上进犯的已经全军覆没，而曾天养、罗大纲之流也被斩杀殆尽，现存的悍匪只有石达开、韦俊、陈玉成几人在各处疲于奔命，实在有日渐衰落的趋势。令人忧患的是江西民风柔弱，见到一些地方沦陷，便以为是天翻地裂了，不再有反正的念想，不必等乱党来胁迫他们从乱，便甘愿留起头发、从军助贼，妄想在贼匪中当军师、旅帅一类的大官，以便讹诈勒索乡里人民，掠夺郡县村镇，装满他们私人的腰包。所以每打一次战役，贼匪动辄有好几万人，我军被他们吓倒。如果我们能从几路同时进军，成千上万地擒杀贼匪，先是江西依附贼匪的民众会有所悔悟，接着广东那边新近依附的贼匪也会有动摇的念头，江西的局势就必然会有所扭转，广东贼匪衰败的气象也会更加明了。南兄能在吉安一路出兵，加上瑞州、袁州的军队就能列为三路，正是此间官绅、百姓所祈祷以求的。我近日会上奏折禀报。

　　沅弟能随南翁以出，料理戎事，亦足增长识力。南翁能以赤手空拳干大事而不甚着声色，弟当留心仿而效之。

【译文】

沉弟能跟着南翁一起料理军事，也足以增长见识和能力。南翁能凭赤手空拳成就大事而不露声色，沉弟应当留心学习他这点。

夏憩兄前亦欲办援江之师，不知可与南兄同办一路否。渠系簪缨巨室①，民望所归，又奉特旨援江，自不能不速图集事②。惟与南兄共办一枝，则众擎易举③；若另筹一路，则独力难成。沉弟若见憩翁，或先将鄙意道及④，余续有信奉达也。

【注释】

①簪缨巨室：指显贵大族。簪缨是古代官吏的冠饰，比喻显贵。
②集事：成事，成功。
③众擎易举：众人用力，东西就容易举起，比喻同心合力，事情就容易办成。大抵与俗语"众人拾柴火焰高"同义。
④鄙意：谦辞。指本人的意见。

【译文】

夏憩兄之前也想办一支援救江西的军队，不知能不能和南兄同办。他是显贵人家，民望所归，又奉了特旨援救江西，自然不能不试图迅速成事。只有和南兄共同备办一支军队，才是众人用力，容易成事；如果想另外办一支，则独力难支。沉弟如果看见憩翁，可以先将我的意思跟他说起，我后续会有信件奉上。

周凤山现在省城，余飞札调之来江。盖欲令渠统一军，峙衡统一军。一扎老营，一作游兵①。不知渠已接札否。望沉弟催之速来。其现在袁州之伍化蛟、黄三清本系渠部曲②,可令渠带来也。

【注释】

①游兵:机动部队,指无固定防地,流动出击的军队。

②黄三清:湘军将领,为周凤山部下。部曲:部属,部下。

【译文】

周凤山现在在省城,我发急件调派他来江西。我想让他统领一支军队,峙衡再统领一支军队。一队驻扎作老营,另一队打游击。不知道他是否已经接到公文。希望沅弟催他迅速赶来。现在在袁州的伍化蛟、黄三清本来就是他的部下,可以让他一块儿带来。

十月初二日　　江西省城寄

沅浦九弟左右:

二十七日,胡二等来营,接手书,具悉一切。

【译文】

沅浦九弟左右:

二十七日,胡二等人来到军营,接到亲笔信,一切情况都已知道。

兄十七日在瑞州发去之函,胪列弟与周梧冈来瑞赴吉之利害①,不敢专辄②,请左季兄、夏憩兄、黄南兄为我断决。而弟之行止③,则断以与温并军而毫无疑义。此际想早收到。

【注释】

①胪(lú)列：罗列，列举。

②专辄：专擅，专断。

③行止：动和定，偏指行动。

【译文】

为兄我十七日在瑞州发去的信函，罗列了弟弟与周梧冈来瑞州或去吉安的各条利弊，不敢专断，就请左季兄、夏憩兄、黄南兄为我决断。而弟弟的行止，则绝对是与温甫合为一军为宜，毫无疑义。这会儿想必早已收到信了。

十九日兄自瑞返省，闻次青十七日之失。缘次青初二日分兵攻剿近县，初四日克复宜黄①，初九日克复崇仁②，又分数百人出防许湾③，前后共拨出四千有余，老营单薄，遂致疏失。此时广信须派重兵防守，丰城、进贤等县亦宜屯驻一旅④，以为近省藩篱。此间兵勇不敷分布，意欲调周梧冈一军，与弟办夏、黄之师，同来章门⑤。又以饷需无出，不敢多招食客⑥，以重主人之愆⑦。是以梧冈一军，或赴吉安，或赴袁州，仍听骆中丞之调度。其弟岐山自抚州败后⑧，亦饬其带"凤"字营暂回湖南⑨，归并梧冈大队。

【注释】

①宜黄：县名。即今江西抚州宜黄。

②崇仁：县名。即今江西抚州崇仁。

③许湾：地名。即今江西抚州金溪浒湾镇。

④丰城：地名。即今江西丰城。进贤：县名。即今江西南昌进贤。位于鄱阳湖南岸，居中部水陆交通之要冲，素称"东南之藩蔽，闽

浙之门户"。

⑤章门：泛指南昌一带，因此地为古豫章郡，故称"章门"。

⑥食客：寄食于人者。这里指驻扎在江西由江西供给粮饷的湖南兵勇。

⑦主人：这里指供给湖南客军兵饷的江西地方。愆：罪过。此处指责任、负担。

⑧岐山：即周岐山，湖南道州人。湘军将领。

⑨"凤"字营：周凤山麾下湘军营号之一。

【译文】

十九日，为兄我从瑞州返回省城，听说了次青十七日的失误。由于次青初二日那天分兵攻剿邻近的县城，初四日收复宜黄，初九日收复崇仁，又分出几百人外出驻防许湾，前后共派出四千多人，导致大本营兵力单薄，于是有闪失。这时，广信必须派重兵防守，丰城、进贤等县也应该驻防一支军队，作为省城附近的屏障。这边兵卒不够分配布置，我想调派周梧冈一军，以及弟弟备办的夏憩亭、黄南坡的军队一起来章门。但是又因为没什么地方可以提供军饷，不敢多招食客来加重主人的负担。所以，梧冈一军或者来吉安，或者去袁州，还是听骆中丞的调度吧。他弟弟岐山自从在抚州战败后，也令他带领"凤"字营暂时回湖南，归入梧冈的大部队。

惟弟所部之千五百人者，兄意决望其仍来瑞州，与温并营。盖峄衡治军整齐，实超辈流。弟若与之同处一二月，观摩砥厉，弟与温合之二千人，决可望成劲旅。而憩兄、南兄与我投契凤深，又为此间官绅之所属望①，一至章门，则嘘枯振萎②，气象一新，使我眉间忽忽有生气。望弟商之季兄、憩兄、南兄③，即率此千五百人速来瑞州。兄得与憩、南两君熟商一切,大局或有转机。温弟亦得更番归省,公私实为两利。如众议必欲为吉安之行,亦望先来瑞州小驻半月,然后自袁入吉,亦不过少迟月余。此间诸务有不能不面谈者,而弟与憩、南二公新军,势亦有不能与梧合,仅可与温、峙、湘、宝合者。此中气机④,弟与季翁自必熟知之也。

【注释】

①属望:期望。

②嘘枯振荄:枯者嘘之使生,荄者振之使起,比喻拯绝扶危。

③季兄:即左宗棠。见前注。后文"季公"、"季翁"、"季高"亦指左宗棠。

④气机:古代军事术语。用兵的关键之一。指将帅的气度、决断等。

【译文】

　　只是弟弟你所统率的一千五百人,哥哥决意想让他们还来瑞州,与温弟合为一营。因为峙衡治军整肃,确实超过一般人。弟弟你如果与他相处一两个月,学习锻炼,则弟弟你和温弟合兵一处的这两千人马,一定有希望成为精锐部队。而憩兄、南兄向来与我意气相投,又被这里的官绅期待,两人一到章门,拯绝扶危,振奋颓靡,气象为之一新,能使我眉间闪现生气。希望弟弟你与季兄、憩兄、南兄好好商量,率领这一千五百人速来瑞州。为兄我得以与憩、南两人好好商量一切,江西大局或许会有转机。温弟也可以与你轮流回家探亲,于公于私都有好处。如果大家商议一定要去吉安,也希望弟弟你先来瑞州稍微驻扎半个月,然后从袁州进入吉安,也不过稍微迟一个多月。这里诸多事务有不能不面谈的,而弟弟与憩、南两人的新军,势必也不能和梧冈合兵,而只能与温弟、峙衡、湘勇、宝勇合兵。个中气机,弟弟你与季翁一定很清楚。

　　兹专人送长沙信,另有信送新堤胡莲舫处①。

【注释】

①新堤:地名。在今湖北洪湖城区。胡莲舫:即为胡大任(1804—1891),字莲舫,湖北监利人。道光十八年(1838)戊戌科进士,与曾国藩同科。咸丰五年(1855)主持汉口捐输转运局。同治二年(1863)赴广东办理厘务。同治六年(1867)署山东布政使,旋任河南按察使。湘军将领。

【译文】

　　现在派专人送信到长沙,另外有信送到新堤胡莲舫处。

十月初二日　谕纪泽儿书

字谕纪泽儿:

　　胡二等来,接尔安禀,字画尚未长进。尔今年十八岁,齿已渐长,而学业未见其益。陈岱云姻伯之子号杏生者①,今年入学,学院批其诗冠通场。渠系戊戌二月所生,比尔仅长一岁,以其无父无母,家渐清贫,遂尔勤苦好学,少年成名。尔幸托祖、父余荫,衣食丰适,宽然无虑,遂尔酣豢佚乐②,不复以读书立身为事。古人云:"劳则善心生,佚则淫心生③。"孟子云:"生于忧患,死于安乐④。"吾虑尔之过于佚也。新妇初来,宜教之入厨作羹,勤于纺绩,不宜因其为富贵子女不事操作。大、二、三诸女,已能做大鞋否?三姑一嫂,每年做鞋一双寄余,各表孝敬之忱,各争针黹之工⑤。所织之布,做成衣袜寄来,余亦得察闺门以内之勤惰也。余在军中不废学问，读书写字未甚间断。惜年老眼蒙，无甚长进。尔今未弱冠⑥，一刻千金，切不可浪掷光阴。四弟所买衡阳之田，可觅人售出，以银寄营，为归还李家款。"父母存，不有私财⑦"，士庶人且然⑧，况余身为卿大夫乎⑨？

【注释】

①杏生：即为陈杏生。陈岱云长子。

②酣豢：谓沉醉于某种情境。佚乐：悠闲安乐。

③劳则善心生，佚则淫心生：语出《国语·鲁语下》："公父文伯退朝，朝其母，其母方绩。文伯曰：'以歜之家而主犹绩，惧忏季孙之怒也。其以歜为不能事主乎！'其母叹曰：'鲁其亡乎！使僮子备官而未之闻耶？居，吾语女。昔圣王之处民也，择瘠土而处之，劳其民而用之，故长王天下。夫民劳则思，思则善心生；逸则淫，淫则忘善，忘善则恶心生。'"

④生于忧患，死于安乐：语出《孟子·告子下》："然后知生于忧患而死于安乐也。"

⑤针黹(zhǐ)：针线活。

⑥弱冠：语出《礼记·曲礼上》："二十曰弱，冠。"孔颖达疏："二十成人，初加冠，体犹未壮，故曰弱也。"后遂称男子二十岁或二十几岁的年龄为弱冠。

⑦父母存，不有私财：语出《礼记·曲礼上》："父母存，不许友以死，不有私财。"

⑧士庶人：士人和普通百姓。亦泛指人民、百姓。

⑨卿大夫：卿和大夫。后借指高级官员。

【译文】

字谕纪泽儿：

胡二等人来，我接到你告安的信，写字笔法还是没什么长进。你今年已经十八岁,年纪越长越大,但学业却看不出有进步。陈岱云姻伯的儿子叫杏生的,今年入了学,学院评定他的诗是全考场的第一名。他是戊戌年二月生的,比你只大一岁,因为他没了父母,家境逐渐清贫,因此勤苦好学,少年成名。你幸而依托祖父和父亲的余荫,丰衣足食,内心没有顾虑,因此你就贪恋享乐,不再将读书和自立放在心上。古人说:"勤劳能养成善心,懒惰会滋生淫乐的念头。"孟子说:"处于忧患的环境中,人更容易上进,充满生机活力;处在安乐的环境中,人容易懈怠懒惰,最终走向灭亡。"我担心你过得太舒适安乐了。新媳妇刚上门的时候,就应该让她下厨房做饭,勤于纺线织布,不能因她是富贵人家出身就不做家务事。大女、二女、三女几个人,都已经能够做大鞋了吗? 三个姑和一个嫂,让她们每年做一双鞋寄给我,表一表她们各自的孝心,也表演一下她们各自的针线功夫。她们所织的布,也做成衣服和袜子寄过来,我也可以就此考察一下闺房里这些人是勤快还是懒惰。我在军中也不荒废学问,读书写字没怎么中断。可惜老眼昏花,没什么太大的长进。你现在还不到二十,一刻值千金,切不可浪费光阴。四弟买的衡阳的田,可以找人卖了,把银子寄到我军营来,作为李家的还款。"父母在,不宜有私财",士人和老百姓都是这样,何况我身为卿大夫呢?

　　余癣疾复发,不似去秋之甚。李次青十七日在抚州败挫,已详寄沅浦函中。现在崇仁加意整顿,三十日获一胜仗。口粮缺乏,时有断粮之虞,深用焦灼①。

【注释】

①深用:因此特别。深,程度副词。用,以。

【译文】

我癣疾复发,但不像去年秋天那么厉害。李次青十七日在抚州战败,已经在寄给沅浦的信中详细写了。现在在崇仁加意整顿,三十日打了一场胜仗。口粮缺乏,时常有断粮的忧患,让我深深焦灼。

　　尔每次安禀,详陈一切,不可草率,祖父大人之起居、阖家之琐事、学堂之工课,均须详载。切切此谕!

【译文】

　　你每次写告安禀,要详细陈述一切,不可草率,祖父大人的起居、全家的琐事、学堂的功课等,都必须详细记载。要牢记我的话!

十月初三日　　致澄侯弟书

澄侯四弟左右:

　　胡二等来,知弟不在家,出看本县团练。吾兄弟五人,温、沅皆出外带勇,季居三十里外,弟又常常他出,遂无一人侍奉父亲膝下,温亦不克遽归侍奉叔父,实于《论语》"远游"、"喜惧"二章之训相违①。余现令九弟速来瑞州与温并军,庶二人可以更番归省。澄弟宜时常在家以尽温清之职②,不宜干预外事。至嘱至嘱!

【注释】

①远游:语出《论语·里仁》:"子曰:'父母在,不远游,游必有方。'"
　　意思是说:父母年迈在世,尽量不长期在外地。不得已,必须要告诉父母去哪里、为什么去、什么时候回来,并安排好父母的供养。

②温凊(qìng)：语出《礼记·曲礼上》："凡为人子之礼，冬温而夏凊，昏定而晨省。"冬温被使暖，夏扇席使凉。谓事亲无微不至。

【译文】

澄侯四弟左右：

　　胡二等人来，我才知道弟弟你不在家，出去看视本县的团练去了。我们兄弟五个，温弟和沅弟都在外带兵，季弟又住在三十里之外的地方，澄弟你又经常外出，这样便没有一个人在父亲大人眼前侍奉，温弟也不能立即回去侍奉叔父，这实在是和《论语》中的"远游"、"喜惧"这两章书的训示相违背。我现在叫九弟立即来瑞州和温弟合军，这样或许可以让他们两个人轮番回家探亲。澄弟你应当常常待在家里，以尽人子早晚向父母问寒问暖的职责，不应去干预外面的事情。千万牢记！

　　李次青自抚州退保崇仁，尚属安静。惟败勇之自抚回省者，日内在中丞署中闹请口粮，与三年又一村之局相似①，实为可虑。

【注释】

①三年又一村之局：指咸丰三年(1853)长沙又一村闹饷事件。又一村，长沙地名。咸丰三年，曾国藩行署设在此地。

【译文】

　　李次青从抚州退保崇仁，还算安静。只是战败的兵卒从抚州回省城的，最近在中丞官署中闹事，要求给予口粮，和咸丰三年在又一村的局势相似，实在让人担心。

　　明年延师，父大人意欲请曾香海。甚好甚好！此君品学兼优，吾所素佩。弟可专人作书聘请。稍迟旬日，吾再手缄请之。其馆金丰俭，则父大人酌定，吾自营寄归可也。

【译文】

　　明年家塾请老师，父亲大人想请曾香海。很好很好！这位先生品德和学问都好，我一向佩服。弟弟你可以写一封信，派专人送去请他。稍稍晚十天半月，我再写亲笔信去请他。他教馆的报酬到底给多少，由父亲大人斟酌决定，我从军营寄回来便是。

十月初六日　　致沅浦弟书

沅浦九弟左右：

　　十月五日接来缄，并季公、筠公信①，具悉一切。

【注释】

　　①筠公：即郭嵩焘。见前注。

【译文】

沅浦九弟左右：

　　十月初五日接到你的来信，和季公、筠公的信，一切情况都已知道。

　　攻吉攻瑞，二者俱无把握。瑞则纵筑长围①，环攻数月仍不能下，亦属意中之事。吉则初锐后顿，仍蹈袁、瑞之辙。守吉安者为周亚春②，绰号豆皮春，贼中颇有名迹。必谓我师能一至而举之③，余则未敢深信。惟此军初起，劝捐皆以援吉为名，湘省官绅皆以援吉为念。势之所在，余何能违众而独成其说？纵余欲违众，弟与梧冈之三千人者，岂敢违上而自定所向,无口粮而直赴瑞州乎? 弟可从憩、南两兄,一听骆中丞、左季兄之命,救东则东,救西则西。其周梧冈一军,刻有禀来,余亦批其听候南抚院调度④。周岐山败挫之营,余亦饬其回湘,归并梧冈一军,同赴吉安,以符湘省官绅之初议,而开江西上游之生面。

【注释】

①长围:环绕一城一地的较长工事,用于围攻或防守。

②周亚春:太平天国将领,绰号"豆皮春",咸丰六年(1856)守吉安。

③举:攻克。

④南抚院:指湖南巡抚。明、清时巡抚例兼都察院右副都御史或右佥都御史衔,故称"抚院"。

【译文】

攻打吉安或是瑞州,两者都没有把握。攻打瑞州,建起大包围圈,环攻几个月仍然攻不下,也是意料中的事。攻打吉安,起初勇往直前,其后困顿,还是重蹈袁州、瑞州的覆辙。防守吉安的是周亚春,绰号豆皮春,在贼匪中颇有名声和战绩。如果一定要说我军能一举攻下,我真不敢深信。只是这支军队刚刚组建的时候,劝捐都是以救援吉安为名目,湖南省官绅都想援助吉安。大势所在,我怎能违背众人意见而坚持一己之见呢? 即使我想违背众人,弟弟和梧冈的三千人,岂敢违背上级命令而自己决定去哪里,没有口粮而直接赶赴瑞州呢? 弟弟你可以听从憩、南两兄的意见,一切听从骆中丞、左季兄的命令,叫你向东就往东,叫你向西就往西。周梧冈的军队,现在有报告来,我也批示他们听候湖南巡抚衙门的调度。周岐山战败的军队,我也令他们回湖南,归入梧冈的军队,一同赶赴吉安,以配合湖南省官绅最初的决议,别开江西上游的生面。

至沅弟之所处，则当自为审度^①。辱南翁青睐^②，代为整理营务，送至吉安，无论战之胜败，城之克否，即可敬谢速行^③。或来章门与余相见，或归里门侍奉老亲^④，无为仆仆久淹于外也^⑤。此事登场甚易，收身甚难^⑥。锋镝至危^⑦，家庭至乐，何必与兵事为缘^⑧？李次青上年发愤带勇，历尽千辛万苦，日昨抚州一败，身辱名裂。不特官绅啧有烦言^⑨，即其本邑平江之勇亦怨詈交加^⑩。兵犹火也，易于见过，难于见功。弟之才能不逮次青，而所处之位尚不如次青得行其志，若顿兵吉安城下^⑪，久不自决，以小战小胜为功，以劝捐办团为能，内乖脊令之义^⑫，外成骑虎之势，私情公谊^⑬，两无所取。弟之自计不可不审，与憩兄、南兄约不可不明也。

【注释】

①审度：仔细考虑。

②青睐：谓对人喜爱或重视。

③敬谢：犹致歉。向人表示歉意。

④里门：指称乡里。

⑤无为：不用，不必。仆仆：即风尘仆仆，形容奔走劳顿貌。

⑥收身：指抽身隐退。

⑦锋镝(dí)：刀刃和箭镞。代指兵器，亦借指战争。

⑧与……为缘：和……结缘，发生关系。

⑨不特：不仅，不但。啧有烦言：谓纷杂的指责和议论。

⑩怨詈(lì)：怨恨咒骂。交加：相加，加于其上。

⑪顿兵：军队驻屯。

⑫乖：违背。脊令之义：语出《诗经·小雅·常棣》："脊令在原，兄弟急难。"指兄弟急难相救之义。脊令，即鹡鸰。水鸟名。后以

"鹡鸰"比喻兄弟。

⑬公谊:公事上的友好关系。

【译文】

至于沅弟何去何从,就该自己审度。弟弟得黄南翁青睐,代他整理军务,送到吉安,无论战斗的成败,无论是否攻克吉安城,可以向他致歉后迅速脱身。或者来章门见我,或者回乡里侍奉老人,不要长久在外奔波劳累。此事开始容易,脱身很难。刀剑至危,而家庭和乐,何必与军事有所牵连?李次青从去年开始发愤带兵,历尽千辛万苦,日前抚州一败,身败名裂。不但官绅纷纷指责,就是本县的平江勇也对他怨恨交加。战争犹如大火,容易被人看见过错,却不容易被人看见功劳。弟弟的才能比不上次青,所处的地位也不如次青得志,如果屯兵吉安城下,久久不作决策,以小战小胜为功劳,以劝捐输、办团练为才能,于内违乖兄弟急难相救之义,于外造成骑虎难下的局势,无论是讲私情还是讲公谊,都不可取。弟弟你自己的计划不能不再三审度,与憩兄、南兄的约定也不能不明了。

日内平江等勇因口粮久缺,拥闹衙署,兄情绪瞀乱①,不克详陈。季翁、筠公两处,并不克作答,弟可婉告颠末②,或即将此信一呈,亦足以稍见余之郁郁。

余俟续布,不尽不尽。

【注释】

①瞀(mào)乱:紊乱,纷乱。

②颠末:头尾本末。颠,头。

【译文】

最近平江等地方的兵卒因为久缺口粮,在官署闹事,为兄情绪纷乱,不能详述。季翁、筠公两处,都顾不上答复,弟弟可以婉转地向他们转告始末,或者将此信呈上,也足以稍微看出我的抑郁。

言有不尽,都等我以后再说吧。

十月初九日　致沅浦弟书

沅浦九弟左右:

初六日复去一缄,言弟与夏、黄、周军并赴吉安①,刻计尚未达也。

【注释】

①夏、黄、周:即夏憩亭、黄南坡、周凤山。见前注。

【译文】

沅浦九弟左右:

初六日我又发去一封信,说弟弟与夏、黄、周的军队一起赶赴吉安,估计现在还没有到。

初八日接来书,因次青抚州之挫,请拨周军先至瑞州。中丞、季兄慨然允许①,周协当以初二日成行②。斯诚不失救焚拯溺迫切之忱③。第余初六日业许援吉之行④,初七日令周岐山还湘归并凤营⑤,亦以赴吉告之。不得因弟一信、骆公一咨而遽变成说也⑥。且夏、黄可为我分忧而筹饷,温、沅可与峙观摩而奋兴⑦。弟与夏、黄不来,而周军独来,难合瑞城之围,徒增筹饷之虑,殊非余本意也。兹以书达季高,悉遵渠之初指⑧,送各批与梧冈,令其同赴吉安。如梧已行至浏、万⑨，可寄书令其折回醴陵小驻，以待弟至而同行也。

【注释】

①中丞：即骆秉章。见前注。

②周协：即周凤山。其衔为协副将。见前注。

③救焚拯溺：语出汉王充《论衡·自纪》："救火拯溺，义不得好，辩
　论是非，言不得巧。"犹言救人于水火之中。焚，指火灾。溺，指
　落水者。

④第：只是。业：已。

⑤凤营：此指周凤山军。

⑥咨：旧时用于同级官署的一种公文。后亦指移送公文。成说：定
　约，成议。

⑦峙：即刘峙衡。见前注。奋兴：奋起。

⑧初指：最初的指示。

⑨浏：即浏阳。万：即万载县。

【译文】

　　初八日接到来信，因为次青抚州战败，请求调派周军先到瑞州。骆
中丞、季兄慨然允许，周协应该在初二日启程。这实在是急切救人于水
火之中的热忱啊。但我初六日已经允许救援吉安的行动，初七日令周
岐山回湖南并归入周凤山的军队，也告诉他赶赴吉安。我不能因为弟
弟的一封信、骆公的一纸公文就突然改变之前的约定。而且，夏、黄可
以为我分忧筹饷，温、沅弟可以和峙相互学习而奋起。弟弟和夏、黄不
来，而周军独自前来，难以形成合围瑞城之势，白白地增加筹饷的忧虑，
实在不是我的本意。现在我写一封信给季高，一切遵循他原先的意见，
并给梧冈送去我的各条批示，让他一起赶赴吉安。如果梧冈已经到了
浏阳、万载，就写信让他返回醴陵小驻，等弟弟到了再一起走。

　　周岐山自抚州败后回湘,军无锅帐,弟可商之季翁筹给之。到吉后,约以半月为率①,即速掣出,作游兵驰剿各处,不可久顿城下。若事机顺手,兄弟年内相见则幸耳。

【注释】

①为率:为限。

【译文】

　　周岐山从抚州战败后回湖南,军中没有锅灶和帐篷,弟弟可以和季翁商量筹给他一些。到了吉安以后,大概以半个月为限度,迅速抽出,到各处打游击,不可以长久地屯兵城下。如果事情顺利,我们兄弟两人年内能相见就算幸运了。

十月十三日　致沅浦弟书

沅浦九弟左右:

　　初十日复缄并周梧冈批禀①,亮得速达②。十二日接初三来缄,藉悉近状。

【注释】

①批禀:经上级官府批过的禀帖。

②亮:通"谅",想必。

【译文】

沅浦九弟左右:

　　初十日发去的回信和给周梧冈的批禀,想必能迅速到达。十二日接到初三日的来信,借此知道一切近况。

黄、夏与周同赴吉安,既尽于昨书所云。十一日附片奏请此军颁发执照二千张,俾黄、夏劝捐稍得应手①。兹趁来卒带往。

【注释】

①应手:随手,顺手,多形容技艺高超娴熟或做事得法顺当。

【译文】

黄、夏和周一同赶赴吉安之事,在昨天的书信中已经说尽了。十一日附片奏请颁发此军执照两千张,使黄、夏劝捐稍微顺手。现在趁着有兵卒来,托他们带回去。

至札饬裕时兄接收捐款专济此军一节①,黄、夏若果来瑞州,非中丞与季公初意,亦即非司道时、石诸公佥同之议②,强人以曲从吾说③,不得不设法将捐项罗归此军。今既全数赴吉,则季公当能主持其事,捐款自为此军支用,不必更由余处下札,又多一重斧凿痕也④。至入吉以后,或速行掣动,或久顿城下,亦难预决。惟沅浦则以半月为率,急来瑞州,俾温甫得以更替归省。此则家庭要事,弟当与南翁、憩翁坚确订约者耳⑤。

【注释】

①裕时兄:即为裕麟,字时卿,汉军镶黄旗人。官至贵州布政使兼署贵州巡抚。

②司道:指巡抚的主要属官,司即藩司、臬司,道即道员,包括守道和巡道。石:不详。佥同:一致赞同。

③曲从：委曲顺从。

④斧凿痕：用斧凿削刻留下的痕迹，比喻诗文刻意造作的痕迹。

⑤坚确：犹坚定。

【译文】

　　至于公文命裕时兄接收捐款专门救济此军一事，黄、夏如果真的来了瑞州，那就不是骆中丞和季公的本意，也不是司道时、石诸公一致赞同的决议，强迫别人曲从我的决定，我不得不设法将捐项张罗给予此军。现在既然全都赶赴吉安，季公就能主持此事，捐款自然给这支军队用，不必再要我处下公文，又人为地多一道工序。至于进入吉安以后，或迅速行动，或长久地屯兵城下，也难以预先决策。只是沅浦以半月为限，速来瑞州，把温甫换下来回家省亲。这是家庭要事，弟弟你应该和南翁、憩翁坚定地订立约定。

十一月初五日　谕纪泽儿书

字谕纪泽儿：

　　接尔安禀，字画略长进，近日看《汉书》。余生平好读《史记》、《汉书》、《庄子》、韩文四书，尔能看《汉书》，是余所欣慰之一端也。

【译文】

字谕纪泽儿：

　　接到你的告安禀，写字笔法略有长进，知道你近日在看《汉书》。我生平喜欢读《史记》、《汉书》、《庄子》、韩愈的文章四种，你能看《汉书》，是我欣慰的一个地方。

看《汉书》有两种难处：必先通于小学、训诂之书①，而后能识其假借奇字②；必先习于古文辞章之学，而后能读其奇篇奥句。尔于小学、古文两者皆未曾入门，则《汉书》中不能识之字、不能解之句多矣。欲通小学，须略看段氏《说文》、《经籍纂诂》二书③。王怀祖名念孙，高邮州人。先生有《读书杂志》④，中于《汉书》之训诂极为精博，为魏晋以来释《汉书》者所不能及。欲明古文，须略看《文选》及姚姬传之《古文辞类纂》二书。班孟坚最好文章⑤，故于贾谊、董仲舒、司马相如、东方朔、司马迁、扬雄、刘向、匡衡、谷永诸传⑥，皆全录其著作。即不以文章名家者，如贾山、邹阳等四人传⑦，严助、朱买臣等九人传⑧，赵充国屯田之奏⑨，韦元成议礼之疏⑩，以及贡禹之章、陈汤之奏狱⑪，皆以好文之故，悉载巨篇⑫。如贾生之文，既著于本传，复载于《陈涉传》、《食货志》等篇，子云之文，既著于本传，复载于《匈奴传》、《王贡传》等篇，极之《充国赞》、《酒箴》亦皆录入各传。盖孟坚于典雅瑰玮之文⑬，无一字不甄采⑭。尔将十二帝纪阅毕后⑮，且先读列传⑯。凡文之为昭明暨姚氏所选者，则细心读之；即不为二家所选，则另行标识之。若小学、古文二端略得途径，其于读《汉书》之道思过半矣。

【注释】

①小学：汉代称文字学为小学。因儿童入小学先学文字，故名。隋、唐以后为文字学、训诂学、音韵学之总称。《汉书·艺文志》："古者八岁入小学，故《周官》保氏掌养国子，教之六书，谓象形、象事、象意、象声、转注、假借，造字之本也。"训诂：对字句（主要

是对古书字句)作解释。清陈澧《东塾读书记·小学》:"诂者,古也。古今异言,通之使人知也。盖时有古今,犹地有东西,有南北,相隔远则言语不通矣。地远则有翻译,时远则有训诂。有翻译则能使别国如乡邻,有训诂则能使古今如旦暮,所谓通之也,训诂之功大矣哉!"

②假借:六书之一,谓本无其字而依声托事。指借用已有的形近、音同的字,表示不同意义的词。奇字:泛指古文字。

③段氏《说文》:指段玉裁《说文解字注》。段玉裁(1735—1815),字若膺,号懋堂,江苏金坛人。乾隆举人,历任贵州玉屏、四川巫山等县知县,称病辞官,闭门读书。段玉裁曾随戴震学习,长于文字、音韵、训诂之学,著有《说文解字注》、《六书音均表》、《古文尚书撰异》、《毛诗故训传定本》、《经韵楼集》等。《经籍纂诂》:清阮元在浙江督学时请几十位文士集体编写的一部字书。共一〇六卷,成书于嘉庆三年(1798)。该书把有关经传的各家注释汇为一编,按平上去入四声分为一〇六部,以一韵为一卷。是中国唯一一部大型的汇辑古书中的文字训释编排而成的训诂词典,所辑录的文字训释都是唐以前的经传子史和训诂书、字书、韵书、音义书中所有的注释。采用古书达一百多种,收字一万三千三百四十九字。

④王怀祖:即为王念孙(1744—1832),字怀祖,号石臞,江苏高邮人。王引之之父。乾隆四十年(1775)进士,历任翰林院庶吉士、工部主事、工部郎中等职。王念孙为清代训诂学大师,著有《广雅疏证》、《读书杂志》、《古韵谱》等。《读书杂志》:王念孙的代表作,也是清代朴学的代表著作,八十二卷。该书校勘《逸周书》、《战国策》、《史记》、《汉书》、《管子》、《晏子春秋》、《墨子》、《荀子》、《淮南内篇》各书中文字,并对训诂发表意见,是阅读古籍和研究古代词语的重要参考书。

⑤班孟坚：即为班固（32—92），字孟坚，扶风安陵人。东汉著名史学家、文学家，所著《汉书》是继《史记》之后中国古代又一部重要史书。班固还是"汉赋四大家"之一，《两都赋》开创了京都赋的范例，列入《文选》第一篇。班固还编撰有《白虎通义》，集经学之大成。

⑥贾谊（前200—前168）：西汉初年著名政论家、文学家，世称"贾生"。曾谪为长沙王太傅，故后世亦称"贾长沙"、"贾太傅"。代表作有《过秦论》、《论积贮疏》等。董仲舒（前179—前104）：汉代思想家、政治家。主张罢黜百家，独尊儒术。代表作品有《天人三策》、《士不遇赋》、《春秋繁露》等。司马相如（约前179—前118）：字长卿，汉武帝时人。汉赋代表性作家，代表作有《子虚赋》、《上林赋》等。东方朔：字曼倩。西汉著名文学家，代表作有《答客难》、《非有先生论》等。扬雄（前53—18）：字子云，蜀郡成都人。西汉末年著名学者、文学家，代表作《太玄》、《法言》、《方言》、《训纂篇》，辞赋代表作有《甘泉赋》、《羽猎赋》、《长杨赋》、《解嘲》、《酒箴》等。刘向（前77？—前6）：原名更生，字子政，西汉楚国彭城人。汉朝宗室。西汉经学家、目录学家、文学家，大量校雠古籍，编著《新序》、《说苑》、《列女传》等书。匡衡：字稚圭，东海郡承县人。西汉儒学名臣，以说《诗》著称。谷永（？—前8）：本名并，字子云，更名永，西汉京兆长安人。少为长安小史，博学经书，尤精天官、《京氏易》。

⑦贾山：西汉颍川人。代表作《至言》。邹阳：西汉齐郡临淄人。以文辨知名，景帝时从吴王濞，上书劝勿叛汉，不听。后投梁孝王，为羊胜等所谮下狱。上书自陈冤屈，获释后，为梁王上客。邹阳有文七篇，现存两篇，即《上书吴王》、《于狱中上书自明》。四人传：此指《汉书·列传·贾邹枚路传第二十一》四人合传。此四人传中除贾山、邹阳外尚有枚乘（附子皋）、路温舒。

⑧严助(? —前122):本名庄助,避东汉明帝讳始改称严助,西汉会稽郡吴县人。汉武帝时任中大夫、会稽太守。与朱买臣、淮南王刘安交好,因刘安谋反而牵连被诛。朱买臣(? —前115):字翁子,西汉会稽郡吴县人。好读书,卖柴为生。后至长安上书。武帝时,严助荐举朱买臣,为中大夫,后为会稽太守。后被诛。九人传:此指《汉书·列传·严朱吾丘主父徐严终王贾传第三十四》九人合传。此九人传中除严助、朱买臣外尚有吾丘寿王、主父偃、徐乐、严安、终军、王褒、贾捐之。

⑨赵充国(前137—前52):字翁孙,西汉陇西上邽人。善骑射,有谋略,熟知边情。屯田之奏:《汉书·列传·赵充国辛庆忌传第三十九》中,记载赵充国"遂上屯田奏曰",其后著录原文。

⑩韦元成:即为韦玄成(? —前36),避清圣祖康熙帝玄烨讳,而改写成韦元成。字少翁,西汉鲁国邹人。永光中为丞相。好作四言诗,今存《自劾》、《戒示子孙》两首。议礼之疏:即《汉书·列传·韦贤传第四十三》中记载的韦玄成等四十四人奏议。

⑪贡禹之章:指贡禹的奏章。贡禹(前124—前44),字少翁,西汉琅琊人。以明经洁行征为博士。复举贤良,为河南令。元帝初,征为谏大夫,迁御史大夫。多次上书揭露宫廷奢侈,建议减徭役,选贤能,罢倡乐,贱商人,释放园陵宫女,使民归农。《汉书·列传·王贡两龚鲍传第四十二》记载:"元帝初即位,征禹为谏大夫,数虚己以从政事。是时年岁不登,郡国多困,禹奏言:'古者宫室有制,宫女不过九人,秣马不过八匹……臣禹不胜拳拳,不敢不尽愚心。'天子纳善其忠……自禹在位,数言得失,书数十上。"陈汤(? —前6?):字子公,西汉山阳瑕丘人。少好学,善为文。元帝时,迁西域副校尉。当时匈奴郅支单于杀康居王,攻略乌孙、大宛等,威胁西域。建昭三年(前36),陈汤与西域都护甘延寿发兵斩杀郅支单于,定西域。封关内侯,拜射声校尉。成帝

时被丞相匡衡奏免。后大将军王凤奏为从事中郎，最终因受贿免为庶人。奏狱：断案的奏章。

⑫巨篇：巨制长篇。

⑬瑰玮：谓文章内容奇特，文辞壮丽。

⑭甄采：鉴别采用，选择采用。

⑮十二帝纪：指《汉书》中十二篇帝王本纪，即《高帝纪第一》、《惠帝纪第二》、《高后纪第三》、《文帝纪第四》、《景帝纪第五》、《武帝纪第六》、《昭帝纪第七》、《宣帝纪第八》、《元帝纪第九》、《成帝纪第十》、《哀帝纪第十一》、《平帝纪第十二》。

⑯列传：我国纪传体史书中列叙历史人物事迹的传记。

【译文】

看《汉书》有两种困难：你必须先通晓小学和训诂学方面的书，然后才能认得《汉书》里的一些不常见的假借字；必须先懂古文辞章的学问，然后才能读《汉书》的深奥语句和奇异篇章。你在小学和古文两方面都还没有入门，那《汉书》中不认识的字、不能明白的句子，可多了。要想懂小学，必须先大致看看段玉裁的《说文》和《经籍纂诂》两部书。王怀祖名念孙，高邮州人。先生的《读书杂志》这部书中，有关《汉书》的训诂讲得最是博大精深，是为魏晋以来解释《汉书》的学者都比不上的。要想搞明白古文，必须大致看过《文选》和姚姬传的《古文辞类纂》这两部书。班孟坚最喜欢文章，所以在贾谊、董仲舒、司马相如、东方朔、司马迁、扬雄、刘向、匡衡、谷永这些人的本传里，都录了他们的著作。即使那些不以文章著名的人，比如贾山、邹阳等四人的传，严助、朱买臣等九人的传，赵充国论述屯田的奏折，韦元成议论礼的上疏，以及贡禹的奏章、陈汤断案的奏章，都只因为班孟坚太爱文章的缘故，都有大段记载。如贾谊的文章，既在他的本传里记载了，还在《陈涉传》、《食货志》等篇里有记载；扬子云的文章，既在他的本传里记载了，又在《匈奴传》、《王贡传》等篇有记载，以至于《充国赞》、《酒箴》两篇也都收录到各传里头。这是因为孟坚对于典雅瑰玮的好文章,没有一字不甄别采录的缘故。你将《汉书》十二帝的本纪读完之后,不妨先读列传部分。凡是文章被昭明太子和姚氏所选的,都要细心去读;那些不被二家所选的,则要专门做记号加以标识。如果小学、古文两方面稍稍懂一些门道,那对读《汉书》来说可就成功了一多半了。

　　世家子弟最易犯一"奢"字、"傲"字。不必锦衣玉食而后谓之奢也,但使皮袍呢褂俯拾即是,舆马仆从习惯为常[①],此即日趋于奢矣。见乡人则嗤其朴陋[②],见雇工则颐指气使[③],此即日习于傲矣。《书》称"世禄之家,鲜克由礼"[④],《传》称"骄奢淫佚,宠禄过也"[⑤]。京师子弟之坏,未有不由于"骄"、"奢"二字者,尔与诸弟其戒之。至嘱至嘱!

【注释】

①舆马:车马。

②朴陋:粗俗鄙陋。

③颐指气使:谓以下巴的动向和脸色来指挥人,常以形容指挥别人时的傲慢态度。

④世禄之家,鲜克由礼:语出《尚书·周书·毕命》:"我闻曰:'世禄之家,鲜克由礼。以荡陵德,实悖天道……'"孔安国传:"特言我闻自古有之:世有禄位而无礼教,少不以放荡陵邈有德者。如此,实乱天道。"

⑤骄奢淫佚,宠禄过也:语出《左传·隐公三年》:"石碏谏曰:'臣闻爱子,教之以义方,弗纳于邪。骄、奢、淫、佚,所自邪也。四者之来,宠禄过也。'"孔疏:"骄谓恃己陵物,奢谓夸矜僭上,淫谓嗜欲过度,佚谓放恣无艺。"杨伯峻注:"意谓宠幸太过,其人必骄奢淫

泆；骄奢淫泆，则无事不邪。"

【译文】

世家子弟最容易在"奢"字和"傲"字上犯毛病。不一定锦衣玉食才叫作奢靡，只要皮袍呢褂之类俯拾即是，车马仆从习以为常，这便是一天天地走向奢了。看见乡下人就讥笑人家粗俗鄙陋，看见雇工就颐指气使，这便是一天天地走向傲了。《尚书》里说"世世代代享受俸禄的人家，很少能依礼行事"，《春秋左传》里说"骄奢淫佚，都是因为上头过于宠信、给的俸禄太多"。京城人家的子弟学坏，没有一个不是因为"骄"、"奢"二字，你和几个弟弟可要引以为戒啊。千万牢记！

十一月初七日　　致沅浦弟书

沅浦九弟左右：

初六日俊四等至，接廿八夜来缄，具悉廿五日业经拔营，军容整肃。至以为慰！

【译文】

沅浦九弟左右：

初六日俊四等人到来，接到二十八日夜里送来的信，知道二十五日已经拔营，军容整肃。我宽慰之至！

吉安殷富①，甲于江西，又得诸绅倾城输助②，军饷自可充裕。周梧冈一军同行，如有银钱，宜分多润寡③，无令己肥而人独瘠。梧冈暗于大局，不能受风浪，若扎营放哨、巡更发探、打仗分枝，究系宿将④，不可多得。主事匡汝谐在吉安招勇起团⑤，冀图袭攻郡城。闻湖南援吉之师，将别出一枝，起而相应。若与弟军会合，宜善待之。

【注释】

①殷富：繁盛，富足。

②输助：谓捐助资金或物品。

③分多润寡：将富余的分一些接济贫乏的。润，补助，接济。

④宿将：久经沙场的老将。

⑤匡汝谐：即为匡德熊，号愈臣，江西吉安人。道光二十三年（1843）举人，道光三十年（1850）进士。咸丰三年（1853）充会试堂，钦点刑部主事，因功赏四品衔，特授中宪大夫，后晋阶资政大夫。

【译文】

吉安富足，为江西第一，又得全城绅士捐助，军饷自然充裕。与周梧冈一军同行，如果有银钱，应该拿富余的分给寡少的，不要自己一个人富裕而偏偏让别人贫乏。梧冈不明大局，经不起风浪，但如果是扎营放哨、巡更发探、打仗时作为分枝，终究是有经验的老将领，不可多得。主事匡汝谐在吉安招募兵勇、兴办团练，希图袭击郡城。听说湖南派出救援吉安的军队，他会单出一支相呼应。如果匡汝谐与弟弟会合，弟弟你应该善待他。

袁州既克，刘、萧等军当可进攻临江①，六弟与普、刘在瑞声威亦可日振②。弟与夏、黄诸兄到吉安时，或宜速行抽动，或宜久顿不移，亦当相机办理。若周军与桂、茶诸军足以自立③，弟率湘人雕剿来江④，兄弟年内相见，则余之所欣慰者也。军事变幻无常，每当危疑震撼之际，愈当澄心定虑,不可发之太骤。至要至嘱!

【注释】

①刘、萧:即刘印渠、萧启江。刘印渠见前注。萧启江(? —1860),
字浚川,湖南湘乡人。咸丰三年(1853)入湘军,随塔齐布、罗泽
南等攻打岳州等地。后累立战功。

②普、刘:即普承尧、刘腾鸿。见前注。

③桂、茶诸军:指从湖南桂东、茶陵等地招募的兵勇。

④雕剿:以应变出奇之计进行讨伐。

【译文】

　　袁州既然已经被攻克,刘、萧等的军队应当可以去进攻临江,六弟
和普、刘在瑞州的声威也可以一日比一日振奋。弟弟你与夏、黄诸兄到
吉安的时候,或者应该迅速调动,或者应该长久地驻扎不动,也应该看
情况决定。如果周军和桂、茶诸军勇足以自立,弟弟就率领湘勇来江西
剿匪,我们兄弟年内可以相见,也是我所欣慰的。军事变幻无常,每当
危急、疑惑、震撼的时候,更应该静心思考,不要冲动行事。此事极其重
要,千万牢记!

十一月初七日　　致澄侯弟书

澄侯四弟左右:

　　初六日俊四等来营,奉到父大人谕帖并各信件,得悉
一切。

【译文】

澄侯四弟左右:

　　初六日俊四等人来到军营,接到父亲大人亲笔信和各封信件,一切

情况都已知道。

　　弟在各乡看团阅操①，日内计已归家。家中无人，田园荒芜，堂上定省多阙，弟以后总不宜常常出门。至嘱至嘱！罗家姻事②，暂可缓议。近世人家，一入宦途即习于骄奢，吾深以为戒。三女许字③，意欲择一俭朴耕读之家，不必定富室名门也。杨子春之弟四人捐官者④，吾于二月廿一日具奏，闻部中已议准⑤，部照概交南抚⑥。子春曾有函寄雪芹⑦，似已领到执照者，请查明再行布闻⑧。

【注释】

①看团阅操：巡视乡团训练。

②罗家姻事：指与罗泽南家结亲之事。

③三女：即曾国藩三女儿曾纪琛（1844—1912），字凤如。嫁罗泽南子罗允吉（1846—1888）。许字：许配。

④杨子春：不详。

⑤议准：审议核准。

⑥部照：旧时中央各部发给的凭证。南抚：指湖南巡抚衙门。

⑦雪芹：即彭玉麟。见前注。

⑧布闻：传布。

【译文】

　　弟弟你在各乡巡视团练，最近估计已经回家了。家中无人，田园荒芜，也很少向堂上大人早晚请安，弟弟以后总以不常出门为宜。千万牢记！与罗家的亲事，可以暂缓商议。近世的人家，一入仕途就沾染骄奢习气，是我深深引以为戒的。三女儿许配人家，我想挑俭朴的耕读之家，不一定要名门望族。杨子春有四位弟弟捐官，我在二月二十一日拟折上奏，听说部中已经审议批准，部照都交给湖南巡抚衙门了。子春曾经有信寄给雪芹，好像已经领到执照，请查清楚再公布。

　　长夫在大营不善抬轿，余每月出门不过五六次，每出则摇摆战栗，不合脚步。兹仅留刘一、胡二、盛四及新到之俊四、声六在此，余俱遣之归籍。以后即雇江西本地轿夫，家中不必添派人来也。

【译文】

　　长夫在大营不善于抬轿，我每月出门不过五六次，每次出去都摇摇晃晃、颤颤巍巍，脚步不合。现在只留刘一、胡二、盛四和新到的俊四、声六在这里，其他都遣回老家。以后就雇用江西本地的轿夫，家里不必再派人来。

　　此间军务，建昌府之闽兵昨又败挫，而袁州克复，大局已转，尽可放心。十月内饷项亦略宽裕矣。

【译文】

　　这里的军务，建昌府方面福建兵勇昨日又挫败，而袁州已经攻克，大局已经扭转，尽可以放心。十月份的军饷也比较宽裕。

十一月十四日　　致沅浦弟书

沅浦九弟左右：

　　昨信寄去实收二百张①，想即收到。军行何日抵吉？至以为念！此间有游击马占魁②，曾任龙泉营都司③，兹回吉安府寻其眷属。其人朴诚可悯，又新有足疾，贫不能自存④，弟可优视而扶植之。

【注释】

①实收：官库收纳银两后所发给的收据。清末惯例，凡捐输，先发给实收，再换部照。《二十年目睹之怪现状》第六四回："本来各处办捐的老例，系先填一张实收，由捐局汇齐捐款，解到部里，由部里填了官照发出来，然后由报捐的拿了实收，去倒换官照。"

②游击：清代武官名。从三品，次于参将一级。马占魁：清军将领，曾任龙泉营都司、游击等职。

③龙泉：县名。即今浙江丽水龙泉。

④自存：自谋生计。

【译文】

沅浦九弟左右：

日前的信中寄去两百张实收，想必已经收到。军队何日能到达吉安？我挂念之至！这边有游击马占魁，曾经担任过龙泉营都司，现在回吉安府寻找家眷。他这个人质朴诚实，令人怜悯，最近脚上又有疾病，贫穷得养不活自己，弟弟可以优待且栽培他。

吉安膏腴之区，即不遽克复，若扎一老营，除供给本军外，尚可兼解银以润省城。此间众论，以为弟军到吉安宜驻扎不动，不宜遽作抽掣他往之计，恐失民心而涸利源也。望弟熟思而审度之。扎营不可离城太近，宁先远而渐移向近，不可先近而后退向远。至嘱至嘱！如弟果驻扎吉安，余可赴吉犒师一次，与弟会合，且与黄、夏、周一叙也。

【译文】

吉安是富裕的地方，即使不能迅速收复，如果在这里驻扎一个大本营，除了能供给本地军队外，还可以送银两补给省城。这边都认为弟弟的军队到达吉安后应该驻扎不动，不应该迅速计划调动、去往别的地方，只怕会失了民心，失去经济来源。希望弟弟深思熟虑、审时度势而后动。扎营不能扎得离吉安城太近，宁可先扎远一点儿再慢慢靠近，不可以起先扎得很近，而后向远处撤退。千万牢记！如果弟弟真的驻扎吉安，我可以赶赴吉安犒劳军队一次，与弟弟会合，并可与夏、黄、周聊聊。

十一月二十九日　致澄侯弟书

澄侯四弟左右：

二十八日，由瑞州营递到父大人手谕并弟与泽儿等信，具悉一切。

【译文】

澄侯四弟左右：

二十八日，接到从瑞州军营送来的父亲大人亲笔信和弟弟、纪泽孩儿等人的信件，一切情况都已知道。

六弟在瑞州办理一应事宜尚属妥善，识见本好，气质近亦和平。九弟治军严明，名望极振。吾得两弟为帮手，大局或有转机。次青在贵溪尚平安，惟久缺口粮，又败挫之后，至今尚未克整顿完好。雪琴在吴城名声尚好，惟水浅不宜舟战，时时可虑。

【译文】

六弟在瑞州办理一切事宜还算妥善，见识本来就好，气质近来也趋于平和。九弟治军严明，名望极大。我有两位弟弟当帮手，大局或许会有转机。次青在贵溪还算平安，只是久缺口粮，加上打了败仗之后，到现在还没能整顿完好。雪琴在吴城的名声还算不错，只是河水太浅，还不适合用船作战，时时让人担心。

余身体平安，癣疾虽发，较之往在京师则已大减。幕府乏好帮手①，凡奏折、书信、批禀，均须亲手为之，以是未免有延搁耳②。余性喜读书，每日仍看数十叶，亦不免抛荒军务，然非此则更无以自怡也。

【注释】

①幕府：本指将帅在外的营帐，后亦泛指军政大吏的府署。

②延搁：拖延耽搁。

【译文】

我身体平安，癣疾虽然发作，但比以前在京师的时候已经减轻了很多。幕府中缺乏好帮手，凡是奏折、书信、批禀，都要我亲自动手，因此有时未免耽搁拖延。我生性喜欢读书，每日还看几十页，也不免荒废军务，但除了读书我便没有什么可以怡情的活动了。

纪泽看《汉书》，须以勤敏行之。每日至少亦须看二十叶，不必惑于"在精不在多"之说。今日半页，明日数页，又明日耽搁间断，或数年而不能毕一部。如煮饭然，歇火则冷，小火则不熟，须用大柴大火乃易成也。甲五经书已读毕否？须速点速读，不必一一求熟。恐因求"熟"之一字，而终身未能读完经书。吾乡子弟未读完经书者甚多，此后当力戒之。诸外甥如未读完经书，当速补之。至嘱至嘱！

【译文】

纪泽看《汉书》，应当既勤奋又快速。每天至少要看二十页，不必迷惑于"在精不在多"这种说法。今天读半页，明天读几页，再明天又耽搁下来，不再继续，或至好几年还读不完一部书。这就像煮饭一样，歇了火就冷，火小了就不熟，要用大柴大火才容易成功。甲五的经书读完没有？必须快速圈点快速阅读，犯不着一个字一个字都熟练。只怕因为求"熟"这一个字，而穷其一生都不能把经书读完。我们家乡的子弟没有读完经书的太多，以后要努力戒除。外甥们如果没有读完经书，应当马上补读完。千万牢记！

再，余往年在京曾寄银回家，每年或百金或二百金不等。一以奉堂上之甘旨，一以济族戚之穷乏。自行军以来，仅甲寅冬寄百五十金。今年三月，澄弟在省城李家兑用二百金，此际实不能再寄。盖凡带勇之人，皆不免稍肥私橐[1]。余不能禁人之不苟取，但求我身不苟取，以此风示僚属[2]，即以此仰答圣主。今年江西艰困异常，省中官员有穷窘而不能自存者，即抚藩各衙门亦不能寄银赡家，余何敢妄取丝毫？兹寄银三十两，以二十两奉父亲大人甘旨之需，以十两奉叔父大人含饴之佐。此外，家用及亲族常例概不能寄。

【注释】

①稍肥私橐(tuó)：指稍有中饱私囊之嫌疑。

②风示：晓谕，教诲，告诫。僚属：属官，属吏。

【译文】

再者，我往年在京城曾寄银子回家，每年或一百金或两百金不等。一则供奉堂上大人饮食之需，一则救济穷困的亲戚。自从行军打仗以来，只有甲寅年的冬天寄回去一百五十金。今年三月，澄弟在省城李家支用二百金，而今实在不能再寄银钱回去了。因为凡带兵的人，都不免有点儿中饱私囊。我不能禁止这种行为，只求我自己不随便拿，以身作则为属官做榜样，也算是报答皇上的恩情。今年江西异常艰难困苦，省中官员有穷困窘迫到养不活自己的，即便是巡抚和布政使各衙门也不能寄钱养家，我又怎么敢妄取分毫？现在寄回银子三十两，拿二十两供奉父亲大人饮食之需，拿十两帮助叔父大人抚养孙儿。此外，家用、亲族的例钱都不能寄了。

澄弟与我自湘潭一别之后，已若漠然不复相关。而前年买衡阳之田，今年兑李家之银，余皆不以为然，以后尽可不必代管。千万千万！

【译文】

澄弟与我湘潭一别之后，已经好像漠不相关的两个人。前年买衡阳的田，今年支李家的钱，我都不怎么赞同，以后澄弟完全可以不必代我管此事了。千万千万！

十二月二十七日　致沅浦弟书

沅浦九弟左右：

廿三日在九江接弟初八日一缄，廿六日在隘口途次又接弟十三日一缄①，具悉一切。

【注释】

①隘口：地名。即今江西九江星子隘口镇。

【译文】

沅浦九弟左右：

二十三日在九江接到弟弟初八日的信，二十六日在去隘口的半路又接到弟弟十三日的信，一切情况都已知道。

改民船为战船，是贼匪向来惯技。自前年水师舢板出，遂远胜贼改之船。弟营若距水次太远①，似不必兼习炮船，恐用之不熟，或反资敌也。

【注释】

①水次：水边。

【译文】

把民船改为战船，是贼匪向来惯用的伎俩。自从前年我军水师使用舢板船，就远胜贼匪改造的船。弟弟的营盘如果离水边太远，好像不必同时演习炮船，只怕用起来不熟，或者反被敌人抢了去。

十一日击太和援贼①，尚为得手。与此贼战，有两难御者：一则以多人张虚声，红衣黄旗漫山弥谷，动辄二万三四万不等。季洪岳州之败②，梧冈樟树之挫③，皆为人多所震眩也。一则以久战伺瑕隙，我进则彼退，我退则彼又进，顽钝诡诈，揉来揉去。若生手遇之，或有破绽可伺，则彼必乘隙而入,次青在抚州诸战是也。二者皆难于拒御。所幸多则不悍,悍则不多。盖贼多,则中有裹胁之人,彼亦有生手,彼亦有破绽,吾转得乘隙而入矣。

【注释】

①太和:县名。清属吉安府,即今江西吉安泰和。

②岳州之败:指咸丰四年(1854)湘军在岳州为太平军所败一事。

③樟树之挫:指咸丰六年(1856)湘军在樟树败于太平军一事。

【译文】

十一日攻打救援太和的贼匪,还算顺利。与此贼战斗,有两种难以抵御的情况:一则是,贼匪出动很多人虚张声势,红衣黄旗漫山遍野,动辄二万、三万、四万不等。季洪在岳州战败,梧庵在樟树挫败,都是因为敌人太多而被吓晕。一则是,贼匪凭久战窥伺可乘之机,我进则敌退,我退则敌又进,圆滑狡诈,揉来揉去。如果遇上没有经验的生手,或者有机可乘,那么贼匪一定会乘机而入,次青在抚州的一系列战斗就是这样。这两种情况都难以抵御。所幸贼匪人数多就不彪悍,彪悍就人数少。大概贼匪多,里边就有被胁迫的人,他们也有没经验的人,也有破绽,我军能反过来乘机而入。

告示及实收,新岁再当续寄。季高信甚明晰,以后得渠信,弟即遵而行之,自鲜疏失①。余于十九日抵九江,廿五、六自九江回吴城,廿八、九可抵省城。迪庵之陆师更胜于甲寅塔、罗合军之时,厚庵水军亦超出昔年远甚②,而皆能不矜不伐③,可敬爱也。

【注释】

①鲜：少。

②厚庵：即杨载福。见前注。

③不矜不伐：不自以为了不起，不为自己吹嘘，形容谦逊。

【译文】

告示和实收，新年应该会再继续寄。季高的信写得很清楚，以后再收到他的信，弟弟你就遵行，自然会少有疏失。我十九日抵达九江，二十五、六日从九江回吴城，二十八、九日可以抵达省城。李迪庵的陆军比甲寅年塔、罗合军的时候还强，厚庵的水军也比前些年强很多，他们还都能保持谦逊，真是可敬可爱。

袁州往返千余里，吾即不请父大人远出。若江西军事得手，明年或可奏明归觐乎①？

余不具。

顺贺岁禧！

【注释】

①归觐：回去拜见父母。

【译文】

往返袁州有一千多里，我就不请父亲大人出远门了。如果江西剿匪可以成功，明年或许可以奏明圣上回家归觐了吧？

其他不再一一写了。

祝贺新年吉祥！

再，梧冈于军中小事尚能办理妥叶，遇有大事则无识无胆。设有探报称东路有贼数千，西路来贼数千，南北两路各数万,风声鹤唳,大波特起,则梧冈摇惑无主①。必须吾弟作主也。到吉安后,专为自守之计,不为攻城之计,打数大仗后则军心、民心大定,此军乃可特立也。

【注释】

①摇惑:迷惑动摇。无主:谓不由己,无主张。

【译文】

再者,梧冈对于军中小事还能办妥,但一遇到大事就毫无胆识。假设有探子回报东路有几千贼匪,西路又攻来几千贼匪,南北两路又各有几万贼匪,风声鹤唳,草木皆兵,大波来袭,梧冈就会迷惑动摇、六神无主。还得须弟弟你做主。到了吉安以后,一心一意防守,别计划攻城,打几次大仗后才能安定军心、民心,这支军队才能站得稳。

弟若久驻吉安,余于正月初旬即至吉安犒师,并拟请父亲大人来袁州一行。父子相离四年,或得借此一见,则弟军在吉安不遽掣动亦一好事也。于公,则吉安有一支劲旅,筹饷较易;于私,则兄可借此以谒父亲。不知弟意以为然否?如以为然,则请在彼深沟高垒,为坚不可拔之计。先为不可胜,然后伺间抵隙,以待敌之可胜。无好小利,无求速效。至要至嘱!

【译文】

弟弟如果长久地驻扎在吉安,我就在正月上旬到吉安犒劳军队,并计划请父亲大人到袁州来一趟。父子分离四年,或许能借此机会见上一面,那么弟弟在吉安不迅速调动也是一件好事。于公而言,在吉安有一支精锐部队,筹集军饷比较容易;于私而言,为兄可以借此机会谒见父亲大人。不知弟弟你是否认为这样好? 如果觉得好,就请在你那里挖深沟、筑高垒,作坚决不被贼匪打败的计划。先做不能战胜的准备,然后寻找破绽,等待可以打败敌人的机会。不要追求小战小胜,也不要追求迅速成功。这点极其重要,千万牢记!

咸丰七年丁巳

正月十五日　致沅浦弟书

沅浦九弟左右:

　　元旦接去腊廿五日来函,初九又接除夕一函,均已阅悉。

【译文】

沅浦九弟左右:

　　元旦收到去年腊月二十五日的来信,初九日又接到除夕发来的一封信,均已阅读,知悉一切。

　　"待贼远出,庶可邀截"一节①,"痛加剿洗"及"但求固守营垒,以俟各军之至"等语,均系吾弟近日阅历有得之言,吾亦于禀中批示矣。水师办成,先烧江中贼船,自是绝接济之一法。第恐哨勇未能老练,或以利器资敌。慎之慎之! 钱漕一禀②,批语宜干净斩截③。此事究应由地方官以全力主持,乃为切实。不然,恐吾批愈结实,而人愈疑贰④。此等处颇费斟酌,望吾南公壹志径行,不恤其他⑤。

【注释】

①邀截：阻拦袭击。

②钱漕：即钱粮。因税米多漕运至京，故称。

③斩截：坚定不移貌，干脆利落貌。

④疑贰：疑惑不定，因猜忌而生异心。

⑤不恤：不顾，不管。

【译文】

"等贼匪远出，或许可以阻拦袭击"一节，"痛加剿洗"，以及"只求固守营垒，等待各路军队到来"等话，都是弟弟近来阅历增长、内心有所得的话语，我也在禀文中批示了。水军办成之后，先烧毁江中贼船，自然是断绝贼匪接济的一个办法。只怕哨勇还不老练，利器或许反被敌人抢了去。请谨慎再谨慎！钱粮的禀告，批语应当干净斩截。此事终究该由地方官全力主持，才能切实可行。不然，只怕我们的批语越结实，别人就会越怀疑。这些地方还挺费斟酌，希望南公一心一意径自实行，不要考虑其他。

　　余拟日内赴瑞州军营。吉安之行，必须至瑞后乃能定议。

【译文】

　　我打算近日赶赴瑞州军营。吉安之行，必须在到达瑞州后才能决定。

正月十八日　致澄侯弟书

澄侯四弟左右：

　　十五日安七等来，接父亲大人手谕及弟与纪泽儿各信，

具悉一切。弟之子配王梅谷之女①，龙神订庚②。贺贺！尧
阶、芝生、荫亭、梅谷，凡为吾家之先生者，即为吾弟之亲家。
古人言"亲师取友"③，吾弟可谓善于亲师矣。

【注释】

①王梅谷：湘乡人。与曾国潢为儿女亲家。

②龙神：疑指农历二月初二。订庚：即订婚。旧时用交换男女年庚
　帖子表示订婚，故称。

③亲师取友：亲近名师，选取良友。《礼记·学记》："古之教者……
　一年视离经辨志，三年视敬业乐群，五年视博习亲师，七年视论
　学取友。"

【译文】

澄侯四弟左右：

十五日安七等人到来，接到父亲大人亲笔信和弟弟、纪泽孩儿的各
封信件，一切情况都已知道。弟弟你的儿子娶王梅谷的女儿，龙神之日
订婚。可喜可贺！尧阶、芝生、荫亭、梅谷，凡做过我们家老师的，就都
成了我弟弟的儿女亲家。古人说"亲近师长、善交朋友"，弟弟可以说是
善于亲近师长了。

余去年有一信，言第三女许罗山之次子，敬请父大人主
其事。顷接回信，知家中已有信与罗宅矣。惟余去冬至九
江晤李迪庵，知罗山生前曾与订姻，以李女配罗子，业已当
面说定。虽未过庚书①，而迪庵此时断不肯食言。余闻迪安
之言，比即详述一切，因订定罗子决配李女②，而余为之媒。
余之第三女即另行择婿。望弟详禀父大人，可将此事中辍。
纵已过女庚，亦可取还。缘罗子系恩赐举人③，恐人疑为佳

婿而争之也。至要至要！

【注释】

①庚书：即庚帖。旧俗订婚时男女双方交换的写有姓名、生辰八字、籍贯、祖宗三代等的帖子。以其载有年庚，故名。

②订定：约定。

③恩赐举人：不经科举考试而由皇帝赏赐给举人身份。

【译文】

我去年有一封信，说第三女许给罗山的次子，敬请父亲大人主持此事。不久前接到回信，知道家里已经写信给罗家了。只是，我去年冬天在九江与李迪庵会面，知道了罗山生前曾经与他定亲，以李家女儿许配罗家儿子，已经当面说定了。虽然没有交换书庚，但迪庵此时断断不肯食言。我听迪庵此话，又听他详细叙述一切，与他约定罗家的儿子一定要配李家的女儿，我来做媒。我的三女儿则另行择婿。希望弟弟详细禀告父亲大人，可以将与罗家定亲之事中止。即使已经送过女庚，也可以取回来。因为罗家的儿子是恩赐举人，我怕别人怀疑我与迪庵因为挑好女婿而互相争抢。此事极其重要！

余于腊月廿八日自九江回省。正月十二日接到内赏"福"字、荷包及食物等件。十七日自省城起行，十八日至奉新县①。因吴竹庄于正月初五日克复此城，特来犒师也。二十日可至瑞州会晤六弟。兹专人送"福"字、荷包、食物至家，祈查收，敬谨尊藏。又寄回《日知录》一册二十四本②，与儿子纪泽阅看。纪泽前有信，言家中无段氏《说文》。余记家有《皇清经解》，其中即有段《说文》一种，尽可取阅。又有《经传释辞》一种③，亦小学之要也。纪泽若至省城，不宜久驻,过石潭时④,不宜至罗家去。

余不一一。

【注释】

①奉新县:清属南昌府,即今江西宜春奉新。

②《日知录》:明末清初著名学者顾炎武的代表作。内容涉及经史、诗文、训诂、名物、典章制度等,是顾炎武"稽古有得,随时札记,久而类次成书"的著作。

③《经传释辞》:清代王引之撰,解释经传古籍中虚词的专著,成书于嘉庆年间。共收虚字一百六十个,虽以单音虚词为主,但有同义虚词连用的,也偶然随文论及。

④石潭:地名。即今湖南娄底双峰走马街镇石潭村。

【译文】

我腊月二十八日从九江回江西省城。正月十二日接到朝廷赏赐的"福"字、荷包、食物等。十七日从省城启程,十八日到达奉新县。因为吴竹庄正月初五日收复此城,我特意来犒劳军队。二十日可以到瑞州见六弟。现在专门派人送"福"字、荷包、食物回家,请查收,一定要恭敬地收藏。又寄回《日知录》一册二十四本,给纪泽孩儿看。纪泽之前有信说家里没有段玉裁的《说文》。我记得家里有《皇清经解》,其中有段氏《说文》一种,完全可以拿来看。又有《经传释辞》一种,也是小学中重要的书籍。纪泽如果到省城,别住太久,经过石潭时,不要到罗家去。

其他不再一一写了。

正月二十二日　致沅浦弟书

沅浦九弟左右:

十八日乌山途次接弟十一日所发一缄①,具悉一切。

【注释】

①乌山:地名。即今江西南昌新建乌山村。

【译文】

沅浦九弟左右:

十八日在去乌山的半路上接到弟弟十一日所发的信,一切情况都已知道。

兄于十七日卯刻出省,十八日至奉新,绅耆款留二日①。廿一日率吴竹庄之彪营等四千人同来瑞州,拟于东北隅扎一大营,则四面合围,接济可断,声息不通②,或易得手。

【注释】

①绅耆(qí):旧称地方上的绅士和年老有声望的人。

②声息:消息,情况。

【译文】

为兄我十七日卯时出省,十八日到达奉新,士绅款待两日。二十一日率领吴竹庄的彪营兵勇等四千人一起来瑞州,计划在东北角扎一座大营,这样就能四面合围,断绝贼匪接济,使之消息不通,或许容易得手。

近日省中因探报抚州之贼意图内犯,人心颇涉惊皇。而饶州毕都司一军①,因毕将初二日在景德镇败挫,不知下落,其老营纷纷溃散,饶防自隳②,岌岌可虞③。

【注释】

①毕都司:即毕金科。见前注。

②隳(huī)：毁。

③岌岌可虞：岌岌可危，令人担忧。

【译文】

近日省城中因为探子禀报抚州的贼匪意图进犯，人心惶惶。而饶州毕都司的军队，因为毕将领初二日在景德镇挫败，至今下落不明，他大本营的兵卒纷纷溃散，饶州的防守自然崩溃，岌岌可危，令人担忧。

　　福将军于腊月三十日至广信①，十三日坐舟赴省，月内应可抵章门。

【注释】

①福将军：即为西安将军福兴，咸丰六年(1856)至江西战场。

【译文】

福将军腊月三十日到达广信，十三日坐船到省城，月内应该可以抵达章门。

　　围城之法，扎营不宜太近。一则开仗之势太蹙；一则军事尚隐尚诡，不宜使敌人丝毫毕知也。

【译文】

围城的方法，扎营不应该太近。一则是，开战时局势太迫蹙；一则是，军事讲究隐秘、诡异，不应该让敌人什么都知道。

　　余所刻实收，日内另专人送南翁处。南翁事，以后省垣不至掣肘也①。

【注释】

①省垣：省府。掣肘：语出《吕氏春秋·具备》：“宓子贱治亶父，恐鲁君之听谗人，而令己不得行其术也。将辞而行，请近吏二人于鲁君，与之俱至于亶父。邑吏皆朝，宓子贱令吏二人书。吏方将书，宓子贱从旁时掣摇其肘；吏书之不善，则宓子贱为之怒。吏甚患之，辞而请归……鲁君太息而叹曰：‘宓子以此谏寡人之不肖也。’”后因以“掣肘”谓从旁牵制。

【译文】

我所刻的实收，近日会另派专人送到南翁处。南翁的事情，以后不至于被省府掣肘了。

正月二十六日　致沅浦弟书

沅浦九弟左右：

廿四日专人至，接来件，知接战获胜。水师虽未甚如意，然已夺船数号，亦尚可用。水师自近日以来，法制大备①，然其要全在得人。若不得好哨好勇，往往以利器资寇。弟处以全副精神注陆路，以后不必兼筹水师可也。

【注释】

①法制：方案制度。大备：一切具备，完备。

【译文】

沅浦九弟左右：

二十四日有专人到来，接到来信，知道弟弟与贼匪交战获胜。水军虽然没有太如意，但已经夺了几条船，也还算有用。水军近日来方案制度齐备，但关键全在于人才。如果没有好哨官、好兵勇，往往是拿利器资助贼匪。弟弟你那边全神关注陆路就好，以后可以不必同时筹备水军。

用绅士不比用官，彼本无任事之责，又有避嫌之念，谁肯挺身出力以急公者？贵在奖之以好言，优之以廪给①。见一善者则痛誉之；见一不善者，则浑藏而不露一字。久久善者劝②，而不善者亦潜移而默转矣。吾弟初出办事而遂扬绅士之短，且以周梧冈之阅历精明为可佩，是大失用绅士之道也。戒之慎之！

【注释】

①廪给：俸禄，薪给。亦泛指衣食等生活资料。

②劝：勉励。亦指受到勉励，积极做事。

【译文】

任用绅士不比任用官员，他们本来没有承担事务的责任，又有避嫌的念头，谁肯挺身出力以公事为急呢？贵在好言好语奖励他们，给予他们丰厚的物质待遇。看见善行就尽情地赞誉；看见不好的行为就完全为之隐藏，一个字都不说。久而久之，善者得到勉励，而不善者也会潜移默化。弟弟你刚刚出来办理事情就张扬绅士的短处，并且认为周梧冈的精明阅历值得钦佩，真是很不懂得怎么任用绅士。愿弟弟你引以为戒，多加谨慎！

余近发目疾，不能作字，率布数行①，惟心照。

【注释】

①布：陈述。

【译文】

我近来眼疾发了，不能写字，随意写几行，一切心照不宣。

二月初三日　致沅浦弟书

沅浦九弟左右：

初一日接二十六夜一缄，藉悉廿五日梧军小挫，廿六日各军大胜。至以为慰！计二十七、八至初旬，援贼、城贼尚有数次大战。数大战后，我军营盘始稳，根基初固。从此以后，方可期贼势之渐就衰落，方可断接济文报，而冀就克复也。

【译文】

沅浦九弟左右：

初一日接到二十六日夜发来的一封信，借此知道二十五日梧冈的军队小败，但二十六日各军大胜。我心中很是欣慰！估计二十七、八日到次月上旬，我军与城里的贼匪、救援的贼匪还会有几次大战。几次大战后，我军的营盘才能稳固，根基也能初步坚固。从此以后，才能期望贼匪的声势日渐衰落，才能断绝贼匪的接济和通讯，才有希望收复吉安城。

瑞州日内开挖长壕，南城峙衡二十五日兴工，北城诸营二十七日兴工，竹庄在东北尚未兴工。余日内赴省一会福将军，耽搁一日，即仍回瑞。此间初合长围，暂不克抽拨数营往吉也。

【译文】

瑞州近日开始挖长壕,南城峙衡军二十五日动工,北城诸营二十七日动工,竹庄在东北方还没有动工。我近日会到省城会见福将军,只停留一天,仍然回瑞州。此时刚开始形成长包围圈,暂时不能抽调几个营到吉安。

玉班兄,即日当有信奉谢,弟先为我致意。

不一一。

【译文】

玉班兄那里,近日应当写信去谢谢他,弟弟可以先代为问候。

其他不再一一写了。

九月廿二日　致沅浦弟书

沅浦九弟左右:

十二日申刻代一自县归,接弟手书,具审一切。

【译文】

沅浦九弟左右:

十二日申时代一从县城回来,接到弟弟的亲笔信,一切情况都已知道。

十三日未刻文辅卿来家①,病势甚重,自醴陵带一医生偕行,似是瘟疫之症。两耳已聋,昏迷不醒,间作谵语②,皆惦记营中。余将弟已赴营,省城可筹半饷等事告之四五次,渠已醒悟,且有喜色。因嘱其静心养病,不必挂念营务,余代为函告南省、江省等语③,渠亦即放心。十四日,由我家雇夫送之还家矣。若调理得宜,半月当可痊愈,复元则尚不易易。

【注释】

①文辅卿:湖南醴陵人。曾受曾国藩命,在江西办理厘务。

②谵(zhān)语:病中神志不清,胡言乱语。

③南省、江省:指湖南省、江西省。

【译文】

十三日未时,文辅卿来到我家,他病得很重,从醴陵一路带医生同行,好像是瘟疫之类的急症。他两只耳朵已经聋了,昏迷不醒,偶尔还胡言乱语,都是惦记军营的话。我将弟弟你已经赶赴军营,省城可以筹集一半军饷等事情告诉他四五次,他才醒悟,并且神色欣喜。我因此嘱咐他静心养病,不必挂念营中事务,我可以代他写信告诉湖南省、江西省等地方,他这才放心。十四日由我家雇长夫送他回家。如果调理得好,半月就可以痊愈,但完全复元还很不容易。

　　陈伯符十二来我家①。渠因负咎在身,不敢出外酬应,欲来乡为避地计②。黄子春官声极好③,听讼勤明,人皆畏之。

【注释】

①陈伯符:曾国藩亲家贺耦庚之妻舅。

②避地:谓迁地以避灾祸。

③黄子春：即为黄淳熙（1817—1861），字子春，江西鄱阳人。道光二十七年（1847）进士，咸丰七年（1857）署湘乡知县。咸丰九年（1859）、十年（1860）间，石达开进击湖南，黄淳熙奉巡抚骆秉章檄募勇防守出剿，屡次大捷，累擢知府，以道员记名。骆秉章奉命赴四川督师，黄淳熙从行。黄淳熙在四川战场屡立战功，战殁于二郎场。

【译文】

陈伯符十二日到我家来。他因为负咎在身，不敢出外应酬，想来乡下躲避灾祸。黄子春为官的声誉极好，审案勤快且明智，人们都敬畏他。

弟到省之期，计在十二日。余日内甚望弟信，不知金八、佑九何以无一人归来？岂因饷事未定，不遽遣使归与？弟性褊激似余①，恐怫郁或生肝疾②，幸息心忍耐为要③。兹乘便寄一缄，托黄宅转递，弟接到后，望专人送信一次，以慰悬悬。

【注释】

①褊（biǎn）激：心胸狭窄，言行过激。

②怫郁：忧郁，心情不舒畅。

③息心：静心，专心。

【译文】

弟弟你到省城的日期，估计在十二日。我最近非常盼望弟弟的来信，不知金八、佑九为什么没有一个人归来？难道是因为军饷的事情没有定下来，而不迅速派人回来？弟弟你的性情像我一样褊激，恐怕会因为忧郁而导致肝脏生病，一切以静心忍耐为要。现在趁方便寄去一封信，托黄宅转递,弟弟接到信后,希望派专人送一次回信,以慰为兄悬念之心。

　　家中小大平安。诸小儿读书,余自能一一检点①,弟不必挂心。

【注释】

①检点:检查,督促。

【译文】

家中小大平安。诸小儿读书,我自己能一一查点,弟弟不必挂心。

十月初四日　致沅浦弟书

沅浦九弟左右:

　　廿二夜灯后,佑九、金八归,接弟十五夜所发之信,知十六日已赴吉安。屈指计弟廿四日的可抵营①,廿五、六当专人归来,今日尚未到家,望眼又复悬悬。

【注释】

①的可:确可。

【译文】

沅浦九弟左右:

　　二十二日夜里掌灯后,佑九、金八回来,接到弟弟十五日夜里所发的信,知道弟弟十六日已经赶赴吉安。屈指一算,估计弟弟二十四日可以抵达军营,二十五、六日应该会派专人回来,今天还没有到家,再度望眼欲穿。

　　"吉"字中营尚易整顿否①？古之成大事者，规模远大与综理密微②，二者阙一不可。弟之综理密微，精力较胜于我。军中器械，其略精者，宜另立一簿，亲自记注，择人而授之。古人以铠仗鲜明为威敌之要务，恒以取胜。刘峄衡于火器亦勤于修整，刀矛则全不讲究。余曾派褚景昌赴河南采买白蜡杆子③，又办腰刀分赏各将弁，人颇爱重。弟试留心此事，亦综理之一端也。至规模宜大，弟亦讲求及之。但讲阔大者，最易混入散漫一路。遇事颟顸④，毫无条理，虽大亦奚足贵？等差不紊⑤，行之可久，斯则器局宏大⑥，无有流弊者耳。顷胡润芝中丞来书，赞弟有曰"才大器大"四字，余甚爱之。才根于器，良为知言⑦。

【注释】

①"吉"字中营：湘军曾国荃部营号名。咸丰六年（1856）曾国藩在江西战场与太平军苦战，曾国荃在长沙以援救吉安为名招募湘勇，即号此军为"吉"字营。

②综理：总揽，管理。密微：邃密微妙。

③褚景昌：曾国藩僚属。曾与杨镇南并为曾国藩身边护卫（武巡捕）。白蜡杆子：是一种用白蜡木做成的武术器材，可以作枪杆。

④颟顸（mān hān）：糊涂而马虎。

⑤等差：等级次序，等级差别。

⑥器局：器量，度量。

⑦知言：有见识的话。

【译文】

　　"吉"字中营还容易整顿吗？自古成就大事业的人，规模远大与综理密微，这两方面缺一不可。弟弟你在综理密微方面，精神和能力比我要强一些。对于军中的刀具枪械之类，稍稍精良一些的，要另外建一个账簿，亲自记录注明，选择适当的人，交付给他们使用。古人打仗，以盔甲鲜明刀枪锋利为威慑敌人的第一要务，并总是凭此取得胜利。刘峙衡对于火器的修整很是上心，但对刀矛之类却完全不讲究。我曾经派褚景昌去河南采购白蜡杆子，又置办了许多腰刀，分赏将士们，他们非常爱重。弟弟你也不妨尝试一下，留心这件事，也是综理的一方面。至于说到规模力求远大，弟弟你也要努力讲求。但是讲求规模阔大的人，很容易走上自由散漫的路子。做事漫不经心，一点儿条理也不讲，那样的话，即使阔大又有什么可取之处呢？等级次序不乱，做事有条不紊，实行起来才可以久远，这样才能器量局面宏大，而不会产生什么流弊。前不久胡润芝中丞来信，称赞弟弟你，用了"才大器大"四个字，我看了真是很喜欢。器量是才能的根本，这真是有见识的话。

湖口贼舟于九月初八日焚夺净尽，湖口、梅家洲皆于初九日攻克。三年积愤，一朝雪耻，雪琴从此重游浩荡之宇。惟次青尚在坎窞之中①，弟便中可与通音问也②。润翁信来，仍欲奏请余出东征。余顷复信，具陈其不宜。不知可止住否？彭中堂复信一缄③，由弟处寄至文方伯署④，请其转递至京。或弟有书呈藩署，末添一笔亦可。李迪庵近有请假回籍省亲之意，但未接渠手信。渠之带勇实有不可及处，弟宜常与通信，殷殷请益⑤。

【注释】

①坎窞（kǎn dàn）：坑穴，喻险境。

②便中：方便的时候。

③彭中堂：即为大学士彭蕴章。彭蕴章（1792—1862），字咏莪，一

字琮达,江苏长洲人。由举人入资为内阁中书,充军机章京。道光十五年(1835)进士,授工部主事,留值军机处。咸丰元年(1851),命在军机大臣上行走。六年(1856)拜文渊阁大学士。十年(1860)太平军攻占苏、常,两江总督何桂清被逮治,彭蕴章以屡言桂清可恃,亦罢职。次年,复任兵部尚书、左都御史。卒谥文敬。有诗名,有《松风阁集》。

④文方伯:即当时的江西布政使文俊。见前注。

⑤请益:向人请教。

【译文】

湖口的贼船九月初八日全部被我军焚烧、抢夺干净,湖口、梅家洲都在初九日被攻克。三年积愤,一朝雪耻,雪琴从此能重新遨游朗朗乾坤了。只有次青还身处险境,弟弟方便的时候可以与他互通音讯。润翁来信,仍然想奏请圣上让我复出东征。我即刻回信,详备地陈述了此事不合宜之处。不知是否能让他打消念头。给彭中堂的回信一封,由弟弟那里寄到文方伯官署,请他转寄京师。如果弟弟有信上呈藩署,可以在末尾添上一笔。李迪庵最近想请假回老家省亲,但还没有接到他的亲笔信。他带兵确实有过人之处,弟弟应该常常与他互通音信,殷勤请教。

　　弟在营须保养身体,肝郁最易伤人,余生平受累以此,宜和易以调之也①。

【注释】

①和易:温和平静,温和平易。

【译文】

弟弟在军营必须保养身体,肝气郁结最容易伤人,我平生就是受累于此，弟弟为人处世应该温和平易，以调养身体。

十月初十日　　致沅浦弟书

沅浦九弟左右：

十月初七日接弟廿八日所发家信，具悉一切。所得饷银计可发两月口食，细问得二、金三等，言阖营弁勇夫役皆欢声雷动。似此气象尚好。或者此出事机顺手，余与合家大小均为欣慰。

【译文】

沅浦九弟左右：

十月初七日接到弟弟二十八日发来的家信，一切情况都已知道。所得军饷估计可以发两个月的口粮，细问得二、金三等人，说全营兵卒、夫役都欢声震天。像这种气象，真是很好。或者贤弟此次出去办事事机顺利，我和全家大小都很欣慰。

家中内外平安。胡中丞信来，已于九月廿六日专折奏请余赴九江①，总统杨、彭、二李之师②。余重九所发之折，至今未奉朱批。

【注释】

①专折：专就某事所上之奏折。

②杨、彭、二李：即湘军将领杨载福、彭玉麟、李续宾和李续宜。见前注。

【译文】

家中内外平安。胡中丞来信，已经在九月二十六日专折奏请圣上，让我赶赴九江统领杨、彭、二李的军队。我重阳所发的奏折，至今没有接到朱批。

弟此刻到营，宜专意整顿营务，毋求近功速效。弟信中以各郡往事推度①，尚有欲速之念。此时自治毫无把握，遽求成效，则气浮而乏，内心不可不察。进兵须由自己作主，不可因他人之言而受其牵制。非特进兵为然，即寻常出队开仗，亦不可受人牵制。应战时，虽他营不愿，而我营亦必接战；不应战时，虽他营催促，我亦且持重不进。若彼此皆牵率出队②，视用兵为应酬之文，则不复能出奇制胜矣。五年吴城水师③，六年抚州、瑞州陆军，皆有牵率出队之弊，无一人肯坚持定见，余屡诫而不改。弟识解高出辈流，当知此事之关系最重也。

【注释】

①推度（duó）：揣测，想象。

②牵率：牵扯，牵拉。

③五年：即为咸丰五年（1855）。

【译文】

弟弟你现在到达军营，应该专心整顿军营事务，不要急功近利、追求速效。弟弟的来信中，以各郡的往事推测营务，还是心存迅速奏效的念头。现在你在自治方面毫无把握，追求迅速成功，就是心浮气躁，弟弟你在内心可不能不细细体察啊。进军必须自己做主，不可以因为别人的话而受到牵制。不但进军是这样，就是寻常的出兵作战也不可以受制于人。应战的时候，即使其他营不愿意，我自己的营也一定要接战；不应战的时候，即使别的营催促，我也持重不进攻。如果彼此都因牵拉出军，把用兵当作应酬，就都不能出奇制胜。咸丰五年的吴城水师，咸丰六年的抚州、瑞州陆军，都有牵拉出军的弊病，没有一个人肯坚持定见，我屡次告诫他们也不改。弟弟你的见识高出这些人，应该知道此事关系最为重大。

宝勇本属劲旅。普副将所统太多，于大事恐无主张，宜细察之。黄南坡太守有功于湖南，有功于水师，今被劾之后，继以疾病，弟宜维持保护，不可遽以饷事烦之。逸斋知人之明①，特具只眼，豪侠之骨，莹澈之识，于弟必相契合。但军事以得之阅历者为贵，如其能来，亦不宜遽主战事。各处写信自不可少，辞气须不亢不卑，平稳惬适。余生平以懒于写信开罪于人，故愿弟稍变途辙。在长沙时，官场中待弟之意态，士绅中夺情之议论②，下次信回，望略书一二，以备乡校之采③。

【注释】

①逸斋：即为帅远燡（1817—1857），字仲谦，一字逸斋，湖北黄梅人。道光十七年（1837）拔贡，道光二十一年（1841）恩赐举人，道光二十七年（1847）丁未科进士，改庶吉士，散馆授编修。太平军起，帅远燡于咸丰三年（1853）上书建言军事，后通过纳赀获得道员身份，奏留江西办理捐输事宜。咸丰七年（1857）招募兵勇前往救援被石达开围困的清兵，战死。曾国藩将帅远燡与李鸿章、郭嵩焘、陈鼐并称“丁未四君子”。

②夺情：犹夺服。谓丧期未满，官员应诏除去丧服，出任官职。

③乡校：古代地方学校。周代特指六乡州党的学校。《左传·襄公三十一年》："郑人游于乡校以论执政。"故此处借指乡绅的议论。

【译文】

宝庆勇本来属于精锐部队。但普副将统领的军队太多，遇到大事恐怕没有什么主张，弟弟应该细心观察。黄南坡太守有功于湖南，有功于水师，被弹劾之后，现在又生病了，弟弟应该多多维护他，不可以突然拿军饷的事烦扰于他。逸斋有知人之明，独具慧眼，其豪侠风骨、通透的见识，与弟弟必能契合。但，军事上以自阅历得来的见识为可贵，如果他能来，也不应该迅速主持战事。给各处写信自然少不得，辞气必须不卑不亢，平稳闲适。我平生因为懒于写信而得罪于人，希望弟弟能稍作改变。在长沙时，官场诸位对待弟弟的态度，士绅关于夺服的议论，希望弟弟你在下次回信的时候稍微写几句，以便我知道地方上的评价。

吉安在宋明两朝，名贤接踵，如欧阳永叔、文信国、罗一峰、整庵诸公①。若有乡绅以遗集见赠者，或近处可以购觅，望付数种寄家。

余俟续布。

【注释】

①欧阳永叔：即为欧阳修（1007—1072），字永叔，号醉翁、六一居士，谥号文忠，吉州庐陵人。官至翰林学士、枢密副使、兵部尚书、参知政事，世称"欧阳文忠公"。欧阳修是"唐宋散文八大家"之一，领导了北宋诗文这动，主要作品有《醉翁亭记》《秋声赋》等。文信国：即为文天祥（1236—1283），初名云孙，字宋瑞，一字履善，自号文山、浮休道人，江西吉州庐陵人。宋理宗宝祐四年

(1256)状元及第,官至右丞相,封信国公。抗元兵败被俘,至元十九年(1282)就义。罗一峰:即为罗伦(1431—1478),字应魁,一字彝正,号一峰,吉安永丰人。成化二年(1466)进士,授翰林院修撰。后辞归,隐居金牛山钻研经学,门徒甚众。学术上笃守宋儒为学之途径,重修身持己,尤以经学为务。有《一峰集》十卷存世。整庵:即为罗钦顺(1465—1547),字允升,号整庵,吉安泰和人。进士,历任翰林院编修,南京国子监司业,南京吏部右侍郎、左侍郎,南京吏部尚书等职。著有《困知记》、《整庵存稿》、《整庵续稿》。

【译文】

宋明两朝,吉安名贤继出,如欧阳永叔、文信国、罗一峰、整庵等人。如果有乡绅赠予名贤遗集,或可以在附近买到,希望弟弟寄几种回家。

其他以后再说吧。

十月十五日　　致沅浦弟书

沅浦九弟左右:

前信言牵率出队之弊,关系至重。凡与贼相持日久,最戒浪战①。兵勇以浪战而玩②,玩则疲;贼匪以浪战而猾,猾则巧。以我之疲敌贼之巧,终不免有受害之一日。故余昔在营中诫诸将曰:"宁可数月不开一仗,不可开仗而毫无安排算计。"此刻吉安营头太多,余故再三谆嘱。

【注释】

①浪战:轻率作战。

②玩:轻视,忽视,不放在心上。

【译文】

沅浦九弟左右：

前一封信说因牵扯而出军的弊病，关系至重。凡与贼匪相持日久，最戒轻率作战。兵卒因为轻率作战而轻视战斗，轻视战斗就会疲敝；贼匪因为我军轻率出战而奸诈，奸诈就会取巧。以我军的疲敝对抗贼匪的取巧，终究不免有受害的一天。所以我曾经在营中告诫诸位将士说："宁可几个月不开一次战，不可毫无安排、算计地开战。"现在吉安的营号太多，因此我在此再三谆谆嘱咐。

重九所发之折，十二日奉到朱批，兹抄付一览。圣意虽许暂守礼庐①，而仍不免有后命。进退之际，权衡实难也。

【注释】

①暂守礼庐：暂时在家守制服丧。古人于父母或老师死后，服丧期间守护坟墓，在墓旁搭盖小屋居住。

【译文】

重阳发去的奏折，十二日接到朱批，现在抄录一份寄给你看看。圣上虽然允许暂时在家守制服丧，但终究会有后续指令。进退之际，实在难以权衡。

十月十六日　　致沅浦弟书

沅浦九弟左右：

在吉安扎营，不宜离城太近。盖地太逼，则贼匪偷营难于防范，奸细混入难于查察。节太短，则我军出队难于取势，各营同战难于分股。一经扎近之后，再行退远，则少馁士气①,不如先远之为愈也②。

【注释】

①馁:气馁,指士气低落,失去信心和勇气。

②愈:好。

【译文】

沅浦九弟左右:

在吉安扎营,不应该离城太近。太过逼近,贼匪偷袭营地难以防范,且奸细混入也难以查知。距离太短,我军出队的时候难以取势,各营一同作战的时候也难以分股。一旦扎近了,再行后退,就会使士气受挫,还是不如先扎远一点儿的好。

牵率出队之弊,所以难于变革者,盖此营出队之时未经知会彼营,一遇贼匪接仗,或小有差挫,即用令箭飞请彼营前来接应,来则感其相援,不来则怨其不救。甚或并未差挫,并未接仗,亦以令箭报马预请他营速来接应①。习惯为常,视为固然。既恐惹人之怨憾,又虑他日之报复,于是不敢不去,不忍不去。夫战阵呼吸之际,其几甚微②。若尽听他营之令箭,牵率出队,一遇大敌,必致误事。弟思力革此弊,必须与各营委曲说明③,三令五申。又必多发哨探,细侦贼情。耳目较各营为确,则人渐信从,而前弊可除矣。

【注释】

①报马:骑马报告消息的人。

②其几甚微:指气机微妙、奥秘。

③委曲:详尽周到。

【译文】

因牵扯而轻率出队的弊病,之所以难以变革,是因为此营出队的时候没有知会彼营,一遇到贼匪,与之开战,有时稍有挫败,就马上拿令箭飞速请求彼营前来接应,来了就感激他的援救,不来就怨恨他不相救。甚至有时候并没有受挫并没有接战,也让人骑着马、拿着令箭请他营迅速来接应。久而久之,习以为常,视为固然如此。接到令箭的人,既害怕招惹别人怨恨,又担心来日别人报复,于是不敢不去,也不忍不去。战阵变化,分秒之间奥妙无穷。如果完全听从他营的令箭,相互牵扯草率出队,遇到大敌,一定会误事。弟弟你想尽力变革这种弊病,一定要和各营详尽周到地说明,三令五申。也一定要多派出一些探子,仔细侦察敌情。自己打探得比别的营更为准确,别的营就会慢慢信从,这种弊病也可以破除了。

十月二十七日　致沅浦弟书

沅浦九弟左右:

廿三夜彭一归,接弟十五书,具悉一切。

【译文】

沅浦九弟左右:

二十三日夜里彭一回来,接到弟弟十五日的书信,一切情况都已知道。

吉安此时兵势颇盛。军营虽以人多为贵,而有时亦以人多为累。凡军气宜聚不宜散,宜忧危不宜悦豫①。人多则悦豫，而气渐散矣。营虽多，而可恃者惟在一二营；人虽多，而可恃者惟在一二人。如木然，根好、株好而后枝叶有所托；如屋然，柱好、梁好而后椽瓦有所丽②。今吉安各营，以余意揆之③，自应以吉中营及老湘胡、朱等营为根株④，为柱梁。此外，如“长”、“和”⑤，如湘后，如三宝⑥，虽素称劲旅，不能不侪之于枝叶椽瓦之列⑦。遇小敌时，则枝叶之茂、椽瓦之美，尽可了事；遇大敌时，全靠根株培得稳，柱梁立得固，断不可徒靠人数之多、气势之盛。倘使根株不稳，柱梁不固，则一枝折而众叶随之，一瓦落而众椽随之，败如山崩，溃如河决，人多而反以为累矣。史册所载战事，以人多而为害者不可胜数。近日如抚州万余人卒致败溃，次青本营不足以为根株、为梁柱也；瑞州万余人卒收成功，峙衡一营足以为根株、为梁柱也。弟对众营立论虽不必过于轩轾⑧，而心中不可无一定之权衡。

【注释】

①悦豫：喜悦，愉快。

②椽：放在檩上架着屋顶的木条。丽：附着。

③揆（kuí）：揣测。

④老湘营：湘军营号，原由王鑫统领的湘勇称“老湘营”。胡：即为胡兼善，字达人，湖南桂东人。补博士弟子。咸丰五年（1855）从军，援江西，屡立战功，咸丰八年（1858）病死于军中。朱：即为朱惟堂，湖南湘乡人。咸丰三年（1853）从军，转战各地，官至提督。

⑤“长”、“和”：指湘军“长”字营、“和”字营。

⑥三宝：以宝勇为主的三个“宝”字营。

⑦侪(chái)：等同。

⑧轩轾：语出《诗经·小雅·六月》："戎车既安，如轾如轩。"朱子《集传》："轾，车之覆而前也。轩，车之却而后也。凡车从后视之如轾，从前视之如轩，然后适调也。"指褒贬抑扬之不同。车前高后低叫轩，前低后高叫轾。引申为高低、轻重、优劣。

【译文】

吉安现在兵势很盛。军营虽然以人多为贵，但有时也以人多为累。凡军气，宜聚不宜散，宜忧虑戒惧而不宜愉快喜悦。人多就会喜乐，而军气就会渐渐消散。军营虽然多，但可依仗的只有一两个；人虽然多，但可以依靠的也只有一两位。就像树木，树根和树干好，枝叶才有所依托；就像房屋，柱子和房梁好，椽子、瓦片等才能有所附丽。现在吉安各营，我私下揣度，自然应该以吉中营和老湘胡、朱等营为根基，为栋梁。此外，如长和、湘后、三宝等营，虽然向来被称为精锐部队，也不能不归入枝叶、椽瓦等的范畴。遇到小敌，凭茂盛的枝叶、华美的椽瓦完全可以了事；遇到大敌，就全靠根基培植得稳，栋梁立得坚固，断断不可仅凭人数之多、气势之盛应敌。如果根基不稳，栋梁不坚固，那么，枝条折了树叶也会随之坠落，瓦片落了椽子也要随之折断，如山倒，如大河决堤，人多反而是累赘。史册记载的战事，因为人多而造成妨害的不可胜数。近日，如抚州一万多人最终失败，是次青的大本营不足以作为根基、栋梁的缘故；瑞州一万多人而最终成功，是峙衡的军营足以作为根基、栋梁的原因。弟弟你对众营的看法虽不必过于褒贬，但心中不能没有一定的权衡。

来书言弁目太少①，此系极要关键。凡将才有四大端：一曰知人善任，二曰善觇敌情②，三曰临阵胆识，峙有胆，迪、厚有胆有识。四曰营务整齐。吾所见诸将于三者略得梗概，至于善觇敌情,则绝无其人。古之觇敌者,不特知贼首之性情技俩③,而并知某贼与某贼不和,某贼与伪主不协。今则不见此等好手矣。贤弟当于此四大端下工夫,而即以此四大端察同僚及麾下之人才④。第一、第二端,不可求之于弁目散勇中,第三、第四端,则末弁中亦未始无材也⑤。

【注释】

①弁目:清代低级武官的通称。言其为兵弁的头目。

②觇(chān):偷偷察看。

③技俩:同"伎俩"。技能,本事,手段,花招。

④麾下:部下。

⑤末弁:低等士兵。

【译文】

来信说低级武官太少,这也是极其关键的事。但凡将才,都有四大品质:其一,知人善任;其二,善于观测敌情;其三,临阵不惧,有胆有识;峙有胆,迪、厚有胆有识。其四,营务整齐。我所见过的将领,大概具备第一、三、四种品质,至于善于观测敌情,则没有人能做到。古代善于观测敌情的,不但知道贼匪首领的性情、手段,还知道某贼与某贼不和,某贼与其首领不和。现在看不到这么好本事的人了。贤弟应该在这四个方面下功夫,同时用这四个方面观察同僚和部下。第一、第二方面,不能在低级武官和散兵游勇中寻求,第三、第四方面,即使是低级武官中也未尝没有这类人才。

家中小大平安。胡润之中丞奏请余率水师东下,廿七日送寄谕来家,兹抄寄弟营一阅。

余俟续布。

【译文】

家中大小平安。胡润之中丞奏请圣上，让我率领水军东下，二十七日寄来谕旨，现在抄一份寄给弟弟看看。

其他的以后再说吧。

十一月初五日　致沅浦弟书

沅浦九弟左右：

十一月初二日，春二、甲四归，接廿四夜来书，具悉一切。弟营中事机尚顺，家中大小欣慰。

【译文】

沅浦九弟左右：

十一月初二日，春二、甲四回来，接到弟弟二十四日夜里寄来的书信，一切情况都已知道。弟弟营中事情还算顺利，一家大小都很欣慰。

帅逸斋之叔号小舟者①，于初二日来，携有张六琴太守书缄②，具告逸斋死事之惨。余具奠金五十两交小舟，为渠赴江西之旅资。又作书寄雪琴，嘱其备战船至广信，迎护逸斋之眷口由浙来江。又备舟至省城，迎护逸斋与其侄之灵柩，于南康会齐，同出湖口。由湖口段窑至黄梅帅宅③，不过数十里耳。前此仙舟先生墓门被贼掘毁④，余曾寄书润之中丞、莲舫员外，筹银三四百两为修葺之资。此次小舟归里，可一并妥为安厝⑤。少有余资，即以赡济逸斋之眷口⑥。然亦极薄，难以自存矣。

【注释】

①小舟:即为帅逸斋季叔帅宗楫,字小舟。

②张六琴:即为张家驹,字禄卿,又作"六琴",江西建昌人。咸丰中以安徽候补知府丁忧在籍,会太平军攻建昌,遂募勇与太平军作战。

③段窑:地名。清属江西湖口,今为湖北黄冈黄梅刘佐乡乡政府驻地。

④仙舟先生:即为帅逸斋的祖父帅承瀛(1767—1841),字仙舟,湖北黄梅人。嘉庆元年(1796)一甲三名进士,授编修,累迁国子监祭酒。道光元年(1821)任浙江巡抚。以清廉勤政著称。

⑤安厝(cuò):安葬。

⑥赡济:资助,救济。

【译文】

帅逸斋的叔叔叫小舟的,本月初二日来我这里,带有一封张六琴太守的信,详细告知逸斋死难的惨况。我备了五十两银子的奠金交给小舟,作为他去江西的路费。又写了信给雪琴,嘱咐他准备战船到广信,迎接并护送逸斋的家眷从浙江到江西来;又准备船只到省城,迎接并护送逸斋和他侄儿的灵柩,在南康会齐之后,一起到湖口。由湖口段窑到黄梅帅宅,不过几十里地而已。前些时候,仙舟先生的坟墓被贼匪掘毁,我曾经写信给润之中丞和莲舫员外,筹集了三四百两银子,作为复修的资金。这次小舟回家,可一起妥善安排。如果稍有余钱,便用来周济逸斋的家眷。但钱也很少,这一家子难以维持生计。

东乡败挫之后①,李镇军、周副将均退守武阳渡②。闻耆中丞缄致长沙③,请夏憩亭募勇数千赴江应援,不知确否?自洪、杨内乱以来④,贼中大纲紊乱⑤,石达开下顾金陵,上顾安庆,未必能再至江西。即使果来赴援,亦不过多裹乌合之卒,悍贼实已无几。我军但稍能立脚,不特吉安力能胜之,即临江萧军亦自可胜之也⑥。

【注释】

①东乡:县名。清属抚州府,即今江西抚州东乡。

②李镇军:即为九江镇总兵李定太,湖南人。先后任九江镇总兵、衢州镇总兵。周副将:即周凤山。见前注。武阳渡:渡口名。在今江西南昌武阳镇。

③耆中丞:即为耆龄(?—1863),字九峰,正黄旗人。咸丰七年(1857)任江西巡抚,支持曾国藩部在赣作战。

④洪、杨内乱:指咸丰六年(1856)天京事变,洪秀全密令韦昌辉杀杨秀清事。

⑤大纲:主要的法纪。

⑥萧军:指萧启江的军队。

【译文】

东乡挫败之后,李镇军、周副将都退守武阳渡。听说耆中丞写信到长沙,请夏憩亭招募几千兵卒到江西救援,不知消息是否准确?自从洪、杨内乱以来,贼匪纲纪紊乱,石达开往下要顾及金陵,往上要顾及安庆,未必能再到江西。即使石达开真的来救援江西,也不过是裹胁很多乌合之众,彪悍的贼匪实在已经不多了。我军只要稍微能立住脚,不但有能力攻克吉安,即使是临江萧军也能取胜。

胡蔚之将以初十日回省①,家中以后不请书启朋友②。韩升告假回家,余文案尚繁③,不可无一人料理,望弟饬王福于腊月初回家④。交代后,即令韩升回省度岁。韩于正初赴吉营,计弟处有四十日无人经管文案,即交彭椿年一手料理⑤,决无疏失。韩升与王福二人皆精细勤敏,无所轩轾。凌荫廷于日内赴雪琴处。若弟处再须好手,亦可令凌赴吉也。

【注释】

①胡蔚之:即为胡心庠,字蔚之。曾国藩幕僚,郑莲舟之甥。

②书启:旧时官署里专管起草书信等事的人。

③文案:公文案卷。

④王福:湘乡人。曾国藩仆人,司签押之职。

⑤彭椿年:湘军将领,曾国藩幕府文书之一。

【译文】

胡蔚之初十日将要回省,家里以后不再请专门起草书信的朋友。韩升请假回家了,我的公文案卷还很多,不能没有一个人来料理,希望弟弟让王福腊月初回家。交代好一切后,就让韩升回省城过年。韩升正月初赶赴吉安军营,估计弟弟那里有四十天没人管理文案,就交给彭椿年一手料理吧,绝不会有疏失。韩升与王福两人都精细勤敏,不分高下。凌荫廷最近要去雪琴那里。如果弟弟那里还需要得力的人手,也可以让他去吉安。

十一月二十五日 致沅浦弟书

沅浦九弟左右:

二十四日王得一归,接十六日信,具悉一切。以后有信仍以专人送归为妥。只须一人,不必两人。择捷足如曾正七之类,更可迅速。

【译文】

沅浦九弟左右：

二十四日王得一回来，接到弟弟十六日的信，一切情况都已知道。以后有信还是派专人送过来比较好。且只用一人，不必派两人。挑选善于走远路的，如曾正七之类，可以更快。

汪先生邓汪琼，号瀛皆。于初七日专人来订今冬上学①，因迎其十五入馆。甲三于十八开课，廿三第二课，改文甚细心。甲五眼睛近日已好十分之七八，右目能认寸大字，左目则能读小注。每日静坐二次，以助药力之不及。邓先生向来亦多病，得力于静坐者深也。

【注释】

①汪先生：即为邓汪琼，号瀛皆，又作"寅皆"，湘乡人。举人出身，曾主讲于东皋书院，前后在荷叶塘曾家做塾师七年。

【译文】

汪先生邓汪琼，号瀛皆。初七日派专人来约定今年冬天家塾上学的事，因此我十五日将他迎入馆中。甲三于十八日开课，二十三日上了第二次课，改文章很细心。甲五眼睛近日好了十分之七八，右眼能认一寸大的字，左眼能读小注。每天静坐两次，可以弥补药力的不足。邓先生向来也多病，身体因为静坐好了很多。

弟所寄各件，代普将请饷，代黄太守上禀，均系顾全大局。即使上官未必批准，亦不失缓急相顾之道。请奖一禀，尚欠妥叶①。湘后营一军②，不知从何处筹饷？即宝营亦自难支持③。弟辞总理之任，极是极是。带勇本系难事，弟但当约旨卑思④，无好大，无欲速。管辖现有之二千人，宁可减少，不可加多。口粮业得一半，此外有可设法更好，即涓滴难求⑤，亦自不至于脱巾溃散⑥。但宜极力整顿，不必常以欠饷为虑也。

【注释】

①妥叶：妥当，妥帖。

②湘后营：湘军营号，归刘腾鸿统领。

③宝营：湘军营号，因由宝庆勇组成，故称。

④约旨卑思：想法简单朴实，不做过高期望。

⑤涓滴：比喻极小或极少的事物。

⑥脱巾：喻指一旦出现紧急状况。

【译文】

弟弟所寄的各封信件，代普将请求军饷，代黄太守上禀，都算是顾全大局。即使上面未必批准，也不失缓急相顾之道。请求奖赏的禀告，还是欠妥。湘后营的军队，不知从哪里筹集军饷？即使是宝庆营也难以自存。弟弟辞谢总理的职务，非常对。带兵本来是比较难的事情，弟弟应该想得简单些，不做过高期望，不要好大喜功，也不要追求迅速成功。现在管辖两千人，宁可减少一些，也不能再增加了。口粮已经得了一半，除此之外，有法子可以想更好，即使是一点点儿都求不到，也不至于一旦溃散。只应该极力整顿，没必要常常担心欠饷之事。

　　打仗之道：在围城之外，节太短，势太促，无埋伏，无变化，只有队伍整齐，站得坚稳而已。欲灵机应变，出奇制胜，必须离城甚远，乃可随时制宜①。凡平原旷野开仗与深山穷谷开仗,其道迥别。去吉城四十里,凡援贼可来之路,须令哨长、队长轮流前往该处看明地势。小径小溪,一邱一洼,细细看明,各令详述于弟之前,或令绘图呈上。万一有出队迎战之时,则各哨队皆已了然于心。古人忧"学之不讲"②,又曰"明辨之"③,余以为训练兵勇亦须常讲常辨也。家中四宅平安,不必挂念。

【注释】

①制宜:谓区别不同的情况而制定适宜的方式方法。

②学之不讲:语出《论语·述而》:"子曰:'德之不修,学之不讲,闻义不能徙,不善不能改,是吾忧也。'"朱子注:"尹氏曰:'德必修而后成,学必讲而后明,见善能徙,改过不吝,此四者日新之要也。苟未能之,圣人犹忧,况学者乎?'"

③明辨之:语出《礼记·中庸》:"博学之,审问之,慎思之,明辨之,笃行之。"

【译文】

打仗的道理:在围城外面,距离太短,局势太迫促,没有埋伏,没有变化,只能使队伍整齐,站得坚稳牢固罢了。想要灵活地随机应变,出奇制胜,必须离城很远,才可以随时采取适宜的办法。平原旷野开战与深山穷谷开战,方法迥然不同。距离吉安城四十里,凡是来救援的贼匪可以走的路,都要派哨官、队长轮流前去查看地势。小路、小溪,一丘一壑,都必须仔细看清楚,让他们详细地向你叙述,或者画地图给你看。万一要出军迎战,各哨队都已经了然于心。古人担心"对学问不进行钻研",又说要"仔细分辨明白",我认为训练军队也必须常常钻研、明白分辨。家中四宅平安,不必挂念。

十二月初六日　致沅浦弟书

沅浦九弟左右：

　　初四日午刻萧大满、刘得二归，接廿八日来信，藉悉一切。吉水击退大股援贼^①，三曲滩对岸之贼空壁宵遁^②。看来吉安之事尚易得手。

【注释】

　　①吉水：县名。清属吉安府，即今江西吉安吉水。因赣江与恩江合行境内洲渚间，形若"吉"字而得名。

　　②三曲滩：地名。即今江西吉安吉水金滩镇之俗称。因赣江在此拐了三个弯，故名"三曲滩"。又因此处沙洲的沙子含金量高，故名"金滩"。空壁：谓守兵尽出营垒。宵遁：乘夜逃跑。

【译文】

沅浦九弟左右：

　　初四日午时，萧大满、刘得二回来，接到弟弟二十八日的来信，一切情况都已知道。吉水县击退一大股来救援的贼匪，三曲滩对岸的贼匪全部乘夜逃跑。看来收复吉安之事还比较容易得手。

　　王大诚所借先大夫钱百千^①，收租十石者十余年，收六石九斗者又已二十年，实属子过于母^②。澄弟与余商："王氏父子太苦，宜焚券而蠲免之。"初三日请大诚父子祖孙来，涂券发还。

【注释】

①王大诚：湘乡穷苦农夫。先大夫：指已故的父亲。

②子过于母：指利息超过本金。

【译文】

王大诚借先父的百千文钱，收租十石十多年，收六石九斗又已二十年，实是利钱多于本钱。澄弟和我商量："王氏父子太苦，应该烧掉他的债券，免除他的欠款。"初三日那天，我请大诚父子、祖孙都来，涂掉债券还给了他们。

日内作报销①，大概规模折一件、片三件②，交江西耆公代为附奏。兹由萧大满等手带至吉安，弟派妥人即日送江西省城，限五日送到。耆、龙、李三处并有信③，接复信，专丁送家可也。

【注释】

①报销：把领用款项或收支账目开列清单，报请上级核销。

②折：奏折。片：附片。

③耆、龙、李：即耆龄、龙启瑞、李桓。

【译文】

最近做报销，大概规模奏折一件、附片三件，交给江西耆公代为附奏。现在由萧大满等人亲自带到吉安，弟弟派妥帖的人即日送到江西省城，限五天内送到。耆、龙、李三处都有信，接到回信，派专人送到家里就行了。

左季高待弟极关切，弟即宜以真心相向，不可常怀智术以相迎距①。凡人以伪来，我以诚往，久之则伪者亦共趋于诚矣。

【注释】

①迎距：应对。

【译文】

左季高对弟弟极为关切，弟弟也应该以真心相待，不可以经常运用权术往来。别人怀着虚伪来与我交往，我真诚相待，久而久之，虚伪的人也会一同变得真诚。

李迪庵新放浙中方伯①，此亦军兴以来一仅见之事。渠用兵得一"暇"字诀，不特其平日从容整理，即其临阵，亦回翔审慎②，定静安虑③。弟理繁之才胜于迪庵，惟临敌恐不能如其镇静。至于与官场交接，吾兄弟患在略识世态而又怀一肚皮不合时宜，既不能硬，又不能软，所以到处寡合。迪庵妙在全不识世态，其腹中虽也怀些不合时宜，却一味浑含④，永不发露。我兄弟则时时发露，终非载福之道。雪琴与我兄弟最相似，亦所如寡合也。弟当以我为戒，一味浑厚，绝不发露。将来养得纯熟，身体也健王⑤，子孙也受用。无惯习机械变诈⑥，恐愈久而愈薄耳。

【注释】

①浙中方伯：浙江布政使。方伯乃殷周时代一方诸侯之长。后泛
　　称地方长官。汉以来之刺史，唐之采访使、观察使，明、清之布政
　　使均称"方伯"。

②回翔：悠闲自适貌。

③定静安虑：语出《大学》："知止而后有定，定而后能静，静而后能安，安而后能虑，虑而后能得。"朱子注："止者，所当止之地，即至善之所在也。知之，则志有定向。静，谓心不妄动。安，谓所处而安。虑，谓处事精详。得，谓得其所止。"

④浑含：含蓄。

⑤健王：健旺。

⑥机械：巧诈，机巧。变诈：巧变诡诈。

【译文】

李迪庵新任浙江布政使，这也是兴兵以来唯一的事例。他用兵得力于"暇"字的秘诀，不但平日里从容整理事务，就是临阵，也悠闲而谨慎，能定心、静心、安心，处事精详。弟弟处理繁乱事务的才能胜于迪庵，只是临敌时恐怕不如他镇静。至于官场交往，我们兄弟的短处在于略懂世态人情，却又有一肚子不合时宜，既不能硬气，也不软和，因此到处与人合不来。迪庵妙在全然不懂世态，他肚子里虽然也有一些不合时宜，却一味含蓄，永不发露。我们兄弟则时时流露，终究不是承福的方法。雪琴与我们兄弟最为相似，也到处合不来。弟弟应该以我为戒，一味含蓄，绝不流露半点儿不合时宜。将来修养得纯熟，身体也健康，子孙也受用。不要习惯于机巧狡诈，只怕德行会越来越浇薄。

李云麟尚在吉安营否？其上我书，才识实超流辈，亦不免失之高亢。其弊与我略同。长沙官场，弟亦通信否？此等酬应自不可少，当力矫我之失而另立途辙。余生平制行①，有似萧望之、盖宽饶一流人②，常恐终蹈祸机，故教弟辈制行，早蹈中和一路，勿效我之褊激也。黄子春丁外艰，大约年内回省，新任又不知何人。吾邑县运，如王、刘之没③，可谓不振；迪庵之简放，可谓极盛。若能得一贤令尹来④，则受福多矣。余身体平安，近日心血积亏，略似怔忡之象⑤。上下四宅小大安好，诸儿读书如常，无劳远注。

【注释】

①制行：指德行。

②萧望之（前114？—前47）：字长倩，萧何六世孙。历任大鸿胪、太傅等官。汉元帝时，以前将军光禄勋，领尚书事辅佐朝政，颇受尊重。后被宦官弘恭、石显等诬告下狱，愤而自杀。是汉代鲁《论语》的著名传人。盖宽饶：字次公，西汉魏郡人。汉宣帝时任太中大夫，后擢为司隶校尉。盖宽饶刚直奉公，受到公卿贵戚惧恨，因上书言事，宣帝听信谗言不采纳，于神爵二年（前60）自杀。

③王、刘：即王鑫、刘腾鸿。见前注。

④令尹：泛称县、府等地方行政长官。

⑤怔忡（zhēng chōng）：中医病名。患者心脏跳动剧烈的一种症状。

【译文】

李云麟还在吉安军营吗？他呈给我的书信，才识确实超出同辈，但也不免失之高亢。他的弊病也和我差不多。长沙官场，弟弟也通音信吗？此等应酬自然少不得，弟弟应该竭力矫正我的过失，另立途径。我平生德行像萧望之、盖宽饶一类人，常常担忧自己最终闯下祸患，所以教弟弟们的德行早早走上中和一路，不要像我一样褊激。黄子春家里老人去世，回去奔丧，大约年内可以回省城，新任长官又不知道会是谁。我县的运道，如王、刘的去世，可以说是不兴旺；如迪庵简放布政使，可以说是极其兴盛。如果真的能得一位贤良的县令，我县就有福了。我身体平安，近来心血长期亏损，有点儿像怔忡的症状。家里上下四宅平安，诸位孩儿读书如常，不劳弟弟愚心挂念。

十二月十四日　致沅浦弟书

沅浦九弟左右：

　　十二日正七、有十归，接弟信，备悉一切。

【译文】

沅浦九弟左右：

　　十二日正七和有十两个人回来，接到弟弟你的信，一切情况都已知道。

　　定湘营既至三曲滩，其营官成章鉴亦武弁中之不可多得者，弟可与之款接①。

【注释】

　　①款接：结交，交往。

【译文】

　　定湘营既然已到三曲滩，定湘营的长官成章鉴也可算是武将中不可多得的人才，弟弟你不妨和他结交来往。

　　来书谓"意趣不在此，则兴会索然"①。此却大不可。凡人作一事，便须全副精神注在此一事，首尾不懈，不可见异思迁，做这样，想那样；坐这山，望那山。人而无恒，终身一无所成。我生平坐犯无恒的弊病，实在受害不小。当翰林时，应留心诗字，则好涉猎它书，以纷其志。读性理书时，则杂以诗文各集，以歧其趋。在六部时，又不甚实力讲求公事。在外带兵，又不能竭力专治军事，或读书写字以乱其志意。坐是垂老而百无一成。即水军一事，亦掘井九仞而不及泉②，弟当以为鉴戒。现在带勇，即埋头尽力以求带勇之法，早夜孳孳③，日所思，夜所梦，舍带勇以外则一概不管。不可又想读书，又想中举，又想作州县，纷纷扰扰，千头万绪，将来又蹈我之覆辙，百无一成，悔之晚矣。

【注释】

①兴会：意趣，兴致。索然：引申为无兴味。

②仞：古代计量单位。一仞为周尺八尺或七尺，周尺一尺约合二十三厘米。

③孳孳：勤勉，努力不懈。

【译文】

弟弟你来信中说"自己的意趣不在这里，因此做事索然无味"。这可万万不行啊。一个人，凡是要做一件事，就必须全副精神投入到这件事中去，自始至终，毫不松懈，绝不能见异思迁，做这件事的时候，想那件事；坐在这山头，却望着那山高。人若是没有恒心，终其一生都不会有所成就的。我这辈子只因犯了这没恒心的毛病，实在是受害不小。当翰林的时候，本应留心诗文和书法，我却喜欢涉猎其他书籍，以至于心志不够集中。读性理方面的书的时候，我又杂览各种诗文集，以至于用力方向不集中。在朝廷六部做官时，我办公事又不太务实。在外带兵打仗，我又不能竭力专心地处理军务，有时因读书、写字而分心，乱了意志。正因为如此，上了岁数了还百事无一能成。就拿治水军这件事来说，我也像那挖井挖了九仞深而放弃，最终没有挖到地下泉水的人一样半途而废，弟弟你应当以我为教训。你现在带兵，就埋头苦干、尽心尽力,努力讲求带好兵的方法,日夜用心,白天想的,晚上梦的,除了带兵这一件事之外,一概都不去管。绝不可以又想读书,又想中科举,又想做州官县令,想这想那,千头万绪,将来又走上我的老路,百事无一成,那时候再后悔可就晚了。

带勇之法,以体察人才为第一,整顿营规、讲求战守次之。《得胜歌》中各条①,一一皆宜详求。至于口粮一事,不宜过于忧虑,不可时常发禀。弟营既得楚局每月六千②,又得江局月二三千③,便是极好境遇。李希庵十二来家,言迪庵意欲帮弟饷万金。又余有浙盐赢余万五千两在江省,昨盐局专丁前来禀询④,余嘱其解交藩库充饷⑤。将来此款或可酌解弟营,但弟不宜指请耳。饷项既不劳心,全副精神讲求前者数事,行有余力,则联络各营,款接绅士。身体虽弱,却不宜过于爱惜,精神愈用则愈出,阳气愈提则愈盛。每日作事愈多,则夜间临睡愈快活。若存一爱惜精神的意思,将前将却,奄奄无气⑥,决难成事。凡此皆因弟"兴会索然"之言而切戒之者也⑦。弟宜以李迪庵为法,不慌不忙,盈科后进⑧,到八九个月后,必有一番回甘滋味出来。余生平坐无恒流弊极大⑨,今老矣,不能不教诫吾弟吾子。

【注释】

①《得胜歌》:曾国藩曾将战术要点编成歌诀,教湘军将士传唱。

②楚局:在湖北设置的募捐钱两供湘军军饷之需的专门机构。

③江局:在江西设置的募捐钱两供湘军军饷之需的专门机构。

④盐局:课盐税的专门机构。

⑤藩库：即省库。清代布政司所属储钱谷的仓库。

⑥奄奄：气息微弱貌。

⑦切戒：严肃告诫。

⑧盈科后进：语出《孟子·离娄下》："原泉混混，不舍昼夜，盈科而后进，放乎四海。"泉水遇到坑洼，要充满之后才继续向前流，比喻学习应步步落实，不能只图虚名。

⑨流弊：相沿而成的弊病。

【译文】

带兵的方法，最要紧的是体察人才，其次是整顿军规、讲求攻战防守的战术。《得胜歌》里说的每一条，都要一一详细讲求。至于将士口粮的事情，不要过于担心，不可以频繁向上级发文禀告这方面的事。弟弟你营中既然得了楚局每月的六千军饷，又得江局每月二三千军饷，境遇其实已经很好了。李希庵十二日到我家来，说迪庵想要帮助弟弟你万两军饷。此外我有浙江盐业盈余款项一万五千两在江西省，昨天盐局派专人前来向我禀报询问，我嘱咐他们将此款项解交藩库充军饷。将来这笔钱或者可以酌情解送弟弟你营中，但弟弟你不应当要求上面指定将这笔款子拨给你用。军饷的事情既然不用操心了，弟弟你当用尽全副精神去讲求前面说到的几件事，行有余力的话，就去各营走走，多和一些绅士交往，联络一下感情。身子骨虽弱一些，却是不宜过于爱惜的，精神是越用越旺的，阳气也是越提越盛。每天做事越多，晚上睡前就越快活。如果存有一个爱惜精神的念头，又想进又想退，没有一丝儿精气神，绝对难以成事。以上这些，都只因弟弟你信中说"兴会索然"一句话引发出来，深切地劝诫于你。弟弟你应以李迪庵为榜样，做事不慌不忙，功夫下够了自然前进，到八九个月以后，必有苦尽甘来的一番滋味在心头。我这辈子受没有恒心的不利影响太大，如今我老了，不能不告诫我的弟弟们和儿子们。

邓先生品学极好,甲三八股文有长进,亦山先生亦请邓改文①。亦山教书严肃,学生甚为畏惮。吾家戏言戏动积习,明年当与两先生尽改之。

【注释】

①亦山先生:即为葛亦山,荷叶塘曾氏家塾老师。

【译文】

邓先生品学极好,甲三的八股文有进步,亦山先生也请邓先生改文章。亦山教书严肃,学生们对他非常畏惧。我家子弟乱说话、乱动的坏习惯,明年应当和两位先生一起想法尽力改掉。

下游镇江、瓜洲同日克复①,金陵指日可克。厚庵放闽中提督②,已赴金陵会剿,准其专折奏事。九江亦即日可复。大约军事在吉安、抚、建等府结局,贤弟勉之。吾为其始,弟善其终,实有厚望。若稍参以客气③,将以致志④,则不能为我增气也⑤。营中哨队诸人气尚完固否⑥?下次祈书及。

【注释】

①瓜洲:在今江苏扬州境内。

②提督:清时于重要省份设提督,职掌军政,统辖诸镇,为地方武职最高长官。

③客气:谓言行虚骄,并非出自真诚。《左传·定公八年》:"公侵齐,攻廪丘之郛……主人出,师奔。阳虎伪不见冉猛者,曰:'猛在此,必败。'猛逐之,顾而无继,伪颠。虎曰:'尽客气也。'"杜预注:"言皆客气,非勇。"杨伯峻注:"客气者言非出于衷心。"

④致(yì)志:意志松懈。

⑤增气：激励士气，提高士气。

⑥完固：饱满，充沛。

【译文】

　　下游的镇江、瓜洲在同一日收复，金陵指日可待。厚庵新任闽中提督，已经赶赴金陵联合剿匪，圣上允许他有专门的折子上奏事情。九江近日也可以收复。这次军事行动大约可以在吉安、抚、建等府城有个结局，贤弟多加努力。这件事，从我这里开始，在弟弟那里妥善完成，我对弟弟实有很大的期望。如果稍微松懈敷衍，将会损害志气，就不能鼓舞我方士气了。营中哨队诸人精气神还饱满吗？希望弟弟在下次信中提到。

十二月二十一日　致沅浦弟书

沅浦九弟左右：

　　十九日亮一等归，接展来函，具悉一切。

【译文】

沅浦九弟左右：

　　十九日亮一等人回来，接到你的来信，一切情况都已知道。

　　临江克复，从此吉安当易为力，弟黾勉为之①。大约明春可复吉郡，明夏可克抚、建。凡兄所未了之事，弟能为我了之，则余之愧憾可稍减矣。

【注释】

①黾勉（mǐn miǎn）：勉励，尽力。

【译文】

临江被收复，从此吉安就容易着力了，弟弟一定要尽力做到。大约明年春天可以收复吉安，夏天可以收复抚、建。凡为兄没有做完的事，弟弟能为我了结，我的羞愧和遗憾也可以稍微减轻了。

余前在江西，所以郁郁不得意者：第一不能干预民事。有剥民之权，无泽民之位，满腹诚心，无处施展。第二不能接见官员。凡省中文武官僚，晋接有稽①，语言有察。第三不能联络绅士。凡绅士与我营款惬，则或因而获咎。坐是数者，方寸郁郁，无以自伸。然此只坐不应驻扎省垣，故生出许多烦恼耳。弟今不驻省城，除接见官员一事无庸议外②，至爱民、联绅二端，皆可实心求之。现在饷项颇充，凡抽厘劝捐③，决计停之。兵勇扰民，严行禁之。则吾夙昔爱民之诚心④，弟可为我宣达一二⑤。

【注释】

①晋接：进见，接见。稽：察。

②无庸：无须，不必。

③抽厘：抽取厘金。厘金，即厘税，晚清实行的一种行商税。在水陆要隘设立关卡，征收过往商品百分之一的捐税。百分之一为厘，故名。

④夙昔：泛指昔时，往日。

⑤宣达：表达。

【译文】

我以前在江西，郁郁不得志的事：第一是不能干预民事。有剥夺民众的权力，没有施恩于民众的位置，满腹都是爱民的诚恳之心，却没处可以施展。第二是不能接见官员。凡是省里的文武官僚，都应接见而有所稽查，言谈而有所考察。第三是不能联络绅士。凡是地方绅士与我军营往来融洽的，往往因此而倒霉。因为这几件事，我内心郁闷不乐，没法舒畅。但这都只因不应驻扎省城的缘故，才生出许多烦恼来。弟弟你现在不驻扎在省城，除了接见官员这件事没有必要议论以外，至于爱惜民众和联络绅士两件事，都应实实在在做好。现在军饷很充足，凡是抽厘金和劝捐款，都要下决心停止。士兵骚扰百姓的事，要严加禁止。那么为兄我过去的一腔爱民之心，弟弟你就可以替我表达一二了。

　　吾在江西，各绅士为我劝捐八九十万，未能为江西除贼安民。今年丁忧，奔丧太快，若恝然弃去①，置绅士于不顾者，此余之所悔也。若少迟数日，与诸绅往复书问乃妥②。弟当为余弥缝此阙。每与绅士书札往还，或接见畅谈，具言"江绅待家兄甚厚，家兄抱愧甚深"等语。就中如刘仰素、甘子大二人③，余尤对之有愧。刘系余请之带水师，三年辛苦，战功日著，渠不负吾之知，而余不克始终与共患难。甘系余请之管粮台，委曲成全，劳怨兼任，而余以丁忧遽归，未能为渠料理前程。此二人皆余所惭对，弟为我救正而补苴之④。

【注释】

①恝（jiá）然：漠不关心貌，冷淡貌。

②书问：书信，音问。

③刘仰素：即为刘于浔（1807—1877），字养素，号于淳，江西南昌县人。道光年间中举。太平军起后，率团勇随军。与太平军作战，并升任知府。咸丰五年（1855），曾国藩在江西督军作战，组建水师，刘于浔被命为水师统领。同治三年（1864），以两千兵力与太

平军数万军队昼夜血战,死守抚州,太平军因将领战死而退走。刘于浔因军功被清廷赏花图萨大巴图鲁称号。甘子大:即为甘晋,字子大,江西奉新人。道光二十一年(1841)进士,官至礼部主事。藏书家,曾赠曾国藩《剑南集》。曾国藩咸丰中征江西时,请其经管粮台。

④补苴:语出汉刘向《新序·刺奢》:"今民衣敝不补,履决不苴。"补缀,缝补,引申为弥补缺陷。

【译文】

我在江西,绅士们为我劝捐了八九十万,我却没有能够为江西扫平贼匪、安抚百姓。今年赶上家里老人过世,奔丧太快,仿佛是漠然地不告而别,弃江西绅士于不顾,这是我深感遗憾的。如果能迟走几天,与地方绅士们多交代几句,那才是妥当的。弟弟你应当为我弥补这个缺憾。凡与地方绅士书信往来,或者接见畅谈的时候,都要说"江西绅士对待我家兄长很厚道,我家兄长对诸君愧疚很深"这类的话。这些人中,如刘仰素、甘子大两位,我对他们尤其有愧。刘仰素是我请他带水师的,三年辛苦,战功日益显著,他没有辜负我对他的赏识,而我却不能有始有终地和他共患难。甘子大是我请他掌管粮台的,他委曲求全,任劳任怨,而我因奔丧急忙回家,没能为他料理前程。这两个人都是我所愧对的,弟弟你要为我补救缺憾啊。

余在外数年,吃亏受气实亦不少,他无所惭,独惭对江西绅士。此日内省躬责己之一端耳①。弟此次在营境遇颇好,不可再有牢骚之气,心平志和,以迓天休②。至嘱至嘱!

【注释】

①省躬责己:自我反省,反躬自责。

②迓(yà):迎接。天休:天赐福佑。

【译文】

我在外面多年,吃亏受气实在也不少,对其他人没有什么愧疚的,惟独愧对江西绅士。这是我近来经常反省自责的一件事。弟弟这次在军营的境遇很好,不可以再发牢骚了,一定要心平气和,以迎接天赐的福佑。千万牢记!

承寄回银二百两,收到。今冬收外间银数百,而家用尤不甚充裕,然后知往岁余之不寄银回家,不孝之罪上通于天矣。

【译文】

承蒙弟弟寄回二百两银子,已经收到。今年冬天收回外面几百两银子,但家用还是不很充足,我这才知道往年不寄银子回家,是不孝之罪大得已经连老天都知道了。

四宅大小平安。余日内心绪少佳,夜不成寐,盖由心血积亏,水不养肝之故①。春来当好为调理。

【注释】

①水不养肝:中医术语。指肾水不能滋养肝木。

【译文】

家里大小平安。我最近心情不太好,夜里睡不着,大概是因为心血长期亏损,水不养肝的缘故。等到了春天我会好好调理。

咸丰八年戊午
正月初四日　致沅浦弟书

沅浦九弟左右：

　　十二月廿八日接弟二十一日手书，欣悉一切。

【译文】

沅浦九弟左右：

　　十二月二十八日接到弟弟二十一日的亲笔信，一切情况都已知道。

　　临江已复，吉安之克实意中事。克吉之后，弟或带中营围攻抚州，听候江抚调度；或率师随迪安北剿皖省，均无不可。届时再行相机商酌。此事我为其始，弟善其终，补我之阙，成父之志，是在贤弟竭力而行之，无为遽怀归志也。

【译文】

　　临江已经收复，攻克吉安实在是意料之中的事。吉安收复之后，弟弟或者带中营围攻抚州，听候江西巡抚的调度；或者率军跟随迪安北上围剿安徽，两者都可以。到时再看时机而商议斟酌。剿匪之事从我开始，弟弟能好好地结束，既弥补了我的缺失，又成全了父亲的遗志，贤弟务必竭心尽力，不要突然想回家。

　　弟书自谓是笃实一路人①。吾自信亦笃实人，只为阅历世途、饱更事变②，略参些机权作用③，把自家学坏了。实则作用万不如人，徒惹人笑，教人怀憾，何益之有？近日忧居猛省④，一味向平实处用心，将自家笃实的本质还我真面，复我固有。贤弟此刻在外，亦急须将笃实复还，万不可走入机巧一路，日趋日下也。纵人以巧诈来，我仍以浑含应之，以诚愚应之。久之，则人之意也消。若钩心斗角，相迎相距，则报复无已时耳。

【注释】

①笃实：纯厚朴实，忠诚老实。

②更：经历。

③机权：机智权谋。

④忧居：丁忧家居。猛省：猛然觉悟，忽然明白过来。

【译文】

弟弟在信中说自己是笃实之人。我也相信自己是笃实之人，只是阅尽人世、饱经世变，稍微掺杂了些机智权谋，把自己学坏了罢了。实际上，这些机智权谋万万比不上别人，白白招惹他人讥笑，教别人怀恨，有什么益处呢？近来在家服丧，猛然醒悟，便一味向平实处用心，还自己本质笃实的真面目，恢复自己所固有的。贤弟现在带兵在外，也必须速速回复笃实，万万不可走入机智权谋一流，否则将会越来越差劲。即使别人怀着权谋来与我交往，我还是浑厚含蓄、真诚若愚地回应。久而久之，别人的权谋也会逐渐消散了。如果钩心斗角地与人往来，这种报复就没有停止的时候了。

至于强毅之气，决不可无。然强毅与刚愎有别。古语云："自胜之谓强①。"曰强制②，曰强恕③，曰强为善，皆自胜之义也。如不惯早起，而强之未明即起；不惯庄敬，而强之坐尸立斋；不惯劳苦，而强之与士卒同甘苦，强之勤劳不倦。
是即强也。不惯有恒，而强之贞恒④，即毅也。舍此而求以
客气胜人，是刚愎而已矣。二者相似，而其流相去霄壤⑤，不
可不察，不可不谨。

【注释】

①自胜之谓强：语出《韩非子·喻老》："子夏见曾子。曾子曰：'何
肥也？'对曰：'战胜，故肥也。'曾子曰：'何谓也？'子夏曰：'吾入
见先王之义则荣之，出见富贵之乐又荣之，两者战于胸中，未知
胜负，故臞。今先王之义胜，故肥。'是以志之难也，不在胜人，在
自胜也。故曰：'自胜之谓强。'"

②强制：勉力自我克制。

③强恕：勉力于恕道。《孟子·尽心上》："反身而诚，乐莫大焉；强
恕而行，求仁莫近焉。"朱子注："强，勉强也。恕，推己以及人也。
反身而诚则仁矣，其有未诚，则是犹有私意之隔，而理未纯也。
故当凡事勉强，推己及人，庶几心公理得而仁不远也。"

④贞恒：忠贞不渝，始终如一。

⑤相去霄壤：天差地别。霄，云霄，指天。壤，指地。

【译文】

至于刚强坚毅之气，则绝不能没有。但是刚强坚毅与刚愎自用不
一样。古语说："战胜了自己才叫强。"说勉力自我克制，勉力于恕道，勉
力于为善，都是战胜自己的意思。比如，不习惯早起，就勉力于天没亮
就起床；不习惯庄敬，就勉力于坐如尸、立如斋；不习惯劳苦，就勉力于
与士卒同甘共苦，勉力于勤劳而不倦怠。这就是强。不习惯有恒心，而
勉力于始终如一，这就是毅。不这样做，却妄求凭虚骄之言行胜过别
人，这只是刚愎罢了。二者相似，但其表现天差地别，弟弟不可以不细

察,不可以不谨慎。

　　李云麟气强识高,诚为伟器^①,微嫌辩论过易。弟可令其即日来家,与兄畅叙一切。

【注释】

①伟器:大器。谓堪任大事的人才。

【译文】

　　李云麟气质刚强、见识高远,确实为堪任大事的人才,只是为兄稍嫌他辩论时将事看得过于简单。弟弟可以让他即日来我们家,与为兄我畅谈一切。

　　兄身体如常。惟中怀郁郁^①,恒不甚舒鬯^②,夜间多不成寐。拟请刘镜湖三爷来此^③,一为诊视。闻弟到营后,体气大好^④。极慰极慰!

【注释】

①中怀:内心。

②舒鬯(chàng):舒畅。

③刘镜湖:刘蓉之叔,以医术名。

④体气:指体质。

【译文】

　　为兄身体如常。只是内心郁结,始终不太舒畅,夜里大多失眠。我打算请刘镜湖三爷来为我看看。听说弟弟到达军营后,体质好了很多。我极其欣慰!

刘詹严先生绎得一见否①？为我极道歉忱②。黄莘翁之家属近状何如？苟有可为力之处，弟为我多方照拂之。渠为劝捐之事怄气不少，吃亏颇多也。母亲之坟，今年当觅一善地改葬。惟兄脚力太弱，而地师又无一可信者③，难以下手耳。

余不一一。

【注释】

①刘詹严：即为刘绎（1796—1878），字景芳，号瞻岩，江西永丰人。道光十五年（1835）状元。授修撰，加三品卿衔。道光十七年（1837）任山东学政。后归故里，主持白鹭洲书院十余年。著《存吾春斋文钞》。

②歉忱：抱歉的心情。

③地师：指旧时看风水好坏的人。

【译文】

弟弟能见到刘詹严绎先生吗？如果见到他，请为我最大程度地道歉。黄莘翁的家眷近况如何？如果有可以出力的地方，请弟弟为我多方照拂。他为劝捐的事情怄了不少气，也吃了很多亏。母亲的坟，今年应当找一块风水宝地迁葬。只是为兄脚力太弱，又没有一位可以信任的地师，难以下手。

其他不再一一说了。

再，带勇总以能打仗为第一义①。现在久顿坚城之下，无仗可打，亦是闷事。如可移扎水东，当有一二大仗开。第弟营之勇锐气有余，沉毅不足，气浮而不敛，兵家之所忌也。尚祈细察。偶作一对联箴弟云："打仗不慌不忙，先求稳当，

次求变化；办事无声无臭，既要精到，又要简捷。"贤弟若能
行此数语，则为阿兄争气多矣。

【注释】

①第一义：佛教语。指最上至深的妙理。也用以泛指最为重要的
　道理。

【译文】

再者，带兵总以能打仗为第一要义。现在长久地驻扎在坚城之下，
没有仗可以打，也是比较郁闷的事情。如果可以转移军队，驻扎到河的
东边，应该有一两场大仗可以打。只是，弟弟军营的兵卒锐气有余，但
沉着、刚毅不足，士气浮躁而不内敛，这正是兵家所忌讳的。还请弟弟
细心体察。我偶然作了一副对联劝诫弟弟："打仗不慌不忙，先求稳当，
次求变化；办事无声无臭，既要精到，又要简捷。"贤弟如果能做到这几
句话，就是为阿兄争气了。

正月十一日　致沅浦弟书

沅浦九弟左右：

初七、初八连接弟两信，具悉一切。亮一去时，信中记
封有报销折稿，来信未经提及，或未得见耶？廿六早，地孔
轰倒城垣数丈，而未克成功，此亦如人之生死早迟，时刻自
有一定，不可强也。

【译文】

沅浦九弟左右：

初七、初八连接弟弟两封信，一切情况都已知道。亮一去送信的时

候,记得信中封有报销奏折稿件,而弟弟的来信没有提及,难道是没有看到? 二十六日早上,在地上打孔,轰倒城墙好几丈,而攻城仍然没有成功,这也像人生死的早晚,自然有一定的时刻,不能勉强。

　　总理既已接札,则凡承上起下之公文,自不得不照申照行①,切不可似我疏懒,置之不理也。余生平之失在志大而才疏,有实心而乏实力,坐是百无一成。李云麟之长短亦颇与我相似,如将赴湖北,可先至余家一叙再往。润公近颇综核名实②,恐亦未必投洽无间也。

【注释】

①申:旧时官府下级向上级行文称为"申"。

②综核名实:对事务进行综合考核以察其名称和实际是否符合。一般用于吏治。

【译文】

　　总理既然已经接到公文,则凡承上启下的公文,自然不得不照常上报施行,切不可像我一样疏懒,置之不理。我平生的过失在于志大才疏,有心而缺乏实力,因此百无一成。李云麟的长处和短处也和我很相似,如果他要去湖北,可以先到我家叙叙旧再去。润公最近综核名实,恐怕也未必非常契合。

　　近日身体略好。惟回思历年在外办事,愆咎甚多①,内省增疚。饮食起居一切如常,无劳廑虑②。今年若能为母亲大人另觅一善地,教子侄略有长进,则此中豁然畅适矣。弟年纪较轻,精力略胜于我,此际正宜提起全力,早夜整刷③。

昔贤谓"宜用猛火煮、漫火温"，弟今正用猛火之时也。

【注释】

①愆(qiān)咎：罪过。

②廑(qín)虑：指殷切挂念，旧时书信中常用之。

③整刷：整治刷新。

【译文】

近来身体稍微好了些。只是回想历年在外所办的事，过错很多，自我反省时，愧疚感增加。饮食起居等一切如常，不劳弟弟挂虑。今年如果能为母亲大人另外找到一块风水宝地，能教子侄们稍微有所长进，就能豁然畅快舒适了。弟弟年纪较轻，精力比我好，此时正应该提起全力，日夜整治刷新。从前的贤者说，"做事业如同煮肉，应该用猛火来煮、用慢火温"，弟弟如今正是用猛火的时候。

　　李次青之才实不可及。吾在外数年，独觉惭对此人。弟可与之常通书信，一则少表余之歉忱，一则凡事可以请益。

【译文】

李次青的才能实在不是一般人比得上的。为兄我在外数年，唯独觉得愧对此人。弟弟可以经常和他通信，一则稍微表示下我的歉意，一则凡事可以向他请教。

　　余京中书籍，承漱六专人取出，带至江苏松江府署中①，此后或易搬回。书虽不可不看，弟此时以营务为重，则不宜常看书。凡人为一事，以专而精，以纷而散。荀子称"耳不两听而聪，目不两视而明”②，庄子称"用志不纷，乃凝于神"③，皆至言也④。

【注释】

①松江府：州府名。元代始设，清属江苏。即今上海松江。

②耳不两听而聪，目不两视而明：语出《荀子·劝学》。

③用志不纷，乃凝于神：语出《庄子·达生》："用志不分，乃凝于神。其佝偻丈人之谓乎！"

④至言：最高超的言论，极其高明的言论。

【译文】

我京中的书籍，承蒙漱六派专人取出，带到江苏松江府的官署，以后或许就容易搬回来了。书虽然不能不看，但弟弟此时应该以军营事务为重，就不宜常常看书了。凡做一件事，都因为专心而精进，因为纷扰而散乱。荀子说，"耳朵因为不听两个声音而听得清，眼睛因为不看两处而看得明白"，庄之说，"心志不纷乱，精神才能专注"，这都是至理名言。

正月十四日　致沅浦弟书

沅浦九弟左右：

十二日，安五来营，寄第二号家信，亮已收到。

【译文】

沅浦九弟左右：

十二日，安五到军营，寄去第二封家信，想必已经收到了。

治军总须脚踏实地,克勤小物①,乃可日起而有功。凡与人晋接周旋,若无真意,则不足以感人。然徒有真意而无文饰以将之②,则真意亦无所托之以出,《礼》所称"无文不行"也③。余生平不讲文饰,到处行不动,近来大悟前非。弟在外办事,宜随时斟酌也。

【注释】

①克勤小物:能勤快地把小事做好。

②文饰:形式方面的修饰。将:助。

③无文不行:语出《礼记·礼器》:"先王之立礼也,有本,有文。忠信,礼之本也;义理,礼之文也。无本不立,无文不行。"疏曰:"言必外内具也。"

【译文】

治理军队总是要脚踏实地的,能把小事做好,才能一天天有起色最后建立大功。凡是和人接触周旋,如果不能以诚相待,那就不能打动人家。但如果仅仅只有诚意,而没有面子上的客套来表现,那么诚意也无从表达,这就是《礼记》里所说的"没有文饰行不通"。我生平不讲究文饰客套,到处行不通,近来大彻大悟,明白自己以前的过失。弟弟你在外办事,应时时考虑。

闻我水师粮台银两尚有赢余,弟营此时不阙银用,不必解往。若绅民中实在流离困苦者,亦可随便周济。兄往日在营艰窘异常,初不能放手作一事①,至今追憾。弟若有宜周济之处,水师粮台尚可解银二千前往。应酬亦须放手,办在绅士百姓身上,尤宜放手也。

【注释】

①放手：解除束缚，打消顾虑。

【译文】

听说我这水师粮台的银两还有盈余，弟弟你营中现在不缺银钱，不必往那里解送银两。如果士绅民众中实在有流离失所的困苦者，得便也可随时周济。为兄我过去在军营艰苦窘迫异常，完全不能放手做任何一件有益于当地民众的事，至今追怀仍觉遗憾。如果弟弟你有需要周济的用场，水师粮台这边还可以解送二千两银子过去。应酬的事情也要放开手脚来办，在当地绅士、百姓身上，尤其应该放手去做。

正月十九日　致沅浦弟书

沅浦九弟左右：

正月十七日蒋一等归，接十一日信，藉悉一切。次青处回信及密件，弟办理甚好。

【译文】

沅浦九弟左右：

正月十七日蒋一等人回来，接到弟弟十一日的信，借此一切情况都已知道。次青那里的回信和密件，弟弟你办理得很好。

民宜爱而刁民不必爱，绅宜敬而劣绅不必敬。弟在外能如此调理分明，则凡兄之缺憾，弟可一一为我弥缝而匡救之矣。昨信言："无本不立，无文不行。"大抵与兵勇及百姓交际，只要此心真实爱之，即可见亮于下①。余之所以颇得民心、勇心者，此也。与官员及绅士交际，则心虽有等差，而外之仪文不可不稍隆②。余之所以不获于官场者，此也。去年与弟握别之时，谆谆嘱弟以效我之长、戒我之短。数月以来，观弟一切施行③，果能体此二语，欣慰之至。惟作事贵于有恒，精力难于持久，必须日新又新④，慎而加慎。庶几常葆令名，益崇德业⑤。

【注释】

①见亮：见谅，被原谅。

②仪文：礼仪形式。隆：隆重。

③施行：措施，行动。

④日新又新：语出《礼记·大学》："汤之《盘铭》曰：'苟日新，日日新，又日新。'"

⑤德业：德行与功业。

【译文】

老百姓应该爱，而刁民不该爱；绅士应该敬重，而劣绅不必敬重。弟弟在外能够这样分清楚，凡为兄的缺憾，弟弟就可以一一为我弥补而匡救了。日前的信上说："没有根本立不住，没有文饰走不下去。"大概和兵卒、百姓交际，只要是真心爱惜他们，就能被天下人原谅。我之所以颇得民心、军心，就在于此。与官员、绅士交往，心中虽然有等差，但在外的礼节不能不稍微隆重。我之所以在官场上混不开，就是因为这个没做好。去年与弟弟握手话别时，对弟弟谆谆叮嘱，一定要学习我的长处，戒除我的短处。几个月来，我观察弟弟的一切行为举措，发现弟弟果然能体悟我这两句话，为兄欣慰之至。只是，做事贵在有恒，精力却难以持久，必须一日比一日进步，慎而又慎。这样才有希望常保美名，德业也更加崇高。

正月二十九日 致沅浦弟书

沅浦九弟左右:

二十七日接弟信并"廿二史"七十二套,此书"十七史"系汲古阁本①,《宋》、《辽》、《金》、《元》系《宏简录》②,《明史》系殿本③。较之兄丙申年所购者多《明史》一种④,余略相类,在吾乡已极为难得矣。吾后在京亦未另买有全史,仅添买《辽》、《金》、《元》、《明》四史及《史》、《汉》各佳本而已。《宋史》至今未办,盖阙典也⑤。

【注释】

①汲古阁本:是明、清之际中国著名藏书家、刻书家毛晋所刻之书。汲古阁是毛晋刻书、藏书之处。毛晋所藏多宋、元刻本,其"影宋钞"为天下所重,曾延请名士校刻"十三经"、"十七史"等巨著,为历代私家刻书之最。

②《宏简录》:即《弘简录》(避清高宗弘历讳,而改"弘"为"宏")。《弘简录》二百五十四卷,明邵经邦撰。是编续郑樵《通志》,起唐、五代迄宋、辽、金,合九史共为一书。明末板毁于火,遂失传。康熙年间,邵经邦四世孙远平重订新刊。有所谓"纲目出群书废,是编出诸史可不设"一说。

③殿本:亦称"武英殿本",指清朝武英殿刻印的书籍。康熙四十三年(1704)武英殿开馆校刻《佩文韵府》,从此成为内府常开的修书印书机构,是清帝的御用出版机构。

④丙申年:指道光十六年(1836)。

⑤阙典:指史料记载不完全,有缺漏。

【译文】

沅浦九弟左右：

二十七日接到弟弟的来信和"二十二史"七十二套，其中，"十七史"是汲古阁本，《宋史》、《辽史》、《金史》、《元史》是《宏简录》本，《明史》是殿本。跟为兄我丙申年买的比起来，多了《明史》一种，其余都差不多，在我乡已经极为难得了。我后来在京城也没有另外买全，只添了《辽史》、《金史》、《元史》、《明史》四种和《史记》、《汉书》各种好的版本罢了。《宋史》至今没有采办，因为它的史料记载有所缺漏。

吉贼决志不窜，将来必与浔贼同一办法，想非夏末秋初不能得手。弟当坚耐以待之。迪庵去岁在浔于开壕守逻之外，间亦读书习字。弟处所掘长壕如果十分可靠，将来亦有闲隙可以偷看书籍，目前则须极力讲求壕工巡逻也。

【译文】

吉安的贼匪坚决不逃窜，将来必定和九江的贼匪采取同一种办法，想必不到夏末或初秋还不能得手。弟弟应该坚强、耐心地对待。迪庵去年在九江除了挖壕沟、巡逻之外，得空还能读书写字。弟弟那边挖的长壕如果十分可靠，将来也可以偷空看看书，目前则必须极力重视挖壕工程和巡逻工作。

周济受害绅民，非泛爱博施之谓，但偶遇一家之中杀害数口者、流转迁徙归来无食者、房屋被焚栖止靡定者，或与之数十金，以周其急。先星冈公云："济人须济急时无。"又云："随缘布施，专以目之所触为主。"即孟子所称"是乃仁术也"①。若目无所触，而泛求被害之家而济之，与造册发赈一例^②，则带兵者专行沽名之事，必为地方官所讥，且有挂一漏万之虑^③。弟之所见，深为切中事理。余系因昔年湖口绅士受害之惨，无力济之，故推而及于吉安，非欲弟无故而为沽名之举也。

【注释】

①是乃仁术也：语出《孟子·梁惠王章句上》："无伤也，是乃仁术也，见牛未见羊也。君子之于禽兽也：见其生，不忍见其死；闻其声，不忍食其肉。是以君子远庖厨也。"谓为仁之道。

②发赈：发仓救济。一例：一样。

③挂一漏万：谓列举不周，必多遗漏。

【译文】

周济受害士绅和百姓，不是说要泛爱博施，只是偶或见到一家之中有好几口人被杀害的、流转迁徙归来没饭吃的、房屋被烧没有地方可以容身的，或者发给他们数十两银子，以应他们的急需。先祖父星冈公说过："帮人要帮急难中最缺的。"又说："随缘分布施，以亲眼见到的为主。"就是孟子所说的"是乃仁术"啊。如果没有亲见，而泛泛地去找受害人救济，和打造名册发救济一样，便是带兵的人干沽名钓誉的事了，一定会被地方官所讥，并且有挂一漏万的忧虑。弟弟的这种见解，深深切中事理。我是因为从前湖口绅士受害的惨况，而我自己没有力量救济，所以推想吉安也有类似情况，不是叫弟弟你无缘无故去做沽名钓誉的事。

二月初二日　致沅浦弟书

沅浦九弟左右：

二十九日，刘福一来营，寄第六号信，想已接到。

【译文】

沅浦九弟左右：

二十九日，刘福一到军营，我寄去第六封家信，想必弟弟已经收到。

日内家中小大平安。父大人初四日周年忌辰，祭祀全依《朱子家礼》①，早起至坟山泣奠，日中在家恭祭也。

【注释】

①《朱子家礼》：朱熹编撰礼仪用书，共分"通礼"、"冠礼"、"昏（婚）礼"、"丧礼"和"祭礼"五卷，于祠堂、丧服、土葬、忌日、入殓等仪式，讲究尤细。

【译文】

近来家中小大平安。父亲大人初四日的周年忌辰，祭礼全部依照《朱子家礼》所说的举行，早起到坟地哭泣祭奠，中午则在家里恭敬地祭奠。

吴贯槎齐源由桂东来此住二日①。外间言萧浚川在樟树小败，究竟情形若何？下次可便述一二。

【注释】

①吴贯槎：即为吴齐源，字贯槎，湖南桂东人。诸生。咸丰三年（1853）四月徒步四百里，至省城请兵。后为湘军营官。

【译文】

吴贯槎齐源从桂东来这里住了两天。外面说萧浚川在樟树小败，到底是什么情形？弟弟下次写信可以向我描述一二。

弟昨信劝我不必引前事以自艾①。余在外立志以爱民为主，在江西捐银不少，不克立功，凡关系民事者，一概不得与闻。又性素拙直，不善联络地方官，所在龃龉。坐是中怀抑塞，亦常有自艾之意。春来间服补剂，医者以为水不养肝之所致。待刘镜湖来，加意调理，或可就痊。余自知谨慎，弟尽可放心。

【注释】

①自艾：悔过自责，除恶修善。

【译文】

弟弟上次的信劝我不必拿以前的事责备自己。我在外立志以爱民为主，在江西的捐银不少，我却不能立功，所有与民间诸事有关的，我也一概不能参与。再者，我的性情向来愚直，不善于联络地方官，所处多不相投合。因此内心压抑，也常常后悔、自责。入春以来，我断断续续服食了一些滋补的方剂，医生认为我的病是水不养肝所致。等刘镜湖来了，特意调理，或许就可以痊愈了。我自会谨慎，弟弟完全可以放心。

二月十四日　　致沅浦弟书

沅浦九弟左右：

春二等归，接弟手函，敬悉一切。

【译文】

沅浦九弟左右：

春二等回来，接到弟弟的亲笔信，一切情况都已知道。

吉安贼势虽蹙，而水东无路可窜，自不能不死守穷城^①。即迟至五、六月始行克复，亦属意中之事。弟当坚意忍耐，不可欲速烦闷。壕沟既成，总宜细心巡守，使之无粒米勺水之接济，无蚍蜉蚁子之文报^②，则十日内外，即已迫不可忍。欲得巡逻严密，须自弟营为始。弟既有总理名目，又夙为人望所属，弟行则众营随之以行，止则众营随之以止，勤则皆勤，怠则皆怠。观瞻之所在也。僧王每夜于五更自出巡壕^③，天明方归，此近人所传颂者。

【注释】

①穷城：此指危城。穷，指走投无路。

②蚍蜉(pí fú)蚁子：形容如蚍蜉、蚂蚁一样细小。

③僧王：即为僧格林沁(1811—1865)，博尔济吉特氏，蒙古科尔沁旗人。道光五年(1825)袭封王爵。咸丰间，统兵拒太平天国北伐军。咸丰五年(1855)，先后擒林凤翔、李开芳，晋封亲王。第二次鸦片战争期间，为钦差大臣，督办军务，兴筑大沽等处炮台。同治四年(1865)，督军穷追捻军，在曹州高楼寨遇伏被杀。谥忠。

【译文】

吉安贼匪虽然迫蹙，但河流东面无路可逃，自然不能不死守危城。即使晚到五、六月份才可以收复吉安，也是意料之中的事。弟弟应该坚强、忍耐，不可以追求速效而烦闷。壕沟既然挖好了，总应该细心巡逻、防守，使贼匪没有一粒米、一勺水的接济，没有像蚍蜉、蚂蚁这样微小的文报往来，贼匪十日左右就会忍无可忍。想要巡逻严密，必须从弟弟的军营开始。弟弟既然有总理的名头，又向来是众望所归，弟弟的军营行动，众营就会随着行动；反之，弟弟的军营不动，众营也会随着不动；弟弟的军营勤勉，众营都会勤勉；弟弟的军营怠惰，众营也都会怠惰。因为弟弟的军营是众营所瞻望的。僧王每夜从五更开始亲自出来,在壕沟巡逻,天亮才回来,这是最近大家所传颂的。

　　家中日内小大平安。十一日,六弟除降服①。十三日,王壬秋、罗伯宜来②,而李秉苑及营中各弁亦来数人③。尧阶于初三日来,十四始归。李雨苍至霞仙处,顷亦归矣。

【注释】

①降服:旧制。丧服降低一等为"降服"。如子为父母应服三年之丧,其已出继者,则为本生父母降三年之服为一年之服。

②王壬秋:即为王闿运(1833—1916),字壬秋,号湘绮,世称"湘绮先生",湘潭人。咸丰七年(1857)中举人。先后为成都尊经书院主讲、长沙思贤讲舍主讲、衡州船山书院山长、江西大学堂总教习。崇奉"春秋公羊"之说,一生撰述甚丰。罗伯宜:即为罗萱(1827—1869),字伯宜,湖南湘潭人。诸生。曾入曾国藩幕府,甚为曾倚重。工诗善书,著有《仪郑堂文笺注》、《粤游日记》、《蓼花斋诗词》。

③李秉苑:曾国藩幕僚。

【译文】

　　家中最近大小平安。十一日,六弟脱去降服。十三日,王壬秋、罗伯宜到来,李秉苑和营中各武官也来了几人。朱尧阶是初三日来的,十四日才回去。李雨苍到了霞仙那里,不久也回去了。

二月十七日　致沅浦弟书

沅浦九弟左右:

　　十四日接弟初七夜信,得知一切。

【译文】

沅浦九弟左右：

十四日接到弟弟初七日夜里的信，一切情况都已知道。

贵溪紧急之说确否？近日消息何如？次青非常之才，带勇虽非所长，然亦有百折不回之气。其在兄处，尤为肝胆照人，始终可感。兄在外数年，独惭无以对渠。去腊遣韩升至李家省视，其家略送仪物①。又与次青约成婚姻，以申永好。目下两家儿女无相当者，将来渠或三索得男，弟之次女、三女可与订婚，兄信已许之矣。在吉安，望常常与之通信。专人往返，想十余日可归也。但得次青生还与兄相见，则同甘苦患难诸人中，尚不至留莫大之愧歉耳。

【注释】

①仪物：指用于礼仪的器物。

【译文】

贵溪紧急的消息是否准确？近来消息如何？次青是非同寻常的人才，带兵虽不是他的长处，但也有百折不回的气概。他与为兄相交，尤是肝胆照人，始终让人感佩。为兄在外多年，独独对他心有内疚。去年腊月我派韩升到李家探视，他家略微送了一点儿礼品。又与次青相约两家结亲，表明两家要永久通好。眼下两家的儿女没有年纪正相当的，将来他若生了第三个儿子，弟弟你的二女儿、三女儿可以和他家订婚，为兄我在信里已答应他了。弟弟你在吉安，希望能和他常通信。派专人往返，我想十多天就可回来。只要次青这次能够生还，与为兄相见，那么同甘共苦的几个人中，还不至于留下太大的愧歉。

昔耿恭简公谓"居官以耐烦为第一要义"①，带勇亦然。兄之短处在此，屡次谆谆教弟亦在此。二十七日来书，有云："仰鼻息于傀儡膻腥之辈②，又岂吾心之所乐？"此已露出不耐烦之端倪，将来恐不免于龃龉。去岁握别时，曾以惩余之短相箴，乞无忘也。

【注释】

①耿恭简公：即为耿定向（1524—1597），字在伦，黄安人。嘉靖三十五年（1556）进士，明代儒学名臣。著有《冰玉堂语录》、《天台文集》等。

②仰鼻息：谓迎合别人的意旨。傀儡：比喻不能自主、受人操纵的人或组织。膻腥：比喻利禄或世俗生活。

【译文】

从前耿恭简公说"做官以耐烦为第一要紧事"，带兵也是一样。为兄我的短处就在这里，屡次谆谆教导贤弟，也是因为这个。贤弟你二十七日来信说："要我仰人鼻息，听命于那些满身铜臭官臭的傀儡们，又哪里是我心里所乐意的呢？"这话已露出不耐烦的苗头，将来怕难免会有别扭发生。去年握手道别时，为兄曾经以要引我的短处为戒作为箴言，恳求贤弟不要忘了。

李雨苍于十七日起行赴鄂。渠长处在精力坚强，聪明过人；短处即在举止轻佻，言语伤易，恐润公亦未能十分垂青。温甫弟于廿一日起程，大约三月半可至吉安也。

【译文】

李雨苍十七日启程去湖北。他的长处在于精力旺盛、意志坚强，且聪明过人;短处在于举止轻佻,谈吐轻率,恐怕润公也不能十分垂青于他。温甫弟在二十一日启程,大约三月十五日可以到达吉安。

三月初六日　致沅浦弟书

沅浦九弟左右:

初三日,刘福一等归,接来信,藉悉一切。

【译文】

沅浦九弟左右:

初三日刘福一等人回来,接到弟弟的来信,借此知道一切情况。

城贼围困已久,计不久亦可攻克。惟严断文报是第一要义,弟当以身先之。

【译文】

城里的贼匪已经被围困很久,估计不久就可以攻克吉安。现在只有严密断绝贼匪的消息往来才是第一要义,弟弟应当起到带头作用。

家中四宅平安。余身体不适,初二日住白玉堂①,夜不成寐。温弟何日至吉安?

【注释】

①白玉堂:曾氏老宅,曾国藩出生处,在今湖南双峰荷叶镇天坪村白杨坪。

【译文】

　　家中四宅平安。我身体不适,初二日住在白玉堂,夜里睡不着。温弟哪天到吉安?

　　古来言凶德致败者约有二端①:曰长傲,曰多言。丹朱之不肖②,曰傲,曰嚚讼③,即多言也。历观名公巨卿多以此二端败家丧身。余生平颇病执拗,德之傲也。不甚多言,而笔下亦略近乎嚚讼。静中默省愆尤,我之处处获戾,其源不外此二者。温弟性格略与我相似,而发言尤为尖刻。凡傲之凌物,不必定以言语加人,有以神气凌之者矣,有以面色凌之者矣。温弟之神气稍有英发之姿,面色间有蛮很之象,最易凌人。凡中心不可有所恃,心有所恃,则达于面貌。以门地言④,我之物望大减⑤,方且恐为子弟之累;以才识言,近今军中炼出人才颇多,弟等亦无过人之处。皆不可恃。只宜抑然自下,一味言忠信、行笃敬⑥,庶几可以遮护旧失、整顿新气。否则,人皆厌薄之矣⑦。沅弟持躬涉世,差为妥叶。温弟则谈笑讥讽,要强充老手,犹不免有旧习,不可不猛省,不可不痛改! 余在军多年,岂无一节可取? 只因"傲"之一字,百无一成,故谆谆教诸弟以为戒也。

【注释】

　　①凶德:违背仁德的恶行。

　　②丹朱:生卒年月不详,华夏族,中国上古部落联盟首领尧的长子。
　　　相传,因为丹朱不肖,尧把部落联盟首领之位禅让给了舜。

　　③嚚(yín)讼:奸诈而好争讼。《尚书·尧典》:"吁! 嚚讼,可乎?"孔

传:"言不忠信为嚚。又好争讼可乎?"

④门地:犹门第。旧指家庭在社会上的地位等级和家庭成员的文化程度等。

⑤物望:人望,众望。

⑥言忠信、行笃敬:语出《论语·卫灵公》:"子张问行。子曰:'言忠信,行笃敬,虽蛮貊之邦行矣。言不忠信,行不笃敬,虽州里行乎哉? 立,则见其参于前也;在舆,则见其倚于衡也,夫然后行。'子张书诸绅。"意谓言语忠诚守信,行为笃厚严肃。

⑦厌薄:厌恶鄙视。

【译文】

古人说致人失败的凶德主要有两点:一是傲慢,二是话多。丹朱之所以被指责是不肖之子,一是因为傲,二是因为喜欢与人争吵,也就是话多。我看历代的有名公卿,大多是因这两点败家和丧身的。我这辈子有执拗的毛病,生性傲气。我不是话很多的人,但下笔的时候也有些近似于与人争吵。平心静气地自我反省过错,我在各方面获罪,说到根源,都不外乎这两点。温弟的性格和我很相似,而说起话来尤其尖刻。凡是傲气凌人,不必一定是以言语伤人,有的是以神气嚣张而欺人,有的是面色难看而欺人。温弟的神气,稍有英发之姿,脸色偶或有蛮狠的迹象,最容易凌人。内心不可有所倚仗,内心有所倚仗,就会表现到脸上。以门第来说,我的声望大不如从前,正担心自己恐怕将成子弟的累赘;以才华和器识来说,最近军队里练达、杰出的人才很多,弟弟们也没有什么强过别人的地方。两方面都没有可倚仗的。只应压抑自己、礼贤下士,说话且管忠信,做事但求恭敬务实,或许可以遮掩补救一些过去的过失,整顿出新的气象。不然,别人都会讨厌看轻你们。沅弟为人处世,各方面差不多可以说处理得比较妥当、协调。温弟则谈笑讥讽,处处要强,充老手,还是不免有旧的习气,不可以不深刻反省,不可以不下决心痛改! 我在军中多年,难道没有一点可取之处么? 只因一个

"傲"字,百事都无一件成功,所以才谆谆教诲各位弟弟要引以为戒。

三月十三日   致沅浦弟书

沅浦九弟左右:

初十日接初三日来书,具悉一切。

【译文】

沅浦九弟左右:

初十日那天接到弟弟初三日的来信,一切情况都已知道。

余在白玉堂住五日,初七日仍回新宅。身体总未全好。回思往事,处处感怀。而于湖口一关未得攻破,心以为憾。虽经杨、彭、二李攻破而未得目见,亦常觉梦魂索绕于其间。此外,错误之事,触端悔悟,恒少泰宇①,每憾不得与弟同聚,畅叙衷曲也②。服药亦不甚得法,心血耗亏,骤难奏效。

【注释】

①泰宇:此处指一处安泰的地方。

②衷曲:心中委曲之事。亦指难以吐露的情怀。

【译文】

我在白玉堂住了五天,初七日那天仍旧回到了新宅。身体还没有全好。回想往事,处处有所感触。对于湖口一关没能攻破,心中深感遗憾。虽然湖口被杨、彭、二李攻破而没有亲眼看见,也常常感觉自己的梦魂在那里徘徊、流连。此外,错误之事,时时悔悟,难得安宁,经常遗憾不能与弟弟相聚，畅叙衷肠。服药的方法也不太对，心血亏损，很难迅速见效。

姚秋浦索讨贼檄文[①]，家中竟无稿本。在外数年，一事无成。每念昔年鸿爪[②]，便若赧然[③]，无以自安者。有始无终，内省多疚。

【注释】

①姚秋浦：即为姚体备（1816—1862），字诚叔，号万子，山东巨野人。道光二十七年（1847）进士。官江西知府。咸丰十年（1860），入安徽曾国藩幕。讨贼檄文：指曾国藩咸丰四年（1854）所作《讨粤匪檄》。

②鸿爪：比喻往事留下的痕迹。宋苏轼《和子由渑池怀旧》："人生到处知何似，应似飞鸿踏雪泥。泥上偶然留指爪，鸿飞那复计东西。"

③赧（nǎn）然：惭愧脸红貌。

【译文】

姚秋浦向我索要讨伐贼匪的檄文，家中竟然没有稿本。在外那几年，真是一事无成。每当想起往年曾经做过的事，便好像羞愧得不能自安。有始而无终，反省自身时，大多深感愧疚。

湖口水师刘副将国斌来乡[①]，道旧叙故，略开怀抱。闻雪琴时时系念，尤为笃挚[②]。次青眷口至章门寻视，余闻之尤用愧切。使次青去乡从军者，皆因不才而出也[③]。若得东路大定，次青归来，握手痛谈，此心庶几少释耳[④]。弟在吉，宜以书常致次青。余前有信求润公保之。闻润公近解万金至贵溪，奏派次青防浙一路，张皇而提挈之⑤，次青于是乎增辉光矣。

【注释】

①刘副将：即为湘军水师将领刘国斌，官副将。

②笃挚：深厚真挚。

③不才：谦辞，自指。

④少：稍。

⑤张皇：显扬，使光大。

【译文】

　　湖口水军刘副将国斌来乡，与我叙旧，我稍微畅快了些。听说雪琴时常挂念我，尤为深厚真挚。次青的家眷到章门去找他，我听说之后深感惭愧。次青离乡从军，都是因为我的缘故。如果东路得以大定，次青回来，我一定要与之握手畅谈，惭愧之心才有希望稍微释怀。弟弟在吉安，应该常常写信给次青。我曾写信求润公保举他。听说润公最近押送一万金到贵溪，奏请皇上派次青防守浙江一路，极力称扬、提携次青，次青的形象于是乎光辉大增了。

三月二十四日　致沅浦弟书

沅浦九弟左右：

　　二十日胡二等归，接弟十三夜书，具悉一切。

【译文】

沅浦九弟左右：

　　二十日胡二等人回来，我接到弟弟你十三日晚上写的信，一切情况都已知道。

　　所论兄之善处,虽未克当,然亦足以自怡。兄之郁郁不自得者,以生平行事,有初鲜终①。此次又草草去职,致失物望,不无内疚。

【注释】

①有初鲜终:有始无终。是《诗经·大雅·荡》"靡不有初,鲜克有终"的缩语。

【译文】

　　你信中称誉为兄的长处,虽然不很恰当,但也足以让我怡然自乐。为兄之所以郁郁而不自得,是因这辈子做事总是有始无终。这次又很草率地去职,以至于让舆论失望,自己也不能不内疚。

　　长傲、多言二弊,历观前世卿大夫兴衰,及近日官场所以致祸福之由,未尝不视此二者为枢机①,故愿与诸弟共相鉴诫②。第能惩此二者,而不能勤奋以图自立,则仍无以兴家而立业。故又在乎振刷精神,力求有恒,以改我之旧辙而振家之丕基③。弟在外数月,声望颇隆,总须始终如一,毋怠毋荒,庶几于弟为初旭之升,而于兄亦代为桑榆之补④。至嘱至嘱!

【注释】

①枢机:枢与机,比喻事物的关键部分。

②鉴诫:引为教训,使人警惕。

③丕基:巨大的基业。

④桑榆之补:语出《后汉书·冯异传》:"始虽垂翅回溪,终能奋翼黾

池，可谓失之东隅，收之桑榆。"谓善于补救失误。

【译文】

傲慢和话多这两个毛病，看历代卿大夫世家的兴衰，以及近来官场中人招致祸福的缘由，未尝不将这两点看作关键，因此愿意与各位弟弟一起将此当作教训。若能克服这两个毛病，而不能勤奋以谋求自立的话，那仍然是无法兴家和立业的。因此还要振奋精神、洗刷一新，做事力求有恒，不走我的老路，以振兴家业的根基。弟弟你在外面的几个月，声望很高，总要始终如一，不懈怠、不荒废才好，这样的话，对于弟弟你来说，好比是太阳刚刚升起，而对于为兄来说，也算是你对我的过失有所补救。千万牢记！

次青奏赴浙江，令人阅之气王。以次青之坚忍，固宜有出头之一日，而咏公亦可谓天下之快人快事矣。

【译文】

信中说，次青已经上奏去浙江，看了令人精神为之一振。凭次青的坚忍，固然应该有出人头地的一天，而咏公也可以说是天下少有的爽快人办爽快事。

弟劝我与左季高通书问，此次暂未暇作，准于下次寄弟处转递，此亦兄长傲一端。弟既有言，不敢遂非也。

【译文】

弟弟劝我和左季高通书信，这次暂时还没空写，下次一定寄到弟弟那里，请代为转寄，这也是兄长傲慢的一个方面。弟弟既然已经说了，为兄不敢贸然反对。

三月三十日　致沅浦弟书

沅浦九弟左右：

　　春二、安五归，接手书，知营中一切平善。至为欣慰。

【译文】

沅浦九弟左右：

　　春二、安五回来，接到弟弟的亲笔信，知道营中一切平安。我欣慰之至！

　　次青二月以后无信寄我，其眷属至江西，不知果得一面否。弟寄接到胡中丞奏伊入浙之稿，未知果否成行。顷得耆中丞十三日书，言浙省江山、兰溪两县失守①，调次青前往会剿，是次青近日声光亦渐渐脍炙人口②。广信、衢州两府不失③，似浙中终可无虑。未审近事究复如何。广东探报，言逆夷有船至上海，亦恐其为金陵余孽所攀援④。若无此等意外波折，则洪、杨股匪，不患今岁不平耳。

【注释】

①江山：县名。清属衢州府，即今浙江衢州江山。位于浙、闽、赣三省交界处，是浙江西南门户和钱塘江源头之一。兰溪：县名。清属金华府，即今浙江金华兰溪。地处钱塘江中游，金衢盆地北缘。

②声光：声誉和荣耀。脍炙人口：美味人人喜爱，比喻好的诗文或

事务为众所称。

③衢州：元、明、清时期州府名。即今浙江衢州。位于浙江西部，历史上一直是闽、浙、赣、皖四省边际交通枢纽和物资集散地。

④攀援：追随，依附。

【译文】

二月以后，次青没有信寄给我，不知他的家眷到江西果真见到他了没。接到弟弟寄来的胡中丞奏请圣上派他到浙江的奏折稿子，不知能否成行。不久前接到耆中丞十三日写的书信，说浙江省江山、兰溪两县失守，调派次青前往会剿，次青最近的声誉和荣耀也渐渐被众人称颂了。广信、衢州两城不失守，浙中好像终究没什么可忧虑的。不知道近况究竟如何。广东探子回报，洋鬼子有船到了上海，我担心会被金陵残余的贼匪依附。如果没有这类意外发生，洪、杨贼匪，就不怕今年不能平定了。

九江竟尚未克，林启荣之坚忍①，实不可及。闻麻城防兵于三月十日小挫一次②，未知确否。弟于次青、迪、厚、雪琴等处，须多通音问，俾余亦略有见闻也。

【注释】

①林启荣（1821？—1858）：也作"林启容"，广西人，原籍湖南。太平天国东王杨秀清部将。咸丰三年（1853）以士官正将军随赖汉英西征，克安庆，围南昌，取九江。次年，升检点，奉命镇守九江。湘军屡次来攻。林启容深沟高垒，屡挫强敌，并与小池口罗大纲配合，以轻舟火攻，大破湘军水师。湘军大将塔齐布攻城不下，呕血而死。湘军被迫撤退。六年（1856），湘军李续宾部水陆并进，再围九江，守军苦战六昼夜，湘军又告败退。林启容以功进

封贞天侯。后因小池口、湖口陆续失守,九江孤立,城中粮尽,种
麦自给。八年(1858),湘军力攻。东、南门被轰塌,城陷,林启容
与所部一万七千余人皆战死。追封勤王。

②麻城:县名。清属黄州府,即今湖北黄冈麻城。

【译文】

　　九江竟然还没有攻破,林启荣的坚忍也确实无人能及。听说防守
麻城的军队三月十日小败一次,不知道是否准确。弟弟与次青、迪、厚、
雪琴等人必须多通音信,使我也能稍有见闻。

　　兄病体已愈十之七八,日内并未服药,夜间亦能熟睡。
至子丑以后则醒,是中年后人常态,不足异也。湘阴吴贞阶
司马于廿六日来乡①,是厚庵嘱其来一省视,次日归去。

【注释】

①吴贞阶:即为吴炳昆,湖南湘阴人。咸丰间入湘军水师,为营官,
　　屡立战功,官至湖北候补道。同治四年(1865),杨岳斌总督陕
　　甘,吴炳坤入其幕,死于兵变。司马:是清代府同知的俗称,为知
　　府的副职,正五品。因事而设,每府设一两人,无定员。

【译文】

　　为兄我的病情已经好了十之七八,最近并没有吃药,夜间也可以睡
得很熟。子丑以后就会醒来,是中老年人的常态,不足为奇。湘阴吴贞
阶司马二十六日来乡,是厚庵嘱咐他来看看我,第二天就回去了。

　　余所奏报销大概规模一折,奉朱批"该部议奏"。户部
奏于二月初九日,复奏言"曾国藩所拟尚属妥协"云云。至
将来需用部费①,不下数万。闻杨、彭在华阳镇抽厘②,每月

可得二万,系雪琴督同凌荫廷、刘国斌等经纪其事③,其银归水营杨、彭两大股分用。余偶言可从此项下设法筹出部费,贞阶力赞其议,想杨、彭亦必允从。此款有着,则余心又少一牵挂。

【注释】

①部费:清时官员任实缺时,向吏部人员贿赂的运动款项。

②华阳镇:古镇名。即今安徽安庆望江华阳镇。位于皖西南长江北岸,自古为长江码头。

③经纪:经营,管理。

【译文】

我上奏的报销大概规模的折子,接到"该部议奏"的朱批。户部又在二月初九日上奏,说"曾国藩所拟的报销还算妥帖"等等。至于将来需要用作活动的部费,得好几万。听说杨、彭在华阳镇抽厘,每月可以收入两万,是雪琴监督凌荫廷、刘国斌等人在经管此事,所得银两则归水营杨、彭两大股分着用。我偶然说到可以设法从这笔款子里筹出部费,贞阶极力赞成我的提议,想必杨、彭也会允许。这笔款子有了着落,我心里又少了一份牵挂。

温弟丰神较峻,与兄之伉直简憺虽微有不同①,而其难于谐世,则殊途而同归。余常用为虑。大抵胸多抑郁,怨天尤人,不特不可以涉世,亦非所以养德;不特无以养德,亦非所以保身。中年以后,则肝肾交受其病。盖郁而不畅,则伤木;心火上烁,则伤水。余今日之目疾及夜不成寐,其由来不外乎此。故于两弟时时以"平和"二字相勖②,幸勿视为老生常谈。至要至嘱！

【注释】

①伉（gāng）直：刚直。简憺（dàn）：即简澹，简朴淡泊。

②相勖：互相勉励。

【译文】

温弟丰神俊秀，虽然与为兄我的刚直、简朴淡泊稍有不同，但都难以与世道相谐，却是殊途而同归。我因此常常担忧。大概，胸中多郁结，且常怨天尤人，不但不可以涉世，也不是修养德性的方法；不但无从修养德性，也不是保全自己的办法。步入中年以后，肝、肾都受其损伤。因为，郁结而不畅快就会伤肝，心火上升就会伤肾。我现在的眼疾和失眠，病因不外乎此。所以，对于两位弟弟，我时常以"平和"二字相勉励，两位弟弟千万不要视之为老生常谈。这点极其重要，千万牢记！

　　亲族往弟营者人数不少，广厦万间，本弟素志。第善觇国者，睹贤哲在位，则卜其将兴；见冗员浮杂，则知其将替①。善觇军者亦然。似宜略为分别，其极无用者，或厚给途费遣之归里，或酌赁民房令住营外，不使军中有惰漫喧杂之象，庶为得宜。至顿兵城下，为日太久，恐军气渐懈，如雨后已弛之弓，三日已腐之馔，而主者晏然②，不知其不可用。此宜深察者也。附近百姓，果有骚扰情事否？此亦宜深察者也。

【注释】

①替：衰败。

②晏然：安然。

【译文】

　　到弟弟军营去的亲族不在少数,周济族人本是弟弟向来的志愿。但是,善于观察国运的人,看到贤哲在位,就能卜出国家将兴;看到冗员浮杂,就知道国家将亡。善于观察军情的人也一样。弟弟好像应该稍作区别:最不济的,或者给他丰厚的路费,令他回老家;或者酌情租赁民房,让他住在军营外边,不让军中有懒惰散漫、喧嚣杂乱的气象才好。至于长久地顿兵城下,恐怕士气会渐渐懈怠,像淋过雨之后已经松弛的弓弦,像过了三天而已经腐臭的饭食,主人却还觉得安然无恙,完全不知道已经不能用了。这是弟弟应该深入体察的。附近的百姓,军队里有去骚扰他们的吗? 这也是应该细心查明的。

卷六

【题解】

　　本卷共收书信七十八封,起于咸丰八年(1858)四月初九日,讫于咸丰十年(1860)五月十四日。这些信,全是写给澄侯、沅浦、季洪三位弟弟的。

　　咸丰八年(1858)四月初七,湘军水、陆两军合力攻克九江。五月二十一日,六月初三日,丁忧在家的曾国藩两次接奉上谕,饬即赴浙办理军务。六月初七日,曾国藩由家启行,正式复出。此次复出,曾国藩在办事风格方面有所改变,刻意避免与官场不和,在写给弟弟们的家书里屡次提及自己"应酬周到,有信必复,公牍必于本日办毕"、"无不批之禀,无不复之信"。总体来说,复出之后,曾国藩在事业上较为顺利。江西战场接近尾声,曾国藩于七月底接奉上谕,以援浙之师援闽。八月中秋,曾国荃克复吉安,江西全省肃清。与此同时,已加巡抚衔的李续宾则率湘军劲旅入皖,八月克太湖、潜山,九月克桐城、舒城;但在十月被太平天国陈玉成率军全歼于三河。曾国藩胞弟曾国华亦死于是役。三河惨败与曾国华之死,对曾国藩打击很大。咸丰七年(1857)在家之时,曾国藩、曾国华兄弟曾因小事争吵,曾国华死后,曾国藩追悔莫及,在此后写给另外三位弟弟的家信中屡次提及此事,并告诫诸弟要力守和睦孝友之道,力挽家运。

　　三河之役后，军事形势发生很大转变。太平军盘踞景德镇，曾国藩调入闽之军回剿。湖南巡抚骆秉章奏请曾国藩由江援皖。咸丰九年(1859)二月，石达开西窜，入湖南境。因闽省已无贼扰，曾国藩由建昌移驻抚州，一面令萧启江部回援湖南，一面令曾国荃、张凯章强攻景德镇。因探知石达开部将由湘入蜀，湖广总督官文奏请曾国藩率军入蜀扼守夔州。曾国藩六月初四夜接奉入蜀廷谕，颇为踌躇。六月十四日，曾国荃、张凯章等克复景德镇。七月中旬，由黄州回援湖南的湘军李续宜部在宝庆城外大破太平军，石达开南窜广西。官文上奏蜀中无事，请以曾国藩部会剿皖省。八月，曾国藩奉上谕，令其暂驻湖口，图剿皖省。曾国藩季弟曾贞干(国葆)则受湖北巡抚胡林翼命，回湘乡募勇，创建"恒"字二营。咸丰十年(1860)正月二十五日，多隆阿、鲍超等大破太平军于小池驿，曾贞干部收复太湖县城。湘军进而商议围攻安庆。四月初三日，曾国荃率部由宿松赴集贤关，曾贞干率军援助其兄围攻安庆。湘军在皖江北岸节节取胜的同时，清军在江浙地区却遭受了毁灭性打击。曾国藩在家书里写道："金陵大营于闰月十六日溃退镇江，旋复退守丹阳"；"廿九日丹阳失守，张国梁阵亡。四月初五日和雨亭将军、何根云制军退至苏州。初十日无锡失守。十三日苏州失守。目下浙江危急之至，孤城新复，无兵无饷，又无军火器械，贼若再至，亦难固守。东南大局一旦瓦裂"。江南大营溃败，连失重镇，形势岌岌可危，清廷不得不依靠曾国藩及湘军来收拾东南残局，一边下旨将两江总督何桂清革职，一边谕令曾国藩加兵部尚书衔署理两江总督。曾国藩在咸丰十年四月二十九日给弟弟澄侯的家书里写道："余以二十八日奉署理两江总督之命。以精力极疲之际，肩艰大难胜之任，深恐竭蹶，贻笑大方。然时事如此，惟有勉力做去，成败祸福不敢计也。"此后，曾国荃、曾国葆兄弟在江北围攻安庆，曾国藩则移驻江南祁门，渐渐揭开与太平军总决战的序幕。曾国藩此时的心态，则如咸丰十年四月二十四日与澄侯书中所说："余则听天由命，或皖北，或江南，无所不可。死生早已置之度外，但求临死之际,寸心无所悔恨,斯为大幸。"

曾国藩此一时期的家书,在与诸弟谈论军务,与教诲诸弟修身持家这两方面,与军兴以来并无二致。曾国荃此一时期,因克复吉安、景德镇之功,日益成为曾国藩家族和整个湘军的中坚人物。曾国荃崇尚光前裕后,喜欢大起兴造。在起屋、修祠堂方面,曾国藩在家书中屡次劝诫曾国荃:"沅弟所画屋样,余已批出,若作三代祠堂,则规模不妨闳大;若另起祠堂于雷家湾,而此仅作住屋,则不宜太宏丽。盖吾邑带勇诸公,置田起屋者甚少。峙衡家起屋亦乡间结构耳。我家若太修造壮丽,则沅弟必为众人所指摘。且乱世而居华屋广厦,尤非所宜。望沅弟慎之慎之,再四思之。祠堂样子,余亦画一个付回,以备采择。""起屋起祠堂,沅弟言'外间嘗议,沅自任之'。余则谓外间之嘗议不足畏,而乱世之兵燹不可不虑。如江西近岁,凡富贵大屋无一不焚,可为殷鉴。吾乡僻陋,眼界甚浅,稍有修造,已骇听闻,若太闳丽,则传播尤远。苟为一方首屈一指,则乱世恐难幸免。望弟再斟酌,于丰俭之间,妥善行之。"可谓苦口婆心。

曾国藩在劝告曾国荃不要大肆兴造的同时,还劝告他留意家族文化风气建设:"沅弟在家,所以润泽族戚朋友者,皆得其当。若能于族戚之读书者更加一番奖劝,暗暗转移风气,人人讲究品学,则我家之子弟随在观感,不期进而自进。沅弟于此等处曾加体验否?"曾国藩、曾国荃兄弟还倡导同邑绅士修建湘乡昭忠祠及东皋书院。

曾国藩家书里还提到要写对联送给澄侯、沅浦两位弟弟。赠澄弟的,写:"俭以养廉,誉洽乡党;直而能忍,庆流子孙"。赠沅弟的,写:"入孝出忠,光大门第;亲师取友,教育后昆"。希望弟弟们能以忠孝廉直立家,教育子弟。

曾国藩在咸丰十年闰三月二十九日与澄侯书中说:"余与沅弟论治家之道,一切以星冈公为法。大约有八字诀,其四字即上年所称'书、蔬、鱼、猪'也,又四字则曰'早、扫、考、宝'。'早'者,起早也;'扫'者,扫屋也；'考'者，祖先祭祀，敬奉显考、王考、曾祖考，言考而妣可该也；'宝'者，亲族邻里，时时周旋，贺喜吊丧，问疾济急。星冈公常曰：'人待人，无价之宝也。'"曾国藩将祖父星冈公的家风总结为"书、蔬、鱼、猪、早、扫、考、宝"八字，写在屏上祝贺弟弟澄侯夫妇寿辰，目的是为了使后世子孙知道曾氏家风家教。

咸丰八年
四月初九日　致沅浦弟书

沅浦九弟左右：

四月初五日，得一等归，接弟信，得悉一切。

【译文】

沅浦九弟左右：

四月初五日，得一等人回来，接到弟弟的信，一切情况都已知道。

兄回忆往事，时形悔艾①，想六弟必备述之。弟所劝譬之语②，深中机要③，"素位而行"一章④，比亦常以自警。只以阴分素亏，血不养肝，即一无所思，已觉心慌肠空，如极饿思食之状。再加以憧扰之思⑤，益觉心无主宰，怔悸不安。

【注释】

①悔艾：谓悔改自新。
②劝譬：劝说使之明白。
③机要：精义，要旨。

④素位而行：语出《礼记·中庸》："君子素其位而行，不愿乎其外。"
　指安于现在所处的地位，并努力做好应当做的事情。

⑤憧（chōng）扰：纷乱不安。

【译文】

　为兄我回忆往事，时常悔过自新，想必六弟已经对你详细说了。弟弟劝解的话，深深切中要旨，《礼记·中庸》"素位而行"一章，我也常常用来自警。只是阴分素亏，血不养肝，即使什么都不想，就已经觉得心慌、肠空，像饿极了想要吃饭一样。再加上许多纷乱不安的想法，更加觉得六神无主，怔悸不安。

　今年有得意之事两端：一则弟在吉安声名极好，两省大府及各营员弁、江省绅民交口称颂①，不绝于吾之耳；各处寄弟书及弟与各处禀牍信缄②，俱详实妥善，犁然有当③，不绝于吾之目。一则家中所请邓、葛二师品学俱优④，勤严并著。邓师终日端坐，有威可畏，文有根柢，而又曲合时趋，讲书极明正义，而又易于听受。葛师志趣方正，学规谨严，小儿等畏之如神明。此二者，皆余所深慰。虽愁闷之际，足以自宽解者也。第声闻之美，可恃而不可恃。兄昔在京中颇著清望⑤，近在军营，亦获虚誉。善始者不必善终，行百里者半九十里。誉望一损，远近滋疑。弟目下名望正隆，务宜力持不懈，有始有卒。

【注释】

①大府：明、清时亦称总督、巡抚为"大府"。员弁：低级文武官员。

②禀牍：呈给上级的文书。

③犁然有当：井然有序的意思。犁然，《庄子·山木》："孔子穷于
　　陈、蔡之间，七日不火食，左据槁木，右击槁枝，而歌猋氏之风，有
　　其具而无其数，有其声而无宫角，木声与人声，犁然有当余人之
　　心。"陈鼓应今注引焦竑曰："犁然，如犁田者，其土释然也。"

④邓、葛二师：指荷叶塘曾氏家塾所聘的邓寅皆、葛亦山两位老师。

⑤清望：美好的名望。

【译文】

今年得意的事有两件：其一，弟弟在吉安名声极好，湖南、江西两省
大府、各营文武官员、江西省绅士和老百姓都交口称颂，不绝于我的耳
朵；各处寄给弟弟的书信和弟弟寄到各处的文书、信件都翔实妥善，井
然有序，不绝于我的眼目。其二，家里所请的邓、葛两位老师，品学兼
优，教学既勤恳又严格。邓先生整天端坐，威仪可畏，写文章有根底，而
且又能够与时势相结合；讲学，能明典籍正义而又容易为学生接受。葛
先生志趣方正，规矩严格，小孩子们都对他存敬畏之心，有如神明。这
二者，都是我深感欣慰的。即使是愁闷的时候，也足以让我宽解。只是
美好的声誉，是既可以依靠又不可以依靠的。为兄我过去在京城，也很
有声望，近来在军中，也有些虚名。但善始者不一定能善终，行百里路，
走了九十里也只能算走了一半。声誉一旦有损，远近的人都会产生怀
疑。弟弟你眼下名望正高，务必要坚持不懈，有始有终。

治军之道，总以能战为第一义。倘围攻半岁，一旦被贼
冲突，不克抵御，或致小挫，则令望隳于一朝①。故探骊之
法②，以善战为得珠；能爱民为第二义；能和协上下官绅为第
三义。愿吾弟兢兢业业，日慎一日，到底不懈，则不特为兄
补救前非，亦可为吾父增光于泉壤矣③。精神愈用而愈出，
不可因身体素弱，过于保惜④；智慧愈苦而愈明，不可因境遇

偶拂⑤，遽尔摧沮⑥。此次军务，如杨、彭、二李、次青辈⑦，皆系磨炼出来。即润翁、罗翁⑧，亦大有长进，几于一日千里。独余素有微抱⑨，此次殊乏长进。弟当趁此增番识见，力求长进也。

【注释】

①令望：引申指美好的名声。隳（huī）：毁。

②探骊：探骊获珠，在骊龙的颔下取得宝珠，喻指抓住关键。骊，骊龙的省称。

③泉壤：犹泉下、地下，指墓穴。

④保惜：保护爱惜。

⑤拂：违背，不顺。

⑥遽（jù）尔：突然，忽然。摧沮：犹沮丧。

⑦杨、彭、二李、次青：指杨载福、彭玉麟、李续宾、李续宜、李元度。

⑧润翁：指胡林翼。罗翁：指罗泽南。

⑨微抱：微不足道的抱负。谦辞，用于自指。

【译文】

治理军队的大道理，总是以能打仗为最要紧的。假使围攻半年，某一天被贼匪冲突阵地，不能很好地抵御，或者受到小挫折，那么美好的名声就毁于一旦了。所以说到带兵的关键，是以会打仗排在第一；其次重要的是能爱民；第三是能和地方官员绅士上上下下搞好关系。希望弟弟你能就就业业，一天比一天更谨慎，坚持到底，毫不松懈，那就不仅能替为兄我补救从前的过失，还可以为我们的父亲大人增光于九泉之下。精神越用就会越强，不可因为向来体弱而过于爱惜；境遇越苦，人会越明智，不要因为偶遇逆境而突然沮丧。这次军事，如杨、彭、二李、次青等人，都是磨练出来的。即使是润翁、罗翁也都大有长进，几乎是一日千里。只有我虽向来胸怀抱负,这次却也没什么长进。弟弟应该趁此机会增长一番见识,力求长进。

　　求人自辅,时时不可忘此意。人才至难。往时在余幕府者,余亦平等相看,不甚钦敬,洎今思之①,何可多得!弟当常以求才为急,其阘冗者②,虽至亲密友,不宜久留,恐贤者不愿共事一方也。

【注释】

①洎(jì)今:至今。

②阘(tà)冗:庸碌低劣。

【译文】

　　寻求人才辅佐自己,时刻不能忘记这个。人才实在难得。过去在我幕府中的人,我也只是平等相待,不是特别钦佩,而今想想,这些优秀人才真是不可多得啊!弟弟你应当常常把访求人才作为当务之急,凡是庸碌多余的人,就算是至亲密友,也不应长久留用,怕贤人由此不肯前来与这些人共事啊。

　　余自四月来,眠兴较好。近读杜佑《通典》①,每日二卷,薄者三卷。惟目力极劣,余尚足支持。

【注释】

①杜佑(735—812):字君卿,京兆万年(今属陕西西安)人。历任济南参军、江淮水陆转运使、户部侍郎、饶州刺史、岭南节度使、淮南节度使等职。贞元十九年(803),杜佑升任司空、同平章事。后又进拜司徒、度支盐铁使,封岐国公。元和七年(812),杜佑以

太保之职致仕，不久病逝，追赠太傅，谥安简。曾用三十六年撰成二百卷《通典》，创立史书编纂的新体裁，开创中国史学史的先河。《通典》：我国第一部体例完备的典章制度专史。见前注。

【译文】

我从四月份以来睡眠较好。最近读杜佑的《通典》，每天读两卷，较薄的能读三卷。只有眼力太差，其他的还足以支持。

再，迪庵嘱六弟不必进京①，厚意可感。弟于迪、厚、润、雪、次青五处②，宜常通问。恽廉访处③，弟亦可寄信数次，为释前怨。《欧阳文忠集》④，吉安若能觅得，望先寄回。

【注释】

①迪庵：即李续宾。

②迪、厚、润、雪、次青：分指李续宾（迪庵）、杨载福（厚庵）、胡林翼（润芝）、彭玉麟（雪琴）、李元度（次青）。

③恽廉访：指恽世临（1817—1871），字季咸，号次山，江苏阳湖人。道光二十五年（1845）进士。累迁长沙知府、岳常澧道。同治二年（1863）任湖南巡抚。在任督率兵勇团练攻打太平军，并为曾国藩的湘军筹措军需。不久，被参劾革职。著有《栎存草堂文集》。廉访，明、清"提刑按察使司"的别称。

④《欧阳文忠集》：又称《欧阳文忠公文集》《欧阳永叔集》《欧阳文忠公集》，是北宋文学家欧阳修的全集。

【译文】

再者，迪庵嘱咐六弟不必进京，其深情厚谊让我感动。迪、厚、润、雪、次青五处，弟弟应该常通音信。恽廉访那里，弟弟也可以写几次信，冰释前嫌。吉安如果能找到《欧阳文忠集》，希望弟弟先寄回来。

四月十七日　致沅浦弟书

沅浦九弟左右：

　　十四日，胡二等归，接弟初七夜信，具悉一切。

【译文】

沅浦九弟左右：

　　十四日，胡二等人回来，我接到弟弟你初七日晚上的信，知悉一切。

　　初五日城贼猛扑，凭壕对击，坚忍不出，最为合法。凡扑人之墙，扑人之壕，扑者，客也，应者，主也。我若越壕而应之，则是反主为客，所谓致于人者也；我不越壕，则我常为主，所谓"致人而不致于人"也①。稳守稳打，彼自意兴索然。峙衡好越壕击贼②，吾常不以为然。凡此等处，悉心推求，皆有一定之理。迪庵善战，其得诀在"不轻进，不轻退"六字，弟以类求之可也。

【注释】

①致人而不致于人：语出《孙子兵法·虚实》："善战者，致人而不致于人。"意谓争取主动，摆脱被动。致人，指调动敌人，让敌人送上门。

②峙衡：刘腾鸿，字峙衡。见前注。

【译文】

　　初五日城里的贼匪猛扑，弟军凭依壕沟对攻，坚决忍住不出壕沟，最为得法。凡是扑击人家的城墙,扑击人家的壕沟,扑的一方是客,应战的一方是主。我军如果越过壕沟去应敌,便是反主为客,也就是兵书上常说的把自己送到敌人手上了;我军不越过壕沟,那我军始终是主,也就是兵书上常说的"让敌人送上门而不是把自己送到敌人手上"。稳守稳打,敌方自然会觉得无趣。刘峙衡喜欢越过壕沟攻击贼匪,我常是不以为然。凡是这类事,用心讲究,都有一定的道理在。迪庵善于打仗,他得胜的秘诀在于"不轻进,不轻退"六个字,弟弟依此类推就好。

夷船至上海、天津①,亦系恫喝之常态②。彼所长者,船炮也;其所短者,路极远,人极少。若办理得宜,终不足患。

【注释】

①夷船:洋人军舰。

②恫喝(hè):恐吓。

【译文】

洋人的军舰开到上海、天津,也是恫吓我朝的常规手段。他们的长处在于坚船利炮,短处在于路途极遥远、人员极稀少。如果采取合适的办法,洋人也终究不足为患。

报销奏稿及户部复奏,即日当缄致诸公。依弟来书之意,将来开局时①,拟即在湖口水次盖银钱所②。张小山、魏召亭、李复生诸公③,多年亲依,该所现存银万余两,即可为开局诸公用费,及部中使费④。六君子不必皆到此局⑤,但得伯符、小泉二人入场⑥,即可了办。若六弟在浔较久⑦,则可至局中照护周旋;若六弟不在浔阳,则弟克吉后,回家一行,仍须往该局,为我照护周旋也。至户部承书⑧,说定费赀,目下筠仙在京似可料理⑨。将来胡莲舫进京，亦可帮助。

【注释】

①开局：指设立专门的管理机构（报销局）。

②水次：水边，船只泊岸之处。银钱所：湘军银钱所，湘军管理银钱的专门机构。

③张小山：张秉钧，号小山。曾国藩幕僚，长期负责湘军银钱所。

④部中使费：指在户部活动、打通关节的费用。

⑤六君子：指张小山、魏召亭、李复生、陈伯符、李小泉等人，皆为曾国藩僚属，多年负责粮台银钱之事。

⑥伯符：陈伯符。小泉：李瀚章，字小泉。

⑦浔：指九江。

⑧承书：取通知单，签字。

⑨筠仙：指郭嵩焘。

【译文】

报销的奏折稿子和户部再奏的稿子，近日会封好寄给诸公。依照弟弟来信的意思，将来开局的时候，打算在湖口码头盖银钱所。张小山、魏召亭、李复生诸公多年依附该所，现存银两一万多，就可以作为开局诸公开销和在户部活动的费用。六君子不必都来此局，只要伯符、小泉二人到了就可以办。如果六弟在九江待得比较久，也可以到局中照料周旋；如果六弟不在九江，弟弟攻克吉安后，回家一趟，仍旧到此局为我周旋照护。到户部等通知，说定费用，眼下筠仙在京城，应该可以料理。将来胡莲舫进京，也可以帮忙。

筠仙顷有书来，言弟名远震京师。盛名之下，其实难副①，弟须慎之又慎。兹将原书抄送一阅。

【注释】

①盛名之下，其实难副：语出《后汉书·左周黄列传》："阳春之曲和
　者必寡；盛名之下，其实难副。"名望很大的人，往往才德与名声
　很难相一致。

【译文】

筠仙不久前来信，说弟弟的名声远震京师。盛名之下，其实难副，
弟弟必须慎之又慎。现在将原信抄录一份寄给你看看。

　　家中四宅小大平安。兄夜来渐能成寐。先大父、先太
夫人①，尚未有祭祀之费，温弟临行，捐银百两；余以刘国斌
之赠，亦捐银百两；弟可设法捐赀否？四弟、季弟则以弟昨
寄之银内提百金为二人捐款。合当业二处，每年可得谷六
七十石。起祠堂②，树墓表③，尚属易办。吾精力日衰，心好
古文，颇知其意而不能多作。日内思为三代考妣作三墓
表④，虑不克工，亦尚惮于动手也。先考妣祠宇若不能另
起⑤，或另买二宅作住屋，即以腰里新屋为祠⑥，亦无不可。
其天家赐物及宗器、祭器等⑦，概藏于祠堂，庶有所归宿。将
来京中运回之书籍及家中先后置书，亦贮于此祠。吾生平
坐不善收拾，为咎甚巨。所得诸物，随手散去，至今追悔不
已。然趁此收拾，亦尚有可为。弟收拾佳物，较善于诸昆，
从此益当细心检点，凡有用之物，不宜抛散也。

【注释】

①先大父：指已故的祖父。先太夫人：指已故的祖母。
②祠堂：旧时祭祀祖宗或先贤的庙堂。

③墓表:犹墓碑。因其竖于墓前或墓道内,表彰死者,故称。

④考:指已故的男性祖先。妣(bǐ):指已故的女性祖先。

⑤先考妣:指亡父、亡母。祠宇:祠堂,神庙。

⑥腰里:曾国藩家乡地名,曾氏新宅所在地。

⑦宗器:宗庙祭器。祭器:祭祀时所陈设的各种器具。

【译文】

家中上下平安。为兄夜里渐渐也能睡得着了。先祖父、先祖母还没有祭祀的费用,温弟临走的时候捐了一百两银子;我从刘国斌送我的银子中,也拿出一百两捐了;弟弟你能设法捐点儿钱吗?四弟和季弟,从弟弟你昨天寄来的银子中提出一百两,作为他们两人的捐款。这些钱合在一起,可以置办两处产业,每年可得稻谷六七十石。建祠堂,立墓碑,还是容易办的。我精力一天不如一天,内心喜好古文,心里虽有构思却没法多写。近日想为三代祖先写三篇碑文,怕写不好,所以还有些怕动笔。先父先母的祠屋,如不能另外建造,或许可以另外买两处房子做住宅,便把腰里的新屋当祠屋,也没什么不可以。皇家赏赐的物品以及宗器、祭器等,一概放在祠堂,也算让这些物件有个归宿。将来从京城运回的书籍,以及家里先后买的书,也藏在这个祠堂。我生平因为不会收拾,纰漏太大。所得到的东西,随手就丢了,至今后悔不已。但趁这次机会好好收拾,也还有可为。弟弟你收拾东西比几个兄弟都强,从今以后更应细心检查清点,凡是有用的东西,不应随手乱扔。

四月二十三日　致沅浦弟书

沅浦九弟左右:

二十一日,接手书,知九江克复,喜慰无量。迪庵专人来报①,十八夜始到。润芝中丞递报②,二十日到。屠戮净尽,三省官绅士民同为称快。从此抚、建、吉安贼胆愈寒③。吉贼颇悍,常有出壕死斗、攻扑营盘之意,宜时时防备。弟之职分,以战守为第一义,爱民次之,联络上下官绅及各营弁勇又次之。已屡言之矣。务望持之以恒,始终如一为要。

【注释】

①迪庵:李续宾,号迪庵。

②润芝中丞:指湖北巡抚胡林翼。

③抚、建:指当时江西省下属之抚州、建昌二府。

【译文】

沅浦九弟左右:

二十一日,接到弟弟的亲笔信,知道九江已经收复了,欣喜无限。迪庵派专人来报告,十八日夜里才到。润芝中丞的快报,二十日到。贼匪被诛灭干净,三省官绅、百姓都拍手称快。从此抚州、建昌、吉安的贼匪会愈加胆寒。吉安的贼匪很彪悍,常常有离开壕沟与我军死战,攻扑我军营城的想法,应该时常防备。弟弟应尽的职责,以战斗、防守为第一,爱民为第二,联络上下官绅和各营兵卒为第三。我已经说了好几次了。希望弟弟务必持之以恒,始终如一才是最重要的。

前书言先大夫竹亭公祠宇公费①,不知弟意以为然否?如此举有成,则此后凡有书籍、法帖、钟鼎、彝器皆可存置祠中②。先世之积累稍立基业,吾兄弟之什物有所归宿,即如弟寄回之《廿三史》、许仙屏《书谱》③,皆可收存,为之目录。若家运隆盛,将来收积之物,兄弟子姓继继承承,尚当不替也④。

【注释】

①先大夫：先父。竹亭公：指曾国藩的父亲曾麟书，号竹亭。

②彝器：古代宗庙常用的青铜祭器的总称，如钟、鼎、尊、罍、俎、豆之属。

③许仙屏：许振祎（？—1899），字仙屏，江西奉新人。同治二年（1863）进士，官至广东巡抚。他与曾国藩为师生关系，早在咸丰三年（1853）便以内阁中书的身份进入曾国藩幕府，专为曾氏"襄军事、治宦书、起信稿、任书启"，深得曾国藩信赖，直到同治九年（1870）朝廷有重用，才离开。《书谱》：唐孙过庭所撰，著名书法理论著作。

④不替：不废，不断。

【译文】

前一封信说到先父竹亭公祠堂的费用，不知弟弟是否同意？如果这件事能够办成，此后凡有书籍、法帖、钟鼎、彝器等，都可以存放在祠堂里。先世的积累稍立基业，我们兄弟的物件也能有个归宿，就像弟弟寄回来的《二十三史》、许仙屏送的《书谱》，也都可以收存，并制作目录。如果家运昌隆，积存的物品，将来兄弟子孙可以世代继承，应该不会中断。

五月初五日　致沅浦弟书

沅浦九弟左右：

五月二日接四月廿三寄信，藉悉一切。

【译文】

沅浦九弟左右：

五月二日接到弟弟你四月二十三日所发的信，因此知道一切。

城贼于十七早，廿日、廿二夜均来扑我壕，如飞蛾之扑烛，多扑几次，受创愈甚，成功愈易。惟日夜巡守，刻不可懈。若攻围日久，而仍令其逃窜，则咎责匪轻。弟既有统领之名，自须认真查察，比他人尤为辛苦，乃足以资董率①。九江克复，闻抚州亦已收复，建昌想亦于日内可复。吉贼无路可走，收功当在秋间，较各处独为迟滞。弟不必慌忙，但当稳围稳守，虽迟至冬间克复亦可，只求不使一名漏网耳。若似瑞、临之有贼外窜②，或似武昌之半夜潜窜，则虽速，亦为人所诟病。如九江之斩刈殆尽③，则虽迟，亦无后患。愿弟忍耐谨慎，勉卒此功④。至要至要！

【注释】

①董率：亦作"董帅"，统率，领导。

②瑞、临：瑞州、临江二府。

③斩刈（yì）：斩杀。

④卒：终，完。

【译文】

城里的贼匪在十七日早上、二十和二十二日的晚上，都来攻扑我军壕沟，贼匪好比飞蛾扑烛，多扑几次，受创更重，弟弟你成功剿灭贼匪也越容易。只是日夜巡守，一刻也不能松懈。如果长时间攻围，而仍然让贼匪逃窜，那罪责可就不轻了。弟弟你既然身为统领，自然须认真检查，比其他人更要辛苦一些，才可有助于统领大局。九江已经收复，听说抚州也已收复，建昌想必也可在近期收复。吉安的贼匪无路可走，最终解决问题估计当在秋天，比其他地方要迟一些。弟弟你不必慌忙，只应稳围稳守，就算迟到冬天收复也可以，只求不使一名贼人漏网便好。如果像瑞州、临江两地那样有贼匪外逃，或像武昌那样贼匪半夜潜逃，那即使克复的时间快，也不免让人说闲话。像九江那样将贼匪差不多全部斩杀，那即使时间迟一点儿，也决无后患。希望弟弟你忍耐谨慎，勉力到底，建大功。千万千万！

余病体渐好，尚未全愈，夜间总不能酣睡。心中纠缠，时忆往事，愧悔憧扰，不能摆脱。四月底，作《先大夫祭费记》一首，兹送交贤弟一阅，不知尚可用否？此事温弟极为认真，望弟另誊一本，寄温弟阅看。此本仍便中寄回，盖家中抄手太少，别无副本也。

【译文】

我的病渐渐好了，但还没有痊愈，夜间总睡不熟。心中纠结，时常想起往事，羞愧悔恨，纷乱不安，不得摆脱。四月底，作了一首《先大夫祭费记》，现在寄给贤弟看看，不知是否还能用？温弟对此事极其认真，希望弟弟另外誊写一本寄给温弟看。这本你方便的时候就寄回来，因为家里抄手太少，再也没有副本了。

弟在营所寄银回，先后均照数收到。其随处留心，数目多寡，斟酌妥善。余在外未付银至家，实因初出之时，默立此誓，又于发州县信中，以"不要钱，不怕死"六字自明，不欲自欺其志，而令老父在家受尽窘迫，百计经营，至今以为深痛。弟之取与①，与塔、罗、杨、彭、二李诸公相仿②，有其不及，无或过也。尽可如此办理，不必多疑。顷与叔父各捐银五十两，积为星冈公③；余又捐二十两于辅臣公④，三十两于竟希公矣⑤。若弟能于竟公、星公、竹公三世各捐少许⑥，使修立三代祠堂，即于三年内可以兴工，是弟有功于先人，可以盖阿兄之愆矣⑦。修祠或即用腰里新宅⑧，或于利见斋另修⑨，或另买田地，弟意如何，便中复示。公费则各立经管，祠堂则三代共之，此余之意也。

【注释】

①取与：同"取予"，收受和给予。

②塔、罗、杨、彭、二李：指湘军统领塔齐布、罗泽南、杨载福、彭玉麟、李续宾、李续宜等人。

③星冈公：曾国藩祖父曾玉屏（1774—1849），号星冈。

④辅臣公：曾国藩高祖父曾尚庭，号辅臣。

⑤竟希公：曾国藩曾祖父曾衍胜（1743—1816），号竟希。

⑥竟公、星公、竹公：分别指曾国藩曾祖父竟希公、祖父星冈公、父亲竹亭公。

⑦愆：同"愆"。

⑧腰里新宅：曾家在腰里所起新宅，有别于老宅。

⑨利见斋：曾氏家塾名，在白玉堂侧。

【译文】

弟弟你从军营寄回来的银钱，先后都如数收到。你能处处留心，数目多少，斟酌得都很妥当。我在外不曾寄钱回家，实在是因为刚出来做官时暗暗立下誓言，又在发给州县的信中，以"不要钱，不怕死"六个字自我表白，不想自我欺骗，却令老父在家受尽窘迫的苦楚，想尽法子维持家计，至今我都为此深感痛心。弟弟的取予，与塔、罗、杨、彭、二李诸公相似，有他们比不上的，没有比他们过分的。弟弟完全可以这样办理，不必多疑。我前不久和叔父各捐五十两银子，积在一起为星冈公立祠堂用；我又给辅臣公捐了二十两，给竟希公捐了三十两。如果弟弟你能为竟公、星公、竹公三代先人各捐一点儿银子，修立三代祠堂，可在三年内开始动工，那样弟弟可就有功于先人，可以掩盖为兄我的罪过了。修祠堂或者就用腰里的新宅，或者在利见斋另修，或者另买田地，弟弟意下如何，方便的时候就回信说明吧。三代先人的公费分开管理，祠堂则一起修，这是我的想法。

初二日接温弟信，系在湖北抚署所发①。

【注释】

①抚署：巡抚衙门。

【译文】

初二日接到温弟的信，是温弟在湖北巡抚衙门发的。

九江一案，杨、李皆赏黄马褂①，官、胡皆加太子少保②。想弟处亦已闻之。温弟至黄安与迪庵相会后③，或留营，或进京，尚未可知。

【注释】

①杨、李：指杨载福、李续宾。黄马褂：清代的一种官服。巡行扈从大臣，如御前大臣、内大臣、内廷王大臣、侍卫什长等，皆例准穿黄马褂。有功大臣也特赐穿着。

②官、胡：指湖广总督官文、湖北巡抚胡林翼。太子少保：名义上是辅导太子的官，但在清朝，有衔无职，一般作为一种荣誉性的官衔加给重臣近臣。

③黄安：县名。清属黄州府，今属于湖北黄冈。位于湖北省东北部、鄂豫两省交界处、大别山南麓。

【译文】

九江收复，杨载福、李续宾都赏了黄马褂，官文、胡林翼都授予了太子太保的头衔。想必弟弟已经听说了。温弟到黄安与李续宾会和之后，或者留在军营，或者进京，暂时还不知道。

弟素体弱，比来天热①，尚耐劳否？至念至念！羞饵滋补②，较善于药。良方甚多，胜于专服水药也③。

【注释】

①比来：近来，近时。

②羞饵：美食。羞，珍馐。

③水药：丸药。中医成药，旧时常用水泛法，近时则在水泛法基础上发展成水蜜丸技术。水蜜丸，系将药材细粉用蜜水为黏合剂泛制而成的小球形干燥丸剂。

【译文】

弟弟向来体弱，近来天气炎热，还经受得住劳苦吗？为兄极其挂念！极其挂念！食补比用药好一点儿。良方很多，也比专门服食丸药好。

五月初六日　致沅浦弟书

沅弟左右：

昨信书就，未发。初五夜，玉六等归，又接弟信，报抚州之复。它郡易而吉州难，余固恐弟之焦灼也。一经焦躁，则心绪少佳，办事不能妥善。余前年所以废弛，亦以焦躁故尔。总宜平心静气,稳稳办去。

【译文】

沅弟左右:

昨天写好了信,没发。初五日夜里玉六等人回来,又接到弟弟的来信,告知抚州收复之事。别的城容易攻破而吉安难,我必然担心弟弟会焦灼。一旦焦躁,心绪就不好,办事便不能妥善。我前年之所以懈怠,也是因为焦躁的缘故。弟弟总应该平心静气,稳稳当当地去办事。

余前言弟之职以能战为第一义,爱民第二,联络各营将士、各省官绅为第三。今此天暑困人,弟体素弱,如不能兼顾,则将联络一层稍为放松,即第二层亦可不必认真,惟能战一层则刻不可懈。目下壕沟究有几道?其不甚可靠者尚有几段?下次详细见告。九江修壕六道,宽深各二丈,吉安可仿为之否?

【译文】

我之前说弟弟的职责以好好战斗为第一,以爱民为第二,以联络各营将士、各省官绅为第三。现在暑热让人困顿,弟弟又向来体弱,如果不能兼顾,就将联络各营将士、各省官绅这层职责稍稍放松,即使是第二层职责也不必太认真,只有好好战斗这一层,一刻也不能松懈。目前究竟有几道壕沟?其中不太可靠的还有几段?希望弟弟下次写信的时候详细告诉我。九江修了六道壕沟,宽、深各两丈,吉安可以照这样修吗?

弟保同知花翎^①,甚好甚好!将来克复府城,自可保升太守^②。吾不以弟得升阶为喜，喜弟之吏才更优于将才^③，将来或可勉作循吏^④，切实做几件施泽于民之事，门户之光也，阿兄之幸也。

【注释】

①同知：官名。称副职。宋代中央有同知阁门事、同知枢密院事，府、州军亦有同知府事、同知州军事。元、明因之。清代唯府、州及盐运使置同知，府同知即以"同知"为官称，州同知称"州同"，盐同知称"盐同"。

②太守：清称知府为太守。

③吏才：为政的才能。将才：将帅之才。

④循吏：守法循理的良吏。

【译文】

弟弟保举了同知，赏赐花翎，非常好！非常好！将来收复府城，自然还可以保升知府。我不是因为弟弟步步高升而高兴，而是高兴弟弟为政的才能胜过带兵打仗的才能，将来或许可以努力做一个守法循理的好官，切实做几件恩泽老百姓的事，那就是我曾家的光荣，是为兄的荣幸。

五月十六日　致沅浦弟书

沅浦九弟左右：

十三日安五等归，接手书，藉悉一切。

【译文】

沅浦九弟左右：

十三日安五等人回来，接到弟弟的亲笔信，因此知晓一切。

抚、建各府克复，惟吉安较迟，弟意自不能无介介①。然四方围逼，成功亦当在六、七两月耳。

【注释】

①介介：形容有心事，不能忘怀。

【译文】

抚州、建昌各府城都收复了，只有吉安比较迟，弟弟自然不能不介怀。但四方合围逼近，成功应该就在六、七两月。

澄侯弟往永丰一带吊各家之丧，均要余作挽联。余挽贺映南之夫人云："柳絮因风，阃内先芬堪继武姓谢①；麻衣如雪，阶前后嗣总能文。"挽胡信贤之母云："元女太姬②，祖德溯二千余载；周姜京室③，帝梦同九十三龄胡母九十三岁④。"

【注释】

①阃（kǔn）内：旧指家庭、内室。继武：谓足迹相接。武，足迹，比喻继续前人的事业。

②元女太姬：陈胡公夫人，周武王长女。《史记索隐》："武王以元女太姬配虞胡公而封之陈，以备三恪。"

③周姜京室：《诗经·大雅·思齐》："思媚周姜，京室之妇。"周姜，即太姜，古公亶父之妻，王季之母。京室，犹周室，即周王室。

④帝梦同九十三龄：指和周武王一样享年九十三岁。《礼记·文王世子》："文王谓武王曰：'女何梦矣？'武王对曰：'梦帝与我九龄。'文王曰：'女以为何也？'武王曰：'西方有九国焉，君王其终抚诸？'文王曰：'非也。古者谓年龄，齿亦龄也。我百，尔九十，吾与尔三焉。'文王九十七乃终，武王九十三而终。"

【译文】

　　澄侯弟到永丰一带为各家吊丧，都要我作挽联。我哀悼贺映南夫人的挽联是："柳絮因风，闺内先芬堪继武夫人姓谢；麻衣如雪，阶前后嗣总能文。"哀悼胡信贤母亲的挽联是："元女太姬，祖德溯二千余载；周姜京室，帝梦同九十三龄胡母九十三岁。"

　　近来精力日减，惟此事尚觉如常。澄弟谓此亦可卜其未遽衰也。

【译文】

　　近来精力一日不如一日，只有写对联还和往常一样。澄弟说，由此可知我精力没有突然衰弱。

　　袁漱六之戚郑南乔自松江来①，还往年借项二百五十两，具述漱六近状：官声极好②，宪眷极渥③，学问与书法并大进，江南人仰望甚至。以慰以愧。

【注释】

　　①郑南乔：亦写作"郑南侨"，曾国藩友人，曾在陕西做官。
　　②官声：为官的声誉。
　　③宪眷：旧指上司对下属的关怀照顾。

【译文】

　　袁漱六的亲戚郑南乔从松江来，还了往年借的二百五十两银子。南乔详细地叙述了漱六的近况：漱六为官的声誉极好，上司对他的关照也极优渥，且学问和书法都大有长进，江南人都极其敬仰他。为兄听了，欣慰且惭愧。

　　余昔在军营不妄保举，不乱用钱，是以人心不附。仙屏在营^①，弟须优保之，借此以汲引人才^②。余未能超保次青^③，使之沉沦下位，至今以为大愧大憾之事。仙屏无论在京在外，皆当有所表见^④。成章鉴是上等好武官^⑤，亦宜优保。

【注释】

①仙屏：许振祎，字仙屏。

②汲引：吸取，吸引。

③超保：超犹保举。次青：李元度，字次青。

④表见：指显示出的某种才能、本领等。

⑤成章鉴：曾任湘军定湘营营官，病殁于吴城。

【译文】

　　我昔年在军营不乱保举，不乱用钱，因此人心多不归附。仙屏在军营，弟弟必须从优保举他，借此吸引人才。我没能特优保举次青，致使他沉沦下位，至今为我一大悔恨、羞愧之事。仙屏无论是在京城还是京外，都应该有所表现。成章鉴是上等的好武官，也应该被从优保举。

　　弟之公牍、信启，俱大长进。吴子序现在何处^①？查明见复，并详问其近况。

【注释】

①吴子序：吴嘉宾，字子序。见前注。

【译文】

　　弟弟的公文、书信都大有长进。吴子序现在在哪里？希望弟弟查明了告诉我，并详细询问他的近况。

余身体尚好,惟出汗甚多。三年前虽酷暑而不出汗,今胸口汗珠累累,而肺气日弱①,常用惕然②。甲三体亦弱甚,医者劝服补剂,余未敢率尔也③。弟近日身体健否?

【注释】

①肺气:肺之精气,表现为肺主气、司呼吸、主宣发肃降、通调水道、朝百脉而主治节的功能活动。

②惕然:忧虑惶恐的样子。

③率尔:轻率的样子。

【译文】

我身体还好,只是出汗很多。三年前即使是酷暑也不会出汗,现在胸口的汗珠连续不断,且肺气越来越弱,我常常感到惶恐。甲三的体质也很弱,医生劝他多服用滋补的药剂,我不敢轻率答应。弟弟近来身体还好吗?

再者,人生适意之时,不可多得。弟现在上下交誉①,军民咸服,颇称适意。不可错过时会,当尽心竭力,做成一个局面。圣门教人不外"敬"、"恕"二字②,天德王道③,彻始彻终;性功事功④,俱可包括。余生平于"敬"字无工夫,是以五十而无所成。至于"恕"字,在京时亦曾讲求及之。近岁在外,恶人以白眼藐视京官,又因本性倔强,渐近于愎。不知不觉,做出许多不恕之事,说出许多不恕之话,至今愧耻无已。弟于"恕"字,颇有工夫,天质胜于阿兄一筹。至于"敬"字,则亦未尝用力,宜从此日致其功⑤,于《论语》之"九思"⑥,《玉藻》之"九容"⑦,勉强行之。临之以庄⑧,则下自加敬。习惯自然,久久遂成德器⑨,庶不至徒做一场话说,四十、五十而无闻也⑩。

【注释】

①交誉:交相称赞。

②恕:以自己的心推想别人的心,推己及人之道。《论语·里仁》:"曾子曰:'夫子之道,忠恕而已矣。'"

③天德:天的德性。王道:儒家提出的一种以仁义治天下的政治主张。与霸道相对。

④性功:性理方面的功夫,修身养性的功夫。

⑤日致其功:每天都在某方面用功。

⑥九思:《论语·季氏》:"君子有九思:视思明;听思聪;色思温;貌思恭;言思忠;事思敬;疑思问;忿思难;见得思义。"

⑦《玉藻》:《礼记》篇名。九容:旧称君子修身处世应有的九种姿容。《礼记·玉藻》:"君子之容舒迟,见所尊者齐遬:足容重,手容恭,目容端,口容止,声容静,头容直,气容肃,立容德,色容庄,坐如尸,燕居告温温。"

⑧临之以庄:《论语·为政》:"季康子问:'使民敬忠以劝,如之何?'子曰:'临之以庄,则敬;孝慈,则忠;举善而教不能,则劝。'"

⑨德器:指有道德修养与才识度量的人。

⑩四十、五十而无闻:《论语·子罕》:"子曰:'后生可畏,焉知来者之不如今也?四十、五十而无闻焉,亦不足畏也已。'"无闻,没有名声,不为人知。

【译文】

再者,人生如意的时候不可多得。弟弟现在被上上下下交相称赞,军民都服,可以说是很如意了。弟弟不可以错过时机,应当竭心尽力,做出一个格局。圣门教人不外乎"敬"、"恕"两个字,天德、王道贯通始终;修身养性的功夫、治事的功夫也全都可以包括。我平生对"敬"字没下什么功夫,因此到了五十岁还一事无成。至于"恕"字,在京的时候也曾经讲求过。近几年在京外,讨厌人家总翻白眼藐视我这京官,加之我生性倔强,渐渐变得固执任性。不知不觉间,做的许多事、说的许多话,都有悖于推己及人之恕道,至今觉得羞愧不已。弟弟对于"恕"字颇有修养,天性也胜过哥哥一筹。至于"敬"字,弟弟也没怎么努力,应该从现在开始每日努力,对于《论语》的"九思",《玉藻》的"九容",弟弟都应该努力做到。在下属面前庄重,下属自然会敬重你。习惯成自然,久而久之就会成为有德的君子,如此,这话才不至于只是口上说说而已,到了四十、五十还没有声名。

五月三十日　　致沅浦弟书

沅浦九弟左右:

　　正七归,接一信;启五等归,又接一信。正七以疟故^①,不能遽回营。启五求于尝新后始去^②。兹另遣人送信至营,以慰远廑^③。

【注释】

①疟:疟疾。

②尝新:古代于孟秋以新收获的五谷祭祀祖先,然后尝食新谷。《礼记·月令》:"〔孟秋之月〕是月也,农乃登谷。天子尝新,先荐寝庙。"

③廑:廑怀,廑虑,指殷切挂念。旧时书信中常用之。

【译文】

沅浦九弟左右:

　　正七回来,我接到一封信;启五等人回来,我又接到一封信。正七染了疟疾,所以不能迅速回营。启五请求等到七月尝新之后再离开。现在派别的人去军营送信,以宽慰远方殷勤思念的人。

三代祠堂,或分或合,或在新宅,或另立规模,统俟弟复,由吉归家料理。造祠之法,亦听弟与诸弟为之。落成后,我作一碑而已。余意欲王父母、父母改葬后①,将神道碑立毕②,然后或出或处,乃可惟余所欲。

【注释】

①王父母:祖父母。

②神道碑:旧时立于墓道前记载死者生平事迹的石碑。

【译文】

祖上三代的祠堂,或者分开,或者合并,或者在新宅,或者另立规模,一概等九弟你回信答复,并等你从吉安回家料理。究竟怎样建造祠堂,也听九弟你和其他几位弟弟商量决定。落成以后,我作一篇碑文就行了。我的意思是想祖父母和父母改葬后,把神道碑立起来,然后或者出头做事或者居家赋闲,才可以随自己的心意。

目下在家,意绪极不佳。回思往事,无一不惭愧,无一不褊浅①。幸弟去秋一出。而江西、湖南物望颇隆,家声将自弟振之,兹可欣慰!"靡不有初,鲜克有终"②,望弟慎之又慎,总以"克终"为贵。

【注释】

①褊(biǎn)浅:心地、见识等狭隘短浅。

②靡不有初,鲜克有终:语出《诗经·大雅·荡》:"荡荡上帝,下民
　之辟。疾威上帝,其命多辟。天生烝民,其命匪谌。靡不有初,
　鲜克有终。"人们做事情,开始的人很多,但很少能坚持到终了。
　多用以告诫人们为人做事要善始善终。靡,谓无、没有,和"不"
　构成双重否定。初,开始。鲜,少。克,能。

【译文】

　　眼下在家,为兄我的情绪很不好。回想从前所做的事,没有一件不
觉得惭愧,没有一件不自认浅薄。幸亏弟弟你去年秋天一出山,在江
西、湖南两地的名声就很高,我家要衰落的声望从弟弟你开始振兴,真
是欣慰得很啊!"谁都有开端,但很少有人能坚持到底",希望弟弟你谨
慎再谨慎,总要以"善始善终"为好。

　　家中四宅大小平安。廿三、四大水,县城、永丰受害颇
甚,我境幸平安无恙。

【译文】

　　家中四宅大小平安。二十三、二十四日发大水,县城、永丰受害都
很严重,幸亏我们这里平安无恙。

　　弟寄归之书,皆善本。林氏《续选古文雅正》①,虽向不
知名,亦通才也。如有《大学衍义》、《衍义补》二书可买者②,
买之。学问之道,能读经史者为根柢。如两《通》、杜氏《通
典》、马氏《通考》③。两《衍义》及本朝两《通》;徐乾学《读礼通
考》、秦蕙田《五礼通考》④。皆萃"六经"诸史之精,该内圣外王
之要⑤。若能熟此六书,或熟其一二,即为有本有末之学。
家中现有四《通》而无两《衍义》,祈弟留心。

【注释】

①《续选古文雅正》：清人林有席增注蔡世远《古文雅正》评辑本。林有席(1713—1804)，字儒珍，号平园，江西分宜人。乾隆十七年(1752)进士，曾官东湖县知县。

②《大学衍义》：南宋著名理学家真德秀所作。见前注。《衍义补》：即《大学衍义补》，明儒丘濬撰。见前注。

③杜氏《通典》：唐杜佑所撰写的一部政书。见前注。马氏《通考》：元马端临《文献通考》的简称。是继《通典》、《通志》之后，规模最大的一部记述历代典章制度的著作。共348卷，分为24门(考)，每门有小序，合载于卷首。各门下再分子门，每一目的内容按时间先后排列。其制度史的体例更加细密完备。

④徐乾学(1631—1694)：字原一、幼慧，号健庵、玉峰先生，江苏昆山人。清代大臣、学者、藏书家。康熙九年(1670)进士，授编修。先后担任日讲起居注官、《明史》总裁官、侍讲学士、内阁学士；康熙二十六年(1687)，升左都御史、刑部尚书。曾主持编修《明史》、《大清一统志》、《读礼通考》等书籍，著《憺园文集》三十六卷。家有藏书楼"传是楼"，乃中国藏书史上著名的藏书楼。《读礼通考》：清徐乾学撰辑，一百二十卷。立八纲目(丧期、丧服、丧仪节、葬考、丧具、变礼、丧制、庙制)。此书实合众力而成，包举宏富，纲目秩然，古今丧礼而无出其右。秦蕙田(1702—1764)：字树峰，号味经，江南金匮人。清朝官员、学者。乾隆元年(1736)进士，授编修。累官礼部侍郎，工部、刑部尚书，两充会试正考官。治经深于《礼》，继徐乾学《读礼通考》作《五礼通考》。又有《周易象日笺》、《味经窝类稿》等。《五礼通考》：清秦蕙田撰。徐乾学《读礼通考》惟详"丧葬"一门，而《周官·大宗伯》所列五礼之目，古经散亡，鲜能寻端竟委，于是秦蕙依徐氏体例，网罗众说，以成此书。全书共七十五类，二百六十二卷。以乐律附

于吉礼宗庙制度之后；以天文推步、句股割圆，立"观象授时"一题统之；以古今州国都邑山川地名，立"体国经野"一题统之，并载入《嘉礼》。

⑤该：完备。内圣外王：古代修身为政的最高理想。谓内备圣人之至德，施之于外，则为王者之政。

【译文】

弟弟你寄回来的书，都是善本。林有席的《续选古文雅正》，虽说向来不太知名，但他也是一个通才。如果碰见有《大学衍义》、《衍义补》两书可买，就买下来。学问之道，读过经书和史书的才有根底。如两《通》、杜佑《通典》、马端临《文献通考》。两《衍义》和本朝两《通》；徐乾学《读礼通考》、秦蕙田《五礼通考》。是荟萃了"六经"和诸史的精华，包括了儒家内圣外王的基本精神。如果能熟读这六种书，或者熟悉其中一两种，就是有本有末的学问了。家中现在有四《通》，但是没有两《衍义》，请弟弟留心。

弟目下在营不可看书，致荒废正务。天气炎热，精神有限，宜全用于营事中也。

【译文】

弟弟现在在军营，不可以看书，以免导致荒废正事。天气炎热，个人精神有限，应该全用在处理营务上。

余近作《宾兴堂记》①，抄稿寄阅。久荒笔墨，但有间架，全无精意。愧甚愧甚！

【注释】

①宾兴：周代举贤之法。谓乡大夫自乡学荐举贤能而宾礼之，科举时代，地方官设宴招待应举之士。亦指乡试。

【译文】

我近来做了一篇《宾兴堂记》，抄录一份寄给弟弟看看。许久未曾动笔，这篇文章只有结构，没有丝毫精妙意旨。很惭愧！很惭愧！

六月初四日　致沅浦弟书

沅浦九弟左右：

初一日专人至吉营送信。初二夜接弟来信，论"敬"字义甚详，兼及省中奏请援浙事，劝余起复①。是日未刻，郭意城来家述此事②，骆中丞业出奏矣③。初三日接奉廷寄，饬即赴浙办理军务，与骆奏适相符合。骆奏廿五日发，寄谕廿一日自京发也。

【注释】

①起复：封建时代官员遭父母丧，守制尚未满期而应召任职。明清后又指服父母丧满期后重行出来做官。此处指前者。
②郭意城：郭崑焘，自号意城。见前注。
③骆中丞：湖南巡抚骆秉章。出奏：谓向皇帝上奏章陈事。

【译文】

沅浦九弟左右：

初一日那天派专人到吉安军营送信。初二日夜里接到弟弟的来信，论述"敬"字的涵义非常详细，又提到朝中奏请救援浙江的事，劝我复出。当天未时，郭意城来我家说了此事，骆中丞已经向皇上上奏章了。初三日接到圣旨,令我即日赶赴浙江办理军务,与骆中丞所奏刚好相符。骆中丞的奏章是二十五日发的,圣旨是二十一日从京城发的。

　　圣恩高厚①,令臣下得守年余之丧,又令起复,以免避事之责。感激之忱,匪言可喻。兹定于初七日起程,至县停一日,至省停二三日。恐驿路迂远②,拟由平江、义宁以至吴城。其张运兰、萧启江诸军,约至河口会齐。将来克复吉安以后,弟所带"吉"字营即由吉东行至常山等处相会③。先大夫少时在南岳烧香,抽得一签云:"双珠齐入手,光采耀杭州。"先大夫尝语余云:"吾诸子当有二人官浙。"今吾与弟赴浙剿贼,或已兆于五十年以前乎?

【注释】

①高厚:谓恩德深厚。

②驿(yì)路:驿道,大道。迂远:迂回遥远。

③常山:县名。清属衢州府,即今浙江衢州常山。位于浙江省西部,地处闽、浙、赣、皖四省边际,为浙江对内开放的主要门户,素有"四省通衢,两浙首站"之称。

【译文】

　　皇恩深厚,让臣子我可以守一年多的丧,又让我复出,使我免于被责备逃避责任。感激之情,不是语言可以表达的。现定于初七日启程,到县城停留一天,到省城再停留两三天。我担心驿道迂回遥远,打算从平江、义宁到吴城。至于张运兰、萧启江诸军,我们约定到河口会和。将来收复吉安以后,弟弟所带的"吉"字营就从吉安东行至常山等地来与我们会和。先父年轻时在南岳烧香抽了一签,签语是:"双珠齐入手,光彩耀杭州。"先父曾经告诉我说:"我的孩子中,应该有两位会在浙江当官。"现在我与弟弟去浙江剿匪，难道在五十年前就有了征兆？

　　此次之出，约旨卑思①，脚踏实地，但求精而不求阔。目前张、萧二军及弟与次青四军已不下万人，又拟抬船过常、玉二山②，略带水师千余人，足敷剿办。此外在江各军，有饷则再添，无饷则不添，望弟为我斟酌商办。办文案者，彭椿年最为好手。现请意城送我至吴城，或至玉山③，公牍私函，意城均可料理。请仙屏即日回奉新④，至吴城与我相会。其彭椿年、王福二人，弟随留一人，酌派一人来兄处当差，亦至吴城相会。余若出大道，则由武昌下湖口以至河口；若出捷径，则由义宁、吴城以至河口。许、彭等至吴城，声息自易通也。应办事宜及往年不合之处，应行改弦者⑤，弟一一熟思，详书告我。

【注释】

①约旨卑思：指想法简单朴实，不作过高期望。

②常、玉二山：指常山县、玉山县。

③玉山：县名。清属江西省广信府，今属江西上饶，位于江西省东北部。

④奉新：县名。清属江西省南昌府，今为江西宜春辖县，位于江西省西北部。

⑤改弦：更换乐器的弦线，比喻改革制度或变更方法。

【译文】

　　这次复出，我不再好高骛远，而要脚踏实地，只求精深而不求阔大。目前张运兰、萧启江两军，加上弟弟和次青四个军营已经不下万人，我又打算抬船过常山、玉山二县,稍稍带一千多名水军,足够剿匪了。此外,在江西的各军队,军饷充足就再添募一些人,没有军饷就不添了,希望弟弟为我酌情商办。管理文案的人,数彭椿年最在行。现在请意城送我到吴城或者玉山,公文、私信,他都可以处理。请仙屏即日回奉新,到吴城与我会和。至于彭椿年、王福二人,弟弟随意留一人,酌情派一人到哥哥这里来当差,也到吴城会和。如果我走驿道,就从武昌往下到湖口,再到河口;如果走捷径,就从义宁、吴城到河口。许仙屏、彭椿年等人到了吴城,自然就容易通消息了。应办事宜以及往年不合适而应该变更的东西,弟弟一一想好,详细写来。

六月十六日　致沅浦弟书

沅浦九弟左右:

　　六月十四日,接弟初二日信,十六日,又接初八日信,藉悉一切。所有应复事件,分布如左:

【译文】

沅浦九弟左右:

　　六月十四日接到弟弟初二日写的信,十六日又接到初八日写的信,因此知晓一切。所有应该回复的事项,条列如下:

　　一、余十二日到省,拜客会客,几无暇晷①。定于十九日起行,坐船至湖北,停住三五日;至湖口,住三五日;然后至河口,会齐诸军,始行入浙。

【注释】

①暇晷(guǐ)：指空闲的时日。暇，空闲。晷，日影，指时光。

【译文】

一、我十二日到省城，拜访、会请客人，几乎没有闲暇。暂定十九日启程，坐船到湖北，停留三五日；到湖口，再住三五日；然后到河口与诸军会和，再进入浙江。

二、定调之军，张凯章、朱南桂、胡兼善、萧浚川①，此谕旨所派、骆奏所指者也。浚川久劳于外，疲病日甚，有亲未葬。兹已奏明，准假两月，令其回籍。其军派人暂行摄领，带至河口。俟余至河口，或先带入浙，或待萧假旋，再行带赴浙中，均无不可。自此二军之外，又调吴翔冈之千二百人②，又至李迪庵处拔调一千人、马队百人。浚川现统四千人，拟令汰选③，仅留二千人，合之张、朱、胡、吴、李，已八千矣皆精兵。再加次青一军，则逾万矣。吉安克后，再加弟军及刘腾鹤军④，则万四五千矣。嫌其太多，尚须选汰。水师但调舢板六十号过玉山⑤，至多不满千人。水陆合计，与弟条陈之数相符。

【注释】

①张凯章：张运兰，字凯章，湖南湘乡人，湘军将领。朱南桂(？—1866)：湖南湘乡人。湘军将领。罗泽南旧部，转战两湖，积功至副将，赐号勖勇巴图鲁。同治元年(1862)，解金柱关围。二年(1863)，克薛镇、博望镇，以总兵记名。及克江宁，朱南桂先破神策门月城，因功赐黄马褂。不久授河南归德镇总兵。五年

（1866）卒，谥勤勇。胡兼善：字达人。见前注。

②吴翔冈：吴国佐，号翔冈。咸丰八年（1858），曾国藩起复，湖南巡抚骆秉章令主簿吴国佐率练勇一千二百人隶属曾国藩麾下。

③汰选：淘汰、删选。

④刘腾鹤（1832—1859）：字杰人，湖南湘乡人。刘腾鸿之弟。少时随兄转战湘、赣各地。咸丰七年（1857）围攻瑞州，其兄战死，接统其军，终克瑞州，并乘胜夺取峡江，会攻吉安，累官至知府。咸丰九年（1859）战死于建德风云岭。

⑤舢板：清代内河战船之一种。清水师营设战船，内河战船有小哨船、舢板船、长龙船等。

【译文】

二、现在确定的军队有，张凯章军、朱南桂军、胡兼善军、萧浚川军，这是圣旨所调派、骆中丞的奏章所指定的。浚川长久在外劳累，日益疲乏，且还有亲人没下葬。现在已将情况奏明，圣上准许他请两个月假，让他回老家了。他的军队暂时派别人统领，带到河口。等我到了河口，或者将萧军先带入浙江，或者等萧浚川假后归来带入浙江，都可以。除了这两拨军队外，又调了吴翔冈一千二百人，又到李迪庵那里抽调了一千人，外加骑兵一百人。浚川现在统领四千人，我打算挑选一些，只要两千人，加上张、朱、胡、吴、李的军队就有八千人了且都是精兵。再加上次青的军队，就超过一万了。吉安收复以后，还有弟弟和刘腾鹤的军队，就有一万四、一万五了。我觉得人太多，还需要挑选。水军只调六十条舢板船过玉山，最多不能超过一千人。水陆两军一起，与弟弟陈述的数目相符。

三、吉安不能遽克，弟与兄不能即日相会，未得面叙一切，深为怅怅。若六月克复，则请弟坐船来吴城，先与兄相会一次，然后回家一行。在家小住月余，再至浙中提调一切①。若不速克，则常常通信，总以雪琴水师为枢纽②。

【注释】

①提调：管领，调度。

②雪琴：彭玉麟，字雪琴。见前注。

【译文】

三、吉安如果不能迅速收复，弟弟与为兄近日就不能会和，不能当面详谈一切，深感惆怅。如果六月能收复吉安，就请弟弟坐船来吴城，先与哥哥见一面，然后再回家。在家小住一个多月，再到浙江调度一切。如果不能迅速收复吉安，就常常通信，总以雪琴水军为中间站。

四、起程日期一折，于十七日自省拜发①，折稿附寄一阅。骆中丞前奏请起复赴浙之折，于十五日奉到朱批。嘉其符合圣意，不分畛域②，谕旨褒赞。兹亦抄阅。

【注释】

①拜发：誊好奏疏，供在案上，焚香叩拜后发出。

②畛（zhěn）域：界限，范围。

【译文】

四、关于启程日期的折子，我十七日在省城焚香叩拜后发出，奏折稿子附在信封里寄给弟弟看看。骆中丞之前奏请圣上让我复出去浙江剿匪的折子，在十五日接到朱批。圣上表扬他符合圣意，心中不分彼此，颁旨称赞。现在也把这道圣旨抄一份寄给你看看。

五、营务处已派王人瑞太守①，左公及霞老意也②。凡属湘勇，人瑞均可联络。侦探所名目，则照弟之条陈，不复立矣。提调亦难其人③,俟弟到营时任之。其稽查各员④,颇难得此公明之选⑤,弟可于吉安留心访之。

【注释】

①营务处:官署名。清末督、抚多增募军队,因设营务处,以道、府文官充任总办、会办等,负责军营行政。王人瑞:湖南湘乡人。王鑫族叔。咸丰八年(1858)曾国藩起复,综理营务处。

②左公:指左宗棠。霞老:指刘霞仙。

③提调:此指管理一切杂务的官员。

④稽查:指检查是否有违纪行为。

⑤公明:公正明达。

【译文】

五、营务处已经派了王人瑞太守去,是左公和霞老的意思。凡是湘勇,人瑞都可以联络。侦探所的名称,就按弟弟所陈述的,不再设立。提调很难找到合适的人,就等弟弟到达浙江军营的时候担任。至于各检察人员,很难遇到这种公正明达的人选,弟弟可以在吉安留心寻访。

六、派来之人,朱、萧、李、杨尚未到省,余五戈什哈皆于十六日到长沙。此后弟有信,可派人径送湖口。兄至湖口,大约在七月中也。

【注释】

①朱、萧、李、杨:四位戈什哈。余不详。

【译文】

六、派来的人,朱、萧、李、杨等还没有到达省城,余下五位戈什哈都在十六日到达长沙。此后,弟弟如果有信,可以派人直接送到湖口。为兄我大约在七月中旬到达湖口。

六月二十三日　　新堤舟中

沅浦九弟左右：

　　十七日接弟一缄，知弟小有不适，比已全愈否①？至念至念！

【注释】

①比：近日。

【译文】

沅浦九弟左右：

　　十七日接到弟弟一封信，知道弟弟稍有不适，最近已经痊愈了吗？为兄极其挂念！

　　余十九日自长沙启行，夜宿青油望①，二十夜宿土星港②，二十一宿岳州③，二十二宿新堤④，阻风半日。南风太久，恐北风亦难遽止也。

【注释】

①青油望：地名。在湖南长沙。

②土星港：地名。在湖南湘阴。

③岳州：此指岳州府治巴陵，在今湖南岳阳。

④新堤：地名。在今湖北洪湖城区。

【译文】

　　我十九日从长沙启程，夜里睡在青油望，二十日夜里睡在土星港，二十一日睡在岳州，二十二日睡在新堤，被逆风阻挡了半天。南风吹了太久,恐怕北风也很难迅速停止。

弟封还余寄耆公一书①,而另以一书附去,所论皆正大之至。弟能如是见理真确,兄复何患哉? 惟吴某曾以一缄分诉于余②,余许为之关白③。复书去仅二日,而自背其说,亦有未安,当更详之耳。弟前后两信所言皆极当,特余精力甚倦,不克力行,日日望弟来助我也。

【注释】

①封还:缄封退还。耆公:指江西巡抚耆龄。

②吴某:指吴竹庄。咸丰六年(1856)带"彪"字营援江西。咸丰七年(1857)攻东乡兵败,被革职,稽留南昌。致书曾国藩,希望曾国藩在江西巡抚耆龄面前替他说情。

③关白:报告。

【译文】

弟弟把我寄给耆公的书信封在信封里退了回来,另写了一封信寄去,所论述的都至为正当。弟弟能如此明白事理,为兄还有什么忧虑呢? 只是吴某曾经写了一封信向我诉说,我也答应了为他向上头报告。发去回信只有两天,就违背了自己的说法,为兄心里也有不安,应当更详细地向他说明。弟弟前后两封信说得都极其恰当,只是我精神上很疲倦,不能努力实践,天天盼望弟弟来辅助我。

六月二十七日　　武昌抚署

沅浦九弟左右:

在岳州曾寄一缄,不知到否? 余于廿二日到新堤。廿四至武昌,寓胡中丞署内,商议一切。应酬数日,初一日可赴下游。李迪庵十九日自武昌赴麻城,廿五日拔营,自蕲水前进①,已约其在巴河等候会晤②。巴河在黄州下四十里,去鄂垣二百廿里也③。浙中之贼,次青六月初八寄胡中丞缄言衢州解围,江山、常山并已收复。不知其尽窜闽中,抑系分扰浙东?看来浙事亦易了耳。

【注释】

①蕲水:县名。清属黄州府,今为湖北黄冈浠水。位于大别山南麓,湖北东部,长江中游北岸。

②巴河:即巴河镇。位于浠水西南部,地处长江与巴水河交汇处,紧靠古城黄州赤壁,与鄂州、黄石隔江相望。

③鄂垣:旧指湖北省省城武昌。

【译文】

沅浦九弟左右:

在岳州曾经寄了一封信,不知弟弟是否已经收到?我二十二日到达新堤。二十四日到达武昌,住在胡中丞的官署里,与他商议一切事宜。应酬几天,初一日可以往下游走。李迪庵十九日从武昌去麻城,二十五日拔营,从蕲水前进,已经与他约定在巴河见面。巴河在黄州以下四十里之处,离鄂垣二百二十里。浙中的贼匪,次青六月初八日寄给胡中丞的信说衢州已经解围,江山、常山也都已经收复。不知道贼匪是全部窜到闽中,还是一部分扰乱浙东?看来浙江剿匪之事也容易了。

余身体平安。到湖口时,大约在七月初八、九。自家起行至岳,皆值酷暑。近数日稍凉,略觉健爽①。从此新秋益凉,或可日就安泰。弟七月上旬有信,可专人送至吴城、饶州等处。

【注释】

①健爽:健康开朗。

【译文】

我身体平安。到湖口的时候,大约已经是七月初八、初九日了。从家里启程到岳州,正值酷暑。近来稍微凉快了些,人也觉得健康、开朗了些。从此到了秋天会越来越凉快,或许就可以日渐安泰了。弟弟七月上旬如果有信,可以派专人送到吴城、饶州等地方。

七月初七日 兰溪发

沅浦九弟左右:

二十七日在武昌发第二十五号信,不知何日可达?兄此出,立有日记簿,记每日事件,兹抄付一览,可得其详。此后凡寄家书,皆以此法行之,庶逐一悉告,不至遗漏。

【译文】

沅浦九弟左右:

二十七日在武昌发了第二十五封家信,不知哪天能收到?为兄这次复出专门制定了日记簿,记录每天的事情,现在抄一份寄给弟弟看,弟弟就能知道详细情况了。此后,凡是寄家书,都采用这个办法,差不多把每一件事情都能详细告知弟弟,不至于遗漏。

余于初二日至巴河晤温弟,初四日晤迪庵①,初六日晤希庵,彭雪琴、唐义渠皆自下游来迎②,可谓胜会③。厚庵于六月十一日下攻芜湖④,二十七日仍收队回至安庆,余至湖口,或可一见。余与温弟、迪、希、雪、霞诸公商酌一切⑤,皆已就绪。惟温、希及胡中丞之意,欲余于营盘附近另觅一县城驻扎;迪、霞之意,欲即于营盘内驻扎。二者尚无定见⑥。

【注释】

①迪庵:李续宾,号迪庵。下文"希庵",李续宜,号希庵。

②唐义渠:唐训方,字义渠。

③胜会:犹盛会。

④厚庵:杨载福,号厚庵。芜湖:简称为"芜",今为安徽省省辖市。

⑤迪、希、雪、霞:分指迪庵(李续宾)、希庵(李续宜)、雪琴(彭玉麟)、霞仙(刘蓉)。

⑥定见:明确的见解或主张。

【译文】

我初二日到巴河见温弟,初四日见迪庵,初六日见希庵,彭雪琴、唐义渠都从下游来迎,可谓盛会。厚庵六月十一日往下进攻芜湖,二十七日仍然收队回到安庆,我到湖口或许可以见到他。我与温弟、迪、希、雪、霞诸公商酌一切,都已经就绪。只是温弟、希和胡中丞的意思,是让我在营盘附近另找县城驻扎;迪、霞的意思,让我就在营盘内驻扎。两种意见,还没有决定采取哪一种。

报起程日期一折,初五日在巴河奉到朱批:"汝此次奉命即行,足征关心大局,忠勇可尚。俟到营日,迅将如何布置,进剿机宜①,由驿具奏可也。钦此②。"圣恩奖借③,报称维艰④,精力日亏,恐不堪事。只望吉安克复,弟早来浙中相助,则兄诸事得以整理矣。古来围城亦有三、五年不破者,吉贼无路可窜,势不能不尽力死守。望弟勿过于焦急,总宜静心忍耐。至要至要!

【注释】

①机宜:依据客观情势所采取的对策。

②钦此:封建时代皇帝诏书结尾的套语。

③奖借:称赞推许。

④报称:报答。

【译文】

报告启程日期的折子,初五日在巴河接到朱批:"你这次接到命令就启程,足以证明你关心大局,忠勇可嘉。等到了军营那一天,迅速将如何布置、剿匪的对策,从驿站详细上奏就可以了。钦此。"蒙皇上称赞推许,实在难以报答,我精力日渐亏损,恐怕不能担此重任。只希望吉安能早日收复,弟弟尽早来浙中相助,那么为兄的诸多事务就能得到整理了。自古以来,围城也有三五年不能攻破的,吉安贼匪无路可逃,势必不能不尽力死守。希望弟弟不要过于焦急,总应该静心、忍耐。至要至要!

七月十四日　　湖口水营

沅浦九弟左右:

久未接弟安报,不知近状何如? 余在兰溪发一信①,由湖北寄左季翁转致②,不知得到否也? 初九日与迪、希别③。十一日至九江,一祭塔公祠④,十二日至湖口。厚庵近日体气稍逊⑤。雪琴则神采奕奕,在湖口新修水师昭忠祠⑥,土木之工，一一皆亲手经营，嘱余奏明。迪庵在九江修塔公祠，亦嘱余一奏。余拟会杨、李衔奏之⑦。迪庵又欲于湘乡立忠义祠⑧，亦将一会奏也。

【注释】

①兰溪：地名。即今湖北浠水兰溪镇，位于浠水河入长江口处，是鄂东南沿江经济带的鱼米之乡。

②左季翁：指左宗棠，字季高。见前注。

③迪、希：迪庵（李续宾）、希庵（李续宜）。

④塔公：即塔齐布。

⑤体气：指体质，身体健康状况。

⑥昭忠祠：古代为纪念卫国战争中阵亡的将士而建的庙宇或祠堂，以昭示忠良将士之意而起名。

⑦杨、李：指杨载福、李续宾。

⑧忠义祠：古代为纪念卫国战争中阵亡的将士或死于忠义的志士而建的庙宇或祠堂。

【译文】

沅浦九弟左右：

好久没有接到弟弟报平安的信，不知近况如何？我在兰溪发了一封信，从湖北寄给左季翁转交，不知弟弟是否已经收到？初九日和迪庵、希庵在兰溪分别。十一日到九江祭祀塔公祠，十二日到湖口。厚庵最近体质稍弱一点儿。雪琴神采奕奕，在湖口新修水师昭忠祠，土木工程，都一一亲手经营，叮嘱我奏明圣上。迪庵在九江修塔公祠，也嘱咐我上奏。我打算与杨、李合衔上奏。迪庵又想在湘乡建立忠义祠，我也打算一同上奏。

胡中丞之太夫人姓汤于十一日辰刻仙逝①。水陆数万人皆仗胡公以生以成，一旦失所依倚，关系甚重。余拟送幛一、联一、银二百，皆书余与温、沅名。玉班兄丁艰②，弟如何致情？望速示。

【注释】
①胡中丞：湖北巡抚胡林翼。太夫人：对他人或自己母亲的尊称。辰刻：指上午九时至十一时。仙逝：成仙升天，指人死亡。
②玉班：赵焕联，字玉班。丁艰：服父母之丧。
【译文】
胡中丞的母亲姓汤在十一日辰时仙逝。水军、陆军几万人都仰仗胡公以生以成，一旦失去依靠，关系非常重大。我打算送一张祭幛、一副挽联、二百两银子，都写我和温弟、沅弟的名字。玉班兄丁艰，弟弟如何致意？希望弟弟迅速明示。

再，兄于近日受暑①，夜间又或受风露，体中小有不适。请焦听堂诊治②，服药两帖，已愈矣。闻弟病疟，不知全愈否？罗逢元言尚未愈③，韩升之兄言服成章鉴之方，已十愈八九。澄侯信言十六日全好，则尚未悉后小有反复也。七月以来，不审全复元否？体气素弱，不宜多服克伐之剂④。而有病在身，又不宜服补剂，殊为惦念。吉安克复，尚无把握，千万不可焦急。日慎一日，以求其事之济。一怀焦愤之念，则恐无成耳。千万忍耐！千万忍耐！"久而敬之"四字⑤，不特处朋友为然，即凡事亦莫不然。至嘱！

【注释】

①受暑：即中暑。有的方言叫"发痧"。

②焦听堂：曾国藩幕僚，精医术。

③罗逢元(？—1878)：字旋吉，湖南湘潭人。由武生入伍，从剿广西。曾国藩治水师，充营官，转战湖北、江西，累擢副将。又跟从曾国荃克复安庆，以总兵记名，赐号展勇巴图鲁。

④克伐：中医学名词。指使用性峻伤元的攻破消导药物。

⑤久而敬之：语出《论语·公冶长》："子曰：'晏平仲善与人交，久而敬之。'"程子曰："人交久则敬衰，久而能敬，所以为善。"

【译文】

再者，为兄近日中暑，夜里又可能受了风寒，身体稍稍有些不舒服。请焦听堂前来诊治，吃了两服药，已经痊愈了。听说弟弟染了疟疾，不知是否已经痊愈？罗逢元说还没有痊愈，韩升的兄长说服了成章鉴的药方，已经好了十分之八九。澄侯的信说你十六日已经全好了，那是他还不知道你后来病情又稍有反复了。七月以来，不知道是否已经全好了？你体质向来弱，不适宜过多服用克伐药剂。有病在身，又不适合服食滋补药剂，为兄极为挂念。吉安的收复还没有把握，千万不能焦急。要一日比一日谨慎，以求做成事情。一旦滋生焦急、愤怒，就怕不能成功了。千万要忍耐，千万要忍耐啊！"久而敬之"四个字，不但与朋友相处是这样，凡事都是这样。为兄在此千叮万嘱！

七月二十一日　江西省河下

澄、季两弟左右：

兄于十二日到湖口，曾发一信，不知何时可到？胡蔚之奉江西耆中丞之命①，接我晋省②。余因于二十日自湖口开船入省,杨厚庵送至南康③,彭雪琴径送至省。诸君子用情之厚,罕有伦比。浙中之贼,闻已全省肃清。余到江与耆中丞商定,大约由河口入闽。

【注释】

①胡蔚之:胡心庠,字蔚之。曾国藩幕僚,郑莲舟之甥。耆中丞:指江西巡抚耆龄。

②晋省:进省府。

③南康:清代江西省下辖州府名,府治为原江西星子。清末辖星子、都昌、建昌、安义四县。民国废。

【译文】

澄、季两弟左右:

为兄在十二日到达湖口,曾经发了一封信,不知什么时候能到?胡蔚之奉江西耆中丞的命令接我进省城。于是我二十日从湖口开船去省城,杨厚庵送我到南康,彭雪琴一路送我到省城。诸君子用情深厚,很少有能跟他们相比的。浙中的贼匪,听说已经全部肃清。我到江西和耆中丞商定,大概从河口进福建。

家中种蔬一事,千万不可怠忽①。屋门首塘养鱼,亦有一种生机。养猪亦内政之要者②。下首台上新竹,过伏天后③,有枯者否?此四事者,可以觇人家兴衰气象④,望时时与朱见四兄熟商⑤。见四在我家,每年可送束脩钱十六千⑥。余在家时曾面许以如延师课读之例,但未言明数目耳。季弟生意颇好,然此后不宜再做,不宜多做,仍以看书为上。余在湖口病卧三日,近已全愈,尚微咳嗽。癣疾久未愈,心血亦亏,甚颇焦急也。久不接九弟之信,极为悬系。见其初九日与雪琴一信,言病后元气未复,想比已全痊矣。

【注释】

①怠忽:怠惰玩忽。

②内政:家政,家内的事务。

③伏天:三伏的总称。时间为夏至后第三个庚日后的三四十天,一年中最热的时候。

④觇(chān):偷偷地察看。

⑤朱见四:湘乡人。曾为荷叶塘曾府管家。

⑥束脩:借指薪俸。

【译文】

家中种菜这件事,千万不能疏忽。屋门头塘里养鱼,也别有一种生机。养猪也是家务中最重要的事。屋门下首台上所种的新竹,伏天过后,有枯死的没有?这四件事,可以看出一户人家气象是兴旺还是衰败,希望弟弟你能常和朱见四兄反复商量。见四在我家,每年可给他薪水十六千。我在家时,曾经当面许诺他按请老师教课的报酬惯例付给他工钱,但没有讲明具体给多少钱。季弟的生意做得不错,但是今后不合适再做,更不合适多做,还是以读书为上策。我在湖口卧病三日,最近已经痊愈,还有一点儿咳嗽。癣疾这么久也没好,精力也亏损了,最近非常焦急。很久没有接到九弟的信,极为挂念。看见他初九日写给雪琴的信,说病后元气还没有恢复,想必近来已经痊愈了。

七月二十八日　瑞洪舟次

沅浦九弟左右:

在湖口专丁送去一函①,至南昌由驿递发去一函②,均接

到否？不接我弟家信已四十日，焦灼之至！未审弟病已全
愈否？

【注释】

①专丁：专人。此指专门送信的兵丁。

②驿递：驿站。

【译文】

沅浦九弟左右：

　　在湖口派专人送去一封信，到南昌从驿站发去一封信，都已经收到
了吗？已经四十天没有接到我家弟弟的家信，我焦灼到了极点！不知
道弟弟的病是否已经痊愈？

　　余于廿四日出省城登舟，廿五日开船，廿六午刻至瑞
洪①。闻吴国佐廿七、八可至南昌②，故在此少为等候。兹因
谢兴六赴吉安之便③，再寄一函，询问近状。如吉安尚无克
复之耗，千万不必焦急。《达生编》六字诀④，有时可施之行
军者，戏书以佐吾弟之莞尔⑤。余向来虽处顺境，寸心每多
沉闷郁抑，在军中尤甚。此次专求怡悦，不复稍存郁损之
怀。《晋》初爻所谓"裕无咎"者也⑥。望吾弟亦从"裕"字上
打叠，此心安安稳稳。顺问近好。

【注释】

①午刻：指上午十一时至十三时。瑞洪：地名。清代江西省饶州府
　　余干县下属镇。位于余干西北水乡。瑞洪历史上以"闽越百货
　　所经"而置镇，是鄱阳湖周边县市物资集散中心，尤以水产品丰

富闻名遐迩,有"余干小南昌"之称。

②吴国佐:即吴翔冈。见前注。

③谢兴六:不详。

④《达生编》六字诀:指《达生编》提出的临产的六字真言,即"睡、忍痛、慢临盆"。《达生编》又称《达生篇》,是清代早期问世的一部价值颇高的产科专书,是书刊行于康熙五十四年(1715),问世以后的百余年间曾多次重刊,足见医界对本书的注重程度。

⑤莞(wǎn)尔:微笑的样子。

⑥《晋》:《易经》卦名。初爻:易学术语。指六十四卦或八卦中,从下向上数第一个爻。裕无咎:语出《周易·晋卦》:"初六,晋如,摧如,贞吉,罔孚,裕无咎。"程子曰:"苟上未见信,则当安中自守,雍容宽裕,无急于求上之信也。苟欲信之心切,非汲汲以失其守,则悻悻以伤于义矣,皆有咎也。故裕则无咎,君子处进退之道也。"

【译文】

我二十四日离开省城登船,二十五日开船,二十六日午时到达瑞洪。听说吴国佐二十七、二十八日可以到南昌,所以我在此稍微等一下。现在趁着谢兴六去吉安的便利条件,再寄一封信,询问弟弟近况。如果吉安还没有被收复的消息,千万不要焦急。《达生编》"睡、忍痛、慢临盆"六字诀,有时是可以适用于行军打仗的,戏书以博弟弟一笑。我向来虽然身处顺境,内心却常常沉闷郁结,在军中尤其是这样。这次专求愉悦,不再存一点儿抑郁情怀。就是《晋》卦的初爻所说的"裕无咎"。希望弟弟从"裕"字上收拾心情,安安稳稳就好。祝近来一切都好。

八月初四日　　致沅浦弟书

沅浦九弟左右:

八月一日罗逢元专丁归,接弟廿四日信,知弟病渐痊愈复元。自长沙开船后,四十一日不接弟手书,至是始一快慰!而弟信中所云先一日曾专人送信来兄处者,则至今尚未到,不知何以耽搁若是?

【译文】

沅浦九弟左右:

八月一日罗逢元派专人回来,我接到弟弟二十四日的信,知道弟弟的病渐渐痊愈康复。自从在长沙开船之后,四十一天没有接到弟弟的信,到这时才感到放心!而弟弟信中所说前一天曾派专人送信来我这里,到现在还没有到,不知道为什么耽搁这么久?

余廿五日自江西开船,廿六至瑞洪,廿八日就谢弁之便寄信与弟①。八月初二日至安仁②,初四日至贵溪③,王人瑞、张凯章及萧浚川之弟萧启源均在此相候④。初六、七可至河口,沈幼丹、李次青皆良觌不远矣⑤。闽省浦城之贼于七月上旬、中旬出犯江西⑥,围广丰、玉山两城⑦,次青以一军分守两县,各力战五六日夜,逆贼大创⑧,解围以去。现在广信一带⑨,次青勋名大著⑩,民望亦孚⑪。浙抚晏公于全浙肃清案内⑫,保举次青以道员记名⑬,遇有江西道员缺出⑭,请旨简放⑮。将来玉山守城案内,余亦当优保之。苦尽甘回,次青今日得蔗境矣⑯。

【注释】

①就:依,因。谢弁:姓谢的军人,即前文之谢兴六。弁,旧时用以称低级武官。

②安仁:地名。清代江西省饶州府下属县,即今江西余江。

③贵溪:地名。清代江西省广信府下属县,位于江西省东北部,信江中游。

④萧启源:湖南湘乡人。萧启江弟。从征江西,积功官同知。

⑤沈幼丹:沈葆桢(1820—1879),字幼丹,又字翰宇,福建侯官人。林则徐婿。道光二十七年(1847)进士,迁御史。咸丰间,任江西广信知府,曾坚守城池抵御太平军。后擢江西巡抚。同治间,任福建船政大臣,接办福州船政局。同治末,日本侵略台湾时,任钦差大臣,办理海防。曾主持开采基隆煤矿。光绪初,官至两江总督兼南洋大臣,筹建近代海军扩充南洋水师。卒谥文肃。有《沈文肃公政书》。良觌(dí):美好的会晤。

⑥闽省:福建省。浦城:地名。清代建宁府下属县名,今为福建南平辖县。浦城位于福建省最北端闽、浙、赣三省交界处,是福建的"北大门",自古为中原入闽第一关。

⑦广丰、玉山:皆为县名。清属广信府,今属江西上饶。

⑧大创:指在军事上使敌人受到严重的损伤。

⑨广信:地名。即广信府,元末至清末的行政区划名,治所在今江西上饶信州区。

⑩勋名大著:功勋卓著,声名远播。

⑪孚:为人所信服。

⑫浙抚晏公:指时任浙江巡抚的晏端书。晏端书(? —1882),字彤甫,号云巢,江苏仪征人。道光十八年(1838)进士。选庶吉士,散馆授编修。道光二十六年(1846)出任浙江杭州府知府,改湖州府,升杭嘉湖道。历任福建汀漳龙道、浙江宁绍台道等职。咸丰四年(1854)升任浙江按察使,六年(1856)升任江西布政使,改山东布政使,同年升任浙江巡抚,兼署学政。咸丰九年(1859)任大理寺卿,次年任督办江北团练大臣,升左副都御史。同治元年

(1862)署两广总督,兼署广东巡抚。

⑬道员:又称"道台",清代官名。根据清代的官阶制度,道员(道台)是省(巡抚、总督)与府(知府)之间的地方长官。记名:清制,官吏有功绩,交吏部或军机处记名,以备提升。

⑭缺出:指出现缺额。

⑮简放:清代称经铨叙派任道府以上外官为"简放"。

⑯蔗境:喻人晚境美好。《晋书·文苑传·顾恺之》:"恺之每食甘蔗,恒自尾至本。人或怪之,云:'渐入佳境。'"后因以"蔗尾"喻先苦后乐,有后福。

【译文】

我二十五日从江西开船,二十六日到瑞洪,二十八日通过姓谢的弁卒顺便寄信给你。八月初二日到安仁,初四日到贵溪,王人瑞、张凯章和萧浚川的弟弟萧启源都在这里等候。初六、初七日,可以到河口,沈幼丹、李次青两位很快都能相见了。福建省浦城的逆贼在七月上旬和中旬侵犯江西,围攻广丰、玉山两城,李次青凭一支军队分别驻守两县,各苦战五六个日夜,逆贼受到重创,解围而去。现在广信一带,次青功勋卓著,声望大增,百姓很信服他。浙江巡抚晏公在浙江全境肃清案中,保举李次青以道员记名,若遇有江西道员缺额,就请旨派他上任。将来玉山守城案内,我也要优先保举他。苦尽甘来,次青如今总算有一个好境地了。

玉山之贼窜至德兴、婺源一带①,将归并于皖南芜湖。余至河口,拟留萧军守河口,而自率张、王、朱品隆、吴国佐进剿闽之崇安②。贼势日乱,或尚易于得手。

【注释】

①德兴:地名。清代江西省饶州府下属县,现为江西上饶下属县。

德兴位于赣、浙、皖三省交界处,取"山川之宝,惟德乃兴"之意而定名。婺(wù)源:地名。清代安徽省徽州府下属县,现为江西上饶下属县。位于江西省东北部赣、浙、皖三省交界处。为古徽州六县之一。

②张、王、朱、吴:指张凯章、王人瑞、朱品隆、吴国佐。崇安:地名。清代福建省建宁府下属县名,现为福建武夷山。

【译文】

玉山的贼匪逃窜到德兴、婺源一带,将合并在皖南芜湖。我到河口,准备留下萧军守河口,而亲自率领张、王、朱品隆、吴国佐进剿福建的崇安。贼匪形势日益混乱,也许还容易得手。

八月初六日　致沅浦弟书

沅浦九弟左右:

接弟信,知体气尚未全愈。弟素体弱,大黄攻伐之品①,非弟所能堪而误服之②,后此复元较难。吉安克后,病当全去。元神尚亏③,可至家中将养一月④,仍来兄处帮办一切⑤。或带勇,或不带,或多带,或少带,均听弟之自便,但不可不来帮我。我近来精神日减。此次之出,恶我者⑥,拭目以观其后效⑦;好我者⑧,关心而虑其失坠⑨。意城在此帮助,颇称水乳⑩,手笔亦能曲达人意⑪。特约定至玉山后即当别去。专望弟来照料一切,外和军旅,内检琐务,大小人才,悉心体察,庶可补余之短。弟决不可怀一不来之见也。

【注释】

①大黄:中草药名。也叫"川军"。多年生草本,分布于我国湖北、

陕西、四川、云南等省。根茎可入药,性寒,味苦,功能攻积导滞、泻火解毒。攻伐:药性猛烈。

②堪:经受得住。

③元神:指精力、精神。道家学派认为元神是一种高于肉体而可以单独存在的物质,是意识的存在基础。

④将养:调养,修养。

⑤帮办:帮忙办理。

⑥恶(wù):讨厌,憎恨。

⑦拭目:擦亮眼睛,形容殷切期待或注视。

⑧好(hào):喜欢。

⑨失坠:过失,出纰漏。

⑩水乳:水和乳极易融合,比喻情意融洽无间。

⑪手笔:指所写书信、文章。

【译文】

沅浦九弟左右:

接到弟弟你的信,得知身体尚未完全恢复。弟弟你身体一向虚弱,像大黄这样药性过于猛烈的,不是你所能经受的,一旦误服,以后再病,复元就困难了。吉安攻克之后,病应该能痊愈了。估计精神还不会太好,可先返回家中调养一个月,依旧是再来我这里帮办一切事务。带不带兵,带多还是带少,全听弟弟你自己拿主意,但不能不来帮我。我近来精神日益衰减。这次出来,讨厌我的人,都睁大眼睛等着看我的下场;喜欢我的人,则因关心而怕我出什么纰漏。意城在我这帮忙,可以说是情投意合水乳交融,代笔写文章也能够表达我的意思。只是约定了到玉山后就要离开。所以一心盼望弟弟你来照料一切,在外团结军旅,在内检查琐务,大小人才,尽心体察,大概可以弥补我的缺点。弟弟你决不可以抱一个不来的意见。

胡润之中丞太夫人处，余作挽联云："武昌居天下上游，看郎君新整乾坤，纵横扫荡三千里；陶母为女中人杰，痛仙驭永辞江汉，感激悲歌百万家。"胡家联句必多，此对可望前五名否？

【译文】

胡润之中丞太夫人那边，我写了一副挽联："武昌居天下上游，看郎君新整乾坤，纵横扫荡三千里；陶母为女中人杰，痛仙驭永辞江汉，感激悲歌百万家。"胡家收到的挽联一定极多，我这幅挽联有望名列前五吗？

成章鉴极好，阿兄又当自诩眼力之不谬①。

【注释】

①自诩(xǔ)：自夸。谬：错误的，不合情理的。

【译文】

成章鉴极好，为兄我又可以自许眼力不错没有看错人了。

八月十四日　河口

沅浦九弟左右：

十三日在河口接弟专差初一日所发一信，藉悉一切。

【译文】

沅浦九弟左右：

十三日在河口接到弟弟你初一日派专人发的信，借此知道了一切事宜。

弟久病之后,尚未复元,吉安克复之日,决计撤勇归田①。在外太久,身体积弱。弟于军旅之事,十分认真,而应酬诸务又复丝丝入扣,旁皇周浃②,宜其神以过劳而致敝③,心以过虑而多汗。久病不痊,实职是故④。余亦以用心太过,积年衰耗,又兼肝气郁抑,目光昏花。近得次青、意城、仙屏三人相助为理,凡公牍、信函,我心中所欲达,三人笔下皆能达之,稍觉舒畅。然意城有送至玉山即归之约,日内已萌归志⑤。次青亦思归家觐母一次⑥。吾与仙屏两人不克一一了办。弟克城后还家住两月,迅即来营帮办一切,替出次青得以归觐,则兄处之事尚可判决如流耳⑦。

【注释】

①撤勇归田:解散军队,回家种田。

②旁皇周浃:此指反复斟酌,考虑周到。《荀子·君道》:"古者先王审礼以方皇周浃于天下,动无不当也。"《史记·礼书》:"房皇周浃,曲直得其次序,圣人也。"旁皇,因内心不安而徘徊不定貌。周浃,周到,普遍深入。

③敝:疲惫,困乏。

④职是故:因为这个缘故。

⑤萌:生。

⑥觐母:拜见母亲。

⑦判决如流:批复文案速度极快,像流水一样。

【译文】

弟弟你病了许久之后,还没有恢复,决定在吉安光复之后,解散军队,回家种田。这是由于在外太久身体长期积弱的缘故。弟弟你对于军队的事十分认真,应酬各种事务又丝丝入扣,反复斟酌,过于周全,当是精神因过于操劳而疲惫，心力因思虑太多而多汗。病了许久也不见好，实在是因为这个缘故。我也是因为用心太过，多年亏损消耗，又加上肝气郁积，才目光昏花。最近有次青、意城、仙屏三人帮助我处理事务，凡是公文、信件，我心中所想表达的，他们三人的笔下都能表达出来，我才稍稍觉得舒畅一些。但意城和我有送到玉山就回家的约定，这几天内已经在考虑回家的事了。次青也想着回家拜见母亲一次。剩我和仙屏两个人，没有能力将事情一一处理妥当。弟弟你攻克吉安城后，回家里住两个月，而后尽快来军营帮助办理一切事务，好替换次青，让他得以回家省亲；这样的话，哥哥我这里的事情，才可以做到快速裁断，犹如流水一般。

余于十二日具奏遵旨援闽一折，言即日由分水关直捣崇安①。是日申刻闻闽贼回窜江西，楚勇败挫，泸溪、金溪、新城三县失守②。十三早，凯章禀请回剿金溪，即时批准。十四早，凯军行矣。十五日，余亦当回驻弋阳，以便调度。余以援浙而来，改而援闽，今又改而剿办江西之贼，天下事固无定也。

【注释】

①分水关：关隘名。又名"大关"，是崇安"八关"之一。位于崇安西北分水岭上，接江西铅山界，当闽、赣交通的要冲，自古有"八闽第一关"之称。

②泸溪：县名。清代江西省建昌府下属县，今为江西抚州资溪。位于江西省中部偏东，抚州东部，是江西东大门，也是江西入福建的重要通道。金溪：县名。清代江西省抚州府下属县，今为江西抚州下属县，位于江西东部、抚河中游。新城：县名。清代江西

省建昌府下属县,现为江西抚州黎川。地处江西省中部偏东,武夷山脉中段西麓,是由赣入闽的东大门之一。

【译文】

我在十二日上奏遵照旨意援军福建一折,说当天就由分水关直捣崇安。当日申时听说福建的逆贼回窜江西,楚勇失败,泸溪、金溪、新城三县失守。十三日早上,凯章请令回剿金溪,我立即批准。十四日早上,凯军出发。十五日,我也应当回到弋阳驻防,以方便调度。我原本是为支援浙江而来,后改为支援福建,现在又改为剿灭江西贼匪,天下的事情本来就不是固定不变的。

　　胡恕堂新简浙江巡抚①。晏中丞于全浙肃清之后②,忽得来京另候简用之命③,不审何故?王人瑞现办营务处,勤勤恳恳,颇惬众心,次、意二公均极称之,或可相与有成。竹庄事④,在章门并未与闻,以众论所不与⑤,而弟与温老皆极不义之⑥,未敢违人而行臆私耳⑦。

【注释】

①胡恕堂:胡兴仁,字恕堂,保靖人。道光五年(1825)拔贡,官至浙江巡抚。有《补拙轩小草》。简:简放。

②晏中丞:指浙江巡抚晏端书。见前注。

③简用:简选任用。

④竹庄:吴坤修,字竹庄。见前注。

⑤不与:不赞同。

⑥温老:指温甫。

⑦臆私:一己之主观偏爱。

【译文】

胡恕堂新任浙江巡抚。晏中丞在浙江全境肃清以后,忽然得来京城另候选用的命令，不知道是什么缘故？王人瑞现在负责营务处，勤勤恳恳，很让大家放心，次青、意城两位都极看好他，或许可以齐心协力成事。竹庄的事情，我在章门并没有听说，因为众人的意见不赞成，而弟弟和温老又都极力说其不道义，我也不敢违背众人的意见而凭一己之主观偏爱行事。

　　再，次青一军欠饷二十万，断难弥补。次青乃设一法：捐十万两，请增广平江县文、武学额各十名[①]；又捐五万两，请增广岳州府文、武学额各五名。咸丰三年新例[②]，捐银万两者，除各该捐生家给予应得议叙外[③]，其本县准加文、武学额各一名。去年今春湖南办捐输加额一案[④]，长、善、阴、浏、潭、醴六属各加学额十名[⑤]，捐银至十万以上者，加额亦以十名为止。湘乡加三名，平江加一名。盖湘乡仅捐三万，平江仅捐一万，为数甚少也。次青以此项应得之口粮银出捐，加县学十名、府学五名，真可俎豆泮宫[⑥]，流芳百世！各勇闻可刊碑泐名于学宫[⑦]，亦皆欣然乐从。此事若成，诚为美举。前此咸丰三年平江以团防出力，加文、武学额各三名，系次青所办。五年湘乡援平江之例，亦加额三名。弟营现在欠饷若干？若欠至七八万以上，则与各哨弁勇熟商，令其捐出。捐得七万，可增文、武学额各七名，合之今春新增之三名，亦为十名，与长、善、阴、浏、潭、醴六邑相等。合之五年特奏增额之三名，则共为十三名矣。弟若办成此事，亦可俎豆泮宫，流芳无既[⑧]。若弟营不能捐出许多，则或倡捐二三万，余再劝迪、希、浚、凯、玉班诸君子各捐若干万两[⑨]，凑成七万之数，亦可办成此事，不让次青专美于平江也[⑩]。

【注释】

①学额：科举时代每次考试录取的府县学生的名额。后指学校收
　录学生的一定名额。清陈康祺《郎潜纪闻》卷六："军兴，各省捐
　输量加学额，自咸丰二年太常少卿雷以諴奏请始。"

②咸丰三年：即 1853 年。下文"咸丰五年"，即 1855 年。

③议叙：清制对考绩优异的官员，交部核议，奏请给予加级、记录等
　奖励，谓之"议叙"。

④捐输加额：指因捐输助饷而增加科举考试录取名额。

⑤长、善、阴、浏、潭、醴六属：即长沙、善化、湘阴、浏阳、湘潭、醴陵
　六县，清代皆属湖南省长沙府。

⑥俎(zǔ)豆泮(pàn)宫：指在学官享受祭祀香火。俎豆，俎和豆是古
　代祭祀、宴飨时盛食物用的两种礼器，亦泛指各种礼器。后引申
　为祭祀和崇奉之意。泮宫，古代的国家高等学校。

⑦刊碑泐(lè)名：将名字刊刻在石碑上。泐，通"勒"，刻。

⑧无既：无穷，无尽。

⑨迪、希、浚、凯、玉班诸君子：指李迪庵、李希庵、萧浚川、张凯章、
　赵玉班等人，皆为湘乡籍湘军将领。

⑩专美：独享美名。

【译文】

再有，次青领导的军队欠饷银二十万两，很难弥补。次青就想了一
个方法：捐献十万两，请求增加平江县文、武学额各十名；又捐五万两，
请求增加岳州府文、武学额各五名。咸丰三年的新规定，捐一万两银
子，除了该捐生自家应得的奖励之外，他所在的县也准许增加文、武学
额各一名。去年和今春，湖南办理捐输助饷增加学额一事，长沙、善化、
湘阴、浏阳、湘潭、醴陵六地各增加学额十名，捐银到十万以上的人，加额也
以十名为限。湘乡增加三个名额，平江增加一个名额。这是由于湘乡只
捐银三万，平江只捐银一万，数目太少。次青以这项应得到的口粮银捐

输,为县学增加十个名额,为府学增加五个名额,真是可以在学宫享受香火祭祀,流芳百世了!士兵们听说可以在学宫立碑刻名,也都很高兴,愿意追随。这件事情如果成功,确实是大好举措。此前,咸丰三年平江因团防出力,增加文、武学额各三名,是次青办的。咸丰五年湘乡援引平江的先例,也加额三名。弟弟的军营现在欠饷银多少?如果欠到七八万以上,就与各部士兵反复协商,让他们捐出来。捐出七万,可以增加文、武学额各七名,加上咸丰今年春天新增的三名,也是十名,与长沙、善化、湘阴、浏阳、湘潭、醴陵六地相等。加上咸丰五年特别奏请增加的三个名额,那一共是十三名了。弟弟你如果办成这件事,也可以在学宫享受香火祭祀,流芳百世了。如果弟弟你的军营捐不出许多,那么带头捐银二三万,我再劝迪、希、浚、凯、玉班等人各捐了几万两,凑成七万的数目,也可以办成这件事,不至于让次青一个人在平江独享美名。

八月十七日　弋阳泐

沅浦九弟左右:

八月十四日寄信,末言李次青捐饷增广学额　事,兹特将禀稿专人送吉①。细思吾弟若撤散各勇,则必给予现银;以欠饷报捐②,必非撤勇之所愿。而此事又在当办之列。现在长、善、阴、浏、潭、醴六邑皆已增至十名,湘乡捐银不如六邑之多,此后自不能补捐。平江以勇丁欠饷而增府县学额至十五名,湘乡何不可仿行之?必须贤弟仍带勇不撤,多则一年,少则半载,此事必成无疑。

【注释】

①禀稿：向上级汇报的文件。

②报捐：封建时代根据官府规定，纳捐若干，报请取得某种官职，谓之"报捐"。

【译文】

沅浦九弟左右：

八月十四日寄信给你，末尾说到李次青捐饷增加学额一事，现在特别让专人将他汇报上级的文件草稿送到吉安。仔细想想弟弟如果解散士兵，就必须发给现银；用拖欠的军饷来捐献，绝对不会是遣散的兵勇的意愿。而捐饷增广学额这件事又确实是该办的。现在长沙、善化、湘阴、浏阳、湘潭、醴陵六地都已增加到十名，湘乡捐银不如这六地多，以后自然是不能补捐的。平江用士兵的欠饷来增加府县学额至十五名，湘乡什么不可以仿照实行呢？必须贤弟你仍带领军队，不解散士兵，多则一年，少则半年，这件事无疑一定能成功。

弟之不愿带勇者，以久病体弱也①。吾之不强弟以多带全部勇来者：一则恐弟独统一部，另扎一营盘，不克在幕内帮办一切②；一则恐饷项不继，愈久愈难也。近来因学额一事，反复细思：若不趁此军务未竣、皇恩浩荡之时协力办成③，将来即捐银十万、二十万④，欲求增一名学额，恐不可得。湘乡近年带勇剿贼，立功各省，极美极盛，而广额反不如长、善、阴、浏、潭、醴、平江之多，不可谓非阙典⑤。弟病后虽体弱，然回家养息两月⑥，尽可复元，一张一弛，精神自可提振得起⑦。

【注释】

①以：因为。

②不克：不能。

③竣：完成，结束。

④即：即使，就算是。

⑤阙（quē）典：遗憾，缺憾。

⑥养息：保养休息。

⑦提振：提起，振作。

【译文】

弟弟你之所以不愿意带兵，是因为病久体弱的缘故。我之所以不强求弟弟将全部士兵带过来的原因：一是担心弟弟独自统领一部，另外扎一个营盘，不能在我营内帮忙办理一切；一是担心军饷跟不上，越久越难办。近来因增加学额一事，我反复盘算：如果不趁着这军务未完、皇恩浩荡的时候齐心协力办成，将来就是捐银两十万、二十万，想增加一名学额，恐怕不可能。我们湘乡人近年带兵征剿贼匪，在各省立功，美名远播，盛极一时，但增加学额反而不如长沙、善化、湘阴、浏阳、湘潭、醴陵、平江多，不能说不是一个缺憾。弟弟病后虽然身体衰弱，但是回家养息两个月，尽可能复原，宽严相结合，精神可以自己提振得起。

吉安克后，或先送五百人来，或先送千人来。其余各勇，或令休息两月，将来随弟同出，或竟行撤散，均听弟自行裁酌。总之，弟宜速到，为阿兄计，并为学额计也。饷项本极艰窘，然只好放开手、使开胆，不复瞻前顾后、畏首畏尾。吾弟以为何如？

【译文】

吉安攻克之后，或者先送五百兵来，或者先送一千兵来。其余士兵,或者让休息两个月,将来随同弟弟一起出来,或者干脆遣散,都听凭弟弟你自己拿主意。总之,弟弟你应当尽快来,既是为哥哥我考虑,也是为增加学额考虑。军饷本来就太窘迫,所以只好放开手脚大胆去做,不能再瞻前顾后、畏首畏尾了。弟弟你认为怎样?

八月二十二夜　弋阳

沅浦九弟左右:

二十二日未刻捷书至,知吉安于中秋夜克复,欣慰之至。自弟从军以来,变故百出,危疑困乏①,极难下手。弟内治军旅,外和官绅,应酬周密,调理精严,卒能致此成功。余在江西数年,寸功未就②,得弟隐忍成业,增我光华不少。

【注释】

①危疑:怀疑,不信任。

②寸功:极小的功劳。未就:未能达完。

【译文】

沅浦九弟左右:

二十二日未时收到报捷信,得知吉安在中秋夜光复,欣慰无比。自从弟弟你从军以来,变故百出,疑虑丛生,种种困乏,事情极难入手。弟弟你在内整治军队,在外团结官员乡绅,各种应酬都很周到细致,处事条理分明,最终得以成就如此大功。我在江西几年,寸功未立,有弟弟你凭坚忍成就事业,给我增加不少光彩。

余至弋阳,已发两信。张凯章十八日至安仁,十九日大战获胜,克复安仁县城,杀老长毛悍贼四千余①。入闽之贼当以此枝为最凶。二十日凯章收队。吴翔冈追至万年②，与贼接仗，先胜后挫，刘隐霞殉难③，帮办死者三人④。李雨苍尚无下落。景德镇现尚有贼，我军为所牵制，目下尚难入闽。看来弟归不可久住，宜速来帮我也。

【注释】

①长毛：指太平军。

②万年：县名。清代江西省饶州府下属县，今为江西上饶下属县。地处江西省东北部、鄱阳湖东南岸。

③刘隐霞：刘本杰，字隐霞，湖南湘潭人。湘军将领。咸丰八年（1858）在江西万年战死。著有《隐霞诗钞》。

④帮办：旧指帮助主管人员办理公务，亦指主管人员的助手，或即用为职称。

【译文】

我到弋阳，已经寄出两封信。张凯章十八日到安仁，十九日大战取胜，光复安仁县城，杀了强悍的老长毛四千多。进入福建的长毛贼以这支军队为最凶暴强悍。二十日张凯章收队。吴翔冈追击到万年，与贼匪接仗，先胜后败，刘隐霞殉难，死了三位帮办。李雨苍尚不明下落。景德镇现在还有逆贼，我军被牵制，目前尚难进入福建。看来弟弟你回家不可久住，应该快来帮我才是。

八月二十二日　弋阳行营

澄侯、季洪两弟左右：

接两弟信，具悉家中四宅平安，不胜忻慰。

【译文】

澄侯、季洪两弟左右：

收到两位弟弟的信，尽悉家中四家平安，感到不胜欣慰。

余于八月初八日至河口，本拟即日入闽，由铅山进捣崇安，十二日已拜折矣，其折稿寄吉安转寄至家。因闽贼出窜江西，连破泸溪、金溪、安仁三县，不得已派张凯章回剿。十八日抵安仁，十九日大战获胜，克复县城，杀贼约四千余，追至万年、乐平等县①，尚未收队。待张军归来，余即率以入闽也。

【注释】

①乐平：县名。清代江西省饶州府下属县，今为江西乐平。地处江西省东北部，因南临乐安河、北接平林而得名。

【译文】

我于八月初八日到河口，本打算当天进入福建，由铅山进攻，直捣崇安，十二日已递交奏折了，奏折稿寄到吉安转寄回家。因为福建贼军流窜到江西，连续攻破泸溪、金溪、安仁三县，不得已派张凯章带兵回剿。十八日到安仁，十九日大战取胜，收复县城，杀死贼匪约四千多人，追到万年、乐平等县一带，还没有收队。等张军归来，我立即带领部队进军福建。

家中养鱼、养猪、种竹、种蔬四事，皆不可忽！一则上接祖父以来相承之家风，二则望其外有一种生气①，登其庭有一种旺气②。虽多花几个钱，多请几个工，但用在此四事上，总是无妨。澄弟在家无事，每日可仍临帖一百字，将浮躁处大加收敛。心以收敛而细，气以收敛而静，于字也有益，于身于家皆有益。明年请师，仍请邓寅皆先生。人品学问，皆为吾邑第一流人。若在我家教得十年，则子侄皆有成矣。

【注释】

①生气：活力，生机。

②旺气：兴旺发达的气象。

【译文】

家里养鱼、养猪、种竹、种菜四件事，都不能忽视！一是上接祖父以来传承的家风；二是希望在屋外能看见一种生机，进庭院能看见一种兴旺之气。即使多花几个钱，多请几个工，但用在这四件事上，总是没错。澄弟在家无事，每天仍可临帖一百字，好将浮躁处大大收敛。心通过收敛而细，气通过收敛而平静，对字也有好处，对自己和家里都有好处。明年聘请塾师，还要聘请邓寅皆先生。邓先生的人品学问，在我乡都是第一流的。如果在我们家教上十年，那么子侄们将来都会有所成就。

后辈子侄，总宜教之以礼，出门宜常走路，不可动用舆马①，长其骄惰之气。一次姑息②，二次、三次姑息，以后骄惯则难改，不可不慎。

【注释】

①舆马：车辆，尤指马车。

②姑息：迁就，纵容。

【译文】

后辈子侄们，总是应该用礼义来教化的，出门要常走路，不能坐车马,滋长骄横懒惰的习气。一次迁就,二次、三次迁就,以后就很难改变骄惰的习惯,不可不慎重。

八月二十七日　弋阳将拔营时发

沅浦九弟左右:

　　吴翔冈万年之挫①,查明实亡二十八人。帮办刘隐霞之死,老湘勇人人痛之②。余挽以联句云:"五载共兵戈,地下知心王壮武③;万年歆俎豆④,沙场归骨马文渊⑤。"此外军械失者甚少。翔冈廿五日收队,廿六日来弋阳一见。余即于廿七日拔营⑥,张、吴廿七日自贵溪拔营⑦,约廿九、三十日至陈坊取齐⑧,由云际关入闽也⑨。

【注释】

①万年之挫:指吴翔冈带兵追击贼军至江西万年县先胜后败一事。此役,帮办刘隐霞战死。

②老湘勇:老湘营兵勇。湘军中,王鑫所率的一支,称"老湘营"。

③王壮武:王鑫,谥壮武。见前注。

④歆(xīn)俎豆:享受香火祭祀。歆,即飨,祭祀时神灵享受祭品、香火。

⑤马文渊:东汉开国名将马援,字文渊。曾有"男儿要当死于边野,以马革裹尸还葬耳,何能卧床上在儿女子手中邪"之豪言壮语。(《后汉书·马援传》)

⑥拔营:指军队的全部人马从驻地转移。

⑦张、吴:张凯章与吴翔冈。

⑧陈坊:地名。今为乡,位于江西铅山西南部,距县城约53公里。

取齐：聚齐，会合。

⑨云际关：在福建光泽县城北部司前乡云际村北 5 华里云际岭的
垭口上，以云际村"高与云齐"之意命名。关口海拔 780 米，始建
于五代时期，重建于明弘治十四年（1501）。

【译文】

沅浦九弟左右：

吴翔冈在万年兵败，查明实际死亡二十八人。得知帮办刘隐霞的
死讯，老湘营人人都很悲痛。我撰写了一副挽联："五载共兵戈，地下知
心王壮武；万年歆俎豆，沙场归骨马文渊。"除此以外，武器损失很小。
翔冈二十五日收队，二十六日来弋阳见了一面。我就在二十七日拔营，
张、吴两军二十七日从贵溪拔营，约好二十九、三十两日在陈坊会师，从
云际关进入福建。

闻吉安窜贼攻陷宜、崇二邑①，余军行至陈坊时再行察
看，如建昌危急，或分兵往剿，亦未可知。然余职办闽省军
务，未敢再迟也。

【注释】

①宜、崇二邑：指宜黄、崇仁二县，皆为清代江西省抚州府下属县。

【译文】

听说从吉安流窜的贼匪攻陷宜、崇两城，我军行进到陈坊时再行察
看，如果建昌危急，或许分兵前去剿灭，也不一定。但是我的职责是办
理福建省军务，不敢再推迟了。

张、萧各军①，病者甚多，半系疟疫。许仙屏亦病，现留
弋阳，不能从行。次青、意城皆有假归之意②，余强留之。实

则意城本约至玉山归去，不愿入浙、闽，乃其初议。次青五年未归，思母极切，亦至情耳。弟若可速归速出，则望于十一月中旬到营，以便放次青归去过年。若目下不克速归，到家后不克速出，则请即日来营一次，小住二十日，俾次青得于九月归省亦好③。两者在弟酌之。弟与次、意三人者有两人在余营，则余案无留牍矣④。若仅一人在余营，仙屏长于书启，公牍少逊。则必以彭椿年辅之，尚可不至废事。

【注释】

①张、萧各军：指张凯章、萧浚川所率领诸军。

②假归：请假回家。

③俾(bǐ)：使。

④案无留牍：桌案上没有积压的公文，形容办理公务干练、及时。

【译文】

　　张凯章、萧浚川各军生病的人很多，一半是疟疾。许仙屏也病了，现在留在弋阳，不能一起走。次青、意城都有请假回家的意思，我勉强把他们留下了。实际上是意城本来约定到玉山就回去，不愿意进入浙江、福建，这是他原本的意见。次青五年没回去，思念母亲心切，也是至情至理。弟弟如果可以快回快出，就希望在十一月中旬到我军营，以便让次青回去过年。如果现在不能立即返回，到家后不能迅速出来，那么就请即刻来我军营一趟，稍微停留二十日，让次青能在九月回家探亲也好。这两个方案哪个好，弟弟你自己考虑。弟弟你和次青、意城三人中有两人在我军营，那么我这里就不会有公文积压下来。如果只有一个人在营，仙屏擅长处理书信，处理公文的能力稍逊一筹。就必须用彭椿年帮忙，这样才不至于废事。

八月二十九夜　双港行营

沅浦九弟左右：

　　廿七日在弋阳发一信，不知何日可到？

【译文】

沅浦九弟左右：

　　我二十七日在弋阳发了一封信，不知道什么时候可以到？

　　是日拔营，仅行五里。廿八日行四十五里，双港驻扎①。凯章自贵溪来会，语及闽中股匪复有二万余窜至新城，恐其与宜、崇贼合，窥伺抚、建②，急欲赴援建昌、新城。营中如次青、人瑞、意城皆力主此议。吴翔冈尚在贵溪，亦主此说。朱品隆等从而和之③。余以初奏入分水关，次奏入云际关，不愿屡迁其说④；因众意所趋，勉强从之。惟可与弟会晤，是极幸事。望弟即日驰至建昌一会，细商一切。

【注释】

　①双港：地名。地当江西铅山、弋阳、贵溪交界处。

　②窥伺：暗中观望，等待时机掠取。抚、建：抚州府和建昌府。

　③朱品隆（1811—1866）：字云岩，湖南宁乡人。湘军将领。初随罗泽南，后隶李续宾。咸丰八年（1858）曾国藩复出，朱品隆改隶麾下领亲兵营。后统湘前七营，转战安徽，同治初于皖南战区屡立军功，积功至衢州镇总兵。同治五年（1866）六月卒于家，年五

十六。

④屡迁其说：多次改变说法。

【译文】

我在这天拔营，仅行进了五里。二十八日行进了四十五里，在双港驻扎。张凯章从贵溪来会师，谈到福建中部一股匪徒又有两万多逃窜到新城，恐怕他们与宜、崇两地贼匪合并，窥伺抚州、建昌，急着要去支援建昌、新城。营中像次青、人瑞、意城都极力支持这个提议。吴翔冈还在贵溪，也肯定这一说法。朱品隆等也都跟随附和这一意见。我因为第一次上奏说进军分水关，第二次上奏说进军云际关，不愿屡次改变说法；但因为众人意向趋于一致，只好勉强同意。唯独可以和弟弟相见，这是再好不过的事。希望弟弟你即日赶往建昌一见，仔细商量一切。

九月二十八日　建昌行营

澄侯、季洪两弟左右：

九月十三日发折，奏明改道建昌之故。张凯章于廿四日拔营，由新城之杉关入闽①；萧浚川于廿七、八拔营，由广昌境内入闽②。营中勇夫病者极多，张军之不能从行留建昌养病者至八百人之多，萧军亦复不少。吴翔冈所带千三百人，病者至四百人。建昌知府、知县皆病，委员中病者亦层见迭出③。余身体尚幸平安，癣疾近日略愈。

【注释】

①杉关：位于今福建光泽北 90 里的杉关岭上，清代属江西省建昌府新城县。

②广昌:县名。清代江西省建昌府下属县,今为江西抚州下属县。
位于江西抚州南部,武夷山西麓,居赣、闽、粤之交通要冲,是抚
州的南大门。建县于南宋绍兴八年(1138),因"道通闽广,郡属
建昌"而得名。

③层见迭出:接连不断地出现。

【译文】

澄侯、季洪两弟左右:

我九月十三日发出一封奏折,奏明改道建昌的原因。张凯章在二
十四日拔营,从新城的杉关进入福建;萧浚川在二十七、八日拔营,从广
昌县境内进入福建。营中士兵和长工病号很多,张凯章部不能跟着一
起走而留在建昌养病的多达八百人,萧浚川部也有不少。吴翔冈所率
领的一千三百人,病号多达四百人。建昌知府、知县都病了,委员中也
接连不断地出现生病的。我庆幸身体尚且平安,癣疾最近几天稍好。

九弟于廿六日到建,兄弟相聚极欢。克复吉安案内,湖
南保九弟即选府加道衔①。九弟若服阕入仕②,将来必能作
一好官也。

【注释】

①选府加道衔:简选出任知府并加道台之衔。

②服阕(què):守丧期满除服。

【译文】

九弟二十六日这天到建昌,兄弟聚在一起非常高兴。收复吉安的
奏案内,湖南保举九弟出任知府并加道台之衔。九弟如果服丧期满入
仕,将来一定能做一个好官。

新学政单,徐寿蘅放福建,郑小珊放山东①。云仙不与,恐其不乐久居京师。

【注释】

①郑小珊:郑敦谨,号小山。见前注。

【译文】

新学政名单,徐寿蘅外放福建学政,郑小珊外放山东学政。郭云仙没有得到差事,恐怕他不愿意长期居住在京城。

金陵大营去冬即有克复之望,今年六、七月间,贼势尤极穷蹙。八月间,逆匪忽破浦口,德钦差营盘失陷①。又破江浦、天长、仪征三县②。扬州被围,并有失守之说。南京之贼接济已通,气势复旺。天下事诚有非意料所及者,澄弟当自诩先见之明也。

【注释】

①德钦差:指德兴阿(? —1867),乔佳氏,满洲正黄旗人。初在北京任前锋、蓝翎侍卫、乾清门行走、头等侍卫等职。咸丰二年(1852)随琦善攻打太平军,次年加副都统衔,授正白旗汉军副都统。咸丰六年(1856)江北大营被太平军攻破,代替托明阿任钦差大臣,加都统衔。同年收复扬州,再建江北大营。咸丰八年(1858)被太平军陈玉成部在浦口等地击败,革职留任。

②江浦、天长、仪征:皆为县名,在南京周边。

【译文】

金陵大营去年冬天就有攻克恢复的希望,今年六、七月间,贼匪形势十分困窘。八月间,逆匪忽然攻破浦口,德钦差营盘被攻陷。又攻破江浦、天长、仪征三县。扬州被包围,并有失守的说法。南京的贼匪接济已经通了,气势又旺。天下事确实有出乎意料的,澄弟当可以自夸有先见之明了。

再,正封函间,接澄弟九月十二日来信,兹亦分条复告如左:

【译文】

再有,正封信的时候,接到澄弟九月十二日来信。现在也分条答复如下:

一、蔬菜茂盛,此是一家生意①。细塘上之横墙,不筑尽可。下首须雄过上首②,此吾弟之老主意,兄亦颇主此说。且有菜无淤,亦是罔济③。

【注释】

①生意:生机。

②雄过:在高度、厚度上超过。

③罔济:无益,没用。

【译文】

一、蔬菜茂盛,这是一家生机之所在。小塘上的横墙,大可不用修筑。下头的墙要比上头的高一些厚一些,这是贤弟的老主意,为兄我也很赞成这个说法。而且种菜没有塘泥,还是无济于事。

二、湘乡捐建忠义祠,所奉谕旨前已寄归。迪庵捐银二千两已付归,交朱铗桥手①。余捐银千两,拟于九弟归时寄银五百,明年再寄五百,俟择能手修理也。

【注释】

①朱铗(tiě)桥:朱宗程,号铗桥,湘乡人。从其师罗泽南创办湘军,官至花翎知府。

【译文】

二、湘乡捐款建忠义祠,所奉谕旨此前已经寄回。迪庵捐银二千两已经寄回,交在朱铗桥手里。我捐一千两白银,准备在九弟回家的时候带回去五百两,明年再寄五百两回去,要到时选能工巧匠负责修理。

三、余意欲为竹亭公立祠置产,思在大坪等处,取其在老屋、新屋上下适中之区,将来即以此作祭产①,实获我心。屋前屋后,总须多种竹树,以期气象葱郁。

【注释】

①祭产:祭祀专用的资产。

【译文】

三、我想为竹亭公立祠置产,想在大坪等处,选在老屋、新屋上下适当的地方,将来就用它作祭产,很符合我的心意。房屋前后,总要多种竹树,方能气象郁郁葱葱。

四、余去年在家,见家中日用甚繁,因忆先大夫往年支持之苦,自悔不明事理,深亏孝道。今先人弃养①,余岂可遽改前辙②?余昔官京师,每年寄银一百五十两至家,有增无减。此后拟常循此规。明知家用浩繁,所短尚巨,求老弟格外节省。现虽未分家,而吃药、买布及在县、在省托买之货物,必须各房私自还钱,庶几可少息争尚奢华之风。

【注释】

①弃养:父母逝世的婉词。谓父母死亡,子女不得奉养。亦泛指尊者、长者死亡。

②遽改前辙:突然改变老规矩。遽,急速,仓促,匆忙。

【译文】

四、我去年在家,看到家里日用支出繁多,因此回忆起先父往年支持家业的辛苦,悔恨自己不明事理,在孝道上深有亏欠。现在先父故去,我怎么能突然改变老规矩?我从前在京城做官,每年寄银一百五十两回家,只有增加没有减少。以后计划依照这一规矩形成惯例。我很清楚地知道家中用度浩繁,缺项还大,求老弟格外节省。现在虽然没有分家,但吃药、买布以及在县城和省城托人买的货物,必须由各房私自还钱,这样才可以稍微减少竞相崇尚奢华的风气。

五、纪泽照常读书,不作悻悻之态①,余亦欣慰。闻右九言纪梁右眼亦愈矣。子侄辈须以“敬”、“恕”二字常常教之。“敬”则无骄气,无怠惰之气;“恕”则不肯损人利己,存心渐趋于厚。

【注释】

①悻悻之态:怨恨失意的样子。

【译文】

五、纪泽照常读书,没有怨恨失意的样子,我也很欣慰。听右九说纪梁右眼睛也痊愈了。对于家里的子侄晚辈们，要用"敬"、"恕"二字经常教育。能做到"敬"，就没有骄气，没有懒惰之气；能做到"恕"，就不肯损人利己，存心逐渐趋于宽厚。

十月初三日　致澄侯、季洪弟书

澄侯、季洪两弟左右：

　　张凯章廿四日拔营后，中途各勇夫患病者极多，在资福桥小住调养①，日内尚未入闽。

【注释】

　　①资福桥：地名。在今江西抚州黎川境内，是闽西入赣的水上交通要道，素有"上赴闽地行日落，下达建昌百二里"之说。

【译文】

澄侯、季洪两弟左右：

　　张凯章二十四日拔营后，途中各兵勇和长工患病的很多，在资福桥小住调养，这几天还没有进入福建境内。

　　闽中贼势，亦渐松矣。北路洋口之贼①，已被周天培击破②，仅存顺昌股匪③，数不满万。南路汀州之贼④，亦极散漫。所虑零匪不成大股，此剿彼窜，难于奏功耳。江北贼势复炽，张军门自金陵带兵渡江⑤，于九月十六日克复扬州，大局尚可保全。

【注释】

　　①洋口：地名。即今福建建昌洋口镇。

②周天培（？—1859）：四川新都人，周天受之弟。由行伍从军广西。咸丰间从向荣、张国梁征讨太平军，官至湖北提督。后与陈玉成军战于江浦，力竭阵亡。谥武壮。

③顺昌：县名。位于福建省西北部，闽北上游富屯溪和金溪汇合处。

④汀州：清代府名。今为福建汀州，位于福建省西部汀江上游。

⑤张军门：即江南提督张国梁。张国梁（1823—1860），原名嘉祥，字殿臣，广东高要人。曾参加广西天地会起事。道光二十九年（1849）降清，改名国梁。咸丰间先后从向荣、和春围攻太平天国天京，号为军中悍将。官至江南提督。江南大营溃败，退至丹阳，伤重溺死。谥忠武。

【译文】

福建的贼势，也渐渐松了。北路洋口的贼军，已经被周天培击败，仅剩顺昌的一股匪徒，数量不到一万。南路汀州的贼军，也很散乱。所担心的是零散的贼匪不能形成大股部队，在这边围剿，他们就跑到那边，很难有成效。江北逆贼的势头又重新旺盛，张国梁提督从金陵带兵渡江，在九月十六日收复扬州，还可以保全大局。

　　天津夷务①，闻和局已定，出银六百万与该夷作军资。见诸闽督来咨，余条尚未尽悉。想广州亦将退出矣。

【注释】

①天津夷务：指咸丰八年（1858）十月，清廷与英夷签订《中英通商章程善后条约》（又称《中英通商章程》，为《中英天津条约》的补充条款）一事。咸丰八年（1858）四月初八日，英法联军炮轰大沽炮台，挑起第一次大沽之战。五月十六日，清钦差大臣桂良、花

沙纳与英国全权大臣额尔金在天津签订《中英天津条约》。但英夷继续滋事，十月初三日，桂良、花沙纳被迫与额尔金在上海签订中英《通商章程善后条约》十款（附海关税则），暂成和局。

【译文】

天津那边洋人进兵的事情，听说和局已定，出银六百万两给洋人作军费。这消息见于闽督寄来的咨文，其他的具体条约内容尚未能完全知悉。想必广州的洋人军队也将退出了。

余身体平安，自九弟来此，日增快㛤①。营中疾病尚多，冬令气敛，当渐愈耳。

【注释】

①㛤（chàng）：通"畅"。

【译文】

我身体平安，自从九弟来到这里，每天都更加愉快。营中患疾病的人还很多，冬季气息收敛，应该会逐渐好起来。

十月十五日　　致沅浦弟书

沅浦九弟左右：

十二日解缆，闻可行六十里，甚慰。至许湾后，当更顺㛤矣。余十二日游麻源①，较麻姑山稍胜②。日内当发一折，报近日军情，声明趱驻建昌，不遽东也。温弟处复信十四日始行。

【注释】

①麻源：在今江西抚州南城县境内。

②麻姑山：在今江西抚州南城县境内。

【译文】

沅浦九弟左右：

十二日解缆启程，听说一天可以走六十里，很欣慰。到许湾后，应当走得更加顺畅。我十二日游览麻源，比麻姑山的风景稍美一些。近日要发一奏折，报告近日的军情，声明暂时驻扎建昌，不立即向东进发。温弟那边回信说十四日才启程。

江北六合、江南溧水①，均于九月十八日失守。沈幼丹信言金陵大营退扎白兔、镇江一带②。顷接何制军十月初三咨③，无和帅移营之说④，想不确也。

【注释】

①六合：今江苏南京六合。溧水：今江苏南京溧水。

②白兔：地名。即今江苏句容白兔镇，西邻南京。

③何制军：指两江总督何桂清。何桂清（1816—1862），字根云，云南昆明人。道光十五年（1835）进士，授编修。咸丰二年（1852）督学江苏。太平军起事，授浙江巡抚，擢两江总督，驻常州，主江南大营饷事。江南大营溃后，逃至上海。同治元年（1862）褫职逮京，弃市。

④和帅：指负责江南大营军务的和春。和春（？—1860），字雨亭，赫舍里氏，满洲正黄旗人。初由前锋累擢至副将。咸丰初，随向荣追太平军至江宁，授江南提督。向荣死后代为钦差大臣，总江南军务，重组江南大营。偕张国梁陷句容、镇江，合围天京，授江

宁将军。咸丰十年（1860），以太平军攻杭州，分兵往援，大营被
陈玉成、李秀成等重兵围攻，全军大溃，退守镇江，仍不能支，东
逃至浒墅关自杀。一说病死。谥忠壮。

【译文】

江北的六合和江南的溧水，都在九月十八日失守。沈幼丹信里说
金陵大营退扎白兔、镇江一带。刚接到两江总督何桂清十月初三日的
咨文，没有和帅移扎营盘的说法，沈幼丹的说法想来是不准确的。

黄东山太守十三日病故①，余拟饬各处凑赙千金②，以五
百办后事及归榇贵州之资③，以五百周其妻子。应俟新太守
到，呼应乃灵耳。

【注释】

①黄东山：贵州人。咸丰八年（1858）病殁。

②赙（fù）：送给丧家的财物等。

③榇（chèn）：指棺木。

【译文】

黄东山太守十三日病死了，我打算要求各地方凑丧仪礼金一千两，
以五百两作办后事以及把棺材送回贵州的费用，以五百两周全救济他
的妻子儿女。估计要等新太守到，呼应才会灵便。

乾隆五十五年殿刻仿宋岳珂本《相台五经》极为可爱①，
近程春海仿刻于贵州②，不知庄木生有此书否③？

【注释】

①殿刻仿宋本《相台五经》：宋人岳珂曾于相台家塾刊刻九经，并撰

有《刊正九经三传沿革例》一书,阐明校刊宗旨和法则。该书部
分卷末刻有"相台岳氏刻梓荆溪家塾"刻书牌记。岳氏刻本《相
台九经》考证精密、审慎,版刻精良,受到历代学者的重视和推
崇。清初诸藏书家皆不藏《相台九经》全本。清廷先得《春秋》,
藏于昭仁殿,后又得《易》《书》《诗》《礼记》,藏于御花园之养
性斋。乾隆五十五年(1790),乾隆帝令词臣翻刻,称殿刻仿宋本
《相台五经》:《易》十卷,用王弼注本;《书》十三卷,用孔安国传
本;《诗》二十卷,用《毛诗》郑玄笺本;《礼记》二十卷,用郑玄注
本;《春秋》三十卷,用杜预《经传集解》本。

②程春海:程恩泽(1785—1837),字云芬,号春海,安徽歙县人。嘉
庆十六年(1811)进士,授编修。官至户部右侍郎。博学有盛名,
与阮元并为嘉庆、道光间儒林之首,而享年较短,又不轻著书,故
传世之作仅《国策地名考》《程侍郎遗集》。

③庄木生:庄肇麟,字木生,浙江新昌人,侨居南昌。精史事,善鉴
别,藏书甚富。林则徐为其藏书楼题名,曰"长恩书室"。辑有
《长恩书室丛书》,曾国藩为之作序。

【译文】

　　乾隆五十五年殿刻仿宋岳珂本《相台五经》极为可爱,近年程春海在
贵州仿刻此书,不知道庄木生那里有没有?

十一月十二日　　致澄侯、沅浦、季洪弟书

澄侯、沅浦、季洪老弟左右:

　　二十五日闻三河败挫之信①,专安七、玉四送信回家。
三十日就县局回勇之便又寄一信。初五日又专"吉"字营勇
送九弟湖口所发之信,其时尚幸温弟当无恙也。兹又阅八

日而竟无确信,吾温弟其果殉节矣。呜呼恸哉!

【注释】

①三河败挫:指咸丰八年(1858)十一月湘军李续宾部在三河镇为太平军全军歼灭之事。李续宾及曾国华等高级将领无一生还。三河,地名。今属安徽合肥肥西。三河镇是一个典型的水乡古镇,古称"鹊渚",地处于巢湖之滨,由于位于肥西、舒城、庐江三县交界处,故有"一步跨三县,鸡鸣三县闻"之说。太平军与湘军的此次大战使三河成为中国历史名镇。

【译文】

澄侯、沅浦、季洪老弟左右:

二十五日听到三河挫败的消息,专门派安七、玉四送信回家。三十日,借县局兵勇回城的方便又寄一封信。初五日,又专门让"吉"字营兵勇送九弟湖口所发的信,当时还庆幸温弟会没事的。又过了八天,却没有准的消息,我温弟果然是殉节了。天呐,真是悲伤啊!

温弟少时性情高傲,未就温和,故吾以"温甫"字之。六年在瑞州相见①,则喜其性格之大变,相亲相友,欢欣和畅。去年在家,因小事而生嫌衅,实吾度量不闳②,辞气不平,有以致之,实有愧于为长兄之道。千愧万悔,夫复何言!自去冬今春以来,吾喜温弟之言论风旨洞达时势③,综括机要④。出门以后,至兰溪相见⑤,相亲相友,和畅如在江西瑞州之时。八、九月后,屡次来信,亦皆和平稳惬,无躁无矜。方意渠与迪庵相处,所依得人,必得名位俱进,不料遘祸如是之惨⑥!迪庵一军,所向无前⑦,立于不败之地,不特余以为然,即数省官绅军民,人人皆以为然。此次大变,迪庵与温弟皆不得收葬遗骨,伤心曷极!

【注释】

①六年:指咸丰六年(1856)。

②闳:宏大。

③风旨:风格旨趣。洞达:理解得很透彻,看得很清楚。

④综括:总括,概括。机要:关键,要领。

⑤兰溪:地名。即今湖北浠水兰溪镇。

⑥遘(gòu)祸:遭祸。遘,遭遇。

⑦所向无前:所指向的地方,谁也阻挡不住。《东观汉记·耿弇传》:"铜马赤眉之属数十辈,辈皆数十万众,东至海,所向无前。"

【译文】

温弟年少时性情清高傲世,不能温和,所以我用"温甫"做他的字。咸丰六年在瑞州相见,为他的性格有重大变化而高兴,兄弟相亲相爱,喜悦和乐,欢畅无比。去年在家,因为小事而生嫌隙争端,实际上是我度量不宏大,语气不平和而导致的,实在有愧于长兄为父的大道理。内心千愧万悔,还有什么话可说!自从去年冬天今年春天以来,我高兴于温弟的言谈风旨,能通达形势,概括精要。离家以后,在兰溪相见,相亲相爱,和乐欢畅,如在江西瑞州时一样。八、九月以来,多次来信,也都辞气和平,稳重恰当,没有浮躁和骄傲自满的气象。正在想他和迪庵相处,依托得人,一定会在名声和位望上都有长进,不料竟遭遇如此悲惨的灾祸!迪庵率领的这一支军队,所向无敌,可以说是立于不败之地,不只是我这样认为,就是几省的官绅军民,人人也都这样认为。这次巨大变故,迪庵与温弟的遗骨都不得收殓安葬,真是伤心至极!

现在官制军、骆中丞皆奏请余军驰赴江北①，计十五、六及月杪可先后奉旨。如命余赴皖、楚之交，余留萧浚川一军防剿江闽，自率张、吴、朱、唐及"吉"字中营赴皖②，必求攻破三河贼垒，收寻温弟遗骸，然后有以对吾亲于地下。若谕旨令余留办闽贼，则三河地方不知何年方有兵去，尤为痛悼。

【注释】

①官制军、骆中丞：指湖广总督官文、湖南巡抚骆秉章。

②张、吴、朱、唐：指张凯章、吴翔冈、朱品隆、唐义训。唐义训，字桂生，湖南湘乡人。咸丰中入湘军，初随李续宾，咸丰八年（1858）与朱品隆改隶曾国藩麾下，在皖南立功尤多，官至皖南镇总兵。

【译文】

现在官制军、骆中丞都奏请我军奔赴江北，预计十五、六日和月末可以先后奉旨。如果命我奔赴安徽和湖北交界之处，我就留萧浚川一军在江西和福建防守剿匪，自己亲率张、吴、朱、唐和"吉"字中营奔赴安徽，一定要攻破三河的贼匪营垒，收寻温弟的遗骨，然后才能对我葬在地下的双亲有所交代。如果圣旨让我留下来剿办福建的贼匪，那三河这地方不知道什么时候才有军队过去，尤其悲痛和悼念。

九弟久无信来，想竟回家矣。想过蕲、黄等处①，闻温弟确耗，不审如何哀痛！何无一字寄我？自九江至长沙，水路二千余里，溜急而风亦难顺②，不知途次若何愁闷！如能迅速到家，亦是快慰之一端。

【注释】

①蕲、黄：指湖北蕲水、黄州二地。

②溜急：水流湍急。

【译文】

九弟很久没有信来，想来竟是回家了。想来在蕲水、黄州等处，听说温弟牺牲的准确消息，不晓得是怎样哀痛！为什么没有一个字寄给我呢？从九江到长沙，水路有两千余里，水流湍急，风也难顺，不晓得途中是怎样的忧愁烦闷！如能迅速到家，这也是一种快慰了。

　　去年我兄弟意见不和，今遭温弟之大变。"和气致祥，乖气致戾"①，果有明征②。嗣后我兄弟当以去年为戒③，力求和睦。第一要安慰叔父暨六弟妇嫡、庶二人之心④。命纪泽、纪梁、纪鸿、纪渠、纪瑞等轮流到老屋久住⑤，五十、大妹、二妹等亦轮流常去。并请亦山先生常住白玉堂，安慰渠姊之心。二要改葬二亲之坟。如温弟之变果与二坟相关，则改葬可以禳凶而迪吉⑥；若温弟事不与二坟相关，亦宜改葬，以符温弟生平之议论，以慰渠九原之孝思⑦。三要勤俭。吾家后辈子女皆趋于逸欲奢华，享福太早，将来恐难到老。嗣后诸男在家勤洒扫，出门莫坐轿；诸女学洗衣，学煮菜、烧茶。少劳而老逸犹可，少甘而老苦则难矣。至于家中用度，断不可不分。凡吃药、染布及在省、在县托买货物，若不分开，则彼此以多为贵，以奢为尚，漫无节制，此败家之气象也。千万求澄弟分别用度，力求节省。吾断不于分开后私寄银钱，凡寄一钱，皆由澄弟手经过耳。

【注释】

①和气致祥，乖气致戾：语出《汉书·刘向传》。乖气，不和谐之气。

戾,过错,罪过。

②征:证明,证验。

③嗣后:以后,后来。

④嫡、庶二人:指温甫的妻和妾。

⑤纪泽、纪梁、纪鸿、纪渠、纪瑞:皆为曾国藩子侄。纪泽、纪鸿,是曾国藩之子。纪梁、纪渠,是曾国潢之子。纪渠出继叔父国葆为嗣。纪瑞,是曾国荃之子。

⑥禳(ráng):祈祷消除灾殃。

⑦九原:泛指墓地。

【译文】

去年我兄弟意见不合,现在遇到温弟牺牲的大变故。"和气招致吉祥,乖气导致罪行",果然被证明。以后我们兄弟应当以去年为戒,努力寻求和睦。第一要安慰叔父和六弟妻、妾二人的心。叫纪泽、纪梁、纪鸿、纪渠、纪瑞等人轮流到老屋长住,五十、大妹、二妹等人也轮流常去。并请葛亦山先生常住白玉堂,安慰他姐姐的心。二要改葬父母双亲的坟墓。如果温弟的亡故果然与两座坟有关,那改葬可以消除凶恶而启迪吉祥;如果温弟亡故之事与两座坟墓不相关,也应该改葬,以期符合温弟活着时发表的意见,以安慰他在九泉之下的孝心。三要勤俭。我们家后辈子女都向往享受奢华,享福太早,将来恐怕很难享受到老。此后几个男孩在家要经常打扫,出门不要坐轿;几个女孩要学洗衣服,学煮菜、烧茶。少时劳苦而老年安逸,还算可以;小时候安逸舒适而老了再苦,就难了。至于家中用度,绝对不可以不分开。凡是吃药、染布和在省城、县城托店家买货物,如果不分开,就会彼此攀比,以多为贵,崇尚奢侈,毫无节制,这是败家的气象。千万恳求澄弟将各房开销区分开来,力求节省。我决不在分开之后私寄银钱给妻儿,凡是寄一文钱,都从澄弟手上经过。

温弟殉难事,吾当另奏一折。九弟在湖北若得悉温弟初十日详细情形,望飞速告我,以便入奏。若希庵有详信来,吾即先奏亦可。纪寿侄目清眉耸①,忠义之后,当有出息,全家皆宜另目看之。至嘱至嘱!

【注释】

①纪寿:曾国藩之侄,曾国华之子。

【译文】

温弟殉难一事,我会另外上奏一个折子。九弟在湖北如果得知温弟初十日殉难的详细情形,盼望快速地告诉我,以便上奏朝廷。如果希庵有详细的消息寄来,我就先上奏,也是可以的。纪寿侄儿眉清目秀,忠义之士的后人,一定会有出息,全家对他都要另眼相看。拜托拜托!

十一月二十三日　致澄侯、沅浦、季洪弟书

澄侯、沅浦、季洪老弟左右:

十七日接澄弟初二日信,十八日接澄弟初五日信,敬悉一切。三河败挫之信,初五日家中尚无确耗①,且县城之内,毫无所闻,亦极奇矣。

【注释】

①确耗:确切的消息。

【译文】

澄侯、沅浦、季洪老弟左右:

十七日接到澄弟初二日的信,十八日接到澄弟初五日的信,知道一

切情况。三河败挫的消息,初五日家里还没有准确的消息,而且县城里一丝儿这方面的消息也没有,也太奇怪了。

九弟于廿二日在湖口发信,至今未再接信,实深悬系。幸接希庵信,言九弟至汉口后有书与渠,且专人至桐城、三河访寻下落,余始知沅浦弟安抵汉口。而久无来信,则不解何故。岂余近日别有过失,沅弟心不以为然耶?当初闻三河凶报,手足急难之际①,即有微失,亦当将皖中各事详细示我。

【注释】

①手足:指兄弟。急难:危难。

【译文】

九弟二十二日在湖口发了信,到现在再没有接到其他信,实在是深深挂念。幸亏接到李希庵的信,说九弟到汉口后有信给他,而且派专人到桐城、三河一带寻访六弟温甫的下落,我这才知道九弟沅浦安全抵达汉口。但很久没有来信,就不明白是为什么了。难道是因为我近来另有过失,沅弟心里不以为然么?当刚听到三河凶报的时候,得知手足兄弟遭遇不测,我六神无主,处事不当,即便有小的过失,沅弟你也应当将安徽的情况详细告诉我。

今年四月,刘昌储在我家请乩①。乩初到,即判曰:“赋得偃武修文②,得‘闲’字。”字谜败字。余方讶“败”字不知何指,乩判曰:“为九江言之也,不可喜也。”余又讶九江初克,气机正盛,不知何所为而云。然乩又判曰:“为天下,即为曾宅言之。"由今观之，三河之挫，六弟之变，正与"不可喜也"
四字相应。岂非数皆前定耶？

【注释】

①刘昌储：不详。请乩(jī)：即扶乩，一种迷信活动。术士制"丁"字
　形木架，其直端顶部悬锥下垂。架放在沙盘上，由两人各以食指
　分扶横木两端，依法请神，木架的下垂部分即在沙上画成文字，
　作为神的启示，或与人唱和，或示人吉凶，或与人处方。旧时民
　间常于农历正月十五夜迎紫姑扶乩。乩，谓卜以问疑。
②偃武修文：停止战争，振兴文教。

【译文】

今年四月，刘昌储在我家扶乩。乩刚到，就下判词说："赋得偃武修
文，得'闲'字。"这是个字谜，谜底是"败"字。我正惊讶"败"不知指什么的
时候，乩又继续下判词，说："是指九江而言啊，不能盲目高兴。"我又惊
讶九江刚刚克复，气象生机正盛，不知这话是从何说起。乩又下判词，
说："指天下事，也指曾家宅内之事。"由现在的情形看来，三河的失利，
六弟的亡故，正和"不可喜也"四字相对应。这难道不是命运早已注定
了么？

然祸福由天主之，善恶由人主之。由天主者，无可如
何，只得听之。由人主者，尽得一分算一分，撑得一日算一
日。吾兄弟断不可不洗心涤虑①，以求力挽家运。第一，贵
兄弟和睦。去年兄弟不和，以致今冬三河之变。嗣后兄弟
当以去年为戒。凡吾有过失，澄、沅、洪三弟各进箴规之言，
余必力为惩改。三弟有过，亦当互相箴规而惩改之。第二，
贵体孝道。推祖父母之爱以爱叔父，推父母之爱以爱温弟

之妻妾儿女及兰、蕙二家。又父母坟域必须改葬,请沅弟作主,澄弟不可过执。第三,要实行"勤"、"俭"二字。内间姒娌不可多写铺帐②。后辈诸儿须走路,不可坐轿骑马。诸女莫太懒,宜学烧茶、煮菜。书、蔬、鱼、猪,一家之生气。少睡多做,一人之生气。勤者,生动之气;俭者,收敛之气。有此二字,家运断无不兴之理。余去年在家,未将此二字切实做工夫,至今愧憾,是以谆谆言之。

【注释】

①洗心涤虑:比喻彻底改变过去不好的思想和念头。

②多写铺帐:指过多地在外面店铺签单赊账。

【译文】

但是祸福由老天做主,善恶却是由我们自己做主。由老天做主的,我们无可奈何,只好听命。由我们自己做主的,能尽一分力算一分,能支撑一天算一天。我们兄弟决不可以不洗心革面,以求努力挽回家运。第一,贵在兄弟和睦。因为去年兄弟不和,以致有今年冬天的三河之变。此后你我兄弟应当以去年为戒。凡是我有过失,澄、沅、洪三弟都应向我进行规劝,我一定努力改正。三位弟弟有过失,也应当互相规劝并痛加改正。第二,贵在行孝道。将对祖父母的爱推广,用来爱叔父,将对父母的爱推广,用来爱温弟的妻妾儿女以及兰姐、蕙妹两家。此外,父母的坟地必须改葬,这件事请沅弟做主,澄弟不必过于固执。第三,要实行"勤"、"俭"二字。家里姒娌,不可以讲求铺张。后辈子侄,必须步行,不可以坐轿和骑马。几位女孩子也莫要太懒,应当学习烧茶、煮饭。读书、种菜、养鱼、喂猪,是一户人家生气之所在。少睡觉,多做事,是一个人生气之所在。勤,是生动之气;俭,是收敛之气。有这两个字,家运绝对没有不兴旺的道理。我去年在家里,没有在这两个字上下切实功夫,至今觉得惭愧和遗憾,所以才再三强调。

十二月初三日　致澄侯、沅浦、季洪弟书

澄侯、沅浦、季洪三弟左右:

初一日接澄弟信,知玉四等于初十日到家,尚未接六弟确耗也。沅弟初九日在长沙所发之信,廿五日接到。甚慰甚慰! 此次江行之速,为从来所未有。在汉口所发之信,至今尚未接到。

【译文】

澄侯、沅浦、季洪三弟左右:

初一日接到澄弟的信,知道玉四等人在初十日到家,还没有接到六弟准确的消息。沅弟初九日在长沙所发的信,二十五日接到。很欣慰! 很欣慰! 这次江路走得快,是从来没有过的。在汉口所发的信,到现在还没有接到。

沅弟抵家后,不得温甫实信,不知何如忧伤。吾派人至江北,至今未归。沅弟所派六人至三河、桐城访查者,想亦无真实下落。已矣,尚何言哉! 吾去年在家,以小事争竞,所言皆锱铢细故①,洎今思之②,不值一笑。负我温弟,即愧对我祖我父,悔憾何极! 当竭力作文数首,以赎余咎,求沅弟写石刻碑。沅弟字有秀骨,宜日日临帖作大楷。凡余文概请沅弟写之,组田刻之③,亦足少摅我心中抑郁愧悔之怀④。

【注释】

①锱铢(zī zhū)：比喻极其微小。

②洎(jì)：到。

③组田：不详。

④摅(shū)：抒发，表达。

【译文】

　　沅弟到家之后，没有得到温甫实际的消息，不知道会怎样忧伤。我派人到江北，到现在还没回来。沅弟派了六个人到三河、桐城查访，想来也没有探出真实下落。算了，还能说什么呢！我去年在家，因为小事情争吵计较，所说的都是细小的事，到现在想起来，不值得一笑。对不起我温弟，也就愧对我祖父和我父亲，悔恨得不行！应当尽力写几篇文章，以赎我过错，求沅弟写石刻碑。沅弟的字有秀骨，应该每天临帖写大楷。凡是我的文章，一概请沅弟写碑，请组田刻石，也可以稍微抒发我心中的愧疚和抑郁之情。

　　余近日体尚平安。张凯章于初二日拔营赴景德镇，吴翔冈初四日起行。吾于新正亦当移营进扎鄱阳、彭泽等处，与水师相联络，即可为江北之声援。萧军现赴南赣①，贼踪已远，大约回广东矣。如江、闽一律肃清，明岁并带萧军至九江两岸也。

【注释】

①萧军：萧浚川的所属军队。

【译文】

　　我近日身体还平安。张凯章在初二日拔营赶赴景德镇，吴翔冈初四日出发。我在来年新春也应当移营前进驻扎鄱阳、彭泽等处，与水师相互联络，就可以作为长江以北的声援。萧军现在赶赴南赣，贼军的踪迹已远，大约回广东了。如果江西、福建一带全都肃清，来年就带萧军一起到九江两岸。

付回银壹百两，寄送亲戚本家，另开一单，不知当否？

【译文】

寄回银子一百两，寄送亲戚本家的，另外开一个单子，不知道是否恰当？

十二月十三日　致澄侯、沅浦、季洪弟书

澄侯、沅浦、季洪三位老弟左右：

温弟之事，家中不知如何举动？至今犹无手信，尚忍言哉？昨希庵接霍山王令信，言迪庵及筱石遗骸业经寻得①，兹抄付归。不知我温弟尚能返葬首邱否②？吾往年在外，与官场中落落不合③，几至到处荆榛④。此次改弦易辙⑤，稍觉相安。去年在家，兄弟为小事争竞，今日温弟永不得相见矣。回首前非，悔之何及！

【注释】

①筱石：孙守信，字筱石，与李续宾、曾国华一起战殁于三河镇。见前注。

②首邱：即"首丘"。《礼记·檀弓上》："古之人有言曰：'狐死正丘首'，仁也。"郑玄注："正丘首，正首丘也。"孔颖达疏："所以正首

而向丘者,丘是狐窟穴根本之处,虽狼狈而死,意犹向此丘。"后以"首丘"比喻归葬故乡。

③落落:形容孤高与人难合的样子。

④荆榛:泛指丛生灌木,比喻艰危、困难。

⑤改弦易辙:比喻改变原来的方向、计划、办法等。

【译文】

澄侯、沅浦、季洪三位老弟左右:

温弟的事,家中不知道如何行动?到现在还没有接到亲笔信,还忍心说吗?昨天希庵接到霍山王县令的信,说李迪庵和孙筱石的遗骸已经找到了,现将这封信抄录寄回,不知道我温弟还能不能归葬故乡?我往年在外,在官场中落落难合,几乎到处都是荆榛障碍。这次改弦易辙,渐渐觉得能够和官场相安。去年在家,兄弟为小事争执,现在温弟永远不能再见面了。回首以前的错误,后悔莫及!

洪弟明年出外,尚须再三筹维①。若运气不来,徒然怄气②。帮人则委曲从人③,尚未必果能相合;独立则劳心苦力,尚未必果能自立。如真能受委曲,能吃辛苦,则家庭亦未始不可处也!望与沅弟酌之。

【注释】

①筹维:谋划考虑。

②怄气:闹情绪,生气。

③委曲:同"委屈"。

【译文】

洪弟明年外出,还需要反复谋划考虑。如果运气不来,只能白白受气。帮人做事,就需要委屈自己听从他人,还未必真合得来;独立做事,就需要劳心劳力，还未必真能自立门户。如果真的能够承受委屈，能吃苦耐劳，那么也未尝不可以待在家里和家人在一起！希望洪弟与沅弟好好斟酌商量。

再，此次寄银百两与刘峙衡之嗣子。我去年丁艰时，峙衡穿青布衣冠来代我治事①，至今感之，故以此将意②。或专使送去，或交纪泽正月带去，祈酌之。葛培因昨归于玉山解围案内保举主簿③，兹将饬知付回④，望专人送去。并望写一信，言明年不可再来投效，来则决不再收。须切实言之，使通境皆闻也。古人言"今日之恩窦，即异日之怨门"，其理深矣。

【注释】

①青布衣冠：唐制，深青为八品之服，浅青为九品之服。明、清两朝，也以青布衣冠为卑贱者常服。

②将意：表达心意。

③葛培因：湘乡人，葛泽六之孙。

④饬知：旧时公文的一种。专用于上级官署通知下属，其本义是命令使知晓。

【译文】

再者，这次寄一百两银子给刘峙衡的儿子。我去年守丧时，峙衡穿戴青布衣冠来代我办事，我到现在还为之感动，所以用这个表示一下心意。或者专门派人送去，或者交给纪泽正月带去，请斟酌。葛培因日前放在玉山解围一案内保举主簿，现将饬知公文寄回，希望家里派专人给他送去。并希望写一封信，说明年不可以再来投奔效力，来了也决不会再收。要切实地说，使整个县内都知道。古人所说"今天的恩惠，就是日后的怨恨之门"，其中的道理很深。

十二月十六日　　致澄侯、沅浦、季洪弟书

澄侯、沅浦、季洪老弟左右：

　　十五日接澄、沅冬月廿九、三十两函①，得悉叔父大人于二十七日患病，有似中风之象②。

【注释】

①冬月：农历十一月。

②中风：病名。脑血管栓塞或脑内小血管破裂等病患，易引起偏瘫。

【译文】

澄侯、沅浦、季洪老弟左右：

　　十五日接到澄弟和沅弟冬月二十九、三十日的两封信，得知叔父大人在二十七日患病，有类似中风的征兆。

　　吾家自道光元年即处顺境①，历三十余年，均极平安。自咸丰年来，每遇得意之时，即有失意之事相随而至。壬子科②，余典试江西③，请假归省，即闻先太夫人之讣④。甲寅冬⑤，余克武汉田家镇，声名鼎盛，腊月廿五甫奉黄马褂之赏，是夜即大败，衣服、文卷荡然无存。六年之冬、七年之春⑥，兄弟三人督师于外，瑞州合围之时，气象甚好，旋即遭先大夫之丧。今年九弟克复吉安，誉望极隆，十月初七接到知府道衔谕旨⑦，初十即有温弟三河之变。此四事者，皆吉

凶同域，忧喜并时，殊不可解。现在家中尚未妄动，妥慎之至。余在此则不免皇皇⑧。所寄各处之信，皆言温弟业经殉节矣，究欠妥慎，幸尚未入奏。将来拟俟湖北奏报后再行具疏也⑨，家中亦俟奏报到日乃有举动。诸弟老成之见⑩，贤于我矣。

【注释】

①道光元年：即 1821 年。

②壬子科：壬子岁（咸丰二年，1852）的科举考试。

③典试：主持考试。

④先太夫人：指亡祖母。

⑤甲寅：咸丰四年（1854），岁在甲寅。

⑥六年、七年：即咸丰六年（1856）、咸丰七年（1857）。

⑦知府道衔：指简选出任知府并加道台之衔。

⑧皇皇：惶惶。

⑨具疏：备文分条陈述上奏。

⑩老成之见：稳重的见解。

【译文】

我们家从道光元年就处在顺境，经历了三十年，都非常平安。从咸丰年来，每次碰到得意的时候，就有不如意的事情相随而来。壬子科，我做江西乡试主考，请假回家探亲，就听到祖母病故的消息。甲寅冬季，我收复武汉田家镇，名声鼎盛，腊月二十五日刚刚接到黄马褂奖赏，当天晚上就大败，衣服、文卷丢失得一件也没有留存下来。咸丰六年的冬天、咸丰七年的春天，我家兄弟三人在外面统率军队，合围瑞州的时候，气象很好，随即遭遇先父的丧事。今年九弟收复吉安，声望很高，十月初七日接到简选出任知府并加道台之衔的谕旨，初十日便有温弟在三河的变故。这四件事，都吉凶同在，喜忧同时，真是难以理解。现在家里还没有轻举妄动，非常妥当。我在这边就不免坐立不安。寄往各处的信，都说温弟已经牺牲，终究欠于妥当谨慎，幸好还没上奏。将来打算等湖北奏报之后再上疏禀报，家里也等待奏报到的时候才有行动。诸位弟弟老成持重的见解，比我好。

叔父大人之病，不知近状何如？兹专发六归，送鹿茸一架，即沅弟前此送我者。此物补精血远胜他药，或者有济。

【译文】

叔父大人的病情，不知道近况如何？现在专门派发六回去，送鹿茸一架，就是沅弟上次送我的。这东西补精益血远胜其他药物，也许会有帮助。

迪公、筱石之尸业经收觅[1]，而六弟无之，尚有一线生理。若其同尽，则六弟遗骸必去迪不远也。

【注释】

①迪公：指迪庵，即李续宾。

【译文】

迪公、筱石的尸体已经找到，而六弟的却没有找到，或许还有一线生机。如果同时牺牲，那么六弟的尸骨必然离迪庵的不远。

沅弟信言家庭不可说利害话，此言精当之至，足抵万金。余生平在家在外，行事尚不十分悖谬，惟说些利害话，至今悔憾无极。

【译文】

　　沅弟信中说家庭不能说利害的话，这句话非常精当，可以抵万金。我平时在家在外，做事还不十分荒谬，只是说些利害的话，到现在后悔遗憾得不行。

十二月二十日　　致澄侯、沅浦、季洪弟书

澄侯、沅浦、季洪老弟阁下：

　　十五日接叔父患病之信，十六日专王发六送鹿茸回家，限年内赶到。十七早接澄弟二信、沅弟一信，叔父病势已愈，大幸大幸！温弟之事，日内计已说破，不知叔父与温弟妇能少节哀否①？温弟妇治家最贤，而赋命最苦②，不知天理何以全不可凭？

【注释】

　　①少：稍。节哀：节制悲哀。多用来劝慰丧家。
　　②赋命：指命运。

【译文】

澄侯、沅浦、季洪老弟阁下：

　　十五日接到叔父生病的消息，十六日专门派王发六送鹿茸回家，限定在年内赶到。十七日早上接到澄弟两封信、沅弟一封信，叔父的病已痊愈，大幸大幸！温弟的事，估计近日已经说破，不知道叔父和温弟媳妇能够稍稍节制悲哀不？温弟媳妇治家最贤明，而命运最苦，不晓得天

理为何全然不可倚靠？

十八夜接希庵信，知沅弟所派六弁已回，皆未寻得。而迪庵遗骨于初一日已搬至霍山县。同一殉节，而又有幸不幸若此！余又专五人去寻，中有二人系贼中逃出者，言必可至三河故垒；其三人则杨名声、杨镇南、张唫也[1]。能寻得遗蜕[2]，尚是不幸中之一幸。否则，吾何面目见祖考妣及考妣于地下哉！

【注释】

[1] 杨镇南：字镜秋，湖南宁乡人。咸丰元年（1851）辛亥科武举人，曾为曾国藩身边护卫（武巡捕）。咸丰十年（1860）起统领湘军马队，后转战安徽、江苏，参与克复金陵雨花台、九洑洲等重要战役，官至记名总兵。张唫（1826—1862）：本名南金，字品三，湖南湘潭人。武生。咸丰初从军，充曾国藩亲兵。转战江西、安徽等地，屡立战功。同治元年（1862）带五百人隶同知曾贞干营，擢参将，六月病死于军中，年三十七。

[2] 遗蜕：指尸体。僧、道认为死是遗其形骸而化去，故称其尸体为"遗蜕"。

【译文】

十八日晚接到希庵的信，得知沅弟派的六个兵卒已回，都没有找到温弟的遗骸。而迪庵的遗骨在初一日这天已经搬到霍山县。同样在一起殉节，却又有这样的幸运与不幸运的区别！我又专门派了五个人去寻找，其中有两个是从贼匪中逃出来的，说一定可以到三河旧战场；其他三人是杨名声、杨镇南、张唫。若能找到遗体，就是不幸中的一大幸事。不然的话，我有什么面目去见九泉之下的祖父母和父母呢！

咸丰九年己未

元旦　致澄侯、沅浦、季洪弟书

澄侯、沅浦、季洪三弟左右：

　　十二月廿三日接澄、沅初十、十一日信，除夕又接十六日信，敬悉叔父大人体气渐好，不至成中痰之症，如天之福，至幸至幸！两弟函中所言各事，兹分条列复如左：

【译文】

澄侯、沅浦、季洪三弟左右：

　　十二月二十三日接到澄弟和沅弟初十、十一日的信，除夕又接到十六日的信，敬悉叔父大人身体渐渐变好，不至于出现中痰的病症，真是天大的福啊，太幸运了！太幸运了！两位弟弟信中所说的各项事务，现在分条列出回复如下：

　　一、先考妣改葬事决不可缓。余二年、七年在家主持葬事①，办理草草。去冬今春又未能设法改葬。为人子者第一大端问心有疚，何以为人？何以为子？总求沅弟为主，速行改葬，澄弟、洪弟帮同料理，为我补过。至要至祷！

【注释】

①二年、七年：指咸丰二年（1852）、咸丰七年（1857）。

【译文】

一、先父、先母改葬的事决不能缓期。我咸丰二年、七年在家主持葬礼,办理得很潦草。去年冬天今年春天又没能设法改葬。在为人子女的第一大义务上问心有愧,怎么做人?怎么做儿子?总要沅弟做主,快快改葬,澄弟、洪弟帮忙一起料理,为我弥补过失。千万务必!

二、张凯章于十八日至景德镇附近地方,十九日分两路进。王钤峰、吴走西路①,凯章走东路。王、吴挫败,义营亡百人②,吉左营九人,副湘营三十七人,营务处十二人,在行伍则已为大伤。幸凯章全军未与其事,现尚扎崖角岭③,去景德镇二十余里,势颇岌岌。兹札调朱南桂、朱惟堂飞速来军,望即专人送去。又,王人树一信亦速送去④。筱岑信⑤,弟阅后封寄。

【注释】

①王:指王文瑞,字钤峰,湖南湘乡人。王鑫族叔。咸丰二年(1852)从军,先后随王鑫、左宗棠镇压太平军,官至江西吉南赣宁道,加布政使衔。卒于官。吴:指吴翔冈。见前注。

②义营:即"义"字营,湘军营号。原为吴翔冈统领,后由凌荫廷接带。

③崖角岭:地名。距景德镇二十余里。

④王人树:王勋,字人树,湖南湘乡人。咸丰中入湘军,防堵太平军在湖南南部各地区进攻,后又转战江西、广东、广西以及浙江等地,官至候补道员加布政使衔。咸丰八年(1858),曾国藩奉命援浙,王勋掌营务处。

⑤筱岑:即欧阳晓岑。见前注。

【译文】

二、张凯章在十八日到景德镇附近地区,十九日分两路进军。王钤峰、吴从西路走，凯章从东路走。王、吴受挫失败，义营死亡一百人，"吉"字左营死亡九人，副湘营死亡三十七人，营务处死亡十二人，在行军打仗上就已经是伤亡巨大了。幸好凯章全军和这件事无关，现在还驻扎在崖角岭，距离景德镇二十多里，形势颇是岌岌可危。现在公文札调朱南桂、朱惟堂飞速赶往军营，希望派专人送去。还有，给王人树的一封信，也赶快送去。给欧阳筱岑的信，弟弟看后封缄寄去。

三、季弟决计出外，不知果向何处？今日办事之人，惟胡润之、左季高可与共事。此外皆若明若昧，时信时疑，非季弟所能俯仰迁就也。沅弟宜再三开导，令季弟择人而事，不可草草。或沅、季同来吾营，商定后再赴他处亦可。

【译文】

三、季弟决定外出，不知道究竟要去何处？现在办事的人，只有胡润之、左宗棠可以一起共事。除此之外，都若明若暗，时信时疑，不是季弟所能周旋迁就的。沅弟应该再三开导，让季弟选择到合适的人手工作，不可草率。或者沅弟和季弟一起来我的军营，商量好之后再去别的地方也可以。

四、沅弟所画屋样，余已批出。若作三代祠堂，则规模不妨闳大；若另起祠堂于雷家湾①，而此仅作住屋，则不宜太宏丽。盖吾邑带勇诸公，置田起屋者甚少。峙衡家起屋亦乡间结构耳。我家若太修造壮丽，则沅弟必为众人所指摘②。且乱世而居华屋广厦，尤非所宜。望沅弟慎之慎之，再四思之。祠堂样子，余亦画一个付回，以备采择。

【注释】

①雷家湾：地名。即湖南双峰荷叶镇大坪村雷家湾。

②指摘：指出错误并作出批评。

【译文】

　　沅弟所画的房屋图样，我已经批阅完毕。如果作三代祠堂，那么规模不妨宏大；如果另外在雷家湾修建祠堂，而这里仅作为住房，就不应该太宏伟壮丽。因为我县带兵诸公，买田盖房的很少。峙衡家盖的房子也只是乡间结构罢了。我家盖房，如果修造太过壮丽，那沅弟必被众人所指责。而且乱世住在华屋大厦，最不合适。希望沅弟谨慎再谨慎，再三考虑。祠堂模样，我也画了一个图样寄回，以备选择。

正月初八日　　致澄侯、沅浦、季洪弟书

澄侯、沅浦、季洪三弟左右：

　　正月初七日接沅弟腊月廿日信，敬悉叔父大人病体大愈，远怀少慰。除夕、元旦两日，不知温弟妇伤痛奚似！此间派杨名声、杨镇南等至舒城一带访寻，日内尚无确耗。接胡中丞三四信，似于温弟事极关切，可感可感！杨弁等去，吾亦告之，苟有可图，费二三千金不惜也。

【译文】

澄侯、沅浦、季洪三弟左右：

　　正月初七日接到沅弟腊月二十日的信，敬悉叔父大人病体大有好转，身在远方的我稍稍得以安慰。除夕、元旦两天，不晓得温弟媳妇是何等伤心！这边派杨名声、杨镇南等人到舒城一带寻访，这几天还没有准确的消息。接到胡中丞三四封信，似乎对温弟的事情极其关心，太感

动了！太感动了！杨姓兵勇等人去舒城一带，我也告诉他们，如果有重大发现，即便花费两三千银两也在所不惜。

"吉"中营事，吾未细查，派四川曾佑卿太守在营看操①，意在为沅弟分劳。然合营望沅甚切，正不能不早来；来此从容调停，再谋蝉蜕可耳②。

【注释】

①曾佑卿：曾省三，字佑卿，四川人。曾任南康知县，后捐四川知府。

②蝉蜕：比喻脱身。

【译文】

"吉"字中营的事，我还没有仔细查看，委派四川籍的曾佑卿太守在军营检阅操练，意在为沅弟分担辛苦。但是全营都在殷切盼望沅弟，正是不能不早点儿归来；来这里从容调整，再考虑脱身也是可行的。

再，凯章于二十七日大获胜仗，杀贼近千，景德镇一军当可站住。惟贼多而狡，垒密而坚，恐刻下难遽克复。吴翔冈败后，禀告病请撤，吾已批准撤之，派凌荫廷前往接统。翔不服凯章，铃峰亦与凯龃龉①，并讥其不应用统领老湘营。全军关防，凯已换刻。吾爱惜凯章，不得不撤翔也。

【注释】

①龃龉(jǔ yǔ)：上下齿不相对应，比喻不相投合，抵触。

【译文】

再有，凯章在二十七日大获胜利，杀敌将近一千人，景德镇一军应当可以站得住脚。只是敌人多而狡猾，堡垒密而坚固，恐怕眼下难以很快收复。吴翔冈失败后，禀告生病请求撤职，我已批准了，派凌荫廷前去接任。翔冈不服凯章，铃峰也与凯章相抵触，并且指责他不应统领老湘营。全军关防，凯章已经换刻。我爱惜凯章，不得不把翔冈撤职。

正月十三日　　致澄侯、沅浦、季洪弟书

澄侯、沅浦、季洪老弟左右：

初十日接胡中丞信，迪庵及温弟已奉旨优恤①。迪公饰终之典至隆极渥②。其灵柩廿五日到湖北，廿六日宣读恩旨，廿九日请官中堂题主③，正月初三日起行还湘，备极哀荣④。温弟与之同一殉难，而遗骨莫收，气象迥别⑤。予于十一日具折奏温弟殉节事，盖至是更无生还之望矣。恸哉！家中此刻已宣布否？若尚未宣布，则请更秘一月，待二月间杨镇南等归来，我折亦奉批转来，如实寻不得，则招魂具衣冠以葬⑥。余上无以对祖考妣及考妣，下无以对侄儿女。自古皆有死，死节尤为忠义之门，奕世有光⑦，本无所憾，特以骸骨未收，不能不抱憾终古。

【注释】

①优恤：从优抚恤。

②饰终之典：对生命终结的人给予尊贵与荣耀的告别仪式。至隆极渥：非常隆盛、优厚。

③官中堂：指湖广总督官文。清代，中堂是对内阁大学士的尊称。题主：旧丧礼，人死后，立一木牌，上写死者衔名。用墨笔先写作

"某某之神王",然后于出殡之前请有名望者用朱笔在"王"字上
　　加点成为"主"字,谓之"题主",亦称"点主"。

④备极哀荣:丧事备办得极为隆重。

⑤迥(jiǒng)别:指区别很大。

⑥招魂:招魂复魄。古代丧礼仪式之一。具衣冠:准备寿衣寿帽。

⑦奕世:累世,一代接一代。

【译文】

澄侯、沅浦、季洪老弟左右:

　　初十日接到胡中丞的信,迪庵和温弟已经奉旨从优抚恤。迪公饰终的典礼非常隆重。他的灵柩二十五日到湖北,二十六日宣读圣旨,二十九日请官中堂题主,正月初三日起程回湖南,丧礼极其隆重。温弟与他一同殉难,却尸骨不收,气象迥然有别。我在十一日已经启奏温弟殉节的事,到此再没有生还的希望了。悲痛啊! 家中此时已经宣布没有?如果还没有宣布,那么就请再保密一个月,等到二月间杨镇南等人回来,我的奏折也奉批转来,如果遗体实在找不到,那么就备置寿衣寿帽招魂复魄来安葬。我上头对祖父祖母和父母无法交代,下头对侄儿侄女无法交代。自古皆有死,为国捐躯更是忠义人家,世代有光泽,本来是不必太遗憾的,只是因为遗骨没有找到,不能不永久抱憾。

　　沅弟近日出外看地否? 温弟之事,虽未必由于坟墓风水,而八斗冲屋后及周壁冲三处皆不可用①,子孙之心,实不能安。千万设法,不求好地,但求平妥。洪、夏之地②,余心不甚愿。一则嫌其经过之处山岭太多;一则既经争讼,恐非吉壤。地者,鬼神造化之所秘惜③,不轻予人者也。人力所能谋,只能求免水、蚁、凶煞三事④,断不能求富贵利达。明此理,绝此念,然后能寻平稳之地;不明此理,不绝此念,则

并平稳者亦不可得。沅弟之明,亮能了悟⑤。余在建尚平安⑥;惟心绪郁悒⑦,不能开怀,殊褊浅耳⑧。

【注释】

①八斗冲:地名。在今湖南娄底双峰荷塘乡乔桂村。周壁冲:地名。今名"周冲",在今湖南娄底双峰境内。

②洪、夏之地:指湘乡当地洪、夏二姓家族,曾因为一墓地的所有权而起争议。曾家欲购买此块墓地。

③秘惜:隐藏珍惜,不以示人。

④凶煞:凶恶的神煞。煞,凶神。

⑤亮:通"谅",想必。

⑥建:建昌。

⑦郁悒:忧愁,愁闷。

⑧褊浅:狭隘浅薄。

【译文】

沅弟近日去外面看地了吗?温弟的事,虽然未必是因为坟墓风水的原因,但八斗冲屋后和周壁冲三处墓地都不能用,为人子孙的内心,实在不安。千万想办法,不求是风水有多好的地,只要平安稳妥。洪、夏两家所争的地,我心里不太愿意。一是嫌它经过的地方山岭太多;一是既经官司争讼,恐怕风水不会太好。风水宝地,是鬼神造化所秘藏爱惜,不会轻易给人的。人的力量所能图谋的,只能求免水、免蚂蚁、免凶煞三件事,决不能追求升官发财。明白这个道理,断绝这个念想,然后才能寻平稳的坟地;不明白这个道理,这个念想不断,就连平稳的坟地也不可能找到。以沅弟的聪明才智,想必能领悟这个道理。我在建昌还算平安;只有心绪闷闷不乐,不能开怀,狭隘浅薄罢了。

正月二十三日　建昌军中

澄侯、沅浦、季洪老弟左右：

正月十三日发第三号信并折稿及温弟优恤之旨，十八日王林三等来，得知家中四宅平安，甚慰。

【译文】

澄侯、沅浦、季洪老弟左右：

正月十三日发出第三封家信和奏折底稿以及温弟优待抚恤的圣旨；十八日王林三等人来，得知家中四宅院平安，很欣慰。

此间军事，去腊十九日吴翔冈之挫，亡百六十人；廿七日凯章之胜，亦亡九十人。正月十一日凯章又小挫一次，其第五旗扎牛角岭①，距凯章老营十八里之远，十二早被贼攻陷。余因五旗去凯太远，除夕曾有信止之。凯复书言旗长可恃，未移也。五旗被陷之后，又换三旗扎该处，余甚为悬悬②，又函止之。凯章现处孤危之际，不得不思所以济之振之。已派彭山屺回湘调兵六百名；派佘星焕回湘招勇千名③，与喻吉三同带之④；又令朱品隆添勇二百名；函告王人树添勇三百名；又令张岳龄招平江勇千二百名⑤。共添三千余人。向耆中丞索取饷项⑥，能得与否，尚未可知，然不能不放手一办也。待兵勇到时，先派在建老营，赴凯章处助剿。将来须另派统领，另打一枝，与萧、张分为三路⑦，庶足以张犄角之势⑧。此间各营望沅弟如望岁⑨，"吉"字中营尤如婴儿之望慈母。吾前欲派"吉"中营偕朱、唐去攻景镇⑩,莘田及各帮带皆以沅弟未来⑪,不敢做主。

【注释】

①旗:一营人马。牛角岭:地名。在今江西景德镇。

②悬悬:挂念。

③佘星焕:曾国藩部下将领。

④喻吉三:字庆勋,湖南宁乡人。湘军将领。咸丰三年(1853)入湘军,为水师正左营营官,后改鲍超霆军营务处。咸丰九年(1859)充曾国藩护军三营统带,转战安徽、江苏各地,官至总兵加提督衔。

⑤张岳龄(1818—1885):字南瞻,号子衡,湖南平江人。以诸生从军,光绪初官至福建按察使。晚年遍历名山,所至有诗。有《铁瓶诗文钞》。

⑥耆中丞:指江西巡抚耆龄。

⑦萧、张:指萧启江、张凯章。

⑧犄(jī)角之势:分兵牵制或夹击敌人的形势。

⑨望岁:盼望丰收。《左传·昭公三十二年》:"闵闵焉如农夫之望岁,惧以待时。"

⑩朱、唐:指朱品隆、唐义训。

⑪莘田:曾莘田,曾国藩族叔。帮带:清武官。管带的副职。

【译文】

这期间的军事,去年腊月十九日吴翔冈打败仗,一百六十人死亡;二十七日凯章打胜仗,也有九十人死亡。正月十一日凯章又小败一次,他的第五旗驻扎在牛角岭,距凯章老营十八里之远,十二日早上被逆贼攻陷。我因为五旗距离凯章太远,除夕曾有信劝阻他。凯章回信说旗长可以依赖,没有下令移动。五旗被攻陷之后,又换三旗驻扎那里,我很担心，又发函阻止他。凯章一军现处于危亡之际，不得不思考如何帮助和提高士气。已派彭山屺回湘乡调兵六百名；派佘星焕回湘乡招兵勇一千名，与喻吉三一起带领；又命令朱品隆增兵二百名；发函告诉王人树增兵三百名；又命令张岳龄招平江勇一千二百名。一共添加三千多人。向着中丞索要军饷，成功与否，还不清楚，然而不能不放手大干一场。等待兵勇到达时，先派在建昌的大本营驻军，前往凯章那里帮助剿匪。将来必须另派统领，另外率领一支军队，与萧、张二军分为三路，或许足以构成犄角之势。这边各营盼望沅弟就像农夫盼望丰收之年，"吉"字中营就像婴儿盼望慈母。我此前想派"吉"中营和朱、唐去攻打景德镇，莘田和各帮带都因沅弟没有来，不敢做主。

　　余近日心绪郁郁，望沅弟来此，叙手足之情，并商定大局。九弟于二月间来营，一面为我画定全局，一面将"吉"字中营安个实在着落。住数月后，再行回家。温弟遗蜕若竟寻不得，则沅弟于江北宿松等处招魂而归，具衣冠而葬。将来改葬先考妣时，即将温弟衣冠祔葬于二亲之旁①。若鬼神呵护，温弟忠骸一旦寻得，则九弟即迎温弟灵柩以归，是亦不幸中之一大幸。先考妣改葬时，附寻吉地以葬温弟，亦可少慰叔父及温弟妇之心。若九弟久不来营，"吉"中营全无着落，家中不能寻地，温弟招魂葬衣冠等事早也不好，迟也不好，沅弟心悬数处，均不妥善。是否应于二月来营，数月再归，望沅弟与叔父、澄、季熟商妥办。余此次函催郭意城、王人树、王枚村来营②，皆言沅弟于二月来营。沅弟若有信与意、树诸公，可邀其同行也。

【注释】

①袝（fù）葬：合葬。

②王枚村：王开化（？—1861），字日堪，号枚村，湖南湘乡人。王鑫从弟。年十七从王鑫军中，南防剿匪有功，擢知县。后随王鑫援江西，咸丰七年（1857）王鑫卒后，与张运兰分统其军。八年（1858），克乐安、宜黄、崇仁、南丰、建昌，擢道员，加按察使衔。咸丰十年（1860），从左宗棠军，总理营务，进援江、皖，加布政使衔。咸丰十一年（1861），卒于军。诏优恤，予骑都尉世职。谥贞介。

【译文】

我最近心绪抑郁，盼望沅弟来我这一叙手足之情，同时商定大局。九弟在二月间来军营，一方面为我画定全局，一方面将"吉"字中营安顿个实在着落。住几个月后再回家。温弟的遗体如果最终寻不到，那沅弟在江北宿松等处为温弟招魂回来，准备衣帽而葬。将来改葬双亲时，就将温弟衣冠袝葬在双亲的旁边。如果鬼神呵护，温弟的忠骸一旦找到了，那九弟就接温弟的灵柩回来，这也是不幸中的一大幸事。先父先母改葬时，附带寻找风水宝地来安葬温弟，也可以稍稍安慰叔父和温弟媳妇的心。如果九弟长时间不来军营，"吉"中营全无着落，家里不能寻地，温弟招魂葬衣冠等事早也不好，迟也不好，沅弟一心挂念几处，都不太好。是否应在二月来军营，过几个月再回去，希望沅弟与叔父、澄弟、季弟反复商量妥办。我这次写信催促郭意城、王人树、王枚村来军营，都说沅弟在二月来营。沅弟如果有信给意城、人树诸君，可以邀请他们一起上路。

再，吾近写有手卷一大卷①。首篆字五个，次大楷四十八个，后小行书二千余，中间空一节，命纪泽觅此三十二人之遗像绘之于篆字之后、大楷之前。查武梁祠画像内有文、周、孔、孟诸像②，外间间有藏本，翁覃溪《两汉金石记》曾刻之③，王兰泉《金石萃编》亦刻之④。此外如名臣像亦间有之。纪泽觅得像底，则双钩摹于卷内⑤，不必着色也。或嫌此卷太大，则另办一卷画像。此卷即先付长沙装潢，楠木匣藏之，将来求沅弟精钩刻石。其像有不可尽得者，略刻数像可也。吾生平读书百无一成，而于古人为学之津途，实已窥见其大，故以此略示端绪。手此再告澄、沅、季三弟，并谕纪泽儿知之。

【注释】

①手卷：只能卷舒而不能悬挂的横幅书画长卷。

②武梁祠画像：位于今山东嘉祥武翟山下，是东汉末年家族墓葬石刻装饰画。现存画像共有四十三块，雕刻多使用减地阳刻的方法，生动形象且内容广泛，既反映了当时人们的生活情况，同时也为现代的研究专家提供了有关政治、经济、文化方面的重要实物资料。文、周、孔、孟："文"指周文王，"周"指周公旦，"孔"指孔子，"孟"指孟子，并为四圣。

③翁覃溪：翁方纲（1733—1818），字正三，号覃溪，顺天大兴人。乾隆十七年（1752）进士，授编修。历督广东、江西、山东三省学政，官至内阁学士。好奖掖后进。精通金石、谱录、书画、词章之学，书法尤冠绝一时。诗宗江西派，论诗拈"肌"、"理"二字，然所作每嫌太实，有以学为诗之弊。有《粤东金石略》、《苏米斋兰亭考》、《小石帆亭著录》、《复初斋诗文集》等。

④王兰泉：王昶（1724—1806），字德甫，号述庵，学者称兰泉先生，江苏青浦人。乾隆十九年（1754）进士，授内阁中书，官至刑部右

侍郎。辞官后主讲娄东、敷文两书院。工诗古文辞,通经学,喜搜采金石,精于考证,时称通儒。有《春龙堂诗文集》、《金石萃编》、《青浦诗传》、《明词综》等。

⑤双钩:摹写的一种方法。用线条钩出所摹的字笔画的四周,构成空心笔画的字体。

【译文】

再有,我最近写有手卷一大卷。卷首五个篆字,之后大楷四十八个,再后小行书二千多个,中间空一节,命纪泽找这三十二人的遗像描绘在篆字之后、大楷之前。查武梁祠画像里有文王、周公、孔子、孟子等像,外面偶有藏本,翁覃溪《两汉金石记》曾刻过,王兰泉《金石萃编》也刻过。此外如名臣像也偶或有之。纪泽找到像底,就用双钩的方法临摹在卷内,不必上色。如果嫌这卷太大,那么另外制作一卷画像。这一卷就先交到长沙装潢,楠木盒子装起来收藏,将来求沅弟精钩刻石。画像有不能全部得到的,略微刻几幅像也可以。我一生读书百无一成,但对古人做学问的门径和方法,实在已经看到一个大概,所以用这个手卷略微展示一个头绪。亲笔写这些再告知澄、沅、季三弟,并且让纪泽儿知道。

正月二十八日　　致澄侯、沅浦、季洪弟书

澄侯、沅浦、季洪三弟左右:

廿七日亥刻接胡润公专丁来信①,知温甫弟忠骸业经寻获②,是犹不幸中之一幸。惟先轸丧元③,又幸中之一大不幸。计胡中丞亦必有专信另达舍间④。沅弟此时自不便遽出。应觅地两所,一面改葬先考妣,一面安厝温弟⑤。润公待我家甚厚,温弟灵榇归舟,想必妥为照料。吾即派杨名声

等三弁送湘乡也。墓志铭作就,再行专丁送归。

【注释】

①亥刻:指二十一时至二十三时之间。

②业经:已经。

③先轸(？—前627):即原轸,春秋时晋国人。采邑在原。初为下
　军之佐,后升为中军元帅。晋、楚城濮之战,大破楚军,佐晋文公
　称霸。晋襄公元年(前627),败秦于崤,俘秦三帅孟明视、西乞
　术、白乙丙。襄公从母之请,释三帅回秦。原轸大怒,不顾而唾,
　自以为得罪晋君,后与狄交战,战死。元:首,人头。

④舍间:指家里。

⑤安厝(cuò):安葬。

【译文】

澄侯、沅浦、季洪三弟左右:

　　二十七日亥时接胡润公派专人送来的信,知道温甫弟忠骨已经找
到,这也是不幸中的一大幸事了。只是如同先轸一样失去头颅,又是幸
运中的一大不幸。我想胡中丞一定也有专信另外送到家里。沅弟此时
自然不便马上出来。应找两处坟地,一方面改葬已故的父母,一方面安
葬温弟。润公对我家很好,温弟灵柩归船,想必定会妥善照料。我马上
派杨名声等三人送回湘乡。墓志铭写好,再派专人送回家。

二月大祥前一日① 致澄侯、沅浦、季洪弟书

澄侯、沅浦、季洪三弟左右:

　　玉四等来,得知叔父大人病势稍加,得十三日优恤之
旨,不知何如? 顷又接十九日来函,知叔父病已略愈,欣慰

欣慰！然温弟灵枢到家之时，我家祖宗有灵，能保得叔父不添病，六弟妇不过激烈，犹为不幸中之一幸耳。

【注释】

①大祥：古时父母丧后两周年的祭礼。《仪礼·士虞礼》："又期而大祥，曰荐此祥事。"郑玄注："又，复也。"贾公彦疏："此谓二十五月大祥祭，故云复期也。"

【译文】

澄侯、沅浦、季洪三弟左右：

玉四等人来了，得知叔父大人病情稍稍加重，接到十三日优待抚恤的圣旨，不知道会怎么样？不久又接到十九日来信，知道叔父的病已略好，十分欣慰！十分欣慰！但温弟灵枢到家的时候，我家祖宗有灵，能保佑叔父不添病，六弟媳妇虽悲伤而不过激，就已经是不幸中的万幸了。

此间兵事，凯章在景镇相持如故。所添调之平江三营、宝勇一营均已到防，或可稳扎。浚川在南康之新城墟打一大胜仗①，夺伪印四十三颗，伪旗五百余面，皆解至建昌，甚为快慰。惟石达开尚在南安一带②，悍贼亦多，不知究能扫荡否？"吉"中营以后常不离余左右，沅弟尽可放心。

【注释】

①南康：地名。今为江西赣州市辖区，位于江西赣州西部。

②南安：府名。治所位于今江西大余。清南安府辖大庾、南康、上犹、崇义四县。

【译文】

这边的战况，凯章在景德镇和故军还在僵持。所加调的平江三营、宝勇一营都已到防，或许可以稳稳扎住。浚川在南康的新城墟打了一个大胜仗，夺得伪印四十三颗，伪旗五百多面，都送到建昌，真是开心。只有石达开还在南安一带，强悍的逆贼也多，不知道到底能否扫荡干净？"吉"字中营以后常安排在我身边，不离左右，沅弟尽可放心。

起屋起祠堂，沅弟言"外间訾议，沅自任之"①。余则谓外间之訾议不足畏，而乱世之兵燹不可不虑②。如江西近岁，凡富贵大屋无一不焚，可为殷鉴③。吾乡僻陋，眼界甚浅，稍有修造，已骇听闻，若太闳丽，则传播尤远。苟为一方首屈一指，则乱世恐难幸免。望弟再斟酌，于丰俭之间，妥善行之。改葬先人之事，须将求富求贵之念消除净尽，但求免水、蚁以妥先灵，免凶煞以安后嗣而已。若存一丝求富求贵之念，则必为造物鬼神所忌。以吾所见所闻，凡已发之家，未有续寻得大地者。沅弟主持此事，务望将此意拿得稳，把得定。至要至要！

【注释】

①訾(zǐ)议：诋毁、议论。

②兵燹(xiǎn)：因战乱而造成的焚烧破坏等灾害。

③殷鉴：语出《诗经·大雅·荡》："殷鉴不远，在夏后之世。"谓殷人子孙应以夏的灭亡为鉴戒，后泛指可以作为借鉴的往事。

【译文】

起屋建祠堂这件事，沅弟说"外头的风言风语，他自己担了"。我却认为外头的风言风语并不可怕,但动乱年月常有兵变,不可不考虑。譬如江西一带近年以来,凡是有钱人家的大房子,没有不被烧毁的,真是前车之鉴啊。我们家乡偏僻简陋,人们眼界浅,没见过大世面,稍微建造点儿东西,已经骇人听闻;如果建得太宏伟华丽了,消息肯定一下子就传得很远。万一不幸被认作是地方上首屈一指的建筑,那么在动乱年代,恐怕是很难幸免于难的。希望弟弟你再三斟酌,在丰俭之间,取一个合适的度来建造。改葬先人这件事,要把求富求贵的念头消除干净,只求免受大水淹、白蚁蛀,以安先人的亡灵;只求不犯凶煞,可以让子孙后代安宁就好。如果存有一丝一毫的求富求贵的念头,那一定会被造物主和鬼神所忌刻。就我的所见所闻,凡是已经兴旺发达的家庭,没有一家是因为改葬寻得好地的。沅弟主持这件事,希望务必要把这个主意拿稳当,把定不动摇。千万千万!

纪泽姻事,以古礼言之,则大祥后可以成婚;再期为大祥。以吾乡旧俗言之,则除灵道场后可以成婚①。吾因近日贼势尚旺,时事难测,颇有早办之意。纪泽前两禀请心壶抄奏折②,尽可行之,吾每月送修金二两。应抄之奏,不知家中有底稿否?抄一篇,可寄目录来一查,注明月日。纪泽之字,较之七年二三月间远不能逮③。大约握笔宜高,能握至管顶者为上,握至管顶之下寸许者次之,握至毫以上寸许者亦尚可习。若握近毫根,则虽写好字,亦不久必退,且断不能写好字。吾验之于己身,验之于朋友,皆历历可征④。纪泽以后宜握管略高,纵低亦须隔毫根寸余。又须用油纸摹帖,较之临帖胜十倍。

【注释】

①除灵：旧俗人死既葬，于除丧之日，延请僧道追荐后，撤除灵座，烧化灵牌，以示服丧期满，谓之"除灵"。

②心壶：陈心壶。见前注。

③七年：咸丰七年（1857）。逮：及，达到。

④征：证明。

【译文】

纪泽的婚事，按古礼来说，大祥以后是可以成亲的；再期为大祥。按我们乡里的老风俗来说，办完除灵道场以后是可以成婚的。我因近日以来贼人势力还很强大，形势难以预测，很有早点儿办事的想法。纪泽前两封信说请心壶抄奏折，尽管去做就好，我每月赠送心壶薪银二两。应抄的奏折，不知道家里都有底稿么？抄一篇，可以寄一篇目录来查，注明月日。纪泽的字，比起咸丰七年二三月间写的，远不能及。写字大约握笔宜高，能握到管顶为最好；握到管顶之下寸把的地方，次之；握到毫以上寸把的地方，也还可以学写字。如果握在近毫根的地方，那么就算短时间内能写好字，不久也会退步，而且绝对不能把字写好。我拿自己习字的经验来验证，拿朋友习字的经验来验证，都一一可以证明。纪泽以后写字，握笔要尽量高一些，就算低的话，也要离毫根有寸把多才行。另外，要用油纸摹帖，和临帖相比，要强十倍。

沅弟之字不可抛荒，如温弟哀辞、墓志及王考妣、考妣神道碑之类①，余作就后，均须沅弟认真书写。《宾兴堂记》首段未惬②，待日内改就，亦须沅弟写之。沅弟虽忧危忙乱之中，不可废习字工夫。亲戚中虽有漱六、云仙善书，余因家中碑版，不拟倩外人书也③。

【注释】

①王考妣：指已故的祖父母。

②未惬（qiè）：不合心意。

③倩：请，求。

【译文】

沅弟的字，不可荒废了。温弟的哀辞和墓志以及祖父母、父母大人的神道碑之类，我写好文章之后，都要沅弟认真书写。《宾兴堂记》的第一段我还不满意，等近日改好之后，也要沅弟你亲笔书写。沅弟即使身处忧危忙乱之际，也不能荒废了写字的功夫。亲戚里虽然有漱六、云仙擅长书法，但我因为这是家里的碑文版子，不准备请外人来写。

二月十三日　　清水铺营次

澄侯、沅浦、季洪三位老弟左右：

张凯章一军廿八日小挫，阵亡二百六十余人。平江营之新到者亦阵亡二十余人。正焦灼之至，幸婺源于二月一日克复，贼窜往祁门一带①，浮梁于初四日克复②。浮梁去景德镇三十里，婺源去镇百余里。三处之贼，本系互相犄角，互相联络。今婺源既克，则镇贼之后路稍空，声势稍孤；浮梁既克，则贼不敢绕出乐平，抄凯章之后。初五日刘养素又打一胜仗③，夺贼战舟五号、民船百余，夺贼垒十余座，西路之军威一振，凯章在东路或亦无恐。初三日萧浚川一军克复南安府城，南路贼势似稍散漫，或者易于剿办，全数逃出广东，亦未可知。余前因景德镇官军危急，恐贼锋内犯，先及抚州。定计移驻抚州，拟初十日拔营，因雨不果。十二日冒雨拔营,仅行十五里,驻扎清水铺。泥深没骭④,小住一日。

【注释】

①祁门:即今安徽祁门。

②浮梁:旧县名。汉鄱阳县地,唐武德四年(621),析置新平县,天宝元年(742)改名"浮梁",明、清皆属饶州府。1960年并入景德镇。

③刘养素:刘于浔,字养素。见前注。

④骭(gàn):胫,小腿。

【译文】

澄侯、沅浦、季洪三位老弟左右:

张凯章一军二十八日小败,阵亡二百六十多人。平江营新来的也阵亡二十多人。正在焦急关头,幸好婺源在二月一日收复,逆贼逃窜到祁门一带,浮梁在初四日收复。浮梁到景德镇三十里,婺源到景德镇一百多里。三处的贼人,本系互成犄角之势,互相联络。现在婺源已经攻克,那么景德镇贼匪的后路稍稍空虚,声势稍稍孤立;浮梁既已攻克,逆贼不敢绕道乐平,包抄凯章的后路。初五日刘养素又打了一个胜仗,夺取贼匪战船五条、民船一百多条,夺取贼匪营垒十多座,西路的军威为之一振,凯章在东路或许也不必担心。初三日萧浚川一军收复南安府城,南路贼寇的势力似乎稍为溃散,或者容易剿办,全数逃往广东,也不好说。我以前因为景德镇官军危急,恐怕敌人前锋侵犯内地,先到抚州。制定计划移驻抚州,计划初十日拔营启程,由于下雨没有实行。十二日冒雨拔营,只走了十五里,驻扎在清水铺。泥深淹没小腿,停留了一天。

正月十一日所奏通筹全局、温弟殉节等折，今尚未接批谕。温弟忠骸于三十日到黄州，胡中丞致祭尽礼，派都司姚敏忠送回湘中^①，计二月廿外可到。记得出门甫满一年，今日归骨而不归元，可胜惨痛！七年，兄弟争辩不休，今日回思，皆芝麻细故，可胜悔憾！罗椒生之祖在四川阵亡^②，亦系归骨而不归元。厥后卜葬得吉壤^③，葬十余年而产椒生，二十余年而椒生之父举于乡，三十余年而椒生以甲午举乡试，乙未入词馆。温甫生前郁抑不伸，或者身后能享罗家之报乎？杨镇南自三河归，余即作墓志付回。温弟照道员例优恤，昨初九日已具折谢恩，数日内再抄稿寄家。

【注释】

①姚敏忠：清军将领，官都司。咸丰九年(1859)初，奉胡林翼命，送曾国华灵柩归湘。

②罗椒生：罗惇衍(1814—1874)，字星斋，号椒生，广东顺德人。道光十五年(1835)进士，授编修。咸丰间历吏、刑、户部侍郎。同治间官至户部尚书。卒谥文恪。学宗宋儒，与倭仁有"北倭南罗"之目。有《集义编》《孔子集语》等。

③厥后：之后。厥，其。

【译文】

正月十一日上奏的通筹全局、温弟殉节等奏折，现在还没有接到朝廷批谕。温弟的忠骸在三十日到黄州，胡中丞主持祭奠礼仪周到，派都司姚敏忠送回湖南，预计二月二十日开外可以到家。记得出门刚满一年，现在遗骨送回来了而头颅却不能回来，真是惨痛无比！咸丰七年，兄弟争辩不休，现在回想起来，都芝麻大的小事，真是悔恨无比！罗椒生的祖父在四川阵亡，也是遗骨送回来了而头颅没有回来。后来找到风水宝地安葬，葬后十多年椒生才出生，二十多年后椒生的父亲乡试中举，三十多年后，椒生在甲午年中举，乙未年进翰林院。温甫生前情绪压抑怀抱不展，或许死后能享受罗家一样的福报吧？等杨镇南从三河回来，我马上写墓志寄回家。温弟按照道员的成例优待抚恤，日前初九日已经写了折子谢恩，几天内再抄写底稿寄回家。

　　李迪庵之丧，余送奠金二千两，挽联一付，句云："八月妖星①，半壁东南摧上将②；九重温诏③，再生申、甫佐中兴④。"盖去年彗星，人以为迪庵应之也。

【注释】

①妖星：古代指预兆灾祸的星，如彗星等。

②半壁：谓国土的一半或大部分。

③九重：代指帝王。温诏：词情恳切、饱含温暖的诏书。

④再生申、甫佐中兴：曾国藩《李忠武公神道碑铭》："文宗震悼，手诏曰：'惜我良将，不克令终，尚冀其忠灵不昧，他年生申、甫以佐予也。'"申、甫，周朝的申伯和仲山甫。《诗经·大雅·崧高》："维申及甫，维周之翰。"后借指贤能的辅佐之臣。

【译文】

　　李迪庵的丧事，我送奠仪二千两，挽联一副，写的是："八月妖星，半壁东南摧上将；九重温诏，再生申、甫佐中兴。"大概去年的彗星，人们认为应验在迪庵身上了。

　　正封函间，接奉正月十一日各折批。谕温弟一折，奉旨赏给叔父从二品封典。盖未知前此已受从一品、正一品两次封典也。若前此未经驰封，则此次恩亦渥矣。惟受侄之封与受子之封,覃恩普遍之封与谕旨特颁之封究有不同①。即日当具折谢恩,并声明:"诰轴则拜此次之新纶②,以彰君恩之稠叠③;顶戴则仍二年之旧典④,以明宠贶之久增⑤",云云。庶叔父先受侄封,后受子封,二者并行不悖。

【注释】

①覃恩:广施恩泽。旧时多用以称帝王对臣民的封赏、赦免等。

②新纶:新的圣旨。纶,纶言,帝王的诏令。

③稠叠:稠密更迭,多而频繁。

④二年:指咸丰二年(1852)。

⑤宠贶(kuàng):尊荣的赏赐。

【译文】

正封函的时候,接到正月十一日各奏折的批谕。温弟事宜一折的批示,奉圣旨赏赐给叔父从二品封典。是因为不知道之前已接受过从一品、正一品两次封典。如果之前没有接受过貤封,那这次恩典也算丰厚了。但因侄子接受貤封和因儿子接受赠封,广布恩泽普遍的封赏和谕旨特别颁发的封赏,二者之间终究有所不同。即日应当具折谢恩,并声明"诰轴则拜受这次的新旨,以彰显君王恩泽的稠密交替;顶戴则仍旧用咸丰二年的旧典,以表明宠爱恩赐的长期增加"等等。叔父先因侄儿接受貤封,后来因儿子接受赠封,二者并行不悖。

　　余于正月具折之时,本拟为温弟乞恩赐谥,因恐交部议驳,反为不美,遂未奏请。此次又与次青、仙屏再三商酌。次青之意,谓皇上以同知而予二品封,已属非常之恩,请谥之举,不若留以有待将来;如有战功,皇上或加恩国藩之身,则一面自己辞谢,一面乞恩为温甫请谥云云。次青此说,甚有见解。特不知将来有机可乘否？又作折甚难着笔，亦恐江、楚各省识者见哂也①。

【注释】

①江、楚：指江西、湖北二省。哂(shěn)：讥笑。

【译文】

我在正月起草奏折的时候，本来想为温弟乞求恩赐谥号，由于担心交部议会被驳回，反而不好，于是没有上奏请求。这次又与次青、仙屏再三商量。次青的意思，说温弟只是同知官位而皇上却赠予二品诰封，已经是不同寻常的恩典了，请求赐予谥号的举动，不如留待将来；如有战功，皇上或许加恩给我，我就一方面自己辞谢，一方面恳请朝廷为温甫赐予谥号。次青这一说法，很有见解。只是不知道将来是否有机会可以利用？再加上这事写奏折很难下笔，也担心被江、楚各省的有识之士嘲笑。

二月二十三夜　致澄侯、沅浦、季洪弟书

澄侯、沅浦、季洪老弟左右：

曾恒五等来，接家信，应复之事分列于后：

【译文】

澄侯、沅浦、季洪老弟左右：

曾恒五等人来，接到家信，应回复的事情分别列在后面：

一、夏家之地既经买得，可即于三月改葬。贼氛方盛，

人事之变不可知。早改一日，即早放一日之心。沅弟来营一次，能否如期告归，尚未可必。且周璧冲之有凶煞，众议佥同^①。自温弟遭难后，余常以七年择地不慎为悔^②，故此时求改葬之意尤形迫切^③。

【注释】

①佥同：一致赞同。

②七年：即咸丰七年（1857）。

③形：表现。

【译文】

一、夏家的地已经买到，可就在三月改葬双亲。贼匪气焰正盛，人事的变化不可预知。早一日改葬，就可以早一日放心。沅弟来军营一次，能否如期回家，还不好说。况且周璧冲有凶煞，大家的看法一致。从温弟遇难后，我常常因为咸丰七年选择坟地不谨慎而后悔，所以这个时候要改葬的想法特别迫切。

二、沅弟晋省迎接温弟忠榇，计日内已在省接到矣。温弟读书颇有识，而生前于科名之途太蹇^①，死后又有阙憾。余拟作哀辞、墓志、家传等文，沅弟亦宜作文以摅其意。将来汇刻一本，俾纪寿长大有所考核。文成后寄来营中，一为订定。

【注释】

①蹇（jiǎn）：指命运坎坷，不顺利。

【译文】

二、沅弟进省城迎接温弟的灵柩，估计这几天里已在省城接到了。

温弟读书很有见识,但生前在科名的路上太坎坷,死后又有缺憾。我打算写哀辞、墓志、家传等文章,沅弟也应该写文章来表达心意。将来汇集刊刻成一本书,以便纪寿长大成人后对父亲的事情有所考订查证。文章写好后寄到军营来,一并校订成稿。

三、南安之贼窜入湖南,连陷桂阳、宜章、兴宁三县①,吾乡必大震动。现派萧浚川速赴吉安,如贼犯茶陵、安仁等处②,即由吉安横出截剿。浚川稳而且悍,或者足资防御。

【注释】

①桂阳:清代为直隶州,领临武、蓝山、嘉禾三县,隶衡永郴桂道。即今湖南郴州桂阳。宜章:清代为衡永郴桂道郴州直隶州下属县,即今湖南郴州宜章,位于湖南省东南部,紧邻广东省。兴宁:清代为衡永郴桂道郴州直隶州下属县,即今湖南资兴。

②安仁:清衡州府下辖县,为今湖南郴州安仁。与江西饶州府安仁(今余江)同名,而实为两地。

【译文】

三、南安的贼匪窜入湖南,接连攻陷桂阳、宜章、兴宁三县,我们家乡一定会非常震惊。现在派萧浚川迅速赶往吉安,如贼匪侵犯茶陵、安仁等处,即从吉安横出截断征剿。浚川沉稳而且强悍,或许足以应付防御之事。

四、起祠宇之事,本系要务不可缓者,刻下湖南贼氛正盛,我家为众人所瞻仰,举动不可不慎,目下不宜兴工。

【译文】

四、建祠堂的事情，本来是主要事务，刻不容缓，但目前湖南贼匪气焰正盛，我家万众瞩目，行动不可不慎重，眼下不宜大兴土木。

五、纪泽禀中问看书之法。《经义述闻》博洽精深[1]，非初学所能看，目下不必看也。看注疏时有不能解者[2]，偶一翻查则可耳。做赋亦可不必。

【注释】

[1]《经义述闻》：清王引之所撰。是一部从经学、小学和校勘学角度研究《法》、《书》、《易》等古代经典的著作。

[2]注疏："注文"与"疏解"的合称。对正文作解释的称为"注"，阐释经书及旧注的文字称为"疏"。

【译文】

五、纪泽禀告中问看书的方法。《经义述闻》博大精深，不是初学者所能看的，眼下不用看。看注疏时有不懂的，偶尔翻查一下就可以了。也可不必作赋。

三月初三日　致澄侯、沅浦、季洪弟书

澄侯、沅浦、季洪三弟左右：

自接沅弟十七日在省一信，至今七日未接长沙嗣音[1]，不知耒阳、常宁、安仁、衡州近状何如[2]？至为悬系。团练之法，余向不以为然，而我邑此次却须有团练以壮声威。望澄弟尽心为之，无以我言为典要[3]。

【注释】

①嗣音：指连续传寄的音信。

②耒阳：清衡州府下辖县，今为湖南衡阳下属县级市。常宁：清衡州府下辖县，今为湖南衡阳下属县级市。衡州：指衡州府治所在衡阳县，即今湖南衡阳。

③典要：不变的准则。

【译文】

澄侯、沅浦、季洪三弟左右：

自从接到沅弟十七日在省城发的一封信之后，到现在七天没有接到从长沙继续发来的信，不晓得耒阳、常宁、安仁、衡州近况如何？非常担心。团练这个办法，我一向不以为然，但我们家乡这次却须要有团练以壮大声威。希望澄弟尽心办好团练，不要把我否定团练的话当作一成不变的准则。

此间新招三千余人，佘星焕等长、宁勇千人于初一日到营①。张子衡平江勇千三百人已到将齐②。凌荫廷之接带义营千人俱扎贵溪，俟练妥后，即日亦当来老营。惟彭山屺之兵未到。到齐时老营共七千余人，将卒皆跃跃欲试，气象颇好，似堪一战，惜无好统领临阵指麾之耳。

【注释】

①长、宁勇：指在长沙、宁乡二县招募的兵勇。

②张子衡：张岳龄，号子衡。见前注。

【译文】

这边新招三千人，佘星焕等在长沙、宁乡二县招募的兵勇一千人在初一日到营。张子衡的平江勇一千三百人已快到齐了。凌荫廷接管带领的义营千人都驻扎在贵溪,等训练完毕后,也会立即来大本营。只有彭山屺的军队没到。到齐之后,老营共有七千多人,将士们都跃跃欲试,气象很好,应该可以一战,可惜的是没有好统领临阵指挥。

湘勇之在江者,多有回援湖南之意。吾令浚川由吉安回茶陵,已去二札一批①,至今尚未回信。又派吴翔冈回援,翔冈之营虽交凌荫廷,尚留四百人,合新招之三百人,亦差足成军。王铃峰、张凯章禀请回援。此时景镇未克,碍难撤退。廿四日,镇贼扑凯章所辖之"祥"字营,一击即退。凯军近日已稳,但难期克复耳。

【注释】

①批:批文。

【译文】

在江西省的湘勇,很多人有回兵援救湖南的想法。我令萧浚川由吉安回茶陵,已经寄去两札一批,到现在还没有回信。又派吴翔冈回援湖南,翔冈的营队虽然已经交给凌荫廷,但还留了四百人,加上新招募的三百人,也差不多足以自成一军。王铃峰、张凯章禀告请求回去支援。这时景德镇没有攻克,实在很难撤退。二十四日,景德镇贼匪进扑凯章所辖的"祥"字营,才一回击就退走。凯章的军队最近已经站稳脚跟,但是难以指望攻克收复景德镇。

我日记中郁闷之怀虽不能免,然癣疾已愈十分之八九,办事精神亦较六年略好①。往年心中愧悔之事,与官场不和之事,近亦次第消融而弥缝之。惟七年在家度量太小,说话太鄙,至今悔之。此外方寸尚泰然也。

【注释】

①六年:指咸丰六年(1856)。

【译文】

我日记中郁闷的心情虽然不能免除,然而癣病已痊愈十分之八九,办事精神也比咸丰六年稍好一些。往年心中惭愧后悔的事,与官场不协调的事,最近也逐渐能消融和弥补。只有咸丰七年在家,度量太小,说话太刻薄,后悔到现在。此外,内心还算安泰。

三月初八日申刻　致澄侯、沅浦、季洪弟书

澄侯、沅浦、季洪老弟左右:

接沅弟廿四日在县城所发之信。贼不直趋衡州,俾我得以从容设备①。若谢泰平水师至耒河口②,王人树陆军入衡城,要郡固守③,则各处皆易布置。甚慰甚慰!

【注释】

①设备:设防,制定措施防备意外。

②谢泰平:湘军水师将领。耒河:位于湖南省东南部,湘江支流之一。全长453千米,发源于湖省郴州桂东石门山,流经桂东、汝城、资兴、郴州、永兴、耒阳、衡南。

③要郡:具有战略意义的要害城市。

【译文】

澄侯、沅浦、季洪老弟左右:

接到沅弟二十四日在县城所发的信。逆贼不直接前往衡州,使我

方能够从容设防。如果谢泰平率领的水师来到耒河口，王人树率领的陆军进入衡州城，牢牢防守要塞，那各地方就都容易布置。很是欣慰！很是欣慰！

今日接奉谕旨，温弟之子纪寿交吏部带领引见，将来无论何项恩典，皆系至荣。温弟九原之下亦可少慰。兹专人送回，以安叔父与温弟妇之心。

【译文】

今天接奉谕旨，温弟的儿子纪寿交吏部带领引见，将来无论获得哪项恩典，都是非常光荣。温弟在九原之下也可以稍稍安慰。现派专人送回，以安慰叔父与温弟媳妇的心。

此间诸事平善。刘杰人腾鹤于廿八日在建德之云风岭阵亡①。渠奉札守彭泽，而自请进剿建德，不自量力。其麾下阵亡者至五百余人，此后不能成军矣。普钦堂独当湖口、彭泽②，恐难胜任。如有疏虞，则养素在饶州可危，雪琴在湖口亦可危也。

【注释】

①刘杰人腾鹤：刘腾鹤，字杰人。见前注。建德：清池州府县名，后与东流合并为东至。云风岭：地名。今名云峰岭，在今安徽东至西。

②普钦堂：普承尧，号钦堂。见前注。

【译文】

这边各种事情平安。刘杰人刘腾鹤二十八日在建德县的云风岭阵亡。他奉命驻扎守卫彭泽，却自己请命进剿建德，也是不自量力。他的部下阵亡的，多到五百余人，这以后不能自成一军了。普钦堂独自一人防守湖口、彭泽，恐怕很难胜任。如果有疏忽，那么养素在饶州就危险了，雪琴在湖口也很危险。

今年军事，沅弟缄言"稳扎稳打，机动则发"，良为至论。然"机"字殊不易审，"稳"字尤不易到。余当一一奉为箴言①，与澄弟之缄，常常省玩耳②。

【注释】

①箴言：规谏劝诫之言。

②省玩：玩味以自省。

【译文】

今年军事方面，沅弟信里说"稳扎稳打，机动则发"，确实高明。然而"机"字很不容易明白，"稳"字尤其不容易做到。我会一一奉为良言，和澄弟的信一起，常常玩味以自省。

三月十三日　致澄侯、沅浦、季洪弟书

澄、沅、季三位老弟左右：

温弟忠檩初三自黄州开行，尚未到省，殊深系念。纪寿侄既奉恩旨交吏部带领引见①，其叔父大人诰封，仍当咨部恭领诰轴。盖第二次谕旨中有"着再加恩"字样，"再"字即承前次诰封之旨言之也。请谥一节，不敢再渎②。

【注释】

①恩旨：帝王赐予恩典的圣旨。

②渎：轻慢，亵渎。

【译文】

澄、沅、季三位老弟左右：

温弟的灵柩初三日从黄州启行，还没有到省城，实在令人挂念。纪寿侄子既已奉圣旨交吏部带领引见，那叔父大人诰封，仍然应该咨部恭领诰轴。因为第二次谕旨中有"着再加恩"字样，"再"字就是承接上次诰封的意思说的。请赐谥号一事，不敢再亵渎天听。

澄弟信中变格谶语之说①，兄早虑及之。七年闰五月十七初得谕旨时②，正在白玉堂拆阅，叔父欲将此四字悬匾槽门③，余不甚愿，亦未免中有所忌。然此等大事，冥冥中有主之者④，皆已安排早定。若兄则久已自命，与其偷生而丛疑谤⑤，又不如得所而泯悔憾耳⑥。

【注释】

①变格：改变通常的样式和常规。谶（chèn）语：预测吉凶，可谓日后征兆的话。

②七年：指咸丰七年（1857）。

③槽门：一种类似牌坊兼具照壁功能的门头。

④冥冥：指鬼神暗中起作用。

⑤丛：使……丛生。疑谤：猜疑诽谤。

⑥得所：死得其所。泯：消灭，丧失。

【译文】

澄弟信中变格谶语的说法，为兄我早就想到了。咸丰七年闰五月十七日刚接到谕旨的时候，正是在白玉堂拆阅，叔父想要将这四个字做匾悬挂槽门，我不太愿意，也不免里边有所忌讳。然而这些大事，冥冥中都有天意做主，早就安排好了。至于为兄我则早就已经自命，与其苟且偷生而令怀疑诽谤丛生，又不如死得其所而一无所憾。

　　沅弟问克复景镇作何调遣？目下镇贼狡悍，似难遽克。既克之后，如湖南渐安，萧军复来，则当全力以规皖南。如湖南尚危，萧军留湘，则且休兵以驻湖、彭①。是否有当，俟沅弟来营面商，尚不为迟。

【注释】

①湖、彭：指湖口、彭泽。

【译文】

　　沅弟问克复景德镇之后如何调遣？眼下景德镇贼匪狡猾而强悍，好像很难立即攻克。攻克之后，如果湖南渐渐安定下来，萧军又回来，就应该全力图谋皖南。如果湖南还危险，萧军留在湖南，就暂且休兵驻扎湖、彭。是否恰当，等到沅弟来军营当面商定，也不算迟。

　　纪泽儿问地图六分，可否送一分与文辅卿？此图刻板在新化①，尚属易购，可分一与文也。所论怀祖先生父子解经②，什九着意于假借字。本朝诸儒，其秘要多在此，不独王氏为然。所问各书：《易林》③，长沙蒋氏曾刻过，《汉魏丛书》亦有之④；《逸周书》⑤，杭州卢抱经《丛书》有之⑥；唐石经⑦，陕西碑洞有之⑧，唐开元元年刻字⑨，类欧帖，可托人刷买⑩，郑南侨现官陕西，亦可托也。

【注释】

①新化：县名。清属宝庆府，今为湖南娄底下属县。

②怀祖先生：即王念孙，字怀祖。见前注。

③《易林》：书名。又名《焦氏易林》，西汉焦延寿撰，全书共十六卷。
《四库》将其归为"术数类"，是对《易卦》的演绎之作。

④《汉魏丛书》：书名。明程荣于万历二十年（1592）编刊，是我国第
一部名副其实的以汉、魏人著作为主，专收古经逸史、稗官野乘
之类的大型丛书。

⑤《逸周书》：书名。又名《汲冢周书》，全书共十卷，涉及礼制兵戎
等内容。

⑥卢抱经《丛书》：指卢文弨所刊《抱经堂丛书》。卢文弨（1717—
1795），字绍弓，号矶渔，又号抱经，浙江仁和人。乾隆十七年
（1752）进士，授编修。直上书房，官至侍读学士。乞养归，主讲
钟山、崇文、龙城诸书院。生平喜校书，后取其最精者，著《群书
拾补》，收书三十八种；又汇刻所校书有《抱经堂丛书》，最称
精审。

⑦石经：刻在石上的儒家经典。

⑧陕西碑洞：即今陕西西安碑林。

⑨开元：恐系"开成"之误。唐代石经成于文宗开成二年（837）。译
文从。

⑩刷买：指买拓本。

【译文】

纪泽孩儿问六份地图可否送一份给文辅卿？这套地图的刻板在新
化县，还算容易购买，可以送一份给他。所论王怀祖先生父子解释经
典，十分之九用力在假借字方面。本朝的诸位大儒，学问的关键多在这
里，不只有王氏是这样。所问各书：《易林》，长沙蒋氏曾刻过，《汉魏丛
书》里也有；《逸周书》，杭州卢抱经丛书有；唐石经，陕西碑洞有，唐文宗

开成二年刻字,像欧帖,可以托人买拓片,郑南侨现在在陕西做官,也可以托他。

三月二十三日 抚州军中

澄侯、沅浦、季洪三弟左右:

温弟灵榇于初十到县,十五可到家,至以为慰。又幸叔父能亲笔写字,得纪寿引见恩旨后,必可日就康强①,尤为家庭之福。

【注释】

①日就:日益,日渐。

【译文】

澄侯、沅浦、季洪三弟左右:

温弟的灵柩在初十日到县城,十五日可以到家,很是欣慰。又为叔父能亲笔写字感到幸运,接纪寿引见圣旨以后,一定可以一天天康健起来,尤其是家庭的福分。

凯军在景德镇相持如故。十三日打一小胜仗。十六日二更,贼放火伪遁以诱我①,我军亦未受其害。老营气象如常。湖南每月协饷三万②,因有事停解③。余以萧军之二万五千余请其发给,亦差足相当。"吉"营望沅弟甚切,四月能来为妙。澄弟身常劳苦,心常安逸,最善最善!余近日事亦平顺。以心血太亏,故多忧疑,恒用自警。沅弟劝我规模宜阔④,我可勉而几也;其谓处事宜决断,则尚有未能。用情之厚薄⑤,惟李家赙仪略厚,以渠以厘金济我军已二万余⑥,不可无以酬之。此外皆循旧规耳。

【注释】

①伪遁:假装逃跑。

②协饷:清制,一省的地丁银不够支用,朝廷可使别省拨款协助,此项协助经费称"协饷"。

③停解:停止解送。

④规模:规划。

⑤用情:人情往来。

⑥厘金:即厘税,晚清实行的一种行商税。在水陆要隘设立关卡,征收过往商品百分之一的捐税。厘,"厘"的俗字。

【译文】

凯章一军在景德镇与贼匪相持如故。十三日打了一个小胜仗。十六日二更天,贼匪放火假装逃跑来引诱我军,我军也没有上当受害。老营气象还和往常一样。湖南方面每月协助军饷三万,因为有事情停止解送。我就以萧军所需的两万五千两军饷款项请求湖南方面发放给予,也算差不多可以相抵。"吉"字中营盼望沅弟归来之心非常急切,四月能来最好。澄弟的身体常常辛苦,心却时时安逸,最好最好!我近来事情也平稳顺利。只是因为心血太亏,所以时常忧虑,我也常常提醒告诫自己。沅弟劝我谋划应该宽大,我可以努力做到;至于说处事应该决断,那还是不能完全做到。人情往来的多少厚薄,只有送李家的丧葬礼金稍微丰厚,因为他以厘金接济我军已达二万多两,不能不有所回报。除此之外,都遵循老规矩。

再,芝生前有信,请用大字书格言,兹写挂屏四张寄之。

虽非格言,亦聊以答其殷殷之意①。芝生、罨山皆亲戚中之极可敬爱者②。沅弟在家,所以润泽族戚朋友者③,皆得其当。若能于族戚之读书者更加一番奖劝,暗暗转移风气,人人讲究品学,则我家之子弟随在观感④,不期进而自进。沅弟于此等处曾加体验否?

【注释】

①殷殷:殷切、迫切的样子。

②罨山:葛封泰,字罨山,亦作"亦山"。曾为荷叶塘曾府私塾先生。其姊嫁曾国藩弟曾国华为妻。

③润泽:周济,施恩。

④随在:随处、随地。

【译文】

再有,芝生此前有信,请我用大字写格言,现在写挂屏四张寄给他。虽然不是格言,也可以报答他殷勤期盼的心意。芝生、罨山,都是亲戚中最可敬可爱的人。沅弟在家,所做接济亲戚朋友的事,都很恰当。如果能对亲族的读书人再加一番奖掖和鼓励,暗暗转移风气,人人讲品格和学问,那么我们家的子弟随时随地看到、体会,不必专门要求进步都自有进步。沅弟在这些方面可曾用心体验?

四月二十三日　致澄侯、沅浦、季洪弟书

澄侯、沅浦、季洪三位老弟左右:

日来上游信息何如?闻东安之贼窜至新宁①,江、刘两家被害②,信否?沅弟果起行否?

【注释】

①东安:清属永州府,即今湖南永州东安。新宁:清属宝庆府,即今湖南邵阳新宁。

②江、刘两家:指江忠源、刘长佑两家。

【译文】

澄侯、沅浦、季洪三位老弟左右:

近来上游的信息怎么样?听说东安的逆贼逃窜到新宁,江、刘两家遇害,消息确切吗?沅弟果真启程了吗?

景德镇久未开仗,凯章与铃峰泪难和协。所派屈见田带平江老中营于初八日到湖口①,与雪琴至交。水、陆得渠二人,湖口应可保全。下游张国梁在江北浦口小挫一次,胜帅定远大营亦屡次挫败②。各处军事皆不甚得手。幸雨泽沾足,天心尚顺,当有转机。

【注释】

①屈见田:屈守蟠,字见田,湘军将领。曾带平江老中营。

②胜帅:指负责江北军务的胜保。胜保(?—1863),字克斋,苏完瓜尔佳氏,满洲镶白旗人。道光二十年(1840)举人。咸丰初官内阁学士,帮办军务,旋擢钦差大臣。镇压太平天国北伐军,久战无功,革职戍新疆。不久召还,于豫、皖、鲁镇压捻军。第二次鸦片战争中,在八里桥抗击侵略军,负伤坠马。后以参与祺祥政变,曾为西太后所赏识。同治初以淫贪无功,被责令自杀。定远:清属凤阳府,即今安徽滁州定远。

【译文】

景德镇很久没有打仗,凯章和铃峰难以和谐相处。我所派的屈见田带平江老中营在初八日到湖口,他和雪琴是至交好友。水、陆两方面有他们二人,湖口应该可以保全了。下游张国梁在江北浦口小败一次,胜帅定远大营也屡次遭受挫败。各地方军事都不太顺手。幸好雨水充足,天心还是顺的,应该会有转机。

家中一切,自沅弟去冬归去,规模大备。惟书、蔬、鱼、猪及扫屋、种竹等事,系祖父以来相传家法,无论世界之兴衰,此数事不可不尽心。朱见四先生向来能早起,又好洁有恒,此数事应可认真经理。

【译文】

家里的一切事情,自从沅弟去年冬天回去,规模大体具备。只有书、蔬、鱼、猪及扫屋、种竹等事,是祖父以来相传的家法,无论世界的兴衰,这几件事不可不尽心。朱见四先生一向能早起,又始终有爱干净的好习惯,这些事情他应该可以认真经办处理。

余此次再出,已满十月。论寸心之沉毅愤发,志在平贼,尚不如前次之坚。至于应酬周到,有信必复,公牍必于本日办毕,则远胜于前。惟精神日衰,虽服参茸丸亦无大效。昨胡中丞又专使赠送丸药,服之亦无起色。目光昏花作疼,难于久视。因念我兄弟体气皆弱,澄弟、季弟二人近年劳苦尤甚,趁此年力未衰,不可不早用补药扶持。季弟过于劳苦,尤须节之。沅弟想已启行矣。

【译文】

我这回再次出山,已满十个月。说到内心的深沉刚毅激昂奋发,志在平定贼乱,还不如上次出山时坚定。至于应酬周到,有信一定回复,公文必须在当天办理完毕,那是远比以前好。只是精神日益衰败,虽然服用参茸丸也没有大的效果。昨天胡中丞又专门派人赠送丸药,服用之后也没有起色。目光昏花,两眼疼痛,很难长时间看东西。于是想起我家兄弟身体都弱,澄弟、季弟二人近几年尤其辛苦,趁现在年龄和精力都还不太衰朽,不能不早点儿用补药扶助。季弟过于劳苦,尤其需要节劳。沅弟想必已经启程了。

五月初三日　　致澄侯、季洪弟书

澄侯、季洪两弟左右:

　　沅弟到营,详询家中一切,多所慰喜。

【译文】

澄侯、季洪两弟左右:

　　沅弟来到军营,我详细询问了家中的一切情况,十分安慰欣喜。

　　日内未得南中军报,不知宝庆等处近状何似[1]? 此间诸事如恒。"吉"字中营,朱、唐两营与新添之三营操演颇勤[2],队伍颇整,端节后即令其全赴景德镇会剿。沅弟率之以行,初九、十一或可启行。湘后营刘杰人在彭泽败后,其营现来抚州,留在身边护卫。普承尧在建德大败,其勇多溃走九江,渠暂守彭泽,恐亦不能久驻耳。

【注释】

①何似:何如。

②朱、唐：指朱品隆、唐义训。

【译文】

这几天没得到湖南方面的军情报告，不知道宝庆等地近况怎么样？这边各种事情像往常一样。"吉"字中营，朱、唐两营和新添的三营，操练很勤奋，队伍很整齐。端午节之后就让他们全力赶赴景德镇会剿。沅弟率领全军前往，初九、十一日或可以启程。湘后营刘杰人一军在彭泽失败后，这支军队现在来抚州，留在身边护卫。普承尧在建德大败，他的兵勇很多都溃散逃到九江，他暂时驻守彭泽，恐怕也不能坚持很久。

余身体平安，而怕热异常，出汗甚多。眼蒙如故，不增不减。癣疾较春间稍甚，比之往年则大好矣。

【译文】

我身体平安，但异常怕热，出汗太多。眼蒙照旧，不增不减。癣病较春季逐渐严重，比去年则好很多。

五月初六日　　致澄侯弟书

澄侯四弟左右：

今年以来，贤弟实太劳苦，较之我在军营殆过十倍，万望加意保养。祁阳之贼或可不窜湘乡①，万一窜入，亦系定数②，余已不复悬系。

【注释】

①祁阳：清属永州府，即今湖南永州祁阳。

②定数：气数，命运。宿命论认为国家的兴亡、人世的祸福皆由天命或某种不可知的力量所决定，因称为"定数"。

【译文】

澄侯四弟左右：

今年以来，贤弟实在太辛苦，比我在军营差不多要劳苦十倍，千万要用心保养身体。祁阳县的贼匪或者不会窜入湘乡，万一窜入，也是有气数，我已经不再心悬挂念。

余自去年六月再出，无不批之禀，无不复之信。往年之嫌隙尤悔①，业已消去十分之七八。惟办理军务，仍不能十分尽职，盖精神不足也。贤弟闻我在外，近日尚有错处，不妨写信告我。

【注释】

①尤悔：语出《论语·为政》："言寡尤，行寡悔，禄在其中矣。"指过失与悔恨。

【译文】

我自从去年六月再次出山，没有不批复的禀告，没有不回复的信件。往年的隔膜和过失，已经消除十之七八。只是办理军务，还是不能够十分尽职责，因为精神不足。贤弟听说我近来在外还有什么过错，不妨写信告诉我。

余派委员伍华瀚在衡州坐探①，每三日送信一次，家中若有军情报营，可寄衡城交伍转送也。

【注释】

①伍华瀚：字少海，湖南沅江人。咸丰年间，至江西投曾国藩军。九年（1859），保训导。十年（1860），隶鲍超军。转战各地，屡立军功，官至记名道员。同治元年（1862）秋染疫卒于军，年三十有九。

【译文】

　　我派委员伍华瀚在衡州探听军情，每三天送信一次，家中如果有什么军情报告军营，可以寄到衡州城交给伍华瀚转送过来。

五月十三日　　致澄侯弟书

澄侯四弟左右：

　　贼集宝庆①，官兵将近三万，应足御之。若竟无一匪窜入湘乡，境上也。即有阑入邑界者②，团练堵于前，赵、周、王诸军追于后③，或可无碍。

【注释】

①贼集宝庆：咸丰九年（1859），太平天国翼王石达开由广西攻永州，围攻宝庆。七月中旬，湘军李续宜部在宝庆城外大破太平军，石达开西窜广西。

②阑入：无凭证而擅自进入。后泛指擅自进入不应进去的地方。《汉书·成帝纪》："阑入尚方掖门。"颜师古注引应劭曰："无符籍妄入宫曰阑。"

③赵、周、王：分指赵玉班、周宽世、王人树。咸丰九年（1859），三人领兵在湖南境内剿匪。

【译文】

澄侯四弟左右：

贼匪集结宝庆，官兵将近三万人，应该足以抵挡。如果最终没有一名贼匪窜入湘乡，最好了。即使有闯入我县边界的，团练在前防堵，赵、周、王等人率军在后追剿，应该也没有什么大碍。

此间朱、唐两营，喻吉三、凌荫廷两新营，均于初九日拔赴景德镇。"吉"中营、"岳"字新营①，十一日拔营前进。初九早，九弟在余公馆行释服礼②。三献礼毕③，除服即吉④，天甫黎明，尚属整齐。十一早，九弟起行赴景德镇。十二、三皆大雨，路上甚辛苦也。

【注释】

①"岳"字新营：指张岳龄所率之营。

②公馆：泛指仕宦寓所或公家所造的馆舍。释服：除去丧服，谓除丧。

③三献：古代祭祀时献酒三次，即初献爵、亚献爵、终献爵，合称"三献"。

④除服即吉：脱下丧服，换上吉服，谓孝满复官。

【译文】

这段时间，朱、唐两营，喻吉三、凌荫廷两新营，都在初九日拔营赶往景德镇。"吉"字中营、"岳"字新营，十一日拔营前进。初九日一早，九弟在我公馆里举行释服礼。三献礼毕，脱去丧服，换上吉服，天刚刚亮，还算整齐。十一日早，九弟起程赶赴景德镇。十二、十三日都下大雨，路上很不好走。

下游情形，江北浦口、六合等处，前甚危急，近已获胜仗，军情尚安。胜克斋于四月十二日在天长败挫[1]，其定远老营尚无恙。

【注释】

①胜克斋：胜保，号克斋。见前注。天长：即今安徽天长。

【译文】

下游的情形，江北浦口、六合等地，之前十分危急，最近已经打了胜仗，军情还算平安。胜克斋四月十二日在天长失败，他的定远老营还算安全。

余日内精神困倦，血不养肝。幸刘星房来营，日与邑谈，略觉爽快。星翁老年失明，殊可悯念。幸其子慈民孝廉[1]，博学不倦，克家继起[2]，尚足自娱。弟以公事常不在家，所有书、蔬、鱼、猪及应扫之屋、栽植之竹，须请建四兄勤勤经理[3]，庶不改祖父以来之旧家风也。至嘱至嘱！

【注释】

①慈民：刘星房之子刘慈民。

②克家：指能继承家业。《易·蒙》："纳妇吉，子克家。"孔颖达疏："子孙能克荷家事，故云子克家也。"

③建四：即朱见四，曾府管家。

【译文】

我近日里精神困倦，血不养肝。幸好刘星房来军营，天天和他畅谈，略觉爽快。星翁老年失明，真让人觉得可怜。幸好他的儿子慈民孝廉，勤于治学，能继承家业，还算可以娱亲。弟弟因公事经常不在家，所有书、蔬、鱼、猪和应打扫的屋子、应栽植的竹子，要请朱建四兄勤恳经理，才可不改祖父以来的旧家风。拜托拜托！

五月二十四早　　致澄侯弟书

澄侯四弟左右：

　　萧浚川又至宝庆，大局当不足虑。贼至十万之多，每日需食米千石，需子药数千斤。渠全无来源，粮米掳尽，断无不走之理，可不须大胜仗也。沅弟启行后，日日大雨，甚为辛苦。

【译文】

澄侯四弟左右：

　　萧浚川又到宝庆，大局应该不用担心。贼匪有十万人之多，每天需要吃米一千石，需要耗费子药数千斤。他们完全没有来源，粮食抢尽，绝对没有不离开的道理，可以不须要打大胜仗才能赶走他们。沅弟启程后，天天下大雨，很是辛苦。

　　余右目红疼，不能写小字。前因贤弟夫妇四十寿辰，思写红纸屏一付寄贺。即将平日所称祖父之勤俭孝友、书蔬鱼猪等语述写一编，以为寿序也可①，以为格言也可。因目疾尚未及办，待下次再寄也。叔父处，前年以大事未办寿屏。明年叔母五十晋一，拟请漱六、筠仙为之，弟意以为何如？在界岭等处②，弟亦太辛苦，须常常服补药。保养身体，孝之大端也。

【注释】

①寿序：祝寿的文章。明中叶以后开始盛行。

②界岭：地名。今湖南娄底界岭乡。

【译文】

我右眼红肿疼痛，不能写小字。此前因为贤弟夫妇四十寿辰，想写红纸屏风一副寄贺。就是把平时所说的祖父的勤俭孝友、书蔬鱼猪等语言述写成一篇，当作寿序也可以，当作格言也可以。因为眼睛有病还没来得及写好，等下次再寄了。叔父那里，前年因为大事没有办寿屏。明年叔母五十晋一大寿，我想请漱六、筠仙来写寿屏，贤弟你觉得怎么样？在界岭等地，贤弟你也太辛苦，要常吃补药。保养身体，是尽孝最重要的部分。

六月初四日　致澄侯弟书

澄侯四弟左右：

贺常四到营，接弟信。言早起太晏，诚所不免。吾去年住营盘，各营皆畏慎早起①。自腊月廿七移寓公馆，至抚州亦住公馆，早间稍晏，各营皆随而渐晏。未有主帅晏而将弁能早者也。犹之一家之中，未有家长晏而子弟能早者也。沅弟在景镇，办事甚为稳靠，可爱之至。惟据称悍贼甚多，一时恐难克复。官兵有劲旅万余，决可无碍。季弟在湖北已来一信，胡咏帅待之甚厚，家中尽可放心。

【注释】

①畏慎：戒惕谨慎。《东观汉记·樊准传》："（准）明习汉家旧事，周密畏慎。"北齐颜之推《颜氏家训·教子》："父母威严而有慈，则子女畏慎而生孝矣。"

【译文】

澄侯四弟左右：

贺常四到军营，接到贤弟你的信。说早上起床太晚，确实是不可避免。我去年住营盘，各营都谨慎能早起。从腊月二十七日移住公馆，到抚州也住公馆，早上稍微晚一些，各营都随着渐渐晚起。没有主帅晚起而将士能早起的。好比一家之中，没有家长晚起而子弟能早起的。沅弟在景德镇，办事极为稳当可靠，最是可爱。只有据说强悍的贼匪很多，一时间恐怕很难克复。官兵有精兵一万余人，绝对没有问题。季弟在湖北已经来过一封信，胡咏芝大帅待他很好，家中尽可放心。

家中读书事，弟宜常常留心。如甲五、科三等皆须读书，不失大家子弟风范，不可太疏忽也。

【译文】

家里读书的事，贤弟你也要时刻留心。如甲五、科三等人，都要读书，才不失世家子弟风范，不可太疏忽了。

正封缄间，接奉寄谕，饬令赴蜀剿贼。此时欲去，则景镇之官兵实难遽行抽调；欲不去，则四川亦系要地。尚未定计复奏。兹先将廷寄付回一阅。

【译文】

正要封缄的时候，接到朝廷寄谕，命我赶赴四川剿贼。这时打算去四川的话，则景德镇的官兵实在很难立即抽调；打算不去的话，则四川也是紧要的地方。还没有拿定主意如何上奏。现在先将廷寄寄回家给贤弟一阅。

六月初六日　致沅浦弟书

沅浦九弟左右：

接弟一缄，知贼出大队前来搦战①，我军坚坐不动，反客为主，最为得势。朱、唐、张、喻、凌五营②，究以何营最善战？何营靠得住？湘后营鸟枪极外行，日内方勤操也。

【注释】

①搦（nuò）战：挑战。

②朱、唐、张、喻、凌：指朱品隆、唐义训、张岳龄、喻吉三、凌荫廷。

【译文】

沅浦九弟左右：

接到贤弟一封信，得知贼匪派出大队人马前来挑战，我军安坐不动，反客为主，最是得势。朱、唐、张、喻、凌五人所率领的营队，究竟哪个营最善于作战？哪个营靠得住？湘后营鸟枪极其外行，这几天才辛勤操练。

初四夜接奉廷谕，抄送一阅。此时甚难为计。欲即沂江为夔府之行①，则弟与凯所部之万人自须全数带去，而景镇一松,抚、建必陷②,临江、瑞、袁在在可虞③。是未救无事之蜀省,先失初定之江西。欲不为夔府之行,则川、陕两省尚称完善。保川即所以保陕,早一着即占一分之便宜④,大局亦何可不顾? 特此专使与弟熟商。

【注释】

①泝江:即溯江,顺江水逆流而上。泝,同"溯"。夔府:夔州州治,今重庆奉节。

②抚、建:抚州、建昌。

③临江、瑞、袁:指临江、瑞州、袁州。在在可虞:处处堪忧。

④一着:本谓下棋落一子,亦指行事的一个步骤。

【译文】

初四日晚上接奉朝廷旨意,抄送给贤弟一阅。这个时候很难拿定主意。想要立即溯江而上到夔府去,那么贤弟你和凯章部下的一万人自然须要全部带去,但景德镇的围城一松懈,抚、建一定陷落,临江、瑞、袁,处处堪忧。这是还没救无事的四川省,先失去刚安定的江西。要想不去夔府,则四川、陕西两省还算完好。保卫四川就是保卫陕西,早一着动手就占一分的便宜,大局又怎么能不顾? 为此专门派人和弟弟反复商量。

六月十八日　　致澄侯弟书

澄侯四弟左右:

宝庆久被长围所困,心殊悬悬! 景德镇于十四夜克复,十五日派队跟追。闻浮梁贼尚未退,不知该逆别有诡计否? 沅弟追贼约三日,回营后即谋来抚,将归里,为改葬事也。

【译文】

澄侯四弟左右：

宝庆长期被围困，我实在很担心！景德镇在十四日的夜里收复，十五日派一队士兵跟踪追赶。听说浮梁的逆贼还没有撤退，不知道这股逆贼是否另有诡计？沅弟追剿贼匪大约三天，回营后会立即来抚州，将回家，为了改葬的事。

前奉防蜀之旨，顷已复奏，言兵力太单，难以入蜀，且景镇未克，不可遽行抽动等因。已于十八日拜发。其时不知景镇之即复也。目下之计，大约带兵由长江上泝至荆州、宜昌等处防贼。占荆、宜，则两湖俱难措手。若谕旨必令赴蜀，则须添至二万余人，太少无益也。

【译文】

此前接到防守四川的圣旨，刚已上奏回复，说明兵力太过单薄，很难进入四川，而且景德镇没有攻克，不可立即抽动等原因。奏折已经在十八日拜发。当时不知道景德镇会立即收复。目前的计划，大约带军队从长江上溯到荆州、宜昌等地防贼。贼军一旦占据荆州、宜昌，那湖南、湖北就都难以下手了。如果圣旨一定命令我去四川，军队就必须添加到两万多人，太少是没有用的。

六月三十日　　致澄侯弟书

澄侯四弟左右：

接弟信，惊悉鼎二侄殇逝①，不胜悼惜。三年之内，家中多故，殊难为怀。弟目下总理团务，辛劳之际，尚须宽心，加意保重。

【注释】

①鼎二：曾国潢第四子曾纪淞乳名。殇(shāng)逝：未成年而死。

【译文】

澄侯四弟左右：

接到贤弟你的信，听到鼎二侄子殇逝的消息，我很震惊，非常哀悼惋惜。三年内，家中有很多变故，很难开怀。贤弟你眼下总理团练事务，正是辛苦的时候，还需要放宽心，注意保重身体。

张凯章一军回援，在景镇拔营，计七月底始可还湘。九弟归家办改葬事，亦七月可到。吾拟于七月七日起程，由湖北至宜昌。季弟已由湖口经过，将来抚州，日内尚未到，颇不放心。

【译文】

张凯章一军回援家乡，在景德镇拔营，预计七月底才可以回到湖南。九弟回家办理改葬的事，七月也可以到。我准备在七月七日起程，从湖北到宜昌。季弟已经从湖口经过，将来到抚州，这几天还未到，我很不放心。

七月二十三日　　湖口发

澄侯四弟左右：

予于十六日自江省开船，十七日抵吴城，十九日至湖口。季弟与予同至湖口，二十日先挂帆上黄州矣。雪琴留予在湖口久住。予因所调之湘后营尚在抚州未来,不得不在此少候。又朱、唐等营自景镇调至九江者,皆伤暑多病,亦不得不少为休息。而予亦抱微恙^①,呕吐,两日不能食,拟奏明耽阁十日。

【注释】

①恙(yàng):病。

【译文】

澄侯四弟左右:

我十六日从江西省城开船,十七日抵达吴城,十九日到湖口。季弟和我一起到湖口,二十日先开船上黄州了。雪琴留我在湖口长住。我因为所调的湘后营还在抚州没来,不得不在这里小候。又加上朱、唐等营从景德镇调到九江的,很多都中暑生病,也不得不稍稍休息。而我也得了小病,呕吐,两天不能吃饭,准备上奏说明要耽搁十天。

兹专人回家,寄银二百两,以一百为纪泽儿昏事之用,以一百为五十侄女嫁事之用。仕宦之家,凡办喜事,财物不可太丰,礼仪不可太简。澄弟用财丰俭得宜,所患者,礼仪过于简率耳,宜更酌之。

【译文】

现专门派人回家,寄银子二百两,一百两给纪泽儿结婚用,一百两给五十侄女出嫁用。仕宦人家,凡是办喜事,财物不可太丰厚,礼仪不可太简单。澄弟用财丰俭适宜,我担心的就是礼仪过于简略草率,应该好好斟酌。

八月初五日　九江舟次

澄、沅两弟左右：

宝庆解围，团勇当撤。贼窜祁、衡①，吾邑遂可弛防②。

【注释】

①祁、衡：祁阳、衡州。

②弛防：解除防备。

【译文】

澄、沅两弟左右：

宝庆解围，团练部队应当撤销。逆贼逃窜到祁、衡，我县终于可以放松防备了。

予在湖口住十日，八月初一日至浔阳。耽阁二日，因阻风不克成行。好在上游无事，贼不入蜀，余行虽迟滞，尚不误事。日内守风此间①，可游览庐山近处胜景。朱品隆等各营已由陆路先至黄州。季弟奉胡中丞札，募勇千人，闻初四日自黄州起行归湘。"吉"字中营之饷，到黄州再派人起解②；如已开船北来，则不远解亦可。

【注释】

①守风：等候风。船行水路，以顺风为宜，故须守风。

②起解：地方政府将钱、粮等物解送上级政府。此处指运送军饷。

【译文】

我在湖口住了十天，八月初一日开船到浔阳。耽搁两天，因风阻挡不能行船。好在上游无事,逆贼不进入四川,我行军虽然迟缓,还不至于误事。近日被风困在这边,可以游览庐山附近名胜风景。朱品隆等各营已经从陆路先到黄州。季弟奉胡中丞的手札,招募兵勇一千人,听说初四日从黄州出发回湖南了。"吉"字中营的军饷,到了黄州再派人运送;如果已经开船往北来,那不必远程运送也可以。

先考妣改葬之期已近,果办得到否? 须略置墓田,令守墓者耕之。凡墓下立双石柱,方柱圆首,柱高而远不刻字者,谓之华表;柱矮而刻字者,谓之阙;四柱平立,上有横石二条,谓之"坊"。凡神道碑,有上覆以亭者;有左右及后面皆以砖石贴砌,上盖圆筒瓦者;有露立全无覆盖者。三者随弟斟酌。要之上用螭首①,下用龟趺②,则一定之式,不可改易。公卿大夫之家有隆礼者,于墓门之南立墓表碑,又于极南远处立神道碑,稍简者仅立一碑。二者听弟斟酌。要之宜立于墓门之外。江西立于坟堆之趾,湖南立于罗匡之头③,皆非古法,不可学也。及筑坟结顶④,上年周璧冲结顶最合古法。今京师王公贝勒及品官之家坟茔多用此式,勿以其为吾乡所创见骇闻而不用也。吾之所见如此,望弟细心详酌。

【注释】

①螭(chī)首:传说中一种无角的龙,古代建筑或工艺品上常雕刻其形作为装饰。

②龟趺(fū):龟形碑座。

③罗匡:冢形圆而高,环冢逐土圹,曰"罗匡"。

④结顶：封顶。

【译文】

　　先父母改葬的日期已近，能办得到吗？须购买一些墓田，让守墓的人耕种。凡是墓下建立双石柱，方柱圆首，柱高而远且不刻字的，称作"华表"；柱矮而刻字的，叫"阙"；四柱平立，上面有横石两条的，称作"坊"。凡是神道碑，有上盖有亭子的；有左右和后面都砌砖石，上面盖圆筒瓦的；有露天完全没有覆盖的。三者随弟弟商量决定。总的来说，上头用螭首，下面用龟形石座，那是固定的格式，不可以改变。公卿大夫之家有隆重礼数的，在墓门的南面立墓表碑，又在极南边远处立神道碑，稍微简单的只立一碑。二者随弟弟商量决定。总的来说，关键是应立在墓门之外。江西立在坟堆的脚下，湖南立在罗匡的头部，都不是古法，不能学。至于筑坟结顶，去年周璧冲结顶最符合古法。现在京城王公贝勒及品阶官员家的坟茔多用这种样式，不要因为它是我们家乡所创见骇人听闻而不使用。我的意见就是这样，希望弟细心详细商量。

　　吾于祖、父坟墓祠庙皆未尽心，实怀隐疚。今沅弟能力办之，澄弟能玉成之①，为先人之功臣，即为余弥此阙憾，且慰且感。余此次在外，专了从前未了之事②，而弥缝过失，亦十得七八耳。

【注释】

①玉成：成全，助之使成。

②了：了结。

【译文】

　　我对祖父和父亲的坟墓祠庙都没有尽心，心里实在内疚。现在沅弟能出力办到，澄弟能协助办成，都是先人的功臣，也是为我弥补这项缺憾，我心既安慰又感激。我这次出门在外，专门解决以前没有了结的事情，而弥补过失，也十有七八。

八月十二日　黄州

澄侯、沅浦两弟左右：

叔父病体大愈，是第一庆慰事。澄弟办团，为一邑所服，善起善结，亦极慰也。

【译文】

澄侯、沅浦两弟左右：

叔父的病情大有好转，这是第一值得庆慰的事。澄弟办理团练事务，令一县百姓信服，善始善终，也很欣慰。

余自九江开船，逆风逆水，每日行七八十里。十一日至黄州，胡中丞约为十日之留。官帅奏留余一军共征皖省，大约十七八可奉谕旨。贼踪既不入蜀，余自不必遽赴荆、宜①。在此少停，恭俟后命。除萧、张二军外②，带来共万人。每月需饷六万，拟概求之湖北，胡中丞亦已允许。江西协款三万③，仍以供萧、张二人之半耳。九弟营中，六月分半饷，即日起解，七月分少迟亦解。每队多夫一名，或裁与否，应俟到营面定。

【注释】

①荆、宜：荆州、宜昌。

②萧、张二军：萧启江、张凯章所率领的两支军队。

③协款：即协饷。

【译文】

　　我从九江开船，逆风逆水，每天走七八十里。十一日到黄州，胡中丞约我逗留十天。官帅上奏留我这支军队一起去征战安徽省，大约十七八日可以接到圣旨。逆贼踪迹既不入四川，我自不必匆忙赶往荆、宜等地。在这里稍作停留，恭候朝廷后续命令。除了萧、张两支军队以外，一共带来万人。每月需军饷六万，准备全都请求湖北供给，胡中丞也已经允许。江西协款三万，还是用来做萧、张两军一半的供给。九弟的营中，六月份半饷，即日解送，七月份稍后解送。每队多长夫一名，是否裁掉，应等待九弟到营与我当面商量。

　　沅老近来所办之事无不惬当①。银钱一事，取与均宜谨慎斟酌。闻林文忠三子分家②，各得六千串，每柱田宅价在内，公存银一万，为祀田，刻集之费在外。督抚二十年，真不可及。

【注释】

①惬当：恰如其分，合乎情理。

②林文忠：林则徐（1785—1850），字少穆，一字元抚，号石麟、俟村老人，福建侯官人。嘉庆十六年（1811）辛未科进士。授编修。道光间历江苏按察使、东河总督、江苏巡抚、湖广总督。道光十八年（1838），在湖广厉行禁鸦片烟，并上折议禁烟事。次年，以钦差大臣赴广东，限期命外商缴烟，并在虎门公开销毁。授两广总督。旋因清廷与英夷议和，被革职，谪戍伊犁。二十五年（1845）冬内调，历署陕甘总督、陕西巡抚、云贵总督。二十九年（1849），因病辞官还乡。文宗即位后，起为钦差大臣，赴广西镇

压太平军,行至广东潮州病卒。谥文忠。有《林文忠公政书》、《荷戈纪程》、《信及录》、《云左山房诗文钞》等。

【译文】

沅弟近来所办的事没有不恰当的。银钱一事,拿和给都应谨慎斟酌。听说林文忠公的三个儿子分家,分别得到六千串钱,每柱田宅价格在内。公存银一万,作为祭祀田,刻集的费用在外,做督抚二十年,清贫如此,真不可及。

八月二十二日　致澄侯、沅浦、季洪弟书

澄侯、沅浦、季洪三弟左右:

接沅弟初十日信,到家后办理改葬大事,启土下窆^①,俱得吉期,欣慰无量。余在家疚心之事^②,此为最大。盖先妣卜葬之时^③,犹以长沙有警,不得不仓卒将事^④;至七年二月^⑤,大事则尽可从容料理,不必汲汲以图。自葬之后,吾之心神常觉不安,知我先人之体魄亦当有所不安。此次改葬之后,我兄弟在外者,勤慎谦和,努力王室^⑥;在家者,内外大小,雍睦习劳^⑦,庶可保持家运蒸蒸日上乎。沅弟办理此事,为功甚大,我父母亦当含笑于九原也。

【注释】

①窆(sì):埋棺柩的墓穴。

②疚心:内疚之心。

③卜葬:古代埋葬死者,先占卜以择吉祥之葬日与葬地,称为"卜葬"。

④仓卒：同"仓猝"。将事：从事，行事。

⑤七年：指咸丰七年（1857）。

⑥努力王室：效力于皇家。

⑦雍睦：和睦。习劳：习惯于劳作。

【译文】

澄侯、沅浦、季洪三弟左右：

接到沅弟初十日的信，沅弟到家后办理改葬大事，起坟和下葬，都是好日子，太让人欣慰了。我在家内疚的事，这是最大的。先母下葬的时候，因为长沙还有紧急情况，不得不仓猝了事；到咸丰七年二月，大事就都可以从容处理，不必急于一时。从埋葬以后，我的心神常感到不安，知道我先人的体魄也会有所不安。这次改葬之后，我们兄弟在外面的，要勤勉谨慎谦虚平和，努力为王室效力；在家的里外大小，和睦勤劳，或许可以保持家运蒸蒸日上。沅弟办理这件事，功劳最大，我父母在九泉之下也会含笑。

余至黄州赴鄂，途多逆风，五日尚未抵省。官帅奏蜀中无事，请以吾军会剿皖省，已奉俞允①。吾在鄂应酬数日，仍赴下游。或驻北岸之黄梅，或驻南岸之九江、湖口，现尚未定。吾兄弟数人虽共事一方，然皖中为地极大，贼数极多，事势极难，各有所图，不相妨碍，不必嫌疑。季弟既受胡中丞之知，即竭力图功②，不必瞻顾③。九弟六月半饷已解去，七月饷亦即解，恐当于中途接到。此次既出，今冬似不宜归去。身既在官，则众人观瞻所系，去来不可太轻。

【注释】

①俞允：《尚书·尧典》："帝曰：'俞。'"俞，应诺之辞，后即称允诺为

"俞允"。多用于君主。

②图功:图谋建功立业。

③瞻顾:瞻前顾后。

【译文】

我到黄州赶往湖北省城,路上遇到的多是逆风,五天还没有抵达省城。官帅上奏四川境内无事,请用我军会剿安徽,已奉朝廷允诺。我在湖北省城应酬几天,仍往下游去。或者驻扎在北岸的黄梅,或者驻守南岸的九江、湖口,现在还未确定。我们兄弟几个虽然共事一方,但安徽地域宽广,逆贼的数量很多,形势非常困难,我们各有自己的目标,不至于互相妨碍,也不会有嫌疑。季弟既然已经受胡中丞知遇之恩,就应该尽力建功立业,不必瞻前顾后。九弟一军六月的半饷已经解送,七月的粮饷也将解送,恐怕会在半路上接到。这次出来以后,今年冬天似乎不应该回去。既然已经做官,那就被很多人注目,来去不可以太轻率自由。

澄弟此次办团,名望极好,甚慰甚慰! 家中有当应酬周到之处,望澄弟随时告知。至嘱!

【译文】

澄弟这次办理团练事务,名声极好,甚慰甚慰! 家中有要应酬周到的地方,希望澄弟随时告诉我。千万记得!

八月二十九日　　武昌

澄侯四弟左右:

袁漱六亲家之胞弟袁铙庵自松江归来①,将我京中书籍概行带送湘乡②，实为可感。前由京搬至松江，此次由松搬至湘乡，共万余里，吃尽辛苦。到我家时，望加意款待③，至要至要！其书交纪泽细心清厘④。此外尚有存松之书并营中之书，将来开单再清也。

【注释】

①袁镇庵：袁万瑛，号镇庵。曾国藩亲家袁芳瑛之弟。松江：清代府名，即今上海松江。

②概：大体，大略。

③加意：格外用心。

④清厘：清查，清理。

【译文】

澄侯四弟左右：

现有袁漱六亲家的胞弟袁镇庵从松江回来，将我京城的书籍全都带回送往湘乡，实在令人感动。此前从京城搬到松江，这次由松江搬到湘乡，路途共有万里，受尽辛苦。到我们家时，希望用心款待，千万千万！书交给纪泽细心整理。此外还有存在松江的书和军营的书，将来开清单再整理。

十月初四日　巴河军次

澄侯四弟左右：

沅弟到营，得闻家事之详。近日婚嫁两事皆已完毕，可少休息。

【译文】

澄侯四弟左右：

沅弟到达军营，详细听他说了最近家里的事。近来婚嫁两件事均已完毕，贤弟可以稍微休息。

吾于二十八日自黄州归，接奉寄谕。以湖北大举征皖，恐其驱贼北窜。吾细察湘勇柔脆，实难北征。一渡淮水，共食麦面，天气苦寒，必非湘人所能耐。拟于日内复奏，陈明楚军所以不能北行之故。湖南樊镇一案①，骆中丞奏明湖南历次保举一秉至公，并将全案卷宗封送军机处。皇上严旨诘责，有"属员怂恿，劣幕要挟"等语②，并将原奏及全案发交湖北，原封未动。从此湖南局面，不能无小变矣。

【注释】

①樊镇一案：指湖南永州镇总兵樊燮一案。骆秉章因左宗棠之议，
　上奏参劾樊燮贪污骄纵，最终罢免其总兵职务。

②怂恿(sǒng yǒng)：从旁劝诱鼓动。

【译文】

我在二十八日从黄州回来，接奉寄谕。从湖北大举征讨安徽，恐怕会驱赶贼匪向北逃窜。我仔细观察湖南兵勇柔而脆弱，实在难以北征。一旦渡过淮水，吃麦做的面食，天气苦寒，一定不是湖南人所能忍受的。准备几天内回复上奏，说明楚军之所以不能北征的原因。湖南樊总兵一案，骆中丞奏明湖南多次保举，向来秉持公平的原则，并将全案卷宗封送到军机处。皇上严旨斥责，有"属员怂恿，劣幕要挟"等话语，并将原奏及全案发交湖北，原封不动。从此湖南的局面，不能没有小变化了。

余身体平安，惟目疾久不痊愈，精神意兴日臻老态^①。所差堪自信者^②，看书看稿犹能精细深入；每日黎明即起，不敢隳祖、父之家风^③，足以告慰。

【注释】

①臻（zhēn）：增加，加重。

②差（chā）堪：勉强可以。差，略微。堪，可以。

③隳（huī）：毁坏。

【译文】

我身体平安，只有眼病长期不好，精神头日益显出老态。稍稍可以自信的是，看书看稿还能够精细深入；每天黎明就起来，不敢毁坏祖父和父亲以来的家风，足以告慰我祖我父地下之灵。

十月十八日　　致澄侯弟书

澄侯四弟左右：

泽儿及侄女两场喜事，办理尽善。慰谢慰谢！

【译文】

澄侯四弟左右：

泽儿和侄女两场喜事，办理得很好。深表感谢！深表感谢！

我祖星冈公第一有功于祖宗及后嗣，有功于房族及乡党者，在讲求礼仪，讲求庆吊^①。我父守之勿失。叔父于祭礼亦甚诚敬。贤弟若能于“礼”字详求，则可为先人之令子②；若于族戚庆吊时时留心，则更可仪型一方矣③。余于军中之钱不愿寄回，而后辈昏嫁及亲族事之最要者，则当略寄。南五舅父处，余必寄贺信并寄薄礼。其它有应点缀之处，望弟付信来告。

【注释】

①庆吊：庆贺与吊唁。

②令子：犹言佳儿。令，善，美好。

③仪型：做楷模，做典范。

【译文】

我祖父星冈公第一有功于祖先到后代，有功于族人和乡亲的，在于讲求礼仪，讲求庆贺和吊唁。我父亲保持家风没有丢失。叔父在祭祀礼仪上，也很诚敬。贤弟你若能在"礼"字上详细讲求，就可以成为先人的肖子；如果对亲族庆吊时时留心，就更可以做一方的楷模了。我在军队里不希望多寄钱回家，然而后辈婚姻嫁娶和亲戚红白喜事庆吊这类最重要的事，就应当稍微寄一些回去。南五舅父那里，我一定会寄祝贺信以及薄礼。其他有应该点缀的地方，希望贤弟你写信来告诉我。

知家中用度日趋于奢，实为可怕。兄并无私意见也。男婚女嫁，以似以续①，阖家之庆，还为弟贺焉。

【注释】

①以似以续：语出《诗经·周颂·良耜》。以继续繁衍。

【译文】

听说家中用度日益趋于奢侈，实在是可怕。为兄我并没有私心。儿女婚嫁，繁衍子孙，是全家的幸福，要为弟弟祝贺。

十一月初三日　致澄侯、沅浦弟书

澄侯、沅浦两弟左右：

自余于巴河拔营，沅浦于次日登舟，计此信到家，沅弟亦抵里门矣①。

【注释】

①里门：闾里的门。古代同里的人家聚居一处，设有里门。

【译文】

澄侯、沅浦两弟左右：

自从我在巴河拔营，沅浦在第二天登船，估计这封信到家的时候，沅弟也到家门口了。

余拔营后长行七日。十一月初三日至黄梅，驻扎城外，距太湖百二十里。

【译文】

我拔营后长途跋涉走了七天。十一月初三日到黄梅，驻扎在城外，距太湖一百二十里。

太湖贼约三四千，被我兵万五千人四面环围，城贼极为穷蹙。所虑者，四眼狗率党来援①，或有变动。否则，太湖年内可克。余暂驻梅邑②，细察地势，再行前进。

【注释】

①四眼狗：清军对太平天国名将陈玉成的辱称。

②梅邑：此指黄梅。

【译文】

太湖贼军约三四千人，被我军一万五千人四面包围，城里的逆贼形势极为困窘。所担心的是，四眼狗率领党羽来援助，可能会有变化。否则，太湖年内可以攻克。我暂时住在梅邑，仔细观察下地形，再行前进。

日内癣疾大作，目亦极蒙，幸精神如常，每日竭力支撑，不甚懈怠。

【译文】

这几天癣病大肆发作，眼睛也很蒙，幸亏精神如常，每天竭力支撑，不很懈怠。

河南捻匪日以猖獗①。皖南宁国屡次败挫②。六合大营被四眼狗攻陷。扬州近又被围，气机殊未转耳。

【注释】

①捻匪：捻军。清代咸丰、同治年间，活动于安徽、江苏北部和山东、河南等省边境的农民起义军。

②宁国：府名。清为宁国府，现为安徽宣城下属县级市，地处安徽省东南部，是皖南山区之咽喉。

【译文】

河南的捻匪日益猖獗。安徽南部的宁国屡次战败。六合大营被四眼狗攻陷。扬州最近又被包围，气机实在没有好转。

十一月十四日　　宿松军次

澄侯、沅浦两弟左右：

余于十三日拔营至宿松。一入皖境，百姓望若云雨，爆竹欢迎，不知兵力果足以庇之否？十月十七日会奏一折，圣意不以为然，朱批驳斥。保举一单，武职全准，文职交部核议。将来必有驳者。如黄南坡、石芸斋、何廉昉等均属可虞①。即李筱泉久未得保，亦不知可允准否？向来从未交部，此次将文武官阶分类，遂尔歧视，想别有所因也。若部文速来，于其驳诘者仍当再请，但恐迟耳。

【注释】

①石芸斋：石景芬(1797—1874)，字志祁，号云斋，江西乐平人。道光元年(1821)中举，次年中进士，改庶吉士，历官工部主事、员外郎、平凉府知府、权安肃道道员、金华知府、四川盐茶道、皖南兵备道等职。咸丰年间，石景芬曾倡练乡兵，参与围剿太平军，攻占景德镇，督饶州府团练。曾主讲濂溪书院，主修《饶州府志》。著有《诵清阁文钞》、《长城金镜》。何廉昉：何栻(1816—1872)，字廉昉，号悔余，别号壶园主人，江苏江阴人。道光二十五年(1845)进士，咸丰六年(1856)任建昌知府，后成为曾国藩的幕僚，同治元年(1862)任吉州知府。工诗古文，善书，兼能画山水。作品有《悔余庵文稿》、《悔余庵诗稿》、《南塘渔父诗钞》、《闻和见晓斋初稿》等。

【译文】

澄侯、沅浦两弟左右：

我在十三日拔营到宿松。一进入安徽境内，老百姓像久旱盼望云雨一样，放爆竹欢迎我们，不知道兵力能不能足以保护他们？十月十七日会奏一折，皇上不赞同，朱批驳斥。保举一单，武官全部批准，文职交部核实意见。将来一定会有驳回的。如黄南坡、石芸斋、何廉昉等均属于令人担忧的。而李筱泉长期没有得到保举，也不知道是否可以批准？向来没有交部审议，这次将文武官阶分类，于是被歧视，我想其中一定有原因。如果部文很快下来，对驳回的我仍然会再次请求，只是怕要迟一些。

沅弟带回之银，请以二百为温弟祭田之助，五百为湘乡忠义祠捐项。凡家中应酬之需，如有应在十两以上者，可写信由营中寄送，少者则家中自送。

【译文】

沅弟带回家的银子，请用其中二百为温弟祭田的费用，五百为湘乡忠义祠捐款。凡是家中应酬所需要的，如果有花费在十两以上的，可以写信来，由营中寄送，少于十两的就家里自己送礼。

余今年癣疾大发，与道光廿六年相仿佛①，目疾亦日以增甚，老境大臻。在外往年未了之事，现已渐次清厘，略有归宿。李筱泉所办报销，今冬可毕。

【注释】

①道光廿六年：即 1846 年。

【译文】

我今年癣病大发作，与道光二十六年差不多，眼病也一天比一天加重，人真是老了。在外往年未了结的事，现在已逐渐清理，大致有结果。

李筱泉所办理的报销一事,今年冬天可以做完。

十一月二十四日　致澄侯、沅浦弟书

澄侯、沅浦两弟左右:

接沅弟岳阳楼下一缄,藉悉一切。叔父大人肝火甚旺,不知沅弟归后劝之少解否?

【译文】

澄侯、沅浦两弟左右:

接到沅弟在岳阳楼下发的一封信,借以知晓一切。叔父大人肝火很旺,不知道沅弟回家后劝他老人家稍稍和缓些没?

下游四眼狗闻将以本月之杪来援太湖①,多、鲍各军颇形惊慌②,须派五六千人往太湖助之。但系打行仗,老营仍扎宿松不动耳。

【注释】

①杪(miǎo):末。

②多、鲍:指多隆阿和鲍超。多隆阿(1818—1864),字礼堂,呼尔拉特氏,满洲正白旗人。咸丰三年(1853)以骁骑校从胜保镇压太平天国北伐军。后从都兴阿转战湖北、安徽,协同曾国藩军作战,屡立战功。同治元年(1862)督办陕西军务,官至西安将军。死谥忠武。鲍超(1828—1886),字春霆,四川奉节人。初从广西提督向荣,后隶湘军水师,以勇敢善战,累擢至参将。咸丰六年(1856)后,改领陆军,所部称"霆军",为湘军主干之一。与太平

军转战于湖北、江西、安徽、江苏、浙江、广东等省。官至提督,封子爵。后又与淮军共同镇压捻军。永隆河之战,使东捻军损失甚重。旋称病离军。卒谥忠壮。

【译文】

下游四眼狗听说将在本月尾来援助太湖,多、鲍各部队颇显惊慌,须派五六千人去太湖助战。但是这属于打进攻战,老营仍驻扎在宿松不动。

付去银五十两,送霞仙家赙仪。以后应致情之处①,请澄侯斟酌一数目更好。

【注释】

①致情:送礼以表达情意。

【译文】

寄去银子五十两,送给霞仙家作丧仪。以后应人情往来的地方,请澄侯斟酌一个数目为好。

科三之字大有长进,甚慰甚慰! 第不知甲五近尚读书否?

【译文】

科三写的字大有进步,甚慰甚慰! 只是不知道甲五最近还在读书么?

泽儿问横笔礫法①,如右手掷石以投人,若向左边平掷则不得势,若向右边往上掷,则与捺末之磔相似。横末之磔亦犹是也。《化度寺碑》磔法最明^②,家中无之。《张猛龙碑》、《同州圣教》磔法亦明^③,可细阅。沅弟于字用功最深,曾留心磔法否?

【注释】

①磔(zhé):汉字书法之一,右下方的捺笔。

②《化度寺碑》:全名为《化度寺故僧邕禅师舍利塔铭》,是唐朝贞观五年(631)所立,由欧阳询书写。

③《张猛龙碑》:全名为《鲁郡太守张府君清颂碑》,北魏正光三年(522)所立,佚名所写。《同州圣教》:全名为《大唐故翻经大德益州多宝寺道因法师碑文并序》,隋大业四年(608)所立,由欧阳通所写。

【译文】

泽儿问横笔的磔法,就像右手拿石头掷人,如果向左边平抛就达不到效果,如果向右边往上扔,就与捺末的磔相似。横末的磔法也是这样。《化度寺碑》的磔法最明显,家中没有。《张猛龙碑》与《同州圣教》的磔法也很明显,可以仔细看看。沅弟在写字上面用功最深,曾留心磔法吗?

十二月二十四日　致澄侯、沅浦弟书

澄侯、沅浦两弟左右:

十五日接弟信,知沅弟初一日移新宅,贺贺!吾弟以孝友之本,立宏大之规,气魄远胜阿兄。或者祖父之泽,得吾弟而门乃大乎!

【译文】

澄侯、沅浦两弟左右：

十五日接到弟弟的信，知道沅弟初一日搬新宅，祝贺祝贺！我沅弟以孝友为根本，立宏大的规模，气魄远胜我。或许我祖我父的恩泽，有我沅弟而得以光大门楣！

日内警报频闻，援贼四眼狗纠合捻匪宫瞎子带五六万人来援①，鲍超扎小池驿御之，已在太湖之前四十里。蒋之纯扎龙家凉亭②，多都护扎新仓③，相去各十里内外。廿二日开仗，我军先获大胜，穷追二十余里，因遇伏而小挫。太湖城外留唐义渠一军三千四百人，太形单薄。余派前帮十营六千人前往助扎，派朱云岩、李申夫统领④。不知前敌多、鲍等军，果站得住否？余在宿松，身边仅四千三百人。除"吉"中、"吉"左之外均不甚可恃，心殊焦灼。萧浚川奉旨调赴黔、蜀，希庵亦以母病不来。统将乏人，不知所以为计。

【注释】

① 宫瞎子：即"龚瞎子"龚得树（？—1861），又称"龚得"，安徽亳州雉河集人。粗通文墨。与张乐行等起事，在捻军中足智多谋，称"龚先生"。后为白旗总目。咸丰六年（1856）在宿州大败清军。竭力主张与太平天国联合，并配合陈玉成、李秀成作战，咸丰十一年（1861）在湖北罗田松子关作战时阵亡。因其目若近视，而夜能见物，众呼为"龚瞎子"。

② 蒋之纯：蒋凝学（？—1878），字之纯，湖南湘乡人。咸丰初，在籍治乡团。五年（1855），从罗泽南克武昌，奖国子监典簿。随后转战各地，屡立战功。尤以在鄂、皖边境遏制苗沛霖、陈得才而功

绩显著。同治年间，曾应陕甘总督杨岳斌、山西巡抚刘蓉之邀，
进军甘陇。光绪元年（1875），官至陕西布政使。光绪四年
（1878）病卒。赐恤，赠内阁学士。龙家凉亭：地名。在安徽太
湖，距新仓镇十余里。

③多都护：即多隆阿。见前注。新仓：地名。即今安徽安庆太湖新
仓镇。

④朱云岩：朱品隆，号云岩。见前注。李申夫：李榕（1819—1889），
原名甲先，字申夫，四川剑州人。道光二十六年（1846）举人，咸
丰二年（1852）进士，改翰林院庶吉士，转礼部主事。咸丰九年
（1859），曾国藩奏调湘军营务，因军功授浙江盐运使、湖北按察
使、湖南布政使。同治八年（1869），坐事罢归，主剑州兼山书院
和江油登龙书院、匡山书院讲席以终。有《十三峰书屋全集》留
传于世。《清史稿》有传。

【译文】

这几天多次听到警报，逆贼援军四眼狗纠合捻匪宫瞎子带五六万
人来援助，鲍超驻扎在小池驿抵御，已在太湖之前四十里。蒋之纯驻扎
龙家凉亭，多都护驻扎在新仓，相距各在十里之外。二十二日开战，我
军先获大胜，穷追二十里，因为遇到伏兵而小败。太湖城外留唐义渠一
军三千四百人，太显单薄。我派前帮十营六千人前去帮助驻守，派朱云
岩、李申夫统领。不知道在前线的多、鲍等军，能不能站得住？我在宿
松，身边只有四千三百人。除“吉”中、“吉”左之外都不太可靠，心里很
焦急。萧浚川奉圣旨调往贵州、四川，李希庵也因为母亲有病没来。这
边缺少统领大将，不知道怎么办。

余癣疾大发，为十余年所仅见。夜不成寐，幸温书未甚
间断耳。

【译文】

　　我的癣病大肆发作，是十多年来所仅见得。晚上睡不好，幸好读书并没有太间断。

咸丰十年庚申

正月初四日　致澄侯、沅浦弟书

澄侯、沅浦两弟左右：

　　除夕接两弟家书并纪泽儿一禀，欣悉家中四宅平安。惟叔父病未全愈，至以为念。

【译文】

澄侯、沅浦两弟左右：

　　除夕接到两位贤弟的家信以及纪泽儿一封请安信，很高兴地获知家中四宅平安。只是叔父病还没有完全好，最让人挂念。

　　沅弟移居后，新屋气象闻尚宏敞，不知居之适意否？凡屋有取直光者，有取斜光者，有取反光者。闻新屋极高而天井不甚阔①，则所取皆直光矣。未、申以后②，内室尚不黑暗否？装修及制器殊不易易，颇有头绪否？余在此望沅弟来甚切，而恐弟应办之事皆未办妥，不敢遽催。

【注释】

　　①天井：宅院中房子和房子或房子和围墙所围成的露天空地。
　　②未、申：指未刻、申刻。

【译文】

沅弟搬家后，听说新房子气象还算宏大宽敞，不晓得住起来是否舒适？凡是房屋采光，有取直射光的，有取斜射光的，有取反射光的。听说新屋非常高而天井不太宽，那所采的都是直射光线了。午后未、申二时以后，内室是否还不很黑呢？装修和置办家具，不是很容易的事，已有头绪么？我在这里非常急切地盼望沅弟过来，但担心弟弟应办的事都还没有办好，不敢马上催促。

前敌多、鲍、蒋三军自腊月廿二大战后[1]，贼于廿四、六等日包围鲍营，廿七日遂长围鲍营，层层包裹。"霆"左营四面皆合，水米文报不通。幸定心坚守几日，廿九日贼解围，少退五里以外。除日多都护另派精选前营扎于"霆"左营之垒，而令"霆"左弁勇暂入鲍之中军休息数日。从此，前敌应稍安稳。

【注释】

①多、鲍、蒋：指多隆阿、鲍超、蒋之纯。

【译文】

在前线战斗的多、鲍、蒋三支军队自腊月二十二日大战后，贼军在二十四、二十六等日包围鲍军营盘，二十七日就用包围圈包围鲍营，层层包裹。"霆"字左营四面都被包围，不通水米文报。幸亏意志坚定地坚守数日，二十九日贼军解围，稍稍退后到五里以外。除夕当天多都护另派精选前营驻扎在"霆"字左营的阵地，而让"霆"字左营的将士暂时进入鲍军中营休息几天。从此，前线应当稍稍安稳了。

余自去冬以来癣疾大发。目蒙异常，而应办之事未甚间断。新年军事紧急,少为将息^①,除公事外不敢多作一事也。纪泽儿所论八分不合古义,至欲来营省觐^②,余亦思一见。沅弟来时可带纪泽来,展谒一次^③,住营一月,专人送归。

【注释】

①将息:调养,休息。

②省觐:探望父母或其他尊长。

③展谒(yè):敬辞。指拜见、拜谒。

【译文】

我自从去年冬天以来癣病大肆发作。眼睛异常昏花,而应办的事并没有间断。新的一年军事紧急,稍微休息一下,除了公事以外不敢多做一件事。纪泽儿所说八分不符合古义,要到军营看望我,我也想见见他。沅弟来的时候,可以带纪泽一起来,展拜一次,在军营住一个月,再派专人送回家。

正月十四日　致澄侯、沅浦弟书

澄侯、沅浦两弟左右:

得沅弟及纪泽信,欣闻叔父大人身体平安,从此当日臻康胜矣。

【译文】

澄侯、沅浦两弟左右:

接到沅弟以及纪泽的信,很高兴听说叔父大人身体平安,从此应该日益康健了。

　　余于除夕、元旦添派护军长胜军及湖口调来之平江营赴太湖城外，抽出唐义渠之"训"营赴前敌小池驿等处。初六日甫到，一面修垒，一面出队打仗，破贼垒二座，少顷败回。"训"营新垒三座被贼攻陷，军械帐棚全失。由是贼氛愈炽，日夜围攻鲍营。鲍部三千五百人，伤亡千余，只能守墙，不能出打。每遇贼偶松一隅时，即出队挑水运柴，少顷复来合围。军士不眠者多，不食者亦常有之。

【译文】

　　我在除夕和元旦添派护军长胜军以及湖口调来的平江营赶赴太湖城外，抽出唐义渠的"训"字营赶赴前敌小池驿等处。初六日才到，一方面修堡垒，一方面出队打仗，攻破贼垒两座，一会儿又战败撤回。"训"字营三座新垒被贼寇攻陷，军械帐棚全部失去。因此，贼寇气焰越来越嚣张，日日夜夜围攻鲍营。鲍部三千五百人，伤亡一千多，只能防守围墙，不能出去打战。每次遇上贼寇偶尔放松进攻某个角落时，立即派出队伍挑水运柴，不一会儿贼军又来包围。军士们不睡觉的时候多，不能吃饭的情况也是经常有的。

　　十一日胡中丞所派之金逸亭、余会亭军从潜山山内打出[1]，攻贼之背，大获胜仗，杀贼三千。是夜小池驿之贼分一半去御金军，从此鲍军庆再生矣。方围鲍极急时，余派宿松之"吉"中二营、"吉"左营、太湖之湘前强中营、湘后二营去新仓、小池等处助打行仗，以救鲍军。十三早甫经成行后，即闻金、余捷音，计大局应可安稳耳。

【注释】

①金逸亭：金国琛（1809—1866），字逸亭，江苏江阴人。咸丰中以诸生从罗泽南军，旋从李续宾攻下潜山、太湖。十年（1860），在小池驿败陈玉成，解鲍超之围，再破潜山、太湖。同治元年（1862）又力战解南阳围。光绪初官至广东按察使。余会亭：余际昌（？—1863），湖北谷城人。出身行伍。咸丰、同治间参与镇压太平军、捻军。官至河南河北镇总兵。后中伏重创死。谥威毅。

【译文】

十一日，胡中丞所派的金逸亭、余会亭军从潜山打出来，攻击敌人的背后，大获胜利，杀敌三千。这天夜里小池驿的贼军分一半人去抵御金军，从此鲍军庆幸又有生机了。当鲍军被围困的最危急时候，我派宿松的"吉"字中二营、"吉"字左营、太湖的湘前强中营、湘后二营到新仓、小池等地助战，以救鲍军。十三日早刚刚成行后，马上听到金、余二人获胜的喜讯，估计大局应该可以安稳了。

胡帅与我相距二百六十里，每日通信一二次不等。除初派鲍军扎小池，余意见不合力争数次外，其余事事相合。季弟在太湖亦日日通信。

【译文】

胡帅和我相距二百六十里，每天通信一两次不等。除了一开始派鲍超一军驻扎小池驿，我意见不合，力争了几次之外，其余的事，都能想到一块儿去。季弟在太湖，也天天通信。

癣疾比去冬略好，惟目光眵昏①，日甚一日。云仙出使山东，竟被参劾，闻部议降级留任，今春必南旋矣。

【注释】

①眵（chī）昏：目多眵而昏花。眵，俗称"眼屎"，亦称"眵目糊"。

【译文】

癣病比去年冬天稍有好转，只是老眼昏花，一天比一天严重。云仙出使山东，竟被参奏弹劾，听说部议将他降级留任，今年春天一定会回南方。

正月二十八日　致澄侯、沅浦弟书

澄、沅两弟左右：

多都护于二十五日出队诱贼，业已破贼二垒。贼以大队猛扑，多部败退，贼追十里。唐、蒋各部齐出接应①，鲍亦猛进，多亦回杀，贼遂大败，凶悍者伤亡二三千人。廿六日我军乘胜进攻，五军出满队②，凡万八千人，排列而进，破贼垒六十余里。垒内火药甚多，草棚甚密。火毬所着③，登时轰发④，狂风旋转，巨火烛天⑤。山谷之间，人马仓卒难逃，多被烧死。牲粮衣物，一炬焦土⑥。杀贼亦实有三四千人，仅有三垒未破。四眼狗于是夜逃去，三垒亦逃，太湖县之贼亦逃，即将城池克复。此次大捷，实足寒逆胆而快人心。沅弟虽不在营，而中军"义"字两营连破贼垒，亦极有功。季弟在太湖克复一城，志亦少纾⑦。特此飞告，俾沅弟放心。目下不必遽思回营。一则叔父病尚未痊，老宅之事须沅妥为料理;一则九弟妇体气不旺,新第之事亦须粗立纪纲⑧。待四月初来营可也。

【注释】

①唐、蒋:指唐义渠、蒋之纯。

②出满队:全员出队。

③着:触碰。

④登时:立即,立刻。

⑤烛天:火光冲天,照亮天际。

⑥一炬焦土:一把火烧成灰烬。

⑦少:稍,略。纾(shū):内心郁结之情得以舒散。

⑧粗立纪纲:大致确立规矩、规模。

【译文】

澄、沅两弟左右:

多都护在二十五日派出队伍引诱贼匪,已经攻破贼匪两座堡垒。贼匪以大部队猛扑,多都护的部队败退,贼匪追了十里。唐、蒋各部都出来接应,鲍部也猛烈进攻,多部也返回杀敌,于是贼匪大败,凶悍的伤亡二三千人。二十六日我军乘胜进攻,五军倾巢而出,共有一万八千人,排列而进,攻破贼垒六十多里。贼匪垒内火药很多,草棚很密。火球击中的地方,顿时起火,狂风旋转,巨火照亮天空。山谷之间,人马仓猝难以逃走,多被烧死。牲口粮食衣物,一把火烧成焦土。杀贼也确实有三四千人,只有三个堡垒没有攻破。四眼狗在当晚逃走,三座堡垒的贼匪也逃了,太湖县的逆贼也逃了,我军立即将城池攻克。这次大胜,实在足以让逆贼胆寒而大快人心。沅弟虽然不在军营,而中军“义”字两营连续攻破贼匪的堡垒,也有很大的功劳。季弟在太湖攻克一座城,也稍稍得志。特此飞快告知,让沅弟放心。眼下不要考虑立即回营。一来叔父病还没好,老宅的事情需要沅弟妥善料理;二来九弟媳妇身体不好,新屋的事也要初步确立大致格局。等到四月初来营就可以。

二月初八日　　致澄侯、沅浦弟书

澄侯、沅浦两弟左右:

　　接来信,痛悉叔父大人于十九日戌刻弃世①,哀痛曷极!自八年十一月闻温弟之耗②,叔父即说话不圆③,已虞其以忧伤生。叔父生平外面虽处顺境,而暗中却极郁抑,思之伤心。此次一切从丰,两弟自有权衡。丧礼以哀为主,丧次以肃静为主④。余于闻讣之第二日进公馆设位成服⑤,拟素食七日,素服十四日,仍行撤灵入营。季弟拟请假回籍,余嘱其来宿松灵前行礼。

【注释】

①弃世:离开人世。人死的婉词。

②八年:指咸丰八年(1858)。耗:噩耗,凶信。多指人死的消息。

③说话不圆:说话不利索,不完整。

④丧次:指停灵治丧的处所。

⑤设位:设灵位。成服:旧时丧礼大殓之后,亲属按照与死者的关系亲疏穿上不同的丧服,叫“成服”。

【译文】

澄侯、沅浦两弟左右

　　接到来信,悲痛地听到叔父大人在十九日戌刻离世的消息,哀痛至极!自从咸丰八年十一月听到温弟亡故的噩耗,叔父就说话都说不好了,已料到他因为忧伤毁坏身体。叔父生平外面看上去虽然顺境,但私下里内心却非常压抑,想想就令人伤心。这次葬礼一切从丰,两位贤弟一定有所权衡。丧礼以悲哀为主，治丧处所以肃静为主。我在听到叔父去世消息的第二天，进公馆设灵位穿孝服，打算吃七天素食，穿十四天丧服，然后再撤去灵堂，回到军营。季弟打算请假回家，我嘱咐他来宿松灵位前行礼。

　　沅弟言新第不敢再求惬意，自是知足之言，但湿气一层不可不详察。若湿气太重，人或受之，则易伤脾。凡屋高而天井小者，风难入，日亦难入，必须设法祛散湿气，乃不生病。至嘱至嘱！

【译文】

　　沅弟说新屋不敢再求舒适惬意，这自然是知足常乐的话，但湿气这方面不能不仔细考虑。如果湿气太重，人万一被湿气所侵，就容易伤脾。凡是屋子太高而天井太小的，风很难进来，阳光也很难进来，必须设法祛散湿气，才不会生病。切记切记！

二月二十四日　致澄侯、沅浦弟书

澄侯、沅浦两弟左右：

　　季弟之"恒"字二营，吾与润公皆不欲其来太湖[①]。弟于正月六日勉强自来，幸遇机缘，太湖克复，同奏肤功[②]。兹湘恒营同围安庆[③]，余亦不甚放心，而季弟自觉甚有把握，故遂令之同行。既已立营，则不能不望其少立功绩也。

【注释】

　　①润公：指胡林翼。

②肤功：亦作"肤公"，大功。《诗经·小雅·六月》："薄伐猃狁，以
　　奏肤公。"毛传："肤，大；公，功也。"

③湘恒营：曾国藩季弟曾国葆所率领的营队，名"湘恒营"。

【译文】

澄侯、沅浦两弟左右：

季弟的"恒"字二营，我和润公都不想让他们来太湖。季弟在正月
六日自己勉强来了，幸好遇到机缘，收复太湖，共立大功。现在湘恒营
参与围攻安庆，我也不太放心，但季弟自己觉得很有把握，所以就让他
同行。既然已经立营，就不能不希望他稍稍立下功绩。

自克复潜、太二邑，袁午帅克复凤阳①，翁中丞大破炉
桥②，皖北军事大有起色。不料皖南徽、宁二府连陷六州县，
浙江亦失去三县，杭省及湖州府危急之至。罗中丞奏请余
率楚军往援③，即使奉旨允准，亦缓不济急矣。金陵大营正
在十分得手之际，而南则有浙江之变，北则清江浦失守④。
一波未平，一波复起，殊深焦灼。

【注释】

①袁午帅：袁甲三，字午桥。见前注。

②翁中丞：翁同书（1810—1865），字祖庚，号药房，江苏常熟人。翁
　　同龢兄。道光二十年（1840）进士，授编修。咸丰间佐江北大营
　　军事。官至安徽巡抚。以对捻军作战失利罢官，戍新疆。留甘
　　肃军营办事。于营中病卒。谥文勤。有《巽轩杂记》《巽斋自订
　　年谱》（翁同龢补）。炉桥：地名。即今安徽定远炉桥镇。

③罗中丞：罗遵殿（1798—1860），字有光，号澹村，安徽宿松人。道
　　光十五年（1835）进士，以知县用，官至浙江巡抚。太平军破杭州

　　时,自经死。谥壮节。

④清江浦:江苏淮安清河、清浦两区的古称。清江浦于 1415 年开
埠,在明、清时期是京杭大运河沿线享有盛誉的、繁荣的交通枢
纽、漕粮储地和商业城市。

【译文】

　　自从克复潜山、太湖两县,袁午帅克复凤阳,翁中丞大胜炉桥,安徽
北部军事大有起色。不料安徽南部徽、宁二府接连被攻陷六个州县,浙
江也失去了三县,杭州省城和湖州府城都非常危急。罗中丞奏请我率
领湖北军前往救援,即使奉旨批准,也是远水救不了近火,无济于事了。
金陵大营正在十分顺利的时候,而南边则有浙江的变化,北面是清江浦
失守。一波未平,一波又起,真太让人揪心了。

　　余前思办冷金笺对①,赠澄弟云:"俭以养廉,誉洽乡
党②;直而能忍,庆流子孙③。"赠沅弟云:"入孝出忠,光大门
第;亲师取友,教育后昆④。"

【注释】

①冷金笺:即冷金纸。笺纸上的泥金,称"冷金"。

②誉洽乡党:美好的名声在乡党中普遍传播。

③庆流子孙:福泽流传子孙后代。

④后昆:后世子孙。

【译文】

　　我此前想置办冷金笺对联,赠澄弟的,写:"俭以养廉,誉洽乡党;直
而能忍,庆流子孙。"赠沅弟的,写:"入孝出忠,光大门第;亲师取友,教
育后昆。"

　　余在公馆设灵穿孝十四日，于二十日撤位脱素服，仍回营盘。

【译文】

　　我在公馆设灵位穿孝服十四天，在二十日这天撤除灵位脱下孝服，仍旧回到营盘。

　　起先大夫祠堂，如牌坊，如诰封亭，皆须就地势为之。余意诰封亭系乡间俗样，尽可不必。牌坊则系官样。余前日所画槽门样子，即与牌坊相近。京城凡大庙中间有照壁^①，两头皆有木牌坊。南中文庙及贡院之"天开文运"^②，亦用木牌坊。先大夫庙之槽门，即用木牌坊式可也。但各处木牌坊上不盖瓦，下不装板。此既作庙头门^③，则上当盖瓦，下当装板。总而言之，一正两横一牌坊槽门而已。至各处起屋之法，皆先立柱起架子，待上屋瓦盖毕之后，乃砌砖墙，各柱嵌于墙砖之中，屋之稳不稳，全在架子，不与砖墙相涉。先大夫庙若用此法，则须大柱子十八根，前墙内六根，后墙内六根，中间承栌者四根^④，两头墙内顶屋脊者各一根。而庙外四面落檐之廊柱尚不在此十八根之内^⑤。如此，则须料甚多，吾乡恐办不出，且恐木匠不能做。若用吾乡旧法，概以砖墙为主，不用架子，则省料极多而木匠亦易。望两弟悉心裁酌。修昭忠祠及东皋书院之正栋^⑥，亦不外先大夫庙式，五扛间而四面落檐，即极大方矣。所争者，亦在全用架子与否耳。应否由余下札，俟弟到营后再行面商。

【注释】

①照壁：旧时筑于寺庙、广宅前的墙屏。与正门相对，作遮蔽、装饰之用，多饰有图案、文字。

②文庙：孔庙的别称。贡院：是古代会试考场，开科取士的地方。

③头门：即建筑物正面的大门。

④栌：柱头承托栋梁的短木，即欂栌、斗栱。

⑤落檐：一种建筑形式，瓦片坡出来。

⑥东皋书院：位于湖南湘乡县城，濒临涟水。康熙二十二年（1683），知县王国梁创建。自后一直办学不断，培养了很多人才，其中湘乡籍湘军人物多出于此。光绪二十九年（1903）改为中学堂。正栋：主体建筑结构。

【译文】

建造先大夫祠堂，如牌坊，如诰封亭等，都必须根据地势修建。我的意思是诰封亭是乡里俗样，大可不必。牌坊则是官家样子。我前几天所画的槽门模样，就与牌坊相近。京城凡是大庙中间有照壁，两头都有木牌坊。湖南省文庙和贡院的"天开文运"，也用木牌坊。先大夫庙的槽门，用木牌坊的样式就可以。但各处木牌坊上不盖瓦，下不装板。这次既然做庙的头门，那么上面应当盖瓦，下面应当装板。总而言之，一正两横一个牌坊槽门而已。至于各地修建房屋的方法，都先立柱起架子，等屋顶的瓦铺盖结束之后，就砌砖墙，各柱镶嵌在墙砖里边，房屋稳不稳，全在于架子，不与砖墙相关。先大夫庙如果用这种方法，就要十八根大柱子，前墙内六根，后墙内六根，中间承托栋梁的短木四根，两头墙内支撑屋脊的各一根。而庙外四面落檐的廊柱还不在这十八根之内。像这样，就需要很多木料，我们家乡恐怕办不出来，而且恐怕木匠不会做。如果用我们家乡的老方法，全用砖墙为主，不用架子，就大大节省木料，而且木匠也容易做。希望两位弟弟用心商量拿主意。修建昭忠祠以及东皋书院的主体结构，也不外乎先大夫庙的样式，五开间而四面落檐，就很大方了。有争议的地方，也在是否全用架子罢了。是否应该由我下札到县，等弟弟到营后再当面商量。

三月十九日　致澄侯、沅浦弟书

澄侯、沅浦两弟左右：

自初十日闻浙江被围之信，十三日闻失守之信，寸心焦灼，全军为之惊扰。一则恐有援浙之行；二则大局一坏，一木难支。所谓"一马之奔，无一毛而不动；一舟之覆，无一物而不沉"也①。兹幸于十八日接张筱浦先生来信，杭城于三月三日克复，欣慰无极。特专人驰告家中，亦以慰陈作梅将母之怀②。前有信嘱沅弟来营，或酌募一二营带来。兹浙事既已平定，即不必添营。沅弟信中意于今冬谋为蝉蜕之计，尤可不必再行添募。盖凡勇皆服原募之人，不甚服接带之人，多一营头，则蝉蜕时多一番纠结也。

【注释】

①一马之奔，无一毛而不动；一舟之覆，无一物而不沉：出自庾信《拟连珠》。意思是说，一匹马在奔跑的时候，全身的毛没有一根不跟着振动；一条船倾覆后，船上所有的东西没有一样不跟着沉没。

②陈作梅：陈鼐（1813—1872），字作梅，号竹湄，江苏溧阳人。道光二十七年（1847）丁未科进士，与李鸿章、郭嵩焘、帅远燡并称"丁未四君子"。咸丰九年（1859）底入曾国藩幕，任职于秘书处，后又委办粮台事务。同治年间，官至直隶清河道。卒于任，附祀直

隶曾国藩专祠。将母：奉养母亲。《诗经·小雅·四牡》：“王事靡盬，不遑将母。”

【译文】

澄侯、沅浦两弟左右：

从初十日听说浙江被包围的消息，十三日听到失守的消息，内心焦虑，全军都为此惊慌失措。一则怕有支援浙江的行动；二则怕大局一坏，独木难支。这就是所谓的“一匹马跑起来，没有一根毛是不动的；一艘船翻了，没有一件物品不沉没的”。现在幸好在十八日接到张筱浦先生来信，杭州城在三月三日收复，欣慰得不行。特意专门让人快马告诉家里，也是安慰陈作梅奉养老母的情怀。前此有信嘱咐沅弟来营，或者筹集招募一两个营带来。现在浙江军事既然已经平定，就不必再添营了。沅弟信中说有意在今年冬天谋划脱身之计，尤其可以不必再去添募。凡是兵勇都服从最初招募的人，不太信服接替管带的人，多一个营头，脱身时就多一番纠结啊。

三月二十四日　致澄侯、沅浦弟书

澄侯、沅浦两弟左右：

接家信，知叔父大人已于三月二日安厝马公塘①。两弟于家中两代老人养病送死之事，备极诚敬，将来必食报于子孙②。闻马公塘山势平衍③，可决其无水蚁凶灾，尤以为慰。澄弟服补剂而大愈，甚幸甚幸！吾生平颇讲求“惜福”二字之义，近来补药不断，且菜蔬亦较奢。自愧享用太过，然亦体气太弱，不得不尔。胡润帅、李希庵常服辽参，则其享受更有过于余者。

【注释】

①马公塘：地名。曾国藩家乡荷叶塘一带。

②食报：受报答。

③平衍：地势平坦开阔。

【译文】

澄侯、沅浦两弟左右：

接到家信，知道叔父大人已经在三月二日安葬在马公塘。两位贤弟在家中处理两代老人养病送死的事，极尽诚心敬意，将来子孙一定会得到回报。听说马公塘山势平坦开阔，可以排除没有洪水蚂蚁等凶灾，尤其感到欣慰。澄弟吃补药而身体大有好转，很幸运很幸运！我平生很讲求"惜福"二字的意义，近几年也补药不断，而且菜肴也较从前为奢侈。自己羞愧享用太过，但是身体太弱，不得不这样。胡润帅、李希庵经常服用辽参，他们享受更有超过我的。

家中后辈子弟体弱，学射最足保养，起早尤千金妙方，长寿金丹也。

【译文】

家里后辈子弟身体弱，学射箭最能够保养，早起尤其是千金妙方、长寿金丹。

闰三月初四日　致澄侯、沅浦弟书

澄侯、沅浦两弟左右：

澄弟移寓新居，光彩焕发，有旺相气①，至慰至慰！沅弟祭叔父文斐亹可诵②，四字句本不易作，沅弟深于情者，故句法虽弱而韵尚长。

【注释】

①旺相：命理术语。星命家以五行配四季，每季中五行之盛衰以旺、相、休、囚、死表示，如春季是木旺、火相、水休、金囚、土死。凡人之八字中的日干逢旺、相的月支为得时，逢囚、死的月支为失时，如日干为木，逢春为旺，逢冬为相，皆属得时。

②斐亹（wěi）：形容文采绚丽貌。

【译文】

澄侯、沅浦两弟左右：

澄弟搬新屋，光彩焕发，有交好运的气象，太好了太好了！沅弟祭叔父文文采绚丽，堪以传诵，四字句本不容易写，沅弟是深情之人，所以句法虽弱好在是情韵绵长。

浙江克复，人心大定。太湖各营于二十四、五日拔营，宿松四营于廿六日拔营，均至石牌取齐①，进围安庆。朱惟堂一营初二日至江边，距宿松仅七十里。营中一切平安，余身体亦好。惟饷项甚亏，若四川不速平，日亏一日，必穷窘耳。

【注释】

①石牌：地名。即今安徽怀宁石牌镇。取齐：聚齐，集和。

【译文】

浙江收复，人心大为安定。太湖各营在二十四、五日拔营，宿松四营在二十六日拔营，都到石牌集合，进而围攻安庆。朱惟堂率领的营队初二日到长江边，距离宿松只有七十里。营中一切平安，我身体也很好。只是军饷暂时亏欠,如果四川不迅速平定,饷项一天比一天亏损,一定会山穷水尽的。

　　澄弟之病日好,大慰大慰!此后总以戒酒为第一义。起早亦养身之法,且系保家之道。从来起早之人,无不寿高者。吾近有二事效法祖父,一曰起早,二曰勤洗脚,似于身体大有裨益。望澄弟于戒酒之外,添此二事,至嘱至嘱!

　　【译文】

　　澄弟的病一天比一天好转,非常欣慰非常欣慰!今后总要以戒酒为最要紧的事。早起也是养身的方法,而且是保持家道的方法。从来起早的人,没有不寿高的。我最近有两件事效法祖父,一是起早,二是勤洗脚,似乎对身体很有好处。希望澄弟除了戒酒以外,添加这两件事,切记切记!

闰三月十四日　　致澄侯、沅浦弟书

澄侯、沅浦两弟左右:

　　沅弟既与作梅兄意见相合,家中寻地可留梅公多住一二月,以必得为期。改葬本非好事,然既已屡改,则必求惬意而后止。余非欲求地以徼富贵者①,惟作梅以三千里外至吾乡,千难万难,不可错过。

　　【注释】

　　①徼(yāo):通"邀",招致,求取。

【译文】

澄侯、沅浦两弟左右：

沅弟既已经和作梅兄意见一致，那家中寻地的事可以留下梅公多住一两个月，希望一定能够找到。改葬本来不是好事，但既已多次改葬，那就一定要满意为止。我不是想求风水宝地以求荣华富贵，只是作梅从三千里外到我们家乡，千难万难，不可错过。

澄弟所跋对联甚为妥叶①。服补药虽多，仍当常常静坐，不可日日外出。一则保养身体，二则教训子侄。至嘱至嘱！

【注释】

①跋：跋语，写在文章后面的短文。

【译文】

澄弟题跋对联非常妥当。虽然吃了很多补药，仍然应该经常静坐，不可以天天出门。一来保养身体，二来教育子侄。切记切记！

此间至今未得进兵，实为迟滞。

【译文】

这里至今未能进军，实在是迟缓。

希庵至多公处①，与之卮谈，针芥契合②，相得益彰③。大约数日后即可移营进逼桐城、怀宁矣。浙江克复后，皖南又大震动。河南捻匪上窜，陕西及樊城戒严。四眼狗近赴全椒，思解金陵之围。

【注释】

①多公：指多隆阿。

②针芥契合：三国韦昭《吴书》："虎魄不取腐芥，磁石不受曲针。"磁石引针，琥珀拾芥，因以"针芥契合"谓相投契。

③相得益彰：谓互相配合、补充，更能显出各自的长处。汉王褒《圣主得贤臣颂》："明明在朝，穆穆列布，聚精会神，相得益彰。"

【译文】

希庵到多公那里，与他畅谈，无比契合，相得益彰。大约几天之后就可以拔营进逼桐城、怀宁了。浙江光复后，安徽南部又有大震动。河南捻匪上窜，陕西和樊城戒严。四眼狗最近奔赴全椒，想为金陵城解围。

余身体平安，癣疾皆在腿以下，本是空闲地方，任其骚扰可也。

【译文】

我身体平安，癣病都在腿以下，本就是空闲地方，任他骚扰好了。

闰三月二十九日 致澄侯弟书

澄侯四弟左右：

廿七日接弟信，欣悉各宅平安。沅弟是日申刻到，又得详问一切，敬知叔父临终毫无抑郁之情，至为慰念。

【译文】

澄侯四弟左右：

　　二十七日接到弟弟你的信，欣喜知道家里各宅院平安。沅弟这天申刻到，又得以详细询问一切，得知叔父临终前丝毫没有抑郁的心情，很感安慰。

　　余与沅弟论治家之道，一切以星冈公为法。大约有八字诀，其四字即上年所称"书、蔬、鱼、猪"也，又四字则曰"早、扫、考、宝"。"早"者，起早也；"扫"者，扫屋也；"考"者，祖先祭祀，敬奉显考、王考、曾祖考①，言考而妣可该也②；"宝"者，亲族邻里，时时周旋，贺喜吊丧，问疾济急。星冈公常曰："人待人，无价之宝也。"星冈公生平于此数端，最为认真，故余戏述为八字诀曰："书、蔬、鱼、猪，早、扫、考、宝"也。此言虽涉谐谑③，而拟即写屏上，以祝贤弟夫妇寿辰，使后世子孙知吾兄弟家教，亦知吾兄弟风趣也，弟以为然否？

【注释】

　①显考：对亡父的敬称。王考：对已故的祖父的敬称。曾祖考：对已故的曾祖父的敬称。

　②妣：对亡母的敬称。

　③谐谑：诙谐逗趣。

【译文】

　　我和沅弟讨论治家的方法，说一切可以祖父星冈公为准则。大约有八个字的口诀，其中四个字，就是去年曾经说过的"书、蔬、鱼、猪"，还有四个字，就是"早、扫、考、宝"。"早"字，就是要早起的意思；"扫"字，就是收拾屋子、洒扫庭院；"考"字，就是祭祀祖先，恭敬地祭祀已经亡故的父亲、祖父、曾祖父,说父亲、祖父,当然母亲、祖母也包括在内;"宝",就是指亲戚邻居之间,时时往来,喜事前去恭贺,丧事前去吊唁,疾病前去问候,急难给以接济。星冈公常说:"人对人好,真是无价之宝。"星冈公生平对这几样治家的方略,最认真不过了,所以我将这些半开玩笑似地编为八字口诀,就是:"书、蔬、鱼、猪,早、扫、考、宝"。这话似乎是半开玩笑,但我准备写在屏上,用来祝贺贤弟夫妇的寿辰,让后世子孙懂得我们兄弟的家教,也知道我们兄弟的风尚和志趣,不知老弟你以为如何?

四月初四日　致澄侯弟书

澄弟左右:

沅弟于初三日由宿松赴集贤关①。余身体平安。皖北军务亦尚如故。惟江南大营于闰三月十六日全军溃败,和春、张国梁两帅移保镇江,苏州、常州两处大为震动。浙江新复,亦恐无以自立。此又近数年之一大变局也。若江、浙不保,则江西亦难久安,而皖北亦将应接不暇,殊为可虞。

【注释】

①集贤关:地名。在今安徽安庆市区。咸丰年间,湘军与太平军曾在此激战。

【译文】

澄弟左右:

沅弟在初三日从宿松赶赴集贤关。我身体平安。安徽北部的军务也还依旧。只有江南大营在闰三月十六日全军溃败,和春、张国梁两位大帅移军驻守镇江,苏州、常州两地大为震惊。浙江刚刚收复,恐怕也无法自立。这是近几年的一大变局。如果江、浙不保，那么江西也难以长期稳定，而安徽北部也将应接不暇，极为令人担忧。

九弟欲余下札，请同邑绅士修昭忠祠及东皋书院。兹办十一札，请弟分送为要。

【译文】

九弟要我下公文札，请求同县绅士修建昭忠祠以及东皋书院。我写了十一份公文札子，请贤弟一定要分别送去。

四月十四日　致澄侯弟书

澄侯四弟左右：

金陵大营于闰月十六日溃退镇江①，旋复退守丹阳②。廿九日丹阳失守，和春、何桂清均由常州退至苏城外之浒关③，张国梁不知下落。苏州危如累卵④，杭州亦恐再失。大局决裂，殊不可问。

【注释】

①"金陵大营"句：指咸丰十年（1860）闰三月十六日，清军驻扎在天京（今南京）城外孝陵卫的江南大营被太平军陈玉成、李秀成等率军攻破，清将和春、张国梁溃围败走镇江一事。

②旋：不久，很快。

③浒（xǔ）关：地名。又称"浒墅关"，即今江苏苏州浒关镇，地处苏州高新区东北部，踞京杭大运河东岸，素有"江南要冲地、吴中活

码头"之称。

④危如累卵：如垒起的蛋那样危险，喻极其危险。《韩非子·十

过》："故曹，小国也，而迫于晋、楚之间，其君之危犹累卵也。"

【译文】

澄侯四弟左右：

金陵大营在闰三月十六日溃退到镇江，不久又退守丹阳。二十九日丹阳失守，和春、何桂清均从常州退到苏州城外的浒关，张国梁不知去向。苏州危如累卵，杭州也恐怕会再失去。大局决裂如此，真不堪过问。

余此次出外两年，于往年未了之事概行清妥，寸心无甚愧悔，可东可西，可生可死，襟怀甚觉坦然，吾弟尽可放心。前述祖父之德，以"书、蔬、鱼、猪，早、扫、考、宝"八字教弟，若不能尽行，但能行一"早"字，则家中子弟有所取法，是厚望也。

【译文】

我这次外出两年，把往年没有了结的事情一概清理妥当，心里没有任何惭愧和悔恨，可以向东可以向西，可以生可以死，胸怀觉得很坦然，贤弟尽可放心。之前讲述我祖我父的德行，用"书、蔬、鱼、猪，早、扫、考、宝"八个字教贤弟，如果不能全做到，只要能做一个"早"字，那么家里子弟有所学习效仿，是我对你的殷切期望。

四月二十四日　致澄侯弟书

澄侯四弟左右：

前寄一缄，想已入览。近日江、浙军事大变，自金陵大

营溃败,退守镇江,旋退保丹阳。廿九日丹阳失守,张国梁阵亡。四月初五日和雨亭将军、何根云制军退至苏州①。初十日无锡失守。十三日苏州失守。目下浙江危急之至,孤城新复,无兵无饷,又无军火器械,贼若再至,亦难固守。东南大局一旦瓦裂,皖北各军必有分援江、浙之命,非胡润帅移督两江,即余往视师苏州。二者苟有其一,则目下三路进兵之局不能不变。抽兵以援江、浙,又恐顾此而失彼。贼若得志于江、浙,则江西之患亦近在眉睫。吾意劝湖南将能办之兵力出至江西,助防江西之北界,免致江西糜烂后湖南专防东界,则劳费多而无及矣。不知以吾言为然否?左季高在余营住二十余日,昨已归去,渠尚肯顾大局。沅弟、季弟新围安庆,正得机得势之际,不肯舍此而它适②。余则听天由命,或皖北,或江南,无所不可。死生早已置之度外③,但求临死之际,寸心无可悔憾,斯为大幸。

【注释】

①和雨亭将军:指主持江南大营军务的和春。何根云制军:指两江总督何桂清。见前注。

②适:往,到。

③置之度外:语出《后汉书·隗嚣传》:"帝积苦兵间,以嚣子内侍,公孙述远据边陲,乃谓诸将曰:'且当置此两子于度外耳。'"搁在忖度之外,即不放在心上。

【译文】

澄侯四弟左右:

此前寄的一封信,想必已经看了。最近江、浙军事发生重大变化,自从金陵大营溃败，退守到了镇江，不久退守丹阳。二十九日丹阳失守，张国梁阵亡。四月初五日和雨亭将军、何根云制军退到苏州。初十日无锡失守。十三日苏州失守。目前浙江非常危急，孤城刚刚收复，没有士兵和粮饷，又没有军火和武器，如果敌人再来，也很难坚守。东南大局一旦瓦解，安徽北部各军队一定会接到分兵支援江、浙的命令，不是胡润帅调到两江任总督，就是我去苏州统率部队。二者假如有其中一个，那么眼下这边三路进兵的局面就不能不变。抽出兵马救援江、浙，又恐怕会顾此失彼。如果贼匪在江、浙得志，那么江西的隐患也迫在眉睫。我想劝湖南将能动员的兵力出兵去江西，帮助防御江西的北部边界，以免江西糜烂后湖南专防东部，那样就会花费多却没有用了。不知道湖南方面会不会认同我的说法？左宗棠在我的军营住了二十多天，昨天已经回去，他还肯顾全大局。沅弟、季弟刚刚包围安庆，正是得时机得气势的时候，不肯舍弃这边而去别处。我就听天由命了，或者安徽北部，或者江南，没有什么不可以。生死早已置之度外，只求临死的时候，心里无所悔恨，这就很幸运了。

　　家中之事，望贤弟力为主持，切不可日趋于奢华。子弟不可学大家口吻①，动辄笑人之鄙陋，笑人之寒村②。日习于骄纵而不自知。至戒至嘱！余本思将"书、蔬、鱼、猪，早、扫、考、宝"八字作一寿屏，为贤弟夫妇贺生，日内匆匆，尚未作就。余目疾近日略好。有言早洗面水泡洗二刻即效，比试行之。诸请放心。

【注释】

①大家：大户人家，世家大族。

②寒村：寒酸，不洋气。

【译文】

家里的事,希望贤弟尽力主持,千万不能日益趋于奢侈华丽。子弟不可以学大户人家说话的口吻,动不动就嘲笑别人鄙陋,嘲笑别人寒酸。日益习惯于骄横放纵而自己还不知道。切记切记!我本想将"书、蔬、鱼、猪,早、扫、考、宝"八个字作一寿屏,为贤弟夫妇庆贺生辰,这几天很忙,还没做好。我眼病近日稍有好转。有人说早上洗脸水泡洗二刻就有效,我会试试。各方面请都放心。

四月二十九日　致澄侯弟书

澄侯四弟左右:

余以二十八日奉署理两江总督之命①。以精力极疲之际,肩艰大难胜之任,深恐竭蹶②,贻笑大方③。然时事如此,惟有勉力做去,成败祸福不敢计也。兹将廷谕抄寄,其应如何办法,再行详报。

【注释】

①署理:代理。

②竭蹶:形容颠仆倾跌的样子。

③贻笑大方:语出《庄子·秋水》:"吾长见笑于大方之家。"后因以"贻笑大方"谓被有识者嗤笑。

【译文】

澄侯四弟左右:

我在二十八日接到代理两江总督的命令。在精力极其疲惫的时候,肩负这么艰巨的难以胜任的任务,深怕跌跤,贻笑大方。然而时事如此,只有努力去做,成败祸福不敢计较。现将廷谕抄寄回家,这事应该怎么办,还会详细报告。

　　余欲纪泽来营,若走水路,则由岳州、湖北以至九江、湖口;若走陆路,则由萍乡、万载、新昌、奉新以至吴城亦可;由平江、义宁以至吴城亦可。纪泽或于近日至长沙,接我续信,再行东来省觐可也。

【译文】

　　我想纪泽来军营,如果走水路,那么由岳州、湖北到达九江、湖口;如果走陆路,是从萍乡、万载、新昌、奉新到吴城也可以;从平江、义宁到吴城也可以。纪泽或者在近日到长沙,接我后续写的信,再到东边来拜见看望也可以。

<h2 style="text-align:center">五月初四日　　致澄侯弟书</h2>

澄侯四弟左右:

　　余拟于十五日起行,带兵渡江,驻扎徽州、池州二府境内。其九弟所带之万人,现扎安庆城外者,仍不撤动。盖以公事言之,余虽驻军南岸,仍当以北岸为根本。有胡中丞在北岸主持一切,又有多礼堂、李希庵及沅弟三支大军[①],则北岸稳,湖北稳,袁、翁之军亦稳[②];余在南岸亦可倚北为声援也[③]。以私事言之,则余为地方官,若仅带一胞弟在身边,则好事未必见九弟之功,坏事必专指九弟之过。嫌疑之际,不可不慎也。余定带鲍镇超之“霆”字营六千人,朱品隆二千人及现在宿松之马、步二千人[④],合万人先行。余俱在湖南陆续调集招募，足成三万之数。左季高现奉旨以四品京堂候补襄办余处军务，所有应在湖南招勇等事，即咨请季翁在湘料理⑤。

【注释】

①多礼堂：多隆阿，字礼堂。见前注。

②袁、翁：指袁甲三、翁同书二人。

③声援：遥作支援。本用于军事。《三国志·魏书·吕布传》"布遣人求救于术"，裴松之注引王粲《英雄记》："术乃严兵为布作声援。"

④马、步：骑兵和步兵。

⑤咨请：具文请求。

【译文】

澄侯四弟左右：

我准备在十五日启程，带领军队渡江，驻扎徽州、池州二府境内。九弟所率领的一万人，现在驻扎在安庆城外的，仍旧驻扎，不撤走。因为从公务来说，我虽然驻扎在南岸，仍应以北岸作为根本。有胡中丞在北岸主持一切，又有多礼堂、李希庵和沅弟三支大军，北岸就稳定，湖北也稳定，袁、翁的军队也稳定；我在南岸也可以靠北岸声援。从私事来说，我身为地方员，如果只带一个亲弟弟在身边，那么好事情不一定见出九弟的功劳，坏事情一定会专门指责九弟的过错。该避嫌的地方，不可不慎重。我决定带着鲍超镇军的"霆"字营六千人，朱品隆的二千人以及现在在宿松的骑兵和步兵二千人，加起来共万人先走。其余的兵勇，在湖南陆续调集招募，共达三万的整数。左季高现在奉圣旨以四品京堂候补的身份襄办我这边军务，所有应在湖南招兵等事，就都请季翁在湖南办理。

近日得浙江王中丞信①，苏州之贼尚未至浙境，浙江省城有杭州将军瑞、署钦差大臣张及中丞三人②，应可保全。但使保得浙江，保得江西，则此后尚可挽回全局。

【注释】

①王中丞：指浙江巡抚王有龄。王有龄（1810—1861），字雪轩，福建侯官人。贡生。道光间捐纳为官。历浙江慈溪等县知县。咸丰五年（1855），任杭州知府。因两江总督何桂清之荐，擢江苏按察使，迁布政使。十年（1860），官至浙江巡抚。次年，杭州被太平军李秀成部所围，城破自缢死。谥壮悯。

②杭州将军瑞：指瑞昌（？—1861），字云阁，钮祜禄氏，满洲镶黄旗人。咸丰间从僧格林沁镇压北上之太平军。官至杭州将军。太平军再破杭州时，阖门自焚死。谥忠壮。署钦差大臣张：指当时署理钦差大臣的张玉良。张玉良，字璧田，四川巴县人。行伍出身，官至提督。咸丰十一年（1861）战死。

【译文】

近日得到浙江王中丞的信，苏州的贼寇还没到浙江境内，浙江省城有杭州将军瑞昌、署钦差大臣张玉良及中丞三人，应该可以保全。只要能保住浙江，保住江西，那以后还可以挽回整个局面。

纪泽儿若来省觐，则由长沙或坐战船或坐民船，直下湖北以至湖口、东流①，余扎营当在东流附近地方。长江之险，夏月风涛无定，每遇极热之时，须防暴风之至，下晚湾泊宜早②。来营住一月，即令其速归也。望弟谕泽儿沿途谨慎，不必求快。

【注释】

①东流:即今安徽东至东流镇。清代为池州府下属县,后与建德合
　　并为今东至县。

②下晚:接近黄昏的时候。湾泊:(船只)在港湾停靠。

【译文】

　　纪泽孩儿如果前来拜见看望,就从长沙或者坐战船或者坐民船,直
下湖北到湖口、东流,我会在东流附近地区扎营。长江浪险,夏天的风
涛不定,每次遇到极热的时候,要防止暴风的到来,傍晚在港湾停泊应
该早一点儿。来营里住一个月,就让他赶快回去。希望弟弟告诉纪泽
孩儿沿途谨慎,不必追求路上走得快。

五月十四日　　致澄侯弟书

澄弟左右:

　　五月四日接弟缄,“书、蔬、鱼、猪,早、扫、考、宝”横写八
字,下用小字注出,此法最好,余必遵办。其次叙则改为
“考、宝、早、扫,书、蔬、鱼、猪”。目下因拔营南渡,诸务
丛集①。

【注释】

①丛集:聚集,汇集。

【译文】

澄弟左右:

　　五月四日接到贤弟的信,“书、蔬、鱼、猪,早、扫、考、宝”八个字横着
写,下面用小字注出,这种方法最好,我一定要遵循照办。次序则改为“考、
宝、早、扫,书、蔬、鱼、猪”。眼下因为拔营南渡,所有的事情都汇集一起。

苏州之贼已破嘉兴，淳安之贼已至绩溪①，杭州、徽州十分危急，江西亦可危之至。余赴江南，先驻徽郡之祁门，内顾江西之饶州，催张凯章速来饶州会合，又札王梅村募三千人进驻抚州②，保江西即所以保湖南也。札王人树仍来办营务处，不知七月均可赶到否？若此次能保全江西、两湖，则将来仍可克复苏、常。大局安危，所争只在六、七、八、九数月。

【注释】

①淳安：县名。清属严州府，即今浙江杭州淳安。

②王梅村：即王枚村。见前注。

【译文】

苏州的贼匪已攻破嘉兴，淳安的贼匪已到达绩溪，杭州、徽州十分危急，江西也非常危险。我去江南，先在徽州的祁门驻扎，内顾江西的饶州，催促张凯章赶快来饶州会合，又命令王梅村招募三千人进驻抚州，保卫江西就是保卫湖南。我让王人树仍然来管理营务处，不知道七月份是否都能赶到。如果这次能够保全江西、湖北、湖南，那么将来仍旧可以收复苏州、常州。大局的安危，就看六、七、八、九这几个月了。

泽儿不知已起行来营否？弟为余照料家事，总以"俭"字为主。情意宜厚，用度宜俭，此居家居乡之要诀也。

【译文】

纪泽孩儿不知道是否已经来军营？贤弟你替我照料家事，一定要以"俭"字为主。情意要深厚，花费要节约，这是居家居乡处理人情往来的诀窍。

卷七

【题解】

　　本卷共收书信九十九封，起于咸丰十年(1860)六月初十日，讫于同治元年(1862)三月二十九日。这些信，除了有一封是写给丹阁叔的，其他都是写给澄侯、沅浦、季洪三位弟弟的。

　　咸丰十年(1860)和十一年(1861)，对于清廷来说，可谓多事之秋。咸丰十年(1860)闰三月，江南大营被太平军攻破，苏浙膏腴之地相继被太平军占领。咸丰十年(1860)八月，英法联军攻入天津，咸丰帝巡狩热河，命恭亲王留守京师议和。咸丰十一年(1861)七月，咸丰帝龙驭上宾。年幼的同治帝即位，以肃顺为首的八大臣受命辅政。十月，两宫皇太后发动政变，垂帘听政。曾国藩为人谨慎，一方面对时局变化极为关注，一方面谨言慎语。但从家书的片言只语里，还是可以看出曾国藩对时局的态度。曾国藩在咸丰十一年(1861)十一月二十四日致澄、沅两弟的信中说："京师十月以来，新政大有更张。皇太后垂帘听政，中外悚肃。"

　　虽然举步维艰，时局多变，但曾国藩却官运亨通，权位日重。从咸丰十年(1860)闰三月江南大营被攻破的那一刻起，清廷已经清醒地意识到必须靠雄才大略的曾国藩来收拾东南残局。咸丰帝也好，此后执政的八大臣也好，恭亲王也好，两宫皇太后也好，无不倚仗曾国藩。知天命之年的曾国藩，在咸丰十年（1860）四月二十八日奉命署理两江总督。六月二十四日谕旨，实授两江总督兼授钦差大臣，督办江南军务。此举结束了曾国藩长达八年之久的以兵部侍郎衔帮办军务、有军权而无政权的尴尬身份。咸丰十一年（1861），继咸丰帝七月死后，曾国藩最忠诚的政治盟友湖北巡抚胡林翼八月病逝；湖广总督官文立即奏请以李续宜署湖北巡抚，彭玉麟补授安徽巡抚，毛鸿宾补授湖南巡抚。此举旨在安曾国藩之心，但连曾国藩本人都感叹"其党类太盛，为众所指目，亦殊可惧"（九月十四日致澄弟书）。十月十八日，曾国藩奉上谕统辖江苏、安徽、江西三省并浙江军务，四省巡抚提镇以下各官悉归节制。十一月，又奉旨酌保封疆将帅人才，并查看江苏、浙江两省巡抚能否胜任。朝廷实际上是把江、皖、苏、浙四省军政用人大权全部交给曾国藩。同治元年（1862）正月十七日，曾国藩奉到协办大学士之旨。二月，因三载考绩之典，又奉上谕，交部从优议叙。三月，李鸿章署江苏巡抚；此时的浙江巡抚是左宗棠，安徽巡抚是李续宜，江西巡抚是沈葆桢，湖北巡抚是严树森，湖南巡抚是毛鸿宾。长江中下游诸省巡抚，不是曾国藩的门生，就是曾国藩的故旧。曾国藩与湘军的权势，如日中天。曾国藩也知恩图报，在正月十八日致沅弟书中写道："十七日钦奉谕旨，兄拜协办大学士之命，弟拜浙江按察使之命。一门之内，迭被殊恩，无功无能，忝窃至此，惭悚何极！惟当同心努力，仍就'拼命报国，侧身修行'八字上切实做去。"

　　咸同之际曾国藩如日中天的地位，正是由曾氏兄弟"拼命报国"换来。咸丰十年（1860）和十一年（1861），正是湘军和太平军为争夺战略要地安庆进行殊死搏斗的两年。围攻安庆城的湘军主力是曾国荃的"吉"字中营，曾国葆则率军辅助。太平军在英王陈玉成指挥下拼死援救安庆，组织数十万大军数番反扑湘军营垒，皆被曾氏兄弟击退。曾国荃最终在咸丰十一年（1861）八月初一克复安庆城，扬名于天下，成为湘军后期重要将领之一。曾国荃在江北围攻安庆的同期，曾国藩则在江南祁门苦苦支撑。咸丰十年(1860)八月,李元度为太平军所败,徽州失陷,皖南局势异常凶险。此后半年,太平军以数十倍兵力围困曾国藩,祁门一度面临失守的危险。曾国藩几次"预作不测不想",在家书里安排后事。曾国藩在咸丰十年(1860)十二月初四日致澄侯书中说:"自十一月来,奇险万状,风波迭起。文报不通者五日,饷道不通者二十余日……此一月之惊恐危急,实较之八月徽、宁失守时,险难数倍。余近年在外,问心无愧,死生祸福,不甚介意。惟接到英、法、米各国通商条款,大局已坏,令人心灰。"在咸丰十一年(1861)三月十四日致沅、季两弟书中说:"自去冬以来,实无生人之趣。季弟劝我之言,外人亦有言之者,而不知局中度日之难也。"曾国藩在咸丰十一年(1861)四月二十四日致丹阁叔书中,对这一段艰难岁月的叙述最为具体:"惟近世所称羡督抚之荣,不外官室衣服、安富尊荣等。而侄则受任于败军之际,奉命于危难之间,所居仅营中茅屋三间、瓦屋一间,所服较往岁在京尤为减省。自去冬至三月,常有贼党十余万环绕于祁门之左右前后,几无一日不战,无一路不梗,昼无甘食,宵有警梦。军士欠饷至五月六月之久,侄亦不忍独处富饶。故年来不敢多寄银钱回家,并不敢分润宗族乡党者,非矫情也。一则目击军士穷窘异常,不忍彼苦而我独甘;一则上念高、曾以来,屡代寒素,国藩虽忝食旧德,不欲享受太过,为一己存惜福之心,为阖族留不尽之泽。此侄之微意。十叔如访得营中、家中有与此论不相符合之处,即请赐书诘责,侄当猛省惩改。"可以说在祁门苦苦支撑的两江总督曾国藩早将生死置之度外,所念唯"拼命报国,侧身修行"而已。

曾国藩在生死存亡之际,尤不忘家风建设,反复告诫在家主持家务的曾国潢不可买田起屋。在咸丰十一年(1861)三月初四日致澄、沅、季三弟书中说:"余近年在外勤谨和平,差免愆尤,惟军事总无起色。自去冬至今,无日不在危机骇浪之中。所欲常常告诫诸弟与子侄者,惟星冈公之八字、三不信及余之八本、三致祥而已。八字曰:'考、宝、早、扫、书、蔬、鱼、猪也。'三不信曰：'药医也，地仙也，僧巫也。'八本曰：'读书以训诂为本，作诗文以声调为本，事亲以得欢心为本，养生以少恼怒为本，立身以不妄言为本，居家以不晏起为本，做官以不爱钱为本，行军以不扰民为本。'三致祥曰：'孝致祥，勤致祥，恕致祥。'兹因军事日危，旦夕不测，又与诸弟重言以申明之。家中无论老少男妇，总以习勤劳为第一义，谦谨为第二义。劳则不佚，谦则不傲，万善皆从此生矣。"这封信里总结的星冈公的"八字"、"三不信"，以及曾国藩本人的"八本"、"三致祥"，后来被奉为湘乡曾氏家训。

此期家书，讨论军务的比重明显加大，并且信越写越短，和当时的局势紧密相关。围攻安庆的前敌总指挥曾国荃名义上是湖北委派人员，但安庆之战的战略总指挥毫无疑问是曾国藩。军情瞬息万变，曾氏兄弟自不得不时刻声气相通，恨不得一日之内有数封书信往返，曾国藩就曾提醒曾国荃军事紧急之时信不宜写得太长。此一时期的曾国藩家书，记录了许多军事细节，基本可以当作战史来读。曾国藩对围攻安庆的两位弟弟，在战术上反复交代的，无非"静守"二字。在修身方面，则谆谆嘱咐诸弟戒傲。对血气方刚、声誉日起的曾国荃，尤是。曾国藩在咸丰十年(1860)九月二十三日致沅弟书中说："弟军中诸将有骄气否？弟日内默省，傲气少平得几分否？天下古今之庸人，皆以一'惰'字致败。天下古今之才人，皆以一'傲'字致败。吾因军事而推之，凡事皆然。愿与诸弟交勉之。"在九月二十四日致沅、季两弟书中说："吾于道光十九年十一月初二日进京散馆。十月二十八早侍祖父星冈公于阶前，请曰：'此次进京，求公教训。'星冈公曰：'尔的官是做不尽的，尔的才是好的，但不可傲。"满招损，谦受益"，尔若不傲，更好全了。'遗训不远，至今尚如耳提面命。今吾谨述此语告诫两弟，总以除'傲'字为第一义。唐虞之恶人，曰'丹朱傲'，曰'象傲'。桀纣之无道，曰'强足以拒谏，辨足以饰非'，曰'谓己有天命，谓敬不足行'，皆傲也。吾自八年六月再出，即力戒'惰'字以儆无恒之弊，近来又力戒'傲'字。昨日徽州未败之前,次青心中不免有自是之见。既败之后,余益加猛省:大约军事之败,非傲即惰,二者必居其一。巨室之败,非傲即惰,二者必居其一。"

曾国藩任两江总督之后,曾国荃以"多置好官,遴选将才"二语相勖,曾国藩一面说"好人实难多得,弟为留心采访",要求弟弟举荐人才,一面教育弟弟如何挑选人才。曾国藩在咸丰十年(1860)六月二十八日致沅、季两弟书中说:"文辅卿办厘金甚好。现在江西厘务经手者,皆不免官气太重,此外则不知谁何之人。如辅卿者能多得几人,则厘务必有起色。吾批二李详文云:'须冗员少而能事者多,入款多而坐支者少。'又批云:'力除官气,严裁浮费。'弟须嘱辅卿二语:'无官气,有条理。'守此行之,虽至封疆不可改也。有似辅卿其人者,弟多荐几人更好。"在七月初八日致沅、季两弟书中说:"余告筱、辅观人之法,以有操守而无官气、多条理而少大言为主。又嘱其求润帅、左、郭及沅荐人。以后两弟如有所见,随时推荐,将其人长处短处一一告知阿兄,或告筱荃。尤以习劳苦为办事之本。引用一班能耐劳苦之正人,日久自有大效。"曾国藩的观人之法,对曾国荃日后为官乃至同治朝的官风,皆有深远影响。

此期家书,还可看出曾国藩在"势"与"义"二者之间的抉择。曾国藩在咸丰十年(1860)九月初七日致沅、季两弟书中说:"廿五夜所奉寄谕,初六日乃恭折复奏,兹抄去一阅。不知皇上果派国藩北上,抑系派润帅北上。如系派我北上,沅弟愿同去否?为平世之官,则兄弟同省必须回避;为勤王之兵,则兄弟同行愈觉体面。望沅弟即日定计,复书告我。无论或派我或派润帅,皆须带万人以行。皖北、皖南两岸局势必大为抽动,请弟将如何抽法、如何布置开单见告。一切皆暗暗安排,胸有成竹,一经奉旨,旬日即可成行。两弟以为何如?"在九月十四日致沅弟书中说:"安庆决计不撤围,江西决计宜保守。此外或弃或取,或抽或补,合众人之心思共谋之。北援不必多兵,但即吾与润帅二人中有一人远赴行在,奔问官守,则君臣之义明,将帅之职著,有济无济,听之可也。"对于带兵勤王之事,曾国藩、曾国荃兄弟实际意见不合,曾国荃以为勤王无济于事,白白浪费围攻安庆的时机,曾国藩则认为君臣大义、将帅之职重于一切。曾国藩在同治元年(1862)三月二十九日致沅浦书中说:"鲍军本拟进剿芜湖,因湖州围困,可钦可悯。无论赶救得上与否,不能不派人去救。打芜湖是急谋金陵,势也;援湖州是保救忠臣,义也(谓赵景贤)。"在"势"与"义"二者之间抉择,曾国藩总是将"义"放在"势"前,这正是遵循儒家义利之辨的原则。在同治中兴诸名臣中,较之其他几位,曾国藩更是纯儒与荩臣。

咸丰十年

六月初十日　致沅浦、季洪弟书

沅、季弟左右:

　　出队以护百姓收获甚好,与吉安散耕牛籽种用意相似。吾辈不幸生当乱世,又不幸而带兵,日以杀人为事,可为寒心。惟时时存一爱民之念,庶几留心田以饭子孙耳[1]。杨镇南之哨官杨光宗头发横而盘[2],吾早虑其不驯。杨镇南不善看人,又不善断事。弟若看有不妥叶之意,即饬令仍回兄处,兄另拨一营与弟换可耳。

【注释】

①心田:佛教语。即心。谓心藏善恶种子,随缘滋长,如田地生长五谷荑稗,故称。

②杨光宗:湘军杨镇南属下哨官。

【译文】

沅、季弟左右:

　　派部队保护百姓收获很好,和吉安散发耕牛及种子用意相同。我们不幸生在乱世，又不幸带兵打仗，每天以杀人为事，实在寒心。只有时时存着一个爱护百姓的念头，也许才可以留心田让子孙有饭吃。杨镇南的哨官杨光宗的头发横且盘，我早就料到他桀骜不驯。杨镇南不会看人，又不会断事。贤弟如果觉得有什么不妥当的地方，就叫他仍旧回到我这里，为兄我另外拨一个营和贤弟交换就好。

吾于初十日至历口①，十一日拟行六十里赶至祁门县。十二日先太夫人忌辰，不欲纷纷迎接应酬也。宁国府一军紧急之至，吾不能拨兵往援，而拟少济之以饷，亦地主之道耳。

【注释】

①历口：地名。古名新丰，始建于宋，因为地处历山和沥水之口而改名为历口。即今安徽祁门历口。

【译文】

我在初十日到历口，十一日计划走六十里赶到祁门县。十二日先太夫人忌辰，不想纷纷迎接应酬。宁国府一支军队情况非常紧急，我不能拨兵去援助，而计划稍微救济他们一些军饷，也是尽地主之谊吧。

六月十九日　致沅浦弟书

沅弟左右：

十八日专丁到，接十五信，得知一切。应复之件，条列具左①：

【注释】

①具左：写在左边。古人竖行书写，先右后左。

【译文】

沅弟左右：

十八日送信的专人到了，接到十五日的信，得知一切。应回复的事情，我一条一条列在左边：

一、陈米千余石，如不可吃，不必强各营领之。凡粮台事件，弟皆自行当家，不必一一请示。或有疑议，就近与希庵商之。渠阅历颇久，思力沉着，与弟可互相切磋，互相资益也①。

【注释】

①资益：有帮助，有收益。

【译文】

一、陈米一千多石，如果不能吃，不必强求各营领取。凡是粮台相关的事情，贤弟你都可以自己做主，不必一一请示。如果有疑问，可就近与希庵商量。他阅历很丰富，想事情沉着，与贤弟你可以互相切磋，互相帮助。

二、杨光宗业已斥革递解①，此后应稍安静。马兵既难得力，可饬令杨镇南招募马勇。其兵丁每出十缺马缺，即饬令仍回殷开山营盘②。余于办马队不惜重本，志在办成一事。若操练半年仍不得力，则浪费过甚，不如趁早改兵为勇，陆续更换。

【注释】

①斥革：开除，革除。递解：旧时指把犯人解往远地，由沿途官衙派人轮流押送。

②殷开山：清军将领。

【译文】

二、杨光宗已经被开除并押送走，以后应稍微安静了。马兵既然很难得力，可以叫杨镇南招募马勇。兵丁每差十个骑兵，就叫他仍旧回到殷开山的营盘。我在办马队这件事上不惜下重本，立志要办成一件事。如果操练半年仍不能得力，那就浪费过多，不如趁早改兵为勇，陆续更换。

三、雪琴厘金之事，概仍八、九等年之旧①，丝毫不改，断不至掣雪之肘。牙厘既由我处作主②，辅亦不致难为雪也③。末一条概以大度容之，不另复矣。

【注释】

①仍：因袭，沿袭。八、九等年：指咸丰八年（1858）和咸丰九年（1859）。

②牙厘：咸丰年间，在江苏、浙江、安徽、江西、云南、湖北等地设置牙厘局，负责征收厘税，主要供给湘军之用。

③辅：即为李桓，号辅堂。见前注。李桓咸丰末任江西督粮道兼江西厘局总办。

【译文】

三、雪琴负责厘金的事，全部沿袭咸丰八、九等年的惯例，丝毫不改，绝不至于掣他之肘。牙厘既然由我这边做主，李辅堂的人也不致会为难雪琴的。最后一条应该大度宽容，不另外回复了。

六月二十二日　致沅浦弟书

沅弟左右：

　　希、厚、雪三人皆主土城合围之说①，自应及时兴办。正东自车径渡至韦家店②，地势辽阔，系用众用马之地。弟处兵力本单，老营劲营尤少，兄不甚放心。然此时桐城有兵，枞阳有兵，青草塥有兵③，若不趁此合围，则天下更无可办之事矣。鲍兵不甚可恃④，然不能不冒险一办。办成之后，则不险矣。土功太大太难，恐勇尚有不敷，可商之莫善徵⑤，雇用民夫。其始略用霸道，其后日日给价，民间亦必悦服。多用银数千两，兄必办解不惜也。盛暑兴工，宜以早夜为之，午、未、申三时均宜停止。黄南坡筹饷事已发札矣，兹将意城所拟札稿寄阅。

【注释】

①希、厚、雪：即李续宜、杨载福、彭玉麟。

②车径渡：地名。古渡口，在今安徽安庆。韦家店：地名。在今安徽安庆。

③青草塥(gé)：地名。即今安徽桐城青草。

④鲍兵：鲍超率领的军队。后文"鲍镇"亦指鲍超。鲍超见前注。

⑤莫善徵：即为莫祥芝(1827—1890)，字善徵，号九芝，别号拙翁，贵州独山人。庠生。代理怀宁知县。后文"莫令"亦指莫善徵。

【译文】

沅弟左右：

　　希、厚、雪三人都主张用土城墙包围的说法，自然应该及时兴办。

正东从车径渡到韦家店,地势辽阔,是用大部队和用战马的地方。贤弟你那边本来兵力单薄,老营精锐营尤其少,为兄我不太放心。但是现在桐城有军队,枞阳有军队,青草塥有军队,如果不趁着这时合围安庆城,天下就再没有能办的事情了。鲍军不太可靠,但是不能不冒险一试。任务完成之后,就不危险了。土城工程太大太难,恐怕兵勇不够用,可以与莫善徵商量,雇用民工。开始稍微用强硬措施,以后每天给钱,民间也一定心悦诚服。多用银子数千两,为兄一定派人解送而不吝惜。盛夏动工,应该在清晨和夜里干活,午、未、申三时都应停止。黄南坡筹饷的事已发公文,这里将意城所拟写的公文稿寄贤弟一阅。

　　东流周万倬一营①,不须兄札;或厚庵札,或弟札,朝发则夕至矣。曾得胜宝右营在建德普钦堂处②,防池州、张家滩一路之贼③。吾饬曾营扎建城东,以当头敌,目下实难抽调,当另设法。

【注释】

①周万倬(? —1862):湖南湘乡人,湘军将领。从湘军攻陷安庆、铜陵,晋总兵职。同治元年(1862),进攻江宁,赏提督衔,不久病死于军中。

②曾得胜:湘军将领,宝右营营官。

③张家滩:地名。即今安徽东至张溪。

【译文】

　　在东流的周万倬一营,不需为兄我下札;或者厚庵下札,或者贤弟下札,早上发出晚上就到了。曾得胜的宝右营在建德县普钦堂那里,防御池州、张家滩一路贼匪。我命令曾营驻扎在建德县城东边,用来抵挡敌人的先头部队,眼下实在难以抽调,应当另想其他办法。

六月二十七日　致季洪弟书

季弟左右：

顷接沅弟信，知弟接行知①，以训导加国子监学正衔②。不胜欣慰！官阶初晋，虽不足为吾季荣，惟弟此次出山，行事则不激不随③，处位则可高可卑，上下大小，无人不翕然悦服④，因而凡事皆不拂意，而官阶亦由之而晋。或者前数年抑塞之气，至是将畅然大舒乎！《易》曰："天之所助者，顺也；人之所助者，信也。"我弟若常常履信思顺⑤，如此名位岂可限量？

【注释】

①行知：公文术语。行文通知。

②训导：学官名。明清府、州、县儒学的辅助教职。国子监学正衔：加衔，正八品。国子监学正，配置于国子监的基层官员。

③不激不随：不偏激，亦不随波逐流。

④翕然：一致貌。

⑤履信思顺：笃守信用，思念和顺。

【译文】

季弟左右：

刚才接到沅弟的信，知道贤弟你接到任命通知，以训导加国子监学正衔。我非常欣慰！官阶刚开始晋升，虽然还不值得为贤弟你荣幸，只是贤弟你这次出山，行事不偏激不随俗，任职可以高可以低，上下大小，没有人不一致心悦诚服，因此所有的事情都不拂逆心意，而官阶也因此而晋升。或许前几年压抑的情绪，到此将大为畅快舒展吧！《易经》说：

"天所帮助的,是顺;人所帮助的,是信。"我弟弟如果常常笃守信用、思念和顺,这样的话,名声地位又怎么可以限量呢?

　　吾湖南近日风气蒸蒸日上。凡在行间①,人人讲求将略②,讲求品行,并讲求学术。弟与沅弟既在行间,望以讲求将略为第一义,点名看操等粗浅之事必躬亲之,练胆料敌等精微之事必苦思之。品、学二者,亦宜以余力自励③。目前能做到湖南出色之人,后世即推为天下罕见之人矣。大哥岂不欣然哉!

　　【注释】

　　①行间:行伍之间,指军中。

　　②将略:用兵的谋略。

　　③自励:自我勉励。

　　【译文】

　　我们湖南近日风气蒸蒸日上。凡是在军中的,人人讲究追求带兵谋略,讲究追求品行,讲究追求学问。贤弟你和沅弟既然在军中,希望以讲究追求带兵谋略为最要紧的事,点名看操等粗浅的事一定要事必躬亲,练胆料敌等精微的事一定要苦苦思索。品行和学问二者,也应该用余力自我勉励。目前能做到是湖南出色的人,后世就会推他为全天下罕见的人才了。大哥岂不很开心!

　　沅弟以陈米发民夫挑壕,极好极好! 此等事,弟等尽可作主,兄不吝也。

【译文】

沅弟用陈米征发民工挖战壕，非常好非常好！这样的事情，弟弟们尽可做主，为兄我是不会吝啬的。

六月二十八日　致沅浦、季洪弟书

沅、季弟左右：

探报阅悉。此路并无步拨①，即由东流、建德驿夫送祁。建德令已死，代理者新到，故文递迟延②。弟以后要事，须专勇送来，三日可到。或逢三、八，专人来一次，每月六次。其不要紧者又由驿发来，则兄弟之消息尤常通矣。

【注释】

①步拨：快步送信的差役。
②文递：公文传递。

【译文】

沅、季弟左右：

探报看过。这一路没有快步送信差役，就由东流、建德两县驿站的差役送到祁门。建德县令已经死了，代理县令刚到，所以公文传递延迟。弟弟以后重要的事情，需要专门派士兵送来，三天就能到。或者逢三日、八日，派专人来一次，每个月共六次。那些不要紧的信还由驿站发来，那么，我们兄弟间还是可以常通消息。

文辅卿办厘金甚好。现在江西厘务经手者，皆不免官气太重，此外则不知谁何之人①。如辅卿者能多得几人，则厘务必有起色。吾批二李详文云②："须冗员少而能事者多，入款多而坐支者少③。"又批云："力除官气，严裁浮费。"弟须嘱辅卿二语："无官气，有条理。"守此行之，虽至封疆不可改也④。有似辅卿其人者，弟多荐几人更好。

【注释】

①不知谁何之人：不知道是些什么人，即不三不四之人。

②二李：即李瀚章、李鸿章兄弟。见前注。详文：旧时官吏向上级官署陈报请示的文书。

③坐支：清制，凡各省、道、府以下官俸、役食、铺兵工食、驿站料价等，都摊征于民，编入地丁征收，到支用时，就在编征项下支付，称为"坐支"。

④封疆：即封疆大吏，指省一级最高长官，在清代指总督、巡抚。

【译文】

由文辅卿办理厘金很好。现在江西办理厘务的经手人，都不免官气太重了，除此以外，便不知道是些什么人了。像辅卿这样的人，如能多得几个，那厘务一定会有起色。我批复二李的申详文字中说："应该力求人浮于事的少而能干的多，收入的钱多而支出的钱少。"又批过："要努力戒除官僚习气，严格裁削不必要的开支。"弟弟你要嘱咐辅卿两句话："不能有官僚作风，做事要有条理。"遵守这两个原则做事，即使做了封疆大吏，也不能变。如有和辅卿差不多的人才，弟弟多推荐几个更好。

甲三启行时，温弟妇甚好。此后来之变态也。

【译文】

甲三启程时，温弟的媳妇状况蛮好。这是后来的变化了。

七月初三日　致沅浦、季洪弟书

沅、季弟左右：

专丁到，接廿八夜缄，具悉一切。

东流在江边，周万倬一营驻焉，向归厚庵调遣。建德在山内，去江五十里，普钦堂全军驻焉，向归江西调遣。曾得胜者，普部九营中之一营也。池州贼来东流，则畏水师。若至建德，并不与水师相干。全调普军则可，专调曾营则不可。弟屡指调该营，似不甚当于事理。兄目下实无以应弟之请，亮之。

【译文】

沅、季弟左右：

送信的专人到了，接到二十八日晚上的信，一切情况都已知道。

东流在江边，周万倬一营驻扎在那里，一向归厚庵调遣。建德在山里，距离江边五十里，普钦堂全军驻扎在那里，一向归江西方面调遣。曾得胜，是普部九营中的一营。池州贼来东流，惧怕水师。如果到建德，并不与水师相干。全调普军是可以的，专门调曾营则不可以。弟弟多次指调该营，似乎不太合于事理。为兄目前确实不能答应贤弟的请求，请原谅。

长壕用民夫，断非陈米千石所可了，必须费银数千。此等大处，兄却不肯吝惜。有人言莫善徵声名狼藉，既酷且贪,弟细细查明。凡养民以为民^①,设官亦为民也。官不爱民,余所痛憾。

【注释】

①养民:语出《尚书·大禹谟》:"禹曰:'於,帝念哉! 德惟善政,政在养民。'"养育人民,指为政。

【译文】

修长壕用民工,绝对不是陈米一千石所能了结的,必须耗费银子数千。这些大的地方,为兄是不会吝惜的。有人说莫善微声名狼藉,既残酷又贪婪,请弟弟细细查明。凡为政是为了人民,设置官员也是为了人民。官员不爱护民众,是我所痛恨和遗憾的。

宁国尚未解围,闻贼将以大队救安庆,南岸似可渐松。南坡信大有可采,此人真有干济之才^①。可敬可敬!

【注释】

①干济之才:办事干练有成效的人才。

【译文】

宁国还没有解除包围,听说贼匪将以大队人马救援安庆,南岸似乎可以渐渐松口气。南坡确实大有可采之处,他这人真有办事的才能。可敬可敬!

七月初八日　致沅浦、季洪弟书

沅、季弟左右:

辅卿而外,又荐意卿、柳南二人^①,甚好。柳南之笃慎^②,

余深知之。意卿亮亦不凡③。余告筱、辅观人之法④，以有操守而无官气、多条理而少大言为主。又嘱其求润帅、左、郭及沅荐人⑤。以后两弟如有所见，随时推荐，将其人长处短处一一告知阿兄，或告筱荃。尤以习劳苦为办事之本。引用一班能耐劳苦之正人，日久自有大效。

【注释】

①意卿：即为潘鸿焘，字翼卿，又作"意卿"，湖南湘乡人。附生。咸丰十年（1860），受曾国藩命办理大通镇厘务，累擢至即补道。同治四年（1865），曾国藩奉命北征剿捻，令其总理北征粮台兼办金陵善后事宜。柳南：即为魏瀛，号柳南，湖南邵阳人。廪生。咸丰年间入曾国荃幕府，曾司吴城厘局，后官建昌知府、赣州知府。

②笃慎：性格厚重谨慎。

③亮：通"谅"，想必。

④筱、辅：即李筱荃、文辅卿。见前注。

⑤润帅：即胡林翼。左：即左宗棠。郭：即郭嵩焘。沅：即曾国荃。均见前注。

【译文】

沅、季弟左右：

　　除了辅卿以外，又推荐了意卿、柳南两位，很好。柳南为人诚笃谨慎，我很了解。意卿想必也是不同凡响之人。我告诉筱、辅观察人的方法，以有操守而没有官气、办事有条理而很少说大话这两条为主。又嘱咐他求润帅、左、郭以及沅弟推荐人才。以后两位弟弟如果有所发现，可以随时推荐，把所推荐人的长处短处一五一十告诉为兄，或者告诉筱荃。尤其要以习惯劳苦为办事的根本。引用一班能吃苦耐劳的正人君子，时间长了，自然会有大效应。

季弟言："出色之人断非有心所能做得。"此语确不可易。名位大小，万般由命不由人。特父兄之教家、将帅之训士^①，不能如此立言耳。季弟天分绝高，见道甚早^②。可喜可爱！然办理营中小事，教训弁勇，仍宜以"勤"字作主，不宜以"命"字谕众。

【注释】

①特：只是，只不过。

②见道：明白人生大道。

【译文】

季弟说："出色的人，绝不是有心能做得到。"这句话说的确实是不可改易的大道理。名位的大小，绝对是由命运安排而不是由人安排。只不过父兄教诲家中子侄、将帅训导士兵，却不能如此说。季弟天分很高，很早就能明白大道理。太可喜可爱了！但是办理军营中的小事，教导训示士兵，仍应以"勤"字为主，不应用"命"字来教育大家。

润帅先几陈奏以释群疑之说^①，亦有函来余处矣。昨奉六月二十四日谕旨，实授两江督兼授钦差大臣。恩眷方渥^②，尽可不必陈明。所虑者，苏、常、淮、扬无一枝劲兵前往。位高非福，恐徒为物议之张本耳^③。

【注释】

①先几：预先洞知细微，抢先行动。

②渥：浓重、厚重。

③物议：众人的议论，多指非议。

【译文】

润帅抢先陈奏以消除大家疑虑的说法，也有信函来我这里。日前接到六月二十四日的谕旨，实授两江总督，兼授钦差大臣。皇上的恩典如此厚重，为兄尽可不必一一说明。为兄所忧虑的是，苏州、常州、淮南、扬州一带没有一支强有力的部队前去剿匪。官位太高不是什么福气，只怕是要白白地招致许多非议罢了。

余好出汗，沅弟亦好出汗，似不宜过劳。

【译文】

我好出汗，沅弟也好出汗，似乎不应过分劳累。

七月十二日　　致沅浦、季洪弟书

沅、季弟左右：

兄膺此巨任，深以为惧。若如陆、何二公之前辙①，则诒我父母羞辱，即兄弟子侄亦将为人所侮。祸福倚伏之几②，竟不知何者为可喜也。默观近日之吏治、人心及各省之督抚将帅，天下似无戡定之理③。吾惟以一"勤"字报吾君，以"爱民"二字报吾亲。才识平常，断难立功，但守一"勤"字，终日劳苦，以少分宵旰之忧④。行军本扰民之事，但刻刻存爱民之心，不使先人之积累自我一人耗尽。此兄之所自矢者⑤，不知两弟以为然否？愿我两弟亦常常存此念也。沅弟"多置好官，遴选将才"二语⑥，极为扼要。然好人实难多得，弟为留心采访。凡有一长一技者，兄断不敢轻视。

【注释】

①陆、何二公：即前两任两江总督陆建瀛、何桂清。见前注。前辙：以前车轮压出的痕迹，喻以前的错误或教训。

②祸福倚伏：语出《道德经》："祸兮福之所倚，福兮祸之所伏。"比喻坏事和好事互相依存。

③戡（kān）定：平定，克定。

④宵旰（gàn）之忧：天不亮就起来，天晚了才进食，辛勤操劳，形容勤于政务。

⑤自矢：犹自誓。立志不移。

⑥遴选：选拔，挑选。

【译文】

沅、季弟左右：

为兄我承受如此巨大的任务，深感恐惧。如果重蹈前任两江总督陆、何两位的覆辙，那就是让我父母蒙羞了，就连兄弟子侄也将被别人侮辱。福祸相倚的关头，真不知道有什么值得高兴的。默默观察近年的吏治、人心和各省的督抚将帅，天下好像没有平定的道理。我只有用一个"勤"字报答我的君主，以"爱民"二字报答我父母。我才能见识平常，绝难立功，只有坚持一个"勤"字，终日劳苦，稍稍为皇上分忧。行军本来就是骚扰百姓的事，只能刻刻存着爱民之心，不让祖先的积累由我一人耗尽。这是为兄在内心所坚守的，不知两位弟弟觉得对吗？希望我两个弟弟也常常存着这种念头。沅弟"多置好官，选拔将才"两句话，极为简明扼要。然而好人实在难以多得，弟弟为我留心采访。凡有一技之长的人，为兄绝不敢轻视。

谢恩折今日拜发。宁国日内无信。闻池州杨七麻子将往攻宁①，可危之至！

【注释】

①杨七麻子：即为杨辅清(？—1874)，原名杨金生，外号杨七麻子，广西桂平人。金田起义后随太平军北上。封国宗。内讧时以与杨秀清本不同族，又领兵在外，得免于难。咸丰八年(1858)封中军主将，成为太平天国后期重要将领之一。参与第二次摧毁江南大营战役。以功封辅王。驻防宁国府。同治元年(1862)宁国府弃守。次年(1863)守天京高桥门，力拒湘军。三年(1864)出守湖州。天京、湖州相继陷落后，避走上海，后流转南方各地，继续抗清。十三年(1874)在福建晋江被捕，旋即被杀。

【译文】

谢恩的折子今天拜发。宁国这几天没有信。听说池州的杨七麻子将去攻打宁国，宁国实在是太危险了！

七月十五日　致沅浦弟书

沅弟左右：

浮桥办齐，长壕已有八九分工程。甚好甚慰！从此援贼虽至，吾弟必足以御之。冯事①，兄处办法与润帅不谋而合，兹将一批一告示抄付弟览。

【注释】

①冯事：指备公牍邀请在四川万县任县令的老友冯树堂来皖南幕府帮忙一事。

【译文】

沅弟左右：

浮桥修建好了，长壕工程已经完工有八九成了。很好，我很欣慰！

从此贼匪的援兵即使到了，我弟弟你也足以抵御。冯事，为兄这里的办法和润帅不谋而合，现将一批示一告示抄给弟弟看。

　　翁中丞处复信甚妥①。弟意疏疏落落亦极是②。弟总认定是湖北之委员，以官、胡两帅为上司，诸事禀命而行。此外一概疏疏落落。希庵于此等处界限极清，人颇嫌其疏冷。然不轻进人，即异日不轻退人之本；不妄亲人，即异日不妄疏人之本。处弟之位，行希之法，似尚妥叶。与翁稿与毓稿均好③。近日修辞工夫亦进。慰喜慰喜！

【注释】

①翁中丞：即安徽巡抚翁同书。见前注。

②疏疏落落：冷淡疏远的样子。

③毓：即为毓科，号右坪，旗人。咸丰十年（1860）闰三月，由江西布政使授巡抚。十一年（1861）十二月，因援剿太平军不力，被御史参奏，奉旨革职，至京以四品京堂候补。

【译文】

　　翁中丞那边回信很妥当。弟弟态度冷淡疏远也很好。弟弟你一门心思认定自己是湖北派出的人员，认官、胡两帅作为上司，所有事受命令而行。此外一概冷淡疏远。希庵在这些地方界限极清，有些人嫌他疏冷。然而不轻易抬高人，就是将来不轻易斥退人的根本；不随便亲近人，就是将来不随便疏远人的根本。在贤弟的位置上，使用希庵的方法，似乎还蛮妥当。写给翁同书的信稿和给毓科的信稿都好。最近修辞工夫也进步了。我很欣慰很高兴！

　　焦君谱序①，八、九月必报命②。书院图，须弟起稿而兄改之，弟切莫咎兄之吝也。

【注释】

①焦君：即为焦听堂。曾央曾国藩为其家谱作序。

②报命：复命。奉命办事完毕，回来报告。书信中亦用作谦辞。

【译文】

焦君谱序，八、九月间一定完成。书院图，需要弟弟起稿，为兄我再修改，贤弟千万不要责怪为兄吝惜笔墨啊。

八月初七日　　致沅浦、季洪弟书

沅、季弟左右：

接专丁来信，下游之贼渐渐蠢动，九月当有大仗开。此贼惯技①，好于营盘远远包围，断我粮道。弟处有水师接济，或可无碍。不知多、李二营何如②，有米有柴可济十日半月否。贼虽多，善战者究不甚多，礼、希或可御之。

【注释】

①惯技：经常使用的手段、手法。

②多、李：即多礼堂、李希庵。见前注。

【译文】

沅、季弟左右：

接到专人送来的信，下游的贼匪渐渐蠢蠢欲动，九月应当会有大仗打。这是贼匪一贯的伎俩，喜欢在营盘远处包围，断绝我军的粮道。弟弟那边有水师接济，或许可以没有妨碍。不知道多、李两军会怎样，有米有柴,够用十天半月不。贼匪虽然很多,善于作战的终究不太多,礼、希两军或者可以抵御。

弟既挖长壕,切不可过壕打仗。胜则不能多杀贼,挫则不能收队也。营中柴尚多否?煤已开出否?红单船下去后①,吾拟札陈舫仙办大通厘金②,以便弟就近稽查。闻该处每月可二万余串也。魏柳南宜办厘乎,宜作吏乎?弟密告我。潘意卿何时可到?此间需才极急。浙事岌岌,请援之书如麻。次青今日到祁门,其部下十四、五可到。季弟所言诸枉聆悉,定当一一错之③,不姑息也。

【注释】

①红单船:广东商人造船需禀报海关,给予红单以备稽查,故所造船名"红单船"。这种船体大坚实,行驶快速,每艘可安炮二三十门。后来,广东官员雇募它们用于海防。咸丰时期,清政府把红单船武装调至长江流域镇压太平军。

②陈舫仙:即为陈湜(1832—1896),字舫仙,湖南湘乡人。咸丰、同治间为曾国荃部将,从下安庆、天京。累擢为陕西按察使,调山西。因捻军入晋被解职,仍留军中。后因助左宗棠平定西北,复原官。光绪间从曾国荃统南洋舰队。甲午中日战起,驻防山海关。卒于任。大通:地名。即今安徽铜陵大通。清设大通水师营。同治初,兴建大通参将衙,驻参将统帅水陆清军近千人,还设有"纳厘助饷"的厘金局和专征江西、两湖及安徽中路盐税的盐务督销局。

③错:语出《论语·为政》:"举直错诸枉,则民服;举枉错诸直,则民不服。"朱子注:"错,舍置也。"废置,舍弃。

【译文】

弟弟既然已经挖长壕,千万不可越过长壕打仗。获胜也不能多杀贼匪,战败则不能收队。军营中的柴还多吗?煤已经开出了吗?红单船向下游开去之后,我准备下札给陈舫仙让他办理大通的厘金,以便弟弟就近稽查。听说那里每月可收厘金钱二万余串。魏柳南适合办理厘金,还是适合做行政官员?弟弟悄悄告诉我。潘意卿什么时候可以到?我这里急需人才。浙江的事岌岌可危,请求援助的书信多如乱麻。次青今天到祁门,他的部下十四、五日可以到。季弟所说的各个不好的人,我已经知道,一定会一一革除,绝不姑息。

九月初四日　致澄侯弟书

澄侯四弟左右:

接弟信,知家中收成已毕,五十侄女渐次痊愈。至以为慰!

【译文】

澄侯四弟左右:

接到贤弟你的信,知道家里庄稼收获完毕,五十侄女逐渐痊愈。太让人欣慰了!

此间近日殊多失意之事:次青十九日丛山关败后[1],廿四日平江六营与河溪"礼"字等四营大败[2]。贼匪围城,次青坚守一日一夜,至廿五日申刻破城,平江勇自南门走出,次青闻亦已出城。至今八日尚未接其来信,而其胞侄、表弟皆坚言其无恙。不知究竟如何。廿八日贼破休宁。目下皖南仅存祁门、婺源、黟县及东流、建德而已。闻贼已分大半由严州入浙③,而自婺源入江之路亦不可不防。现调鲍军扎渔亭④,凯章扎黟县,均去老营不过六十里,军势已稳,人心已定。牧云与甲三初一日由祁门赴安庆,大约十月底可归也。希庵初四日到祁门,带四营远来救援,不久仍当回北岸耳。

【注释】

①丛山关:关隘名。位于安徽绩溪扬溪北部。处于天目山脉与黄山山脉结合部,因丛山四合,中有通道,居高临下,地势险要,故名。

②河溪"礼"字等四营:胡林翼拨给曾国藩的营队。

③严州:明、清时期州府名。属浙江省。

④渔亭:地名。即今安徽黄山黟县渔亭。渔亭为新安江水运最西的码头,自古为湖广与江浙货运的中转站之一,有"七省通衢"之美誉。

【译文】

我这边这段日子不如意的事特别多:次青十九日丛山关战败后,二十四日平江六营和河溪"礼"字等四营大败。贼匪围攻徽州城,次青坚守一天一夜,到二十五日申刻城被攻破,平江勇从南门逃出,次青听说也已经出城。到现在八天了还没有接到他的来信,而他的胞侄、表弟都坚持说他没事。不知道到底怎么样。二十八日贼匪攻破休宁。目前皖南仅剩祁门、婺源、黟县及东流、建德而已。听说贼匪已分出大半由严州进入浙江,而从婺源进入江西的通道也不可不防备。现调鲍军驻扎渔亭,凯章一军驻扎黟县,都距离大本营不过六十里,军事形势已经安稳,人心已经安定。牧云和甲三初一日从祁门去安庆,大约十月底就可以回家了。希庵初四日到祁门,带四营远道赶来救援,不久仍会回到北岸去。

余身体平安。目光日昏,精神亦日见日老,深惧无以符此大任!

【译文】

我身体平安。目光日益昏花,精神也日见衰老,深怕无法担当这样的重任!

九月初七日　　致沅浦、季洪弟书

沅、季弟左右:

徽州、休宁之贼日内尚未动作。鲍、张两军日内亦休息未进。祁门、黟县等处渐有卖米盐者。希庵所带四营,暂令扎去祁六十里之历口地方,防西路之贼穿建德、祁门中间而走景德镇,即去年沅弟破景德镇贼之出路也。次青廿五日城破走出,廿六夜在街口所发信①,初六夜乃接到。

【注释】

①街口:地名。即今安徽黄山歙县街口。街口地处新安江畔,是歙县的南大门,与浙江毗邻,是皖、浙两省交界之要地。

【译文】

沅、季弟左右:

徽州、休宁的贼匪近日还没有行动。鲍、张两军近日也休息没有前进。祁门、黟县等处渐渐有卖米和盐的。希庵所带来的四营，暂时让他们驻扎在距离祁门六十里的历口地方，防备西路的贼匪穿过建德、祁门中间去景德镇，就是去年沅弟破景德镇时贼匪的出路。次青二十五日城被攻破时逃出来，二十六日晚在街口所发的信，初六晚上我才接到。

廿五夜所奉寄谕，初六日乃恭折复奏，兹抄去一阅。不知皇上果派国藩北上，抑系派润帅北上。如系派我北上，沅弟愿同去否？为平世之官，则兄弟同省必须回避；为勤王之兵①，则兄弟同行愈觉体面。望沅弟即日定计，复书告我。无论或派我或派润帅，皆须带万人以行。皖北、皖南两岸局势必大为抽动，请弟将如何抽法、如何布置开单见告。一切皆暗暗安排，胸有成竹，一经奉旨，旬日即可成行。两弟以为何如？

【注释】

①勤王：指君主的统治受到威胁而动摇时，臣子起兵救援王朝。

【译文】

二十五日晚上所奉的圣旨，初六日才恭敬地写奏折回复，现抄一份送贤弟一阅。不知道皇上到底是派国藩北上，还是派润帅北上。如果是派我北上，沅弟愿意一起去吗？在太平年代做官，兄弟同省则必须回避；做勤王之师，那兄弟同行就更觉得体面。希望沅弟即日决定，回信告诉我。不管派我还是派润帅北上，都必须带一万人马前往。皖北、皖南的两岸局势一定会大为抽动，请弟将如何抽调人马、如何布置的方案开列一个单子告诉我。一切都暗暗安排，胸有成竹，一旦接到圣旨，十天就可成行。两位弟弟认为怎样？

九月十四日　　致沅浦弟书

沅弟左右：

　　安庆决计不撤围，江西决计宜保守。此外或弃或取，或抽或补，合众人之心思共谋之。北援不必多兵，但即吾与润帅二人中有一人远赴行在①，奔问官守②，则君臣之义明，将帅之职著，有济无济，听之可也。

【注释】

　　①行在：指天子所在的地方。
　　②官守：官位职守，官吏的职责。

【译文】

沅弟左右：

　　安庆决定不撤围，江西决定应该保护守卫。此外或者放弃或者攻取，或者抽调或者补足，要和大家一起商量谋划。挥师北援不需要太多兵，只要我和润帅二人中有一人远远奔赴天子所在之地，尽臣子的官位职守，那么君臣之间的大义就显明，将帅的职责也彰显，有济于事或于事无补，听由天命即可。

九月二十一日　　致沅浦弟书

沅弟左右：

　　接来缄，知营墙及前后壕皆倒。良深焦灼！然亦恐是挖壕时不甚得法。若客土覆得极远①，虽雨大，不至仍倒入壕内,庶稍易整理。至墙子,则无不倒坍,不仅安庆耳。

【注释】

①客土:挖出来堆在上面的土。

【译文】

沅弟左右:

接到来信,知道营墙和前后壕都倒了。我深感焦急!然而也怕是挖壕时不太得法。如果挖出来的土堆得很远,即使大雨,不至仍然冲入壕内,也稍微容易整理。至于墙子,就没有不倒塌的,不仅是安庆。

徽州之贼,窜浙者十之六七,存府城及休宁者闻不过数千人,不知确否。连日雨大泥深,鲍、张不能进剿,深为可惜!季高尚在乐平。余深恐贼窜入江西腹地,商之季高,无遽入皖;季高亦以雨泥不能速进也。润帅谋皖已大半年,一切均有成竹,而临事复派人救援六安,与吾辈及希庵等之初议全不符合,枪法忙乱①;而弟与希庵皆有骄矜之气②。兹为可虑。希庵论事最为稳妥,如润帅有枪法稍乱之时,弟与希婉陈而切谏之③。弟与希之矜气,则彼此互规之。北岸当安如泰山矣。

【注释】

①枪法:喻指战术战略手段。

②骄矜:骄傲自负。

③切谏:直言极谏。

【译文】

徽州的贼匪,流窜浙江的十分之六七,留在徽州府城和休宁的听说不超过几千人,不知道消息准确与否。连日雨大泥深,鲍、张两军不能进剿,实在是可惜! 左季高还在乐平。我深怕贼匪窜入江西内地,和季高商量,不要急于进入安徽;季高也因大雨泥泞不能快速前进。润帅谋划安徽的事已经大半年了,一切都胸有成竹,而事到临头又派人救援六安,与我们和希庵等人的最初商议完全不符,章法忙乱;而弟弟和希庵都有骄傲自负之气。这让人担心。希庵论事最为稳妥,如果润帅有章法稍乱的时候,弟弟和希庵婉转而恳切地劝阻他。弟弟和希庵的骄傲自负,则要彼此互相规劝。这样的话,北岸应当像泰山一样安稳了。

九月二十三日　致沅浦弟书

沅弟左右:

　　接伪文二件①,知安庆之贼望援孔切②。只要桐城、青草塥少能坚定③,自有可破之理。

【注释】

①伪文:指太平天国的公文。

②孔切:特别急切。

③坚定:坚强而不动摇,坚守。

【译文】

沅弟左右:

　　接到贼匪伪文件两件,了解到安庆城中的贼匪急切盼望救援。只要桐城、青草塥稍微能坚守,自然有能攻破的道理。

　　次青十六日回祁,仅与余相见一次。闻其精神尚好,志气尚壮,将来或可有为,然实非带勇之才。

【译文】

次青十六日回到祁门,仅与我见面一次。听说他精神还好,志气还壮,将来也许可以有所作为,但实在不是能带兵的人才。

弟军中诸将有骄气否?弟日内默省①,傲气少平得几分否?天下古今之庸人,皆以一"惰"字致败。天下古今之才人,皆以一"傲"字致败。吾因军事而推之,凡事皆然。愿与诸弟交勉之②。此次徽贼窜浙,若浙中失守,则不能免于吴越之痛骂,然吾但从"傲"、"惰"二字痛下工夫,不问人之骂与否也。

【注释】

①默省:扪心自问,默想自省。

②交勉:相互勉励。

【译文】

贤弟军中的将领有骄傲之气吗?贤弟每天扪心自问,傲气稍微减少了几分没有?天下古今平庸的人,都因一个"惰"字导致失败。天下古今有才的人,都因一个"傲"字导致失败。我就军事而推断,所有的事情都是这样。愿与各位弟弟就此互相勉励。这次徽州的贼匪流窜浙江,如果浙江失守,就不能避免被吴越之人痛骂,但我只从"傲"、"惰"二字痛下工夫,不管别人谩骂与否。

九月二十四日 致沅浦、季洪弟书

沅、季弟左右:

沅弟以我切责之缄①,痛自引咎②,惧蹈危机而思自进于谨言慎行之路③。能如是，是弟终身载福之道，而吾家之幸也。季弟信亦平和温雅，远胜往年傲岸气象。

【注释】

①切责：严厉斥责。

②引咎：把过失归咎于自己。

③谨言慎行：语出《礼记·缁衣》："故言必虑其所终，而行必稽其所敝，则民谨于言而慎于行。"指说话小心，行动谨慎。

【译文】

沅、季弟左右：

　　沅弟因我严厉责备的信，痛下决心，承认错误，惧怕走上危机之路而想步入谨言慎行的行列。若能这样，便是弟弟终身有福大道，也是我们家的幸运。季弟的信也写得平和温雅，比起往年的傲岸情形强多了。

　　吾于道光十九年十一月初二日进京散馆①。十月二十八早侍祖父星冈公于阶前，请曰："此次进京，求公教训。"星冈公曰："尔的官是做不尽的，尔的才是好的，但不可傲。'满招损，谦受益'②，尔若不傲，更好全了。"遗训不远，至今尚如耳提面命③。今吾谨述此语诰诫两弟，总以除"傲"字为第一义。唐虞之恶人④，曰"丹朱傲"⑤，曰"象傲"⑥。桀纣之无道，曰"强足以拒谏，辨足以饰非"⑦，曰"谓己有天命，谓敬不足行"⑧，皆傲也。吾自八年六月再出⑨，即力戒"惰"字以儆无恒之弊⑩，近来又力戒"傲"字。昨日徽州未败之前，次青心中不免有自是之见⑪。既败之后，余益加猛省：大约军事之败，非傲即惰，二者必居其一。巨室之败，非傲即惰，二者必居其一。

【注释】

①道光十九年：即 1839 年。

②满招损，谦受益：语出《尚书·大禹谟》。意谓自满招致坏处，谦虚使人受益。

③耳提面命：语出《诗经·大雅·抑》："匪面命之，言提其耳。"孔颖达疏："非但对面命语之，我又亲提撕其耳，庶其志而不忘。"后以"耳提面命"谓教诲殷切，要求严格。

④唐虞：唐尧与虞舜的并称。亦指尧舜时期。

⑤丹朱傲：语出《尚书·益稷》："无若丹朱傲，惟慢游是好，傲虐是作。"丹朱，尧之子。

⑥象傲：语出《尚书·尧典》："瞽子，父顽，母嚚，象傲。"象，舜之弟。

⑦强足以拒谏，辨足以饰非：语出《史记·殷本纪》："帝纣资辨捷疾，闻见甚敏；材力过人，手格猛兽；知足以距谏，言足以饰非；矜人臣以能，高天下以声，以为皆出己之下。"

⑧谓己有天命，谓敬不足行：语出《尚书·泰誓中》："惟受罪浮于桀。剥丧元良，贼虐谏辅。谓己有天命，谓敬不足行，谓祭无益，谓暴无伤。"

⑨八年：即咸丰八年（1858）。

⑩儆：使人警醒，不犯过错。

⑪自是：自以为是。

【译文】

我于道光十九年十一月初二日进京入翰林院庶常馆。十月二十八日早晨，我于台阶前侍奉祖父星冈公，请求说："这次进京城，求祖父教训。"星冈公说："你的官是做不尽的，你的才是好的，但不能骄傲。'满招损，谦受益'，你如果不骄傲，那就更好了。"遗训不远，至今祖父还像是在对我耳提面命。现在我谨把这段话讲给你们听，告诫两位弟弟，总是要以去"傲"为第一要紧之事。唐虞时代的恶人，总是说"丹朱傲"，说"象傲"。桀纣的无道，书上说他"强悍得足以拒绝一切忠言、善辩足以粉饰一切过失"，说他"认为自己是真命天子，认为恭敬之道不值得奉行"，这都是傲。我从咸丰八年六月再度出山，便努力戒除"惰"字，以改正没有恒心的毛病，近来又努力戒除"傲"字。前不久徽州还没有军败之前，次青心中不免有自以为是的见解。已败之后，我越发深刻领悟到：大约军事失败，不是因为骄傲，就是因为怠惰，二者必居其一。大家族的败落，不是因为骄傲，就是因为怠惰，二者必居其一。

余于初六日所发之折，十月初可奉谕旨。余若奉旨派出，十日即须成行。兄弟远别，未知相见何日。惟愿两弟戒此二字，并戒各后辈常守家规，则余心大慰耳。

【译文】

我于初六日所发的奏折，十月初可以得到皇上批复。我如果奉旨外派，十天便要启程。远别之后，不知兄弟之间何日才能相见。唯一的愿望是两位弟弟能戒傲戒惰，并让家中各位后辈遵守家规，那我便大感欣慰了。

十月初四日　致澄侯弟书

澄侯四弟左右：

八月廿四发去之信，至今未接复信，不知弟在县已回家否？余所改书院图已接到否？图系就九弟原稿改正，中间添一花园，以原图系点文章，一个板板也①。余所改规模太崇闳②。当此大乱之世，兴造过于壮丽，殊非所宜。恐劫数③，或有他虑。弟与邑中诸位贤绅熟商。去年沅弟起屋太大，余至今以为隐虑④。此事又系沅弟与弟作主，不可不慎之于始！弟向来于盈虚消长之机颇知留心⑤，此事亦当三思。至嘱至嘱！

【注释】

①一个板板：形容样式呆板，缺少变化。

②崇闳：高大宏伟，宽敞敞亮。

③劫数：亦作"刧数"、"刦数"、"刼数"。原为佛教语，指极漫长的时间，后亦指厄运、灾难、大限。

④隐虑：潜在的忧患。

⑤盈虚消长：荣辱盛衰，进退变化。

【译文】

澄侯四弟左右：

八月二十四日发出的信，到现在还没有接到回信，不知道弟弟在县城已回了吗？我所改的书院图已接到了吗？图是在九弟原稿的基础上改正的，中间加了一个花园，因为原图好比点文章，刻板而少变化。我所改过的规模太大高大宏伟。在这个大乱的世道，建造过于壮丽，特别不合适。恐怕劫数未满，或许有其他隐患。贤弟与县里各位乡贤好好商量。去年沅弟盖房子太大，我到现在还认为有隐患。这件事又是沅弟与贤弟做主，不能不在一开始就格外慎重！贤弟向来懂得留心盈虚消长的关键，这件事也应当三思。千万牢记！

鲍、张廿六进兵，廿九日获一胜仗，日内围扎休宁城外。祁门老营安稳，余身体亦好；惟京城信息甚坏，皖南军务无起色。且愧且愤！

【译文】

鲍、张二十六日进军，二十九日获一胜仗，近日包围驻扎在休宁城外。祁门老营安稳，我身体也很好；只是京城方面的消息很坏，皖南军务没有起色。我又惭愧又愤恨！

家事有弟照料，甚可放心。但恐黄金堂买田起屋，以重余之罪戾，则寸心大为不安耳。

【译文】

家里的事有贤弟照料，我大可放心。只是担心黄金堂买田盖房子，加重我的罪过，那我的良心就大为不安了。

<h2>仝日　致沅浦、季洪弟书</h2>

沅、季弟左右：

日内不知北岸贼情何如，至为系念！

季弟赐纪泽途费太多。余给以二百金，实不为少。余在京十四年，从未得人二百金之赠，余亦未尝以此数赠人。虽由余交游太寡，而物力艰难亦可概见①。余家后辈子弟，全未见过艰苦模样，眼孔大，口气大，呼奴喝婢，习惯自然，骄傲之气入于膏肓而不自觉②，吾深以为虑！前函以"傲"字箴规两弟，两弟犹能自省自惕③。若以"傲"字诰诫子侄，则全然不解。盖自出世以来，只做过大④，并未做过小，故一切茫然,不似两弟做过小,吃过苦也。

【注释】

①物力艰难:可供使用的资源很少,来之不易。概见:谓窥见其概貌。

②膏肓:古代医学以心尖脂肪为膏,心脏与膈膜之间为肓。《左传·成公十年》:"疾不可为也,在肓之上,膏之下,攻之不可,达之不及,药不至焉,不可为也。"杜预注:"肓,鬲也。心下为膏。"后遂用以称病之难治者,比喻难以救药的失误或缺点。

③自省自惕:自我反省,自我警觉。

④大:此处指地位高高在上,是大人物。

【译文】

沅、季弟左右:

这几天不知道北岸敌情怎么样,最为挂念!

季弟赐给纪泽的路费太多了。我给他二百金,实在不算少。我在京城十四年,从没有得到别人二百金的馈赠,我也从来没有馈赠别人这个数目。虽然是因为交际不广朋友太少,而财力的艰难也可以看出个大概来。我家后辈子弟,完全没有见到过艰苦的模样,眼孔大,口气大,呼唤婢女奴仆,习惯成自然,骄傲之气入于膏肓而自己完全感觉不到,我对此深感忧虑!之前写信用"傲"字劝诫两位贤弟,两位贤弟还能自我反省自我警惕。如果拿"傲"字告诫后辈子侄,他们就完全不懂。这是因为自出世以来,他们只做过大,并没有做过小,所以一切茫然,不像两个弟弟做过小,吃过苦。

十月初五日　　致沅浦弟书

沅弟左右:

初四日接奉二十日寄谕,夷务和议已成①,鲍军可不北上。九月初六日请派带兵入卫一疏②,殆必不准③,从此可一意图东南之事。

【注释】

①夷务和议:指恭亲王在京与英法联军和谈达成协议。

②带兵入卫:指曾国藩原计划带兵勤王拱卫京师一事。

③殆必:想必,一定。

【译文】

沅弟左右:

初四日接奉上月二十日朝廷寄谕,与英法联军的和谈已经达成,鲍军可以不必北上。我九月初六日的请求派我带兵勤王拱卫京师的奏疏,一定不会被批准,从此可以一心图谋东南之事。

安庆所挑余亲兵两哨,若悉系上选,恐狗贼来援①,打仗又少些好手。弟细心斟酌,或待击退狗援后,再令两哨南渡,亦无不可。余前廿八日一缄,谓不须挑人来祁,是恐安庆挑出好手,难当大敌也。此次商令缓来,则专为恐扯薄安庆起见②,弟细酌之。贼若有大股从练潭来集贤关③,弟军足支持二三日否?千言万语,都不要紧,惟此是性命关头。次青以不能战守,身败名裂。弟所争者,在能守与否。若能守住四五日,则希庵之援兵必至矣,专意待希之救④。万一希被桐城等处之贼牵制,不能援怀⑤,亦事势之所时有⑥。弟此刻与诸将约定,预为守营五日昼夜不息之计。贼初来之日,不必出队与战,但在营内静看,看其强弱虚实。看得千准万准,可打则出营打仗,不可打则始终坚守营盘,或有几分把握。闻迪庵于六年八月在武昌击石逆援贼⑦,即坚守静待之法。每日黎明,贼来扑营,坚守不动,直至申酉间始出击之,故无日不胜。

【注释】

①狗贼:即太平军将领陈玉成。见前注。清军蔑称陈玉成为"四眼狗",后文"狗逆"亦指陈玉成。

②扯薄:指因抽调军队而削弱兵力。

③练潭:地名。即今安徽桐城双港练潭。

④专意:一门心思。

⑤怀:即怀宁。

⑥时有:偶或有之。指有时会发生的情况。

⑦六年:即咸丰六年(1856)。石逆:即太平军将领石达开。见前注。

【译文】

在安庆挑的做我亲兵的两哨人手,如果全是上等好手,怕狗贼率军前来救援,打仗又少一些好手。贤弟你细心斟酌,或者等击退狗贼援军之后,再让两哨人马南渡,也不是不可以。我在之前二十八日写的一封信,说不需要挑选人马来祁门,是怕安庆挑出好手,很难抵挡大敌。这次商量让迟些时候来,是专为害怕削弱安庆兵力起见,贤弟且仔细斟酌。如果有大股贼匪从练潭来攻集贤关,贤弟的军队足以支持两三天吗?千言万语,都不要紧,只有这个是性命关头。次青因为不能战斗不能守城,身败名裂。贤弟你所争的,是在能防御与否。如果能坚持住四五天,那希庵的援兵一定会到,一门心思等待希庵的救援。万一希庵被桐城等处的贼匪牵制,不能援救怀宁,这种情况也有可能会发生。贤弟你现在与各位将领约定,准备好守营五昼夜不停的计划。贼匪刚刚来的时候,不必派部队和他们交战,就在营内静静地看,观察贼匪的强弱虚实。看得千准万准,可以打就出营打仗,不可以打就始终坚守营盘,或许会有几分把握。听说李迪庵咸丰六年八月在武昌打石达开的援军,用的就是坚守阵地、静待时间的方法。每天黎明,贼匪来扑营,坚守阵地不动,一直等到中时酉时之间才出队击贼,所以没有一天不胜利。

　　希庵新授皖臬。莫令当撤委①,令希查办。弟详复之件尽可呈上;而莫之劾否②,不系乎此。

【注释】

　　①撤委:撤职。

　　②劾:弹劾,揭发罪状。

【译文】

　　希庵刚刚被任命为安徽臬台。莫县令应当撤职,令希庵查办。弟弟详复的文件可以呈上;莫会不会被弹劾,与此无关。

十月二十日　　致沅浦、季洪弟书

沅、季弟左右:

　　接信,知北岸日内尚未开仗。此间鲍、张于十五日获胜,破万安街贼巢①。十七日获胜,破休宁东门外二垒,鲍军亦受伤百余人。正在攻剿得手之际,不料十九日未刻,石埭之贼破羊栈岭而入②,新岭、桐林岭同时被破③。张军前后受敌,全局大震。比之徽州之失,更有甚焉。余于十一日亲登羊栈岭,为大雾所迷,目无所睹。十二日登桐林岭,为大雪所阻。今失事恰在此二岭,岂果有天意哉? 目下张军最可危虑,其次则祁门老营距贼仅八十里,朝发夕至,毫无遮阻。现讲求守垒之法,贼来则坚守以待援师。倘有疏虞④,则志有素定⑤,断不临难苟免⑥。

【注释】

①万安街:地名。在今安徽休宁万安。

②石埭:即今安徽石台。羊栈岭:位于安徽黟县北部,距黟县约十八公里,海拔七百多米。西接牛泉山,东连风茅岭,是宁池古道的重要关隘,古有"北控宣池,南通歙休"之说,向来为兵家必争之地,清咸丰、同治年间,清军与太平军曾于此交战多次。

③新岭:即今安徽祁门祁山。桐林岭:在今安徽黄山。

④疏虞:疏忽,失误。

⑤素定:即宿定,预先确定。

⑥临难苟免:语出《礼记·曲礼上》:"临难毋苟免。"后因以"临难苟免"谓遇到危难时苟且偷生。

【译文】

沅、季弟左右:

接到来信,得知北岸近日还没有打仗。这边鲍、张二军在十五日获得胜利,攻破万安街贼匪老巢。十七日获胜,攻破休宁城东门外贼匪两个营垒,鲍军自己也有一百多人受伤。正在进攻连连得手的时候,不料十九日未刻,石埭的贼匪攻破羊栈岭而进入,新岭、桐林岭同时被攻破。张军腹背受敌,全局大为震动。比徽州失守,更加严重。我十一日亲自登上羊栈岭,被大雾所迷,什么也没有看见。十二日登桐林岭,被大雪所阻塞。现在失败恰好在这两岭,难道真是天意?眼下张军最危急,其次是祁门老营距离贼匪只有八十里,朝发夕至,毫无遮阻。现在讲求守垒的办法,贼匪来了就坚守阵地等待援军。万一有个什么疏忽,那我决心早已拿定,绝对不会临难苟且偷生。

回首生年五十,除学问未成,尚有遗憾外,余差可免于大戾①。贤弟教训后辈子弟,总以勤苦为体,谦逊为用,以药佚骄之积习②,余无他嘱。

【注释】

①差可:尚可,勉强可以。大戾:大罪过。

②佚骄:骄奢淫逸。积习:长期形成的习惯。

【译文】

回首平生五十年,除了学问没有成功,还有点儿遗憾外,我差不多算是没犯什么大罪过。贤弟教训后辈子弟,总要以勤劳吃苦为体,谦虚谨慎为用,以救治骄奢淫逸的积习,再没有别的要嘱咐了。

十月二十四日　　致澄侯弟书

澄侯四弟左右:

此间于十九日忽被大股贼匪窜入羊栈岭,去祁门老营仅六十里,人心大震。幸鲍、张两军于廿日、廿一日大战获胜,克复黟县,追贼出岭,转危为安。此次之险,倍于八月廿五徽州失守时也。现贼中伪侍王李世贤、伪忠王李秀成、伪辅王杨雄清皆在徽境与兄作对①;伪英王陈玉成在安庆境,与多礼、沅、季作对②。军事之能否支持③,总在十月、十一月内见大分晓。

【注释】

①李世贤（1834—1865）：广西藤县人。李秀成堂弟。咸丰元年
（1851）加入太平军。天京内讧后，以善战为朝众所举，封侍天
福、左军主将，主持皖南军务。参加枞阳会议，与陈玉成攻克庐
州。攻溧阳，取句容，参加第二次攻克江南大营之役，以功封侍
王。随即与李秀成东征，下丹阳、常州、苏州。又转战浙、皖、赣
等地，一度进逼曾国藩祁门大营。天京陷后，转战闽、粤，曾占领
福建漳州。后入镇平汪海洋军中，为汪所害。李秀成（1823—
1864）：原名以文，广西藤县人。咸丰元年（1851）参加太平军。
以骁勇善战，积功升地官正丞相、合天侯。石达开出走，擢为副
掌率、合天义，与陈玉成共主军政。咸丰八年（1858），三河之战
大败清军。次年，封忠王。咸丰十年（1860），用"围魏救赵"之计
解天京围，破清江南大营。经略苏、常，东攻上海，西援天京。同
治三年（1864），困守天京，城陷被俘。有自述数万言，旋被杀。
杨雄清：即杨七麻子杨辅清。见前注。

②多礼、沅、季：即当时皖北围攻安庆的清军将领多隆阿、曾国荃、
曾国葆。见前注。

③支持：支撑，维持。

【译文】

澄侯四弟左右：

　　这边在十九日忽然被大股贼匪窜入羊栈岭，距离祁门老营只有六
十里，人心大为震惊。幸好鲍、张两军在二十日、二十一日大战取胜，收
复黟县，追击贼匪出岭，转危为安。这次的凶险，比八月二十五日徽州
失守还要加倍。现在贼匪里伪侍王李世贤、伪忠王李秀成、伪辅王杨雄
清都在徽州境内与我作对；伪英王陈玉成在安庆境内，与多礼堂及沅、
季三人作对。军事能否支撑，总要在十月、十一月内见大分晓。

甲三十月初六至武穴，此时计将抵家。余在外无他虑，总怕子侄习于"骄、奢、逸"三字。家败离不得个"奢"字；人败离不得个"逸"字；讨人嫌离不得个"骄"字。弟切戒之！

【译文】

甲三十月初六日到武穴，这时大约要到家了。我在外没有其他顾虑，只怕子侄习惯于"骄、奢、逸"三个字。败家离不开一个"奢"字；做人失败离不开一个"逸"字；讨人嫌离不开一个"骄"字。弟弟一定要引以为戒！

十一月十四日　　致澄侯弟书

澄侯四弟左右：

日内皖南局势大变。初一日德兴失守[1]，初三日婺源失守，均经左季翁一军克复。初四日建德失守，而余与安庆通信之路断矣。十二日浮梁失守，而祁门粮米必经之路断矣。现调鲍镇六千人进攻浮梁，朱、唐三千人进攻建德[2]。若不得手，则饷道一断，万事瓦裂，殊可危虑。

【注释】

①德兴：古县名。即今江西上饶德兴。位于赣、浙、皖三省交界处，取"山川之宝，惟德乃兴"之意而定名。

②朱、唐：即朱品隆、唐义训。见前注。

【译文】

澄侯四弟左右：

这几天皖南局势大变。初一日德兴失守，初三日婺源失守，都由左季翁一军收复。初四日建德失守，而我和安庆通信的路断了。十二日浮梁失守，而祁门粮米必经之路断了。现调鲍镇六千人进攻浮梁，朱、唐三千人进攻建德。如果不能得手，那么运送军饷的道路一断，万事分崩瓦解，太令人担忧。

　　余忝窃高位①，又窃虚名，生死之际，坦然怡然。惟部下兵勇四五万人，若因饷断而败，亦殊不忍坐视而不为之所②。家中万事，余俱放心，惟子侄须教一"勤"字一"谦"字。谦者，骄之反也；勤者，逸之反也。"骄、奢、淫、逸"四字，惟首尾二字尤宜切戒！至诸弟中外家居之法，则以"考、宝、早、扫，书、蔬、鱼、猪"八字为本。千万勿忘！

【注释】

①忝窃：谦辞。辱居其位或愧得其名。

②为之所：语出《左传·隐公元年》："姜氏何厌之有？不如早为之所。"指采取措施，作安排。

【译文】

　　我忝居高位，窃取虚名，在生死存亡之际，很坦然平静。只是部下兵勇有四五万人，如果因为粮饷供应阻断而战败，也很不忍不采取任何措施而坐以待毙。家里所有的事情，我都放心，只是子侄辈，必须教他们一个"勤"字一个"谦"字。谦虚，是骄傲的反面；勤奋，是安逸的反面。"骄、奢、淫、逸"四个字，只有头尾两个字尤其应该警惕！至于各位弟弟家居里外的方法，就以"考、宝、早、扫，书、蔬、鱼、猪"八个字为本。千万不要忘记！

十一月二十一日　致沅浦、季洪弟书

沅、季弟左右：

专丁至，接十五日来信，知前有四次专人，均未到也。

此次贼围祁门，分三大支：西支破建德以入鄱、浮①，东支破江湾及上溪两营盘以入婺源②，北支破羊栈各岭以图黟县。三支之中，以建德一股为最巨。除守建德之贼二万余人外，又分为三支：一支窜浮梁、景德镇，一支窜鄱阳、都昌，一支窜彭泽、湖口。目下守建德一股，已被唐桂生攻破。窜浮梁一股，被左军小加惩创十四日杀贼百余人③，亦未得逞。窜鄱阳一股，拟分鲍军会同左军剿之。窜彭泽一股，不知雪琴能守住湖口无恙否。若湖口幸得保全无恙，则西支之分为四股者，或渐足以御之。贼之全神全力本在西支，西支如不得逞，则贼气少沮，贼志少衰矣。

【注释】

①鄱、浮：即鄱阳、浮梁二地。

②江湾：即今江西婺源江湾。上溪：又称"上溪口"、"尚溪口"，即今安徽休宁溪口。

③左军：即左宗棠军。左宗棠见前注。惩创：惩罚，惩治。

【译文】

沅、季弟左右：

专人到，接到十五日来信，知道前面有四次专人送信，都没有送到。

这次贼匪围攻祁门，分为三大支：西支攻破建德进入鄱阳、浮梁，东支攻破江湾和上溪两营盘进入婺源，北支攻破羊栈各岭图谋夺取黟县。三支里边，以建德的一支最为强大。除了守建德的贼匪两万多人外，又分为三支：一支窜向浮梁、景德镇，一支窜向鄱阳、都昌，一支窜向彭泽、湖口。目前占据建德的一股，已被唐桂生攻破。窜到浮梁的一股，被左军稍微加以惩罚十四日杀死一百多人，也未得逞。窜到鄱阳的一股，计划分派鲍军会同左军围剿。窜到彭泽的一股，不知道彭雪琴是否能守住湖口而安然无恙。如果湖口侥幸保全无事，那么西支的分为四股的敌人，或许是逐渐能够抵御的。贼匪的全神全力本在西支，西支如果不能得逞，那贼匪的士气会稍微沮丧，斗志会稍微减弱。

北支之犯羊栈者，十八日凯章得小胜仗；廿日鲍军得大胜仗，攻破贼垒，驱贼出岭，闻杀贼三四千人。经此大创①，北支似亦不得逞。

【注释】

①大创：重大伤害。

【译文】

北支侵犯羊栈岭的，十八日张凯章打了小胜仗；二十日鲍军打了大胜仗，攻破贼匪堡垒，把贼匪驱逐出岭，听说杀贼三四千人。经过这个重创，北支似乎也不可能得逞。

惟东支若由婺源以犯乐平，直入江西腹地，刻无兵力足以制之，实深焦灼！北岸狗逆未大受惩，不久又有大举①。不特希庵不可分兵来南岸，即韦部亦不可轻动②，总须以全力谋怀、桐也③。

【注释】

①大举：大规模活动。此指大举进兵。

②韦部：即韦俊部。韦俊见前注。

③怀、桐：即怀宁、桐城。

【译文】

只有东支如果从婺源来侵犯乐平，直接进入江西内地，现在没有军队足以抵御，我深感焦急！北岸狗逆没有受到大惩罚，不久又有大的行动。不只是希庵不能分兵来南岸，即使韦部也不可轻举妄动，总要用全力谋划怀宁、桐城啊。

十二月初四日　致澄侯弟书

澄侯四弟左右：

自十一月来，奇险万状，风波迭起。文报不通者五日，饷道不通者二十余日。自十七日唐桂生克复建德，而皖北沅、季之文报始通。自鲍镇廿八日至景德镇，贼退九十里，而江西饶州之饷道始通。若左、鲍二公能将浮梁、鄱阳等处之贼逐出江西境外，仍从建德窜出，则风波渐平，而祁门可庆安稳矣。

【译文】

澄侯四弟左右：

自从十一月以来，奇险万分，风波不断兴起。文报不通有五天，运送粮饷的道路不通有二十多天。从十七日唐桂生收复建德，而皖北沅、季两弟的文报开始畅通。从鲍镇二十八日到景德镇，贼匪退了九十里，而江西饶州的粮道开始畅通。如果左、鲍两公能将浮梁、鄱阳等处的贼匪赶到江西境外,让他们仍然从建德流窜出去,那么风波会逐渐平息,而祁门可以庆祝安稳了。

余身体平安。此一月之惊恐危急,实较之八月徽、宁失守时①,险难数倍。余近年在外,问心无愧,死生祸福,不甚介意。惟接到英、法、米各国通商条款②,大局已坏,令人心灰。兹付回二本,与弟一阅。时事日非③,吾家子侄辈总以"谦"、"勤"二字为主。戒傲戒惰,保家之道也。

【注释】

①徽、宁:即徽州、宁国。

②英、法、米各国通商条款:指咸丰十年(1860),英法等国与清政府签订的《北京条约》。米,指美国。

③日非:日坏,一天不如一天。

【译文】

我身体平安。这一个月的惊恐危急,实际上比八月徽、宁失守时,危险困难好几倍。我近年在外,问心无愧,死生祸福,不太在意。只是接到英、法、美各国通商条款,看到大局已损坏,令人心灰。现寄回两本通商条款,给贤弟看看。时事一天不如一天,我家的子侄们总以"谦"、"勤"二字为主。戒傲戒惰,这是保家之道。

十二月十六日　致沅浦、季洪弟书

沅、季弟左右:

枞阳坝工未成,亦属意中之事,不必焦灼。大江极深,古人所谓"江深五里,海深十里"也。两岸支河入江者极浅极高。夏月江涨,则支河更高,倒灌各小河之内。冬月江涸,落至二三丈不等。小河之水入口时,小水高而江水低,如二三丈之悬崖,甚至江船不能入小河,小河之船不能出江,以其太陡峻也。今年江水不甚涸,枞阳河之水,至今尚能行舟,即是极好之事。目下又连日霖雨①,或者枞阳之水竟至年底不枯,亦未可知。此是弟之运气颇好,不然则十月枯涸久矣。至塞坝工程,非绝大才调不能②,不知弟所用者何人? 余屡次写信,均言未能筑成者,盖目中未见有此大才之人也。

【注释】

①霖雨:连绵的大雨。

②才调:才气,才能。

【译文】

沅、季弟左右:

枞阳大坝工程还没有完成,也属于意料之中的事,不必焦急。大江非常深,正如古人所说的"江深五里,海深十里"。两岸支流入江的极浅极高。夏天江水上涨,那么支流水位更高,倒灌各小河河内。冬季江水干涸,下落到二三丈不等。小河的水入江口时,小水高而江水低,就像二三丈的悬崖,甚至江船不能进入小河,小河的船不能出江,因为太陡峻了。今年江水不太枯涸,枞阳河的水,至今还可以行船,这即是最好的事情。眼下又连日大雨,也许枞阳河的水到年底都不干涸,也不好说。这是贤弟运气很好,不然的话,十月就干涸很久了。至于塞河筑坝工程,如果不是非常有才的人绝对干不了,不知道贤弟现在用的是什么人? 我多次写信,都说不能修筑成功,是因为我眼中没有看到有这才能大的人啊。

韦军日内平安否？分余庵数营赴枞阳助韦防守①，事尽可行。公牍嫌其太大，余已亲笔致缄于余庵矣。第调东流之兵助守枞阳则可，调湖口之兵助守枞阳则不可，以贼踪距湖口城尚不过三四十里，难遽松劲也。调陈军助守枞阳则可，调陈军助围安庆则不可，以平日未经弟训练有素，临危急之际，必不听令也。

【注释】

①余庵：即为陈大富（？—1861），字余庵，湖南武陵人。道光三十年（1850），由行伍补湖北施南协外委，官至皖南镇总兵。咸丰十一年（1861），在景德镇与太平军交战，中伏投河死。谥威肃。

【译文】

韦军这几天平安吗？分陈余庵几个营的人马前往枞阳帮助韦军防守，事情完全可行。公牍嫌太过重大，我已经亲笔给陈余庵写信了。只是调东流的军队帮助防守枞阳是可以的，调湖口的军队帮助防守枞阳则不行，因为贼匪的踪迹距离湖口城才不过三四十里，很难立即松动。调动陈军帮助防守枞阳是可以的，调动陈军帮助围攻安庆则不行，因为他们平时没有经过弟弟训练，在危急关头，一定是不听命令的。

弟此次拨营赴枞阳，赴鲍家冲①，余觉主意不甚老靠②。盖拨去未必有益，收回则颇有损。收回鲍家冲二营，则反以长贼之焰；收回枞阳一营，则反以减韦之势。然大敌将至，总以早早收回为是。养足势力，坚守前后两壕，意不旁注，神不外散，或有济乎？

【注释】

①鲍家冲：地名。在今安徽安庆宜秀。

②老靠：牢靠，稳妥可靠。

【译文】

贤弟这次拨营前往枞阳，往鲍家冲，我觉得这个主意不是很稳妥可靠。因为拨营前去未必有所帮助，收回来就会有较大损失。收回鲍家冲二营，就会反而助长敌人的气焰；收回枞阳一营，就会反而减少韦军的气势。但是贼匪大军将至，总应该尽早收回才对。养足力量，坚守前后两个战壕，不分心关注别的事，精神不向外消散，也许会有帮助吧？

　　左、鲍二公十三日尚未开仗。黄文金极善张大威势①，而党羽善战者少，或足御之。伪忠王李秀成于廿八日围玉山县，攻扑八日，城中王德榜、顾文彩等善于防守②，初五日解围去矣。祁门四面各百里内，日内平安，弟可转告润帅及希、礼、厚、雪诸公。

【注释】

①黄文金（1832—1864）：广西博白人。太平军将领，人称"黄老虎"。金田起义后随军转战至天京。咸丰三年（1853）守湖口，从征湖北。累升为检点。九年（1859）韦志浚在池州降清，黄文金率军反击，夺回池州。封擎天义，升定南主将。十年（1860），参与第二次摧毁江南大营之役。十一年（1861）攻景德镇，直逼祁门曾国藩大营，不久受挫退兵。后屡援安庆。封堵王。转战皖、赣、浙各地。天京陷落后，拥幼天王洪天贵福赴宁国县，为湘军截击受伤，不久死去。

②王德榜（1837—1893）：字朗青，湖南江华人。湘军将领。咸丰初

起乡兵，对抗太平军，后转战湘、赣、皖、浙、闽各省。中法战争时从冯子材破法军，收复谅山、文渊。官至贵州布政使。顾文彩：据他书，当作顾云彩。湖南道州人。湘军将领，官至提督。

【译文】

左、鲍两公十三日还没有和贼匪开战。黄文金极善于虚张声势，而他的党羽善战的少，或许足以抵挡。伪忠王李秀成在二十八日包围玉山县，进攻了八天，城中王德榜、顾文彩等人善于防守，李秀成初五日解除包围离去了。祁门四面各百里以内，这几天都平安，贤弟可以转告润帅和希、礼、厚、雪等公。

云仙之出处，听渠自为主。当今之世，处未必非福，出未必非祸。从严公赴豫①，恐不相安，云公根器厚而才短②，与严未必针芥耳③。

【注释】

①严公：即为严树森（？—1876），原名澍森，字渭春，四川新繁人。道光二十年（1840）举人，捐纳知县，官至河南、湖北、广西巡抚。曾镇压太平军和捻军。早期任事不避艰险，并能洁身自好，及为封疆大吏，颇纳贿赂，晚节不终。

②根器：指人的禀赋、气质。

③针芥：相投契。

【译文】

云仙出来做事与否，听他自己做主。如今的世道，隐退未必不是福，出仕未必不是祸。追随严公去河南，恐怕相处不会太愉快，云公禀赋高而才能不足，与严公未必会很相投。

十二月二十日　致沅浦、季洪弟书

沅、季弟左右：

十九日专弁二人至，接两弟来信。

另一片信所关甚大。方此军初至东流、众口交赞之时，雪琴即有信来，言其勇不可恃。沅弟平日曾言"造塔者须下一层好"，其理至精。将来恐须全行遣散，另招二千人耳。

【译文】

沅、季弟左右：

十九日专门送信的二人到了，接到两位贤弟的来信。

另一封信涉及的事非常重大。当这支军队刚到东流、众口称赞的时候，雪琴就有信寄来，说这支军队的兵勇不可靠。沅弟平时说过"造塔的需要把下一层造好"，这个道理非常精深。这支军队将来恐怕需要全部遣散，另外再招两千人。

次青事，须渠来营一次，乃能定案。今天下虽已大乱，而法律不可全废。如普不重惩①，即无以服江楚军民之心；重惩普而不薄惩青，即无以服徽人，亦无以服普之心。

【注释】

①普：即普承尧。见前注。

【译文】

次青的事，需要他来军营一次，才能定案。虽然现在天下已经大乱,但是法律不能完全废除。如果不严惩普,就无法让江西、湖北两省的军民心悦诚服;严惩普而不稍稍惩治青,就不能让徽州人心悦诚服,也不能让普心悦诚服。

　　澄弟之病,据来信已愈,且言宜服清润之品①,不宜补也。

【注释】

①清润之品:清凉温润的药品。

【译文】

　　澄弟的病,接到来信说已经痊愈,还说应该服用清润的东西,不应该进补。

十二月二十四日　致澄侯弟书

澄侯四弟左右:

　　十六日接弟手书,具悉弟病日就痊愈。至慰至幸! 惟弟服药过多,又坚嘱泽儿请医守治,余颇不以为然。

【译文】

澄侯四弟左右:

　　十六日接到贤弟的亲笔信,知悉贤弟的病就要好了。我非常欣慰,真是太幸运了! 只是贤弟吃药过多,又坚持嘱咐纪泽孩儿请医生在身边治病,我很不以为然。

吾祖星冈公在时,不信医药,不信僧巫,不信地仙。此三者,弟必能一一记忆。今我辈兄弟亦宜略法此意,以绍家风①。今年做道场二次,祷祀之事,闻亦常有,是不信僧巫一节,已失家风矣。买地至数千金之多,是不信地仙一节,又与家风相背。至医药,则合家大小老幼,几于无人不药,无药不贵。迨至补药吃出毛病,则又服凉药以攻伐之;阳药吃出毛病,则又服阴药以清润之。展转差误,不至大病大弱不止。弟今年春间多服补剂,夏末多服凉剂,冬间又多服清润之剂。余意欲劝弟少停药物,专用饮食调养。泽儿虽体弱,而保养之法,亦惟在慎饮食节嗜欲,断不在多服药也。

【注释】

①绍:延续,继承。

【译文】

我们的祖父星冈公在世时,不迷信医药,不迷信僧巫,不迷信地仙。这三样,贤弟一定样样记得很清楚。现在我们兄弟也应稍微效仿这些主张,以继承家风。今年做道场两次,祈祷祭祀的事,听说也常有,这是在不迷信僧巫方面,已经丢失了家风。买地用了数千金那么多,这是在不迷信地仙方面,又与家风相违背。至于医药,可就是全家老老小小,几乎没有人不吃药,没有一样药是不贵的。等到补药吃出毛病的时候,就又吃凉药来泄导;阳药吃出毛病,就又服用阴药来清润。辗转折腾,出各种差错,不到大病大弱不停。贤弟今年春季多吃补药,夏末多服凉药,冬天又服用了很多清润的药。我想劝贤弟稍微停用药物,专门用饮食调养。纪泽孩儿虽然身体虚弱,但保养的方法,也只在谨慎饮食节制嗜欲,绝不在多吃药啊。

洪家地契,洪秋浦未到场押字①,将来恐仍有口舌。地仙、僧巫二者,弟向来不甚深信,近日亦不免为习俗所移。以后尚祈卓识坚定,略存祖父家风为要。天下信地、信僧之人,曾见有一家不败者乎？北菓公屋,余无银可捐。己亥冬,余登山踏勘②,觉其渺茫也。

【注释】

①洪秋浦:湘乡绅士。曾国藩曾买他家与夏姓人家相争的一块墓地。押字:签字画押。

②踏勘:到现场实地勘察,察看。

【译文】

洪家的地契,洪秋浦没到场签字画押,将来恐怕还会有口舌之争。地仙与僧巫这两样,贤弟向来不太相信,最近也免不了被习俗所改变。以后还请坚持真知灼见,稍微保存祖父家风要紧。天下相信地仙、相信僧人的人,你见过有一家不衰败的吗？北菓公屋,我没有银子可以捐。己亥年冬季,我登山勘察,觉得并非那么回事。

咸丰十一年辛酉

正月元日　致沅浦弟书

沅浦九弟左右:

除夕发去一缄,是夕又接弟信,具悉一切。

吴退庵事①,余实不便失信。其确不可用,用必偾事之处②,余亦殊无所见;不知诸君子何以烛照几先③,遂能为此十成语？余阅历多年,见事之成功与否,人之得名与否,盖有命焉，不尽关人事也。

【注释】

①吴退庵：即为吴士迈（1811—1870），字巽行，号退庵，湖南岳阳人。咸丰年间组建宗岳军一营，随李元度转战赣、皖等地。

②偾（fèn）事：败事。《礼记·大学》："一家仁，一国兴仁；一家让，一国兴让；一人贪戾，一国作乱，其机如此。此谓一言偾事，一人定国。"郑玄注："偾，犹覆败也。"

③烛照几先：事先看得很明白。

【译文】

沅浦九弟左右：

　　除夕寄去一封信，这天晚上又接到弟弟的信，一切情况都已知道。

　　吴退庵的事，我实在不方便失信于人。他确实不能用，用了一定会坏事，我实在也看不太出来；不知道诸位君子凭什么有先见之明，就能说这有十成把握的话？据我这么多年来的阅历，看到事情的成功与否，人的成名与否，都是命中注定，不完全取决于人的主动作用。

　　东征局既以我为名，自应照我之札办事。今厉观察又来请示①。札不可遵，缄则可遵乎？此事余颇厌烦，以后不必再提。

【注释】

①厉观察：即为厉云官（1808—1876），字伯符，江苏仪征人。道光二十三年（1843年）举人。为曾国藩幕僚，官至湖北布政使。

【译文】

　　东征局既然是用我的名义办的，自然应该照我的札令办事。现在厉观察又来请示。不遵照我的札令办事,难道会遵照我的书信办事?这件事我很厌烦,以后不要再提。

北岸贼至无为州等处①,盖意中事。搜获伪文,亦言金陵调杨七麻、李寿成援安庆②。杨本自立门户,李现在常山修城③,均未必肯赴北岸。

【注释】

①无为州:清属庐州府,即今安徽无为。

②李寿成:即李秀成。见前注。

③常山:即今浙江衢州常山。

【译文】

北岸贼匪到无为州等地,这是意料中的事。搜获贼匪伪文件,也说金陵调杨七麻子和李寿成支援安庆。杨七麻子本就自立门户,李寿成现在在常山修城,都不一定肯到北岸。

左、鲍二军,残年均未开仗①。闻贼数实有五六万。鲍公请将留渔亭之四营调去。渔亭亦系前敌吃紧,不能调也。

【注释】

①残年:年底。

【译文】

左、鲍两军,年底都没有开战。听说贼匪实际数目有五六万人。鲍公请将留在渔亭的四营调走。渔亭也是前线吃紧之处,不能调动。

正月初四日　致澄侯弟书

澄侯四弟左右：

腊底由九弟处寄到弟信，具悉一切。弟于世事阅历渐深，而信中不免有一种骄气。天地间惟谦谨是载福之道。骄则满，满则倾矣。凡动口动笔，厌人之俗，嫌人之鄙，议人之短，发人之覆^①，皆骄也。无论所指未必果当，即使一一切当，已为天道所不许。吾家子弟满腔骄傲之气，开口便道人短长，笑人鄙陋，均非好气象。贤弟欲戒子侄之骄，先须将自己好议人短、好发人覆之习气痛改一番，然后令后辈事事警改。欲去"骄"字，总以不轻非笑人为第一义^②。欲去"惰"字，总以不晏起为第一义。弟若能谨守星冈公之八字、考、宝、早、扫、书、蔬、鱼、猪。三不信，不信僧巫、不信医药、不信地仙。又谨记愚兄之去骄去惰，则家中子弟日趋于恭谨而不自觉矣。

【注释】

①发人之覆：揭发他人隐私。

②非笑：讥笑。

【译文】

澄侯四弟左右：

腊月底从九弟处寄来贤弟你的信，一切情况都已知道。弟弟你对于世事阅历日渐加深，但信里不免流露一种骄气。天地之间，只有谦虚谨慎才是载福之道。一骄傲，就会自满；一自满，就会倾覆。凡是动口或者动笔，讨厌人家俗气，嫌弃人家粗鄙，议论人家短处，揭露人家隐私的，都是骄傲。且不说所指所议的未必恰当，就是一一恰当，也是天道所不许可的。我家的子弟满腔骄傲之气，开口便说别人短长，讥笑别人鄙俗浅陋，都不是好现象。贤弟你若想戒除子弟们的骄傲习气，先要将自己喜欢议论别人短处、揭露别人隐私的坏毛病痛加改正，然后才能让晚辈事事警惕并改正。要想去掉"骄"字，以不轻易讥笑别人为第一要义。要想去掉"惰"字，以不晚起为第一要义。弟弟你如果能够谨慎遵守星冈公的八字诀、考、宝、早、扫、书、蔬、鱼、猪。三不信，不信僧巫、不信医药、不信地仙。又记住愚兄我说的去骄、去惰的话，那家里子弟便会不知不觉地一天比一天近于恭敬、谨慎了。

正月十四日　　致澄侯弟书

澄侯四弟左右：

正月初六贼破大洪、大赤二岭而入①。大洪岭距祁门六十里，经江军门带队击退②。大赤岭距祁门八十里。初七日进犯历口，初八日进犯石门桥③，距祁门仅十八里。经唐桂生带队迎剿，大获胜仗，追杀三十余里，直至历口。次日初九早，即追出赤岭，杀贼虽仅四五百人，而抢马百余匹、旗帜千余面、刀锚枪炮万余件。极大风波，顷刻即平，可为庆慰！

【注释】

①大洪岭：以山洪奔泻得名。地处祁门大坦，旧为祁门、石埭之分
　　界，上下绵长二十里，百步九折，依山临溪，悬崖绝壁，十分险峻。
　　大赤岭：即安徽祁门牯牛降赤岭段。
②江军门：即为江长贵（？—1876），四川盐亭人。由行伍补官千

总。咸丰初从军广西镇压太平军，转战皖、苏、浙等省。同治末官至福建陆路提督。

③石门桥：地名。即今安徽祁门灯塔乡石门桥村。

【译文】

澄侯四弟左右：

正月初六日贼匪攻破大洪、大赤二岭进入。大洪岭距离祁门六十里，由江军门带部队把他们击退。大赤岭距离祁门八十里。初七日进犯历口，初八日进犯石门桥，距离祁门仅十八里。由唐桂生带部队迎击，打了一个大胜仗，追杀三十多里，一直到历口。第二天初九日早上，就追出赤岭，杀死贼匪虽然仅只四五百人，但是抢获马一百多匹、旗帜一千多面、刀锚枪炮一万多件。极大的风波，很快就平复了，真是值得欣喜庆贺！

左、鲍在鄱阳洋塘一带①，亦于初九日大获胜仗。贼目黄文金带六万余人②，闻已杀死。次日，群贼全数溃退。

【注释】

①洋塘：地名。疑即今江西鄱阳谢家滩镇杨塘村。

②贼目：贼匪头目。

【译文】

左、鲍在鄱阳洋塘一带，也在初九日打了一个大胜仗。贼匪头目黄文金带六万多人，听说已经被杀死。第二天，群贼全部溃败撤退。

自十一月初至今七十余天，危险万状。至是稍稍苏息①，危而复安。若再稳住三个月，安庆克复，则大局有转机矣。

【注释】

①苏息:松口气,好好休息。

【译文】

自从十一月初至今七十多天,危险万分。到这时候才可以稍稍松口气,转危为安。如果再稳住三个月,克复安庆城,那大局就有转机了。

弟思习大字,总以间架紧为主。写成之后,贴于壁上观之,则妍媸自见矣。弟体全愈,全家之福。至慰至慰!

【译文】

贤弟想学写大字,总要以间架紧凑为主。字写成之后,贴在墙上看看,那美丑自然就知道了。弟弟身体痊愈,是全家人的福气。我很欣慰很欣慰!

正月二十一日　致沅浦弟书

沅弟左右:

安庆城内有降出之贼,则克复消息当在春末夏初,只须以"坚静"二字持之。陈余庵一军既不得力,即饬令全赴南岸亦可。若须酌留若干扎集贤关,亦听弟与厚庵商度行之①。洋塘败贼分为二股:一股由建德径归青阳,一股窜并彭泽。鲍公跟至彭邑追剿,不知近已全回池州境内否。此股贼多且悍,将来与杨七麻仍为安庆之大患,但祝在安庆既克之后,始起掀天大波,则至幸耳。

【注释】

①商度：商量。

【译文】

沅弟左右：

安庆城里面有出城投降的贼匪，那收复的消息将在春末夏初到来，只需要用"坚静"二字与之相持。陈余庵一军既然不得力，就命令他们全到南岸也行。如果需要酌情留下若干驻扎集贤关，也全听贤弟和厚庵商量着办。洋塘战败的贼匪分为两股：一股从建德直接回青阳，一股逃窜到彭泽。鲍公跟到彭泽追剿，不知道最近是否已经全都回池州境内了。这股贼匪很多，而且强悍，将来和杨七麻子仍是安庆的大隐患，但愿在安庆克复以后，才开始起掀天大波，那就很幸运了。

陈舫仙带五百人作余身旁护卫之兵，不知渠颇心愿否？朱宽义尚在家否①？此间亦未下札。江西厘金大绌，正月窘迫之至。李秀成于十一日围广信府，不知日内解围否。河口等处糜烂，今年厘金远不如去年，南岸四万余人不知何以为生，思之惘然②。

【注释】

①朱宽义：湘乡人，湘军将领。统领"桂"字吉左营，官至总兵。

②惘然：失意貌，忧思貌。

【译文】

陈舫仙带五百人担任我身旁的护卫士兵，不知道他心里是否很愿意？朱宽义还在家吗？这边也还没有下札。江西厘金非常短缺，正月非常窘迫。李秀成在十一日包围广信府，不知道这几天解围了没有。河口等地糜烂，今年厘金远不如去年，南岸四万多人不知道靠什么生活,想一想就让人忧心。

正月二十八日 致沅浦弟书

沅弟左右:

公文一件,甚好甚好!即当批准通行各属。吾家兄弟带兵,以杀人为业,择术已自不慎,惟于禁止扰民、解散胁从、保全乡官三端痛下工夫,庶几于杀人之中寓止暴之意①。窜金溪之贼,养素禀已获胜仗②,见田禀大半由云际关入闽③,尚无确信。

陈镇廿一日已至东流④,甚好。可略壮声威也。

【注释】

①止暴:谓制止暴戾行为。

②养素:即刘于浔。见前注。

③见田:即屈守蟠。见前注。

④陈镇:即陈大富。见前注。

【译文】

沅弟左右:

公文一件,很好很好!马上就批准各部门通行。我们家兄弟带兵,以杀人为职业,择术已经是不谨慎了,只有在禁止骚扰百姓、解散被胁从的人、保全乡里官员三方面痛下工夫,或许能在杀人之中寄寓制止暴力的心意。流窜到金溪的贼匪,养素禀报已获胜仗,见田禀报一大半从云际关进入福建,还没有确切的消息。

陈总镇二十一日已到东流,很好。可以略壮声威。

二月初四日　致澄侯弟书

澄侯四弟左右：

弟言家中子弟无不谦者，此却未然。凡畏人不敢妄议论者①，谦谨者也。凡好讥评人短者，骄傲者也。谚云："富家子弟多骄，贵家子弟多傲。"非必锦衣玉食、动手打人，而后谓之骄傲也。但使志得意满，毫无畏忌，开口议人短长，即是极骄极傲耳。

【注释】

①畏人：敬畏他人。

【译文】

澄侯四弟左右：

弟弟你信中说家里的子弟没有一个是不谦和的，恐怕未必如此。凡是因为敬畏他人而不敢妄加议论的，便是谦虚谨慎的人。凡是喜欢讽刺批评别人短处的，便是骄傲的人。谚语说："富家子弟多骄，贵家子弟多傲。"并不是说一定要锦衣玉食、动手打人，才叫骄傲。只要是志得意满，没有丝毫畏忌之心，张口闭口议论别人的短长，便是最大的骄傲。

余正月初四信中言戒"骄"字，以不轻非笑人为第一义；戒"惰"字，以不晏起为第一义。望弟常常猛省，并戒子侄也。

【译文】

我正月初四日的信里说到戒"骄"字，以不轻易讥笑他人为第一义；

戒"惰"字,以不晚起为第一义。希望弟弟你能常常深刻反省自己,并且教导家中后辈子侄。

二月初七日　致沅浦、季洪弟书

沅、季弟左右:

得胡宫保信①,言昌营在霍山败溃②,英山吃紧③,不知究竟如何败法。尚不至遽犯楚疆否。

【注释】

①胡宫保:即胡林翼,因官太子少保而称宫保。见前注。宫保,太子太保、少保的通称。明代习惯上尊称太子太保为宫保,清代则用以称太子少保。

②昌营:即余际昌营。余际昌见前注。

③英山:县名。清属安徽庐州府六安州,即今湖北黄冈英山。

【译文】

沅、季弟左右:

收到胡宫保的信,说余际昌营在霍山战败溃退,英山吃紧,不知道究竟怎么个败法。贼匪还不至于立即进犯湖北疆土吧。

伪侍王李世贤自湖州归来,由婺源再犯江西。大股萃于婺北之清华街①,左军在富村御之②。

【注释】

①清华街:地名。即今江西婺源清华镇。

②富村:地名。即今江西婺源赋春镇。

【译文】

伪侍王李世贤从湖州回来，从婺源再次侵犯江西。大股兵力集中在婺源北部的清华街，左军在富村抵御他们。

伪忠王李秀成一股攻围建昌，养素派兵往援，不知能解围否。若建昌有失，恐其径犯省城；若建昌幸保无恙，亦恐其由樟树以犯瑞、临。一至瑞、临，则九江、兴国、武宁、义宁、通山、通城处处震动①，安庆之围必解矣。左季翁料及此着，余亦深虑此着。如建昌之贼西趋樟树，则余带朱、唐出防江边一路②。抽出鲍军渡湖，由九江以赴瑞、临。鲍公之所以不能渡北岸者，以防此着为第一义。

【注释】

①兴国：地名。即今江西赣州兴国。通山：县名。清属武昌府，即今湖北咸宁通山。

②朱、唐：即朱品隆、唐义训。见前注。

【译文】

伪忠王李秀成一股兵力围攻建昌，养素派军队去援助，不知道能不能解围。如果建昌失守，恐怕他们直接侵犯省城；如果建昌幸保平安，也担心他们从樟树侵犯瑞、临。贼匪一到瑞、临，那么九江、兴国、武宁、义宁、通山、通城处处惊慌震动，我军对安庆的包围一定会被解除。左季翁料到这着，我也很担心这着。如建昌的贼匪向西奔向樟树，那我就带朱、唐出击防御长江江边一路。抽出鲍军渡过鄱阳湖，从九江赶往瑞、临。鲍公之所以不能渡江赶往北岸，是将预防贼匪这着棋放在第一位。

北岸既有霍山余营之挫①,则希军必分兵援应②。山内多军只能自固③,不能再顾安庆。万一贼由集贤关攻安庆各营之背,弟须坚守五日。鲍军现在下隅坂④,若渡江救援,一日可以渡毕,两日可抵集贤关。纵有风雨阻隔,五日总可赶到。弟可先与鲍公预为订约,并与杨、彭预订渡兵之船。兄亦当预告鲍公也。鲍军声名,为贼所惮,目下不必轻于拨动,专留为此二着之用:一着救安庆官军被围之急,一着防贼由樟树、瑞、临窜出九江。此外各着皆少缓矣。

【注释】

①余营:即余际昌营。余际昌见前注。

②希军:即李希庵军。李希庵见前注。

③多军:即多隆阿军。多隆阿见前注。

④下隅坂:地名。又称"香隅畈",即今安徽东至香隅镇。

【译文】

北岸既然有霍山余营的挫败,那么希军一定会分兵救援呼应。山内的多军只能固守自己的阵地,不能再顾安庆一头。万一贼匪从集贤关攻打安庆各营的后背,贤弟必须坚持五天。鲍军现在驻扎下隅坂,如果渡过江救援,一天可以渡江完毕,两天可以到达集贤关。就算有风雨阻隔,五天之内总是可以赶到的。贤弟你可以和鲍公预先约定,并与杨、彭预先订好士兵渡河的船。为兄我也当提前告诉鲍公。鲍军的名声,很让贼匪畏惧,眼下不必轻易调动,专门留为这两着棋用:一着救援安庆官军被贼匪包围的紧急情况,一着防止贼匪从樟树、瑞、临窜出九江。此外各着都只能稍缓了。

二月二十二日　致沅浦、季洪弟书

沅、季两弟左右：

　　官相既已出城，则希庵由下巴河南渡以救省城①，甚是矣！希庵既已南渡，狗逆必回救安庆。风驰雨骤，经过黄梅、宿松，均不停留，直由石牌以下集贤关，此意计中事也。凡军行太速，气太锐，其中必有不整不齐之处，惟有一"静"字可以胜之。不出队，不喊呐，枪炮不能命中者不许乱放一声。稳住一二日，则大局已定。然后函告春霆渡江救援，并可约多军三面夹击。吾之不肯令鲍军预先北渡者，一则南岸处处危急，赖鲍军以少定人心；二则霆军长处甚多，而短处正坐少一"静"字。若狗贼初回集贤关，其情切于救城中之母妻眷属，拼命死战，鲍军当之，胜负尚未可知。若鲍公未至，狗贼有轻视弟等之心，而弟等持以谨静专一之气，虽危险数日，而后来得收多、鲍夹击之效，却有六七分把握。吾兄弟无功无能，俱统领万众，主持劫运，生死之早迟，冥冥者早已安排妥贴，断非人谋计较所能及。只要两弟静守数日，则数省之安危胥赖之矣。至嘱至要！

【注释】

　①下巴河：位于湖北省东部，全长一百五十多公里。

【译文】

沅、季两弟左右：

　　官相既然已经出城，那希庵从下巴河南渡去援救省城，很对！希庵既然已经南渡，狗逆一定回兵救援安庆。狗逆一路风驰雨急，经过黄梅、宿松，都不停留，直接从石牌下到集贤关，这是意料之中的事。凡是军队走得太快，气势太锐，队伍中肯定有不整不齐的地方，只有用一个"静"字可以战胜。不派出部队，不呐喊，枪炮不能命中的不允许乱放一声。稳住一两天，就大局已定了。然后写信告诉春霆渡江救援，同时可以邀约多军三面夹击。我之所以不愿意让鲍军预先北渡，一是因为南岸处处危急，依赖鲍军稍微安定人心；二是因为霆军优点甚多，而弱点正在缺少一个"静"字。如果狗贼刚刚回到集贤关，他们着急拯救城中的母亲和妻子眷属，拼死力战，鲍军和他们打，胜负还不太好说。如果鲍公没有到，狗贼有轻视贤弟等的念头，而贤弟等用谨慎静一的精神与之相持，虽然危险几天，但是后来可以收多、鲍二军夹攻的效果，却有六七分把握。我们兄弟没有功劳和能力，还都统领万众，在劫难之际主持大局，生死是迟是早，冥冥之中早已经安排妥当，绝不是人谋算计所能干预的。只要两位贤弟能静守几天，那几个省的安危都依赖于此了。千万牢记，此事极其重要！

再，群贼分路上犯，其意无非援救安庆。无论武汉幸而保全，贼必以全力回扑安庆围师。即不幸而武汉疏失，贼亦必以小支牵缀武昌①，而以大支回扑安庆，或竟弃鄂不顾。去年之弃浙江而解金陵之围，乃贼中得意之笔，今年抄写前文无疑也。无论武汉之或保或否，总以狗逆回扑安庆时，官军之能守不能守，以定乾坤之能转不能转。安庆之壕墙能守，则武昌虽失，必复为希庵所克，是乾坤有转机也。安庆之壕墙不能守，则武昌虽无恙，贼之气焰复振，是乾坤无转机也。弟等一军关系天地剥复之机②，无以武汉有疏而遽为震摇，须待狗逆回扑，坚守之后再定主意。

【注释】

①牵缀：犹牵制。谓缀其后使不得自由行动。

②剥复：《易》二卦名。坤下艮上为剥，表示阴盛阳衰。震下坤上为
　复，表示阴极而阳复。后因谓盛衰、消长为"剥复"。

【译文】

再者，群贼分几路上犯，他们的意图无非是援救安庆。如果武汉能侥幸保全，贼匪一定会以全部力量回扑我们包围安庆的部队。即便不幸武汉失守，贼匪也一定是用小支部队牵制武昌，而以大支部队回扑安庆，或者竟然舍弃湖北于不顾。去年他们放弃浙江而解了金陵的包围，是贼匪的得意手笔，今年如法炮制，是毫无疑问的。无论武汉是保得住还是保不住，总要看在狗逆回扑安庆时，官军能不能守得住，决定乾坤能扭转还是不能扭转。如果安庆的战壕能守得住，那么武昌即使失守，一定会被希庵又攻克收复，这是乾坤尚有转机。如果安庆的战壕守不住，那即便武昌安然无恙，贼匪的气焰也会重又嚣张，乾坤就没有转机了。弟弟们这一支军队关系到天地剥复消长的关键，不要因为武汉有疏忽而立即惊慌震动，必须等到狗逆回扑，坚守之后再定主意。

二月二十四日　致澄侯弟书

澄侯四弟左右：

　　上次送家信者，三十五日即到；此次专人，四十日未到。盖因乐平、饶州一带有贼，恐中途绕道也。

【译文】

澄侯四弟左右：

　　上次送家信回去的人，三十五天就走到了；这次派专人送信，四十

天还没到。这是因为乐平、饶州一带有贼匪，恐怕中途要绕道的缘故。

　　自十二日克复休宁后①，左军分出八营在于甲路地方小挫②，退扎景镇。贼幸未跟踪追犯，左公得以整顿数日，锐气尚未大减。目下左军进剿乐平、鄱阳之贼。鲍公一军，因抚、建吃紧③，本调渠赴江西省，先顾根本，次援抚、建。因近日鄱阳有警，景镇可危，又暂留鲍军不遽赴省。胡宫保恐狗逆由黄州下犯安庆沅弟之军，又调鲍军救援北岸。其祁门附近各岭，廿三日又被贼破两处。数月以来，实属应接不暇，危险迭见。而洋鬼又纵横出入于安庆、湖口、湖北、江西等处，并有欲来祁门之说。看此光景，今年殆万难支持。然余自咸丰三年冬以来④，久已以身许国。愿死疆场，不愿死牖下⑤，本其素志⑥。近年在军办事，尽心竭力，毫无愧怍⑦，死即瞑目，毫无悔憾。

【注释】

①休宁：即今安徽黄山休宁。属古徽州"一府六县"之一。建县于东汉建安十三年（208），初名休阳，隶属新都郡。吴永安元年（258），改名海阳县。晋太康元年（280），改名海宁县。隋开皇十八年（598），改名休宁县（取"休阳"、"海宁"各一字命名），沿用至今。

②甲路：即今安徽宁国甲路镇。

③抚、建：即抚州、建昌。

④咸丰三年：即1853年。

⑤牖（yǒu）下：窗下。也借指寿终正寝。

⑥素志：向来希望完成的志愿。

⑦愧怍：语出《孟子·尽心上》："仰不愧于天，俯不怍于人。"惭愧。

【译文】

自从十二日收复休宁后，左军分出八营在于甲路那里小败，退到景德镇。幸亏贼匪没有跟踪追击，左公得以休息整顿好几天，士气还没有大减。眼前左军进剿乐平、鄱阳的贼匪。鲍公一军，因为抚、建吃紧，本来调他去江西省，先照顾根本，再支援抚、建。由于近来鄱阳有警报，景德镇危险，又暂时留下鲍军，而不马上去省城。胡宫保担心狗逆从黄州向下侵犯安庆沅弟的军队，又调鲍军救援长江北岸。祁门附近各岭，二十三日又被贼匪攻破两处。几个月来，实在是应接不暇，危险一个接一个。洋鬼子又在安庆、湖口、湖北、江西等地出入，横冲直撞，而且有要来祁门的说法。据这种情形看，今年恐怕万难支持。但是我自从咸丰三年冬天以来，老早就已经以身许国了。愿意战死疆场，而不愿死在书窗之下，这是我本来的志向。近些年在军营办事，尽心竭力，没有半点儿惭愧，死了可以立马闭眼，毫无懊悔和遗憾。

家中兄弟子侄，惟当记祖父之八个字，曰："考、宝、早、扫、书、蔬、鱼、猪。"又谨记祖父之三不信，曰："不信地仙，不信医药，不信僧巫。"余日记册中又有八本之说，曰："读书以训诂为本，作诗文以声调为本，事亲以得欢心为本，养生以戒恼怒为本，立身以不妄语为本，居家以不晏起为本，作官以不要钱为本，行军以不扰民为本。"此八本者，皆余阅历而确有把握之论，弟亦当教诸子侄谨记之。无论世之治乱，家之贫富，但能守星冈公之八字与余之八本，总不失为上等人家。余每次写家信，必谆谆嘱咐，盖因军事危急，故预告一切也。

【译文】

家里兄弟子侄，要牢记祖父的八个字，是："考、宝、早、扫、书、蔬、鱼、猪。"又当谨记祖父的三不信，是："不迷信地仙，不迷信医药，不迷信僧巫。"我的日记里还有八本的说法，是："读书以训诂为本，作诗文以声调为本，事亲以得欢心为本，养生以戒除恼怒为本，立身以不乱说话为本，居家以不晚起为本，做官以不贪钱为本，行军以不扰民为本。"这八本，都是我自己亲身经历验证过的很有把握的主张，弟弟你也当教子侄们谨记在心。不管世道是治还是乱，家道是贫穷还是富足，只要能够谨守祖父星冈公的八字和我的八本，总不会失为上等人家。我每次写家信，一定要谆谆嘱咐，是因为军情危急，所以要预先告诉你们这一切。

余身体平安。营中虽欠饷四月，而军心不甚涣散，或尚能支持，亦未可知。家中不必悬念。

【译文】

我身体平安。军营中虽然欠饷四月，但是军心不很涣散，或许还可以支持，也未可知。家里不必挂念。

二月二十六日　致沅浦、季洪弟书

沅、季弟左右：

季弟谓："纵使江夏或有疏失①，安庆围师仍不可退。"与余前寄弟信相符。盖李军速到②，贼纵有破鄂之势，断无守鄂之力。江夏纵失，尚可旋得；安庆一弛，不可复围。故余力主不弛围之说。但近日狗逆由黄州折回，猛扑集贤关，两弟当拼命坚守,庶既有定识,又有定力,不徒托之空言耳。

【注释】

①江夏:此处代指武昌。

②李军:即李希庵军。李希庵见前注。

【译文】

沅、季弟左右:

季弟说:"即使江夏失守,包围安庆城的军队仍然不可以撤退。"和我之前寄给弟弟的信里说的相符合。因为李军火速赶到,纵使贼匪有攻破湖北的气势,也绝对没有守住湖北的力量。江夏纵然失守,还可以很快失而复得;安庆一旦松弛,就不可以再次包围。所以我极力主张不松弛包围的说法。但近日狗逆从黄州折回来,猛扑集贤关,两位弟弟一定要拼命坚守,这才叫既有坚定的见识,又有坚定的力量,不只是说说空话而已。

抚、建两府解围,侥幸之至! 贼走宜黄、崇仁,或由丰城逼省垣,或由樟树趋瑞、临,均不可不防。然李秀成自入江境,不特未破一府城,并未破一县城,其机已钝,或不能为大害。所虑者,伪侍王鄱、乐一股耳①。

【注释】

①鄱、乐:即鄱阳、乐平。

【译文】

抚、建两府解围,太侥幸了! 贼匪跑到宜黄、崇仁,或者从丰城进逼省城,或者从樟树去瑞、临,都不能不防备。但李秀成自从进入江西境内,不仅没有攻破一座府城,而且没有攻破一座县城,他的机锋已经钝了,也许不能构成大害。现在让人担心的,是伪侍王郜、乐一股了。

　　徽贼于廿三日攻休宁城一次,凯章以静镇待之。岭贼廿五日围攻历口三营,幸亦保全。南岸风波,尚未艾也①。弟劝余出江滨,须事势稍定乃可。

【注释】

　　①未艾:没有结束,没有停止。

【译文】

　　徽贼在二十三日攻打休宁城一次,凯章用安静镇定之法应对。岭贼二十五日围攻历口的三营,我军幸亏也得保全。南岸风波,还没有结束。弟弟劝我移动到江边,需要等形势稍稍稳定才可以。

二月二十九日　致沅浦弟书

沅弟左右:

　　湖北转危为安,幸甚慰甚!

　　此间犯樺根岭之贼①,朱云岩等进剿获胜,杀贼三四百人,追贼出岭。

【注释】

　　①樺根岭:在今安徽祁门箬坑乡,因山岭樺树茂密而得名。

【译文】

沅弟左右:

　　湖北转危为安,太幸运太令人欣慰了!

这边侵犯榉根岭的贼匪,朱云岩等人进剿获胜,杀死贼匪三四百人,将贼匪追出岭外。

细阅南岸各路伪文及生擒贼口供,大约三王两主将分管各处:一曰伪忠王,所管苏州、常州、松江等处,现由广信、抚、建内犯江西腹地。二曰伪侍王,所管徽州、嘉兴、广德州、金坛、溧阳等处①,现由乐平、鄱阳内犯江西。三曰伪辅王,所管宁国府,现尚蛰伏未出。四曰伪定南主将黄文金②,所管芜湖、繁昌、青阳等处,去冬由建德犯浮、景,被左、鲍击退,受伤未出。五曰伪右军主将刘官方③,所管池州及泾、旌、石、太、南陵等处④,去年十一月十八入羊栈岭,本年正月初六入大赤岭,二月廿三入榉根岭,皆该逆之部下。此五大股者,每股贼党多者十余万,少者亦八九万。惟太平府不知何贼所管。江北仅四眼狗封伪王,其主将数人,则不尽知其姓名,亦不能辨其分管之地耳。弟可便中细细查访。

【注释】

①广德州:即今安徽宣城广德。咸丰四年(1854)暂归浙江巡抚代管,同治三年(1864)复属安徽。

②定南主将:太平天国官职名。

③右军主将:太平天国官职名。刘官方:又作"刘官芳",太平天国将领。原隶韦俊部,韦俊献出池州降清后,刘官芳与黄文金夺回池州,因功封右军主将。

④泾、旌、石、太:即皖南泾县、旌德、石台、太平等地。

【译文】

仔细翻阅南岸各路贼匪文件以及生擒贼匪的口供,大约是三王两主将分管各地：一是伪忠王，管苏州、常州、松江等地，现在从广信、抚、建向内侵犯江西腹地。二是伪侍王，管徽州、嘉兴、广德州、金坛、溧阳等地，现在从乐平、鄱阳向内侵犯江西。三是伪辅王，管宁国府，现在还在蛰伏没有出击。四是伪定南主将黄文金，管芜湖、繁昌、青阳等地，去年冬天从建德侵犯浮、景，被左、鲍击退，受伤还没有出来。五是伪右军主将刘官方，管池州以及泾、旌、石、太、南陵等地，去年十一月十八日进入羊栈岭，今年正月初六日进入大赤岭，二月二十三日进入榉根岭，都是这个贼匪的部下。这五大股，每股贼匪多的十多万，少的也有八九万。只有太平府不知道是哪位贼匪头目分管。长江以北仅四眼狗封伪王，几位主将，就不知道姓名了，也不清楚他们分管哪些地方。贤弟可以在方便的时候仔细查访。

弟欲余移住江滨，余久有此意。此时伪侍王大股十余万麇集于乐平、饶州^①，不特祁门之粮路接济已断，即景镇亦无粮路，余与左公俱在危困之中，祁、休等处军心方欲动摇，余岂可出岭独处乐地？待武汉事定，须求北岸分兵一助南岸耳。

【注释】

①麇（qún）集：聚集。

【译文】

贤弟想让我移住江边，我很久就有这个打算。现在伪侍王大股兵力十余万聚集在乐平、饶州，不仅祁门的粮路接济已经断了，就是景德镇也没有粮路，我和左公都在危困之中，祁、休等地军心即将动摇，我怎么能从岭内出来独自待在安全的地方呢？等武汉的事情安定下来，需请求北岸分兵来帮南岸。

三月初四日　休宁城中

澄、沅、季弟左右：

余于初二日自祁门起行至渔亭，初三日至休宁。初四日派各营进攻徽州。所有祁门、渔亭之营，皆派七八成队来此，老营空虚。闻景德镇一军溃散，左京堂亦被围困①，不知能守住营盘否。景镇既失，祁、黟、休三县之米粮接济已断②。若能打开徽州，尚可通浙江米粮之路；若不能打开徽州，则四面围困，军心必涣，殊恐难支。

【注释】

①左京堂：即左宗棠。左宗棠时衔为三品京堂。

②祁、黟、休：即祁门、黟县、休宁。

【译文】

澄、沅、季弟左右：

我在初二日从祁门动身到渔亭，初三日到休宁。初四日派各营进攻徽州。所有祁门、渔亭的军营，都派七八成兵力来这里，大本营空虚。听说景德镇一军溃散，左京堂也被围困，不知道能不能守得住营盘。景德镇已经失守，祁、黟、休三县的粮食接济已经断了。如果能打开徽州，还可以打通从浙江运粮食的道路；如果不能打开徽州，就会被四面围困，军心一定会涣散，恐怕很难支持。

余近年在外勤谨和平，差免愆尤，惟军事总无起色。自去冬至今，无日不在危机骇浪之中。所欲常常告诫诸弟与子侄者,惟星冈公之八字、三不信及余之八本、三致祥而已。八字曰:"考、宝、早、扫、书、蔬、鱼、猪也。"三不信曰:"药医也,地仙也,僧巫也。"八本曰:"读书以训诂为本,作诗文以声调为本,事亲以得欢心为本,养生以少恼怒为本,立身以不妄言为本,居家以不晏起为本,做官以不爱钱为本,行军以不扰民为本。"三致祥曰:"孝致祥,勤致祥,恕致祥。"兹因军事日危,旦夕不测①,又与诸弟重言以申明之。家中无论老少男妇,总以习勤劳为第一义,谦谨为第二义。劳则不佚,谦则不傲,万善皆从此生矣。

【注释】

①旦夕不测:随时都可能发生意想不到的事情。

【译文】

我近几年在外面勤快恭谨而心气和平,差不多可以避免过失,只是军事总没有起色。从去年冬天到现在,没有一天不在危机骇浪里。我想常常告诫诸位弟弟和子侄的,只有星冈公的八个字、三不信和我的八本、三致祥而已。八个字是:"考、宝、早、扫、书、蔬、鱼、猪。"三不信:"药医,地仙,僧巫。"八本是:"读书以训诂为本,作诗文以声调为本,事亲以得欢心为本,养生以少恼怒为本,立身以不乱说话为本,居家以不晚起为本,做官以不贪钱为本,行军以不扰民为本。"三致祥是:"孝致祥,勤致祥,恕致祥。"现在因为军事日益危险,随时会发生意想不到的情况,所以又和弟弟们再次提起来这些以示强调。家里无论老少男女,总要以习于勤劳放在第一位,谦虚谨慎放第二位。勤劳就不会贪逸,谦虚就不会傲慢,所有的好事都由此产生。

此次家信,专人送安庆后再送家中,因景镇路梗故也。

【译文】

这次家信，专人送安庆后再送到家中，是因为景德镇道路阻塞的缘故。

三月十四日　致沅浦、季洪弟书

沅、季弟左右：

此间十二日再攻徽州，过于持重①，以八千余众之实在队伍，不能遵札直攻东门，列队竟日，不一交锋。是夜贼匪焚村劫营，我军惊溃者八营，完全无恙者十四营。此次伤亡虽不满百人，而士气日减，贼氛大长。目下不可言战，但能勉守，专盼左、鲍二军攻克景镇，或两弟攻克安庆，移师东、建②，庶有转危为安之一日。

【注释】

①持重：稳重，谨慎。

②东、建：即东流、建德二县。

【译文】

沅、季弟左右：

这边十二日再次攻打徽州，过于谨慎，八千多人的实实在在队伍，没有遵照札文的指示直攻东门，列队一整天，没有一次交锋。当天夜里贼匪焚烧村子劫营，我军惊慌溃散八营，完整无恙的十四营。这次伤亡虽然不到一百人，但是士气日益降低，贼匪气焰大涨。眼下不能言战，只能够勉强坚守，一心盼左、鲍两军攻克景德镇，或者两位贤弟攻克安庆，移师东、建，或许会有转危为安的那一天。

自去冬以来,实无生人之趣。季弟劝我之言,外人亦有言之者,而不知局中度日之难也。

【译文】

自从去年冬天以来,实在没有生活的乐趣。季弟劝我的话,外人也有说过的,却不知道局中人度日有多艰难啊。

三月十七日 致沅浦、季洪弟书

沅、季弟左右:

两日未接弟信,不知北岸事势如何?武穴于十二日失守,黄州之贼下窜,想成大吉下巴河一军必已挫败①,否则贼不能遽至武穴也。

【注释】

①成大吉:字武臣,湖南湘乡人。湘军将领。咸丰十一年(1861)初擢副将。3月,在湖北罗田伏击捻军,杀死龚得树,以功擢总兵。6月,与鲍超部联合,攻陷太平军靖东主将刘玱琳在安庆集贤关外赤冈岭设置的四个坚垒。同治三年(1864)4月,太平军陈得才、赖文光等大破清军副都统富森保等于湖北蕲水,成大吉突围而出。后以提督补湖南乾州协副将。

【译文】

沅、季弟左右:

两天没有接到弟弟的来信,不知道北岸情况如何?武穴在十二日失守,黄州的贼匪向下进犯,料想成大吉下巴河一军一定已经战败,否则贼匪不能马上到武穴啊。

　　此次希军先不直剿黄州而渡至省垣，后不速剿黄州而急攻孝感、德安①，似为失算。新添之营太多，临大敌未必可靠。唐桂生在徽两挫，亦因新勇太多之咎。弟处安庆一军，亦嫌新勇太多。前后壕本可坚守无虞，特恐未败而自溃，不可不防也。

【注释】

①德安：清代府名。属湖北布政使司，隶汉黄德道，府治在今安陆。

【译文】

　　这次希军先不直接剿灭黄州而渡河到省城，后来不尽快进剿黄州而迅速攻打孝感、德安，似乎是失算。新添的营太多，面对强大的敌人未必靠得住。唐桂生在徽州两次战败，也因为新兵太多的缘故。弟弟在安庆的一军，新兵也嫌太多。前后壕本来可以坚守无忧，只怕没有战败而自行溃散，不能不防啊。

　　余在休宁，凯章守城，一切谨慎之至。岭外之贼，因黄文金大股调援北岸，刘、古、赖大股调数千人守金陵①，贼氛不旺，祁门差可安堵。左季翁于初六、初十两获大胜。鲍公初十日由湖口起行，十二日至乌石岭②，十五、六日当可至鲇鱼山一带③，与左公渐渐通气。左、鲍相合，则余处又可转危为安，弟可放心。

　　弟处紧急，并不必管转运事矣。

【注释】

①刘、古、赖：即太平军将领刘官芳、古隆贤、赖文鸿。古隆贤

（1826—1875），广东惠州惠东县人，太平军将领。曾隶韦志浚部。韦志浚以池州降清，古隆贤与刘官芳、胡鼎文、赖文鸿等率军夺回池州。后参与摧毁江南大营之役。同治元年（1862）封奉王。次年逼祁门，后以石埭、太平、旌德三县降清。赖文鸿（？—1864），广西人，原籍广东嘉应州。太平军将领，曾隶韦志浚部。咸丰九年（1859），拒绝主将降清之命，夺回池州。次年，参与第二次摧毁江南大营之役。后封匡王。守湖州战死。

②乌石岭：地名。在今江西九江都昌中馆镇境内。

③鲇鱼山：地名。即今江西景德镇昌江鲇鱼山镇。

【译文】

我在休宁，凯章守城，一切非常谨慎。岭外的贼匪，因为黄文金的大股调动救援北岸，刘、古、赖大股调动数千人防守金陵，贼匪气焰不旺，祁门差不多可以安居。左季翁在初六、初十日两获大胜。鲍公初十日从湖口出发，十二日到乌石岭，十五、六日可以到鲇鱼山一带，与左公渐渐声气相通。左、鲍两军会合，那么我这里又可以转危为安，贤弟可以放心。

贤弟那边情况紧急，就不必管转运的工作了。

三月十九日　致沅浦弟书

沅弟左右：

余于十九日未刻由休宁回至祁门，接弟十六夜信，不胜焦虑之至！弟处日内援贼将自梅、宿而至①，桐城、庐江等贼亦将大有举动；乃以余前缄办米之故，尚须分心办南岸粮运事件，兄实不安之至！兄十一日信，言弟收三万金，或酌量为我办米数千石，其时未闻东征局三万有改解南岸之说，更未闻贼由梅、宿窜下安庆之说也。厥后接弟信,东征局饷改解南岸,即思酌改为北二南一。兹闻上游之贼由梅、宿窜怀,决计改为北二南一。其南一之数不必遽买多米,请先买千石再少亦可,试运一次看何如。第一次不过运百石而已。口袋千个已嫌太多,难于买办。弟乃欲办八千个,则是误会兄意。陆运千难万难,岂有一次运至千石之理? 兄忙乱之中,公牍私函俱欠细思,弟则但求竭力为之,亦未细思也。总之,援贼若未至石牌、集贤关一带,则弟试为我运米一次,以百石为率,或不运米而运火绳、铅子亦可②。援贼若至,则弟可全不管南岸。其经理之人,则东流以张小山为主,桃树店以姚秋浦为主③。弟切不可令盛南表弟到东、建④。盛南是弟处最得力之人,援贼若到安庆,盛南可为弟代一半之劳也。千万千万! 兄已派人往东、建,嘱盛南速归矣。

【注释】

①梅、宿:即黄梅、宿松二县。

②火绳:古代枪炮的引火绳。铅子:铅制的枪炮弹丸。

③桃树店:地名。旧为浮北第一大集镇,即今江西景德镇浮梁西湖
　　乡桃墅村。

④盛南表弟:即为彭毓橘,字杏南,又字盛南,湖南湘乡人。曾国藩
　　表弟。东、建:即东流、建德。

【译文】

沅弟左右:

　　我在十九日未刻从休宁回到祁门,接到贤弟你十六日夜里的来信,非常焦急! 贤弟那里近几天内援贼将从黄梅、宿松两地过来,桐城、庐

江等地的贼匪也将有大动作；竟因为我之前写信帮办粮米的原因，还要分心办理南岸运粮的事情，为兄我实在是非常不安！为兄十一日的信，说贤弟收取三万金，或可酌量给我置办粮米数千石，那时候还没有听到东征局的三万金有改送到南岸的说法，更没有听到贼匪从黄梅、宿松往下进犯安庆的说法。之后接到贤弟的来信，东征局的粮饷改送到南岸，当时就想改为北岸两万南岸一万。现在听说上游的贼匪从黄梅、宿松窜至怀宁，决定改为北岸两万南岸一万。其中南岸一万的数目不一定立即就买很多米，请先购买一千石再少也可以，试着运送一次看看怎么样。第一次不过运送百石而已。口袋千个已经嫌太多了，难于购买。贤弟竟要备办八千个，那是误会为兄的意思了。陆路运输千难万难，哪有一次运到一千石的理？为兄忙乱之中，公函私信都缺仔细思考，贤弟只求竭尽全力去做，也没有仔细思考。总之，如果贼匪的援兵没有到石牌、集贤关一带，那么贤弟就试着为我运米一次，以一百石为标准，或者不运米而运火绳、子弹也可以。如果贼匪的援兵到了，那么贤弟可以完全不管南岸。负责经营办理的人，东流就以张小山为主，桃树店以姚秋浦为主。贤弟千万不可让盛南表弟到东、建。盛南是弟弟那里最得力的人，援贼如果到安庆，盛南可以为弟弟代劳一半的事情啊。千万千万！为兄已经派人前往东、建，嘱咐盛南快回去。

三月二十一日　致沅浦、季洪弟书

沅、季弟左右：

二十夜接弟十九早信，知援贼已到后壕之外，弟乃因南岸之事十分焦灼。余不能派兵援救弟处，反以余事分弟心思，损弟精神，此兄之大错。弟当援贼围逼，后壕十分紧急之时，不顾自己之艰危，专谋阿兄之安全，殷殷至数千言。

昔人云："读《出师表》而不动心者①，其人必不忠；读《陈情表》而不动心者②，其人必不孝。"吾谓读弟此信而不动心者，其人必不友③。余定于二十四日拔营起程，廿九日准至东流，即在舟次居住④，以答两弟之意。弟从此安心做事，不可挂念南岸也。闻盛南表弟于十八夜回营，此心略慰。十九夜之黑，廿早之雾，殊为可虑。过此两日，守事当少有把握。枞阳坝成后，桐城之贼由练潭来，尚隔水否？

【注释】

①《出师表》：古文名篇，三国蜀汉丞相诸葛亮所作。是诸葛亮在北伐中原之前给后主刘禅上书的表文，阐述了北伐的必要性以及对后主刘禅治国寄予的期望，言辞恳切，写出了诸葛亮的一片忠诚之心。

②《陈情表》：古文名篇，西晋李密所作。晋武帝征召李密为太子洗马，李密不愿应诏，就写了这篇申诉自己不能应诏的苦衷的表文。文章叙述祖母抚育自己的大恩，以及自己应该报养祖母的大义；除了感谢朝廷的知遇之恩以外，又倾诉自己不能从命的苦衷，真情流露，委婉畅达。

③友：特指兄对弟的友爱之心。

④舟次：船停泊之所，即码头。亦指行船途中，船上。

【译文】

沅、季弟左右：

二十日夜里接到贤弟十九日早上的信，知道援贼已经到后壕以外，贤弟于是因为南岸的事情十分焦急。我不能派军队援救贤弟那里，反以我的事让贤弟分心，损耗贤弟的精神，这是为兄的大错。贤弟在被援贼围攻，后壕十分紧急的时候，不顾自己的艰难危险，专门为阿兄的安全谋划,来信殷勤至数千字。正如古人所说:"读《出师表》而不动心的,那人一定不忠;读《陈情表》而不动心的,那人一定不孝。"我要说读贤弟这信而不动心的,那人一定不友爱。我定在二十四日拔营起程,二十九日一定能到东流,就在港口居住,以报答两位贤弟的心意。贤弟从此安心做事,不要挂念南岸。听说盛南表弟在十八日夜里回营,我心略感安慰。十九日夜里的黑,二十日早晨的雾,特别令人担心。过了这两天,防守的事情应该稍微有把握。枞阳坝修成后,桐城的贼匪从练潭过来,还隔着水吗?

此间各路,平安之至。景德镇之贼业已退净,不知其全由婺源回徽乎,抑尚在乐平与左、鲍相持乎。然该镇贼退,则祁门粮路业已通矣。两弟千万放心。

【译文】

这边各路人马,非常平安。景德镇的贼匪已经撤退干净,不知道是否全从婺源撤回徽州,还是在乐平和左、鲍两军相持。然而该镇贼匪撤退,祁门的粮路也就已经通了。两位贤弟千万放心。

兄移驻东流,祁、黟、休各军仍留此间紧守不动,不能多带兵勇救援弟处,惟弟亮之!亦实无强兵可带也。

【译文】

为兄移驻东流,祁、黟、休各军仍留在这里紧守不动,不能多带兵勇救援贤弟那里,请贤弟体谅!也确实没有强悍的军队可以带。

三月二十二日　致沅浦弟书

沅弟左右：

此间廿日早间大雾，询之来勇，安庆无雾也。余不带朱、唐赴江滨，则拔行可速，虽不能派援安庆，尚无损于祁、休。余带朱、唐出江滨，则拔行必迟，徒有损于祁、休，仍不能派援安庆。以朱、唐兵少，又经新挫也。余带千人出江，以慰两弟之心。岭内各军一概不动，以慰黟、祁、休三县之民。迨景镇克复，则派鲍军北渡，以解安庆之困。左、鲍虽无信到，而外间纷传景镇业已肃清，贼退婺源，想非谣言。凯章坚定之性，断不肯遽舍休宁。

【译文】

沅弟左右：

这边二十日早上大雾，询问派来的兵勇，说安庆没有雾。我不带朱、唐到江边，走得就快，虽然不能派兵救援安庆，但也无损于祁、休防务。我带朱、唐到江边，走得就迟，不仅有损于祁、休防务，仍然不能派兵救援安庆。因为朱、唐兵少，又刚刚经历失败。我带一千人出山到江边，以安慰两位贤弟之心。岭内各军一概不动，以安慰黟、祁、休三县的百姓。等到景德镇收复，就派鲍军北渡，以解安庆的围困。左、鲍虽然没有来信，而外界纷传景德镇已经肃清，贼匪撤退婺源，想来不是谣言。以凯章坚定的性格，绝不肯马上舍弃休宁。

弟信皆二日即到，何飞廉之多也[①]！想见士皆用命，为之一喜!

①飞廉：商纣王之臣，善走。此处代指善走之人。

【译文】

贤弟的信都是两天就到，贤弟手下善走的人怎么这样多啊！可以想见士兵们都乐于服从命令，真为这个而高兴！

三月二十四日 致澄侯弟书

澄侯四弟左右：

余在休宁发一信，因皖南军务棘手，信中预作不测之想。余旋自休宁回祁门，闻景德镇克复，左季翁军三次大获胜仗，杀贼极多。伪侍王败溃鼠窜而去。景德镇之贼退净，所有鄱阳、浮梁，凡祁门之后路一律肃清。余方欣欣有喜色，以为可安枕而卧，而闻四眼狗围逼集贤关外，九弟、季弟又十分紧急。不得已，抽朱云岩带五百人，赴安庆助守于壕内；又调鲍春霆带八千人，赴安庆助攻于关外。

【译文】

澄侯四弟左右：

我在休宁寄了一封信，因为皖南军务棘手，信中预先作了不测的想法。我很快从休宁回祁门，听说景德镇已收复，左季翁军三次大获胜仗，杀贼很多。伪侍王战败溃散抱头鼠窜而去。景德镇的贼匪全部撤退，所有鄱阳、浮梁等地，凡是祁门的后路一律肃清。我正欣欣然高兴呢,认为可以安枕而卧了,却听到四眼狗带兵在集贤关外围攻,九弟、季弟那边形势又十分紧急。没办法,抽调朱云岩带五百人,到安庆帮助在壕内守卫;又调鲍春霆带八千人,到安庆在集贤关外帮助进攻。

此次安庆之得失,关系吾家之气运,即关系天下之安危,不知沅、季能坚守半月以待援兵否。余身体平安。皖南自去冬以来,危险异常,目下大有起色。若安庆能转危为安,则事尚可为耳。

【译文】

这次安庆的得与失,关系到我们家的气运,也关系到天下的安危,不知道沅、季两弟能不能坚守半个月以等待援兵。我身体平安。皖南自去年冬天以来,危险异常,眼下大有起色。如果安庆能转危为安,那事情还可以做。

三月二十八日　致沅浦弟书

沅弟左右:

接二缄,欣悉安庆守军平稳,多公在练潭大获胜仗,杀贼近万。至欣至慰!余前不敢求多军援怀,正为璋、玕、黄、胡之蹑其后①。今得此大捷,可以援怀矣。

【注释】

①璋、玕、黄、胡:即太平军将领林绍璋、洪仁玕、黄文金、胡鼎文。

林绍璋(?—1864),广西人。太平天国将领。参加金田村起义。

咸丰三年（1853）升春官又副丞相。咸丰四年（1854）在湘潭为湘军所败，被革职，调至江西湖口协助守城。咸丰八年（1858），被召回天京任地官又副丞相，与赞王蒙得恩、顺王李春发同理国政。咸丰十年（1860），封章王。洪仁玕（1822—1864），字益谦，又作“谦益”，号吉甫清，广东花县人。洪秀全族弟。参与创立拜上帝会，未随太平军远征。咸丰八年（1858），由香港经江西、湖北等地乔装潜入天京。封干福王，晋精忠军师、干王，总理太平天国朝政。进《资政新篇》，主张革新政治，学习西方科技文化。胡鼎文（？—1863），广西平南人。曾隶韦志浚部。咸丰九年（1859），韦志浚以池州降清，胡鼎文与刘官芳、古隆贤、赖文鸿等率军夺回池州。咸丰十一年（1861），率军攻景德镇。同治元年（1862），封孝王。后率军进围宁国府。同治二年（1863）春，由青阳占石门。后在饶州府阵亡。其他见前注。

【译文】

沅弟左右：

接到两封信，很欣慰地得知安庆守军平稳，多公在练潭大获胜利，杀贼近万人。我很欣慰很欣慰！我以前不敢求多军援怀，正因为璋、玕、黄、胡等跟在他后面。现在得到这个重大的胜利，可以援怀了。

闻鲍军至下隅坂，即可北渡。因瑞、临失守，九江警急，余飞函止鲍军北渡，请其在下隅坂歇息几日。怀急则北渡援怀，浔急则西渡援浔可也。左军或进屯溪，或守景镇，已两缄请其自酌矣。

【译文】

听说鲍军已到下隅坂，立即可以北渡。因为瑞、临失守，九江紧急，我飞书阻止鲍军北渡,请他在下隅坂歇息几天。怀宁紧急就北渡援怀,浔城紧急就西渡援助浔城。左军或者进军屯溪,或者防守景德镇,已经发两封信请他自己斟酌了。

三月三十日　致沅浦弟书

沅弟左右:

建德行次得悉多公续胜之喜。黄文金于正月两次大败,丢弃军械殆尽,此次头仗又败,应不能为厉矣①。多公初一日至集贤之说,虽未必果能如约如期,要之,可来援怀也。分兵极难!若无得力统将,分之则两损。鲍公素不肯分兵,余亦素不肯分兵,且屡嘱鲍公不可分兵。又深知鲍部下仅宋国永一人②,不可须臾离鲍左右。此外别无可当一路者,即决计不强之分兵,令其全军援怀。

【注释】

①为厉:作恶,行凶。

②宋国永(?—1878):字长庆,湖南衡阳人。咸丰间,为鲍超部将,与太平军交战。同治间,任云南鹤丽镇总兵,加提督衔。光绪初,调赴福建。

【译文】

沅弟左右:

在到建德的路上得知多公又获胜利的喜讯。黄文金在正月两次大败,几乎丢弃全部武器,这次头仗又战败,应不能再作恶了。多公初一日到集贤关一说,虽然未必真能按照约定如期而至,但总的来说,可以来援怀了。分兵很难!如果没有得力的统将,分开来对两部分都有损害。鲍公一直不肯分兵,我也一直不肯分兵,而且一再嘱咐鲍公不能分兵。又深深知道鲍公部下只有宋国永一个人能干,鲍公身边片刻不可没有他。除此之外就没有可以独当一面的人,就决定不再勉强他分兵,让他全军援怀。

　　九江有吴竹庄、丁义方、万泰三人①,省城有张运桂、凯章之弟,带千人。刘胜祥二人②,本有可守之理。如不能守,只可听之天命耳。余本日至建德,鲍公至下隅坂,拟令其消停一日③,渡江以践初八前至集贤之约。

【注释】

①丁义方:湖南益阳人,湘军水师将领。隶彭玉麟部。积功至守备、都司、参将、副将。同治二年(1863),因战功以总兵记名,封号壮勇巴图鲁。七年(1868),任湖口镇总兵。光绪十九年(1893),卒于官。万泰:湘军将领。咸丰十一年(1861)驻守九江。

②张运桂:字稚园,湖南湘乡人。张运兰弟。咸丰间与兄守徽州,对抗太平军,曾败赖裕新、古隆贤三万之众。官至总兵。刘胜祥:字瑞麟,湖南新化人。湘军将领。官至提督。

③消停:停歇。

【译文】

　　九江有吴竹庄、丁义方、万泰三人,省城有张运桂、凯章的弟弟,带兵千人。刘胜祥两人,本有可以坚守的道理。如果不能坚守,也只能听天由命了。我本日到建德,鲍公到下隅坂,打算让他休息一天,渡江以履行初八日之前到集贤关的约定。

四月初三日　致沅浦弟书

沅弟左右：

接来书，具悉一切。

昨日雨小而风大，今日风小而雨大。鲍军勇夫万余人，纵能渡江，想初二尚未渡毕，初三则断不能渡。凡办大事，半由人力，半由天事。如此次安庆之守，壕深而墙坚，稳静而不懈①，此人力也。其是否不至以一蚁溃堤、以一蝇玷圭②，则天事也。各路之赴援，以多、鲍为正援集贤之师，以成、胡为后路缠护之兵③，以朱、韦为助守墙壕之军④，此人事也。其临阵果否得手，能否不为狗酋所算，能否不令狗酋逃遁，此天事也。吾辈但当尽人力之所能为，而天事则听之彼苍而无所容心⑤。弟于人力颇能尽职，而每称擒杀狗酋云云，则好代天作主张矣。

【注释】

①稳静：稳重而安静。

②一蚁溃堤：细小的蚁洞可以溃决堤防，比喻细小的漏洞可酿成大的灾难。一蝇玷圭：语出《诗经·小雅·青蝇》："营营青蝇，止于樊。岂弟君子，无信谗言。"《诗经·大雅·抑》："白圭之玷，尚可磨也，斯言之玷，不可为也。"后人将这两个语典合用为"白璧青蝇"，形容一个小小的污点毁了德行的完美。

③成、胡：即成大吉、胡裕发。胡裕发（1825—1890），字达轩，人称"胡胜七"，湖南韶山人。湘军将领。转战湘、鄂、赣、皖等地，累

官至湖南提督。成大吉见前注。

④朱、韦：即朱品隆、韦俊。见前注。

⑤彼苍：语出《诗经·秦风·黄鸟》："彼苍者天，歼我良人。"孔颖达
疏："彼苍苍者，是在上之天。"后因以代称天。

【译文】

沅弟左右：

接到来信，一切情况都已知道。

昨天雨小风大，今天风小雨却很大。鲍军一万多勇夫，即使能渡过
长江，料想初二日没有全部渡完，初三日是一定不能渡了。凡是办大
事，一半凭借人力，一半由上天决定。就像这次驻守安庆城外，战壕很
深城墙坚固，军队稳静又不懈怠，这是人力能做到的。但是否不因为一
点儿小的纰漏而失利，就由上天决定了。各路赴援的军队，以多、鲍为
正面援救集贤关的主力军队，以成、胡为阻击断后的协助兵力，以朱、韦
为协助守卫营盘战壕的军队，这是人力能够做到的。但是临到打仗的
时候能否胜利，能否不被狗酋算计，能否不让狗酋逃走，这就由上天决
定了。我们只要做好我们能做的一切，而其他的就听从上天的安排，不
必放在心上。贤弟在人力方面颇能尽到自己的职责，但每次说要擒杀
狗酋什么的，就是喜欢替上天作主张了。

至催鲍进兵，亦不宜太急。鲍之队伍由景镇至下隅坂，
仅行五日。冒雨遄征①，亦可谓极速矣。其锅帐则至今尚未
到齐，以泥太深，小车难动也。弟自抚州拔营至景镇，曾经
数日遇雨。试一回思，能如鲍公此次之迅速乎？润帅力劝
鲍公进兵不必太急，待狗酋求战气竭力疲而后徐起应之云
云，与弟见正相反。余意不必催鲍急进，亦不必嘱鲍缓战，
听鲍公自行斟酌可也。多公调度远胜于鲍，其马队亦数倍

于鲍。待多击退黄文金后，再与鲍军会剿集贤关，更有把握。

【注释】

①遄征：急行，迅速赶路。

【译文】

至于催促鲍超进兵，也不宜太急。鲍的队伍从景德镇到下隅坂，路上只走了五天。冒着大雨急行军，这个速度也可以说是极快了。他们的锅帐到现在还没有到齐，是因为淤泥太深，小车难以行动。贤弟你从抚州拔营进军到景德镇，曾经好几天碰到下雨。不妨回头想想，能像鲍公这次一样进军迅速吗？润帅极力劝阻鲍公进军不必太着急，说须等到狗首求战气竭力疲之后才好从容起兵应战，与贤弟你的意见正相反。我的意见是不必催促鲍超急速进军，也不必嘱咐他暂缓战斗，由鲍公自己考虑决定就行。多公在调遣军队方面远胜于鲍，他的骑兵也比鲍多了好几倍。等多公击退黄文金之后，再与鲍军共同进攻集贤关，会更有把握。

至狗酋，虽凶悍，然屡败于多、李、鲍之手，未必此次忽较平日更很①。黄文金于洋塘、小麦铺两败②，军器丢弃已尽。多、鲍之足以制陈、黄二贼，理也，人力之可知者也。其临阵果否得手，则数也③，天事之不可知者也。来书谓狗部有马贼二千五六百，似亦未确。系临阵细数乎，抑系投诚贼供乎？闻贼探多假称投诚者，弟宜慎之！

【注释】

①更很：更狠，更厉害。

②小麦铺：即黄麦铺，即今安徽东至官港镇黄柏村。湘军鲍超部于
　　此击败太平军黄文金部。

③数：天数，天命。

【译文】

至于狗酋，虽然凶悍，但多次败于多、李、鲍之手，未必这次忽然比平时变得更凶狠。黄文金在洋塘、小麦铺两次战败，军械装备已经全部丢弃。多、鲍足以制住陈、黄二贼，是理所当然的，这是人力，是可以知道的。但临阵是否真的能够得手，则由运气和天意决定，天命不可揣测。来信说狗部有骑兵二千五六百人，似乎也不确切。是在战场上细细数出来的，还是投降的贼匪供出来的？听说贼匪间谍有很多假装投降的，贤弟你应该谨慎对待这件事！

四月初八日　　致沅浦弟书

沅弟左右：

凡看地势、察贼势，只宜一人独往，所带极多不得过五人。如贼来追抄，则赶紧驰回。贼见人少，亦不追也。若带人满百，贼来包抄，战则吃贼之亏，不战而跑回，则长贼之焰，两者俱不可。故近日名将看地势者，相戒不带队伍也。又两相隔在五里以外，不可约期打仗。凡约期，以号炮为验①，以排枪为验，以冲天火箭为验者②，其后每每误事。余所见带队百余人以看地势及约期打仗二事致败者，屡矣。兹特告弟记之！近唐桂生初五徽州之败，亦犯此二忌。弟如自度兵力实能胜贼，则出壕一战，亦无不可，切不宜与多、鲍约期。或眼见多、鲍酣战之际，弟率大队一助，则可；先与

约定,则不可。多、鲍来约,竟不应允,甘为弱兵,作壁上观可也[3]。余此次派鲍、朱援安庆,先未约定而忽至,则有益;希庵先约定回援而不至,则有损也。

【注释】

①号炮:军中用来传达信息的火炮。

②冲天火箭:一种射向高空的燃烧箭矢,用以传达信息。

③作壁上观:语出《史记·项羽本纪》:"诸侯军救巨鹿,下者十余壁,莫敢纵兵。及楚击秦,诸将皆从壁上观。"原指双方交战,自己站在壁垒上旁观,后多比喻在局外旁观,不表示意见或态度。

【译文】

沅弟左右:

凡是勘察地势、观察贼匪阵形,只适合一个人单独前往,所带最多不超过五人。如果贼匪来追击,就赶紧跑回本阵。贼匪见人少,也就不追了。如果带的人超过一百,贼匪来包抄,战斗就会吃贼匪的亏,不战斗而跑回来,就会增加贼匪的气焰,两样都是不可以的。因此近来名将察看地势,相互告诫不带队伍。还有与友军相隔在五里之外的时候,不能约定日期打仗。凡是约定日期,以号炮为信号,以排枪为信号,以冲天火箭为信号的,之后常常会耽误战事。我所见到的带领上百人察看地势以及约定日期打仗这两件事导致失败的例子太多了。现在特地告诉贤弟你记住!最近唐桂生初五日在徽州的失败,也是因为犯了这两个忌讳。贤弟你如果估量自己的兵力确实能战胜贼匪,那么冲出战壕打一仗,也没有什么不可以,千万不要与多、鲍约定日期。或者亲眼看见多、鲍率军与敌酣战,贤弟你率领大队人马协助,是可以的;事先与他们约定时间,是不可以的。如果多、鲍二人来约定时间,不要应允,甘心以弱兵自居,旁观就好了。我这次派鲍、朱救援安庆,事先没有约定却忽然到达,是有好处的;李希庵事先约定回援却没有到达,就有坏处了。

　　杨镇南之不足恃,余于其平日之说话知之。渠说话最无条理。凡说话不中事理、不担斤两者①,其下必不服。故《说文》"君"字、"后"字从"口",言在上位者,出口号令,足以服众也。

【注释】

①不担斤两:不承担分量,比喻不承担责任。

【译文】

　　杨镇南不足以依靠,我在他平日说话的时候就知道了。他说话最没有条理。凡是说话不讲事理、不担责任的人,他的下属一定不服。所以《说文解字》分析"君"字、"后"字用"口"做部首,说明作上司的人,说出的命令,可以让大家服从。

四月十二日　致沅浦弟书

沅弟左右:

　　有数事应商嘱者,条列于后:

　　一、去年诸公议中空一段,又弟未多请炮船,此时皆不必悔。向使此二事当日筹谋周密,而他处或又有隙可乘。凡事后而悔己之隙,与事后而议人之隙,皆阅历浅耳。

【译文】

沅弟左右:

　　有几件事应该和你商量并嘱咐你的,逐条陈列在后:

一、去年诸公议论安庆长围中空一段，另外贤弟你没有多请炮船，这时都不必后悔。假使这两件事当时筹谋周密，但其他地方可能也有隙可乘。凡是事后后悔自己的疏忽，与事后议论他人的疏忽，都是阅历太浅。

二、约期打仗，最易误事，余所见甚多。即以近事证之：去年正月十九，余际昌约与多、鲍同出队，以三排枪为记号。是日春霆黎明放三排枪，厥后因雾雨，多、鲍未出队，余军大挫。今年正月十六，凯章与霆营约攻上溪口，同在渔亭出队。厥后凯章到而霆营自中途折回，几至误事。二月初九，凯章与朱、唐约攻上溪，以冲天火箭为记号。厥后朱、唐先到，彼此均未见火箭。三月初五，凯章与唐约攻徽州以排枪为记。厥后唐冒雨先到，而凯不至，遂至大挫。弟十一日攻中空九垒，并无错处，因多公约出队牵制，而弟允之，却是错处。想以余前日之信为不足据耳！

【译文】

二、约定日期一起打仗，最容易耽误事，我所见到的例子很多。就用近来的事证明：去年正月十九日，余际昌约定和多、鲍一齐出兵，用三声排枪为记号。这一天春霆黎明放了三排枪，之后因起雾和下雨，多、鲍二人没有出兵，余际昌的军队受到很大挫折。今年正月十六日，凯章与春霆约定攻打上溪口，一齐在渔亭出兵。之后凯章到了但是春霆却从中途折回，差点儿耽误大事。二月初九日，凯章与朱、唐约定攻打上溪，用冲天火箭为记号。之后朱、唐先到，彼此都没有见到火箭。三月初五日，凯章与唐约定攻打徽州用排枪为记号。之后唐冒着大雨先到了，但凯章却没有到，于是唐军受到很大挫折。你十一日攻打中空一段的九座敌军营垒，并没有什么不对，却因为多公约定出兵牵制，而贤弟你答应了他，可就是不对了。想必是认为我前几天信里说的话不足为据的缘故啊！

三、攻城攻垒，总以敌人出来接仗，击败之后，乃可乘势攻之。若敌人静守不出，无隙可乘，则攻坚徒损精锐。菱湖贼垒不破，尚不要紧，若关外贼垒十分坚固难破，却须另行熟筹①。

【注释】

①熟筹：反复考虑，仔细考虑。

【译文】

三、攻打城市和壁垒，总是要引敌人出来作战，击败敌军之后，才可以乘胜攻打他们。如果敌人坚守不出，无隙可乘，那么攻打这样坚固的地方只是白白地消耗精锐兵力。菱湖贼匪的壁垒没有攻破，还不要紧，如果集贤关外贼匪的壁垒十分坚固难破，却必须再深思熟虑一番，找到其他方法。

四、用兵人人料必胜者，中即伏败机；人人料必挫者，中即伏生机。庄子云两军相对，"哀者胜矣①"。此次多、鲍、成、朱援皖，人人皆操必胜之权，余虑其隐伏败机，故前寄弟信，言不必代天主张。本日巳刻小雨，午、未大雨，未知有损于弟军及多、鲍否？如其有损，亦惟兢兢自守②，尽人谋以听天而已。

【注释】

①哀者胜矣：语出《老子》："故抗兵相加，哀者胜矣。"曾国藩此处将老子误写为庄子。

②兢兢自守：小心谨慎地自我约束。

【译文】

四、指挥军队作战，人人都猜想必胜的时候，里面就暗伏着败机；人人都猜想必败的时候，里面就暗伏着生机。庄子曾说：两军相对，"哀伤悲愤的一方会胜利"。这次多、鲍、成、朱率军援助安徽，个个都觉得胜券在握，我担心其中隐伏着败机，所以之前寄给你信，说不必替上天做主。今天巳时下小雨，午、未时变成大雨，不知道给贤弟和多、鲍二人的军队造成损失没？如果有损失，也只有小心谨慎地自我约束，在人事方面尽力谋划而听从上天的安排。

四月十三日　致沅浦弟书

沅弟左右：

戈什哈潘文质归①，接弟一缄，分条复列于左：

一、弟欲余至盐河一行②。余既出江滨，岂有不思与弟一见之理？惟历年以来，凡围攻最要紧之处，余亲身到场，每至挫失，屡试屡验。余偏不信，三月攻徽，又试往一行，果又验矣。此次余决不至安庆，盖职是故③。

【注释】

①潘文质：曾国藩亲兵。

②盐河：安庆城外运盐之河。原名永济河，属半人工运河。又老安庆城鲍家巷以下、同安河（指同安桥）以上的古牌楼老街称"河

下"，又称"新河"、"盐河新河"。这一带江面统称"盐河口"，或简
称"盐河"。

③职是故：因为这个缘故。

【译文】

沅弟左右：

戈什哈潘文质回来，接到贤弟寄来的一封信，逐条回复陈列于左：

一、贤弟想要我到盐河去一趟。我已经从山里出来住到江边，岂有不想与贤弟见上一面的道理？只是历年以来，凡是围攻最要紧的地方，我亲身到场，常常导致遭遇挫折失败，屡次试验屡次灵验。我偏偏不信，三月份攻打徽州，又试着去了一次，果然又被验证了。这次我坚决不去安庆，就是因为这个缘故。

二、此时不宜再作围贼之计，只作野战与自全两计而已。多在挂车①，鲍在关外，必与狗逆有大场恶战。如能大捷，尚可克城。如仅小胜，或反小挫，则不特不能克城，且当思所以自全之策。弟军欲求自全，须请鲍军由江滨进扎，与弟营联络一气，不为赤关岭之贼垒所隔②。趁狗在桐未归之时赶紧扎成。如围棋然，两块相粘连则活矣。或鲍扎原处，而成镇七营进扎亦可③。其择地须请杨、鲍、成与弟同看，十三、四必须看定。或请韦又堂来一看亦可④，以渠熟于贼计也。至季弟东北自全之策，或以枞阳为后路，或仍以大桥为后路，弟与杨、韦酌之。

【注释】

①挂车：地名。即今安徽桐城挂车河镇。镇以河名。历来为兵家必争之地。

②赤关岭：即赤冈岭，在今安徽安庆宜秀。

③成镇：即总兵成大吉。见前注。

④韦义堂：即韦俊。见前注。

【译文】

二、这个时候不适合再作围困贼匪的计划，只需作野战与自保两种打算。多隆阿一军在挂车河，鲍超一军在集贤关外，一定与狗逆有一大场恶战。如果能取得大胜，尚可以攻克城池。如果仅仅取得小胜，或者反遭小小挫折，则不仅不能攻克城池，而且应当思索如何保全自己的计划。贤弟一军想要保全自己，必须请鲍军从江滨进军扎营，与贤弟的军营联络一气，不被赤关岭的贼匪阵营隔开。趁四眼狗在桐城还没有回来的时候赶紧扎成营盘。就像围棋一样，两块兵势相粘连就活了。或者鲍军扎在原处，成镇七营进军扎营也行。选择在何地扎营，也必须请杨、鲍、成与你一起勘察，十三、四日必须勘察决定。或者请韦义堂来帮忙看一看也行，因为他对贼匪的伎俩比较熟悉。至于季弟在东北方保全自己的方法，或者以枞阳作为后路，或者仍然以大桥作为后路，贤弟与杨、韦二人仔细商量。

四月十五日　致沅浦、季洪弟书

沅、季弟左右：

接沅弟长信，志甚坚，气甚壮，微嫌办理太速，兵力太单耳。

【译文】

沅、季弟左右：

接到沅弟寄来的长信，志向非常坚定，气势也很豪壮，稍稍嫌办理太快,兵力太单薄了。

新移六营,扎于菱湖贼垒之后者,已守住十三夜十四日矣。惟地段太长,仍嫌兵单,务须请成武臣七营赴菱湖帮助同扎为妥。

【译文】

新近调防过去的六个营,驻扎在菱湖贼匪壁垒后面的,已经守住十三个晚上十四个白天了。只是地段太长,仍然嫌兵力单薄,务必请成武臣七个营赶赴菱湖帮助共同扎营才好。

大凡初扎险地,与久经扎定者,迥乎不同。久经扎定者,壕已深,墙已坚,枪炮已排定,虽新勇亦可稳守。初扎险地者,虽老手亦无把握。久扎者千人守之而有余,初扎者二千人守之而不足。目下菱湖六垒必须成武臣往扎半月。扎定之后,吾与沅弟另筹几营往该处换扎,又可抽出成军为活着矣。

【译文】

凡是初次扎营在险地,与长期扎定营盘的,迥然不同。长期扎定营盘的,战壕已经挖深,墙已经加固,枪炮已经安排好位置,即使是新兵也可以稳稳守住。初次扎营在险地的人,即使是老手也没有把握守住。长期扎定营盘的,一千人守卫就绰绰有余了;初次扎营的,两千人守卫还不够。目前菱湖的六座营垒一定要让成武臣去驻扎半个月。扎定扎牢之后,我和沅弟另外寻找几营人马去那里换防,又可以抽出成军作为机动部队。

四月二十一日　致沅浦弟书

沅弟左右：

接来信并公牍，措词甚为得体。惟此事似非官相所能为力，渠未必肯向夷酋说①，夷酋亦未必听渠之话。若果来东流，与余相会晤，余窥其意旨，倘可以理论情感，必力为开说。倘其暗助发逆之志甚坚②，亦可于言外得之，则奏明另筹大计耳。

【注释】

①夷酋：洋人首领。

②发逆：指太平军。

【译文】

沅弟左右：

接到来信以及公文，措辞很是得体。只是这件事似乎不是官相的能力所及，他未必肯向洋鬼子首领陈说，洋鬼子首领也未必听他的话。如果洋鬼子首领确实来东流，与我会见，我暗察他的意思，如果可以晓之以理动之以情，一定竭力劝说开导。如果他暗中协助发逆的意思非常坚决，也可以从话外之音听出，那么就得奏明皇帝另外商量大策了。

弟寄胡公信，欲成扎三安铺①，与多合势。且待端节后，鲍至南岸时，再说不迟。凡军事，做一节，说一节。若预说几层，到后来往往不符。官相处，余即不咨矣②。

【注释】

①三安铺:地名。在今安徽桐城。

②不咨:不发咨文。

【译文】

贤弟寄给胡公的信,想要成军驻扎在三安铺,和多军兵势会合呼应。暂且等到端午节后,鲍到南岸时,再说也不晚。但凡行军大事,做完一节,再说一节。如果预先说了几层,等到后来往往和实际情况不符。官相那边,我就不发咨文了。

四月二十四日　致澄侯弟书

澄弟左右:

余自来东流,心绪略舒。安庆之贼,前扎九垒于中空之处。沅弟又扎六垒于贼之后,并九垒与城皆以大围包之。鲍军亦扎于赤冈岭,围贼四垒。皆有可破之理。所虑者,洋船过安庆城,停泊一天,通送油盐接济。我虽辛苦围攻,贼仍供应不断耳。四眼狗窜至桐城,恐日内又窜上游,蹂躏完善之区。瑞州一股,盘踞如故。建德又新来一股,距东流仅四十里。自去年苏、常失守,金陵师溃,目下贼数骤多至数十倍。闻各处败兵溃勇多半投贼,故凶悍亦倍于往年。天意茫茫,不知何日始有转机也。

【译文】

澄弟左右:

我自从来到东流,心情略微舒畅。安庆的贼匪,之前驻扎九座壁垒在长围中空的地方。沅弟又驻扎了六座壁垒在贼匪的后方，将贼匪九座壁垒和城池都用大包围围住。鲍军也驻扎在赤冈岭，包围住贼匪的四座壁垒。都有可能攻破敌垒。我所担心的只是，洋船经过安庆城，停泊一天，输送油盐物资接济。我军虽然辛苦围攻，贼匪物资供应仍然不断。四眼狗奔窜到桐城，怕近日又要窜到上游，祸害完善的地区。瑞州的一股贼匪，和以前一样在那里盘踞。建德又新来一股贼匪，距离东流只有四十里。自从去年苏州、常州两地失守，金陵军败，眼下贼匪人数已经骤然增加到数十倍。听说各地战败溃散的兵勇多半投降贼匪，因此比往年凶悍数倍。天意茫茫，不知道到什么时候才开始有转机。

余身体平安，遍身生疮，竟日作痒①。自三月下旬至今，几于无日不雨。自十五后，无日不大风。江水涨添一丈二尺有奇②。重棉犹觉畏寒③。洋船上下长江，几如无日无之。

【注释】

①竟日：整天。

②有奇：有余，还多。

③重棉：两重絮的厚棉衣。

【译文】

我身体平安，遍身生疮，整天发痒。自从三月下旬到现在，几乎没有哪天不下雨。自从十五日之后，也没有哪天不刮大风。江水上涨了一丈二尺还多。穿着两重絮的棉衣还觉得怕冷。洋船进出长江，几乎没有哪一天不进出的。

纪泽儿信，亦不为无见①。纪鸿文笔大方。可为喜慰！

【注释】

①无见：没有见识。

【译文】

纪泽孩儿的书信，也不是没有见识。纪鸿文笔大方。这真值得欢喜和欣慰！

四月二十四日^①　致丹阁叔书

丹阁十叔大人阁下：

去岁接奉手缄，久稽才复^②。国藩浅材薄植^③，上承先世余荫，骤跻高位^④，并窃浮名，抚衷内省^⑤，久怀鹈濡不称之愧^⑥。来示勖勉有加^⑦，而又引杜陵厚禄书断之句以相讽谕^⑧，益增悚仄^⑨。

【注释】

①传忠书局本与上篇合为一篇，今析为二篇。

②稽：延迟，拖延。

③薄植：根基薄弱，学识浅薄。

④骤跻高位：迅速地升到很高的地位。骤，快速。跻，登。

⑤抚衷：扪心。衷，内心。

⑥鹈濡不称：语出《诗经·曹风·候人》："维鹈在梁，不濡其翼。彼其之子，不称其服。"郑玄笺："鹈在梁，当濡其翼；而不濡者，非其常也。以喻小人在朝，亦非其常。"后以"濡鹈"比喻享受高官厚禄，不理朝政、不称职的人。

⑦来示：对他人来信的敬称。勖勉：勉励。

⑧杜陵厚禄书断之句：指杜甫《狂夫》诗"厚禄故人书断绝"一句。

⑨悚仄:亦作"悚侧",指惶恐不安。

【译文】

丹阁十叔大人阁下:

去年接到您的书信,耽搁很久才回复您。国藩才能全无根基薄弱,承蒙先祖的荫德,突然跻身上层,还博得了一点儿虚名,扪心自问,长久以来心怀不称职的愧疚之情。您的来信,对我劝勉有加,而又引用杜甫"厚禄故人书断绝"的句子讽喻我,更加让我惶恐不安。

惟近世所称羡督抚之荣,不外宫室衣服、安富尊荣等。而侄则受任于败军之际,奉命于危难之间,所居仅营中茅屋三间、瓦屋一间,所服较往岁在京尤为减省。自去冬至三月,常有贼党十余万环绕于祁门之左右前后,几无一日不战,无一路不梗,昼无甘食,宵有警梦。军士欠饷至五月六月之久,侄亦不忍独处富饶。故年来不敢多寄银钱回家,并不敢分润宗族乡党者,非矫情也。一则目击军士穷窘异常,不忍彼苦而我独甘。一则上念高、曾以来,屡代寒素,国藩虽忝食旧德,不欲飨受太过,为一己存惜福之心,为阖族留不尽之泽。此侄之微意。十叔如访得营中、家中有与此论不相符合之处,即请赐书诘责,侄当猛省惩改①。

【注释】

①惩改:引以为戒,并改变。

【译文】

近世羡慕督抚官职的殊荣,不外乎宫室壮丽衣服华美、平安富贵尊显荣耀之类。但侄儿我在军队战败的时候上任,在危难的时局里接受命令,居住的仅仅是军营里的三间茅屋、一间瓦屋,吃穿比之前在京城里时更加简陋节省。自从去年冬天到今年三月,经常有贼匪军队十余万在祁门附近出没,几乎没有一天不打仗,没有一条通道不堵塞,白天吃不好,晚上睡觉尽做些警戒性的梦。拖欠士兵们五六个月的军饷,侄儿我也不忍心一个人独享富贵。因此一年来不敢多寄钱回家,也不敢寄钱分给宗族乡党,让大家受惠,这样做并不是矫情。一是因为看到士兵们非常艰苦穷困,不忍心他们艰苦而我独自享受。一是想到从高祖、曾祖以来,我们家族历代艰苦朴素,国藩虽蒙祖先庇佑有了如今的尊荣,也不想享受得太过分,为自己留存一丝惜福之心,为全族留下不尽之德泽。这是侄儿我的一点儿想法。十叔您如果听到军营中或家族里和这个说法不相符合的地方,就请写信来责备我,侄儿我一定努力反省并痛改前非。

安庆一城,费尽气力,本有克复之望。近因洋船暗通接济,城贼又有生机。天意茫茫,未识大局何日转旋。

【译文】

安庆这一座城,费尽力气,本来有攻克光复的希望。近来却由于洋船暗中接济贼匪物资,城中的贼匪又有了生机。天意茫茫,不知道大局什么时候才能扭转。

四月二十六日　　致沅浦弟书

沅弟左右:

目下可虑之端:第一洋船接济,安庆永无克复之期。第二黄、德、瑞三府五六县失守[①],饷源断无可继之理。欲求一良法救此两端，反复思之，毫无善策。润帅自统舒、成马步剿南岸兴、冶、崇、通等处②。弟欲撤休、黟之兵清江西腹地。纵办得极好，不过克江之瑞州，保鄂之南数县耳。于两大可虑之端，皆不能补救。而弟谓克复安庆即兆于此举，殆亦未细思也。

【注释】

①黄、德、瑞三府：指湖北的黄州府、德安府和江西的瑞州府。

②舒、成：即舒保、成大吉。舒保，字辅廷，舒穆鲁氏，满洲正黄旗人。咸丰八年（1858），授镶黄旗汉军副都统。同治三年（1864），与捻军战于德安，追捻军至寿山，身陷重围，战死。兴、冶、崇、通：指鄂南的兴国州、大冶县、崇阳县、通城县。

【译文】

沅弟左右：

目前担心的地方：第一是洋船接济贼匪，安庆永远没有攻克光复的时候。第二是黄、德、瑞三府有五六个县失守，军饷无法接续供应。想要寻求一个法子来挽回这两种情况，反复考虑，丝毫没有好办法。润帅亲自指挥舒、成马步二军清剿南岸的兴、冶、崇、通等地。贤弟你想要撤调休、黟两地的军队以清剿江西腹地。即使办得再好，也不过是攻克江西的瑞州，保全湖北南部的数县而已。对于两大担心的问题，都不能有任何补救。而贤弟说的这次军事行动的成功是攻克光复安庆的先机，只怕也是没有仔细思考过。

兄之不肯弃休、祁、黟三县者，盖兄为江督①，又握江南钦篆②，不能绕道以履苏境，久已为苏所唾骂。奏明从皖南进兵入苏，又奏参张筱浦接办皖南军务不能保徽、宁二府，又并此三县而弃之,不又为皖南所唾骂乎?现不能克徽,徽人甚颂张而怨我。其次,则危困之际,黟、祁曾捐银数万。又其次,撤三县之兵,仍须以重兵防饶、景。故兄昨信言调度极难耳。如使一转移间而满盘皆活,有利无害,兄亦何惮而不乐从乎?

【注释】

①江督:两江总督。

②江南钦篆:指江南钦差大臣一职。

【译文】

为兄我不肯放弃休、祁、黟三县的原因,就是因为我身为两江总督,又受命为钦差大臣,不能绕道去江苏境内,已经长期被江苏人民唾骂。奏明皇帝从皖南进军进入江苏,又上奏弹劾张筱浦接办皖南军务而不能保住徽、宁二府,现在又要把这三座县城放弃掉,不是又要被皖南人民唾骂了吗?现在不能攻克徽州,徽州人很是称颂张而埋怨我。其次,这次我处于危困之时,黟、祁曾经捐了数万两白银。再次,撤了这三县的军队,仍然必须派重兵防守饶、景两地。因此,为兄我上次的信曾说调度安排非常困难。假使做一个转变就能使整个局势都活起来,有利而无害,为兄我又有什么担心而不乐于听从你的意见呢?

今决计于端节后调鲍军南渡,由浔赴瑞。能否得手,则听之天而已。望弟修垒修壕,专为自守之计。如洋船之接济可断,安庆终有克复之日。倘洋船不能禁止接济,则非吾辈所能为力,当奏明另筹耳。

【译文】

现在下定决心在端午节后调派鲍军南渡，从浔城赶赴瑞州。军事能否成功，就听从上天的安排好了。希望贤弟你加厚壁垒加深战壕，一心只做自守的准备。如果洋船对贼匪的接济可断，安庆终有攻克光复的时候。如果不能禁止洋船对贼匪的接济，就不是我们的能力能够改变的了的，应当奏明皇帝另行筹划了。

余意以鲍军援剿瑞州、武宁、义宁，以成军还希公以谋黄州，或作北岸上游之活兵。希在北，鲍在南，上游有两支活兵，局势必振，胡帅之忧必少舒，病亦必少减。下游又嫌单薄，然江湖水涨若此，弟军专守前后壕，当不致有疏失。多军或驻挂车，或改扎青草塥。纵不能大破援贼，而自守则绰绰有余。太、潜、石牌三城①，亦均易守。杨七麻尚在南岸，未北渡也。云岩务于日内南渡，以安祁门之人心。至要至要！

【注释】

①太、潜：即太湖、潜山。

【译文】

我的意见是让鲍军支援清剿瑞州、武宁、义宁，把成军还给希公以谋黄州，或者作为北岸上游的机动部队。李希庵在北方，鲍超在南方，上游有两支活兵，局势一定振奋，胡帅的担忧一定能稍稍舒缓，病情也一定能稍稍减轻。下游兵力又嫌单薄，但是江湖之水上涨成了这样，贤弟你的军队专心守卫前后战壕，应当不至于有什么闪失。多军或者驻扎在挂车河，或改驻扎在青草塥。即使不能大破来援的贼匪，保全自己也绰绰有余了。太、潜、石牌三座城池，也都容易守卫。杨七麻子还在南岸,没有北渡。朱云岩务必在这几天内南渡,以安定祁门人心。此事极其重要!

五月一日　致沅浦弟书

沅弟左右:

韦志浚深明贼情,究竟现在之伪辅王名杨辅清者,即七麻子否? 其与金陵洪首逆尚是貌合神离否①? 少荃信言忠、侍、璋、珏诸王皆与狗逆不合②,外畏之而中恨之,确否? 现窜鄱阳之刘官方,与黄老虎孰强孰弱③? 四眼狗手下之人,以何人为最悍? 四年罗大纲在湖口④,身边有洋鬼子三人,现忠逆、侍逆身边皆有洋鬼子,系用钱雇,无足重轻之鬼乎,抑实与夷中大员说明乎? 一一详询见复。

【注释】

①洪首逆:即太平天国首领天王洪秀全。见前注。

②少荃:即李鸿章。见前注。

③黄老虎:即太平天国将领黄文金。见前注。

④四年:即咸丰四年(1854)。

【译文】

沅弟左右:

韦志浚对贼情十分了解,究竟现在的那个叫杨辅清的伪辅王,是否就是七麻子? 他和金陵贼首洪秀全还是貌合神离吗? 李少荃信里说贼匪忠、侍、璋、珏诸王都与狗逆不合,表面上畏惧他但心里恨他,是真的吗? 现在窜到鄱阳的刘官方,和黄老虎比,谁强谁弱? 四眼狗手下的人,什么人最强悍? 咸丰四年罗大纲在湖口时,身边有三个洋鬼子,现在忠递、侍递身边都有洋鬼子,是用钱雇来的无足重轻的洋鬼子,还是与鬼子中的大员打过招呼的? 请一一详细查询并回复。

弟处保举,总以归官、胡出奏为妥,牍干之不准①,缄求之可也。兄弟中有多少不方便。弟认定为湖北委员,则事事顺手矣。

【注释】

①干:干预,请求。

【译文】

贤弟那边的保举升官事宜,还是让官、胡二公上奏才好,公文干预通不过的话,用私信请求就行了。我们兄弟之间,有很多不方便。贤弟你认定自己是湖北的委派人员,就事事顺手了。

五月初四日   致沅浦、季洪弟书

沅、季弟左右:

接沅弟罄论贼情一缄、季弟报喜一缄。此次杀三垒真正悍贼千余人,使狗为之大衰,平日或克一大城、获一大捷,尚不能杀许多真贼,真可喜也。

【译文】

沅、季弟左右:

接到沅弟畅谈贼情的一封信、季弟报喜的一封信。这次消灭三座壁垒中上千真正强悍的贼匪,使四眼狗的势力大减,平时就算攻克一座

大城，或者获得一次大胜利，也不能消灭这么多真正的悍贼，真是可喜可贺的事。

　　沅弟所录，十分得其六七。咸丰六、七年间①，诸杨有老国宗、七国宗、八国宗、九公子之称②，当时皆以辅清为老国宗。且言老国宗系真东王之宗支③，七、八皆系赐姓。今来缄以辅清为七麻子，与早年所闻不合，不知韦志浚知别有所谓老国宗否也？又韦部黄文金、胡鼎文、古隆贤、赖文四人，赖忘其名下一字，与现踞黄州之赖文光系亲兄弟否④？亦可一询。

【注释】

①咸丰六、七年：即 1856、1857 年。

②国宗：指太平天国给洪秀全、杨秀清、韦昌辉、石达开四王亲族的封号。

③宗支：同宗族的支派。

④赖文光（1827—1868）：广西人，祖籍广东嘉应州。太平军将领。天京之变后，随陈玉成作战，参加第二次击破江南大营之役。封杰天义，又晋封遵王。同治元年（1862），奉命与陈得才等远征陕西，扩充兵力。三年（1864），回师救天京，至湖北，天京已陷。遂与捻军会合，采运动战术，以走制敌，使清僧格林沁军奔驰于皖、豫、苏、鲁间，终获曹州高楼寨战役大捷，击毙僧格林沁。复于河南突破曾国藩湘淮军防线，分捻军为东、西两路，与任化邦率东捻军转战中原，屡获胜利。六年（1867），为李鸿章军困于苏、鲁海隅，兵力损失殆尽。次年，南下至扬州被俘死。

【译文】

沅弟所录贼情，得其十分之六七。咸丰六、七年间，贼中姓杨的，有老国宗、七国宗、八国宗、九公子的称号，当时都认为杨辅清是老国宗。并且说老国宗是东王真正的宗族支脉，七国宗、八国宗都是赐姓。现在来信说杨辅清是七麻子，与早年听说的不一样，不知韦志浚知道另外还有所谓的老国宗吗？还有韦的旧部黄文金、胡鼎文、古隆贤、赖文四个人的情况，赖某我忘了他名字下一个字，他与现在盘踞在黄州的赖文光是亲兄弟吗？也可以问一问。

鲍公攻刘玱林垒不下①，劝之不必性急。余决计不调开渠军，即令在集贤关久扎，且调渔亭二营归之，又调韦部全归之，以厚其力。若决长壕以围玱林先生之营，敬其人，故称先生。断无不破之理。但须严密巡逻，无令玱翁一人脱逃耳。爱其人，故称翁。

【注释】

①刘玱林：广西人。太平军靖东主将。咸丰十一年（1861）五月，留守安庆西北集贤关外赤冈岭四垒，被湘军鲍超部擒杀。

【译文】

鲍公攻打不下来刘玱林的壁垒，劝他不必着急。我一定不会调开他的军队，就命令他在集贤关长久扎营，并且将渔亭的两个营调归他指挥，另外调韦部全都归他指挥，以增加他的军力。如果攻破长壕来围困玱林先生的营垒，敬重他这个人，因此称他作先生。绝对没有攻不破的道理。但必须严密巡逻，不让玱翁部下有一个人逃走。敬爱他这个人，因此称他作翁。

五月初七日　　致沅浦弟书

沅弟左右：

刘玱林之被擒，余接杨厚庵信始知之。闻已肢解，将头函送菱湖，以示众贼。今而后喜可知也。

【译文】

沅弟左右：

刘玱林被捉这件事，我接到杨厚庵的信才知道。听说已经分了尸，将头用盒子装了送到菱湖，给贼匪们看。从今之后局势想必可喜。

今早办文调鲍军由浔援瑞。陈舫仙初至东流。东征局带解弟处之二万两、二万串，余欲拨六千金，发舫仙新营一月口粮。盖新营无饷，诸事不便，不比老营尚可支持。或俟江西饷到拨还，或抵偿华阳镇借款，皆可。弟借提华阳厘局万串，兄已代偿四千金矣。韦部二营，厚庵已调赴池州否？若未去，弟尽可遣去。安庆守壕，殊非易易也。润帅于安庆守事，闻将录弟禀入告。弟禀毫无铺张，在近日为仅见之事。然言名则保举同，言利则口粮同，又何必铺张哉？

【译文】

今天早上写公文调鲍军从浔城出发去支援瑞州。陈舫仙刚到东流。东征局带来解送到贤弟那边的军饷银二万两、钱二万串，我想抽出六千金，发给舫仙新兵营一个月的口粮。这是因为新营如果没有军饷，什么事都不方便，不像老营还可以支持。或者等江西的军饷到了再拨还给你，或者抵偿贤弟华阳镇的借款，都可以。贤弟从华阳厘局借取钱一万串，为兄我已经替你偿还了四千金。韦部两个营，杨厚庵已经将他们调赴池州了吗？如果还没有去，贤弟尽可以派他们去。在安庆守卫战壕，确实不是很轻易的事。润帅对安庆守壕之事的公文，听说要照录贤弟的禀报向上面报告。贤弟的禀报毫无铺张，是近来我唯一见到的。但论名的话，和其他人一样被保举；说利的话，和其他人一样领口粮，又有什么必要铺张呢？

五月初九日　致沅浦、季洪弟书

沅、季弟左右：

　　鲍军准用民夫，即日当通行各县。黟县于初五日克复。左军闻亦至景镇。或者天从人愿，三县竟可不弃乎[①]？水大异常，于贼则处处不利。然江西、两湖农不能收种[②]，官不能安居，商不能贸易，口粮更从何处取出？真大忧也！

【注释】

　　①三县：即祁门、黟县、休宁三县。

　　②收种：收获和播种。

【译文】

沅、季弟左右：

　　鲍军获准使用民夫，这几天就会通知各县了。黟县在初五日收复。左军听说也到了景德镇。或许天从人愿，祁门、黟县、休宁三县竟然可以不用放弃了吗？洪水大得异常，对贼匪来说处处不利。但是江西、两湖农民不能收获和播种，官员不能安居，商人不能贸易，口粮从哪里来呢？真是令人太过担心啊！

弟论兵贵精不贵多一段，实有至理。然弟处守外壕、内壕，约计七十余里，万余人尚嫌其少。如贼猛扑外、内两壕，地段太长，余深以为虑。比之左公乐平野战迥乎不同。弟切不可存此心，谓人已太多，力已有余也。若存此心，必致误事。计外、内并守，仅敷一班站防①，并不能两班轮替。若贼来轮换猛扑，而守者昼夜不换，岂不可危？弟从此着想，并须将外壕加挖。至嘱至嘱！

【注释】

①敷：够。

【译文】

贤弟谈论兵贵精不贵多这一段，实在是有很深刻的道理。但贤弟那边防守外壕、内壕，长约七十多里，一万多人还嫌少。如果贼匪猛扑外、内两壕，地段太长，我很为这担忧。比起左公在乐平野战，迥然不同。贤弟千万不能有这种想法，说士兵已经太多了，军力已经有余了。如果有这种想法，一定会误事。算起来外、内两壕一起守卫，仅仅够派一个班次站岗防守，而不能两个班次轮换交替。如果贼匪轮番猛攻，那么守卫的人昼夜不轮换，岂不危险了吗？贤弟从这方面考虑，还须要将外壕挖得更深。千万牢记！

添募本不易易。余令鲍、朱、唐添募①，系采弟与希庵及诸公之言。实则三公均不宜将多也。

【注释】

①鲍、朱、唐：即鲍超、朱云岩、唐桂生。见前注。

【译文】

添募兵勇本是很不容易的事。我令鲍、朱、唐三人募勇添兵，也是采纳了贤弟和李希庵以及其他几位的意见。其实这三位都不适合带领很多士兵。

五月十三日　致沅浦弟书

沅弟左右：

　　余于今早卯刻开船，巳刻至华阳镇对岸之香口①。目下各处主意纷纷无定。余将余之深知而自决者告弟知之，谨记之；其不深知不敢自决者，亦告弟知之，听弟酌之。

【注释】

①香口：地名。即今安徽东至香隅镇香口村，长江水码头。

【译文】

沅弟左右：

　　我在今天早上卯时开船，巳时到了华阳镇对岸的香口。现在每个人都有很多主意。我把我深知并能自己决定的事情告诉贤弟你知道，你千万记住；有些我不太了解不敢自己决定的事，也告诉贤弟你知道，听你自己考虑拿主意。

　　多军宜全扎桐、怀①，专击援贼；弟军宜专主围怀。此兄之深知而自决者也。鲍军或稳驻集贤，或援瑞州，或打宿松,或剿蕲、黄^②,或打南岸,俱未十分妥善。此兄之不深知不敢自决者也。自孔垄至二套口、隆坪一带^③,一片皆水,往年湖宽八九十里,今年必百余里。鲍军若由黄梅行走,不特不能至二套口以过南岸,并不能由广济以达二蕲^④。此兄之深知而自决者也。鲍若从兴国下手,共须渡水几次而后可至兴境。成、胡赴南岸^⑤,共须渡水几次。此兄之不深知不敢自决者也。

【注释】

①桐、怀:即桐城、怀宁。

②蕲、黄:即湖北的蕲州、黄州。

③孔垄:地名。即今湖北黄梅孔垄镇。二套口:地名。即今湖北黄梅分路镇二套口村,在长江北岸江滨。隆坪:地名。即今湖北武穴龙坪镇,在长江北岸江滨。

④二蕲:即湖北的蕲州和蕲水。

⑤成、胡:即成大吉、胡裕发。见前注。

【译文】

多军适合全部驻扎在桐、怀,专门攻击来支援的贼匪;贤弟你的军队适合专门负责围攻怀宁。这是为兄我深知并能自己决定的。鲍军或者稳稳驻扎在集贤关,或者支援瑞州,或者攻打宿松,或者围剿蕲、黄两地,或者攻打长江南岸,这些想法都不是十分妥善。这些是为兄我不太了解不敢自己决定的。从孔垄到二套口、隆坪一带,一片汪洋,往年湖面宽八九十里,今年一定宽达百余里。鲍军如果从黄梅行进,不但不能到二套口渡江过南岸,也不能由广济抵达二蕲。这是为兄我深知而能自己决定的。鲍军如果从兴国下手,一共需要渡水几次之后才能到达兴国境内。成、胡两人奔赴南岸,一共需要渡水几次。这些是为兄我不太了解不敢自己决定的。

　　现约润帅与春霆同来香口一会，俟会后再飞缄告弟可耳。

【译文】

　　现在约润帅和春霆同来香口会见，等会见结束后，再飞信传书告诉你好了。

　　再，弟论兵事，宜从大处分清界限，不宜从小处剖晰微茫①。如鲍军或打南岸，或留北岸，此大处也。往返动须两月，调度不可错误。北岸或扎集关，或攻宿松；南岸或援江之瑞、义，或援鄂之兴、冶，此小处也。往返不过十日，临时尚可更改。近日接弟两次长信，皆言鲍军不可不救江西以保饷地。而此次十二夜信，又言宿松上至德安乃有官军，中间无人过问云云，意似留鲍公在北岸者。且信中力陈鲍公宜谋宿松矣，而又言鄂南已失十县，重于瑞、义等州，宜合力图之云云，意又似令鲍打南岸鄂境者。究竟弟之确见欲鲍在北岸乎？在南岸乎？望以一言决之，不必纷纷多说道理，使我无所适从也。

【注释】

①剖晰微茫：指将细枝末节辨析得非常清楚。

【译文】

　　再，贤弟你议论军事，应该从大处分清界限，不应该从小处考虑细节。譬如鲍军或者攻打南岸，或者留在北岸，这是大处。来回往返需要两个月时间，调遣一定不能出错。在北岸，或者驻扎在集贤关，或者攻打宿松；在南岸，或者支援江西的瑞、义，或者支援湖北的兴、冶，这些是小处。往返不过十天时间，临时还可以更改。这几天接到贤弟两次长信，都说鲍军不能不救援江西以保证兵饷来源。而这次十二日夜里的来信，又说从宿松上至德安才有官军，中间一段无人过问等等，像是要留鲍公在北岸。而且信中极力陈述鲍公应该计划攻略宿松，又说鄂南已丢失了十个县，比瑞、义等州更重要，应该合力计划夺取等等，又像是要让鲍军攻打湖北长江南岸一带。究竟贤弟你确定的意见是想要鲍军在北岸，还是在南岸？希望你一句话决定，不必纷纷说各种道理，让我无所适从。

五月二十五日　致沅浦弟书

沅弟左右：

南坡解来之银米，拟以万两济左军之急。左公目下穷困异常。梅村扎营建德，钱米俱断。左公自景德镇以千三百金济之，顷又断矣。东流粮台亦无分文。或以八千解左，二千留台。其余银二万，弟与厚庵均分可也。米六千石，则以三千济厚庵，二千交弟处，一千留东流。江西、两湖三省水灾已成，纵能克安庆，下半年事势亦必决裂。皖南道拟以姚秋浦署理①，吏事较凯章略熟，又与张、朱、唐三人相得耳②。

【注释】

　①皖南道：清代行政区划，即徽宁池太广道，管徽州府、宁国府、池

州府、太平府、广德州。

②张、朱、唐：即张运兰、朱品隆、唐义训。见前注。

【译文】

沅弟左右：

黄南坡押解来的银钱粮食，计划用一万两来接济左军以缓解他们的急迫。左公目前非常穷困。王梅村扎营在建德，银钱粮食都没了。左公从景德镇调拨了一千三百金来接济他，很快又没了。东流粮台也一文钱都没有。或者解给左八千金，留二千金在东流粮台。其余的银钱二万两，贤弟你与杨厚庵均分就行。米六千石，用三千石接济杨厚庵，二千石给贤弟你，一千石留在东流。江西、两湖三省的水灾已经形成，即使能攻克安庆，下半年的事态一定不可收拾。皖南道一职，打算让姚秋浦署理，行政事务方面他比凯章熟练一些，而且又和张、朱、唐三人相处得很好。

五月三十日　致沅浦弟书

沅弟左右：

水师破贼数垒，甚慰甚慰！

此时贼势衰弱，再挫其气，则将来城破逃出，亦无心打仗。木牌二百余架①，大江断难多逃。以牌之为物甚笨，只要三板走近，打几个大火蛋②，则牌上之贼必扑水自尽。火球中多置松脂，则火燃略久，抛入牌上，自然惊心动魄。上游贼势虽炽，只要安庆克复，必可掣之回顾下游。特大水已成，彗星又出③，未知天意究何如耳。

【注释】

①木牌：即木排。

②大火蛋：指火球。

③彗星：古人以彗星为不详征兆，俗称"扫帚星"。

【译文】

沅弟左右：

我军水师已经攻破了贼匪好几座壁垒，我甚感欣慰！

这时贼匪的气势已经衰弱，再让他们的锐气受挫折，那么将来城破贼匪逃出的时候，也无心打仗了。木牌有二百多架，在大江上一定难以逃走很多。因为牌这种东西非常笨重，只要有三板走近，打几个大火蛋，那么牌上的贼匪一定会跳水自尽。火球中多放些松脂，那么火燃烧起来会久一些，扔在牌上，那情景自然惊心动魄。上游的贼匪气势虽然嚣张，但只要安庆光复，一定也可牵掣他们回顾下游。只是大水已经形成，彗星又出现了，不知道天意究竟会怎么样。

六月初五日　致沅浦弟书

沅弟左右：

劫数之大，良可叹悸①。然使尧、舜、周、孔生今之世，亦不能谓此贼不应痛剿。

【注释】

①叹悸：叹息惊悸。

【译文】

沅弟左右：

劫数太大，确实让人叹息惊悸。但即便尧帝、舜帝、周公、孔子生在今天,也不会说这些贼匪不应该痛加剿灭。

援贼至吕亭驿①,日内想已开仗。弟总作一坚守不战之计,并预作一桐军小挫之想,亮当足以御之。

【注释】

①吕亭驿:驿站名。因三国时期吴将吕蒙在此建亭而得名。在今安徽桐城吕亭镇。

【译文】

贼匪援军到了吕亭驿,这几天料想已经开仗。贤弟你总归要做一个坚守不战的计划,并且预先作一个桐城我军小败的应急方案,想来应该足够抵御贼匪。

再,狗酋此次援皖,利在速战。方今盛暑酷热,若出队站立烈日之中历二三个时辰之久,任是铁汉,亦将渴乏劳疲。若挂车河官军作坚守之计,任贼诱战搦战①,总不出队与之交仗,待其晒过数日之后,相机打之②,亦一法也。多礼帅谋略最优,不知肯为此坚忍之着否。弟试与商之。

【注释】

①搦战:挑战。
②相机:亦作“相几”。察看机会,等待时机。

【译文】

再,狗酋这次救援安庆,利在速战速决。现在正值盛暑酷热,如果出队,站立烈日之中达到二三个时辰那么久,即使是铁汉,也会渴乏疲劳。如果挂车河的官军采取坚守方案，任凭贼匪引诱挑战，都不出兵和他们交手，等到他们在烈日下晒过几天之后，伺机攻打，也是一个办法。多礼帅最擅长谋略，不知道是否肯行使这样坚忍的招数。贤弟你试着和他商量一下。

六月十二日　致沅浦、季洪弟书

沅弟、季弟左右：

既已带兵，自以杀贼为志，何必以多杀人为悔？此贼之多掳多杀，流毒南纪①。天父、天兄之教②，天燕、天豫之官③，虽使周、孔生今，断无不力谋诛灭之理。既谋诛灭，断无以多杀为悔之理。幅巾归农④，弟果能遂此志，兄亦颇以为慰。特世变日新，吾辈之出，几若不克自主，冥冥中似有维持之者⑤。

【注释】

①流毒：荼毒。南纪：语出《诗经·小雅·四月》："滔滔江汉，南国之纪。"后因以"南纪"指南方。

②天父、天兄之教：洪秀全模仿基督教形式创立拜上帝会，称上帝为天父，自谓与耶稣同为上帝之子，因称耶稣为天兄。

③天燕、天豫之官：泛指太平天国设置的各种官职官阶。太平天国官制，朝官有列爵系列。列爵在王之外，有六等，分别为：天义、天安、天福、天燕、天豫、天侯。

④幅巾归农：解甲归田。

⑤维持：主持。

【译文】

沅弟、季弟左右：

既然已经带兵，自然应该以杀贼作为目标，何必后悔多杀人？这些贼匪掳杀太多，荼毒南方。天父、天兄这样的教派，天燕、天豫这样的职官，即便周公、孔子生在今天，绝对没有不尽力图谋诛灭他们的道理。既然图谋诛灭，绝对没有后悔多杀的道理。解甲归田，贤弟你如果真的能实现这个志向，为兄我也很欣慰。只是世界每天都有很大变化，我们这些人出来做事，似乎也不由自主，冥冥中好像有安排下这命运的人。

赖贼赴下游买米①，日内有信来安庆否？弟可与黄昌岐细细说明②。大约不外平日结以厚情，临时唊以厚利③，以期成安庆一篑之功耳④。

【注释】

①赖贼：即太平军将领赖文鸿。见前注。

②黄昌岐：即为黄翼升（1818—1894），字昌岐，湖南湘乡人。曾国藩创水师，用为哨长。转战湖南各地和九江、安庆。总统增设淮扬水师，破安庆、九洑洲。官至长江水师提督。卒于军，谥武靖。

③唊以厚利：以厚利相诱惑。

④一篑之功：指成功前的最后一筐土，比喻成功前的最后一份努力。

【译文】

赖贼去下游买米，这几天有消息到安庆么？贤弟你可以与黄昌岐详细说明。对付洋人，大约不外乎平时以深厚的情谊结交，临时以很重的利益诱导，以尽成就安庆胜利最后一份努力。

六月十四日　　致澄侯弟书

澄弟左右：

　　舅母弃世，纪泽往吊后，弟亦往吊唁否？此等处，吾兄弟中有亲往者为妙。从前星冈公之于彭家并无厚礼厚物，而意甚殷勤，亲去之时甚多。我兄弟宜取以为法。大抵富贵人家气习，礼物厚而情意薄，使人多而亲到少。吾兄弟若能彼此常常互相规诫，必有裨益。

【译文】

澄弟左右：

　　舅母去世，纪泽去吊唁之后，贤弟你也去吊唁了吗？这样的场合，我们兄弟中有人亲自去最好。从前星冈公对彭家也没有送过特别厚重的礼物，但情意很是殷勤，亲自前往的时候很多。我们兄弟也应该效仿这种做法。一般来说，富贵人家的风气，礼物厚重但是情意淡薄，派人去的多而亲自到的少。我们兄弟如果能常常互相告诫规劝，一定会有好处。

六月十七日　　致沅浦弟书

沅弟左右：

　　余在香口与胡帅、鲍镇三人会商，本令霆军由太湖陆路至张家塝以上蕲水①，厥后改计攻宿松，又改计坐船。暨初六日拔营登舟，初八日长行，皆春霆所自定，余不得与闻也。惟鲍将登舟时，接胡帅信，令其回援怀、桐②。渠有禀来请示，余因其时新破菱湖十八垒，怀、桐两军足以自立，批令霆军仍上援鄂、江。至十一日闻建昌之失，乃檄令专援江西。目下江西省城震动，余断不能再失信调鲍回顾下游。如天之福，怀、桐两军站得住，大局终可无碍。若有意外之疏失，亦自有天心主之，国运主之。鲍公本系南岸之军，还之南岸，余无愧悔耳。

【注释】

①张家塝：地名。即今湖北武穴大金镇。

②怀、桐：即怀宁、桐城。

【译文】

沅弟左右：

我在香口与胡帅、鲍镇三人会商，本想令霆军从太湖走陆路到张家塝再上蕲水，之后改为去攻打宿松，又改成坐船去。到初六日拔营登船，初八日长途行军，都是春霆自己决定的，我没有干预这件事。只是鲍超要上船时，接到胡帅的信，令他回援怀、桐。他来禀请示，我因为当时刚刚攻破菱湖贼匪十八垒，怀、桐两军足以自立，于是命令霆军仍然去救援湖北、江西。到十一日听说建昌沦陷，才下令他专门支援江西。目前江西省城震动，我绝不能再失信抽调鲍超回到下游。如果上天赐福，怀、桐两军能支撑得住，大局终可无碍。如果有意外的疏忽，那也是由天意、国运做主。鲍公本来就是南岸的军队，现在还给南岸，我就没什么后悔愧疚的了。

六月二十三日 致沅浦弟书

沅弟左右：

汉口、汉阳只要布置略早，水师足资防御。逸亭之能否内剿城贼①,外抵狗、辅②,则未可知。然南岸尚有成、蒋八千人置之空虚之地③。万一金、刘小有疏虞④,上游亦不至决裂。江西建昌之贼与兴国、义宁等股会合,蔓延太广。闽汀股匪,散布抚、建、广三府境内⑤,并围玉山县城,无人去剿,饷源竭矣。多公函寄还。渠每主先出队寻贼,余每主待贼来扑我,所见不同。古之用兵者,于"主"、"客"二字最审也。

【注释】

①逸亭:即金国琛。见前注。

②狗、辅:即太平军将领陈玉成、杨辅清。见前注。

③成、蒋:即成大吉、蒋凝学。见前注。

④金、刘:即金国琛、刘岳昭。见前注。

⑤抚、建、广三府:即抚州、建昌、广信三府。

【译文】

沅弟左右:

汉口、汉阳两地只要布置稍早,水师就足够防御的了。金逸亭能否对内剿灭城中的贼匪,对外抵抗狗、辅,尚未可知。但是南岸还有成、蒋八千人闲在那儿。万一金、刘有些小小的疏忽,上游也不至于不可收拾。江西建昌的贼匪与兴国、义宁的会合,蔓延太广。福建汀州一股贼匪,散布到抚、建、广三府境内,并且围住了玉山县城,没有人去剿灭的话,兵饷来源就会枯竭。多公的信寄还给你。他常常主张先出兵寻找贼匪,我每每主张等贼匪先来攻打我方阵地,意见不同。古代统兵的人,对"主"、"客"这两个字看得最重。

六月二十九日　致沅浦弟书

沅弟左右：

　　望溪先生之事^①，公私均不甚惬。

　　公牍中须有一事实册^②，将生平履历，某年中举中进士，某年升官降官，某年得罪，某年昭雪，及生平所著书名，与列祖褒赞其学问品行之语，一一胪列，不作影响约略之词^③，乃合定例。望溪两次获罪：一为戴名世《南山集序》入刑部狱^④；一为其族人方某挂名逆案^⑤，将方氏通族编入旗籍^⑥，雍正间始准赦宥，免隶旗籍，望溪文中所云"因臣而宥及合族"者也。今欲请从祀孔庙^⑦，须将两案历奉谕旨一一查出，尤须将国史本传查出。恐有严旨碍眼者，易干驳诘^⑧。从前入祀两庑之案^⑨，数十年而不一见，近年层见迭出，几于无岁无之。去年大学士九卿等议复陆秀夫从祀之案^⑩，声明以后外间不得率请从祀。兹甫及一年，若遽违新例而入奏，必驳无疑。右三者，公事之不甚惬者也。

【注释】

①望溪先生：即方苞。见前注。

②事实册：记述生平事迹的册子。

③影响：谓传闻不实或空泛无据。约略：粗略，不详。

④戴名世（1653—1713）：字田有，号南山，安徽桐城人。康熙年间进士，任翰林院编修。因所著《南山集》录有南明桂王时史事及用南明年号，被处死。此案牵连数百人，为清代有名的文字狱。

⑤挂名:列名。

⑥编入旗籍:指以奴隶身份编入旗籍。

⑦从祀:配享,附祭。

⑧干:犯,遭。

⑨两庑:特指文庙中先贤从祀之处。

⑩陆秀夫(1238—1279):字君实,楚州盐城人。理宗宝祐四年
(1256)进士。李庭芝镇淮南,辟置幕中。元兵东下,扬州臣僚大
多逃散,被调临安,任礼部侍郎。从益王赵昰、广王赵昺走温州,
与陈宜中、张世杰在福州立昰为帝(端宗),任端明殿学士、签书
枢密院事。端宗死,又与张世杰等立昺为帝,徙驻厓山,为左丞
相,与张世杰共秉政,抵抗元兵。元世祖至元十六年(1279),厓
山破,负帝跳海而死。有《陆忠烈集》。

【译文】

沅弟左右:

望溪先生的事情,于公于私都不是很中意。

公文中必须有一件事实册,将他生平履历,哪年中举哪年中进士,
哪年升官哪年降官,哪年获罪,哪年平反,以及他生平所著的书名,还有
历代先帝褒赞他学问品行的评语,一一列上,不写模棱两可的空泛话,
才符合定例。望溪两次获罪:一是因为为戴名世作《南山集序》而入刑
部狱;一是因为他的族人方某牵连谋逆,将方氏全族编入旗籍,雍正年
间才获准赦免,免除隶于旗籍,望溪文中所说的"因为我而恩赦惠及全
族",说的就是这件事。现在想要将他从祀孔庙,必须将这两案历年奉
的谕旨一一查出,尤其须将国史本传查出。怕有严旨批评之类的妨碍,
容易遭到驳斥和诘问。从前请求入祀两庑的案子,数十年都难见到一
次,这几年层出不穷,差不多每年都有。去年大学士九卿等讨论恢复陆
秀夫从祀的议案,声明以后外界不能轻率地请求从祀。刚刚颁布一年,
如果骤然违反新例去上奏,必定被驳斥。以上三点,是于公方面让我不

太中意的。

　　望溪经学勇于自信,而国朝巨儒多不甚推服,《四库书目》中于望溪每有贬词,《皇清经解》中并未收其一册一句。姬传先生最推崇方氏①,亦不称其经说。其古文号为一代正宗,国藩少年好之,近十余年,亦别有宗尚矣②。国藩于本朝大儒,学问则宗顾亭林、王怀祖两先生③;经济则宗陈文恭公④。若奏请从祀,须自三公始。李厚庵与望溪⑤,不得不置之后图。右私志之不甚惬者也。

【注释】

①姬传:即姚鼐。见前注。

②宗尚:推崇,效法。

③顾亭林:即为顾炎武(1613—1682),本名继坤,改名绛,字忠清;明亡后,改名炎武,字宁人,号亭林,自署蒋山佣,江苏昆山人。明诸生。明末清初著名学者、思想家、抗清义士。其学以“博学于文,行己有耻”为主,合学与行、治学与经世为一,无所不通。著有《日知录》、《天下郡国利病书》、《音学五书》等。

④陈文恭公:即陈宏谋。见前注。

⑤李厚庵:即为李光地(1642—1718),字晋卿,号厚庵,福建安溪人。康熙九年(1670)进士,授编修。省亲回闽,适耿精忠叛,密疏言军事形势。还京,授内阁学士。历吏、兵、工三部侍郎,直隶巡抚,至文渊阁大学士。崇信程朱理学,深为康熙帝所信任,谥文贞。有《榕村全集》、《榕村语录》及说经之书多种。

【译文】

望溪对经学勇于自信,但本朝大儒大多不太佩服他,《四库书目》中对望溪经常有贬低的评价,《皇清经解》中并没有收他一本书一句话。姚姬传先生最推崇方氏,也不称赞他解说经书的文字。他的古文号称是一代正宗,我少年时代很喜欢,但这十几年,也另有师法了。我在本朝大儒里,学问上推崇顾亭林、王怀祖两位先生;经世致用方面推崇陈文恭公。如果上奏请求从祀,也要从这三位先生开始。李厚庵和方望溪,不得不将他们放在最后考虑。以上是于私方面让我不太中意的。

七月十四日　　致澄侯弟书

澄侯四弟左右:

　　此间军事,四眼狗纠同五伪王救援安庆①,其打先锋者已至集贤关。九弟屡信皆言坚守后壕,可保无虞。但能坚持十日半月之久,城中粮米必难再支,可期克复矣。徽州六属俱平安②。欠饷多者七个月,少者四、五、六月不等,幸军心尚未涣散。江西省城戒严,附近二三十里处处皆贼,余派鲍军往救。湖北之南岸已无一贼,北岸德安、随州等处,有金、刘与成大吉三军,必可日有起色。

【注释】

①五伪王:即太平天国章王林绍璋、干王洪仁玕、堵王黄文金、赞王蒙得恩、辅王杨辅清。蒙得恩(1806—1861),原名上升,以避上帝讳改得天,又避"天"字改得恩,广西平南人。壮族。农民出身,加入拜上帝会,参加金田起事。以善于逢迎,为洪秀全所信任,升迁极速,历指挥、检点、春官又正丞相、赞天燕、赞天安、赞天义、朝长。咸丰七年(1857),擢至正掌率,总理朝政。九年(1859)封赞王。其他见前注。

②徽州六属：徽州所辖歙县、黟县、休宁、婺源、绩溪、祁门六县。

【译文】

澄侯四弟左右：

　　这里的战事，四眼狗纠同五个伪王救援安庆，他们打先锋的军队已经到了集贤关。九弟屡次来信都说坚守后面的战壕，可以保证平安。只要能坚持十天半月那么久，城中贼匪的粮食必定难以支撑，可以指望攻克收复安庆城。徽州属下六县都很平安。欠饷多的长达七个月，少的也有四、五、六月不等，幸亏军心还没有涣散。江西省城戒严，附近二三十里到处都是贼匪，我派鲍军前往援救。湖北的南岸已没有一个贼匪，北岸的德安、随州等地方，有金、刘与成大吉三路大军，一定可以渐渐好转。

　　余癣疾未痊，日来天气亢燥①，甚以为苦。幸公事勉强能了，近日无积阁之弊②。总督关防、盐政印信于初四日到营，余即于初六日开用。

【注释】

①亢燥：高温干燥。

②积阁：滞留耽搁。

【译文】

　　我的癣疾没有痊愈，这几天天气热而干燥，很是煎熬。幸亏公事勉强能处理，近来没有滞留耽搁。总督关防和盐政印信在初四日送达军营，我从初六日就开始使用了。

　　家中雇长沙园丁已到否？菜蔬茂盛否？诸子侄无傲气否？傲为凶德，惰为衰气，二者皆败家之道。戒惰莫如早起;戒傲莫如多走路,少坐轿。望弟留心儆戒。如闻我有傲惰之处,亦写信来规劝。

【译文】

家中雇的长沙园丁已经到了没有? 蔬菜茂盛吗? 诸位子侄是否有傲气? 骄傲是凶德,懒惰是衰气,这二者都是败家之道。戒惰最好早起;戒傲最好多走路,少坐轿子。希望贤弟你留心警戒子侄辈。如果听说我有傲慢懒惰的地方,也要写信来规劝。

七月十四日　致沅浦弟书

沅弟左右:

程学启攻破北门外石垒二座①,多军亦获大捷。程学启屡立大功,花翎游击,尽可尽可。惟城之能克与否,仍看援贼到时,官兵守后壕之能稳与否。山亏于一篑②,病忽于新愈,不可不慎。

【注释】

①程学启(1829—1864):字方忠,安徽桐城人。原为太平天国英王陈玉成部属,守安庆。咸丰十一年(1861)降清,从曾国荃破安庆。同治初从李鸿章至上海,下苏州等地。官至总兵。攻嘉兴时中弹死。谥忠烈。

②亏于一篑:语出《尚书·旅獒》:“为山九仞,功亏一篑。”孔传:“八尺曰仞。喻向成也。未成一篑,犹不为山。”比喻做一件事差最后一点儿努力未能完成。

【译文】

沅弟左右：

程学启攻破北门外两座石垒，多军也大获全胜。程学启屡次立大功，赐花翎升游击将军，当然可以。只是城池能否攻克，仍须看贼匪援军到的时候，守后壕的官兵能否稳稳守住。为山九仞，功亏一篑；病人往往在刚痊愈的时候最疏忽，不可以不谨慎。

江西省城外对河之贼，已退至万寿宫、瑞州一带，章门安稳，是余大落心之事①。以后调鲍军回援集贤关，或缓或急皆可。但水陆程途将近半月，仍须弟军能如三月杪之坚守乃妙耳。

【注释】

①落心：踏实，安心。

【译文】

江西省城外边河对面的贼匪，已撤退到万寿宫、瑞州一带，章门安稳，是最让我踏实安心的事。此后调鲍军回援集贤关，无论急迫还是不急，皆无不可。但水陆路程要走将近半个月时间，仍须贤弟你的军队像三月尾那样坚守才好。

七月十七日　致沅浦弟书

沅弟左右：

当此酷暑，贼以积劳之后远来攻扑①，我军若专守一"静"字法，可期万稳。多公亦宜用"静"字法。此贼万无持久之道，弟不必虑多军之久困也。或出队或不出队，或过练潭或不过练潭，由多公作主。余所谓静者，不焦急耳。昔曹操八十万人自荆州东下，吴以五万人御之。而周瑜策其必败者，一料曹兵不服水土；二料刘表水师新附^②，不乐为用；三料暑热久疲。其后赤壁之役果不出周郎之所料。闻德安克复，雪琴专函来报。又言成、蒋军病人太多，不能全进。又闻鲍军病者极多。以此而推，狗、辅之部病必更多，故料其不能持久。

【注释】

①积劳：长期经受劳累。

②刘表（142—208）：字景升，东汉末山阳高平（今山东邹城、金乡一带）人。皇族远支。献帝初平元年（190）为荆州刺史，得当地豪族支持，据今湖北、湖南地方。李傕、郭汜入长安，以表为镇南将军、荆州牧，封成武侯。不参与混战，爱民养士，从容自保。及曹操与袁绍相持于官渡，绍求助于表，表许而不至，亦不援曹操，欲观时变。操败绍后征表，未至，表病卒。子刘琮降曹。

【译文】

沅弟左右：

正值酷暑，贼匪积劳之后长途行军来攻打我军，我军如果坚守一个"静"字法诀，应该有绝对把握。多公也应该用"静"字法。这批贼匪绝没有长久坚持的法子，贤弟你不必担心多军被围困太久。出兵还是不出兵，过练潭还是不过练潭，都由多公做主。我所说的静，指不焦急。当年曹操率领八十万大军从荆州东下，吴军用五万人来抵抗。但周瑜认为曹军必败的原因，一是料定曹兵水土不服；二是料定刘表水军新近归附，不愿意替曹操卖命；三是料定酷暑天热曹军疲惫已久。之后的赤壁之战果然不出周郎的预料。听说德安已经克复，雪琴专程写信报告。又说成、蒋军病人太多,不能全军前进。又听说鲍军生病的士兵很多。用这个情况来推断,狗、辅两部生病的士兵必定更多,因此料定他们不能坚持很久。

七月十九日　致沅浦弟书

沅弟左右:

　　援贼十六日入关,未攻我后壕而去。十七日又入关,因雨而去。如连三日不能逞其凶焰,则贼气沮而我军稳矣。望弟慎静待之。接鲍公信,奉新、瑞州之贼皆已逃遁①,将由临江、樟树渡东岸以趋抚、建云云。余函嘱其在临江少停数日,如安庆之贼十分猖獗,则调鲍回援安庆;如安庆尽可支持,则令鲍追忠逆一股直至河口②,再作计较。总之,德安克则金、成可以下援③,瑞州复则霆军可以回援,怀、桐两处断不患无援兵,只要弟与多公稳守一月耳。

【注释】

　　①奉新:即今江西宜春奉新。

　　②忠逆:即太平天国忠王李秀成。见前注。

　　③金、成:即金国琛、成大吉。见前注。

【译文】

沅弟左右:

　　援贼十六日入集贤关,没有攻打我军后边战壕就离开了。十七日又入关,因遇到大雨而撤退。如果他们嚣张的气焰连续三日不能得逞,那么他们的士气就会下降而我军就能安稳了。希望贤弟你谨慎安静地对待。接到鲍公的信，说奉新、瑞州两地的贼匪都已经逃跑，他将从临江、樟树渡到东岸前往抚、建。我写信嘱咐他在临江暂停几天，如果安庆的贼匪十分猖獗，那么就调鲍超回援安庆；如果安庆可以支持，就命令鲍超追击忠逆一股直到河口，再作计划。总之，德安克复则金、成就可以来援下游；瑞州光复则霆军就可以回来支援。怀、桐两处绝对不用担心没有援兵，只要贤弟你和多公能坚守一个月。

七月二十四日　致季洪弟书

季弟左右：

　　舫仙两营，明日即令带六成队径赴盐河登岸，作为西北游击之师。

【译文】

季弟左右：

　　陈舫仙的两个营，明天就命令带六成兵力直接奔赴盐河登岸，作为在西北游击的军队。

　　闻贼备布袋、草把。此二者皆余阅历之事。

【译文】

听说贼匪准备布袋、草把。这两样东西都是我经历过的。

　　余攻九江，办布袋万个，为填壕之用。令每人装土于袋，负之丢于壕中。乃十二月朔日进攻，每袋仅一寸厚，千余袋尚不能填得一丈宽,而千余人断不能站在一处,每处数十人,竟未能填一尺厚,是日伤人最多。此布袋之难用也。

【译文】

我攻打九江时,准备了上万个布袋,用来填壕。命令每人在袋子里装土,背着它扔到壕中。十二月朔日这天进攻,每个袋子仅一寸厚,一千多袋还不能填出一丈宽,但一千多人一定不能站在同一个地方,每个地方数十人,竟没能填出一尺厚,这天伤亡最多。这是布袋难用的实例。

攻瑞州时,刘峙衡以稻草填壕,已填一丈宽,过壕十余人矣。贼以火蛋抛出,稻草悉燃,烧死数十人。第二次,峙衡用湿稻草,贼以枪炮击之,官兵亦不如前次之踊跃,遂不能过壕。瑞州壕深不盈丈,尚且如此。此稻草之难也。望弟告诸勇知之。

【译文】

攻打瑞州时,刘峙衡用稻草填壕沟,已填出了一丈宽,十余人越过壕沟。贼匪将火蛋抛出,稻草全都燃烧起来,烧死数十人。第二次,峙衡用湿稻草,贼匪用枪炮攻击,官兵也不如前次那么踊跃,于是不能越过壕沟。瑞州壕沟深不满一丈,尚且如此。这是稻草难用的实例。希望贤弟你告诉手下将士知道。

八月初一日　致沅浦弟书

沅弟左右:

郭弁到,接喜信,知本日卯刻克复安庆。是时恰值日月合璧、五星联珠①。钦天监于五月具奏②,以为非常祥瑞。今皖城按时应验,国家中兴,庶有冀乎③!

【注释】

①日月合璧、五星联珠:一种奇异天象,古人以为祥瑞。《汉书·律历志上》:"宦者淳于陵渠复覆《太初历》晦朔弦望,皆最密,日月如合璧,五星如连珠。"日月合璧,指地球进入太阳与月球之间或月球进入地球与太阳之间所生的现象。日月合璧在朔发生日食,在望发生月食。五星联珠,指金、木、水、火、土五行星同时出现于一方。

②钦天监:官署名。掌管观察天象、推算历法。历代多设置,名称不同。周有太史,秦、汉以后有太史令。隋设太史监,唐设太史局,后又改司天台,隶秘书省。宋、元有司天监,仍与太史局、太史院并置。元又设有回回司天监。明、清改名钦天监,设监正、监副等官。清制,汉、满并用,亦有个别欧洲传教士参加。

③有冀:有希望。

【译文】

沅弟左右:

郭弁到了,接到报喜的信件,知道今天卯刻克复安庆城。这时恰逢日月合璧、五星联珠。钦天监在五月就已上奏,认为是非同寻常的祥瑞。现在皖省省城按时应验,国家中兴,或许会有希望吧!

此间银不满六千,欲凑万金犒赏将士,弟处可设法办得四千金否?

【译文】

我这边的银子不满六千,想要凑出万金犒赏将士,贤弟你那里可以设法筹得四千金么？

八月初四日　致澄侯弟书

澄侯四弟左右：

初一日卯刻安庆克复，城贼诛戮殆尽，并无一名漏网，差快人心。

【译文】

澄侯四弟左右：

初一日卯刻克复安庆，城里的贼匪被诛戮殆尽，并无一人漏网，稍稍让人心里痛快些。

江西之贼逼近省城，鲍春霆于廿四日在丰城河西大获胜仗，赣水以西一律肃清。余令鲍军跟追至河口，或尚易了。湖北之贼，安庆克后，或亦不久恋。目下所虑者，胡中丞病势沉重，关系极大。

【译文】

江西的贼匪逼近省城，鲍春霆二十四日在丰城河西大获全胜，赣水以西的贼匪全部肃清。我命令鲍军追击到河口，或许可以轻易解决。湖北的贼匪，在安庆被攻克后，或许也不会长久盘踞。目前让人担心的是，胡中丞病势沉重，关系极大。

余身体平安，惟疮癣未愈，心绪多烦闷耳。

【译文】

我身体平安，只有疮癣没有痊愈，心情经常烦闷。

九月初三日　致沅浦弟书

沅弟左右：

顷接信，胡宫保已于八月廿六亥时去世，可痛之至！从此共事之人，无极合心者矣！奉旨希庵暂署湖北巡抚，系因润帅请开缺折内举以自代也。

【译文】

沅弟左右：

刚接到信，胡宫保已在八月二十六日亥时去世，真让人痛心！从此共事的人，再没有极默契的了！李希庵奉旨暂时署理湖北巡抚，是因为润帅奏请开缺的折子里举荐他代替自己。

打泥汉时①，贼墙若傍水滨，我陆师不可近墙登岸，须在上游二十里或下游二十里登岸，庶进退稍宽，不至节太短势太促也。

【注释】

①泥汉：地名。即今安徽无为泥汉镇，在长江北岸江滨。

【译文】

攻打泥汉的时候，贼匪城墙如果依靠水滨，我方陆军不能靠近城墙登岸，必须在上游二十里或下游二十里登岸，这样方可进退稍稍宽裕，不至于距离太短取势太仓促。

九月初六日　致沅浦、季洪弟书

沅、季两弟左右①：

　　沅弟之字，骨秀得之于天②，手稳本之于习，所欠者势与味耳。此二信写瘦硬一路，将来必得险峭之势。尝见旧拓《颜家庙碑》③，圭角峭厉④，转折分明，绝类欧书，不似近日通行本之痴肥也⑤。

【注释】

①传忠书局本无抬头，据他本补之。

②骨秀：气质秀美。

③《颜家庙碑》：全称《唐故通议大夫行薛王友柱国赠秘书少监国子祭酒太子少保颜君庙碑铭并序》，是颜真卿为其父亲颜惟贞镌立，书体"庄重笃实"。

④圭角：圭的棱角，比喻锋芒，也比喻迹象。峭厉：形容文笔奇特锋利。

⑤痴肥：形容书法作品字体凝重而不够劲健有力。

【译文】

沅、季两弟左右：

　　沅弟的字，因天分高而气质秀美，因勤于练习而下笔沉稳，所欠缺的只是一点儿气势和味道了。这两封信写的字是瘦硬路子，将来一定会得险峭之气势。我曾经见到旧拓本《颜家庙碑》，圭角峭厉，转折分明，非常像欧体，不像近来通行本字那样的痴肥。

九月初十日　致沅浦弟书

沅弟左右：

　　黄公信已加封寄去①，冠北之札亦发②。鹤汀早年在京极熟③，容少缓再调。

【注释】

①黄公：即黄南坡。见前注。

②冠北：即为黄家驹，号冠北，江西南城县人。由优贡生官内阁中书、湖北候补道。咸丰九年（1859），太平军进入江西，黄家驹奉中丞耆龄之命，办理建昌府善后事宜，抚揖流亡，支付官军粮饷。次年，以抵御太平军攻城有功，以道员用，加运使衔赏戴花翎。被曾国藩委任至湖北督销局，兼办楚军、霆军协镶，后积劳成疾，回乡病逝，享年四十五岁。

③鹤汀：即为黄芳，原名晃，号荷亭，又号鹤汀，湖南长沙人。道光十五年（1835）乙未恩科乡举，由教习以知县铨发江苏。咸丰三年（1853）署宝山县令，后进赏戴花翎同知衔，调补上海。

【译文】

沅弟左右：

　　黄公的信已经加封套寄了出去，给冠北的札文也已经发出。黄鹤汀，我早年在京城和他极熟，过些时间再调他。

　　"约旨卑思"四字，实近来方寸隐微之弊，亦阅历太久，见得天下事由命不由人也。

【译文】

"约旨卑思"这四个字，实在是我近来内心深处的弊病，也是因为阅历太久，见惯了天下事取决于命运不取决于人力。

九月十二日　致沅浦弟书

沅弟左右：

米粮子药未齐，宜缓进兵。极是极是！庐江为我必争之地，以其与怀、桐相犄角也。咸丰八年二月①，郑、秦两军门以二万人败于桐②，贼系从庐江来。十月，李迪庵以六千人败于三河，贼亦从庐江来。余因此二役，知庐江为得势之地。少荃兄弟与江北人皆言庐江之要紧，故余屡催进兵。今陈、刘二帮既到③，庐江既为我有，千妥万妥，余已放心矣。此后不特进无为州可缓，即进盛家桥亦可缓④。盖无为州不过米多地广，非扼要之区也；盛家桥不过吾思得之以为造船之埠头，以为肃清巢湖之根本，非我不往驻而贼即先占也。

【注释】

①咸丰八年：即 1858 年。

②郑、秦两军门：即清军提督郑魁士、秦定三。郑魁士（1800—1873），字鳌峰，直隶宣化人。道光初由行伍考拔外委。道光三十年（1850）以平定李沅发起事，升都司。咸丰间先后从向荣、和春攻太平军，转战桂、湘、鄂、皖等省，赐黄马褂，授总兵，擢提督。同治间平定直隶境内捻军，官终直隶提督。以伤病乞归。卒谥忠烈。《清史稿》有传。秦定三（？—1857），字竹坡，湖北兴国

人。道光六年（1826）武进士。授二等侍卫，累擢贵州镇远镇总兵。咸丰间，率贵州、云南兵屡与太平军交战，授福建陆路提督。七年（1857），从攻镇江，寻卒于军。

③陈、刘：即陈湜、刘连捷。陈湜见前注。刘连捷（1833—1887），字南云，湖南湘乡人。咸丰五年（1855），以外委隶知县刘腾鸿湘后营，转战江西、安徽等地。后隶曾国荃麾下，官至布政使。卒谥勇介。

④盛家桥：地名。即今安徽庐江盛桥镇。原为巢湖码头。

【译文】

沅弟左右：

粮食弹药没有备齐，应该暂缓进兵。太对了太对了！庐江是我军必争的地方，因为它与怀宁、桐城互成犄角之势。咸丰八年二月，郑、秦两位提督率领的两万人在桐城战败，贼匪就是从庐江来的。十月，李迪庵率领六千人在三河战败，贼匪也是从庐江来的。我因为这两场战役，知道庐江是得地势之利的地方。少荃兄弟与江北人都说庐江非常重要，因此我屡次催促进兵。现在陈、刘两位帮手已经到了，庐江已经是我们的了，相当稳妥，我已经放心了。这之后不仅仅进攻无为州的计划可以暂缓，即便攻打盛家桥的计划也可以暂缓。因为无为州不过地域广大，盛产粮食，并不是扼要的地区；盛家桥也不过是我想要得到它来作为造船的码头，作为日后肃清巢湖的基地，并不是我军不先进驻贼匪就先占领的战略要地。

庐江得后，弟专意布置守城之法，将庐江与怀、桐三城看得并重。贼来攻庐江，则与多公预订来援之师。不特弟进无为不必急，即多进庐州亦不必急，恐多去则桐城兵薄，庐江别无援师也。

【译文】

庐江到手后,贤弟你专心布置守城计划,将庐江与怀、桐这三座城看得同等重要。如果贼匪来攻打庐江,就与多公预定来援的军队。不仅仅贤弟你攻进无为州不必着急,即使多公进攻庐州也不必着急,担心多公走了则桐城兵力薄弱,庐江再没有别的援军了。

今日即饬李、刘解米粮子药至罗昌河①,以后必能源源接济,弟可放心。出看泥汊,亦不必汲汲,总以熟筹庐江守法为要。

【注释】

①李:即李作士,号少山。曾国藩幕僚,长期负责粮台事务。曾国荃围攻安庆之时,曾国藩札委李作士在城外设安庆银钱支应所,专门负责粮饷供应。刘:不详。罗昌河:河名,亦为地名。在今安徽庐江。罗昌河源出庐江南缘姚家楼,东南流,至罗河折南流,于白石西南注入白荡湖,穿过湖区于后湖咀出湖,经白荡闸注入长江,全长四十七公里。

【译文】

今日就命令李、刘二人押解粮食弹药到罗昌河,以后一定能源源不断地接济供应,贤弟你大可放心。贤弟出去查勘泥汊,也不必着急,总要把详细考虑守卫庐江的计划放在第一位。

余前拟于盛家桥造船,为肃清巢湖之计。今弟信云泥汊口可通白湖①,白湖可通巢湖。是泥汊一破,水师可直入巢湖,不必另造船矣。果其如此,岂不大妙? 但须查明白湖可通巢湖否。果其可通,亦恐湾曲太多②,河道太窄,湖底易于胶浅③,陆师难于照应。四者查确,乃可驶入。总之,庐江既得以后,事事好办,但宜稳不宜忙耳。泥汊之贼梁不得④,固不可进兵;即幸而攻破泥汊,亦须待粮米足后,舫仙乃可进也。

【注释】

①白湖:湖泊名。在安徽庐江。

②湾曲:水道曲折之处。

③胶浅:指舟船搁浅。

④梁:桥梁。

【译文】

我之前打算在盛家桥造船,是为了肃清巢湖起见。现在贤弟你写信告诉我从泥汊口可通到白湖,白湖又可通到巢湖。因此泥汊一被攻破,水师就可直入巢湖,不必另造船了。如果真的是这样,不就太好了吗?但一定要查明白湖是不是真的可通巢湖。即使真的可通,我还担心河道弯曲太多,河道太窄,湖底易使舟船搁浅,陆军难以支援。这四点都查明落实,才可以驶入。总之,庐江到手以后,事事都好办,但还是应该求稳不应该着急。泥汊的贼匪桥梁未拿下,固然不可进兵;就算幸运地攻破泥汊,也必须等粮食充足后,陈舫仙军才可以进入。

九月十四日　致澄侯弟书

澄弟左右:

九弟初二日自安庆进兵,初九日至庐江。日内将出大江,会合水师打泥汊也。四眼狗初七日已到三河,即温弟殉节之处。此次余与九弟定坚守庐江,决不轻进。

【译文】

澄弟左右：

九弟初二日从安庆进军，初九日到了庐江。这几天将要渡过大江，会合水师攻打泥汊。四眼狗在初七日就已经到了三河，就是温弟殉节的那地方。这次我和九弟一定坚守庐江，绝不轻易冒进。

胡润帅继先皇而逝，于大局关系至重。闻官帅奏请以希庵实授鄂抚①，并力保雪琴为皖抚，想朝廷亦必俯从所请②。其办事合手可喜③；其党类太盛④，为众所指目，亦殊可惧。浙事危险之至，屡求救援，此间力不能及。现拟以多军进攻庐州；以鲍军进攻宁国，去浙甚近，或亦可少分浙之贼势也。

【注释】

①实授：以额定之官职，正式除授实缺。胡林翼去世后，李续宜暂时署理湖北巡抚一职。官文上奏朝廷，正式除授李续宜湖北巡抚。

②俯从：听从。属敬语。

③合手：应手。

④党类：朋党，党派。

【译文】

胡润帅紧接着先皇去世，对大局的影响很重。听说官帅上奏实授李希庵为湖北巡抚，并力保雪琴为安徽巡抚，朝廷想必也一定会下旨同意。办事称心应手，确实可喜；但朋党帮派太盛，被众人注目指点，也很可怕。浙江战事非常危险，屡次请求支援，这边力不能及。现在计划让多军进攻庐州；让鲍军进攻宁国，宁国离浙江很近，或许也可以稍稍化解浙江贼匪的兵势。

九月十四日　致沅浦弟书

沅弟左右①：

调巡湖营由刘家渡拖入白湖之札②，今日办好，即派人送去。吾所虑者，水师不能由大江入白湖，白湖不能通巢湖耳。今仅拖七八丈宽堤即入白湖，斯大幸矣。若白湖能通巢湖，则更幸矣。

【注释】

①传忠书局本，本篇与前篇合为一篇。今另列一篇。

②刘家渡：地名。在今安徽无为。

【译文】

沅弟左右：

抽调巡湖营从刘家渡将战船拖入白湖的札子，今天写好，就派人送去。我担心的是，水师不能从大江进入白湖，白湖也不能通到巢湖。现在仅仅拖过七八丈宽的堤就可以进入白湖，真是太幸运了。如果从白湖能通到巢湖，那就更幸运了。

余昨日作挽润帅一联，云："逋寇在吴中①，是先帝与荩臣临终憾事②；荐贤满天下，愿后人补我公未竟勋名③。"

【注释】

①逋寇：逃寇，流寇。此处指太平军。逋，逃，逃亡。吴中：指江苏。

②荩臣:语出《诗经·大雅·文王》:"王之荩臣,无念尔祖。"朱子
《集传》:"荩,进也,言其忠爱之笃,进进无已也。"本谓王所进用
之臣,后引申指忠诚之臣。

③勋名:功名。

【译文】

我日前作了一副吊唁润帅的对联,写道:"遗寇在吴中,是先帝与荩
臣临终憾事;荐贤满天下,愿后人补我公未竟勋名。"

九月十七日　致沅浦弟书

沅弟左右:

昨日接李希庵信,抄八月廿五日谕旨一道,兹抄寄弟
阅。一门之内,兄弟四人同日俱蒙非常之恩,惊喜之余,弥
深悚惧。余当具一折自行谢恩,又具一折为沅、季两弟谢
恩,又具一折为温甫弟谢恩。弟当具一折自行谢恩。四折
共派一折差于九月二十八日进京。

【译文】

沅弟左右:

日前接到李希庵的来信,抄了一道八月二十五日的谕旨,现在我也
抄下来寄给贤弟你看。一家之内,兄弟四人在同一天都蒙受了非比寻
常的恩宠,惊喜之余,也深感惊惧。我会写一封奏折自行谢恩,再写一
封奏折为沅、季两位贤弟谢恩,再写一封奏折为温甫弟谢恩。贤弟你应
当也写一封奏折自行谢恩。四份奏折共派一名信差在九月二十八日送
进京城。

如此大雨,不似进兵气象,望弟回至庐江,认真布置一番。只要庐江、桐、舒守得坚固①,不患无为、庐郡无得手之日,目下且不必进兵。至嘱至嘱!

【注释】

①桐、舒:即桐城、舒城。

【译文】

下这样大的雨,不像是适合进军的样子,希望贤弟你回到庐江,认真布置一番。只要庐江、桐、舒能够坚守,不担心无为和庐郡没有攻下的那一天,目前暂且不必进军。千万牢记!

九月二十三日   致沅浦弟书

沅弟左右:

守住庐江,吾已欢天喜地,不料竟克无为!从此可以图裕溪口①,可以打运漕镇②,可以谋西梁山③,可以肃清巢湖,皆以无为为根本,何幸如之!吾于七月及中秋前,深冀得安庆后并庐、无二城而得之,以庐作上游藩篱,以无作富强基趾。至中秋后,已不敢作此侥幸之想。今竟如愿相偿!从此水陆皆宜休息,不可再言进取一步,专讲防守江面。另造小舢板,放入巢湖之内,明岁春水涨时,湖船从黄落河打出④,江船从裕溪口打入,必可得手。

【注释】

①裕溪口:著名港口,古称"濡须口",因濒临裕溪河(濡须河)入江

口而得名。在今安徽芜湖鸠江。

②运漕镇：古称"蓼花洲"。在今安徽含山城南四十公里。东进长江，西通巢湖。裕溪河、牛屯河将其环抱，水上运输发达，又扼巢湖出江咽喉，是上游合肥、舒城、六安、庐江、无为、巢湖等地粮食及其他农副产品出江的必经之地，历来就是商业重地。

③西梁山：位于安徽和县南三十六公里，海拔八十多米，俯临大江，与芜湖东梁山夹江对峙，合称"天门山"。

④黄落河：河名。在今安徽无为。

【译文】

沅弟左右：

　　能守住庐江，我已经欢天喜地了，没想到竟然能攻克无为！从今以后可以谋取裕溪口，可以攻打运漕镇，可以谋取西梁山，可以肃清巢湖，都以无为作为根本，这是多么幸运的事！我在七月及中秋之前，深深希望攻下安庆后也把庐、无二城攻下，把庐江作为上游的屏障，把无为作为富强的基地。到中秋之后，已经不敢再有这样侥幸的想法。现在竟然如愿以偿！从现在开始水陆两军都应该休养生息，不可以再计划进攻，专门讲求防守江面。另行制造小舢板，放入巢湖，明年春天湖水上涨时，湖里的船从黄落河向外攻打出来，江上的船从裕溪口向内攻打进去，一定可以得手。

九月二十五日　致沅浦弟书

沅弟左右：

　　多公信来，日内呕血甚多。此人劳苦太过，病恐难于速愈。又安庆克城，人人优奖，惟多公尚嫌其薄。弟当以信函慰之，或能亲往看视亦好。

【译文】

沅弟左右：

多公的信到了，这几天他吐血很多。这个人劳苦太过，病情恐怕难以很快痊愈。又因为攻克安庆，人人都有很优厚的奖赏，只有多公的尚嫌薄。贤弟你应当写信安慰他，或者能亲自前往探视更好。

李、王二镇水师①，究竟坚劲可恃否。望弟细察。

【注释】

①李、王二镇：即李济清、王远和。二人时衔皆为总兵，皆为湘军水师将领。李济清，湖南湘乡人。咸丰间任镇箄镇标左营守备，从攻太平军。增援转战江西、安徽等处，同治间加至提督衔，补绥靖镇总兵。

【译文】

李、王两总兵统领的水师，是否确实善战可以依靠。希望贤弟你细细考察。

运漕可乘机取，巢县亦未始不可乘机攻取。吾意取之易而守之难，目下且专守庐江、无为二处，稍息兵勇之力，亦稍抑其矜情躁气。待水师肃清巢湖后，运漕、巢县皆囊中物耳。吾于水师实不放心也。

【译文】

运漕可以乘机攻取，巢县也不是不可以乘机攻取。我的意见是攻取这两地很容易但守住很难，目前暂且专心守卫庐江、无为二城，稍稍休养一下士兵的体力，也稍稍抑制一下军队的骄情躁气。等水师肃清了巢湖之后,运漕、巢县就都是我们的囊中物了。我对于水师确实放心不下。

九月二十六日　　致沅浦弟书

沅弟左右:

接李济清等禀,知水师即日进攻巢县,余甚不放心。盖水师向本骄傲,又得数次小胜,则全是矜情躁气,偶然小挫,则怯态毕露。运漕一带港汊纷歧,一有不慎,则草木皆兵。弟欲调度水师,无但取其长而忘其短,总以看明支河小汊为第一义。陆师亦宜守住庐江、无为,不宜再进。特此再嘱。

【译文】

沅弟左右:

接到李济清等人的禀报,得知水师这几天就要进攻巢县了,我很不放心。因为水师向来就很骄傲,又取得了几次小胜,就全是骄情傲气,偶然遇到点儿小挫,胆小畏惧就会都露出来。运漕一带湖港岔道特别多,稍有不慎,就会草木皆兵。贤弟你想调度水师,不能只取它的长处而忘了它的短处,总之要将看清支河小汊放在最重要的位置。陆军也应该守住庐江、无为,不应该再行进攻。特地在这里再次嘱咐你。

十月初四日　　致澄侯弟书

澄侯四弟左右:

九弟克复无为州,克复运漕镇,一路布置妥当,于十月初一日回安庆省城。江北之贼，现仅占庐州、巢县二城。江南之贼，各立门户，不肯帮助北岸。计江北肃清尚不甚难，惟恐其勾结捻匪，勾结苗逆①，又致蔓延为患耳。自新主继序以来②，八、九两月英夷退出广东省城，楚军克复安庆省城，又江西、湖北两省肃清，气象颇好。闻大行皇帝梓宫于九月廿三日奉移进京③，新主于十月初九日登极④。从此否去泰来⑤，寰宇乂安⑥，则中外臣民之福也。

【注释】

①苗逆：即为苗沛霖(? —1863)，字雨三，安徽凤台人。曾为塾师。咸丰初以秀才办团为练长，依附清帅胜保，官川北道，督办安徽团练，称霸一方。与寿州练总结怨，并为湘军所不容。咸丰十一年(1861)举兵反清，受太平天国封为奏王。同治元年(1862)胜保重来皖北攻捻时，再度降清，以诱擒陈玉成为献礼。胜保死后，再次反清，为僧格林沁所破，进退失据，遂为部下所杀。

②继序：语出《诗经·周颂·闵予小子》："於乎皇王，继序思不忘。"毛传："序，绪也。"此指新皇继位。

③大行皇帝：对刚去世的皇帝的敬称。梓宫：皇帝、皇后的棺材。棺椁以梓木制成，因而得名。

④登极：指帝王即位。

⑤否去泰来：指厄运过去，好运到来。

⑥寰宇：全天下。乂安：太平，安定。

【译文】

澄侯四弟左右：

　　九弟攻克无为州，光复运漕镇，一路布置稳妥得当，在十月初一日回到安庆省城。江北的贼匪，现仅仅占有庐州、巢县两座城。江南的贼匪,各立门户,不肯都助江北。想来江北肃清还不是很难,只是害怕他们勾结捻匪,勾结苗逆,又会导致大难蔓延开来。自从新皇帝继位以来,八、九两月英国鬼子退出广东省城,楚军攻克安庆省城,江西、湖北两省也被肃清,形势挺好。听说大行皇帝的梓宫在九月二十三日迁移进北京,新皇帝在十月初九日登基。从此否去泰来,天下安定,是朝廷内外臣民的福分。

十一月十四日　　致澄侯、沅浦弟书

澄、沅弟左右:

得赵玉班寄季弟信,知沅弟于十月廿八自长沙还家,竟可赶上初三祭期。至慰至慰!

【译文】

澄、沅弟左右:

见到赵玉班寄给季弟的信,知道沅弟在十月二十八日从长沙回家,竟然可以赶上初三日的祭祀。我很是安慰!

此间军事平安。三河之贼无故自退,或与庐州贼目不和,或别有诡谋,均未可知。余令"振"字、"开"字两营移守三河伪城①,而派竹庄之千三百人接守庐江,均札归多都统就近调度②。竹庄自安庆开差③,可至庐邑,不知振、开两营果能守三河要隘否。如守得坚定,则庐郡、巢县亦或易于得手。

【注释】

①"振"字、"开"字两营：指罗逢元统领的"振"字营、程学启统领的
"开"字营。

②都统：官名。清代设八旗都统，为旗的最高长官。职掌一旗的户
口、生产、教养和训练等。

③开差：部队由驻地或休息地出发。

【译文】

这边的军情一切平安。三河的贼匪无缘无故自行溃退，或者和庐
州贼匪首脑不和，或者另外有别的诡计，都还不知道。我命令"振"字、
"开"字两营换防到三河伪城，派吴竹庄的一千三百人接守庐江，都写信
归多都统就近调派。吴竹庄从安庆出发，可以到庐江，不知道振、开两
营果真能守得住三河要塞不。如果守得住，那么庐州、巢县也许会比较
容易攻下。

浙江自绍兴失守后别无确信。闻宁波继陷，杭城被围，
可危之至！余奏请左寺堂由广信、衢州援浙①，又调鲍春霆
进攻宁国。宁国距杭仅三百里，可亦掣浙贼之势，坚杭人之
心。第目下均尚未拔行，不知赶得及否。

【注释】

①左寺堂：即左宗棠。时衔为太常寺卿。见前注。

【译文】

自从绍兴失守后，浙江就再也没有确切的消息了。听说宁波跟着
就陷落了，杭州城被围，情势实在危急！我上奏请求左寺堂从广信、衢
州支援浙江，又调鲍春霆进攻宁国。宁国距杭州只有三百里，也可以制
住浙江贼匪的气势，坚定杭州守军的信心。但现在都还没有起行，不知

是不是还赶得上。

　　江苏、上海来此请兵之钱调甫[1]，即前任湘抚钱伯瑜中丞之少君也[2]。久住不去，每次涕泣哀求，大约不得大兵同行即不还乡，可感可敬。余前许令沅弟带八千人往救，正月由湘至皖，二月由皖至沪，实属万不得已之举，务望沅弟于年内将新兵六千招齐，正月交盛南带来，沅则扁舟先来，共商大计。吾家一门受国厚恩，不能不力保上海重地。上海为苏、杭及外国财货所聚，每月可得厘捐六十万金，实为天下膏腴。吾今冬派员去提二十万金，当可得也。陈舫仙丁内艰，家无兄弟，本应给假回籍治丧。吾因运漕吃紧之地，批令待沅弟来再行给假。兹将原批暨信抄阅。望沅弟正月到皖，则余不甚失信。至要至要！

【注释】

①钱调甫：即为钱鼎铭（1824—1875），字新之，号调甫，江苏太仓人。道光二十六年（1846）举人。从父治团练。咸丰间招募乡勇，配合清军攻下嘉定城。同治初以李秀成进兵苏、常，请命至安庆求援。后参赞李鸿章军事，积功擢道员。旋驻清江浦，主转运粮饷军需，以镇压捻军。官至河南巡抚。

②钱伯瑜：即为钱宝琛（1785—1859），字楚玉，一字伯瑜，晚号颐叟，江苏太仓人。嘉庆二十四年（1819）进士。道光间历任长芦盐运使、云南按察使、浙江布政使，及湖南、江西、湖北等省巡抚。咸丰间奉命办理江苏团练事宜。有《存素堂全集》。少君：旧时敬称他人之子。

【译文】

江苏、上海来这里请兵的钱调甫,就是前任湖南巡抚钱伯瑜中丞的儿子。一直住在这里不走,每次都哭着哀求我,大概是没有大股军队同去就不回家,实在令人感动钦佩。我之前答应让沅弟带八千人去救援,正月从湖南到安徽,二月从安徽到上海,实在是万不得已的举措,希望沅弟务必在年内招齐六千新兵,正月交给盛南带来,沅弟就坐小船先来,共商大计。我们一家人蒙受国家厚恩,不能不尽力保卫上海这样的战略重地。上海是苏州、杭州以及外国商品货物汇聚的地方,每月可收到六十万金的厘税,实在是天下最富庶的地方。我今年冬天要派人去提取二十万金税,应该是可以的。陈舫仙的母亲去世,他没有兄弟,本应该放假回老家奔丧。我因为运漕是吃紧之地,批令等沅弟回来再给他放假。现在将原批示和信一起抄给你看。希望沅弟在正月的时候到安徽,那么我还不算太过失信。此事极其重要!

十一月二十四日　致澄侯、沅浦弟书

澄、沅弟左右:

三河复后,余派振、开两营往守。吴竹庄团防营替守庐江①。开营全赴三河。另札将吴、罗、程归多都护调度②。运漕等处日内如故。以理揆之,环巢湖四面庐郡及舒、庐、无、巢五城③,运漕、东关、三河三隘④,八者,官兵已占其六,想贼并此二者亦不能久守矣。惟浙江危急,上海亦有唇齿之忧,务望沅弟迅速招勇来皖,替出现防之兵,带赴江苏下游。与少荃、昌岐同去,得八千陆兵,五千水师,必能保朝廷膏腴之区,慰吴民水火之望也。

【注释】

① 团防营:湘军吴坤修所统领的营。咸丰九年(1859),吴坤修驻师
　抚州。江西巡抚耆龄檄督办抚、建、宁三属团练,始立团防营,驻
　贵溪。移德兴,出援徽州。

② 吴、罗、程:即团防营、"振"字营、"开"字营统领吴坤修、罗逢元、
　程学启。

③ 舒、庐、无、巢:即舒城、庐江、无为、巢县。

④ 东关:地名。古称"濡须口",三国时即为魏、吴角逐之地。即今
　安徽含山东关镇。

【译文】

澄、沅弟左右:

　　三河光复之后,我派振、开两营去那里守卫。吴竹庄的团防营接替
他们守卫庐江。开营全都奔赴三河。另外下札文将吴、罗、程三将划归
多都护调度。运漕等地方这几天还是老样子。以常理来揣测,围绕巢
湖四面的庐州及舒、庐、无、巢这五座城,运漕、东关、三河这三座关隘,
八个地方,我们官军已经攻占了六个,想来贼匪连剩下的两个地方也不
能守太久。只是浙江危急,上海也会有唇亡齿寒之忧,希望沅弟务必迅
速招募新兵来安徽,替换现在防守的士兵,带领他们赶赴江苏下游。与
少荃、昌岐一起去,有八千陆军,五千水师,一定能保住朝廷富庶的地
方,拯救在水深火热中的江苏人民。

　　京师十月以来,新政大有更张。皇太后垂帘听政,中外
悚肃①。

【注释】

① 悚肃:恐惧。

【译文】

十月以来，京城的政局有了很大改变。皇太后垂帘听政，中外震惊。

余连接廷寄谕旨十四件，倚畀太重①，权位太尊，虚望太隆。可悚可畏！浙事想已无及，但求沅弟与少荃二人能为我保全上海。人民如海，财货如山，所裨多矣。庐、巢一克，余与弟中无梗隔，事局尚可为也。

【注释】

①倚畀(bì)：依靠信任。

【译文】

我连续接到十四件廷寄谕旨，信赖太重，权位太尊，名声太大。实在让人害怕！浙江军务想必已经没有其他办法了，只希望沅弟与少荃两人能为我保全上海。那里人多如海，财富如山，能给我们带来很多帮助。庐、巢两城一旦攻克，我与贤弟你之间就没有阻隔了，时局还是大有可为的。

十二月十四日　　致澄侯、沅浦弟书

澄、沅弟左右：

日来未接家信，不知走信之夫从何处耽搁。

浙江省城竟于十一月廿八日失守，兵民六十万人，食尽而破。大约半死于饿，半死于兵，存者无几。吾奉命兼辖浙江，不能解此浩劫，愧愤何极！浙抚想必简左帅①。吾当奏请简蒋芗泉为浙江藩臬②,或令带五六千人,即可独当一路。上海一县,人民千万,财货则万万,合东南数省,不足比其富庶,必须设法保全,拟令少荃带水陆各五千人前往。程学启之千人,拟即拨交少荃带去。余之亲兵营,亦令随去。沅弟开年务须星速前来③,能于二月十五以前赶到,少荃尚未启行,诸事面商更好。其程学启处,望弟写信谆嘱④,令其听少荃之节制调度。吾家受国厚恩,吾为江督将近二载,尚无一兵一将达于苏境,上愧对朝廷,下愧对吴民。此次若不能保上海,则并获罪于天地矣。总望沅弟多方设法,助我保守上海,为恢复三吴之张本⑤。千万千万!

【注释】

①简:简放,选择任命。

②藩臬:指藩司和臬司,明、清两代的布政使和按察使的并称。

③星速:速如流星,形容急速。

④谆嘱:谆谆嘱咐。

⑤三吴:晋指吴兴、吴郡、会稽。唐指吴兴、吴郡、丹阳。宋指苏州、常州、湖州。此处泛指长江下游一带。

【译文】

澄、沅弟左右:

这几天没有接到家信,不知信差是在哪里耽搁了。

浙江省城竟然在十一月二十八日失守,六十万军民,粮食耗尽城被攻破。大概一半死于饿,一半死于兵,活着的没有多少。我奉命兼管浙江,不能化解这样的浩劫,是多么地惭愧愤恨!浙江巡抚,想必会任命左帅担任。我会上奏请求朝廷任命蒋芗泉做浙江的藩台、臬司,或者命令他率领五六千人,就可以独当一面了。上海一县,有上千万人民,上万万的财富,就算东南数省都加上,也比不上它富庶,必须想办法保全,打算让少荃带海陆两军各五千人前去。程学启的一千人,也计划立即交给少荃带去。我的亲兵营,也命令一起去。沅弟开年必须立即前来,如果能在二月十五以前赶到,少荃还没有出发,当面商量所有的事情更好。程学启那里,希望贤弟你写信叮嘱,让他听少荃的命令行事。我们家蒙受国家深厚的恩德,我做两江总督将近二年,辖下尚无一兵一卒到达江苏境内,对上有愧于朝廷,对下有愧于江苏人民。这次如果不能保住上海,那就成天地间的罪人了。总之,希望沅弟多想想办法,帮我保住上海,为光复三吴地区打下基础。千万千万!

同治元年壬戌

正月初四日　致澄侯、沅浦弟书

澄、沅弟左右:

日来未接家信,颇为悬念。

沅弟腹泄,何以至今不愈?若云脾虚发泻,则八、九月在此办事,宏毅周到①,断非元气亏损之象。即到家后,寄来各信字迹精光圆湛,亦殊非积弱者所能为。弟平日服药太多,余心以为非。此次久泻,不知所服者系属何方?恐一味偏补,而于所以致泻之原未能清其根。万篪轩病疟五年②,多服补剂。现在娇养太惯,动辄生疾,亦由当日致疟之原未清其根也。

【注释】

①宏毅:谓志向远大,意志坚强。

②万麓轩：即为万启琛，字麓轩。咸丰四年（1854）入曾国藩幕，在
　　江西办理劝捐、饷盐。五年（1855）七月授湖北粮道，仍留江西、
　　浙江办理饷盐、团练等务。咸丰十一年（1861）八月经曾国藩奏
　　调赴皖，委办安徽牙厘总局，兼办善后事宜。同治二年（1863）正
　　月补授安徽按察使，三月迁江苏布政使，十二月改江宁布政使，
　　仍留安徽办理厘金、善后诸务。三年（1864）三月奉派赴泰州设
　　局劝捐筹饷，九月赴江宁布政使任，委办金陵粮台。四年（1865）
　　八月免职，寓居杭州。光绪四年（1878）以病卒。

【译文】

澄、沅弟左右：

　　这几天没有接到家信，非常挂念。

　　沅弟腹泻，为什么到现在还不痊愈？如果说脾虚发泻，那八、九月
时在这里办事，宏毅周到，绝对不是元气亏损的表现。就算到家之后，
寄来的每一封信字迹精光圆湛，也绝不是身体长期虚弱的人写出来的。
贤弟你平时吃药太多，我心里是反对的。这次腹泻这么久，不知道吃的
药方是什么？担心一味偏补，而没有清除导致腹泻的病根。万麓轩患
疟疾病五年，吃了很多补药。现在娇生惯养，动不动就生病，也是由于
当时导致疟疾的病根没有清除。

　　望弟少服药饵，迅速来营，忘身报国。凡外间谤言无因
而至者，余必能解之；凡险远之处，弟不愿往者，余亦不强
之。但望弟早早来营。一则受恩太重，不宜久住家中；一则
舫仙思归甚切，前敌今春必有战事①，余甚不放心也。

【注释】

①前敌：前线。

【译文】

希望贤弟你少吃点儿药,迅速来军营,忘身报国。凡是外界没有根据而诽谤的话,我一定能解释;凡是艰险遥远的地方,贤弟不愿去的,我也不勉强你。但希望贤弟你能早早来军营。一是因为受恩太重,不适合老住在家里;一是因为陈舫仙很想回家,前线在今年春天一定会有战事,我很不放心。

徽州危急,廿六日获一大胜,已将岩寺街打开①。粮运既通,当无他虑。

【注释】

①岩寺街:在今安徽黄山徽州区。

【译文】

徽州危急,二十六日时获得一场大胜,已经将岩寺街打开。粮食运输线已经打通,应当没有其他的烦心事了。

正月十四日　致沅浦弟书

沅弟左右:

接弟腊月专丁一缄,具悉一切。

弟于十九日敬办星冈公拨向事件①,起行来营,月杪或可赶到。少荃准于二月杪赴镇江。弟能早十日赶到,则诸事皆妥。除程学启外,少荃欲再向弟处分拨千人,余亦欲许之。不知弟有何营可拨?渠赴镇江,即日将有悍贼寻战。新勇太多,实不放心。弟进攻巢县、和、含一带②,不妨稍迟。

待新军训练已成，再行进兵可也。

【注释】

①拨向：指调整坟墓座向。

②和、含：即和县、含山。

【译文】

沅弟左右：

接到贤弟腊月专门派人送来的一封信，一切情况都已知道。

贤弟你在十九日恭敬地办好星冈公坟墓拨向事件，启程来军营，月末差不多就可以赶到。少荃定在二月末奔赴镇江。贤弟如果能早十天赶到，那么万事就都好了。除程学启之外，少荃想要再从贤弟那边抽调一千人，我也想答应他。不知贤弟有哪个营可以调拨给他？他前往镇江，很快就有强大的贼匪来挑战。新兵太多，实在不放心。贤弟进攻巢县、和、含一带，不妨稍晚几天。等新军训练完毕，再进军也可以。

用人太滥，用财太侈，是余所切戒阿弟之大端。李、黄、金本属拟不于伦①。黄君心地宽厚，好处甚多。而此二者，弟亦当爱而知其恶也②。在安庆未虐使军士，未得罪百姓。此二语，兄可信之。拚命报国，侧身修行③。此二语，弟亦当记之。余近日平安。幼丹抚江，季高抚浙，希庵抚皖，应不至大掣肘。

【注释】

①拟不于伦：即"拟非其伦"，指比拟不当，把本不同类的人放在一起比。

②爱而知其恶：语出《礼记·曲礼上》："爱而知其恶，憎而知其善。"

③侧身修行:语出《诗经·大雅·云汉序》:"遇灾而惧,侧身修行。"
孔颖达疏:"侧者,不正之言,谓反侧也。忧不自安,故处身反
侧。"侧身,倾侧其身,表示戒惧不安。

【译文】

用人太滥,花钱太奢侈,是我深深劝诫阿弟的大方面。李、黄、金三
位本来不是同一类人。黄君心地宽厚,好处很多。而这两个人,贤弟你
也应当做到虽然喜欢但也知道他们的缺点。在安庆没有虐待士兵,没
有得罪百姓。这两句话,为兄我可以相信。拚命报国,侧身修行。这两
句话,贤弟你也应当记住。我这几天一切平安。幼丹任江西巡抚,季高
任浙江巡抚,希庵任安徽巡抚,应该不至于太过掣肘。

正月十八日   致沅浦弟书

沅弟左右:

十七日钦奉谕旨,兄拜协办大学士之命,弟拜浙江按察
使之命。一门之内,迭被殊恩,无功无能,忝窃至此,惭悚何
极! 惟当同心努力,仍就"拚命报国,侧身修行"八字上切实
做去。前奉旨赏头品顶戴,尚未谢恩,此次一并具折叩谢。
到省后,或将新营交杏南等带来,而弟坐轻舟先行,兼程赴
营,筹商一切,俾少荃得以速赴上海。至要至要! 少荃现有
四千五百人,望弟再拨一二营与之,便可独当一路。渠所部
淮扬水师①,余嘱其留两营在上游归弟调遣。弟将来若另造
炮船,自增水师,此二营仍退还黄、李②。弟自有水师两营,
其余大处仍请杨、彭协同防剿③,庶几可分可合,不伤和气。

【注释】

①淮扬水师：曾国藩于咸丰十年（1860）开始组建的一支新水师，统领为原湘军外江水师将领黄翼升。

②黄、李：即黄翼升、李鸿章。见前注。

③杨、彭：即杨载福、彭玉麟。见前注。

【译文】

沅弟左右：

十七日接到圣旨，为兄我被封为协办大学士，贤弟你被任命为浙江按察使。一家之内，屡次受到恩宠，没有功劳没有能力，承受如此的恩德，感到万分恐惧惭愧！只有同心协力，仍然在"拼命报国，侧身修行"这八个字上切实去做。之前奉圣旨被赏赐头品顶戴，还没有谢恩，这次一齐写奏折叩谢。贤弟到了省城后，或者将新兵营交给杏南等人带来，你坐快船先走一步，日夜兼程赶赴大营，商量一切事宜，让李少荃能赶快前去上海。此事极其重要！李少荃现在统领四千五百人，希望贤弟你再调拨一两个营给他，这样他就可以独当一路了。他部下的淮扬水师，我嘱咐留下两个营在上游归你调遣。贤弟你将来如果另外制造炮船，自行增添水师，这两个营仍然退还给黄、李。贤弟你自己拥有两个营的水师，其余的主力仍然请杨、彭两人协同防守进剿，这样彼此差不多可分可合，不伤和气。

二月初二日 致季洪弟书

季弟左右：

所有招降立营事宜，业经于禀内一一批明。尚有函中应复各事，条列如左：

一、芜、繁、南、鲁四处在掌握之说①，尚难尽信。韦志浚初降之时,亦言包打芜湖。不特降人好说大话,即投效之将官亦多好说硬话,余实厌听久矣。弟初放手办事之始,余不遏其兴致,即芜湖不克,余亦不怪也。惟言训练为有用之兵,则余未敢深信。

【注释】

①芜、繁、南、鲁:即芜湖、繁昌、南陵、鲁港。鲁港,即今安徽芜湖鲁港镇。

【译文】

季弟左右:

所有招降立营的事宜,已经在禀告中一一批示。还有函里应该回复的事情,在下面列出来:

一、芜、繁、南、鲁四地都在我方控制之下的说法,还难以全信。韦志浚刚投降的时候,也承诺去攻打芜湖。不仅仅是投降的人喜欢说大话,就算是投效的军官也大多喜欢说硬话,我实在老早就听烦了。贤弟你刚刚放手办事的时候,我不遏制你的兴致,就算芜湖没有攻克,我也不怪罪。只是说将投降的人训练成有用之兵,是我所不敢深信的。

二、滕代馨系李营老帮办①,委之署理繁昌县则可,委之办捐务则不可。盖余自八年再出②,并未委员劝捐,以其费神多而获钱少也。

【注释】

①滕代馨:曾官繁昌知县。

②八年:即咸丰八年(1858)。

【译文】

二、滕代馨是李营的老帮办，可以委派他暂时代理繁昌知县一职，但委派他办理劝捐一事是不行的。我在咸丰八年复出之后，再没有派人劝捐，因为这事费神多但收到的钱很少。

二月二十一日　致季洪弟书

季弟左右：

接家书，知季弟妇于二月初七日仙逝。何以一病不起？想系外感之证①。弟向来襟怀不畅，适闻此噩耗，亮必哀伤不能自遣。惟弟体亦不十分强旺，尚当达观节哀，保重身体。应否回籍一行，待沅弟至三山夹与弟熟商②，再行定夺。

【注释】

①外感：中医指由风、寒、暑、湿、燥、火等外邪而引起的疾病。证：病症，症状。后多作"症"。

②三山夹：即今安徽芜湖三山镇。

【译文】

季弟左右：

接到家信，得知你妻子在二月初七日去世。为什么一病不起呢？想来是外感的症状。贤弟你向来心情不舒畅，刚听到这样的噩耗，想必一定哀伤得无法排遣。只是贤弟你身体也不是十分强壮，还是应当达观节哀，保重身体。是否应回老家一趟，等沅弟到三山夹与你仔细商量，然后再做决定。

长江数百里内厘卡太多，若大通再抽船厘，恐商贾裹足①,有碍大局,拟不批准。荻港厘局分成为数无多②,拟批令改于华阳镇分成,为数较多,弟之所得较厚,又与外江水师无交涉争利之嫌,更为妥善。

　诸嘱保重! 至要至要!

【注释】

①裹足:形容有所顾虑而止步。

②荻港:地名。即今安徽繁昌荻港镇。地处长江中下游南岸,芜湖与铜陵之间。

【译文】

　长江数百里内税卡太多,如果大通再收过船税,担心商人们不走这条路,对大局有损,计划不予批准。荻港的税局分成的数额不多,打算批示改在华阳镇分成,这样数额比较多,贤弟你能收到的税金较丰厚,又和外江的水师之间没有交涉争利的嫌疑,更加妥当。

　千万保重! 这点极其要紧!

三月初三日　致沅浦、季洪弟书

沅、季弟左右:

　复奏朱侍御一疏①,定于五日内拜发,请钦派大员专抽广东全省厘金。余奏派委员随同筹办,专济苏、浙、皖、鄂四省之饷。大约所得每月在二十万上下,胜于江西厘务也。此外实无可生发②。计今年春夏必极穷窘,秋冬当渐优裕。

【注释】

①朱侍御:即御史朱潮。御史朱潮曾上奏朝廷统筹东南大局,奏请

> 东南数省兵事责之曾国藩，饷事则派督抚大员一人专司馈运。朝廷下旨东南数省督抚官文、曾国藩、严树森、毛鸿宾、沈葆桢、庆端、徐宗干等酌量复奏。

②生发：生利。

【译文】

沅、季弟左右：

议复朱侍御统筹东南大局的一份奏折，定在五天内拜发，请朝廷派遣官员专门负责广东全省的税收。我奏请派委员随同办理，专门负责接济苏、浙、皖、鄂四省的军饷。每月大概能收到二十万左右的税金，比江西的税收更好。除此之外确实没有其他经济来源了。预计今年春夏一定非常穷窘，秋冬应当渐渐好转。

马队营制，余往年所定，今阅之，觉太宽而近于滥，如公夫、长夫之类是也①。然业已久行，且姑仍之。弟新立营头，即照此办理。将来裁减，当与"华"字、"顺"字等营并裁②，另行刻新章也。

【注释】

①公夫：官方征用的役夫。

②"华"字营：吴毓芬统领"华"字营，因他字伯华，所以称为"华"字营。同治元年（1862），随李鸿章东下，改属淮军。"顺"字营：马德顺统领"顺"字营。

【译文】

骑兵的营制，是我前些年制定的，现在再看，感觉定得太宽，有些编制简直滥竽充数，比如公夫、长夫之类的就是。但是已经施行很久，姑且这样沿袭。贤弟建新营头，就照这样办理。将来裁减，应当与"华"字营、"顺"字营一并裁减，另外再刻新章。

上海派洋船来接少荃一军，花银至十八万两之多，可骇而亦可怜。不能不令少荃全军舟行，以顺舆情①。三月之内，陆续拔行。其黄昌岐水军，则俟三、四月之交，遇大顺风直冲下去。弟到运漕，可告昌岐来此一晤也。

【注释】

①舆情：民情舆论。

【译文】

上海派洋船来接李少荃的军队，花的钱居然有十八万两之多，真是让人害怕但也让人觉得可怜。不能不让李少荃全军坐船去，来顺应民情舆论。三月之内，陆续起行。黄昌岐的水军，则等到三、四月之交，遇大顺风直冲下去。贤弟到运漕，可以告诉昌岐来这里见一面。

三月初四日　致澄侯弟书

澄弟左右：

少荃一军，上海官绅派火轮船来接①，船价至十八万两之多，可骇而亦可怜。决计由水路下去。新军远涉，孤立无助，殊为危虑。祁门附近六十里之历口，闻为贼所犯，恐其直窜景德镇，梗塞粮路②。此二者皆近日挂心之事，余尚平安。

【注释】

①火轮船：旧时称烧煤的蒸汽轮船，也叫"火轮"。

②梗塞：阻塞，使……壅塞不通。

【译文】

澄弟左右：

　　少荃的军队，上海官绅派火轮船来接，船价高达十八万两之多，真是让人害怕但也让人觉得可怜。决定从水路下去。新军长途跋涉，孤立无助，很是危险。祁门附近六十里的历口，听说已经被贼匪侵犯，真担心贼匪会直窜到景德镇，阻断粮路。这两件都是我这些天挂心的事，其他的都还平安。

　　口粮极缺，则到处皆然。兵勇尚有米可食，皖南百姓则皆人食人肉矣。自三月初一起设粥厂七处，以救饥民。大约每厂可活三千人，不无小补。

【译文】

　　粮食极其缺乏，到处都是一样。士兵们还有粮食吃，皖南百姓就都到了人吃人的地步。从三月初一日起设立七座粥厂，来救济饥民。大概每个厂子可以救活三千人，还算有些帮助。

　　余身体尚健。惟公事积压多件，不克按日清厘①，深以为愧。

【注释】

①清厘：清查，清理。

【译文】

　　我身体还健康。只是公事积压多件，不能够按日清理，很是愧疚。

三月初八日　致沅浦弟书

沅弟左右：

　　火药即日咨请湖北协解五万①，不知见许否。凡与人交际，当求其诚信之素孚②；求其协助，当亮其力量所能为。弟每求人，好开大口，尚不脱官场陋习。余本不敢开大口，而人亦不能一一应付，但略亮我之诚实耳。四十万铁究竟有着落否？此时子弹亦极少也。

【注释】

　　①咨请：具文呈请。

　　②素孚：平时很得人心，一贯深受众望。

【译文】

沅弟左右：

　　这几天发公文请求湖北方面协助押解五万火药，不知能不能同意。凡与人交际，应当请求那些平日诚信让人信服的；求他们协助，应当体察他们的力量能否做到。贤弟你每次求人，喜欢大开口，还没有脱离官场的陋习。我本不敢大开口，而别人也不能一一应付我的要求，但是能稍稍体察我的诚实。四十万铁是不是确实能筹措到？这时候子弹也很少了。

　　韩正国、程学启初七日开行①，少荃初八早开行，轮船不过三四日可抵上海。余令"开"字营号补皖勇改淮勇，程云必待沅帅缄谕乃敢改换，亦足见其不背本矣。

【注释】

①韩正国：原为曾国藩部下，同治元年（1862）率两江总督标兵二

　营，作为亲兵营随李鸿章东下。

【译文】

　　韩正国、程学启初七日起行，李少荃初八日早上起行，轮船不过三四天就可以抵达上海。我让"开"字营补募皖籍兵勇改属淮军，程学启说一定要等沅帅来信下令才敢改换，也足以看出他不忘本。

　　广东全省抽厘专供江浙军饷一折，本日拜发。大约秋冬以后每月可添银二十万两，春夏则苦不堪言耳。

【译文】

　　广东全省抽出税收专供江浙军饷的奏折，今天发出。大约秋冬以后每月可增添二十万两银子，春夏就苦不堪言了。

三月二十四日　致沅浦弟书

沅弟左右：

　　接陈东友、蔡东祥、周惠堂禀①，知雍家镇于十九日克复②。惜日内雨大，难以进兵，若跟踪继进，则裕溪口亦可得手矣。

【注释】

①陈东友：字丽生，湖南湘乡人。咸丰年间入湘军水师，为哨长。

　转战各地，屡立战功。同治初，淮扬水师初立，充黄翼升副手。

累官至总兵,加提督衔。蔡东祥:湖南湘阴人。初充湖北水师水勇,入湘军,转战各地,累擢至副将,加总兵衔。后战死于西塘,照总兵例议恤,赠提督衔。周惠堂:湖南湘乡人,湘军水师将领。官至江西九江镇总兵。

②雍家镇:即今安徽和县雍镇。

【译文】

沅弟左右:

接到陈东友、蔡东祥、周惠堂三人的禀报,得知雍家镇在十九日光复。可惜这几天雨大,难以进兵,如果跟踪继续推进,那么裕溪口也可以到手。

小泉赴粤,取其不开罪于人,内端方而外圆融。今闻幼丹有出省赴广信之行,小泉万不可赴粤矣。

【译文】

让李小泉去广东,是因为他不得罪人,内心端方外表圆融。现在听说沈幼丹有出省城赶往广信的安排,小泉绝不能去广东了。

丁雨生笔下条畅①,少荃求之幕府相助,雨生不甚愿去,恐亦不能至弟处,碍难对少荃也。南坡才大之处,人皆乐为之用。惟年岁太大,且粤湘交涉事多,亦须留南翁在湘,通一切消息。拟派鹤汀前往,鹤与劳公素相得②。待大江通行后,请南翁来此商办盐务,或更妥洽。

【注释】

①丁雨生:即为丁日昌(1823—1882),字禹生,又作"雨生",号持

静，广东丰顺人。自廪贡生捐教谕。咸丰初年，任江西万安知
县，旋入曾国藩幕府，后入李鸿章幕府。同治初年助曾国藩、李
鸿章筹办机器局，任苏松太道办理洋务兼任江南制造总局总办。
光绪初年官至福建巡抚，主持福州船政局，旋兼理总理衙门大
臣。抚闽时福州大水，济灾民数十万；又按乌石山教案，据理令
徙教堂城外。好藏书，精校勘。有《持静斋书目》《抚吴公牍》。
②劳公：即劳崇光。时任两广总督。见前注。

【译文】

丁雨生文笔流畅有条理，李少荃求他进幕府帮忙，雨生不太想去，
恐怕也不能到贤弟那里了，碍于对李少荃那边不好交代。黄南坡才华
很高，别人都愿意在他手下做事。只是年岁太大，而且湖南、广东两地
需要交涉的事务繁多，也必须把南翁留在湖南，沟通消息。计划派黄鹤
汀前往，他与劳公平时关系很好。等大江通行后，请南翁来这里商办盐
务，或许更加妥当。

又接弟信，知巢县、含山于一日之内克复。欣慰之至！
米可以多解，子药各解三万。惟办事之手实不可多得，容觅
得好手，请赴弟处。受山不乐在希帅处①，即日当赴左帅大
营，亦不便挽留也。

【注释】

①受山：即周寿珊。见前注。希帅：即李希庵。见前注。

【译文】

又接到贤弟的来信，知道巢县、含山在一天之内攻克。我非常欣
慰！粮食可以多解送到贤弟处，子弹和火药各解送三万斤。只是办事
的人手确实不够，等我找到好手，就请他们到贤弟手下帮忙。周受山不

喜欢在希帅那里，这几天应当前去左帅大营，也不便挽留。

三月二十七日　致沅浦弟书

沅弟左右：

　　和城已克，大约裕溪口、西梁山两处俱难站脚。若得庐郡速下，则江北可一律肃清矣。雪琴已派水师三营进清巢湖，若弟能派四千人助围庐郡，东路多公更易得手。但须与守巢县之兵声气联络，万一有大股援贼上犯，我之局势本紧①，方能立于不败之地。

【注释】

①紧：安排紧密，不懈怠。

【译文】

沅弟左右：

　　和县已经攻克，大概贼匪在裕溪口、西梁山两个地方都很难站得住脚。如果庐州很快攻克，那么江北就可以全部肃清了。雪琴已经派了水师三营清剿巢湖，如果贤弟你能派四千人协助围攻庐州，东路的多公会更容易得手。但必须与守巢县的军队互相联络，万一贼匪派大股援军进犯，我军的局势本来安排紧密，才能立于不败之地。

　　至弟欲亲率五千人南渡，助攻芜、鲁，则断不可。用兵以审势为第一要义。以弟军目下论之，若在下游采石渡江①，隔断金陵、芜湖两贼之气，下窥秣陵关②，是为得势。若在上游三山渡江，使巢、和、西梁留守之师与分攻鲁港之兵隔气,是为失势。余已调鲍公全军与季弟会攻芜、鲁。弟军破西梁山后,将巢、和、西梁山三处派兵守定,即作为弟军后路根本,然后亲率七八千人由采石渡江。闻太平府城已拆,该逆毫无守御,应易收复。弟驻军太平一带,与隔江和州、西梁之兵阴相犄角。水师自裕溪口起至乌江止③,联络屯扎,两岸亦易通气。如此布置,则弟军上可夹攻东梁、芜湖,下可规取金陵,似为得势。余意如此,弟再细询熟于地形者,或亲赴南岸一看,乃可定局。

【注释】

①采石:即采石矶,在安徽马鞍山长江东岸,为牛渚山北部突出江中而成,江面较狭,形势险要,自古为大江南北重要津渡,也是江防重镇。

②秣陵关:遗址在今江苏南京江宁。秦设秣陵县。

③乌江:在今安徽马鞍山和县东,长江西岸。

【译文】

至于贤弟你想要亲自率领五千人南渡,助攻芜、鲁,则万万不可。用兵最重要的是看清形势。以贤弟军队目前的情形来看,如果在下游采石矶渡江,隔断金陵、芜湖两地贼匪的气势,向下图谋秣陵关,这是得势。如果在上游三山夹渡江,让巢、和、西梁留守的军队与分攻鲁港的兵力在气势上隔离,这就是失势。我已经抽调鲍公全军与季弟一起进攻芜、鲁。贤弟一军攻破西梁山之后,派兵守住巢、和、西梁山三地,作为你军的后方基地,然后亲自率领七八千人从采石矶渡江。听说太平府城墙已经被拆,这些贼匪毫无守御,应当容易收复。贤弟你驻军在太平一带,与隔江的和州、西梁山的军队隐隐地相互倚仗。水师从裕溪口起到乌江止,联络驻屯,两岸也容易通气。如此布置,那么你的军队上可以夹攻东梁、芜湖，下可以计划谋取金陵，似乎得势。我的意见就是这样，贤弟你再仔细询问对地形熟的人，或者可以亲自前往南岸看一看，才可以定局。

其渡江之早迟，由弟自行酌度。或待庐州克后，或庐未克而先渡，弟与多公函商行之。至进兵金陵之早迟，亦由弟自行审察机势。机已灵活，势已酣足[①]，早进可也，否则不如迟进。与其顿兵城下，由他处有变而退兵，不如在四外盘旋作势，为一击必中之计。兄不遥制也。

【注释】

①酣足：条件成熟，痛快满足。

【译文】

渡江时间的早晚，由贤弟你自行决定。或者等到庐州攻克后渡江，或者在庐州尚未攻克之前渡江，贤弟你与多公通信商量施行。至于进兵金陵时间的早晚，也由贤弟你自己视情况决定。时机成熟，时势允许，就可以早早进军，否则不如晚一点儿进军。与其在城下驻军，因为其他地方有变故而退兵，不如在周边地区盘旋营造气势，做一个瞅准机会一击必中的计划。为兄我不在远处遥控你。

三月二十九日 致沅浦弟书

沅浦九弟左右：

西梁山、玉溪口等处一律肃清[①]。欣慰无已！调度大局，廿七日已写一信属弟斟酌，并将信中语办一公牍付去。

【注释】

①玉溪口：即裕溪口。

【译文】

沅浦九弟左右：

西梁山、玉溪口等地方全部肃清。我太欣慰了！如何调度大局，二十七日那天已经写了一封信教你斟酌，并将信中说的拟成一份公文送去。

其南渡之迟早是第一要紧机宜①，弟须熟审详思，不可造次②。大约下而伪对王等在江浦、天、六③，上而伪英王在庐州，均可扰弟军之后路。多公之力，足以制狗酋而有余。只要探得江浦、扬州、天、六等城未破，弟军尽可南渡，必无后患。此等大局，余亦不敢自是，然大致尚不差也。

【注释】

①机宜：事理，事宜。

②造次：轻率，随便。

③伪对王：即为太平天国对王洪春元，广东花县人。参加金田起
义。咸丰七年(1857)封国宗。十一年(1861)封对王。常在天京
附近地区作战。同治二年(1863)攻雨花台湘军，兵败被处死。
天、六：即天长、六合两地。

【译文】

南渡的时机早晚是最重要的，贤弟你必须仔细考虑，不可轻率。大概下游有伪对王等在江浦、天、六，上有伪英王在庐州，都可以骚扰贤弟一军的后路。多公的力量，足够制住狗首。只要打探到江浦、扬州、天、六等城没有被攻破，贤弟你的军队尽可以南渡，绝对没有后患。这样的

大局,我也不敢坚持己见,但是大致上还不差。

鲍军本拟进剿芜湖,因湖州围困,可钦可悯。无论赶救得上与否,不能不派人去救。打芜湖是急谋金陵,势也;援湖州是保救忠臣,义也谓赵景贤①。

【注释】

①赵景贤(1822—1863):字竹生,浙江归安人。道光二十四年(1844)举人。咸丰间率民兵守湖州三年御太平军。官至福建督粮道。后以粮尽,城破被执,死于苏州。谥忠节。

【译文】

鲍军本计划进剿芜湖,因为湖州被围困,确实可敬可悯。无论是否赶得上,都不能不派人去救。攻打芜湖是想早点儿攻打金陵,这是取势;援救湖州是为了保护忠臣,这是大义指赵景贤。

北岸粮台,即札李少山移驻无为州①。巢、含俱已委人,和州尚未委员。玉溪口、巢县、柘皋三处厘卡亦尚无人可办②。平日不储才,临事难于派员。待三日内外,必将此四人派定再告耳。

【注释】

①李少山:见前注。
②柘皋:即今安徽巢湖柘皋镇。

【译文】

北岸的粮台,立即下札让李少山移驻无为州。巢、含都已经派了人，和州还没有派人。玉溪口、巢县、柘皋三处税卡也还没有人可以管理。平日不储备人才，事到临头派人就很困难。等差不多三日左右，一定会将这四个人指派好并告诉你。

全本全注全译丛书

中华
经典
名著

檀作文◎译注

曾国藩家书 下

中华书局

下册

卷八

卷八

【题解】

　　本卷共收书信一百一十七封，起于同治元年（1862）四月初三日，讫于元年十二月二十日。这些信，只有少数几封是写给远在家乡的弟弟曾国潢的，绝大多数是写给在前线领兵打仗的两位弟弟曾国荃和曾国葆的，尤以写给前敌总指挥曾国荃的居多。

　　同治元年三月，曾国葆（贞干）克复江南繁昌、南陵，曾国荃克复江北巢县、含山、和州。四月，曾国荃引军渡江，克复太平、芜湖。五月，曾国荃率湘军主力驻营雨花台。长达三年之久的天京围城战，至此掀开序幕。天京为太平天国首都，前此，太平军曾数次攻破清军在金陵城外的江南大营和江北大营。曾国荃以区区两万人马孤军深入，曾国藩本不放心。加上这一年江南瘟疫流行，湘军将士伤病极多，几至"无勇列队，无夫搬运"，曾国藩更是焦灼万分。为解天京之围，忠王李秀成、侍王李世贤率数十万太平军来援，闰八月二十日起，开始围扑雨花台曾国荃军营。太平军结垒二百余座，日夜环攻，挟西洋开花炮，呼声动地。曾国荃面受枪伤，血流裹创，仍骑马巡营，以安众心。曾国葆则驻营江干，力战以保粮道。苦战四十六日，太平军告败解围窜江北而去。湘军在雨花台打退太平军援军之后，曾国藩仍心有余悸，反复去信劝曾国荃以追为退，"改由东坝进兵，先剿溧阳，以至宜兴，先占太湖之西岸"，一则以避孤军深入之险，二则易与在宁国一带的鲍超、张运兰军相呼应。

同治元年九月下旬往后，曾国藩与曾国荃通信频次极高，几至一日一封。这是前所未有的。通信频次较此前明显提高，信的内容则较此前为短，这与战事的凶险程度成正比，亦与兄弟二人身份有关。围攻安庆之时，曾国荃名义上尚是湖北委员，是官文、胡林翼的下属。围攻天京之时，兄弟二人则完全是休戚一体了。此时的曾国藩，以两江总督兼钦差大臣，督办江、皖、苏、浙四省军务，曾国荃则率领湘军王牌部队围攻天京，湘军与太平军已进入最后的对决阶段。曾国藩极担心曾国荃重蹈和春、张国梁的覆辙。曾国荃孤军深入，一旦战败，不但曾氏兄弟的功名成为泡影，二万湘军将士也将抛尸疆场，整个战局亦将土崩瓦解。因此，曾国藩对前线瞬息万变的战局极为关注。大战之前，力诫曾国荃精心布置防务；大战之际，勉励曾国荃拼死支撑；李秀成解围而去之后，力劝曾国荃以追为退。曾国藩谨慎求全，曾国荃强悍求功，兄弟二人在退兵一事上分歧甚大。曾国藩在同治元年十月二十日与沅弟书中写道："弟在军已久，阅事颇多。以后宜多用活兵，少用呆兵；多用轻兵，少用重兵。进退开合，变化不测，活兵也；屯宿一处，师老人顽，呆兵也。多用大炮，辎重文员太众，车船难齐，重兵也；器械轻灵，马驮辎重，不用车船轿夫，飙驰电击，轻兵也。弟军积习已深，今欲全改为活兵、轻兵，势必不能。姑且改为半活半呆、半轻半重，亦有更战互休之时。望弟力变大计，以金陵、金柱为呆兵、重兵，而以进剿东坝、二溧为活兵、轻兵，庶有济乎？"在此前后，兄弟二人就此事有数番书信往还，但曾国藩最终未能说动曾国荃。

同治元年下半年，驻军雨花台的湘军王牌曾国荃部可谓九死一生，宁国一带的鲍超、张运兰部亦艰难支撑。曾国藩在闰八月初四日与澄弟书中说："沅、霆两军病疫，迄未稍愈。宁国各属军民死亡相继，道殣相望，河中积尸生虫，往往缘船而上。河水及井水皆不可食。其有力者，用舟载水于数百里之外。臭秽之气中人，十病八九。诚宇宙之大劫,军行之奇苦也。"虽然,曾国荃在雨花台击退了李秀成、李世贤的数十万援军,鲍超、张运兰在宁国一带也最终取得了胜利,但曾国藩自己的判断是这半年形势的凶险,比之咸丰十年(1860)在祁门是有过之而无不及。

季弟曾国葆十一月十八日卒于金陵城外军中。曾国藩与曾国潢、曾国荃有多封书信讨论曾国葆灵柩回乡安葬之事。曾国藩在十一月二十四日与沅弟书中说:"不带勇则已,带勇则死于金陵,犹不失为志士。弟以季之没于金陵为悔为憾,则不可也。"

曾国藩此期家书,自以与曾国荃讨论军务为主,但亦有涉及修身处世的。曾国藩在六月初十日与沅、季两弟书中说:"毁誉悠悠之口,本难尽信,然君子爱惜声名,常存冰渊惴惴之心。盖古今因名望之劣而获罪者极多,不能不慎修以远罪。吾兄弟于有才而无德者,亦当不没其长,而稍远其人。"此与曾国藩十一月二十三日与沅弟书中"弟谓余用人往往德有余而才不足"之语,可以参看。足以说明曾国藩用人,一向秉承儒家德在才先的原则。

曾国藩七月初一日与沅、季两弟书中说:"凡善将兵者,日日申诫将领,训练士卒。遇有战阵小挫,则于其将领责之戒之;甚者,或杀之,或且泣且教,终日絮聒不休。正所以爱其部曲,保其本营之门面声名也。不善将兵者,不责本营之将弁,而妒他军之胜己,不求部下之自强,而但恭维上司,应酬朋辈,以要求名誉,则计更左矣。余对两弟絮聒不休,亦犹对将领且责且戒,且泣且教也。良田美宅,来人指摘,弟当三思,不可自是。吾位固高,弟位亦实不卑;吾名固大,弟名亦实不小。而犹沾沾培坟墓以永富贵,谋田庐以诒子孙,岂非过计哉?"曾国藩作育人材,向来以成就其令名为第一义。培养将领如此,教育弟弟,亦是如此。所以很看重外间非议其弟的舆论。

曾国藩九月初四日与澄弟书中说:"来信言余于沅弟既爱其才,宜略其小节,甚是甚是!沅弟之才,不特吾族所少,即当世亦实不多见。

然为兄者,总宜奖其所长,而兼规其短。若明知其错,而一概不说,则非特沅一人之错,而一家之错也。"六月二十日与沅弟书中说:"吾因近日办事名望关系不浅,以鄂中疑季之言相告,弟则谓我不应述及。外间指摘吾家昆弟过恶,吾有所闻,自当一一告弟,明责婉劝,有则改之,无则加勉,岂可秘而不宣?鄂之于季,自系有意与之为难。名望所在,是非于是乎出,赏罚于是乎分,即饷之有无,亦于是乎判。去冬金眉生被数人参劾,后至抄没其家,妻孥中夜露立,岂果有万分罪恶哉?亦因名望所在,赏罚随之也。众口悠悠,初不知其所自起,亦不知其所由止。有才者忿疑谤之无因,而悍然不顾,则谤且日腾;有德者畏疑谤之无因,而抑然自修,则谤亦日熄。吾愿弟等之抑然,不愿弟等之悍然。愿弟等敬听吾言,手足式好,同御外侮;不愿弟等各逞己见,于门内计较雌雄,反忘外患。至阿兄忝窃高位,又窃虚名,时时有颠坠之虞。吾通阅古今人物,似此名位权势,能保全善终者极少。深恐吾全盛之时,不克庇荫弟等;吾颠坠之际,或致连累弟等。惟于无事时,常以危词苦语,互相劝诫,庶几免于大戾。"曾国藩于弟弟的过失绝不护短,而是抓住时机进行教育,告诫弟弟们身处功名之际尤须慎修以远罪,以免颠坠。

曾国藩在五月十五日、五月二十八日与沅、季两弟书中,两次提及"天概"、"人概"之说,告诫弟弟们戒骄。在七月二十八日与沅、季两弟书中说:"然古来成大功大名者,除千载一郭汾阳外,恒有多少风波,多少灾难,谈何容易!愿与吾弟兢兢业业,各怀临深履薄之惧,以冀免于大戾。"在闰八月初四日与澄弟书中告诫弟弟曾国潢:"莫买田产,莫管公事。吾所嘱者,二语而已。'盛时常作衰时想,上场当念下场时。'富贵人家,不可不牢记此二语也。"在十月初三日与沅弟书中,则以"吾兄弟誓拚命报国,然须常存避名之念,总从冷淡处着笔,积劳而使人不知其劳,则善矣"之语,与曾国荃共勉。这一思想,在曾国藩一生中是贯彻始终的,而尤以官居两江总督后为突出。

同治元年

四月初三日　致季洪弟书

季弟左右：

接专丁三月信，具悉一切。所应复者，条列如左：

【译文】

季弟左右：

接到你派专人送来的三月写的信，知道了一切。所应回复的事情，都列在下面：

一、新四营之枪炮帐棚，仅领一半。当时因弟函言降人军械尚多，故未全发也。今既无械可用，自当由兄处补发。数日之内，必凑齐两营之枪炮帐棚发去。

【译文】

一、新编四个营的枪炮帐篷，只领了一半。当时因贤弟写信告诉我投降的贼匪枪械装备还很多，因此没有全发。现在既然没有装备可用，自然应当由愚兄我这里补发。几天之内，一定凑齐两个营的枪炮帐篷发去。

二、剿、抚兼施之法①，须在军威大振之后。目下各路俱获大捷，贼心极涣，本可广为招抚。第抚以收其头目②，散其党众为上；收其头目，准其略带党众数百人为次；收其头目，准其带所部二三千如韦军者③,为又次;若准其仍带全部,并盘踞一方,则为下矣。今之李兆寿踞滁、全者是也④。弟可于此四等中酌度办理⑤。

【注释】

①剿、抚兼施:兼用武力消灭及招降安置两种方式。

②第:但是。

③韦:指韦志浚。

④李兆寿:李昭寿(? —1881),名亦作"兆寿"、"兆受",河南固始人。初为盗,咸丰初在家乡结捻起事。曾受安徽道员何桂珍招抚,不久,杀何降李秀成,任七十二检点。后又献滁州等地,降清帅胜保。清廷赐名"世忠",以参将即用,号其军为"豫胜营",官至江南提督。后以作恶多端,被安徽巡抚裕禄借殴打贡生事诛杀。滁、全:指滁州、全椒二地。

⑤酌度:酌量,度量。

【译文】

二、剿、抚兼施的方法,必须在军威大振之后。目前各路大军都取得了大胜,反贼军心涣散,本可以大量招抚。只是招抚一事,以收抚敌军头目而把他的军队解散为上策;收抚头目但允许他还带有数百人的军队为其次;收抚头目允许他带二三千手下,比如韦志浚军,为再次;如果允许他仍统领全部,并盘踞一方,就是下策了。现在的李兆寿盘踞滁州、全椒一带就是。贤弟可以在这四等之中酌情办理。

四月初四日　　致沅浦弟书

沅弟左右:

接缄具悉。应复之事,条列如左:

【译文】

沅弟左右：

接到信，所有情况全都知道了。应该回复的事情，列在下面：

一、口马到日①，当为弟选留数十匹。余欠各营之马尚多，不知匀得出否。令哨勇各私其马，即水师令哨官各私其船也，法同意同，而效不同，亦视乎统领营官为何如人耳。

【注释】

①口马：口外地区（指长城以北地区）所产良马。

【译文】

一、口外良马到了的时候，自然会为贤弟挑选留下数十匹。我欠各营的军马很多，不知到时候能不能匀得出来。命令哨兵各自将战马当成私有品来爱护，就像命令水师哨官将各自的船看作私有品一样，制度相同意思相同，但效果不同，也要看统领营官是什么样的人。

二、李世忠之缄，兄付之不答。此人最难处置，其部下人诡计霸道，颇善战守。弟现与之逼处①，常相交涉，宜十分以礼让自处。若不得已而动干戈，则当谋定后战，不可轻视。

【注释】

①逼处：紧靠。逼，近。

【译文】

二、李世忠的信，我放在一边不作回答。这人最难处理，他的部下诡计多端蛮横霸道，善于攻守作战。贤弟你现在与他邻近相处，经常打交道，应该多以礼让相处。如果万不得已而动干戈，也应当谋定而后战，不可轻视。

三、严公长短①，余所深知。媢嫉倾轧②，从古以来共事者，皆所不免。吾辈当躬自厚而薄责于人耳③。

【注释】

①严公：指严树森。见前注。

②媢（mào）嫉：嫉妒。

③躬自厚而薄责于人：语出《论语·卫灵公》："子曰：'躬自厚而薄责于人，则远怨矣。'"

【译文】

三、严公为人的好坏，我深深知道。相互嫉妒倾轧，从古以来在一起做事的人，都在所难免。我们应当多反省自己而不必苛责别人。

四、由采石、太平一带南渡，本是妙着，亦是险着。妙处有四：使金陵、芜湖两贼隔绝不通，一也；陆师扎于南岸，水师直入内河，可进黄池、湾沚①，可由青弋江以达泾县②，可由东路水阳江以达宁国③，凡鲍军之在泾在宁者，皆可由水路运粮，二也；陆军扎采石、东梁山等处，水师扎黄池、湾沚等处，则芜湖之贼四面被围，三也；青弋、水阳二江，可通石臼等湖④，可通宁、广各属，并可由东坝以通苏州⑤，四也。险处有二：初渡采石，营垒未定，恐大股来扑，一也；北岸无大支活兵，恐四眼狗窜出乱扰无、庐、巢、含⑥，又恐九洑洲之贼上犯⑦,二也。有此"四妙"、"二险",故南渡之迟速难决。速或四月,迟或七月,由弟与多帅商定办理。季弟之军,余嘱其坚守不进。并闻。

【注释】

①黄池:古镇名。位于安徽马鞍山当涂境东南部大公圩西南端,以黄池河、青山河为界,与芜湖隔河相望。湾沚:古镇名。又名"沚津",位于青弋江畔,今为芜湖县城所在地。

②青弋江:古称"清水"、"泠水"、"清弋江"或"泾溪"、"泾水"。流经安徽省江南地区的一条河流,干流主要流经安徽芜湖,上游流经泾县,在芜湖市区汇入长江。

③水阳江:长江下游南岸主要支流之一,发源于安徽和浙江交界处的天目山山区。上游称"西津河",下游分为东、西两支,西支与青弋江相连,东支在当涂太平口注入长江。

④石臼湖:即今南京溧水、高淳和马鞍山当涂、博望四区县间的界湖。

⑤东坝:地名。即今江苏南京高淳东坝镇,位于苏、皖交界处,素为南京的南大门。

⑥无、庐、巢、含:指无为、庐江、巢县、含山。

⑦九洑洲:天京北侧紧靠北岸的江中岛屿。

【译文】

四、从采石、太平一带南渡,本来是妙着,也是险着。妙处有四点:让金陵、芜湖两地的贼匪隔绝不通,这是一;陆军驻扎在南岸,水师直入内河,可进黄池、湾沚,可以从青弋江抵达泾县,可以从东路水阳江抵达宁国,凡是鲍超军驻扎在泾县或者宁国境内的,都可以从水路运粮,这是二;陆军驻扎在采石、东梁山等地,水师驻扎在黄池、湾沚等地,那么芜湖的贼匪就会四面被围，这是三；青弋、水阳二江，可以通到石臼等湖，可以通到宁国、广德辖下各地，并可以从东坝抵达苏州，这是四。险的地方有两个：刚渡过采石，营垒没有扎定，唯恐大股贼匪来袭，这是一；北岸没有大支机动部队，担心四眼狗窜出扰乱无、庐、巢、含等地，又担心九洑洲的贼匪进犯，这是二。有这样"四妙"、"二险"，因此南渡的时间难以决定。快的话或许在四月，晚的话或许在七月，由贤弟你与多隆阿大帅商量决定。季弟的军队，我嘱咐他坚守不必冒进。一并告知。

四月初五日　　致季洪弟书

季弟左右：

两次捷报欣悉。南陵克复，从此官军占地愈广，进兵芜湖，当易为力。惟芜贼甚悍，弟兵太薄。以新集之卒，值极窘之时，以之分守繁、鲁、南陵三处①，尚恐疏失，岂可更谋进取？况弟与各弁勇昼夜不眠，未免太劳。虽自守已稳，亦未得片刻休息。此时宜将南、繁、鲁防守事宜布置妥善。三处共应储粮若干，迅速告我，以便由安庆运往，备弟守兵一二月之食。

【注释】

①繁、鲁：指繁昌、鲁港二地。

【译文】

季弟左右：

很欣喜地收到两次捷报。南陵光复，从此之后官军占的地方越来越多，向芜湖进军，也应该会比较容易了。只是芜湖的贼匪很强悍，贤弟你的兵力太薄弱。用新征集的士兵，面对这样窘迫的境况，让他们分守繁昌、鲁港、南陵三个地方,尚且担心会有所疏失,怎么可以还想着进攻呢?何况贤弟你与各位士兵昼夜不眠,未免太过劳累。虽然防守已经安稳,也没有片刻休息。这个时候应该将防守南陵、繁昌、鲁港的事布置妥善。三个地方一共应该储存多少粮食,马上告诉我,以便从安庆运过去,作为贤弟你的守军的一两个月的粮食。

北岸之兵,由采石南渡是妙着,亦是险着,已详告沅弟。或渡或否,或迟或速,由沅亲看审定也。

【译文】

北岸的军队,从采石南渡是妙着,也是险着,我已经详细告诉了沅弟。是不是要渡河,早渡河还是晚渡河,由沅弟亲自察查决定。

四月初六日　致沅浦弟书

沅弟左右:

接信,知弟目下将操练新军,甚善甚善!惟称欲过江斜上四华山扎营①,则断不可。四华山上逼芜湖,下逼东梁②,若一两月不破此二处,则我军无势无趣,不得不退回北岸矣。

【注释】

①四华山:山名。在今芜湖东部江边。

②东梁:即东梁山,又名"博望山",在当涂县城西南15公里处的长江东岸,原属当涂,自1983年划属芜湖。与长江对岸的西梁山,

合称"天门山"。

【译文】

沅弟左右：

接到信得知贤弟你眼下要操练新军，很好很好！只是说想要过江往斜前方的四华山扎营，则是绝对不行的。四华山上靠芜湖，下近东梁，如果一两个月不能攻破这两个地方，那么我军在形势上就失去先机，不得不退回北岸了。

弟军南渡，总宜在东梁山以下采石、太平一带。如嫌采石下面形势太宽，即在太平以上渡江，总宜夺金柱关①，占内河江面为主。余昨言妙处有四：一曰隔断金陵、芜湖之气；二曰水师打通泾县、宁国之粮路；三曰芜贼四面被围；四曰抬船过东坝可达苏州。犹妙之小者耳。又有最大者，金柱关可设厘卡②，每月进款五六万；东坝可设厘卡，每月亦五六万。二处皆系苏、皖交界，弟以本省之藩司，抽本省之厘税③，尤为名正言顺。弟应从太平关南渡，毫无疑义，余可代作主张。其迟速则仍由弟作主耳。

【注释】

①金柱关：关名。在今安徽当涂西。因为南京东面屏障，为兵家必争之地。咸丰、同治年间，清军与太平军为争夺金柱关，曾数番激战。

②厘卡：旧时征收厘金的机构。一般于通商要道设正卡，下设分卡、巡卡等。掌查验、缉私、征收等事务。

③厘税：又称"厘捐"、"厘金"，清末推行的一种商业税。因税率按货值抽厘，故称。分坐厘、行厘两种。"坐厘"为征收货物交易

税,"行厘"为征收货物通过税。

【译文】

　　贤弟你的军队南渡的地点,总是应该在东梁山以下的采石、太平一带。如果嫌采石下面地势太宽,就在太平以上渡江,总是应该以夺取金柱关、占领内河江面为主。我上次说妙处有四个:一是隔断金陵、芜湖的气势;二是用水师打通泾县、宁国的粮路;三是会让芜湖的贼匪四面被围;四是抬船过东坝就能到达苏州。这些还只是小小的妙处。又有最大的好处是,金柱关可设税局,每月可以收款五六万;东坝可设税局,每月也能收五六万。这两个地方都是苏、皖交界,贤弟你身为本省的藩司,收取本省的税,更是名正言顺。你应该从太平关南渡,是毫无疑问的,我可以替你做主。但什么时候南渡,或迟或早,仍由贤弟你做主。

　　西梁上下两岸,从三山起至采石止^①,望弟绘一图寄来。至要至要!

【注释】

　　①三山:地名。即今安徽芜湖三山区,因境内三华山而得名。

【译文】

　　西梁山上下两岸,从三山起到采石为止,希望贤弟你绘制一幅地图寄来。很重要很重要!

四月初八日　致沅浦弟书

沅弟左右:

　　和州有四千劲旅,弟自守西梁,"吉"左、"振"字守巢县。守御已固,即狗逆自庐郡冲出,当足扼之。由太平南渡一着,余意在必行。陆师能扎金柱关,水师能入内河扎黄池、湾沚,则全局皆振,筋摇脉动①,芜湖、宁国皆易于得手矣。至渡江之迟早,则由弟作主,余不为遥制。

【注释】

①筋摇脉动:指筋脉畅通,形容出现生机。

【译文】

沅弟左右:

和州有四千精兵,贤弟你亲自驻守西梁山,"吉"左、"振"字两营守卫巢县。防守已经坚固,就算陈玉成从庐州郡冲出,也足可扼制他了。从太平南渡这一步棋,我意势在必行。陆军能驻扎金柱关,水师能进入内河驻扎黄池、湾沚,那么全局就都活了,生机一片,芜湖、宁国就都容易得手了。至于渡江时间的早晚,就由贤弟你做主,我不加遥控了。

四月十一日　致沅浦弟书

沅弟左右:

李世忠穷困如此,既呼吁于弟处①,当有以应之。三千石米,五千斤火药,余即日设法分两次解弟处,由弟转交李世忠手。

【注释】

①呼吁:语本南朝陈徐陵《檄周文》:"吁地呼天,望伫哀救。"

【译文】

沅弟左右:

李世忠处境如此困难,既然向贤弟你开口求救,应该对他有所回应。三千石米,五千斤火药,我这几天就想办法分两次送到贤弟那里,由贤弟转交给李世忠。

　　此辈暴戾险诈,最难驯驭。投诚六年,官至一品^①,而其党众尚不脱盗贼行径。吾辈待之之法,有应宽者二,有应严者二。应宽者:一则银钱慷慨大方,绝不计较。当充裕时,则数十百万掷如粪土;当穷窘时,则解囊分润^②,自甘困苦。一则不与争功,遇有胜仗,以全功归之。遇有保案,以优奖笼之^③。应严者:一则礼文疏淡,往还宜稀,书牍宜简,话不可多,情不可密;一则剖明是非,凡渠部弁勇有与百姓争讼,而适在吾辈辖境,及来诉告者,必当剖决曲直^④,毫不假借^⑤,请其严加惩治。应宽者,利也,名也;应严者,礼也,义也。四者兼全,而手下又有强兵,则无不可相处之悍将矣^⑥。

【注释】

①官至一品:李世忠时任江南提督,为武官一品。

②解囊:解开口袋,指拿钱财帮助别人。分润:分取钱财,分享利益。

③笼:笼络。

④剖决:剖析裁决。

⑤假借:宽假,宽容,假以情面。《战国策·燕策三》:"荆轲顾笑武阳,前为谢曰:'北蛮夷之鄙人,未尝见天子,故振慑,愿大王少假借之。'"

⑥悍将:性情暴戾的将领。

【译文】

这人暴戾险诈,最难驯服驾驭。他投降已有六年,官至一品,而他的下属还没有脱离盗贼的行径。我们对待他的方法,有两个地方应宽容,有两个地方应严格。应宽容的:一是在银钱方面慷慨大方,绝不计较。充裕的时候,数十百万钱掷如粪土;穷窘的时候,就慷慨解囊分他一些好处,而甘愿自己困苦一些。一是不与他争功,碰到胜仗,把所有的功劳都归他。遇到保举提案,就用优厚的奖赏笼络他。应该严格的:一是礼文疏淡,来往应稀疏,书信应简洁,话不能多说,交情不可亲密;一是明辨是非,凡他部下士兵有和百姓纠纷的,又正好在我们的辖区,有人来告状,一定要剖析情况明断是非,丝毫不讲情面,将犯错的士兵交给他,请他严加惩治。应该宽容的,是利,是名;应该严格的,是礼,是义。四者俱全,手里又有精兵,就没有不可以相处的悍将了。

水师独攻金柱关,恐难得手,不如不泄此机,待陆兵渡江,再行下手为妙。

【译文】

水师独自攻打金柱关,恐怕难以得手,不如不泄漏这个天机,等陆军渡江,再下手为妙。

少荃于三月廿七日谕旨饬署苏抚①。广东督办厘金,放晏端书,以其为戊戌同年而派②。朝廷之用心,良可感矣。

【注释】

①少荃:与后文的"少泉",均为李鸿章。见前注。
②戊戌:道光十八年(1838)。

【译文】

少荃在三月二十七日奉谕旨署理江苏巡抚。广东督办税收的职位,派给了晏端书,因为他和我是戊戌同年。朝廷用心,实在令人感动。

四月十二日　致沅浦弟书

沅弟左右:

水师攻打金柱关时,若有陆兵三千在彼,当易得手。

【译文】

沅弟左右:

水师攻打金柱关的时候,如果有陆军三千人在那里,会很容易得手。

保彭杏南①,系为弟处分统一军起见。弟军万八千人,总须另有二人堪为统带者,每人统五六千,弟自统七八千,然后可分可合。

【注释】

①彭杏南:彭毓橘(1824—1867),字杏南,湖南湘乡人。曾国荃同年表弟。从曾国荃援江西,转战安徽、江苏等地,屡立军功,擢道员,赐号毅勇巴图鲁。后随曾国荃赴湖北剿捻。同治六年(1867),在蕲水被捻军所杀。

【译文】

为兄保举彭杏南,是为弟弟你那里有人统领一支分队考虑。弟弟你一军共有一万八千人,总还要另外有两个人,可以胜任统带的,每人统领五六千人,弟弟你自己统带七八千人,然后才可以分合自如。

杏南而外，尚有何人可以分统？亦须早早提拔。办大事者，以多选替手为第一义。满意之选不可得，姑节取其次，以待徐徐教育可也。

【译文】

杏南以外，还有谁可以胜任分统之事的？也要早早地提拔。办大事的人，最要紧的是要多选几个接替的人手。如果没有满意的人选，可以姑且选用次等的人，等慢慢地教育培养便可以了。

四月十四日　　致澄侯弟书

澄弟左右：

此间军事，自三月连克州县九城，要隘五处，四月初一日，经凯章军克复旌德县。惟地方太多，防守不易。尚须添募新军，又苦饷项无出。下游民穷异常，谷米艰贵。吾意欲于湖南买谷一二万石来皖，不知衡州一带谷价何如？若价贱，则可于衡郡东征局支银购买，当比长沙更便益也①。望弟打听衡、长价值，与南、意诸公一商②。

【注释】

①便益：方便，便利。

②南、意诸公：指黄南坡、郭意城等人。

【译文】

澄弟左右：

这里的军务，自从三月连续攻克九座州县、五处要隘，四月初一日，由张凯章军光复旌德县。只是地方太多，防守不容易。还需要添募新军，又苦于军饷没有着落。下游的居民非常穷困，稻米昂贵，难以得到。我想从湖南买一二万石稻谷运到安徽，不知道衡州一带的粮价怎么样？如果粮价较低，就可以从衡郡东征局支取银钱购买，应该比长沙更为便利。希望贤弟你打听一下衡州、长沙的粮价，与南、意诸位先生商量一下。

余身体平安，癣疾如故。季弟自克复两县一隘后①，亦不似前此之忧郁。温弟谥法，业已行知湘乡县②，不知到否？

【注释】

①两县一隘：指繁昌、南陵二县及鲁港。

②行知：公文术语。行文通知。

【译文】

我身体平安，癣疾还和以前一样。季弟自从攻克两县一隘之后，也不像之前那样忧郁。温弟的谥法，已下公文通知湘乡县，不知到了么？

四月二十二日　致沅浦弟书

沅弟左右：

接专差送来信，知弟军准于廿日渡江。是日天气晴和，惟南风稍大，上水较难，不知舟渡安稳否？

【译文】

沅弟左右：

接到专人送来的信，知道贤弟你的军队准备在二十日渡江。那天天气晴和,只是南风稍大,逆流航行较难,不知道船渡得安稳吗?

余前日"四妙"、"二险"之说,现在庐州既克,扬州屡捷,北岸已无险矣。不知南岸初到扎营之时,果能化险为夷否?如登岸扎营并无疏失,则且以坚守坚扎为主,不必遽图进剿,不必寻贼开仗。扎定之后,自有无穷之妙处也。

【译文】

我日前"四妙"、"二险"的说法,现在庐州已经攻克,扬州屡次获得大胜,北岸已经没有危险了。不知刚到南岸扎营的时候,是否果真能化险为夷? 如果登岸扎营并没有什么疏失,就暂且以坚守稳扎为主,不必急切地图谋进剿,不必寻找贼匪开仗。扎定之后,自然有无穷的妙处。

王可陞之兵①,已令驻守池州。喻、李二千人②,甫经调守安庆,亦难遽行更改。弟嫌兵力单薄,目下庐州既克,弟或可再调千人过江。希庵能派三四千人由西梁过江,则南岸兵力厚矣。

【注释】

①王可陞:字峰臣,湘军将领。统领老湘营之"陞"字营。
②喻、李:指喻俊明、李朝斌。

【译文】

王可陞的军队,已经下令驻守池州。喻、李的两千人,刚刚调令驻守安庆,也难以马上更改。贤弟你嫌兵力单薄,眼下庐州既然已经攻克,贤弟你或许可以再调一千人过江。希庵如果能派三四千人从西梁山过江，那么南岸的兵力就很充足了。

四月二十四日　致澄侯弟书

澄弟左右：

纪鸿儿幸取县首①，诗文虽不甚稳惬，而其中多有精警之句、疏宕之气。寅皆先生时雨之化②，可敬可感！当略备微仪③，以申鄙意④。府、院考皆当极热之时，鸿儿体弱，不知能耐此酷暑否？今年乡试，鸿儿即可不必入场。盖工夫尚早，年纪太轻，本无望中之理，又恐鸿儿难熬此九日之辛苦也。

【注释】

①县首：县试第一名。

②时雨：应时的雨水。此处比喻老师的教化犹如春风化雨一般。

③微仪：微博的礼金。

④以申鄙意：表达感激之情。

【译文】

澄弟左右：

纪鸿孩儿有幸考取县首，诗文虽然不很稳惬，但其中有很多精警的句子，文气也很疏宕。邓寅皆先生春风化雨般的培养教育之功，令人感动敬佩！应当略备薄礼，以表感激之情。府考和院考都在最热的时候，鸿儿体弱，不知道是否能忍耐这样的酷暑？今年的乡试，鸿儿就不必入场了。因为功夫还早得很，年纪太轻，本来就没有指望考中的道理，又怕鸿儿难熬得下这九天的辛苦。

军事平善。多将军于十四夜攻克庐州府城。皖北数十州县为粤匪所占,今皆克复,一律肃清,只余二三城为捻匪、苗逆所占,想亦易于就绪。四眼狗未经擒戮,北窜河南,殊为后患。沅弟由西梁山渡江南岸,进攻金柱关。季弟尚在鲁港。鲍春霆进剿宁国府①,徽、衢等处贼皆退,江西今年得保平安。

余身体平安。家中不必挂念。

【注释】

①鲍春霆:即鲍超。见前注。

【译文】

军事方面平稳。多隆阿将军在十四日夜间攻克庐州府城。皖北被粤匪占领的数十个州县,现在全都光复了,贼匪一律肃清,只剩下二三座城被捻匪和苗逆占领,想来也很容易收复。四眼狗陈玉成没有被捉住杀掉,向北流窜到河南,很是后患。沅弟从西梁山渡江到南岸,进攻金柱关。季弟还在鲁港。鲍春霆进剿宁国府,徽州、衢州等地方的贼匪全都退却了,江西今年可以平安了。

我身体平安。家里不必挂念。

四月二十五日 致沅浦弟书

沅弟左右:

今早接雪琴信,知金柱关克复,并谣传东梁、芜湖亦克。无论确实与否,金柱为皖南众水出口之所,百脉会聚之区,扼扎该处,则金陵、宁、芜各贼巢皆失所恃,此理之有可信者。得此以后,可催多军来打九洑洲,会攻金陵也。

【译文】

沅弟左右:

今天早上接到彭雪琴的信,知道金柱关光复了,还谣传东梁山、芜湖也被攻克。无论消息是否属实,金柱关是皖南众多河流的出江口,是百脉会聚的地方,扼守驻扎在这里,那么金陵、宁国、芜湖各处贼匪的巢穴都失去了凭恃,这在事理上是确实可信的。得到这个地方以后,可以催促多隆阿军来打九洑洲,一起进攻金陵。

四月二十八日　　致沅浦弟书

沅弟左右:

东梁、芜湖已克,由金柱关进兵,"二险"已化险为夷,"四妙"已验其三,至幸至幸!

【译文】

沅弟左右:

东梁山、芜湖已经被攻克,从金柱关进兵,"二险"都已经化险为夷,"四妙"已实现了三个,很幸运很幸运!

各处败贼俱萃宁国,杨七麻以著名枭悍之渠①,当拚命力争之际,鲍军屡胜之后,杂收降卒,颇有骄矜散漫之象,余深以为虑。目下弟与雪军、季军且坚守芜、太、金柱、南陵、黄池等处,休养锐气,不遽进兵。待鲍军扎围宁国,十分稳固,多军进至九洑洲,弟与雪、季再议前进。其秣陵关、淳化镇两处②,为进兵之路,须派人先去看明。弟信言从太平至金陵百四十里,中不隔水。以古书证之,则尚隔一秦淮河。余处无好图可看,弟亦须先行查明。

【注释】

①渠:大。此指罪魁,贼人首领。

②淳化镇:即今南京江宁淳化镇。建于北宋淳化五年(994)。

【译文】

各地战败的贼匪全都汇聚在宁国,杨七麻是以悍勇闻名的贼匪首脑,值此当拼命力争之际,鲍超军在屡次战胜之后,收了很多降兵,很有骄矜散漫的表现,我深以为虑。目前贤弟你与雪琴、季弟率军暂且坚守芜湖、太平、金柱关、南陵、黄池等地,休养锐气,不要匆忙进军。等鲍超军驻扎合围宁国,十分稳固,多隆阿军进军到九洑洲,你与雪琴、季弟再商量前进。秣陵关、淳化镇这两个地方,是进兵的道路,必须派人先去看明。贤弟你信中说从太平到金陵的一百四十里,中间没有水路相隔。以古书为证,还隔着一条秦淮河。我这里没有好地图可看,贤弟你必须先行查明。

弟以金柱关之破,水师出力最多,厘卡当雪二季二。甚善甚善! 兹定为沅五、雪三、季二,尤为惬当。

【译文】

贤弟你认为攻克金柱关,水师出力最多,税收应该分二成给雪琴、二成给季弟。很好很好! 现定为沅弟分五成、雪琴分三成、季弟分二成,更为适合。

　　袁午帅之办事①,本属浮而不实,然饷项之绌②,亦足令英雄短气,且胜公欺之太甚③,余当少为护持④。

【注释】

①袁午帅:指袁甲三。见前注。

②绌(chù):短缺。

③胜公:指胜保。见前注。

④护持:保护扶持。

【译文】

　　袁午帅办事,本就是浮而不实,但军饷短缺,也足以让英雄为之气短,况且胜公欺负他也有些太过分,我应当稍稍帮他。

五月初四日　　致澄侯弟书

澄弟左右①:

　　军事甚顺,沅、季与雪琴水师于四月廿一、二日连克太平府城、芜湖县城、东梁山、金柱关各要隘。水师已进攻九洑洲,沅军距金陵亦仅数十里。鲍春霆进攻宁郡,初一日可抵城下。宁国贼多而悍,不知易得手否。四眼狗自庐城逃出,往奔寿州投苗沛霖②。苗党捆狗送胜帅大营,已槛送进京矣。江北除此大害,从此应可少安,冲主之福也③。

【注释】

①此信抬头,传忠书局本作"沅弟",据正文,知为"澄弟"之误,径改。

②寿州：明清州府名，即今安徽寿县。

③冲主：年幼的君主。此指同治帝。冲，幼。

【译文】

澄弟左右：

军务很顺当，沅弟、季弟与雪琴的水师在四月二十一、二日连续攻克太平府城、芜湖县城、东梁山、金柱关各个要隘。水师已经进攻九洑洲，沅弟的军队距离金陵也只有数十里。鲍春霆进攻宁国郡，初一日就可以抵达城下。宁国贼匪很多又很强悍，不知是否容易得手。四眼狗陈玉成从庐城逃出，逃到寿州投奔苗沛霖。苗党把他捆起来送到胜帅大营，已经用囚车押解送进京城了。江北除了这个大害，从此应该稍稍安定，是幼主的福气。

　　余身体平安，疥癣大愈。惟每日事多太劳，至日暮疲乏殊甚。总守一"勤"字，断不改常。家中子侄皆早起否？不懒惰否？望弟常常教之。

【译文】

　　我身体平安，疥癣有了很大好转。只是每天事情太多太劳累，到天黑时疲惫得更厉害。总是守定一个"勤"字，绝不更改。家中的子侄们都早起吗？不懒惰吗？希望贤弟你常常教导他们。

五月初七日　致沅浦、季洪弟书

沅、季弟左右：

　　接沅信，知已进扎周村①，距金陵不满四十里，余既以为慰，又以为惧。

【注释】

①周村:地名。即今南京江宁周村。

【译文】

沅弟、季弟左右:

接到沅弟的信,知道已经进军驻扎周村,距离金陵不到四十里,我既因此感到安慰,又为此心生恐惧。

金陵地势宏敞,迥非他处可比。进兵之道,须于太平、采石南路进一枝,句容、淳化东路进一枝,浦口、九洑洲西路隔江进一枝。镇江北路纵无兵来,此三枝必不可少。句容东路纵无兵来,隔江一枝则断不可少。此次弟不候多军至九洑洲,而孤军独进,余深为焦虑。又上游南陵空虚,季弟不留兵守之,于宁国、芜湖均有妨碍。望弟暂屯扎周村一带,以待多军之至。

【译文】

金陵地势宽敞,绝对不是其他地方可以比的。进兵攻打金陵的方法,必须有一支部队从南路太平、采石进军,有一支部队从东路句容、淳化进军,有一支部队从西路浦口、九洑洲隔江进军。北路镇江即使没有军队可派,这三支也是必不可少的。东路句容即使没有军队可派,隔江进军的一支部队也是绝不能少的。这次贤弟你不等多隆阿军到九洑洲,就孤军前进,我很是焦虑。另外上游南陵空虚,季弟不留军队驻守,对宁国、芜湖都有所妨碍。希望贤弟你暂且驻扎在周村一带,等待多隆阿一军到达。

季弟分兵守南陵,以固后路。要嘱要嘱! 团防营守西梁山,计十五以前可到。王可陞二千人,则留守池州,不能调赴东坝矣。

【译文】

季弟分兵守南陵,以巩固后路。很重要很重要!团防营守西梁山,预计十五日以前可到。王可陞的二千人,就留守池州,不能调赴东坝了。

五月初八日　致季洪弟书

季弟左右:

春霆军既不散漫,当足以御宁国大股,至慰至慰!

【译文】

季弟左右:

春霆一军既然不散漫,应当足以抵御宁国的大股贼匪,我很欣慰很欣慰!

沅弟进兵,究嫌太速,余深以为虑。一则北岸多军未到;二则后面句容一路无兵,恐援贼来抄官军之尾,望弟与沅稳慎图之。第一莫使金柱、太平稍有疏失;第二莫使贼出江边,梗陆军之粮道。金陵地势太宽,弟等宜多看多问。至嘱!

【译文】

沅弟进兵,还是嫌太快了,我深深为之担心。一是因为北岸的多隆阿军没到;二是因为后面句容一路没有军队,担心贼匪援军来抄官军的后路,希望贤弟你与沅弟审慎考虑。第一,不要让金柱关和太平府有什么疏失;第二,不要让贼匪出没江边,堵塞我方陆军的粮道。金陵的地势太宽,你们应该多看多问。千万!

五月十五日　　致沅浦、季洪弟书

沅、季弟左右:

帐棚即日赶办,大约五月可解六营,六月再解六营,使新勇略得却暑也①。抬小枪之药②,与大炮之药,此间并无分别,亦未制造两种药。以后定每月解药三万斤至弟处,当不致更有缺乏。王可陞十四日回省,其老营十六可到。到即派往芜湖,免致南岸中段空虚。

【注释】

①却暑:避暑,消暑。

②抬小枪:即小型抬枪。"抬枪"是一种旧式火器,枪筒粗长,发射时装上火药和铁砂,枪筒放在一人肩上,由另一人点燃导火线。药:弹药。

【译文】

沅、季弟左右:

帐篷这几天就赶办,大概五月可送到六个营的装备,六月再送到六个营的装备,让新兵稍微得以避暑。抬小枪使用的火药,与大炮的火药,二者之间并没有什么分别,也没有制造两种不同的弹药。以后每月押解三万斤火药到弟弟那里,应当不会再有缺乏的情况了。王可陞在十四日回省城,他统领的老营十六日就能到。到了就立即派往芜湖,以免南岸中段兵力空虚。

雪琴与沅弟嫌隙已深，难遽期其水乳①。沅弟所批雪信稿，有是处，亦有未当处。弟谓雪声色俱厉②。凡目能见千里而不能自见其睫③，声音笑貌之拒人，每苦于不自见，苦于不自知。雪之厉，雪不自知；沅之声色，恐亦未始不厉，特不自知耳。曾记咸丰七年冬④，余咎骆、文、文、耆待我之薄⑤，温甫则曰："兄之面色，每予人以难堪。"又记十一年春，树堂深咎张伴山简傲不敬⑥，余则谓树堂面色亦拒人于千里之外。观此二者，则沅弟面色之厉，得毋似余与树堂之不自觉乎？

【注释】

①水乳：本义是水和乳极易融合，比喻情意融洽无间。

②声色俱厉：说话的声音和脸色都很严厉。《晋书·明帝纪》：王敦"大会百官而问温峤曰：'皇太子以何德称？'声色俱厉，必欲使有言"。

③目能见千里而不能自见其睫：《韩非子·喻老》："杜子曰：'臣愚患之智如目也，能见百步之外，而不能自见其睫。'"比喻人不容易看清楚自己。

④咸丰七年：即1857年。下文"十一年"即1861年。

⑤骆、文、文、耆：指咸丰年间先后任湖南巡抚的骆秉章、文格，任江西巡抚的文俊、耆龄。骆秉章、文俊、耆龄，皆见前注。文格，字式岩，满洲人。道光二十四年（1844）进士，历任山东巡抚、湖南巡抚。

⑥张伴山：张韶南，号伴山。道光二十七年（1847）进士，佐曾国藩

幕,协办行营粮台事物。

【译文】

雪琴和沅弟之间的嫌隙已经很深,一时之间恐怕难以相处得水乳交融。沅弟所批雪琴的信稿,有对的地方,也有不恰当的地方。沅弟说雪琴声色俱厉。但是人的眼睛往往能看清千里以外,却不能看清自己的面目,人的声音笑貌表现出拒人千里之外的神情,往往糟就糟在自己却看不见,对此全无所知。雪琴的严厉,雪琴自己不知道;沅弟的声色,恐怕也未尝不严厉,只不过是自己不觉得罢了。我还记得咸丰七年的冬天,我埋怨湖南巡抚骆秉章、文格和江西巡抚文俊、耆龄等人待我太薄,温甫却说:“兄长你的脸色,常常让人难堪。”又记得咸丰十一年的春天,树堂很埋怨张伴山太过傲慢、对他不敬,我就说树堂自己的脸色也分明是拒人于千里之外。看这两个例子,那沅弟脸色的严厉表情,会不会像我与树堂一样,只是自己全不觉得呢?

余家目下鼎盛之际,余忝窃将相①,沅所统近二万人,季所统四五千人,近世似此者曾有几家?沅弟半年以来,七拜君恩,近世似弟者曾有几人?日中则昃,月盈则亏,吾家亦盈时矣。管子云:“斗斛满则人概之,人满则天概之。”②余谓天之概无形,仍假手于人以概之③。霍氏盈满④,魏相概之⑤,宣帝概之⑥。诸葛恪盈满⑦,孙峻概之⑧,吴主概之⑨。待他人之来概而后悔之,则已晚矣。吾家方丰盈之际,不待天之来概、人之来概,吾与诸弟当设法先自概之。

【注释】

①忝窃:谦言辱居其位或愧得其名。

②“管子云”以下二句:《管子·枢言》:“釜鼓满则人概之,人满则天

概之。故先王不满也。"斗、斛（hú），皆粮食的量器名。概，本义为刮平斗、斛用的小木板，这里指削平、推翻。

③假手于人：借助他人的力量来完成。

④霍氏：指西汉大将军霍光一族。霍光（？—前68），字子孟，河东平阳（今山西临汾西南）人，大司马霍去病异母弟，汉昭帝皇后上官氏外祖父，汉宣帝皇后霍成君之父。历经汉武帝、汉昭帝、汉宣帝三朝，官至大司马大将军。期间曾主持废立昌邑王，权倾天下。汉宣帝地节二年（前68），霍光去世，次年霍家以谋反罪名被族诛。

⑤魏相（？—前59）：字弱翁，济阴定陶（今山东荷泽定陶区）人。西汉政治家。先后任茂陵令、扬州刺史、河南太守、大司农、御史大夫等职，官至丞相，封高平侯。汉宣帝即位后，征魏相为大司农，后为御史大夫。他积极向汉宣帝建议，下诏罢免了企图篡权的霍禹、霍云、霍山三人的侯位，辅佐汉宣帝诛灭霍氏家族。

⑥宣帝：指汉宣帝刘询（前91—前49），原名刘病已，汉武帝刘彻曾孙，戾太子刘据之孙，史皇孙刘进之子，西汉第十位皇帝，前74—前49年在位。谥号孝宣皇帝，庙号中宗。在位期间，国泰民安，史称"宣帝中兴"。

⑦诸葛恪（203—253）：字元逊，琅邪阳都（今山东沂南）人。三国时期吴国权臣。吴大将军诸葛瑾长子，蜀丞相诸葛亮之侄。自幼以神童著称，深受孙权赏识，弱冠拜骑都尉。孙登为太子时，诸葛恪任左辅都尉，为东宫幕僚领袖。曾任丹杨太守，平定山越。陆逊病故，诸葛恪领其兵，为大将军，主管上游军事。孙权临终前为托孤大臣之首。孙亮继位后，诸葛恪拜太傅，权倾一时，后被孙峻联合孙亮杀死，夷三族。

⑧孙峻（219—256）：字子远，三国时期吴国权臣。武烈帝孙坚之弟昭义中郎将孙静曾孙，定武中郎将孙暠之孙，散骑侍郎孙恭之

子。孙峻年少时骁勇果敢，初任武卫都尉兼侍中，孙权病危时与诸葛恪共受遗诏辅政，孙亮即位之后升任武卫将军封都乡侯，在设计诛杀政敌诸葛恪后开始掌握吴国大权。拜丞相、大将军，封富春侯。掌权后大肆残害宗亲，废太子孙和、孙权之女孙鲁育、宣太子孙登之子孙英先后被杀。太平元年（256），孙峻在征伐魏国时因病去世，时年37岁，将后事托付给了堂弟孙綝。景帝孙休在位时，孙綝被杀，孙峻、孙綝兄弟被孙休下诏从族谱上除名，改称"故峻"、"故綝"。

⑨吴主：指孙亮（243—260），字子明，三国时期吴国的第二位皇帝，公元252—258年在位。孙亮乃吴大帝孙权幼子，252年孙权去世后即位，258年被权臣孙綝废为会稽王。260年，孙亮因被诬告而自杀（一说被毒害），时年仅16岁。

【译文】

　　我们家正处鼎盛时刻，我又窃居将相之位，沅弟统率的军队近两万人，季弟统率的军队有四五千人，近代像这样情况的，曾经有过几家？沅弟半年以来，七次拜领君恩，近世以来像沅弟你这样的又曾经有几个呢？太阳过了正午便要西落，月亮圆了就要缺，我们家正在圆满的时候。管子说："斗和斛太满了，就会有人去刮平；人太自满了，天就会来刮平。"我看天刮平是无形的，还是要借人的力量来刮平。西汉的霍氏太过盈满，便由魏相来刮平，由汉宣帝来刮平。三国时期的诸葛恪太过盈满，便由孙峻来刮平，由吴国国君来刮平。等到被他人刮平然后后悔，可就已经晚了。我们家正在丰盈圆满的时际，不等天来刮平，也不等人来刮平，我与各位弟弟应当设法自己刮平。

　　自概之道云何？亦不外"清"、"慎"、"勤"三字而已。吾近将"清"字改为"廉"字，"慎"字改为"谦"字，"勤"字改为"劳"字，尤为明浅，确有可下手之处。沅弟昔年于银钱取与之际不甚斟酌,朋辈之讥议菲薄,其根实在于此。去冬之买犁头觜、栗子山①,余亦大不谓然。以后宜不妄取分毫,不寄银回家,不多赠亲族,此"廉"字工夫也。"谦"之存诸中者不可知,其著于外者,约有四端:曰面色,曰言语,曰书函,曰仆从属员。沅弟一次添招六千人,季弟并未禀明,径招三千人。此在他统领所断做不到者,在弟尚能集事,亦算顺手。而弟等每次来信,索取帐棚子药等件,常多讥讽之词、不平之语。在兄处书函如此,则与别处书函更可知已。沅弟之仆从随员颇有气焰②。面色言语,与人酬接时,吾未及见,而申夫曾述及往年对渠之词气,至今饮憾③。以后宜于此四端痛加克治,此"谦"字工夫也。每日临睡之时,默数本日劳心者几件,劳力者几件,则知宣勤王事之处无多④,更竭诚以图之,此"劳"字工夫也。

【注释】

①犁头觜、栗子山:地名。位于湖南双峰荷叶乡。

②气焰:原指开始燃烧、尚未成势的火焰,常以此比喻人或其他事物的威势、声势煊赫逼人。《左传·庄公十四年》:"人之所忌,其气焰以取之。"

③饮憾:抱恨,怀憾。

④宣勤王事:尽力于天子之事,为朝廷效力。

【译文】

自己刮平的方法有哪些呢?也不外乎"清"、"慎"、"勤"三个字罢了。我近来把"清"字改为"廉"字,"慎"字改为"谦"字,"勤"字改为"劳"字,更为明白浅显,确有切实可行的地方。沅弟从前对于银钱的拿和给,往往考虑不周,之所以被朋辈议论和轻看,根子都在这里。去年冬天买犁头觜、栗子山两处的田，我也很不以为然。沅弟以后应当不妄取一分一毫，不寄钱回家，不多送亲戚族人银钱，这便是"廉"字功夫。"谦"字存在内心，无从知晓；但表现在外头的，大约有四方面：一是脸色，二是言辞，三是书信，四是仆从属员。沅弟一次招兵六千人，季弟并没有报告请示，就自作主张直接招兵三千人。这是其他统领将官绝对做不到的，弟弟还能做成，也算是很顺手了。但弟弟们每次来信，索取帐篷、火药等物，经常有讥讽的词句、不平的话语。给为兄我写信是这样，给别人写信更可以想见是什么样了。沅弟的仆人随员，气焰很嚣张。与人应酬接触之时的脸色言语，我没有亲眼看见过，可是李申夫曾经和我说过往年对他的言辞语气，至今还深以为憾。沅弟以后应在这四个方面痛下功夫，加以改正，这便是"谦"字功夫。每日临睡的时候，默想当日做了几件劳心的事，几件劳力的事，就会知道尽力王事之处实在不多，就会竭尽心力去做了，这便是"劳"字功夫。

　　余以名位太隆，常恐祖宗留诒之福自我一人享尽，故将"劳"、"谦"、"廉"三字时时自惕，亦愿两贤弟之用以自惕，且即以自概耳。

【译文】

　　我因为名声太大、地位太高，常常害怕祖宗积累遗留给我辈的福泽，由我一个人享受殆尽，所以把"劳"、"谦"、"廉"三字放在心头，时刻自勉，也愿两位贤弟拿这三个字自勉，也算是自己刮平自己吧。

　　湖州于初三日失守，可悯可敬。

【译文】

　　湖州在初三日失守，实在是让人怜悯敬佩。

五月二十日　致沅浦、季洪弟书

沅、季弟左右：

城贼开仗，究竟软硬何如？比之叶芸来、刘沧林①，孰强孰弱？多公全军援秦②，弟之军势太孤，务当求所以自立之道。

【注释】

①叶芸来（？—1861）：广西人，太平天国将领。咸丰八年（1858）封受天福，后擢至受天安。咸丰十年（1860），英王陈玉成赴天京攻江南大营，叶芸来奉命留守安庆。次年安庆城陷，战死。刘沧林：即刘玱林。见前注。

②援秦：指多隆阿奉命督办陕西军务。

【译文】

沅弟、季弟左右：

城里的贼匪开仗，战斗力究竟强弱怎样？比起叶芸来、刘沧林，谁强谁弱？多公全军救援陕甘，贤弟军势太过孤单，一定要想想如何立足自保的方法。

弟前索洋枪，又托少泉至上海购买。兹令盛四送百杆与弟，内大者七十九，小者二十一。余不甚喜此物，盖其机最易坏①，不过打二三十枪即须修整。弟与各将弁试用一二十次，识破其短处，当以余言为然也。

【注释】

①机：扳机。

【译文】

　　贤弟之前索要洋枪，又托少泉到上海购买。现在命令盛四送一百支给贤弟，其中大的七十九支，小的二十一支。我不是很喜欢这个东西，因为它的扳机最容易损坏，不过打二三十枪就须要修理。贤弟与各位将领试用一二十次，看到了它的短处，就应该认为我的话是对的了。

五月二十五日　　致沅浦弟书

沅弟左右：

　　专丁来信，正值望信极切之际，得之一慰。弟此次进兵太快，不特余不放心，外间亦人人代为危虑。余以该逆凶焰犹盛，未可骤图。百足之虫，虽死不僵①。外间则议弟处新营太多，兵不可靠，几于众口一词。

【注释】

①百足之虫，虽死不僵：比喻势力雄厚的集体或个人一时不易垮台。《魏书》卷十九："故古人有言：'百足之虫，至死不僵'者，以其辅己者众。"

【译文】

沅弟左右：

　　专人送到来信，正是盼望信最迫切的时候，得到信很欣慰。贤弟你这次进军太快，不仅我不放心，外人也都认为你此举很危险。我是因为这伙反贼气焰还很嚣张，不能过快图谋。好比有一百只脚的虫子，即使死了也不会马上僵硬。外人都议论贤弟你处新营太多，兵卒不可靠，差不多是众口一辞。

今进兵已近两旬，墙高壕深，应可立定脚跟。万里长壕，大众公守，最易误事。一蚁蛰堤，全河皆决①。去岁之守安庆后壕，余至今思之心悸。此次在金陵，不可再守长壕，仍以各守各垒为稳。地方虽宽，分别极冲、次冲②，究无多处。前围城贼当冲者，不过数处；后拒援贼当冲者，亦不过数处。于极冲、次冲之地，择人守之，则他处虽有劣营，亦可将就支持。望弟将何营扎极冲，何营扎次冲，开单见告。

【注释】

①一蚁蛰堤，全河皆决：语本《韩非子·喻老》："千丈之堤以蝼蚁之穴溃，百尺之室以突隙之烟焚。"一只蚂蚁洞穴，造成整个河堤崩溃决口，比喻小事不慎将酿成大祸。

②极冲：第一级的要冲。冲，要冲，处在交通要道的形胜之地。次冲：次一级的要冲。

【译文】

现在进军已近二十天，墙高壕深，应该可以立定脚跟。万里长壕，派很多人一起守卫，最容易误事。一只蚂蚁在长堤打洞，整条河都会决口。去年守卫安庆后壕的事情，我到现在想起来都心有余悸。这次在金陵，不能再守长壕，仍然要各自守各自的壁垒才安全。地方虽宽敞，但划分区别为首级要冲、次级要冲，终究没有多少处。前面围攻城里的贼匪，正当要冲之地，不过几处；后面阻截来援的贼匪，正当要冲之地，也不过几处。在首级要冲、次级要冲之处，要选能人防守；那样的话，即使其他地方有战斗力的部队，也可以勉强支持。希望贤弟你将什么营驻扎首级要冲，什么营驻扎次级要冲，列成单子告诉我。

五月二十八日　致沅浦、季洪弟书

沅、季弟左右：

　　沅于人概、天概之说①，不甚厝意②，而言及势利之天下、强凌弱之天下③。此岂自今日始哉？盖从古以然矣。

【注释】

①人概、天概之说：即曾国藩五月十五日写给沅、季两弟的信中所说的："管子云：'斗斛满则人概之，人满则天概之。'"

②厝意：在意，关心。《晋书·刘伶传》："未尝厝意文翰，惟著《酒德颂》一篇。"

③势利：指趋炎附势，根据地位权势而分别待人。

【译文】

沅弟、季弟左右：

　　沅弟对于人刮平、天刮平的说法，很不以为然，却说天下只有势利，天下从来是以强凌弱。这哪里是从今天才开始的？自古以来就已经是这样了。

　　从古帝王将相，无人不由自立自强做出。即为圣贤者，亦各有自立自强之道，故能独立不惧、确乎不拔①。昔余往年在京，好与诸有大名大位者为仇，亦未始无挺然特立、不畏强御之意②。近来见得天地之道，刚柔互用，不可偏废。太柔则靡③，太刚则折。刚非暴虐之谓也，强矫而已④；柔非卑弱之谓也，谦退而已。趋事赴公，则当强矫；争名逐利，则当谦退。开创家业,则当强矫;守成安乐,则当谦退。出与人物应接⑤,则当强矫;入与妻孥享受⑥,则当谦退。若一面建功立业,外享大名;一面求田问舍⑦,内图厚实⑧。二者皆有盈满之象,全无谦退之意,则断不能久。此余所深信,而弟宜默默体验者也。

【注释】

①确乎不拔:语本《易·乾》:"确乎其不可拔。"刚强坚决,不可动摇。

②挺然:挺拔特立貌。《南史·柳世隆传》:"挺然自立,不与众同。"不畏强御:不畏豪强,不畏强暴。

③靡:柔弱而不能有所自立。

④强矫:坚定不移。《中庸》:"故君子和而不流,强哉矫!中立而不倚,强哉矫!国有道,不变塞焉,强哉矫!国无道,至死不变,强哉矫!"朱子《章句》:"此四者,汝之所当强也。矫,强貌。《诗》曰'矫矫虎臣'是也。"

⑤应接:应酬,待人接物。

⑥妻孥(nú):妻子儿女。

⑦求田问舍:本义为购买田地,询问房价,此指只顾专营家产而无远大志向。《三国志·魏书·陈登传》:"(刘)备曰:'君有国士之名,今天下大乱,帝主失所,望君忧国忘家,有救世之意;而君求田问舍,言无可采。'"

⑧厚实:指家境殷实富裕。

【译文】

古往今来的帝王将相,没有一个人不是由自强自立做出来的。就算是圣人、贤者,也各有各的自强自立之道,因此才能独立于世而不丝毫畏惧,顶天立地而坚忍不拔。我往年在京城,喜欢与那些有大名声、有高地位的人作对,也并不是没有挺然独立、不畏强暴的意志。近来悟出天地间的道理是刚柔互用,不应偏废。太软弱就会垮掉,太刚强就会折断。刚并不是残暴的意思,是说要坚定不移罢了;柔并不是奴颜婢膝的意思,是说要谦虚退让罢了。为国家办公事,要坚定;争名夺利,就要谦退。开创家业,要坚定;守成安乐,就要谦退。出外与别人应酬,要坚定;在家与妻儿享天伦之乐,就要谦退。如果一方面建功立业,在外头享有盛名;一方面又要买田建屋,追求殷实舒服。两方面都有满和过的征兆,完全没有谦退的念头,那是决不能长久的。这是我所深信不疑的,而弟弟们也应默默地加以体会。

六月初二日　致沅浦、季洪弟书

沅、季弟左右:

　　湖南之米,昂贵异常。东征局无米解来①,安庆又苦于碾碓无多,每日不能舂出三百石,不足以应诸路之求。每月解子、药各三万斤,不能再多。望弟量入为出,少操几次②,以省火药为嘱。

【注释】

①东征局:是湖南巡抚骆秉章应曾国藩之请,在长沙成立的专门为湘勇东征筹饷的服务部门,由郭崑焘、李瀚章总领负责。

②操:操练,演习。

【译文】

沅弟、季弟左右:

　　湖南的粮食,非常昂贵。东征局没有粮食可押解来,安庆又苦于碾子碓子等工具不多，每天舂不出三百石米，不足以满足各处的需求。每月押解铅子弹药各三万斤，不能再多了。希望弟弟量入为出，少演习几次，以节省火药要紧。

扎营图阅悉。得几场大雨，吟、昆等营必日松矣①。处处皆系两层，前层拒城贼，后层防援贼，当可稳固无虞。

【注释】

①吟、昆：指曾贞干麾下"吟"字营、"昆"字营。

【译文】

军队扎营的图纸我已经看过了。下了几场大雨，"吟"、"昆"字等营一定会一天比一天松懈。营地战壕处处都要分两层，前一层抵挡城中的贼匪，后一层防备贼匪的援军，应该很稳固，可以平安无忧。

少泉代买之洋枪，今日交到一单，待物到即解弟处。洋物机括太灵，多不耐久，宜慎用之。

【译文】

少泉代买的洋枪，今天送到了一批，等东西到了就送到你那里。西洋的东西机关太灵，大多不耐久，应该谨慎使用它们。

次青之事，弟所进箴规，极是极是！吾过矣！吾过矣！吾因郑魁士享当世大名，去年袁、翁两处及京师台谏尚累疏保郑为名将①，以为不妨与李并举，又有郑罪重、李情轻暨王锐意招之等语②，以为比前折略轻。逮拜折之后，通首读来，实使次青难堪。今得弟指出，余益觉大负次青，愧悔无地。余生平于朋友中，负人甚少，惟负次青实甚。两弟为我设法，有可挽回之处，余不惮改过也。

【注释】

①袁、翁：袁甲三、翁同书。袁甲三咸丰九年（1859）任钦差大臣，督办安徽军务，实授漕运总督。翁同书咸丰八年（1858）任安徽巡抚。台谏：唐、宋时以专司纠弹的御史为台官，以职掌建言的给事中、谏议大夫等为谏官。两者虽各有所司，而职责往往相混，故多以"台谏"泛称之。明初废谏院，以给事中兼领监察与规谏，两者开始合流。至清雍正元年（1723），又使之同隶都察院，于是台谏完全合二为一。

②王：指浙江巡抚王有龄。咸丰十年（1860），李元度在徽州败挫，为曾国藩奏劾夺职。浙江巡抚王有龄奏调援浙，李元度不待命，回籍募勇八千，号"安越军"。李元度率军入浙，与李定太守衢州，授浙江盐运使，署布政使。曾国藩以李元度罪未定，复劾其罪革职，交左宗棠差遣。

【译文】

次青的事，贤弟对我的规劝，真是很对真是很对！是我的过失！真是我的过失啊！我因为郑魁士享当世大名，去年袁、翁两处，以及京城的御史，还多次上疏力保他为名将，认为不妨和李次青相提并论；我又有郑罪重、李情轻并王有龄刻意招他这些话，以为比前头的奏折说得轻些了。等到呈上奏折之后，读读通篇文字，才晓得实在是使次青难堪。现在由贤弟指出来，我更觉得太对不起次青，悔愧得无地自容。我生平对待朋友，很少辜负人家，只有这次有负于次青实在太多。望两位弟弟帮我设法，只要能够挽回的地方，我一定勇于改过。

六月初四日　致澄侯弟书

澄弟左右：

　　鸿儿印卷之费①，余意三分，各百千，尚是道光初年样子。弟意学书一分宜少，自是正办，请弟斟酌。其两位老师，则百千断不可少，盖学署清苦，而罗老师又贤而好学也。

【注释】

①印卷之费：即印卷费。清代科举，录取为县学生员之后，送给教谕、训导和学书的礼金。

【译文】

澄弟左右：

　　鸿儿的印卷费，我的意思是分三份，每份各百千文，还是道光初年老样子。贤弟你的意思是学书的一份应该少些，自然是正当道理，请贤弟你考虑决定。两位老师那边，百千文一定不能少，因为县学衙门清苦，而罗老师又贤能好学。

　　沅、季在金陵，援贼尚无信息。春霆在宁国两获胜仗。闻宁城少粮，八月可望克复。少荃在上海获一大胜仗，此后可稳扎矣。安庆前苦亢旱①，自十九至今，大雨不止，十分沾足②。

【注释】

①亢旱：大旱。

②沾足:《诗经·小雅·信南山》:"既沾既足。"后以"沾足"指雨水充分浸润土壤。

【译文】

沅、季两弟在金陵,贼匪援军还没有消息。春霆在宁国获得两场胜仗。听说宁国城内缺少粮食,八月有望光复。少荃在上海打了一个大胜仗,这之后就可以扎稳营盘了。安庆前一段时间苦于大旱,从十九日到现在,大雨不停,十分充足。

兹寄回高丽参五斤,参不甚佳,而价则贵,宜以新石灰养之。

【译文】

现在寄回五斤高丽参,参不特别好,但价钱却很贵,要用新石灰来养它。

六月初八日 致沅浦、季洪弟书

沅、季弟左右:

接少荃信,知伪忠王在上海受创而返,即日来援金陵。弟等壕墙已固,应足御之。所虑者夏月士卒多病,恐队伍单弱。银米子药等事,吾必设法多解,竭平日之力办之。援贼至金陵大战,当在七月。此外弟应需之物,速写信来,七月初尚可赶到。此间能办之件,亦必先尽弟营也。临战之际,预先爱惜士卒精力,以备届时辛苦熬夜,犹考试者场前静养也。

【译文】

沅弟、季弟左右：

　　接到少荃来信，得知伪忠王在上海战败而回，这几天就要来援救金陵。贤弟你们那里的壕墙已经加固，应该足以抵御。让人担心的是夏天士兵大多生病，队伍过于势单力薄。钱粮弹药之类的事，我一定想办法多送一些，竭尽我的能力来办理。贼匪援军到金陵作战，应该是在七月。除这之外，贤弟凡是需要的东西，马上写信来，七月初还可以赶得到。这边能准备的东西，也一定优先供应弟弟的军营。临战之前，要预先爱惜士兵的精力，以备到时候辛苦熬夜，就像考试的人在进考场前静养一样。

六月初九日　　致沅浦、季洪弟书

沅、季弟左右：

　　接沅弟营图一纸，图中各营布置尚妥，惟有一处，余不放心。江东桥之河①，在季弟各营之前面，大胜关进口之河②，在季弟各营之后面，此两河宽若干丈？深若干尺？可蹚浅以渡否③？如可蹚浅以过，则恒、昆、吟、保各营亦前后受敌④。所招降卒新营，本不可靠，而陶保堂、张吟又纷纷死病相继⑤，十营占地颇广，事急之际，季弟岂能一一照顾？该处为全军粮路所在，两弟细细审量一方，吟、保、平、盛等营果能禁受狂风大浪否⑥？余所疑者在此一处，望弟加倍小心。

【注释】

　　①江东桥：桥梁名。位于南京外秦淮河上。

②大胜关:在今南京雨花区大胜关村。旧为大城港,为南京城西南诸水注入长江之处,江流险厄。元朝在大城港设立水驿,称"大城港镇"。1361年,朱元璋率军在此大胜陈友谅,此后改其地名为"大胜关"。明、清期间,大胜关为南京城西南主要港市和军事要塞之一。

③踹浅:由河流浅处涉水。

④恒、昆、吟、保:皆为曾贞干麾下营号。"吟"字营为张吟统领,"保"字营为陶保堂统领。

⑤陶保堂、张吟:曾贞干麾下营官。

⑥吟、保、平、盛:皆为曾贞干麾下营号。

【译文】

沅弟、季弟左右:

接到沅弟的营盘图纸一张,图中各个营盘布置得还不错,只有一个地方,我不放心。江东桥那里的河,在季弟各营的前面,大胜关进口那里的河,在季弟各营的后面,这两条河宽多少丈? 深多少尺? 可以徒步涉水渡过吗? 如果可以徒步涉水过河,那么恒、昆、吟、保各营也会前后受敌。招揽的降兵新营,本来就不可靠,陶保堂、张吟又纷纷或病或死,十营占地很广,情况紧急的时候,季弟怎么能一一照顾? 那里是全军粮路所在,你们细细考虑一下吟、保、平、盛等营真的能禁受狂风大浪吗? 我放心不下的在此一处,希望贤弟加倍小心。

六月初十日　致沅浦、季洪弟书

沅、季弟左右:

专丁来信,应复者条列如左:

【译文】

沅弟、季弟左右：

专人送到来信，应该回复的都列在下面：

一、援贼大至，余甚为悬系。崇天义张姓①，似是去春守徽州者，诡计甚多，打硬仗亦不甚悍。伪忠王前年十月在羊栈岭，去年春在建昌等处，均不甚悍，专讲避实击虚。弟所部新勇太多，总以"不出壕浪战"五字为主。如看确贼之技俩，偶然一战，则听弟十分审慎出之，余但求弟自固耳。

【注释】

①崇天义：太平天国官阶名。太平天国设天义、天安、天福、天燕、天豫、天侯六等爵。

【译文】

一、贼匪援军大股来到，我很是担忧。崇天义姓张的，似乎是去年春天守卫徽州的人，他的诡计很多，打硬仗也不很凶悍。伪忠王前年十月在羊栈岭，去年春天在建昌等地，都不很强悍，专用避实击虚。贤弟军中新兵太多，总是要以"不出壕浪战"五个字为主要方针。如果看破了贼匪的诡计，偶然打一场，也任凭贤弟审慎出战，我只求贤弟的防线稳固就行了。

二、上海军情，昨已将少荃信抄寄。周沐润业经批令来皖帮办文案①。许惇诗有才而名声太坏②。南坡专好用名望素劣之人，如前用湖南胡听泉、彭器之、李茂斋③，皆为人所指目④。即与裕时卿、金眉生交契⑤，亦殊非正人行径。弟与南坡至好,不可不知其所短。余用周弢甫⑥,亦系许、金之流。近日两奉寄谕查询,亦因名望太劣之故。毁誉悠悠之口⑦,本难尽信,然君子爱惜声名,常存冰渊惴惴之心⑧。盖古今因名望之劣而获罪者极多,不能不慎修以远罪⑨。吾兄弟于有才而无德者,亦当不没其长,而稍远其人。

【注释】

①周沐润:字文之,号柯亭,祥符籍山阴人。道光十六年(1836)进士,历官常州知府。其人少有才名,不拘细行。有《蛰室诗录》。

②许惇诗:曾官两淮候补运判,主持两淮盐政时有贪污劣迹,为袁甲三所参。

③胡听泉、彭器之、李茂斋:皆为黄冕在湖南时所用僚佐。胡镛,字听泉,直隶延庆州举人。彭汝琮,字器之。李逢春,字茂斋。道光二十九年(1849)已酉科拔贡。

④指目:语本《礼记·大学》:“曾子曰:‘十目所视,十手所指,其严乎!’”手指而目视之,后以“指目”谓众所注视或众所指责。

⑤裕时卿:裕麟,字时卿,汉军镶黄旗人。官至贵州布政使,曾署贵州巡抚。金眉生:金安清(约1817—1880),原名国琛,字眉生,号偢斋,浙江嘉善人。曾入曾国藩幕府。官至湖北督粮道、候补盐运使、署两淮盐运使。熟古今掌故,善理财,于盐漕、河务诸大政均悉其利弊。工诗文,著有《六幸翁文稿》、《偶园诗稿》。交契:结交,交好。

⑥周弢甫:周腾虎(1816—1862),字韬甫(又作“弢甫”),江苏阳湖人。官主事。生平以经济才自负,曾为曾国藩幕僚。有《飡芍华馆遗文》。

⑦毁誉:诋毁和称誉。悠悠之口:指众人之口。《宋书·刘穆之

传》："〔诸葛长民〕乃屏人谓穆之曰：'悠悠之言，皆云太尉与我
不平。'"宋苏舜钦《答和叔春日舟行》诗："寄语悠悠莫疑我，五湖
今作狎鸥翁。"

⑧冰渊：《诗经·小雅·小旻》："如临深渊，如履薄冰。"后遂以"冰
渊"喻指处境危险。

⑨慎修：谨慎修行。《尚书·皋陶谟》："慎厥身修，思永。"孔传："慎
修其身，思为长久之道也。"

【译文】

二、上海的军情，昨天已经将少荃的信抄寄给你们。周沐润也已经
奉批令来安徽帮办文案。许惇诗有才但名声太坏。黄南坡专爱用名声
很差的人，比如以前在湖南用胡听泉、彭器之、李茂斋，都是为人所议论
指责的。就算与裕时卿、金眉生结交，也绝不是正人行径。贤弟与黄南
坡关系好，不能不知他的短处。我用周发甫，也是许、金那样的人。这
几天两次接到谕旨查询，也因为名声太差的缘故。被世人诽谤，本来就
很难全信，但是君子爱惜名声，常怀着"如临深渊，如履薄冰"的惴惴心
思。从古至今因为名声太差而获罪的人很多，不能不谨慎修身来避免
获罪。我们兄弟对有才而无德的人，也应当不埋没他的优点，但要离这
人远一点。

六月十二日　　致沅浦、季洪弟书

沅、季弟左右：

援贼已到四五万，究竟在城内乎？抑在秣陵关一带乎？
贼若来扑弟之营壕，在秣陵关等处打馆①，往返太远，我已反
客为主，渠于烈日之下，必难久熬。若移至我营近处扎垒，
果有佳处可扎五六万人否？自城中搬柴米出来，果有若干

里？望查示。

【注释】

①打馆：此指扎营。

【译文】

沅弟、季弟左右：

贼匪援军已到了四五万，到底是在城内呢？还是在秣陵关一带？如果贼匪来进攻贤弟的营垒，在秣陵关等处驻扎，往返太远，我军就已经反客为主，贼匪在烈日下面，一定难以坚持太久。如果移到我军营垒附近驻扎，究竟有没有好的地方可以驻扎五六万人呢？从城中搬柴米出来，到底有几里远呢？希望详细查明并告知我。

五彩关防阅过①，均妥。五人亦均胜统带之任。杏南将来或可比金逸亭，晴窗或可比刘岳昭②，萧、张、刘则朱、唐之亚也③。时时勤教勤讲，渠辈亦有进益，弟亦可互相警惕。

【注释】

①关防：印信的一种，始于明初。明太祖为防止作弊，用半印，以便拼合验对。后发展成长方形、阔边朱文的关防。清代，正规职官用正方形官印称"印"，临时派遣的官员用长方形官印称"关防"。

②晴窗：易良虎，号晴窗，曾国荃麾下将领。刘岳昭（1824—1881）：字荩臣，湖南湘乡人。先以文童投军从萧启江镇压太平军，同治间转战湘、川、滇、黔等省。官至云贵总督。

③萧、张、刘：指曾国荃麾下将领萧孚泗、张胜禄、刘连捷。朱、唐：指朱品隆、唐义训。

【译文】

已经检阅过五彩关防,都没有问题。五人也都能胜任统带的职责。杏南将来也许可以与金逸亭相比,晴窗或许可以与刘岳昭相比,萧、张、刘就是和朱、唐差不多的人。时刻勤教勤讲,他们也会有些进步,贤弟也应该互相警惕。

春霆两旬无信,其军银米两缺,悬系之至!

【译文】

春霆二十天没有音信,他的军队缺银缺米,很是惦记!

六月十四日　　致澄侯弟书

澄弟左右:

科一身体若能吃辛苦①,令其乡试,亦无不可。余甲午乡试②,实畏其热如火如甑③。今年多一闰月,则头八月必酷热可知。余不欲其入场,非过于姑息,实因年纪太轻,不能耐此苦耳。

【注释】

①科一:曾纪鸿乳名。

②甲午:道光十四年(1834)。

③如甑(zèng):好像在火上蒸煮一样。甑,古代用来蒸煮的炊具,后来多为木制,桶状,多用来煮饭。

【译文】

澄弟左右:

科一孩儿身体如果能禁得住辛苦,让他去参加乡试,也没什么不可以。我甲午年乡试，实在害怕那像火一样的酷热。今年多了一个闰月，那头一个八月的酷热可想而知。我不想让他入场，不是过于宽容，实在是因为他年纪太轻，不能禁受这样的辛苦。

　　沅、季在金陵，援贼虽到，而尚无动作。多公本应会剿金陵，因陕西不靖，朝旨与官、多之奏①，均须先赴秦中一行②。鲍春霆在宁国两获胜仗，闻援贼亦多，难遽得手。今年值各路顺利之时，而忽添此一大波折，不知天心竟待何时乃厌乱也！

【注释】

①官、多：指官文、多隆阿。

②秦中：古地区名。指今陕西中部平原地区，因春秋、战国时地属秦国而得名。

【译文】

　　沅弟、季弟在金陵，贼匪援军虽然到了，但还没有动作。多隆阿本应该一起进攻金陵，因为陕西不太平，朝旨与官、多二人的奏疏，都认为须先前往秦中一趟。鲍春霆在宁国获得两次胜仗，听说贼匪援军也很多，难以马上得手。今年正值各路进军顺利的时候，却忽然添了这样大的一个波折，不知上天的意思究竟要等到什么时候才停止这样的战乱！

六月二十日　　致沅浦弟书

沅弟左右：

　　此次洋枪合用。前次解去之百支，果合用否？如有不合之处，一一指出。盖前次亦花大价钱买来，若过于吃亏，不能不一一与之申说也。

【译文】

沅弟左右：

这次的洋枪好用。上次送去的一百支，也确实好用吗？如果有不好用的地方，请一一指出。因为上次也是花大价钱买来的，如果过于吃亏，就不能不一一和他们申诉计较。

吾因近日办事名望关系不浅，以鄂中疑季之言相告①，弟则谓我不应述及。外间指摘吾家昆弟过恶，吾有所闻，自当一一告弟，明责婉劝，有则改之，无则加勉，岂可秘而不宣？鄂之于季，自系有意与之为难。名望所在，是非于是乎出，赏罚于是乎分，即饷之有无，亦于是乎判。去冬金眉生被数人参劾，后至抄没其家，妻孥中夜露立②，岂果有万分罪恶哉？亦因名望所在，赏罚随之也。众口悠悠，初不知其所自起，亦不知其所由止。有才者忿疑谤之无因③，而悍然不顾④，则谤且日腾⑤；有德者畏疑谤之无因，而抑然自修⑥，则谤亦日熄。吾愿弟等之抑然，不愿弟等之悍然。愿弟等敬听吾言，手足式好⑦，同御外侮；不愿弟等各逞己见，于门内计较雌雄，反忘外患。

【注释】

①鄂中：指湖北方面。季：指曾国藩季弟曾国葆。
②妻孥：妻子儿女。露立：立于露水之中，谓无居处。《三国志·吴

书·陈表传》:"〔陈表〕家财尽于养士,死之日,妻子露立。太
子登为起屋宅。"

③疑谤:猜疑诽谤。《南史·谢瞻传》:"汝为国大臣,又总戎重,万
里远出,必生疑谤。"无因:没来由,无根据。

④悍然不顾:蛮狠凶悍,不管一切。

⑤日腾:形势日益加剧。腾,增加,上升。

⑥抑然自修:压抑自己,努力修德。

⑦式好:《诗经·小雅·斯干》:"兄及弟矣,式相好矣。"后常以"式
好"谓骨肉和好。

【译文】

为兄我因为考虑到近来办事和名望关系不小,所以将湖北方面怀
疑季弟的说法告诉你们,沅弟你却说我不应该谈这个。外头舆论指责
我家兄弟有过失,我一旦听到了,自然会一一告诉弟弟们,明白责备或
是委婉劝告,弟弟们有则改之,无则加勉,怎么可以藏在心里而不和你
们说呢?湖北方面猜疑季弟,自然是有意与他为难。一关系到名望,是
非就跟着来了,赏罚便也分明,就连军饷有还是没有,也在这里判定了。
去年冬天金眉生被好几个人上本弹劾,最后闹到被抄没财产,妻子儿女
无家可归,好不凄惨,难道他真有什么十恶不赦的罪过么?也不过是因
为事关名望,赏罚也就跟着来了。人多嘴杂,众口铄金,根本不知道一
种说法从何起,也不知到何处又停止。有才能的人,愤恨这种没有根据
的毁谤,于是悍然不顾,但毁谤却会日盛一日;德行高的人,害怕这种没
有根据的毁谤,于是压抑自己,勉力修德,毁谤却也随之日渐平息。我
希望弟弟们能谦抑自修,不希望你们对此悍然不顾。希望弟弟们要认
真听我的意见,兄弟友好和睦,共同抵御外界的欺侮;不希望弟弟们各
逞己见,于兄弟之间计较胜负输赢,反而忘了外患。

至阿兄忝窃高位,又窃虚名,时时有颠坠之虞①。吾通

阅古今人物，似此名位权势，能保全善终者极少。深恐吾全盛之时，不克庇荫弟等②；吾颠坠之际，或致连累弟等。惟于无事时，常以危词苦语，互相劝诫，庶几免于大戾③。

【注释】

①颠坠：于高处坠落，跌倒，比喻人生失败。此处指从高官位置上下来。虞：忧虑，担忧。

②不克：不能。庇荫：庇护，保护。

③大戾：大罪过，大灾祸。

【译文】

至于阿兄我窃居高位，又窃取虚名，时刻都有颠覆坠落的担忧。我通观古今人物，像我如今这样的权势，能够保全、得到善终的极少。深怕我全盛的时刻，不能庇护荫泽弟弟们；而到我颠覆坠落的时候，却连累到你们。只有在平安无事的时候，常常用危辞苦语，互相劝慰告诫，这样或许可以免于大难吧。

酷热不能治事，深以为苦。

【译文】

天气酷热，以致不能处理事务，深深为此苦恼。

六月二十二日　致沅浦、季洪弟书

沅、季弟左右：

贼匪于地势之远近，方向之东西全不了了，宜其屡败不振,然官兵亦自当处处严防。今宁国虽已克复,吾于旌德、三溪一路①,尤不敢疏忽也。

【注释】

①三溪:地名。即今安徽旌德三溪镇。位于旌德西北部,因徽水、麟溪、玉溪三河交汇流入泾川而得名。自古即为著名水旱码头。

【译文】

沅弟、季弟左右:

贼匪对地势远近、东西方向全不了解,屡败不振是事所当然,但是官兵也应当处处严防。现在宁国虽然已经克复,我对旌德、三溪一路,更不敢疏忽。

闻九洑洲之北,李世忠已开河一道,可通舟楫。洲上之贼,应不能再犯北岸。"吉"左两营,弟调至金柱关,当无他虑。多公调石清吉十营至金陵会剿①,鲍军亦可由东坝、溧水而至金陵。八月以后,弟处当不孤矣。

【注释】

①石清吉(?—1864):字祥瑞,直隶沙河人。道光二十一年(1841)武进士,以蓝翎侍卫用,官至总兵,加提督衔。所统名"飞虎军",屡与太平军、捻军在安徽交战。后在湖北蕲水为捻军陈得才所杀。

【译文】

听说九洑洲的北面,李世忠已开了一条河道,可通舟船。洲上的贼匪,应该不能再进犯北岸。"吉"左两营,贤弟调到金柱关,应该没有什么可顾虑的。多公调石清吉十个营到金陵共同清剿,鲍超一军也可以从东坝、溧水抵达金陵。八月以后,贤弟那里就应该不是孤军奋战了。

六月二十三日　致沅浦弟书

沅弟左右:

张胜禄竟以微伤殒命①,可惜可痛。余昔年恸塔智亭之殁②,失一威望之将;悼毕印侯之逝③,失一骁悍之将。张声扬虽不如塔④,似已远过于毕。一军之中,得此等人千难万难。灵榇过安庆时⑤,余当下河祭奠,赙恤其家。

【注释】

①张胜禄(? —1862):字声扬,湖南湘乡人。咸丰间从曾国藩镇压太平军,官至总兵,加提督衔。同治初从曾国荃攻天京,因伤殒命。

②塔智亭:塔齐布,字智亭。见前注。

③毕印侯:毕金科,字应侯。

④声扬:名声,声誉。

⑤灵榇(chèn):灵柩。

【译文】

沅弟左右:

张胜禄竟然因为轻伤去世,可惜可痛。我当年悲痛于塔智亭的去世,丧失一名有威望的将领;悼念毕印侯的逝世,丧失一员骁悍的将领。张胜禄名气虽然不如塔智亭,但似乎已远超过毕印侯。一支军队里,得到这样的人非常困难。灵柩路过安庆时,我应该下河祭奠,抚恤他的家人。

李臣典果足为继起之贤否①？凌有和、崔文田、李金洲三人②，余俱不甚熟。大约选将，以打仗坚忍为第一义，而说话宜有条理，利心不可太浓，两者亦第二义也。十六日之仗，崔文田等出卡在大壕外否③？刘南云等亦出卡否？洋枪与大炮、劈山炮三者比较，究竟何者群子最远？望校验见告。

【注释】

①李臣典(1838—1864)：字祥云，湖南邵阳人。十八岁投湘军。咸丰间从曾国荃转战江西，隶"吉"字营，常为军锋。破安庆后，升至参将。同治间，与困天京。升提督，掘地道，炸城墙，突入城内，旋卒于军。谥忠壮。

②凌有和(1835—1905)：字国沅，湖南湘乡人。曾国荃麾下将领。统领吉中"公"字营，参与围攻天京之役，官至记名提督，晋授建威将军。崔文田：字玉堂，湖南宁乡人。曾国荃麾下将领。统领吉中"敏"字营，参与围攻天京之役。官至记名提督。李金洲：曾国荃麾下将领。湘军破天京城时，领兵从通济门攻入。

③出卡：出队卡位打仗。

【译文】

李臣典果真堪称后起之秀么？凌有和、崔文田、李金洲三人，我都不太熟。选择将领，以打仗顽强为最重要，而说话要有条理，利心不能太重，这两项也很重要。十六日的战役，崔文田等出战是在大壕外吗？刘南云等也出战了吗？洋枪与大炮、劈山炮三者相比，哪一个的群子射程最远？希望验明报告我知。

弟两次抄示寄乔鹤侪信①，多影响之谈②。淮盐向以江督为主，江督犹东③，运司犹佃也④。弟欲从盐中设法生财，不谋之于我，而谋之于乔，何也？

【注释】

①乔鹤侪：乔松年（1815—1875），字健侯，号鹤侪，山西清徐人。道光十四年（1834）中举，次年进士，授工部主事，后任湖南乡试副主考，再迁郎中。咸丰三年（1853）后历官松江府知府、苏州府知府、江宁布政使、安徽巡抚、陕西巡抚、江苏两淮盐运使、河东河道总督等。谥号勤恪。

②影响：谓传闻不实或空泛无据。

③东：东家。

④运司：指两淮盐运使。佃：佃户。

【译文】

贤弟两次抄寄乔鹤侪的信给我看，有很多似是而非空泛不实的谈论。淮盐一向以两江总督为主，两江总督就像雇主，两淮盐运使就像雇员。贤弟想要从盐中生财，不和我商量，却和乔鹤侪商量，这是为何？

盐务利弊，万言难尽，然扼要亦不过数语。太平之世两语，曰："出处防偷漏，售处防侵占。"乱离之世两语，曰："暗贩抽散厘，明贩收总税。"

【译文】

盐务的利弊，很难说清，但简要来说也不过几句话。太平年代两句话："出处防偷漏，售处防侵占。"战乱年代两句话："暗贩抽散厘，明贩收总税。"

　　何谓"出处防偷漏"？ 盐出于海滨场灶①，商贩赴场买盐，每斤完盐价二三文②，交灶丁收③，纳官课五六文④，交院司收。其有专完灶丁之盐价，不纳院司之官课者，谓之"私盐"，即"偷漏"也。

【注释】

①场灶：盐场上的煮盐灶。亦借指盐场。

②完：完税，交税。

③灶丁：旧称"煮盐工"。

④官课：官府的税收。

【译文】

什么叫"出处防偷漏"？ 盐产出于海滨盐场，商贩去盐场买盐，每斤交场税二三文，交到煮盐工手里，纳官税五六文，交由盐运司收。如有只给煮盐工缴场税不向盐运司缴官税的，就叫做"私盐"，也就是"偷税漏税"。

　　何谓"售处防侵占"？ 如两湖、江西均系应销淮盐之引地①，主持淮政者，即须霸住三省之地，只许民食淮盐，不许鄂民食川私，湘民食粤私，江民食闽私，亦不许川、粤、闽各贩侵我淮地。此所谓"防侵占"也。

【注释】

①引地：又称"引岸"，旧时指定给请引行盐的盐商的专卖区。《清史稿·食货志四》："引商有专卖域，谓之引地。"引，盐引。古代官府在商人缴纳盐价和税款后，发给商人用以支领和运销食盐的凭证。始于宋代。

【译文】

什么叫"售处防侵占"？比如两湖、江西都是应该销售淮盐的引地，主持淮政的人，只需要霸住三省各地，只许老百姓吃淮盐，不许湖北人吃四川私盐，湖南人吃广东私盐，江西人吃福建私盐，也不许四川、广东、福建的盐贩来我们淮盐引地做生意。这就是所谓的"防侵占"了。

何谓"暗贩抽散厘"？军兴以来，细民在下游贩盐，经过贼中金陵、安庆等处，售于上游华阳、吴城、武穴等处，无引无票无照，是为"暗贩"。无论贼卡官卡，到处完厘，是谓"抽散厘"也。

【译文】

什么叫"暗贩抽散厘"？战事兴起以来，小老百姓在长江下游贩盐，经过贼匪占领的金陵、安庆等地，在上游的华阳、吴城、武穴等处出售，无引无票无照，就是"暗贩"。无论贼匪关卡我军关卡，到处缴税，就是所说的"抽散厘"了。

何谓"明贩收总税"？去年官帅给票与商人"和意诚号"[①]，本年乔公给票与商人"和骏发号"，目下余亦给票与"和骏发"，皆令其在泰州运盐，在运司纳课，用洋船拖过九洑洲，在于上游售卖。售于湖北者，在安庆收税，每斤十文半，在武昌收九文半。售于江西者，在安庆每斤收十四文，在吴城收八文。此所谓"明贩收总税"也。

【注释】

①和意诚号：与下文的"骏发号"、"和骏发"都是盐业的商号名。

"商号"为商人在营业上使用的名称。

【译文】

什么叫"明贩收总税"？去年官帅给了商人"和意诚号"盐票，今年乔公给了商人"和骏发号"盐票，眼下我也给了"和骏发"盐票，都令他们在泰州运盐，在盐运司纳税，用洋船拖过九洑洲，在上游售卖。在湖北出售的，在安庆收税，每斤十文半，在武昌收九文半。在江西出售的，在安庆每斤收十四文，在吴城收八文。这就是所说的"明贩收总税"了。

弟前令刘履祥在大通开官盐店①，小屯小卖，是暗贩之行径；今欲令二三商人赴乔公处领盐，驶上行销，是明贩之行径。若使照"和意诚"、"和骏发"之例，亦在运署纳课，亦雇洋船拖过九洑洲，亦在皖与武昌完二十文，皖与吴城完二十二文，则此外为利无几。若不照"和意诚"、"和骏发"之例，概不完厘，则有益于弟，有损于兄，殊不足以服众。本年四月，刘履祥在下游运盐数船驶上，亦用洋船拖过贼境，被获港卡员王寿祺拦住②。刘履祥寄函与王，请完厘释放，厥后过盐河、华阳竟未完厘。此事人多不服，余亦恶之，拟即将刘履祥撤去，并将大通官盐店拆毁。盖所得无多，徒坏我名声，乱我纪纲也。弟亦不必与乔公谋盐，弟以后专管军事，莫管饷事可也。

【注释】

①刘履祥：曾国藩幕僚，负责大通招商局。

②王寿祺：获港厘卡卡员。

【译文】

贤弟之前让刘履祥在大通开官盐店，小屯小卖，是暗贩的做法；现在想要让二三个商人去乔公那里领盐,到上游地区销售,是明贩的做法。如果让他们按照"和意诚"、"和骏发"的例子,也在盐运司衙门纳税,也雇洋船拖过九洑洲,也在安庆与武昌交税二十文,安庆与吴城交税二十二文,那么利润就没有多少了。如果不照"和意诚"、"和骏发"的例子,完全不缴税,那么对贤弟虽然有益,对愚兄就有害了,更不能服众。今年四月,刘履祥在下游运了数船盐前往上游,也用洋船拖过贼匪区,被获港的卡员王寿祺拦住。刘履祥寄信给王寿祺,请求缴税释放,之后过安庆盐河、华阳,竟然没有缴税。这事外人大多不服,我也很厌恶,想马上将刘履祥撤去,并将大通官盐店拆毁。因为得到的没多少,白白坏了我的名声,乱了纲纪。贤弟你也不必跟乔公商量盐务,以后只负责军事,不要管军饷就行了。

六月二十六日　致沅浦、季洪弟书

沅、季二弟左右:

　　沅信并祭文稿一件,情极沉挚,辞尤雅丽,似近日大有长进。弟平日写信条理清晰,而失之繁冗,往往于业经说明之事,再加一二层,反觉无当。此次一意承接,不漏不蔓,可喜之至。此后弟每动笔,不患其不明,患其太多。意尽则止,辞足则止,不必再添也。

【译文】

沅、季二弟左右:

　　沅弟的信以及祭文稿一篇,感情很深挚,言辞尤其雅丽,似乎近来大有长进。沅弟平时写信条理清晰,但却太过繁冗,往往对已经说明的事,再加上一二层,反而觉得没必要。这次一意承接,没有遗漏也没有枝蔓，非常可喜。以后贤弟每次动笔，不担心说不明白，而要担心说太多。意思表达清楚就停止，言辞够了就停止，不必再增加文字。

　　银票不停片刻，不少分厘，弟可遍告各处，不仅弟营为然。弟与季合统两万一千人，每月所收各卡厘金，约计两万金，余再嘱隋龙渊解六万三千两①，当办得到，弟尽可放心。

【注释】

①隋龙渊：隋藏珠（1812—1866），原名"藏朱"，字松心，别号龙渊，乐安县牛庄人。道光九年（1829）应乡试中举人，次年进京应会试中进士，留京任户部主事。后晋升郎中。咸丰七年（1857）赴任江西建昌知府。曾国藩闻其政声，奏疏皇上，荐其到湘军任职。隋藏珠在湘军任钱粮总监（亦称"粮台"），为筹措、管理湘军粮饷悉心筹划，深得曾国藩器重，奏请皇上升任其为道员。同治四年（1865），丁忧辞官。次年病逝，赠中宪大夫。

【译文】

　　银票不停片刻，不少分毫，贤弟可以告诉所有人，不仅贤弟麾下各营如此。沅弟与季弟共统率两万一千人，每月所收各卡税金，约计二万两，我再嘱咐隋龙渊解送六万三千两，应该办得到，贤弟尽可放心。

　　宁国克复，弟处二十日尚无确耗，此后宜专派多人在外探信。至要至要！

【译文】

　　宁国光复，贤弟你那里二十天还没有确实的消息，这之后应该专派多人在外面打探消息。很重要很重要！

六月二十九日　致沅浦、季洪弟书

沅、季两弟左右：

　　日来不接弟等信，想营次平安①。春霆克复宁国，至今无公牍私函来此，不解何故。或乘胜进攻广德、东坝耶？抑别有疏失耶？如果克复广德、东坝，则拟以韦志浚守广德，王可陞守东坝，凯章守宁郡、宁邑，云岩守旌德、三溪，桂生守徽州，周万倬两营守芜湖。而春霆从溧阳、溧水、句容绕至金陵之东北，庶为得势。不知果能尽如人意否？

【注释】

①营次：军队驻扎地。

【译文】

沅、季两弟左右：

　　这几天没接到你们的信，想来营次平安。春霆攻克宁国，至今没有公文私信寄来，不知道是什么缘故。或者乘胜进攻广德、东坝去了？还是有什么别的闪失？如果收复广德、东坝，那么就让韦志浚守广德，王可陞守东坝，张凯章守宁国府和宁国城，朱云岩守旌德、三溪，唐桂生守徽州，周万倬的两个营守芜湖。春霆从溧阳、溧水、句容绕到金陵的东北，或许可以占形势之利。不知是否真能尽如人意？

　　多公自武昌起程西上。闻秦中仇杀，已成巨案。多公此行，能仅至豫而不至陕，或可速了。一入关中①，则不复能东还矣。

【注释】

①关中：地名。位于函谷关、武关、散关、萧关四关之中，即今陕西省中部地区，故称"关中"。

【译文】

多公从武昌起程西上。听说秦中仇杀，已成大案。多公这趟，能直到河南而不到陕西的话，或许可以马上了结。一进入关中，可就再不能回到东边了。

七月初一日　致沅浦、季洪弟书

沅、季两弟左右：

专差至，接两弟书。沅于二十五日早大战之后，尚能写二十二叶之多，可谓强矫矣，所言俱能切中事理。

【译文】

沅、季两弟左右：

专人到了，接到两位弟弟的信。沅弟在二十五日早上的大战之后，还能写二十二页那么多，可称得上强健了，所说的都能切中事理。

凡善将兵者，日日申诫将领，训练士卒。遇有战阵小挫，则于其将领责之戒之；甚者，或杀之，或且泣且教，终日絮聒不休①。正所以爱其部曲②，保其本营之门面声名也。不善将兵者，不责本营之将弁，而妒他军之胜己，不求部下之自强，而但恭维上司，应酬朋辈，以要求名誉，则计更左矣③。余对两弟絮聒不休，亦犹对将领且责且戒，且泣且教也。良田美宅，来人指摘，弟当三思，不可自是。吾位固高，弟位亦实不卑；吾名固大，弟名亦实不小。而犹沾沾培坟墓以永富贵④，谋田庐以诒子孙⑤，岂非过计哉？

【注释】

①絮聒(guō)：絮絮叨叨。

②部曲：古代军队的编制单位。李善注引《续汉书》云："大将军营五部，部有校尉一人；部下有曲，曲有军候一人。"泛指军队。

③左：次一级，低劣。

④培坟墓：修高坟墓，以图福报。

⑤诒(yí)：遗留。

【译文】

凡是善于带兵的，每天对将领训话，训练士卒。碰到战场上的小败，就要对将领问责告诫；情况更严重一些的，或者处死失职将领，或者声泪俱下地教诲，每天都要唠唠叨叨。正是因为爱护部下，要保住他自己军营的门面声名。不善于带兵的，不问责本营的将领，却嫉妒友军胜过自己；不要求部下自强，却只是恭维上司，应酬朋友，以求得到名誉，这样的打算就更错了。我对两位弟弟唠唠叨叨，也就像对将领督责告诫，声泪俱下地教诲一样。良田美宅，有人非议，贤弟应当三思，不能自以为是。我的地位固然很高，贤弟的地位也实在不低；我的名声固然很大，贤弟的名气也实在不小。却还要沾沾自喜地修高坟墓来求永久的富贵，购置田产来留给子孙，岂不是考虑得太过头了吗？

廿五日又获大胜，以后应可跕稳脚跟①。然计贼之技俩，必再来前后猛扑一次，尚宜稳慎待之。

【注释】

①跕(zhàn):站立。

【译文】

二十五日又获大胜,以后应该就可以站稳脚跟。但是考虑到贼匪的伎俩,一定会再来前后猛攻一次,还应该稳慎对待。

七月初五日　　致沅浦弟书

沅弟左右:

九洑洲以北之河既成,李世忠可大获盐利。吾亦幸金陵之贼永无北岸之接济,镇、扬之兵易通上游之消息。此公私两便也。希庵近日病颇重,咳嗽吐痰,夜不能睡,并须扶杖出入,闻之深以为虑。作梅之医理①,余以为不可恃,而润、希皆深信之②,恐贻误不浅也。

【注释】

①作梅:陈鼐,字作梅。见前注。

②润、希:指胡林翼(润之)、李续宜(希庵)。

【译文】

沅弟左右:

九洑洲以北的河已经开通,李世忠可以在盐税方面获利很大。我也庆幸金陵的贼匪永远断绝北岸的接济,镇江、扬州的官军更容易与上游互通消息。这于公私两方面都有很大方便。希庵这几天病情颇重,咳嗽吐痰,夜不能睡,还须扶着拐杖出入,我听说后很是忧虑。陈作梅的医术,我认为靠不住,而胡林翼、李续宜都深深相信他,恐怕耽误得不浅。

陕西之祸，闻死人至三十万之多。看来西北劫数方兴未艾，天意茫茫，不知何日果遂厌乱？谕旨屡催多公入关，此等纷纠之事，亦殊非多公所长。朝廷似有中兴之象，而四方兵端日增，良为忧灼。

【译文】

陕西之祸，听说已经死了三十多万人。看来西北的劫数方兴未艾，天意茫茫难知，不晓得什么时候才能真的厌倦战乱并让它停止？谕旨屡次催促多公入关，这样纷纠的事情，也绝不是多公所擅长处理的。朝廷似乎有中兴的迹象，但四方的战争却逐渐增多，实为忧虑。

七月二十日　　致沅浦、季洪弟书

沅、季弟左右：

季弟病似疟疾，近已全愈否？吾不以季病之易发为虑，而以季好轻下药为虑。吾在外日久，阅事日多，每劝人以不服药为上策。吴彤云近病极重[①]，水米不进已十四日矣。十六夜四更，已将后事料理，手函托我，余一概应允，而始终劝其不服药。自初十日起，至今不服药十一天，昨夜竟大有转机，疟疾减去十之四，呃逆各症减去十之七八[②]，大约保无它变。希庵五月之季病势极重，余缄告之，云治心以"广大"二字为药，治身以"不药"二字为药，并言作梅医道不可恃。希乃断药月余，近日病已全愈，咳嗽亦止。是二人者，皆不服药之明效大验。季弟信药太过，自信亦太深，故余所虑不在于病，而在于服药。兹谆谆以不服药为戒，望季曲从之，沅力劝之。至要至嘱！

【注释】

① 吴彤云：吴大廷（1824—1877），字彤云，湖南沅陵人。咸丰五年（1855）登顺天乡荐。初以拔贡任内阁中书，后因军功任福建盐道。同治五年（1866）十月移调台湾兵备道，兼理学政。卒赠太仆寺卿。吴氏撰述颇丰，有《自著年谱》二卷、《小酉腴山馆文集》十二卷、《小酉腴山馆诗集》八卷。

② 呃逆：气逆作声。俗称"打嗝"。明李时珍《本草纲目·主治一·呃逆》："有寒有热，有虚有实。其气自脐下冲上，作呃呃声。"

【译文】

沅弟、季弟左右：

季弟的病像是疟疾，这几天已经痊愈了吗？我不为季弟的病容易发作担心，而为季弟喜好随便吃药担心。我在外面时间很长，知道的事很多，每每劝人把不吃药当成上策。吴彤云近来病情极重，水米不进已经十四天了。十六日夜里四更，已经将后事料理，写了一封信嘱托我，我一概应允，却始终劝他不要吃药。自从初十日起，到现在不吃药已经十一天了，昨夜竟然大有转机，疟疾病情减轻十分之四，呃逆等各项症状减去十分之七八，大概能保证没有其他变故。希庵五月时病势极重，我写信告诉他，说治心用"广大"二字当药，治身用"不药"二字当药，并说作梅的医术不能依靠。李希庵就停药一个多月，这几天病情已经痊愈，咳嗽也停了。这两个人，都是不吃药而病好的典型例子。季弟太相信药，自信也太深，因此我担心的不在于病，而在于吃药。现在谆谆告诫季弟不要吃药，希望季弟委屈听我一次，沅弟也尽力劝劝。很重要，很重要！

季弟信中所商六条皆可允行。回家之期，不如待金陵克后乃去，庶几一劳永逸。如营中难耐久劳，或来安庆闲散十日八日，待火轮船之便，复还金陵本营，亦无不可。若能耐劳耐烦，则在营久熬更好，与弟之名曰"贞"、号曰"恒"者，尤相符合。其余各条皆办得到，弟可放心。

【译文】

季弟信中商量的六条都可以准许。回家的日期，不如等金陵攻克后再走，大概可以一劳永逸。如果军营里十分难熬，那就来安庆闲散十天八天，等火轮船的方便，再回金陵本营，也没什么不可以。如果能耐劳耐烦，那就在军营里久熬更好，跟弟弟你的名字"贞"、号"恒"更是符合。其余各条都办得到，贤弟可以放心。

上海四万尚未到，到时当全解沅处。东征局于七月三万之外，又有专解金陵五万，到时亦当全解沅处。东局保案，自可照准，弟保案亦日内赶办。雪琴今日来省，筱泉亦到。

【译文】

上海的四万还没有到，到的时候会都押解到沅弟那里。东征局在七月的三万之外，又有专门解去金陵的五万，到的时候也会都送到沅弟那里。东局的保案，自可以照准，贤弟的保案也在这几天赶办。彭雪琴今天来省城，李筱泉也到了。

七月二十四日　致澄侯弟书

澄弟左右：

近日诸事平安，沅、季在金陵并未开仗。鲍春霆克宁国后尚未进兵。希庵于初八日简授钦差大臣，咨请余代奏谢恩，并请辞谢重任，回籍守制，已于廿一日代为陈奏。渠以二十二日自六安起行来安庆，俟奉到赏假谕旨，即行归里。袁午桥开缺以后，病势甚重，不审能再驻临淮办事否？若午、希皆去，余须兼顾淮北，精力万照管不到。

【译文】

澄弟左右：

这几天各方面都平安，沅弟、季弟在金陵并没有开战。鲍春霆攻克宁国之后还没有进军。希庵在初八日被授予钦差大臣，请求我代为上奏谢恩，并请辞谢重任，回老家守制，我已经在二十一日代为上奏。他在二十二日从六安起行来安庆，等到接到准假的谕旨，就马上回老家。袁午桥开缺以后，病势很重，不知道还能不能再来临淮办事？如果袁午桥、李希庵都走了，我就必须兼顾淮北，精力绝对照管不过来。

近日身体颇好，疮癣皆愈，但畏热殊甚，汗出如雨，殆亦老年必有之象。弟近日体气何如？常服药否？余今年未服补药，盖见胡润帅晚年病象①，未必非补药太过之咎耳。

【注释】

①胡润帅：指胡林翼。

【译文】

这几天身体很好，疮癣都愈合了，但很怕热，汗出如雨，大概也是老年一定会有的征状。贤弟你这几天身体状况怎样？常吃药吗？我今年没吃补药，因为见过胡润帅晚年的病象，也未必不是吃补药太多的缘故。

七月二十五日　致沅浦、季洪弟书

沅、季弟左右：

　　久不接来信，不知季病全愈否？各营平安否？东征局专解沅饷五万，上海许解四万，至今尚未到皖。阅新闻纸，其中一条言何根云六月初七正法，读之悚惧惆怅。

【译文】

沅弟、季弟左右：

　　很长时间没接到来信，不知道季弟的病痊愈了么？各营平安么？东征局专门解送沅弟的军饷五万，上海答应解送四万，至今还没有到安徽。看新闻纸，其中一条说何根云在六月初七日处决，读后毛骨悚然而又觉惆怅。

　　余去岁腊尾买鹿茸一架，银百九十两，嫌其太贵，今年身体较好，未服补药，亦未吃丸药。兹将此茸送至金陵，沅弟配制后，与季弟分食之。中秋凉后，或可渐服，但偶有伤风微恙，则不宜服。余阅历已久，觉有病时断不可吃药，无病时可偶服补剂调理，亦不可多。吴彤云大病二十日，竟以不药而愈。邓寅皆终身多病，未尝服药一次。季弟病时好服药，且好易方①。沅弟服补剂，失之太多。故余切戒之，望弟牢记之。

【注释】

　　①易方：换药方。

【译文】

我去年年底买了一架鹿茸，花了一百九十两白银，嫌它太贵，今年身体较好，没吃补药，也没吃丸药。现将这架鹿茸送到金陵，沅弟配制后，与季弟分吃。中秋节凉后，或许可以慢慢服用，但是如果有伤风小病，就不能吃。我阅历太多，发觉有病的时候一定不可吃药，没病的时候可以偶尔服用补剂调理，也不能太多。吴彤云大病了二十日，竟因不吃药而痊愈。邓寅皆终身多病，没有吃过一次药。季弟病的时候喜欢服药，而且喜欢换处方。沅弟吃补剂，也失之太多。因此我诚恳告诫，希望贤弟牢记。

弟营起极早，饭后始天明，甚为喜慰。吾辈仰法家训，惟早起、务农、疏医、远巫四者尤为切要

【译文】

贤弟的军队起床极早，早饭后才天亮，我很是欣慰。我们依循家训，只有早起、务农、疏医、远巫四件事最是重要。

七月二十八日　致沅浦、季洪弟书

沅、季弟左右：

接沅弟排递一缄①，大傩礼神②，以驱厉气而鼓众心③，或亦足以却病。余寸心忧灼，未尝少安。一则以弟营与鲍营病者太多，为之心悸；二则各县禾稼，前伤于旱，继而蝗虫阴雨，皆有所损，收成歉薄④，各军勇夫七万人，难于办米。三则以秦祸日烈⑤，多公不能遽了⑥，袁、李皆将去位⑦，长淮

南北,千里空虚。天意茫茫,竟不知果有厌乱之期否? 幸季弟疟疾速愈,大为欣慰。观民心之思治,贼情之涣散,金陵似有可克之机。然古来成大功大名者,除千载一郭汾阳外⑧,恒有多少风波,多少灾难,谈何容易! 愿与吾弟兢兢业业,各怀临深履薄之惧⑧,以冀免于大戾。

【注释】

①排递:紧接着又送来(一封信)。

②大傩(nuó):岁末禳祭,以驱除瘟疫。《吕氏春秋·季冬》:"命有司大傩,旁磔,出土牛,以送寒气。"高诱注:"大傩,逐尽阴气,为阳导也。今人腊岁前一日击鼓驱疫,谓之逐除,是也。"此处指举行傩戏仪式,以驱除瘟疫,非岁末。

③厉气:邪恶之气,瘟疫之气。汉王充《论衡·偶会》:"故厉气所中,必加命短之人。"

④歉薄:歉收,农业收成微薄。

⑤秦祸:指同治元年(1862)爆发的陕西事件。

⑥了:了结。

⑦袁、李:指袁午桥、李续宜。

⑧郭汾阳:指唐代名将汾阳王郭子仪。

⑨临深履薄:《诗经·小雅·小旻》:"战战兢兢,如临深渊,如履薄冰。"谓面临深渊,脚踏薄冰,后因以"临深履薄"喻谨慎戒惧。

【译文】

沅弟、季弟左右:

接到沅弟紧随着寄来的又一封信,举行傩戏仪式求神保佑,来驱散瘟疫厉气以鼓舞军心,或许也足以防御病疫。我非常忧虑,一刻不能安心。一是因为贤弟军营与鲍超军营的病人太多,为之担忧;二是因为各县的庄稼之前遭遇干旱,之后又遭遇蝗虫阴雨,都有损伤,收成微薄,各军士兵七万人,他们的粮食问题很难解决;三是因为秦地祸患日益严重,多公不能马上处理完,袁、李都要离开,长淮南北,千里空虚。天意茫茫难测,竟不知道果真有消弭祸乱的时候? 幸好季弟的疟疾很快痊愈,很是欣慰。看现在民心盼望太平,贼情军心涣散,金陵似乎有可以攻克的机会。但是古来成就大功大名的人,除了千年一个的汾阳王郭子仪外,都有很多风波,很多灾难,谈何容易啊! 希望与贤弟兢兢业业,都怀着临深履薄的畏惧之心,来免除大灾。

东征局五万,因北风太大,尚未到省。此月竟止解去五万,下月必补足也。

【译文】

东征局的五万军饷,因为北风太大,还没有到安徽省城。这个月竟只解送去五万,下个月一定补足。

八月初四日　致沅浦、季洪弟书

沅、季弟左右:

希庵昨日到省,气象瘦黑①,咳嗽不止,病殊不轻。本日接奉谕旨,不准回籍治丧,赏银八百两,饬地方官妥为经理。天恩优渥,无以复加,然希庵归思极切,且其病似内伤,非回家安心调养,断难速痊。渠拟自行具折陈情②,拜疏即行。论君恩则有负,论病状则无愧也。

【注释】

①气象：精神气象。此指人的面色。

②陈情：(向朝廷)陈述衷情。

【译文】

沅弟、季弟左右：

希庵昨天到安徽省城，面色瘦黑，不停地咳嗽，他的病很是不轻。今天接到谕旨，不准他回老家治丧，赏给八百两银子，令地方官好好办理。皇恩浩荡，无以复加，但是希庵非常想回家，而且他的病像是内伤，不回家安心调养，一定很难好得快。他想要自己上奏折陈述衷情，奏折一拜发，就起身回家。论君恩虽然有负，论病情则无愧于心。

八月初七日　致沅浦、季洪弟书

沅、季弟左右：

日内未接弟信，想季疟全愈为祝。余日日至希庵处看视。其体瘦多咳，略似内伤，而神气尚凝聚，静心调养，当可全愈。即日自行具折陈情，恳请回籍一行，计二十八、九可奉批旨。如再不蒙俞允①，则续行陈情，拜疏即行。渠于送奠仪者，一概辞谢，虽余兄弟与雪琴者皆不受。此外则并祭幛而辞之。

【注释】

①俞允：皇上恩准。《尚书·尧典》："帝曰：'俞。'"俞，应诺之辞。后即称允诺为"俞允"。多用于君主。

【译文】

沅弟、季弟左右：

这几天没有接到贤弟的信，遥祝季弟的疟疾痊愈。我每天到希庵那里探望。他骨瘦多咳，有些像内伤，但神气还很凝聚，静心调养，应该可以痊愈。马上自己写奏折陈情，恳求回老家一趟，预计二十八、九日可以接到朝廷批复。如果再不得到恩准，就继续陈情，奏折一拜发，就起身回家。他对大家送的奠仪，一概辞谢，即使我们兄弟与彭雪琴送的都不接受。此外，连大家送的祭幛也一并辞谢。

袁帅病势颇重，断难久留。余之责任太重，深为焦虑。东局五万，上海四万，至今未到。昨日江西解到四万，今日飞解弟处，稍济眉急①。金陵援贼，近日何如？各营病痛，比来少愈否②？

【注释】

①济：救。眉急：燃眉之急，比喻事情非常紧迫。亦喻指异常紧迫之事。

②比来：近来。

【译文】

袁午桥大帅的病情很重，肯定难以久留。我的责任太重，很是焦虑。东征局的五万军饷，上海的四万军饷，至今没到。昨天江西解送到四万军饷，今日飞速解送去贤弟那里，稍稍接济燃眉之急。金陵的贼匪援军，这几天怎样？各营士兵的病痛，近来稍稍好些没？

澄弟寄到家信，嘱专人送金陵，兹专足送去。弟处送家信者，常失之太慢。余定限自皖至家十八天，以后弟逢八日写信，排递余处，余逢四送家，则弟缄达湘，不满一月矣。

【译文】

澄弟寄到家信,嘱咐专人送到金陵,现派专人送去。贤弟那里送家信的人,常嫌走得太慢。我限定从安徽送信到家走十八天,以后贤弟每八日写信,依次送到我这里,我逢四日派人送往家里,这样贤弟的信到达湖南,不会超过一月。

八月二十一日　致沅浦、季洪弟书

沅、季弟左右:

专差到,接来信具悉。吴委员解饷七万①,前缄已决其径解金陵。该员不来安庆禀见,亦殊可怪。毛、恽以此敦同舟之谊②,而该员暗寓离间之意,世情浇薄如此③!

【注释】

①吴委员:不详。

②毛、恽:指毛鸿宾、恽世临。同舟之谊:同舟共济的情谊。

③浇薄:社会风气浮薄,人心不厚道。

【译文】

沅弟、季弟左右:

专差到了,接到来信获知一切情况。吴委员押解军饷七万,之前的信已命令他直接押往金陵。这个人不来安庆觐见我,也真是非常奇怪。毛、恽以此增进同舟共济的情谊,但这个人却暗中带有离间的意思,世情竟然这样凉薄!

六属丁漕①,不能不驳。去年十二月二十一日,恩诏豁免安徽失陷地方今年钱漕,余与希庵会衔出示,定以十二月二十一日以前克复者起征,恩诏以后克复者不起征。兹将告示寄阅。和、巢皆在不征之列②,碍难违旨开办。无为、怀、庐等属虽办抵征③,然当分拨各军。弟军之视鲍、张、朱、唐各军已极优矣④。若再处处独优,则人必不服,余亦无词以告马方伯、隋粮台也⑤。

【注释】

①丁漕:按人口交纳的漕粮。

②和、巢:指和州、巢县。

③怀、庐:指怀宁、庐州。抵征:交钱充当漕粮。

④视:比照。鲍、张、朱、唐:指湘军将领鲍超、张运兰、朱品隆、唐义训。

⑤马方伯:指安徽布政使马新贻。马新贻(1821—1870),字谷山,山东菏泽人。道光二十七年(1847)进士,授安徽知县。咸丰间参与镇压太平军、捻军,擢按察使,以失庐州革职。同治初,从复庐州,历按察使、布政使,旋调任浙江巡抚。同治七年(1868),任两江总督兼通商大臣。后被张汶祥刺杀。谥端悯。隋粮台:指总管粮台工作的隋藏珠。

【译文】

属下六地的丁漕议案,不能不驳回。去年十二月二十一日,圣旨豁免安徽沦陷区今年的钱漕,我与希庵一起联名出告示,确定在十二月二十一日以前光复的地区征收,圣旨颁布以后光复的地区不征收。现将这个告示寄给你们看。和、巢都在不征收钱漕的名单里,绝对不能违逆圣旨开征。无为、怀、庐等属地虽然实行抵征政策,但钱也应该分拨给各军。贤弟的军队比鲍、张、朱、唐各军的待遇已经很优厚了。如果再处处独享优待,那么别人一定不服,我也没有好的言辞向马方伯、隋粮台交代了。

闰八月初四日　致澄侯弟书

澄弟左右：

　　沅、霆两军病疫，迄未稍愈。宁国各属军民死亡相继，道殣相望①，河中积尸生虫，往往缘船而上。河水及井水皆不可食。其有力者，用舟载水于数百里之外。臭秽之气中人，十病八九。诚宇宙之大劫，军行之奇苦也。

【注释】

　　①道殣(jìn)相望：谓路上饿死的人很多。《左传·昭公三年》："宫室滋侈，道殣相望。"杜预注："饿死为殣。"

【译文】

澄弟左右：

　　沅弟、春霆两军的病疫，到现在还没有好。宁国下属各地的军民相继死去的很多，道路上全是饿死的人，河中的积尸生虫，往往沿着船往上爬。河水和井水都不能喝了。有能力的人，用船从数百里之外运水。臭气熏天，生活在里面的人，十个人里面八九个都生了病。这真是宇宙的大浩劫，行军异常艰苦。

　　洪容海投诚后①，其党黄、朱等目复叛②，广德州既得复失。金柱关常有贼窥伺，近闻增至三四万人，深可危虑。余心所悬念者，惟此二处。

【注释】

①洪容海：即童容海，安徽无为人。本姓洪，入太平军后，改今姓。石达开部将。咸丰七年(1857)随石达开出走。十年(1860)，率部脱离石达开。同治元年(1862)与李秀成会合，转战浙江，累封至保王。后在广德降清，复姓洪。次年随鲍超破宁国府，升总兵。

②黄、朱等目：指太平军将领黄祥胜、黄五馥、朱衣点等。

【译文】

洪容海投诚以后，他的手下黄、朱等头目又叛变了，广德州已经光复又遭到沦陷。金柱关常常有贼匪窥伺，近几日听说已经增到了三四万人，很是担心。我所担心的，就这两个地方。

余体气平安，惟不能多说话，稍多则气竭神乏。公事积阁，恐不免于贻误。弟体亦不甚旺，总宜好好静养。莫买田产，莫管公事。吾所嘱者，二语而已。"盛时常作衰时想，上场当念下场时。"富贵人家，不可不牢记此二语也。

【译文】

我身体平安，只是不能多说话，说话稍多就会气竭神乏。公事耽搁，恐怕会造成贻误。贤弟你的身体也不很好，总要好好静养。不要买田产，不要管公事。我要嘱咐的，就这两句话而已。"盛时常作衰时想，上场当念下场时。"富贵人家，不可不牢记这两句话。

闰八月十六日　致沅浦弟书

沅浦九弟左右：

多帅回顾金陵之说①，万办不到。陕西大乱，死者已四五十万人，较三江、两湖之劫更巨。余前复奏一疏，言多公果不入秦，当令驻军南阳。其时盖深知多之必入秦中，又不料弟与鲍、张各军病势如此之甚也②。厥后官相与陕帅屡疏奏催多公入陕，朝旨亦屡次催之，分派胜剿渭北③，多剿渭南兼保省城。入关以后，万不能东返矣。顷多公飞调庐州石清吉部下三营入陕，余已咨复截留，尚不知留得住否？且即奏调多军回援金陵，至速亦在五个月以后，而金陵与鲍军之危迫，必在两月以内，远水不能救近火。弟惟就现有兵力，专谋坚守，不图出战，早早布置，或尚可为。

【注释】

①多帅：指多隆阿。

②鲍、张：指鲍超、张运兰。

③胜：指胜保。

【译文】

沅浦九弟左右：

多帅回师援助金陵的说法，一定办不到。陕西大乱，已经死了四五十万人，相较于三江、两湖地区的劫难更严重。我之前又再上奏一疏，说多公若不进入陕西，应当命令他驻军南阳。那时因为深知多公一定会进入陕西，又没料到贤弟与鲍、张各军的病势如此严重。之后官相国与陕西主帅屡次上奏催促多公入陕，朝廷圣旨也屡次催促，分派胜保剿平渭北，多公剿平渭南同时保卫省城。入关以后，一定不能东返了。方才多公紧急公文调令庐州石清吉部下三个营到陕西，我已公文答复截留这三个营，还不知道是否留得住？况且即便奏请调多隆阿军回援金陵，多军到金陵，最快也在五个月以后，而金陵与鲍超军的危机，一定是在两个月以内，远水救不了近火。贤弟你只能就现有兵力，专门谋划坚守,不考虑出战,早早布置,或许还可以坚持。

　　两弟共统兵二万,若责以合围①,责以攻城,诚有不能。若责以专守营垒,似亦无辞可以诿谢②。病疫乃是天意,弟与鲍、张、朱、唐各军皆病,多军东返,遂能保其不大病乎?弟当与各营官力图自固。身居绝地,只有死中求生之法,切不可专盼多军,致将卒始因求助而懈弛,后因失望而气馁也。

【注释】

①合围:传忠书局本作"合团",当为"合围"之误。

②诿谢:推诿,推辞。

【译文】

　　两位弟弟一共统兵两万,如果强求你们合围天京并且攻城,确实不可能做到。但如果要求你们专门防守营垒,貌似也无话可以推诿。病疫是天意,贤弟与鲍、张、朱、唐各军都生了病,多隆阿大军东返,就能保证不会生病吗?贤弟应当与各位营官力图自固。身居绝地,只有死中求生一个方法,千万不能只盼着多隆阿军,致使官兵们开始时因为指望救兵而懈怠,之后又因失望而士气低落。

　　弟若另求保营之法,只有两法略可补救:一法商之毛、郭、黄、赵在湖南飞募新卒前来补缺①;一法调竹庄团防营与周万倬共守芜湖,而腾出王可陞之兵为活兵,危急之际,或助弟,或助鲍也。然二万人不能守营,添王可陞遂能守乎?殊深焦虑。

【注释】

①毛、郭、黄、赵：指毛鸿宾、郭意城、黄南坡、赵焕联。

【译文】

贤弟如果另找自保营盘的方法，只有两个方案略可补救：一个方案是与毛、郭、黄、赵商量，在湖南快速招募新兵前来补缺；一个方案是调吴竹庄的团防营与周万倬一起守卫芜湖，而腾出王可陞一军为机动部队，危急的时候，要么帮助贤弟，要么帮助鲍超。但是两万人不能守卫营垒，加上王可陞就能守得住吗？真是让人焦虑。

闰八月十九日　致沅浦弟书

沅弟左右：

多公不能回军东指，前信略述其概。本日接严渭春一缄①，称多公在商南小挫，散去四营，恐未必确。其称多帅昨奉谕旨，又令回剿楚、豫发、捻，不必入关，则必见廷寄之言。多若果回楚、豫，则弟欲奏请会攻金陵，或有几希之望②。然余接多公在商南发信，业已入关，其部下雷正绾已至陕西城外③。为解省围之计，秦中官绅未必肯放多帅出关，而多公不携雷镇十营偕行，必不肯独自东还。是多公不能出关回剿楚、豫，十居其七。即能回楚、豫，亦不能会剿金陵。以鄙见计之，多军长途之辛苦，部落之分散，接济之不便，事机之不顺，多公必不免于懊恼，将士必不免于疾病。若再东行三千余里而至金陵，则辛苦尤甚。无论其不能东来，来亦必不能速，难遽得力。故余欲弟力求自保，断不可指望多公，致误大事。至嘱至嘱！

【注释】

①严渭春：严树森(？—1876)，原名澍森，字渭春，四川新繁人。道光二十年(1840)举人，捐纳知县，官至河南、湖北、广西巡抚。曾镇压太平军和捻军。早期任事不避艰险，并能洁身自好，及为封疆大吏，颇纳贿赂，晚节不终。

②几希：极少，极小。

③雷正绾(？—1897)：字伟堂，四川中江人。咸丰间由把总从军湖北，积功至游击。旋随多隆阿镇压太平军。同治间擢陕西提督，帮办军务。光绪间法、越开战，受命率甘军驻守凤凰城。后加太子少保、尚书衔。

【译文】

沅弟左右：

多公不能回师东顾，之前的信已经把大概都说了。今天接到严渭春的一封信，说多公在商南遭遇小挫，散去四营，恐怕未必是真的。他说多公昨天接到谕旨，又命令他回剿湖北、河南的太平军和捻军，不必入关，一定是亲眼见到廷寄才说的。多公如果真的回湖北、河南，那贤弟想要奏请他共同进攻金陵，或许还有几分希望。但我接到多公在商南发的信，说已经入关，他的部下雷正绾已到陕西省城外。出于解除省城围困的考虑，秦中官绅未必肯放多公出关，而多公不带雷总兵十营一起走，一定不肯独自东还。十有七成，多公不能出关回剿湖北、河南。即使能回剿湖北、河南，也不能一同剿平金陵。依我看来，多公一军长途跋涉辛苦，部下分散，接济不便，战事不顺，多公一定免不了懊恼，将士一定免不了生病。如果再东行三千里到达金陵，那就太过辛苦了。无论他能不能东来，即使能来也一定不会很快赶到，很难马上得力。因此我想要贤弟你力求自保，万万不可指望多公，以致误了大事。千万千万！

多公阅历尚浅。四五月间自请援陕，与官公密商密奏①，皆秘不使余知。彼时锐意立功西北，岂料今日尚在商南，所谓"事非经过不知难"也。弟今欲多军速回金陵，亦不知事之难也。余千思百计，无术可救弟之危，惟令团防营南渡，与周万倬会守芜湖，腾出王可陞一军留助弟处一臂之力。然弟二万人不能坚守，添二千余人岂遂足恃？聊尽心焉耳。

【注释】

①官公：指官文。

【译文】

多公阅历还浅。四五月间自请援救陕西，与官公秘密商量秘密上奏，都保密不让我知道。那时下决心在西北立功，怎能想到今天还在商南，这就是俗语说的"事非经过不知难"啊。贤弟你现在想要多公军队马上回师金陵，也是不知事情的艰难。我考虑很久，没有任何方法可以解救贤弟的危机，只有命令团防营南渡，与周万倬共同防守芜湖，腾出王可陞一军留给贤弟助一臂之力。但是贤弟两万人都不能坚守营盘，增加两千人就真的足以倚靠吗？只是尽心而已了。

篪轩愿助我办粤厘①，亦可感也。

【注释】

①篪（chí）轩：万启琛，号篪轩，曾国藩幕僚。其家曾为巨富，官至江苏布政使。

【译文】

万篪轩愿意帮我办理广东税务，也令人感动。

闰八月二十一日　致沅浦弟书

沅弟左右：

雪琴信来，贼分三大枝上犯。伪侍王一枝专攻金陵，侍逆尚在衢、严一带①。此信或未必确。然大枝贼扑犯之说，则处处皆同，大约弟处九月必有战事矣。

【注释】

①衢、严：指浙江的衢州、严州二府。

【译文】

沅弟左右：

雪琴的信来了，说贼匪分成三大支上犯。伪侍王的一支专攻金陵，伪侍王还在衢州、严州一带。这消息或许未必准确。但是大股贼匪前来进犯的说法，却处处都一样，大概贤弟那里九月一定会有战事。

季弟各营所守一段，乃弟之粮路所关，其营皆新集之卒，未历战阵，未经风波，恐大股贼甫至，而各营望风先溃。粮路一失，弟所统各营，亦有不能不退之势，则大局立坏。他处无兵可调，只留王可陞一军为援助金陵之地。弟或先将王可陞调至大胜关一带，填扎季弟新勇八营墙内，而换出季弟之新勇移驻芜湖，似尚妥惬。"陞"字四营①，虽亦系未经见仗之新勇，而较之季弟新勇，或者略胜。王可陞二千七百人可扎五垒。弟于湘恒等十营中挑留五营②，而抽五营移于芜湖以上。季若不愿在金陵，亦可移至芜湖以上。惟弟斟酌行之。余相隔太远，不敢悬揣，系念无已。

【注释】

①"陞"字四营：王可陞统领的湘军营队名"陞"字营。

②湘恒等十营：曾贞干统领的湘军营队名湘恒营。

【译文】

季弟各营所防守的那一段，是贤弟粮路的关键位置，他的军营都是新招募的士兵，没经历战阵，没经历风波，我担心大股贼匪一到来，而各营望风先溃。粮路断了，贤弟所统率的各营，也就处在了不能不退的境地，大局立即恶化。其他地方无兵可调，只留王可陞一军援助金陵。贤弟或许可以先将王可陞军调到大胜关一带，填充扎入季弟新兵八营营墙之内，而换出季弟的新兵移驻芜湖，貌似还算妥当。"陞"字四营，虽然也是没经过战阵的新兵，但相较于季弟的新兵，或许略好一些。王可陞的二千七百人可扎营五垒。贤弟在湘恒等十营中挑留五个营，而抽出五个营移到芜湖以上。季弟如果不愿在金陵，也可移到芜湖以上。贤弟你斟酌办理。我相隔太远，不敢胡乱揣测，一直担心。

闰八月二十四日　致沅浦弟书

沅弟左右：

次青之案，竟是假信，亦殊可诧。余第三次引入他案作证，以郑魁士与次青相提并论，亦尚非拟不于伦。郑魁士在江南江北，声名极好，翁中丞于十年奏力求名将以保皖北危局一折①，袁午帅于十一年奏请起用宿将帮办军务一折②，皆极言郑魁士忠勇冠时。至今郑告病在籍，尚食全俸。弟若见翁、袁二折，则知此人之享大名。余跻李于郑之上，片中颇有斟酌。弟试取原片而再阅之，当可释然。惟与我昔共患难之人，无论生死，皆有令名。次青之名由我而败，不能挽回，兹其所以耿耿耳。

【注释】

①翁中丞：指翁同书。十年：指咸丰十年（1860）。

②宿将：久经战阵的将领。

【译文】

沅弟左右：

次青的案子，竟然是假消息，也太让人惊异了。我第三次引入其他案子作证，把郑魁士和李次青相提并论，也还不算是比拟不伦。郑魁士在江南江北，名声很好，翁中丞在咸丰十年上奏力求名将来保全皖北危局的奏折，袁午桥大帅在咸丰十一年奏请起用老将帮办军务的奏折，都极力称赞郑魁士忠勇冠于一时。到现在郑魁士告病在家，还领全俸。贤弟如果见到翁中丞、袁午帅二人的奏折，就知道这个人享有大名。我把李次青排在郑魁士上面，奏片是经过深思熟虑的。贤弟不妨取出原片再看看，应当可以释然。只是过去与我共患难的人，无论生死，都有好名声。李次青的名声因为我而败坏，不能挽回，这是我耿耿于怀的事。

希庵于廿三日开行回籍，义渠即于是日晋省，定于廿六日接印。希之吐血已愈，而咳嗽未止，瘦亦殊甚；幸吃饭多而有味，夜眠极酣。此次归去，亦志惬神怡，当可调理就痊耳。义渠言多帅营勇逃者极多。杨得武之弟“凯”字营在樊城逃回九十人①，在荆子关又逃回百五十人②。他营逃者，亦禁拿不住。吾料此行多公必懊悔，全军必衰弱，恐不幸而言中。弟须力求自立，不可盼望多军。至嘱！

【注释】

①杨得武(？—1860)：字凯丞，湖南益阳人。咸丰四年(1854)投湘
军，初隶塔齐布，后属罗泽南。官至副将，加总兵衔。咸丰八年
(1858)，从李续宾，率"凯"左营参与三河镇之战，溃围奔潜山，被
革职。后效力于多隆阿麾下，擢游击。咸丰十年(1860)八月十
三日，战死于桐城。

②荆子关：即今河南南阳淅川荆紫关。地处三省交界处，境贯丹
江，道扼隘口。

【译文】

李希庵在二十三日开缺起身回老家，唐义渠就是在这天进省城，定
在二十六日接印。李希庵吐血已经痊愈，但咳嗽没停，也变得更瘦了；
幸好吃饭多又有滋味，晚上睡眠也很好。这次回家，也心满意足精神畅
快，调理调理应当可以痊愈。唐义渠说多公军营里的士兵逃跑的极多。
杨得武的弟弟"凯"字营在樊城逃回九十人，在荆子关又逃回一百五十
人。其他军营逃亡的人，也禁拿不住。我料想这趟多公一定会懊悔，全
军一定衰弱，恐怕不幸言中了。贤弟你必须力求自立，不可盼望多公军
支援。千万！

王可陞一军亦不宜轻易调去。一至金陵则成呆军，能
进不能退，不如在芜湖、宁国之活也。

【译文】

王可陞一军也不应轻易调去。一到金陵就会成为呆军，能进不能
退，不如留在芜湖、宁国灵活。

九月初一日　致沅浦弟书

沅弟左右：

昨日未接弟信，忧系不释①。兄弟相隔太远，不能相顾。虽欲百计救助，而信到金陵，已在贼到十日之外，凶锋已过矣②。

【注释】

①忧系：担忧挂念。不释：不能释怀，放不下心。

②凶锋：犹凶焰。指凶猛的锐气。

【译文】

沅弟左右：

昨天没接到贤弟你的信，担忧挂念，放心不下。我们兄弟相隔太远，危难之际，不能互相照顾。即使想要千方百计救助，但是信送到金陵，也已经在贼匪到了十天之后了，最凶险的时刻就已经过去了。

计此三日内，已发军火一批、饷银二万，护军湘后营挑勇共四百人；发信请厚庵救助①，请任星元救助②，发札调陈东友、赖荣光二营归弟调遣③。今日发炸炮炸弹，派人去放；调石清吉亲带三营前往，扎保江边饷道。此数者，若件件做到，亦自不无小补。特患最危最急在廿五、六、七等日，而余所发之援兵，均在九月初五日后乃到。乃知军事呼吸之际，父子兄弟不能相顾，全靠一己耳。

【注释】

①厚庵:杨岳斌,字厚庵。

②任星元:湖南长沙人。咸丰间由武生从攻太平军,转战湖北、江西、安徽等省。同治间从破芜湖金柱关和江面的九洑洲。官至广东水师提督。

③赖荣光(? —1863):湖南湘乡人。咸丰三年(1853)投湘军水师,转战各地,迁淮阳水师营官,升总兵。同治二年(1863)夏率部攻江阴,战死。赠提督衔。

【译文】

这三天内,总计已经发送军火一批、饷银二万,护军湘后营挑选士兵四百人;发信请厚庵救助,请任星元救助,发公文调陈东友、赖荣光二营归贤弟你调遣。今天发到火炮弹药,派人去放;调石清吉亲自带三个营前往,驻扎保卫江边粮饷通道。这几件事,如果件件做到,也应该不无小补。只是担心最危急的时候是在二十五、六、七日,而我所派去的援兵,都在九月初五日后才能到。这才知道军事瞬息万变,危难之际,父子兄弟之间不能相互照顾,完全只能靠自己。

今日接奉廷寄,极可钦感,录寄一阅。

【译文】

今天接到廷寄,太让人钦敬感动,抄下来寄给你看看。

九月初二日　　致沅浦弟书

沅弟左右:

自十九到廿五夜,苦守已七日,从此应可无虞,至慰至慰！季弟所守江滨一段，系粮运至要之地，而用收降新集之卒，吾深为忧虑。不料季能稳慎有条①。弟所寄前后各信，竟无一字稍涉慌张。又能联络水师，使之乐为我用，佳哉！吾两弟可谓贤且劳矣。愿从此益加谨慎。再过十日，贼若无如弟何，自必溃而之他。

【注释】

①有条：有条理，有条不紊。

【译文】

沅弟左右：

从十九日到二十五日夜，已经苦守了七天，之后就应该没有什么可担忧的了，可喜可慰！季弟所守的江滨一段，是军粮运输最重要的地方，却使用投降的士兵以及新近招募的士兵，我深为忧虑。不料季弟能小心谨慎，有条不紊。贤弟你所寄的前后各信，竟没有一个字稍稍显露出慌张。又能和水师联络，让他们乐意为我们效劳，太棒了！我的两个弟弟可说得上是贤明且勤劳的了。希望之后更加谨慎。再过十天，贼匪如果不能拿贤弟你怎么样，就一定溃散而逃窜他处。

贼数闻以十万计，每日须食米千石，若无大舟搬运，何能持久？吾在徽用兵二载，深知陆路运米之难。即在金陵城内运至谷里村一带①，数十里之内，月运三万石，经理亦极不易。况城贼之米，未必肯多搬出耶。

【注释】

①谷里村：即今南京江宁谷里村。

【译文】

贼匪数量听说以十万计,每天必须吃上千石米,如果没有大船搬运,怎么能持久? 我在安徽用兵两年,深知陆路运粮的困难。就算从金陵城内运粮到谷里村一带,数十里的距离,每月运三万石,也很难办理。何况城中贼匪的粮食,还未必肯多搬出呢。

弟守事既稳,以后余惟多办银米子药接济,弟可放心,断不缺乏。宁国守城之事已有把握。此后只求金柱关一带水师不挫,则处处皆稳矣。

【译文】

贤弟你的守卫工程已经稳定,以后我只多准备钱粮弹药接济,贤弟可以放心,一定不会缺乏。宁国守城的事情已经有了把握。以后只求金柱关一带的水师不被打败,那就到处都安稳了。

九月初三日　致沅浦、季洪弟书

沅、季弟左右:

得沅弟信,知西南隅安如泰山,粮道无虞,至以为慰。日内无他变症否? 悬念之至。此间解去之开花炮①,计初七、八乃可到金陵。我亦有此物,或可定军心而沮贼气。厚庵兵力太单,深以为忧。顷拨水师两营往助,计初六、七乃可抵金柱一带,不知赶得上否?

【注释】

①开花炮:一种爆炸性炮弹。因其爆炸时弹片四射,犹如花朵绽放

而得名。

【译文】

沅弟、季弟左右：

接到沅弟的信，知道西南角像泰山一样安稳，粮道没有疏漏，内心颇觉宽慰。这几天没有其他变化吧？非常挂念。从这里解送去的开花炮，预计初七、八日才能抵达金陵。我们也有这东西，或许可以安定军心并让贼匪士气沮丧。厚庵兵力太单薄，我很为此担忧。刚才调拨了水师两营前往相助，预计初六、七日才能抵达金柱关一带，不知还赶得上吗？

正封缄间，接沅信，守局已稳，可慰之至！南云三营①，最为当冲，弟派信营往换②，正与十年春霆营在小池驿，左营以多营换守数日办法相同。守势已定，再添贼来扑，亦不足畏。所虑忠逆全股上攻金柱一带③，而对逆与弟军相持耳④，调援兵殊不应手。石清吉之十营，官帅业已调去六营拔行矣。王可陞一军，早有札归弟调遣。弟处若站得住，仍留王在大围之外较活，惟弟酌之。

【注释】

①南云：刘连捷，字南云。见前注。

②信营：湘军营号。

③忠逆：指太平天国忠王李秀成。

④对逆：指太平天国对王洪春元。

【译文】

正封信的时候，接到沅弟的信，说守局已经稳固，欣慰之至！刘南云的三个营，首当其冲，贤弟派信营前往调换，正与十年春霆军在小池驿，左营用多隆阿营换守几天的办法相同。守势已经稳定下来，就算贼匪增加人马再来攻打，也不用害怕了。所担心的是伪忠王全军进攻上游金柱关一带，而伪对王与贤弟一军相持，调遣援兵很不趁手。石清吉的十个营，官文大帅已经抽去了六个营，已经出发。王可陞的军队，早就有公文下达归贤弟调遣。贤弟你那里如果能站得住，就仍留王可陞在包围圈外面比较灵活，听贤弟考虑拿主意。

九月初四日　　致澄侯弟书

澄弟左右：

　　沅弟金陵一军危险异常，伪忠王率悍贼十余万昼夜猛扑，洋枪极多，又有西洋之落地开花炮。幸沅弟小心坚守，应可保全无虞。鲍春霆至芜湖养病，宋国永代统宁国一军①，分六营出剿，小挫一次。春霆力疾回营②，凯章全军亦赶至宁国守城③。虽病者极多，而鲍、张合力，此路或可保全。又闻贼于东坝抬船至宁郡诸湖之内④，将图冲出大江，不知杨、彭能知之否⑤。若水师安稳，则全局不至决裂耳。

【注释】

①宋国永（？—1878）：字长庆，湖南衡阳人。咸丰间，为鲍超部将，与太平军交战。同治间，任云南鹤丽镇总兵，加提督衔。光绪初，调赴福建。

②力疾：勉强支撑病体。《三国志·魏书·曹爽传》："臣辄力疾，将兵屯洛水浮桥，伺察非常。"

③凯章：张运兰，字凯章。见前注。

④宁郡：指宁国府。

⑤杨、彭：湘军水师将领杨岳斌、彭玉麟。

【译文】

澄弟左右：

沅弟在金陵的军队非常危险，伪忠王率领悍匪十余万昼夜猛攻，他们的洋枪很多，又有西洋的落地开花炮。幸亏沅弟小心坚守，还可以保证没有问题。春霆到芜湖养病，宋国永代为统率宁国的军队，分六营进攻，遭遇一次小败。春霆强撑病体回营，张凯章全军也赶到宁国守城。虽然生病的官兵很多，但鲍、张合力，这条战线或许可以保全。又听说贼匪在东坝抬船到宁郡诸湖之内，想要冲出大江，不知杨、彭是否知晓贼匪动向。如果水师安稳，那么全局就不至于决裂。

来信言余于沅弟既爱其才，宜略其小节，甚是甚是！沅弟之才，不特吾族所少，即当世亦实不多见。然为兄者，总宜奖其所长①，而兼规其短②。若明知其错，而一概不说，则非特沅一人之错，而一家之错也。

【注释】

①奖：夸奖，劝勉。

②规：规劝。

【译文】

澄弟你来信说我对于沅弟，既然爱他的才，就应不计较他的小节，你说得很对很对！沅弟的才能，不但是我们家族中少有，在当今世上也是不多见。然而我这做兄长的，总该在夸奖他的长处的同时，对他的短处有所规劝。如果明知他错了，却一概不说，那便不是沅弟他一人之错，而成了我一家之错了。

吾家于本县父母官，不必力赞其贤，不可力诋其非。与之相处，宜在若远若近、不亲不疏之间。渠有庆吊①，吾家必到；渠有公事，须绅士助力者，吾家不出头，亦不躲避。渠于前后任之交代②，上司衙门之请托③，则吾家丝毫不可与闻④。弟既如此，并告子侄辈常常如此。子侄若与官相见，总以"谦"、"谨"二字为主。

【注释】

①庆吊：庆贺与吊唁慰问。也指婚丧等红白喜事。

②交代：前后任相接替，移交。

③请托：请别人办事，以私事相托。

④与闻：谓参与其事并且得知内情。《左传·隐公十一年》："齐侯以许让公。公曰：'君谓许不共，故从君讨之。许既伏其罪矣，虽君有命，寡人弗敢与闻。'"

【译文】

我家对于本县父母官，不必极力称赞他的贤良，也不可极力诋毁，尽说他的不是。与他们相处，距离保持在若远若近、不亲不疏之间为宜。他们有婚丧红白喜事，我家必到；他们有公事，须要绅士帮助的，我家不出头，但也不躲避。他们对于前后任的交接事宜，以及对上司衙门的请求委托，我家万万不参与其事。弟弟你既已这样做了，还要告诉子侄们都这样做。子侄们与官员相见，千万要牢记"谦"和"谨"二字。

仝日①　　致沅浦弟书

沅弟左右：

该逆以全力攻东隅，伤亡过多，殊恐难以久支，焦灼曷极！二日内又转大北风，于上游接济诸物大不方便，焦灼之至！然无论到否，日内必再续解火药群子一批。江西有银二万在途，一到即日续解。特无援兵可拨。

【注释】

①传忠书局本仅有"仝日"二字。仝，"同"的古字。

【译文】

沅弟左右：

这伙逆贼全力进攻东南角，我军伤亡过多，恐怕难以支持很久，我非常焦虑！两天内又刮上了大北风，对上游运输接济物资非常不方便，让我非常焦虑！但无论接济是不是送到了，这几日一定要再次解送一批弹药。江西有二万两银子在路上，一到这边就给贤弟接着送去。只是没有援军可派。

该逆万无自退之理。忠逆一股，去年围建昌，亦凶悍之至。后黄印山等坚守①，无隙可乘，彼围攻十九日解去。厥后在丰城与春霆打仗，闻交手不久即败。今年在上海与少泉一军交仗，除洋枪甚多外，似无他奇技。该逆欺弟军全不能战，弟若能挑得七八千不病之勇，出壕与之力战一次，亦是一法。去年伪侍王在乐平，欺左军不能战，猛围猛攻，业三日矣，左帅暗与各营约定，待贼疲乏散漫之时，猛然出队力战，待贼是夜即遁。不知弟处可用此法否？如用此法，总须善于相机。第一要看贼散布在我营外最近之处。第二要看贼疲乏思归之时。第三要辨得贼之强枝安在。弱枝安在，乃可交手。弟与诸营官熟商行之。如无病者不满七千，则难作此计矣。

【注释】

①黄印山:黄金韶,字印山。道光二十七年(1847)丁未科进士,初任江苏省常熟县令,后升任海州直隶州知州、通州直隶州牧,后因战功卓著,获皇帝赏花翎头衔,同治三年(1864)任苏州知府。

【译文】

这伙逆贼绝对没有主动撤退的道理。伪忠王的一支,去年围攻建昌,也非常凶悍。后来黄印山等人坚守城池,无隙可乘,伪忠王围攻十九日不下,解围而去。之后在丰城与春霆打仗,听说交手不久就败了。今年在上海与少泉的军队交战,除了洋枪很多以外,似乎没有其他本事。这伙逆贼欺负贤弟你的军队完全无法作战,贤弟你如果能挑出七八千没生病的士兵,出壕与贼匪力战一次,也是一个方法。去年伪侍王在乐平,欺负左军无法作战,猛围猛攻,已经三天了,左帅暗中与各营约定,等待贼匪疲乏散漫的时候,突然出兵力战,伪侍王当夜就逃了。不知贤弟你那里可以用这个方法不?如果用这个方法,最需要看准时机。第一要看清贼匪散布在我军营外最近的地方。第二要看准贼匪疲乏想撤退的时候。第三要看出贼匪的精锐在哪里,弱旅在哪里。看清这些,才可以交手。贤弟你和诸位营官仔细商量施行。如果没生病的士兵不满七千,就难以制定这步计划。

九月初五日 致沅浦弟书

沅弟左右:

伪侍王率三四万贼,于闰八月十四日自浙之龙游起行①,亦赴金陵。约计侍逆此时已到金陵,不知弟已调王可陞至壕内否? 今日余又函催王可陞迅赴弟处矣。总之,九月二十以内王可陞、程学启二人必到弟壕之内;十月二十以前,鲍军必到太平、采石、大胜关一带;十一月二十以前,多公亦必至太平、采石一带。只望我贤弟苦守此两月,而尤苦者,在王、程未到之先。若王、程既到,弟新募之卒陆续而至,则弟亦或可出壕一战。弟处群子少而不甚合用,日内赶制赶解,必可接济。

【注释】

①龙游:县名。即今浙江衢州龙游。

【译文】

沅弟左右:

伪侍王率三四万贼匪,在闰八月十四日从浙江的龙游出发,也前往金陵。大概伪侍王这个时候已经到了金陵,不知贤弟你已经调王可陞军到战壕之内了吗? 今天我又写信催促王可陞立即赶赴贤弟你那里。总之,九月二十日以内,王可陞、程学启二人一定到贤弟你的战壕之内;十月二十日以前,鲍超军一定到太平、采石、大胜关一带;十一月二十日以前,多公也一定到太平、采石一带。只希望我的贤弟你在这里苦守两个月,王可陞、程学启没到之前,尤其艰苦。如果王、程已经到了,贤弟你新招募的士兵也陆续到了,那么贤弟你那里群子太少而且不很合用,我这几天一定加班赶制赶送,一定可以接济上。

九月初七日 致沅浦、季洪弟书

沅、季弟左右:

接初一日信,知已稳守十昼夜。曾岂凡之病伤亦得救全①,至慰至慰！惟倪桂是弟左右第一奋勇可靠之人②,竟尔阵亡,可悯可敬！弟从此亦须保重,不必常往危险之地。余从不以此等言劝弟,今守局已稳,与初到危险之时又当稍别,望弟酌之。

【注释】

①曾岂凡：湖南湘乡人。曾国荃麾下将领。

②倪桂：湖南善化人。曾国荃麾下将领,官至擢副将。同治元年
   (1862)闰八月,战死于金陵场外。

【译文】

沅弟、季弟左右：

接到初一日的信,知道已经稳守了十个昼夜。曾岂凡的病伤也已经被治愈,非常非常欣慰！只是倪桂是贤弟身边最奋勇可靠的人,竟然阵亡,实在可敬可佩！贤弟你今后也要保重,不必常常去危险的地方。我从不用这样的话劝贤弟,现在防守局势已经稳固,与初来乍到的危险时刻应当有一些小区别,希望贤弟好好考虑。

石清吉病莫能兴,派参将梁美材等三营遵调南渡①,救援金陵。余以芜湖关系极大,又刘世墀请留陞营守芜②,余批令陞营决须赴援金陵,而调梁美材三营督守芜湖。日内北风甚大,想"陞"字营不能开赴弟处,弟催令陞营陆续前进可也。调程学启之咨札,昨日搭洋船下去,初九可到,程学启或于十五后可抵金陵。王、程与弟之新勇三千到齐,纵外无援兵,弟亦可从内打出矣。

【注释】

①梁美材：湖南湘乡人，湘军将领。参与天京攻克战，官至总兵。

②刘世墀（chí,？—1868）：字彤陵，湖北汉阳人。咸丰四年（1854），太平军攻陷汉阳，刘世墀入湘军，转战各地，因战功保举教谕，升知县，留补安徽。同治元年（1862），任芜湖县令。数月后，丁母忧离任。后再出，受命办理广德州开荒事宜，死于任上。

【译文】

石清吉的病没有好转，派参将梁美材等三个营遵从调遣南渡，救援金陵。我因为芜湖的关系极大，另外刘世墀请求留王可陞营守卫芜湖，我批令王可陞营务须立即前往支援金陵，而调梁美材三个营督守芜湖。这几天北风很大，料想"陞"字营不能前往贤弟那里，贤弟可以催促王可陞营陆续前进。调派程学启的公文，昨天已经搭洋船下去了，初九日就可以到，程学启或许在十五日后可以抵达金陵。王、程与贤弟的三千新兵到齐，即使没有外援，贤弟也可以从壕内打出去了。

九月初八日　致沅浦弟书

沅弟左右：

接吴竹庄信，尚留王同守芜湖。芜湖存，金陵之吉凶尚未可知；芜湖若亡，则金陵万无可救之理矣。且如此大逆风，王可陞亦万无飞入金陵之法。弟若稍足自立，或即令王无庸离芜可否？祈弟酌之。

【译文】

沅弟左右：

接到吴竹庄的信，还留着王可陞一起守卫芜湖。芜湖能保下来，金陵的吉凶还不好说；芜湖如果沦陷，那金陵就一定没有救了。而且如此大的逆风，王可陞也绝没有飞入金陵的方法。贤弟你如果还可以自立，是否可以命令王可陞不用离开芜湖呢？希望贤弟考虑一下。

营垒之不得地势者，可否另筑一垒，移居其中以养兵力？程学启一军，吾必调之至金陵助守。他事或办不到，此事必办得到。望弟坚忍以待。

【译文】

营垒有不得地势之利的，是不是可以另外再筑一垒，移居到里面来休养兵力？程学启的军队，我一定抽调他到金陵帮助贤弟防守阵地。其他事也许办不到，这件事一定办得到。希望贤弟你坚持等待。

九月初九日　致沅浦、季洪弟书

沅、季弟左右：

连接来信，略为宽舒，然危险情状，仍流露于纸上。护军营勇有自金陵归者[1]，言初四夜弟营无恙，又言初六在东梁一带见陞营水、陆急赴金陵。北风极大，恐初七尚未到。

【注释】

①护军营：此为湘军护军营，非清廷禁卫军之护军营。

【译文】

沅弟、季弟左右：

连续接到来信，稍稍安心，但危险的情形仍然流露在字里行间。护军营士兵有从金陵回来的,说初四日夜里贤弟的军营平安,又说初六日在东梁山一带见到王可陞营从水、陆两路紧急赶往金陵。北风太大,恐怕初七日还没有到。

余忧灼之情,以初五夜为甚,不知是夜如何危殆①? 初六、七夜,愁云暗淡,初八则月色清明,今日北风亦稍息矣。现备军火一船,专候轮舟到拖带下去,此后弟之子药银米,不患不能解济,特目下十日恐缺乏耳。

【注释】

①危殆(dài):危险,危急。

【译文】

我忧灼的心情,以初五日夜里最重,不知这一夜是怎样的危险? 初六、七日夜里,愁云暗淡,初八日月色清明,今天北风稍小了。现在准备了一船军火,专门等轮船到后拖它过去,之后贤弟处的钱粮弹药,不担心不能解送接济,只是眼前的十天恐怕会有缺乏。

王可陞既赴弟处,闻芜湖十分惊慌。万一芜湖失守,弟亦当安心坚守。总待王、程二将到齐,出壕与之决战。程学启未到之先,仍以坚守为主。

【译文】

王可陞已经赶往贤弟处,听说芜湖那边十分惊慌。万一芜湖失守,贤弟你也要安心坚守。总要等到王、程二将到齐,出壕与贼匪决战。程学启没到之前,仍然要以坚守为主。

缩十营近西头，此法甚好，何为迟疑不决？凡用兵最重
"气势"二字。此次弟以两万人驻于该处，太不得势。兵勇
之力，须常留其有余，乃能养其锐气。缩地约守，亦所以蓄
气也。

【译文】

缩小战线，将十个营移近西头，这个方法很好，为什么迟疑不决呢？
凡是用兵，最重视"气势"两个字。这次贤弟将两万人驻扎在那里，太不
得势。士兵的精力，必须经常留有余地，才能养足军队的锐气。缩小战
线，小范围防守，也可以蓄足士气。

九月初十日　致沅浦弟书

沅弟左右：

接弟信，局势稍稳，寸心稍慰。所备子药一船，派先锋
官任祖文专解者①，已附洋船拖带下去，计明日可抵金陵。
此余近日一快心事也。一月内各处援兵皆可到齐，必有佳
音。万一芜湖或有疏失，弟亦唯苦心坚守。王、程助之于
内，李世忠助之于外，必可一战解围。切莫慌乱，至嘱！

【注释】

①任祖文：又名"任谨齐"，湘西古丈坪人。咸丰四年（1854），袭云
　骑尉世职入清军，奉调出师长沙，率部防堵太平军，得曾国藩重
　用。后转战各地，屡立军功，授安徽寿州镇总兵加提督衔。后调
　任广东韶州，殁于韶州。

【译文】

沅弟左右：

接到贤弟的信，局势稍稍稳定，心思稍有了些安慰。所准备的一船弹药，派先锋官任祖文专门解送，已经附在洋船拖带下去，预计明天就可以抵达金陵。这是我这几天的一件高兴事。一个月内各处的援兵都可以到齐，一定有好消息。万一芜湖有闪失，贤弟你也只有苦心坚守。王可陞、程学启在壕内帮助，李世忠在壕外帮助，一定可以一战解围。千万不要慌乱，千万牢记！

九月十一日　致沅浦弟书

沅弟左右：

初五早之捷，破贼十三垒，从此守局应可稳固，至以为慰！缩营之说，我极以为然。既不能围城贼，又不能破援贼，专图自保，自以气敛局紧为妥，何必以多占数里为美哉？及今缩拢，少几个当冲的营盘，每日少用几千斤火药，每夜少几百人露立，亦是便益。"气敛局紧"四字，凡用兵处处皆然，不仅此次也。

【译文】

沅弟左右：

初五日早上的大捷，攻破贼匪的十三个壁垒，今后的防守局势应该可以稳固，让我感到非常安慰！缩短营盘战线的计划，我极为赞成。既不能围攻城中的贼匪，又不能攻破贼匪后援，只是寻求自保，自然要以气敛局紧为好，何必把多占了几里地当成好事呢？现在缩短战线聚拢气势，少几个首当其冲的营盘，每天少用几千斤火药，每夜少几百个人露天站岗,也是好事。"气敛局紧"这四个字,凡是用兵的时候都可以用,不仅是这一次。

　　所需洋枪、洋药、铜帽等①,即日当专长龙船解去。然制胜之道,实在人而不在器。鲍春霆并无洋枪洋药,然亦屡当大敌。前年十月、去年六月,亦曾与忠酋接仗,未闻以无洋人军火为憾。和、张在金陵时②,洋人军器最多,而无救于十年三月之败。弟若专从此等处用心,则风气所趋,恐部下将士,人人有务外取巧之习③,无反己守拙之道,或流于和、张之门径而不自觉,不可不深思,不可不猛省。真美人不甚争珠翠,真书家不甚争笔墨,然则将士之真善战者,岂必力争洋枪洋药乎?

【注释】

①铜帽:指枪弹。因弹壳系铜制,故名。

②和、张:指和春、张国梁。

③务外:只致力于表面,不求深入。

【译文】

　　贤弟处需要的洋枪洋药子弹等,这几天就派长龙船解送去。但是取胜之道,其实在于人而不在于工具。鲍春霆并没有洋枪洋火药,但也屡次抵挡住大敌。前年十月、去年六月,也曾与伪忠王作战,没听说因为没有洋人的军火而觉得遗憾。和、张在金陵的时候,洋人的军火最多,但没有挽救他们咸丰十年三月的失败。贤弟你如果专门从这些地方用心,那么由于风气的影响,担心你部下的将士,人人都有了只做表面功夫和投机取巧的习惯,没有了反求诸己甘于守拙的意识,或者会随了和、张的习惯而不自觉,不可以不深思,不可以不猛省。真正的美人不争于珠翠装饰,真正的书法家不急于求好的笔墨,那真正善战的将士,又怎么会一定要力争洋枪洋弹药呢?

　　闻霆军营务处冯标说①,霆营现以病者安置城内,尽挑好者扎营城外,亦是一法。弟处或可放而行之②。将病者伤者全送江北,令在西梁、运漕等处养息,专留好者在营。将东头太远之营缩于中路、西路,又将病伤太多之营缩而小之,或以二营并而一之。认真简阅一番,实在精壮可得若干人,待王、程到齐,再行出壕大战。目下若不缩营蓄锐,恐久疲之后,亦难与言战也。

【注释】

①冯标:字云卿,湖南衡阳人。初为协标兵。咸丰四年(1854),隶彭玉麟,为水师哨长。咸丰五年(1855)冬,改隶鲍超,司"霆"字营营务,从鲍超转战各地,官至凉州总兵,以提督记名。

②放(fǎng):仿效,模仿。

【译文】

　　听春霆军营务处的冯标说,现在春霆将生病的士兵安置在营盘城墙之内,挑出健康的士兵扎营在营盘城墙外,也是一个方法。贤弟你那里或许可以仿效实行。将生病受伤的士兵都送到江北,命令他们在西梁山、运漕镇等地方养息,专门留下健康的士兵在军营。将东边太远的军营压缩到中路、西路,再将生病受伤人数太多的军营缩小,或者把两个营合并成一个。认真挑选一番,可以得到若干精壮健康的士兵,等王可陞、程学启到齐,再出壕作战。目前如果不缩小营盘养精蓄锐,恐怕士兵长期疲惫之后,也难以作战了。

穆海航在无为州^①，已札饬将抵征之项银米并收，闻百姓欢欣之至。弟托之办两月米粮，必做得到，即当告之。

【注释】

①穆海航：穆其琛，字海航，四川蒲江人。曾国藩门人。曾先后入胡林翼、曾国藩幕府。

【译文】

穆海航在无为州，已下公文命令将抵征的粮食银两一起收下，听说百姓非常高兴。贤弟你托他备办两个月的粮食，一定做得到，我会立即通知他。

九月十二日　　致沅浦弟书

沅弟左右：

天久不雨，秋末恐有久雨泥泞，此理势之必然者。吾意欲弟早早缩营，气敛局紧，常留有余，以与贼相持。一则恐雨后墙坍^①，处处不能照顾；二则王、程到后，抽队出战，亦须留队守垒，愈短愈紧，则愈易守也。宁国县城失守，朱守旌德^②，唐守徽州^③，十分吃重。春霆亦三面受敌，自顾不暇，不能援救弟处。弟惟待王、程到后，力战力守，庶有解围之一日，否则他处竟无援兵可盼。

【注释】

①坍：坍塌。

②朱：朱品隆。

③唐:唐义训。

【译文】

沅弟左右:

天久不下雨,秋末恐怕会持续下雨导致道路泥泞,这个道理是必然的。我的意思是想要贤弟你早早缩紧营盘,气敛局紧,常留余地,来和贼匪相持。一是怕雨后墙塌,到处不能照顾;二是因为王可陞、程学启到了以后,率军出战,也必须留下军队守卫营垒,战线越短,气局越紧,就越容易防守。宁国县城失守,朱防守旌德,唐防守徽州,十分吃力。春霆也是三面受敌,自顾不暇,不能援救贤弟你那里。贤弟你只有等王可陞、程学启到了以后,拼命打仗拼命防守,才可能有解围的一天,不然的话,其他地方都没有援兵可盼。

　　昨信劝弟缩营并营,送病者伤者于江北,弟意果行之否?

【译文】

　　昨日的信劝贤弟你缩紧战线合并营垒,送生病的士兵受伤的士兵去江北,贤弟意下如何? 是否确实要执行吗?

九月十三日　致沅浦、季洪弟书

沅、季弟左右:

　　都将军派兵四营来助守①,固属可喜,而亦未必可恃。凡危急之时,只有在己者靠得住,其在人者皆不可靠。恃之以守,恐其临危而先乱;恃之以战,恐其猛进而骤退。幸四营人数不多,或不致搅动弟处全局。否则彼军另有风气,另有号令,恐非徒无益,而反有损,弟宜谨慎用之。去年春间,弟不要陈大富一军,又不留成大吉一军,余深喜弟之有识有志也。

【注释】

①都将军:指荆州将军都兴阿。后官西安将军、盛京将军。

【译文】

沅弟、季弟左右:

都将军派四个营的士兵来助守,虽然是件可喜可贺的事,但也未必可以作为倚靠。凡是危急的时候,只有自己靠得住,他人都不可靠。倚靠他们来防守,恐怕他们临危先乱;倚靠他们来作战,恐怕他们猛进骤退。幸好四个营人数不多,也许不至于搅动贤弟你那里的全局。否则都将军的军队另有习惯,另有号令,恐怕不仅没有好处,反而会有坏处,贤弟你应该谨慎使用他们。去年春天,贤弟你不要陈大富的军队,又不留成大吉的军队,我为贤弟的有识有志深深高兴。

子药银米,余刻刻不忘,弟刻刻宜存节省之意,不必函函苦催。大约弟设身处地所能办到者,兄亦必能办到;兄所束手不能办者,虽弟设身处地,亦无如何也。

【译文】

弹药钱粮,我时刻不忘,贤弟你也应该时刻存有节省的心思,不必每封信都来苦催。大概贤弟你设身处地能办到的,愚兄我也一定能办到;愚兄我束手无策办不到的,即使贤弟你设身处地,也没有什么办法。

九月十四日 致沅浦弟书

沅弟左右：

余于初四日接芗泉公牍①，知伪侍王将续到金陵，忧悸不可言状！今弟此信尚有把握，又力赞王可陞之将材，意者守局业臻稳固乎？王可陞之精选右营、"陞"字后营，须全行调赴金陵。"陞"字皆新集之卒，弟不可恃之过深。其梁美材等三营，即令改扎芜湖。目下稍厚芜湖、金柱之声援，将来北岸有事，梁美材仍回守无为州也。

【注释】

①芗泉：蒋益澧，字芗泉。见前注。

【译文】

沅弟左右：

我在初四日接到芗泉的信，知道伪侍王将继续前往金陵，担忧之情不可言状！现在贤弟你这封信表示还有把握，又极力称赞王可陞的领兵才能，意思是防守局面已经相当稳固了吗？王可陞的精选右营、"陞"字后营，必须全都调往金陵。"陞"字营都是新招募的士兵，贤弟你不可太过倚靠他们。梁美材等三营，马上下令改驻芜湖。目前稍稍加强芜湖、金柱关的声援，将来北岸有事，梁美材仍然回守无为州。

程学启尚在青浦①，余已两次飞调，碍难忽行停止。少泉所派赴合肥招勇者，系张树声等五营②，业已成军起行，余留之暂守运漕。万一孝感马融和一股下窜③，北岸守住庐州、无为、运漕三处，庶不致掣动南岸全局。张树声等现虽置无用之地，然不可少也。

【注释】

①青浦：清县名。今为上海青浦。

②张树声（1824—1884）：字振轩，安徽合肥人。张树珊兄。咸丰间，以廪生办团练，与太平军为敌。同治间，领淮军从李鸿章，转战江苏、浙江。后历官漕运总督、两江总督兼通商大臣。光绪间任两广总督，并一度署直隶总督。中法战争爆发后，命赴广东治军防海，不久病死。谥靖达。

③马融和：太平天国英王陈玉成部将。历官朝九门御林羽林军副总提，赐爵泳天安，升至主将。陈玉成被擒，撤颍州之围往救，未成。拟东援天京，遇阻而止。后常与捻军汇合，一度西进至陕西。再东返，经河南、湖北至安徽霍山黑石渡，率部降清。一说被清吏所杀，一说官至总兵，在福建晋江执获辅王杨辅清。

【译文】

程学启还在青浦，我已经两次下令调遣，碍于难以忽然改变行动方案。少泉派人去合肥招的兵，是张树声等五个营，已经成军起行，我留下他们暂守运漕镇。万一孝感的马融和这股贼匪下窜，长江北岸，守住庐州、无为、运漕三处，大概也不至于搅动南岸全局。张树声等现在虽然部署在没用的地方，但是也是不可少的。

<h1 style="text-align:center">九月十五日　　致沅浦弟书</h1>

沅弟左右：

接专差携归之信，具悉守局已定。都部及陡营现尚未派汛地①，自是行有余力之象②，至慰至慰！鲍军病者死者，比之金陵更多，又有新河庄之挫③，副中及峰、礼等六营折损颇多④，不复成队。又有宁国县城之失，韦、洪两部全数溃败⑤，是霆军之元气大亏，威望亦损。朱云岩既因坚守旌德，不能随鲍远行，则鲍亦独立单薄，未敢令其由官圩直取小丹阳⑥，仍须以稳重为主。昨日已专缄告之，嘱其专剿宁国之贼，不必作援金陵之想。弟处守战，皆须全靠自己，切莫盼望他人。其可盼者，只有都部与程、王两军，及回湘续招之三千人而已。

【注释】

①汛地：明、清时代称军队驻防地段。

②行有余力：语出《论语·学而》："弟子入则孝，出则悌，谨而信，泛爱众而亲仁，行有余力，则以学文。"指做好正常工作以后，还有可用的精力。

③新河庄：地名。在今安徽宣城新河镇。

④峰、礼："峰"字营、"礼"字营，湘军营号名。

⑤韦、洪：指韦志浚、洪容海。

⑥官圩：即今安徽当涂大公圩。大公圩，古名"官圩"、"大官圩"，又称"十字圩"，抗日战争胜利后改称"大公圩"。小丹阳：即今南京江宁丹阳镇。

【译文】

沅弟左右：

接到专差带回来的信，知道防守局势已经稳定。都兴阿部和王可陞营现在还没有派到驻地，自然是尚有余力的表现，让我很欣慰很欣慰！鲍超军生病及死亡的士兵，比金陵更多，又有新河庄战败的挫折，副中及峰、礼等六个营损失也很多,不再成建制了。又有宁国县城的失利,韦、洪两部全军溃败,春霆军元气大伤,威望也有损失。朱云岩已经因为坚守旌德,而不能随鲍春霆远行,那么鲍春霆也就孤军单薄,没敢让他从官圩直取小丹阳,仍然必须以稳重为主。昨天已写信告诉了他,嘱咐他专门进剿宁国的贼匪,不必有援助金陵的念想。贤弟你那里的防守战事,都必须全靠你自己,千万不要盼望他人。能指望的,只有都兴阿部与程学启、王可陞两军以及回到湖南新招的三千人而已。

多礼堂一军①,余与官、都、李四处具奏②,渠亦迫思东还,大约十一月必到和州一带。只要处处守定,至冬间不患无转机也。火药实接济不上,弟当极力节省。子与银米,尚可敷衍。

【注释】

①多礼堂:指多隆阿。

②官、都、李:官文、都兴阿、李鸿章。

【译文】

多礼堂的军队,我和官、都、李四个人都上奏,他自己也很想回到东边,大约十一月一定能到和州一带。只要贤弟处处守定,到冬天不担心没有转机。火药确实接济不上,贤弟你应该极力节省。子弹与钱粮,还可以敷衍。

再,去年三月十四日左季帅在乐平之战,全在善于蓄势审机。兹将渠原信寄弟一阅。兵无常法,弟不可泥左之法以为法,拘左之机以为机,然亦可资参采。大约与巨寇战,总须避其锐气,击其惰归,乃为善耳。

【译文】

还有，去年三月十四日左季帅在乐平一战，全在于他善于蓄势审机。现在将他的原信寄给你看看。打仗没有固定的方法，贤弟你不可拘泥于将左季帅的方法作为自己的方法，拘泥于将左季帅的时机当作自己的时机，但是也可以参考。大概与大股贼匪作战，必须避开他们的锐气，在他们懈怠想撤退的时候打击他们，才是良策。

九月十六日　致沅浦弟书

沅弟左右：

弟望火药迫切之至，而任祖文恰到，快慰可知。然火药实接济不上。江西省城全数搜括，不满四万斤，所望者仅湖北耳。弟须时时存节省火药之心，庶十月以后，犹可敷衍。

【译文】

沅弟左右：

贤弟你非常迫切地盼望火药，而任祖文恰好到了，你心里的高兴可想而知。但是火药确实接济不上。江西省城已经全部搜刮了一遍，只找到的不足四万斤，能指望的只有湖北了。贤弟你必须时时存着节省火药的心思，这样差不多十月以后，还可以对付。

侍逆之党为左帅所攻，穷蹙之至。兹将左帅来信并伪文抄阅。蒋军恐难速来①，然左公接余两信，当必分兵来助。徽、宁目下春霆一军实嫌单薄，余已调梁美材三营、周万倬四营助之。

【注释】

①蒋军:蒋益澧的军队。

【译文】

伪侍王的党羽被左季帅攻打,处境很窘迫。现在将左帅的来信以及伪文抄给你看。蒋军恐怕难以马上赶来,但是左公接到我的两封信,应当一定会分兵来支援。徽州、宁国那边,目前春霆一支军队实在太过单薄,我已经调了梁美材三营、周万倬四营去支援他。

闻孝感之贼回窜河南,皖北又少一患。

【译文】

听说孝感的贼匪回窜河南,皖北又少了一个隐患。

九月十七日 致沅浦弟书

沅弟左右:

接少荃、云仙信,知程学启以守嘉定等处,不能上援金陵。彼间既为大局所关,而弟之初心,亦本不欲调程将西来,弱松沪之力掣少荃之肘。惟少荃另调所谓常胜军者①,则殊非余之本意。常胜军前为华尔所带②,余已不愿与之共事。今华尔已死,白齐文接统其众③,其能战与否不可知,而其风气迥别,不能与弟军合处,则显而易知。渠既前来,则此间拦阻亦赶不及,只好听其自来,但断不可令入弟军长壕之内,只可令其先攻九洑洲、下关等贼垒,冀稍掣贼之势。如下游不能取胜,则令白齐文等由金柱关、采石上游夹击而下。虽未必大收其效，亦自无损于弟处，或亦善处之一道。白齐文部下名为洋兵，实皆广东、宁波之人，骄侈成俗，额饷极贵，弟军断不宜与之共处。凡长壕以内，总须主兵强于客兵，一切皆由弟作主，号令归一，而后不至偾事④。至嘱至嘱！弟若有信至沪，亦须先与说明。

【注释】

①常胜军：为镇压太平天国，清朝官、商出资，雇佣英、法等外国军官，由中国、南洋等地区佣兵组成的洋枪队。同治元年（1862）改称"常胜军"。

②华尔：腓特烈·华尔（1831—1862），美国人。曾为法军尉官。咸丰九年（1859）来沪，任清水师炮船"孔夫子号"大副。寻得苏松太道吴煦与候选道杨坊支持，募外国人组成洋枪队，任统领。阻太平军进军上海，驻松江。同治元年（1862）所部改称"常胜军"，逐步扩充至四千五百人，晋副将。与清军配合，攻陷嘉定、青浦、奉贤等地。后调至浙江，进攻慈溪，被击毙。

③白齐文：一译作"白聚文"，美国军人。咸丰十年（1860），与美国人华尔组织洋枪队对抗太平军，任副领队。同治元年（1862）加入中国籍，任"常胜军"（即洋枪队）领队。次年，以索饷殴打中国官员等事，被李鸿章革职。夺取高桥号轮船，赴苏州投降太平军。不久，又脱离太平军至上海，转往日本。同治四年（1865），到福建漳州拟投太平军，未成。被清军俘后，在途中船翻溺毙。

④偾（fèn）：败坏。

【译文】

沅弟左右：

    接到少荃、云仙的信，知道程学启因守卫嘉定等地，不能前往上游支援金陵。那里既然是大局的关键,贤弟你的本意,也本不想将程学启调到西边来,以免减弱松沪一带的军力拖少荃的后腿。只是少荃另外调来的什么"常胜军",却不是我的本意。常胜军之前是华尔统率的,我已经不愿与他共事。现在华尔已死,白齐文接管了常胜军,他们能不能作战我不知道,但风气与我们迥然不同,不能与贤弟你的军队一块儿相处,是显而易见的。他既然前来,那这边拦阻也赶不及了,只好听任他来,但绝对不能让他们进入你军队的战壕,只能命令他们先进攻九洑洲、下关等贼匪营垒,希望能牵制贼匪。如果下游不能取胜,就让白齐文他们从金柱关、采石上游夹击而下。虽然未必能有很大功效,但也对贤弟你那里没有任何损害,或许也是完善处理的一个方法。白齐文的部下名为洋兵,实际都是广东人和宁波人,骄侈已经成了习惯,军饷很贵,贤弟你的军队千万不能与他们共处。凡是在战壕以内,总是应该主兵比客兵强,一切都由贤弟你做主,号令统一,才不至误事。千万千万!贤弟你如果有信到上海,也应该先和他们说明。

又接弟信,知两处地道同穿皆经堵住,欣慰之至,转增忧悸。恐弟轻易出壕打仗,不敌贼之多且悍也。

【译文】

又接到贤弟你的信,知道两处地道打穿都被堵住,欣慰之至又有了担心。恐怕贤弟你轻易出壕打仗,抵不过敌军的数量和凶悍。

九月十九日 致沅浦弟书

沅弟左右:

梁美材等三营,弟令其替守芜湖,而腾出精右、陞后归并金陵①,正合余意。李世忠所部,系义渠、彤云等力劝余调之过江②,助弟一臂之力。余一时心绪过忙,枪法遂乱,旋闻弟处局势稍稳,已止调矣。火药当再解二万斤,帐棚拟再解五百架,银钱则须顺风数日乃可过鄱阳湖而抵安庆,目下实无妙法可以速之。

【注释】

①精右、陞后:湘军将领王可陞麾下营号,即精右营、陞后营。

②义渠:唐训方,字义渠。见前注。彤云:吴大廷,字彤云。见前注。

【译文】

沅弟左右:

梁美材等三营,贤弟你让他们替守芜湖,而腾出王可陞麾下精右、陞后二营归并金陵,正合我意。李世忠的部下,是唐义渠、何彤云等力劝我调他们过江,去助贤弟你一臂之力。我一时心绪慌忙,于是枪法乱了,不久听说贤弟你那里局势已经稍稍稳定,已经停止调动了。火药当再解送去两万斤,帐篷计划再解送五百架,军饷需要顺风走几天才能过鄱阳湖抵达安庆,眼下实在没有可以更快的好方法。

伪忠王之初计,本以全力先攻鲍军,不知何以变计,改而先攻弟军? 必有献策者言鲍军坚而弟军瑕也。看来一半月内,该逆必不干休,必再多方猛扑。弟军若出壕打仗,恐正中贼之计,贼所求之而不得者。似以坚守不出为最妥,不必出而撄贼凶锋①。半月以后,白齐文必至。一月以后,新募之卒必至。我有日增之象,贼处已竭之势,则我操胜算矣。弟意以为何如？

【注释】

①撄：触犯。

【译文】

伪忠王最开始的计划，本是要全力先进攻鲍超军，不知为何改变计划，改成先进攻贤弟你的军队？一定有献策的人说鲍超军坚不可摧而贤弟你的军队有机可乘。看来一个月或半个月之内，这伙逆贼一定不会善罢甘休，一定会再多方猛扑你的营盘。贤弟你的军队如果出壕打仗，恐怕落入贼人奸计，正是贼人求之不得的。似乎以坚守阵地不出战壕最好，不必冲出战壕正面与贼匪冲突。半个月以后，白齐文一定能到。一个月以后，新招募的士兵也一定能到。我军数量每天增加，贼匪气势每天衰弱，那我军必操胜算。贤弟你觉得怎样？

九月二十日　致沅浦弟书

沅弟左右：

弟与芜湖、金柱三处既稳，只要春霆一无疏失，则各路皆可化险为夷。一至十月，新募之勇陆续可至矣。火药二万、银二万，均于明日起解。嗣后事事接济得上，不至缺乏。惟火药一项，望弟认真撙节①，切莫大意！洋枪洋药，总以少用为是。余前接办张小浦之徽防②，其弁目人人皆有洋枪③，余令部下不必染其风，而张部亦次第裁汰。凡兵勇须有宁拙毋巧、宁故毋新之意，而后可以持久。弟莫笑我为老生迂谈也④。

【注释】

①撙(zǔn)节：节制，节约。

②张小浦：张芾，号小浦。见前注。

③弁目：低级武官的通称。

④老生迂谈：老年书生迂腐的谈论。

【译文】

沅弟左右：

　　贤弟你那里与芜湖、金柱关三处已经稳固，只要春霆没有任何闪失，那么各条战线都可以化险为夷。一到十月，新招募的士兵可以陆续到了。两万斤火药、两万两银子，都在明天开始押送。之后事事应该都能接济得上，不至于缺乏。只是火药这一项，希望你认真节约，千万不要大意！洋枪和洋火药，总是要以少用为好。我之前接管张小浦的安徽防务，他的将领人人都有洋枪，我命令部下不要染上他们的风气，而张小浦的部下也依次裁汰。凡是军人一定要有宁拙毋巧、宁故毋新的意识，之后才可以持久。贤弟你不要笑话我这是老生迂谈。

九月二十一日　　致沅浦弟书

沅弟左右：

　　贼之来援金陵，群酋大会二次，各路布置周妥而后来。贼处心积虑以求逞于我。我轻心深入，以侥幸于不可得之城。弟之骤进，余之调度，皆轻敌而不能精审。此次经一番大惊恐，长一分大阅历。如忠、侍等酋解围而去，弟当趁势退兵，以伤兵羸弱者循江滨退至金柱关，选精锐者整队追贼，追至大官圩、小丹阳一带，与鲍军互为声援。待新募之卒到后，认真整练，再行进兵。

【译文】

沅弟左右：

　　贼匪援军金陵，众头目开了两次大会，将各条战线布置稳妥后才前往。贼匪处心积虑谋取我军。我军轻敌深入，想侥幸取得不可能得到的城池。贤弟的贸然进军，我的调度，都是轻敌而没有仔细思量。这次经过一番大惊恐，长了一分大阅历。如果伪忠王、伪侍王等贼匪首领解围离开，贤弟你就应当趁势退兵，把伤兵弱兵沿江滨退到金柱关，挑选精锐士兵整军追击，追到大官圩、小丹阳一带，与鲍超军互为声援。等到新招募的士兵到了以后，认真整练，再决定进兵。

　　弟由高淳、东坝、溧阳以进宜兴，鲍由建平、广德以进长兴①。两路排进，相去常在百里内外。水师棋布于丹阳、石臼、南漪等湖②，与陆军相去常在数十里内，旌旗相望。弟以金柱为后路根本，鲍以芜湖为后路根本，处处联络，庶无全局瓦裂之患。宜兴、长兴两城皆在太湖西岸，陆军到此休息停顿。待李朝斌水师办成③，驶入太湖后，陆军再行前进。此大局所关，一年二年之军势，不可不早为定计。若长扎雨花台，以二三万劲旅屯宿该处，援贼不来，则终岁清闲，全无一事；援贼再来，则归路全断。一蚁溃堤，此等最险之着，只可一试再试，岂可屡屡试之，以为兵家要诀乎？望弟早早定计。贼不解围，则忍心坚守；贼若解围，则以追为退，不着痕迹。行兵最贵机局生活④，弟在吉安、安庆，机局已不甚活，至金陵则更呆矣。

【注释】

　　①建平：古县名。即今安徽宣城郎溪。清代，建平为广德州下属

县。长兴：县名。今为浙江湖州下属县，清属湖州府。

②南漪：湖泊名。位于安徽宣州和郎溪交界处，又名"南湖"，是皖南第一大湖泊，为古丹阳湖的一部分。

③李朝斌（？—1894）：本姓王，幼育于李氏，字质堂，湖南善化人。行伍出身。咸丰四年（1854）调充湘军水师哨官，从杨岳斌镇压太平军，累擢至总兵。同治间统太湖水师，官至江南提督。

④生活：有生机，有活力，不呆板。

【译文】

贤弟你从高淳、东坝、溧阳进攻宜兴，鲍超从建平、广德进攻长兴。两路一起进攻，相距保持在一百里左右。水师遍布丹阳、石臼、南漪等湖，与陆军相距保持在几十里以内，旌旗相望。贤弟军将金柱关作为后路的根本，鲍超军将芜湖作为后路的根本，处处联络，这样差不多没有全局瓦裂的忧虑。宜兴、长兴两座城都在太湖西岸，陆军到这里休息停顿。等李朝斌的水师准备好，驶入太湖后，陆军再继续前进。这是大局的关键，一两年内的军事发展态势，不能不早早决定。如果长久驻扎在雨花台，将二三万劲旅驻扎在这个地方，贼匪援军不来，那就会长年清闲，完全无事可做；贼匪援军再来，那么我军的归路就全被切断。一个小蚁穴可足以毁坏千里长堤，这种最凶险的招数，只能试一次两次，怎么能屡次试用，甚至作为打仗求胜的秘诀呢？希望贤弟你早早决定。贼匪不解围，就坚忍防守；贼匪如果解围，就以追为退，不着痕迹。行军以气势生动为最重要，贤弟的军队在吉安、安庆，机局已经不很灵活，到金陵就更呆板了。

久晴之后，必苦阴雨；下弦之后①，夜必晦暗。不知弟处仍能坚守否？缩壕恐长贼气，即可定计不缩。营中米粮子药，究竟尚可支若干日，我自能打算也。

【注释】

①下弦：指农历每月二十二日或二十三日。这天,太阳跟地球的连线和地球跟月亮的连线成直角,在地球上看到月亮呈反"D"字形,这种月相称"下弦"。

【译文】

久晴之后,一定阴雨连绵;下弦之后,夜晚一定晦暗。不知贤弟你那里仍然能坚守吗?缩短战壕防线恐怕会长贼匪士气,那就拿定主意不缩短战线为好。军营里的米粮弹药,毕竟还可以支撑若干天,我自有安排打算。

九月二十四日　致澄侯弟书

澄弟左右：

　　唐萍翁遽尔沦谢①,深堪悼恸!吾兄弟宜共赙以二百金,以答渠始终不忘先大夫之雅意。

【注释】

①唐萍翁：原湘乡县令。见前注。

【译文】

澄弟左右：

　　唐萍翁突然去世,实在很是哀痛!我们兄弟应该一共出二百两奠仪,来报答他始终不忘先父的一片心意。

　　沅弟在金陵苦守,已满一月,实属劳瘁异常。自闰月十九援贼初到,直至九月二十日,皆昼晴夜月,清和光明,近三日风雨阴寒,不知别有变症否?营中病卒虽多,而军心尚固,银米子药,均尚敷用,或可化险为夷。吾此次焦灼更甚于在祁门时,祁门关系一身之安危,此次则数万人之性命也。

【译文】

　　沅弟在金陵艰苦防守,已满一个月,实在是劳累异常。自从闰月十九日贼匪援军刚到,直到九月二十日,都是白天晴朗晚上有月光,清和光明,最近三天风雨阴寒,不晓得会不会有别的变症?军营里生病的士兵虽然多,但军心还算稳固,钱粮弹药,都还够用,或许可以化险为夷。我这次比在祁门时更为焦虑,祁门关系到我个人的安危,这次却事关数万人的性命。

九月二十四日　致沅浦弟书

沅弟左右:

　　接弟二信,因余言及机势,而弟极言此次审机之难。弟虽不言,而余已深知之。萃忠、侍两酋极悍极多之贼,以求逞于弟军。久病之后,居然坚守无恙。人力之瘁①,天事之助,非二者兼至,不能有今日也。当弟受伤,血流裹创,忍痛骑马,周巡各营,以安军心,天地鬼神,实鉴此忱。以理势论之,守局应可保全。然吾兄弟既誓拚命报国,无论如何劳苦,如何有功,约定终始不提一字,不夸一句。知不知,壹听之人;顺不顺,壹听之天而已。

【注释】

①瘁:劳苦,劳累。

【译文】

沅弟左右:

接到贤弟你的两封信,因为我说到了时机和局势,贤弟你详谈这次把握时间的困难。即便贤弟你不说,我也已深深知道。贼匪集结伪忠王、伪侍王两大头目极多极悍的部众,想占贤弟一军的便宜。贤弟一军在久病之后,居然能坚守阵地,安然无恙。人事方面鞠躬尽瘁,天道方面乐于助善,如果不是这两样都占全了,不会有今天。当贤弟你受伤的时候,血从伤口包扎处往外流淌,还忍痛骑马,巡查各营,以安定军心,天地鬼神,实在是将贤弟的一腔热忱看在眼里。从理从势来论,防守局势应该可以保全。但是我们兄弟已经发誓拼命报国,无论如何劳苦,如何有功,相约始终不提一字,不夸一句。他人知道不知道,全听他人就好;事情顺利不顺利,全听老天安排就好。

审机审势,犹在其后,第一先贵审力。审力者,知己知彼之切实工夫也。弟当初以孤军进雨花台,于审力工夫微欠。自贼到后,壹意苦守,其好处又全在"审力"二字。更望将此二字直做到底。古人云:"兵骄必败。"老子云:"两军相对哀者胜矣。"不审力,则所谓骄也;审力而不自足,即老子之所谓哀也。

【译文】

把握时机和局势,还在其次,最重要的是要先审力。审力,是知己知彼的切实功夫。贤弟你当初孤军进攻雨花台,在审力的功夫上稍有欠缺。自从贼匪到了以后,一意苦守,优点又全在"审力"二字上。更希望你能将这二字功夫一直做到底。古人说："兵骄必败。"老子说："两军相对哀者胜。"不审力，就是所谓的"骄"；审力而自以为不足，就是老子所说的"哀"。

　　药二万、银二万及洋枪一批，日内准交轮舟拖带东下。其余银米子药苦于逆风不能到皖，望弟稳守，不可急于出壕打仗。十月间，吾再添派护军前往助弟。弟之新勇，十月亦可赶到。昨日风雨，余极忧灼也。

【译文】

　　两万弹药、两万两银子以及一批洋枪，这几天一定交付轮船拖带东下。其余的钱粮弹药因为逆风不能送到安庆，希望贤弟你能稳守阵地，不能急于出壕打仗。十月时，我再添派护军前往支援你。贤弟你新招募的士兵，十月也可以赶到。昨天的风雨，我很是忧心。

九月二十五日　　致沅浦弟书

沅弟左右：

　　阴雨作寒，天黑如黳^①，极念士卒守壕之苦。能守过廿三、四夜，则此后当就稳固。

【注释】

　　①黳(yì)：黑色玉石。这里形容天黑。

【译文】

沅弟左右：

　　阴雨作寒，天黑如漆，很惦记士兵们守卫战壕太辛苦。能守过二十

三、四日夜,这之后应当日渐稳固。

春霆来信,病已全好,精神比前加倍,军心尚固。余又拨梁美材等营助之,计九月内必开大仗。渠处一经打动,则军势自可及于大官圩、小丹阳一带,可与弟处遥为声援。至十月,精右营、陛后营必到,白齐文之常胜军必到,赵玉班所部省城守兵千人必到,不患兵事之无转机。江、粤报解之饷,尚有十一万两在外。沈幼丹派胡长芝解银二万、火药二万①,指明直解金陵。余函商少泉,亦请其拨银数万,直解金陵。不患饷事之无起色,只望弟与诸将勉力支持九月杪、十月初之苦境②,过此则渐入佳境。

【注释】

①胡长芝:同治年间曾官江西瑞金知县。

②杪(miǎo):末。

【译文】

春霆来信,他的病已全好,精神比以前加倍好,军心还很稳固。我又调拨梁美材等营支援,预计九月内一定会有大战。他那里一经开战,军势自然就可以到达大官圩、小丹阳一带,可与贤弟你那里遥为声援。到了十月,精右营、陛后营一定到,白齐文的常胜军一定到,赵玉班手下的省城守军一千人也一定到,不必担心战事没有转机。江西和广东报告解送的粮饷,还有十一万两在外。沈幼丹派胡长芝解送两万两银子、两万火药,指明直接解送到金陵。我写信和少泉商量,也请他拨几万两银子,直接解送到金陵。不必担心军饷没有起色,只指望贤弟你和诸位将领勉力支撑过九月底十月初的艰难关头,过后就会渐入佳境。

今日天气微霁^①,或不至久变以苦我将士。

【注释】

①霁(jì):雨雪转晴。

【译文】

今天天气微晴,或许不会长期变天让我军的将士受苦。

九月二十六日　致沅浦弟书

沅弟左右:

排递一缄,具悉守局平稳。寄少泉信稿,与白齐文一军约法三章,均属切要之语。总之,危急之际,惟有专靠自己不靠他人为老实主意。即如王可陞一军,余久拟派助弟处,公牍私函不仅数次,至今月余,尚有二营未到金陵。则此外如程学启、蒋岁泉等军之不能应手救急,何足怪哉?

【译文】

沅弟左右:

收到你紧接着寄来的一封信,得知防守局势平稳。寄给少泉的信稿,与白齐文一军约法三章,都是切中要害的话。总之,危急的时候,只有靠自己不靠别人才是最实在的主意。就像王可陞一军,我一直计划派去帮助贤弟你,公文私信不仅发了几次,到现在已有一个多月了,还有两个营没到金陵。除此以外,比如程学启、蒋岁泉等的军队不能伸手救急,又有什么好奇怪的?

连日阴雨夜黑，贼于夜间猛扑否？余所虑者，雨后墙坍一变症，江滨水涸一变症。过此二者，皆能守住，则忠、侍虽围两年，亦无如弟何矣。

【译文】

连日阴雨连绵夜晚很黑，贼匪在夜间有猛烈进攻吗？我所担心的，是雨后墙塌一大变故，和江边水枯一大变故。排除这两件情况，都能防守得住，伪忠王、伪侍王即使率军围困两年，也不能把贤弟怎么样。

九月二十八日　致沅浦弟书

沅弟左右：

日内因风雨严寒，长夜深黑，正切焦虑。防守严密，实有把握，为之大慰！只要雨后墙坍无变症，江滨水涸无变症，则虽久不解围，亦自无妨。

【译文】

沅弟左右：

这几天因为风雨严寒，长夜深黑，正在焦虑。但是防守严密，贤弟你心有把握，我非常欣慰！只要没有雨后墙坍塌的变故，和江边水枯的变故，那就算贼匪长时间不解围，也没什么妨碍。

柴炭一项，今日派人至张家滩、殷家汇收买①。若买得几十船装下金陵，亦有小补。白齐文来援之事，余信语气与弟寄少荃信语气相吻合。总之，危急之际，莫靠他人，专靠自己,乃是稳着。弟惟专待新勇到齐,出壕一战,不必别有盼望。

【注释】

①张家滩:地名。即今安徽东至张溪镇。殷家汇:地名。即今安徽池州殷汇镇。

【译文】

柴炭这一项,今天派人去张家滩、殷家汇收买。如果能买几十船送到金陵,也略有帮助。白齐文来支援这件事,我信中态度与贤弟你寄给少荃信的态度相吻合。总之,危急的时候,不靠他人,只靠自己,才是稳妥的办法。贤弟你只能等新兵到齐,出壕一战,不必有其他的指望。

　　硼炮交委员带回①,甚是。在人不在器之说,余言终当验也。

【注释】

①硼炮:一种声音很大的炸炮。

【译文】

硼炮交给委员带回,很好。靠人不靠武器,我的话一定会应验。

九月二十九日　致沅浦弟书

沅弟左右:

　　南云部卒杀至贼地道口,毙贼甚多,为之一慰! 今日又晴霁,罗、朱、周、吴等邀同各营又获胜仗①。从此太平、官圩、小丹阳之贼，当难站脚，忠逆、侍逆之粮路柴路，必已掣动。忠、侍若不解围以去，则必分兵回救太平一带。

【注释】
①罗、朱、周、吴：指罗逢元、朱南桂、周万倬、吴坤修。

【译文】

沅弟左右：

刘南云的部下杀到贼匪地道口，击毙很多贼匪，为之欣慰！今天天气放晴，罗、朱、周、吴等协同各营又获胜仗。从此太平、官圩、小丹阳的贼匪应该难以站稳，伪忠王、伪侍王的粮路、柴路一定已经被牵动。如果伪忠王、伪侍王不解围离开，就一定会发兵回救太平一带。

洋枪机括，弟营既善收拾，又勤于擦洗，余当令筱泉于粤厘项下购买。然我军仍当以抬、鸟、刀、矛及劈山炮为根本①。譬之子弟于经书八股之外，兼工诗赋杂艺则佳，若借杂艺以抛弃经书八股，则浮矣。至嘱！

【注释】
①抬、鸟、刀、矛：抬枪、鸟枪、大刀、长矛。

【译文】

洋枪机括，贤弟你的军营既善于收拾，又勤于擦洗，我自然会让筱泉在广东税务的名目下购买。但是我军仍然应当以抬枪、鸟枪、大刀、长矛及劈山炮作为根本。好比子弟在经书八股之外，也擅长诗赋杂艺是好事，但如果借杂艺来抛弃经书八股，就是浮躁了。千万牢记！

九月三十日 致沅浦弟书

沅弟左右：

　　南云处地道已穿，从此东路应更稳妥，不知西路江边水洄尚有他变症否？周、王、罗、朱之捷[①]，于贼之粮路柴路必有大损，或可不打而忠酋自退。

【注释】

①周、王、罗、朱：周万倬、王明元、罗逢元、朱南桂。

【译文】

沅弟左右：

　　刘南云防守之处的地道已经洞穿，从此东路应该更稳妥，不知西路江边水洄还有变故不？周、王、罗、朱等人获得的胜利，对贼匪的粮路柴路一定有大妨碍，或许可以不用开打，伪忠王自己就撤退了。

　　弟坚持不浪战之义，甚是甚是！凡行兵须蓄不竭之气，留有余之力，《左传》所称"再衰三竭"[①]，必败之道也。弟营现虽士气百倍，而不肯浪战，正所谓留有余之力也。孤军驻雨花台，后无退路，势则竭矣。吾欲弟于贼退后，趁势追贼，由东坝进溧阳、宜兴，所谓蓄不竭之势也。望弟熟思定计。

【注释】

①再衰三竭：语出《左传·庄公十年》："夫战，勇气也；一鼓作气，再而衰，三而竭。"后因以"再衰三竭"形容士气越来越低落，不能再振作。

【译文】

贤弟你坚持不轻易作战的道理,很对很对!凡是行军必须积蓄不竭之气,留有余力,《左传》里所说的"再而衰,三而竭",是必败的道理。贤弟你的军营现在虽然士气百倍,却不肯轻易作战,正是所说的留有余力。孤军驻扎在雨花台,后无退路,气势较为衰竭。我想要贤弟你在贼匪退后,趁势追击贼匪,从东坝进军溧阳、宜兴,这就是所谓的蓄不竭之势。希望贤弟你仔细考虑定夺。

十月初一日   致沅浦弟书

沅弟左右:

昨夕接春霆信,似有小挫之象。宁国霆、凯两军,本较之弟军病者更甚,死者更多。凯章之病,近更沉重。渠信来,有"难支一月"、"料理后事"等语,可悯可敬!霆军病故猛将,如黄庆、伍华瀚之类①,不可再得。吾前专忧虑弟处一军,今又深忧霆军矣。

【注释】

①黄庆:湖南湘乡人。鲍超麾下将领,官至提督。同治元年(1862)病死军中。

【译文】

沅弟左右:

昨天晚上接到春霆的信,似乎有小败的迹象。宁国的鲍春霆、张凯章两支军队,相比贤弟你的军队生病的更多,死的士兵更多。张凯章的病,近来更加沉重。他的来信中有"难支一月"、"料理后事"等语,实在让人怜悯敬佩!春霆军中病故的猛将,比如黄庆、伍华瀚之类,难以再得。我之前只是担忧贤弟你那里的军队，现在又深深担忧春霆的军队。

十月初三日　致沅浦弟书

沅弟左右：

　　排递一缄，知守局平安如常，至以为慰！大官圩等处之粮多为我军所焚，则金陵援贼之粮，必难久支。城贼之粮多寡，则不敢必耳，计忠、侍引退之期必不甚远。吾前有信，嘱弟以追为退，改由东坝进兵，先剿溧阳，以至宜兴，先占太湖之西岸。水师亦由东坝进兵，俾李朝斌先在太湖西岸立住脚跟，则战船处处可到，而环湖之十四府州县处处震动，贼则防不胜防，我则后路极稳。较之株守金陵者①，有死活之分，有险易之别，但无赫赫之名耳。

【注释】

①株守：死守不放。

【译文】

沅弟左右：

　　收到你紧接着发来的一封信，知道守局平安如常，非常欣慰！大官圩等地方的粮食大多被我军焚毁，那么金陵贼匪援军的粮食一定很难长久支撑。城中贼匪粮食的多少，不敢过于肯定，预计伪忠王、伪侍王两路贼匪撤退的时间一定不太远了。我之前写信嘱咐贤弟你以追为退，改从东坝进兵，先剿平溧阳，一直到宜兴，先占领太湖西岸。水师也从东坝进兵，让李朝斌先在太湖西岸立住脚跟，那么战船就可以到达任何地方了，环湖的十四府州县也会处处震动，让贼匪防不胜防，我军后路就会极为安稳。相比困守金陵，气局有死活的分别，有险易的分别，只是没有显赫的名声罢了。

凡行军最忌有赫赫之名，为天下所指目，为贼匪所必争，莫若从贼所不经意之处下手。既得之后，贼乃知其为要隘，起而争之，则我占先着矣。余今欲弃金陵而改攻东坝，贼所经意之要隘也。若占长兴、宜兴、太湖西岸，则贼所不经意之要隘也。愿弟早定大计，趁势图之。莫为浮言所惑①，谓金陵指日可下，株守不动，贪赫赫之名，而昧于死活之势。至嘱至嘱！如弟之志必欲围攻金陵，亦不妨掀动一番，且去破东坝，剿溧阳，取宜兴，占住太湖西岸，然后折回再围金陵，亦不过数月间事，未为晚也。

【注释】

①浮言：空泛、不切实际的话。

【译文】

凡是行军最忌有显赫的名声，被天下注目，被贼匪当作一定要来争斗的目标，不如从贼匪不经意的地方下手。得手以后，贼匪才知道那是要隘，而去争夺，我军就占有先机了。我现在想放弃金陵而改攻东坝，那是贼匪所在意的要隘。如果占领长兴、宜兴、太湖西岸，那是贼匪所不在意的要隘。希望贤弟你早定计划，趁势攻取。不要被浮言迷惑，说金陵指日可下，株守不动，贪图显赫的名声，而在死活大势上糊涂。千万千万！如果贤弟一定要围攻金陵，也不妨先掀动一番，去攻破东坝，剿平溧阳，取得宜兴，占住太湖西岸，然后折回再来围攻金陵，不过几个月的事，也不太晚。

吾兄弟誓拚命报国，然须常存避名之念，总从冷淡处着笔，积劳而使人不知其劳，则善矣。

【译文】

我们兄弟发誓拚命报国，但也必须存有回避名声的念头，总要从冷淡的地方下手，积攒功劳而让别人不知道我们的功劳，就够了。

十月初五日　致沅浦弟书

沅弟左右：

连接九月两次来缄，具悉一切。

弟决计不肯少退，不肯改由东坝一路进兵，则余续寄一缄，弟亦必不以为然。第株守金陵恐又成三年五年之局。援贼退则苦其太闲，援贼来又苦其太险。反复筹思，不得所以两全之法，且看张、鲍两军在宁国果能坚守否[①]？如鲍军能击退杨、黄大股[②]，再能乘势规复东坝，则金陵之后路亦不至十分空虚，从弟之策亦无不可。若鲍军不能却敌，或有疏虞，再行筹议。

【注释】

①张、鲍：张运兰、鲍超。

②杨、黄：指太平军大将杨辅清、黄文金。

【译文】

沅弟左右：

连续接到九月的两次来信，得知一切情况。

贤弟你下决心不肯稍稍退军，不肯改从东坝一路进兵，那我继续寄一封信，贤弟也一定不以为然。只是株守金陵，恐怕又成三年五年持久战的局势。贼匪援军撤退，苦于实在太闲；贼匪援军一来，又苦于形势太险。反复思量，想不到两全的方法，且看张、鲍两军在宁国是否能坚守得住？如果鲍超军能击退杨、黄大股贼匪，再能乘势计划收复东坝，那么金陵的后路也不至于十分空虚，听从贤弟的计策也没什么不行。如果鲍超军不能退敌，或者有什么闪失，再另行商量。

少泉解来饷银五万，今日派长龙船送弟处。其洋枪洋药尚未到齐，到即专人解金陵也。少泉大获胜仗，忠酋不久必分兵回援苏、昆①，其调张树声等赴沪，已飞札应之矣。

【注释】

①苏、昆：指苏州、昆山。

【译文】

少泉押解来的五万两饷银，今天派长龙船送到你那里。洋枪洋火药还没有到齐，到了就派专人解送到金陵。少泉大获胜仗，伪忠王不久一定会分兵回援苏、昆，他调派张树声等前往上海，我已经派人飞速送公文回应。

十月初八日　致沅浦弟书

沅弟左右：

天气大寒，营中将士昼夜辛苦，极可怜念！初三、四后，忠、侍两逆别有变相否？以少荃之歼毙听王①，左、蒋之急攻汤溪②，计忠、侍俱不能不回顾根本，或者再猛扑数日，乃始兴尽而返乎？

【注释】

①听王：指陈炳文，原名冬林，又名虎臣，安徽巢县人。太平天国忠王李秀成部将，历朝天安、朗天义、忠孝朝将，晋封听王。咸丰八年(1858)，参与摧毁江北大营之役。十一年(1861)随军进占杭州。次年，与谭绍光等三逼上海，受挫而还。同治三年(1864)，退出杭城，转战安徽、江西，在金溪附近降清，任参将。以后不详。曾国藩此信言李鸿章歼毙听王，消息实未确。

②左、蒋：左宗棠、蒋益澧。汤溪：地名。即今浙江金华婺城区汤溪镇。

【译文】

沅弟左右：

天气很冷，营中的将士昼夜辛苦，非常挂念！初三、四日后，伪忠王、伪侍王两个逆贼有别的变卦么？少荃歼毙伪听王陈炳文，左宗棠、蒋益澧急攻汤溪，预计伪忠王、伪侍王都不能不回顾根本，或许他们再猛攻几天，才会兴尽而返呢？

毛寄云协解火药至十一万斤之多，可感可敬！其被属员评告之案①，现饬官严审办，不知果能不挂吏议否②？白齐文一军，日内果已西来否？厚庵部下诸将，与弟久处者不下十余人，弟察看其中可靠者以何人为最？弟营经此番风波，诸将之胆识力量、长短分寸，纤悉毕露③。其中可带三四千人独当一面者，更有何人？望详告我。

【注释】

①被属员讦告之案：指同治元年（1862）毛鸿宾被下属椿龄讦告案。
《清史稿》本传载："江蓝厅同知椿龄指团绅为土匪，鸿宾廉知椿
龄有酷刑逼借事，劾罢之。椿龄京控，讦鸿宾借贷不遂，鸿宾自
请查办，下总督官文鞫讯，得白。"

②吏议：指司法官吏关于处分定罪的拟议。

③纤悉：细致详尽。

【译文】

毛寄云协助解送火药达到十一万斤那么多，可感可敬！他被属员
告发的案子，现在已经派有关官员严格审办，不晓得是否真的不会被定
罪处分？白齐文的军队，这几天真的已经西来了吗？厚庵部下诸将，与
贤弟长久相处的不下十余人。贤弟察看其中哪个人最可靠？贤弟军营
经过这番风波，诸位将领的胆识力量、长短分寸，一分一毫都已经显露
出来。其中可带三四千人独当一面的，又是谁呢？希望你详细告诉我。

吾以洋枪比诗赋杂艺，而以劈山、抬、鸟比经书八股①，
弟复函深以为然。此处见解相合，亦一大机括也②。吾以劈
山炮为陆军第一利器，若食群子至五十颗以外，实可无坚不
摧。皖局目下加意打造劈山群子，少迟再解万斤至弟处试
用。去年吾寄弟信，言劈山炮食满群子之后，须用稻草毯子
封之③，并须用搠杖多杵几下④，将草毯紧紧贴子，子紧紧贴
药，药紧紧贴膛，则群子之所及，又远又宽矣。弟须将各营
亲口教之，亲眼验之，乃不失劈山炮之妙用。无谓各营皆已
善用劈山，而不加察也。

【注释】

①劈山、抬、鸟：劈山炮、抬枪、鸟枪。

②机括：此处喻指关键。

③稻草毬子：球状稻草团。

④搠（shuò）杖：用来杵捣的棍棒。

【译文】

我把洋枪比作诗赋杂艺，把劈山炮、抬枪、鸟枪比作经书八股，你的回信深以为然。在这方面见解相合，也是一大关键。我认为劈山炮是陆军第一利器，如果填充霰弹到五十颗以上，实在是无坚不摧。安庆机器局目前加意打造劈山炮霰弹，过些时候再解送万斤到贤弟你那里试用。去年我寄给你信，说劈山炮填充满霰弹之后，必须用稻草球子封口，而且要用搠杖多杵几下，将草球紧紧贴住霰弹，霰弹紧紧贴住火药，火药紧紧贴住炮膛，那么霰弹的射程，就又远又宽了。你必须亲口教导各营，亲眼检验，才不会失去劈山炮的妙用。不要说各营都已经善用劈山炮，就不仔细检查了。

十月十二日　　致沅浦、季洪弟书

沅、季弟左右：

　　伪忠王既回苏州，伪侍亦不久必退，日内想弟处已解围矣。

【译文】

沅弟、季弟左右：

　　伪忠王已经回到苏州，伪侍王也一定不久后就退却，这几天料想贤弟那里已经解围了。

春霆初六七日来信，甚忙乱，无主张。渠军好手，故者伤者太多①，亦有抱怨而散去者。目下粮路已断，众心多离，深为可虑！

【注释】

①故：故去，指死亡。

【译文】

春霆初六七日来信，很是忙乱，没有主意。他军中的好手，死去的和受伤的太多了，也有因抱怨而散去的。目前粮路已经截断，军心离散，很让我忧虑！

两弟决志不肯退兵，余亦不遽相强，但须鲍军得手，乃可定计。鲍军幸而获胜，宁国幸而保全，则弟处或退或否，尚易布置。鲍之老营倘有疏失，则宁郡必困重围之中，不得不调弟回驻芜湖、金柱，进援宁郡。即不去援宁，亦必退保芜湖。鲍军之安危，总在三五日内可决，弟之行止，视鲍军为权衡也。

【译文】

两位弟弟决意不肯退兵，我也不强迫你们，但必须等到鲍超军取胜，才能确定计划。若鲍超军幸好能够获胜，宁国幸好可以保全，那么贤弟那里或者撤退或者不退，还容易安排。鲍超的大本营如果有闪失，那么宁国一郡必定会困在重围之中，不得不调贤弟回驻芜湖、金柱关，去支援宁国。即使不去支援宁国，也一定要退保芜湖。鲍超军的安危，总会在三五天内有结果，贤弟一军的行动，要看鲍超军来决定。

十月十三日　致沅浦弟书

沅弟左右：

　　昨日一缄，言弟军之进止视鲍军之利钝以为权衡，本日接春霆来信，贼在西河坚扎墙垒①，霆军进剿，未能扑动。吾观霆军之布置散漫，主意慌乱，人心离怨，恐此次必难支持。而其病者死者比他军独多，似亦冥冥中有主之者。鲍、张果有挫失，则芜湖、三山等处必十分吃紧。中段空虚，弟在下游断难久站，不如趁金陵贼退之时，鲍军未败之先，以追为退，以东西梁山、芜湖、金柱、运漕、无为为弟军之基业，然后相机再进，庶为可战可守、可伸可缩之军。

【注释】

　　①西河：古镇名。即今安徽芜湖西河镇，处于宣城、南陵、芜湖三地
　　　交界处，因坐落在青弋江西岸，故得名"西河"。

【译文】

沅弟左右：

　　昨天的一封信，说贤弟一军的行动计划要以鲍军的战况顺利与否作为依据，今天接到春霆来信，贼匪在西河坚扎营垒，鲍军进剿，没能扑动。我看鲍军的布置散漫，主意慌乱，人心离怨，恐怕这次一定难以支持。而他们那里生病和死去的人比其他军营更多，似乎也是冥冥之中有天意主宰。如果鲍超、张运兰真的有闪失，那么芜湖、三山等地方一定十分吃紧。中段空虚，贤弟你在下游一定难以坚持很久，不如趁金陵贼匪退却，鲍军未败之前，以追击为撤退，将东西梁山、芜湖、金柱关、运

漕、无为作为你军的根本,然后看准时机再进军,也许可以赢得可战可守、可伸可缩的局势。

咸丰五年,余率水、陆驻扎南康,志在攻破湖口一关。五、六两年,竟不能攻破。七年,余丁忧回籍,寸心以此为大憾事。罗罗山于五年八月至南康、湖口一看,知其不足以图功,即决然舍我而去,另剿湖北。其时有识者,皆佩服罗山用兵能识时务,能取远势。余虽私怨罗山之弃余而他往,而亦未尝不服其行军有伸有缩,有开有合也。观多公之决志不肯南渡,与各军秋间之多病,霆营目下之难支,是天意不欲遽克金陵,已可概见。吾辈当一面顺天意,一面尽人事,改弦更张,另谋活着。

【译文】

咸丰五年,我率水、陆二军驻扎在南康,想要攻破湖口一关。咸丰五、六两年,竟不能攻破。七年,我丁忧回老家,内心把这作为生平大憾事。罗罗山在咸丰五年八月到南康、湖口察看,知道那里不足以取胜立功,马上断然舍我而走,另行进剿湖北。当时有见识的人,都佩服罗山用兵能识时务,能取远势。我虽然私下埋怨罗山抛弃我去别的地方,但也未尝不佩服他行军能伸能缩、开合有度。看多公下决心不肯南渡,以及各军在秋天疫病流行,鲍超营目前难以支持,已经大概能看出天意不想让我们马上攻克金陵。我们应当一面顺应天意,一面竭尽人事,改弦更张,另想灵活的办法。

古人用兵,最重"变化不测"四字。弟行军太少变化,此次余苦口言之,望弟与季弟审度行之。即日退扎金柱、芜湖,分五千人至湾沚、西河助剿,所以救鲍,即所以救张,即所以保全局而救阿兄也。若弟坚执前议,果扎金陵不肯挪动,鲍挫而张必随之,在余之公局固坏;而弟以重兵屯宿该处,如余之株守南康,和、张之株守金陵,弟之私局亦必坏。望弟详思之。凡行军言退,万众不愿。此次弟为救鲍而退,与寻常之退,迥不相同,可以告麾下将士亮余苦心耳。

　　弟若决不肯退,则请拨王可陞一助春霆,可乎?

【译文】

　　古人用兵,最看重"变化不测"四字。贤弟行军变化太少,这次我苦口婆心劝你,希望你与季弟仔细考虑之后再行动。即日退扎金柱关、芜湖,分五千人到湾沚,西河协助剿贼,既是救援鲍超,也是救援张运兰,也就是保住全局来救你哥哥。如果贤弟你坚持之前的看法,一定要驻扎金陵不肯挪动,鲍超受挫张运兰一定会跟着受挫,对我的大局固然更坏;但贤弟用重兵驻扎在那里,就像我死守南康,和、张死守金陵,贤弟你个人的战局也一定会坏。希望贤弟你仔细思考。凡是行军时说撤退,所有人都不情愿。这次贤弟你为救鲍超而撤退,与寻常的撤退迥然不同,可以告诉麾下的将士,体察我的苦心。

　　贤弟你如果一定不肯撤退,就请调拨王可陞来帮助鲍超,可以吗?

仝日　　致沅浦弟书

沅弟左右:

　　本日已专送一信,劝弟趁势退兵,分五千人救援鲍军,不知何日可以接到？继思金陵援贼尚未退净，若不能打开后路，虽欲退兵至金柱、芜湖一带而不能。一切仍听弟作主，可退则退，不可退则姑少留，余不遥制也。

【译文】

沅弟左右：

　　今天已经送了一封信，劝贤弟你趁势退兵，分五千人救援鲍超军，不知你什么时候可以接到？想想金陵贼匪援军一定还没有全部撤退，如果不能打开后路，即使想要退兵到金柱关、芜湖一带，也不可能。一切还是听贤弟你自己做主，能退就退，不能退就暂且待上一段时间，我不在远处加以干涉。

十月十四日　　致沅浦弟书

沅弟左右：

　　昨日午刻寄一缄，欲弟退金柱、芜湖，而拨五千人援救鲍军。镫后又寄一缄①，言进退由弟自行作主。今日接弟缄，竟不知弟后壕之外尚有贼垒否？已退净否？余日内忧灼愤郁，寸心如焚，不复能细思大事。弟当打退援贼之后，精神可为一振，宜将全局细思。

【注释】

　　①镫(dēng)：泛指灯。

【译文】

沅弟左右：

　　昨天中午寄了一封信，想要贤弟你退守金柱关、芜湖，然后拨五千人援救鲍超军。晚上又寄了一封信，说军机进退由贤弟自行做主。今天接到贤弟的信，竟不知贤弟后壕之外还有没有贼匪的壁垒？贼匪已经退净了吗？我这几天焦虑愤郁，寸心如焚，不再能仔细思考大事。贤弟打退贼匪援军之后，精神为之振奋，应仔细想想全局。

鲍军挫失，宁郡不保，中段必一片荆棘，三山、大通、荻港等处，均虑复为贼有，弟处饷道终久必梗。不如趁早退守芜湖、金柱，弟犹可以北岸为根本，弟两年所克城隘，犹可自保。若不早为之所，后恐求退而不得，求保芜湖、金柱而不得。特此再商，望弟裁断。

【译文】

鲍超军有闪失，宁国不保，中段一定处处艰辛，三山、大通、荻港等地都担心又被贼匪占领，贤弟那边的饷道时间长了一定会堵塞。不如趁早退守芜湖、金柱关，贤弟还可以把北岸作为根本，贤弟两年所攻克的城隘，还可以保得住。如果不早作打算，以后恐怕想撤退也撤退不了，求退保芜湖、金柱关而不得。特此再次商量，希望贤弟裁断。

十月十五日　致沅浦弟书

沅弟左右：

后壕之外，究尚有贼若干？已解围否？两次嘱弟退兵，改由东坝再进，弟复信皆深不以为然。昨又恐弟兵有难遽退之势，补发一信，令弟自行斟酌。

【译文】

沅弟左右：

后壕之外，究竟还有多少贼匪？已解围了吗？两次嘱咐贤弟退兵，改从东坝进攻，你回信都很不以为然。昨天又担心贤弟一军从形势上看难以快速撤离，补发了一封信，让贤弟自己定夺。

总之，用兵之道，全军为上，保城池次之。弟自行默度，应如何而后保全本军。如不退而后能全军，不退可也；如必退而后能全军，退可也。至于鲍军纵有挫失，而江面总可保全；大通、获港等处厘局纵或被扰，而水中粮运总可常通。余十三日信言弟处运道终恐梗塞，系忧灼过虑之辞，亮必不至于此耳。

【译文】

总之，用兵之道，以保全军队为上，保全城池为其次。贤弟你自己默默地思量一下，应该怎样做才能保全自己的军队。如果不撤退就能保住全军，不退也行；如果必须撤退才能保住全军，那就撤退。至于鲍超军队即使有闪失，但江面总可以保全；大通、获港等地方的税务司即使被侵扰，但水路中的粮运总是可以畅通的。我十三日的信说贤弟你那里的运输恐怕终究会堵塞，是忧灼过虑的言辞，想来应该不至于这样。

十月十六日　　致季洪弟书

季弟左右：

此次保全粮道，联络水师，援应东路，厥功甚伟①。皇天不负苦心人,或终有树立勋名之日。

【译文】

季弟左右:

　　这次保全粮道,联络水师,支援东路,功劳很大。皇天不负苦心人,或许终会有建功立勋的那一天。

　　余近来心绪忧灼,迥异往年。前以金陵勇夫三万余众,一有疏失,全无归路;近以鲍军三次小挫,恐宁国不支,全局瓦裂;又见兵勇日增而可靠者少,饷项日绌而掣肘者多。日夜愤郁,绝少欢悰①。

【注释】

①欢悰(cóng):欢乐的心情。

【译文】

　　我近来心情焦虑,和往年很不同。之前因为一旦有闪失,在金陵的三万多士兵就全都没有了归路;近日因为鲍超军三次小败,恐怕宁国支持不住,全局崩溃;又见士兵每天都有增加但可靠的却很少,军饷越来越困窘而掣肘的人越来越多。日夜愤郁,快乐的时候极少。

　　雨花台此次幸得保全。千辛万苦成此规模,本无言退之理。惟恐鲍、张宁国或有差池,则上游糜烂,下游金陵一军亦难孤立。故余三次寄信与沅弟,商所以退兵之法。然关系太大,余亦不敢遥制,听沅与季自行作主可也。至弟仍伸前议①,亦听两弟自主。若不退兵而坚扎原处,弟回籍一行,当无不可。

【注释】

①仍伸前议:仍然坚持此前的主张。指曾贞干欲请假回家一趟之事。

【译文】

这次雨花台幸运地得以保全。千辛万苦才形成这样的局面,本来没有撤退的道理。只是担心鲍超、张运兰在宁国或许会有闪失,那么上游战局糜烂,下游的金陵一军也很难独自支持了。因此我三次寄信给沅弟,商量退兵的方案。但是其中关系太大,我也不敢遥控,听凭沅弟与季弟自行做主就行了。至于贤弟你仍然坚持之前的主张,要回家休养并探视,也听凭两位弟弟自己做主。如果不退兵而坚持驻扎在原来的地方,贤弟你回老家一趟,也没什么不可以。

十月十七日　　致沅浦弟书

沅弟左右:

今日接春霆信,较为宽舒。清弋江业已扎住,粮路当不至终梗。能将宁郡风波禁过,此后更宜大加整顿。弟处各营有最弱者,或裁或并,或换营官,总宜时时存一整饬之意。弟初赴吉安时,不过三千人,足打一枝大贼,今增至八九倍,而野战似尚无把握。练兵如八股家之揣摩,只要有百篇烂熟之文,则布局立意,常有熟径可寻,而腔调亦左右逢原。

凡读文太多，而实无心得者，必不能文者也。用兵亦宜有简练之营，有纯熟之将领，阵法不可贪多而无实。春霆今统万余人，而不逮往年三千四百人之可靠，可以为鉴。

【译文】

沅弟左右：

今天接到春霆的信，心情大为宽慰舒畅。清弋江已经扎稳脚跟，运粮道路应当不至于堵塞。能禁受住这回宁国风波，之后应该大加整顿。贤弟你那里各营中有最弱的，或者裁撤，或者合并，或者换营官，总应该时时存有一个整顿的心思。贤弟你刚到吉安的时候，不过三千人，但足够与大股贼匪对抗，现在人数增加到八九倍，但打野战似乎反倒还没有把握。练兵之道就好比八股文专家的揣摩，只要记得百篇烂熟的文章，那么布局立意，就都有套路可寻，即便腔调也是左右逢源。凡是读文章太多，但实际上没有心得的，一定也不能把文章写好。用兵也应该有精选过的训练有素的营队，有军事技能纯熟的将领，阵法不能贪多而无实际效果。春霆现在统率上万人，但还不如往年三千四百人可靠，可以作为借鉴。

十月十九日　　致沅浦弟书

沅弟左右：

季弟究系伤寒症否？近大愈否？吾每以季之多病为虑，尤以其果于自医为虑。以后季或有疾，总嘱其莫轻服药。至要至要！

【译文】

沅弟左右：

季弟究竟是不是伤寒症？近来可基本好了吗？我常常为季弟多病担忧，尤其因为他勇于医治自己而担心。以后季弟如果生了病，总是要嘱咐他不要轻易吃药。要紧要紧！

春霆一军危急，吾日夜忧灼！梁美材等三营本不可恃，渠令其孤立抱龙冈①，旋又令其移扎寒亭②，吾甚忧之。何绍彩四营十五日自安庆开下③，吴廷华二营十八日自安庆开下④，弟又新派王可陞五营前去一助，兵力不为不厚，然无一统领调度得宜，则此皆如散钱委地，不足恃也。王可陞尽可由陆路至芜湖，或由大胜关渡至北岸，再由神塘河渡至南岸三山等处⑤。

【注释】

①抱龙冈：村名。疑即今安徽宣城宣州区寒亭镇龙山村。

②旋：不久。寒亭：地名。即今安徽宣城宣州区寒亭镇。

③何绍彩（1829—1892）：字星庭，湖南道州人。湘军将领。统带"仁"字营，官至湖北宜昌总镇。

④吴廷华：湘军将领。曾隶胡林翼湖北抚标军，后隶曾国藩麾下。同治年间防守南陵、泾县一带。

⑤神塘河：地名。在今安徽巢湖无为，长江北岸江滨。

【译文】

春霆的军队很危急，我日夜焦虑！梁美材等三个营本不可以倚靠，春霆命令他孤军守卫抱龙冈，不久又命令他移营驻扎在寒亭，我很担心。何绍彩四个营十五日从安庆起行，吴廷华两个营十八日从安庆起行,贤弟你又新派王可陞五营前去相助,兵力说不上不雄厚,但没有一个总统领调度得当,那么这些就都像扔在地上的散钱,不可倚靠。王可陞尽可从陆路去芜湖,或从大胜关渡到北岸,再从神塘河渡到南岸三山等地方。

弟但知采买者过厘卡之怨声载道,而不知陆兵掳船之怨声之倍之也。

【译文】

贤弟你只知道采买的人过税卡时怨声载道,却不知道士兵抢船时的怨声更大好几倍。

十月二十日 　致沅浦弟书

沅弟左右:

宁国之事,据凯章言,老湘营守郡城,决可无碍。鲍、宋守高祖山、清弋江两处营垒[1],或亦尚可支持。如不能支,只好调皖北希部来救宁郡[2]。蒋军正在力攻汤溪之际[3],又恐侍逆回浙,必不能饬芗救宁。吾每说军事但靠自己,莫靠他人,盖阅历之言也。左帅此次派王文瑞带三千五百人援徽,已是力顾大局之举,不可又责望芗军也[4]。平心而论,鲍、张二军,尚不能守一宁国,求援于人,实难措辞。

【注释】

①鲍、宋:鲍超、宋国永。高祖山:即今安徽宁国汪溪镇高山。

②希：指李续宜，字希庵。

③蒋：与下文"芗"，指蒋益澧。

④责望：要求，期望。

【译文】

沅弟左右：

宁国方面的事，据张运兰说，老湘营守郡城，一定没有问题。鲍、宋守卫高祖山、清弋江两个地方的营垒，或许也可以支持。如果支撑不住，只好调皖北的希庵部来救援宁国。蒋益澧军正当力攻汤溪的时候，又担心伪侍王回浙江，一定不能命令蒋益澧救援宁国。我常说军事只能靠自己，不要靠别人，这是我的阅历所见。左帅这次派王文瑞带三千五百人支援安徽，已经是顾全大局的举动，不可又寄望蒋益澧军。平心而论，鲍超、张运兰二军，还不能守住一个宁国，向其他人求援，实在难以启齿。

弟在军已久，阅事颇多。以后宜多用活兵，少用呆兵；多用轻兵，少用重兵。进退开合，变化不测，活兵也；屯宿一处，师老人顽①，呆兵也。多用大炮，辎重、文员太众②，车船难齐，重兵也；器械轻灵，马驮辎重，不用车船轿夫，飙驰电击③，轻兵也。弟军积习已深，今欲全改为活兵、轻兵，势必不能。姑且改为半活半呆、半轻半重，亦有更战互休之时。望弟力变大计，以金陵、金柱为呆兵、重兵，而以进剿东坝、二溧为活兵、轻兵④，庶有济乎？

【注释】

①师老人顽：指作战时间太长，士兵筋疲力尽，无战斗力。

②辎（zī）重：指随军运输的军田器械、粮草等。

③飙(biāo)驰：疾速奔驰。飙，迅疾。

④二溧：指溧水、溧阳。

【译文】

　　贤弟你在军中已经很久了，经历的事情很多。以后应该多用活兵，少用呆兵；多用轻兵，少用重兵。进退自如，开合有度，变化莫测，这是活兵；屯宿一个地方，时间太久，士兵疲惫，士气低落，这是呆兵。多用大炮，辎重、文员太多，车辆船只难以配齐，这是重兵；器械轻灵，用马驮辎重，不用车船轿夫，风驰电掣，随时出击，这是轻兵。贤弟你军队的积习已经很深，现在想要全改为活兵、轻兵，势必不行，暂且改为半活半呆、半轻半重，也有轮流出战、换班休息的时候。希望贤弟你下力气改变大方针，把金陵、金柱关的军队作为呆兵、重兵，把进剿东坝、二溧作为活兵、轻兵，似乎还有些指望吧？

十月二十三日　　致沅浦弟书

沅弟左右：

　　金陵解围一案，季弟请奖一节，实不宜形诸公牍。在我既不能奏请奖弟，在官、李又不能不奏军情①，专奏保奖，陈述数行，徒觉词费②。

【注释】

　　①官、李：官文、李鸿章。

　　②词费：耗费言辞。

【译文】

沅弟左右：

　　金陵解围奏案，季弟请求奖励一事，实在不宜写进公文。在我这里既不能奏请奖励自己的弟弟,在官、李那里又不能不奏明军情,专门奏请褒奖,写几行字,觉得是白白耗费言辞。

朝廷立法,所以待大员子弟防范颇严,如在京不准保送军机,不准保送御史,皆因其声势较广,恐其营私树党。咸丰初元,孙苻卿保杜芝农之子^①,杜保孙之侄,当时物论切讥之。季弟劳绩虽多,吾二人只可置之不议。方今督兵者,如胜、袁、都公^②,皆有子弟在营。若非皇上特恩,皆只能叙"不敢仰邀议叙"六字而已。

【注释】

①孙苻卿:孙瑞珍(1773—1858),字苻卿,山东济宁人。道光三年(1823)进士,官至户部尚书。谥文定。杜芝农:杜受田(1788—1852),字芝农,山东滨州人。道光三年(1823)进士。授编修。直上书房授文宗读,历十数年。咸丰初,官至礼部尚书、协办大学士。赴山东、江苏赈灾,卒于途。谥文正。

②胜、袁、都:胜保、袁甲三、都兴阿。

【译文】

朝廷立法,之所以对大官的子弟防范很严,例如在京城不准保送到军机处,不准保送做御史,都是因为他们声势较广,担心他们营私树党。咸丰初年,孙苻卿保举杜芝农的儿子,杜芝农保孙苻卿的侄子,当时朝廷议论纷纷。季弟的功劳虽然很多,但我们二人只能置之不议。现在督管军队的人,例如胜、袁、都几位,都有子弟在军营里。如果不是皇上特恩,都只能写"不敢仰邀议叙"这六字而已。

朱云岩昨日一禀,言旌德万分危急。吾调周万倬由经泾县往援,不知赶得上否? 看来宁国纵能幸保,而徽、池与江西必难瓦全①,不知决裂始于何处耳。吾前两次寄信,嘱弟以追为退,曾商之左中丞②。兹接渠回信,亦不以退兵之说为然,与弟前后各信多相同者。惟渠言外之意,觉弟兵不可野战,吾则因金陵士卒用命③,乐为之死,觉弟兵尽可野战。不知弟自度己力,野战果有几分把握否? 要之能得众心,未有不可醋战之理。望弟决从余计,分作两大枝:一枝呆兵,屯扎金陵;一枝活兵,凡金柱、东坝、小丹阳、二溧、句容等处,听弟择地而驻,相机而进。有急则两枝互相救应,去金陵总在二百里内外也。何如?

【注释】

①徽、池:徽州、池州。皆在皖南。

②左中丞:左宗棠,时任浙江巡抚,故称"左中丞"。

③用命:服从命令,奋不顾身地战斗。

【译文】

朱云岩昨日的禀报,说旌德万分危急。我抽调周万倬从泾县前往救援,不知能否赶得上? 看来宁国纵然能幸运地保全下来,徽州、池州与江西也一定难以完整保全,不知道局势会从哪里决裂。我前两次寄信,嘱咐你以追为退,曾经和左中丞商量。现在接到他的回信,也不以退兵的意见为然,与你前后各信的看法有很多相同的地方。只是他言外之意,觉得贤弟的军队不能野战,我却因为金陵士兵服从命令,愿意死战,觉得贤弟的军队尽可以野战。不知贤弟掂量自己的军力,野战到底有几分把握不? 总的来说,万众一心,没有不可醋战的道理。希望贤弟你听我的计划,将你的军队分作两大支:一支呆兵,驻扎金陵;一支活兵,在金柱关、东坝、小丹阳、溧水、溧阳、句容等地,听凭贤弟选一处驻扎，看准时机进军。有急事两支军队就互相救应，离金陵总是在二百里左右。怎么样呢？

十月二十四日　　致沅浦弟书

沅弟左右：

季弟病甚不轻，曷胜惦念！今年季之劳苦功多，既不得邀世俗之荣，乃求一日之康强健爽，而天意亦尚若吝之。然则人生事无巨细，何一不由运气哉？

【译文】

沅弟左右：

季弟的病很是不轻，不胜惦念！今年季弟劳苦功高，既不得寻求世俗的荣耀，竟连求取一天的康强健爽，天意似乎也还很吝啬。但是人生之事无论大小，做什么不是全凭运气呢？

鲍、张粮运已断，吾竭力以办陆运，而连日大雨如注，万不能运，可忧可怖。弟欲饬鲍、张退兵，此时万不能退。其无勇列队，无夫搬运，与弟相同。而其无退步立脚之处，则更不如弟之有金柱可驻守，有江滨可搬运矣。

【译文】

鲍超、张运兰的军粮运输已断，我竭力来办理陆路运输，然而连日来大雨如注，万万不能运送，让人担心让人害怕。贤弟你想要命令鲍超、张运兰退兵，这个时候一定不能退兵。他们那里缺少士兵列队、缺少民夫搬运的情形与贤弟处相同。而他们没有后路，没有立脚之处，就更不如你还有金柱关可驻守，还有江边可以搬运。

蒋军即来援，亦必在一月以后，远水难救近火。鲍若果挫，余当自立一新军，自打数大仗，以毕吾余生，遂吾初志。弟则须另立门面，分为呆兵一枝，活兵一枝。呆兵坚筑石垒，缩小地方，活兵多或二万，少亦万四五千，与呆兵之在金陵者更番休息。千万依我行之。

【译文】

就算蒋益澧一军前来支援，也一定在一个月以后，远水难救近火。鲍超如果真的受挫，我就自立一支新军，打数个大仗，来过完我的余生，成就我最初的志向。贤弟你也须要另立门面，把你的军队分为一支呆兵，一支活兵。呆兵坚筑石垒，缩小地方，活兵多的话或者两万人，至少也要有一万四五千人，与驻扎在金陵的呆兵轮流休息。千万依我的计划行事。

九洑州势甚危急，李世忠断不足恃。如何如何！

【译文】

九洑州的形势很是危急，李世忠绝不足以倚靠。到底应该怎么办怎么办！

十月二十五日　　致沅浦弟书

沅弟左右：

季弟病沉重之至，曷胜萦念！魏姓医不知向来手段何如？以吾观季弟病症，似不应服大黄者。日来果有转机否？能勉强坐船来安庆就医调养否？弟向来体亦不甚结实，今年各营疾疫，过于伤感，援贼久战，过于劳苦，亦须加意调养。切不可自恃康强，多劳多忧，至要至嘱！

【译文】

沅弟左右：

季弟的病非常严重，无比挂念！不知姓魏的医生的医术怎样？在我看季弟的病症，似乎不应服用大黄。这几天可有转机吗？能勉强坐船来安庆医治调养吗？贤弟你身体向来就不很结实，今年各军营流行疫病，过于伤感，一直和贼匪援军长期作战，过于劳苦，也必须用心调养。千万不可自以为健康强壮，过于操劳，千万千万！

东路八营，趁援贼已退之时，赶紧缩入中圈之内。如果援贼再来，省一半精力，即刘、武、朱、吴诸公①，亦可多睡一觉，少吃一惊。余昨日有公牍，令弟拨大炮十二尊与李世忠，即是将东路八营缩退之计。望弟决计早缩，切莫迟疑。大炮守墙，余嫌太笨。现造坐劈山炮，专为守墙之用。弟以后宜少用笨重之物，此陆军第一要诀。

【注释】

①刘、武、朱、吴：指曾国荃麾下将领刘连捷、武明良、朱洪章、吴宗国。

【译文】

东路的八个营，趁贼匪后援撤退的时候，赶紧缩进中圈里面。如果贼匪援军再来，省一半精力，刘、武、朱、吴几位将领也可以多睡一觉，少吃一惊。我昨天发了公文，让贤弟你调拨十二尊大炮给李世忠，就是缩退东路八营的计划。希望贤弟你下决心早日缩营，千万不要迟疑。用大炮守城，我嫌它太笨重。现在制造坐式劈山炮，专门用来守营墙。贤弟你以后应该少用笨重的东西，这是陆军的第一要诀。

十月二十七日　致沅浦弟书

沅弟左右：

　　来信欣悉季弟之病已愈六七分，能进饮食，为之大慰！

【译文】

沅弟左右：

　　接到你的来信，很高兴地知道季弟的病已经好了六七分，能够吃东西了，非常欣慰！

　　李世忠虽十分危迫，然渠始终亲驻九洑洲行营，当非遽不能支之象。惟浦口官营被贼攻扑，颇不可解。岂新开口业已干涸①，贼已遍行北岸耶？否则贼能渡大江而至九洑洲，不能遽渡新开河而至北岸。若贼已遍行北岸，则和、含、巢、庐②，上至舒、桐、潜、太，处处可虑③。余拟将希庵部下之驻寿州、霍邱、三河尖等处者陆续抽出，移至六安、庐州、巢、含等处，免致已复之城尽隳前功④。

【注释】

　　①新开口：清军为防御金陵太平军渡江攻打北岸，在浦口新挖

的河。

②和、含、巢、庐：和州、含山、巢县、庐江。

③舒、桐、潜、太：舒城、桐城、潜山、太湖。

④隳（huī）：毁坏。

【译文】

李世忠的情况虽然十分危迫，但是他始终亲自驻扎九洑洲行营，应当不是不能继续支持的迹象。只是浦口官营被贼匪攻扑，很不可思议。莫非新开口已经干涸，贼匪已经遍行北岸了？不然的话，贼匪能渡大江而到九洑洲，不能马上渡新开河而到北岸。如果贼匪已经遍行北岸，则和、含、巢、庐，上到舒、桐、潜、太，处处都要担心。我计划将希庵部下驻扎在寿州、霍邱、三河尖等地的军队陆续抽出，移到六安、庐州、巢、含等地，免得让已经光复的城池前功尽弃。

苗沛霖前后所上僧邸各禀①，痛诋楚师，令人阅之发指。僧邸所与苗党之札，亦袒护苗练而疏斥楚师。世事变化反复，往往出乎意想之外。所谓"道高一尺，魔高一丈"②，不饱历事故，乌知局中之艰难哉③！

【注释】

①僧邸：指僧格林沁的府邸。

②道高一尺，魔高一丈：比喻邪恶势力气焰嚣张。

③乌：哪里，怎么。

【译文】

苗沛霖前后所呈递僧邸的公文，严重诋毁湘军，令人看后发指。僧邸和苗党来往的信件，也是袒护苗沛霖的团练部队而疏远湘军。世事变化反复，往往出于意料之外。所谓"道高一尺，魔高一丈"，不经历世事,怎能知道局势的艰难呢!

　　弟信均已接到。添募新营,尽可允许;不变换局面,则断不能允许。前此向、和以重兵株守金陵^①,不早思变计,以图灭贼。吾尝讥其全无智略,今岂肯以向、和为师,而蹈其覆辙乎? 再添十营,从弟之请可也。金陵老营永不拨动,从弟之计可也。至以数万人全作呆兵,图合长围,则余断断不从。余之拙见,总宜有呆兵,有活兵,有重兵,有轻兵,缺一不可。以万人为呆兵、重兵屯宿金陵,以万人为活兵、轻兵进攻东坝、句容、二溧等处,以八九千人保后路芜湖、金柱,随时策应。望弟熟审,以此次回信定局。

【注释】

　　①向、和:向荣、和春。

【译文】

　　贤弟的信都已经接到。招募新的士兵,可以允许;不变换局面,就一定不能允许。之前向、和二人用重兵死守金陵,不早点儿另想办法来消灭贼匪。我曾经鄙视他们全无智略,现在怎么可以学向、和的样子重蹈覆辙呢? 再增加十个营,可以听从贤弟的请求。金陵的老营永远不能挪动,可以听从贤弟的计划。至于将数万人都作为呆兵,计划合围,这一项我绝对不能听从。我的意见,总觉得应该有呆兵,有活兵,有重兵,有轻兵,缺一不可。以一万人作为呆兵、重兵屯宿金陵,以一万人作为活兵、轻兵,进攻东坝、句容、溧水、溧阳等地,以八九千人保卫后路芜湖、金柱关,随时策应。希望贤弟好好考虑,把这次回信作为最终方案。

十月二十八日 致沅浦弟书

沅弟左右：

昨日接朱云岩禀，旌德业已解围，徽州得以安枕①，为之欣慰！九洑洲渡江之贼既不满万，或不致竟犯北岸。吾两月忧怀万端，至是稍释一二。只求季弟病体全愈，宁国粮路大通，鲍、张再稳支一月，则大海风涛，又得安渡彼岸矣。

【注释】

①安枕：安眠，比喻无忧无虑。

【译文】

沅弟左右：

昨天接到朱云岩的禀报，旌德已经解围，徽州得以安全无忧，很是欣慰！九洑洲渡江的贼匪既然不足一万，或许不至于去侵犯北岸。我两个月的万般忧愁，到此可以稍稍缓解一些。只是希望季弟的病痊愈，宁国的运粮道路通畅，鲍超、张运兰再安稳支撑一个月，那么虽然是大海风涛，但又可以安全渡过，到达彼岸了。

弟处东头八营已缩入中圈之内否？全军分为两枝，一呆一活之说，已定局否？幼丹中丞将江西漕折全数截留①，此后饷项愈绌。又洋人将于安庆、大通、芜湖新立子口②，皖厘亦必减色。然应添之营，仍不敢缩手不添。现令申夫添立一军三千人，一切仿照霆营规模，不知将来有成否？

【注释】

①漕折：指漕粮改折银钞收纳。

②子口：旧中国海关征收国内关税，以内地常关、厘卡所在地为"子口"，与"母口"（海关所在口岸）相对。

【译文】

贤弟那里东边的八个营已经缩入中圈之内了吗？全军分为两支，一呆一活的说法，已经成定局了吗？沈幼丹中丞将江西的漕折全都截留，此后钱粮军饷越发困窘。洋人又要在安庆、大通、芜湖新立通商口岸，安徽的税收一定会有所减少。但是应该招募的营队，仍然不敢缩手不增加。现在命令李申夫增设一军三千人，一切仿照鲍超军营的规模，不知将来是不是能有所成就？

十一月初一日　致沅浦弟书

沅弟左右：

余日内忧煎①，有甚于祁门极困之时。季弟得焦听堂诊治②，用药不至大错，果日愈否？弟忧劳过甚，精神尚能强支否？此时吾兄弟惟有强作达观，保惜身体，以担国事，以慰家人，别无他策。

【注释】

①忧煎：忧心如煎，形容极度忧虑。

②焦听堂：焦赫，号听堂。贡生。通医术。

【译文】

沅弟左右：

我这几天忧虑煎熬，比在祁门极困难的时候还要厉害。季弟得到焦听堂的诊治,用药不至于有大的错误,当真一天比一天好了吗? 贤弟忧心操劳过度,精神还能勉强支撑吗? 这个时候我们兄弟只有强作乐观,保重珍惜身体,来承担起国家大事,来安慰家人,除此之外,也没有别的办法了。

万籁轩顷送辽参壹两①,吾拟备价百二十金与之②,不知渠肯收否? 吾已蒸食一钱,似尚有力量③。余九钱兹专人送金陵,季弟病后服补剂时可酌服之。但不宜太早,须外症退净④,毫无反复之时,乃可蒸服。温弟在江西病时,竟系此物之功。弟劳苦过甚,亦可分食少许。

【注释】

①顷:刚才,不久以前。
②备价:准备货款。
③力量:指补药的效力、作用。
④外症:外露的病状、症候。

【译文】

万籁轩刚给我送来一两辽参,我打算准备一百二十两银子的货款给他,不知道他肯不肯收下? 我已经蒸食人参一钱,好像还有作用。剩下的九钱现在派专人送到金陵,季弟病后服用补药时可以酌量吃它。但不应太早,必须等到外症消失,不再反复的时候,才能够蒸食。温弟在江西生病的时候,就是靠这东西痊愈的。贤弟操劳辛苦过度,也可以分吃一些。

冬笋两担带去,各营官处可分馈数枝。北岸事已决裂,南岸鲍军不知尚可支持否?

【译文】

带去两担冬笋，可以分赠给各营官几枝。北岸的战事已经崩溃，南岸鲍超一军不知道还能不能支撑？

十一月初四日　致沅浦弟书

沅弟左右：

昨日接唐鹤九、李嘉湜二禀①，言巢县失守，与侯朝栋一禀不甚符合②。现调张树声五营守无为，吴长庆等新四营守庐江③，不知赶得上否？

【注释】

①李嘉湜(shí)：同治初署巢县知县。曾官怀宁县县丞。

②侯朝栋：山东历城人。曾官石棣知县、南陵知县。

③吴长庆(1829—1884)：字筱轩，安徽庐江人。淮军将领。其父吴廷香创办团练，对抗太平军，咸丰四年(1854)战死，赏云骑尉世职。咸丰五年(1855)，吴长庆袭职，安徽巡抚福济委其统领舒城、庐江团练。同治元年(1862)，江苏巡抚李鸿章令其回籍添募勇练三营。适太平军忠王李秀成进攻庐江，曾国藩即令其留营驻守，吴长庆慨然允诺，两次击退李秀成军。同治二年(1863)率营返上海，十月，调往浙江镇压太平军。后又参与剿捻，屡立战功，官至浙江提督、广东水师提督。

【译文】

沅弟左右：

昨天收到唐鹤九、李嘉湜二人的报告，说巢县失守，和侯朝栋所报告的不太一致。现在调派张树声五营驻守无为，吴长庆等新四营驻守庐江,不知道还能不能赶上?

目下事机不顺,有万箭攻心之象。然北岸最要者惟安庆、庐州、无为、桐城、西梁、运漕六处,南岸最要者惟金陵、宁国、芜湖、南陵、金柱五处。尽吾力之所能,保一处算一处,此外则付之天命而已。

【译文】

眼下行事时机不顺,有万箭攻心的景象。然而北岸最紧要的地方只是安庆、庐州、无为、桐城、西梁、运漕六处,南岸最重要的地方只是金陵、宁国、芜湖、南陵、金柱关五地。尽我们所能,能保住一处算一处,除此之外就只能听天由命了。

十一月初六日 致沅浦弟书

沅弟左右:

季弟病略转轻,为之少慰。日内心中有三大虑:一曰季病,二曰皖北,三曰宁国。今季病有转机,略纾一虑①。

【注释】

①纾(shū):舒缓,解除。

【译文】

沅弟左右:

季弟的病情略有转轻,令我稍感安慰。近日来我心中有三大忧虑:一是季弟的病情,二是皖北的战事,三是宁国的战况。现在季弟的病情有了转机,其中一大忧虑略微得以舒减。

皖北之事,得弟信,派"树"字五营守无为州①,初一业已过江,初三或可进州。守此一城,则骊珠在握矣②。余又留吴长庆四营守庐江,调萧、毛等七千人来庐州③,中旬可到。调江味根来皖北④,新年可到。是皖北之大虑,或可徐纾⑤。

【注释】

①"树"字五营:指张树声麾下五营。

②骊珠:宝珠。传说出自骊龙颔下,故名。比喻关键重要之物。

③萧、毛:萧庆衍、毛有铭。

④江味根:江忠义(1835—1864),字味根,湖南新宁人。咸丰二年(1852)投族兄江忠源"楚勇";咸丰七年(1857)返湘招募兵勇千人,号称"精捷营",转战各地,屡立军功,擢署贵州巡抚,署贵州巡抚、贵州提督、广西提督;同治三年(1864)病死于吴城,依总督例赐恤,赠尚书衔,谥诚恪。

⑤徐纾(yū):渐缓,(症状)慢慢减轻。

【译文】

皖北的战事,接到贤弟的信,已调派"树"字五营驻守无为州,初一日已经过江,初三日或许可以进州。守住这一城,那么就骊珠在握了。我又留吴长庆四营驻守庐江,调派萧、毛等七千人来庐州,中旬可以到达。调派江味根来皖北,新年可以到达。这样,皖北这一大忧虑或许可以慢慢解除了。

惟宁国一虑,反无把握。伪侍王似尚在东坝、小丹阳一带,日内或攻弟营或攻金柱、芜湖,皆意中事。望弟商之诸公,专重南岸。其北岸之事,只要无为州不失,自可徐徐料理,余能担当也。

【译文】

　　只有宁国这一忧虑,反而没有把握。伪侍王好像还在东坝、小丹阳一带,这几天也许会攻击弟营,也许攻打金柱关、芜湖,都是意料之中的事。希望贤弟与诸位将领商量,专门重视南岸。北岸的战事,只要无为州不失守,自然可以慢慢料理,我能担当得起。

　　至弟处轻兵、重兵之说,且待此三虑纾后,再行熟商。到明年二三月后,弟或以余之言为然,亦未可知。

【译文】

　　至于贤弟那里轻兵、重兵的主张,姑且等到这三大忧虑解除后,再仔细商议。到明年二三月以后,贤弟或许会认为我说的话是正确的,也说不定。

十一月初八日　致沅浦弟书

沅弟左右:

　　昨日未接弟信,不知季弟病势何如?

　　庐州有六营,无为有五营,业经守定,必可放心。庐江新营未齐,若贼不遽犯,五日外即可固守。三河有解先亮之三百人①,当可保全。萧、毛七千人,二十以内可齐集舒城。皖北大局,不致决裂。

【注释】

①解先亮(1817—?)：字寅生，安徽合肥人。咸丰年间在乡里兴办团练，号为"官团"，屡次与太平军、捻军激战。被授副将衔，后加记名总兵。同治元年(1862)，李鸿章组建淮军，招解先亮，遭其拒绝，练勇大多由吴长庆招募为淮军"庆"字营。

【译文】

沅弟左右：

昨天没有收到贤弟的来信，不知道季弟的病情怎么样了？

庐州有六个营，无为州有五个营，已经守住，必定可以放心了。庐江新营还没有到齐，如果贼匪不马上侵犯，五天后就可以牢固地守住。三河有解先亮的部下三百人，应当可以保全。萧、毛的七千人马，本月二十日之前可以齐聚舒城。皖北全局不至于崩溃。

　　余所虑者，忠酋往年以偏师攻破浙江①，分官军之势，而以全力攻扑金陵老营。此次或以攻窜和、含、巢、庐，效往年破浙之故智②，而以全力再攻弟营与金柱。不知弟部下诸将，能如前此四十六日之坚守否？

【注释】

①偏师：指主力军以外的部分军队。

②故智：曾经用过的计谋，老办法。

【译文】

我所担心的是，伪忠王从前以小股兵力攻破浙江，分散官军的力量，而以主力进攻猛扑金陵老营。这次或许会以攻打和州、含山、巢县、庐江等地，效仿从前攻破浙江的老办法，却以全力再次攻打弟营和金柱关。不知道贤弟部下的诸位将士，能不能像之前的四十六天那样坚守？

十一月初九日　致沅浦弟书

沅弟左右：

　　季弟业已出汗大解，应可放心。凡伤寒、瘟疫二症，所最难得者，大解耳。

【译文】

沅弟左右：

　　季弟已经出汗并开始大便，应该可以放心了。凡是伤寒、瘟疫这两种病症，最难得的就是能够大便。

　　弟之所忧三端，余亦同之。余以季病为第一患，宁国为第二患，皖北为第三患。盖宁国鲍军站不住，则弟军五百里毫无声援，进退两难也。皖北之贼虽多，吾坚守庐郡、安庆、无为三城，调希部由舒城进兵，调江达川、味根由桐城进兵①，或尚可以挽救。

【注释】

　　①江达川：江忠浚，字达川。江忠源弟，湘军将领。转战各地，官至
　　　四川布政使、广西布政使。

【译文】

　　贤弟所忧虑的三件事儿，我同样也很忧虑。于我而言，季弟病情是第一忧患，宁国是第二忧患，皖北是第三忧患。因为宁国那边鲍超军站不住脚，那么弟军在五百里以内就没有任何声援，这就进退两难了。皖

北的贼匪虽然多，但是我方坚守庐州、安庆、无为三城，调派李希庵的部队从舒城进兵，调派江达川、江味根从桐城进兵，或许还可以挽救。

旌德贼退后，陷太平，至黟县。黟县去祁门仅六十里，不知王铃峰、唐桂生能速由徽援祁否？祁若不保，则皖南全局立坏。此又三患外之一大患也。

【译文】

旌德的贼匪撤退以后，攻陷了太平，到了黟县。黟县相距祁门只有六十里地，不知道王铃峰、唐桂生能不能快速从徽州援赴祁门？祁门如果失守，那么皖南大局就立刻毁坏了。这又是三大忧虑之外另一大忧虑。

十一月十一日　致沅浦弟书

沅弟左右：

季病又有反复，实深忧悸。弟自闰月以来过于忧劳，此刻且将添勇与否、活兵呆兵之说，一概置之度外，待过年后再议。

【译文】

沅弟左右：

季弟的病情又有反复，实在让人非常忧虑。贤弟自闰八月以来过于忧心操劳，现在暂且将是否添加兵勇、兵分活兵呆兵的想法，全部都置之度外，等到年后再行商议。

江北之事，守住西梁、无为、庐郡、庐江、三河，又调萧、毛二军来舒城，调达川、味根来桐城，尽可支持。皖南泾、旌二县已稳①，所患者鲍军与祁门耳。此等处自关国运，吾近亦稍宽怀，以愁之不胜愁也。

【注释】

①泾、旌二县：泾县和旌德。

【译文】

江北的战事，守住西梁、无为、庐州、庐江、三河等地，又调派萧庆衍、毛有铭二军来舒城，调派江达川、江味根来桐城，完全可以支持。皖南的泾县和旌德二县已经稳定，所忧患的只是鲍超一军和祁门了。这些地方自与国运相关，我近来也稍放宽心，因为实在愁不过来。

饷项日绌，吾近又添人万余，明年断难支持。然地广贼多，亦只好姑且添兵，以资抵御。待明年二三月希庵与二江同到①，吾决计率万人至芜湖、金柱等处，为弟打通后路，兄弟相会耳。

【注释】

①二江：江忠浚、江忠义。

【译文】

军费一天天不足，我近来又添加了一万多士兵，明年肯定难以维持。然而地域辽阔且贼匪众多，我也只好姑且添加兵力，来帮助抵御贼匪。等到明年二三月，李希庵和二江都来到后，我决定率领一万人到芜湖、金柱关等地，为弟弟打通后路，那时我们兄弟就能相聚了。

十一月十八日 致沅浦弟书

沅弟左右：

本日接初八日谕旨、廷寄各一道。弟蒙恩赉黄马褂料一件、袍料一件、搬指一件、翎管一个①。季弟蒙恩以知府用。谕旨两道抄录，专人送去。请奖请恤各员，均已照准。弟须专折谢恩，余可代做代写。

【注释】

①恩赉(lài)：恩赐。赉，赏赐，赐予。翎管：清代官吏礼帽上用来固定翎子的管子。

【译文】

沅弟左右：

我今天接到初八日那天颁布的谕旨和廷寄各一道。贤弟承蒙皇恩赐予黄马褂衣料一件、袍料一件、扳指一个、翎管一个。季弟承蒙皇恩任命为知府。将两道谕旨抄录下来，派专人送去弟处。请求嘉奖抚恤各将士，都已经恩准了。贤弟必须专门上奏折感谢皇恩，我也可以代你做代你写。

接弟公牍，已派朱洪章千人守东梁山①。以后可不再派，老营亦宜微有余力也。

【注释】

①朱洪章(1832—1895)：字焕文，贵州锦屏(原属黎平府)人。湘军

将领。咸丰初,从黎平知府胡林翼剿匪,后随胡林翼至湖北,改隶塔齐布部,又改隶周凤山、毕金科部,咸丰九年(1859)从曾国荃收复景德镇,战绩始著,在攻克安庆、天京等役中战功显赫,同治四年(1865),授湖南永州镇总兵。光绪二十年(1894),张之洞檄募十营防上海金山卫,应变甲午战争。二十一年(1895),卒于军。谥武慎。

【译文】

接到贤弟的公文,已经派朱洪章带领一千人驻守东梁山。以后可以不用再增派了,老营也应该稍微有些多余的兵力。

十一月十九日　致沅浦弟书

沅弟左右:

　　季弟之病,微有转机,不知十五以后又复如何?伤寒而反复者,每以服药致误,服补药则更易误。欲求季之有转机,弟须坚持不复服药。今年吴彤云之病,余坚持不服药之说,果得痊愈。虽不可一概而施,然亦可见病情反复之时,惟不服药而症乃有定象也。

【译文】

沅弟左右:

　　季弟的病情,稍微有些好转,不知道十五日之后又是什么样的情况?伤寒症出现病情反复的情况,大都因为服药而导致病情延误,服用补药就更容易耽误病情。要想季弟的病情好转,必须坚持不再服药。今年吴彤云的病,我坚持不让他服药,果真得以痊愈。虽然不能一概而论,但是也可以见得病情出现反复时,只有不服药,病症才会出现稳定的迹象。

十一月二十二日 致沅浦弟书

沅弟左右：

接弟十八日辰刻信，知季弟溘逝①，哀恸曷极！应商之事，条列于左：

【注释】

①溘（kè）逝：忽然逝世。

【译文】

沅弟左右：

收到贤弟十八日辰时的信，知道季弟溘然长逝，哀恸至极！应商量的事情，列条目如下：

一、余准于三日起行赴金陵，本月内准到。一则与弟商季弟后事及营中各事，一则亲接季弟灵柩，由金陵护送至安庆。载灵榇之船不必大，取其轻便易行者。余坐一长龙船，季榇载一民船，各用数号舢板拖带，庶上水稳而且快。至安庆后，应否另换大船，俟与弟面商。

【译文】

一、我决定在三日内动身赶赴金陵，本月之内必定能到。一来和贤弟商量季弟的后事和营中各事情，一来亲自接季弟的灵柩，从金陵护送到安庆。运载灵柩的船只不必太大，用轻便易行的。我乘坐一艘长龙船，季弟的灵柩由一艘民船运载，各用数只舢板拖拽，希望逆水而上时平稳而且快捷。到达安庆后，是否应该另外换艘大船，等与你见面时商议。

　　二、季弟请恤事，应请少荃出奏。上海现在有"威林密"轮船在此，廿六、七日可过金陵，余信弟信均可由该船带沪。

　　【译文】

　　二、请求抚恤季弟家属的事情，应该请少荃出面上奏。上海的"威林密"号轮船现在这里，二十六、七日可路过金陵，我的信及贤弟的信，都可以由该船带往上海。

　　三、季弟部下五千人，自当归并弟处统领；若另有可分统之人，俟余与弟相见后再行下札。弟久劳之后，继以忧伤，务当强自宽解。余于兄弟骨肉之际，夙有惭德①，愧憾甚多。弟则仁至义尽，毫无遗憾，千万莫太悲伤。

　　【注释】

　　①夙(sù)：一向，平素。惭德：因言行有缺失而内愧于心。

　　【译文】

　　三、季弟部下的五千人马，自当归并到贤弟部下统领；如果另外有可以做分统领的人选，等到我和贤弟见面之后再下发公文。贤弟长久操劳之后，又接着遭受忧伤之事，务必应当勉强自我宽解。我对自己的兄弟骨肉，一向有惭德，惭愧遗憾的事情很多。贤弟则仁至义尽，丝毫没有遗憾，千万不要太过悲伤。

四、弟信须洋药等物①,余当带洋药万斤,洋帽二十万②,洋枪四百杆,亲交弟处。白齐文在上海大闹,兹将筠仙原信付阅。该军断不来矣。只要春霆站得住,军务尚可支持也。

【注释】

①洋药:洋火药。

②洋帽:洋子弹。

【译文】

四、贤弟信中所需的洋火药等物品,我自当带去洋火药一万斤,洋子弹二十万颗,洋枪四百杆,亲自交到贤弟那里。白齐文在上海大闹,现将郭筠仙原信交付于你看一看。该军绝对不会再来了。只要春霆站得住脚,军务还是可以支撑下去的。

十一月二十三日　致沅浦弟书

沅弟左右:

昨日发两信,定于廿四日起程前赴金陵,坐"威林密"船以行,而此间官绅上下,纷纷谏阻。今早接弟信并与澄侯一信,知季弟之灵柩拟于廿四日开船上行,余若坐轮船以往,必在中途错过。余即不赴金陵,留此迎接季榇,而请罣山至金陵一行,代余慰视老弟。应商事宜,再行条列于后:

【译文】

沅弟左右:

昨天寄出两封信,决定在二十四日起程赶赴金陵,坐"威林密"号轮船前去,而这里的大小官吏和绅士纷纷劝谏阻止。今天早上收到贤弟及澄侯的信,得知季弟的灵柩打算在二十四日开船逆江而上,我如果坐轮船前往,必定会在中途彼此错过。我就不去金陵了,留在这里迎接季弟的灵柩,而请葛罴山到金陵走一趟,代替我安慰看望老弟。应当商议的事情,再列条目于后:

一、余署附近有一大屋,将买为湖南会馆,季弟灵榇即迎置其中,一切开吊行礼,俱甚方便。加漆多则七次,少则五次,每次必须三日,不可草率。湘潭既不上岸,不可加漆,不如即在安庆停二十天,尽漆六七次。一切丧礼应行之仪,皆在安庆行之。余昨与罴山商,拟令季榇仍进曹禾冲①,再行开堂发引②。今弟意令季榇由北港登岸③,舁葬马公塘④,则是湘潭固不上坡,紫田亦不进屋⑤。宜在安庆备行诸礼,而加漆尤为要务,在此停留两旬无疑。

【注释】

①曹禾冲:曾国藩家乡地名,曾家有房宅在此。疑即今双峰荷叶镇早禾冲。

②开堂:设灵堂。发引:指出殡,灵车启行。

③北港:曾国藩家乡一带地名,水码头。

④舁(yú)葬:抬棺安葬。马公塘:地名。即今荷叶镇城区西头的珠目村马公塘山地。

⑤紫田:曾国藩家乡地名。

【译文】

一、我的官署附近有一大房屋,将它买下来作为湖南会馆,季弟的灵柩就迎接安置在这里,举行一切开吊行礼仪式,都十分方便。棺椁涂漆多则七遍,少也要五遍,每一遍必须要三天,不能草率。在湘潭既然不上岸,不能够涂漆,不如就在安庆停留二十天,尽可以加漆六七遍。一切丧礼应该进行的礼仪,都在安庆举行。我昨天和罦山商量,准备让季弟的灵柩仍然在曹禾冲进屋,再开设灵堂出殡。现在弟弟的意思是打算让季弟的灵柩在北港登岸,抬葬于马公塘,即是在湘潭固然不上坡,在紫田也不进屋。只适宜在安庆全部举行各种礼仪,而棺椁加漆尤为重要,在这里停留二十天绝无疑问。

二、刘南云三营,宜仍留金陵,兹派戈什哈持令箭、公牍至中途截令折回。无为州有“树”字五营,尽足坚守;吾又派萧、毛七千人从无为进兵,更可放心。李幼荃有才①,与少荃相等,将来必成伟器②。穆海航德优而才亦并不劣,幼与海水乳交融。吾以无为付之二君,尚属付托得人。其城存钱米,俟闭城断接济时再行支放。火药余已解到万斤,弟不可疑余与幼、海豪无准备也③。弟谓余用人往往德有余而才不足,诚不免有此弊,以后当留心惩改。然弟若疑幼、海为无才之人,所见差矣。

【注释】

①李幼荃:李昭庆(1835—1872),派名章昭,字子明,又字眉叔,号幼荃,合肥东乡人。乃李文安六子,李鸿章幼弟。国学生。少通经史,博学能文,以员外郎从戎,随兄李瀚章、李鸿章在曾国藩幕中讲求兵法,曾国藩称其胆识均优,堪膺大任。历官盐运使、光禄大夫、太常寺卿,赠一品封典。

②伟器:大器。谓能胜任大事的人才。

③豪:通“毫”。

【译文】

二、刘南云的三营军队，应当仍然留驻在金陵，现在派遣戈什哈拿着令箭和公文到中途拦截令他折回。无为州有"树"字五营兵力，足以坚守；我又派萧庆衍、毛有铭七千人马从无为进兵，更加可以放心了。李幼荃有才干，和李少荃相差无几，将来必成大器。穆海航品德优良而且才能也并不差。幼荃与海航水乳交融。我把无为托付给他们二人，也算托付得当。无为城存储的钱财米粮，等关闭城门断了接济时再行支取发放。我已经解送到火药一万斤，贤弟不能怀疑我和幼荃、海航毫无准备。贤弟说我任用的人往往德行有余而才能不足，的确不免有这个缺点，以后必当留心惩改。然而贤弟如果怀疑幼荃、海航是没有才能的人，那就错了。

十一月二十四日　致沅浦弟书

沅弟左右：

兹请罦山至金陵一行，劝慰老弟宽怀，专以国事为重。

不带勇则已，带勇则死于金陵，犹不失为志士。弟以季之没于金陵为悔为憾，则不可也。袁简斋诗云①："男儿欲报君恩重，死到沙场是善终"②，当时以为名句。季榇到安庆，余必加漆五次，大约停住两旬。罦山至金陵，小住十日可也。

【注释】

①袁简斋：袁枚（1716—1797），字子才，号简斋，晚年自号仓山居士、随园主人、随园老人，钱塘人。清代诗人、散文家。代表作品有《小仓山房诗文集》、《随园诗话》等。

②"男儿欲报"二句:出自清袁枚《哭襄勤伯鄂公》:"听筑长围几万重。将军匹马独临戎。天山扫雪兵犹战,青海啼乌帐已空。拜表泪流秋草上,弯弓弦断夕阳中。男儿欲报君恩重,死到沙场是善终。"

【译文】

沅弟左右:

现在请葛睪山到金陵走一趟,劝慰老弟宽心,专以国家大事为重。

如果不带兵就算了,带兵作战而死在金陵,终不失为有志之士。贤弟因为季弟死在金陵而感到后悔和遗憾,这就不对了。袁简斋有诗说:"男儿欲报君恩重,死到沙场是善终",当时人们都认为这是名句。季弟的灵柩到达安庆后,我一定加漆五遍,大概要在这里停放二十天。葛睪山到金陵后,可以小住十天。

十一月二十五日　致沅浦弟书

沅弟左右:

季榇到皖,余决留二十天,以加漆为第一要务。或作传,或作墓志,即于此二十日内为之。题主、派炮船等事皆极易办,弟可放心。弟于天伦骨肉之间,尽情尽礼,毫发无憾,余则歉憾甚多。然送死大事①,亦断不敢草率。

【注释】

①送死:送终,送葬。

【译文】

沅弟左右:

季弟的灵柩到达安庆后,我决定留灵柩二十天,把加漆作为第一重要的事。或者为季弟写传,或者撰写墓志铭,就在这二十天内完成。题主和派遣炮船护送等事情,都是十分容易办理的,贤弟你尽可放心。贤弟对天伦亲人骨肉兄弟,已经尽情尽礼,没有留下丝毫的遗憾,我在这方面歉疚遗憾的事情很多。然而送葬这种大事,我也绝对不敢草率。

春霆闻讣丁继母忧,虽以缄牍慰留,然其军心涣散,殊切隐虑。萧、毛从北路柘皋打巢县,刘、张从南路无为打运漕①,本极妙着。余先不知南云之来,已令萧、毛由南路进兵,今始悔失算矣。

【注释】

①刘、张:刘连捷、张树声。

【译文】

春霆接到讣告,遭逢继母去世,虽然已写信安慰挽留过他,但是他军心涣散,让我深深担忧。萧、毛从北路柘皋攻打巢县,刘、张从南路无为攻打运漕,本来是极妙的一招。可我先前不知道刘南云从南路来,已经派萧、毛从南路进兵了,现在开始后悔失算了。

十一月二十六日　致沅浦弟书

沅弟左右:

季弟无生前合意之室庐①,弟因定在北港登岸,径舁至马公塘,与叔父合葬,此议甚妥。余在安庆为之开吊设奠,多漆几次。安庆系季立功之所,亦尚妥也。

【注释】

①室庐：居室，房舍。

【译文】

沅弟左右：

季弟生前没有合意的房屋，贤弟因决定让季弟灵柩在北港登岸，直接抬到马公塘，和叔父合葬，这个提议十分妥当。我在安庆为他开吊设置灵堂进行祭奠，多漆几遍棺椁。安庆是季弟立功的地方，也还算是妥当的。

十一月二十八日　致沅浦弟书

沅弟左右：

昨日发信后，接弟信并祭文一篇。至性至情，流溢纸上，有不可磨灭之状。观老弟天性之厚，将来福泽当有不可限量者。

【译文】

沅弟左右：

昨天把信寄出后，收到贤弟的来信和一篇祭文。至性至情，流溢在字里行间，有不可磨灭的印象。看老弟天性敦厚，将来福泽不可限量。

季弟之主①，明日可以毕工。主用栗木，匣用楠木。闻徽州漆甚好，已函请祁门粮台购买。

【注释】

①主：木主，旧时为死人立的牌位。

【译文】

季弟的牌位，明天可以完工。牌位用的栗木，匣子用的楠木。听说徽州的漆特别好，已经去信请祁门粮台帮忙购买。

十一月二十九日　致沅浦弟书

沅弟左右：

余之定计，以萧、毛进无为一路，不进柘皋一路，盖亦略有苦心。当时不知弟派南云上来，无为究嫌力薄，一也。柘皋等处，无米可办，无夫可雇，二也。进南路，恐贼从柘皋以攻庐郡，其祸迟；进北路，恐贼从盛家桥以犯桐城，其祸速，三也。前此迭接弟信十余件，皆言北渡之贼气势浩大；李世忠之咨，则更言贼多且悍；吾因萧、毛皆系中才[①]，恐不宜置之柘皋用马用众之地，四也。今调度已定，纵然错误，无可挽回，只好听之而已。

【注释】

①中才：指中等才能的人。

【译文】

沅弟左右：

我已定计划，让萧庆衍、毛有铭进军无为一路，不进柘皋一路，大概也算是用心良苦了。当时不知道贤弟已派刘南云上来，终究嫌无为力量单薄，这是第一点。柘皋等地，没有米粮可以置办，没有差夫可供雇佣，这是第二点。进军南路，担心贼匪从柘皋来攻打庐州，这个祸患来的较迟；进军北路，担心贼匪从盛家桥来侵犯桐城，这个祸患立刻就到，这是第三点。之前接连收到贤弟的十多封来信,都说北渡的贼匪气势浩大;李世忠的公文,则更是说贼匪众多而且强悍;我因为萧庆衍、毛有铭都是中等才能的人,恐怕不适合把他们放在柘皋这种适合使用骑兵和大队人马的地方,这是第四点。现在调度安排已经确定,即使错误,也不能挽回了,只好听天由命。

上湖南之勇,远胜于长、善一带^①,极是极是! 鲍营近日逃者纷纷,恐终决裂也。

【注释】

①长、善:指长沙、善化。

【译文】

上湖南地区的兵勇,远远胜于长、善一带的兵勇,这说得极是! 鲍超营近来逃兵很多,恐怕最终要崩溃了。

十二月初一日　致沅浦弟书

沅弟左右:

南云已抵无为州,自无遽回金陵之理。

春霆至黄麻渡^①,回高祖山老营。据报黄麻渡之下小淮窑地方被贼占踞^②,水运又已不通,恐其再窜三山、繁昌,梗我陆运,则大局去矣云云。余以鲍军久困该处,军心涣散,逃亡相继,实深忧灼。拟令南云三营再由无为南渡,会合周、吴、罗、朱等营痛剿一次^③,或剿湾沚,或剿石埭^④。两处能打开一处,鲍军乃有生机。临阵打仗,则以刘南云为主;

事前布置，则以厚庵为主。不知办得到否？赶得及否？望弟细心筹度，与厚庵、南云、竹庄及诸将商之。

【注释】

①黄麻渡：即今安徽宣城宣州区黄渡乡黄渡村，在华阳河西岸。

②小淮窑：地名。离黄麻渡不远。

③周、吴、罗、朱：周万倬、吴坤修、罗逢元、朱南桂。

④石埝：地名。即今安徽宣城泾县石柜村。

【译文】

沅弟左右：

南云既然已经抵达无为州，自然没有马上返回金陵的道理。

春霆到了黄麻渡，回到了高祖山老营。据报黄麻渡辖下的小淮窑已被贼匪占领，水运又不通畅了，恐怕贼匪会再窜到三山、繁昌，阻碍我陆路交通，那么就大势已去了。因为鲍军长久被围困在这个地方，军心涣散，逃兵不断，我实在是焦灼忧虑。我打算让南云三营再从无为南渡，会合周、吴、罗、朱等营痛击围剿贼匪一次，要么围剿湾沚，要么围剿石埝。这两个地方能攻打下一个，鲍军就有生机了。临阵打仗，就以刘南云为主；战前布置安排，就以厚庵为主。不知能不能办得到？能不能赶得上？希望弟弟仔细谋划思考，和厚庵、南云、竹庄及诸位将领商议此事。

昨日为季弟写铭旌①，自外入室，闻檀香甚烈，意戈什哈等焚之，以致诚敬。及至写毕一问，并无人焚香者，殊为可异。

【注释】

①铭旌：竖在灵柩前标志死者官职和姓名的旗幡。多用绛帛粉书。
品官则借衔题写曰某官某公之枢，士或平民则称显考显妣。另
纸书题者姓名粘于旌下。大殓后，以竹杠悬之依灵右。葬时取
下加于枢上。

【译文】

昨日为季弟写铭旌，从外面到屋里，闻到十分浓烈的檀香味，以为
是戈什哈等人在点燃檀香，来表达诚挚的敬意。等到写完后查问，并没
有人焚香，真是很奇怪。

阅邸钞①，何根云已正法。本日接寄谕，胜克斋又革职
拿问矣。

【注释】

①邸钞：亦作"邸抄"，即邸报。因地方长官在京师设邸，邸中传抄
诏令、奏章等，以报于诸藩，故称"邸报"。

【译文】

读了邸钞，何根云已被正法。今天接到传递的谕旨，胜克斋又被革
职问罪了。

十二月初二日　致沅浦弟书

沅弟左右：

忠酋如果回苏，则江北与金陵之事或可渐松。严州既
破，侍逆亦必旋浙①，所虑者专在春霆一路。吾忧灼太久，只

好委心以听天命之自然②。

【注释】

①旋：返回，归来。

②委心：随心之自然，听从命运的安排。

【译文】

沅弟左右：

伪忠王如果回苏州，那么江北与金陵的战事或许可以逐渐宽松。严州既然已经攻破，伪侍王也必然会回到浙江，所忧虑的就只有春霆这一路了。我忧虑焦灼太久了，只好安心听天由命顺其自然了。

弟意季弟之榇不可久羁安庆，不必入城，亦有所见。惟此间公馆一切供张已备①，又新作大损、棺罩②，同城官绅多有备礼者。入城治丧，亦世俗哀荣之一端③，故京师刻讣闻者④，做高脚牌者⑤，均争此一节。本年周军门枢天受来安庆⑥，力请入城，余许之；黎寿民枢求入城⑦，余亦许之；杨镇魁枢求入城⑧，余未之许，乃请一咨求入长沙城，其家因此生感⑨。将来季榇入安庆城，设奠数日，但不久停耳。

【注释】

①供张：指供宴饮之用的帷帐、用具、饮食等物。

②损：即"扛"，同"杠"（gàng）。

③哀荣：特指死后的荣誉。

④讣闻：报丧的文告。旧时讣闻一般于列具死者的职衔、生卒年月、享年若干之后，即将开吊、出丧日期及墓地所在一一通知。五服之内亲属依次具名于末。上述顺序和用语皆有固定程式。

也有将死者的行状附在后面的。

⑤高脚牌:长方形木牌,用以张贴告谕、海报。下支柱脚,以便肩扛手举,故名。

⑥周军门:指提督周天受,咸丰十年(1860)战殁于宁国。

⑦黎寿民:黎福畴(?—1863),字寿民,湖南湘潭人。咸丰二年(1852)进士。任蒿城知县,父卒,扶柩返湘。旋投曾国藩军,在江西、安徽筹办粮饷军械。咸丰十一年(1861)代理无为州事。

⑧杨镇魁:湖南长沙人。咸丰五年(1855)以把总充水师哨官,转战江西、安徽等地。后升陆师"礼"字营营官,官至参将。

⑨生感:心怀感激。

【译文】

　　贤弟的意思是季弟的灵柩不可久留安庆,不必进城,也很有见地。只是这里公馆的一切供帐都已准备完毕,又新制作了大杠、棺罩,同城的官吏和士绅很多人都已准备了礼物。入城办理丧事,也是世俗哀荣的一部分,因此京师刻写讣闻的,做高脚牌的,也都争这个名分。今年周军门天受灵柩到安庆,强烈要求入城,我同意了;黎寿民灵柩请求入城,我也答应了;杨镇魁灵柩请求入城,我没有允许,就请我写了一封信准许进入长沙城,他的家人因此十分感激。过几天季弟灵柩进入安庆城,设立灵堂祭奠几天,但不会停放太久。

十二月初四日　　致澄侯弟书

澄弟左右:

　　三次寄缄论季弟丧事,想均接到。闻季弟灵榇尚在西梁山一带,不知何日始达安庆。

【译文】

澄弟左右：

三次寄信讨论季弟的丧事，想来都已收到了吧。听说季弟的灵柩还在西梁山一带，不知哪天才能抵达安庆。

皖北暂有平稳之象，惟鲍军十分危急。鲍若不支，则宁郡之老湘营亦必难坚守。宁若不支，则徽州亦难久守。日夜忧灼，无可设法。

【译文】

皖北暂时有平稳的迹象，只是鲍超一军处境十分危急。鲍军如果不能支撑，那么宁国的老湘营也必定难以坚守。宁国若不能支撑，那么徽州也难以长久坚守。我日夜忧虑焦灼，想不出任何办法。

余以军务处处棘手，又遭季弟之变，寸心如焚。纪泽须留家中办季弟大事①，二三月尚不能来营。但望军事稍顺，则余怀可渐渐舒畅矣②。

【注释】

①大事：此指丧事。

②畅：通"畅"。

【译文】

我因为军务处处棘手，又遭遇季弟的不幸变故，寸心如焚。纪泽须留在家中办理季弟安葬之事，二三月还不能来营中。只希望军事上能稍微顺利些，那么我心情还可以渐渐舒畅。

季弟枢过安庆,余欲留停二十天,一则多漆几次,二则到家后不进曹禾冲等屋,直进马公塘,则一切丧礼应行之仪注^①,即在安庆行之。且待到此后,再行斟酌。

【注释】

①仪注:制度,仪节。

【译文】

季弟的灵柩经过安庆时,我想让灵柩停留二十天,一是为了多漆几遍棺椁,二是到家后不进曹禾冲等屋,直接前往马公塘,一切丧礼应举行的礼仪,就在安庆举行。等到达安庆后,再具体考虑如何处理。

家中诸子侄,望弟概教之习劳起早,不轻服药,一切照星冈公在日规矩。至嘱至嘱!

【译文】

家中的子侄们,希望贤弟一概教育他们习惯于劳苦早起,不轻易服药,一切按照星冈公在世时的规矩。切记切记!

十二月初九日　　致沅浦弟书

沅弟左右:

今日卯正,季弟灵柩至宝塔下^①。余登舟迎至盐河卡登岸,阖城官绅均在江滨迎接。进西门,入公馆。祭幛祭筵甚多,其中亦有全无瓜葛者^②,却之不情^③,受之有愧,颇难处置。拟停住数日,即送之登舟西归。船尚宽大,尽可在舟中加漆也。

【注释】

①宝塔：即安庆江边迎江寺振风塔。

②瓜葛：瓜与葛，皆蔓生植物，比喻辗转相连的亲戚关系或社会关系。

③不情：不合情理，不近人情。

【译文】

沅弟左右：

今天早晨卯时整，季弟的灵柩到宝塔下。我乘船迎接到盐河卡上岸，全城的官吏和乡绅都在江岸迎接。进城西门，入公馆内。祭幛祭筵特别多，其中也有全无关系的人，拒绝他们不合情理，接受又有愧疚之感，很难处理。打算让季弟的灵柩在安庆停放几天，就送其登船向西归家。船还算宽大，完全可以在船上给棺樟加漆。

十二月初十日　致沅浦弟书

沅弟左右：

两日未接弟信，不知金陵各营平安否？

季樟到此已一日，外间幛、联颇多，联无十分称意者。余因书一联云："英名百战总成空，泪眼看河山，怜予季保此人民，拓此疆土；慧业多生磨不尽，痴心说因果，望来世再为哲弟，并为勋臣。"亦不称意也。

【译文】

沅弟左右：

两天没有收到贤弟的来信，不知道金陵各军营是否平安？

季弟的灵柩到达安庆已有一天了，外面送的挽幛、挽联很多，挽联没有十分满意的。因此我写了一副挽联："英名百战总成空，泪眼看河山，怜予季保此人民，拓此疆土；慧业多生磨不尽，痴心说因果，望来世再为哲弟，并为勋臣。"也不是很满意。

今日已漆一次，拟在此漆五次，二十日发引登舟。少荃信来，欲为季请谥、请祠、请加衔、立传，恐已在官奏之后。兹将少荃信抄阅。

【译文】

今天已经加漆棺椁一遍，打算在这里共漆五遍，二十日登船启行。李少荃来信，说想要为季弟请求谥号、请立祠堂、请加衔、立传，恐怕已经落在官奏之后了。现将李少荃的信抄寄给你看一看。

朱云岩因前调青阳之檄①，已弃旌德城而回徽。宁郡四面皆贼，深恐难支。

【注释】

①檄（xí）：用檄文征召，晓谕。

【译文】

朱云岩因为此前调防青阳的命令，已放弃旌德城而回徽州。宁国四面都是贼匪，深怕难以支撑。

十二月十一日　致沅浦弟书

沅弟左右：

弟近日肝王动气①，此系忧劳太过之故。

　　饷项本日已解五万，拟再解五万，为度岁之资②。合之各卡厘金，必足一月满饷③。保举饬知④，早经办毕，俟弟营便弁带去。

【注释】

①肝王：肝火太旺。王，通"旺"。

②度岁：过年。

③满饷：全额发送的军饷。

④饬（chì）知：旧时公文的一种，专用于上级官署通知下属。

【译文】

沅弟左右：

　　贤弟近来肝火旺、易动气，这是忧虑操劳过度的原因。

　　今天已押送粮饷五万两，打算再押运五万两，作为过年的资费。和各个卡厘的税款加起来，一定够发一个月的满饷。保举告知，早已经办理完毕，等弟营送信士兵来时带回去。

　　季樵定以十九日设奠、题主，二十日发引登舟。余缄告澄弟，令择二月季或三月为季葬期①。盖长江上水，逆风其常，而顺风其变也。

【注释】

①二月季：二月末。

【译文】

　　季弟灵柩定在十九日设立奠堂、题主，二十日登船启行。我写信告诉澄弟，让他选择二月末或三月份作为季弟的下葬日期。因为长江逆水上行，逆风是常有的事，而顺风才不是常态。

弟肝气王，最易伤人。余兄弟皆禀母体，本难强制，然不可不以静坐制之。至嘱！

【译文】

贤弟肝气旺，最易伤人。我们兄弟都秉承母亲的体质，本来难以强行压制，然而也不能不用静坐来克制。切记！

十二月十二日　致沅浦弟书

沅弟左右：

昨寄缄后，翚山恰到，道弟虽忧劳过甚，而精神完足，为之少慰。

【译文】

沅弟左右：

昨天寄出信后，葛翚山恰好回来，说贤弟虽然忧虑辛劳过度，但精神很好，我略感安慰。

余在季公馆三宿，今日仍回本署。至盐河一看，新城已修十分之八，十五六可竣工矣。

【译文】

我在季弟停灵公馆住了三宿，今天仍回到官署。到盐河巡视，新城已修建十分之八，十五六日就可以竣工了。

　　九洑洲图迄无善本，余倩人画一幅，以应恭邸之求①。兹将副本寄弟一阅，果不甚差谬否？

【注释】

①恭邸：代指恭亲王。

【译文】

　　九洑洲地图始终没有善本，我请人画一幅，来回应恭亲王的请求。现将副本寄给你看一看，果真没有大的差错吧？

　　春霆久无来信，悬系之至。

　　昨夕拟为季弟作墓志，竟夜未成一字，却又得挽联一副云："大地干戈十二年，举室效愚忠，自称家国报恩子；诸兄离散三千里，音书寄涕泪，同哭天涯急难人。"或用弟名写之，或不写，未定也。

【译文】

　　春霆好久没有来信，我十分担心。

　　昨天傍晚打算为季弟写墓志铭，结果一整夜也没写出一个字，却又写了一副挽联："大地干戈十二年，举室效愚忠，自称家国报恩子；诸兄离散三千里，音书寄涕泪，同哭天涯急难人。"想以贤弟的名义写出，或不写，还没有决定。

十二月十三日　致沅浦弟书

沅弟左右：

　　季弟蒙恩追赠按察使，照按察使军营立功后病故例议恤。

【译文】

沅弟左右：

季弟承蒙皇恩追赠为按察使，按照按察使军营立功后病故的条例来商议抚恤事宜。

南云之三营营官、哨官皆已来见，武、朱三营之营、哨官尚未来见①。关防六颗，皆已刻就。安庆存马，系副都统明兴所管②，未便令其交出。

【注释】

①武、朱：武明良、朱洪章。

②明兴：满洲布特哈镶黄旗人。世居巴颜街，从征太平天国，赐号巴图鲁，累官荆州副都统。

【译文】

刘南云三营的营官、哨官都已经来见我，武、朱三营的营官、哨官还没有来见我。关防官印六颗都已经刻好了。安庆所存马匹，是副都统明兴所管理的，不便命令他交出马匹。

季弟恩旨抄阅。南云来打湾沚之说，且听厚庵裁夺。

【译文】

季弟所蒙恩旨抄寄给你看一看。刘南云来攻打湾沚的主张，且听凭杨厚庵裁夺。

十二月十五日　致沅浦弟书

沅弟左右：

　　弟处气象日稳，为之少慰。

　　萧军克复运漕^①，闻将进剿铜城闸^②。鲍军粮路虽未大通，而古、赖等专人至霆营投诚^③，黄、胡等逆亦自狡而不悍^④。或者支撑此局，风波渐定，亦未可知。

【注释】

①萧军：萧庆衍军。

②铜城闸：地名。即今安徽含山铜城闸镇。

③古、赖：指太平军将领古隆贤、赖文鸿。古隆贤降，而赖文鸿实未降。

④黄、胡：指太平军将领黄文金、胡鼎文。

【译文】

沅弟左右：

　　贤弟你那里态势日渐平稳，我稍感安慰。

　　萧军已攻克收复运漕，听说将要进攻围剿铜城闸。鲍超军粮运道路虽然还没有完全通畅，但古、赖等已派专人到春霆营中投降，黄、胡等逆贼也自是狡猾而并不强悍。也许能够支撑这个局面，使风波渐渐平定，也有可能。

　　季弟棺漆过三次，而匠工不甚精细，此后当亲监教之。铭旌必须改写，旧者对灵焚化。余生平不信鬼神怪异之说，而八年五月三日扶乩,预料九江一军之必败①,厥后果有三河之变②。及昨廿九日写铭旌时,异香满室,余所亲见亲闻,又觉神异之不尽虚妄也。

【注释】

①九江一军:指克复九江城的李续宾一军。

②三河之变:指湘军李续宾部在安徽三河镇被太平军全歼一役。

【译文】

季弟的棺椁已漆过三遍,但匠人漆工不够精细,以后我必当亲自监督指导他们。铭旌必须要改写,原来的要在季弟灵前焚化。我平生不信有鬼神怪异的说法,但咸丰八年五月三日扶乩时,预料到九江的军队必定吃败仗,之后果然出现了三河之变。上月廿九日写铭旌时,异香满屋,这都是我亲身经历的,所以又觉得神异之说不都是虚妄荒诞的。

弟蒙赏之衣料,宜制成后,拜赐服之。服数次后,敬谨收藏。将来兄弟所得赐物、诰轴,概藏于先大夫庙内。

【译文】

贤弟承蒙圣上赏赐的衣料,制成衣服后,应该拜谢恩赐后再穿上。穿几次后,恭敬谨慎地收藏起来。以后咱们兄弟所得的朝廷赏赐物品、诰轴等,一律收藏在先大夫庙内。

十二月十七日　致沅浦弟书

沅弟左右:

弟处气势渐王,深以为慰。

宁郡、泾县二城之米，均可支至正月中旬。春霆营中之米，亦可支至腊底。若南云能帮打三山等处，则皖南亦必平稳。春霆于前招七千人外，又派人至三厅续招五千，于营中自备银一万六千带往，不支粮台东局之银^①，可谓尽心报国。其回籍治丧之意颇切，若能打开东坝，或须允准。

【注释】

①东局：指东征局。

【译文】

沅弟左右：

贤弟那里气势渐渐旺盛，我感到十分安慰。

宁国、泾县二城的米粮，都可支撑到正月中旬。鲍春霆营中的米粮，也可以支撑到腊月底。如果刘南云能帮忙攻打三山等地，那么皖南局势也必定会平稳下来。鲍春霆除之前招募七千兵马外，又派人到三厅续招五千人马，在营中自己准备一万六千两银子带过去，没有在粮台和东征局支取，可谓是尽心报效国家了。他回家办理丧事的心思很急迫，如果能攻克东坝，或许可以批准他回去。

九月十二日恩诏，余与弟皆原官未曾升调，不能另为祖、父请封。凡遇覃恩，既不为祖、父请封，则亦不准貤封他人，但可为本身妻室请轴耳。弟尽可请本身夫妇诰轴，不必谦也。澄弟不肯受头品诰封，言乡间不便举动，亦颇近情理。或待其过五十后，弟再行貤封，亦无不可。

【译文】

九月十二日恩诏，你我兄弟都在原职没有升调，不能另外为祖父和父亲请求封号。凡是遇到皇帝普行封赏时,既然不能为祖父和父亲请求封号,自然也不允许转封其他人,但可以为自己的妻室请求诰轴。你尽可为自己的妻子请求诰轴,不必谦让。澄弟不肯接受头品诰封,说是乡间不便于行动,也很近情理。或者等他过了五十以后,你再求转封,也没有什么不可以的。

十二月十八日　　夜。湖南会馆

沅弟左右:

　　季弟墓志作就,不甚称意。唐鹤九所寄挽联极佳,云:"秀才肩半壁东南,方期一战成功,挽回劫运;当世号满门忠义,岂料三河洒泪,又陨台星。"余欲改"成功"二字为"功成",改"洒泪"二字为"痛定",似更妥叶。

【译文】

沅弟左右:

　　季弟的墓志铭已经写好了,但不是很满意。唐鹤九寄来的挽联极好,云:"秀才肩半壁东南,方期一战成功,挽回劫运;当世号满门忠义,岂料三河洒泪,又殒台星。"我想要把"成功"二字改为"功成",把"洒泪"二字改为"痛定",似乎更妥当。

　　余仅派戈什哈一人送季榇,盖以弟所派诸人,凡事皆有条理,不必更派文武委员,反虞纷乱也①。

【注释】

　　①虞:忧虑,担心。

【译文】

我仅派戈什哈一人送季弟灵柩,因为贤弟所派的几个人,凡事都很有条理,不必再派文武委员,反而担心添乱。

十二月二十夜　致沅浦弟书

沅弟左右:

季弟身后附身、附棺之事①,弟在金陵已筹虑周到;其礼仪虚文之事②,余在安庆亦颇周到。回籍后,尽可如弟之策,径进马公塘山内,不必再入荷叶室中。余当切告澄弟及子侄等也。

【注释】

①附身:佩带在身。此指附在死者身上的陪葬之物。附棺:放在棺材里的陪葬之物。

②虚文:指形式方面的仪节。

【译文】

沅弟左右:

季弟去世后附身、附棺的事,贤弟你在金陵已经筹划考虑周到;祭奠的形式礼仪等事,我在安庆也安排得很周到。回到家乡后,完全可以依照贤弟的意思,直接进入马公塘山内,不必再进入荷叶塘宅中。我一定切实转告澄弟和子侄们。

地图甚为精细,与余所绘九洑洲图大致相类。明兴之马八十匹不能给弟,此外亦无购马之法。拟再解银五万两,

日内竟无到者,忧灼之至。只好先解钱三万串,与弟略资
点缀。

【译文】

地图十分精细,和我所绘制的九洮洲地图大致相似。明兴的八十
匹马不能给贤弟,此外也没有买马的办法。我打算再押运五万两白银
给贤弟,近日竟然没有军饷送来,我感到十分忧虑焦灼。只好先押运三
万串钱,给贤弟略微提供一点儿资助。

　弟因时贤开府①,论及"不仁而在高位,是播其恶"一
节②,极是极是。余三年以来,因位高望重,时时战兢省察。
默思所行之事,惟保举太滥,是余乱政;不办团,不开捐,是
余善政,此外尚不了了。

【注释】

①时贤:当时有德才的人。开府:古代指高级官员(如三公、大将
　军、将军等)成立府署,选置僚属。
②不仁而在高位,是播其恶:语出《孟子·离娄上》:"是以惟仁者宜
　在高位。不仁而在高位,是播其恶于众也。"

【译文】

贤弟因为当代贤达开府,论及"不仁而在高位,是播其恶"一节,十
分有道理。三年以来,我因为职位高名望大,时时战战兢兢反省检查自
己。默默思考所做的事情,只有保举过度,是我破坏政事;不办团练,不
开设募捐,是我的善政。其他的还不明了。

卷九

【题解】

　　本卷共收书信一百二十四封，起于同治元年（1862）十二月二十二日，讫于同治三年（1864）六月二十日。这些信，有一些是写给远在家乡的弟弟曾国潢的，大多数则是写给在前线领兵打仗的弟弟曾国荃的。

　　同治元年（1862）秋，湘军曾国荃部在雨花台苦战四十六日，最终打退太平天国忠王李秀成、侍王李世贤所率的数十万援军。从此，太平军再也没有能力发动大规模的援救天京战役，但湘军也无法在短时间内攻破天京城牢固的防御工事，双方进入艰难的持久战阶段。湘军的策略，一是切断天京城的外来接济；二是逐个攻占天京城外太平军的营垒，对天京城彻底合围；三是试图挖地道用火药轰陷天京城防。同治二年（1863）五月，湘军水、陆二师联手攻克九洑洲，切断天京城来自外江的接济。同治三年（1864）正月二十一日，曾国荃部攻克太平军钟山石磊天保城，对天京城彻底合围。五月三十日，曾国荃部攻克龙膊子山阴坚垒地保城，日夜环攻天京城。六月十六日湘军地道挖成，轰陷天京城垣二十余丈，攻陷天京。

　　曾国藩以两江总督兼钦差大臣身份督办江、皖、苏、浙四省军务，曾国荃是前敌总指挥，兄弟二人对围攻天京负全权责任。此一时期，兄弟二人通信，自然以讨论军务为主，但重点与前一时期又有所不同。同治元年夏，曾国荃军初到天京城外雨花台，闰八月又遭数十万太平军猛扑，可谓险象环生，曾国藩担心曾国荃过于冒进，故在战略战术方面多有指点。围攻天京进入持久战阶段之后，主动进攻权已经掌握在湘军手里，但天京墙高城坚，久攻不下。为合围计，曾国荃不得不大量增募新兵，其部下迅速扩张到五万人，较同治元年夏规模几乎增加一倍，这给粮饷供应造成巨大压力。久经战乱，处处糜烂，筹粮筹饷异常困难。曾国藩位高权重，为保证麾下湘军的必要补给，为此绞尽脑汁。兄弟二人此期通信，频频涉及粮饷。曾国荃为确保士气，勇于催粮催饷；曾国藩总统大局，不得不统筹兼顾，在照顾弟弟的同时，还得在杨岳斌、彭玉麟、鲍超诸军之间求一个平衡。为粮饷供给之事，弟弟有时难免嗔怨，哥哥则满腔委屈。由于盐课是饷项重要来源，兄弟二人此期通信，亦多涉及江淮盐政。曾国荃欲立"营运"名目以增加饷源，曾国藩认为不合理；曾国荃力荐金眉生经理盐务，曾国藩亦不支持。

此一时期，曾国藩写给曾国荃的家信，在内容方面，除频频讨论粮饷盐务之外，更突出的内容则是担心弟弟过于忿激抑郁，劝弟弟以和养肝。曾国荃心高气傲，做事情好大喜功，急于求成，率领数万大军久攻天京不下，难免急火攻心。曾国藩在同治二年正月二十日与沅弟书说："肝气发时，不惟不和平，并不恐惧，确有此境。不特弟之盛年为然，即余渐衰老，亦常有勃不可遏之候，但强自禁制，降伏此心。释氏所谓降龙伏虎，龙即相火也，虎即肝气也。多少英雄豪杰打此两关不过，亦不仅余与弟为然。要在稍稍遏抑，不令过炽。降龙以养水，伏虎以养火。古圣所谓窒欲，即降龙也；所谓惩忿，即伏虎也。释儒之道不同，而其节制血气，未尝不同，总不使吾之嗜欲戕害吾之躯命而已。至于'倔强'二字，却不可少。功业文章，皆须有此二字贯注其中，否则柔靡不能成一事。孟子所谓'至刚'，孔子所谓'贞固'，皆从'倔强'二字做出。吾兄弟皆禀母德居多，其好处亦正在倔强。若能去忿欲以养体，存倔强以励志，则日进无疆矣。"存倔强以励志，去忿欲以养体，是曾国藩对曾国荃一贯的劝导。同治二年十月,李鸿章克复苏州省城。同治三年四月,江苏全境皆平,唯金陵未克。这一局面给曾国荃造成巨大心理压力。曾国藩四月十三日与沅弟书中说:"适闻常州克复、丹阳克复之信,正深欣慰。而弟信中有云'肝病已深,痼疾已成,逢人辄怒,遇事辄忧'等语,读之不胜焦虑。今年以来,苏、浙克城甚多,独金陵迟迟尚无把握,又饷项奇绌,不如意之事机、不入耳之言语纷至迭乘,余尚愠郁成疾,况弟之劳苦过甚百倍阿兄,心血久亏数倍于阿兄乎!余自春来,常恐弟发肝病。而弟信每含糊言之,此四句乃露实情。此病非药饵所能为力,必须将万事看空,毋恼毋怒,乃可渐渐减轻。蝮蛇螫手,则壮士断其手,所以全生也。吾兄弟欲全其生,亦当视恼怒如蝮蛇,去之不可不勇。至嘱至嘱!"当时舆论乃至廷谕,皆有令李鸿章率军与曾国荃会攻金陵之意。曾国荃苦战三年,自然不愿李鸿章前来分功,但一时又攻不下金陵城,焦灼异常。曾国藩在五月十五日与沅弟书中说:"昨日寄信一件,咨文一件,拟请李少荃来金陵会剿。千思万想,皆为恐弟肝病日深起见。不请少荃来会剿,则恐贼城相持太久,饷绌太甚,弟以郁而病深。请少荃来会剿,则二年之劳苦在弟,一旦之声名在人,又恐弟以激而病深。故展转踌躇,百思不决。此次将咨与函送弟处自决。弟之声名,即余之声名也;弟之性命,即余之性命也。二者比较,究以保重身体为大。弟自问身体足以久磨久练,则余自放心矣。"在五月十七日与沅弟书中说:"故余与少荃一咨一信,惟愿弟之速送,又惟恐弟之竟送,反复无定,为弟所笑,亦必为弟所亮也。今日命纪泽赴金陵省视老弟,余于六月初间亦必往,兄弟聚叙。届时少荃若到,余即在彼,不遽回皖。如少荃不到,余即坐轮船速归。总之,弟以保身为主。无论少荃与余会剿与否,于弟威名微减,而弟之才德品望毫无损也。"字里行间,不难看出曾国藩的爱弟情深与左右为难。六月二十日,曾国荃攻克天京城。曾国藩得知消息后,喜极而泣。

　　劝诫弟弟们要节俭和谦退,则是曾国藩家书一贯的内容,此期亦不例外。曾国藩在同治二年十一月十四日与澄弟书中说："围山嘴桥稍嫌用钱太多，南塘竟希公祠宇亦尽可不起。沅弟有功于国，有功于家，千好万好！但规模太大，手笔太廓，将来难乎为继。吾与弟当随时斟酌，设法裁减。此时竟希公祠宇业将告竣，成事不说，其星冈公祠及温甫、事恒两弟之祠，皆可不修，且待过十年之后再看。至嘱至嘱！余往年撰联赠弟，有'俭以养廉，直而能忍'二语。弟之直，人人知之；其能忍，则为阿兄所独知。弟之廉，人人料之；其不俭，则阿兄所不及料也。以后望弟于'俭'字加一番工夫，用一番苦心。不特家常用度宜俭，即修造公费，周济人情，亦须有一'俭'字意思。总之，爱惜物力，不失寒士之家风而已。"在同年十一月二十四日与澄弟书，又说："弟家之渐趋奢华，闻因人客太多之故。此后总须步步收紧，切不可步步放松。总之，家门太盛，有福不可享尽，有势不可使尽。人人须记此二语也。"在同治三年正月十四日与澄弟中说："吾不欲多寄银物至家，总恐老辈失之奢，后辈失之骄。未有钱多而子弟不骄者也。吾兄弟欲为先人留遗泽，为后人惜余福，除却'勤'、'俭'二字，别无做法。弟与沅弟皆能勤而不能俭，余微俭而不甚俭。子侄看大眼吃大口，后来恐难挽回，弟须时时留心。"在同治三年正月二十六日与沅弟书中说："闻家中内外大小及姊妹亲族无一不和睦整齐，皆弟连年筹画之功。愿弟出以广大之胸，再进以俭约之诚，则尽善矣。"

同治二年三月，曾国荃补授浙江巡抚，曾氏兄弟权势可谓盛极一时。曾国藩则时时教诲弟弟要敛抑、谦退。曾国藩在同治二年七月十一日与沅弟书中说："吾辈方鼎盛之时，委员在外，气焰薰灼，言语放肆，往往令人难近。吾辈若专尚强劲，不少敛抑，则委员仆从等不闹大祸不止。"七月二十三日与沅弟书中："金陵战事，弟自行具奏亦可，然弟总以不常奏事为妥。凡督抚以多奏新事不袭故常为露面。吾兄弟正在鼎盛之际，弟于此等处可略退缩一步。"

对于远在家乡的曾国潢，曾国藩则一以贯之地劝其少管公事，切莫带兵。曾国藩在同治三年四月初四日与澄弟中说："江西之贼若至瑞、袁等处，则湖南处处须设防兵。如有调弟带兵出境防剿者，弟千万不可应允。即在本县办团，亦须另举贤员为首，弟不可挺身当先。吾与沅弟久苦兵间，现在群疑众谤，常有畏祸之心。弟切不宜轻易出头露面，省城则以足迹不到为是。"四月二十四日与澄弟中说："捐务公事，余意弟总以绝不答一言为妙。凡官运极盛之时，子弟经手公事格外顺手，一倡百和；然闲言即由此起，怨谤即由此兴。吾兄弟当于极盛之时，预作衰时设想；当盛时百事平顺之际，预为衰时百事拂逆地步。弟此后若到长沙、衡州、湘乡等处，总以不干预公事为第一义。此阿兄阅历极深之言，望弟记之。"

　　曾国藩此期家书亦透露出求退之心。曾国藩在同治二年四月二十七日与沅弟书中说："来信'乱世功名之际尤为难处'十字，实获我心。本日余有一片，亦请将钦篆、督篆二者分出一席，另简大员。吾兄弟常存此兢兢业业之心，将来遇有机缘，即便抽身引退，庶几善始善终，免蹈大戾乎？"同治三年春，曾国藩为争江西牙厘，与沈葆桢决裂。当时金陵未克，江西流寇复盛，统军甚多，需饷甚巨，曾国藩既恐饷匮以致军事决裂，又以握兵符掌利权为时所忌，更有求退之心。求退避祸，是曾国藩晚年的一个重要情结。

同治元年壬戌
十二月二十二日　　致澄侯弟书

澄弟左右：

　　接弟来信，知已得季弟沦逝之信①，将在荷叶宅内为季治丧发引。季弟此次身后之事，沅在金陵办得十分整齐。余于初九日接进安庆，二十发引登舟，一切未敢稍忽。大致与七年先大夫之丧礼仪规模一一相似,亦系新制六十四人舆②,新制高脚牌,挽联稍少,祭幛则较七年更多。身后之虚荣,在季弟可称全备。前沅弟意,季到湘乡后,不必更进紫田、荷叶等屋,余意亦以为然,望弟即照此办理,将季榇从北港径至马公塘山内,千妥万妥! 古人云:"祭不欲数,数则烦,烦则不敬③。"祭尚不可烦渎④,况丧礼而可烦渎乎?

【注释】

①沦逝:没世,逝世。

②六十四人舆:六十四个人抬的灵柩车。在葬礼中,属于规格极高的一种。舆,指车中载物的部分。

③"祭不欲数"三句:出自《礼记·祭义》。数,屡次,多次。

④烦渎:频繁轻慢。

【译文】

澄弟左右:

接到贤弟的来信,知道你已经得知季弟逝世的消息了,将要在荷叶塘宅内为季弟办理丧事发引。季弟这次身后之事,沅弟在金陵办得十分妥当。我在初九日接季榇进安庆,二十日发引登船,一切未敢疏忽。大致和咸丰七年先父的丧事礼仪规模一一相似,也是新制六十四人载柩车,新制高脚牌,挽联稍少一些,祭幛则比咸丰七年时还多一些。死后的荣誉,季弟可以说是全有了。之前沅弟的意思,季弟的灵柩到湘乡后,不必再进紫田、荷叶等屋,我也是这样认为的,希望贤弟就照这样办理,将季弟的灵柩从北港直接运到马公塘山内,千妥万妥! 古人说:"祭不欲数,数则烦,烦则不敬。"祭祀尚且不能频繁轻慢,难道丧礼就可以频繁轻慢吗?

余系一家之主,安庆系省会之地,又系季弟克复之城,一切礼仪在此行之,即在此发引登山,想季弟之英灵亦必默鉴^①,深以为然。

【注释】

①默鉴:指死者的在天之灵默默地看见并同意。

【译文】

我是一家之主,安庆是省会所在地,又是季弟攻克收复的城池,一切礼仪在这里举行,就在这里发引登山,想必季弟的英灵见了也一定会默默同意的。

再,季弟灵柩,自金陵至安庆七百里而走十六日,甚为迟滞。此次二十日自安庆开船,计程至湘潭二千里,应须四十余日乃可到潭,当在二月十五后矣。然风信无定^①,或遇顺风早到,亦未可知。自湘潭至北港,又须七八日。家中办接柩事,总在二月初十以后。葬马公塘则不进荷叶,不葬马公塘则必进荷叶,二者听弟一言决断。余与沅相隔太远,往返商酌,恐致误事,不敢遥断也。

【注释】

①风信:风候,风随季节变化应时而吹。

【译文】

另,季弟的灵柩,从金陵到安庆七百里走了十六天,甚是缓慢。这次二十日从安庆开船,计程到湘潭有二千里,应该需要四十多天才能到达,应当在二月十五日以后。然而风信不定,或许遇顺风早到,也说不定。从湘潭到北港,又要七八天。家中办理迎接灵柩的事宜,可在二月初十日以后安排。葬在马公塘,就不必进荷叶塘宅屋,不葬马公塘则必须进荷叶塘宅屋,两种方案听凭贤弟决断。我和沅弟相隔太远,往返商量,恐怕要耽误事情,所以不敢遥控决断。

季弟升知府,赠按察使,两次谕旨寄回。李中丞又奏请照二品例议恤①,请谥请祠,恐更有后命。二十日业经题主,恐须改题耳。

【注释】

①李中丞:指江苏巡抚李鸿章。

【译文】

季弟升为知府,追赠按察使,将两次的谕旨寄回。李中丞又奏请按照二品官员的规格来商议抚恤之事,请求谥号请立祠堂,恐怕以后还有命令。二十日已经题主完毕,恐怕需要改题。

十二月二十三日 致沅浦弟书

沅弟左右:

少荃为季弟请谥请祠折稿昨日寄到,兹抄寄弟阅。目下之是否俞允,殊不敢必①。但吾与弟将来若再立功绩,克复金陵,则请谥亦终可望允准。

【注释】

①殊不敢必:还不敢确定。殊,尚,还。必,决定,肯定。

【译文】

沅弟左右:

少荃为季弟请封谥号、请立祠堂的奏折底稿于昨天寄到,现在抄寄给贤弟一阅。眼下皇上是否能够应允,还不敢肯定。但是我和贤弟如果将来再建立功绩,攻克收复金陵,那么请封谥号也终有望得到恩准。

两宫太后及恭邸力求激浊扬清①,赏罚严明。但患无可赏之实,不患无不次之赏。而罚罪亦毫不假借②,如去年之诛二王一相③,今年之戮林、米与何④,近日拿问胜帅⑤,又拿问前任苏藩司蔡映斗进京⑥,谕旨皆严切异常。吾辈忝当重任,不恃无意外之罚,而恃无可罚之实。

【注释】

①激浊扬清:本指冲去污水,浮起清水,后用以喻斥恶奖善。

②假借:宽假,宽容。

③二王一相:指怡亲王载垣、郑亲王端华、大学士肃顺。咸丰帝去世前,封此三人为首的八人为"赞襄政务大臣",后慈禧太后联合恭亲王发动政变,将此三人处死。

④林、米:指前浙江布政使林福祥、浙江提督米兴朝,二人因地方失陷后辗转逃匿,同治元年(1862)七月处斩。何:前两江总督何桂清,因地方失陷后逃生,同治元年(1862)七月处斩。

⑤胜帅:指胜保。

⑥蔡映斗:前任署江苏布政使,太平军攻破苏州城时弃城逃跑。

【译文】

两宫太后和恭亲王力求斥恶奖善,赏罚严明。只担心没有可受赏赐的实际功劳,不担忧没有破格的奖赏。而且惩罚罪过也毫不宽容,如去年诛杀两王一相,今年戮杀林、米与何三位大臣,最近将胜保大帅捉拿审问，又将前任署理江苏布政使蔡映斗捉拿进京审问，谕旨都十分严厉。我们有愧于担当重任，不能指望不遭受意外的处罚，而应依赖没有可受处罚的过错。

少荃解银四万，吾暂不解弟处，且解鲍、张两军各二万，为度岁之资。弟处昨日解银四万两，年内必到。其解钱二万串，今日用民船解去，年内之能到与否，未可知也。

【译文】

少荃解送来四万两白银，我暂时不解送给贤弟，而解送给鲍超、张运兰两军各两万两，作为过年的资费。昨天向贤弟那里解送的四万两白银，年底肯定能运到。解送两万串钱，今天用民船运送过去，年底是否能运到，还说不定。

澄弟昨有信来，言季榇不宜附葬马公塘①，其言亦颇近理。余因相隔太远，不敢遥决，请澄自行决断。

【注释】

①附葬：合葬，陪葬。曾国葆之叔曾骥云葬于马公塘，今又将曾国葆葬在马公塘墓地，故曰"附葬"。附，通"祔"。

【译文】

昨天澄弟来信，说季弟的灵柩不宜祔葬马公塘墓地，他说得也很有道理。我因为相隔得太远了，不敢决定，请澄弟自行决定。

十二月二十五日　致沅浦弟书

沅弟左右：

李世忠事，朝廷方以袁帅办理妥善①。此间无论如何让他,总不能如袁之惟所欲为。

【注释】

①袁帅:指袁甲三。

【译文】

沅弟左右:

　　李世忠的事情,朝廷认为袁帅的办理方案妥善。这边无论如何迁就他,总不能像袁帅那样任其为所欲为。

　　陈栋九营①,且到此再看。目下鲍、张、朱各军缺额甚多②,可以此勇挪移补之,则不必多开新营。如万不可挪补,则令迅赴金陵,听弟妥为位置③。

【注释】

①陈栋:湘军将领。

②鲍、张、朱:指鲍超、张运兰、朱品隆。

③位置:安排位子。

【译文】

　　陈栋九营,且等到这里之后再看。眼下鲍、张、朱各军缺额很多,可以将这些兵勇挪移过去替补,这样就不必多开设新营。若万不可挪补,就命令迅速奔赴金陵,听贤弟妥当安排。

　　余所以不愿多立新营者:一则饷项极绌,明年恐有断炊之虞;二则局面愈大,真气愈少,和、张晚年覆辙,只是排场廓大,真意销亡,一处挫败,全局瓦裂,不可不引为殷鉴;三则余拟于新年疏辞钦篆、江督两席，以散秩专治军务①，如昔年侍郎督军之象，权位稍分，指摘较少，亦与弟请改武官之意暗相符合。

【注释】

①散秩：闲散而无一定职守的官位。

【译文】

我之所以不愿多增添新营，是因为：第一，军费极其不足，明年恐怕有吃不上饭的担忧；第二，局面越大，真气就越少，和春、张国梁晚年失败的教训，就是排场过大，实力生机消亡，一个地方挫败，全局崩溃，不能不引以为鉴；第三，我打算在新年上奏辞去钦差大臣和两江总督这两个职位，以散秩官位来专心治理军务，像当年以侍郎的职位督办军务那样，权力和地位稍微下降，受到的指责就少一些，这也和贤弟请求改授武官的意思暗相符合。

保举单不能不减。余自有苦衷，明年至金陵当面详告可也。

【译文】

保举名单不能不裁减。我自有苦衷，明年到金陵再当面详细告诉你。

十二月二十七日　致沅浦弟书

沅弟左右：

接弟捷报，知谷里村、六郎桥、朱门等处贼巢一概剿洗^①。此后自弟营以至金柱关，除太平府城外，尚有贼卡贼垒若干，先打贼馆^②，后破垒卡^③，此法处处可行。

【注释】

①谷里村：地名。在今南京江宁。六郎桥：即陆郎桥，在今南京江宁陆郎镇。朱门：地名。即今南京江宁朱门镇。

②贼馆：贼军老巢。

③垒卡：营垒、哨卡。

【译文】

沅弟左右：

接到贤弟捷报，得知谷里村、六郎桥、朱门等地贼匪巢穴全部剿灭。此后从贤弟军营一直到金柱关，除了太平府城外，还有一些贼匪营垒和哨卡，先攻贼匪老巢，再破营垒和哨卡，这个方法到处都行得通。

此次出队打仗行至六七十里之远，将来推广变通，便可打至百余里、二百余里。惟雨花台老营，须十分坚固。能于最冲地方筑石垒数处^①，宜以五百人守者可以三百守之而无虑，宜用劲旅守者可以次等守之而无妨，则临分兵之时，便益多矣。

【注释】

①最冲地方：最为关键的冲要之地。

【译文】

这次出兵打仗行进了六七十里远，将来加以推广变通，就可以打到一百多里、二百多里远的地方。只是雨花台老营，必须十分坚固。能在最关键的冲要之地筑建几处石垒，当用五百人驻守的而用三百人驻守就可不用担忧，当用精锐部队驻守的而用次等军队来驻守也没关系，那么到了临阵分兵的时候,好处就多了。

　　余前要弟明年分兵出剿二溧、东坝,弟深以为难。现在拨兵出防东西梁山、裕溪口、龙山桥、黄麻渡、三山①,多至六七千人,而弟毫无难色。然则明年军威丕振之时②,弟分兵出剿二溧、东坝,必更高兴无难色耳。

【注释】

①龙山桥:即今安徽当涂龙山桥镇。

②丕振:声势大振。

【译文】

　　我之前让贤弟明年分兵出剿溧水、溧阳和东坝等地,贤弟感到十分为难。现在出兵防守东西梁山、裕溪口、龙山桥、黄麻渡、三山等地,多达六七千人,而贤弟丝毫不觉为难。那么到明年军威大振之时,贤弟再分兵出剿溧水、溧阳和东坝等地,必定会更加高兴而不觉得为难了。

除日　致澄侯弟书

澄弟左右:

　　接到排递一函,弟意拟将季梓权厝于修善堂屋后①,从容再觅佳壤②,合葬季弟夫妇。

【注释】

①权厝:临时置棺待葬。修善堂:曾府宅第名,曾国潢咸丰九年(1859)从黄金堂移居修善堂。

②佳壤：好坟地。

【译文】

澄弟左右：

　　接到驿站送来的信，得知贤弟打算将季弟的灵柩暂时安葬在修善堂宅后，待时间充裕再寻找风水好的墓地，合葬季弟夫妇。

　　马公塘葬定未久，弟意不欲轻动，自有一番谨慎不得已之苦衷。余虽不明地理①，而启土禁忌之说，亦不敢不小心遵信。一切即由弟作主，权厝修善堂屋后，俟寻得吉域②，再行迁葬。余已寄信与沅，沅在三千里外，想亦不敢专主，当仍由弟作主也。

【注释】

①地理：指墓地风水。

②吉域：好坟地。

【译文】

　　马公塘墓地叔父下葬时间不是太久，贤弟不想轻易惊动，自然是有一番谨慎不得已的苦衷。我虽然不懂风水，然而开坟启土有各种禁忌，也不敢不小心遵从。一切就听凭贤弟自行做主，季弟灵柩暂时安葬在修善堂屋后，等找到好的墓地，再进行迁葬。我已经写信给沅弟，沅弟在三千里外，想必也不敢专断做主，应当仍由贤弟做主。

同治二年癸亥

正月元旦　　致沅浦弟书

沅弟左右：

　　今年元日天气温和，傍夕晴霁，或东南军事可期平稳。

【译文】

沅弟左右：

今年元旦天气温和，傍晚天空放晴，或许东南的军事有望平稳。

吾所最怕者年荒米贵，统辖近九万人，若无米可食，岂堪设想！金宝失守①，吴竹庄之说，本属可信。或者尚有一分冀幸未破，此痴人幻想也。

【注释】

①金宝：地名。金宝圩，在宣城境内，是皖南著名的"粮仓"。

【译文】

我最害怕的就是年成不好粮米昂贵，所统辖的近九万人，要是没有粮食吃，后果哪堪设想！金宝圩失守，吴竹庄的说法，应该是可信的。金宝圩或许还有一分侥幸希望未被攻破，这是痴心人的一番幻想。

先大夫祠前牌坊上四字，俟拟得，寄弟商定再写。

【译文】

先父祠堂前牌坊上的四个字，等草拟后，寄给贤弟商量之后再题写。

鲍军门二十五日出队，因雨泥中途折回，深感弟派南云驻扎三山保全粮路。其军气较前稍壮，若将陈栋之勇分二千给之，则更壮矣。

【译文】

鲍军门二十五日出兵，因雨中泥泞中途折回，十分感谢贤弟派刘南云驻扎三山保全粮路。他军队的士气比以前雄壮一些，如果把陈栋的兵勇再分二千给他，其士气就更雄壮了。

保举太滥，官、胡创之①，余亦因之，习焉不察②，不复自知其非。今年余将力挽颓习，逐案核减。正月拟至金陵与弟面谈诸事。

【注释】

①官、胡：官文、胡林翼。

②习焉不察：语出《孟子·尽心上》："行之而不著焉，习矣而不察焉，终身由之而不知其道者，众也。"后因以"习焉不察"指习惯于某种事物而觉察不到其中的问题。

【译文】

保举太过，是从官、胡二人开始的，我也沿袭，习以为常，不知道是不对的。今年我将着力挽回陋习，逐个文案核查裁减。正月打算到金陵和贤弟面谈各种事项。

正月初三日　　致沅浦弟书

沅弟左右：

陈栋之勇，除已至金陵三营外，尚有九营。吾昨令营务处点名，共四千六百余人。闻精壮者不甚多，可汰者占三分之一。余札拨二营与鲍春霆，拨一营与朱云岩，以六营归弟处。若果汰去三分之一,则可挑存四营。其余或令全坐原船遣归,或酌留数百作为余勇,听弟裁度。

【译文】

沅弟左右:

　　陈栋的兵勇,除了已经到达金陵的三个营之外,还有九个营。我昨天命令营务处点名,共有四千六百多人。听说精壮的士兵不太多,可淘汰的占三分之一。我下公文分拨两个营给鲍春霆,拨一个营给朱云岩,把剩下的六个营给贤弟你。如果果真要淘汰掉三分之一,则可以挑选保留四个营。其余的士兵或者让他们全部坐原来的船遣送回家,或者酌情留下几百人做替补的士兵,听凭贤弟裁度。

　　昨奉年终颁赏福字、荷包、食物之类,闻弟有一分,春霆亦有一分,此系特恩。吾兄弟报国之道,总求实浮于名①,劳浮于赏,才浮于事。从此三句切实切实做去,或者免于大戾。

【注释】

　　①浮:超过,多于。

【译文】

　　昨天收到年终颁发赏赐的福字、荷包、食物等物品,听说贤弟有一份,春霆也有一份,这是特等的恩典。我们兄弟报国的方法,总是要追求实绩超过名利,功劳超过奖赏,才能超过官守。从这三句切实切实做去,或许能够免遭大祸。

正月初七日　致沅浦弟书

沅弟左右：

疏辞两席一节①，弟所说甚有道理。然处大位大权而兼享大名，自古曾有几人能善其末路者？总须设法将权位二字推让少许，减去几成，则晚节渐渐可以收场耳。今因弟之所陈，不复专疏奏请，遇便仍附片申请，但能于两席中辞退一席，亦是一妙。

【注释】

①两席：指曾国藩担任的钦差大臣和两江总督两个职位。

【译文】

沅弟左右：

上疏请求辞去钦差大臣和两江总督两个官职这件事，贤弟说得很有道理。然而，居高位有大权又兼有大名气的，自古以来能有几个人有善终呢？总是要设法将权位推让一些，减去几成，那么晚年才能慢慢收场。现在因为贤弟已经明说，我不再专门上疏奏请，遇到方便的时候再附折片申请，只要能在两个官职中辞去一个，那也是好的。

李世忠处，余拟予以一函。一则四坝卡请归余派员经收①，其银钱仍归渠用；一则渠派人在西坝封捆淮北之盐②，几与抢夺无异，请其迅速停止。看渠如何回复。

【注释】

①四坝：地名。在今南京六合。

②西坝:地名。在今南京六合。封捆:此指征税收钱。

【译文】

我打算给李世忠那里发一封信函。一是将四坝厘卡归我派人管理,厘金仍然归他使用;一是他派人在西坝征收淮北的食盐税,几乎和抢夺没有区别,请他迅速停止。看他如何回复我。

本日接两次家信,交来人带寄弟阅。鼎三侄善读书①,大慰大慰! 其眉宇本轩昂出群,又温弟郁抑过甚,必有稍伸之一日也。

【注释】

①鼎三:曾国华子曾纪寿(1855—1930),字岳松,乳名鼎三。

【译文】

今天接到两封家信,交来人带给贤弟看看。鼎三侄子喜爱读书,我感到十分宽慰! 他本眉宇轩昂出众,而温弟又太过抑郁,一定会有出头的一天。

弟军士气甚王①,可喜。然军中消息甚微②,见以为王,即寓骄机。老子云:"两军相对,哀者胜矣。"其义最宜体验。

【注释】

①王:通"旺"。

②消息:此消彼长的征兆,端倪。

【译文】

贤弟军队士气十分旺盛,可喜。然而军中士气消长征兆很微妙,看得着士气很旺,就有可能暗藏着骄傲的危机。老子说:"两军相对,哀者胜矣。"这句话的意思最应该细细体会。

正月十一日　致沅浦弟书

沅弟左右：

弟军不能进剿东坝、二溧，自是审量稳慎之计①。

【注释】

①审量：考察衡量，估量。

【译文】

沅弟左右：

弟处军队不能进攻围剿东坝、溧水、溧阳等地，这自然是考量稳重谨慎的方案。

余自接澄弟密信一片，已决不欲令弟军雕剿各处①。上年凯章病重，余即批准令其回籍调养。况弟谊属手足，岂亲爱反不如凯乎？况澄意但请调至安庆身边，并不求回籍。目下金陵大局苦于无人接办，而尽可不必远出雕剿，尤不宜亲身督队。除坚守金陵老营外，有余力则派人助剿含、巢、无、庐一带。今年望弟笃守"恐惧""和平"四字②，以弭灾而致福。

【注释】

①雕剿：剿除，清剿。

②恐惧：因畏惧而修省。《易·震》："洊雷，震，君子以恐惧修省。"

【译文】

　　我自从接到澄弟的一封密信，已经决定不让你的军队去清剿各地了。去年张凯章病重，我立即批准让他回老家调养。况且你与我是兄弟手足关系，怎能亲爱程度反而不如与凯章呢？况且澄弟的意思只是请求把你调到我身边，并不要求调回家乡。眼下金陵大局苦于没有人接办，因而贤弟完全可以不必到远处剿敌，尤其不适合亲自带队督战。除了坚守金陵老营之外，有余力的话贤弟就派人帮助围剿含山、巢县、无为、庐州一带。今年希望贤弟谨守"恐惧""和平"四个字，用来消灾求福。

　　本日解去银四万，作抵去冬上海一款。

【译文】

　　今天解送白银四万两，作为抵偿去年冬天上海方面的款项。

　　春霆大获胜仗，立解泾围，军威或可再振。

【译文】

　　春霆打仗大获全胜，立即解除了泾县的围困，军威或许可以再振兴。

正月十三日　　致沅浦弟书

沅弟左右：

　　东征局保案，昨日奉到朱批谕旨①，一概照准。恽次山已超擢湖南藩司②，而南坡翁仅以道缺提奏③，想尚有后命也。李筱泉调广东粮道④,圣意亦为广东厘务而设。王文瑞擢赣南道,则因克复祁门新得记名故耳⑤。季弟追赠按察使,昨日具折谢恩,抄稿寄阅。

【注释】

①朱批:清代,皇帝用朱笔在奏章上所作的批示。

②恽次山:恽世临,字季咸,号次山。见前注。湖南藩司:湖南布政使。

③以道缺提奏:提奏补道台缺额。道,道台。清代省以下、府以上一级的官员。主管范围有按地区分者如济东道,有按职务分者如盐法道。提奏,清代军机处办事制度之一。清制,于军机处设存记簿,凡奉旨存记事件,均以所面奉之谕旨书载于簿,至旨内所指应予施行之时,即将该簿内所载事件提奏请旨,称为"提奏"。如有应密行存记之事件,则密封存记,亦于应予施行之时,拆封办理。

④粮道:官名。明、清两代皆设督粮道,督运各省漕粮,简称"粮道"。

⑤记名:清制,官吏有功绩,交吏部或军机处记名,以备提升。

【译文】

沅弟左右:

东征局保举的案子,昨天接到皇上批示的旨意,一概准奏。恽次山已经破格提升为湖南布政使,而南坡翁仅仅以补道台缺提奏,想必还有后续任命。李筱泉调广东粮道,皇上的意思也是为广东的厘务而设立的。王文瑞提升为赣南道,是因为攻克收复祁门新得的记名故有提升。季弟追赠为按察使,昨天已上奏折谢恩,抄录底稿给贤弟一阅。

少泉调浦东各营潘鼎新、刘铭传等救援常熟①,盖因常熟贼目周兴隆等投诚后②,伪忠王以大股贼前往围攻。少荃欲力争常熟一城,福山一隘③,为克复苏州张本,专函来调"树"字五营。余不得已,调韦部五营守无为州④,而腾出"树"字五营赴沪。少荃麾下之将,仅程学启一人能当大敌,余不足深恃。余屡劝其约旨卑思,不宜多拓疆土,而少荃不甚相信,颇为虑之。

【注释】

①少泉:及下文的"少荃",皆指李鸿章。潘鼎新(1828—1888):字琴轩,安徽庐江人。淮军大将。道光二十九年(1849)中举,咸丰七年(1857)投效安徽军营,从克霍山,擢同知。十一年(1861)其父潘璞领乡团助剿,被执不屈而死。潘鼎新誓杀贼复仇,请分兵进攻三河镇,攻下三河镇,负父骸骨归。曾国藩闻说他的壮举后,令他募勇创建"鼎"字营。后来率淮军镇压太平军及捻军,屡立军功,历官山东布政使、云南布政使、云南巡抚、湖南巡抚、广西巡抚。中法战争时,率部入越南与法军作战。刘铭传(1836—1896):字省三,安徽合肥人。淮军大将。人称"刘六麻子",自号大潜山人。同治元年(1862),李鸿章创建淮军,刘铭传以本部团练投奔,任"铭"字营营官,后为淮军劲旅,在镇压太平军及捻军过程中屡立大功,同治三年(1864)补授直隶提督。光绪九年(1883),中法战争爆发,清廷命刘铭传为督办台湾事务大臣,授福建巡抚。十年(1884),于淡水等地率军击败法国舰队的进犯。十一年(1885),任台湾巡抚。在台任职期间,编练新军,修建铁路,开办煤矿,创办电讯,进行一系列洋务改革。光绪二十二年(1896)病逝,赠太子太保,谥壮肃。有《刘壮肃公奏议》及《大潜

　　　　山房诗稿》刊行于世。

　　②周兴隆：先为太平军将领，后降清。

　　③福山：即今江苏常熟福山镇，在长江南岸，自古为江滨重镇。

　　④韦部：指韦志浚部。

【译文】

　　少荃调派浦东各营的潘鼎新、刘铭传等救援常熟，是因为贼匪头目周兴隆等投降后，伪忠王率领大量贼匪前往围攻。少荃想要力争常熟一城、福山一隘，为攻克收复苏州作铺垫，专门来信要求调用张树声的"树"字五营。我不得已，调派韦部的五个营驻守无为州，而腾出"树"字五营赶赴上海。少荃麾下的将士，仅程学启一人能当大任，其余的不能够过分依赖。我多次劝他不要好高骛远，不应当过多开拓疆土，而少荃不大相信，我很是担心。

正月十八日　致沅浦弟书

沅弟左右：

　　左臂疼痛不能伸缩，实深悬系。兹专人送膏药三个与弟，即余去年贴手臂而立愈者，可试贴之，有益无损也。

【译文】

沅弟左右：

　　贤弟你左臂疼痛不能伸展收缩，我实在很惦念。现在专门派人送三贴膏药给贤弟，就是我去年贴右手背而马上就痊愈的那个，可试试贴着，有益无害。

　　"拂意之事接于耳目"，不知果指何事？若与阿兄间有不合①，则尽可不必拂郁②。弟有大功于家，有大功于国，余岂有不感激、不爱护之理？余待希、厚、雪、霆诸君③，颇自觉仁让兼至，岂有待弟反薄之理？惟有时与弟意趣不合④。弟之志事⑤，颇近春夏发舒之气⑥；余之志事，颇近秋冬收啬之气⑦。弟意以发舒而生机乃王，余意以收啬而生机乃厚。平日最好昔人"花未全开月未圆"七字⑧，以为惜福之道、保泰之法莫精于此。曾屡次以此七字教诫春霆，不知与弟道及否？星冈公昔年待人，无论贵贱老少，纯是一团和气，独对子孙诸侄则严肃异常，遇佳时令节，尤为凛凛不可犯⑨，盖亦具一种收啬之气，不使家中欢乐过节，流于放肆也。余于弟营保举银钱军械等事，每每稍示节制，亦犹本"花未全开月未圆"之义。至危迫之际，则救焚拯溺⑩，不复稍有所吝矣。弟意有不满处，皆在此等关头⑪，故将余之襟怀揭出，俾弟释其疑而豁其郁⑫。此关一破，则余兄弟丝毫皆合矣。

【注释】

①间（jiàn）：间或，偶尔。

②拂郁：愤懑。拂，通"怫"（fèi）。

③希、厚、雪、霆：指李希庵（续宜）、杨厚庵（岳斌）、彭雪琴（玉麟）、鲍春霆（超）。

④意趣不合：做事风格不同，意见不统一。

⑤志事：抱负，风格。

⑥发舒：扩散，发散。指较少约束。

⑦收啬：收藏，收敛。

⑧花未全开月未圆：出自宋蔡襄《十三日吉祥探花》："花未全开月

未圆,寻花待月思依然。明知花月无情物,若是多情更可怜。"

⑨凛凛:威严而使人敬畏的样子。

⑩救焚拯溺:救人于水火之中,形容紧急救助陷于困境中的人。焚,火灾。溺,水灾。

⑪此等关头:犹言这些事上。关头,关键点。

⑫俾(bǐ):使。

【译文】

"不如意的事不断出现",不知道指的是什么事?如果是和为兄我偶有不合,那完全可以不必愤懑。贤弟有大功于家,有大功于国,我怎能有不感激、不爱护贤弟的道理?我对待希、厚、雪、霆等人,自认为做到了既仁爱又谦让,怎能有对待弟弟反而刻薄的道理?只是有时我与贤弟意向志趣不同。贤弟的风格,很像春夏万物初生发散之气;我的风格很像秋冬万物收敛之气。贤弟倾向于万物生长而生机盎然,我倾向于因收藏收敛而使生机厚重。我平时最喜欢前人说的"花未全开月未圆"七字,认为珍惜福泽、保持安泰的方法,没有比这再好的了。我曾经多次用这七字来教诲告诫鲍春霆,不知道和贤弟说过没有?祖父星冈公从前待人,无论贵贱老少,都是一团和气,独独对子孙异常严肃,逢年过节,更是威严不可冒犯,也是具有一种收敛之气,使家中欢乐过节的气氛不至于过于放肆。我对贤弟军中保举提案及银钱军械等事,每每稍微指示节制,也是本着"花未全开月未圆"的意思。至于在很危急的时候,则不遗余力地救助,毫不惜力。贤弟不满意的地方,都在这些事情上,所以我将心意说出,使贤弟消除疑虑,排遣抑郁。这一关节说破,那么我们兄弟在所有事情上就更志同道合了。

再,余此次应得一品荫生①,已于去年八月咨部②,以纪瑞侄承荫③,因恐弟辞让,故当时仅告澄而未告弟也。将来瑞侄满二十岁时,纪泽已三十矣,同去考荫,同当部曹④,若能考取御史,亦不失世家气象。以弟于祖、父、兄弟、宗族之间竭力竭诚,将来后辈必有可观。目下小恙断不为害,但今年切不宜亲自督队耳。

【注释】

①荫生:中国古代由于上代有功勋被特许为具有任官资格的人。清袁枚《随园随笔·科第》:"荫生:《汉仪注》二千石以上任满三年者,得任同产若子一人为郎。"

②咨部:咨呈(六)部。

③承荫:恩荫授官。《元典章新集·吏部·承荫》:"职官以礼去任例应致仕,委有一子承荫。"

④部曹:汉代尚书分曹治事,魏、晋以后,渐改吏曹为吏部,但六部各司仍有称"曹"的。到明、清时代,"部曹"就成为各部司官之称。

【译文】

另外,我这次应得一品荫生,已经在去年八月咨呈吏部,让纪瑞侄儿恩荫授官,因为担心贤弟辞让,所以当时仅告诉了澄弟,而没有告诉你。将来纪瑞侄儿满二十岁时,纪泽已经三十了,一同去考荫,一同当部曹,如果能考取御史,也不失世家的气象。贤弟对祖父、父亲、兄弟以及宗族,可谓竭尽全力,一心一意,将来后辈之中一定会有可观的功绩。眼下小毛病绝对不会有大损害,但今年实在不宜亲自带队督战了。

正月二十日　致沅浦弟书

沅弟左右:

肝气发时,不惟不和平,并不恐惧,确有此境。不特弟之盛年为然,即余渐衰老,亦常有勃不可遏之候①,但强自禁制,降伏此心。释氏所谓降龙伏虎②,龙即相火也,虎即肝气也。多少英雄豪杰打此两关不过,亦不仅余与弟为然。要在稍稍遏抑,不令过炽。降龙以养水,伏虎以养火。古圣所谓窒欲③,即降龙也;所谓惩忿④,即伏虎也。释儒之道不同,而其节制血气,未尝不同,总不使吾之嗜欲戕害吾之躯命而已。

【注释】

①勃不可遏:生机勃发,不可遏止。

②释氏:指佛或佛教。

③窒欲:抑制欲望。《易·损》:"山下有泽,损,君子以惩忿窒欲。"

④惩忿:克制忿怒。

【译文】

沅弟左右:

肝气上逆时,不但不心平气和,而且全无畏惧戒慎之心,的确有这种症状。不仅是贤弟处在盛年这样,就是我渐渐衰老,也常有肝气勃发不能遏制的时候,只能尽力自我控制,降伏这种肝气。佛家所说的降龙伏虎,龙就是火相,虎即是肝气。多少英雄豪杰都过不了这两关,也不仅是我和贤弟这样。关键在于要稍微加以抑制,不让它过于旺盛。降龙以养水,伏虎以养火。古时圣人所说的窒欲,就是降龙;所说的惩忿,就是伏虎。佛家和儒家思想体系不同,但他们节制血气的方法,没有什么不同,都是不让我们的嗜好戕害我们的生命罢了。

至于"倔强"二字,却不可少。功业文章,皆须有此二字贯注其中,否则柔靡不能成一事。孟子所谓"至刚"①,孔子所谓"贞固"②，皆从"倔强"二字做出。吾兄弟皆禀母德居多，其好处亦正在倔强。若能去忿欲以养体，存倔强以励志，则日进无疆矣。

【注释】

①至刚：出自《孟子·公孙丑上》："'敢问何谓浩然之气？'曰：'难言也。其为气也，至大至刚，以直养而无害，则塞于天地之间。其为气也，配义与道；无是，馁也。是集义所生者，非义袭而取之也。行有不慊于心，则馁矣。'"

②贞固：守持正道，坚定不移。《易·乾》："文言曰：'贞者，事之干也。君子体仁足以长人。嘉会足以合礼。利物足以合义。贞固足以干事。'"孔颖达疏："言君子能坚固贞正，令物得成，使事皆干济，此法天之贞也。"

【译文】

至于"倔强"二字，却是必不可少的。功业文章，都须要有这两个字贯注其中，否则就会柔靡软弱不能成就一事。孟子所说的"至刚"，孔子所说的"贞固"，都从"倔强"二字做出。我们兄弟都秉承母德为多，其好处也正在倔强。如果能抑制欲望、克制忿怒来养体，存留倔强来励志，那么就可以日益进步而无止尽了。

正月二十四日　　致沅浦弟书

沅弟左右：

北岸可虑者，在毛竹丹一军①，吾已添调元中、瑞左两营益之②。闻其营柴米子药足支月余，应不怕围营截粮。只要处处守定，待三月间希庵及江、席同来③，北岸当可得手。左帅新复一府三县，军威大振。鲍亦米粮充足，士气渐王。春水生后，舟师会剿，南岸或亦无虞。目下吾所虑者，少荃因救常熟之故，兵力全出，老营空虚，及北岸之贼不踞巢、含，直犯桐城以上耳。

【注释】

①毛竹丹：毛有铭，字竹丹，湖南湘乡人。湘军将领。随李续宜转战湖北、安徽等省。官至按察使衔记名道。

②元中、瑞左：湘军营号名。

③江、席：指湘军将领江味根、席宝田。

【译文】

沅弟左右：

北岸需要忧虑的是毛竹丹一军，我已经添加调派元中、瑞左两营去增援。听说他营中柴米弹药足够支撑一个多月，应该不怕贼匪包围营地截断粮草。只要各处牢牢守住，等到三月份李希庵和江味根、席宝田一同赶来，长江北岸应当可以拿下。左帅新收复一府三县，军威大振。鲍超军也米粮充足，士气渐渐旺盛。等春天河水上涨后，水军会同围剿，长江南岸或许也没有忧患。眼下我所担心的是，少荃因为救援常熟的原因，兵力全出，老营空虚，以及北岸的贼匪不占据巢县、含山而直接进攻桐城以上地区。

弟臂疼未大愈，膏药已试贴否？千万莫多服药。筋脉之间，岂水药之力所能遽到？利未达于筋络，恐害已中于他脏。吾近年不轻服药，实有确见，弟可参酌。

【译文】

贤弟的臂痛还没有好，膏药已经试贴了吗？千万不要多服药。筋脉之间，岂是汤药的效力所能马上治好的？药力还没有到达筋络，恐怕危害已经到达其他内脏了。我近几年不轻易服药，实在是有正确的意见，贤弟可以参照斟酌。

南云三营暂不可离三山。吾之视南岸始终重于北岸，不知弟意何如？

【译文】

刘南云的三个营暂时不能离开三山。我始终认为南岸比北岸重要，不知道贤弟是怎么想的？

正月二十七日　致沅浦弟书

沅弟左右：

臂疼尚未大愈，至为系念。然治之之法，只宜贴膏药，不宜服水药。余日内当赴金陵看视，正月当成行也。

【译文】

沅弟左右：

贤弟的臂痛还没有好，我十分挂念。然而治疗的方法，仍是只适合贴膏药，不适合服汤药。我这几天会赶赴金陵看望你，正月应当会动身。

接奉寄谕,知少荃为季弟请二品恤典①,立传、予谥、建祠,一一允准,但未接阅谕旨耳。

【注释】

①恤典:朝廷对去世官吏分别给予辍朝示哀、赐祭、配飨、追封、赠谥、树碑、立坊、建祠、恤赏、恤荫等典例。

【译文】

接到寄谕,得知少荃为季弟请求按二品抚恤典例,立传、给予谥号、建立祠堂,一一恩准,但是还没有接到谕旨。

陈栋之勇既好,甚慰甚慰!

【译文】

陈栋的兵勇既然很好,我感到十分安慰!

纪梁宜荫一节,余亦思之再四,以其目未全愈,读书作字均难加功;且弟有功于家庭根本之地,不特为同气之冠①,亦为各族所罕,质诸祖、父在天之灵,亦应如此。

【注释】

①同气:有血缘关系的亲属。此指同胞兄弟。

【译文】

纪梁侄儿应当承荫这件事,我也考虑了很多遍,因为他的眼睛没有痊愈,读书写字都难以特别用功;而且贤弟你在家庭根基方面立下的功劳,不仅在同辈兄弟中属第一,而且也是各宗族中所少有的,如果询问祖父和父亲的在天之灵,也应该赞成这样处理。

　　九洑洲北渡之贼果有若干?吾意尚以南岸为重。刘南云、王峰臣两军^①,弟幸勿遽调北渡。盖北岸守定安、合、无、庐、舒五城^②,此外均可挽救;南岸若失宁国,则不可救矣。

【注释】

①王峰臣:王可陞,字峰臣。

②安、合、无、庐、舒:安庆、合肥、无为、庐州、舒城。

【译文】

　　从九洑洲北渡的贼匪到底有多少呢?我的意思还是以南岸为重。刘南云、王峰臣两军,贤弟最好不要马上调派北渡。北岸坚守安、合、无、庐、舒五城,此外都可以挽救;南岸如果宁国失守,就不能挽救了。

二月十四日　金陵大胜关舟次

澄弟左右:

　　二月初十日,在金陵沅弟营中接弟正月二十日信,痛悉兰姊于十四日仙逝。同产九人^①,二月之内,连遭季弟与伯姊之戚^②,从此只存吾等四人。抚今追昔^③,可胜伤恸^④。又闻临三外甥哀毁异常^⑤,其至孝可敬,其体弱又可怜。伯姊遗命不令长子入营,自当谨遵。吾即日当寄银二百两,料理伯姊丧事,即以为临三、临八甥家用之一助^⑥。

【注释】

①同产九人:指曾国藩自己和姐姐曾国兰,弟弟曾国潢、曾国华、曾

国荃、曾国葆以及妹妹曾国惠、曾国芝、满妹，姊妹兄弟共九人。
同产，同母所生。

②伯姊：大姐。戚：忧愁、悲伤。此指亲人离世。

③抚今追昔：因眼前事物而引起对往事的追思。

④胜：忍受。

⑤临三：王临三，曾国藩姊曾国兰之子。哀毁：谓居亲丧悲伤异常
而毁损其身。后常作居丧尽礼之辞。

⑥临八：王临八，曾国藩姊曾国兰之子。

【译文】

澄弟左右：

二月初十日那天，我在金陵沅弟营中收到贤弟正月二十日的信，悲
痛地知道兰姐在十四日仙逝。同胞九人，两个月之内，接连遭受季弟和
大姐离世，从此以后只有我们四人了。抚今追昔，岂能承受这种伤恸。
又听说临三外甥哀毁异常，他的至孝可敬，他的体质柔弱又值得怜悯。
大姐的遗命不让长子从军，自然应当谨慎遵行。我近几天应当寄回两
百两银子，料理大姐的丧事，即用来贴补临三、临八外甥的家用。

余于二月初六日抵金陵，在沅弟营中住五日，十一日仍
回舟次。沅弟送至舟中，同住三日。俟风息即行西旋，周历
芜湖、金柱关、无为州等处①，再行回省。

【注释】

①周历：遍历，遍游。

【译文】

我在二月初六日抵达金陵，在沅弟营中住了五天，十一日仍回到船
上。沅弟送我到船上，一同住了三天。等到风停了就向西航行，遍历芜

湖、金柱关、无为州等地，再回省城安庆。

鲍春霆于二月初一日大战，将围营之贼击退，乘胜攻克西河、小淮窑、湾沚等贼巢十余处。自去秋以来，奇险万状，竟得转危为安。各军稳如泰山，国之福也。

【译文】

鲍春霆在二月初一日大战，将围营的贼匪击退，乘胜攻克西河、小淮窑、湾沚等贼匪巢穴十多处。自去年秋天以来，奇险万状，竟然得以转危为安。各军稳如泰山，是国家的福气。

余身体平安，齿痛全愈。目下惟李世忠九洑洲、二浦危急，余无可虑。

【译文】

我身体康健，齿痛痊愈。眼下只有李世忠九洑洲、浦口即江浦等地危急，其他没有可忧虑的了。

二月二十日　　裕溪口

沅弟左右：

江浦、新河口俱陷，北岸贼势浩大可知。然二处之不保，亦意中事也。

【译文】

沅弟左右：

江浦、新河口两地都沦陷，北岸贼匪势力浩大可想而知。然而这二处失守,也是意料中的事。

余于十八日至金柱关,即与厚、杏查阅三汊河、龙山桥等营①。朱洪章两次败挫,士气已伤。其壕墙亦极草率,全不可靠。十六之役,李祥和以五百人苦战力堵②,朱营并无一人随之堵御者。幸水师彭、罗③,陆师朱、罗继进④,乃能转败为胜。然长胜军目下已为极劣之营⑤,而查家湾、新圩角防河之法亦甚不妥⑥。厚庵力劝余将该防兵调回老营稍为休息,余令李祥和亲往调之。以余察度⑦,该河长近八十里,与永丰河相等,深则倍之。分哨防河,可御零贼,断不可敌大股。贼既渡河,长胜军之营盘不可恃,李与朱、罗之营则皆可恃,此金陵之情形也。

【注释】

①三汊河:在今安徽当涂境内,位置在金柱关、龙山桥之间,距二地皆十里。

②李祥和(? —1867):湖南湘乡人,湘军将领。初从罗泽南征战,积功擢至游击。后从曾国荃,克吉安,复安庆,累擢副将,赐号著勇巴图鲁。同治元年(1862),从大军进攻江宁,力守大营,破援贼,以提督记名。三年(1864),攻克地保城,筑炮台俯击城中,地道始成。论功,赐黄马褂,获云骑尉世职。四年(1865),授安徽寿春镇总兵,从刘松山赴陕西剿捻军。六年(1867),大贤村之战,中炮阵亡。赐恤,谥武壮。

③彭、罗:彭楚汉、罗进贤。

④朱、罗:朱南桂、罗逢元。

⑤长胜军:即朱洪章所部长胜营。长胜营原为塔齐布部,塔死而由

毕金科统领,毕死而由朱洪章统领。

⑥查家湾:即今安徽当涂查湾乡。新圩角:当涂境内地名,在查家湾附近。

⑦察度:审察测度。

【译文】

我在十八日到金柱关,即和厚庵、杏南查阅了三汊河、龙山桥等营。朱洪章败挫两次,士气已伤。他的壕墙也极其草率,完全不可靠。十六日的战事,李祥和用五百兵力苦战力堵,朱营并没有一个人跟着一起防堵抵御。幸亏水军彭、罗,陆军朱、罗相继前进,才转败为胜。但长胜军眼下已经成为极其低劣的营队,而且查家湾、新圩角防御河道的方法也很不妥当。厚庵力劝我将这支防守部队调回老营稍微休息,我命令李祥和亲自前往调回。以我的审察测度,这条河长八十里,和永丰河长度相当,但深度却是永丰河的两倍。分哨防御该河,可抵御细碎的贼匪,绝对敌不过大股贼匪。贼匪若已渡河,长胜军的营盘靠不住,李祥和与朱南桂、罗逢元的军营靠得住,这是金陵的情形。

十九日查阅西梁、东梁、裕溪等处。张与周、熊之营皆可恃①,武明善之营则万不可恃②。此外江之情形也。

【注释】

①张:张光明。周、熊:周惠堂、熊登武。

②武明善:湖南溆浦人,湘军将领。武明良弟,曾国荃麾下,统领"嘉"字营。

【译文】

十九日查阅西梁山、东梁山、裕溪口等地。张光明与周惠堂、熊登武的军营靠得住,武明善的军营则万万靠不住。这是外江的情形。

　　余与杏南熟商，目下以熊登武三哨移守东梁①。将来须由弟处再拨二新营上来，以一营协防西梁，俾熊营一哨全归东梁，张营一哨全归裕溪，以一营扎金柱之宝塔，以保三汊河朱、罗之后路。庶查家湾、龙山桥纵有疏失，而芜、金大局无碍。

【注释】

①熊登武：字岳峰，湖南湘乡人。湘军将领。曾国荃内侄，积功授提督。以攻占天京，获云骑尉世职。善谋划，诸将称其为军师。

【译文】

　　我和杏南仔细商量，眼下派熊登武三哨兵力移守东梁山。将来须要由贤弟处再调拨两个新营上来，用一营协助防守西梁山，让熊登武的一哨兵力全归东梁，张光明的一哨兵力全归裕溪口，派一营驻扎在金柱宝塔，来保全三汊河处朱、罗的后路。这样的话，纵使查家湾、龙山桥有所疏忽失误，而对于芜湖、金陵大局却没有妨碍。

三月初六日　致沅浦弟书

沅弟左右：

　　贼窜东、建，便不得通徽、祁消息。以理推之，刘克庵已至屯溪①，距休宁仅三十里。钤守祁②，桂守徽、休③，克作游兵，山内必可万全。惟贼由山外径窜江西，湖口、景镇俱为可虑。余檄春霆回救景镇，连日雨泥，师行迟滞，不知赶得上否。北岸之贼，初二日已过盛家桥，距庐江仅二十里，幸先有吴长庆三营，又截留梁美材等三营，庐邑应可保全。

【注释】

①刘克庵:刘典(1820—1879),字伯敬,号克庵,湖南宁乡人。湘军左宗棠麾下名将。随左宗棠转战皖南、浙江等地,以军功擢浙江按察使。同治五年(1866),左宗棠督陕、甘,刘典为甘肃按察使,佐军事。同治七年(1868),署山西巡抚。光绪元年(1875),复奉命佐左宗棠军务。经营新疆,凡三年,卒于军次,赐谥果敏。有《刘果敏公遗书》十七卷存世。

②钤:王文瑞,字钤峰。

③桂:唐义训,字桂生。

【译文】

沅弟左右:

　　贼匪窜到东流、建德两地,就未得徽州、祁门的消息。以情理推断,刘克庵已经到达屯溪,距离休宁仅有三十里。王钤峰军守祁门,唐桂生军驻守徽州、休宁,刘克庵军作为游兵,山内一定可以确保安全。只是贼匪从山外直接窜到江西,湖口、景德镇就令人担忧了。我调鲍春霆回救景德镇,连日下雨道路泥泞,军队行进迟滞,不知道能否赶得上。北岸的贼匪,初二日已经过了盛家桥,距庐江仅有二十里,幸好事先留有吴长庆三营,又截留梁美材等三营,庐州应该可以保全。

　　近日粮台奇窘,通省城寻凑不上万金。今日作函向幼丹借银六万,指明九江新关税;向寄云借谷四万,指明近河州县仓谷;向少荃借银八万。不知均有些点缀否?

【译文】

　　这几天粮台特别窘困,整个省城都凑不上万金。今天写信向沈幼丹借银六万两,指明是九江的新关税;向毛寄云借谷粮四万斤,指明是近河州县的仓谷；向少荃借银八万两。不知道会不会都有一些点缀帮衬？

上海近无信来，常、昭业已解围①，此乃极好消息。苏、浙两处得手，只要此间不大决裂，夏秋必有好音也。

【注释】

①常、昭：常熟、昭文。昭文，旧县名。相传是南朝梁昭明太子读书选文处，故名。清雍正二年(1724)分常熟县置，与常熟同城而治，辖城东偏。1912 年并入常熟。

【译文】

上海最近没有信件寄来，常熟、昭文二地已经解围，这是极好的消息。苏、浙两地取得胜利，只要这边不决裂，夏秋时节一定有好消息。

三月十二日　致沅浦弟书

沅弟左右：

派杏南带五营援救毛、刘①，弟处兵力不厚，何可再分五营之多？伪忠王于十年春间攻陷杭州②，即系分和、张兵力以解金陵之围。此等诡计，今亦不可不防。望弟即日调回三营四营固金陵之老营，酌留一二营于上游。若石涧埠幸而解围③，即令杏南与刘南云、张光明等从西梁山、五显集进兵攻铜城闸之背④，春霆从东关进兵攻铜城闸之上。即石涧埠果有不测，但留杏南略助萧守运漕⑤，鲍在北岸必能保全无为、庐两城也。

【注释】

①毛、刘：毛有铭、刘连捷。

②十年：指咸丰十年（1860）。

③石涧埠：地名。即今安徽芜湖无为石涧镇。

④张光明：湖南湘乡人，湘军将领。同治初，官至记名提督，驻守西
　梁山。五显集：即今安徽巢湖和县五显集镇。

⑤萧：萧庆衍。

【译文】

沅弟左右：

　　调派彭杏南带五营去援救毛、刘，贤弟那里兵力并不雄厚，怎么能
再分派出去五营这么多兵力？伪忠王在咸丰十年春天攻陷杭州，就是
分散了和春、张国梁的兵力来解金陵之围。这样的诡计，现在也不能不
防范。希望贤弟马上调回三营或四营巩固金陵老营，酌情留下一二营
在上游。如果石涧埠幸好解围，就命令彭杏南和刘南云、张光明等从西
梁山、五显集进兵攻打铜城闸的背面，鲍春霆从东关进兵攻打铜城闸的
上面。如果石涧埠真有不测，就留下彭杏南帮助萧庆衍驻守运漕，鲍超
军在北岸必能保全无为、庐江两城。

　　顷闻捻匪自麻城下窜蕲水，不日必入皖境。已调周厚
斋防守桐城①，令成武臣跟追下来②，亦可至桐、舒等处③。
庐州子药米粮足支月余，闻石清吉甚不得力，可虑之至。安
庆留兵六营，虽不甚可靠，而缓急尚易调也。

【注释】

①周厚斋：周宽世（？—1887），号厚斋，湖南湘乡人。湘军将领。
　初隶李续宾部，官至湖南提督。

②成武臣：成大吉，字武臣。见前注。

③桐、舒：桐城、舒城。

【译文】

刚才听闻捻匪从麻城下窜到蕲水，不久必定进入安徽境内。已经调派周厚斋防守桐城，命令成武臣跟随追赶下来，也可到桐城、舒城等地。庐州弹药米粮足够支撑一个多月，听说石清吉很不得力，让人十分担忧。安庆留下六营兵力，虽然不是十分可靠，但危急之时还是容易调动。

三月十四日 致沅浦弟书

沅弟左右：

石涧埠营盘尽可不扎，余前疏于考核，迨亲阅以后①，明知其散漫难守，又不能立刻调开，致掣动各处劲兵往救，尚不知救得上否？若调南云三营赴州城②，调毛拨二营守三汊河、雍家镇③，而毛率六营守桐城县，则八面皆妥矣。余之不善用兵，此特其一端也。

【注释】

①迨（dài）：等到。

②州城：指无为州城。

③三汊河：此为无为境内之三汊河。

【译文】

沅弟左右：

石涧埠营盘完全可以不必驻扎，我之前疏忽于考察核实，等到亲自视察之后，明明知道此地散漫难守，又不能立刻将军队调开，致使调动各地精锐部队赶往救援,还不知道能不能赶得上? 如果调派刘南云三营赶赴无为州城,调派毛有铭分拨二营驻守三汊河、雍家镇,而毛有铭亲自率领六营驻守桐城县,那么八面都妥当了。这只是我不善于用兵的一个表现。

目下鲍军不能救景镇,固为江西之患,而派七营上援,尤于金陵老营有碍。望弟速调数营回雨花台,而留杏南于裕溪口等处料理援剿事宜。

【译文】

眼下鲍超军不能营救景德镇,固然是江西的祸患,而贤弟调派七营救援上游,对于金陵老营尤其不利。希望贤弟迅速调数营回雨花台,留下杏南在裕溪口等地处理援助剿敌的事情。

弟身体略愈,尚未复元,不可过于焦急。

【译文】

贤弟身体状况稍有好转,还没有完全复原,不能过于焦急。

三月十六日　　致沅浦弟书

沅弟左右:

上游之事,弟尚有不尽知者,分条缕告如左:

【译文】

沅弟左右:

上游的战事,还有些贤弟不知道的,分条缕告知如下:

一、庐江已有贼到，扑城一次，自巳至酉，人约四五千，洋枪亦多。吴长庆三营尽足守御，近又截留梁美材三营，尤为力厚。米粮子药可支四十天。

【译文】

一、庐江已经有贼匪到达，攻城一次，从巳时一直到酉时，大约有四五千人，洋枪也很多。吴长庆三营完全可以防守抵御，近来又截留梁美材三营，兵力十分雄厚。粮食弹药可以支撑四十天。

二、桐城派厚斋带五营往守，自省拔行，约十五六日可到。只要庐江之贼不扑桐城，则守备皆全矣。舒城、三河二处皆系蒋之纯防，似可放心。石清吉甚不得众心，郡中之事却多可虑，鹤九亦非能禁风波者①。

【注释】

①鹤九：唐景皋，字鹤九。见前注。

【译文】

二、桐城派遣周厚斋带五营前往驻守，从省城出发前行，大约十五六两天可以到达。只要庐江的贼匪不攻打桐城，那么守御戒备的就都全了。舒城、三河两地都是蒋之纯防守，似乎可以放心。石清吉很不得军心，郡中的事情需要忧虑的却很多，唐鹤九也不是能禁得起风波的人。

三、麻城下窜之捻已陷广济、黄梅，此时想过宿松以下矣。成武臣一面派礼左等三营先来救省，一面亲自跟追。

严中丞亦派王桐柏六营出境追剿①。官军远不如捻行之速。闻捻意欲直扑安庆，此间日内略有防备，一面调申夫由东流回省。俟省防无虞，即令申夫会同成军专剿捻股。

【注释】

①严中丞：湖北巡抚严树森。王桐柏：隶湖北军。

【译文】

三、麻城下窜的捻军攻破广济、黄梅，想来这时已经过宿松以下了。成武臣一面派礼左等三营先来援救省城，一面亲自跟踪追击。严中丞也派王桐柏六营出境追剿。官军行军的速度远远不如捻军。听说捻匪想要直接攻打安庆，这边最近略有防备，一面调派李申夫从东流回省城。等到省城防御没有忧患，就令李申夫会同成武臣军专门围剿捻匪。

四、湖口有丁义方、王定国水陆两军①，可保万稳。黄老虎等窜江西者，闻至今尚徘徊于石门、洋塘一带。只要景镇诸军严扼昌江一河②，春水盛涨，贼亦断难飞渡。若由山内穿婺源，左军或足御之。

【注释】

①王定国：湘军将领。同治初驻守湖口。

②昌江：即昌江河。是鄱阳湖水系的一条河流，因流经安徽省昌门（今祁门）而名"昌江"。发源于安徽祁门东北部大洪岭，西南流经祁门县城关镇（古阊门、昌门），先后流经浮梁、景德镇和鄱阳，在鄱阳姚公渡汇合乐安河，成为鄱江。

【译文】

四、湖口有丁义方和王定国水、陆两支军队，可确保万无一失。黄老虎等窜到江西的贼匪,听说到现在还徘徊在石门、洋塘一带。只要景德镇的各军队严控昌江一河,春天河水猛涨,贼匪也必定难以飞渡。如果从山里穿到婺源,左宗棠军或许足以抵御。

五、希庵三月十日之期,不知果成行否?味根想难遽成行,席研香则已屡次催令赴抚州矣①。枞阳竟无人往守,且姑置之。弟处要火药,昨日解二万斤。银钱则竟无可解,且看丹、荃两信有接济否。

【注释】

①席研香:席宝田,字研香。见前注。

【译文】

五、李希庵约定的三月十日启程之期,不知道果真动身否?估计江味根难以迅速动身,席研香则已多次催促赶赴抚州了。枞阳竟然没有人前往驻守,暂且放在一边。贤弟那里需要火药,昨天已解送两万斤。竟然没有银钱可以解送,就看沈幼丹、李少荃那里能否有所接济了。

再,此次鲍军从无为州进援石涧埠,杏南与萧军从黄雒河进援石涧埠。以理推之,当可解围。解围之后,吾意以鲍军从东关进攻桐城闸之前,杏南与南云从西梁山、五显集攻桐城闸之背。即竹丹一军亦不必再扎石涧埠,尽可与杏南、南云三人合为一路,均作游击之师。三部将近万人,鲍军亦有万人。鲍以无为、运漕为后路,杏、竹、云以西梁、裕溪口为后路。两支活兵纵横驰击,则无、巢、和、含境内当可次第肃清。

【译文】

另外，这次鲍超军从无为州前往援救石涧埠，彭杏南与萧为则军从黄雒河前往援救石涧埠。按情理推算，应当可以解围。解围以后，我想令鲍超军从东关进攻桐城闸的前面，彭杏南与刘南云从西梁山、五显集攻打桐城闸的后面。即毛竹丹一军也不必再驻扎在石涧埠，完全可与彭杏南、刘南云三人合为一路，都作游击的军队。毛、彭、刘三军将近有一万人，鲍军也有一万人。鲍超以无为、运漕为后路，彭杏南、毛竹丹、刘南云以西梁山、裕溪口为后路。两支活兵纵横驰击，那么无为、巢县、和州、含山境内应当可以先后清除贼匪。

上游舒、桐、庐、合，节节皆有防兵，吾又派成、李两军为游击之师，大局必不致决裂。萧为则一军分守运漕、三汊河、雍家镇三处[①]，黄雒河尽可不设守兵。此外概不置守，不可占住有用之活兵也。

【注释】

①萧为则：萧庆衍（1823—1890），字由正，号为则，湖南涟源人。湘军将领。早年应募入湘军右营，转战江西、湖北，积功至副将；克太湖、潜山，以总兵记名，赐号刚勇巴图鲁；同治二年（1863），援江浦，复含山、巢县、和州，加头品顶戴；同治三年（1864），渡江会攻江宁，克上方桥，进钟山，筑三垒太平门外，城破，于缺口冲入，夺朝阳、洪武二门，赐黄马褂，获云骑尉世职。

【译文】

上游舒城、桐城、庐州、合肥等地，处处都有防守部队，我又派成武臣、李申夫两军作为机动部队，大局必定不至于决裂。萧为则一军分守运漕、三汊河、雍家镇三地，黄雒河尽量可以不设守兵。除此之外一概不设置守军,不可占用有用的活兵。

　　巢、含等处得手,以全力进攻桥林、江浦、浦口等处①,直打九洑洲。北岸大定,再行回顾南岸、江西。余意如此,请弟与雪帅妥议行之②。余相隔太远,不能遥制,并不能往返细商也。

【注释】

　　①桥林:地名。即今南京浦口桥林镇,在长江北岸。桥林镇在原江
　　　　浦县治西40里处,原名"石碛镇",因濒临石碛河而得名。清同治
　　　　年间更名"桥林镇"。"桥林"为"桥里"一音之转,谓石碛桥以里。
　　②雪帅:指彭玉麟。

【译文】

　　巢县、含山等地得手后,干脆用全力进攻桥林、江浦、浦口等地,径直攻打九洑洲。长江北岸稳定后,再回过头来攻打南岸、江西。我的想法是这样的,请你和雪帅妥善商议后再行动。我相隔太远,不能遥控指挥,也不能和你们来回仔细商量。

三月十八日　致沅浦弟书

沅弟左右:

　　弟意石涧埠解围后,各军不可株守,宜急进攻,正与余意相合。所微不合者:余令萧守运漕,而以彭、毛、刘为进剿之师;弟令彭守运漕,而以萧、毛、刘为进剿之师。弟意贼将上窜,故追剿庐江、三河、桐、舒等处;余意贼将下窜,故速剿闸镇、巢县、和、含等处①,此所以微不合也。合、庐、舒、桐、

三河五处，余皆有劲兵守之，潜、太以上又有成、李两军，巢贼断无上窜之理。石涧埠解围以后，贼必仍归东关、巢县、闸镇三处。我军向下追击，仍宜以萧守运漕，而以彭、毛、刘为进剿之师，省得纷纷换防，耽搁工夫也。

【注释】

①闸镇：铜城闸镇。

【译文】

沅弟左右：

　　贤弟认为石涧埠解围以后，各军不能株守在此，应该加急进攻，正好和我的想法相符。稍不一致的地方是：我令萧为则守卫运漕，而把彭杏南、毛竹丹、刘南云作为进攻围剿的军队；贤弟令彭杏南守卫运漕，而把萧为则、毛竹丹、刘南云作为进剿的军队。贤弟认为贼匪将上窜，所以追剿庐江、三河、桐城、舒城等地；我认为贼匪将下窜，所以迅速围剿铜城闸镇、巢县、和州、含山等地，这就是看法稍有不同的原因所在。合肥、庐州、舒城、桐城、三河五地，我都有精锐部队守卫，潜山、太湖以上又有成武臣、李申夫两军，巢县一带的贼匪绝对没有上窜的道理。石涧埠解围以后，贼匪必定仍然回到东关、巢县、铜城闸镇三地。我军向下游追击，仍然应该用萧为则守卫运漕，而以彭杏南、毛竹丹、刘南云作为进剿的军队，省得纷纷换防，耽搁时间。

　　弟统二万余人，必须分出一枝活兵在外。半活半呆，半剿半守，更番互换，乃能保常新之气。此次彭带七营、刘带六营在外，恰好成一枝活兵矣。若再分"吉"左、"敏"字三营过江①，则十六营更成一大枝活兵。杏、云、芳浦三人尽可以当大敌②，弟不必过虑，恐活兵在外吃亏也。惟金陵老营兵力尚单,恐须调回一二营,弟自酌之。至于上游合、庐、舒、桐、三河、六安等城,皆已守定,弟尽可放心。捻匪至广济后并未下窜,想已至英山以内矣。

【注释】

①"敏"字营:曾国荃部湘军营号,营官为崔文田。

②芳浦:即朱南桂(?—1866),字芳浦。见前注。

【译文】

贤弟统率两万多人,必须分出一支活兵在外。一半活兵一半呆兵,一半进攻一半防守,轮番互换,才能保持良好的战斗力。这次彭杏南率领七个营,刘南云率领六个营,在外恰好形成一支活兵。如果再分"吉"左、"敏"字三营过江,那么十六营更成一大支活兵。彭杏南、刘南云、朱芳浦三人完全可以抵御大敌,贤弟不必过于忧虑,担心活兵在外面吃亏。只是金陵老营兵力还是单薄,恐怕需要调回一两个兵营,贤弟自己斟酌考虑。至于上游合肥、庐州、舒城、桐城、三河、六安等城,都已经牢牢守住,贤弟尽可以放心。捻匪到广济后并没有向下游逃窜,想必已经到英山以里了。

三月二十一日　致沅浦弟书

沅弟左右:

石涧埠之贼竟全数遁回巢县,未得痛剿,若遽调鲍上援江西,则皖北之贼必尚有一番大动作,恐贻皖、鄂无穷之患。春霆欲就原船转舵西上移救江西,余当力阻,批答令其仍由东关进攻铜城闸,或由黄墩进兵亦可①。其彭、毛、刘三军,则仍从西梁山、五显集进攻铜城闸之背,总须全力一打,断其犯鄂之谋,然后北岸稍得安枕。

【注释】

①黄墩:地名。即今安徽怀宁黄墩镇。

【译文】

沅弟左右:

石涧埠的贼匪竟然全部逃回巢县,没能痛快地剿灭掉,如果迅速调派鲍超军向上游援救江西,那么皖北的贼匪必定还有一番大的动作,恐怕给皖、鄂留下无穷的祸患。鲍春霆想要就着原船转舵向西逆流而上援救江西,我自会极力阻止,批复命令他仍然从东关进攻铜城闸,或者从黄墩进兵也可以。至于彭杏南、毛竹丹、刘南云三支军队,则仍然从西梁山、五显集进攻铜城闸的后面,总须要竭尽全力打一仗,断了贼匪进攻湖北的念头,然后北岸才能稍微放心。

余与雪琴、杏南皆言鲍军攻剿北岸之事,不知雪、杏接到后,能力阻春霆之西旋否?

【译文】

我和雪琴、杏南都说了鲍超军攻剿北岸的事情,不知雪琴、杏南接到信后,能不能阻止春霆向西行进?

三月二十四日　致沅浦弟书

沅弟左右:

弟读邵子诗①,领得恬淡冲融之趣②,此是襟怀长进处。

自古圣贤豪杰、文人才士，其志事不同，而其豁达光明之胸大略相同。以诗言之，必先有豁达光明之识，而后有恬淡冲融之趣。如李白、韩退之、杜牧之，则豁达处多；陶渊明、孟浩然、白香山，则冲淡处多。杜、苏二公③，无美不备，而杜之五律最冲淡，苏之七古最豁达。邵尧夫虽非诗之正宗，而豁达、冲淡，二者兼全。吾好读《庄子》，以其豁达足益人胸襟也。去年所讲"生而美者，若知之，若不知之，若闻之，若不闻之"一段最为豁达④，推之即舜、禹之有天下而不与⑤，亦同此襟怀也。

【注释】

①邵子：指北宋哲学家邵雍。邵雍（1011—1077），字尧夫，谥康节，自号安乐先生、伊川翁，后人称"百源先生"。其先范阳（今河北涿州）人，幼年随父迁居共城（今河南辉县）。少有志，读书苏门山百源上。仁宗嘉祐及神宗熙宁中，先后被召授官，皆不赴。创"先天学"，以为万物皆由"太极"演化而成。著有《观物篇》、《先天图》、《伊川击壤集》、《皇极经世》等。

②恬淡：清静淡泊。多用以指不热衷于名利。冲融：冲和，恬适。

③杜、苏二公：指杜甫、苏轼。

④生而美者，若知之，若不知之，若闻之，若不闻之：出自《庄子·杂篇·则阳》："生而美者，人与之鉴，不告则不知其美于人也。若知之，若不知之，若闻之，若不闻之。其可喜也终无已，人之好之亦无已，性也。"意思是，生来就漂亮的人，是因为别人给他做了一面镜子，如果不通过比较他也不会知道自己比别人漂亮。好像知道，又好像不知道，好像听见了，又好像没有听见，他内心的喜悦就不会有所终止，人们对他的好感也不会有所中止，这就是

出于自然的本性。

⑤舜、禹之有天下而不与：《论语·泰伯》："子曰：'巍巍乎，舜、禹之
　有天下也而不与焉！'"朱子集注："不与，犹言不相关，言其不以
　位为乐也。"

【译文】

沅弟左右：

贤弟你读邵子的诗，领会到他诗中有恬淡冲融的趣味，这说明你的
襟怀有了长进。自古以来的圣贤豪杰与文人才士，他们的志趣与事业
虽有不同，而他们豁达光明的胸怀大体是一样的。以诗来说，一定要先
有豁达光明的见识，然后才有恬淡冲融的趣味。比如李白、韩愈、杜牧，
他们豁达的地方多一些；陶渊明、孟浩然、白居易，则冲淡的特点多一
些。杜甫、苏轼两位的诗，什么优点都具备，而杜甫的五言律诗味道最
冲淡，苏轼的七言古诗境界最豁达。邵尧夫虽然说不上是诗的正宗，但
豁达、冲淡这两样，他是兼而有之的。我喜欢读《庄子》，因为《庄子》的
豁达有益于人的胸怀。去年我所讲过的"生而美者，若知之，若不知之，
若闻之，若不闻之"这几句话，最是豁达，由此推而广之，舜帝和禹帝拥
有天下却像没有一样，胸怀也是一样的。

吾辈现办军务，系处功利场中，宜刻刻勤劳，如农之力
稼①，如贾之趋利，如篙工之上滩②，早作夜思，以求有济。而
治事之外，此中却须有一段豁达冲融气象。二者并进，则勤
劳而以恬淡出之，最有意味。余所以令刻"劳谦君子"印章
与弟者③，此也。

【注释】

①力稼：努力耕作。

②篙工:掌篙的船工。上滩:撑船逆流而上险滩。

③劳谦君子:语出《易·谦》:"劳谦,君子有终,吉。"劳谦,勤劳
　谦恭。

【译文】

我们现在办军务,是身处功利场中,应该时刻勤劳,要像农夫一样努力耕作,像商人一样追求利润,像船工撑船上滩一样卖力,早起工作,夜里思想,努力谋求成功。但辛苦做事之外,心中却是需要有一段豁达冲融的气象的。两方面同时前进,那么,做事再辛苦勤劳,都能以恬淡的心情来处理,这样最有意味。我之所以叫人刻一颗"劳谦君子"的印章,送给弟弟你,就是这个意思。

少荃已克复太仓州①,若再克昆山,则苏州可图矣。吾但能保沿江最要之城隘,则大局必日振也。

【注释】

①太仓州:明弘治十年(1497)立太仓州,属苏州府,辖区范围为现太仓、苏州嘉定区。清雍正二年(1724),升格为太仓直隶州,并析地置镇洋县,下辖镇洋县、崇明县、嘉定县、宝山县(自嘉定县分出)等四县。

【译文】

少荃已经攻克太仓州,如果再收复昆山,那么苏州就可以谋取了。只要我方能保住沿江最重要的城隘,那么大局必定会一天比一天振兴。

仝日　致澄侯弟书

澄弟左右:

罗老师掌教新东皋书院①,通县悦服。开张既好,以后

书院必诸事顺遂，人文蔚起，可喜可庆！

【注释】

①掌教：主管教授。南唐昇元中建白鹿洞学馆，置田以给诸生，以
　　李道善为洞主掌教授。明、清因以"掌教"称府、县教官及书院主
　　讲。此处用作动词。

【译文】

澄弟左右：

　　罗老师主持教授新东皋书院，全县人心悦诚服。开张既然很好，以
后书院一定会诸事顺利，礼乐文化蓬勃兴起，真是可喜可贺！

　　罗允吉婿从邓师读书甚好①。业经成婚之后，欲将各书
一一温熟，势必不能。惟求邓师将《五经》点一遍讲解一遍，
《正史约》亦讲一遍，不求熟，不求记，但求经过一番而已。
邓师辛苦一年，明年或另择师专教罗婿亦可。

【注释】

①罗允吉：罗泽南子，曾国藩婿。邓师：指曾府西席邓寅皆。

【译文】

　　罗允吉婿跟随邓寅皆师读书非常好。已经成婚以后，想要将各种
书一一温习熟记，这势必不能了。只求邓师将《五经》带着圈点一遍讲
解一遍，《正史约》也讲解一遍，不求烂熟，不求记诵，只求读过一番罢
了。邓师辛苦一年，明年或者另请先生专门教罗婿也可以。

　　兰姊处，余备奠仪二百两，今付回临三甥处，下次再作
函慰之。

【译文】

兰姊那边，我准备了奠仪二百两，现寄到临三外甥那里，下次再写信慰问。

发逆上犯，围逼庐江。捻匪由鄂下窜，连陷宿松、太、潜。北岸处处吃紧，南岸徽、池群盗如毛。祁门久无信来，不知保得住否？上海军事近极顺利，大约苏、杭均可图也。

【译文】

太平军向上游进犯，包围逼迫庐江。捻匪由湖北向下游流窜，接连攻陷宿松、太湖、潜山等地。长江北岸处处军情吃紧，南岸徽州、池州等地贼匪遍地都是，多如牛毛。祁门很久都没有消息来，不知道能不能保得住？近来上海军事极其顺利，大概苏州、杭州都能够收复。

三月二十九日　　致沅浦弟书

沅弟左右：

二十八夜接奉廷寄、谕旨，弟蒙恩补授浙江巡抚，仍办金陵军务。弟处亦有夹板公文一分，余已拆阅。中廷寄一道、谕旨三道，与余处同。嗣后夹板递弟处者，余均不拆，照例不应拆也。

【译文】

沅弟左右：

二十八日晚接奉廷寄和谕旨，贤弟蒙恩补授浙江巡抚，仍督办金陵军务。贤弟那边也有一份夹板公文,我已经拆开阅读。其中有廷寄一道、谕旨三道,和我这里一样。以后要递到贤弟处的夹板公文,我都不拆阅,照例也不应该拆阅。

　　前读金陵解围后屡次谕旨及季弟优恤各谕,知圣意宠注吾弟①,恐不久于两司②。此次畀以开府之任③,而仍不令到任,朝廷于此等处苦心斟酌,可感孰甚!吾兄弟报称之道,仍不外"拚命报国、侧身修行"八字。至军务之要,亦有二语,曰"坚守已得之地,多筹游击之师"而已。

【注释】

①宠注:宠任重视,宠爱眷顾。

②两司:明、清两代对承宣布政使司和提刑按察使司的合称。两司是一省的最高官署,布政使司管民政,按察使司管刑名,两司最高长官是布政使和按察使。

③开府:古代指高级官员(如三公、大将军、将军等)成立府署,选置僚属。清代指官任督抚。

【译文】

　　前几天读金陵解围后的多道谕旨和季弟优恤各道谕旨,知道圣上十分宠爱关注贤弟,估计贤弟不会担任布政使、按察使一级的职务太久。这次朝廷给予弟开府之职,而仍不命令到任上,朝廷对这方面可谓用心良苦,还有什么比这更令人感动的呢!我们兄弟报答朝廷的方法,也只有"拚命报国、侧身修行"八字。至于军务的要点,我也有两句话,就是"坚守已得之地,多筹游击之师"。

　　春霆一军,已檄由舒城进援六安;申夫一军,已檄由潜山横截英、霍;枞阳张、周二营①,弟可迅速调回。

【注释】

①张、周:张光明、周惠堂。

【译文】

鲍春霆一军,已经命令其由舒城进援六安;李申夫一军,已经令其由潜山横截英山、霍山;枞阳的张光明、周惠堂二营,贤弟可以迅速调回。

大江为我有,庐、桐为我有,水师可进枞阳河入菜子湖①,直至练潭,省城十分可恃,枞阳不须防兵也。

【注释】

①菜子湖:为长江北岸支流水体,跨安徽桐城、枞阳两县。水面由白兔湖、嬉子湖、菜子湖三个湖区组成。

【译文】

大江归我所有,庐江、桐城也归我所有,水军可以进枞阳河入菜子湖,直到练潭,省城十分可靠,枞阳不需要设防兵。

四月初一日　致沅浦弟书

沅弟左右:

弟之谢恩折,尚可由安庆代作代写代递。初膺开府重任①,心中如有欲说之话,思自献于君父之前者②,尽可随时陈奏。奏议是人臣最要之事,弟须加一番工夫。弟文笔不患不详明，但患不简洁，以后从"简当"二字上着力。

【注释】

①膺：担当，接受重任。

②献：向圣上表现出来。

【译文】

沅弟左右：

　　贤弟的谢恩折子，还可以由安庆代作代写代递。贤弟初次担当开府重任，心中如果有什么想说的话，想要自己在圣上那里表达出来的，尽可以随时陈奏。奏议是作为人臣最重要的事，贤弟需要下一番功夫。贤弟文笔不担忧不详细，就怕不简洁，以后应当从"简当"二字上下功夫。

四月初三日　致沅浦弟书

沅弟左右：

　　上游近事，六安尚未解围，而守事似有把握。

【译文】

沅弟左右：

　　上游最近的战事，六安还没有解围，但是防守还是很有把握的。

　　南岸之局，王钤峰大破黄文金一股，刘克庵、王心初再破黟县大股①，徽境将次肃清，方深慰幸。而东、建各股从桃树店横窜而东，祁门之南景镇之北一片逆氛②，刻下想已入婺源、乐平境矣。皖南无所得食，各贼不窜江西，万无一线生机，故不得不冒死上冲。流贼之势已成，江西、湖南皆不免于蹂躏，奈何奈何！

【注释】

①王心初：王沐，字心初。

②逆氛：不祥的云气。多喻凶灾、祸乱。

【译文】

南岸的局势，王铃峰大破黄文金一股贼匪，刘克庵、王心初再破黟县大股贼匪，徽州境内逐渐剿清贼匪，我这才感到十分安慰。而东流、建德各股贼匪从桃树店向东流窜，祁门以南景德镇以北笼罩一片不祥之气，贼匪目前想来已经进入婺源、乐平境内了。皖南一带粮食缺乏，各股贼匪不流窜到江西，就肯定不会有出路，因此不得不冒死向上游进军。流贼的局面已经形成，江西、湖南都免不了遭受蹂躏，怎么办怎么办！

饷项十分窘迫。鲍军因无饷可支，逃者至千余人之多，病者又二千余人。吾兄弟当此时艰，而皆居大位负重任，亦可云不幸耳。

【译文】

军费十分窘迫。鲍超军因为没有粮饷可支配，逃走的士兵有一千多人，生病的士兵又有两千多人。我们兄弟在这艰难的时候，都身居高位，担负重任，也可谓是不幸了。

四月初六日　　致沅浦弟书

沅弟左右：

　　辞谢之说，余亦熟思之。谓才不胜任，则现在并不履浙江任。谓请改武职，则廪生优贡出身，岂有改武之理？且过谦则近于伪，过让则近于矫。谓请改京卿^①，则以巡抚而兼头品顶戴，必改为侍郎，断无改三品卿之理。三者均难着笔，只得于谢折之中，极自明其惴栗之意^②。其改武一层，弟以后不宜形诸笔墨，恐人疑为矫伪不情也。谢折应专弁赍京^③。季弟立祠、予谥谢折，拟兄弟会衔具奏。

【注释】

①京卿：对京堂的尊称。京堂，是清代对某些高级官员的称呼。如都察院、通政司、詹事府、国子监及大理、太常、太仆、光禄、鸿胪等寺的长官，概称"京堂"。在官文书中称"京卿"，一般为三品、四品官。中叶以后，成为一种虚衔。

②惴栗：语出《诗经·秦风·黄鸟》："临其穴，惴惴其栗。"恐惧而战栗。

③赍（jī）：送。

【译文】

沅弟左右：

　　辞谢的说辞，我也仔细地考虑了。如果说才能不足以胜任，但是现在并没有到浙江就任巡抚。如果说请求改授武职，但是廪生优贡出身，怎有改武职的道理？而且过于谦虚就接近于虚伪，过于辞让就接近于矫情。如果说请求改授京卿，那么以巡抚职位加头品顶戴的待遇，必定要请改为侍郎,绝对没有改授三品京卿的道理。这三种辞谢之说都很难下笔,只得在谢恩的折子中极力表明自己的恐惧与战栗之情。其中请改武官这一想法,贤弟以后不应该再提出来,恐怕别人认为你矫情虚伪不真实。谢恩的折子应该派专人送到京城。关于给季弟设立祠堂,给予谥号的谢折,打算由你我兄弟二人会衔备文上奏。

六安于初二日解围。闻忠酋未上英、霍,已回庐郡一路,大约仍由巢、含下窜。所虑者有三层:一则由九洑洲南渡,再行猛扑雨花台大营,如十年春得杭不守①,速回攻扑和、张之故智;一则不得志于上游,将力攻扬州、里下河,以图一逞;一则因太仓州已破,回救苏州。

【注释】

①十年:指咸丰十年(1860)。

【译文】

六安在初二日解围。听说伪忠王没有上窜到英山、霍山,已经回到庐州一带了,大约仍由巢县、含山向下流窜。我所担心的有三点:一是贼匪从九洑洲南渡,再行猛攻雨花台大营,像咸丰十年春那样攻下杭州而不驻守,迅速回头攻扑和春、张国梁大营的旧伎俩;一是贼匪在上游形势不利,将全力攻打扬州、里下河,以求逞心如意;一是因为太仓州已被我军攻破,回头援救苏州。

余拟檄蒋、成、毛攻苗以援寿州①,檄鲍由柘皋进巢北,檄彭、刘、萧由东关以进巢左②。俟六安确信到,再行分别咨札。弟处防忠酋,已妥为堤备否③?尚须调营回金陵否?

【注释】

①蒋、成、毛：蒋凝学(之纯)、成大吉(武臣)、毛有铭(竹丹)。

②彭、刘、萧：彭杏南、刘南云、萧为则。

③堤备：提防，防备。

【译文】

我打算命令蒋、成、毛攻打苗沛霖来援救寿州，命令鲍超由柘皋进军巢县北面，命令彭、刘、萧由东关来进军巢县左侧。等六安的确切消息到了，再行分别发放公文。贤弟那里防御伪忠王，已经防备妥当了吗？还需要调营回金陵吗？

四月初十日　致沅浦弟书

沅弟左右：

春霆由巢北进兵，数百里内寸草不生，办柴极难，子药米粮转运亦殊不易，不知何日始至柘皋、焖炀①。苗逆复叛，皇上震怒，命僧邸由山东返斾旋皖会剿②，命余与希庵堵剿，此后或不至更行议抚。只要贼不犯鄂，蒋、毛、成三军或足以了办苗案。

【注释】

①焖(tóng)炀：即今安徽巢湖居巢区焖炀镇。

②返斾(pèi)：回师。斾，代指军队。

【译文】

沅弟左右：

鲍春霆从巢县北进兵，数百里内寸草不生，采办柴火极难，弹药米粮转移运输也极其不容易，不知道什么时候才能到柘皋、焖炀。苗沛霖再度反叛,皇上震怒,命令僧邸由山东回师安徽会同围剿,命令我和希庵堵剿,以后或许不会再进行招安了。只要贼匪不进犯湖北,蒋之纯、毛竹丹、成武臣三军就足以将苗匪一案了结。

六安搜得忠酋伪文,似李世忠亦与之暗通。刻下兵力只此,不敢扬薪下之火也①。

【注释】

①薪下之火:柴堆下的火苗。此处犹言今之火药桶。

【译文】

六安搜到伪忠王的公文,好像李世忠也与他私下勾结。眼下兵力有限,不敢点这个火药桶,暂且不管这事。

皖南久无来信,但闻二十五日大捷之后,歙、休、黟三县肃清。刘克庵将由黟赴景镇,自内打出,不知果成行否?

【译文】

皖南许久没有音信,但听说二十五日大胜之后,歙县、休宁、黟县三县的贼匪已消灭干净。刘克庵将从黟县赶赴景德镇,自内向外打出,不知确实行动了没?

四月十六日　　致沅浦弟书

沅弟左右:

辞谢一事,本可浑浑言之,但求收回成命,已请筱泉、子密代弟与余各拟一稿矣^①。昨接弟咨，已换署新衔，则不必再行辞谢。

【注释】

①子密：钱应溥（1824—1902），字子密，号葆慎，晚号闲静老人，浙江嘉兴人。咸丰十一年（1861），入曾国藩幕，助其起草文书。同治三年（1864），奏加五品卿衔。同治四年（1865），晋四品卿衔。光绪初，擢员外郎。累迁礼部侍郎。旋任军机大臣，再迁工部尚书。

【译文】

沅弟左右：

辞谢这件事，本来可以含糊说说，只求皇上收回成命，我已经请李筱泉、钱子密替贤弟和我各写了一稿。昨天接到贤弟的咨文，已经更换署名新的官衔，就不用再行辞谢了。

吾辈所最宜畏惧敬慎者^①，第一则以方寸为严师^②，其次则左右近习之人^③，如巡捕、戈什、幕府文案及部下营哨官之属^④，又其次乃畏清议^⑤。今业已换称新衔，一切公文体制为之一变，而又具疏辞官，已知其不出于至诚矣。

【注释】

①敬慎：恭敬谨慎。《诗经·大雅·抑》："敬慎威仪，维民之则。"

②以方寸为严师：即以己心为严师。《近思录》卷四载北宋理学家张载言："正心之始，当以己心为严师。凡所动作，则知所惧。如此一二年，守得牢固，则自然心正矣。"

③左右近习：指身边亲近之人。

④巡捕:清代各省督抚等衙门有巡捕官,是督抚或将军的随从官,
　分文职、武职,各司传宣与护卫。戈什:即戈什哈,满语。清代高
　级官员的侍从护卫。幕府:本指将帅在外的营帐,后亦泛指军政
　大吏的府署。

⑤畏清议:重视、畏惧社会舆论。

【译文】

　我们最应该畏惧谨慎的,第一条是以己心为严师,做事皆有规矩;
其次是管束身边亲近的人,如巡捕、戈什、幕府文案及部下营哨官之类,
不放纵他们胡作非为;再次是畏惧社会舆论。现在已经换称新的官衔,
一切公文体制也随之变换,但是又上疏辞官,已经知道这不是出于至诚
之心了。

　　弟应奏之事,暂不必忙。左季帅奉专衔奏事之旨,厥后
三个月始行拜疏。雪琴得巡抚及侍郎后,除疏辞复奏二次
后,至今未另奏事。弟非有要紧事件,不必专衔另奏;寻常
报仗①,仍由余办可也。

【注释】

①报仗:汇报战事。

【译文】

　贤弟应当启奏的事,暂时不必着急。左季高大帅奉旨专衔奏事,其
后三个月才开始上疏。彭雪琴获得巡抚及侍郎官职后,除了上疏辞谢
启奏了两次之后,至今还没有另外启奏他事。贤弟除非有要紧事件,不
必专门启奏;寻常报告战事,仍然由我办理就可以了。

四月二十一日　致沅浦弟书

沅弟左右：

弟辞巡抚之意，已详告少泉矣。

【译文】

沅弟左右：

贤弟想要辞去巡抚一职的意思，已经详细告知少泉了。

余代弟作折，仍请收回成命。二三月内，弟之公牍概用浙抚新衔；迨折差回时，奉到朱批，如准开缺，再行换衔可也。

【译文】

我替贤弟写奏折，仍然请求皇上收回成命。二三个月内，贤弟的公文，一律用浙江巡抚的新官衔；等到信差回来时，接奉到圣上批示，如果恩准辞官，再行更换衔称也可以。

发、捻在定远分队，忠酋回救苏州，捻党扑临淮一次，现又回至六安，大约为皖、鄂、豫三省之患。少荃克复昆山，杀贼极多，苏州大有可图。苏若果克，则调程学启扎孝陵卫，或打东坝、二溧，春霆进攻和、含、二浦，大局其渐转乎？

【译文】

太平军与捻匪在定远分开行动，伪忠王回救苏州，捻党攻打临淮一次,现在又回到六安,大概是皖、鄂、豫三省的祸患。少荃攻克收复昆山,杀贼极多,苏州极有希望攻下。如果苏州果真能攻克,那么就调派程学启驻扎孝陵卫,或者攻打东坝、溧水、溧阳等地,调鲍春霆进攻和州、含县和江浦、浦口,大局也许能渐渐扭转吧?

四月二十四日 致澄侯弟书

澄弟左右:

希庵之病,至于失音^①,深为可虑。

【注释】

①失音:不能说话。

【译文】

澄弟左右:

希庵竟然病到不能说话的地步,我感到十分忧虑。

六安解围后,风波渐平。上海李军连克太仓、昆山,杀贼至二三万之多,为军兴以来所罕见。忠逆急回救苏,皖北得以少松。蒋、毛二军救援寿州,五日内必可赶到。只要寿州无恙,则自去秋至今无数之险,皆得安稳度过矣。

【译文】

六安解围后,风波渐渐平息。上海李少荃军接连攻克太仓、昆山,杀贼多达二三万人,这是军事兴起以来所罕见的。伪忠王急忙返回援救苏州,皖北得以稍微放松。蒋之纯、毛竹丹二军救援寿州,五天内一定可以赶到。只要寿州无恙,那么从去年秋天到现在的无数危险,都能够安稳度过了。

李少荃近日军务极为得手,大约苏、杭两处必有一克,或全克亦未可知。惟饷项奇绌,米贵而雨多。皖南食人肉,每斤卖百二十文①。看来浩劫尚未满,天心尚未转也。

【注释】

①卖:传忠书局本作"买",据文意当为"卖",径改。

【译文】

李少荃近来在军务上极为得心应手,也许苏、杭两地必能攻克一处,或许能全部攻克也说不定。只有军费极其不足,米粮昂贵而且雨水又多。皖南吃人肉,每斤卖一百二十文钱。看来浩劫还没有满,天意还没有转变。

四月二十七日　致沅浦弟书

沅弟左右:

来信"乱世功名之际尤为难处"十字,实获我心。

【译文】

沅弟左右:

来信中"乱世功名之际尤为难处"十个字,真是说到我心里去了。

本日余有一片,亦请将钦篆、督篆二者分出一席①,另简大员②。吾兄弟常存此兢兢业业之心③,将来遇有机缘,即便抽身引退,庶几善始善终,免蹈大戾乎④。

【注释】

①钦篆：钦差大臣的大印，借指钦差大臣一职。督篆：总督的大印，
借指总督的官位。

②简：选用。

③兢兢业业：谨慎戒惧貌。《尚书·皋陶谟》："兢兢业业，一日二日
万几。"孔传："兢兢，戒慎；业业，危惧。"《汉书·元帝纪》："今朕
获保宗庙，兢兢业业，匪敢解怠。"颜师古注："兢兢，慎也；业业，
危也。"

④戾：罪。

【译文】

今天我有一奏片，也请朝廷将我钦差、总督两个职位分出一个，另
外选择大员任职。我们兄弟常存这种谨慎畏惧的心，将来遇到合适机
缘，也就辞官引退，但愿能够善始善终，免于遭受大的祸患吧。

　　至于担当大事，全在"明"、"强"二字。《中庸》"学"、
"问"、"思"、"辨"、"行"五者，其要归于愚必明、柔必强①。弟
向来倔强之气，却不可因位高而顿改。凡事非"气"不举，非
"刚"不济，即修身齐家，亦须以"明"、"强"为本。

【注释】

①"《中庸》"二句：语本《中庸》："博学之，审问之，慎思之，明辨之，
笃行之。有弗学，学之弗能弗措也；有弗问，问之弗知弗措也；有
弗思，思之弗得弗措也；有弗辨，辨之弗明弗措也；有弗行，行之
弗笃弗措也。人一能之己百之，人十能之己千之。果能此道矣。
虽愚必明，虽柔必强。"

【译文】

至于担当大事，全在"明"、"强"二字，《中庸》所说的"学"、"问"、

"思"、"辨"、"行"五事，其要点归于愚必明、柔必强。贤弟向来有倔强之气，但不可因为官位高了而立刻改变。凡是做事，没有"气"肯定不行，缺了"刚"肯定不成，即修身齐家，也要以"明"、"强"为根本。

巢县既克，和、含必可得手。以后进攻二浦，望弟主持一切，余相隔太远，不遥制也。

【译文】

巢县既已攻克，和州、含山必定可以得手。以后进攻江浦和浦口，希望贤弟主持一切，我相隔太远，不遥控了。

五月初二日　致沅浦弟书

沅弟左右：

萧军分守各处，已照弟所拟咨行各处。

【译文】

沅弟左右：

萧为则军分别驻守各地，已经按照贤弟所拟定的咨文让各处执行。

鲍军过江，则必须打开桥林、江浦、浦口、九洑州，北岸一律肃清，然后可以南渡。即南渡后，亦不遽扎燕子矶，以作呆兵，仍当进剿东坝、二溧，以作活兵。以理势论之，该逆经营一年，攻取二浦，无非固九洑之后身，作金陵之犄角①，必将竭力坚守。余之拙见，二浦未克之前，不可先攻九洑洲；九洑洲未克之前，鲍、彭、刘不可南渡②；东坝、二溧未克之前，不可围扎孝陵卫、燕子矶。此三者皆极大关键，余计已定，弟切勿执见辨驳。余因呆兵太多，徽、祁全借左军之力，受气不少。此后余决不肯多用围城之呆兵矣。

【注释】

①犄(jǐ)角：分兵牵制或夹击敌人。

②鲍、彭、刘：鲍春霆、彭杏南、刘南云。

【译文】

鲍超军想要过江，就必须攻下桥林、江浦、浦口、九洑州，把北岸的贼匪全部消灭，然后才可以南渡。即使南渡之后，也不能马上驻扎燕子矶用作呆兵，仍然要进攻东坝、溧水、溧阳，用作活兵。以情势推理，这股贼匪经营一年，攻下二浦，无非是要巩固九洑洲的后身，和金陵形成犄角之势，因此他们必定会竭力坚守。依我之见，江浦和浦口没有攻克之前，不能先进攻九洑洲；九洑洲没有攻克之前，鲍、彭、刘的军队不能南渡；东坝、溧水、溧阳没有攻克之前，不能驻扎孝陵卫、燕子矶。这三点都是极大的关键所在，我主意已定，贤弟务必不要再固执己见争辩反驳。我因为呆兵太多，徽州、祁门全借左季高军队的力量，受不少气。此后我绝不会多用围城的呆兵了。

由和州进攻二浦，有山内与江滨二路。似宜让鲍军走江滨之路，彭、刘走山内之路。鲍军纪律极坏，江滨运粮较易，掳夫较少①。此等大处让人，乃是真谦，乃是真厚。余牍中未说出，望弟酌定，速告春霆与杏、云也。

【注释】

①掳夫：强拉民夫。

【译文】

从和州进攻江浦和浦口,有山里和江边两条进攻路线。似乎应该让鲍春霆军走江滨路线,彭杏南、刘南云走山内路线,鲍军纪律极差,江滨运粮比较容易,强拉民夫会少一些。在这样的大处礼让别人,是真正的谦让,真正的忠厚。我在公文中没有说出,希望贤弟斟酌裁定,迅速告知春霆和杏南、南云。

五月初四日　致沅浦弟书

沅弟左右:

雨花台石垒与南门外各贼垒均已攻克,至为欣慰。

【译文】

沅弟左右:

雨花台石垒和南门外各贼垒都已经攻克,我感到十分欣慰。

我军驻雨花台而石垒为贼所占,殊为碍眼。今既得之,拔去眼中钉矣。惟调回彭杏南各营,守壕之呆兵愈多,游击之活兵愈少。弟统三万人,不筹出一枝结实可靠之活兵,在外纵横驰击,而专以合围攻坚为念,似非善计。

【译文】

我军驻扎雨花台而石垒被贼匪所占领,十分碍眼。现在既然占领石垒,可谓拔去眼中钉了。只是调回彭杏南各营,守壕的呆兵更多,游击的活兵更少。贤弟统领三万人,不筹出一支结实可靠的活兵,在外纵横驰驱,却一门心思想着合围攻坚,似乎不是长远之计。

咸丰三、四、五年,向帅在金陵①,兵不满三万,饷亦奇绌。向军与金陵悍贼相持,而又分兵援庐州,援宁国,打镇江,打芜湖,中外皆称向兵为天下劲旅;而余不甚以为然者,以其不能从大处落墨、空处着笔也。弟用兵之规模远胜于和②,而与向相等。杏、云甫成一枝活兵,而又急于调回,则空处全不着笔,专靠他军,可尽恃乎?

【注释】

①向帅:向荣。

②和:和春。

【译文】

咸丰三、四、五年,向帅在金陵,兵力不足三万人,军费也极其不足。向军与金陵强悍的贼匪们相对峙,而又分兵援助庐州,援助宁国,攻打镇江,攻打芜湖,中外皆称向兵为天下的劲旅;但是我很是不以为然,因为他不能从大处落墨,不能在空处着笔。贤弟用兵的规模气象比和春大得多,与向荣差不多。杏南、南云才成为一支活兵,但是又急于调回,那样在空处完全不着笔,只靠他军,能完全靠得住吗?

五月初七日　致沅浦弟书

沅弟左右:

克复雨花台各石垒,本是极可喜之事;而多占守兵,又少杏南一枝游击之师,亦是美中不足。至印子山石垒①,余意尽可不必扼守，将来城池之克否，全不系乎印子山之有兵无兵也。

【注释】

①印子山：即今南京秦淮窨子山。

【译文】

沅弟左右：

收复雨花台各石垒，本来是极值得高兴的事；但过多占用守城兵力，又少了杏南一支游击部队，也是美中不足之处。至于印子山石垒，我认为完全不必把守，将来城池能否攻克，完全不在于印子山有兵与否。

蒋、毛二十八日之战，阵亡哨长及有官阶者二十四员，伤亡至五百余名。据称苗逆队中，有四眼狗旧部四千人在内。寿州之围固不能解，且恐蒋、毛败挫，贼窜六安。故余檄周厚斋改赴六安，维则仍留守巢县一带①。

【注释】

①维则：即萧为则。

【译文】

蒋之纯、毛竹丹二十八日的战斗，有二十四名哨长及有官阶的将士阵亡，伤亡人数达五百多人。据说苗逆部队中有四眼狗陈玉成旧部四千人在内。寿州之围固然不能破解，而且恐怕蒋之纯、毛竹丹败挫，贼匪流窜到六安。因此我命令周厚斋改赴六安，萧维则仍旧留守巢县一带。

　　现仅春霆、南云进攻二浦、九洑洲，窃恐地大城坚，难以得手。余意总思留杏南带五千人助攻二浦，江北多一营有一营之好处，弟意雨花台多一营有一营之好处。此两端者，兄弟各执一端，未识用何者为中也。

【译文】

　　现在仅有鲍春霆、刘南云两军进攻江浦、浦口、九洑洲，我担心该处地广城坚，很难攻打下来。我总是想留彭杏南带五千人助攻江浦和浦口，认为江北多一营有多一营的好处，贤弟认为雨花台多一营有多一营的好处。我们兄弟各有各的想法，不知道怎样取折中的办法。

　　折弁自京归，季弟得谥"靖毅"，二字皆优等，谥法远胜温弟。予季身后之荣，真无遗憾。

【译文】

　　信差从京城回来，季弟得谥号"靖毅"，这两个字都是上等谥法，称号远远超过温弟。我季弟死后得到这样的荣誉，真是没有遗憾了。

五月初九日　　致沅浦弟书

沅弟左右：

　　顷接云仙信，于弟疏稿不甚以为然。弟平日于文章一途，最谦退不敢自信。以后弟文宜专从"简当"二字着力，每日读书一时工夫，亦不可少。

【译文】

沅弟左右：

刚才接到云仙的来信，他对于贤弟的疏稿很是不以为然。贤弟平时对于文章之道，最是谦让不敢自信。以后贤弟写文章，应当专从"简当"二字上下功夫，而且每天都要读一个时辰的书，不可少。

方子白谨厚朴实①，或有裨于弟②，无佻薄难近之态③。弟若欲延之④，则另派员署和州也。

【注释】

①方子白：方翊元，字子白，湖南长沙人。咸丰年间入曾国藩幕，任采编所副总纂，后知和州直隶州。

②裨（bì）：帮助，补益。

③佻薄：轻薄，轻佻。

④延：延请，邀请。

【译文】

方子白谨慎忠厚朴实，或对贤弟有帮助，而且没有轻佻浅薄难以接近的姿态。贤弟如果想留用他，就另外派人去和州任职。

五月十四日　致沅浦弟书

沅弟左右：

东坝与孝陵卫之先后，尚可随时斟酌，余亦不敢固执成见。至于未克九洑洲之前，霆军不可先渡南岸，则是一定之理。盖九洑不克，断不能断洋船奸民之接济；接济不断，不能克金陵。亦犹克九江者,必令霆军先破小池口,李、彭先破湖口^①;克安庆者,必令"嘉"字营先扎南岸^②,韦志浚先扎枞阳,而后接济可断,文报可绝。若金陵不断接济,而谓霆军过江,洪逆可一惊而走,一逼而破,此实万无是理。故余决计不破九洑洲,霆军不南渡也。

【注释】

①李、彭:指李续宜、彭玉麟。

②"嘉"字营:曾国荃部湘军营号,营官为武明善。

【译文】

沅弟左右:

攻打东坝和孝陵卫的先后顺序,还可以随时斟酌商量,我也不敢固执己见。至于还没有攻克九洑洲之前,鲍春霆军不能先渡南岸,则是确定不移的道理。因为九洑洲不攻克,绝对不能截断洋船奸民的接济;接济不断,就不能攻克金陵。就像要攻克九江,必须命令鲍春霆军先攻破小池口,李续宜、彭玉麟先攻破湖口;想要攻克安庆,就必须让"嘉"字营先驻扎南岸,韦志浚先驻扎枞阳,然后贼匪的接济、文报才可以断绝。如果金陵没有断绝接济,就令霆军过江,说什么洪贼一受惊吓就逃走,一受围逼就崩溃,实在万万不可能。所以我决定如不攻破九洑洲,霆军便不可南渡。

味根决计东来,将来广德与东坝,江、席或可任之。

【译文】

江味根决定东来,将来广德和东坝两地,江味根、席研香或许可以胜任。

五月十六日　致沅浦弟书

沅弟左右：

　　二浦既克，现依弟议，移韦守巢县、东关，梁、王、万三营守西梁山、铜城闸①，腾出萧军分守二浦，刘军围攻九洑，鲍军南渡打东坝、二溧，另有公牍知会矣。

【注释】

①梁、王、万：梁美材、王可陞、万化林。

【译文】

沅弟左右：

　　江浦和浦口既然已经攻克，现在按照贤弟的意见，调派韦志浚驻守巢县、东关，梁、王、万三营驻守西梁山、铜城闸，腾出萧为则军守卫江浦和浦口，刘南云军围攻九洑洲，鲍超军南渡攻打东坝、溧水、溧阳，另外有公文知会。

　　去年进兵雨花台，忠、侍以全力来援，俾浙沪皆大得手。今年攻克各石城，俾二浦速下，扬州、天、六之贼皆回南岸①，此弟功之最大处。然此等无形之功，吾辈不宜形诸奏牍，并不必腾诸口说、见诸书牍②。此是"谦"字之真工夫，所谓"君子之所不可及，在人之所不见也"③。

【注释】

①天、六：天长、六合，皆在南京北面。

②腾诸口说：口头传播。

③君子之所不可及，在人之所不见：语本《中庸》：“《诗》云：‘潜虽伏矣，亦孔之昭。’故君子内省不疚，无恶于志。君子之所不可及者，其唯人之所不见乎。”

【译文】

去年进攻雨花台，伪忠王、伪侍王尽全力来救援，使得左宗棠、李鸿章在浙沪都大获全胜。今年攻克各石城贼垒，使得江浦、浦口迅速攻下，扬州、天长、六安的贼匪都回到南岸，这是贤弟莫大的功劳。然而这种无形的功劳，我们不应该写在奏章中，也不必挂在嘴边、写在书信中。这是“谦”字的真功夫，这就是古人所说的“君子的修养水平之所以非常人所及，就在于君子在人们看不见的地方有所作为”。

吾时时以何为殷鉴①，望弟时时以和为殷鉴②。比之向忠武③，并不甚劣，弟不必郁郁也。

【注释】

①何：何桂清。

②和：和春。

③向忠武：向荣，谥忠武。

【译文】

我常常把何桂清作为前车之鉴，希望贤弟把和春作为前车之鉴。将贤弟比作向忠武，并不算很差，贤弟不必为此郁闷。

五月二十一日　致沅浦弟书

沅弟左右：

应商事件，条列如左：

【译文】

沅弟左右：

应该商量的事件，逐条罗列如下：

一、十七晚有轮舟自金陵经过，亲见九洑洲实已克复。宜以萧军守二浦，南云酌留二营守九洑洲。非畏长毛之复来也，畏李世忠之盘踞耳。如李业已派兵扎二浦城内，则弟须商之厚、雪，驱之使去，令萧军速入，占守二城。李见我军威方盛，必不敢十分违抗。李有牍来，报渠兵克复桥林、二浦，余当批斥之，不准渠部再入二浦城也。

【译文】

一、十七日晚有轮船从金陵经过，亲眼见到九洑洲确实已经收复。应该让萧为则军驻守江浦、浦口，刘南云斟酌留下两个营守卫九洑洲。并非畏惧太平军去而复返，实际是怕李世忠霸占城池。如果李世忠已经派兵驻扎江浦、浦口城内，那么贤弟必须和雪琴、厚庵商量，驱使李世忠军离开，令萧为则军迅速占领驻守二城。李世忠见我军威正盛，必定不敢十分违抗。李世忠有公文来，报告他的军队攻克了桥林、江浦、浦口，我当批复斥责他，不准他部再入江浦、浦口城内。

二、二浦、九洑既克，霆军日内必已南渡，或竟围扎孝陵卫一带，或先打二溧，均听弟与厚、雪、霆四人商办，余不遥制。昨已函告弟处，顷又函告雪琴矣。余平日本主先攻二溧、东坝，不主合围之说。今见事机大顺，忠酋又已回苏，金陵城贼必甚惊慌，亦改而主合围之说。且天气太热，霆军奔驰太苦,不如令扎金陵东北,以资休息。待七月半间伏过暑退,弟与霆军各抽行队去打东坝、二溧,尚不为晚。届时江、席、李三军亦可由广德、建平以达东坝矣①。

【注释】

①江、席、李:江味根、席研香、李希庵。建平:古县名。即今安徽郎
　溪,清属广德州。

【译文】

二、江浦、浦口和九洑洲既然已经攻克,鲍春霆军近日必定已经南渡,或直接合围驻扎孝陵卫一带,或先攻打溧水、溧阳,都听贤弟和厚庵、雪琴、春霆四人商量处理,我不遥控了。我昨天已经写信通知贤弟,刚刚又写信告诉雪琴了。我平日本来主张先攻打溧水、溧阳、东坝,不赞同合围的说法。现在见行事的时机非常有利,伪忠王又已回到苏州,金陵城的贼匪必定十分惊慌,所以改变主意赞同合围之说。而且天气太热,春霆军奔波驰驱太过劳苦,不如令其驻扎金陵东北,当作休息。等到七月中旬伏暑退去,贤弟和春霆军各抽部队去攻打东坝和溧水、溧阳,也不算晚。到时候江味根、席研香、李希庵三军也可从广德、建平抵达东坝。

三、合围之道,总以断水中接济为第一义。百余里之城,数十万之贼,断非肩挑陆运所能养活。从前有红单船接济,有洋船接济,今九洑洲既克,二者皆可力禁。弟与厚、雪以全副精神查禁水次接济,则克城之期,不甚远矣。九洑洲可设一厘卡,弟处有贤员可派否?

【译文】

三、合围的方法，总以切断水中接济为最关键。一百多里的城池，几十万的贼匪，绝对不是肩挑陆运所能养活的。从前有红单船接济，有洋船接济，现在九洑洲已经攻克，这两种接济完全可以切断。贤弟和厚庵、雪琴用全部精力来查禁水边码头接济，那么攻克金陵城就指日可待了。九洑洲可设立一厘卡，贤弟那里有贤才可以派遣吗？

四、余批折稿中，有一条不当于事理。余之意，不过想弟军常常有一大枝活兵在外耳。今江北既一律肃清，则大局已好，或合围或游击，均无不可。余兄弟议论不至参差矣。

【译文】

四、我在批复的折稿中，有一条不合于事理。我的意思，不过是想贤弟军中能常常有一大支活兵在营外可供随时派遣。现在江北既然将贼匪一概清除，大局已经转好，或合围或游击都可以。我们兄弟的意见不至于再有矛盾。

至于云仙之意，则当分别观之。渠不以弟疏稿为然，诚所不免；谓渠遵例回避，愿入弟幕草奏，却又不然。胡文忠八年初丁艰时①，屡函称遵旨夺情，不愿作官，愿入迪庵幕中草奏帮办。人人皆疑其矫，余则知其爱迪敬迪出于至诚。云仙之爱弟敬弟亦极诚挚，弟切莫辜负其意也。往时咸丰三、四、五年间，云仙之扬江、罗、夏、朱而抑鄙人②，其书函言词均使我难堪，而日久未尝不谅其心。

【注释】

①胡文忠：胡林翼，谥文忠。

②江、罗、夏、朱：指江忠源、罗泽南、夏銮、朱石翘。

【译文】

　　至于郭云仙的意见，则应当分别来看。他认为贤弟的上疏奏稿有不当之处，确实难免；说他依照惯例回避，愿到贤弟幕下帮助起草奏折是出于客气，却并非如此。胡文忠咸丰八年初丁忧时，多次写信称应诏夺服，其实不愿做官，愿到李迪庵幕中起草奏折帮办事物。人人都怀疑他矫情，但我知道他爱迪敬迪是出于一片至诚之心。云仙爱弟敬弟也是极其诚挚的，贤弟千万不要辜负他的诚意。从前咸丰三、四、五年间，郭云仙称扬江、罗、夏、朱而贬抑我，他的书信言辞经常让我难堪，但是时间久了倒也理解他的用心了。

　　至弟之文笔，亦不宜过自菲薄①，近于自弃。余自壬子出京②，至今十二年，自问于公牍书函、军事吏事、应酬书法无事不长进。弟今年四十，较我壬子之时尚少三岁，而谓此后便无长进，欺人乎？自弃乎？弟文有不简之处，无不畅之处，不过用功一年二载，便可大进。昔温弟谏余曰："兄精神并非不足，便吝惜不肯用耳。"余今亦以此意谏弟也。

【注释】

①菲薄：鄙陋。常为自谦之辞。

②壬子：咸丰二年（1852）。

【译文】

　　至于贤弟的文笔，也不应过于妄自菲薄，甚至自暴自弃。我自壬子年离京，至今已十二年了，自问无论在公文书信、军事吏事，还是应酬书法方面都有所进步。贤弟今年四十岁,比我在壬子年时还小三岁,却说以后不能长进,是骗人呢?还是自暴自弃呢?贤弟的文章有不简当的地方,没有不流畅的地方,不过用功一两年,就会大有进步。昔日温弟规劝我说:"哥哥的精神并非不足,只是吝惜不肯用罢了。"今天我也用这个意见来规劝你。

五月二十四日   致澄侯弟书

澄弟左右:

    九洑洲于十五夜克复,杀毙溺死之贼,闻实在二万以外,我军伤亡二千人,水师第一场大血战。然自此长江一律肃清,水师已功成事毕矣。

【译文】

澄弟左右:

    九洑洲在十五日晚上攻克,杀死淹死的贼匪,听说在两万人以上,我军伤亡两千人,这是水师的最大的一场血战。但从此之后长江江面全部肃清,水师已经成功完成使命。

    余现调鲍营围攻金陵东北,已作合围之势。惟饷项日绌,殊难为计。

【译文】

    我现在调派鲍超营围攻金陵东北,已形成合围的态势。只是军费一天比一天缺乏,却也无计可施。

余身体平安,怕热则更甚于往年,竟日挥扇不辍。闻叔父七、八、九年间亦畏热异常,汗下如雨。老年体虚,大约有此情况。

【译文】

我身体康健,但比往年更怕热,竟然整日不停地扇扇子。听说叔父在咸丰七、八、九年间也异常怕热,汗流如雨。年老体虚,大概都有这样的情况吧。

六月初三日 致沅浦弟书

沅弟左右:

鲍军只能扎幕府山一带①,不能照顾孝陵卫。钟山贼垒不能遽克,印子山尚未得手,即不求急于合围,且先以自固为主。弟自固于南路,鲍自固于北路,如有大股援贼前来,彼此足以自了,不必互求救助。余咨复弟之公牍,亦以此说为要。

【注释】

①幕府山:在今南京,是一座位于长江南岸边的丘陵山脉,西起上元门,东至燕子矶。相传晋元帝过江,王导设幕府(参谋部)于此,故名。

【译文】

沅弟左右:

鲍超军只能驻扎在幕府山一带,不能照顾到孝陵卫。钟山的贼匪营垒不能被立即攻克,印子山还没有攻下来,那就不急着合围金陵城,姑且先以确保自身安全为主。贤弟在南路巩固自己,鲍超在北路巩固自己,如果有大批支援的贼匪前来,彼此可以自己应付,不必相互请求支援救助。我回复贤弟的公文,也以这个说法为要点。

　　其次则力断江中接济,其责在余,在杨、彭,在总理衙门①,而不在陆军。然查水师之果严查与否,查洋船之常送接济与否,则须弟督饬刘南云、曾良佐辈细细稽察也②。断截江中接济,实足制贼死命,不在西门之合围与否耳。

【注释】

①总理衙门:总理各国事务衙门简称"总理衙门",为清政府办洋务及外交事务而特设的中央机构,于1861年1月20日由咸丰帝批准成立。

②曾良佐:湖南湘乡人,湘军将领。属曾国荃部,从克天京,官至记名提督。

【译文】

　　其次就是努力截断贼匪江中的接济,这个职责在我,在杨厚庵、彭雪琴,在总理衙门,而不在陆军。但是督查水师是否确实严厉检查,洋人的船只是不是经常输送接济物资,就需要弟弟督促命令刘南云、曾良佐等人仔细检查了。截断江中的接济,确实足以制住贼匪的死命要害,而不在于金陵城西门是不是完成合围。

六月初六日　　致沅浦弟书

沅弟左右:

　　淮北盐运行淮南引地,近吴仲仙漕帅专案奏办①,谕旨允准；都、富专奏驳之②，谕旨亦允准；运使专详驳之，余处亦批准。吴帅将办成之事，竟不能行。盖利少而害太多，不能不驳。弟请运北盐之咨，与漕帅事同一例，余当详细咨复。

【注释】

①吴仲仙漕帅：吴棠（1813—1876），字棣华，号仲仙，江苏盱眙人。道光十五年（1835）举人。咸丰间帮办江北团练，擢江宁布政使、署漕运总督，筑清河县城及运河东、西二圩以御捻军。同治间官至四川总督。卒谥勤惠。有《望三益斋存稿》。

②都、富：指都兴阿、富明阿。此二人咸、同之际帮办江北军务，曾疏请运盐济饷。

【译文】

沅弟左右：

将淮北的盐运销淮南引地，近日漕运总督吴仲仙上奏朝廷专案办理，皇上恩准；都、富二公上专奏批驳，皇上谕旨也批准；盐运使方面也专发详文批驳，我这里也批准。吴帅将要办成的事情，最终没有办成。原因是好处少而害处多，不能不批驳。贤弟你奏请转运淮北盐的咨文，和漕帅的事同出一例，我会发公文进行详细回复。

江西厘金，近日颇有起色，秋冬间银米子药断不缺乏，弟可放心。今年米贵，此间度过荒月①，尚可余谷五万石，预备早也。

【注释】

①荒月：指农历四、五、六月。时青黄不接而农事日忙，市场面临淡季，俗称"荒月"。清查慎行《得树楼杂钞》引宋王炎《上卢岳州

书》:"临湘入四月以后,民在田野,县市寂然,谓之荒月。"

【译文】

江西的厘税,近日以来很有起色,秋冬期间的军费粮食和弹药,一定不会缺乏,贤弟尽可放心。今年米粮昂贵,我们这里度过荒月后,还可以剩下粮食五万石,是因为预备得早啊。

六月初十日　致沅浦弟书

沅弟左右:

临淮倘有疏失,朝廷必于厚、雪、霆三公中派一人接办,盖环顾别无他人可以承认也[①]。故此时不得不以救援临淮为要着[②]。义渠与士卒同食豆粥[③],论私谊亦须往援。去舢板八十号,于金陵水次大局无损,望弟便中怂恿成之[④]。

【注释】

①承认:承担,认责。

②要着:重要之事,首要之事。

③义渠:唐训方,字义渠。

④怂恿:从旁劝说鼓动。

【译文】

沅弟左右:

临淮倘若有疏忽失误,朝廷一定会在厚庵、雪琴、春霆三个人中派一个人来接办,原因是环顾四周没有其他人可以承担认责。所以现在不得不以救援临淮为要紧事。唐义渠和士兵一起吃用豆煮成的粥,从私人的交情来说也必须前去支援。抽掉八十艘舢板前去,对金陵江面大局没有什么损害,希望贤弟从旁鼓动促成这件事。

　　合围之举,吾意待江、席、李军到齐,再办不迟。若弟意必求早合围,则或调镇防二千人,调扬防三四千人,皆可应调而来。余当办咨文二角封存弟处,听弟何时调镇、扬之兵可也。

【译文】

　　合围金陵的事情,我的想法是等到江味根、席研香、李希庵三人的军队到齐之后,再办也不晚。如果贤弟的意思是一定要尽早合围,那或许调遣防守镇江的士兵两千人,调遣防守扬州的士兵三四千人,都可以应调前来。我会办理两份咨文封存在贤弟那儿,任由贤弟随时调遣镇江、扬州的防兵即可。

六月十二日　　致沅浦弟书

沅弟左右:

　　寿州失后,吾心日益忧灼。蒙城马方伯一军万难保全①,临淮唐中丞恐亦孤危难支②。昨东征局解到三万,已全供防苗诸军,致弟与霆军毫无接济。乃知军事悉如弈棋,各路失势,一隅虽胜无益也。

【注释】

　　①马方伯:指时任安徽布政使的马新贻。
　　②唐中丞:指时任安徽巡抚的唐训方。

【译文】

沅弟左右:

　　寿州失陷后,我的心里越来越担忧焦灼。蒙城马方伯的一支军队万万难以保全,临淮的唐中丞恐怕也是孤军深陷危机,难以支撑。昨日东征局解送来三万两,已经全部供给御防苗逆的几支军队,导致贤弟和鲍超的军队没有军饷接济。才知道军事就像下棋一样,如果各路都失势,某一处取得胜利,也没有什么用。

调冯、都两处之兵①,弟以为可调,则发之。合围之或缓或急,全凭弟作主。官阶与物望所在,弟不必推诿。只要水路无接济进城,陆路纵有接济文报,贼亦终无可久之道。若必围得水泄不通,恐困兽犹将死斗。一蚁溃堤,全局皆震,不可不防。余所求者,水路无接济,弟与霆军不败二事而已,不求如安庆、九江之围攻严密也。

【注释】

①冯、都:指冯子材、都兴阿。

【译文】

调遣冯、都两处的士兵,贤弟你认为能调就调。合围的事情是慢慢来还是尽快做,完全由贤弟做主。官阶所在,众望所归,贤弟你就没有必要推辞了。只要水路没有接济进入城中,陆路纵然有接济和公文函件进去,逆贼也必定没有能够长期坚持的办法。如果一定要包围得水泄不通,就恐怕困兽也会死斗,一个蚂蚁窝导致整个堤坝溃决,就会震动全局,不可以不防备。我所渴求的是逆贼水路没有接济,贤弟和鲍超的军队不打败仗两件事而已,不求像安庆、九江那样严密的围攻。

六月二十七日　　致沅浦弟书

沅弟左右:

军中多病,忧灼实深,只有斋心默祷①,无它法也。

【注释】

①斋心：祛除杂念，使心神凝寂。《列子·黄帝》："退而闲居大庭之馆，斋心服形。"

【译文】

沅弟左右：

军队中有很多人生病，我实在非常忧虑焦灼，只有诚心诚意地斋戒祈祷，没有别的办法了。

何铣专利多年①，众口沸腾②。适会乔、郭交替之际③，而有堂见张守之案④。筠公宽厚，不知肯一施辣手否⑤。

【注释】

①何铣：淮南盐商。自咸丰八年（1858）以包课为由，垄断全淮之利。假名江甘食盐，由内场绕避厘卡，每引少纳口岸盐厘，数年之久，侵蚀二十余万金。专利：专谋私利。

②众口沸腾：议论纷纷，舆论激烈。

③乔：乔松年，曾任两淮盐运使。郭：郭嵩焘，同治初任两淮盐运使。

④张守：张知府。

⑤辣手：原意是指毒辣的手段，引申为刚严猛烈的办事手段。

【译文】

何铣专谋私利多年，老百姓议论纷纷。恰逢乔、郭两任盐运使交替的时候，又有堂见张知府的案子。筠公为人宽容厚道，不知道会不会施展刚严猛烈的手段。

改商栈为官栈①，自是目前急务。然楚岸、西岸已被川私、粤私占尽②，上游盐价大减。淮引厘卡太多，成本太轻，不特商运有亏本之虞，即官运票盐亦必无利可图。若不于江西、湖北力堵邻私，淮盐竟无售处。虽有良法，无如之何？吾之所以迟迟不讲求盐利者以此。昨见南坡与弟信，所虑者亦在此。

【注释】

①商栈：买卖特定商品的场所。这里指由私人经营的商场。下文"官栈"，指由官府经营的商场。

②楚岸：指湖北应销售淮盐的地区。西岸：指江西应销售淮盐的地区。川私：四川私盐。粤私：广东私盐。

【译文】

把私人经营的商场改由官府来经营，自然是目前比较急切的事情。然而湖北和江西一带已经全被四川和广东等地的走私商占据了，上游的盐价大大降低。淮引设的厘卡太多，成本太轻，不只商人运输贩卖有亏本的担忧，即使是官府运输贩卖的票盐，也一定没有利润可图。如果不在江西、湖北极力堵住邻省的走私盐，淮盐将会没有销售的地方。即使有好的办法，又有什么用呢？我之所以迟迟不讲盐利的原因就在于此。昨天看到南坡和贤弟的信，所担心的也是这个问题。

七月初一日　致沅浦弟书

沅弟左右：

奏折一事，弟须用一番工夫。秋凉务闲之时，试作二三篇。眼界不必太高，自谦不必太甚。上次惠甫、次卿二稿①，只须改润一二十字,尽可去得。

【注释】

①惠甫:赵烈文(1832—1894),字惠甫,号能静居士,江苏常州人。受曾国藩保举,曾任易州知州,多年为曾国藩机要幕僚,军事上多所谋划。学问广博,著有《天放楼集》、《能静居士日记》五十四卷。详细记录了曾国藩镇压太平天国的前后经过和语录事实,是研究曾国藩和太平天国历史的核心资料之一。次卿:李元度,字次青,又作"次卿"。见前注。

【译文】

沅弟左右:

　　写奏折这件事情,贤弟你一定要下一番功夫。秋凉季节公务不繁忙的时候,试着写两三篇。眼界不必放得太高,也不要太过于自谦。上次赵惠甫、李次卿两个人的草稿,只须要修改润色一二十字,就过得去了。

　　目下外间咨来之折,惟浙、沪、湘三处较优,左、李、郭本素称好手也①。此外如官、骆、沈、严、僧、吴、都、冯之折②,弟稍一留心,即优为之。以后凡有咨送折稿到弟处者,弟皆视如学生之文,圈点批抹③。每折看二次,一次看其办事之主意,大局之结构;一次看其造句下字之稳否。一日看一二折,不过月余,即可周知时贤之底蕴④。然后参看古人奏稿,自有进益,每日极多不过二三刻工夫。

【注释】

①郭:郭意城,时在湖南巡抚幕中。

②官、骆、沈、严、僧、吴、都、冯:分指官文、骆秉章、沈葆桢、严树森、
　僧格林沁、吴棠、都兴阿、冯子材。

③圈点批抹:旧时教师改学生作文之法。圈点,加圈加点。批抹,
　批改涂抹。

④周知:遍知,尽知。底蕴:指内心蕴藏的才智、见识。

【译文】

眼下外面平级送来的奏折,只有浙江、上海、湖南三个地方的比较
好,左宗棠、李鸿章、郭意城素来就被称为写奏折的好手。此外,如官、
骆、沈、严、僧、吴、都、冯的奏折,贤弟稍微留心一下就写得比他们好。
以后凡是有咨送到贤弟那里的奏折稿件,贤弟都看作是学生的文章,圈
点批抹。每一本奏折看两次,一次看看奏折中所办事情的主要意思,大
局上的结构;一次看看其中遣词造句是否稳妥。一天看一两折,用不到
一个多月的时间,就可以遍知当代贤达的底蕴了。然后参看古人的奏
折稿件,自然会有进步收获,每天所花时间最多不会超过两三刻钟。

金眉生与鹤侪积怨甚深①,吾辈听言,亦须独具权衡。
权位所在,一言之是非,即他人之荣辱予夺系焉②。弟性爽
快,不宜发之太骤。

【注释】

①金眉生:金安清,字眉生。见前注。鹤侪:乔松年,字鹤侪。见
　前注。

②予夺:给予和剥夺。

【译文】

金眉生与乔鹤侪积怨很深,我们听他们的陈述时,也一定要具有独
立的评量能力。权力地位所在,一句话的评判,对于别人的声名荣辱可

就是给予和剥夺啊。贤弟你性格爽直，不适合急于表达观点。

七月十一日 致沅浦弟书

沅弟左右：

鹤侪揌留弟营委员至三个月之久①，宜弟恚怒不平②。

【注释】

①揌（kèn）留：扣留。

②恚（huì）怒：生气，愤怒。

【译文】

沅弟左右：

乔鹤侪扣留贤弟营中委派人员达三个月之久，怪不得弟弟愤怒不平。

何铣之事，本拟俟筠仙查复后再行严办。今筠公有抚粤之行①，后来者不知为谁。意欲严惩何铣，竟不知如何下手乃为恰如题分②。盖谴罚有罪③，亦须切当事理，乃服人心。

【注释】

①抚粤：即担任广东巡抚。郭嵩焘同治二年（1863）署理广东巡抚。

②恰如题分：犹恰如其分，指办事或说话恰当合适。

③谴罚：谴责惩罚。

【译文】

何铣的事情，本来打算等郭筠仙调查回复以后，再进行严厉惩办。

现在筠公要去任广东巡抚，不知道接任盐运使的是谁。我想严惩何铣，却不知道如何下手才恰如其分。谴责惩罚有罪过或过错的人，也必须切合事理，才能够使人信服。

近人折稿，弟处咨到者少，余当饬抄成本，陆续寄去，每月寄送二分。古人奏疏，亦当抄二三十篇，以备揣摹。

【译文】

近人的折稿，贤弟那边接收到的不多，我会命令整理抄写成本，陆续寄过去，每个月寄送两份。古人的奏折，也应抄写二三十篇，用来临摹研究。

“强”字原是美德，余前寄信亦谓“明”、“强”二字断不可少。第“强”字须从“明”字做出，然后始终不可屈挠①。若全不明白，一味横蛮，待他折之以至理，证之以后效②，又复俯首输服，则前强而后弱，京师所谓辖闹者也③。余亦并非不要强之人，特以耳目太短④，见事不能明透，故不肯轻于一发耳。又吾辈方鼎盛之时，委员在外，气焰薰灼⑤，言语放肆，往往令人难近。吾辈若专尚强劲，不少敛抑，则委员仆从等不闹大祸不止。

【注释】

①屈挠：退缩，屈服。

②后效：指日后的成效或劳绩。

③辖闹：疑即“瞎闹”。

④耳目太短:视听不多,见闻不广。

⑤薰灼:用烟、火熏烤,比喻气势凌人。

【译文】

"强"字本来是一种美德,我之前所寄信中也称"明"、"强"两个字一定不能少。但是,"强"字必须从"明"字里做出,然后才能始终不屈服。如果全然不明白,一味只知道蛮横强硬,等到他人用至理来说服,用日后的成效来证明,到最后又低头认输,就是前面强硬而后面软弱,这就是京城所说的"瞎闹"。我也并非不是要强的人,只是因为见闻太短浅,看事情不能明白透彻,所以不肯轻易发作。我们正值权势鼎盛的时候,委派在外做事情的人,气焰太过嚣张,言语不知收敛,往往使人难以亲近。我们如果一味崇尚强势,不稍微抑制收敛,那么委派的人员和仆从等不闹出大祸是不会停止的。

七月十五日 致沅浦弟书

沅弟左右:

初九日大获胜仗。凡逼城开仗,向不能多杀贼。此次杀贼甚多,想是群贼欲趁此猛战,扑我营盘,解其城围,故能得机得势如此。然傍城而战,例为彼此杀伤相当之局。以后若非贼来扑营,似不必常寻贼开仗。盖贼粮路将绝,除开仗别无生路。我军则断粮路为要着,不在日日苦战也。

【译文】

沅弟左右:

初九日获得一次大胜仗。凡是逼近城墙开战,向来不能杀太多贼匪。这次杀贼很多,可能是贼匪想趁这次激烈战斗,攻击我方军营,以解除他们被围城的困境,所以能够得到这样的机会和形势。然而靠近城墙开战,向来是敌我彼此之间杀伤人数相当的局面。以后如果不是贼匪来攻打军营,似乎没有必要时常寻找贼匪开战。贼匪粮草通道即将被断绝,除了开战没有别的活路。我军应以断绝贼匪粮草通道为首要行动,而不在于天天苦战。

七月二十一日　致沅浦弟书

沅弟左右:

丁道前二年在福建寄信来此①,献硼炮之技。去年十一月到皖,已试验两次,毫无足观。居此半年,苟有长技,余方求之不得,岂肯弃而不用? 至欲在雨花台铸炮,则尽可不必。

【注释】

①丁道:指丁日昌,字雨生。见前注。

【译文】

沅弟左右:

丁日昌前两年在福建寄信到我这里,进献硼炮的技术。去年十一月到安庆,已经试验两次,绝无可取之处。在这里待了半年,如果有特殊技能,我正求之不得,怎么肯舍弃而不用? 至于想在雨花台铸炮,尽可不必。

凡办大事,以识为主,以才为辅;凡成大事,人谋居半,天意居半。往年攻安庆时,余告弟不必代天作主张。墙壕之坚,军心之固,严断接济,痛剿援贼,此可以人谋主张者也。克城之迟速,杀贼之多寡;我军士卒之病否,良将之有无损折;或添他军来助围师,或减围师分援他处,或功隳于垂成①,或无心而奏捷,此皆由天意主张者也。譬之场屋考试②,文有理法才气,诗不错平仄抬头,此人谋主张者也。主司之取舍③,科名之迟早,此天意主张者也。若恐天意难凭④,而广许神愿,若恐人谋未臧⑤,而多方设法,皆无识者之所为。弟现急求克城,颇有代天主张之意。愿弟常存畏天之念,而慎静以缓图之,则善耳。

【注释】

①功隳(huī)于垂成:犹功败垂成,指事情接近成功的时候却遭到失败。

②场屋:又称"科场",科举考试的地方,引申指科举考试。

③主司:科举考试的主试官。

④难凭:不可凭信。

⑤臧:善,好。

【译文】

凡是办大事,要以见识为主,才干为辅;凡是办大事,人的谋划占一半,天意占一半。往年攻打安庆的时候,我告诫贤弟不要代替上天做主张。墙壕坚固,军心稳定,切断贼匪接济,痛剿支援的贼匪,这是可以用人的谋划来决定的。攻克城池的早晚,消灭贼匪的多少;我军士兵是否生病,良将有无折损;或增添别的军队来帮助围攻,或减少围攻的军队分拨去支援别的地方;或功败垂成,或无意中大获全胜,这些都是由上天主宰的。比如科举考试,文章有理法才气,诗不弄错平仄抬头,这是个人可以主宰的。主考官的取舍,科举取得功名的早晚,这是天意决定的。如果担心天意难以凭信而到处许愿,担心人事谋划不够完善而多方设法,都是没有见识的人做的。贤弟现在急于攻破城池,很有代替上天决定的意思。希望贤弟时常存有敬畏上天的念想,谨慎镇静慢慢地谋取,就好了。

弟于吾劝诫之信,每不肯虚心体验,动辄辩论,此最不可。吾辈居此高位,万目所瞻。凡督抚是己非人、自满自足者①,千人一律。君子大过人处,只在虚心而已。不特吾之言当细心寻绎,凡外间有逆耳之言,皆当平心考究一番。故古人以居上位而不骄为极难。

【注释】

①是己非人:肯定自己,否定他人。

【译文】

贤弟对我告诫的信件,常常不肯虚心体察,动不动就跟我辩论,这是最不可取的。我们身居高位,万众瞩目。凡是总督巡抚总认为自己正确而别人不对,自满自大,绝无例外。君子远胜别人的地方,就在于虚心罢了。不仅我的话应当细心推敲,凡是听到外面有逆耳的言辞,都应当静下心来考究一番。所以古人认为身居高位而不骄傲非常难做到。

七月二十三日　致沅浦弟书

沅弟左右:

专丁送信,具悉一切。所应复者,仍条列如左:

【译文】

沅弟左右：

专人送来的信收到，知悉一切。所应该回复的，分条列于下面：

一、折稿皆轩爽条畅①，尽可去得。余平日好读东坡《上神宗皇帝书》，亦取其轩爽也。弟可常常取阅，多阅数十遍，自然益我神智。譬如饮食，但得一般适口充肠②，正不必求多品也。金陵战事，弟自行具奏亦可，然弟总以不常奏事为妥。凡督抚以多奏新事不袭故常为露面。吾兄弟正在鼎盛之际，弟于此等处可略退缩一步。

【注释】

①轩爽：显豁明快。条畅：思路通畅而又条理分明。

②殽：通"肴"。

【译文】

一、奏折稿子都明快晓畅，尽可以拿得出手。我平常喜欢读苏东坡的《上神宗皇帝书》，也是因为它明快。贤弟可常看看，多看几十遍，自然对自己的思路大有帮助。好比饮食，只要有一样饭菜合口味又能充饥，就不必要求许多种了。金陵战事，贤弟自行向朝廷奏报也可以，但贤弟总以不常上奏疏为妥当。凡是督抚一类官员以多启奏新事，不因袭常规为露脸。我们兄弟正处于鼎盛时期，贤弟在这些事上可略为退缩一步。

二、鲍军仍须由大胜关进孝陵卫，决不可由下面绕来。待过中秋后，弟信一到，余即咨鲍由南头进兵。

【译文】

二、鲍超军仍然要从大胜关进入孝陵卫，决不可从下面绕过来。等过了中秋，贤弟的信一到，我立即咨告鲍超军从南面进兵。

三、弟骤添多营，本与余平日之规模不相符合。然贼势穷蹙之际①，力求合围亦是正办，余亦不敢以弟策为非。恽中丞余曾保过②。凡大臣密保人员，终身不宜提及一字，否则近于挟长③，近于市恩④。此后余与湘中函牍，不敢多索协饷，以避挟长市恩之嫌。弟亦不宜求之过厚，以避尽欢竭忠之嫌⑤。

【注释】

①穷蹙（cù）：困窘，窘迫。

②恽中丞：指新任湖南巡抚恽世临。

③挟长：倚仗年长、资历老。《孟子·万章下》："不挟长，不挟贵，不挟兄弟而友。友也者，友其德也，不可以有挟也。"

④市恩：谓以私惠取悦于人，而牟取某种好处。

⑤尽欢竭忠：指朋友对自己竭尽友爱和忠诚。

【译文】

三、贤弟忽然增添多个营队，本来就和我平时的规划不符。然而贼匪的势头大幅削弱的时候，力求合围是正确的办法，我也不敢说贤弟的策略不对。我曾经保举过恽中丞。但凡大臣私下保举的人员，一辈子都不应该提起，否则就像倚仗资历老提携过人家，让人家讨好你。以后我送到湖南的公文，就不敢多索要协饷，以避免倚仗资历老提携过人家让人家讨好的嫌疑。贤弟也不适合要求太多，以避免要求朋友对自己竭尽友爱和忠诚的嫌疑。

四、江西厘务,下半年当可略旺。然余统兵已近十万,即半饷亦须三十万,思之胆寒。弟处米除每月三千外,本日又解四千石矣。

【译文】

四、江西的厘务,下半年应该可以略为兴旺。然而我统率的部队已接近十万人,就是发一半的银饷也要三十万两,想起来令人胆寒。贤弟那边的米粮除每月三千石以外,今天又解送了四千石。

七月二十四日　　致澄侯弟书

澄弟左右:

前接弟信,已将寅皆、牧云两兄不宜送眷之故①,致函排递至家,不知到否? 途次有曾恒德、张德富照料②,又系自己座船,又有水师护送,千稳万慎。寅皆、牧云二公如已成行,请于中途婉辞谢之。吾家富贵气不可太重也。

【注释】

①寅皆、牧云:邓寅皆、欧阳牧云。

②曾恒德、张德富:曾国藩身边亲随。

【译文】

澄弟左右:

之前接到贤弟的来信,已经将邓寅皆、欧阳牧云两位仁兄不适合护送家眷的缘故,写信由驿站递送家中,不知道信到了没有? 路途中有曾恒德、张德富照顾,又是我自己的座船,又有水师护送,一定安全妥当。

寅皆、牧云二公如果已经出发，请在中途婉言辞谢。我们家的富贵气不可以太重。

纪瑞侄完姻①，吾实嫌其太早。兹寄银五十两暨五品顶戴、补褂、朝珠以为贺礼。吾恐家中日习于奢，故诸事从俭薄也。

【注释】

①纪瑞：曾国荃长子，乳名科四。

【译文】

纪瑞侄儿已经完婚，我实际上是嫌太早了。现在寄送五十两银子和五品顶戴一顶、补褂一件、朝珠一串作为贺礼。我怕家中逐渐养成骄奢的风气，所以一切事务都从简。

江西已一律肃清，惟兵勇病痛尚多。苗逆猖獗，唐中丞十分危急，袁午帅业已仙逝，淮事殆无了日耳。

【译文】

江西的贼匪已经全部肃清，只是士兵生病的还很多。叛乱的苗沛霖军十分猖獗，唐义渠中丞处境十分危急，袁午桥大帅已经去世，临淮战事恐怕没有结束的日期了。

七月二十七日　　致沅浦弟书

沅弟左右：

郭帅与金前司所陈盐务①，一一阅过。

【注释】

①郭帅：指前任两淮盐运使、时署广东巡抚的郭嵩焘。金前司：指前任盐运使金眉生。

【译文】

沅弟左右：

郭筠仙大帅和前任盐运使金眉生所陈奏的盐务事宜，我已经一一阅读过。

金所虑者，恐难缓第一批之厘。究之盐务变法，无论改何新章，断无不缓厘免厘之理。若概如今日之逢卡抽厘，则不得谓之新章，不得名曰盐法矣。

【译文】

金眉生所担心的事情，是怕难以展缓第一批厘税的征收。考虑到盐务变法，无论怎么改变规章条款，都没有不推迟征收和免除厘税的道理。如果一概像现在这样每遇到一个关卡就抽一次厘税，这不能称作是新规章，不能成为"盐法"。

余所虑者，却不在缓厘，而在终无实效。盖江西自道光年间从无销足额引之事，乱后人口减少，即令全食淮引官盐，亦不能销至六万大引之多①。况引地被邻私侵占殆尽，焉能一一骤尔夺回？商人凑办三万引之成本四十余万，已极不易，二分之利，又不足动其涎羡之心②，加以引地毫无把握，销售难期畅王③。时日稍滞，获利愈微。商利既薄，则所谓包缴厘金盈余者，皆成拖欠展缓之局④。余之所虑无实效者,谓此类也。

【注释】

①大引:引,即引票。盐商领引行盐,每张引票行盐的数量不同,各地区也不尽一致。引票分大引和小引,亦即有数量之不同。大引为明代旧制,其时大引为四百斤,小引为二百斤。清代大引每引数百斤至千斤不等,有的地区每引多达两千斤。又,清代淮南四岸之盐,向有大引与小引之别。因栈秤与岸秤大小不同,栈秤六百斤为大引,岸秤则六百斤为小引。

②涎羡:垂涎贪羡。

③畅王:繁荣兴旺。王,通"旺"。

④展缓:推迟,延缓,宽限。

【译文】

我所担心的事情,却不在于推迟征收厘税,而是最终却没有实际效果。江西省自从道光年间以来,就没有销售出全额盐引的情况,战乱过后人口减少,即使是让老百姓全部吃淮引官盐,销售也不能达到六万大引之多。况且引地已经被邻省的私盐侵占殆尽,怎么可能一下子一一夺回来?商人凑办三万引的成本,四十多万两银子已经很不容易,二分的利息,又不足以使其动心,加上引地毫无把握,销售难以期望繁荣兴旺。时间上稍稍迟滞,商人贩盐获利就越少。商人贩卖获利既已微薄,那么所谓的包缴厘金盈余,就都成拖欠展缓的局面了。我所担心的没有实际效果,就是指这类事情。

然此时办法,除重税邻私、指岸认运二者,别无下手之处,应即照金君所拟办理。

【译文】

然而现在的办法，除了向邻省私盐征收重税、指定引岸运销两种手段，没有其他的法子了，应该就按照金眉生君所拟的方案办理。

黄南坡兄七月在湘启行，节前当可到此。余再与之商定一切，乃行具奏。其泰州招商认运，即可一面兴办。

【译文】

黄南坡兄七月份从湖南启程，中秋节前应该可以到我这里。我再和他商定一切，然后再具体上奏朝廷。至于泰州招商认运的事情，现在就可以一面创办了。

八月初二日 　致沅浦弟书

沅弟左右：

所保各员，均奉允准，惟金安清明谕不准调营[①]，寄谕恐弟为人耸动[②]。盖因金君经余两次纠参[③]，朝廷恐余兄弟意见不合也。大抵清议所不容者[④]，断非一口一疏所能挽回，只好徐徐以待其自定。近世保人，亦有多少为难之处。有保之而旁人不以为然，反累斯人者；有保之而本人不以为德，反成仇隙者。余阅世已深，即荐贤亦多顾忌，非昔厚而今薄也。

【注释】

①金安清：字眉生。见前注。

②耸动：怂恿。

③纠参：举发弹劾。

④清议：舆论。

【译文】

沅弟左右：

　　你所保举的人，都已得到恩准了，只有金安清被明确告知不准调到军营任职，皇上的谕旨说担心贤弟被人游说怂恿。因为金君被我两次举发弹劾，朝廷担心我们兄弟意见不合。一般来说，被清议所不容的人，绝不是一句话一封奏疏所能挽回的，只好慢慢地待以后自然发展。近年来保举人，也有很多为难的地方。有保举了某人但别人不以为然，反而拖累这个人的；有保举了某人而他本人不认为这是德举，反而变成仇家的。我阅世已经很深，即便举荐贤能之人也有很多顾忌，不是以前厚道而现在变刻薄了。

　　景、河、婺、乐四卡①，左帅业已归还余处。上海四万，余志在必得，恐不免大有争论。

【注释】

①景、河、婺（wù）、乐：景德镇、河口、婺源、乐平四地。

【译文】

　　景、河、婺、乐四地的厘卡，左季高大帅已经归还给我这里。上海的四万厘税，我是志在必得，恐怕难免会有大的争论。

　　霞仙升陕抚①，先办汉中军务。闻李雨苍系多帅所劾也②。

【注释】

①霞仙:刘蓉,字霞仙。见前注。

②李雨苍:李云麟,字雨苍。见前注。

【译文】

刘霞仙升任陕西巡抚,首先办理汉中的军务。听说李雨苍是被多隆阿大帅弹劾的。

八月初五日   致沅浦弟书

沅弟左右:

小河西岸尽为我有,贼船万不能过,且凭河为守,又可当一道长壕,可慰之至!

【译文】

沅弟左右:

小河西岸全部被我军占领,贼匪的船只绝对不能通过,而且凭仗河岸守卫,又可以当作一道长壕,太让人欣慰了!

然城内有数十万悍贼,上游黄、胡、古、赖等即日下援金陵①,穷寇有致死于我之心,抑又可惧之至②。河之东岸暂不必谋,少息兵力以打援贼可也。

【注释】

①黄、胡、古、赖:指太平军将领黄文金、胡鼎文、古隆贤、赖文鸿。

②抑:或者。

【译文】

但是城内有几十万强悍的贼匪,上游的黄、胡、古、赖等人近几天之内会下来支援金陵,走投无路的贼匪有与我军拼死相搏的打算,这又十分可怕。小河的东岸暂时不必要谋划,休息兵力用来攻打前来支援的贼匪就可以了。

金眉生参者极多。二三年来,胜帅屡疏保之,升于九天①;袁帅屡疏劾之,沉于九渊②。余十一年冬查参革职,胜帅又以一疏劾我,谓为党袁而不公。余偶与汪曜奎言之③,汪以告胜,胜又寄函与我,自陈前疏之误。即如下游诸公,李、吴、乔皆痛恶眉而不知其美④,郭又酷好眉而不知其恶⑤。此等处弟须详询密查,不可凭立谈而遽信其人之生平耳。

【注释】

①升于九天:升到天的最高处,形容地位极高。
②沉于九渊:形容处境极差,地位极低。
③汪曜奎:曾官孟县知县、浙江候补道,曾为胜保僚属。
④李、吴、乔:江苏巡抚李鸿章、漕运总督吴棠、两淮盐运使乔松年。
⑤郭:郭嵩焘。

【译文】

弹劾金眉生的人很多。两三年来,胜保大帅屡次上疏担保他,把他抬得很高;袁甲三大帅屡次上疏弹劾他,把他贬得很低。我在咸丰十一年的冬天调查他并将他参劾革职,胜帅又上一封奏疏弹劾我,说我偏私袁帅而不公正。我偶然和汪曜奎说了这件事,汪曜奎把这件事告诉胜帅,胜帅又寄信函给我,自己陈述之前弹劾我的奏疏的误会。至于长江下游的各位大员,李、吴、乔都很厌恶金眉生而不知道他的优点,郭嵩焘又十分喜欢金眉生而不知道他的坏处。像这种情况，贤弟一定要详细询问，暗中查证，不可以凭短暂的交谈就马上相信一个人的人品。

饷银今日解去三万，湖南又另解四万与弟，节下当可敷衍。

【译文】

饷银今天解送去了三万两，湖南又另外解送四万两给贤弟，中秋节前后应该可以勉强维持。

生日在即，万不可宴客称庆。此间谋送礼者，余已力辞之，弟在营亦宜婉辞而严却之。家门大盛，常存日慎一日而恐其不终之念，或可自保。否则颠蹶之速，有非意计所能及者。

【译文】

生日快到了，千万不可宴请宾客庆贺生日。这里谋求送礼的人，我已经尽力推辞了，贤弟在军营里也应该婉言而严明地推辞掉。家门兴盛，时常存有日日谨慎而怕不能维持的念头，或许可以自保。不然覆亡的速度之快，是人意料不到的。

八月初九日　致沅浦弟书

沅弟左右：

青阳米粮太少，援兵不得至城下，万难久支。青邑若失,则南陵、泾县、宁国殆将瓦解,不得不调霆军救援皖南。昨日已备牍咨行。请弟速催春霆启行,无贪城北地道万不可成之功,而忘上游数城万不可失之地。

【译文】

沅弟左右:

青阳的米粮太少,援兵又不能到达城下,很难支撑太久。青阳如果失陷,那南陵、泾县、宁国的防守可能会瓦解,不得不调春霆的军队来救援皖南。昨天已经备好公文传达。请贤弟赶快催促春霆启程,不要贪恋城北地道绝对不可能成功的劳绩,而忘记上游好几个万万不可以失去的城池。

弟兵暂扎小河以西,只要背后无援贼,但御前面之城贼,力自有余。待至秋末冬初,春霆击退黄、李、古、赖各股①,或可进攻东坝。弟之新勇募到,亦可扎过小河以东,暂达孝陵卫矣。

【注释】

①黄、李、古、赖:黄文金、李远继、古隆贤、赖文鸿。

【译文】

贤弟的军队暂时驻扎在小河的西面,只要背后没有来救援的贼匪,只抵御前面城里的贼匪,力量绰绰有余。等到秋末冬初时,春霆击退黄、李、古、赖各路贼匪,或许可以进攻东坝。贤弟的新兵招到,也可以驻扎到小河的东岸,暂且到达孝陵卫。

古人用兵，最贵变化不测。吾生平用兵，失之太呆，弟亦好从呆处着想。霆军五月从燕子矶南渡，本是呆着，挖地道则更呆。此际皖南危急，不能不调之使活耳。

【译文】

古人用兵，最可贵之处是变化莫测。我平生用兵，不足之处在于太呆板，贤弟也喜欢从呆板之处着想。春霆的军队五月从燕子矶南渡，本来就是呆板的举措，挖地道就更呆了。此时皖南情况危急，不能不调动，使局势变活。

八月二十三日　致沅浦弟书

沅弟左右：

通江关与石埠桥相近①，为李部济贼之区②。自当咨李，请将石埠桥之兵悉数撤回江北。惟此咨目下尚难遽发。渠之两岸设兵，中间又设炮船，为通江关厘卡计也。日内因定盐务新章，咨请渠将厘卡撤回，每月由运司衙门解渠银一万两以作抵款③，尚不知渠肯应允否。待渠咨复到日，肯撤通江之厘卡，然后可并撤石埠之防兵。余本日拟解银万两、子药各万斤协济滁州④，亦为求渠撤通江厘卡，先有以慰其心也。大凡办一事，其中常有曲折交互之处。一处不通，则处处皆窒矣。

【注释】

①通江关：即今南京六合通江集码头，在长江北岸。石埠桥：古镇

　　名。在长江南岸,旧镇已坍入江中。今南京栖霞镇有石埠桥村。

②李部:李世忠部。

③运司衙门:明、清官署简称,即都转盐运使司,专管盐务的官署。

④协济:援助、接济。

【译文】

沅弟左右:

　　通江关和石埠桥相距很近,是李世忠部接济贼匪的地区。我自然会发咨文给李世忠,请他将石埠桥的兵全部撤回江北。但是这一份咨文当下还难以立刻发出。李世忠在两岸设兵,中间又布置炮船,是为了通江关的厘卡。近日因为拟定盐务的新规章,发咨文请他将厘卡撤回,每月由运司衙门解送给他一万两白银以作为抵款,还不知道他肯不肯答应。等他的回复咨文到了,如果他肯撤去通江关的厘卡,然后就可以让他一并撤去石埠桥的防兵了。我今日打算解送一万两白银、弹药各万斤接济滁州,也是为了请求他撤销通江关的厘卡,先以此举来宽慰他的内心。凡是办理一件事,其中常常会有曲折交互的地方。一处不通,则处处不通。

八月三十日　　致沅浦弟书

沅弟左右:

　　来缄内附新刻西省饷盐招商章程①,具悉一切。新章中余亦有不以为然之处,已批出交篑轩复核②,即日另刻一本寄阅。

【注释】

①饷盐:太平天国战争爆发后,清廷财政匮乏,户部令统兵大臣就

地筹饷。咸丰五年(1855)四月,曾国藩奏请自运浙盐行销江西、湖南两省,以所获应交户部之盐课,抵户部应拨该军之饷,故称此盐为"饷盐"。按照清朝的盐引制度,江西本为淮盐销售专区。合围金陵以后,长江水运的控制权回到清政府手中,于是曾国藩咨询谙于盐务的杜文澜等人,恢复旧日引地,先行试办官运淮盐行销于江西一岸,核定西岸票盐章程,招商领运。

②簏轩:万启琛,号簏轩。见前注。

【译文】

沅弟左右:

来信里面附有新刻江西省饷盐招商章程,我已经知道一切了。新章程中我也有认为不妥的地方,已经批示出交给万簏轩复核,近几天之内另外刻一本寄给贤弟一阅。

盐务自应由余与运司两衙门作主,界限不可不清,始基不可不慎①。护票不必由弟营填发②,船单与认旗皆可不用③,恶其全是洋人规模也。凡商皆可招,不必认说全归大营认办④,并不必立营运名目⑤。总之,余之主意,重在商运,不重在官运、营运。金君之主意⑥,时重商,时重官、营,夹杂之中,不免自相矛盾。故此次刊刻新章,不可不慎,以其遍传官绅商贾也。

【注释】

①始基:起始,开头。

②护票:清代的一种同行凭证。

③船单:船舶进港后相关的手续文件。亦指船舶过关的同行凭证。

认旗:行军时主将所有的旗帜上有不同的标记,以便辨认。亦用来作为通行凭证。

④认说:认定,指定。认办:承担办理。

⑤营运:军队承担的运营。

⑥金君:指金眉生。

【译文】

盐务理应由我和运司两衙门做主,界限一定要明确,开始时就一定要慎重。护票不必由贤弟军营填写发出,船单与认旗都不可用,因为这全是洋人的做派令人厌恶。但凡招商,经商者都可以参与,不必指定是全部归军营认办,并且用不着立营运的名目。总之,我的意见重点在商运,不在官运、营运。金眉生的意见,一会儿重商运,一会儿重官运和营运,相互夹杂,难免会自相矛盾。因此这次刊刻新章程必定要慎重,因为它要传到所有官员、绅士、商人当中。

九月十七日　致沅浦弟书

沅弟左右:

接弟两缄,心气和平,事理通达,大慰大慰!

【译文】

沅弟左右:

接到贤弟的两封信,发现贤弟心平气和,对事情的看法清晰透彻,我感到极其欣慰!

皖盐亦向泰局领票①,由安庆总握其权,则食岸亦渐就范围②。日内将南坡米盐互市之议略定章程,作一长折,将漕务彻底一说,即日具奏。

【注释】

①皖盐:此指销往安徽的盐。泰局:指两淮盐运司泰州分司。领票:票,在这里指盐票。产生自票盐制改革。道光初年,循用旧制,各省行盐,由世袭的盐商运销,使盐业之利尽归盐商。盐商层层盘剥,各级官员借盐商层层中饱,致使"浮费日增,成本日重,盐价日昂",从而造成私盐盛行,盐税大减。道光十一年(1831),两江总督陶澍奏准于淮北行票法,规定无论什么人,只要按章纳税,即可领票运盐,每票一张,运盐十引。

②食岸:盐的销售区。在清朝,产盐区域、销盐区域是不同的,有着严格的区域限制。例如按照清代盐引专卖规定,两湖地区为淮盐销售专区。就:靠近,接近。

【译文】

　　销往安徽的盐也向泰州分司领盐票,由安庆官府统一负责管理,这样的话皖盐的销售区域也就能逐渐地符合划定的范围了。近几天内将黄南坡米盐互市的提议初步拟定成章程,写成一篇长奏折,将漕运的事情彻底地说一下,写好以后就上奏朝廷。

　　弟增募二万人,银米恐接济不上。且安庆克后,弟添新兵近二万人,此次又添二万,前此老营能战能守之将弁分散太多,此余之所深虑。至水师十二营,尤可不必添募,弟意不过恐杨、彭师船不能应手耳①。天下事焉能尽如人意?古来成大事者,半是天缘凑泊②,半是勉强迁就。余当寄信与郭意城,请其停止弟募水勇之事,寄信杨、彭,请其不必代弟造船。望弟亦寄信止之。长江肃清之后,忽添水师十余营,于清议亦说不去也。

【注释】

①杨、彭师船：杨岳斌、彭玉麟水师战船。

②凑泊：凑巧，促成。

【译文】

　　贤弟增加募兵两万人，银两米粮可能接济不上。而且在收复安庆后，贤弟招募了新兵近两万人，这次又添了两万人，以前老的部队能攻善守的将士太过分散，这是我十分担心的事情。至于水师十二个营，更是不必添募的，贤弟的意思只不过担心杨、彭水师战船使用时不顺手。天下的事怎么能尽如人意？自古以来成就大业之人，一半是靠天缘凑巧，一半是勉强迁就。我自当写信给郭意城，请他停止为你招募水兵；另外写信给杨岳斌、彭玉麟，请他们不必为你造船。希望贤弟你也寄信给他们停止募兵、造船。长江水面肃清之后，忽然增添十多营水师，舆论方面也实在是说不过去。

九月二十二日　致沅浦弟书

沅弟左右：

　　接十五日、十七日信，有畏慎而无怫郁，极慰极慰！老弟之意量远矣①，先世之气脉长矣②。

【注释】

①意量：气度。

②气脉：犹气运。

【译文】

沅弟左右：

　　接到十五日和十七日的来信，贤弟对这种事有敬畏谨慎之心却没有忧郁不平,实在让人欣慰! 老弟的气度很大眼光很长远,我们家族先辈的气运可以长久了。

杜小舫文澜往年经郭雨三专函力保①,去年又经晏彤甫函保②,故余一见即器重之,许以驻汉口办督销局务③。近日与南坡亦极水乳,南亦请以汉口督销局委之。其品望虽未必果翕舆论④,然亦当稍优于金、许也⑤。许之条陈,多有可采,候与南坡商之。

【注释】

①杜小舫文澜:杜文澜(1815—1881),字小舫,浙江秀水人。官至江苏道员,署两淮盐运使。有干才,为曾国藩所称。工词。有《宋香词》、《曼陀罗华阁琐记》、《古谣谚》、《平定粤寇记略》及《词律校勘记》传于世。

②晏彤甫:即晏端书。见前注。

③督销局:官署名。清后期,在产盐、销盐的省份设立督销局,掌地区的食盐运销。

④翕:合。此处指符合。

⑤金、许:金眉生、许惇诗。二人皆曾主持两淮盐务。

【译文】

杜小舫杜文澜往年曾被郭雨三专门写信大力保举,去年又经过晏彤甫写信保举,所以我一开始就很器重他,许诺他到汉口办理督销局的事务。近日杜文澜与黄南坡关系也很融洽,黄南坡也请求将汉口督销局的事务委托给杜文澜。杜文澜的人品声望虽然未必名副其实,然而也应当稍微比金眉生、许惇诗好一些。许君的条陈有很多可以采纳,等南坡来了再商量。

扬守炮船一事，弟之公牍甚为婉逊①，即照弟所拟办理。末世好以不肖之心待人②，欲媒孽老弟之短者③，必先说与阿兄不睦。吾之常常欲弟检点者，即所以杜小人之谗口也。

【注释】

①婉逊：委婉谦逊。

②不肖：不正派。

③媒孽：亦作"媒蘖"、"媒糵"，意思是酒母，比喻借端诬罔构陷，酿成其罪。《汉书·司马迁传》："今举事一不当，而全躯保妻子之臣随而媒孽其短。"颜师古注引臣瓒曰："媒谓遘会也，孽谓为生其罪酆也。"《汉书·李陵传》作"媒糵"。

【译文】

扬州防守方面炮船的事，贤弟的公文很委婉谦逊，就照贤弟所拟定的办理。末世之人喜欢用不正之心对待别人，打算找老弟短处的人，一定会先说贤弟与兄长我不和。我常常让贤弟检点，就是要这样来杜绝小人的谗言。

何铣罚款，断不放松，幸毋听谣言而生疑。

【译文】

何铣的罚款，绝对不能放松，贤弟千万不要听谣言而产生疑虑。

十月初四日　　致澄侯弟书

澄弟左右：

纪鸿母子及全家到营，一路平安，足慰家中悬系。

【译文】

澄弟左右：

纪鸿母子和全家都到了营中，一路平安，家里可以放心了。

寅皆先生意欲速行旋里①，牧云当度岁乃归也。袁婿在此②，尚无为非之事，惟不肯读书作字，难期有成。

【注释】

①旋里：返回故乡。

②袁婿：袁秉桢，曾国藩长女曾纪静之夫。乃袁芳瑛之子。

【译文】

邓寅皆先生想要马上返回乡里，欧阳牧云要过了年才回去。袁婿在这里，还没有做过坏事，只是不肯读书写字，很难指望他有出息。

内人以下，历述老弟数年以来照料黄金堂诸事，心思之细，仪节之恭，送情之厚①，均为近世兄弟中所未见。吾家敬宗收族②，承先启后诸大端，皆发于沅弟之谋，而成于弟之手。沅弟费财，老弟费心，均可为祖父累代之功臣。余愧未能悉心经营，幸两弟有以补余之过也。

【注释】

①送情：方言。指送礼。

②敬宗收族：敬重祖先，团结族人。《礼记·大传》："尊祖故敬宗，敬宗故收族，收族故宗庙严。"陈澔《集说》："收，不离散也。宗道既尊，故族无离散。"

【译文】

内人她们一次次陈述老弟数年来照料黄金堂的各种事情,说你心思细腻,礼仪恭谨,送礼丰厚,都是宗族兄弟中没见过的。咱们家敬宗收族,承前启后的各种大事,都是由沅弟提出设想,而经贤弟你手完成。沅弟破费钱财,老弟你花费心思,都是祖先父辈世代的功臣。我惭愧没能用心经营,幸亏两位贤弟做得很好,足以弥补我的过失。

　　沅军连克上方桥、七瓮桥等贼垒①,城外接济将断。朱云岩招降古隆贤一股,收复石埭、太平二城。春霆进攻水阳、金宝圩一带②,尚无开仗之信。临淮唐中丞处,近亦平安。惟蒙城粮尽援绝,断难保全。发逆稍衰,而苗逆方盛,良可虑也。

【注释】

①上方桥、七瓮桥:明正统五年(1440)于通济门外九龙桥上游约四千米处建成的七孔不等跨半圆石拱桥,因靠近南京外城上方门,初名"上方桥"。正中的桥瓮最大,跨十二米,两侧刻"上方桥"。清代时,桥拱也被称作"桥瓮",因此该桥又名"七瓮桥"、"七桥瓮"。七瓮桥是南京现存体量最大的古桥,1982年被列为第三批江苏省文物保护单位。太平天国曾在七瓮桥附近构筑八座军事堡垒,与清军多次在此激战。

②水阳:地名。即今安徽宣城宣州区水阳镇。

【译文】

　　沅弟军队连连攻克上方桥、七瓮桥等处贼匪的堡垒,贼匪城外的接济即将断绝。朱云岩招降古隆贤那股贼匪,收复石埭、太平两城。鲍春霆进攻水阳、金宝圩一带,还没有开战的消息。临淮唐义渠中丞那里也平安。只是蒙城粮食断绝又没有外援，肯定难以保全。太平军乱党稍微衰弱，而苗沛霖乱党又兴盛起来，实在让人担忧。

十月十七日　致沅浦弟书

沅弟左右：

徐士衡等归①，言弟往看孝陵卫营基，余且喜且惧。喜贼之接济将断，惧弟之新营太多，占地太广，恐百密而一疏也。

【注释】

①徐士衡：曾国藩僚属。曾国藩曾委派他护送法国传教士罗安至江西谈判。

【译文】

沅弟左右：

徐士衡等人回来，说贤弟前往孝陵卫查看营垒基地，我又高兴又害怕。高兴的是贼匪的接济将被切断，害怕的是贤弟新兵营太多，占地太广，只怕百密而有一疏。

意城亦以弟招新勇太多为虑。余以弟力谋此城，苦心孤诣，故仅禁招水勇而不禁招陆勇，不忍重拂弟也。弟亦当亮余苦衷，将新勇之可减者减之，可并者并之。至于克城迟早，仍有天意，不尽人谋也。

【译文】

郭意城也因为贤弟招募新兵太多而忧虑。我因为贤弟全力谋取此城,苦心孤诣,所以仅禁止招收水兵而不禁止招收陆勇,不忍心过多地违背贤弟的心意。贤弟你也应当体谅我的苦衷,把新营能减少的就减少,能合并的就合并。至于攻克城池的早晚,仍有天意,不光是人谋可以决定的。

十月二十二日　致沅浦弟书

沅弟左右:

　　日内未得弟信,不知体中安否?

【译文】

沅弟左右:

　　最近没有收到你的信,不知身体是否安泰?

　　东坝、溧水既克,弟又进扎孝陵卫,城中接济似已可断。其孝陵卫以北,不妨空缺,不必合围。盖大致米粮难入,则城中强者可得,弱者难求,必有内变争夺之事。若合围太紧,水息不通①,无分强弱,一律颗粒难通,则反足以固其心而无争夺内变、投诚私逃之事矣。不知弟亲历其境,以余此说为然否?

【注释】

①水息不通:犹水泄不通。

【译文】

东坝、溧水已经攻克,贤弟又进驻到孝陵卫,金陵城中的接济似乎可以切断。孝陵卫以北不妨空出，不必合围。因为如果米粮难以入城，那么城中的强者可以得到，弱者很难得到，必然会出现内乱争夺粮米之事。如果合围得太紧，到水也流不进去的地步，不分强弱，一粒米都难以得到，就会反而使他们团结一心，而没有争夺的内乱、投诚私逃这种事了。不知以贤弟亲临其境的经验来看，我的这个说法对不对？

十一月初五日　致沅浦弟书

沅弟左右：

初三日接程学启报苏州克复之信，初四日得唐中丞克复怀远之信。苗党张士端叛苗从官①，献出怀远一城，并献炮船六十号、米四千石、钱三千串，从此苗众之心益涣。僧邸亦至蒙城，蒙围当可立解。

【注释】

①张士端：苗沛霖党羽。同治二年(1863)献怀远城，降清。

【译文】

沅弟左右：

初三日收到程学启禀报苏州收复的信，初四日得到唐义渠中丞攻克怀远的消息。苗沛霖的党羽张士瑞叛苗而投诚官军，献出怀远城，并献出炮船六十艘、米四千石、钱三千串，此后苗沛霖军队人心更加涣散。僧王官兵已到了蒙城，蒙城之围应该可以马上解除了。

金陵如果克复，弟当会同彭、杨二人前衔，将大略情形飞速入告。折首云："为官军克复金陵，谨将大概情形先行

驰奏,以慰宸廑①,仰祈圣鉴事。"折末云:"伏乞皇太后皇上
圣鉴。再,臣等前接曾国藩密函,金陵如果克复,嘱臣三人
先将大概情形会奏,早到京一日,圣怀早得宽慰一日。其详
细情形,仍咨由官文、曾国藩会奏等语。除将详细战状另咨
楚、皖续奏外,合并声明。谨奏。"其折愈短愈妙。洪秀全之
下落,银钱之多寡,不可不说大概,此外皆宜略也。

【注释】

①宸(chén)廑:帝王的殷切关注。

【译文】

　　金陵如果真的攻克了,贤弟应当会同彭玉麟、杨岳斌联名署彭、杨
二人前衔,将大概的情形飞速上报。折子开头这么写:"由于官军攻占
金陵,谨将大概情形先飞马上奏,好让陛下宽心,祈盼圣上明鉴此事。"
奏折末尾这么写:"伏乞皇太后皇上明鉴。再有,臣等之前接到曾国藩
的密信,讲到金陵如果能够攻克,嘱咐臣等三人先将大概情况联名禀
奏,早到京城一天,圣上的心里早得宽慰一天。其详细情形,仍然写呈
由官文、曾国藩共同上奏等话。除了将详细战况另写公文由湖北、安徽
继续上奏外,合并声明,谨此上奏。"这个奏折越短越好。有关洪秀全的
下落,城中银钱的多少,不能不说个大概,除此而外者可以从略。

　　顷又接冯萃亭信①,洪酋全不动摇,弟切不必性急。常、
杭、嘉、湖全克,而金陵收功结果,乃正理也。

【注释】

①冯萃亭:冯子材(1818—1903),字南干,号萃亭,广东钦州人。咸
　丰年间从向荣、张国梁镇压太平军,后归两江总督曾国藩节制。

中法战争时，已年近七十，起用为广西关外军务帮办，大败法军于镇南关，攻克文渊、谅山，重创法军司令尼格里，授云南提督。甲午战争间奉调驻守镇江，官终贵州提督。死谥勇毅。

【译文】

刚才又接到冯萃亭的来信，贼首洪秀全毫不动摇，贤弟千万不必性急。常州、杭州、嘉兴、湖州全部攻克，然后金陵城随之攻克，以毕全功，这才是正理。

十一月十二日　致沅浦弟书

沅弟左右：

接初五夜地道轰陷贼城十余丈，被该逆抢堵，我军伤亡三百余人。此盖意中之事。城内多百战之寇，阅历极多，岂有不能抢堵缺口之理？

【译文】

沅弟左右：

接到初五日晚上我军通过地道炸毁贼匪城墙十多丈，但后来被贼匪奋力抢堵，我军伤亡三百多人的消息。这是意料之中的事。城内贼匪大多身经百战，阅历丰富，哪有不去抢堵缺口的道理？

苏州先复，金陵尚遥遥无期，弟切不必焦急。古来大战争，大事业，人谋仅占十分之三，天意恒居十分之七。往往积劳之人非即成名之人，成名之人非即享福之人。此次军务，如克复武汉、九江、安庆，积劳者即是成名之人，在天意已算十分公道,然而不可恃也。吾兄弟但在"积劳"二字上着力,"成名"二字则不必问及,"享福"二字则更不必问矣。

【译文】

苏州已经先行收复,金陵的收复还遥遥无期,贤弟千万不要焦急。自古以来大战争、大事业,人的谋划仅占十分之三,天意常常占十分之七。往往积劳的人并非成名的人,成名的人并非享福的人。以这次军事行动而言,如收复武汉、九江、安庆,积劳的人就是成名的人,天意已算十分公道,但却不可以过分依赖。我们兄弟只应在"积劳"二字上用功,"成名"二字则不必过分在意,"享福"两个字就更不必提了。

厚庵坚请回籍养亲侍疾①,只得允准,已于今日代奏。

【注释】

①养亲侍疾:赡养父母,侍奉病患。

【译文】

杨厚庵坚持请求回原籍侍奉病中的老人,我只得同意,已在今天代他上奏。

苗逆于二十六夜捦斩①,其党悉行投诚。凡寿州、正阳、颍上、下蔡等城②,一律收复,长淮指日肃清③,真堪庆幸!

【注释】

①捦(qín):同"擒"。

②正阳:即今安徽寿县正阳关镇,又名"正阳关",位于淮、颍、淠三水交汇处,古称"颍尾"、"颍口",是一座历史悠久的古镇。自古

就是淮河中游重要货物集散地,明成化元年(1465)在此设立收钞大关,年征税银达六万多两,有"银正阳"之称,"正阳关"即因此得名。下蔡:即今安徽凤台下蔡镇。

③长淮:指淮河地区。

【译文】

逆贼苗沛霖已在二十六日晚被擒获斩首,其党徒全部投诚。寿州、正阳、颍上、下蔡等城市全部收复,彻底清除淮河一带的残贼也指日可待,真是值得庆幸!

弟近日身体健否?吾所嘱者二端:一曰天怀淡定①,莫求速效;二曰谨防援贼城贼内外猛扑,稳慎御之。

【注释】

①天怀:(出自天性)的心怀。

【译文】

贤弟你近日身体清健吗?我嘱咐贤弟的主要有两点:一是心怀要淡定,不急于求成;二是谨防援救之贼和城内守贼内外猛攻,要稳妥谨慎地作好防御。

十一月十四日　致澄侯弟书

澄弟左右:

围山嘴桥稍嫌用钱太多①,南塘竟希公祠宇亦尽可不起②。沅弟有功于国,有功于家,千好万好! 但规模太大③,手笔太廓④,将来难乎为继⑤。吾与弟当随时斟酌⑥,设法裁减。此时竟希公祠宇业将告竣⑦,成事不说⑧,其星冈公祠及温甫、事恒两弟之祠⑨,皆可不修,且待过十年之后再看。至嘱至嘱!

【注释】

①围山嘴:地名。在曾国藩家乡荷叶镇。

②南塘:地名。在曾国藩家乡荷叶镇。

③规模:指事业、工程、运动、机构等的范围、场面、气势。

④手笔:指办事、用钱的气派,排场。廓:大。

⑤难乎为继:难以为继,不容易持续。

⑥斟酌:反复考虑以后决定取舍。

⑦告竣:宣告完毕,完成。多指较大的工程。

⑧成事不说:对做过的事不再提它。《论语·八佾》:"成事不说,遂事不谏,既往不咎。"

⑨事恒:曾国藩季弟曾国葆,后更名贞干,字事恒。

【译文】

澄弟左右:

修建围山嘴桥,稍嫌花钱太多,南塘的竟希公祠宇,也是尽可不建的。沅弟于国家有功劳,于我家有功劳,可以说千好万好!但是建造规模太大,手笔过大,怕将来难以为继。我与弟弟你应当随时斟酌商量,想办法裁减,降低规模。现在竟希公的祠宇快要竣工了,既成事实,说也无用,至于星冈公的祠屋和温甫、事恒两位弟弟的祠堂,都可不必修造,等过了十年之后再看吧。千万牢记!千万牢记!

余往年撰联赠弟,有"俭以养廉,直而能忍"二语①。弟之直,人人知之;其能忍,则为阿兄所独知。弟之廉,人人料之；其不俭，则阿兄所不及料也。以后望弟于"俭"字加一番工夫，用一番苦心。不特家常用度宜俭，即修造公费，周济人情，亦须有一"俭"字意思。总之，爱惜物力，不失寒士之家风而已。吾弟以为然否？

【注释】

①俭以养廉，直而能忍：勤俭以养廉洁，正直而能忍让。

【译文】

我往年曾撰写对联赠送老弟，有"俭以养廉，直而能忍"两句话。贤弟你的耿直，人人都知道；你的能忍，可就只有为兄我一个人知道了。贤弟你的廉洁，在所有人的意料之中；以后希望贤弟你在"俭"字上狠下一番功夫，用一番苦心。不但家里日常的花销应当节俭，就像修造祠屋这样的公共费用，人情方面的周济，也应当有一种"俭"的精神。总之，是要爱惜物力，不失掉寒门的家风罢了。老弟你认为对不对呢？

十一月二十四日　致澄侯弟书

澄弟左右：

衡州之粤盐①，只禁船载，不禁路挑，弟所见极为有理。江西新城县亦为禁闽盐之路挑②，竟被私贩将委员殴毙。现在衡州每挑既补二百四十③，若再加，亦必激变。从前道光年间，衡州严禁粤私④，从未禁遏得住。将来新章到衡，弟可与府县及厘卡说明，只有水卡查船载之私，每斤加作八文；其陆卡查路挑之私，概不再加分文。亦不必出告示，亦不必办公牍，但得水卡一处稽查，便算依我之新章耳。兹将新刻章程寄回。

【注释】

①粤盐:产自广东的盐。

②闽盐:产自福建的盐。

③补:追加差额。

④粤私:广东走私的盐。

【译文】

澄弟左右:

衡州商贩贩卖广东盐,只禁止船载,而不禁止路上肩挑,贤弟的看法很有道理。江西的新城县也因为严禁福建盐的路挑贩运,派去的专员竟然被私盐贩子打死。现在衡州每挑盐已经加收了二百四十文,如果再增加,必然会激起民变。以前道光年间,衡州就严禁广东私盐,但从来没有禁止得住。将来新章程到衡州,贤弟可以对府县和厘卡说明,只有水路关卡查到船上载私盐,每斤加收八文税钱;陆路厘卡查到挑贩私盐的,一概不加钱。也不必出告示,也不用发公文,只要有水路一处稽查,就算符合我的新章程了。现将新刻的章程寄回。

弟家之渐趋奢华,闻因人客太多之故。此后总须步步收紧,切不可步步放松。总之,家门太盛,有福不可享尽,有势不可使尽。人人须记此二语也。

【译文】

贤弟你家日渐奢华,听说是客人太多的缘故。今后应该步步收紧,千万不能步步放松。总之,家门太昌盛,有福气不能享尽,有权势不能用尽。人人都要记住这两句话。

十二月初一日　致沅浦弟书

沅弟左右：

接春霆信，知溧水失守，王可陞不战而溃，殊为骇异①。新军之不可恃如此！

【注释】

①殊为骇异：实在令人惊异难解。

【译文】

沅弟左右：

收到鲍春霆来信，得知溧水失守，王可陞的军队还没开打就溃散了，太令人震惊。新军居然不可靠到了这种地步！

弟处七瓮桥、孝陵卫诸营，尤为吃重。新营太多，余实不放心。留丁泗滨二营水师①，调"志"字五营陆师②，皆已照准咨复。志营万不可恃，虽有五营，弟视之如无一营可也。神策、太平二门③，断不可合围。人以收全功求速效望于弟，吾所望者一"稳"字而已，不求速，不求全也。

【注释】

①丁泗滨：字瑞庭，湖南人。湘军水师将领。官至总兵。

②"志"字五营：指韦志浚部下五营。

③神策、太平二门：金陵城的两座城门名。神策门，为南京明城墙十三座内城门之一，位于今中央门以东，南京火车站附近。太平

门,为南京明城墙十三座内城门之一,位于南京城东北垣,是明代京城的正北门,以南是朝阳门(今中山门),西北方向是神策门。因城门外为天牢所在,时常传出囚犯的哀呼之声,希望城内太平和谐,故取名"太平门"。太平门据有山湖之险,位于钟山与玄武湖相接的位置,建在钟山向西延伸的富贵山、覆舟山之间,是扼守钟山通向城内最近的通道。太平门东面的钟山被称作"蟠龙",这一段城墙就被称为"龙脖子"。

【译文】

贤弟那里七瓮桥、孝陵卫等各营压力更大。新营又太多,我实在是放心不下。请求留下丁泗滨的两个水军营,并调去"志"字五营,都已批准咨文回复。韦志浚的营万万不可依赖,虽有五个营之多,贤弟把他们当成一个营也没有都可以。神策、太平这两座城门,绝对不能合围。他人都希望贤弟你迅速全胜,而我所希望的只是一个"稳"字,不求快,也不求全。

十二月初十日　　致沅浦弟书

沅弟左右:

　　城上有墨气灰气,意者天欲殄此寇乎①?然吾辈不恃天人之征应,而恃吾心有临事而惧、好谋而成之实②。

【注释】

①殄(tiǎn):消灭。

②临事而惧、好谋而成:语出《论语•述而》:"暴虎冯河,死而无悔者,吾不与也。必也临事而惧,好谋而成者也。"

【译文】

沅弟左右:

　　城头上有黑色和灰色的云气,难道是上天要消灭这股贼匪吗?但我们不能依赖上天的征兆，而是依靠内心有遇到事情小心谨慎、善于谋划来做成事情的实力。

火药、银两接济尚可不断，惟米粮极难。江西、两湖皆买至三两四五钱，且处处阻隔遏粜①，无米可卖，深堪忧灼。只要各军有可食之米，吾兄弟有敬畏之心，此役当有了日耳。

【注释】

①粜（tiào）：卖出谷物。

【译文】

火药和银两的接济还可以不间断，只是米粮的供应很困难。江西、两湖的米每石都要花三两四五钱银子买进，并且处处道路阻隔，限制粮食外流，无米可买，实在令人担忧。只要各军有米可吃，你我兄弟有敬畏之心，这一战役就会有结束的那一天。

十二月十四日　致澄侯弟书

澄弟左右：

李氏兄弟五人而殁其三①，九与五固系名将帅，即二亦系克家之令子②。五年之内，先后沦谢③，振亭姻伯虽康健④，想亦怆恻不可为怀⑤。拟凑奠仪万金，迪、希前存历年薪水，尚有万金，寄存蒋、成、萧、毛等处⑥，亦拟提回作为姻伯养赡之资。余送赙仪千金，沅弟拟另送四百，皆在拟凑万金之内，大约可多不可减也。

【注释】

①李氏兄弟：指李续宾、李续宜一家兄弟。

②克家：能承担家事，继承家业。《易·蒙》："纳妇，吉。子克家。"

令子：犹言佳儿、贤郎。多用于称美他人之子。

③沦谢：去世。

④振亭姻伯：指李续宾、李续宜的父亲李振亭。曾国藩的弟弟曾国华与李续宾是儿女亲家，故曾国藩兄弟称李续宾、李续宜的父亲为"姻伯"。

⑤怆恸：悲怆、悲痛。

⑥蒋、成、萧、毛：蒋凝学、成大吉、萧为则、毛有铭，皆为李续宜的老部下。

【译文】

澄弟左右：

李家兄弟五人而有三位已经去世了，老九和老五自然是著名的将帅，即便老二也算是能继承祖业的好儿子。五年里先后去世，振亭姻伯虽然身体健康，想来也会过分悲伤得难以释怀吧。我这里准备凑足一万两银子作为奠仪，迪庵、希庵生前所存的历年薪水，还有万两银子寄存在蒋、成、萧、毛等处，也准备提取回来作为姻伯的养老费用。我送丧仪礼金一千两，沅弟准备另外送四百两，这都在准备筹集的一万两之内，大概只会多不会少。

金陵军务，近尚平稳。伪忠王久至金陵，尚未出城猛扑。鲍军在东坝平安。少荃一军，又在浙江克复二城。下游事机极顺。所虑者，群贼旁出四溢，终为江西、两湖之患耳。

【译文】

金陵方面军务近来还算平稳。伪忠王李秀成到金陵的时间很久了，还没有出城猛攻。鲍春霆军在东坝平安无事。少荃的军队又在浙江攻占收复了两城。下游军事进展十分顺利。我只是担心众多贼匪四处向外逃窜，最终会成为江西和两湖的祸患。

十二月十八日 致沅浦弟书

沅弟左右：

日内雨雪严寒，深以弟营缺米缺银为虑。湖南之十万金，本派定全解弟处，不料十一月初八日起行，至今四十天未到。昨派炮船四号迎提①，又为大雪所阻。一俟提到，即用洋船拖送，不知年内可到否？

【注释】

①迎提：迎接并提取款项。

【译文】

沅弟左右：

近日雨雪交加，十分寒冷，我对贤弟军营缺银缺粮的事非常忧虑。湖南的十万两银子，本已全部分派送往贤弟那里，没想到十一月初八日送出，至今已经四十多天了还没有到达。昨天派出四艘炮船去迎接提取，又被大雪所拦阻。一旦银两提到了，立刻用洋船拖带送去，不知道年前能不能送到？

弟派王子鉴办江西之米①，朱守谟办湖北之米②，余为力主其事。尚斋在江③，厉、杜在鄂④，亦无不认真之理。但昂贵异常，其能多与否，仍未可知。

【注释】

①王子鉴：曾国荃部下。同治二年（1863）末在江西买米。

②朱守谟（mó）：字子典。同治二年（1863）曾国荃委派其在湖北买米。

③尚斋：程桓生，字尚斋，号秩周。拔贡，朝考第一，钦用知县。曾于同治五年（1866）、光绪十年（1884）两任两淮盐运使。

④厉、杜：厉云官、杜文澜。

【译文】

贤弟派王子鉴办理江西的米粮，朱守谟办理湖北的米粮，我会尽力促成这件事。程尚斋在江西，厉、杜在湖北，也没有不认真办理的道理。只是米价非常高，能不能多买一些，仍然是未知数。

十二月二十一日　致沅浦弟书

沅弟左右：

大炮守垒，只可偶一用之，多用则实可不必。吾在水营多年，深知大炮之长短。

【译文】

沅弟左右：

大炮守卫营垒，只能偶尔使用一次，经常使用则实在没有必要。我在水师多年，对大炮的长处和短处知道得很清楚。

凡炮火之利有二：曰及远，曰命中。大炮之大子可以及远而难以命中①，谓其愈远则行愈迟慢，且有声可以回避；又往往自上落下，不能横穿也。其群子可以命中而难以及远②。包得合膛，筑得极紧，可及二三箭之远，否则仅及一箭而已③。群子所能及之处，"先锋包"亦几能及之④。

【注释】

①大子：大的炮弹。

②群子：霰弹，小的炮弹，可成群发射。

③一箭：指一箭所能达到的距离，"二三箭之远"就是弓箭射程的两三倍距离。

④先锋包：劈山炮用的一种炮弹。

【译文】

通常炮火的长处有两样：一是打得远，二是命中目标范围大。大炮用大的炮弹可以打得远而难以命中目标，是因为越远飞行得越慢，而且因为有声音贼匪可以迂回躲避；又往往是自上而下，不能够横向贯穿。至于霰弹可以命中但是难以到达太远。如果包得适合炮膛，装得很紧，可以达到弓箭射程的两三倍距离，否则只有一箭那么远而已。霰弹所能到达的地方，"先锋包"也差不多能达到。

军兴日久，各弁勇事事外行，徒慕大炮之名，见贼在二三里外，纷纷开大炮大子击之，喜其响之震、烟之浓而已。见贼不畏炮而排进如故，则以为凶悍无匹，而不知大子实不伤人也。

【译文】

战争已经打了很久了，各军营的士兵对这些事还都是外行，只是羡慕大炮的威名，见到贼匪在两三里之外，纷纷用大炮弹攻击，无非是喜欢大炮震撼的响声，浓烈的硝烟而已。看到贼匪不怕大炮而排列前进，以为贼匪凶悍无比，而不知道大炮弹实际上伤不到人。

吾在水营时，教将弁专用群子"包得圆，筑得紧，开得近"三语者，内湖各营，罕能做到，外江间有做到者，便是无敌之将。陆营善用大炮者，吾尚无所闻。弟营善用大炮者共若干人？然大约不满三百人，而营中之炮，却不止三百尊。弟去年请黄南翁解炮四尊，今年请丁道铸炮数尊，皆外行之举动也。

【译文】

我在水师营中的时候，教给将士们专用霰弹，要"包得圆整，装填紧实，等贼匪靠近了再打"这三个诀窍，内湖的各营战士很少能做到，外江的将士偶尔有能做到的，就是无敌之将了。陆营中善于用大炮的，我还没有听说。贤弟营中善于用大炮的一共有多少人？我想不到三百人，而营中的大炮远不止三百尊。你去年让黄南翁解送四尊炮，今年请丁道台筑了数尊炮，都是外行的举动。

余恐火药接济不上，故于地洞、大炮二事，详悉言之。

【译文】

我担心火药接济不上，所以将地洞、大炮两件事跟你说得详细一些。

十二月二十三日　致沅浦弟书

沅弟左右：

弟营之米太少，余亦知之，竟无法可以多购。待三月后，江达川办蜀米①，王子鉴办江米，朱守谟办鄂米，三处所得，当较多耳。

【注释】

①江达川：江忠浚，字达川，江忠源胞弟。官至四川布政使、广西布政使。

【译文】

沅弟左右：

贤弟营中的米太少，我也知道，竟然没法再多买一些。等到三月后，江达川采办四川米粮，王子鉴采办江西米粮，朱守谟采办湖北米粮，三处米粮相加，应当比较多了。

弟问芳浦、惟堂等是否可全调金陵①。余意句容之贼可由秣陵关、小丹阳而至金柱关。贼若以一枝稳扎秣陵关，一枝进攻金柱关，不特鲍营远在东坝不能遽破秣陵之贼，即弟营近在雨花台，亦不能猛打秣陵大股也。

【注释】

①芳浦：朱南桂，字芳浦。惟堂：朱惟堂，湘军将领。

【译文】

贤弟问朱芳浦、朱惟堂等是否可以调往金陵。我料想句容的贼匪可以经由秣陵关、小丹阳到达金柱关。贼匪如果用一支部队牢牢驻扎在秣陵关，再用一支部队攻打金柱关，那么不只是鲍超军远在东坝不能马上攻破秣陵的贼匪，即便贤弟的大军近在雨花台，也不能猛打秣陵的大股贼匪。

弟军前攻破秣陵关伪城后，不知曾派兵守之否？若已有劲兵守之，则不特金柱关可以无虞，即三汊河、江宁镇之兵亦可少减。若秣陵关并未设守，则朱芳浦不可轻离金柱关也。或调芳浦驻守秣陵关，于鲍、王皆可联络①，于金、芜亦可屏蔽。请弟裁酌。

【注释】

①鲍、王：鲍超、王可陞。

【译文】

贤弟的大军之前攻破秣陵关贼匪的城垒后，不知道是否曾派兵勇守城？如果已经有劲旅把守，那么不但金柱关可以无忧，即便是三汊河、江宁镇的兵力也可以稍微缩减。如果秣陵关没有设守卫，那么朱芳浦就不能轻易离开金柱关。或者可以调朱芳浦驻守秣陵关，和鲍超、王可陞都可以联络，对金柱关、芜湖来说也可以做屏障。请贤弟裁酌。

十二月二十六日　　致沅浦弟书

沅弟左右：

日内所忧弟营之事，专在米粮一宗。赈米二千石，日内必解赴金陵。江西之米，官固认真稽查，民间尤阻遏甚紧。余顷已札行各卡,正、二、三月一律免厘。此风一播,应可松活也。

【译文】

沅弟左右:

我近来所担心贤弟营中的事,只有米粮这方面。两千石的救济米,几天内一定押送到金陵。江西的米,官方固然认真稽查,民间的阻碍尤其吃紧。我方才已经发文给各厘卡,正月、二月、三月一律免除厘税。这种风气一传开,各方面就应该有所松动了。

太平、神策二门,余意不遽合围,实因另无统令之故。如东头初一日开仗,西头之兵初二日驰援,尚只能走路,不能接仗,必须初三日乃能交手。而东头存亡呼吸之顷,固不能靠西兵以救危,又岂能向西帅以问计策哉?欲求东头另立统领,近则调鲍春霆,远则调程学启,或竟请少荃亲来,乃可当此一面。余顷有信寄少荃,调程学启还弟麾下。如少荃不允,余于正、二月必设法调一统领大员,围扎神策、太平二门,并拟于灯节后坐轮船与弟一会①。

【注释】

①灯节:元宵节。

【译文】

太平、神策这两座城门,我之所以不主张马上合围,实在是因为东边没有另外的统帅的缘故。如果东面初一日开战,西面的兵在初二日赶去救援,还只能在路上行军,不能打仗,必须在初三日才能交手。而东面的存亡只在呼吸之间,当然不能靠西边的兵力来救援,又怎么能向西边的统帅询问计策呢？要想东边另外有统帅，近处就调鲍春霆，远处就调程学启，或者干脆请李少荃亲自来，才能够独当一面。我刚寄给少荃一封信，调程学启回你旗下。如果少荃不同意，我在正月、二月必须设法调一员统领大将，用来驻扎在神策、太平二门，并准备在元宵节后坐轮船去和贤弟会面。

弟宜以保身体为主，不必焦灼也。弟此次两信，胸怀颇宽舒，心志颇敬慎，以后须常存此意，总觉得人力虽尽到十分，而成功纯是天意，不可丝毫代天主张。至嘱至嘱！

【译文】

贤弟应以身体为重，不要焦虑。贤弟这次写的两封信，胸怀还算宽宏舒缓，心志还算恭敬谨慎，以后要常常这样想，时常意识到人力即使尽了十分，而成功与否纯粹是天意，不可以丝毫有代替老天做主张的念头。切记切记！

同治三年甲子
正月初四日　致澄侯弟书

澄弟左右：

九弟及各军近日均无战事。苗沛霖既诛，其部下头目为僧王揸斩殆尽。李世忠亦知畏罪，近有文书来，将渠所据城池交出，请派人去守，其枪炮亦愿缴出，将来江北可无后患。

【译文】

澄弟左右：

九弟和各营近来都没有战事。苗沛霖被诛杀后，他手下的头目也差不多被僧格林沁亲王擒拿斩杀干净了。李世忠也知道害怕刑罚了,最近发了文书过来,将他所占据的城池交出,请我派人去把守,他的枪炮也愿意上缴,以后江北就可以没有后患了。

　　余身体平安,合署内外俱好,惟"俭"字日减一日。余兄弟无论在官在家,彼此常以"俭"字相勖①,则可久矣。

【注释】

　　①勖(xù):勉励。

【译文】

　　我身体平安,官署内外全都安好,只是"俭"字上做得一日不如一日了。我们兄弟无论是做官或是在家,彼此要常用"俭"字互相劝勉,这样才可以长久。

正月初七日　　致沅浦弟书

沅弟左右:

　　余思至金陵一行,不过因弟太辛若,或兄弟一会,以畅欢怀。

【译文】

沅弟左右:

　　我想到金陵走一趟,不过因为贤弟你太辛苦了,或许兄弟相会可以使心情欢畅一些。

　　近见弟累次来信,襟怀甚恬畅,字画甚光润,心意甚敬谨,可卜其神不外散。别无波折,余即决计不赴金陵。盖洋船虽快,往返亦须八九日也。

【译文】

近来见到贤弟的数次来信,胸襟很恬适舒畅,书法很光鲜圆润,心态很恭敬谨慎,可见你精神内聚而不涣散。没有其他事情,我就决定不去金陵了。因为坐洋船虽然快,往返也要八九天。

少荃决不能来,显而易见。程学启之能来,亦姑听之。余已有函商之少荃,此后不加咨牍可耳。

【译文】

李少荃决不会来,这是显而易见的。程学启能不能来,也暂且随他便。我已去信与少荃商量,以后不再发公函了。

正月十四日　　致澄侯弟书

澄弟左右:

吾不欲多寄银物至家,总恐老辈失之奢,后辈失之骄。未有钱多而子弟不骄者也。

【译文】

澄弟左右:

我不想多寄银钱物品回家,总归是怕长辈变得奢侈,晚辈变得骄纵。没有钱多而子弟不骄纵的。

吾兄弟欲为先人留遗泽①，为后人惜余福，除却"勤"、"俭"二字，别无做法。弟与沅弟皆能勤而不能俭，余微俭而不甚俭。子侄看大眼吃大口②，后来恐难挽回，弟须时时留心。

【注释】

①遗泽：前人留下的德泽。

②看大眼吃大口：眼光很高，花钱大手大脚。

【译文】

我们兄弟要想保留祖上的恩泽，为后人爱惜我们享不完的福气，除了"勤"、"俭"二字以外没有其他办法。你和沅弟都能勤却不能俭，我稍微节俭一些，却也不是特别的节俭。子侄们现在眼光高出手阔，以后恐怕难以回归节俭，贤弟你要时刻留心。

正月十七日　致沅浦弟书

沅弟左右：

金眉生到此，已交银二万，令买米解弟营。

【译文】

沅弟左右：

金眉生到我这里，已交付白银两万两，令他买米送往贤弟营中。

簏轩履宁藩之任①，凡眉生有善策，无不采纳；凡弟处有函商，无不遵允。晋鹤既调皖抚②，自不能干预淮北盐务。

惟用人极难,听言亦殊不易,全赖见多识广,熟思审处,方寸中有一定之权衡。如眉生见憎于中外,断非无因而致。筠仙甫欲调之赴粤,小宋即函告广东京官③,以致广人之在籍在京者物议沸腾。今若多采其言,率用其人,则弹章严旨立时交至④,无益于我,反损于渠。余拟自买米外,不复录用。

【注释】

①宁藩:江宁布政使司,为清代江苏省级行政机构,全称"江南江淮扬徐海通等处承宣布政使司",简称"江宁藩司"。

②晋鹤:指乔松年,字鹤侪。见前注。

③小宋:何璟(1816—1888),字伯玉,号小宋、筱宋,广东香山人。道光二十七年(1847)进士。咸丰十一年(1861)九月,出任安徽庐凤道。同治元年(1862)入曾国藩军总办营务处。同治二年(1863)署安徽按察使。同治三年(1864)九月实授安徽按察使,十月兼署布政使。同治四年(1865)授湖北布政使,同治五年(1866)就任。后历任福建巡抚、山西巡抚、江苏巡抚、闽浙总督。第二次鸦片战争广州失陷时,曾劾柏贵、穆克德纳等误国,并条陈驱敌之计。光绪间官至闽浙总督,旋兼福州将军。法越事起,与张佩纶同守马尾,以兵败褫职。

④弹章严旨:弹劾的奏章,严厉指责的谕旨。交至:一齐来到。

【译文】

万麓轩任江宁布政使职,只要眉生有好主意,没有不采纳的;只要贤弟处有公函商议事情,没有不遵行答应的。晋鹤已调任安徽巡抚,自然不能干预淮北盐务事宜。至于用人是非常难的,听取别人的意见也很不容易,全靠见多识广,深思熟虑,谨慎处理,心中有一定的权衡。比如金眉生受到朝野人士憎恶,绝不会是没有原因就成这样的。郭筠仙刚要把他调到广东,何小宋就给在京师中央各衙门任职的广东籍官员写信通告,以致广东人不论在原籍还是在京城的都议论纷纷。如今如果过多采纳金眉生的意见,轻率地任用他,那么弹劾的奏章和严厉指责的谕旨就会立刻一齐到来,对我们没有好处,对他反而有害。我打算除了买米事项以外,不再任用他。

许小琴老而自用①,亦未便付以北醝重任②,且待忠鹤皋相见③,李军全撤之后④,再议淮北章程。

【注释】

①许小琴:许次苏,号小琴。曾任两淮盐运使。

②醝(cuó):盐。此处指盐务。

③忠鹤皋:忠廉,字鹤皋,满洲旗人。嘉庆二十四年(1819)举人,历官两淮盐运使。

④李军:指李世忠部下军队。

【译文】

许小琴上了年纪又自以为是,不便把淮北盐务重任交付给他,还是等到和忠鹤皋见面,李世忠部全都撤走以后,再商议淮北盐务章程。

闻弟宅所延之师甚善讲解,可慰之至! 后辈兄弟极为和睦,行坐不离,共被而寝,亦是家庭兴旺之象。

【译文】

听说贤弟家中所请的老师善于讲解,太令我欣慰了! 后辈兄弟之间非常和睦,行坐不离,合盖一条被子入眠,这也算是家庭兴旺的气象吧。

　　余所虑者,弟体气素弱,能常康强无疾,至金陵葳事之日不起伤风小恙①;其次侍、辅、堵等酋不上江西②,不变流贼;其次洪、李城贼猛扑官军③,弟部能稳战稳守。三者俱全,如天之福。雪、厚、南、竹等皆以弟新营太多为虑④,余苦无良将调以助弟,极歉仄也⑤。

【注释】

①葳(chǎn)事:谓事情办理完成。

②侍、辅、堵:太平天国侍王李世贤、辅王杨辅清、堵王黄文金。

③洪、李城贼:指当时在金陵城内的洪秀全、李秀成。

④雪、厚、南、竹:彭雪琴、杨厚庵、黄南坡、吴竹庄。

⑤歉仄(zè):遗憾,抱歉。

【译文】

　　我所担忧的是,贤弟体质气力一向较弱,希望能强壮健康,没有疾病,直到金陵的事情完成之日,哪怕是伤风一类的小毛病都不要得;其次,希望太平军伪侍王、辅王、堵王等不上窜到江西,不变成流寇;再其次,金陵城内逆贼洪秀全、李秀成二人的军队若是向官军猛攻,希望你部能稳妥地防御和战斗。如三者都如我意,那就是洪福齐天了。雪、厚、南、竹等人都因为贤弟麾下新营太多而忧虑,我苦于没有良将可以调去帮助贤弟,极为抱歉内疚。

正月二十三日　致沅浦弟书

沅弟左右:

　　城事果有可望①,大慰大慰!此皆圣朝之福,绝非吾辈为臣子者所能为力。不特余之并未身临前敌者不敢涉一毫矜张之念②；即弟备尝艰苦，亦须知谋事在人，成事在天，劳绩在臣③，福祚在国之义④。刻刻存一有天下而不与之意⑤，存一盛名难副、成功难居之意。蕴蓄于方寸者既深⑥，则侥幸克城之日，自有一段谦光见于面而盎于背⑦。至要至要！

【注释】

①城事：指克复南京城这件事。

②矜张：矜夸、张扬。

③劳绩：劳动的成果。

④福祚：福禄，福分。

⑤有天下而不与：《论语·泰伯》："子曰：'巍巍乎，舜、禹之有天下也而不与焉！'"

⑥蕴蓄：积聚，积蓄。

⑦谦光：即谦尊而光。谓尊者谦虚而显示其光明美德。见于面而盎于背：语本《孟子·尽心上》："君子所性，仁义礼智根于心。其生色也，睟然见于面，盎于背，施于四体，四体不言而喻。"后世多约言之为"睟面盎背"，谓德性表现于外，而有温润之貌、敦厚之态。指有德者的仪态。

【译文】

沅弟左右：

　　攻克金陵城果真有希望，太让人高兴了！这都是圣朝的福分，绝不是我们做臣子的所能做到的。不只是我没有身临前线而所以不敢有一点儿矜夸张扬的念头；即便像贤弟你备尝艰苦，也务必要深知谋事在人，成事在天，劳苦做事是臣的本分，福禄运祚在于国家的道理。时时在心里存有一份以天下兴亡为己任而又不贪图权位的想法，存有一份盛名之下其实难副、成就功业以后地位难居的想法。这些想法存在于心里已然足够深入,那么将来侥幸攻克金陵城的时候,谦逊之德自然会睟面盎背,处处流露出来。这一点至关重要!

正月二十四日　致澄侯弟书

澄弟左右:

沅弟在金陵甚顺遂。侍逆之党上窜江、皖,徽军屡获胜仗,驱贼回窜。惟另股窜遂安者①,未知浙军能否得手。大约杭州、金陵,春间皆可望捷音。只求败贼不至江西,则大局日稳矣。

【注释】

①遂安:清代浙江县名。属严州府,后与淳安县合并。

【译文】

澄弟左右:

沅弟在金陵也很顺心如意。伪侍王李世贤所部贼匪往上游窜入江西、安徽境内,在安徽的官军已打了几个胜仗,驱赶贼匪向回逃窜。只是另外窜往遂安的一部分贼匪,不知浙江的官军能不能得手。大约春天杭州、金陵战事都有望传出捷报。只希望战败的贼匪不流窜到江西境内,那大局就会一天天地稳定了。

李家两昆仲先后殂谢①。以名贤而兼高位,一旦长逝,其家冷落之状可想而知。余为筹画各处奠仪并公项,共得三万余金,专人送去。

【注释】

①李家两昆仲:指李续宾、李续宜兄弟。昆仲,兄弟,长曰"兄",次曰"仲"。殂(cú)谢:去世。

【译文】

李迪庵、李希庵两兄弟先后去世。他们兄弟名声贤良而位居高官,一旦与世长辞,则李家门庭冷落的状况也就可想而知了。我为李家筹划凑集各处所送的奠仪和公家款项加在一起,一共有三万多两,派专人送了过去。

新正人客甚多,不似往年军营光景。余虽力求节俭,总不免失之奢靡。日日以"俭"字告诫妻子,现略知遵守,亦望吾弟常告内外周知也。

【译文】

正月间这里客人很多,不像往年军营的光景。我虽然力求节俭,总免不了有些奢靡。天天以"俭"字告诫妻子儿女,现在也略微知道遵守了,也希望弟弟经常告诉周围的人,让他们都知道。

正月二十六日   致沅浦弟书

沅弟左右:

天保城以无意得之①,大慰大慰! 此与十一年安庆北门外两小垒相似②。若再得宝塔、梁子③,则火候到矣。

【注释】

①天保城:即天堡城。1853 年太平天国建都金陵后,在海拔 267 米

的天堡峰峦顶和该峰西北麓龙脖子上,用当地坚硬的虎皮石修筑成壁垒森严的天堡城、地堡城两座军事要塞,控制着金陵东北方向尧化门、岔路口等以及东南方向麒麟门、上坊门等。天堡城在西峰山上,今紫金山天文台内,可以俯瞰全城。地堡城在西峰山下、太平门外。

②十一年:即咸丰十一年(1861)。

③宝塔:指中华门外的明代大报恩寺塔,是明、清时期金陵城标志性建筑,毁于太平天国内讧。梁子:不详。

【译文】

沅弟左右:

天保城无意之中就攻下了,实在让人高兴! 这和咸丰十一年安庆北门外两座小营垒的情况相似。如果再拿下天宝塔、梁子,那么攻克南京城的时机就成熟了。

弟近来气象极好,胸襟必能自养其淡定之天,而后发于外者有一段和平虚明之味①。如去岁初奉"不必专折奏事"之谕,毫无怫郁之怀。近两月信于请饷、请药,毫无激迫之辞。此次于莘田、芝圃外家渣滓悉化②。皆由胸襟广大之效验,可喜可敬! 如金陵果克,于广大中再加一段谦退工夫,则萧然无与③,人神同钦矣。富贵功名,皆人世浮荣,惟胸次浩大,是真正受用。余近年专在此处下功夫,愿与我弟交勉之。

【注释】

①虚明:指内心清虚纯洁。

②莘田:曾国藩族叔曾毓聘,字席珍,号莘田。芝圃:易良翰,号芝

生。与曾国潢是儿女亲家。

③萧然无与：潇洒悠闲不参与纷争。

【译文】

近来贤弟气象非常好，贤弟的胸襟一定能涵养其淡泊宁静的天性，而后表现在外的自然会有一种平和虚明的韵味。譬如去年初接到"不必专门具折奏事"的谕旨，贤弟丝毫没有生气不满。近两个月来信中提到请求军饷、弹药时一点儿没有激动迫切的言辞。这次对于本家曾莘田、亲家易芝圃诸家小小的过结也都全部化解了。这都是贤弟胸怀宽广的成效，可喜可敬！如果金陵果然攻克，在心胸广大之中再加上谦逊退让的美德，那么就能潇洒自在，与世无争，人神都会佩服你的风范了。富贵功名，都是人世间浮华虚荣，只有胸襟宽广才是真正受用不完的。近年来我专门在此处下功夫，希望与贤弟互相勉励。

闻家中内外大小及姊妹亲族无一不和睦整齐，皆弟连年筹画之功。愿弟出以广大之胸，再进以俭约之诚，则尽善矣。

【译文】

听说家中里里外外，老少长幼和姊妹亲戚都相处得和睦有序，这都是贤弟多年来精心筹划的功劳。希望贤弟以宽广胸襟为基础，再用俭朴节约的训诫来进一步磨炼自己，就达到尽善尽美了。

二月初二日　　致沅浦弟书

沅弟左右：

金陵业经合围，只空后湖一段，大致不能以全股冲出，贻患他处，且喜且惧。喜者，喜弟之苦心经营，渐有蒇事之望；惧者，惧穷寇拚命决战，如黄河将合龙之际^①，恐大溜冲决走埽也^②。望弟加倍小心，竟此大功^③。

【注释】

①合龙：修筑堤坝或桥梁时从两端开始施工，最后在中间接合，称"合龙"。亦称"合龙门"。

②大溜：江河中心速度大的水流。埽：传忠书局本作"掃"，当为"埽"之讹。埽，指治河时用树枝、秫秸、石头等捆扎而成的障碍物，用以护堤堵口。

③竟：终，毕。

【译文】

沅弟左右：

得知金陵城已经合围，只空着后湖一段，贼匪大概不能全部从包围中冲出，去为害其他地方了，我又高兴又担心。高兴的是贤弟的苦心经营，逐渐有了完成的希望；畏惧的是穷途末路的贼匪拼命决战，就像黄河即将合龙的关头，恐怕大水会冲开堤坝，裹挟着护堤堵口的埽跑出去。希望贤弟加倍小心，完成这件大功业。

天保城山下修二新垒，湘后二营恐不足当此要路。其营官由水师出身，不知陆路事宜。周围九十余里，围数十万悍贼于其中，吾弟布置之劳，责任之重，思之不觉惴栗^①。

【注释】

①惴栗：恐惧而战栗。

【译文】

天保城山下修筑了两座新营垒，湘后二营恐怕不能守卫这样的战略要地。该营营官是水军出身，不懂陆路上的事情。我军的包围圈长达九十多里，围住了几十万凶悍的贼匪于其中，贤弟布防的辛苦，责任的重大，想起这不觉有些恐惧战栗。

谕旨前令都兴阿南渡，至句容一带助剿，本日改调都赴山西，派富将军南渡①，饬余区画调度②。余拟复奏富不必南渡。

【注释】

①富将军：指时署江宁将军的富明阿。
②饬：令。区画：亦作"区划"，筹划，安排。

【译文】

谕旨先前命令都兴阿南渡到句容一带协助剿贼匪，今天已改为派都兴阿到山西，派富明阿将军南渡，命令我安排调度。我打算复奏让他不必南渡。

徽州之贼虽退，已从浙境上窜玉山、广信，势将蹂躏江西腹地。金陵若克，请弟拨二万人回顾江西、湖南，即为遣散地步。

【译文】

徽州的贼匪虽然撤退了，但是已经从浙江境内流窜到玉山、广信一带，势必要蹂躏江西的腹心地带。金陵如果被攻克，请你调拨两万人回到江西、湖南助剿，也为将来遣散部队提前作准备。

二月十一日　致沅浦弟书

沅弟左右：

连日风雨严寒，气象愁暗，便似咸丰十年二月光景，深为疑悚①！不知弟体气何如？各营近状何如？城贼出外猛扑否？

【注释】

①疑悚：担忧，恐惧。

【译文】

沅弟左右：

连日里风雨不断，特别寒冷，天色惨淡昏暗，就像咸丰十年二月时的情形，我对此感到十分不安和恐惧！不知贤弟身体状况怎么样？各营近况怎么样？城中贼匪有没有出城大力反扑？

上游窜江西之贼，虽经席、韩迭获胜仗①，闻有一小股由铅山之湖坊内窜②，恐遂将窜扰抚、建，殊为焦虑！

【注释】

①席、韩：席宝田、韩进春。

②铅山：位于江西省东北部，为上饶辖县。湖坊：即今江西南昌青山湖区湖坊镇。

【译文】

上游流窜到江西的贼匪，虽被席、韩等部多次击败，听说仍有一小股从江西铅山取道湖坊窜入内地,恐怕下一步会流窜骚扰抚州、建昌一带,实在让人焦虑!

金陵果克,弟之部曲①,断不能全数遣散。一则江西是管辖之境,湖南是桑梓之邦,必派劲旅防御保全;二则四五万人同时遣撤,必无许多银钱,而坐轿者愿息,抬轿者不肯,其中又有许多人情物理②,层次曲折。

【注释】

①部曲:此处指部属、部下。

②人情物理:即人情事理。

【译文】

金陵如果真的克复,贤弟部下官兵决不能全部遣散。一是因为江西现是我们的辖区,而湖南则是我们的家乡,一定要派遣劲旅设防,以保万全;二是因为四五万人的队伍,同时遣散撤军,必定没有许多遣散费,正如坐轿的虽愿意休息,而抬轿的却不情愿,这里面又有许多人情事理,层次曲折。

勇退是吾兄弟一定之理,而退之中次序不可凌乱,痕迹不可太露。待兄弟相见,着着商定,再行办理。

【译文】

激流勇退是你我兄弟必然的选择,而引退过程中的步骤次序不能凌乱,痕迹也不可过分直露。等到你我兄弟相见,一步一步仔细商量,再具体实施。

二月十四日　致澄侯弟书

澄弟左右：

正月下冻，冰雪太久，恐非佳兆。而弟决谷米之必贱，何也？

【译文】

澄弟左右：

正月里天气严寒，冰雪天持续时间太长，恐怕不是好兆头。而贤弟断定粮食必然降价，这是为何？

此间亦苦风雪严寒，气象黯惨，余深以为忧。幸二日内已放晴矣。

【译文】

我这里也苦于风雪严寒，天气阴暗凄惨，我对此深深地感到忧虑。幸好两天内天气已放晴了。

沅军平安如故。自正月底合围，贼至今未出城猛扑。探称洪逆积柴绕屋，自誓"城破则放火自焚"。上窜江西之贼，近日未闻的报，不知已至抚、建否？

【译文】

沅弟的部队平安如故。自正月底合围金陵城，贼匪到现在还没有出城猛烈反扑。探子回报反贼洪秀全环绕房屋堆积柴草,发誓"如金陵城被攻破就纵火自焚"。流窜到江西的贼匪,近日还没有得到准确的报告,不知是否已到了抚州、建昌一带?

　　寓中大小平安。纪泽之病已愈,但尚禁风①。后辈体气,远不如吾兄弟之强壮。吾所以屡教家人崇俭习劳,盖艰苦则筋骨渐强,娇养则精力愈弱也。老弟以为然否?

【注释】

①禁风:不能吹风。

【译文】

　　安庆寓所中大小平安。纪泽的病已经好了,但还不能吹风。后辈体质远不如你我兄弟这样强壮。我之所以屡次教导家人崇尚节俭,养成劳动的习惯,就是因为经历艰苦磨炼后筋骨才会越来越强健,娇生惯养则精力越来越弱。老弟你认为我这样说对吗?

二月二十四日　　致澄侯弟书

澄弟左右:

　　金陵之贼,外援已绝,计瓜熟蒂落之期,当亦不远。惟米粮昂贵,且无处可买,颇以为虑。

【译文】

澄弟左右:

　　金陵城中贼匪的外援已经断绝,看来瓜熟蒂落的日子不会很远了。

只是米粮昂贵,并且无处可买,十分让人焦虑。

江西之贼,自席军在金溪获胜^①,大局不致糜烂。然穷寇觅食纷窜,闽、广、两湖,均属可虑! 不可以其为残败之匪而忽之。如省城、衡州有与弟商及贼情者,宜互相诚慎也。

【注释】

①席军:席宝田军。

【译文】

江西的贼匪,自从席宝田军在金溪获胜后,大局不至于糜烂得不可收拾。然而穷途末路的贼匪为求得粮食,四处乱窜,福建、广东、湖南、湖北都是可能遭殃的地方! 不能因为是溃败的散兵游勇就忽视他们。如果省城、衡州有与贤弟讨论敌情的,应该互相告诫,谨慎对待。

"俭"之一字,弟言时时用功,极慰极慰! 然此事殊不易易。由既奢之后而返之于俭,若登天然。即如雇夫赴县,昔年仅轿夫二名,挑夫一名,今已增至十余名,欲挽回仅用七八名且不可得,况挽至三四名乎? 随处留心,牢记"有减无增"四字,便极好耳。

【译文】

一个"俭"字,你说要时时用功,太让我欣慰了! 然而厉行节俭真的很不容易。过惯了奢侈的日子,再想重拾俭朴的作风,简直像登天一样困难。譬如雇佣民夫到县城,往年只有轿夫两名,挑夫一名,现在已增至十多名,想要缩减到只有七八个人都做不到,何况要恢复到只有三四个人呢？随处留心，牢记"有减无增"四字，就已经很好了。

三月初四日 致澄侯弟书

澄弟左右：

沅弟营中久无战事，金陵之贼亦无粮尽确耗。杭州之贼目陈炳文闻有投诚之信①，克复当在目前。天气阴雨作寒，景象似不甚佳。吾在兵间日久，实愿早灭此寇，俾斯民稍留孑遗②，而睹此消息③，竟未知何日息兵也！

【注释】

①陈炳文：太平天国听王，同治初驻守杭州城。见前注。

②孑(jié)遗：残存，遗留。

③消息：征兆，端倪。

【译文】

澄弟左右：

沅弟的营中很久没有战事了，金陵的贼匪也还没有粮食耗尽的确切消息。听说杭州的贼匪头目陈炳文送来了投诚的书信，收复杭州应该就在眼前。天气阴雨凄寒，景象貌似不是很好。我卷入这场战争的时间很久了，实在期盼早日灭掉这群贼匪，让民众能保全性命休养生息，而就眼前的征兆来看，竟然不知道什么时候才能平息战事！

纪泽兄弟及王甥、罗婿，读书均属有恒。家中诸侄，近日勤奋否？弟之勤，为诸兄弟之最；"俭"字工夫，日来稍有长进否？诸侄不知俭约者，弟常常训责之否？至为廑系①！

【注释】

①廑系：同"廑念"，挂念意。

【译文】

纪泽兄弟和王甥、罗婿在读书上都还算有恒心。家中的各位子侄，最近勤奋吗？贤弟你的勤奋是各位兄弟中最出色的；"俭"字的功夫，这些日子以来稍微增长些了吗？各位侄儿不知道节俭的，贤弟是否常常训导责备他们？我对以上事情都很牵挂！

三月十二日　致沅浦弟书

沅弟左右：

句容克复，从此城贼冲出，益无停足之地，当不至贻患他方，至以为慰！

【译文】

沅弟左右：

句容收复，从此城中贼匪冲出之后更无停留休整之地了，应当不至于祸害其他地方，对此我倍感欣慰！

弟增十六小垒，开数处地道，自因急求奏功，多方谋之。闻杭城克复之信，想弟亦增焦灼，求效之心尤迫于星火①。惟此等大事，实有天意与国运为之主，特非吾辈所能为力、所能自主者。"虚心、实力、勤苦、谨慎"八字，尽其在我者而已。

【注释】

①迫于星火：同"急于星火"。比一闪而过的流星还快，形容非常急迫。晋初李密《陈情事表》："州司临门，急于星火。"

【译文】

贤弟你增加十六个小营垒，开挖几处地道，自然是因为急于求得成功，从多个方向攻打金陵城。听说杭州收复的消息后，想必贤弟你也会更加焦灼，求得成功的心情尤其会急如星火。只是这样的大事，实在是天意和国家气运在做主，绝不是我等所能用力改变、所能自由主宰的。我们竭尽全力去做"虚心、实力、勤苦、谨慎"八个字就够了。

春霆既克句容，宜亲驻句容，专打金陵破时冲出之贼。簏轩办捐之札，专人坐轮船送去。刘方伯札亦发①。幼丹截分厘金之事，今日具疏争之，竟决裂矣。

【注释】

①刘方伯：指总理李鸿章军营务的署布政使刘郇膏。刘郇膏（？—1866），字松岩，河南太康人。道光二十七年（1847）进士，江苏即用知县。同治初署江苏布政使，总理李鸿章军营务。同治五年（1866），卒。

【译文】

鲍春霆既然收复了句容，就应亲自驻扎在那里，专门围打金陵城被攻破时从城中冲出来的贼匪。叫万簏轩办理捐务的文件，由专人坐轮船送去。给刘方伯的信也已经发出。沈幼丹主张截留厘金分给江西的事，我今天写好奏折力争，竟然弄得关系破裂了。

奉初六日寄谕，恐金陵军心不一，欲余亲往督办，盖亦深知城大合围之难。余拟复奏,仍由弟一手经营。惟常常怕弟患病,弟千万保养,竟此大功。

【译文】

接到初六日寄来的圣旨,圣上担心金陵前线军心不统一,要我亲自到前线督办军务,大概也是深深知道城市太大合围起来很不容易。我准备上奏回禀朝廷,仍由贤弟你一手筹划。只是常常担心贤弟会生病,贤弟千万注意保养身体,好完成这项大功业。

三月十四日　致澄侯弟书

澄弟左右:

杭州、余杭皆于二月克复①。鲍春霆攻剿句容,于三月初七日克复。大致极为顺遂。惟金陵城贼坚守如常,并无粮尽确耗,又新插麦禾甚多,竟不知何日始能了此公案②。

【注释】

①余杭:地处浙江省北部,位于杭嘉湖平原和京杭大运河的南端。

②公案:官府处理的案牍。后来指疑难案件,泛指有纠纷或离奇的事情。

【译文】

澄弟左右:

杭州、余杭都在二月克复。鲍春霆攻剿句容,在三月初七日克复。基本上都十分顺利。只是金陵城的贼匪一如既往地坚守,并没有粮食耗尽的确切消息,加上最近又种了很多禾苗,就越发不知道哪一天才能够了却这件麻烦事了。

　　江西之贼，尚在南丰、新城，其气甚衰，逃者甚众，应不能为害他方。惟广东之贼坚悍，无散归之志，终当变成流贼，蔓延闽、粤、两湖，是可虑耳。

【译文】

　　江西的贼匪还在南丰、新城，他们士气低落，逃跑的很多，应该不能够为害其他地方了。只有广东的贼匪坚强凶悍，没有解散回家的想法，最终会成流窜的贼匪，蔓延到福建、广东、湖南、湖北，这实在让人忧虑。

　　县中文庙费在万串以外，余当捐五百串以为之倡。此外各营凑捐，当易成事。

【译文】

　　县中文庙建造的花费在一万串以上，我应当捐五百串，以此作为首倡。此外各兵营凑钱捐献，应当容易办成这件事。

　　季弟专祠，即买南门之专祠①，亦无不可。谕祭文到日，遣官致祭。其遣来之官，即天使也②。京师大员得邀谕祭者，系礼部堂官充天使③。余曾充过数次。奠酒三杯④，天使立而不跪，读文毕，天使三揖而退，孝子跪迎跪送。丧家以酒席陪敬天使，并赠送袍褂、朝珠、冠补等物⑤，极多八色⑥，少或六色、四色。此京中以尚书、侍郎充天使者之概也。外间充天使者⑦，从前陶文毅家⑧，系省城派道员前往，近来罗、李、王家⑨，皆系派本县知县。其仪注如何⑩，余不得知也。

【注释】

①买：传忠书局本作"卖"，据文意，当作"买"，径改。

②天使：天子派来的使者。

③堂官：明、清对中央各部长官如尚书、侍郎等的通称，因在各衙署大堂上办公而得名。"堂官"对"司官"而言，各部以外的独立机构的长官，如知县、知府等，亦可称"堂官"。

④奠酒：把酒洒在地下以祭奠。

⑤袍褂：袍服和外褂。朝珠：清代朝服上佩带的珠串。状如念珠，计一百零八颗。珠用东珠（珍珠）、珊瑚、翡翠、琥珀、蜜蜡等制作，以明黄、金黄及石青色等诸色绦为饰，由项上垂挂于胸前。朝官，凡文官五品、武官四品以上，军机处、侍卫、礼部、国子监、太常寺、光禄寺、鸿胪寺等所属官，以及五品官命妇以上，才得挂用。根据官品大小和地位高低，用珠和绦色都有区别。其中东珠和明黄色绦只有皇帝、皇后和皇太后才能使用。冠补：冠帽。

⑥色：种类。

⑦外间：地方上。与"京中"相对而言。

⑧陶文毅：陶澍，谥文毅。

⑨罗、李、王：罗泽南、李续宾与李续宜、王鑫。

⑩仪注：制度，仪节。此指送礼规格。

【译文】

季弟的专祠，就近买南门的专祠来充当也不是不可以的。朝廷的祭文到达那天，要派遣官员表示哀悼。那派遣来的官员，就是天子的使臣。京城的大官受邀宣示祭文的，通常是礼部的堂官充当天子使臣。我就曾经充当过几次。把三杯酒洒在地下祭奠，使臣站着而不下跪；读完谕祭文，使臣作揖三次后退场；孝子要跪迎跪送。办丧事的人家用酒席陪敬天子使臣，并赠送袍褂、朝珠、冠帽等物品，最多八件，少的是六件或四件。这是京城中派遣尚书、侍郎充当天子使臣的大概情形。地方官员充当天子使臣的,像从前陶文毅家是省城派遣道员前往,近来罗、李、王家都是派遣本县知县。这种情况下的礼节是怎样的,我就不得而知了。

邓寅皆兄总以到馆为妙。渠非愿受干脩之人^①,余亦向不肯荐干馆^②。天下不义之财,干馆亦其一也。

【注释】

①干脩(xiū):挂名学馆,不到馆教书就能到手的酬金。脩,旧时指教学的酬金。

②干馆:名义上做学馆教师而不到馆教书,只白拿薪酬。

【译文】

邓寅皆兄还是到学馆任教为好。他也不是愿意白拿薪酬的人,我也从来不肯推荐人到学馆白拿薪酬。天下的不义之财有多种,名义上做学馆教师而不到馆就接受薪金也是其中之一。

三月二十六日　致沅浦弟书

沅弟左右:

金坛、丹阳次第克复,慰甚。

【译文】

沅弟左右:

金坛、丹阳依次攻克,我感到极其欣慰。

鲍军上援江西，余已飞檄调之。但春霆于元年冬丁艰，力求回籍治丧，余许以打开宁国四面之贼即准回籍。二年二月，春霆求践前约，余展限打开东坝乃准回籍①。东坝克后，春霆又求践前约，余展限今年二月底为度。至三月初，春霆要请甚迫，余又展限以金陵克复为度。此次不待金陵克复而遽令援江，在我则失信太多，在霆则坚求还蜀，此意中之事，亦无可强派之事。望弟与之再三细商，但借渠之名望援救江西，以安江西官绅士民之心。只须宋镇、娄、冯等率之以往②，不必春霆亲往督办。春霆行至安庆等处，余即具疏奏请准渠回籍治丧。一至九江，渠即可分手回蜀，听宋、娄等带队入江西援剿可也。爽约太多③，人必不复见信，望弟与霆一一详说，此番言决无爽约之理。并请春霆速发告示咨文至江，言渠即日来援，以安人心。至要至要！

【注释】

①展限：延长期限。

②宋镇：宋国永。娄：娄云庆，字峻山，湖南浏阳人。咸丰间入湘军水师，累功至都司，后改隶鲍超，为霆军营官，转战各地，咸丰末授直隶正定镇总兵。同治初，以提督记名。后率霆峻营，驻防湖北，与捻军作战。光绪十七年（1891），擢湖南提督。光绪三十年（1904），以老乞归，卒于家。冯：冯标。鲍超麾下大将，官至总兵。

③爽约：没有履行约定，失约。

【译文】

鲍春霆军去上游援助江西，我已经火速发檄文调遣他。但是春霆在同治元年冬天遭逢亲人去世，极力请求回家治丧，我许诺他打退宁国四面的贼匪，就准许他回家乡。同治二年二月春霆要求履行此前的许诺，我又延期，让他打开东坝才能回家。东坝攻克后，春霆又要求履行前面的约定，我又延期五个月，以今年二月底为最后期限。到三月初，春霆要求很迫切，我又延期以攻克金陵为限。这次不等金陵被攻克而又急忙让他援助江西，就我而言失信太多，就春霆而言坚持要求回四川，这是意料中的事，也是不能强求的事。希望贤弟你与他再三仔细商量，只借助他的威名声望去援救江西，以安定江西官员乡绅和百姓的心。只须宋、娄、冯等率军前往，不用春霆亲自督办。春霆行军到安庆等地，我就写奏疏请求允许他回家治丧。一到九江他就可以离开军队回四川去，让宋、娄等人带队到江西帮助剿匪就可以了。失约的次数太多，人肯定就不会再被信任，希望贤弟和春霆一一具体说明，告诉他这次绝对不会再爽约了。并且请春霆马上发告示、咨文到江西，说他马上就来救援，以安抚人心。这一点至关重要至关重要！

余昨日具疏告病，一则以用事太久，恐中外疑我兵权太重，利权太大①，不能不缩手以释群疑。一则金陵幸克，兄弟皆当引退，即以此为张本也②。

【注释】

①利权：爵禄和权柄。

②张本：作为伏笔而预先说在前面的话，为事态的发展预先作的安排。

【译文】

我昨日写奏疏请求退休养病，一是因为掌权太久，恐怕朝廷内外怀疑我兵权太重，权力太大，不能不放手，以此来消除众人的怀疑。另一个是因为金陵如果幸运地被攻克,我们兄弟都该引退,就让我以此作个铺垫。

三月二十七日　致沅浦弟书

沅弟左右:

傍夕兰泉归来①,备述弟款接之厚、才力之大。而言弟疾颇不轻,深为忧灼,闻系肝气之故。余日内甚郁郁,何况弟之劳苦百倍于我! 此心无刻不提起,故火上炎而血不养肝。此断非药所能为力,必须放心静养,不可怀忿怄气②,不可提心吊胆,总以能睡觉安稳为主。

【注释】

①兰泉:窦垿,号兰泉。见前注。

②怀忿:心怀忿恨。

【译文】

沅弟左右:

傍晚窦兰泉回来,详细述说了贤弟款待他的盛情,以及才华能力的强大。又说贤弟的病不是很轻,为此深感忧虑焦灼,听说这是因为肝气不调的原因。我最近很沉郁,何况贤弟的劳苦比我还重百倍呢! 一颗心无时无刻不是提着的,因此火气上升,而血不能保养肝气。这绝不是药物所能治好的,必须要放下心来,安静调养,不能心怀忿恨,不能与人怄气,不能提心吊胆,总之以能安稳睡觉为宜。

今日接到寄谕,江西厘金之讼,仍是督、抚各半。然官司虽输,而总理衙门奏拨五十万两专解金陵大营。未必尽靠得住,而其中有二十一万实系立刻可提者,弟军四、五两月不至哗溃①。六月以后,则淮北盐厘每月可得八万,故余转恼为喜。向使官司全赢,则目下江西糜烂,厘金大减,反受虚名而无实际。想弟亦以得此为喜也。

【注释】

①哗溃:军队哗变溃散。

【译文】

今天收到了寄来的谕旨,关于江西厘金的争议,仍然是两江总督与江西巡抚各分一半。这场官司虽然输掉了,但总理衙门奏准拨款五十万两专门送往金陵大营。虽然未必完全靠得住,但其中有二十一万两实际上是马上就能提取的,贤弟军中四、五两月之内不至于哗变溃散了。六月以后,则淮北的盐税每月可收入八万两,所以我转恼怒为欢喜。假如官司全赢下来,则目前江西一片混乱,厘税收入大减,反而平白担了拥有江西全省厘金的虚名而没有实际的收益。想必贤弟也会为得到这样的实利而高兴吧。

三月三十日　致沅浦弟书

沅弟左右:

张仙舫禀食盐事并未与弟说及①,殊为大谬。当严饬②,此后凡事当先禀弟处。其人似尚胆小,或不至敢违吾与弟之训。

【注释】

①张仙舫：曾国藩幕僚，曾负责两淮盐运。

②严饬：严加整治，严肃告诫。

【译文】

沅弟左右：

张仙舫报告食盐的事并没有跟贤弟说过，实在错得太离谱了。应当严肃告诫他，以后凡事都应该先报告到贤弟那里。这个人似乎胆子很小，应该还不至于敢违背我和贤弟你的训示。

抚恤一局①，万难裁撤，听弟斟酌。吾因安庆、池州饥民纷纷赴江南大营就食，吾恐此名一播，万难应付，故劝停也。

【注释】

①抚恤一局：即抚恤局。咸丰十一年（1861），曾国藩设安庆善后总局，下设抚恤局，负责湘军抚恤事宜。

【译文】

抚恤局，很难裁撤，就由贤弟你权衡处理吧。因为安庆、池州饥民纷纷到江南大营中讨饭吃，我怕这个名声一传开，四面八方都去讨饭，那就很难应付了，所以劝停。

上海拨五十万至金陵之旨，廿八日续奉廷寄一道，重言以申明之。余笑告人曰，官司虽输，和得一注现钱①。大约可实得廿四万。

【注释】

①和：麻将术语。和牌。

【译文】

二十八日又接到廷寄，再次强调声明让上海拨五十万两银子到金陵的谕旨。我笑着对人说，官司虽然输了，却和牌赢了一注现钱。大约可以有二十四万两入手。

湖北发、捻交集，甚为震恐。天气阴寒，余深虑别有祸变，但求每月除米以外凑得十余万金，俾弟军、鲍军不至决裂，竟此一篑之功①。然后兄弟熟商引退之法，则大幸矣！

【注释】

①竟：完成。一篑（kuì）之功：指成功前的最后一筐土，比喻成功前的最后一份努力。篑，盛土的筐。

【译文】

湖北的太平军和捻军交集在一起，让人十分震惊恐惧。天气阴森寒冷，我很担心会发生另外的祸变，只希望每个月除了粮米之外，凑齐十多万两的军饷，使贤弟和鲍超的军队不至于四分五裂，做好成功前的最后一份努力。然后你我兄弟仔细商量引退的办法，就是最大的幸事了！

四月初三日　致沅浦弟书

沅弟左右：

地道既难中止，听弟加工再挖，余不复遥制。

【译文】

沅弟左右：

既然地道挖掘难以中止，就听贤弟的意见继续挖掘，我不再遥控了。

徽、休、祁、黟俱无恙，贼已由婺境横窜遂安、华埠①，将仍走玉山、广信以犯抚、建。闻剃头者甚多，并不杀人放火，或有各自逃散之意，亦未可知。

【注释】

①华埠：地名。即今浙江开化华埠镇。

【译文】

徽州、休宁、祁门、黟县等地都没有忧患，贼匪已从婺源境内横窜到遂安、华埠，将仍从玉山、广信经过来攻打抚州、建昌。听说剃发的人很多，并不杀人放火，或者有各自逃散的念头，也说不定。

弟军今年饷项之少，为历年所无，余岂忍更有挑剔？况近来外侮纷至迭乘①，余日夜战兢恐惧，若有大祸即临眉睫者。即兄弟同心御侮，尚恐众推墙倒，岂肯微生芥蒂②？又岂肯因弟词气稍戆藏诸胸臆③？又岂肯受他人千言万怄遂不容胞弟片语乎？老弟千万放心，千万保养。此时之兄弟，实患难风波之兄弟，惟有互劝互勖互恭惟而已。

【注释】

①外侮：外来的欺侮。和兄弟内讧相对。

②芥蒂：比喻积在心中的怨恨、不满或不快。

③戆（zhuàng）：鲁莽，冒失。

【译文】

贤弟一军今年军饷少得可怜，往年都没有这么少过，我怎能忍心再有什么挑剔？何况近来外侮纷至沓来，我日夜战战兢兢，好像有大祸临近眉睫的样子。即使兄弟同心抵御外侮，还恐怕墙倒众人推，我怎能对贤弟心生芥蒂？又怎能因为弟弟言语稍有冒失而怀恨在心呢？又怎能连他人的千言万语甚至使人恼怒的言辞都能忍受却容不下胞弟的只言片语呢？老弟千万放心，千万保重身体。这时我们兄弟，实是共患难同风波的兄弟，只有相互劝勉相互鼓励相互恭维而已。

　　余日内所患者三端：一则恐弟过劳生病，弁勇因饷绌而散漫；二则恐霆营人心涣散，另生祸变；三则恐汉中大股东窜，庐、巢、和、滁俱不能守，西梁山亦无兵可以拨防。此三事中，弟有法可以补救一二否？

【译文】

　　我近来所担心的事有三件：一是担心贤弟过度劳累而生病，士兵因为军费不足而散漫懈怠；二是担心春霆营中人心涣散，另生灾祸变故；三是担心汉中大股贼匪向东逃窜，庐州、巢州、和县、滁州都守不住，西梁山也没有兵力可以调派防守。这三件事，贤弟有什么办法可以补救一些吗？

四月初四日　致澄侯弟书

澄弟左右：

　　接弟发排单一信①，痛悉蕙妹去世。吾同产骨肉九人②，至是仅存吾与弟暨沅弟三人矣，哀哉！自丁巳至今八载③，亲属死丧九人。久处兵戈之中，畏闻哀戚之事。昆八外甥适于是日由金陵来皖，因催令登舟上行，而未将讣音告之，大约至湘潭等处始得闻知。

【注释】

①排单：清代驿站传递公文填注的单据。

②同产：同母所生。骨肉：比喻至亲，指父母、兄弟、子女等亲人。

③丁巳：即咸丰七年（1857）。

【译文】

澄弟左右：

收到贤弟用排单发来的书信，悲痛获悉蕙妹去世。我们同母所生兄弟姐妹九人，到现在仅剩我和你及沅弟三人了，悲痛啊！自丁巳年到现在八年间，亲属去世九人。久在战争之中，害怕听到亲人去世的消息。昆八外甥恰好在今日从金陵来安庆，于是催促命令登船上行，而没有将丧报告诉他，他大约到了湘潭等地才会知道。

金陵围师稳固如常，霆军攻克金坛。现调春霆统率全军救援江西，须俟李少荃派兵接防东坝、句容后，鲍军乃能上行，大约起程在两月以后。比又派周军门宽世、金逸亭两军救援江西，共八千人，当在十日内由安庆起行。湖北之贼已由枣阳等处下窜，将自皖境救援金陵，闻发、捻近三十万，实属应接不暇。江西之贼若至瑞、袁等处，则湖南处处须设防兵。如有调弟带兵出境防剿者，弟千万不可应允。即在本县办团，亦须另举贤员为首，弟不可挺身当先。吾与沅弟久苦兵间，现在群疑众谤，常有畏祸之心。弟切不宜轻易出头露面，省城则以足迹不到为是。

【译文】

金陵围扎的军队稳固如常,鲍春霆军攻克金坛。现在调派春霆统率全军救援江西,须等李少荃派兵接防东坝、句容以后,鲍军才能上行,大约在两月以后起程。接着又派遣周宽世、金逸亭两军救援江西,共八千人,应该在十天内从安庆动身。湖北的贼匪已经从枣阳等处向下逃窜,将从安徽境内救援金陵,听说太平军和捻军加起来有近三十万人,实在是人数众多,应付不过来。江西的贼匪如果到达瑞州、袁州等地,那么湖南须要处处设置防兵。如果有调派贤弟带兵出境防剿的提议,贤弟千万不能答应。即使是在本县办团练,也须另外推举贤才为首,贤弟不可挺身当先。我和沅弟长年在军营劳苦,现在遭到大众的怀疑诽谤,常存有畏惧祸患的心思。贤弟实在不宜轻易出头露面,应该以足迹不到省城才对。

四月初五日　致沅浦弟书

沅弟左右:

近日肝疾已愈,湿毒亦十去七八,大慰。

【译文】

沅弟左右:

贤弟这几天肝病已经痊愈,湿毒也十成减去七八成了,我听了觉得十分安慰。

初一以后,贼果出城猛扑否?若非有绝大便宜,我军并不出壕,仅稳稳为自守计,应可无碍。元年七月廿二日出壕之战,吾至今尚觉心悸,盖吾胆气素薄故也。日内阴雨寒森,气象不佳,务望老弟不求奇功,但求稳着。至嘱至嘱!

【译文】

初一日以后,贼匪果真出城猛烈攻击过么?如果不是有巨大便宜,我军并不出战壕迎战,只稳稳地坚持自守的计策,应该没有妨害。同治元年七月二十二日出壕一战,我到现在还心有余悸,大概是我一向胆子较小的原因。这几天阴雨寒森,气象不好,务望老弟不要追求极大的功劳,只求稳妥的方案。牢记牢记!

吾虽亦有肝气,然善眠善食。兰泉诊我脉,言六脉平和①,养生家所求之不得,断无疾恙云云。但每日懒于作事,未免积阁文件耳,弟可放心。

【注释】

①六脉:中医切脉的六个部位。人的左、右手腕各分寸、关、尺三脉,合称"六脉"。

【译文】

我虽然也有肝气,但是睡眠和食欲都很好。窦兰泉为我诊脉,说六脉平和,是养生家求之不得的,完全没有疾病。但是每天懒得干活,难免搁置积压文件,贤弟可以放心。

四月初六日　致沅浦弟书

沅弟左右:

湖州、丹阳既皆未克,则鲍军未可轻动,而浙江群逆亦必由东坝、丹阳等处援救金陵。特此飞函商吾弟,细告彭、刘、萧、张诸将①,蓄养锐气,专为前打城贼后御援贼之用,断不可因地道将成,竭力猛攻,致多损锐,反不能力破援贼也。千嘱千嘱! 好事多磨,自古而然。即东坝疏失,鲍军小挫,亦未始非意中或有之事。虽有其事,而弟军仍安如泰山,乃为铁汉。

【注释】

①彭、刘、萧、张:彭毓橘、刘连捷、萧庆衍、张诗日。

【译文】

沅弟左右:

　　湖州、丹阳既然都没能攻克,那么鲍军就不能轻举妄动,而浙江群贼也必定从东坝、丹阳等地援救金陵。特此快马传书和贤弟商量,仔细告诉彭、刘、萧、张诸位将领,养精蓄锐,专门在前猛打城贼,在后抵御援贼,绝不能因为地道即将挖成,全力猛攻,导致过多地损耗锐气,反而不能尽力打败援贼。切记切记! 好事多磨,自古而然。即便东坝失守,鲍军小有失利,也未尝不是意料中可能发生的事。就算发生了这些事,但是弟军仍安如泰山,这才是铁打的好汉。

　　自苏、杭克复,人人皆望金陵之速克,吾独不期其速,而期其稳,故发信数十次,总戒弟之欲速,盖深知洪逆非诸贼可比,金陵非他城可比也。此等处吾兄弟须有定识定力①,望老弟巍然不动,井然不紊②。

【注释】

①定识:明确的见识,主见。定力:指处变和把握自己的意志力。宋赵善璙《自警篇·善处事》:"或问张无垢,仓卒中患难中处事不乱,是其才耶? 抑其职耶? 先生曰:'未必才识了得,必其胸中

器局不凡，素有定力。不然，胸中先乱，何以临事？'"

②井然：整齐、有条理貌。紊（wěn）：乱。

【译文】

自从苏州、杭州收复，人人都盼望金陵城能迅速攻克，唯独我不期望攻城之速，而希望攻城之稳，因此寄信数十封，总是规劝贤弟想要速攻金陵的念头，因为我深知洪秀全不是其他逆贼可比的，金陵也不是其他城池可比的。这些地方我们兄弟须有主见定力，希望老弟岿然不动，有条不紊。

将克未克之际，必有一番大风波。吾弟若破地道，且待大风波经过之后再行动手，实不为晚。吾所虑者：一恐弟求速效而焦灼生病；一恐各营猛攻地道，多损精锐而无以御援贼耳。弟其体我此意，稳慎图之。至于弟军银米，九月以前必可敷衍。

【译文】

将要攻克还没有攻克的时候，必定有一场大风波。贤弟如果挖通地道，姑且等到大风波经过后再行动手也不算晚。我所担忧的事情有：一是恐怕贤弟追求速效而焦灼生病；一是担心各营猛挖地道，过多损耗精力锐气而不能抵御援贼。贤弟应当体察我这个意思，稳重谨慎图谋。至于贤弟一军的银钱米粮，九月以前必定可以勉强维持。

四月初九日　致沅浦弟书

沅弟左右：

今日天雨如注，气象阴森，寒似深秋，实增焦灼，想老弟亦同此愁闷。然事至今日，惟有"小心安命、埋头任事"二语，兄弟互相勖勉，舍此更无立脚之处。据窦兰泉云，大丹将成^①，众魔环伺，必思所以败之。雪琴上赴九江过此，则云金陵贼粮尚足，夏秋难望克复。二说虽微不同，总之事局艰难，吾兄弟适当其任。湖州、广德未克，日内必有大变。

【注释】

①大丹将成：比喻大事即将做成。

【译文】

沅弟左右：

今日大雨如注，天气阴森，像深秋一样寒冷，实在令人更加焦灼，想必老弟也一样愁闷。然而事到如今，只有用"小心安命，埋头苦干"两句话，作为兄弟相互勉励的信条了，如果不这样做，就更没有立足之地了。听窦兰泉说，炼丹即将成功的时候，就会有许多魔鬼环顾窥伺，想方设法破坏仙丹。彭雪琴向上游赶赴九江时路过这里，说金陵贼匪粮草还很充足，夏秋之际很难有希望收复。两种说法虽然有些不同，总之时局艰难，我们兄弟正担此重任。湖州、广德还没有攻克，近几天一定有大变故。

弟所挖地道，如果四月告成，不宜于四月装药轰发。吾观天时人事，似非于月内遽获大捷者。危心苦口^①，弟其亮之。

【注释】

①危心：语本《孟子·尽心上》："独孤臣孽子，其操心也危。"谓心存戒惧。苦口：不辞烦劳地再三规劝。

【译文】

贤弟军所挖的地道,如果在四月份挖完,也不适合在四月份就装火药炸城。我观察天时和人事,似乎并不像在月内就能迅速大获全胜的样子。心存戒惧,苦口劝说,希望贤弟能够谅解。

弟派沈鹤鸣赴沪提银二十六万两零①,而余已先拨九万与霆军,弟心不免郁郁。余实因周纲堂之信②,恐生他变,故待霆军独厚,亦望吾弟亮之。

【注释】

①沈鹤鸣:曾国荃僚属。

②周纲堂:不详。

【译文】

贤弟派遣沈鹤鸣到上海提取银钱二十六万两零,而我已经先分拨九万两给春霆军,贤弟心里难免不舒服。我实在是因为看了周纲堂的信之后,担心又有其他变故,因此给霆军的待遇特别丰厚一些,也希望贤弟能够理解。

四月十三日　致沅浦弟书

沅弟左右:

适闻常州克复、丹阳克复之信,正深欣慰。而弟信中有云"肝病已深,痼疾已成,逢人辄怒,遇事辄忧"等语,读之不胜焦虑。今年以来,苏、浙克城甚多,独金陵迟迟尚无把握,又饷项奇绌,不如意之事机、不入耳之言语纷至迭乘,余尚愠郁成疾,况弟之劳苦过甚百倍阿兄,心血久亏数倍于阿兄乎! 余自春来,常恐弟发肝病。而弟信每含糊言之,此四句乃露实情。此病非药饵所能为力,必须将万事看空,毋恼毋怒,乃可渐渐减轻。蝮蛇螫手,则壮士断其手,所以全生也。吾兄弟欲全其生,亦当视恼怒如蝮蛇,去之不可不勇。至嘱至嘱!

【译文】

沅弟左右:

刚才听闻常州、丹阳都攻克收复的消息,我正深感欣慰。但是贤弟信中说"肝病已深入骨髓,顽疾已经形成,逢人就动怒,遇事就发愁"这些话,读了之后十分焦虑。今年以来,苏、浙地区攻克的城池很多,唯独金陵迟迟没有把握,而且军费又紧缺,行事的时机不如人意、不堪入耳的议论纷至沓来,连我都要积郁成疾了,何况弟弟的劳苦功高胜过老哥我百倍,心血亏损也胜于我数倍呢! 自从开春以来,我常常担心贤弟肝病复发。然而贤弟信中每次都含糊其辞,这四句才透露出实情。这病不是药物所能治愈的,必须将万事看空看淡,不恼不怒,病情方可渐渐减轻。蝮蛇咬手,那么壮士就斩断自己的手,来保全性命。我们兄弟想要保全性命,也应当把恼怒视为蝮蛇,戒掉恼怒,不能不果敢。切记切记!

余年来愧对老弟之事,惟拨去程学启一名将,有损于阿弟。然有损于家,有益于国,弟不必过郁,兄亦不必过悔。顷见少荃为程学启请恤一疏,立言公允,兹特寄弟一阅。

【译文】

这些年来我愧对老弟的事,只有从你手下调拨程学启这一名将给李少荃这件事,是对贤弟不利的。然而于家不利,于国有益,贤弟不必过于郁闷,愚兄也不必过于悔恨。刚刚见到李少荃为程学启请求抚恤的奏疏,立论客观公正,现特地寄给你看一看。

李世忠事,十二日奏结①。又饷绌情形一片,即为将来兄弟引退之张本。余病假于四月廿五日满期,余意再请续假,幕友皆劝销假②,弟意以为何如?

【注释】

①奏结:启奏(某事)完结。
②销假:请假期满后向主管人员报到。

【译文】

李世忠的事,已经在十二日启奏完结。又附上军费紧缺情形的折片,即为将来我们兄弟引退作伏笔。我的病假将在四月二十五日期满,我想再请求续假,幕友都劝我销假,贤弟认为该怎样?

淮北票盐、课厘两项,每岁共得八十万串,拟概供弟一军。此亦巨款,而弟尚嫌其无几。余于咸丰四、五、六、七、八、九等年,从无一年收过八十万者。再筹此等巨款,万不可得矣。

【译文】

淮北票盐、课厘两项,每年共得八十万串,打算全部供应给贤弟一军。这是一笔巨款,但贤弟还是嫌弃没有多少。我在咸丰四、五、六、七、八、九这几年,从来没有一年收过八十万串税款。再筹集这样的巨款,也很难了。

四月十四日   致澄侯弟书

澄弟左右:

接弟信,知黄鼎甫侄婿去世①,不胜悲愕。侄女青年无子,何堪当此大故! 温弟妇忧患余生,何以遣此悲怀?

【注释】

①黄鼎甫:曾国华女七十之婿。

【译文】

澄弟左右:

接到贤弟的来信,得知黄鼎甫侄婿去世,不胜悲痛惊愕。侄女年纪轻轻又没有儿子,怎能承受这样大的变故? 温弟妹忧虑困苦下半生,怎样才能释怀这种悲痛?

天之厄人,每有理所不可测者。而老弟廿年以来,凡亲属疾病死丧之事,皆弟一人历其危险,尝其劳苦,精力竭矣,忧虑饱矣。弟所尽职于骨肉之际,其劬劳盖百倍于阿兄①,且愧且怜。

【注释】

①劬(qú)劳:劳累,劳苦。

【译文】

上天弄人，不能用常理来预测。而贤弟二十年来，凡是亲属疾病死丧的事情，都是一人经历危险，备尝劳苦来处理，殚精竭力，饱受忧虑。贤弟在兄弟骨肉之间所尽的职责，其劳苦程度胜于我百倍，我既惭愧又怜惜。

　　蕙妹于十四去世，乃延至廿日始大殓^①，未免太迟。凡地师及选择方术之言，其近情理者信之，其不近情理者决不必信。七日始大殓，此不近情理之言也。吾祖星冈公于僧道巫医及堪舆星命之言皆不甚信^②，故凡不近情理之言不敢向之开口。以后吾家兄弟子侄，总以恪守星冈公之绳墨为要^③。

【注释】

①大殓：丧礼之一。将已装裹的尸体放入棺材。

②星命：术数家认为人的祸福寿夭与天星的位置、运行有关，于是据人的生年时辰，配以天干、地支，来推算命运，附会人事，称为"星命"。

③绳墨：指规矩、准则。

【译文】

蕙妹在十四日去世，竟拖延到二十日才大殓，未免太迟了。凡是地师和选择墓地、日子等方术的话，其中合乎情理的地方相信它，不合情理的地方决不相信。七天后才大殓，这是不合情理的话。我祖父星冈公对于僧人道士巫医和风水算命的话都不是很相信，因此凡是不合情理的言论，不敢向他开口。以后我们家兄弟子侄，总要以恪守星冈公的准则为要点。

常州克复，丹阳克复，江苏全省只剩金陵一城未克耳。沅弟忧灼殊甚，肝疾颇深，余常常以信解之。

【译文】

常州收复，丹阳也收复了，江苏全省只剩下金陵一城还没有攻克。沅弟十分忧虑焦灼，肝病加重，我常常写信劝解他。

四月十六日　致沅浦弟书

沅弟左右：

常、丹之克，此间已先得报。各城皆得，仅余金陵。城之坚而大，贼之悍而多，实非他处可比。弟切勿焦灼致疾，听其自然而已。

【译文】

沅弟左右：

常州、丹阳已经攻克，我这里已先得到报告了。各城都收复了，只剩下金陵。金陵城坚固又高大，贼匪量多又凶悍，绝非其他城池可比。贤弟千万不要焦灼致病，顺其自然最好。

如奉旨饬少荃中丞前来会攻金陵，弟亦不必多心。但求了毕兹役，独克固佳，会克亦妙。功不必自己出，名不必自己成。总以保全身体，莫生肝病为要。善于保养，则能忠能孝，而兼能悌矣。

【译文】

如果接到谕旨令李少荃中丞前来一起攻打金陵，贤弟也不必多心。只是为了尽快结束这场战役，自己单独攻克固然好，一起联手攻克也不错。功劳不必自己一人全占，名声也不必一人尽享。总要以保全身体，不生肝病为好。善于保养身体，才能做到忠孝两全，友爱兄弟。

四月十八日　致沅浦弟书

沅弟左右：

湿毒已愈，又添脚气之疾，总因忧劳过久之故。然天相劳臣[1]，当不至于大碍。观弟昔年无数月不病，此次两年未尝一日不写字，一刻不办事，则知尽忠王事者，自有神明佑助，理不爽也[2]。

【注释】

[1]劳臣：劳苦功高、吃苦耐劳的大臣。

[2]不爽：不差，没有差错。

【译文】

沅弟左右：

湿毒之症已痊愈，却又添了脚气之病，总是忧劳时间太久的缘故。然而老天相助劳臣，应当不至于有大的妨碍。看弟弟往年没有数月不得病的时候，这次两年里弟弟没有一日不写字，没有一刻不办事，就知道尽忠王事的人，自有神明保佑辅助，这个道理真是不差。

少荃派兵来接东坝、句容之防，余已咨明弟处。春霆马步万六千人，师行二千余里，九万途费本不可少。兹拟先交五万，请弟于轮船经费或大通解饷项内拨五万济之，余四万设法续解。弟需大批饷，除沪上十五万外，实无可指之款。子药则今日起解三万矣。

【译文】

李少荃派兵来接管东坝、句容的防务，我已经发公文到贤弟那里了。鲍春霆那里骑兵和步兵共一万六千人，行军二千多里，九万的路费本是必不可少的。现打算先交五万，请贤弟在轮船经费或大通押解的军费中拨五万接济鲍军，其余四万再想办法陆续解送。贤弟需要大笔军费，除了上海十五万外，实在是没有可以指望的款项。弹药在今天起运三万斤。

四月二十日　致沅浦弟书

沅弟左右：

弟收沪银十三万零，今日再由江外粮台解去六万，合之各卡厘金，计亦可勉强不决裂，实天幸也。

【译文】

沅弟左右：

贤弟收到上海银饷十三万两挂零，今日再由江外粮台解送去六万两，加上各厘卡所收的厘金，都算上也可以勉强过端午节了，我军不至于决裂，实在是上天的恩赐。

"事事落人后着",不必追悔,不必怨人。此等处总须守定"畏天知命"四字。金陵之克,亦本朝之大勋,千古之大名,全凭天意主张,岂尽关乎人力? 天于大名,吝之惜之,千磨百折,艰难拂乱而后予之①。老氏所谓"不敢为天下先"者②,即不敢居第一等大名之意。

【注释】

①拂乱:违反其意愿以乱之。

②不敢为天下先:《道德经》:"天下皆谓我大,似不肖。夫唯大,故似不肖。若肖,久矣其细! 夫我有三宝,持而宝之:一曰慈,二曰俭,三曰不敢为天下先。夫慈,故能勇;俭,故能广;不敢为天下先,故能成器长。今舍慈且勇,舍俭且广,舍后且先,死矣。夫慈,以战则胜,以守则固。天将救之,以慈卫之。"

【译文】

"事事都落在别人后头",既不必追悔,也不必埋怨别人。这些地方总要守住"畏天知命"四字。攻克金陵,是本朝的大功勋,也是千古的大功名,全凭天意做主,岂是人力所能主宰的呢? 上天对于大功名,总是十分吝惜,一定在经历千磨百折,艰难困顿之后才能成就。老子所说的"不敢为天下先",就是不敢居第一等大功名的意思。

弟前岁初进金陵,余屡信多危悚儆戒之辞①,亦深知大名之不可强求。今少荃二年以来屡立奇功,肃清全苏;吾兄弟名望虽减,尚不致身败名裂,便是家门之福;老师虽久而朝廷无贬辞②,大局无他变,即是吾兄弟之幸。只可畏天知命,不可怨天尤人。所以养身却病在此③,所以持盈保泰亦在此④。千嘱千嘱！无煎迫而致疾也⑤。

【注释】

①危悚：危惧。儆戒：警戒。

②老师：指军队出征日久而疲惫。

③却病：消除病痛。

④持盈：保守成业。

⑤煎迫：煎熬逼迫。

【译文】

贤弟前年刚进攻金陵时，我多次写信总是有危惧警戒的话，也是深知大功名是不能强求的。现在李少荃自同治二年以来屡立奇功，肃清江苏全省；我们兄弟的名望虽有所消减，还不至于身败名裂，这便是家门的福分了；虽然军队出征日久疲惫，但是朝廷并没有因此怪罪，大局没有生变故，这就是我们兄弟的幸运了。只能敬畏天命，不能怨天尤人。这是保养身体消除病痛的道理，也是保守成业保持平安的道理。切记切记！不要因为煎熬逼迫而生病。

四月二十四日　致澄侯弟书

澄弟左右：

捐务公事，余意弟总以绝不答一言为妙。凡官运极盛之时，子弟经手公事格外顺手，一倡百和；然闲言即由此起，怨谤即由此兴。吾兄弟当于极盛之时，预作衰时设想；当盛时百事平顺之际，预为衰时百事拂逆地步①。弟此后若到长沙、衡州、湘乡等处，总以不干预公事为第一义。此阿兄阅历极深之言，望弟记之。

【注释】

①拂逆：违背，不顺心。

【译文】

澄弟左右：

劝捐之类的公事，我认为贤弟总归要以不接一句话为好。凡是官运亨通的时候，其子弟办理公事格外顺手，一呼百应；然而闲言碎语也就从这兴起，怨恨诽谤也就由此生发。我们兄弟应当在极旺盛的时候，预先为衰落时作设想；在强盛时百事平稳顺利的时候，预先想到衰落时百事不顺的地步。以后贤弟如果到长沙、衡州、湘乡等地，总要以不干预公事为第一要义。这是为兄阅历极深的体会，望贤弟牢记。

四月二十八日　致沅浦弟书

沅弟左右：

余已于廿七日具片销假。弟信既恳至①，雪琴又由湖口特来此间一行，遂不复续假，亦恐人疑我此举专为沈中丞也。

【注释】

①恳至：恳切，至诚。

【译文】

沅弟左右：

我已经在二十七日上呈折片销假了。既然贤弟信中言语恳切，雪琴又从湖口特地来这里一趟，因此就不再请求续假了，也担心别人怀疑我这样做是专门为了和沈幼丹中丞怄气。

富公数千人预备助剿金陵^①，谕旨令其以江北为重。富来函亦谓即将调回扬防。大约除少荃亲来外，别无一枝来弟处帮忙者。事权之一^②，可喜，担荷之重，亦可惧。究竟中关之接济已断否？望示及。

【注释】

①富公：指富明阿。

②事权之一：处事大权集于一身。

【译文】

富公率数千人预备帮助围剿金陵，圣上谕旨命他以江北为重点。富公来信也说即将调兵回扬州驻防。大概除了李少荃亲自前来以外，再无一支军队来贤弟这里帮忙了。处理军事的职权归你一人是好事，但是负担的责任太重也令人忧惧。究竟中关的接济是否已经中断？望尽快告知我。

弟病在水不能生木，余亦夙有此疾，非药物所能为力。每日无论如何忙迫，总须略有抽闲之时，或静坐，或渴睡^①，或散步，火不动，则水得所养矣。

【注释】

①渴睡：瞌睡。

【译文】

贤弟的病在于水不能生木，我平素里也有这个毛病，这不是药物所能治愈的。每天无论多么忙碌，总要略微抽出一点儿闲暇时光，或者静坐，或者瞌睡，或者散步，肝火不动，则肾水可得以保养。

五月初一日　致沅浦弟书

沅弟左右：

　　日内无他信息，惟闻江西省城人心惊皇，纷纷搬徙。雪琴已带船晋省，藉助声威①。抚州解围后，贼攻扑建郡，亦不得逞。谕旨派厚庵督办江西、皖南军务，大约系左帅奏请，亦因余屡奏责重事烦，分此仔肩也②。

【注释】

①藉：同"借"。

②仔肩：担负的担子、责任。

【译文】

沅弟左右：

　　近日没有其他信息，只听说江西省城内人心惶惶，纷纷搬走迁徙。彭雪琴已经带领船队进入江西省，以助声威。抚州解围后，贼匪攻打建昌，也没有得逞。谕旨派遣杨厚庵督办江西、皖南军务，大概是左帅奏请的，也因我多次启奏自己责任重大，事情繁多，想让人来分担一些。

五月初三日　致澄侯弟书

澄弟左右：

　　金陵之贼，援虽绝而粮实未断，沅弟焦灼之至而无如之何。幸身体平安，面色甚好。

【译文】

澄弟左右:

金陵的贼匪,虽然没有了外援,但是粮草还没有断绝,沅弟十分焦虑但也无可奈何。幸而身体平安,气色很好。

江西之贼攻扑抚、建两府,俱得保全。鲍军自东坝起行,五月必可到江。又奉旨派杨厚庵督办江西、皖南军务,应可渐有起色。惟湖北之贼蹂躏过久,副都统舒保阵亡,系一马队名将,殊有关系。严中丞以道员降补①,义渠暂署鄂抚,不知能平此风波否。

【注释】

①严中丞:即湖北巡抚严树森。

【译文】

江西的贼匪攻打抚州、建昌,两府都得以保全。鲍超军从东坝启程,五月份必能到达江西。又奉旨派遣杨厚庵督办江西、皖南军务,应该能渐渐有所起色。只是湖北的贼匪侵扰时间过长,副都统舒保阵亡,他是骑兵的名将,他的阵亡对士气和大局很有影响。严中丞降补为道员,义渠暂时接任湖北巡抚,不知道能不能平息这场风波。

五月初六日　致沅浦弟书

沅弟左右:

来信具悉弟腹泄小愈。腹泄及不食油荤,均不足介意,惟肝、脾二家,全仗老弟以心治之,非阿兄所能助谋,亦非良医所能为功。弟之天君①,即神医也。

【注释】

①天君:古时候谓心为思维器官,称心为"天君"。

【译文】

沅弟左右:

收到来信得知贤弟腹泻快好了。腹泻和不吃油荤食物,都不足以介意,只有肝、脾两脏,全靠老弟用心治疗,这不是哥哥我所能帮助谋划的,也不是良医所能治愈的。贤弟的用心,就是神医。

江西宜黄、崇仁失守,省城吃紧,实出意外。

【译文】

江西的宜黄、崇仁两地失守,省城战事吃紧,实出意料之外。

金陵贼情,常、丹克复与未克时有异乎? 无异乎?

【译文】

金陵的敌情在常州、丹阳收复后与收复前,有什么不同吗? 没有什么不同吗?

五月初十日　　致沅浦弟书

沅弟左右:

厚庵到皖,坚辞督办一席。渠之赴江西与否,余不能代为主持。至于具折,则必须渠亲自陈奏,余断不能代辞。厚帅现拟在此办折,拜疏后仍回金陵水营。春霆、昌岐闻亦日内可到。春霆回籍之事,却不能不代为奏恳也。

【译文】

沅弟左右:

　　杨厚庵到皖后,坚决辞掉督办一职。他是否赶赴江西省,我不能代替他做主。至于上呈奏折,也必须他亲自启奏,我万万不能代他上奏辞督办之职。厚帅现在打算在这里写奏折,上疏后仍回金陵水营。鲍春霆、黄昌岐听说这几天也可以到达。春霆回原籍的事,却不能不代他上奏恳请。

　　弟病近日少愈否? 肝病余所深知,腹疼则不知何症。屡观《朗山脉案》①,以扶脾为主,不求速效,余深以为然。然心、肝两家之病,究以自养自医为主,非药物所能为力。今日偶过裱画店,见弟所写对联,光彩焕发,精力似甚完足。若能认真调养,不过焦灼,必可渐渐复元。

【注释】

①《朗山脉案》:中医书籍名。

【译文】

　　贤弟的病近日好点儿了吗? 贤弟的肝病是我熟知的,但不知腹疼是什么毛病。我多次看《朗山脉案》,以补脾为主,不求快速见效,我也十分赞同这种说法。然而心、肝两脏器的疾病,终究以自我保养自己医治为主,并非药物所能起作用的。今天偶然路过裱画店,见到贤弟所写的对联,光彩焕发,精力似乎十分饱满。如果能认真调养,不过度焦虑忧灼，必定可以渐渐恢复元气。

五月十二日　　致沅浦弟书

沅弟左右：

日内深以弟病为虑。接来信并与泽、鸿两儿信，字有精光，兼有静气，词语亦不迫促，卜病体之必将全愈，为之大慰。惟金陵持久不下，以吾弟平日之性情，恐肝气之病，愈积愈深。

【译文】

沅弟左右：

这几天十分担心贤弟的病情。接到你写给我的信和给纪泽、纪鸿两儿的来信，字迹精光，又有安静之气，词语也不紧迫急促，想来贤弟的病体必将痊愈，我感到十分安慰。只是金陵相持许久却未能攻克，以我弟你平日里的性情推测，恐怕肝病会越积越重。

吾与昌岐久谈，少荃于吾兄弟处，实有相亲相卫之意。吾意欲奏请少荃亲带开花炮队、洋枪队前来金陵会剿。接弟此次复信，即一面出奏，一而函咨少荃，请其迅速西来。如苏军齐到成功①，则弟受其劳，而少荃享其名。既可以同膺懋赏②，又可以暗培厚福。盖独享大名为折福之道，则与人分名即受福之道矣。如苏军虽到，而城贼仍坚持不下如故，则谤可稍分，而责亦稍轻。余昨日已咨少荃派炸炮至金陵会剿。细思弟之肝病，不宜再郁两月，而饷项亦断难支至三四月,故决计奏请少荃前来。苏军近亦仅支五成之饷,并非十分充足,可无贫富相耀之患,想弟能亮我苦衷也。

【注释】

①苏军:指江苏巡抚李鸿章的军队。

②膺:接受。懋(mào):大,盛大。

【译文】

我和黄昌岐长谈,得知少荃对于我们兄弟,实际上有相互亲近相互卫护的意思。我想要奏请圣上请少荃亲自带领开花炮队、洋枪队前来金陵联合围攻。接到弟弟这次回信,我就一边上奏,一边写咨文告知少荃请他迅速前往金陵。如果江苏军一起到了而大功告成,那么贤弟受其辛劳,而少荃享其名声。既可以一同接受丰厚的赏赐,又可以默默地为自己增添福分。独享盛名会折损福气,那么和人分享盛名即是增添福气。如果江苏军虽来援助,但是金陵城贼匪仍和之前一样相持不下,那么对我们的责备也会分散一些,我们的责任也可以稍微减轻一些。我昨天已经发公文给少荃,让他派炸炮到金陵联合围剿。细想贤弟的肝病,不宜再郁闷两个月,而军费也绝难支撑到三四月份,所以决心奏请少荃前来会剿。江苏军近来也仅支取到五成的军费,粮草并非十分充足,应该没有贫富悬殊的担忧,想来贤弟能够体谅我的苦衷。

厚庵新授陕、甘总督,可谓非常特恩,仍督办江西、皖南军务,断不可辞矣。金陵水师防务,余请昌岐与弟会办。雪琴仍回裕溪等处,当不至疏失。多公仙逝①,劳苦可悯。

【注释】

①多公:指多隆阿。

【译文】

　　杨厚庵刚被任命为陕、甘总督,可以说是非同寻常的恩典,仍然让他督办江西和皖南的军务,万万不能再辞职了。金陵水军驻防事务,我请黄昌岐和贤弟一同办理。彭雪琴仍然回到裕溪口等地,应当不至于有什么闪失。多公去世,劳苦功绩,令人怜悯。

五月十四日　致澄侯弟书

澄弟左右:

　　杨军门放陕甘总督①,仍督办江西、皖南军务。鲍春霆全军已至青阳,本月必至瑞州。瑞州、临江两府相隔仅九十里,由江西窜两湖,必由瑞、临经过。杨、鲍二人由瑞、临下手,所以援江西,即所以保两湖也。由江西犯湖南,约有三路:北由瑞、临犯平江、浏、醴,中由吉安犯茶陵,南由南赣犯郴、桂。现在三路俱有布置,吾乡应可安居。

【注释】

　　①杨军门:指杨岳斌。

【译文】

澄弟左右:

　　杨军门调任陕、甘总督,仍督办江西、皖南的军务。鲍春霆全军已经到达青阳,本月必能到达瑞州。瑞州、临江两府相距仅九十里地,贼匪若由江西流窜到两湖,必从瑞州、临江经过。杨厚庵、鲍春霆二人从瑞州、临江两地下手,来援助江西,也是保全两湖。从江西进犯湖南,大概有三条路线:北路从瑞州、临江进犯平江、浏阳、醴陵,中路由吉安进犯茶陵,南路由南赣进犯郴州、桂阳。现在三条线路都有布置,我们的家乡应该可以安居。

　　湖北之贼几犯汉口,幸为水所隔,不日必来皖北。金陵之贼坚抗如故。谕旨问少荃能亲赴金陵会剿否,余拟即日奏请饬派少荃亲来会剿。速克则共乐其功,缓克则稍分其谤。沅弟外症虽好,而肝病已深,断不宜再久郁郁矣。

【译文】

　　湖北的贼匪几次进犯汉口,幸亏被江水所阻隔,不出几天必定会来皖北。金陵的贼匪和之前一样坚持顽抗。谕旨询问少荃能不能亲自赶赴金陵联合围剿,我打算今天就请奏圣上下令派少荃亲自前来金陵会剿。迅速攻克那么大家一同乐享其功,缓慢攻克那么少荃可稍微分担责备。沅弟外在病症虽然好了,但是肝病已深重,万万不能再长久郁闷忧心了。

　　弟比余小十岁,何以白头遂已一半之多?以后总宜节劳,至嘱至嘱!余发仅白数茎,惟精神日衰,牙齿松疼。看来吾兄弟寿年,均难及上三代,惟当加意保养。弟于诸昆中劳苦独甚,尤宜静养耳。

【译文】

　　贤弟比我小十岁,怎么白头发就已有一半之多?以后总该节制操劳,切记切记!我的头发仅白了几根,只是精神日渐衰退,牙齿松动疼痛。看来我们兄弟的寿年,都难以赶得上前三代,只有着意保养身体。贤弟在各位兄弟当中尤其劳苦,更应当静养。

五月十五日　致沅浦弟书

沅弟左右：

　　昨日寄信一件，咨文一件，拟请李少荃来金陵会剿。

【译文】

沅弟左右：

　　昨日寄出一封信件，一封咨文，打算请李少荃前往金陵一同围剿贼匪。

　　千思万想，皆为恐弟肝病日深起见。不请少荃来会剿，则恐贼城相持太久，饷绌太甚，弟以郁而病深。请少荃来会剿，则二年之劳苦在弟，一旦之声名在人，又恐弟以激而病深。故展转踌躇，百思不决。

【译文】

　　千思万想，都是为担心贤弟肝病加重着想。不请少荃前来会同剿贼，则担心贼城相持时间太久还攻不下来，军费紧缺严重，贤弟因郁闷而加重肝病。请少荃来会剿，那么这两年的辛劳全归贤弟，一夜成名在别人，又担心贤弟因为激动而病情加重。因此辗转反侧，踌躇不定，百思不决。

　　此次将咨与函送弟处自决。弟之声名，即余之声名也；弟之性命，即余之性命也。二者比较，究以保重身体为大。

弟自问身体足以久磨久练，则余自放心矣。

【译文】

　　这次将咨文和信函送到贤弟那里，请贤弟自己决定。贤弟的声望名誉，就是我的声望名誉；贤弟的性命，就是我的性命。两者相比较，还是以保重身体为重。贤弟自以为身体足以经得起长久磨炼，那我自然可以放心了。

五月十六日　致沅浦弟书

沅弟左右：

　　接弟信，字秀劲而有静气，知弟病体大愈。因复一缄，商请少荃来金陵会剿。

【译文】

沅弟左右：

　　接到贤弟的来信，字迹秀美有力而且兼有沉静气象，知道贤弟病体好了很多。因此回复一封信，商量请李少荃前来金陵会同剿敌的事宜。

　　细思少荃会剿金陵，好处甚多。其不好处，不过分占美名。后之论者曰：润克鄂省①，迪克九江②，沅克安庆，少荃克苏州，季高克杭州；金陵一城，沅与荃各克其半而已。此亦非甚坏之名也。何必全克而后为美名哉？人又何必占天下之第一美名哉？

【注释】

①润：指胡润之。鄂省：指当时的湖北省会武昌。

②迪：指李迪庵。

【译文】

细想少荃来会剿金陵，好处十分多。不利之处，只不过是分占美名罢了。后代议论的人会说：胡润之攻克湖北省会武昌，李迪庵攻克九江，曾沅浦攻克安庆，李少荃攻克苏州，左季高攻克杭州；金陵一城，曾沅浦和李少荃各攻克一半而已。这也不是什么坏名声。何必要一人独克金陵才算是美名呢？人又何必要占天下第一的美名呢？

如弟必不求助于人，迁延日久①，肝愈燥，脾愈弱，必成内伤，兄弟二人皆将后悔。不如及今决计，不着痕迹。

【注释】

①迁延：拖延。

【译文】

如果贤弟一定不肯求助于人，战事势必拖延很久，肝越来越燥，脾越来越弱，必定造成内伤，我们兄弟二人将来都会后悔。不如现在就拿定主意，还不露痕迹。

少荃将到之时，余亦必赶到金陵会剿也。

【译文】

李少荃将要到达的时候，我也一定会赶到金陵会同剿敌。

五月十七日　致沅浦弟书

沅弟左右：

　　三日未接弟信，不知弟身体何如？不更加焦灼增疾否？余闻昌岐言弟精神完足、小恙无碍而放心，闻曾恒德、刘高山言弟病势不轻而悬念①；见弟信字迹奇润而喜慰，见弟信言贼米日发一斤四两而忧灼。

【注释】

　　①曾恒德、刘高山：皆曾国藩亲兵。

【译文】

沅弟左右：

　　三天没有接到贤弟的来信，不知贤弟身体怎么样了？是否更加焦灼而增添疾病了呢？我听黄昌岐说贤弟精神饱满，小疾没有大碍因而放心，听曾恒德、刘高山说贤弟病情不轻而担心挂念；见到贤弟的来信字迹非常圆润而欣喜安慰，见贤弟来信说贼匪的粮食每日能发一斤四两而感到忧虑焦灼。

　　春霆过此，其于吾弟感激钦佩，迥异寻常。厚庵于弟，亦契合无间言。故余与少荃一咨一信，惟愿弟之速送，又惟恐弟之竟送，反复无定，为弟所笑，亦必为弟所亮也。

【译文】

　　鲍春霆路过这里，他对贤弟感激钦佩之情，异乎寻常。杨厚庵和贤弟也是配合默契没有隔阂。因此我给少荃的一件咨文、一封书信,希望贤弟能快速送达,又恐怕贤弟已经送去,反复不定,一定会被贤弟笑话,贤弟也必定会谅解我。

今日命纪泽赴金陵省视老弟,余于六月初间亦必往,兄弟畅叙。届时少荃若到,余即在彼,不遽回皖。如少荃不到,余即坐轮船速归。总之,弟以保身为主。无论少荃与余会剿与否,于弟威名微减,而弟之才德品望毫无损也。

【译文】

今日命纪泽去金陵看望贤弟,我在六月初也必定前往金陵,那时我们畅谈一番。到时候少荃如果已到金陵,我也在你那里,不立即返回安庆。如果少荃没到,我就坐轮船迅速返回。总之,贤弟要以保重身体为要。无论少荃和我是否会剿金陵,对于贤弟的威名稍有削减,但对于贤弟的才学品德名望毫无减损。

五月十九日　　致沅浦弟书

沅弟左右:

　　少荃意在助吾兄弟成功,而又不敢直言,其意可敬。弟复信盼他早来,甚是甚是!

【译文】

沅弟左右:

　　少荃意在帮助我们兄弟成功,但是又不敢直接说,他的用意值得敬佩。贤弟回信期盼望他早日前往金陵，很好很好！

戈登今日来此畅谈，亦甚服弟之营垒坚固，号令严肃。

【译文】

戈登今天来我这里畅谈，也十分佩服贤弟的营垒坚固，号令严肃。

吾观近日认真办事者，外间尚有公论。如弟元年初进金陵①，远近啧有烦言②，至二年而浮言尽息③，三年而众论翕服④，从未闻有谤议入吾耳者。盖实见弟办事极有条理，军民之最近者心悦诚服，则远处之浮言亦无由而起。若亲者如杨如鲍，疏者如窦如戈⑤，则尤极口赞叹。不知弟耳中别闻毁言否？ 如有所闻，亦望置之度外，照常治事，到底不懈。

【注释】

①元年：即同治元年（1862）。

②啧有烦言：谓纷杂的指责和议论。

③浮言：无根据的话。

④翕服：顺服，悦服。

⑤窦：窦兰泉。戈：戈登。

【译文】

我看近来对认真办事的人，外界还是有公正的评论的。贤弟同治元年刚进金陵时，到处都议论纷纷表示不满，到了同治二年这些流言蜚语就都平息了，到了同治三年则众人心悦诚服，我再也没有听到诽谤的言论。因为确实看到贤弟办事极有条理，近处的军民对贤弟心悦诚服，那么远处的流言也就无处生发了。亲近的人像杨厚庵、鲍春霆，疏远的人像窦兰泉、戈登，都对贤弟赞不绝口。不知道贤弟还听到别的毁谤的言论吗？如果有听到，也希望贤弟能置之度外，照常治理军事，坚持到底绝不松懈。

开花炮若不效，仍恃严断接济破之耳。

【译文】

开花炮如果没有效果，仍然依靠严厉切断贼匪的接济来攻克金陵。

五月二十三日 致沅浦弟书

沅弟左右：

内疾外症，果愈几分？凡郁怒最易伤人。余有错处，弟尽可一一直说。

【译文】

沅弟左右：

贤弟的内外病症，果真好了一些吗？凡属抑郁发怒最容易伤身体。我有什么错处，弟弟尽可以一一直说。

人之忌我者，惟愿弟做错事，惟愿弟之不恭。人之忌弟者，惟愿兄做错事，惟愿兄之不友。弟看破此等物情①，则知世路之艰险，而心愈抑畏②，气反愈平和矣。

【注释】

①物情：人情事理。

②抑畏：谦抑敬畏。

【译文】

忌恨我的人，只愿贤弟做错事，只愿贤弟不恭敬。忌恨贤弟的人，只想为兄做错事，只想为兄不友爱。贤弟看破这些人情世故，就知道世态的艰险，那么心越谦抑敬畏，气反而越平和。

五月二十五日　致沅浦弟书

沅弟左右：

接弟信，知地道又被斗穿三洞，实堪愤闷。然与其轰开而被贼以火球堵住伤亡尤多，又不如被其掘穿，我之士气不大挫减也。

【译文】

沅弟左右：

接到贤弟来信，得知地道又被挖穿三个洞，确实令人愤懑。然而与其轰开而被贼匪用火球堵住伤亡极多，还不如地道被贼匪掘穿，我军的士气不受大的挫减。

弟须多方劝慰诸将，无过忧郁。凡子弟、生徒平日懒惰①，场文荒谬而不售者②，则当督责之；至平日劳苦，场文极佳而不售者，则当奖慰之。弟所统诸将，皆劳苦佳文之生徒也。

【注释】

①生徒：学生，门徒。

②售：考试得中。

【译文】

贤弟要多方面劝慰诸位将士，不必过于忧郁。凡有子弟、门徒平日里懒惰，科场作文荒谬而没有中举的人，应当督促责备；对于那些平日里勤劳用功，科场作文极佳但是没有高中的人，应当加以奖励安慰。贤弟所统领的诸位将士，都是勤劳刻苦场文极佳的学生。

余中厅悬"八本"堂扁①，跋云："养生以少恼怒为本，事亲以得欢心为本。"弟久劳之躯，当极力求少恼怒。纪泽事叔如事父，当极力求得欢心也。

【注释】

①八本：即曾国藩在日记中所记的"八本"之说：读书以训诂为本，作诗文以声调为本，事亲以得欢心为本，养身以戒恼怒为本，立身以不妄语为本，居家以不晏起为本，做官以不要钱为本，行军以不扰民为本。堂扁：厅堂上的题额牌匾。

【译文】

我在中厅悬挂了"八本"堂扁，序跋说："养生以减少恼怒为本，侍奉父母以得欢心为本。"贤弟长久劳累的身体，应当极力减少恼怒。纪泽以侄儿身份侍奉叔叔如同侍奉父亲，应当极力求得欢心才是。

又闻江西之贼，将由青阳、芜湖回救金陵。厚庵调湘后三营，撤金柱关之防，余极不放心。渠言当面商吾弟，果商及否？望弟加意慎重。陆防江西、湖州之援贼，水防江面之接济，只要此二事办得认真，金陵终有蒇事之日，无以地道无成、苏军将至，稍涉大意也。

【译文】

又听说江西的贼匪，将由青阳、芜湖返回援救金陵。厚庵调走湘后三营，撤走金柱关的防兵，我极其不放心。厚庵说当面与贤弟商量过，真的商议过吗？希望贤弟多加留意，慎重行事。陆路防范江西、湖州的助援贼匪，水路防范江面上的接济，只要这两件事办得认真，金陵终有攻克的一天，不要因为地道没挖成、江苏军将要到达，而稍有大意。

六月初一日　致沅浦弟书

沅弟左右：

苦攻无益，又以皖北空虚之故，心急如焚。我弟忧劳如此，何可再因上游之事，添出一番焦灼！上游之事，千妥万妥。两岸之事，皆易收拾。弟积劳太久，用心太苦，不可再虑及他事。

【译文】

沅弟左右：

苦攻没有效果，又因为安徽北部防守空虚，心急如焚。贤弟你如此忧心劳累，怎能再因上游的战事，又增添一番焦虑呢！上游的战事，十分妥当。两岸的战事，都容易收拾。贤弟积劳太久，用心良苦，不能再忧虑其他的战事了。

弟以"博文约礼"奖泽儿①,语太重大,然此儿纯是弟奖借而日进②。记咸丰七年冬,胡帅寄余信③,极赞三庵一琴之贤④,时温弟在坐,告余曰:"沅弟实胜迪、希、厚、雪。"余比尚不深信⑤。近见弟之围攻百数十里而毫无罅隙⑥,欠饷数百万而毫无怨言,乃信温弟之誉有所试⑦。然则弟之誉泽儿者,或亦有所试乎?

【注释】

①博文约礼:语本《论语·雍也》:"子曰:'君子博学于文,约之以礼,亦可以弗畔矣夫!'"广求学问,恪守礼法。约,约束。

②奖借:勉励推许。

③胡帅:指当时的湖北巡抚胡林翼。

④三庵一琴:指李迪庵、李希庵、杨厚庵、彭雪琴。

⑤比:当时,那时。

⑥罅(xià)隙:缺憾,纰漏。

⑦有所试:语出《论语·卫灵公》:"子曰:'吾之于人也,谁毁谁誉。如有所誉者,其有所试矣。斯民也,三代之所以直道而行也。'"朱子注:"然或有所誉者,则必尝有以试之,而知其将然矣。"指有所考察,评价有依据。

【译文】

贤弟用"博文约礼"来夸奖泽儿,用语太器重了,然而泽儿纯是因贤弟的嘉奖而日趋进步。记得咸丰七年冬天,胡帅寄信给我,极力夸赞三庵一琴的贤能,当时温弟在座,跟我说:"沅弟其实胜过迪、希、厚、雪。"我那时还不是很相信。近日看见贤弟围攻百数十里却毫无纰漏,欠粮饷数百万却丝毫没有怨言,才相信温弟的赞誉是有所依据的。然则贤弟赞誉纪泽,或许也是有所考查的吧?

　　余于家庭有一欣慰之端：闻妯娌及子侄辈和睦异常，有姜被同眠之风①，爱敬兼至，此足卜家道之兴；然亦全赖老弟分家时布置妥善，乃克臻此②。

【注释】

①姜被同眠：典出《后汉书》卷八十三《周黄徐姜申屠列传》："肱与二弟仲海、季江，俱以孝行著闻。其友爱天至，常共卧起。"形容兄弟情深。

②臻（zhēn）：到。

【译文】

　　我对于家庭，有一个甚觉欣慰的地方：听说家里姑嫂子侄之间，相处和睦非常，大有汉朝姜肱兄弟同被共眠之风，慈爱和恭敬两方面都做得很好，这足以预示家道将要兴旺；这也是全靠老弟你在主持分家的时候，处置得妥当，才能如此。

　　余俟江西案办妥，乃赴金陵。弟千万莫过忧灼，至祷至嘱！

【译文】

　　我等江西方面的事情办理妥当，就赶赴金陵。贤弟千万不要过于忧虑焦灼，切记切记！

六月初四日　致沅浦弟书

沅弟左右：

　　连接两缄，知又攻破地保伪城①，吾弟焦灼情怀或为少纾。贼周城而呼援贼已到安徽云云,正是情急无聊者之所为②。苏军如到溧水,弟速调王可陞渡扎浦口,则城内众心绝望,必益大慌。此虽闲着,万万不可少也。

【注释】

①地保伪城:即地堡城。见前注。

②无聊:无所倚仗。

【译文】

沅弟左右:

接连收到两封书信,得知又攻破了伪军地保城,贤弟的焦灼心情或许能稍微舒缓了。贼匪绕城呼喊援军已经到达安徽之类的话,正是情急无可奈何才有的行为。江苏军如果到达溧水,贤弟可迅速调派王可陞渡过长江驻扎浦口,这样城内贼众内心绝望,必定更加慌乱。此举虽然是闲着,但万万不能缺少。

　　李文合三营业已调之替守高淳①,何能再调守无为州?鄂贼徘徊黄州,不似遽下窜者。万一下窜,吴竹庄三营先到无为,周厚斋七营亦将继到。上游北岸之事,弟尽可放心。慎毋轻撤高淳之兵也。

【注释】

①李文合:湘军将领。

【译文】

　　李文合的三个营已经调派到高淳替守,怎能再调派驻守无为州?湖北的贼匪徘徊在黄州,不似立刻要向下流窜的样子。万一向下流窜,吴竹庄的三个营可先到无为州,周厚斋的七个营也将继续到达。上游北岸的战事,贤弟尽可放心。千万不要轻易撤离高淳的守兵。

仝日　致澄侯弟书

澄弟左右:

震四果尔早逝①,四妹适朱家②,万缘皆空③。吾骨肉中今年何多变也!老弟终日奔驰劳苦,深为系念。

【注释】

①震四:朱震四,曾国藩妹曾国芝之子。

②四妹:指曾国芝(1817—1846),嫁朱咏春为妻。适:嫁。

③万缘皆空:比喻不再有任何牵挂。

【译文】

澄弟左右:

震四果然早逝,四妹嫁到朱家,从此万缘皆空。我们兄弟姐妹今年变故怎么这样多!贤弟终日奔走劳累,我十分惦念。

沅弟病愈,闻每日骑行百余里。余命泽儿往看沅病,初二归来,云尽可放心,但体亦弱矣。

【译文】

沅弟疾病痊愈了,听说每天骑行一百多里路。我令纪泽孩儿去探视沅弟病情,泽儿初二日回来说尽可放心,但是身体还是有些虚弱。

弟能从此少管公事,甚慰甚慰!余蒙先人余荫,忝居高位,与诸弟及子侄谆谆慎守者,但有二语,曰"有福不可享尽,有势不可使尽"而已。福不多享,故总以"俭"字为主,少用仆婢,少花银钱,自然惜福矣。势不多使,则少管闲事,少断是非,无感者亦无怕者,自然悠久矣。

【译文】

　　贤弟能从此少管公事,我十分欣慰! 我蒙先人的恩泽,得此高位,跟各位弟弟和子侄反复告诫谨慎遵守的只有"有福气不可享尽,有权势不可使尽"两句话而已。福气不多享,所以要以"勤俭"为主,少用奴仆婢女,少花银子,自然就是惜福。权势不多使用,就是少管闲事,少评断是非,没有感谢你的人也没有害怕你的人,自然就长久了。

六月初九日　致沅浦弟书

沅弟左右:

　　王绍羲、陈万胜阵亡[①],实深悯惜。地道一二处既穿,则他处亦断难奏效,不必时时急焦也。

【注释】

①王绍羲:湖南湘乡人,湘军将领,曾国荃部下。官至总兵,同治三年(1864)战死于金陵城下。陈万胜:湖南湘乡人,湘军将领,曾国荃部下。官至副将,同治三年(1864)战死于金陵城下。

【译文】

沅弟左右:

　　王绍羲、陈万胜阵亡,实在令人哀怜痛惜。地道既然已经一二处被挖穿，那么其他地方也必定难以奏效，不必时刻焦急。

　　王可陞既不必调至浦口，则当至无为州听调。上游英、霍、宿、太虽日日告急，然亦闻惯而不惊也。

　　王可陞既然不必调到浦口，那么就当到无为州听候调遣。上游的英山、霍山、宿松、太湖等地虽然天天告急，但也听惯而不吃惊了。

　　余赴金陵之期，从弟之意，暂缓起行，以少荃将到之日为定。弟以倔强之性，值久劳久郁之后，一见亲人，涕泣一场，大闹一场，皆意中所有之事。然为涕为闹，皆可以发摅积郁，皆可以暗调肝疾。余到在少荃之前四五日，方为妥善。望弟届时先寄一信为要。

　　我到金陵的日期，听从贤弟的意见，暂缓动身，以少荃将要到达的日期为定。贤弟性格倔强，加上长久劳累抑郁之后，一见亲人，大哭一场，大闹一场，都是意料之中的事。然而大哭大闹，都可以发泄积郁之情，都可以暗自调理肝病。我在少荃到之前的四五日前往比较妥当。希望贤弟到时候先寄一封信为好。

　　寄谕虽催金陵迅速成功，然无甚苛责之辞，不过寻常因物付物之言①，弟不可看得太深。较之昔催向、和之辞②，松活多矣，亦并无甚倾摘者③。弟少见多怪，难禁风浪耳。

【注释】

①因物付物：就事论事。

②向、和：指向荣、和春。

③倾摘：批评指责。

【译文】

寄来的谕旨虽然催促迅速攻克金陵，但是没有什么苛刻责备的言辞，不过是平常就事论事的话，贤弟不要看得太重。比较之前催促向、和的语言缓和多了，也并没有什么指责的话。贤弟少见多怪，难以禁受住风浪。

六月初十日　致沅浦弟书

沅弟左右：

少荃信阅过，其片稿则已抄寄余处。观少荃屡次奏咨信函，似始终不欲来攻金陵，若深知弟军之千辛万苦，不欲分此垂成之功者。诚能如此存心，则过人远矣。

【译文】

沅弟左右：

少荃的信我看过了，他的片稿也已经抄寄给我。看少荃多次的启奏咨文信函，好像始终不愿意来金陵助攻，像是深知贤弟行军的千辛万苦，不愿意来分享将要成功的功劳。若确实是这样想的，那少荃的境界远远超过常人了。

余从弟意，秋初再赴金陵。老年畏热异常，阿弟深知而体恤，兄即依弟之议，实受其福矣。

【译文】

我听从贤弟的意见，初秋再到金陵。年老之人特别怕热，贤弟深知这点而体恤我，我就听从贤弟的提议，实在是享福了。

英山、宿、太日内警信迭至，余调王可陞守无为，再急则调陈自明池州之二千人守庐江①。惟调守桐、舒之铨军为江西官绅所留②，拟改调钧军上援皖北③，亦难遽到也。春霆于六月四日抵南昌，江西人心大定，想不至别有风波耳。

【注释】

①陈自明：原为李世忠部将，官至总兵，李世忠交出兵权后，部下裁撤殆尽，仅留二千人，交陈自明统带。同治三年（1864）驻守池州。

②铨军：即湘军"铨"字营，由周宽世统带。

③钧军：即湘军"钧"字营，由李榕统带。

【译文】

英山、宿松、太湖这几天连接警报，我调派王可陞驻守无为州，再报急就调派陈自明池州的两千兵马驻守庐江。只是调往桐城、舒城驻守的铨军被江西的官吏和乡绅留住，打算改调钧军北上援助皖北，也难以立刻到达。鲍春霆在六月四日抵达南昌，江西的人心安定，想来不至于另有什么风波。

六月十一日　　致沅浦弟书

沅弟左右：

苏、沪厘饷一事，劝譬详明①，深识名论②，可慰可敬！

【注释】

①劝譬：劝说使之明白。

②深识：深刻的见识。名论：高明、著名的言论。

【译文】

沅弟左右：

江苏、上海的厘卡税收的事情，贤弟劝说得详尽明白，见解深刻，使我欣慰，令我敬佩！

弟近年于阿兄忿激之时，辄以嘉言劝阻①。即弟自发忿激之际，亦常有发有收。以此卜弟之德器不可限量②，后福当亦不可限量。大抵任天下之大事以气，气之郁积于中者厚，故倔强之极，不能不流为忿激。以后吾兄弟动气之时，彼此互相劝诫，存其倔强，而去其忿激，斯可耳。

【注释】

①嘉言：善言，美言。

②卜：预测。德器：道德修养与才识度量。

【译文】

贤弟近年在我愤激的时候，总是以好言来相劝。即便贤弟自己愤激的时候，也常常能做到有发有收。以此预测，贤弟的道德修养与才识气度必然不可限量，后福应当也不可限量。总之担当天下的重任需要一股血气，郁积在胸中的血气雄厚，就会非常倔强，难免会转变为愤怒偏激。以后我们兄弟动气的时候，彼此要相互告诫劝导，保留倔强，而去掉愤怒偏激，这样就好了。

初十日接奉寄谕，词旨温润，无催迫之意，兹抄阅。将来咨文不另抄也。

【译文】

初十日接到谕旨，言辞温润，没有催促逼迫的意思，现抄呈贤弟一阅。将来咨文就不另抄与你了。

六月十四日　致澄侯弟书

澄弟左右：

科四之文^①，一种清气浮溢纸上。科六之字^②，秀润绝伦。两侄今年长进如此，大可喜慰！

【注释】

①科四：曾国荃长子曾纪瑞乳名。

②科六：曾国荃次子曾纪官乳名。

【译文】

澄弟左右：

科四的文章，有一种清新之气跃然纸上。科六的字迹秀丽润泽，美妙绝伦。两个侄子今年进步这样大，令人欣慰！

沅弟病已大愈，日来骑马周历各营，辛勤不辍，意气亦极平和。余偶有忿怒之事，沅反作书来劝。无论金陵克复之迟速，但求沅弟病痊而气平，则万事皆顺矣。

【译文】

沅弟的病已大好，近来骑马走遍各营，辛劳勤苦不停，意气也极为平和。我偶尔有愤怒偏激的事，沅弟反而写信来劝诫。无论金陵收复得快还是慢，只求沅弟病体痊愈，心气平和，那就万事顺利了。

六月十六日　致沅浦弟书

沅弟左右：

接弟信，知连日辛苦异常，猛攻数日，并未收队，深为惦念。弟向来督攻，好往来于炮子如雨之中，此次想无二致也。

【译文】

沅弟左右：

收到贤弟来信，得知连日来异常辛苦，猛攻数日，还没有收兵，我十分挂念。贤弟向来督导进攻，喜欢往来于枪林弹雨之中，想来这次也不会有什么两样了。

少荃前奏至湖州一看，仍回苏州。此次启行，不知径来金陵乎？抑先至湖州乎？

【译文】

少荃之前启奏到湖州看一看，然后再回苏州。他这次出发，不知是直接去金陵，还是先到湖州？

古来豪杰、吾家祖父教人，以"懦弱无刚"四字为大耻。故男儿自立，必须有倔强之气。惟数万人困于坚城之下，最易暗销锐气。弟能养数万人之刚气而久不销损，此是过人之处，更宜从此加功。

【译文】

古来的英雄豪杰、我们家祖父教诲，都以"懦弱无刚"四字为大耻辱。因此男儿自立于世，必须有倔强之气。只是好几万人困在坚城之下，最容易暗中锉削锐气。贤弟能保存数万人的刚强之气不消磨减损，这是过人之处，更应该在这点上多下功夫。

余启行之期，仍候弟一确信也。

【译文】

我启程去金陵的日期，仍等候贤弟的确信。

六月十九日　致沅浦弟书

沅弟左右：

接弟咨文，克复金陵。弟功在社稷，岂仅一家之光哉！虽有志者事竟成，然弟苦矣，将士苦矣。未得弟详信，不知弟平安否？将士伤亡不甚多否？进城巷战不甚久否？洪、李二酋未逃出否？俟得详函发详折后，再赴金陵与弟相会也。

【译文】

沅弟左右：

接到贤弟发来的咨文，得知已攻克金陵。贤弟对于国家社稷功勋显著,岂仅是我们一家的光荣啊! 虽然说有志者事竟成,但是贤弟和众将士为此受了多少辛苦。没有收到贤弟详细的来信,不知道贤弟是否平安? 将士伤亡严重不严重? 进城后巷战打得持久吗? 洪秀全、李秀成两个贼首没逃出城去吧? 等收到详细的来信,上呈详细奏折后,我再到金陵和贤弟相会吧。

六月二十日　致沅浦弟书

沅弟左右:

　　自十八夜三更接弟克复金陵之咨,十九日未得弟信。想因进城巷战,搜诛余匪,遣散降人,千头万绪,皆须弟一手经理,弟之劳苦,想更甚于肉薄环攻之日。

【译文】

沅弟左右:

　　自从十八日半夜三更收到贤弟克复金陵的咨文后,十九日没有收到贤弟的来信。想必因为进城巷战,搜索诛杀剩余贼匪,遣散投降的人,千头万绪,都要贤弟亲自办理,贤弟的劳苦,想来比肉薄环攻的时候更厉害。

　　十九夜有自泰州来者,据云十八日戌刻坐轮舟过金陵,见城内火光二十余处,但知城已克,而不知如何情形,兄尤系念之至,恐巷战三日未休也。

【译文】

　　十九日夜间有从泰州来的人,说十八日戌时坐轮船路过金陵,看到城内火光有二十多处,只知道金陵已经攻克,但不知道具体情形如何,我极其牵挂,担心巷战三天还没有结束。

兄俟接弟详报后,乃能赴金陵与弟会晤。酌带赏号[1],大约不过三万,不知三日内别有进款否。

【注释】

①赏号:赏金。指赏给每人一份的钱或物。

【译文】

我等收到贤弟详细的报告后,才能到金陵和贤弟会合。考虑带着赏金,大概不到三万两,不知道三天内有没有别的进项。

卷十

【题解】

本卷共收书信一百一十四封,起于同治三年(1864)七月初四日,讫于同治十年(1871)十一月十七日。这些信中,写于同治九年(1870)之后的有十四封。其余的一百封信,均写于同治三年七月初四日至同治六年六月初六日之间。同治六年六月初六日之后,至同治九年十二月二十一日之前的家书,未见收录。这些信,都是写给两位弟弟曾国潢和曾国荃的。

同治三年六月,曾国荃率军攻陷太平军都城天京。朝廷恩赏曾国藩加太子太保衔,赐封一等侯爵;曾国荃加太子少保衔,赐封一等伯爵。九月,曾国荃奉旨开缺,回籍休养。同治四年四月,僧格林沁在曹州阵亡。曾国藩随即奉上谕赴山东督师剿捻。同治五年正月,曾国荃奉上谕调补湖北巡抚。同治五年十一月,曾国藩奉上谕回两江总督本任,李鸿章授钦差大臣,专办剿匪事宜。同治六年三月,曾国藩补授大学士。曾国荃同治六年十月开缺回籍。同治七年闰四月初八日,曾国藩着授武英殿大学士。七月,调补直隶总督。十二月,入都面圣。同治九年五月,曾国藩奉上谕查办天津教案。八月,调补两江总督。同治十年正月,与刑部尚书郑敦谨会审张文祥刺前两江总督马新贻一案。同治十一年二月初四日,曾国藩卒于任上。

　　曾国藩同治三年七月以后的家书,颇多涉及攻克天京之后的湘军善后问题。湘勇皆因具体战事临时募集,事必自当裁撤。攻克天京之际,曾国荃部多达五万人。同治三年七月,曾氏兄弟商议遣散所部湘勇两万五千人,留万人防守金陵、一万五千人备皖南北游击。同治四年二月,御史朱镇奏参湖南兵勇在江南骚扰情形,请即遣散回籍。曾国藩于是札饬各军,大加裁撤,仅留四营护卫金陵。

　　伴随着大规模裁撤湘勇,出现了两个问题:一是兵勇闹饷哗变,二是哥老会。由于饷源不足,湘军长期欠饷,同治四、五两年,湘勇因索饷而哗变成为频发事件。同治三年十月,鲍超奉上谕回籍葬亲并养疾,"霆"字营分为两军,由娄云庆、宋国永分统。同治四年四月,娄云庆所领入闽之军在上杭县大哗,回向江西索饷;宋国永所领入蜀一军,在湖北金口哗溃,扰窜江西、湖南边境。同治四年五月,唐义训、金国琛所部徽州防军索饷鼓噪。同治五年闰五月,湖北蒋凝学一军奉调赴甘肃,行至襄阳哗变。同治五年十二月初二日,湖北成大吉军在麻城溃叛。

　　处理撤勇及哗变事宜,是曾国藩、曾国荃兄弟在同治四、五两年通信讨论的一个重要内容。曾国藩在同治四年闰五月二十四日的家书中说:"徽、休、青阳三军闹饷,情同叛逆,不知近日安戢否,实深忧系。沅弟屡念金陵各军悉宜早撤,良有卓见。今金陵之营,仅存刘、朱、朱三军尚在瑞、临,每月由江西盐局发给满饷,不知有它变否?望就近体察,商之小荃中丞办理。"在九月二十五日的家书中说:"金、唐闹饷一案,已在徽正法二十余人,并解营官数人来徐,当可了结,不致决裂。惟与朱云岩三军同时遣撤,须欠饷七八十万,恐难应手耳。"在同治五年正月十五日的家书中说:"沅弟以余待朱、唐等稍失之薄,余心亦觉不甚安帖。然天道不能有舒而无惨,王政不能有恩而无威。"

　　大量兵勇裁撤回湘,随即带来动乱隐患。湘军底层兵勇为抱团取暖,多加入哥老会。甚至有一些营官,也是哥老会成员。因欠饷未清,或在其他方面遭受不公待遇,或因生活上没有着落,同治四、五年之际,湘乡哥老会颇有谋反势头。曾国藩同治五年七月初三日与沅弟书中说:"吾湘哥老会公然有谋反之意,可恶可畏。若一连惩创几次,当可戢其凶志,目下犹耽耽思逞也。"七月初六日与澄弟书中说:"久未接弟信,惟沅弟信言哥老会一事,粗知近况。吾乡他无足虑,惟散勇回籍者太多,恐其无聊生事,不独哥老会一端而已。又米粮酒肉百物昂贵,较之徐州、济宁等处数倍,人人难于度日,亦殊可虑。"这两封信说到了湘乡裁撤回籍兵勇闹哥老会的原因和事态的严重性。

曾国藩在同治五年八月初十日与澄弟书中说:"哥老会之事,余意不必曲为搜求。左帅疏称要拿沈海沧,兄未见其原折,便中抄寄一阅。提、镇、副将,官阶已大,苟非有叛逆之实迹实据,似不必轻言正法。如王清泉,系克复金陵有功之人,在湖北散营,欠饷尚有数成未发。既打金陵,则欠饷不清,不能全归咎于湖北,余亦与有过焉。因欠饷不清,则军装不能全缴,自是意中之事。即实缺提、镇之最可信为心腹者,如萧孚泗、朱南桂、唐义训、熊登武等,若有意搜求其家,亦未必全无军装,亦难保别人不诬之为哥老会首。余意凡保至一、二、三品武职,总须以礼貌待之,以诚意感之。如有犯事到官,弟在家常常缓颊而保全之。即明知其哥老会,唤至密室,恳切劝谕,令其首悔而贷其一死。惟柔可以制刚很之气,惟诚可以化顽梗之民。即以吾一家而论,兄与沅弟带兵,皆以杀人为业,以自强为本。弟在家当以生人为心,以柔弱为用,庶相反而适以相成也。"

同治六年六月初六日与澄弟书中又说:"哥老会匪,吾意总以解散为是。顷已刊刻告示,到沿江到处张贴,并专人至湖南发贴。兹寄一张与弟阅看。人多言湖南恐非乐土,必有劫数。湖南大乱,则星冈公之子孙自须全数避乱远出。若目前未乱,则吾一家不应轻去其乡也。"

曾国藩在处理兵勇闹饷哗变方面,态度强硬,一贯从严;但在处理哥老会事件方面,则主张从宽。曾国藩虽意识到哥老会可能会酿成大动乱,但谆谆教导其弟曾国潢不必刻意搜求哥老会会员,对官阶较高的在籍湘军将领更要网开一面,应以惩治首犯、解散会众为主。

剿捻,自然是曾氏兄弟通信最重要的话题。同治四年五月,曾国藩奉上谕赴山东督师剿捻,以两江总督兼钦差大臣,节制直隶、山东、河南军务。同治五年正月,曾国荃奉上谕调补湖北巡抚,此为朝廷为地择人,希望曾国荃配合曾国藩完成剿捻大计。兄弟二人,此一时期通信,多涉及如何布置剿捻军务。同治三年六月攻克天京,曾氏兄弟名望达到巅峰状态。但同治四、五两年剿捻,却让曾氏兄弟名望受损。曾国藩同治四年五月奉命督师剿捻,同治五年十一月奉上谕回两江总督本任,办理剿捻一载有余,初立驻兵四镇之议,次设扼守两河之策,皆未久而变。同治五年,御史朱镇、卢世杰等人上疏参劾曾国藩办理军务不善;穆缉香阿奏曾国藩督师日久无功,请量加谴责。曾国藩念权位所在,众责所归,惕然不敢自安。同治五年十月,曾国藩折奏病难速痊,请开协办大学士两江总督之缺,并请另简钦差大臣接办军务,自以散员留营效力,不主调度。朝命乃以李鸿章代曾国藩为钦差大臣,督师剿捻。

曾国荃的境况,则比其兄更为不堪。曾国藩在同治六年二月初五日与澄弟书中说:"沅弟近日迭奉谕旨,谴责严切,令人难堪。固由劾官、胡二人激动众怒,亦因军务毫无起色,授人以口实;而沅弟所作奏章,有难免于讪咲者。计沅近日郁抑之怀,如坐针毡之上。"是对曾国荃境况最真切的概括。同治五年八月二十六日,曾国荃以贪庸骄蹇、欺罔徇私、宠任家丁、贻误军政并开列滥支军饷、冒保私人等七款,上折参劾湖广总督官文。十一月,官文奉旨开缺,入都供职。朝廷内外,在此事上多以曾国荃为非,曾国荃陷入被动状态。同治五年十二月初六日,曾国荃部下大将郭松林兵败于天门白口。初九日,上谕以曾国荃驻扎德安,调度无方,着传旨严行申饬。同治六年二月十八日,曾国荃部下大将彭毓橘阵亡于蕲州六神港。五月二十一日,曾国荃奉上谕,以剿捻堵御无方,着摘去顶戴,交部议处;旋吏部奏降二级留任。同治六年十月十六日,曾国荃奉上谕准其开缺,回籍调养。

曾国荃性急心高,连遭不顺,自然难免抑郁。曾国藩此期家书,屡屡对其劝慰疏导。曾国藩在同治六年正月二十二日与沅弟书中说:"嗣后奏事,宜请人细阅熟商,不可壹意孤行,是己非人。为嘱!弟克复两省,勋业断难磨灭,根基极为深固。但患不能达,不患不能立;但患不稳适,不患不峥嵘。此后总从波平浪静处安身,莫从掀天揭地处着想。吾亦不甘为庸庸者。近来阅历万变,一味向平实处用功。非委靡也,位太高,名太重,不如是,皆危道也。"这是劝曾国荃从参劾官文而致己身处于被动境地一事中吸取教训,做事不可太冲动。在同治六年二月二十九日与沅弟书中说:"十八之败,杏南表弟阵亡,营官亡者亦多,计亲族邻里中或及于难。弟日内心绪之忧恼,万难自解。然事已如此,只好硬心很肠,付之不问,而壹意料理军务。补救一分,即算一分。弟已立大功于前,即使屡挫,识者犹当恕之。比之兄在岳州、靖港败后,栖身高峰寺,胡文忠在夅山败后,舟居六溪口,气象犹当略胜。高峰寺、六溪口尚可再振,而弟今不求再振乎?此时须将劾官相之案、圣眷之隆替、言路之弹劾一概不管。袁了凡所谓'从前种种譬如昨日死,从后种种譬如今日生',另起炉灶,重开世界,安知此两番之大败,非天之磨炼英雄,使弟大有长进乎?谚云:'吃一堑,长一智。'吾生平长进,全在受挫受辱之时。务须咬牙厉志,蓄其气而长其智,切不荼然自馁也。"则是劝曾国荃切要振作精神,不可自暴自弃。

同治五年十二月郭松林兵败;同治六年正月,曾国荃湖北衙署五福堂遭火灾;二月,彭毓橘阵亡;三月,曾国荃又因奏报军情一事得罪鲍超。曾国藩屡次写信教诲曾国荃要用"悔"字诀、"硬"字诀来渡过难关。曾国藩在同治六年正月初二日与沅弟书中说:"鄂署五福堂有回禄之灾,幸人口无恙,上房无恙,受惊已不小矣。其屋系板壁纸糊,本易招火。凡遇此等事,只可说打杂人役失火,固不可疑会匪之毒谋,尤不可怪仇家之奸细。若大惊小怪,胡想乱猜,生出多少枝叶,仇家转得传播以为快。惟有处之泰然,行所无事。申甫所谓'好汉打脱牙,和血吞',

星冈公所谓'有福之人善退财',真处逆境者之良法也。弟求兄随时训示申儆,兄自问近年得力,惟有一'悔'字诀。兄昔年自负本领甚大,可屈可伸,可行可藏,又每见得人家不是。自从丁巳、戊午大悔大悟之后,乃知自己全无本领,凡事都见得人家有几分是处。故自戊午至今九载,与四十岁以前迥不相同。大约以'能立能达'为体,以'不怨不尤'为用。立者,发奋自强,站得住也;达者,办事圆融,行得通也。吾九年以来,痛戒无恒之弊,看书写字,从未间断,选将练兵,亦常留心。此皆自强、能立工夫。奏疏公牍,再三斟酌,无一过当之语、自夸之词。此皆圆融、能达工夫。至于怨天,本有所不敢;尤人,则常不能免,亦皆随时强制而克去之。弟若欲自儆惕,似可学阿兄丁、戊二年之悔,然后痛下针砭,必有大进。'立'、'达'二字,吾于己未年曾写于弟之手卷中,弟亦刻刻思自立自强。但于能达处尚欠体验,于不怨尤处尚难强制。吾信中言皆随时指点,劝弟强制也。赵广汉本汉之贤臣,因星变而劾魏相,后乃身当其灾,可为殷鉴。默存一'悔'字,无事不可挽回也。"在三月初二日与沅弟书中又说:"接李少帅信,知春霆因弟复奏之片言'省三系与任逆接仗,霆军系与赖逆交锋',大为不平,自奏伤疾举发,请开缺调理。又以书告少帅,谓弟自占地步。弟当此百端拂逆之时,又添此至交龃龉之事,想心绪益觉难堪。然事已如此,亦只有逆来顺受之法,仍不外'悔'字诀,'硬'字诀而已。朱子尝言:"'悔'字如春,万物蕴蓄初发。'吉'字如夏,万物茂盛已极。'吝'字如秋,万物始落。'凶'字如冬,万物枯凋。'又尝以'元'字配春,'亨'字配夏,'利'字配秋,'贞'字配冬。兄意'贞'字即'硬'字诀也。弟当此艰危之际,若能以'硬'字法冬藏之德,以'悔'字启春生之机,庶几可挽回一二平?"

　　进退出处,亦是此期曾氏兄弟通信讨论的一大重要内容。同治四年七月,曾国荃奉上谕授山西巡抚,疏请开缺;九月奉上谕"着无庸开缺,赏假六个月"。同治五年正月,曾国荃奉上谕调补湖北巡抚。同治四、五年之交,曾氏兄弟多次书信往复商量曾国荃是否出山问题。曾国藩在同治四年十二月十五日与澄、沅二弟书中说:"沅弟出处大计,余前屡次言及,谓腊月乃有准信。近来熟思审处,劝弟出山不过十分之三四,劝弟潜藏竟居十分之六七。部中新例甚多。余处如金陵续保之案,皖南肃清保案,全行议驳;其余小事,动遭驳诘。而言路于任事有功之臣,责备甚苛,措辞甚厉,令人寒心。军事一波未平,一波复起,头绪繁多。西北各省,饷项固绌,转运尤艰。处山西完善之区,则银钱分文皆须入奏,难以放手办事。若改调凋残之省,则行剥民敛怨之政,犹恐无济于事。去年三、四月间,吾兄弟正方万分艰窘,户部犹将江西厘金拨去,金陵围师几将决裂。共事诸公易致龃龉,稍露声色,群讥以为恃功骄蹇。为出山之计,实恐怄气时多,适意时少。若为潜藏之计,亦有须熟筹者。大凡才大之人,每不甘于岑寂,如孔翠洒屏,好自耀其文彩。林文忠晚年在家,好与大吏议论时政,以致与刘玉坡制军不合,复思出山。近徐松龛中丞与地方官不合,复行出山。二人皆有过人之才,又为本籍之官所挤,故不愿久居林下。沅弟虽积劳已久,而才调实未能尽展其长,恐难久甘枯寂。目下李筱荃中丞相待甚好,将来设与地方官不能水乳交融,难保不静极思动,潜久思飞。以余饱阅世变,默察时局,则劝沅行者四分,劝沅藏者六分。以久藏之不易,则此事须由沅内断于心,自为主持,兄与澄不克全为代谋也。"曾国藩之所以在内心劝曾国荃潜藏不出占六分,是预料其出山之后办事不易,怄气为多;之所以劝曾国荃出山的意思又占四分,是怕曾国荃难以久甘枯寂。在十二月二十五日与澄、沅二弟书中则说:"天下纷纷,沅弟断不能久安,与其将来事变相迫,仓卒出山,不如此次仰体圣意,假满即出。余十五之信,四分劝行,六分劝藏,细思仍是未妥。不如兄弟尽力王事,各怀鞠躬尽瘁、死而后已之志,终不失为上策。沅信'于毁誉祸福置之度外',此是根本第一层工夫。此处有定力,到处皆坦途矣。"则是劝曾国荃复出的意思占了上风。曾国藩在同治五年正月初六日与澄、沅二弟书中说:"以各省用事之人言之,军事将见日坏,断无日有转机之理。沅弟假满出山,与各邻省督抚共事，亦必龃龉者多，水乳者少。然吾兄弟受厚恩，享大名，终不能退藏避事，亦惟循前信所言，置祸福毁誉于度外，坦然做去，行法俟命而已。"在正月十五日与澄、沅二弟书中说："沅弟出处大计，余腊月十五日信，六分劝藏，四分劝行，而以久藏之不易，又嘱沅内断于心，自为主持。至腊月、正月两信，则专劝弟出山，盖终不免于一出，不如假满即出，最为体面。惟决计出山，则不可再请续假，恐人讥为自装身分太重。余此信已为定论，下次不再商矣。"已经是完全持曾国荃出山的主意了。

　　曾国藩同治五年二月初一日与沅弟书，道破意见转变之玄机："顷奉正月廿六日谕旨，弟调湖北巡抚，且令即赴新任。虽明发谕旨中无'无庸来京'字样，而寄谕中似饬弟就近履任，即办鄂境之捻。朝廷为地择人，亦即为人择地。圣恩优渥，无以复加。而余办捻事，正苦鄂中血脉不能贯通，今得弟抚鄂，则三江、两湖均可合为一家，联为一气。论公论私，均属大有裨益。"曾国藩是担心曾国荃出山过于随意，无缘建功立业而白白怄气。一旦得知曾国荃出任湖北巡抚，兄弟二人联手，三江、两湖联成一气，极有可能在平粤匪之乱后再建平捻奇功，劝曾国荃深潜不出的念头便荡然无存。

　　可惜的是事与愿违，剿捻无功，曾氏兄弟名望大为受损，朝廷对曾氏兄弟的倚重和眷顾也大不如从前。曾国藩更加意识到权高位重易蹈危途，一面惕然自警，一面生求退之志。曾国藩在同治五年十月二十六日与沅弟书中说："古称郭子仪功高望重，招之未尝不来，麾之未尝不去。余之所处，亦不能不如此。"在同治六年三月初七日与澄弟书中说："处兹乱世，凡高位、大名、重权三者皆在忧危之中。余已于三月六日入金陵城，寸心惕惕，恒惧罹于大戾。弟来信劝我总宜遵旨办理，万不可自出主意。余必依弟策而行，尽可放心。祸咎之来，本难逆料，然惟不贪财、不取巧、不沽名、不骄盈四者，究可弥缝一二。"在同治六年五月二十一日与沅弟书说："吾兄弟高爵显官，为天下第一指目之家。"皆是畏祸自惕之心。

　　曾国藩在同治六年二月初五日与澄弟书中说:"霞仙系告病引退之员,忽奉严旨革职;云仙并无降调之案,忽以两淮运使降补。二公皆不能无郁郁。大约凡作大官,处安荣之境,即时时有可危可辱之道。古人所谓'富贵常蹈危机'也。"刘蓉、郭嵩焘是曾国藩挚友,与曾国藩是儿女亲家,也是重要的政治盟友,二人皆无大过,一个被革职,一个被降调,曾国藩于此不能不生兔死狐悲之心,更觉宦海无常。曾国藩在同治六年五月十二日与沅弟书中说:"六月告病,七月开缺,弟意既定,余亦不便阻止。盖大局日坏,气机不如辛、壬、癸、甲等年之顺,与其在任而日日如坐针毡,不如引退而寸心少受煎逼,亦未始非福。"曾国藩最终赞同出山不顺的弟弟曾国荃引退。其本人晚年的仕宦生涯中,也始终有求退之志。

　　劝两位弟弟谨守家风、勤俭持家,是曾国藩家书中一贯的主题。此期亦不例外。曾国藩在同治五年六月初五日与澄弟书中说:"余与沅弟同时封爵开府,门庭可谓极盛,然非可常恃之道。记得己亥正月,星冈公训竹亭公曰:'宽一虽点翰林,我家仍靠作田为业,不可靠他吃饭。'此语最有道理,今亦当守此二语为命脉。望吾弟专在作田上用些工夫,而辅之以'书、蔬、鱼、猪、早、扫、考、宝'八字。任凭家中如何贵盛,切莫全改道光初年之规模。凡家道所以可久者,不恃一时之官爵,而恃长远之家规;不恃一二人之骤发,而恃大众之维持。我若有福罢官回家,当与弟竭力维持。老亲旧眷,贫贱族党,不可怠慢。待贫者亦与富者一般,当盛时预作衰时之想,自有深固之基矣。"在十二月初六日与澄弟书中说:"前致弟处千金,为数极少。自有两江总督以来,无待胞弟如此之薄者。然处兹乱世,钱愈多则患愈大,兄家与弟家,总不宜多存现银现钱。每年足敷一年之用,便是天下之大富,人间之大福。家中要得兴旺,全靠出贤子弟。若子弟不贤不才,虽多积银积钱积谷积产积衣积书,总是枉然。子弟之贤否,六分本于天生,四分由于家教。吾家代代皆有世德明训,惟星冈公之教尤应谨守牢记。吾近将星冈公之家规编成八句,云：'书、蔬、鱼、猪，考、早、扫、宝，常说常行，八者都好。地命医理，僧巫祈祷，留客久住，六者俱恼。'盖星冈公于地、命、医、僧、巫五项人进门便恼，即亲友远客久住亦恼。此'八好'、'六恼'者，我家世世守之，永为家训。子孙虽愚，亦必略有范围也。"在同治十年三月初三日与澄、沅二弟书中说："吾乡显宦之家，世泽绵延者本少。吾兄弟叨忝爵赏，亦望后嗣子孙读书敦品，略有成立，乃不负祖宗培植之德。吾自问服官三十余年，无一毫德泽及人，且愆咎丛积，恐罚及于后裔。老年痛自愆责，思盖前愆。望两弟于吾之过失时寄箴言。并望互相切磋，以勤俭自持，以忠恕教子。要令后辈洗净骄惰之气，各敦恭谨之风，庶几不坠家声耳。"

同治三年甲子
七月初四日　　致澄侯弟书

澄弟左右：

　　到金陵后，连日周览城内城外各处，见沅弟布置之详密，用心之劳苦，将士之用命①，皆为近日所未见。伪忠王讯供未毕②，拟即在此正法③，不必解京，用陈玉成、石达开之例。

【注释】

①用命：效命，奋不顾身地战斗。

②讯供：谓审问取口供。

③正法：特指执行死刑。

【译文】

澄弟左右：

　　我到金陵后，连日来巡视城内城外各处，看见沅弟布置得周详缜密,用心良苦,将士们拼命效力,都是近来所没有见过的。对伪忠王的审讯还没有完毕,打算就在这里处决,不必再押解回京了,用陈玉成、石达开的先例。

　　余拟在金陵犒宴三日,七月中旬仍回安庆,中秋后再来办善后事也。沅弟精神业已复元,营中疾疫又作,新营较多,老营尚属平安。余虽极畏热,而日内应酬一切,亦不甚以为苦,弟可放心。

【译文】

　　我打算在金陵犒劳将士宴请三天,七月中旬仍回安庆,中秋后再来办理善后的事宜。沅弟精神已经复原,营中又流行传染病,新营感染较多,老营还算平安。我虽然极其怕热,但是这几天应酬一切事情,也不感觉辛苦,贤弟尽可放心。

七月十四日　致澄侯弟书

澄弟左右:

　　初十日接奉恩旨,余蒙封侯爵、太子太保,沅弟蒙封伯爵、太子少保,均赏双眼花翎①。沅部李臣典子爵,萧孚泗男爵。殊恩异数,萃于一门②。祖宗积累阴德,吾辈食此厚报,感激之余,弥增歉悚③。

【注释】

①双眼花翎:清朝礼帽在顶珠下有翎管,质为玉或翡翠,用以安插

翎枝。清翎枝分蓝翎和花翎两种。蓝翎为鹖羽所做,花翎为孔雀羽所做。花翎在清朝是一种辨等威、昭品秩的标志,非一般官员所能戴用。花翎又分单眼、双眼、三眼,以三眼花翎为最尊贵。所谓"眼"指的是孔雀翎上的眼状的圆,一个圆圈就算做一眼。在清朝初期,宗室和藩部中被封为镇国公或辅国公的亲贵、和硕额附(即妃嫔所生公主的丈夫),有资格享戴二眼花翎。攻克天京之役,曾国藩封侯爵,曾国荃封伯爵,李臣典封子爵,萧孚泗封男爵,在五等爵之列,皆赏赐双眼花翎。

②萃:聚集。

③歉悚:惭愧恐惧。

【译文】

澄弟左右:

初十那天接到圣上恩旨,我蒙恩封为侯爵、太子太保,沅弟蒙恩封伯爵、太子少保,都赏双眼花翎。沅弟部下李臣典封子爵,萧孚泗封男爵。特殊的恩典这么多都集中在我家一门。蒙祖宗所积累的阴德,我们享受如此丰厚的待遇,感激之余,更增加了歉疚恐惧之情。

沅弟五、六月来辛苦迥异寻常,近日湿毒十愈其七。初十、十一、十二等日戏酒宴客①,每日百余席,沅应酬周到,不以为苦。谚称"人逢喜事精神爽",其信然欤!

【注释】

①戏酒:谓摆酒演戏。

【译文】

沅弟五、六月来十分辛苦,大不同于寻常,近日湿毒十分好了七分。初十、十一、十二等日请客喝酒看戏,每天一百多席,沅弟应酬周到,不辞辛苦。谚语说"人逢喜事精神爽",真是这样!

　　余拟于七月下旬回皖,九月再来金陵,十一月举行江南乡试①。沅弟拟九、十月回籍,各营应撤二万人,遣资尚无着也。

【注释】

①江南乡试:因清初江苏、安徽二省并为江南行省,后虽分为二省,但江苏、安徽两省的秀才还须集中在南京参加乡试(考举人资格)。江苏、安徽人文荟萃,乡试录取名额仅次于直隶,因此备受瞩目。

【译文】

　　我打算在七月下旬回安徽,九月再来金陵,十一月举行江南乡试。沅弟打算九、十月回老家,各营应当撤销两万人,遣送费还没着落。

七月二十四日　　致澄侯弟书

澄弟左右:

　　前接排单信,知家中已得金陵克复之信,顷又接七月朔来缄。

【译文】

澄弟左右:

　　前日接到排单信,得知家中已经得知金陵收复的消息,刚才又接到你七月初一日的来信。

余以廿日自金陵起行,廿三日始行三百里至芜湖上之鲁港。将近八月,舟中尚燥热异常。回皖小住一月,九月初仍须赴金陵换出沅弟,请假回籍。顷廿日奏片,已将沅弟旋归之意略露端倪①。沅弟热毒虽未全愈,而精神甚好,当是寿征。余亦幸托平安,惟眼蒙甚②,不能不改用加光眼镜。弟畏热异常,亦是老境,但不知眼光如何?

【注释】

①端倪:事情的头绪迹象。

②眼蒙:眼花,看不清。

【译文】

我在二十日从金陵动身,二十三日才走三百里到芜湖上游的鲁港。现在将近八月,船中还是非常燥热。回安庆小住一个月,九月初仍须赴赴金陵,换出沅弟,好让他请假回家。前二十日的奏片,已将沅弟不久之后归乡的意思略微透漏一二。沅弟的湿毒虽然没有完全好,但是精神特别好,应当是长寿的征兆。我也有幸托福平安,只是眼睛特别迷蒙,不得不改用加光眼镜。贤弟特别怕热,也是年老的迹象,但不知你视力怎么样?

春霆在抚州之许湾大获胜仗,杀贼四万有奇。厥后崇仁、东乡、金溪次第克复,听王率六万人投诚①,江西指日当可肃清,惟湖北之贼尚难速了耳。

【注释】

①听王:指太平天国听王陈炳文。

【译文】

鲍春霆在抚州的许湾大获全胜，杀贼四万多人。而后崇仁、东乡、金溪依次克复，太平军听王陈炳文率领六万人投降，江西全境肃清贼匪指日可待，只有湖北的贼匪还难以迅速了结。

七月二十九日　　致沅浦弟书

沅弟左右：

数日未寄信于弟，想弟悬系无已①。余回省寓，内外平安。

【注释】

①悬系：惦念，挂念。无已：没有休止，不止。

【译文】

沅弟左右：

好几天没有给贤弟寄信，想来贤弟牵挂得很。我回到省城寓所，内外平安。

弟撤勇之事，余必一一速办，除催李世忠及办里下河之捐外，再札上海官绅办沪捐六十万，并加函托苏、常绅士，必有所获，弟可放心。昨得云仙信，已办六万径解弟营。

【译文】

贤弟裁军的事，我定会一件一件快速办理，除了催促李世忠以及办理里下河税务外，再写公文让上海的官员绅士筹集沪捐六十万两，并写信托付苏州、常州绅士，必定会有所收获，贤弟尽可放心。昨天收到郭云仙的信，已经置办六万两银子直接解运到贤弟军营了。

弟之退志，兄应成全；兄之门面，亦赖弟成全。第一要紧守金陵、芜湖、金柱三处。第二要分一枝出剿广德，以塞众望。即令朱南桂与刘松山、易开俊三人进剿广德①，而弟处分三枝防宁郡、泾、旌，或亦一道，望弟早为酌定。倘兄之门面撑立不住，弟亦无颜久居山中矣。

【注释】

①易开俊：湖南湘乡人，湘军将领。初隶王鑫，后隶张运兰，官至总兵。同治元年（1862），张运兰病归，与刘松山分领其众。

【译文】

贤弟退隐的志向，我应该支持；为兄的门面，也要依赖贤弟成全。第一要事是严守金陵、芜湖、金柱关三地。第二要事是派出一支军队围剿广德，以满足大家的期望。命令朱南桂与刘松山、易开俊三人进攻围剿广德，而贤弟那里派三支军队防守宁国、泾县、旌德，或许也是一个办法，希望贤弟斟酌早作决定。倘若为兄门面支撑不住，贤弟也无颜久居山中吧。

熊登武、张诗日、刘南云三人①，万不可放走。陈舫仙稍迟一步，明年再退可也。此外孰留孰散，听弟裁酌。

【注释】

①张诗日（？—1867）：字田畯，湖南湘乡人，湘军将领。咸丰五年（1855），以外委随罗泽南战江西。六年（1856），改隶曾国荃军，

转战各地,参加曾国荃部所有重要战役。同治四年(1865),授直隶宣化镇总兵。同治五年(1866),从曾国藩剿捻。同治六年(1867)卒,谥勤武。

【译文】

熊登武、张诗日、刘南云三人,千万不能放走。陈舫仙稍迟一些放走,可以考虑明年再退。此外谁留下谁遣散,听凭贤弟裁量斟酌。

弟肝气不能平伏①,深为可虑。究之弟何必郁郁? 从古有大勋劳者,不过本身得一爵耳! 吾弟于国事家事,可谓有志必成,有谋必就,何郁郁之有? 千万自玉自重②。

【注释】

①平伏:平定,平息。

②自玉:自行珍重。

【译文】

贤弟的肝气不能平伏,令人十分担忧。究竟贤弟为什么郁郁不平呢? 自古以来有大功勋的人,不过是本身得一爵位罢了! 贤弟你在国事家事上,可以说有志向一定达成,有谋略一定成功,还有什么抑郁的事呢? 千万自爱自重。

八月初二日　　致沅浦弟书

沅弟左右:

弟肝气尚旺,遇有不称意之端必加恼怒,不知近日如何,实深廑系!

【译文】

沅弟左右：

贤弟肝火还很旺，遇到不如意的事必定增加恼怒，不知道近来怎么样，我是极殷切挂念！

天下之道，无感不应，无诎不伸①。以吾心之且怜且敬，知外间必千里应之，亦必怜弟敬弟，万口同声。弟少耐数月以待之，而后知吾言之不谬也。

【注释】

①诎（qū）：委屈，冤屈。

【译文】

天下的道理，没有受影响而不引起反应的，也没有委屈得不到伸张的。根据我对贤弟的怜爱敬重之心来推测，知外界必定能在千里之外感应到，也必定万口同声怜爱敬重贤弟。贤弟稍微忍耐几个月等等看，就知道我说的话不假了。

吾所望于弟者三大端：一守金陵、芜、金；一皖南、北两枝游兵；一修贡院①，赶十一月乡试。三者皆办到，则弟为我挣得十分体面，而弟回家亦心安梦恬矣。

【注释】

①贡院：科举时乡试或会试的场地。此处指江南贡院。

【译文】

我寄希望于贤弟的有三件大事：一是守住金陵、芜湖、金柱关三地；

一是向安徽南部、北部派两支游击部队；一是修缮贡院赶在十一月乡试前完成。三件事都办到，那么贤弟就为我挣足了面子，而贤弟回老家也心安理得睡梦香甜了。

八月初四日　　致澄侯弟书

澄弟左右：

　　余在金陵二十日起行至安庆，内外小大平安。

【译文】

澄弟左右：

　　我在金陵二十日动身到安庆，寓所内外小大都平安。

　　门第太盛，余教儿女辈惟以"勤、俭、谦"三字为主。自安庆以至金陵，沿江六百里大小城隘，皆沅弟所攻取。余之幸得大名高爵，皆沅弟之所赠送也，皆高、曾祖父之所留贻也。余欲上不愧先人，下不愧沅弟，惟以力教家中勤俭为主。余于"俭"字做到六七分，"勤"字则尚无五分工夫。弟与沅弟于"勤"字做到六七分，"俭"字则尚欠工夫。以后各勉其所长，各戒其所短。弟每用一钱，均须三思。至嘱！

【译文】

　　家门太过显赫了，我教儿女辈，要以"勤、俭、谦"三个字为主。从安庆直到金陵，沿江六百里的大小城隘，都是沅弟攻下的。我侥幸得到大名声和高爵位，都是沅弟送给我的，都是各代祖宗留赠给我的。我想上不愧对列祖列宗,下不愧对沅弟,只有勉力教导家里以勤俭为主。我在"俭"这方面做到六七分,在"勤"这方面还不到五分功夫。澄弟你和沅弟在"勤"这方面做到六七分,"俭"这方面还欠功夫。以后我们兄弟都要勉力发挥所长,戒其所短。贤弟你每花一文钱,都要三思而行。牢记!

八月初五日　　致沅浦弟书

沅弟左右:

　　贡院九月可以毕工,大慰大慰!但规模不可狭小,工程不可草率。吾辈办事,动作百年之想①。此间所购木料,中秋前可到一批,九月再到一批。

【注释】

①动作百年之想:为一百年后预先谋划,比喻考虑长远。

【译文】

沅弟左右:

　　贡院在九月可以完工,十分欣慰!但是贡院的规模不能太小,工程不能草率。我们兄弟办事,总要作长远打算。此间购买的木料,中秋节前可到一批,九月份再到一批。

　　弟中怀抑郁,余所深知。究竟弟所成就者,业已卓然不朽。古人称立德、立功、立言为"三不朽"①。立德最难,自周、汉以后罕见以德传者;立功如萧、曹、房、杜、郭、李、韩、岳②,立言如马、班、韩、欧、李、杜、苏、黄③,古今曾有几人?

吾辈所可勉者,但求尽吾心力之所能及,而不必遽希千古万难攀跻之人④。弟每取立言中之万难攀跻者,而将立功中之稍次者一概抹杀,是孟子钩金舆羽、食重礼轻之说也⑤,乌乎可哉? 不若就现有之功,而加之以读书养气,小心大度,以求德日进、言日醇⑥。譬如筑室,弟之立功已有绝大基址,绝好结构,以后但加装修工夫,何必汲汲皇皇,茫若无主乎?

【注释】

①三不朽:语出《左传·襄公二十四年》:"太上有立德,其次有立功,其次有立言,虽久不废,此之谓不朽。"

②萧、曹、房、杜、郭、李、韩、岳:分指萧何、曹参、房玄龄、杜如晦、郭子仪、李光弼、韩世忠、岳飞。萧何、曹参为西汉开国元勋;房玄龄、杜如晦辅佐唐太宗造就"贞观之治";郭子仪、李光弼平定"安史之乱";韩世忠、岳飞抗金。皆有大功。

③马、班、韩、欧、李、杜、苏、黄:分指司马迁、班固、韩愈、欧阳修、李白、杜甫、苏轼、黄庭坚,皆为大文学家,以文章名世。

④希:仰慕,希望与之比肩。攀跻:攀附比肩。

⑤钩金舆羽:语出《孟子·告子下》:"金重于羽者,岂谓一钩金与一舆羽之谓哉。"指拿一钩金与一车羽作比,比喻比拟不伦。食重礼轻:语出《孟子·告子下》:"取食之重者与礼之轻者而比之,奚翅食重? 取色之重者与礼之轻者而比之,奚翅色重? 往应之曰:'紾兄之臂而夺之食,则得食;不紾,则不得食,则将紾之乎? 逾东家墙而搂其处子,则得妻;不搂,则不得妻,则将搂之乎?'"谓不能拿吃饭重要的方面和礼节次要的方面进行对比。

⑥德日进:品德每天都有进步。《论语·颜渊》:"曾子曰:'君子以文会友,以友辅仁。'"朱子集注:"讲学以会友,则道益明;取善以

辅仁,则德日进。"言日醇:言语每天更加醇正。

【译文】

贤弟心中抑郁,为我所深知。毕竟贤弟所成就的功业,已经是卓然不朽的了。古人称立德、立功、立言为"三不朽"。立德最难,从周代、汉代以后,以立德不朽的人十分罕见了;立功不朽的如萧何、曹参、房玄龄、杜如晦、郭子仪、李光弼、韩世忠、岳飞,立言不朽的如司马迁、班固、韩愈、欧阳修、李白、杜甫、苏轼、黄庭坚,古今以来曾有几人?我们兄弟可以自勉的,只是追求尽心尽力去做所能达到的目标,而不必希望成为千古以来难以企及的人。贤弟每每选取立言中难以超越的人为目标,而将立功中稍次的人一概抹杀,这是孟子的钩金舆羽、食重礼轻之说,这怎么能行呢?不如在现有功业的基础上,加上读书养气,做事小心大度,来达到德行日益进步,言说日益醇正。就好比盖房子,贤弟的立功已经有了绝大地基,绝好结构,以后再加装修功夫,何必急急忙忙,茫然若失呢?

刘、朱两军①,望弟迅速发来。必须安庆六县无贼,兄乃可速赴金陵。至要至要!

【注释】

①刘、朱:指刘连捷、朱南桂。

【译文】

刘、朱两军,希望贤弟能迅速派来。必须要安庆属下六县没有贼匪,我才能迅速赶赴金陵。切记切记!

八月初九日　致沅浦弟书

沅弟左右:

保举单收到,准于十二日出奏,一字皆不更动。其千总蓝翎可奏可咨者,现虽未定果奏,然要之不更改耳。

【译文】

沅弟左右：

保举名单已经收到,准备在十二日启奏,一个字都不更改了。千总蓝翎可以奏上和可以列入咨文的,现在虽然没有决定一定上奏,但总之是不改动保举名单。

湖郡、广德既克,皖南自可不派游兵,刘、朱、朱皆来皖北甚好[1],惟苦无行粮。江西盐厘七万金在途为风所阻[2],焦灼之至。萧为则七营,吾意仍以遣撤为是。秋纲早开[3],业经批准。里下河之捐,余只索二十万,盖深知彼间捐事有名无实也。

【注释】

①刘、朱、朱：刘连捷、朱南桂、朱洪章。

②盐厘：对盐所征的厘金。清咸丰三年(1853)设此税收,大都属于盐的附加税性质。1914年并入盐的正税。

③秋纲：指秋季输送的捐税。唐、宋时称成批运输货物的组织为“纲”,每批以若干车或船为一组,分若干组,一组称一纲。如：茶纲、盐纲,纲盐(编队运送的大批食盐)、纲运(成批运送的大宗货物)。

【译文】

湖州、广德既然已经攻克,皖南自然可以不派游击部队,刘连捷、朱南桂、朱洪章都能来皖北,很好,只是苦于没有行军的粮草。江西盐厘白银七万两在途中被大风阻断,令人十分焦灼。萧为则的七个营,我的意思还是遣散为好。秋天的税捐早些解送，已经批准了。里下河的税捐，我只要二十万两，因为我深知那里的捐事有名无实。

　　弟肝气未瘥，全靠自己以心医之。弟若不知自爱，懊怒不已，剥丧元气，则真太愚矣。祁幼章方伯宿藻与余同年①，其尸葬金陵城中，闻春浦先生派二仆来寻②，望弟善视之。陆、涂诸公之尸③，余虽有札与上、江两县④，均望弟留心寻觅也。

【注释】

①祁幼章方伯宿藻：指祁宿藻（？—1853），字幼章，山西寿阳人。大学士祁寯藻之弟。与曾国藩同为道光十八年（1838）进士，历任编修、黄州知府、武昌知府、广东盐运使、广东按察使、湖南布政使、江宁布政使。咸丰三年（1853）太平军攻占江宁，祁宿藻卒于城中。

②春浦先生：祁寯藻（1793—1866），字叔颖，一字淳甫，避讳改实甫，号春圃、息翁，山西寿阳人。清朝大臣，三代帝师。嘉庆十九年（1814）进士，由庶吉士授编修，累官至体仁阁大学士、太子太保。谥文端。

③陆、涂：指金陵城陷时死难的两江总督陆建瀛、署江苏布政使盐巡道涂文钧。涂文钧（？—1853），字平甫，湖北嘉鱼人。历任工部主事、浙江道监察御史等职。咸丰三年（1853）官盐巡道、署江苏布政使。太平军攻克天京时战死。

④上、江两县：指江宁府所辖上元县、江宁县。

【译文】

贤弟的肝气抑郁没有瘥愈，全靠自己用心医治。贤弟如果不知爱护自己,总是懊恼生气,耗费元气,那真是太愚蠢了。前江宁布政使祁宿藻祁幼章与我是同年进士,他的尸骨葬在金陵城中,听说他哥哥春浦先生派了两个仆人前来寻找,希望贤弟善待他们。陆建瀛、涂文钧诸君子遗骸,我虽然写信给上元、江宁两县,但还都希望贤弟留心寻找。

八月十四日　　致澄侯弟书

澄弟左右:

沅弟湿毒与肝郁二者总未痊愈。湿毒因太劳之故,肝疾则沅心太高之故。立此大功,成此大名,而犹怀郁郁,天下何一乃为快意之事? 何年乃是快意之时哉?

【译文】

澄弟左右:

沅弟的湿毒和肝气抑郁两症总是未能痊愈。湿毒是因为太过操劳,肝病则是沅弟心气太高的缘故。建立如此大的功勋,成就如此大的名声,却仍然心怀抑郁,那么天下什么样的事才算得上是称心如意的? 哪一年才能有快意的时候?

余于本月为代具请假折[①],九月再奏请开缺,十月当可成行。余之精神日疲,亦难当此重任,然目下不能遽行引退[②],且待沅弟退后再作计议。

【注释】

①代具:代写。

②遽(jù)：立即，马上。

【译文】

我在本月为沅弟代写请假奏折，九月再上奏请求辞官，十月应当可以动身回家。我的精神日益疲惫，也难以担当这样的重任，然而眼下还不能立即引退，暂且等到沅弟引退之后再作打算吧。

近日家中内外大小，"勤"、"俭"二字做得几分？门第太盛，非此二字，断难久支，务望慎之。

【译文】

近日家中内外大小，"勤"、"俭"二字能做到几分啊？家门太过显赫了，做不到这"勤"、"俭"二字，兴盛必定难以持久，万望慎重对待。

八月二十日　　致沅浦弟书

沅弟左右：

今日乃弟四十一大庆，吾未得在金陵举樽相祝，遂在皖作寿诗，将写小屏幅带至金陵，以将微意①。一则以纪泽寿文不甚惬意，一则以近来接各贺信，皆称吾兄弟为古今仅见。若非弟之九年苦战，吾何能享此大名？故略采众人所颂者以为祝诗也。东坡有《寿子由》诗三首②，吾当过之耳。

【注释】

①将：传达，表达。

②东坡、子由：苏轼(1037—1101)，字子瞻，号东坡居士，四川眉山

人，北宋大文学家。苏辙（1039—1112），字子由。苏轼弟。北宋文学家。

【译文】

沅弟左右：

今天是贤弟你四十一岁的生日，我没能在金陵为你举杯祝贺，于是在安庆作祝寿诗给你，将写成小屏幅带到金陵，以表达我微薄的心意。一是因为纪泽写的寿文，我不是很满意；一是因为近来接到各种贺信，都称我们兄弟是古今罕见的。若不是贤弟九年以来的苦战，我怎能享有这样的大名声？因此略取众人的称颂之词来写成祝寿诗。苏东坡曾作《寿子由》诗三首，我应当能超过他。

八月二十四日　致澄侯弟书

澄弟左右：

沅弟之肝疾未平，湿毒更炽。克城封爵之后，而郁抑之气并未稍减。余在金陵住二十余日，察沅心怀似稍开豁，病亦日减。近与余相隔二十余日，情复郁结，疾亦略增。余定初一日起程再赴金陵，家眷同去，并具折为沅弟告病开缺回籍调理。沅见归期已近，或可速痊，然起行总在十月，但能归家过年，不能赶十一月初三也。

【译文】

澄弟左右：

沅弟的肝病没有痊愈，湿毒更加严重。攻克金陵城封得爵位以后，但抑郁之气仍未有所消减。我在金陵住了二十多天，观察沅弟心怀似乎稍有开阔，病情也日益减轻。近来他和我二十多天没见，心情又郁结，病情也加重了。我定在初一日那天启程再去金陵，家眷一同前去，并写奏折代沅弟称病辞官，请求回原籍调理。沅弟见回家的日期将近，或许能很快痊愈，然而动身出发总在十月份，只能回家过年，不能赶在十一月初三日达到。

吾家子侄，人人须以"勤"、"俭"二字自勉，庶几长保盛美①。观《汉书·霍光传》，而知大家所以速败之故。观金日磾、张安世二传②，解示后辈可也。

【注释】

①庶几(jī)：表示希望或推测，或许可以意。

②金日磾(dī)：字翁叔，西汉名臣。本为匈奴休屠王太子，后降汉，深得武帝信任。昭帝即位，金日磾以车骑将军职与霍光、桑弘羊、上官桀同受遗诏辅政。张安世：字子孺，杜陵（今陕西西安东南）人。西汉大臣。武帝时为郎，迁尚书令、光禄大夫。昭帝时，为右将军、光禄勋，封富平侯。后徙车骑将军。与霍光议立宣帝，为大司马、卫将军。领尚书事。

【译文】

我们家的后辈子侄，必须以"勤"、"俭"二字自勉，或许能够常保家门兴盛。看《汉书·霍光传》，就知道名门望族迅速衰败的原因了。看一看金日磾、张安世两个人的传记，可以多说给后辈听。

八月二十六日　致沅浦弟书

沅弟左右：

弟疾日减，周旋众客①，精神照应得到，至以为慰。

【注释】

①周旋：应酬。

【译文】

沅弟左右：

贤弟病情日益减轻，与众宾客交接应酬，精神极佳，照应周全，我感到十分宽慰。

曾恒德等今日自京归。温、恒两弟又奉恩命①，兹将谕旨抄寄弟阅。朝廷待忠勋之家有加无已，但愿吾家丁口日繁，子弟读书勤俭，稍有成立，则弟之功所以垂裕后昆者远矣②。

【注释】

①温、恒两弟：指曾国华、曾国葆。曾国华，字温甫。曾国葆，后更名贞干，字事恒。

②垂裕：谓为后人留下业绩或名声。后昆：后代，子孙。

【译文】

曾恒德等今天从京城回来。温、恒两位弟弟又承蒙圣恩，现将谕旨抄寄给贤弟一看。朝廷对忠诚有功勋的家族的恩典有增无减，只愿我们家人丁兴旺，子弟能刻苦读书，勤勉俭朴，将来稍稍有所成就，那么贤弟的功劳泽及后代就会长久了。

九月十四日　致澄侯弟书

澄弟左右：

余于初一日自安庆起行，初七日到金陵，初十日入署，内外平安之至。

【译文】

澄弟左右：

我在初一日从安庆动身，初七日到达金陵，初十日入官署办公，内外大小都十分平安。

沅弟湿毒未愈，而精神尚极完足。肝疾虽深，而亦尚能自持①，不至遽损真元②。惟夜睡多不成寐，不知何日始得全愈？初十日奉到谕旨，准其开缺回籍调理，恩赏人参六两。大约九月底、十月初可以起行，十一月初三日或可到家赶上祭期也。

【注释】

①自持：自己维持，自己坚持。《汉书·公孙弘传》："今事少间，君其存精神，止念虑，辅助医药以自持。"

②真元：指人的元气。

【译文】

沅弟湿毒之症还没有痊愈，但是精神尚饱满。肝病虽然很重，但也还能自我维持，不至于马上就损耗元气。只是晚上睡不好觉，不知什么时候才能好转？初十日接到圣上谕旨，恩准沅弟辞官回家乡调理，蒙恩赏赐人参六两。大约九月底、十月初就能动身，十一月初三日或许可以到家赶上祭期。

九月二十四日① 致澄侯弟书

澄弟左右：

弟为送考两次晋省，实觉过于勤劳，兄闻之深抱不安。

且弟于家庭骨肉之间劳心劳力，已历三十余年，今年力渐老，亦宜自知爱惜保养，不特为家庭之际，不可过劳也。

【注释】

①传忠书局本作"七月二十四日"，"七月"当为"九月"之误。

【译文】

澄弟左右：

贤弟为了送纪鸿考试而两次去省城，实在是太辛苦劳累了，我听说后深感不安。而且贤弟为全家人劳心劳力，已经有三十多年了，现在年纪大了，心力渐衰，也应知爱惜自己，保养身体，不单是为了家庭，就是为你自己，也不能过于劳累了。

吾入金陵署中已半月，大小平安，隔日至沅弟处看病。劝沅不必吃药敷药，此等皮肤之疾，终可不治自愈。惟夜不成寐，却是要紧之症，须用养心和平之法医之。

【译文】

我进入金陵官署已有半个月了，内外大小都平安，隔天到沅弟那里看望病情。劝沅弟不用吃药敷药，这样的皮肤病，最终可以不治而愈。只是晚上睡不好觉，却是最要紧的病症，须要用调养心气平和的办法来医治。

褚一帆事①，不能请谥。盐局之事，全依次帅与黄、郭之言②，断不掣肘。

【注释】

①褚一帆:褚汝航,字一帆,湘军水师将领。咸丰四年(1854)战殁。

②次帅:湖南巡抚恽世临,字季咸,号次山。黄、郭:黄南坡、郭意城。

【译文】

褚一帆的事,不能请求谥号。盐局的事,完全按照恽次山大帅和黄、郭两位的意见办理,绝不从旁牵制。

十月初五日 致澄侯弟书

澄弟左右:

初一日沅弟起程旋湘,吾送百里,至采石矶。初四早兄弟分手,吾于本日即还金陵,令纪泽送至芜湖以上。

【译文】

澄弟左右:

初一日沅弟起程回湖南老家,我送他一百里地,直到采石矶。初四日早上我们兄弟两人分手,我在当天就回金陵了,让纪泽送沅弟到芜湖以上。

初五日巳刻,纪鸿与叶亭甥到金陵署内,不知何以与沅船相左①,不得一谒见也②。

【注释】

①相左:不相遇,彼此错过。

②谒见:通名刺进见。后泛指进见地位或辈分高的人。

【译文】

初五日巳时,纪鸿孩儿和叶亭外甥到达金陵官署,不知路上怎么和沅弟的船彼此错开,而没能见上一面。

余身体平安,惟诸事丛集,撤勇极多,欠饷难清,尚费周章耳①。

【注释】

①周章:犹周折。

【译文】

我身体安好,只是很多事凑到一起了,遣撤的兵勇极多,所欠的遣散费难以结清,还需要费些周折。

十一月十四日　　致澄侯、沅浦弟书

澄、沅弟左右:

接澄弟十月初九日一函、沅弟在汉口发信,具悉一切。沅弟病势十愈六七,欣慰无已。

【译文】

澄弟、沅弟左右:

接到澄弟十月初九日发的信及沅弟在汉口发的信,尽知一切。沅弟的病症十分好了六七分,我感到极其欣慰。

　　余近日心绪多不适。一则前有楚北之行,深虑各营欠饷无着;一则自上游来者,皆言沅弟病体增重;一则科场雨雪交加,严寒侵人,而萧、梁等约期之饷①,尚无着落。兹余既免湖北之行,而沅弟之病大愈,寸心帖然无忧②,至幸至幸! 乡试虽风雪苦寒,而头二场清吉平安。少荃感寒颇重,二、三场未能点名,若迅速就痊,则科场完美矣。

【注释】

①萧、梁:萧庆衍、梁美材。

②帖然:安定貌。

【译文】

　　我近来心绪不宁。一是此前有前往湖北北部的任务,深深忧虑各营所欠的银饷还没有着落;一是从上游来的人都说沅弟病情加重;一是科场雨雪交加,寒气逼人,而萧庆衍、梁美材等军事先约定的银饷,还没有着落。现在我既然免除了湖北之行,而且沅弟的病情也大有好转,内心坦然没有牵挂,真是万幸啊! 乡试虽然有风雪且苦寒,但是头两场考试清平吉祥、平安无事。少荃感染了风寒,颇为严重,二、三场考试没能点名,如果少荃能迅速痊愈,那科场的情况就完美了。

　　甲五侄又生一女①,望从此三女之后继以三男。科四完姻后②,吾三家桐孙秀发③,瓜瓞绵绵④,斯为至祝。

【注释】

①甲五:曾国潢长子曾纪梁乳名。

②科四:曾国荃长子曾纪瑞乳名。

③桐孙:桐树新生的小枝。后以"桐孙"称美子孙。秀发:语出《诗

经·大雅·生民》:"实发实秀。"指植物生长繁茂,花朵盛开。此
处喻指子孙繁衍不息。

④瓜瓞(dié)绵绵:语出《诗经·大雅·绵》:"绵绵瓜瓞,民之初生,
自土沮漆。"如同一根连绵不断的藤上结了许多大大小小的瓜一
样。引申为祝颂子孙昌盛。瓞,指小瓜。绵绵,延续不断的
样子。

【译文】

甲五侄子又生了一个女儿,希望在这三个女儿之后,再生三个男
孩。科四成婚以后,我们三家子孙兴旺,儿孙满堂,这是最大的祝愿。

十一月二十四日　致澄侯、沅浦弟书

澄、沅弟左右:

科九、鼎三两侄字姿俱好①,鼎三善读书,大慰大慰! 温
弟蕴奇未发②,将来其食报于此子乎?

【注释】

①科九:曾国潢次子曾纪湘乳名。鼎三:曾国华次子曾纪寿乳名。
曾国藩子侄,以"甲、科、鼎、盛"派名。

②蕴奇未发:怀抱奇才而未能充分展现。

【译文】

澄弟、沅弟左右:

科九、鼎三二位侄子的字写得都很好,鼎三善于读书,深感欣慰!
温弟怀抱奇才而未能充分展现,将来只怕是要从这个儿子那里得到回
报吧?

余于十七日仍接督篆①，少荃中丞之病已十愈其六，余今日进闱看视，尚有余热未净。

【注释】

①督篆：总督的大印，借指总督的官位。

【译文】

我在十七日仍然接任总督一职，少荃中丞的病已经十分好了六分，我今天进贡院探望，还是热烧没有全退。

澄弟谓城中住扎万人太多，所论极是。然昨日科场士子万余在城，与兵勇并无半点口舌①。沅弟与余约定，苟有银钱，即随时裁撤，今冬纵不能撤，明春必遣撤也。

【注释】

①口舌：争吵，争执。

【译文】

澄弟说城中驻扎一万人太多了，说得很有道理。然而昨天参加乡试的学子有万余人在城中，和兵勇并没发生半点儿口角。沅弟和我商定，如果有银钱，就随时裁撤兵勇，今年冬天即使不能裁撤，明年春天必定遣散裁撤。

盐务日有起色。目下淮南之盐以泰州河涸不能出江为苦，淮北之盐以洪泽湖冻不能运淮为苦，新春当大旺矣。

【译文】

盐务一天天有了起色。眼下淮南的盐因为泰州河干涸不能出江而感到苦恼,淮北的盐因为洪泽湖结冰不能运到淮河而感到苦恼,新春应当会大为兴旺。

十二月十六日　　致澄侯、沅浦弟书

澄、沅弟左右：

　　腊月初六日接沅弟信,知已平安到家,慰幸无已!

【译文】

澄弟、沅弟左右：

　　腊月初六日接到沅弟来信,知道贤弟已平安到家,令我十分欣慰!

　　少荃于初六日起行,已抵苏州。余于十四日入闱写榜①,是夜二更发榜,正榜二百七十三②,副榜四十八③,闱墨极好④,为三十年来所未有。韫斋先生与副主考亦极得意⑤,士子欢欣传诵。韫师定于廿六日起程,平景孙编修奏请便道回浙⑥,此间公私送程仪约各三千有奇⑦。

【注释】

①写榜：指旧时科举考试,填写录取者名单。

②正榜：科举时代会试或乡试公布正式录取名单的榜示。与"副榜"相对。

③副榜：科举时代会试或乡试取士,除正榜外另取若干名,列为副榜。始于元至正八年(1348)。明永乐中会试有副榜,给下第举人以做官的机会。嘉靖中有乡试副榜,名在副榜者准做贡生,称

为"副贡"。清只限乡试有副榜,可入国子监肄业。

④闱墨:清代指把乡试、会试选出的文章编印成的文集。

⑤韫斋先生:指刘崐(1808—1888),字玉昆,号韫斋,云南普洱人。道光二十一年(1841)进士,选翰林院庶吉士,历任翰林院编修、侍讲、侍读学士、内阁学士兼礼部侍郎、鸿胪寺少卿、太常寺少卿、顺天府尹、太仆寺卿、江南正考官、文渊阁执事、湖南学政、湖南巡抚等职。同治三年(1864),耽误多年的江南乡试重新开考,刘崐任正主考。

⑥平景孙:平步青,字景苏(又作"景孙"),号栋山,别号栋山樵、霞偶、三壶佚史、常庸等,山阴(今浙江绍兴)人。晚清著名文学家、目录学家、藏书家。同治元年(1862)进士,历任翰林院庶吉士,授编修、侍读、江西粮道并署布政使等职。同治十一年(1872)弃官归里,遂专心致志校辑群书,研治学术,从事撰述。

⑦程仪:亦称"程敬",旧时赠送旅行者的财礼。

【译文】

少荃在初六日启程,已经抵达苏州。我在十四日进贡院写榜,当晚二更发榜,正榜二百七十三人,副榜四十八人,文章写得都极好,是三十年来都不曾有过的。韫斋先生和副主考也十分得意,学子欢欣传诵。韫斋师定在二十六日起程,平景孙编修奏请顺路返回浙江,这里官署私人相送的程仪大约各有三千多两。

　　各营挑浚秦淮河①,已浚十分之六,约年内可以竣事。

【注释】

①挑浚:谓清除淤塞,开通河道。

【译文】

各营疏通秦淮河,已疏通十分之六,估计年内就可以竣工。

澄弟所劝大臣大儒致身之道①，敬悉敬悉！惟目下精神实不如从前耳！

【注释】

①致身：《论语·学而》："事父母能竭其力，事君能致其身，与朋友交言而有信。"原谓献身，后用作出仕之典。

【译文】

澄弟勉励我大臣大儒出仕致身的道理，已经了解！只是眼下我的精神实在不如从前了！

《鸣原堂论文》抄东坡万言书①，弟阅之如尚有不能解者，宜写信来问。弟每次问几条，余每次批几条。兄弟论文于三千里外，亦不减对床风雨之乐。弟以不能文为此生缺憾，宜趁此家居时，苦学二三年，不可抛荒片刻也。

【注释】

①《鸣原堂论文》：曾国藩所编撰的古文选本。因系与曾国荃讨论古文所编，故取《诗经·小雅·常棣》"脊令在原，兄弟急难"之意命名。

【译文】

《鸣原堂论文》所抄的苏东坡万言书，沅弟读了之后如果还有不能理解的地方，应该写信来问我。贤弟每次问几条，我就每次批答几条。兄弟之间远隔三千里讨论文章，乐趣也不比风雨之夕对床谈论少。贤弟以不擅长写文章为这辈子的缺憾，应该趁在家闲居的时候，刻苦学习两三年，一时半刻都不可以荒废。

同治四年乙丑

正月十四日　致沅浦弟书

沅弟左右：

前奉饬南云赴豫之旨，殊难筹画；少荃亦以刘铭传赴豫为难。此次谕旨概免中州之行①。以后诸事，皆易措置②，惟春霆须速赴新疆，刘铭传赴闽归左帅调度，尚非二将所愿耳。

【注释】

①中州：指河南。古豫州（今河南省一带）地处九州之中，故称"中州"。

②措置：处置，安排。

【译文】

沅弟左右：

日前接到命令刘南云赶赴河南的谕旨，此事极难筹划；李少荃也因刘铭传赶赴河南而犯难。这次的谕旨，一概免去了他们的河南之行。以后的事情，就都容易安排了，只是鲍春霆须要迅速赶赴新疆，刘铭传前往福建归左帅调遣，仍不是这两位将军所希望的。

弟病近日大愈否？疮癣皆皮肤之疾，决无损于元气，切不可轻用克伐之剂①，谓之无罪攻伐。吾观弟在途所寄簏轩之对、眉生之屏，皆圆湛秀劲，其福泽必方兴未艾。韫斋先生谓京中言及弟者，贤愚皆俯首无异辞。弟若无端而郁恼，是与无罪而攻伐同一失也。

【注释】

①克伐：中医学名词。指使用性峻伤元的攻破消导药物。

【译文】

贤弟的病近来可好多了吗？疮癣都是皮肤病，绝不至于损害元气，万万不能轻易使用性峻伤元之药，那可以说是没有罪过却要加以攻伐。我看贤弟在途中寄给万麓轩的对联，寄给金眉生的屏风，字迹都圆润精湛、挺秀苍劲，可见贤弟的福泽定是方兴未艾。韫斋先生说京城中谈到贤弟的人，无论贤愚都十分佩服，没有否定的言辞。贤弟如果无端地郁闷烦恼，与攻伐无罪者是同样的过错。

余近事极顺，弟可放心。愿兄弟常诵《常棣》、《小宛》二诗以自保耳①。

【注释】

①《常棣》、《小宛》二诗：皆为《诗经·小雅》篇名。《常棣》诗云"脊令在原，兄弟急难"，《小宛》诗云"题彼脊令，载飞载鸣"，皆有兄弟相爱自保之意。

【译文】

我近来事情都很顺利，贤弟可以放心。希望你我兄弟能常常诵读《诗经》的《常棣》、《小宛》两首诗来相爱自保。

正月二十四日　致沅浦弟书

沅弟左右：

弟信言寄文每月以六篇为率①，余意每月三次，每次未

满千字者则二篇,千字以上者则止一篇。选文之法,古人选
三之二,本朝人选三之一,不知果当弟意否?

【注释】

①率:规格,标准。

【译文】

沅弟左右:

　　贤弟信中说要我寄去的文章以每月六篇为标准,我的意思是每月
寄三次,每次不满千字的文章寄两篇,千字以上的文章就只一篇。选文
的方案,古人的文章选三分之二,本朝人的选三分之一,不知道合不合
贤弟心意?

　　弟此时讲求奏议尚不为迟,不必过于懊悔。天下督、抚
二十余人,其奏疏有过弟者,有鲁、卫者①,有不及弟者。弟
此时用功不求太猛,但求有恒。以弟攻金陵坚苦之力,用之
他事,又何事不可为乎?

【注释】

①鲁、卫:语出《论语·子路》:"鲁、卫之政,兄弟也。"比喻情况类
　似、实质相同。

【译文】

　　贤弟你现在讲求奏议的写法,还不算迟,不必过于懊恼。天下总督
和巡抚二十多人,奏疏有写得比贤弟好的,有和贤弟水平差不多的,有
水平不如贤弟你的。贤弟你现在用功,不求太猛,只求能持之以恒。以
贤弟你攻克金陵的吃苦耐劳功夫,用到其他事上,又有什么事不能做
成呢?

正月三十日　　致澄侯、沅浦弟书

澄、沅弟左右：

　　陈舫仙放陕西臬司，兹将饬知排递长沙转送①，请沅弟专送陈家。并嘱舫仙迅速屏当②，由家赴鄂，由鄂坐轮船来金陵拜发谢恩折。折内照例声明"迎折北上，进京请训"。如谕旨令即赴新任，无庸来京，则舫仙仍坐轮舟回鄂，由襄阳赴陕履任。如谕旨着令来京，则或即从金陵北上，或回鄂由樊城北上，均无不可。请沅弟与舫仙商定一切，先行排递函复。或仿照江达川元年之例，谢恩折件请意城代办，附恽中丞奏事之便具奏。俟奉到批旨，如令进京，则坐轮舟由金陵北上，亦属妥协。二者似后一策更为易行，以达川有样子可循也。

【注释】

　　①饬知：旧时公文的一种。专用于上级官署通知下属。

　　②屏当：收拾，整理。

【译文】

澄弟、沅弟左右：

　　陈舫仙被委任为陕西按察使，现将通知排递到长沙再转送，请沅弟派专人送到陈家。并嘱咐舫仙迅速收拾妥当，从家中赶赴湖北省，由湖北坐轮船来金陵拜发谢恩的奏折。奏折里依照惯例声明"迎折北上，进京请训"。如果圣上诏令即刻赶赴新任，无须来京，那么舫仙仍坐轮船回湖北，从襄阳赶赴陕西就任。如果谕旨命令他去京城，那么或即刻从金陵北上,或回湖北从樊城北上,都是可以的。请沅弟和舫仙商量好后,先用排递书信答复。或仿照江达川同治元年的例子,谢恩奏折请郭意城代为办理,附在恽次山中丞启奏折中一起上奏。等接到谕旨批复后,如果命令进京,就坐轮船从金陵北上,也算是妥当。两者相比似乎后一种方法更为简便易行,因为有达川的例子可效仿。

二月初五日　致澄侯、沅浦弟书

澄、沅弟左右:

少荃派郭松林等带八千人由轮船赴闽助剿①,二月杪可以成行。

【注释】

①郭松林(? —1880):字子美,湖南湘潭(今株洲雷打石镇脉湾村)人。在平定太平天国及捻军诸战役中屡立军功,官至湖北提督。死谥武壮。

【译文】

澄弟、沅弟左右:

少荃派郭松林等带八千人乘轮船前往福建援助会剿,二月底可以起程。

侍、康二逆在闽①,其焰尚张,将来必为江西、楚、粤之祸。吾乡近日风气人情,两弟细察之,不至更遭浩劫否? 若沅弟仓卒用兵②,足以捍桑梓之难否? 次山中丞被查之事,不至去位否③? 环顾各省疆吏④,殊乏满意之选,不审天意竟复何如？

【注释】

①侍、康二逆：指太平天国侍王李世贤、康王汪海洋。

②仓卒（cù）：同"仓猝"，匆忙急迫。

③去位：离开官位，卸职。

④疆吏：封疆大吏。指总督、巡抚等担负一方重责的高级地方官吏。

【译文】

太平军伪侍王、伪康王两个逆贼在福建，他们的气焰还很嚣张，将来必定成为江西、湖南和广东的祸患。两位弟弟观察我们家乡近日的风气人情，不至于再遭受浩劫吧？如果沅弟于仓猝之间用兵，能否完全保卫家乡呢？恽次山中丞被查办的事情，不至于撤职吧？环顾各省的封疆大吏，极缺乏满意的人选，不知道圣意究竟是怎样？

金陵已撤八营，截至正月末止。将来拟再撤八营，留四千人守城。朱云岩定于五月遣撤，余亦次第撤散。

【译文】

截止到正月末，金陵已经裁撤八营兵勇。将来打算再裁撤八营，留下四千人驻守金陵城。朱云岩部已定在五月遣散裁撤兵勇，其余的也要陆续遣散裁撤。

余身体无恙，惟心血日亏，目光不耐久视。

【译文】

我身体平安康健，只是心血日益亏损，眼睛不能长时间阅读。

三月初四日　致澄侯、沅浦弟书

澄、沅弟左右：

初二日接奉寄谕，饬沅弟迅速进京陛见①，兹用排单恭录谕旨咨至弟处。

【注释】

①陛见：谓臣下谒见皇帝。

【译文】

澄弟、沅弟左右：

初二日接到谕旨，令沅弟迅速进京面圣，现用排单恭敬地抄录谕旨，递送咨文到贤弟那里。

上年十二月，韫斋先生力言京师士大夫于沅弟豪无间言①，余即知不久必有谕旨征召，特不料如是之速。余拟于日内复奏一次，言弟"所患夜不成寐之病尚未痊愈，赶紧调理，一俟稍痊，即行进京。一面函商臣弟国荃，令将病状详细陈明"云云。沅弟奉旨后，望作一折寄至金陵，附余发折之便复奏。

【注释】

①豪：通"毫"。间言：非议。

【译文】

　　去年十二月份,刘韫斋先生极力言说京城士大夫对于沅弟绝无非议,我就知道用不了多长时间定会有谕旨征召入京,只是没想到如此之快。我打算在近几天回奏,说贤弟"所得的夜不成寐的病还没有痊愈,赶紧调理,等稍有好转,立即进京。一面通过书信与臣弟国荃商量,让他将病状详细陈述说明"等等。沅弟接到谕旨后,望贤弟写一道奏折,寄到金陵,借我发奏折之便附上回奏。

　　余意不寐屡醒之症,总由元、二两年用心太过,肝家亦暗暗受伤,必须在家静养一年,或可奏效,明春再行出山^①,方为妥善。若此后再有谕旨来催,亦须稍能成寐,乃可应诏急出。不审两弟之意以为何如?

【注释】

　　①出山:晋谢安神识沉敏,少有重名,高卧东山,屡辟不出。及桓温请为司马,始出仕治事,终为朝廷重臣。后以"出山"比喻出仕或担任某种职务,从事某种事情。

【译文】

　　我认为夜晚睡不着总是醒的病症,是因为同治元、二两年太过操心,肝脏也暗暗受伤,必须在家静养一年,或许可以见效,明年春天再出来做官,才是妥善。如果此后再有谕旨来催促,也要稍能入睡了,方可应诏出仕。不知两位弟弟意下如何?

　　筱荃来抚吾湘,诸事尚不至大有更张^①。惟次山以微罪去官,令人怅怅^②。沅弟前函有长沙之行,想正值移宫换羽之际^③,难为情也。

【注释】

①更张：比喻变更或改革。

②怅怅：失意不快貌。

③移宫换羽：原指乐曲换调，后也比喻事情的内容有所变更。宫、
　羽，古代乐曲中的两种曲调名。

【译文】

　　李筱荃出任湖南巡抚，各种事情还不至于有大的变更。只是恽次
山因为微小的罪过而撤职，令人怅然失意。沅弟前一封信里说到长沙
之行，考虑到现在正是湖南巡抚更换之时，有些难堪吧。

三月初七日　　致澄侯、沅浦弟书

澄、沅弟左右：

　　金陵昭忠祠纪将士劳苦之碑，沅不肯稍编节略①，其名
似谦，其实懒耳。弟以不能文为深耻，无以怔忡体弱，过于
自恕自逸。

【注释】

①稍编节略：稍微删节缩略。

【译文】

澄弟、沅弟左右：

　　金陵昭忠祠纪念将士劳苦的碑文，沅弟不肯稍作删节缩略工作，看
似谦逊，实为懒惰。贤弟因为不能写好文章而深感耻辱，不要以患怔忡
体质弱为由，过于宽恕放任自己。

　　如元年八、九月雨花台之役，弟昼夜不眠至五十余日之

久。三年四、五、六月，弟忧劳更甚，为日更久。岂当时体气忽健，异于生平哉？因众人藐视沅甫非能克金陵之人，发愤欲一雪其耻而伸其志，故忘其为积弱之躯也。目下用力于奏议文章，亦当稍存昔年拼命之意。不过一二年间，谕旨必屡催出山。一经履任治事①，诸务冗杂，欲再专力于文章，则不能矣。

【注释】

①履任：到任，就任。

【译文】

如同治元年八、九月的雨花台之战，贤弟长达五十多天昼夜不眠。同治三年四、五、六月，贤弟更是忧虑劳苦，时日更长。难道是当时体质忽然强健，和平生不一样了吗？那是因为大家藐视沅甫你，认为不是能收复金陵的人，沅弟发愤想一雪耻辱，施展抱负，因此忘了自己积弱的身体。眼下贤弟在奏议文章上下功夫，也应当稍有当年拼命的意气。不过一两年时间，一定会有谕旨再三催促出仕。一旦任职做官，各种事务冗多繁杂，想再专门在文章上下功夫，那就不能了。

三月十八日　　致沅浦弟书

沅浦弟左右：

十七日接奉三月初八日寄谕，首行"军机大臣"之上少"议政王"三字，殊堪大诧①。以前无不有此三字者，虽恭王病假之时，亦尚有之，三月初六日寄谕亦尚有之。若非生死大变，则必斥逐，不与闻枢密大政矣②。此事关系绝大，不胜悚惧。

【注释】

①大诧：大为惊讶。

②枢密大政：国家最重大、最机密的政事。

【译文】

沅浦弟左右：

十七日接到三月初八日寄出的谕旨，首行"军机大臣"前少了"议政王"三个字，我十分惊诧。以前从未出现过没有这三个字的情况，即使在恭亲王休病假的时候，都还有，三月初六日的谕旨也还有这三字。如果不是身亡这样的大变故，就一定是遭到了驱逐，不让参与国家机密大事了。这件事关系重大，令我十分恐惧。

顷又闻河南之贼窜至山东单县、汶上，僧邸亦追至汶上。汶上去山东省城仅二百余里，去直隶境亦二百余里，深为可虑。

【译文】

刚刚又听说河南贼匪逃窜到山东的单县和汶上，僧亲王也追到了汶上。汶上距离山东省城仅有二百多里，距离直隶境内也只有二百多里，令人十分担忧。

有识之士与相爱之友多劝弟暂缓出山，余意亦欲弟久养病躯，闭户三年，再行出膺艰巨①。若各路不靖②，则恐又有征召之旨。弟身体未痊，总宜再三斟酌。如有复奏之疏，专人至鄂，搭洋船至金陵，由余代递，最为妥叶，免致兄弟辞意两歧也。

【注释】

①出膺(yīng)艰巨：出山，担任重大责任。

②不靖：不安宁，骚乱。

【译文】

有见识的人士和爱护我们的朋友，大都劝贤弟暂缓出仕，我的意思也想让贤弟好好调养身体，闭门三年不出，然后再出任重职。如果各地不安宁，恐怕又要有征召的谕旨下达。贤弟身体还没有痊愈，总应该再三考虑。如果贤弟有回奏的奏疏，则派专人送到湖北省城，再搭洋船到金陵，由我代为递送，这样最为妥当，免得我们兄弟言辞不一致。

四月十五日　致澄侯、沅浦弟书

澄、沅弟左右：

山东回窜之捻尚在江南徐、宿一带①，调淮勇二千余人驻扬州，三千余人驻清江②，并昌岐水师百余船，均到防矣。刘铭传等万余人自六安赴徐州，尚未到防，大致足御寇氛③。

【注释】

①江南徐、宿：指江苏徐州、安徽宿州。江苏、安徽二省从清初江南行省分出。

②清江：即清江浦，今为江苏淮安下辖区，是淮安市委、市政府驻地。清江浦在明、清时期是京杭大运河沿线享有盛誉的、繁荣的交通枢纽、漕粮储地和商业城市，有"南船北马"、"九省通衢"、"天下粮仓"等美誉。

③寇氛：敌人的气焰。

【译文】

澄弟、沅弟左右：

　　山东逃窜的捻军还在江苏徐州、安徽宿州一带，调遣淮军两千多人驻守扬州，三千多人驻守清江浦，与黄昌岐一百多船水军，都已到位驻防了。刘铭传等一万多人从六安赶赴徐州，还没有到位，大概能够抵挡贼匪了。

　　惟霆军八千人在湖北金口登岸①，不听号令，各持军器洋枪成队南行，不知果叛逆乎？抑仅溃散已乎？此事关系极大，殊深焦灼。此军若溃，则厚庵一军亦属可虑。

【注释】

　　①金口：即今武汉江夏区金口渡，地处长江中游南岸、武汉经济开发区东部，以金水河入长江口而得名，古称"涂口"，又称"涂川"。

【译文】

　　只有鲍春霆军队八千人在湖北金口登岸，不听号令，各自持着兵器洋枪成群结队地向南行进，不知道是否果真叛乱了？抑或仅是已经崩溃解散了？这件事情关系重大，令人极其焦虑。如果鲍军崩溃，那厚庵一军也要担忧了。

　　厚庵奏分六省厘金，万做不到，徒托空言①。其奏改西征局②，不能不妥为调停。

【注释】

　　①徒托空言：出自《史记·太史公自序》："子曰：'我欲载之空言，不如见之于行事之深切著明也。'"指只讲空话，而不能实行。

②奏改西征局：同治四年(1865)，杨岳斌奏议将湖南东征局改为西
　征局，负责西征(陕、甘)军饷项。

【译文】

　　杨厚庵奏请分享六省的厘金，这是万万做不到的，只是空话而已。
他奏请将东征局改为西征局，却不能不妥善安排。

四月二十四日　　致澄侯、沅浦弟书

澄、沅弟左右：

　　接两弟信并渠侄夫妇安禀①，欣悉新妇有和顺载福之
象，从此和室宜男②，家庆绵长③，企慰无似④。

【注释】

①渠侄：指曾纪渠，曾国潢次子，出继曾国葆为后。
②和室：谓与妻室和睦相处。宜男：谓多子。
③家庆：语出《易·坤·文言》："积善之家，必有余庆。"指家中喜庆
　之事。
④企慰：期望和安慰。

【译文】

澄弟、沅弟左右：

　　收到两位弟弟的来信和纪渠侄儿夫妻俩的请安禀帖，欣喜获知新
媳妇有和顺载福的气象，从此家庭和睦，多子多福，家中喜庆之事连绵
不断，这是我最大的期望和安慰。

　　纪鸿儿于四月廿一日完婚，外间即无一客。衙门办喜
事，似较家乡稍简易也。

【译文】

纪鸿孩儿已在四月二十一日完婚，外面没有一位客人。在衙门里办喜事，好像比在家乡稍微简单些。

沅弟寄到折稿，当略为修饰，日内拜发。陈舫仙、朱心槛到此陈谢恩折①，亦于日内附报发去。魏柳南自京师归，亦恰至此。凡从弟当差者，无不恩明谊美，将来出任，当能束躬自爱②。

【注释】

①朱心槛：一般写作"朱星槛"，或作"朱心鉴"。原为曾国荃麾下将领，后从曾国藩剿捻。

②束躬：检点约束自己。汉刘向《说苑·修文》："修德束躬，以自申饬，所以检其邪心，守其正意也。"

【译文】

沅弟寄到的奏折底稿，应当稍加修饰，近几日就拜发出去。陈舫仙、朱心槛来这里上呈谢恩的奏折，也在这几天附奏报发出去。魏柳南从京城回来，也恰好到这里。凡是跟随贤弟的部下，没有不感念知遇之恩、袍泽之谊的，将来出来当官，一定能洁身自好、爱惜名声。

弟病以怔忡不寐为最要之症，外毒及善忘多感伤皆不甚要紧。开卷心疼，总由于心肝血亏之故。治之之道，非药力所能遽效，自以不看书不用心为良方。

【译文】

贤弟的病症中数怔忡和失眠最为要紧，外患湿毒和健忘、多愁善感都没什么要紧的。一读书就心痛，还是心肝血亏的缘故。治疗的方法，不是吃药就能立即见效的，还是以不看书不用心为良方。

余因闻霆营之变，近日豪无欢悰①。又接两弟信，梁葆颐在衡既不相宜②，余即批令归湖南酌委署事，不复与闻盐务耳。

【注释】

①欢悰（cóng）：欢乐。

②梁葆颐：曾国藩僚属。曾受委任负责衡州盐务，后官通判。曾主修《茶陵县志》。

【译文】

我因为听说春霆军营的变故，近几日毫无心情。又接到两位弟弟的来信，梁葆颐既然不合适在衡州，我就批准命他回到湖南，酌情委派个职务，不再让他管理盐务了。

五月初五日　致澄侯、沅浦弟书

澄、沅弟左右：

日内未接弟信，想家中各宅平安。

【译文】

澄弟、沅弟左右：

近几日没有接到弟弟的来信，想来家中各宅平安无事。

余于初二日接奉廷寄,饬余出省督师剿贼,尚未开江督之缺,不过驻江南境内①。初三日接奉廷寄,则僧邸在郓城阵亡,饬余赴山东督剿,以李少荃署江督,刘松岩护苏抚。

【注释】

①江南:清初的江南省,地域相当于今天的安徽省、江苏省、上海市,后分为江苏、安徽两个省。两江总督所辖地域,恰为清初江南省辖地。

【译文】

我在初二日那天接到朝廷的寄谕,命我出省统兵剿贼,还没有辞去两江总督一职,驻扎还在江南省境内。初三日接到朝廷寄谕,僧亲王在郓城阵亡,朝廷令我前去山东督师围剿,任命李少荃暂代江督一职,刘松岩护理江苏巡抚一职。

现约少荃于月半后来宁,余于月底起行。金陵之八千人,现札令愿随征者自告奋勇,愿撤散者遣发回籍,各营自行具禀①,或北征,或西归,拟令同日起行,但留一营护卫衙署。暂不搬动家眷,应否回湘,秋凉再作计较②。

【注释】

①具禀:禀告。

②计较:计策,打算,主张。

【译文】

现约少荃半个月后来江宁,我在月底出发去山东,金陵的八千将士,现命令愿意跟随出征的人自告奋勇,愿意撤散的人遣散回原籍,各营自行详细禀告,或者北征,或者西归,打算命令同一天出发,只留一个营护卫官署。暂时不让家眷变换住所，是否回湖南，等秋凉之后再作打算。

淮勇现有刘铭传等万余人在徐州，张树声三千五百在清江，余拟带此万四千人赴东，此外又调寿春镇易开俊三千人以行。金陵之告奋勇者，无论多少，皆与易同打一路。此外，令申甫至山东就地新募马勇数百。合计二万余人，当足以御寇氛。

【译文】

淮军现有刘铭传军等一万多人在徐州，张树声军三千五百人在清江浦，我打算带这里的一万四千人赶赴山东，此外又调寿春镇总兵易开俊的三千人同行。金陵自告奋勇的人，无论有多少，都和易开俊共同攻打一路。此外，令李申甫到山东就地招募新骑兵数百人。共计两万多人，应当足以抵御贼匪。

沅弟复奏之折，业已拜发，兹将原稿寄回。

【译文】

沅弟复奏的奏折已经拜发，现将原稿寄回。

五月十五日　　致澄侯、沅浦弟书

澄、沅弟左右：

余自初三日奉到北征山东之命，厥后屡奉寄谕严催。

【译文】

澄弟、沅弟左右：

　　我自从初三日那天接到北征山东的命令，之后又多次接到紧催的谕旨。

　　金陵十六营勇丁，人人思归。直至初八日始议定张诗日带"仁"字一营随征，又新招"峻"字一营，罗茂堂招"晋"字、"豫"字两营①，朱星槛招"星"字左、右两营，合成三千人。初九日飞檄刘松山来金陵，顷已来此，商定渠带三千人随征。又易开俊专弁禀告奋勇，亦经批准，渠所部亦三千人。通共带湘勇九千人，淮勇二万二千人，除刘铭传、周盛波、张树声外②，又添派潘鼎新五千人，由轮舟赴天津也。步兵已厚，只须添练马队。

【注释】

①罗茂堂：罗麓森，号茂堂。湘军将领。官江苏即补道，同治三年（1864）在金陵办理营务处事宜。同治四年（1865）招"晋"字、"豫"字两营，随曾国藩剿捻。

②周盛波（1830—1888）：字海舲，安徽合肥人。淮军名将。咸丰三年（1853），粤匪陷安庆，皖北土匪纷起，周盛波兄弟团练乡勇保卫乡里，屡出杀贼，累奖守备。同治元年（1862），李鸿章募淮军援江苏，令周盛波就所部选募成军，曰"盛"字营，以克太仓、昆山、江阴、无锡、常州，官至记名提督。同治四年（1865），从曾国藩剿捻军。以解雉河集之围，授甘肃凉州镇总兵。东、西匪平，请回籍终养。光绪十年（1884），受命在淮北选募精壮赴天津备防，责司训练。光绪十四年（1888），卒。谥刚敏。

【译文】

　　金陵十六营的兵勇，个个都想回家。直到初八日那天才议定张诗日带"仁"字一营随我出征，又新招募"峻"字一营，罗茂堂招募"晋"字、"豫"字两个营，朱星槛招募"星"字左、右两营，加起来共有三千人。初九日急召刘松山来金陵，刚刚已经到这里商定，他带三千人随征。又有易开俊派专人禀告愿意出征，也已经批准，他所统领的也有三千人。共计带湘军九千人，淮军两万两千人，除刘铭传、周盛波、张树声的军队外，又添派潘鼎新部下五千人，乘轮船赶赴天津。步兵已经够多了，现只须要增添训练有素的骑兵。

　　若贼不渡黄，剿办尚不甚难；一渡黄，则手脚忙乱，万目悬望①，万口讥议②，余实应接不暇，难乎其免于大戾矣。

【注释】

　　①万目悬望：万众期待。
　　②万口讥议：众人非议。

【译文】

　　如果贼匪不渡过黄河，剿灭贼匪还不是很难；一旦贼匪渡过黄河，我军就会手忙脚乱，到时万人盼望，万人非议，我实在是应付不过来，就难免会遭受祸患。

　　寄谕中两次催沅弟出山任事。昨奉批旨，亦催弟进京。沅弟曾为封疆大吏，又系立功受爵之臣，礼数稍优，自不必轻于一出；况病势尚重，万难遽膺艰巨。筱荃中丞录旨宣示，到家时，不知弟曾呈请筱荃代为复奏否？

【译文】

寄谕中两次催促沅弟出山任职。昨天接到批复谕旨，也催促沅弟进京。沅弟曾是封疆大吏，又是立过大功受封爵位的大臣，朝廷对你的礼数稍稍优厚一些，自然不必轻易出山；况且病情还很严重，实在难以马上担当重任。李筱荃中丞抄录谕旨前去宣读，到家时，不知道贤弟有没有呈请筱荃代为复奏？

余待少荃来宁接篆，十五营开船西归后，定于廿五日起程。此后相去愈远，不能再用专差送信，但每月三次家信，由驿递至筱荃转交而已。

【译文】

我等李少荃来江宁接管总督大印，十五营裁撤的湘勇开船向西回湖南后，定在二十五日起程。以后我们相距越来越远，不能再用专人送信了，但每月三次家信，由驿站递到筱荃那里转交就是了。

闰五月二十四日 洪泽湖东口

澄、沅弟左右：

罗茂堂与张、朱等六营、刘松山六营先后赴临淮[①]。临淮距清江四百二十里，距金陵四百六十里，距安庆六百六十里，以后仍可专人由安庆送信到家。

【注释】

①张、朱：张田畯、朱星槛，皆湘军将领。同治四年（1865）随曾国藩

北征剿捻。

【译文】

澄弟、沅弟左右:

　　罗茂堂和张、朱等六营、刘松山六营先后赶赴临淮。临淮距清江浦四百二十里,距金陵四百六十里,距安庆六百六十里,以后仍然可以由专人从安庆送信到家。

　　雉河集营盘被发捻围困①,英方伯冲出后②,诸将尚坚守无恙,然亦岌岌难久保矣。易开俊扎西洋集③,距雉河五十里,乃以目疾出营,轻赴徐州,不能不予以严参。

【注释】

①雉河集:地名。今为安徽亳州涡阳县治所在地,是雉河入涡河之口。

②英方伯:指时任安徽布政使的英翰。英翰,字西林,萨尔图氏,满洲正红旗人。道光二十九年(1849)举人。咸丰四年(1854),拣发安徽,以知县用。九年(1859),署合肥。同治二年(1863),以擒张洛行功,授颍州知府。擢安徽按察使。四年(1865),授安徽布政使。五年(1866),擢安徽巡抚。后官两广总督、乌鲁木齐都统。是晚清历史上因镇压太平天国、捻军而成名的督抚之一。

③西洋集:地名。即今安徽亳州涡阳西阳镇。

【译文】

　　雉河集营盘被贼匪围困,英方伯冲出重围后,诸位将士仍在坚守,但是也岌岌可危,难以长久支撑。易开俊驻扎在西洋集,距离雉河五十里地,竟然因为眼睛有疾出营,轻骑跑到徐州,不能不严厉弹劾他。

　　徽、休、青阳三军闹饷,情同叛逆,不知近日安戢否①,实深忧系。沅弟屡念金陵各军悉宜早撤,良有卓见。今金陵之营,仅存刘、朱、朱三军尚在瑞、临②,每月由江西盐局发给满饷,不知有它变否? 望就近体察,商之小荃中丞办理。

【注释】

①安戢(jí):安定,平静。戢,通"辑",和睦。

②刘、朱、朱:刘连捷、朱洪章、朱南桂。

【译文】

徽州、休宁、青阳三处的军队闹着要银饷,情形如同叛乱一般,不知道近日安定下来没有,实在让人忧心挂念。沅弟多次说金陵各军都应尽早遣撤,确是真知灼见。现在金陵的军营,只有刘连捷、朱洪章、朱南桂三支军队仍在瑞州、临淮,每月由江西盐局发给满饷,不知道会不会生出其他变故? 希望贤弟能就近体察,与李小荃中丞商量着处理此事。

兄身体平安,惟不能耐劳苦。捻贼已成流寇,断难收拾,余亦做一日算一日而已。

【译文】

我身体平安康健,只是不能承受劳苦。捻贼已成为流寇,万难收拾,我也只能打一天算一天罢了。

五月二十五日　　致澄侯、沅浦弟书

澄、沅弟左右:

纪瑞侄得取县案首,喜慰无已。吾不望代代得富贵,但愿代代有秀才。秀才者,读书之种子也,世家之招牌也,礼义之旗帜也。谆嘱瑞侄从此奋勉加功①,为人与为学并进,切戒"骄"、"奢"二字,则家中风气日厚,而诸子侄争相濯磨矣②。

【注释】

①谆嘱:谆谆嘱咐。

②濯磨:亦作"濯摩"。洗涤磨炼,比喻加强修养,以期有为。

【译文】

澄弟、沅弟左右:

纪瑞侄儿高中县考第一名,我真是太高兴了。我不望我家代代得富贵,但愿我家代代出秀才。秀才可是读书的种子,世家的招牌,礼义的旗帜啊。望弟弟们谆谆教诲,嘱咐纪瑞侄儿更加发奋用功,做人和治学齐头并进,千万戒除"骄傲"和"奢靡"两种毛病,那样的话,家里的风气就会越来越淳厚,而子侄们也会争相自我洗涤磨砺,面目一新。

吾自奉督办山东军务之命,初九、十三日两折皆已寄弟阅看,兹将两次批谕抄阅。吾于廿五日启行登舟,在河下停泊三日。待遣回之十五营一概开行,带去之六营一概拔队,然后解维长行①。

【注释】

①解维:解开缆索。指开船。

【译文】

我自从奉旨督办山东军务,初九、十三日的两封奏折都已寄给弟弟们阅看,现将两次批示的谕旨抄给你们一看。我在二十五日起程登船,在河下停泊三天。等裁撤遣返的十五营全部出发,带去的六营都拔营出发,然后再开船远行。

茂堂不愿久在北路,拟至徐州度暑后,九月间准茂堂还湘。勇丁有不愿留徐者,亦听随茂堂归。总使吉中全军人人荣归,可去可来,无半句闲话惹人谈论,沅弟千万放心。

【译文】

罗茂堂不愿长久在北路,打算到徐州度过暑期之后,九月份准许茂堂回湖南。兵勇有不愿意留在徐州的,也听任他们随茂堂回乡。我总会使吉中全军人人光荣还乡,可去可来,没有半句闲话惹人谈论,沅弟尽可放心。

余舌尖蹇涩^①,不能多说话,诸事不甚耐烦,幸饮食如常耳。沅弟湿毒未减,悬系之至。药物断难奏效,总以能养能睡为妙。

【注释】

①蹇(jiǎn)涩:迟钝,不顺。

【译文】

我舌尖迟钝,不能多说话,做事情都很不耐烦,幸好饮食如常。沅弟湿毒病状没有减轻,我十分挂念。吃药断难奏效,总要以能保养能睡觉为好。

六月初五日　致澄侯、沅浦弟书

澄、沅弟左右：

沅弟病虽愈，而尚黄瘦，实深悬系。

【译文】

澄弟、沅弟左右：

沅弟的病虽已痊愈，但是脸仍黄瘦，实在令人挂念。

建非常之功勋，而疑谤交集①，虽贤哲处此，亦不免于抑郁牢骚。然盖世之事业既已成就，寸心究可自怡而自慰，悠悠疑忌之来②，只堪付之一笑。但祝积年之劳伤湿毒，日渐轻减，则正气日旺③，固可排遣一切耳。

【注释】

①疑谤交集：猜疑诽谤交至。

②悠悠：议论众多的样子。

③正气：中医学名词。指人体内的元气，即人体的防御、抵抗和再生的功能。与邪气对言。

【译文】

建立非比寻常的功勋，而诽谤怀疑交加，即使是圣贤哲人处在这种情况，也不免心情抑郁、发牢骚。然而盖世的事业既然已经成就，心中毕竟可以自我怡然安慰，面对各种怀疑猜忌，只是付之一笑罢了。但愿贤弟积年的劳伤湿毒，能够一天比一天减轻，那么正气越来越旺，就可以排遣一切忧愁了。

　　舫仙知沅颇深，感恩尤切。每言沅公精神极好，后来勋业方长，区区小病，不足为虑。余闻之常为一慰。李季荃与舫仙亲如骨肉①，言其功劳极大，牢骚甚深，而病颇可虑。余观季荃虽瘦削异常，而精神尚足，当无他虞。

【注释】

①李季荃：李鹤章（1825—1880），字季荃，一字仙侪，号浮槎山人，安徽合肥人。李鸿章弟。诸生。初从父、兄治本籍团练。咸丰十一年（1861），授知县。同治元年（1862）从李鸿章在江苏进击太平军。同治三年（1864）授甘肃甘凉兵备道。是年冬，曾国藩调其军赴湖北，后病归，遂不出。著有《浮槎山人文集》、《半仙居诗草》、《平吴竹枝词》、《广名将谱》、《平吴纪实》等，藏于家。

【译文】

　　陈舫仙十分了解沅弟，非常感念沅弟的恩情。每说到沅弟总是说沅公精神极好，以后的功业还很长，区区小病，不值得忧虑。我听到这些话常常感到很欣慰。李季荃和陈舫仙亲如骨肉，舫仙说季荃功劳极大，牢骚很多，病情也令人担忧。我看季荃虽然十分消瘦，但是精神还好，应当没有其他忧虑。

　　兄抵临淮，罗、张、朱六营于初二日到，刘松山亦到。雉河集之围，危急如故。刘铭传一军日间可到，不知能解围否？若果解围，则西窜河南、湖北，恐不出沅弟所料；若各路重兵齐到，而卒不能解围，则中原糜烂矣。余身体尚好，惟朱、唐、金三军闹饷①，处置宽严皆有不宜，寸心忧灼。蒙、亳、宿、颍一带人心甚坏^②，亲近捻匪，仇视官兵，亦久乱之气象也。

【注释】

①朱、唐、金：指朱品隆、唐义训、金国琛。

②蒙、亳、宿、颍：指皖北的蒙城、亳州、宿州、颍州。

【译文】

我已抵达临淮，罗茂堂、张田畯、朱星槛六营在初二日那天抵达，刘松山也已抵达临淮。雉河集被贼匪围困，仍旧很危急。刘铭传一军这几天可到，不知道能不能解雉河集之围？如果能解围，那么贼匪向西逃窜到河南、湖北一带，恐怕不出沅弟所料；如果各路重兵都到了，而最终不能解围，那么中原就遭殃了。我身体还好，只是朱、唐、金三支军队闹饷事件，处置或宽或严，都不合适，心中忧虑焦灼。皖北蒙城、亳州、宿州、颍州一带人心很坏，亲近捻军，仇视官兵，这也是久乱的气象。

六月十五日　　临淮

澄、沅弟左右：

日来淮水涨发，罗、朱、张六营，刘松山六营及陈自明之四营皆在水可淹入之处。营之周围筑堤御水，若不幸而堤穿，则垒中有入水二三尺者，有入水四五尺者。不得已，今日用船渡至南岸，大约五六日乃可渡毕，然使再涨水一丈，则百里内几无一可驻之处，又无草柴可觅。然后知临淮之苦，为他处所未有也。

【译文】

澄弟、沅弟左右：

近日淮水水位上涨，罗茂堂、朱星槛、张田畯六营，刘松山六营以及陈自明的四营都在河水可以淹没的地方。在军营周围筑造堤坝防水，如果一旦不幸大水穿堤，那么营垒中高处进水二三尺深，低处进水达四五尺深。不得已，今天用船让军队渡到南岸，大约要五六天才能全部渡完，然而如果河水再涨一丈高，那么一百里之内没有一处可以驻扎军队的地方，也没有柴草可寻。经历之后才知道临淮的苦处，是其他地方所没有的。

雉河集已于初三日解围，贼踪西窜，尚无确信。大约河南之南、汝、光①，湖北之德、黄、襄皆当其冲②。此贼已成流寇行径，殊难收拾。吾所用淮勇诸将，自以刘铭传为首选，然其心志是否翕服③，尚未深知。又有一骁将陈国瑞④，桀骜难驯⑤。昨发去一批，抄寄弟阅。

【注释】

①南、汝、光：指河南省南阳府、汝宁府、光州。

②德、黄、襄：指湖北省德安府、黄州府、襄阳府。

③翕服：顺服，悦服。

④陈国瑞(？—1882)：字庆云，湖北应城人。年十余岁陷贼中，出投总兵黄开榜。同治初，苗沛霖反，漕督吴棠奏请陈国瑞帮办军务。同治三年(1864)，授浙江处州镇总兵。僧格林沁死后，曾国藩奉命督师，饬其赴援归德。至济宁，与刘铭传交恶，发兵争斗，为曾国藩所参，撤去帮办军务一职，暂留处州镇戴罪立功。后居扬州，因总兵詹启纶殴毙胡士礼狱，牵连论罪，戍黑龙江。光绪

　　八年(1882)，殁于戍所。

　　⑤桀骜(ào)：强横乖戾。

【译文】

　　雒河集已在初三日解围，贼匪向西逃窜，还没有确切的消息。大概河南的南阳府、汝宁府、光州，湖北的德安府、黄州府、襄阳府，都会首当其冲。这些贼匪已形成流寇作风，很难收拾。我所用的淮军诸将领，自然以刘铭传为首选，但是他的心志是否悦服，我还不是十分清楚。又有一员猛将陈国瑞，为人强横乖戾，难以驯服。昨天发去一道批文，抄寄给贤弟一阅。

六月二十四日　　致澄侯、沅浦弟书

澄、沅弟左右：

　　接两弟闰五月信，知沅弟又复大病。久劳久病之躯，又多服攻伐之剂，殊为悬虑。

【译文】

澄弟、沅弟左右：

　　接到两位弟弟闰五月的信，得知沅弟又大病了一场。长久劳累积病的身体，又服用了药性猛烈的药剂，令我十分担忧。

　　次日接奉六月十八日寄谕，沅弟已拜山西巡抚之命。既感天恩高厚，不为浮言所摇①，予以最称完善富庶之区；又虞沅体尚未复元②，恐不宜遽出任此劳勚③。计湘乡奉到谕旨，不过七月。沅病若已大愈，应诏赴晋④，则七月初旬当具

折谢恩,自请进京陛见⑤,再履新任;若尚未全愈,稍为调养,
再行北上。计拜折之期,不及待兄此次之信耳。

【注释】

①浮言:无根据的话。《尚书·盘庚上》:"汝曷弗告朕,而胥动以
　　浮言。"

②虞:担心,忧虑。

③劳勩(yì):劳苦。宋王安石《乞免使相充观察使第一表》:"自顾衰
　　骸,已难胜于劳勩;数违明诏,实仰冀于矜怜。"此指劳苦的职务。

④应诏:接受诏命。

⑤陛见:谓臣下谒见皇帝。

【译文】

第二天接到六月十八日的寄谕,得知沅弟已拜命为山西巡抚。我
既感激皇恩浩荡,不因为谣言而动摇,任命贤弟到最好最富庶的地区;
又担心沅弟的身体还没有复元,恐怕不适合马上出任重职。估计在湘
乡接到谕旨,不会超过七月份。如果沅弟的病已经痊愈,奉命赶赴山
西,那么七月初旬应当上奏折谢恩,请求进京面圣,再赶赴新任就职;如
果还没有痊愈,就先稍作调养,再行北上。估计拜发折子的时候,等不
到我这封信了。

　　山西号称富国,然年来京饷①,全以该省为大宗②。厘金
尚未办动,入款较道光年间不见增多,出款则较昔日增。去
京极近,银钱丝毫皆户部所深知③。沅弟有手笔太廓之名④,
既为安静省分督抚,则正杂各款不能不谨慎节俭,丝丝
入扣。

【注释】

①京饷:清代各省向朝廷上交的饷项。《清会典·户部七·田赋》:
　　"凡解饷,有京饷,有协饷,按其水、陆之程而给以资。"

②大宗:犹大批、大数目,表示财物等数量大。

③户部:古代官署名。秦为治粟内史,汉为大司农。三国以后,常
　　置度支尚书及左民尚书,掌财用及户籍。隋设民部尚书,唐因
　　之,高宗即位,为避太宗李世民讳,改称户部,为"六部"之一,掌
　　管全国土地、户籍、赋税、财政收支等事务,长官为户部尚书。五
　　代至清相沿不改。清光绪三十二年(1906),设民政部、度支部,
　　户部遂废。

④手笔:指办事、用钱的气派。廓:阔绰,过于大度。

【译文】

　　山西号称富庶之地,这些年来各省向朝廷上交的饷项,都是山西省的数目最大。厘金还没有开办,收进的饷项与道光年间相比没有增多,花出的款项却比以前增加了。山西离京城极近,银钱上的丝毫变化,户部都十分清楚。沅弟有手笔阔绰的名声,既然现在担任安静省份的督抚,则正杂等各种款项不能不谨慎节俭,丝丝入扣。

　　外间拟弟再出①,当系军务棘手之处。此时山西虽无寇警②,而圣意虑捻匪入晋,逼近畿辅③。弟到任似宜多带得力将官,勇丁则就近在晋招募。南人不惯面食,晋中尤无稻米可买,不似直、东④,尚可由大海及运河设法也。弟进京,可由安庆登陆,至徐州与兄相会,罄论一切⑤。

【注释】

①拟:猜测。

②寇警：敌军入侵的警报。

③畿(jī)辅：国都所在的地方，泛指京城附近的地区。

④直、东：直隶、山东。

⑤甿(chàng)：通"畅"。

【译文】

外界认为弟弟再度出山，应当是在军务棘手的地方任职。现在山西虽然没有敌情警报，而圣上担心捻军进入山西，逼近京畿。贤弟上任似乎应该多带些得力的将官，士兵则就近在山西招募即可。南方人吃不惯面食，山西又没有稻米可买，不像直隶、山东，还能从海上及运河设法运输。贤弟进京，可从安庆登岸，到徐州和我相会，畅谈一番。

闻钦差至山西，实系至陕查办霞仙之事①。一波未平，一波复起，宦海真可畏耳。

【注释】

①霞仙：刘蓉，号霞仙。同治二年(1863)七月任陕西巡抚，同治四年(1865)为言官所参。

【译文】

听说钦差到山西，实际是到陕西查办刘霞仙的案件。真是一波未平，一波又起，官场真是可怕啊。

七月二十五日　致澄侯、沅浦弟书

澄、沅弟左右：

接弟信，沅弟定辞山西巡抚之任，以弟之荣利泊如、尘视轩冕可喜可敬①，观弟之病势未减，又可虑也。

【注释】

①荣利泊如：对待名利、荣华富贵态度很淡泊。尘视轩冕：视高官厚禄如粪土。

【译文】

澄弟、沅弟左右：

接到弟弟来信，得知沅弟决定辞去山西巡抚一职，贤弟淡泊荣利、视高官厚禄如粪土，令人欣喜尊敬；但贤弟的病情没有减轻，又令人担忧。

究竟弟病状比在金陵时痊愈几分？不能构思，则兄于八年春数月不眠，奄奄欲尽，厥后六月再出，愤发自励，不过半年，精神大振。弟目下之病，似尚不如余八年之甚，惟小便太多，殊为可虞。宗气动摇，是何症象？下次详以告我。

【译文】

究竟贤弟的病情比在金陵的时候好了几分？不能动脑思考，我在咸丰八年春天曾有几个月都失眠，奄奄一息，其后六月份再度出山，奋发自励，不过半年时间，精神大为振作。沅弟眼下的病，似乎还不如我咸丰八年时病得那样厉害，只是小便太多，令人十分担心。宗气动摇，是什么样的症状？下次写信详细告诉我。

此次纵或恩准开缺，而数月之内，恐不免再有征召。兄因相隔太远，奏疏中只能作活笔，不敢太说呆了。余在外太久，精力日惫，已与少荃订约，决不回江督之任。捻事亦茫无头绪，惟因所部各军尚有少半未撤，不能遽尔引退①。惟望弟振刷精神再出，则吾担轻矣。

【注释】

①遽（jù）尔：急切、迅速貌。引退：自请辞去官职或职务。

【译文】

这次纵然圣上恩准你辞职，但几个月之内，恐怕不免再有征召。我因为与你相隔太远，奏疏中只能把话说得灵活一点儿，不敢说得太绝对了。我在外征战太久了，精力越来越衰竭，已经和李少荃约定好，决定不再回任两江总督之职了。清剿捻军也茫然没有头绪，只是因为麾下湘军各部还有少半没有遣撤，我不能马上引退。只盼望沅弟能振作精神再度出山，那么我的担子就轻了。

八月初六日　致澄侯、沅浦弟书

澄、沅弟左右：

八月初四日抵徐州府，接沅弟七月两缄并折稿二件。

【译文】

澄弟、沅弟左右：

我在八月初四日抵达徐州府，接到沅弟七月份寄的两封信和两件折稿。

前颇以弟病甚深为虑，得此二缄，益为放心。年仅四十二岁，即再养二年，报国之日方长。此次固辞恩命①，能认真调养年余，于保身之道，出处之节②，均属斟酌妥善。特恐朝命敦促③,不容久住林下耳④。

【注释】

①固辞:古礼以再次辞让为"固辞",后以坚决推辞和谦让为"固辞"。

②出处:谓出仕和隐退。

③朝命:朝廷的命令,朝廷的任命。敦促:催促。

④林下:幽僻之境,引申指退隐或退隐之处。

【译文】

我之前十分担心沅弟病情,接到这两封家信,更加放心了。沅弟年仅四十二岁,即使再休养两年,报效国家的日子还很长。这次坚决推辞恩命,不出山任职,能认真调养一年多时间,这对保养身体的方法,出仕隐退的节操,都是考虑妥善的。只恐怕朝廷恩命催促,不允许你长久隐居。

二折措辞均极得体。养病之期,总以养到自己能用心作奏时再行出山。接舫仙及各处信件,似前此谣诼之辞业已涣然冰释①,尽可安心静摄②。刘、朱撤营之早迟,金、唐各营之变否,余当细心料理,弟可概置不问。

【注释】

①谣诼(zhuó):造谣诽谤。涣然冰释:语出《老子》第十五章:"涣兮若冰之将释。"像冰遇热消融一般,形容疑虑、误会、隔阂等完全消除。涣然,流散的样子。释,消散。

②静摄:静养。

【译文】

两道奏折的措辞都极其得体。养病的期限,总要以调养到自己能用心写奏疏时,再行出山。接到陈舫仙及各地的信件,似乎之前的诽谤猜忌都已经完全消除了,贤弟尽可以安心静养。至于刘连捷、朱南桂各营遣撤的早晚,金国琛、唐义训各营是否叛变,我会仔细处理,贤弟可一概不过问。

余决计不回江督之任,拟于九月间将全眷送回家乡。郭宅姻事①,拟于十二月初二日在湘阴成礼。顷有与泽儿一信,抄寄弟阅。

【注释】

①郭宅姻事:指将第四女嫁与郭嵩焘子一事。

【译文】

我决定不再回任两江总督之职,打算在九月份将家眷送回家乡。郭家的婚事,打算在十二月初二日在湘阴举行仪式。刚给纪泽儿写了一封信,抄寄给弟弟一看。

八月二十五日　　致澄侯、沅浦弟书

澄、沅两弟左右:

朱金权来徐,言我五家昆弟之和协,后辈子侄之贤良,闻之令人心怡神旺。

【译文】

澄、沅二弟左右:

朱金权来徐州,说我们五家兄弟十分和谐,后辈子侄都很贤良,听了这些话令我心旷神怡。

兄自出金陵后，公事较简，气体较健①。惟捻匪劲骑万余，飘忽难制。昨任柱、牛洪等股②，十三、十五等日在周家口附近为刘铭传一军所败。不过五日，即已窜至山东之曹、单等县，每日行百四五十里。余所接僧邸马队，皆人疲马乏，屡挫之后，心惊胆寒，何能破此悍贼？殊为焦灼。

【注释】

①气体：精气和身体。《礼记·内则》："凡养老：五帝宪，三王有乞言。五帝宪，养气体而不乞言。"

②任柱（？—1867）：一名任化邦，安徽蒙城县檀城集人。捻军名将，捻党蓝旗领袖，太平天国封其为鲁王。牛洪：即牛洛红（？—1867），一名牛宏升，安徽亳州雉河集附近曹市集人。捻军名将，被太平天国封为荆王。

【译文】

我自从离开金陵后，公事较少，精气尚足，身体较康健。只是捻军有精锐骑兵一万多人，踪迹不定，难以对付。昨天任柱、牛洪等部分捻军，十三、十五等日在周家口附近被刘铭传军队打败。不过五天就已经逃窜到山东的曹、单等县境内了，每天行军一百四五十里。我所接手的僧亲王的骑兵，都人疲马乏，多次挫败之后，心惊胆战，怎样才能打败这些劲敌呢？令人十分焦灼。

接纪泽信，家眷不愿仍住黄金堂，拟即在长沙小住。余以长沙繁华，不如暂留金陵数月。令纪泽先回湘乡禀商两弟，觅一妥屋，修葺就绪，再缄告金陵，全眷回籍，庶几有条不紊。请两弟先为筹度一处^①，以不须新造者为妙。纪泽今冬先归，全眷须明年也。

【注释】

①筹度(duó)：谋划，想办法。

【译文】

接到纪泽的来信，得知家眷不愿仍住在黄金堂，打算就在长沙小住。我认为长沙繁华，不如暂时留在金陵几个月。让纪泽先回湘乡与两位贤弟商量，寻找一处合适的房子，修葺妥当，再写信告知金陵，家眷全部回湘乡，希望能有条不紊。请两位弟弟先都忙寻找一处房屋，以不须要新建造为好。纪泽今年冬天先回乡，全眷回乡须要到明年。

沅弟请开缺一疏，此间尚未奉到谕旨。霞仙得降调处分，其辩诬一疏，不愧名作，不料竟以获咎^①，可慨耳！

【注释】

①获咎：获罪。

【译文】

沅弟请求辞职的奏疏，这里还没有接到谕旨。刘霞仙受到了降级调任的处分，他辩白的奏疏，不愧是名作，没想到竟然因此而获罪，令人感慨啊！

九月十六日　　至澄侯、沅浦弟书

澄、沅弟左右：

阅邸钞^①，弟仍未开晋抚之缺，赏假六个月，在籍调理。

明年二、三月间体气复元,或可赴山西。如精神尚难任事^②,届时再行疏陈,目下则须具折谢恩。不开缺而在籍养疴^③,亦旷典也^④。

【注释】

①邸钞:亦作"邸抄",即邸报。

②任事:上任就职,处理公务。

③疴(kē):病。

④旷典:前所未有的典制。

【译文】

澄弟、沅弟左右:

　　阅读邸报,得知沅弟还是没能获准辞去山西巡抚的职务,恩赏六个月的假期,在家乡调养。明年二、三月份身体精气复原,或许可以赶赴山西任职。如果精神还难以上任就职,到时再上奏疏陈述,眼下则须要上奏折谢恩。不准许辞职而准许在家养病,也是少有的恩典。

　　贼窜山东后,蹂躏于曹州各属^①。徐州派去之兵六千人,日内当可接仗。顷奉寄谕,欲以李少荃视师河洛^②,而吴仲仙署理两江。垂询当否^③,复奏颇难措辞。李不在两江,则余之饷无着矣。

【注释】

①曹州:清代州府名。位于山东省西南部,略大于今菏泽疆域。雍正二年(1724),升曹州为直隶州。雍正十三年(1735)升为府。

②视师:谓督率军旅。河洛:代指河南。

③垂询:旧称上对下有所询问。

【译文】

贼匪逃窜到山东以后，侵扰曹州下属各县。徐州派去的六千兵力，近几天应当可以交战。刚刚接到寄谕，圣上想让李少荃督办河南军务，而让吴仲仙暂代两江总督之职。圣上垂询这样安排是否妥当，回奏很难措辞。如果李少荃不在两江就职，那我的军饷就没有着落了。

九月二十五日　致澄侯、沅浦弟书

澄、沅弟左右：

十日内未接两弟信。徐州去湘太远，营勇送信者均难如期往返。风闻沅弟近已留须①，多而且美，不特不似病人，并加丰腴，果否？

【注释】

①风闻：传闻得知。

【译文】

澄弟、沅弟左右：

十天没有接到两位弟弟的来信。徐州距离湖南太远了，营中送信的兵勇都很难如期往返。听说沅弟近来已开始留起了胡须，又浓密又漂亮，不仅不像是病人，并且更加丰腴，真的是这样吗？

贼在徐郡百里内外沛县等处。徐州仅有吉中八营，系今夏新招者，忠朴四营①，系豫胜营旧部②，只堪坚守，不能出战。调山东之兵回援，三日内必可赶到。江南另调八千人来徐，五日内亦可续到。兵到则贼又他窜，恐未必能一痛剿也。

【注释】

①忠朴:清军营号。实为旧部李世忠豫胜营旧部,李世忠交出兵权后,归曾国藩调度。

②豫胜营:李世忠部营号。

【译文】

贼匪在徐州方圆百里左右的沛县等地出没。徐州只有吉中八营,是今年夏天新招募的,忠朴四营,是豫胜营的旧部,只能用于坚守,不能出城作战。调派山东的兵马来援助,三天之内必定能赶到。江南另调八千兵马来徐州,五天内也可陆续到达。援兵一到则贼匪又流窜到其他地方,恐怕不能一次痛剿贼匪。

少荃入洛一案,已于十九日复奏。

【译文】

李少荃到河南督办军务一事,我已在十九日回奏圣上。

金、唐闹饷一案,已在徽正法二十余人,并解营官数人来徐,当可了结,不致决裂。惟与朱云岩三军同时遣撤,须欠饷七八十万,恐难应手耳。

【译文】

金国琛、唐义训两军闹饷一案,已在徽州就地处决二十多人,并押解营官数人到徐州,此事应当可以了结,不至于决裂。只是和朱云岩三军同时遣撤,须支付拖欠的银饷七八十万两,恐怕很棘手。

接云仙信,昏事改期明年①。纪泽今冬尚可不回,明岁再送全眷回湘。移屋之事，即求两弟代为料理。纪泽虽先归，渠亦不善经理，须全禀叔父命也。

【注释】

①昏：同"婚"。

【译文】

接到郭云仙来信，婚期改到明年。纪泽今年冬天还可以不回乡，明年再送家眷回湘乡。改换房屋的事，就请两位弟弟代为处理。纪泽即使先回乡，他也不善于处理这类事务，要完全听从叔父的指示。

十月初五日　致澄侯、沅浦弟书

澄、沅弟左右：

复奏少荃不宜入洛，李、丁不宜遽跻封疆一疏①，奉旨留中②，并无寄谕，颇不可解。

【注释】

①李、丁不宜遽跻封疆：同治四年（1865），朝廷寄谕，欲令李鸿章督办河南军务，而以吴棠署理两江总督，李宗羲、丁日昌递署漕督、苏抚，曾国藩复奏，认为李、丁二人资历声望较浅，不宜骤升封疆大吏。

②留中：指将臣子上的奏章留置宫禁之中，不交办。

【译文】

澄弟、沅弟左右：

回奏李少荃不适合去河南督办军务，李宗羲、丁日昌不应该马上晋升为督抚的奏疏，奉旨留置宫中，并没有寄谕，令人费解。

东抚阎丹初与此间水乳交融①，豫抚吴少村多所牴牾②。吾以位望太隆，从不肯参劾邻封疆吏，故河南公事，不甚顺手。

【注释】

①东抚阎丹初：指山东巡抚阎敬铭。阎敬铭（1817—1892），字丹初，陕西朝邑县人。道光二十五年（1845）进士，历任户部主事、湖北按察使、署湖北布政使、署山东盐运使、山东巡抚、户部尚书、军机大臣、总理各国事务衙门大臣、协办大学士、东阁大学士等职。卒赠太子少保，谥文介。

②豫抚吴少村：指河南巡抚吴昌寿。吴昌寿，字少村，浙江嘉兴人。道光二十五年（1845）进士，同治三年（1864）四月任湖北巡抚，后任河南巡抚、广西巡抚。牴牾（dǐ wǔ）：矛盾。

【译文】

山东巡抚阎丹初与我关系极好，河南巡抚吴少村与我则多有矛盾。我因为位高望重，从不肯弹劾邻近的封疆大吏，因此河南的公务，处理起来不是很顺手。

若少荃长任两江，饷事不至掣肘，吾将于撤朱、唐、金军后，接撤刘、朱二军，腾出六军之饷概养淮军，专办捻匪，或可有济。若少荃不在两江，军饷断难应手，吾不能不引疾告退。月内当有明降谕旨也①。

【注释】

①明降：谓明白的裁决、指示、意旨。

【译文】

如果李少荃长期担任两江总督，那么军饷方面不至于受人牵制，我将在遣撤朱品隆、唐义训、金国琛三军后，接着遣撤刘连捷、朱南桂二军，腾出六军的银饷全部给养淮军，专门对付捻匪，或许能有所成就。如果李少荃不在两江任职，军饷上很难得心应手，我不能不称病引退。这个月应当有明确裁决的谕旨。

张文端公家训一本①，寄交纪渠侄省览②。渠侄恭敬谦和，德性大进，朱金权亦盛称之。将来后辈八人，每人各给一本，又给沅弟所刊《庭训格言》一本③，又以星冈公"书、蔬、鱼、猪，早、扫、考、宝"八字教之，一门之风气自盛矣。

【注释】

①张文端公家训：指康熙朝名臣张英所著《聪训斋语》一书。张英，谥文端。传忠书局本"端"误作"瑞"。

②省览：审阅，观览。

③《庭训格言》：清康熙帝口述，其子雍正帝笔录。成书于雍正八年（1730），追述其父康熙帝日常生活中对诸皇子的训诫之语。共二百四十六条，包括读书、修身、为政、待人、敬老、尽孝、驭下以及日常生活中的细微琐事。

【译文】

这里有一本张文端公家训，寄给纪渠侄儿阅读。纪渠侄儿待人恭敬谦和，德性有很大的长进，朱金权也很是称赞他。将来后辈八个人，每人各给一本张公家训，又给沅弟所刊印的《庭训格言》一本，又拿星冈公治家之法"书、疏、鱼、猪，早、扫、考、宝"八字教导他们，这样，家门的风气自然就昌盛了。

十月十五日　　致澄侯、沅浦弟书

澄、沅弟左右：

吾以淮军分布济宁、徐州、归德、周家口等处①。此次捻匪东窜，处处被我军拦头击败，若自投罗网者然。从此或不敢肆意流窜，恐将为湖北之害耳。

【注释】

①归德：古州府名。治所位于今河南商丘睢阳区商丘古城。

【译文】

澄弟、沅弟左右：

我把淮军分布在济宁、徐州、归德、周家口等地区。这次捻匪向东流窜，处处被我军拦头击败，好像自投罗网一般。从此之后捻匪或许不敢再肆意流窜了，但恐怕这也将成为湖北的祸害。

沅弟已具折谢恩否？ 如身体果未全好，明年二月再行辞谢，尚不为迟，目下则不宜疏辞。以朝廷之仁厚，凡任事之臣，当可善始善终。两弟悉心酌之。

【译文】

沅弟已经上呈奏折谢恩了吗？如果身体还没有复原，明年二月份再行辞职，也不算晚，眼下还不适合上疏辞谢。以朝廷待大臣的宽厚仁慈，凡胜任职责的大臣，应当都能够善始善终。请两位弟弟仔细斟酌考虑。

《鸣原堂论文》已抄若干篇？此间无底稿可查，请弟抄一目录寄来，拟再续批数十篇以成完编。或取佳文，或取伟人，总期足以感发兴起耳①。

【注释】

①感发：感奋激发。兴起：因感动而奋起。《孟子·尽心下》："奋乎百世之上，百世之下，闻者莫不兴起也。非圣人而能若是乎？"

【译文】

《鸣原堂论文》已抄写多少篇？这里没有底稿可供查询，请贤弟抄一份目录寄来，我打算继续批录数十篇，来完成全书的编写。或选取好文章，或选取伟大的作者，总之期望选取的文章能让人读后感发振奋。

十月二十五日　致澄侯、沅浦弟书

澄、沅弟左右：

衡、永、宝三府改食粤引①，澄弟所陈，本系便民之举，然盐法不便民者极多，如瓜洲系淮盐出产之区，然对岸之镇江府仅隔八里，例食浙引，不准食淮引，不便孰甚焉？盖处处求便于民，则近者只食三四文之盐，而远者虽出钱一二百而尚无盐可买，故不能不画配引地以销货②，均匀贵贱以裕课也③。吾今不为江督，不复与闻盐政，遂不言衡、永、宝之事矣。

【注释】

①衡、永、宝三府：指湖南衡州、永州、宝庆三府。粤引：广东盐引。

②画配引地：区划分配盐引地区。

③裕课：增加税收。

【译文】

澄弟、沅弟左右：

衡州、永州、宝庆三府改吃广东的盐引，澄弟所说的本是便民的举措，然而盐务法令不方便民众的地方有很多，比如瓜洲是出产淮盐的地方，但在对岸仅隔八里的镇江府，按例只允许吃浙盐，不准吃淮盐，还有比这不方便的吗？若处处要求使民方便，那离盐区近的人吃一斤盐只要三四文钱，而离盐区远的人即使出一二百文也无盐可买，因此不能不划分盐引地区来销售食盐，使盐价平均，盐税增加。我现在不任两江总督，不再过问盐政了，因此不说衡、永、宝三府的盐务了。

米捐保奖，俟有保案即当附奏①。吾经手事件，拟一一清理完竣②。朱、唐、金三军现均遣撤将毕。三军遣竣，即遣撤刘、朱、朱三军。至明年夏，遣王可陞一军，则大致粗了矣。

【注释】

①俟（sì）：等到。

②完竣：（工程、事务）完成。

【译文】

米捐保奖一事，等有保案时就会附奏。我经手的事情，打算一件一件处理完毕。朱品隆、唐义训、金国琛三军现在都即将遣撤完毕。这三军遣撤完毕后，就立即遣撤刘连捷、朱洪章、朱南桂三军。到明年夏天，遣撤王可陞一军，那时就大致可以了结了。

十一月初五日 致澄侯、沅浦弟书

澄、沅弟左右：

近一旬中军务并无一事。贼在河南南阳一带，吴少村中丞沥陈河南万难情形①，其语颇侵伤余处②。霞仙仍为陕抚，不失旧物③，此近数十年未见之事，朱石翘之技俩始终不得一逞耳④。

【注释】

①沥陈：竭力陈述。

②侵伤：侵犯伤害。

③不失旧物：指刘霞仙官复原职，仍任陕西巡抚一职。用《左传·哀公元年》"祀夏配天，不失旧物"语典。

④朱石翘之技俩：指同治四年（1865）朱石翘、蔡寿祺合谋参劾湘军将帅曾国藩、刘蓉等一事。同治四年二月，蔡寿祺上奏《请振纪纲以尊朝廷》，对湘军将帅多有指责，致使刘蓉被朝廷所查，受降调处分。

【译文】

澄弟、沅弟左右：

近十天来军务上都没有什么事情。捻贼在河南南阳一带活动，吴少村中丞竭力陈述河南的艰难局势，他的话对我这边颇多侵犯伤害。刘霞仙仍然署理陕西巡抚，不失旧物，这是近几十年来从没有见过的事，朱石翘的阴谋始终没能得逞。

余定以李幼荃、刘省三两军为游击之师①，而徐、济、归德、临淮、周家口等处仍旧驻防不动。驻防者,以备拦头要截②;游击者,以备跟踪尾追。余亦于新年移驻周家口。沅弟若决计出山,则弟汉口坐轿至周家口,旱路不过八天。余上次所商之信,言以腊底之信为定,两弟想必能熟商妥策矣。

【注释】

①李幼荃:李昭庆(1835—1872),派名章昭,字子明,又字眉叔,号幼荃。见前注。刘省三:刘铭传,字省三。见前注。

②拦头要截:迎头截击。

【译文】

我决定把李幼荃、刘省三两军作为游击的军队,而徐州、济宁、归德、临淮、周家口等地仍然驻防不动。驻防军队,用来迎头截击贼匪;游击部队,用来跟踪追击贼匪。我也将在新年转移驻守周家口。沅弟如果决定出山,那贤弟从汉口坐轿到周家口,走陆路也不过八天时间。我上次所商量的信,说以腊月底的信为准,两位弟弟想必能商量出一个结果。

十一月十六日　致澄侯、沅浦弟书

澄、沅弟左右:

余经手事件,只有长江水师应撤者尚未撤,应改为额兵者尚未改①,暨报销二者未了而已。今冬必将水师章程出奏,并在安庆设局办理报销。诸事清妥,则余兄弟或出或处②,或进或退③,绰有余裕④。

【注释】

①额兵：清八旗、绿营兵有固定名额，称"额兵"。

②出：谓出仕。处：居家不仕，隐居。

③进：任官，出仕。退：辞去官职，退隐。

④绰有余裕：形容态度从容，不慌不忙的样子。《孟子·公孙丑
　　下》："我无官守，我无言责也，则吾进退岂不绰绰然有余裕哉？"
　　赵岐注："进退自由，岂不绰绰然舒缓有余裕乎？绰、裕，皆
　　宽也。"

【译文】

澄弟、沅弟左右：

　　我所经手的事件，只有长江水师应该遣撤的还没有遣撤，应改为额
兵的还没有改，及报销两件事没有了结而已。今年冬天必定将水师章
程拟好请奏圣上，并在安庆设立官署办理报销事宜。各种事情都处理
妥当，则我们兄弟或出仕或退隐，或做官或居家，都能从容以对。

　　近四年每年寄银少许与亲属三党①，今年仍循此例。惟
徐州距家太远，勇丁不能携带，因写信与南坡，请其在盐局
兑汇，余将来在扬州归款。请两弟照单封好，用红纸签写
"菲仪"等字②，年内分送。千里寄此毫毛，礼文不可不敬也。

【注释】

①三党：指父族、母族、妻族。见《晏子春秋·内篇杂下》："且臣以
　　君之赐，父之党无不乘车者，母之党无不足于衣食者，妻之党无
　　冻馁者。"

②菲仪：谦辞。菲薄的礼物。

【译文】

近四年每年都寄少许银子给亲属，今年仍然遵循这个惯例。只是

徐州离家太远,兵勇不能携带,因此写信给黄南坡,请他在盐局兑汇银子,我将来在扬州还款给他。请两位弟弟照单子封好,用红纸写上"菲仪"等字样,年前把它分送出去。千里之外寄来像毫毛一样的薄礼,礼仪上不能不表示尊敬。

十二月初六日 致澄侯、沅浦弟书

澄、沅弟左右:

本房连添二丁①,尚有梦熊者五人②,深为喜慰。星冈公之后,想亦必瓜瓞繁衍。吾近岁纯是老人情怀,专盼家中多添幼孩也。

【注释】

①添丁:生男孩。

②梦熊:语本《诗经·小雅·斯干》:"吉梦维何? 维熊维罴。"又:"大人占之,维熊维罴,男子之祥。"郑玄笺:"熊罴在山,阳之祥也,故为生男。"古人以梦中见熊罴为生男的征兆。后以"梦熊"作生男的颂语。

【译文】

澄弟、沅弟左右:

本房接连添了两个男孩儿,还有五人已怀有孩子,令人十分喜慰。星冈公的后人,想来也必定会人丁兴旺,瓜瓞绵绵。我近年来纯是老人情怀,专盼家中多添孩子。

鼎三体不甚弱,尤为欣慰。凡后天以脾为主,脾以谷气为本①,以有信为用②。望两弟常告鼎三,每日多吃饭粥,少吃杂物;无论正餐及点心,守定一个时辰,日日不差;若有小小病症,坚守星冈公之教,不轻服药,至要至要!

【注释】

①谷气:中医名词。指胃气。

②有信:谓有规律、按时。

【译文】

鼎三侄儿的身体不是很弱,更是令我欣慰。凡是后天调养以脾脏为主,脾以谷气为本,以作息规律为用。希望两位弟弟常告诫鼎三,每天多吃饭粥,少吃杂食;无论是正餐还是点心,规定一个时间吃,天天不落;如果有小的病症,坚守星冈公的教导,不轻易服药,切记切记!

富圫本算一等屋场①,弟若肯代为收拾,必是第一等妥当。乃必待纪泽母子到家看定再行修葺,且令先在大夫第小住,实属情文周至②。手足至亲,不复言谢。

【注释】

①富圫:地名。即今湖南双峰荷叶镇富圫村。屋场:指自然村,一般只有一姓或几姓人家居住。

②情文周至:指在物质和精神两方面关怀备至。

【译文】

富圫本算是第一等的屋场,贤弟如果愿意代为收拾,一定是极其妥当的。但必须等纪泽母子到家看好,再进行修缮,先让他们在大夫第小住一段时间,这样实在是关怀备至。兄弟至亲,不再说谢谢了。

进退大吏伤易①,余亦深以为虑。然少荃不果赴洛,霞仙不果去位,朝廷择善而从^②,不肯坚执自用,即恭邸大波亦不久即平^③,是非究不颠倒。沅弟自以再出为是,下次再详论也。

【注释】

①伤易:病在过于轻易。

②择善而从:语出《论语·述而》:"三人行,必有我师焉。择其善者而从之,其不善者而改之。"指选择好的学,按照好的做。从,追随,引申为学习。

③恭邸大波:指同治四年(1865)疏远恭亲王而复亲信之事。

【译文】

朝廷提拔和罢黜封疆大吏太过轻易,我也十分担忧。然而李少荃没有到河南督办军务,刘霞仙没有被撤职,朝廷择善而从,不肯固执己见,即便是恭亲王那么大的风波也很快就平息了,是非终究没有颠倒。沅弟自然是再次出山任职为好,下次写信再详细讨论。

十二月十五日　致澄侯、沅浦弟书

澄、沅弟左右:

近日贼情,张总愚一股尚在南阳^①,赖汶光、任柱等股尚在光州、固始一带^②。闻京师之东北山海关外、奉天等处马贼猖獗,派文尚书、福将军剿办^③,尚未得手。新授徐海道张树声为直隶臬司^④。圣意盖欲多调淮勇北卫畿辅,局势又当少变矣。

【注释】

①张总愚:是清军对捻军将领张宗禹的蔑称。张宗禹,安徽亳州雉河集人,清末捻军著名将领、西捻军统帅。初随叔父、大汉盟主张乐行参加捻军起事。后转战苏、豫、陕、鄂、皖,受太平天国梁王之封。

②赖汶光:是清军对捻军将领赖文光的蔑称。见前注。

③文尚书:指文祥。同治四年(1865)署户部尚书,率神机营赴东北镇压马贼。福将军:指富明阿。同治三年(1864),授江宁将军。同治四年(1865),因腿伤未痊,请开缺,予假赴京医治。至京,仍命管理神机营。

④徐海道:清代江苏省介于省、府之间的行政机构,下辖徐州府及海州。

【译文】

澄弟、沅弟左右:

近来的敌情,张总愚一股捻匪还在南阳,赖汶光、任柱等捻匪还在光州、固始一带活动。听说京城的东北、山海关之外、奉天等地马贼任意横行,朝廷派户部尚书文祥、江宁将军富明阿前去剿灭,还没有成功。朝廷新任命徐海道张树声为直隶按察使。皇上的意思大概是想要多调派淮军北上保卫京畿重地,局势又该有少许变化了。

沅弟出处大计,余前屡次言及,谓腊月乃有准信。近来熟思审处①,劝弟出山不过十分之三四,劝弟潜藏竟居十分之六七。

【注释】

①熟思审处:反复思考,审慎筹划。

【译文】

关于沅弟出山还是隐退的大事，我之前多次谈到，说十二月份才有准信。近来反复思考审慎筹划，劝弟出山的意思只占十分之三四，劝弟引退的心思竟占十分之六七。

部中新例甚多。余处如金陵续保之案，皖南肃清保案，全行议驳①；其余小事，动遭驳诘②。而言路于任事有功之臣③，责备甚苛，措辞甚厉，令人寒心。

【注释】

①议驳：提出异议，予以驳回。

②驳诘：辩驳诘问。

③言路：指言官，即谏官。

【译文】

朝廷六部新规矩很多。我这里像金陵续保的案子，皖南肃清保案，全部被驳回；其他小事，动辄遭到辩驳诘问。而言官对于任职有功的大臣，责备苛刻，措辞十分严厉，令人寒心。

军事一波未平，一波复起，头绪繁多。西北各省，饷项固绌，转运尤艰。处山西完善之区，则银钱分文皆须入奏，难以放手办事。若改调凋残之省，则行剥民敛怨之政，犹恐无济于事。

【译文】

军事上也是一波未平一波又起，头绪繁多。西北各省，军费本来就不足,转运又十分艰难。管理山西这样富庶的地区,则使用银钱一分一文都要上奏,很难放开手办事。如果改调残破的省份任职,就要实行横征暴敛的政策,恐怕也无济于事。

　　去年三、四月间,吾兄弟正方万分艰窘,户部犹将江西厘金拨去,金陵围师几将决裂。共事诸公易致龃龉^①,稍露声色^②,群讥以为恃功骄蹇^③。为出山之计,实恐怄气时多,适意时少。

【注释】

　　①龃龉(jǔ yǔ):上、下牙齿对不齐,比喻意见不合,互相抵触。

　　②稍露声色:稍稍流露出一些情绪。

　　③骄蹇:亦作"骄謇",傲慢,不顺从。

【译文】

　　去年三、四月份,我们兄弟正处于万分困难窘迫之际,户部还是将江西厘金拨走,围攻金陵的军队几近决裂。共事的诸位大臣容易意见不合,我们说话时语气和脸色稍有不好,大家就讥讽为倚仗有功傲慢自大。作出山的决定,恐怕怄气的时候多,顺心的时候少。

　　若为潜藏之计,亦有须熟筹者。大凡才大之人,每不甘于岑寂^①,如孔翠洒屏^②,好自耀其文彩。林文忠晚年在家^③,好与大吏议论时政,以致与刘玉坡制军不合^④,复思出山。近徐松龛中丞与地方官不合^⑤,复行出山。二人皆有过人之才,又为本籍之官所挤,故不愿久居林下。沅弟虽积劳已久,而才调实未能尽展其长,恐难久甘枯寂^⑥。目下李筱荃中丞相待甚好,将来设与地方官不能水乳交融,难保不静极思动,潜久思飞⑦。

【注释】

①岑寂:寂寞,孤独冷清。

②孔翠洒屏:孔雀开屏。

③林文忠:林则徐,谥文忠。见前注。

④刘玉坡制军:指闽浙总督刘韵珂。刘韵珂(1792—1864),字玉坡,号荷樵,又号廉访,山东汶上人。道光二十三年(1843)任闽浙总督。

⑤徐松龛中丞:指曾任广西、福建巡抚的徐继畬。徐继畬(1795—1873),字松龛,又字健男,别号牧田,山西代州五台县人。道光六年(1826)进士,历任广西、福建巡抚、闽浙总督、总理衙门大臣、首任总管同文馆事务大臣。是近代著名的地理学家,在文学、历史、书法等方面也有一定的成就。著有《瀛寰志略》、《古诗源评注》、《退密斋时文》、《退密斋时文补编》等。

⑥枯寂:寂寞,无人问津。

⑦潜久思飞:蛰伏太久,想要有所作为。"潜"、"飞"二字,化用《易·乾》"潜龙勿用""飞龙在天"。

【译文】

如果作潜藏不出的打算,也须要仔细筹划。大凡才华出众的人,都不甘于寂寞,像孔雀开屏,好自己夸耀其色彩。林文忠晚年在家,喜欢和大臣议论时政,以致和刘玉坡制军意见不合,又想出山。近来徐松龛中丞和地方官意见不合,再行出山。二人都有过人的才华,又被本籍的官员所排挤,因此不愿意长久隐居不出。沅弟虽然长期劳苦,但才气还没有完全施展,恐怕难以长期甘于寂寞。目前李筱荃中丞待沅弟很好,将来如果和地方官员相处得不融洽,难保不会静极思动,潜久思飞。

以余饱阅世变,默察时局,则劝沅行者四分,劝沅藏者六分。以久藏之不易,则此事须由沅内断于心,自为主持,兄与澄不克全为代谋也。余前所谓腊月再有确信者大率如此,下二次更当申明之。

【译文】

凭我饱经世事变化,默默观察时局,则劝沅弟出山的意思有四分,劝沅弟引退的意思有六分。因为长久潜藏也不容易,所以这件事情须要沅弟在心中自己判断,自己决定,我和澄弟不能完全替你做主。我之前所说的腊月再有准信大致就是这样,下两次还应更加详细说明。

十二月二十五日　致澄侯、沅浦弟书

澄、沅弟左右:

捻匪全入湖北,任、赖、牛、李等股与成大吉之叛卒勾结①,在黄、孝、罗、麻一带②,张总愚亦在襄、樊一带。余调刘铭传九千人由周家口驰援黄州,不知赶得及否?

【注释】

①任、赖、牛、李:分指捻军首领任柱、赖文光、牛洪、李允(李蕴泰)。

②黄、孝、罗、麻:指湖北省东部的黄安、孝感、罗田、麻城四县,与河南、安徽毗邻。

【译文】

澄弟、沅弟左右:

捻军全部进入湖北境内,任柱、赖文光、牛洪、李允等贼匪和成大吉的叛兵勾结,在黄安、孝感、罗田、麻城一带活动,张总愚也在襄阳、樊城一带。我调派刘铭传九千人从周家口火速援救黄州,不知道能不能赶得上?

　　闻关东之骑马贼甚为猖獗[①],刘印渠带兵至山海关防堵。广东一股亦不易了。

【注释】

①关东:指山海关以东地区,包括今辽宁、吉林、黑龙江三省。

【译文】

　　听说关东的马贼十分猖獗,刘印渠带兵到山海关防堵。广东的一股贼匪也不容易了结。

　　天下纷纷,沅弟断不能久安,与其将来事变相迫,仓卒出山,不如此次仰体圣意[①],假满即出。余十五之信,四分劝行,六分劝藏,细思仍是未妥。不如兄弟尽力王事,各怀鞠躬尽瘁、死而后已之志[②],终不失为上策。

【注释】

①仰体圣意:体察皇上的意图。仰,为敬辞。

②鞠躬尽瘁、死而后已:语出诸葛亮《后出师表》,指恭敬谨慎,竭尽心力,到死后方才停息。谓尽献一切力量。

【译文】

　　天下纷乱,沅弟绝不可能长久安居家中,与其将来有重大事变逼迫,仓猝出山,不如这次体察圣意,假期满了就出山。我十五日的信中,四分劝你出山,六分劝你潜藏,细想还是不妥。不如我们兄弟竭尽全力为国卖命,都怀着鞠躬尽瘁、死而后已的心志,终究不失为上策。

沅信"于毁誉祸福置之度外",此是根本第一层工夫。此处有定力[1],到处皆坦途矣。

【注释】

①定力:借指处变和把握自己的意志力。

【译文】

沅弟信中说"把诋毁赞誉祸患福禄都置之度外",这是排在第一位的根本功夫。在这方面有定力,那其他方面就都是坦途了。

同治五年丙寅
正月初六日　　致澄侯、沅浦弟书

澄、沅弟左右:

近日未接来信,想各宅平安,新岁内外多祜为慰[1]。

【注释】

①祜:福。

【译文】

澄弟、沅弟左右:

这几天没有收到家信,想来家中各宅都很平安,新的一年里里外外都多福分,令人欣慰。

任、赖、牛、李等酋,全萃湖北黄、孝、罗、麻等处,余调刘省三全军九千人援鄂。

【译文】

任柱、赖文光、牛洪、李允等捻军头领，全部聚集到湖北的黄安、孝感、罗田、麻城一带，我已经调派刘省三全军九千人赶往湖北支援。

成武臣之叛卒，闻官相以廿万金抚之，业经招集七营。官相并未将叛变情形入奏，但言拔营索饷，适为捻所乘①，挫退而已。湖北军政多出于阍人、仆隶及委员之嗜利者②，奏牍则一味欺蒙，深为可叹。

【注释】

①适：恰巧。乘：乘虚而入，趁机攻打。

②阍人：《周礼·天官·阍人》："阍人，掌守王官之中门之禁。"原为周代官名，掌晨昏启闭宫门，后世通称守门人为阍人，犹今之门卫。此处喻指湖广总督官文身边的侍卫小人。仆隶：奴仆。嗜利者：贪图私利的人。

【译文】

关于成武臣部下的叛兵，听说湖广总督官文拿出二十万两银子去安抚，已经召集了七个营。官文并没有把反叛的具体情况上奏，只是说他们拔营起行，索要粮饷，不巧被捻军趁机攻打，受挫败退，仅此而已。湖北的军事决策，多数是由门卫、仆隶和委员之中一些贪图私利的人制定的，上呈的奏章也总是欺骗蒙蔽，令人哀叹。

以各省用事之人言之，军事将见日坏，断无日有转机之理。沅弟假满出山，与各邻省督抚共事，亦必龃龉者多，水乳者少。然吾兄弟受厚恩，享大名，终不能退藏避事，亦惟循前信所言，置祸福毁誉于度外，坦然做去，行法俟命而已①。

【注释】

①行法：依照法度行事。《礼记·曲礼上》："班朝治军，莅官行法，非礼威严不行。"俟命：听天由命。《礼记·中庸》："上不怨天，下不尤人，故君子居易以俟命，小人行险以侥幸。"郑玄注："俟命，听天任命也。"

【译文】

就各省主事的人来说，军事将会一天天被他们败坏，绝不会有一天天好转的道理。沅弟病假期满出来任职，和各个邻省的总督、巡抚在一起处理事务，也一定是意见不合的时候多，相处融洽的时候少。然而我们兄弟蒙受朝廷优待，享有大的名望，终究不能辞官隐居，逃避政事，也就只有按照沅弟前面信中所说的，把祸患、福禄、诋毁、赞誉都置之度外，坦然地去做事，依照法度行事，听天由命罢了。

正月十五日   致澄侯、沅浦弟书

澄、沅弟左右：

沅弟出处大计，余腊月十五日信，六分劝藏，四分劝行，而以久藏之不易，又嘱沅内断于心，自为主持。至腊月、正月两信，则专劝弟出山，盖终不免于一出，不如假满即出，最为体面。惟决计出山，则不可再请续假，恐人讥为自装身分太重。余此信已为定论①，下次不再商矣。

【注释】

①定论：确定的原则，论断。

【译文】

澄弟、沅弟左右：

　　关于沅弟出山还是隐退的大事，我在腊月十五日的回信，六成是劝他退隐，四成是劝他出仕，然而因为考虑长期隐居不仕并不容易实现，又嘱咐他听内心的判断，自己来作决定。之后腊月、正月我的两封信中，则是专门劝沅弟出山任职，因为最终难免还是要出山，不如假期一结束就出来，这样做最为体面。只是一旦决定出仕，就不可以再奏请延续假期了，否则恐怕会有人讽刺你把架子端得太高。我这次回信已是最终结论，以后不会再讨论此事了。

　　沅弟以余待朱、唐等稍失之薄①，余心亦觉不甚安怗②。然天道不能有舒而无惨③，王政不能有恩而无威④。近日劾吴少村及驱逐在徐之王、刁两团数千人全回山东⑤，亦似稍失之薄，而非此实办不动也。

【注释】

①朱、唐：指朱品隆、唐义训。

②安怗（tiē）：内心安定、平静意。《南齐书·幸臣传·刘系宗》："此段有征无战，以时平荡，百姓安怗，甚快也。"

③有舒而无惨：只有舒适的境遇而无悲惨境地。舒惨，语出《文选·西京赋》："夫人在阳时则舒，在阴时则惨。"薛综注："阳谓春夏，阴谓秋冬。"李善注引《春秋繁露》："春之言犹偆也，偆者，喜乐之貌也。秋之言犹湫也，湫者，悲忧之状也。"后以"舒惨"作为表示"苦乐"、"好坏"、"阴晴"、"丰歉"等两个对立概念并举的

词语。

④王政：国君的政令。

⑤劾吴少村：指参劾河南巡抚吴昌寿一事。在徐之王、刁两团：指
    在徐州境内以王、刁为首的两个湖团。"湖团"事件是咸、同之际
    微山湖畔江苏土民与山东客民相争的著名事件。咸丰元年
    （1851），黄河在丰县蟠龙集决口，微山湖涨水淹没周边良田，江
    苏沛县人口大量南迁。咸丰五年（1855），黄河在兰考铜瓦厢决
    口，山东曹州府的郓城、鄄城、嘉祥、巨野等县受害尤甚，难民大
    量南迁。此时，沛县微山湖畔洪水已退，有大量荒芜的田地，山
    东难民遂以家族为中心占据这一区域。但原先逃亡的沛县等地
    人民亦纷纷回迁。山东客民与江苏土民因争地争利不断械斗。
    太平天国及捻军起事，清廷号召地方团练，微山湖畔的山东客民
    遂以家族为核心创立众多团练组织，号称"湖团"。同治四年
    （1865），曾国藩北征剿捻，将通捻的王、刁两个湖团驱逐回山东。

【译文】

沅弟认为我对待朱品隆、唐义训略显刻薄，其实这样做我也心稍
有不安。但是天理不可能尽是宽容而没有冷酷的一面，王政也不能尽
是恩惠而没有威信。我最近弹劾河南巡抚吴少村，以及把在徐州的王、
刁两个湖团数千人全部赶回山东，似乎也略显刻薄，可是如果不这样
做，事情就没有办法处理。

夹袋中并无新储之才①，惟幼泉及张敬堂较优②，不知果
有所建树否？

【注释】

①夹袋：衣服里面的口袋。此指夹袋中人物。宋朱熹、李幼武《宋

名臣言行录》:"公夹袋中有册子,每四方人替罢谒见,必问其有何人才,客去随即疏之,悉分门类。或有一人而数人称之者,必贤也。朝廷求贤,取之囊中。故公为相,文武百官各称职者,以此。"

②张敬堂:张锡嵘(1828—1867),字敬堂,安徽灵璧人。咸丰三年(1853)进士,选庶吉士。四年(1854),安徽巡抚袁甲三奏请总办灵璧团练,授编修,记名御史。十年(1860),视学滇南,以丁母忧回籍。同治四年(1865),曾国藩征捻,驻军临淮,命张锡嵘檄募"敬"字三营,随湘军战守。办理湖团迁徙事,有功。捻军张宗禹窜陕西,曾国藩调刘松山军赴援,张锡嵘统三营与俱,同治六年(1867)正月初六日战殁于西安城西雨花寨。张锡嵘以理学名家,著有《孝经章句读》、《朱子就正录》、《孝经问答》行于世。

【译文】

我这里还没有发现储备人才,只有李幼泉和张敬堂比较优秀,不知道他们是否真的能有所成就?

二月初一日　致沅浦弟书

沅弟左右:

顷奉正月廿六日谕旨,弟调湖北巡抚,且令即赴新任。虽明发谕旨中无"无庸来京"字样①,而寄谕中似饬弟就近履任,即办鄂境之捻。朝廷为地择人,亦即为人择地。圣恩优渥②,无以复加③。而余办捻事,正苦鄂中血脉不能贯通,今得弟抚鄂,则三江、两湖均可合为一家,联为一气。论公论私,均属大有裨益。

【注释】

①明发谕旨：文书名。也称"明发上谕"，即清代皇帝所颁发的通过
内阁发抄宣示中外的上谕。清制，皇帝的上谕，通过两个途径而
发出：一是由军机大臣寄自内廷，称为"廷寄上谕"；一是通过内
阁公布，即"明发上谕"。凡明发的上谕，其程式均以"内阁奉上
谕"或"内阁奉旨"为开头。其内容则大都是属于国家重大政令
或须全国共知的大事，如宣战、议和、大赦、巡幸、谒陵、经筵、蠲
赈，以及高级官员的除授降革等。

②优渥(wò)：优厚。指待遇好。

③无以复加：不可能再增加。指程度达到了极点。出自《左传·文
公十七年》："今大国曰：'尔未逞吾志。'敝邑有亡，无以加焉。"

【译文】

沅弟左右：

　　刚刚接到正月二十六日的谕旨，贤弟被调派到湖北做巡抚，并且要
马上赶赴新任。虽然明发谕旨中没有"不用来京"的字样，但寄谕中似
乎命你就近履职，即刻着手清剿湖北境内的捻匪。朝廷为地择人，也是
为人择地。皇恩浩荡，无以复加。而我清剿捻匪，正为湖北境内难以协
调指挥发愁，如今贤弟任湖北巡抚，那么三江、两湖地区都可以连成一
片，合成一气。于公于私，都有很大的益处。

　　余前调张诗日、刘松山二镇带十九营赴鄂助剿①，定于
二月中旬起程。又春霆一军，谕旨令赴楚豫之交，归余调
度。余正虑相离太远，呼应不灵，弟在湖北，则就近调遣，节
节灵通。弟奉旨后，即于谢恩折内声明："一面酌带营勇赴
鄂剿贼，俟鄂难稍平人心稍定，即行进京陛见。"如谕旨不令
来京，亦尽可带兵出境，兄弟相会。

【注释】

①镇：古代在边境驻兵戍守称为"镇"。镇将管理军务，有的也兼理
　　民政。清代总兵俗称"镇军"。

【译文】

我之前调派张诗日、刘松山两位总兵带十九营赶往湖北协助剿匪，
定于二月中旬起程。另外鲍春霆一军，谕旨令他赶赴湖北、河南的交
界，由我调度。我正担心相距太远，指挥不方便，贤弟在湖北，就可以就
近调遣，调度起来灵活方便。贤弟接到谕旨以后，就在谢恩折中声明：
"一边筹划带军队到湖北剿匪；等到湖北的危难稍微平定，人心稍微稳
定，就马上进京面圣。"如果谕旨不让你进京，也尽可以带军队出境，我
们兄弟相会。

赴鄂行期①，或可不待六月假满。如待假满，亦断不可
展限②。君恩过厚，无令外人疑为装腔做势也。

【注释】

①行期：出行的日期。
②展限：放宽限期，延期。

【译文】

启程赶往湖北的日期，或许可以不用等到六月假期结束。如果等
到假满，也绝不可以再奏请延长假期。皇恩已经过于优厚了，不要再让
外面的人猜忌你是装腔作势。

二月初四日　致沅浦弟书

沅弟左右：

接廿六日谕旨，弟调补湖北巡抚，迅赴新任。又奉寄

谕,俟弟接印,郑小珊中丞乃行交卸^①。又接胡莲舫京信,鄂人亦望弟拯救甚切。其时尚未得弟抚鄂之信,已有云霓之望^②,况一闻新命,中外悬盼^③,自为更切。

【注释】

①郑小珊中丞:湖北巡抚郑敦谨,号小山。见前注。

②云霓(ní)之望:语出《孟子·梁惠王下》:"民望之,若大旱之望云霓也。"赵岐注:"霓,虹也。雨则虹见,故大旱而思见之。"比喻迫切的盼望。

③悬盼:殷切期待、盼望。

【译文】

沅弟左右:

接到二十六日的谕旨,贤弟被调派到湖北做巡抚,即刻前往就任。又接到寄谕,等贤弟接到官印后,郑小珊中丞才能进行交接。又收到胡莲舫从京城寄来的信,湖北百姓也殷切期望贤弟能去拯救。那时还没有弟弟调任湖北的消息,已经有云霓之望,何况听到新的任命,朝野的期盼,自然更为迫切。

弟此次履鄂,似不可稍涉迟回^①。至募勇之多少,由弟自行斟酌,大约以八九千为率^②,另增马队千余,成一大军,可为游击之师。余处本有刘省三、李幼泉、刘仲良三枝淮勇游击之师^③,刘寿卿、张田畯合成湘勇一枝游击之师^④,合之鲍春霆全军,赴鄂已五枝游兵矣。弟既接印,公事甚多,似不能亲临行阵,即偶一督战,亦可暂而不可常,宜另派一可靠之统领。弟驻扎或在黄州,或在德安、襄阳,细看再酌。

【注释】

①迟回：迟疑徘徊，导致滞留。

②率：规格，标准。

③刘仲良：刘秉璋（1826—1905），字仲良，安徽庐江人。咸丰十年（1860）进士，以翰林院编修而入军幕。先入张苔幕，后入李鸿章幕。同治二年（1863），李鸿章令其自募一军，遂久经战阵，为淮军名将。同治四年（1865），随曾国藩北征剿捻。光绪元年（1875），升江西巡抚。后任浙江巡抚、四川总督。光绪十年（1884），曾指挥著名的"镇海之役"，重创法军。

④刘寿卿：刘松山，字寿卿。张田畯：张诗日，字田畯。

【译文】

　　贤弟这次到湖北就任，似乎不能有一点儿犹豫迟缓。至于招募多少兵勇，由贤弟自己斟酌考虑，大概以八九千为标准；另外添加一千多骑兵，形成一支大军，可以作为游击军队。我这里本来就有刘省三、李幼泉、刘仲良三支淮军的游击部队，刘寿卿、张田畯合成一支湘军的游击部队，加上鲍春霆全军，赶赴湖北的已有五支游击部队了。贤弟刚刚接任，公事很多，似乎不能亲临前线，即使偶尔督战，也只能暂时这样，不能长久如此，应当另外选派一位可靠的统领。贤弟的驻地要么在黄州，要么在德安、襄阳，要仔细勘查再作考虑。

三月初五日　　致沅浦弟书

沅弟左右：

　　接弟排递之信，知弟将以三月初间赴鄂履任，至以为慰。

【译文】

沅弟左右：

收到贤弟排递送来的信，知道贤弟将在三月初赶赴湖北任职，令我感到非常欣慰。

兄到济宁数日，恰值张总愚大股来齐①，不惟不能遽赴周家口，并不敢出阅视黄河、运河，盖恐州县将领但顾接差②，反不御贼。本日有陈奏军情一折、鲍军饷项一折，另牍咨达。

【注释】

①齐：古地名。今山东黄河流域和胶东半岛地区，为战国时齐地，汉以后仍沿称为"齐"。此代指山东省。

②接差：接待钦差大臣。

【译文】

为兄到济宁这几天，正赶上张总愚的大部人马全军赶到山东，不但不能立刻赶往周家口，而且不敢出去视察黄河、运河，因为担心州县官员和各位将领只顾着接待我这个钦差大臣，反而忘记防御捻匪。今天有一个奏陈军情的折子，一个关于鲍军军饷的折子，我会另外用公文发给你阅览。

纪泽等送全眷回湘，乡间若无良师，拟在皖、吴择师，留纪鸿在弟署读书。不知纪瑞等随母来鄂否？余在济宁小驻，若贼不渡运，张逆一股又将回豫，余稍徘徊旬日。任、赖等股若不东窜，则余仍赴周家口，再谋兄弟相见之法也。

【译文】

纪泽等人送全部家眷回湖南，乡间若没有好老师，打算在安徽、江苏选择老师，将纪鸿留在贤弟衙署读书。不知纪瑞侄儿他们会不会跟随母亲来湖北？我暂时在济宁驻扎，如果贼匪不渡运河，张总愚的队伍又要回到河南，我再停留十几天。如果任柱、赖文光等贼匪不向东流窜，那么我仍然赶往周家口，再想办法与贤弟相见。

三月十六日　　致澄侯、沅浦弟书

澄、沅弟左右：

前闻捻匪不如发逆，张总愚一股又不如任、赖等一股。不知张逆狡悍若此①，竟无术可以制之。

【注释】

①狡悍：狡猾凶悍。

【译文】

澄弟、沅弟左右：

从前听人说捻匪不如长毛厉害，张总愚这一支捻匪又比不上任柱、赖文光等支。没想到张逆这么狡猾凶悍，竟然没有办法可以制服他。

沅弟到任后，仍须以治兵自强为第一义。小宋到鄂藩任，已作函商之乔鹤侪，请其一面派人接署①，一面附片奏明。

【注释】

①接署：接替署理（何小宋卸下的安徽按察使、布政使之职）。

【译文】

沅弟到任以后,仍旧须把治兵自强作为第一要义。何小宋到湖北任布政使,我已经写信和乔鹤侪商议,请他一面派人接替署理何小宋在安徽的职务,一面附折片奏明。

弟驻襄阳甚好。春霆可驻南阳,其粮台则设于襄阳,刘仲良则改驻徐州等处。谢恩折尚稳适。好折奏手,竟不可得。

【译文】

贤弟你在襄阳驻扎很好。鲍春霆可在南阳驻扎,粮台就设在襄阳,刘仲良改驻扎在徐州等处。谢恩折写得还算稳妥。起草奏折的好手竟不容易找到。

近年如沈幼丹在江,蒋香泉在浙①,皆以联络绅士大得名誉,跪道攀留②。而云仙以疏斥绅士,终不得久于其位。闻渠与左季高甚为龃龉,罢官后必更郁郁。弟此次赴鄂,虽不必效沈、蒋之枉道干誉③,然亦不可如云仙之讥侮绅士,动或荆棘④。大约礼貌宜恭,银钱宜松,背后不宜多着贬词,纵不见德⑤,亦可以远怨矣。

【注释】

①蒋香泉:即蒋芗泉。

②攀留:攀缘恳留,泛指挽留。

③枉道干誉:语出《尚书·大禹谟》:"罔违道以干百姓之誉。"指不

惜违背道义来求取名誉。

④荆棘：指心有芥蒂、嫌隙。

⑤见德：感恩。《左传·僖公二十三年》："民不见德而唯戮是闻，其何后之有？"

【译文】

近年像沈幼丹在江西，蒋香泉在浙江，都因为笼络绅士而获得很高名誉，以至于百姓都跪在道旁挽留他们。而郭云仙因为疏远排斥绅士，最终没能久居官位。听说他与左季高相处很不融洽，罢官后一定更加闷闷不乐。贤弟这次去湖北，尽管不用像沈幼丹、蒋香泉那样不顾道义地求取名誉，但也不能像郭云仙那样嘲弄绅士，动不动就心生芥蒂。大体在礼数上谦虚恭敬，银钱上爽快大方，在背后不应多说贬损的言辞，纵然不见有人感恩，也可以避免怨恨。

三月二十六日　致澄侯、沅浦弟书

澄、沅弟左右：

沅弟定于十七接印，此时已履任数日矣。

【译文】

澄弟、沅弟左右：

沅弟定于十七日接受巡抚大印，这时已经上任几天了。

督抚本不易做，近则多事之秋，必须筹兵筹饷。筹兵，则恐以败挫而致谤①；筹饷，则恐以搜括而致怨。二者皆易坏声名。而其物议沸腾②，被人参劾者，每在于用人之不当。沅弟爱博而面软③，向来用人失之于率④，失之于冗⑤。以后宜慎选贤员，以救率字之弊；少用数员，以救冗字之弊。

【注释】

①致谤：招致诽谤。

②物议沸腾：议论纷纷。指舆论激烈。

③爱博：爱心泛滥。面软：谓顾及情面，板不起面孔来。

④率：轻率，草率。

⑤冗：冗余，繁多。

【译文】

总督、巡抚本来就不容易做，最近又是多事之秋，必须筹募兵勇，筹集军饷。筹募兵勇，则恐怕会因为失败受挫而招致诽谤；筹集军饷，则恐怕会因为搜刮财物而招来怨恨。这两样都容易毁坏名声。而引起强烈舆论，遭到弹劾的，往往是因为用人不当。沅弟爱护的人多，面子又软，向来在用人上有轻率之失、冗杂之失。以后应当慎重选择有贤德才干的人员，来补救用人轻率的毛病；少用一些人，来补救用人冗杂的毛病。

位高而资浅①，貌贵温恭②，心贵谦下。天下之事理人才，为吾辈所不深知、不及料者多矣，切勿存一自是之见。用人不率冗，存心不自满，二者本末俱到，必可免于咎戾，不坠令名③，至嘱至嘱！幸勿以为泛常之语而忽视之④。

【注释】

①资浅：资历较浅。

②温恭：温和恭敬。《尚书·舜典》："濬哲文明，温恭允塞。"孔颖达疏："温和之色，恭逊之容。"

③不坠令名：不损坏好名声。令，美好。

④泛常：普通，寻常。

【译文】

职位高而资历浅，态度当以温和恭敬为贵，内心当以谦卑处下为贵。天下的事理和人才，我们不能了解、不能预料的还很多，切记不要存有一点儿自以为是的念头。如果用人能不轻率冗杂，内心不自满，这两件事本末都顾及到了，一定可以免受灾祸，不损美名，切记切记！千万不要因为这是寻常道理就忽视了。

陈筱浦不愿赴鄂①。渠本盐务好手，于军事、吏事恐亦非其所长②。余处亦无折奏好手，仍邀子密前来，事理较为清晰，文笔亦见精当。自奏折外，沅弟又当找一书启高手③，说事明畅，以通各路之情。

【注释】

①陈筱浦：陈方坦（1830—1892），双姓陈方，名坦，字谆衷，号筱浦，浙江海宁人。十五岁受知于学使吴钟骏，得第一名入州庠。早年即以学识著称，举为"仰山书院"都讲。同治二年（1863）入曾国藩幕，专办盐务。同治四年（1865）七月，保举为五品训导，入两江总督衙门专办两淮盐务。集办差经验，编著《淮醝驳案类编》。

②吏事：政事，行政事务。

③书启：旧时官署里专管起草书信等事的人。

【译文】

陈筱浦不愿去湖北。他本是处理盐务的好手，对于军事、政事，恐怕也不是他所擅长的。我这里也没有会写奏折的好手，仍旧邀请钱子

密前来,他事理较为清晰,文笔也精练妥当。除奏折外,沅弟还应该找
一个擅长写书信的高手,要陈述事情明白通畅,好沟通各方面的情况。

　　纪泽母子等四月中旬当可抵鄂,纪鸿留弟署读书,余以
回湘为是。

【译文】

　　纪泽母子等人四月中旬应当可以到湖北,纪鸿留在贤弟衙署读书,
其他人最好还回湖南。

四月二十一日　　致沅浦弟书

沅弟左右:

　　来缄与我订五日一信之约,此次余出营查阅黄、运两
河,并察看泰安形势,登岱礼神①,未发家信,有愆夙约②。将
来不知果能践五日之约否?

【注释】

　　①岱:泰山的别称。亦称"岱宗"、"岱岳"。礼神:祭神。《文选·甘
　　　泉赋》:"集乎礼神之囿,登乎颂祇之堂。"李善注:"礼神,谓祭
　　　天也。"
　　②愆:耽误,错失。夙约:旧约。

【译文】

澄弟左右:

　　来信与我约定每隔五天通一次信,这一次我出营视察黄河、运河,

并且察看泰安地形地势,登泰山祭神,没有及时给你写信,耽误了我们之前的约定。将来不知道是否真的能履行五天通一次信的约定。

山东军情,半月前事已具折片之中。捻匪长处在专好避兵,不肯轻战,偶尔接战,亦复凶悍异常。好用马队四面包围,而正兵则马步夹进①。马队冲突时②,多用大刀长棒;步队冒烟冲突时,专用长锚猛刺。我军若能搪此数者③,则枪炮伤人较多,究非捻匪所可及,劈山炮尤为捻所畏。弟可详告刘、朱、彭、郭、熊、陈诸人也④。

【注释】

①正兵:指摆开阵势正面作战的军队。对"奇兵"而言。《尉缭子·勒卒令》:"正兵贵先,奇兵贵后。"

②冲突:冲锋,突击。指近战。

③搪:挡,抵抗。

④刘、朱、彭、郭、熊、陈:刘连捷、朱南桂、彭毓橘、郭松林、熊登武、陈湜(存疑)。

【译文】

山东的军情,半个月以前的情况,已经在奏折中详细说明了。捻匪的长处,在于专门喜欢躲避官兵,不肯轻易接战,偶尔接战,也是异常凶悍。喜欢用骑兵四面包围,而正面部队则是骑兵和步兵配合进攻。骑兵的突袭,一般用大刀长棒;步兵冒烟袭击时,专用长矛猛刺。我军如能抵挡住这几种攻势,那么枪炮的杀伤力大,毕竟是捻匪所不能抵挡的,捻匪尤其畏惧劈山炮。贤弟可以把这个情况详细地告知刘、朱、彭、郭、熊、陈等人。

调四将之折,甚为条鬯妥叶①。谢绝陋习,慎重公事,严密以防门内②,推诚以待制府③,数者皆与余见相合,声誉亦必隆隆日起矣。

【注释】

①条鬯:文章思路通畅而又条理分明。鬯,通"畅"。

②门内:家庭,家中的人。北齐颜之推《颜氏家训·序致》:"吾今所以复为此者,非敢轨物范世也,业以整齐门内,提撕子孙。"此处泛指身边亲信之人。

③制府:即制置司衙门,掌军务。宋代的安抚使、制置使,明、清两代的总督,均尊称为"制府"。

【译文】

调派四位将领的奏折,写得很通畅妥当。杜绝陋习,慎重地处理公事,严格要求身边的人,推诚布公地和总督相处,这几条都与我的意见相吻合,你的名气威望也一定会一天天树立起来。

五月初三日　　致沅浦弟书

沅弟左右:

纪泽母子已到阳逻①,纪瑞母子已自湘起程。兄弟宦游在外②,眷属得以团聚,亦足喜也。

【注释】

①阳逻:清代镇名。今为武汉新洲区下辖阳逻经济开发区,在长江北岸。

②宦游:外出做官。

沅弟左右：

纪泽母子已经到达阳逻，纪瑞母子也已从湖南出发。我们兄弟在外做官，家眷能够团聚，也令人欣喜。

弟信亦不必太密，仍以十日一封为率，或有他事则加一封，无事亦不可减。不仅说军务饷务之大政，即幕友家丁及亲友相从、将弁投效者多说几句①，司道风气、属僚贤否亦可略述一二②，以广见闻。余之日记详于小而略于大，弟则互有详略可也。

【注释】

①将弁：武官的通称。投效：自请效力。清代有投效军营、投效河工等例。

②司道：巡抚的主要属官。"司"即藩司、臬司，"道"即道员，包括守道和巡道。属僚：亦作"属寮"，下属的官吏。

【译文】

贤弟写信也不用太频繁，仍旧以十天通一次信为准，如果有其他重要的事，就增加一封，没有事也不能减少。不仅说说军务饷项这样重要的政事，即是幕友、家丁以及追随的亲朋好友、前来投效的将领，都多说几句；司道的风气，属僚是否贤能，也可以略微说一说，以便增广我的见闻。我的日记，小事写得详细，大事写得简略，贤弟信中可以互有详略。

弟现募步队万二千人、马队千余人，与余初次函商相符。以后不必再行添募，恐饷项不继。所裁官相之勇仅发数成，所添弟部之勇必须全饷，一撤一招之际，厚薄悬殊，相形见绌①,营头太多,必生怨望。厚庵之优待楚勇②,薄视甘兵③,遂有三月三日之变④,可为前车之鉴。

【注释】

①相形见绌(chù):互相比较之下,一方显得很逊色。

②楚勇:在湖南募集的兵勇。

③甘兵:甘肃的绿营兵。

④三月三日之变:指同治五年(1866)三月三日兰州标兵索饷哗变一事。《清史稿·杨岳斌传》载:"五年春,岳斌亲赴泾州、庆阳视师。兰州标兵遽变,围署戕官,逼迫布政使林之望上疏,言粮饷独厚楚军,众心不服。岳斌闻警,先令曹克忠移师镇抚,寻自回省城,按诛首犯百余人,余不问。"

【译文】

贤弟现在招募步兵一万两千人,骑兵一千多人,与我第一次写信商讨的意见相符。以后就不需要再增加招募,恐怕饷项会跟不上。裁撤的官文总督的兵勇只发几成军饷,而贤弟部队增加的兵勇必须发全部军饷,裁撤与招募之间,待遇相差太大,相形见绌,营盘太多,必然心生怨望。杨厚庵厚待湖南所募集的兵勇,轻视甘肃的绿营兵,于是有三月三日的哗变,这件事可以作为前车之鉴。

五月十一日　致沅浦弟书

沅弟左右:

纪瑞侄母子已抵鄂,娣为东而姒为宾①,客到先而主到后。乱离之世,骨肉相聚本极难得,老年得之为尤难也。

【注释】

①娣:古代称丈夫的弟妇。下文的"姒"(sì),古代称丈夫的嫂子。

娣姒,指妯娌。东:东道主,主人。

【译文】

沅弟左右:

纪瑞侄儿和他母亲已到湖北,弟妹是主人嫂子是客人,客人先到而主人后到。在兵荒马乱的时候,能够骨肉相聚,本来就很难得,对于老年人来说就更难得了。

弟足疾复发,极为廑系。湿毒在下,总非本原之病。然一求速效,杂投药剂,则难于见功。吾阅历极久,但嘱家中老幼不轻服药,尤不轻服克伐之药,即是善于养生之道。鄂抚衙署风水之说,弟能毅然不信,可谓卓识定力。如足毒不愈,亦须略为变通。兄向来不信择日风水,老年气怯,遂徇俗见①,惟弟亮之酌之。

【注释】

①徇俗见:依从世俗见解,随波逐流。

【译文】

贤弟足疾复发,很让人担心。湿毒在下,毕竟不是什么伤及根本的病。然而一味地追求速效,胡乱使用药剂,就很难有好的疗效。我经历得多了,只是叮嘱家中老小都不要轻易吃药,尤其不能轻易服用副作用太大的烈性药,这就是擅长养生之道了。有关湖北巡抚衙署风水不好的说法,贤弟能够毅然不信,可以说是有见识有定力。可是如果足疾不能康复,也一定要稍微变通。我一向不信择日风水之说,但年老气弱,开始遵循俗人的见解,希望贤弟体谅我的用心。

六月初五日　致澄侯弟书

澄弟左右：

乡间谷价日贱，禾豆畅茂①，尤是升平景象，极慰极慰！

【注释】

①畅茂：旺盛繁茂。《孟子·滕文公上》："草木畅茂，禽兽繁殖。"

【译文】

澄弟左右：

乡下的谷价一天天降低，禾苗豆苗生长茂盛，这真是升平景象，实在欣慰！

贼自三月下旬退出曹、郓之境①，幸保山东运河以东各属，而仍蹂躏于曹、宋、徐、泗、凤、淮诸府②。彼剿此窜，倏往忽来③。直至五月下旬，张、牛各股始窜至周家口以西，任、赖各股始窜至太和以西。大约夏秋数月，山东、江苏可以高枕无忧，河南、皖、鄂又必手忙脚乱。

【注释】

①曹、郓：曹州、郓州。

②曹、宋、徐、泗、凤、淮：分别指山东曹州府、河南宋州府（归德府）、江苏徐州府、安徽泗州府、安徽凤阳府、江苏淮安府。

③倏往忽来：即倏忽往来，指移动极其快速。《吕氏春秋·决胜》："倏忽往来，而莫知其方。"

【译文】

捻匪从三月下旬退出曹、郓境内,幸而保住了山东运河以东各州县,但还是侵扰了曹、宋、徐、泗、凤、淮等州府。你在这里剿匪,他就流窜到那边,忽来忽往,来去如飞。一直到五月下旬,张宗禹、牛洪等的队伍开始流窜到周家口以西;任柱、赖文光等的队伍开始流窜到太和以西。大概夏秋的几个月中,山东、江苏可以平安无事,河南、安徽、湖北一定又要手忙脚乱了。

　　余拟于数日内至宿迁、桃源一带察看堤墙①,即由水路上临淮而至周家口。盛暑而坐小船,是一极苦之事。因陆路多被水淹,雇车又甚不易,不得不改由水程。余老境日逼,勉强支持一年半载,实不能久当大任矣。因思吾兄弟体气皆不甚健,后辈子侄尤多虚弱,宜于平日讲求养生之法,不可于临时乱投药剂。

【注释】

①桃源:地名。为今江苏泗阳旧称。元至元十四年(1277)始设桃园县,辖今泗阳县地,属淮安路。明代,桃园县改称桃源县,属淮安府。清代相沿不变。民国初年,地名规范统一时,因与湖南桃源县重名而改称"泗阳"。

【译文】

　　我准备在几天内到宿迁、桃源一带去视察堤墙,顺便从水路去临淮,直到周家口。盛暑时节,乘坐小船,真是一件苦差事。只因陆路多遭水淹,雇车又太不容易,不得不改走水路。我岁数越来越大,真是老了,勉强支持过一年半载,实在不能再久担大任了。由此想到我家弟兄身体都不太健壮,后辈子侄们更多身体虚弱之人,应在平时注意养生的方法,不能在病的时候乱吃药。

　　养生之法约有五事:一曰眠食有恒,二曰惩忿,三曰节欲,四曰每夜临睡洗脚,五曰每日两饭后各行三千步。惩忿,即余篇中所谓"养生以少恼怒为本"也。眠食有恒及洗脚二事,星冈公行之四十年,余亦学行七年矣。饭后三千步近日试行,自矢永不间断①。弟从前劳苦太久,年近五十,愿将此五事立志行之,并劝沅弟与诸子侄行之。

【注释】

①自矢:犹"自誓",发誓,立志不移。

【译文】

　　养生的方法,大约有五个方面:一是睡眠饮食有规律,二是制怒,三是节欲,四是每夜睡觉之前洗脚,五是两餐饭后各走三千步。制怒,就是我在文章里所写的"养生以少恼怒为本"。睡眠饮食有规律及睡前洗脚两件事,祖父星冈公坚持了四十年,我也学着坚持了七年。饭后走三千步,我近日也在试行,发誓从此永不间断。贤弟你从前长时间劳苦,现在年近五十了,希望你下决心坚持这五件事,并劝沅弟和子侄们实行。

　　余与沅弟同时封爵开府,门庭可谓极盛,然非可常恃之道。记得己亥正月①,星冈公训竹亭公曰:"宽一虽点翰林②,我家仍靠作田为业,不可靠他吃饭。"此语最有道理,今亦当守此二语为命脉③。

【注释】

①己亥：指道光十九年，即 1839 年。

②宽一：曾国藩乳名宽一。

③命脉：生命与血脉，常比喻关系极重大的事物。

【译文】

我与沅弟二人，同时受封爵位、开府做督抚，门庭可说盛极一时了，但这不是可以长久倚仗的。我还记得己亥年正月，祖父星冈公教训父亲竹亭公说："宽一虽然点了翰林，我们家仍然要靠作田为业，不能靠他吃饭。"这话最有道理，我们今天也应当以这两句为治家命脉。

望吾弟专在作田上用些工夫，而辅之以"书、蔬、鱼、猪，早、扫、考、宝"八字。任凭家中如何贵盛，切莫全改道光初年之规模。凡家道所以可久者，不恃一时之官爵，而恃长远之家规；不恃一二人之骤发①，而恃大众之维持。我若有福罢官回家，当与弟竭力维持。老亲旧眷，贫贱族党，不可怠慢。待贫者亦与富者一般，当盛时预作衰时之想，自有深固之基矣。

【注释】

①骤发：暴发。

【译文】

希望贤弟你能专心在作田上用些功夫，而以"书、蔬、鱼、猪，早、扫、考、宝"八个字为辅助。不管家里如何富贵兴盛，切莫将道光初年的规模全都改变了。大凡家道能够长久的，绝不是倚仗一时的官爵显赫，而靠的是能够长远流传的家规；绝不是倚仗一两个人的骤然发迹，而靠的是大众的维持。我如果有福，早日罢官回家的话，当会与弟弟你同心竭力维持家道。家里的老亲戚,以及贫困的族人,千万不可以怠慢了人家。对待穷人,要与对待富人一样,在兴盛的时候,要事先做衰落时预想,这样的话,自然便有了深厚坚实的基础。

六月十二日　致沅浦弟书

沅弟左右:

　　足毒居然全好,大慰大慰!

【译文】

沅弟左右:

　　足部的湿毒居然全都好了,真是令人欣慰!

　　一万二千之数,恐不足保鄂省疆土,自可量力多招。

【译文】

　　一万两千兵勇,恐怕不能保卫整个湖北疆土,自然可以根据自己的能力再多招兵。

　　此间军情,凡大处调度,均已咨达弟署。若各股均渡至沙河、淮河之南①,余当以淮军扼守沙河、贾鲁河②。此数月内鄂境虽十分吃紧,而使贼不得回窜东北平旷之区,各军得悉萃于西南山多田多之处,剿办当稍易为力。恐其半过沙河以南,半留沙河以北,则尤疲于奔命耳。

【注释】

①沙河:位于河南省东南部,为颍河主要支流,以河床积沙多而得名。发源于今河南鲁山伏牛山的木达岭,流经平顶山、叶县、舞阳、郾城、漯河、西华、商水至周口西汇入颍河。沙河原是古汝水支流滍水,汝水在元代至元年间因其泛滥从舞阳断流,将上段及支流滍、澧等水改道入颍河,从此分为南、北两条汝河,分别流入沙河及洪河。

②贾鲁河:原名"惠民河"。明弘治七年(1494),刘大夏在疏浚贾鲁河故道时,自中牟另开新河长七十里,导水南行,经开封之朱仙镇、尉氏之夹河、水坡、十八里、张市、永兴、王寨到白潭出尉氏境入扶沟,亦称"贾鲁河"。明、清两代水运畅通,又有"运粮河"之称。清道光二十一年(1841)、二十三年(1843),同治七年(1868),光绪十三年(1887)、十五年(1889)、二十七年(1901),黄河六次决口,大溜屡经贾鲁河,人们又叫它"小黄河"。

【译文】

这边的军情,凡是大的调动,都已经通过公文传达到贤弟的府署。要是贼匪的队伍都渡过沙河、淮河以南,我就会用淮军扼守沙河、贾鲁河。这几个月里,湖北境内的形势虽然十分紧迫,但只要让贼匪没办法往回流窜到东北部平旷的地区,各军都聚集在西南山多田多的地方,清剿贼匪应当稍微容易奏效。就怕他们一半渡过沙河以南,一半留在沙河以北,那我们就更加疲于奔命了。

六月二十三日　致沅浦弟书

沅弟左右:

日内未接弟信,想因余自济起程①,驿夫不知行踪所在^②,或展转迟误耳。

【注释】

①济:济宁。

②驿夫:驿站所用的差役。

【译文】

沅弟左右:

　　这几天没有收到弟弟的来信,想必是因为我从济宁启程,驿夫不知道我的行踪,或许辗转耽误了。

　　十五日登舟,阻风三日,今日可至台庄^①。溽暑小舟^②,殆非老年所堪。

【注释】

①台庄:即今山东台儿庄。

②溽暑:指盛夏气候潮湿闷热。

【译文】

　　我在十五日登船,被风阻碍耽搁了三天,今天可以到达台庄。潮湿闷热的小船,实在不是老年人所能经受的。

　　运河大雨盛涨,民居水皆封檐,数十万难民转眴皆成流寇^①。而运河东岸堤墙雨后塌卸殆尽^②,秋冬无以制寇,尤深焦灼。防守沙河之策未必可恃,而业已出奏,不得不试行之。

【注释】

①转眴（shùn）：即转瞬，比喻时间短促。眴，同"瞬"。

②塌卸：坍陷。

【译文】

运河在大雨后水位猛涨，大水都没到了民居屋檐，这几十万难民，转眼间都要变成流寇。而且运河东岸的堤墙在雨后都已塌卸罄尽，到了秋冬季节不能抵挡流寇，令人极其焦虑。防守沙河的策略，未必可以依赖，但已经禀奏朝廷，就不得不试行了。

春霆已自黄州起行否？若需帐棚等物，请弟饬局办给，将来于万五千内拨还鄂局。江西两咨来商，不欲于七万外更增杂支①。少荃亦畏霆而远避之。弟既敬霆之为人，即可一力维持，使之迅速集事②。杂款实有盈余，余已嘱刘申孙怿随时禀请弟作主也③。

【注释】

①杂支：正项之外的零碎开支。

②集事：成事，成功。《左传·成公二年》："此车一人殿之，可以集事。"杜预注："集，成也。"

③刘申孙怿：刘怿，字申孙，江苏武进人。刘翰清弟。道光二十九年（1849）举人，官至广东知府。工书法，中岁喜佛学，以禅入书，品诣尤超。

【译文】

春霆已经从黄州出发了么？如果需要帐篷等物资，请贤弟命令相关部门提供，将来在一万五千的数额里拨还给湖北当局。江西发来两道咨文商议，不愿意在七万之外再增加其他开支。少荃也惧怕春霆而远远避开他。贤弟既然敬重春霆的为人,就可以全力支持,让他尽快成事。杂款其实还有盈余,我已经嘱咐刘申孙怿随时向你禀告请你做主。

七月初三日　致沅浦弟书

沅弟左右:

　　吾湘哥老会公然有谋反之意①,可恶可畏。若一连惩创几次②,当可戢其凶志③,目下犹耽耽思逞也④。

【注释】

①哥老会:亦称"哥弟会",清末民间秘密帮会之一。参加者多为手工业工人、破产农民、退伍军人和游民。活动于长江流域各地。最初以"反清复明"为宗旨,太平天国革命失败后,会众相继参加农民起义和反洋教斗争。辛亥革命时期,有些会员接受革命党人的领导,多次参加武装起义。此后分化为红帮、青帮等不同支派。

②惩创:惩罚,惩治。

③戢(jí):使……收敛。

④耽耽:威严注视貌。亦形容贪婪地注视。《易·颐》:"虎视耽耽,其欲逐逐。"耽,义同"眈"。

【译文】

沅弟左右:

　　我们湖南的哥老会公然有谋反的意图,真是可恶可怕。如果一连惩治几次,应当可以打消他们谋反的念头,眼下他们还虎视眈眈,想要得逞呢。

兄至宿迁,衰年怕热,登岸小住。闻任、赖又窜睢州^①,将回山东,檄调铭、鼎、盛三军追剿^②,不知何日乃能见贼接仗。军务毫无起色,加以大水成灾,酷热迥异寻常^③,心绪实为恶劣,然亦只好安命耐烦做去^④。拟日内由杨庄换船溯淮西上^⑤,八月可达周口耳。

【注释】

①睢州:清属归德府。旧治即今河南商丘睢县,地处河南省东部。

②铭、鼎、盛三军:刘铭传、潘鼎新、周盛波统领的三支军队。

③迥异:迥然不同,完全不同。

④安命:语本《庄子·德充符》:"知不可奈何而安之若命,唯有德者能之。"安于命运。耐烦:耐心,不怕麻烦。

⑤杨庄:地名。即今江苏宿迁中杨镇。原为水码头。

【译文】

我到宿迁,年老怕热,登岸小住。听说任柱、赖文光两股贼匪又流窜到睢州,将要回山东,我飞檄调派刘铭传、潘鼎新、周盛波三军追击清剿,不知道什么时候能与贼匪交战。军务上毫无起色,加上洪水成灾,天气酷热迥异寻常,心情实在恶劣,然而也只好安于命运,耐心工作。打算这几天从杨庄换船逆着淮水西上,八月份能到周家口。

闻弟近甚辛苦,前示养生五诀,曾行之否? 老年兄弟相勉,惟此而已。

【译文】

听说贤弟近来十分辛苦,之前说的养生五诀,可曾依照做了吗? 老年兄弟相互勉励,也只有这些了。

七月初六日　致澄侯弟书

澄弟左右：

久未接弟信，惟沅弟信言哥老会一事，粗知近况。吾乡他无足虑，惟散勇回籍者太多，恐其无聊生事，不独哥老会一端而已。又米粮酒肉百物昂贵，较之徐州、济宁等处数倍，人人难于度日，亦殊可虑。

【译文】

澄弟左右：

许久没有接到贤弟的来信，只是沅弟来信说哥老会这一件事，稍稍得知近况。我们家乡别的不用担心，只是遣散的兵勇回原籍的太多，恐怕他们无聊惹事，不仅哥老会这一方面而已。另外，米粮酒肉等百物价钱昂贵，跟徐州、济宁等处比，贵好几倍，人人都度日艰难，也很让人担心。

吾兄弟处此时世，居此重名，总以钱少产薄为妙。一则平日免于觊觎①，仓卒免于抢掠；二则子弟略见窘状，不至一味奢侈。纪泽母子八月即可回湘，一切请弟照料。

【注释】

①觊觎(jì yú)：非分的希望或企图。《左传·桓公二年》："庶人、工、商，各有分亲，皆有等衰。是以民服事其上，而下无觊觎。"杜预注："下不冀望上位。"

【译文】

我们兄弟生当此时生在此世，拥有这么高的名位，总要以金钱不多、产业微薄为好。一来平日免于被贼惦记，仓猝之际免于被强盗抢掠；二来后辈子弟稍稍了解家境困窘的现状，不至于一味奢侈。纪泽母子八月就可以回到湘乡，一切情况，还请贤弟照料。

"早、扫、考、宝，书、蔬、鱼、猪"八字，是吾家历代规模。吾自嘉庆末年至道光十九年，见王考星冈公日日有常①，不改此度。不信医药、地仙、和尚、师巫、祷祝等事，亦弟所一一亲见者。吾辈守得一分，则家道多保得几年，望弟督率纪泽及诸侄切实行之。

【注释】

①王考：先祖父。

【译文】

"早、扫、考、宝，书、蔬、鱼、猪"八个字，是我们家历代规矩。我从嘉庆末年到道光十九年，见先祖父星冈公天天坚持，从不改变这些规矩。不信医药、地仙、和尚、师巫、祷祝等迷信活动，也是贤弟你所一一亲眼目睹的。我们守得一分家规，那家道就能多保持几年，希望贤弟督促倡导纪泽儿和各位侄子切实实行。

富圫木器不全，请弟为我买木器，但求坚实，不尚雕镂，漆水却须略好，乃可经久。屋宇不尚华美，却须多种竹柏，多留菜园，即占去田亩，亦自无妨。

【译文】

富圫木头家具不全，烦请贤弟替我买木头家具，只求坚实，不追求太过雕镂，漆水却必须要好一些，这样才能用得久。房屋不追求过于华美，但一定要多种竹子和柏树，多留菜园，就算占一些田亩，也无妨。

吾自济宁起行至宿迁，奇热不复可耐，登岸在庙住九日，今日始开船行至桃源。计由洪泽湖溯淮至周家口，当在八月初矣。身体平安，惟目光益蒙，怕热益甚，盖老人之常态也。

【译文】

我从济宁启程，走到宿迁，一路上奇热，无法忍耐，上岸在庙里住了九天，今天才开始开船走到桃源。估计由洪泽湖溯淮河而上到周家口，应该在八月初了。身体平安，只是目光日益昏蒙，更加怕热，也是老年人的常态。

七月十六日　致沅浦弟书

沅弟左右：

兄以七夕至清江，初十渡洪泽湖，十六日至临淮，十五酉刻在临淮之下十里遇大风暴，危险之至，幸免于难。

【译文】

沅弟左右：

愚兄我七夕到清江，初十日渡洪泽湖，十六日到临淮，十五日酉刻在临淮以下十里处遇大风暴,危险之至,幸免于难。

今年大水,自济宁至临淮千三百里,民无栖息之所,业已伤心惨目,而又值非常之酷热,受非常之大惊,殊觉行役劳苦①,老境不能堪此。惟闻刘松山、张诗日等在上蔡、郾城一带剿张总愚一股,屡获大胜,差堪一慰。尚未接禀,不知其详。

【注释】

①行役:旧指因服兵役、劳役或公务而出外跋涉。《诗经·魏风·陟岵》:"嗟! 予子行役,夙夜无已。"

【译文】

今年大水,从济宁到临淮一千三百里,百姓没有栖息之所,已经足以让人触目伤心,偏又赶上这样非同寻常的酷热,经受这样非同寻常的大惊吓,真觉得行役太苦,老年人真是经受不住。只是听闻刘松山、张诗日等在上蔡、郾城一带进剿捻匪张总愚一股,屡次获得大胜,稍稍可以安慰。还没有接到禀告,不知详细情形。

春霆迭奉严旨诘催,弟须嘱其迅入豫境,不可再缓。渠制车二千辆之多,不知做法何如,恐未必适于用。

【译文】

鲍春霆屡次被圣旨严厉追问,贤弟务必叮嘱他赶快进入河南境内,不能再缓了。他制车多达两千辆,不晓得是个什么做法,恐怕未必适用。

闻捻用长矛者,进身极矮①。湘、淮洋枪均失之高而不中。此次刘、张系以劈山炮取胜,近亦习跪装洋枪,请弟告之鲍、郭、彭、熊也。

【注释】

①进身:前进时的身形。

【译文】

听说捻匪使用长矛进袭的时候,前进的身形很矮。湘军和淮军的洋枪都失之于高而不能命中。这次刘松山、张诗日是用劈山炮取胜的,近来洋枪兵也在练习跪在地上装弹射击,请贤弟告诉鲍超、郭松林、彭毓橘、熊登武。

七月二十四日　　临淮

沅弟左右:

余在临淮,本不欲久住,定廿四日成行,已咨明弟处矣。乃病体日深,殊觉支持不住。余力守不药之戒,竟不能坚持到底。服张敬堂所开桂枝汤①,外感之寒已觉轻松,而积受之暑湿未能清理②。腹疼作胀,屡思大便,而登厕辄不爽快。现定廿六日起行,不知届时能勉强登舟否。

【注释】

①桂枝汤:中医方剂名。为解表剂,具有辛温解表、解肌发表、调和营卫之功效。主治头痛发热、汗出恶风、鼻鸣干呕、苔白不渴、脉浮缓或浮弱者。临床常用于治疗感冒、原因不明的低热、产后或

病后低热、妊娠呕吐、多形红斑、冻疮、荨麻疹等属于营卫不和者。

②暑湿：是受暑湿邪所致的急性外感热病。多发生于夏令季节，暑湿俱盛之时，尤以南方为多见。其以发病较急，初起见有身热、头身重痛、微汗、口渴、脘痞等暑湿郁遏肌表症候为主要特点。

【译文】

沅弟左右：

我在临淮，本不想长住，定在二十四日启程，已经用咨文通知贤弟那边了。谁知道病情日益严重，觉得真是支持不住。我坚持不用药的戒律，竟然不能坚持到底。服用张敬堂开的桂枝汤，外表感染的寒症觉得已有缓解，但是感染的暑湿还是没能清理。腹部疼痛，隐隐发胀，总想大便，但如厕很不爽快。现在定在二十六日起行，不知道到时候能不能勉强上船。

今年出汗太多，身体遽瘦。自问精力大减，断不能久当大任。到周口后，与弟谋一会晤，共筹引退之法，但不以卤莽出之耳。

【译文】

今年出汗太多，身体瘦得太快。自知精力大为衰减，万万不能长久担当大任。到周家口后，想和贤弟见一面，一起商量退隐的方案，只是不要轻率作决定。

八月初十日　致澄侯弟书

澄弟左右：

哥老会之事，余意不必曲为搜求。左帅疏称要拿沈海沧①,兄未见其原折,便中抄寄一阅。提、镇、副将②,官阶已大,苟非有叛逆之实迹实据,似不必轻言正法。如王清泉③,系克复金陵有功之人,在湖北散营,欠饷尚有数成未发。既打金陵,则欠饷不清,不能全归咎于湖北,余亦与有过焉。因欠饷不清,则军装不能全缴④,自是意中之事。即实缺提、镇之最可信为心腹者,如萧孚泗、朱南桂、唐义训、熊登武等,若有意搜求其家,亦未必全无军装,亦难保别人不诬之为哥老会首。

【注释】

①左帅疏称要拿沈海沧:沈海沧,原为福建汀州镇总兵沈俊德所部鄂军(元右营、副左营)营官,官蓝翎都司衔守备,后被裁汰。同治四年(1865)春,至汀州一带,结交哥老会,煽惑军士不缴军器。同治四年四月十九日,左宗棠因此上奏《请敕销犯弁沈海沧各保案片》。

②提:提督。镇:总兵。

③王清泉:湖南湘乡人,湘军将领。从曾国荃参与围攻天京之战,官至记名提督。

④军装:枪械等军事装备。

【译文】

澄弟左右:

　　哥老会这事,我认为没必要刻意搜查。左季高大帅上疏声明要捉拿沈海沧,愚兄没看见他的原折,方便的时候抄一份寄给我一看。提督、总兵、副将,官阶已经很高,假若不是有叛逆的实迹实据,似乎不必轻易说什么抓起来正法。譬如王清泉,是克复金陵的有功之人,在湖北遣散营队,欠饷尚有好几成没有发送。后来围攻金陵,欠饷没有清发,不能全都归咎于湖北，我也有错误和责任。因欠饷没有清发，那枪械等不能全都上缴，自然是意中之事。就算是实缺提督、总兵中最值得信赖的心腹之人，如萧孚泗、朱南桂、唐义训、熊登武等，如果有意在他们家搜查，也未必就都没有枪械武器，也难保别人不诬陷他们是哥老会首领。

　　余意凡保至一、二、三品武职①，总须以礼貌待之，以诚意感之。如有犯事到官，弟在家常常缓颊而保全之②。即明知其哥老会，唤至密室，恳切劝谕，令其首悔而贷其一死③。惟柔可以制刚很之气④，惟诚可以化顽梗之民⑤。即以吾一家而论，兄与沅弟带兵，皆以杀人为业，以自强为本。弟在家当以生人为心，以柔弱为用，庶相反而适以相成也。

【注释】

①一、二、三品武职：指提督、总兵、副将，分别为武职一、二、三品。

②缓颊：《史记·魏豹彭越列传》："（汉王）谓郦生曰：'缓颊往说魏豹，能下之，吾以万户封若。'"《汉书·高帝纪上》引此文，颜师古注引张晏曰："缓颊，徐言引譬喻也。"后用以称婉言劝解或代人讲情。

③首悔：自首并悔过。贷其一死：免其一死。

④刚很：强硬、凶狠。

⑤顽梗：坚持错误，不肯悔改。

【译文】

　　我认为凡是保举到一、二、三品武官的人，总要待之以礼，用诚意来感化他们。如果有犯事送到官府的，贤弟在家常常为他们说情，想法保全他们。就算明知道他是哥老会的人，也应叫至密室，诚恳真切地劝导教育,让他自首悔过而免他一死。只有柔可以克制刚猛狠戾之气,只有诚可以感化不肯认罪的人。就拿我们一家来说,愚兄与沅弟带兵,都以杀人为职业,以自居刚强为本。贤弟在家,应当以给人生路为本心,做事风格不妨柔弱一些,这样的话才可以行事风格相反而恰好可以相辅相成。

孝凤为人①,余亦深知。在外阅历多年,求完善者实鲜。

【注释】

①孝凤:王家璧,字孝凤,湖北武昌人。道光二十四年(1844)进士,授兵部主事。同治间,从曾国藩、左宗棠军,累荐以四品京堂补用。光绪间,累官光禄寺少卿。卒年七十。著有《狄云行馆诗文集》、《周易集注》、《洪范通易说》。

【译文】

孝凤的为人,我也深知。我在外阅历多年,求一个尽善尽美的人,实在太少了。

余外病全去,尚未复元。初九抵周家口。此间或可久住。

【译文】

我的病好了,还没有恢复元气。初九日到周家口。这里我或许可以久住。

八月十二日　致沅浦弟书

沅弟左右:

八月以内,连接弟信,询及帮办应否疏谢①,余意似可不必具疏。近年如李世忠、陈国瑞等降将皆得帮办，刘典以臬司、吴棠以道员得之，本属极不足珍之目②。本朝以来亦无此等名目。若具折，则不可辞，亦不可有微辞③。疏忽则可④，不平则不可也。余于弟之衔不署。弟于公牍亦可不署；奏疏结衔，则不可不书"帮办"字样，酌之。

【注释】

①疏谢：上疏谢恩。

②不足珍：不值得珍惜，价值不大。

③有微辞：有意见。

④疏忽：忽略，不放在心上。

【译文】

沅弟左右：

　　八月里连续接到贤弟几封来信，问到朝廷命你帮办军务是否应该上疏谢恩，我认为似乎可以不必上疏谢恩。近年如李世忠、陈国瑞等降将都任过帮办一职，刘典以按察使身份、吴棠以道员身份，也得到过这一头衔，本来就是极其不值得珍视的一个名目。本朝以来也没有这样一个名目。如果上奏折，那就不能辞帮办一职，也不能有半点儿微辞。可以不当回事，但不可以愤愤不平。我在提贤弟的官衔时不署这一头衔。贤弟的公牍也可以不署这一头衔；但是上奏朝廷时署官衔，则不能不写"帮办"字样，请考虑。

九月初六日　　致澄侯弟书

澄弟左右：

　　弟于八月初一、初四得生二孙，而兄亦于初十日得生一孙,祖宗之泽,家庭之幸! 兄年来衰态日增,他无所图,专盼家中添丁,闻此,喜慰无量! 昔星冈公于四十七岁得见五孙,二男三女。今弟四十七岁,亦系二男三女。将来弟之福泽,可继星冈公而起。贺贺!

【译文】

澄弟左右:

贤弟在八月初一、初四两日添了两个孙子,而愚兄也在初十日添了一个孙子,这是祖宗之泽、家庭之幸啊! 愚兄近年来一天比一天见老,别的不指望,只盼家里添丁加口,听到这个消息,欢喜快慰得不行! 从前星冈公在四十七岁有了五个孙辈,二男三女。现在贤弟四十七岁,也是二男三女。将来贤弟的福泽,可以继承星冈公而兴起。祝贺啊祝贺!

余身体将次复元①,惟衰年不能用心,不愿再肩艰巨,急切不得脱卸之法②。

【注释】

①将次:逐渐。

②急切:仓猝,短时间内。脱卸:解脱,推卸。

【译文】

我身体逐渐复元,只是老年人不能太操心,不愿再肩负艰巨任务,一时却找不到解脱的方法。

云仙已归,霞、厚亦先后告病开缺①,殊为可羡。季高有陕、甘之行,则较我尤难,渠精力过人,或足了之。

【注释】

①霞、厚：刘霞仙、杨厚庵。

【译文】

郭云仙已经回乡，刘霞仙、杨厚庵也先后告病辞官，实在让人羡慕。左季高奉命到陕、甘督办军务，比我还要困难，但他精力过人，或许能办妥大事。

家中妇女渐多，外则讲究种蔬，内则讲究晒小菜、腌菜之类，乃是兴家气象，请弟倡之。

【译文】

家中妇女渐渐增多，在外要讲究种菜，在内要讲究晒小菜、腌菜之类，才是兴旺家庭的气象，请贤弟倡导。

九月十二日　致沅浦弟书

沅弟左右：

接弟信，具悉一切。

弟谓命运作主，余素所深信；谓自强者每胜一筹，则余不甚深信。

【译文】

沅弟左右：

接到贤弟你的信，知道了一切情况。

贤弟信中说命运做主，这话我向来是相信的；贤弟又说自强的人往往胜人一筹，我就不太赞同。

凡国之强，必须多得贤臣工①；家之强，必须多出贤子弟。此亦关乎天命，不尽由于人谋。

【注释】

①臣工：群臣百官。《诗经·周颂·臣工》："嗟嗟臣工，敬尔在公。"毛传："工，官也。"郑玄笺："臣，谓诸侯也。"

【译文】

大凡国家强盛，必须有许多贤能的大臣；大凡家族强盛，必须有许多贤能的子弟。但这也关系到天命，不完全由人谋决定。

至一身之强，则不外乎北宫黝、孟施舍、曾子三种①。孟子之集义而慊②，即曾子之自反而缩也③。惟曾、孟与孔子告仲由之强④，略为可久可常。

【注释】

①北宫黝（yǒu）、孟施舍、曾子三种：指《孟子·公孙丑上》所论北宫黝的刚猛、孟施舍的守气、曾子的守约三种勇。《孟子·公孙丑上》："北宫黝之养勇也，不肤挠，不目逃，思以一豪挫于人，若挞之于市朝，不受于褐宽博，亦不受于万乘之君；视刺万乘之君，若刺褐夫，无严诸侯，恶声至，必反之。孟施舍之所养勇也，曰：'视不胜犹胜也；量敌而后进，虑胜而后会，是畏三军者也。舍岂能为必胜哉？能无惧而已矣。'孟施舍似曾子，北宫黝似子夏。夫二子之勇，未知其孰贤，然而孟施舍守约也。昔者曾子谓子襄曰：'子好勇乎？吾尝闻大勇于夫子矣。自反而不缩，虽褐宽博，

吾不惴焉；自反而缩，虽千万人，吾往矣。'孟施舍之守气，又不如曾子之守约也。"

②集义而慊：《孟子·公孙丑上》："'敢问何谓浩然之气？'曰：'难言也。其为气也，至大至刚，以直养而无害，则塞于天地之间。其为气也，配义与道。无是，馁也。是集义所生者，非义袭而取之也。行有不慊于心，则馁矣。'"朱子集注："集义，犹言积善，盖欲事事皆合于义也。""慊，快也，足也。"

③自反而缩：《孟子·公孙丑上》："昔者曾子谓子襄曰：'子好勇乎？吾尝闻大勇于夫子矣。自反而不缩，虽褐宽博，吾不惴焉；自反而缩，虽千万人，吾往矣。'"朱子集注："缩，直也。"

④孔子告仲由之强：《中庸》："子路问强。子曰：'南方之强与？北方之强与？抑而强与？宽柔以教，不报无道，南方之强也，君子居之。衽金革，死而不厌，北方之强也，而强者居之。故君子和而不流，强哉矫！中立而不倚，强哉矫！国有道，不变塞焉，强哉矫！国无道，至死不变，强哉矫！'"朱子《章句》："此四者，汝之所当强也。矫，强貌。《诗》曰'矫矫虎臣'是也。倚，偏着也。塞，未达也。国有道，不变未达之所守；国无道，不变平生之所守也。此则所谓中庸之不可能者，非有以自胜其人欲之私，不能择而守也。君子之强，孰大于是？夫子以是告子路者，所以抑其血气之刚，而进之以德义之勇也。"

【译文】

至于说到单个人的强，不外乎北宫黝的刚猛、孟施舍的守气、曾子的守约三种。孟子之以大义自居而又不自满，其实也就是曾子的自我省察而觉得正直正义啊。只是曾子、孟子和孔子告诉仲由的强，大约可以长久。

此外斗智斗力之强，则有因强而大兴，亦有因强而大败。古来如李斯、曹操、董卓、杨素①,其智、力皆横绝一世②,而其祸败亦迥异寻常;近世如陆、何、肃、陈③,亦皆予知自雄④,而俱不保其终。

【注释】

①李斯:秦丞相。曹操:汉献帝丞相,汉末权臣。董卓:汉献帝时权臣。杨素:隋丞相,权臣。

②横绝一世:举世无双,超出同时代许多。

③陆、何、肃、陈:陆建瀛、何根云、肃顺、陈国瑞。

④予知自雄:自以为聪明,英雄过人。

【译文】

除此以外的所谓斗智、斗力的强,有的人因强而兴盛,有的人却因强导致大失败。自古以来,如李斯、曹操、董卓、杨素,他们的智慧和力量都是世间少有、独秀一时的,而他们遭致的祸败也非比寻常;近世如陆建瀛、何根云、肃顺、陈国瑞这些人,都以聪明自许,以英雄自居,可是他们都不得善终。

故吾辈在自修处求强则可,在胜人处求强则不可。若专在胜人处求强,其能强到底与否,尚未可知。即使终身强横安稳①,亦君子所不屑道也。

【注释】

①强横:骄横跋扈,强硬蛮横。

【译文】

因此我们这些人在加强自我修养方面要强是可以的,但在与人争胜负时要强就不可以了。如果专门在与人相比之时争强好胜,到底能不能强，都尚未可知。就算能一辈子骄横跋扈却还安稳，也是君子所不屑一提的。

　　贼匪此次东窜，东军小胜二次，大胜一次；刘、潘大胜一次①，小胜数次；似已大受惩创，不似上半年之猖獗。但求不窜陕、洛，即窜鄂境，或可收夹击之效。

【注释】

①刘、潘：指淮军将领刘铭传、潘鼎新，二人当时随曾国藩剿捻。

【译文】

捻匪这次东窜，东方面军小胜二次，大胜一次；刘铭传、潘鼎新部大胜一次，小胜数次；捻匪似乎都已受到很大打击，不再像上半年一样猖獗。只求捻匪不流窜陕西、河南，即流窜湖北境内，我军或许可收夹击之效果。

　　余定于明日请续假一月，十月请开各缺，仍留军营，刻一木戳，会办中路剿匪事宜而已。

【译文】

我定于明日请续假一个月，十月请开各项职务之缺，仍然留在军营，刻一方木戳，会同办理中路剿匪事宜而已。

十月初六日　致澄侯弟书

澄弟左右：

　　弟之两孙元五、元六，派名广文、广敷①；余孙元七，拟取派名广钧,既无偏旁合为一律,惟"广"字下一字用十一真、十二文之韵②,声调较为清亮。

【注释】

①派名:即按家族辈分取名。名字中用于表示家族辈分的字(多为名字中间的字),俗称"派"。

②十一真、十二文:皆为平水韵韵目。

【译文】

澄弟左右:

贤弟的两个孙子元五、元六,取派名广文、广敷;我的孙子元七,准备取派名广钧,既然没有用同一个偏旁的字,只是"广"字下面的一个字用十一真、十二文这两个韵部的字,声调较为清脆响亮。

科三侄以直隶州知州用,系克复金陵后第二次恩旨。季洪弟赠内阁学士,亦系确有其事,即日当查出付回,尽可不花部费①。

【注释】

①部费:清代办事,打点中央各衙门的费用称"部费"。

【译文】

科三侄儿以直隶州知州用,是克复金陵后第二次恩旨。季洪弟赠内阁学士,也是确有其事,我即日当查出圣旨托人带回,大可不必花部费查询。

蔡贞斋投营①,无好差使可派。若其果来,不过如邹至堂、沈蔼亭之数赠银百金②,附案保奖。在我已属竭力周旋,而在渠仍无大益。或渠不来,余便寄百金遥周故旧③,不知可否?弟一酌之。

【注释】

①蔡贞斋:曾为曾国藩幕府。见前注。

②邹至堂、沈蔼亭:二人皆为曾国藩幕友。

③周:周济,帮助。

【译文】

蔡贞斋来我大营投效,没有好差使可以派给他。如果他真的来了,也不过是照邹至堂、沈蔼亭的数目赠送一百两银子,附在保举案里一起保奖。对我来说,已经是竭尽全力周旋了,但对他来说,仍是帮助不大。或者他不来,我便寄银百两远远地周济老朋友,不知道这样行不行?贤弟帮我参考一下。

服药之事,余阅历极久,不特标病服表剂最易错误①,利害参半;即本病服参、茸等味亦鲜实效②。如胡文忠公、李勇毅公以参、茸、燕菜作家常酒饭③,亦终无所补救。余现在调养之法,饭必精凿④,蔬菜以肉汤煮之;鸡、鸭、鱼、羊、豕炖得极烂;又多办酱菜、腌菜之属,以为天下之至味,大补莫过于此。《孟子》及《礼记》所载养老之法、事亲之道⑤,皆不出乎此。岂古之圣贤皆愚,必如后世之好服参、茸、燕菜、鱼翅、海参而后为智耶?星冈公之家法,后世当守者极多。而其不信巫医、地仙,吾兄弟尤当竭力守之。

【注释】

①标病：表面上的病症。表剂：凡能疏解肌表，促使发汗，解除表征的药物称为"表剂"。

②本病：内在的涉及根本的病症。

③李勇毅公：李续宜，谥勇毅。燕菜：燕窝。

④精凿：舂去谷物的皮壳。亦指舂过的净米。《左传·桓公二年》："粢食不凿。"杜预注："黍稷曰粢，不精凿。"

⑤养老：奉养老人。

【译文】

服药这件事，我阅历极久，不仅标病服表剂最容易犯错，好坏各占一半；即便本病服用人参、鹿茸等名贵物品，也很少有实际效果。如胡文忠公、李勇毅公将人参、鹿茸、燕窝当家常酒饭来吃，最终也还是无所补救。我现在调养的方法，饭一定要吃舂过的净米，蔬菜以肉汤烹煮；鸡、鸭、鱼、羊、猪肉，炖得极烂；又多准备酱菜、腌菜之类的，我觉得这是天下最美的美味，再没有比这更大补的了。《孟子》和《礼记》所记载的奉养老人、侍奉父母的方法，都不出这个范围。难道古代的圣贤都蠢，一定要像后世喜欢服用人参、鹿茸、燕窝、鱼翅、海参才能算聪明么？星冈公的家法，后辈应当遵守的有很多。而不信巫医、地仙，我们兄弟尤其应当尽力遵守。

兄近日身体平安。军事总无起色。西股已过洛阳，东股尚在山东，无术制之，实深焦灼！

【译文】

愚兄近日身体平安。军事总是没有起色。捻匪西股已过洛阳，东股还在山东，没有方案可以制服他们，实在深深忧虑！

十月二十三日　致沅浦弟书

沅弟左右：

余初闻弟折已发，焦灼弥月。直至十月朔日得见密稿，始行放心。所言皆系正人应说之事，无论输赢，皆有足以自立之道。此后惟安坐听之而已。

【译文】

沅弟左右：

我起初听说贤弟已发参劾官文的奏折，焦虑不安一个多月。直到十月初一日看见密折底稿，才开始放心。贤弟说的都是正人君子应该说的事情，不管官司输赢，都有足以自立的道理。此后，只安坐听之任之就可以。

余腰疼旬余，今将全愈。开缺辞爵之件，本拟三请四请，不允不休。昨奉十四日严旨诘责，愈无所庸其徘徊。大约一连数疏，辞婉而意坚，得请乃已，获祸亦所不顾。

【译文】

我腰疼十多天，现在快要全好了。辞职辞爵的事情，本来打算再三请求，得不到允许就不罢休。昨日接到十四日朝廷严厉的圣旨批评责问，就更加用不着犹豫了。大约会一连上数封奏疏，言辞婉转而心意坚定，请求得到答允才停止，即便因此惹祸，也在所不顾。

　　春霆奉旨入秦,霞仙亦催之甚速。然米粮子药运送万难,且恐士卒滋事溃变,已批令毋庸赴秦。又函令不必奏事。

【译文】

　　鲍春霆奉旨带兵去陕西,刘霞仙也催他很急。但是米粮弹药运送起来实在太难,而且担心士兵生事哗变,已经批令他不用进兵陕西。又去信命他不必上奏军情。

　　日者言明年运蹇①,端已见矣。

【注释】

　　①日者:古时以占候卜筮为业的人。《史记·日者列传》裴骃集解:"古人占候卜筮,通谓之'日者'。"运蹇:运气不佳。

【译文】

　　算命的说明年运气不佳,现在已经看出苗头了。

十月二十六日　　致沅浦弟书

沅弟左右:

　　日内未接弟信,想在熊营驻扎①,一切平安。

【注释】

　　①熊营:熊登武的军营。

【译文】

沅弟左右:

　　这几天未接到贤弟的信,想来贤弟应驻扎在熊登武的军营,一切平安。

　　吾十三日请开各缺疏片，奉批旨调理一月，进京陛见一次。余定于正月初间起行。此间幕客有言不必进京，宜请一省墓假回籍①。余意与筠仙、义渠情事迥不相同②。古称郭子仪功高望重，招之未尝不来，麾之未尝不去。余之所处，亦不能不如此。准开各缺而以散员留营，余之本愿也。或较此略好，较此略坏，均无不可。但秦、晋、齐、豫、直隶、苏、皖责成一身，即不能胜此重任，此外听命而已。

【注释】

　　①省墓：祭扫坟墓。

　　②情事：实际情况。

【译文】

　　我十三日上奏的请辞各职的疏片，接到圣旨批复让我调理一月，进京面圣一次。我定在正月初启程。这边的幕客有人说不必进京，应该请一次假回原籍扫墓。我觉得我和郭筠仙、唐义渠的实际情况完全不同。古人称道郭子仪功劳大名望重，但招之未尝不来，挥之未尝不去。我自处其身，也不能不这样。准许辞去各职而以散员身份留在军营，是我本来的愿望。境地也许比这稍好一些，也许比这稍坏一些，都无不可。但如果将陕西、山西、山东、河南、直隶、江苏、安徽的事情让我一人承担，那我就没有能力担当这样的重任，其他的，就听天由命吧。

十一月初二日　　致沅浦弟书

沅弟左右：

　　《古文四象》目录抄付查收①。所谓“四象”者②，识度即太阴之属,气势即太阳之属,情韵少阴之属,趣味少阳之属。其中所选之文,颇失之过于高古。

【注释】

①《古文四象》:曾国藩所编古文选集名。将古文分为识度、气势、情韵、趣味四种类型,而以易之四象太(老)阴、太(老)阳、少阴、少阳配之。

②四象:指易经占卦的少阳、老阳、少阴、老阴四种爻象。《周易·系辞上》"十有八变而成卦",孔颖达疏:"'十有八变而成卦'者,每一爻有三变,谓初一揲,不五则九,是一变也。第二揲,不四则八,是二变也。第三揲,亦不四则八,是三变也。若三者俱多为老阴,谓初得九,第二、第三俱得八也。若三者俱少为老阳,谓初得五,第二、第三俱得四也。若两少一多为少阴,谓初与二、三之间,或有四或有五而有八也。或有二个四而有一个九,此为两少一多也。其两多一少为少阳者,谓三揲之间,或有一个九,有一个八而有一个四,或有二个八,而有一个五,此为两多一少也。如此三变既毕,乃定一爻。六爻则十有八变,乃始成卦也。"《朱子语类》卷一三七:"《易》中只有阴阳奇耦,便有四象,如春为少阳,夏为老阳,秋为少阴,冬为老阴。"

【译文】

沅弟左右:

《古文四象》目录已经抄好托人带去,请查收。所谓"四象":识度就是太阴这一类型,气势就是太阳这一类型,情韵就是少阴这一类型,趣味就是少阳这一类型。其中所选的文章,有一些失之过于高古。

弟若依此四门而另选稍低者,平日所嗜者抄读之,必有进益。但趣味一门，除我所抄者外，难再多选耳。

【译文】

贤弟如果依照这四个门类而另外选稍稍不那么高古的，平日所喜爱的，抄出来反复诵读，一定会大有进益。只是趣味这一门类，除我所抄录的以外，恐怕难以再另外多选了。

十一月初七日　致沅浦弟书

沅弟左右：

得初一日寄谕，令回江督本任。余奏明病体不能用心阅文，不能见客多说，既不堪为星使①，又岂可为江督？即日当具疏恭辞。余回任之说，系少荃疏中微露其意。余仍请以散员留营，或先开星使、江督二缺而蹔留协办治军亦可②。乞归林泉③，亦非易易。弟住家年余，值次山、小荃皆系至好④，故得优游如意⑤。若地方大吏小有隔阂，则步步皆成荆棘。住京养病，尤易招怨丛谤⑥。余反复筹思，仍以散员留营为中下之策，此外皆下下也。

【注释】

①星使：钦差大臣的雅称。古时认为天节八星主使臣事，因称帝王的使者为"星使"。

②蹔（zàn）：同"暂"。

③林泉：代指隐居之地。

④至好：至交好友。

　⑤优游：从容自在貌。

　⑥丛谤：使谤义丛生，集于一身。

【译文】

沅弟左右：

　接到初一日这天的朝廷寄谕，令我回到两江总督本任。我上奏说明身体有病，不能用心阅读文件，不能见客多说话，既已不堪做钦差大臣，又怎么能做两江总督？即日当具上疏恭敬辞去两江总督一职。我回任两江总督一说，是李少荃在奏疏中略微透露了这一层意思。我仍然请求以散员身份留在军营，或者先辞去钦差大臣、两江总督这两个职位而暂且留在军营协助督办军务也可以。请求辞职，回归林泉，也不是容易的事情。贤弟住在家里一年多，赶上恽次山、李小荃两任湖南巡抚都是至交好友，所以能够自在如意。如果和地方大吏稍有矛盾隔阂，可就处处都是荆棘，寸步难行了。住在京城养病，最容易成为众矢之的，招致怨谤。我反复考虑，仍然觉得以散员身份留在军营为中下之策，其他的都是下下之策。

　弟开罪于军机，凡有廷寄，皆不写寄弟处，概由官相转咨，亦殊可诧。若圣意于弟，则未见有薄处。弟惟诚心竭力做去。吾尝言："天道忌巧，天道忌盈，天道忌贰。"若甫在向用之际而遽萌前却之见①，是贰也。即与他人交际，亦须略省己之不是。弟向来不肯认错，望力改之！

【注释】

　①甫：刚刚。向用：指被重用。前却：进退。此处偏指引退。

【译文】

　贤弟得罪了军机处，凡是有廷寄，都不写寄到贤弟那里，一概由官文大学士转达告知，也太让人惊讶了。皇上对于贤弟，则看不出有什么亏待的地方。贤弟只应诚心竭力做事。我曾经说："天道忌讳工巧，天道忌讳过满，天道忌讳不专一。"若在刚被朝廷重用的时候就萌生提前引退的心思，就是用心不专一。即便和他人交往，也应当稍稍反省自己做得不对的地方。贤弟向来不肯认错，希望坚决改正！

十一月十二日　　致沅浦弟书

沅弟左右：

任、赖南窜，遽报已至信、南、罗山①，未知果否入鄂。

【注释】

①信、南：指信阳州、南阳府，皆在河南南部，与湖北毗邻。

【译文】

沅弟左右：

捻匪任柱、赖文光向南流窜，急报已经到达信阳、南阳、罗山一带，不知道会不会进入湖北境内。

兄标病、腰痛等症渐已痊愈，惟不能多话，舌端蹇涩之症未好①，恐遂成痼疾矣。

【注释】

①蹇涩：艰涩，不顺。

【译文】

愚兄的标病、腰痛等症状已经渐渐痊愈，只是不能多说话，舌尖发木的症状没好，担心因此落下痼疾。

　　春霆不能入秦，余以函咨劝之强之。果使霆军援秦，湘军防晋，则西路张股亦不足为大患。任、赖一股，得诸淮军与鄂军夹击，或易得手。

【译文】

　　鲍春霆不能进陕西，我写私信劝他，发公文勉强他。假若春霆一军真的进援陕西，湘军防卫山西，那西路张宗禹一股捻匪也不足成为大祸患。任柱、赖文光一股捻匪，有淮军与鄂军夹击，或许容易得手。

　　余拟于十五后具疏复陈不能回任，请令少荃署江督，兼握钦篆。余以散员留营，仿咸丰八、九年之例，刻一木质关防，照旧办事。数月之后，或另放江督，或另简星使，再听朝廷定夺。目下但求降旨，言"曾病不克回任，李仍兼署"而已。余视江督一缺，实难称职，前数年幸未泼汤，此际何必再作冯妇？留军而不握大符[①]，或者责望稍轻[②]，疑谤稍减，是好下场也。

【注释】

①握大符：手握钦差大臣官印。指掌大权。

②责望：责怪和抱怨。亦指要求和期望。

【译文】

　　我计划在十五日以后上疏再次陈述不能回任，请朝廷命李少荃署理两江总督，同时兼任钦差大臣。我以散员身份留在军营，仿照咸丰八、九年的旧例，刻一方木质关防，照旧办事。数月以后，或者另外任命两江总督，或者另外外派钦差大臣，再听朝廷定夺。眼下只求朝廷降旨,说"曾国藩身体有病,不能回原任,李鸿章仍旧兼署两江总督"。我看两江总督一职,自己实在难以称职,前数年幸亏没有出什么纰漏,这回何必再做冯妇呢？留在军营而不掌握大权,或者责备和怨望会稍轻一些,猜疑和诽谤会稍减一些,是个好下场。

二竹在省①,弟惟专心治军,一切置若罔闻为妥。

【注释】

①二竹:指湖北省郧阳府竹山、竹溪二县。曾国荃于同治五年(1866)十一月初二日接到湖广总督官文咨送上谕"郧西二竹一带,着官文、曾国荃督饬派出各军妥为防剿"。

【译文】

二竹由省城负责,贤弟只须专心治理军务,一切事情不闻不问最好。

十二月初六日　　致澄侯弟书

澄弟左右:

余于十月廿五接入觐之旨①,次日写信召纪泽来营。厥后又有三次信止其勿来,不知均接到否？

【注释】

①入觐:本指诸侯于秋季入朝进见天子。《诗经·大雅·韩奕》:"韩侯入觐,以其介圭,入觐于王。"郑玄笺:"诸侯秋见天子曰觐。"孔颖达疏:"朝者四时通名,觐则唯是秋礼。"后指地方官员入朝进见帝王。

【译文】

澄弟左右：

我在十月二十五日这天接到入朝进见天子的圣旨，次日写信召纪泽儿来营。而后又有三次信，阻止他不要来，不知是否都已接到？

自十一月初六接奉回江督任之旨，十七日已具疏恭辞；廿八日又奉旨令回本任，初三日又具疏恳辞。如再不获命①，尚当再四疏辞。但受恩深重，不敢遽求回籍，留营调理而已。余从此不复作官。

【注释】

①获命：获得应允。《左传·僖公二十三年》："若不获命，其左执鞭弭，右属櫜鞬，以与君周旋。"杨伯峻注："不获命亦当时辞令，犹言不得允许。"

【译文】

自十一月初六日接到让我回任两江总督的圣旨，我十七日已经具疏恭请辞职；二十八日又接到圣旨，让我回任两江总督的本来职务，十二月初三日我又具疏恳请辞职。如果再次得不到允许，还要再三具疏恳辞。但是我受君恩太过深重，不敢请求立即回到原籍，留在军营调理身心而已。我从此不再做官。

同乡京官，今冬炭敬犹须照常馈送①。昨令李蕴汉回湘②，送罗家二百金、李家二百金、刘家百金③，昔年曾共患难者也。

【注释】

①炭敬：指取暖费。

②李鬻(zhù)汉：曾国藩亲兵。

③罗家：指罗宗南家。李家：指李续宾、李续宜家。刘家：指刘峙衡家。

【译文】

同乡的京官，今年冬天的炭敬还要照常赠送。昨天我让李鬻汉回湘乡，送给罗家银子二百两、李家二百两、刘家一百两，都是从前曾与我共患难过的。

　　前致弟处千金，为数极少。自有两江总督以来，无待胞弟如此之薄者。然处兹乱世，钱愈多则患愈大，兄家与弟家，总不宜多存现银现钱。每年足敷一年之用，便是天下之大富，人间之大福。家中要得兴旺，全靠出贤子弟。若子弟不贤不才，虽多积银积钱积谷积产积衣积书，总是枉然。

【译文】

前不久寄贤弟你处的一千两银子，数目很少，自有两江总督以来，还没有对待胞弟像我这样不大方的。但是处在这个乱世，钱越多则隐患越大，为兄我家和贤弟你家，还是不宜多存银两现钱的。每年足够一年的用度，便是天下的大富，人间的大福了。家里要想兴旺，全靠是否出贤能的子弟。如果子弟不贤明没才干，即使再多积银钱、稻谷、产业、衣料、书籍，都是空的。

　　子弟之贤否，六分本于天生，四分由于家教。吾家代代皆有世德明训，惟星冈公之教尤应谨守牢记。吾近将星冈公之家规编成八句，云："书、蔬、鱼、猪，考、早、扫、宝，常说常行，八者都好。地命医理，僧巫祈祷，留客久住，六者俱恼。"盖星冈公于地、命、医、僧、巫五项人进门便恼，即亲友远客久住亦恼。此"八好"、"六恼"者，我家世世守之，永为家训。子孙虽愚，亦必略有范围也①。

【注释】

①范围：规矩、界限。

【译文】

子弟们的贤与不贤，六分出于天生，四分由于家教。我们家代代都有好品德好家训，星冈公的教训尤其应该谨守牢记。我近来把星冈公的家规编成八句话："书、蔬、鱼、猪，考、早、扫、宝，常说常行，八者都好。地命医理，僧巫祈祷，留客久住，六者俱恼。"因为星冈公看见风水先生、算命的、郎中、和尚、巫师这五种人进门就恼火，即使是亲友、远客，住久了，他也恼火。这"八好"、"六恼"，我们家要世代遵守，永远当作家训。子孙就算愚笨，也务必要让他们就范。

十二月十二日　　致沅浦弟书

沅弟左右：

郭子美挫后①，又有臼口之挫②，殊为忧灼！

【注释】

①郭子美：郭松林，字子美。见前注。

②臼口：地名。即今湖北钟祥旧口镇，位于钟祥最南端，汉江东岸。

【译文】

沅弟左右：

郭子美打败仗之后，又在白口打了一次败仗，真是让人焦虑！

人皆言："捻子善避兵，只怕打不着。"余则谓："不怕打不着，只怕打不胜。"即鲍、刘等与之相遇[①]，胜负亦在不可知之数。如鲍、刘不败，群捻幸出鄂境，弟当将各军大加整顿，无以曾克安庆、金陵，遂信麾下多统将之才。杏、岳亦非可当一面者[②]，祈慎使之！即与鲍、刘、周、张等通信[③]，亦勿以灭贼劝之，姑以不败期之。百战之寇，屡衰屡盛。即仅存数十人尚是巨患，况数万乎！

【注释】

①鲍、刘：鲍超、刘铭传。

②杏、岳：指彭杏南、熊岳峰（登武）。

③周、张：周盛波、张树珊。

【译文】

人人都说："捻子善避兵，只怕打不着。"我却说："不怕打不着，只怕打不胜。"就算鲍超、刘铭传等和捻匪相遇，谁胜谁负也都不好说。如果鲍超、刘铭传不被捻匪打败，各股捻匪出入湖北境内，贤弟应当将各军大加整顿，千万不要因为曾经攻克安庆、金陵，就自以为麾下有很多统帅将领的大才。彭杏南、熊登武也都不是可以独当一面的人才，千万慎重任用！即便是与鲍超、刘铭传、周盛波、张树珊等人通信，也不要用消灭贼匪的话来怂恿他们，姑且期待他们立于不败之地。身经百战的贼寇，屡次衰败又屡次兴盛。就算仅剩下几十个人，都还是大祸患，况且多达数万人！

人心日伪,大乱方长。吾兄弟惟勤劳谦谨以邀神佑,选将练兵以济时艰而已。

【译文】

人心越来越坏,乱世还长着呢。我们兄弟也只有勤劳谦谨,来求神灵保佑;选将练兵,来对眼下的艰难时局有所帮助。

湖北水师诸将中,与弟颇相联络否?

【译文】

湖北水师的诸位将领,和贤弟也还经常联络不?

十二月十八日　　致沅浦弟书

沅弟左右:

贼已回窜东路,淮、霆各军,将近五万,幼泉万人尚不在内,不能与之一为交手,可憾之至!岂天心果不欲灭此贼耶?抑吾辈办贼之法实有未善耶?

【译文】

沅弟左右:

捻匪已经回窜东路,淮军加上鲍超各军,将近五万人马,李幼泉的一万人还不算在内,不能和捻匪交一次手,实在太遗憾!莫非老天爷真的不想灭掉这群逆贼么?还是我们对付逆贼的办法确实不够完善呢?

目下深虑黄州失守，不知府县尚可靠否？略有防兵否？山东、河南州县一味闭城坚守，乡间亦闭塞坚守。贼无火药，素不善攻，从无失守城池之事，不知湖北能开此风气否？

【译文】

眼下非常担忧黄州会不会失守，不知道黄州下属府、县还靠得住不？稍微有一些防守士兵不？山东和河南的州县一味闭城坚守，乡下也禁闭村寨大门坚守。捻匪没有火药，向来不善于攻城，从来没有发生过城池失守之事，不晓得湖北会不会在这方面开风气之先？

鄂中水师不善用命，能多方激劝，扼住江、汉二水，不使偷渡否？少荃言捻逆断不南渡。余谓任逆以马为命，自不肯离淮南北，赖逆则未尝不窥伺大江以南。屡接弟调度公牍，从未议及水师，以后务祈留意。

【译文】

湖北的水师不好好听令效力，能想各种方法激励，扼守住长江、汉江，不让捻匪偷渡么？李少荃说捻逆绝对不会南渡。我说任柱这股逆贼视马为命，自然不肯离开淮河南北，赖文光这股逆贼可就未尝不窥伺大江以南了。屡次接到贤弟调度军队的公牍，从来没见谈到水师的，以后请多多留意。

弟之忧灼，想尤甚于前。然困心横虑，正是磨炼英雄，玉汝于成。李申夫尝谓余怄气从不说出，一味忍耐，徐图自强，因引谚曰："好汉打脱牙，和血吞。"此二语，是余生平咬牙立志之诀。余庚戌、辛亥间为京师权贵所唾骂；癸丑、甲寅为长沙所唾骂；乙卯、丙辰为江西所唾骂；以及岳州之败、靖江之败、湖口之败，盖打脱牙之时多矣，无一次不和血吞之。弟此次郭军之败，三县之失，亦颇有打脱门牙之象。来信每怪运气不好，便不似好汉声口①。惟有一字不说，咬定牙根，徐图自强而已。

【注释】

①声口：口吻，口气。

【译文】

贤弟想必比从前更加焦虑。但身处困境百般忧虑，正是磨炼英雄，锻炼和成就你的好机会。李申夫曾经说我怄气从不说出口，只是一味忍耐，慢慢地想法让自己强大起来，于是引谚说我是："好汉打脱牙，和血吞。"这两句话，是我生平咬牙立志的心法口诀。我庚戌、辛亥年间被京师权贵唾骂；癸丑、甲寅之际被长沙官绅唾骂；乙卯、丙辰之际为江西官绅唾骂；以及岳州之败、靖江之败、湖口之败，真是打脱牙的时候多啊，没有一次不是和着血吞下去。贤弟这次郭松林军的失败，三县失守，也很有打脱门牙的迹象。来信每每抱怨运气不好，就不像是好汉口气。只有一个字也不说，咬紧牙关，慢慢找机会自立自强而已。

子美倘难整顿，恐须催南云来鄂。鄂中向有之水、陆，其格格不入者，须设法笼络之，不可灰心懒漫，遽萌退志也。

【译文】

郭子美如果很难整顿局面，恐怕须要催刘南云来湖北。湖北原有的水、陆二军，是格格不入的，也要设法笼络他们，不能灰心懒漫，产生退隐的念头。

余奉命克期回任,拟奏明新正赴津①。替出少荃来豫,仍请另简江督。

【注释】

①赴津:上路。

【译文】

我奉命如期回任两江总督,准备奏明来年正月上路。替出李少荃来河南,仍旧恳请朝廷另外委派官员出任两江总督。

十二月二十日　致沅浦弟书

沅弟左右:

捻匪忽来忽往,眴息百里①,探报最难的确②。余于不确之信,向不转行各处,反不如听各统领自探自主,自进自止,犹为活着。

【注释】

①眴息百里:形容移动速度极快,瞬息之间已在百里之外。眴息,同"瞬息"。

②的确:准确无误。

【译文】

沅弟左右:

捻匪忽来忽往,速度极快,瞬息百里,打探情报最难做到准确无误。

我对于不确定的情报，向来不转发各处，反不如听凭各军统领自己打探情报，自己做主判断，自行决定是进军还是暂停，还不失为活着。

陕西之贼猖獗日甚，余派刘松山自洛阳入关援秦。顷接渠复禀，定于十六日拔行赴秦。黄万友所带老湘四营①，请弟催令赴洛，一同援秦。以后即令霆军在鄂、豫一带专剿任、赖一股。

【注释】

①黄万友：湘军老湘营将领。官至提督，随左宗棠西征，病死军中。

【译文】

陕西的反贼日益猖獗，我派刘松山从洛阳进入关中援救陕西。刚刚接到他回禀，定在十六日启程赶往陕西。黄万友所带的老湘营四个营，请贤弟催他赶往洛阳，和刘松山一同援救陕西。以后就命令鲍超一军在湖北、河南一带专门负责进剿任柱、赖文光这一股捻匪。

十二月二十二日　致沅浦弟书

沅弟左右：

日来贼窜何处？由孝感而东南，则黄陂、新洲及黄州各属，处处可虑！此贼故智，有时疾驰狂奔，日行百余里，连数日不少停歇；有时盘于百余里之内，如蚁旋磨①，忽左忽右。贼中相传秘诀曰："多打几个圈，官兵之追者自疲矣。"僧王曹县之败②，系贼以打圈之法疲之也。

【注释】

①如蚁旋磨:《晋书·天文志上》:"天旁转如推磨而左行,日月右行,随天左转,故日月实东行,而天牵之以西没。譬之于蚁行磨石之上,磨左旋而蚁右去,磨疾而蚁迟,故不得不随磨以左回焉。"

②僧王:指僧格林沁。见前注。

【译文】

沅弟左右:

近日捻匪窜向何处了? 从孝感而往东南窜,那黄陂、新洲以及黄州下属各县,处处都让人担忧! 捻匪的老伎俩,有时疾驰狂奔,每天跑一百多里,接连数天而不停歇;有时在一百里以内盘旋,像蚂蚁在磨上盘旋一样,一会儿左一会儿右。捻匪中口耳相传的秘诀,说:"多打几个圈圈,追赶的官兵就被拖垮了。"僧亲王在曹县的挫败,捻匪就是用打圈圈的方法拖垮他的。

　　吾观捻之长技约有四端:一曰步贼长竿,于枪子如雨之中冒烟冲进;二曰马贼周围包裹,速而且匀;三曰善战而不轻试其锋,必待官兵找他,他不先找官兵,得粤匪初起之诀;四曰行走剽疾①,时而数日千里,时而旋磨打圈。

【注释】

①剽(piāo)疾:急疾,速度快。

【译文】

据我观察,捻匪的战术长处大约有四样:一是步兵用长矛一类兵器,在如雨般的枪弹之中冒烟冲锋突进;二是用骑兵在对手周围层层包裹,速度快而且分布均匀;三是善于打战但不轻易开仗,一定等官兵找他们，他们不先找官兵，颇得太平军刚兴起时打仗的要诀；四是移动迅速，时而几天之内跑到千里以外，时而像蚂蚁旋磨一样打圈圈。

捻之短处，亦有三端：一曰全无火器，不善攻坚，只要官吏能守城池，乡民能守堡寨，贼即无粮可掳；二曰夜不扎营，散住村庄，若得善偷营者乘夜劫之，协从者最易逃溃；三曰辎重、妇女、骡驴极多，若善战者与之相持，而别出奇兵袭其辎重，必受大创。此吾所阅历而得之者。

【译文】

捻匪的短处，也有三样：一是没有火器，不善于打攻坚战，只要官吏能坚守城池，乡民能坚守堡寨，捻匪就抢掠不到粮食；二是夜里不扎营，散住在村庄里，如果官兵有善于偷营的乘夜黑之际偷营劫寨，捻匪中协从的人最容易溃散逃跑；三是辎重、妇女、骡驴太多，如果有善战的军队和他们相持，而另外派一支奇兵偷袭他们的辎重，捻匪一定会受重创。这是我阅历所得。

弟素有知兵之名，此次军事甚不得手，名望必为减损。仍当在选将练兵，切实用功。一以维持大局，扫净中原之氛；一以挽回令名，间执谗慝之口①。

【注释】

①间执谗慝（tè）之口：语出《左传·僖公二十八年》："愿以间执谗慝之口。"堵住奸邪小人的口。谗慝，邪恶奸佞之人。

【译文】

贤弟向来有善于领兵打仗的名声，这次军事方面太不得手，名望一定会有所减损。关键仍在选拔将官，训练士兵，切实用功。一来维持大局，扫净中原捻匪横行的妖氛；一来挽回美好的名声，堵住奸邪小人的口。

吾复奏折昨日拜发。新正赴徐，暂接督篆，三月必切实恳辞。辛苦半生，不肯于老年博一取巧之名，被人窃笑也。

【译文】

我回复的奏折，昨天已经拜发。正月赶赴徐州，暂接两江总督大印，三月一定切实恳请辞职。辛苦了大半辈子，不肯在老年之际博一个取巧的名头，被人私下里耻笑。

十二月二十七日　　致沅浦弟书

沅弟左右：

杏南及刘镇俱获两胜①。旬日焦灼非常，闻此稍有生意。余调度最缓，盖因贼情难审之故，弟此后亦宜斟酌。

【注释】

①刘镇：指刘维桢。时衔记名总兵，归曾国荃调度，在湖北剿捻。

【译文】

沅弟左右：

彭杏南和刘维桢总兵都打了两次胜仗。我这十几天异常焦虑，得知这一消息，才稍稍有点儿心情。我调度最缓，是因为捻匪的情形难以辨清的缘故，贤弟以后也要多加考虑。

　　"伟勇巴图鲁"恩旨,记得确系十一年八月初十日①,余报克复池州案内所得,乃遍寻未得此谕旨。其时弟尚在安庆,未赴巢县、无为一带,余将此旨行知弟处②,不审弟可检查否? 弟凡得好处,余俱有谢恩折,独此次未尝谢恩。不知当日何以疏忽过去?

【注释】

①十一年:咸丰十一年,即1861年。

②行知:公文术语。行文通知。

【译文】

　　朝廷赐给贤弟"伟勇巴图鲁"头衔的恩旨,记得确实是咸丰十一年八月初十日,我上报克复池州一案内所得,竟然到处都翻遍了也没见到这份谕旨。当时贤弟还在安庆,没有赶往巢县、无为一带,我将这份圣旨行文告知贤弟那边,不晓得贤弟可曾检查? 凡是贤弟得到封赏好处,我都有谢恩折子,唯独这次没有谢恩。不晓得当日为什么就疏忽过去了?

　　年终密考一折、一学政片、一清单①,定例须亲笔自缮②。余久未作楷,故未自缮,弟能自缮否?

【注释】

①年终密考:清制,外任司、道官员年终由督、抚出具密考,属于随时考核之法,不列入三年大计之内。学政片:此指督、抚对学政的评语。

②自缮:亲笔誊写。

【译文】

　　年终密考司道官员的一份奏折、评价学政的一件折片、一份清单，按照惯例，必须亲笔誊写。我很长时间没有写过楷书，所以没有亲笔誊写，贤弟能亲笔誊写不？

同治六年丁卯

正月初二日　致沅浦弟书

沅弟左右：

　　鄂署五福堂有回禄之灾①，幸人口无恙，上房无恙②，受惊已不小矣。其屋系板壁纸糊，本易招火。凡遇此等事，只可说打杂人役失火，固不可疑会匪之毒谋③，尤不可怪仇家之奸细。若大惊小怪，胡想乱猜，生出多少枝叶，仇家转得传播以为快。惟有处之泰然，行所无事。申甫所谓"好汉打脱牙，和血吞"④，星冈公所谓"有福之人善退财"，真处逆境者之良法也。

【注释】

①回禄之灾：回禄相传为火神之名，后用来指火灾。一说是火神吴回、陆终的并称，"陆""禄"音相近而通用。

②上房：正房。

③固：必，一定。

④申甫：李榕，字申夫（又作"申甫"）。见前注。

【译文】

沅弟左右：

　　湖北衙门的五福堂遭了火灾，幸亏没伤着人，正房也没烧到，只是受惊吓确实不小。那些房子是木板墙壁加纸糊窗户，本来就容易招火。但凡遇到这种事，只能说是打杂的差役们失火，千万不要怀疑是会匪的毒计，尤其不能乱猜是仇家奸细所为。如果大惊小怪，胡乱猜想，生出许多不必要的事端，仇家反而会到处传播并因此高兴。只有泰然处之，表现得若无其事才好。李申甫所说的"好汉打脱了牙齿，就和着血吞下去"，祖父星冈公所说的"有福的人善于退财"，真是身处逆境的人谋求自安的好办法。

　　弟求兄随时训示申儆①，兄自问近年得力，惟有一"悔"字诀。兄昔年自负本领甚大，可屈可伸，可行可藏②，又每见得人家不是③。自从丁巳、戊午大悔大悟之后④，乃知自己全无本领，凡事都见得人家有几分是处。故自戊午至今九载，与四十岁以前迥不相同⑤。大约以"能立能达"为体⑥，以"不怨不尤"为用⑦。立者，发奋自强，站得住也；达者，办事圆融，行得通也。吾九年以来，痛戒无恒之弊，看书写字，从未间断，选将练兵，亦常留心。此皆自强、能立工夫。奏疏公牍，再三斟酌，无一过当之语、自夸之词⑧。此皆圆融、能达工夫。至于怨天，本有所不敢；尤人，则常不能免，亦皆随时强制而克去之。弟若欲自儆惕，似可学阿兄丁、戊二年之悔，然后痛下箴砭⑨，必有大进。

【注释】

①申儆：警戒，训戒。

②行：出仕。藏：辞官隐居。

③不是：不对，错误，过失。

④丁巳：即咸丰七年（1857）。戊午：即咸丰八年（1858）。

⑤迥不相同：差异很大，截然不同。

⑥能立能达：《论语·雍也》："夫仁者，己欲立而立人；己欲达而达人。能近取譬，可谓仁之方也已。"

⑦不怨不尤：《论语·宪问》："子曰：'不怨天，不尤人，下学而上达。知我者其天乎！'"《中庸》："君子素其位而行，不愿乎其外。素富贵，行乎富贵；素贫贱，行乎贫贱；素夷狄，行乎夷狄；素患难，行乎患难，君子无入而不自得焉。在上位不陵下，在下位不援上，正己而不求于人，则无怨。上不怨天，下不尤人。故君子居易以俟命，小人行险以徼幸。"《孟子·公孙丑下》："前日虞闻诸夫子曰：'君子不怨天，不尤人。'"

⑧过当之语：过分而不恰当的话。

⑨痛下箴砭：比喻痛彻尖锐地批评错误，以便改正。箴砭，古代以砭石为针的治病方法。此指批评、指正。箴，后作"针"。

【译文】

贤弟你请求为兄我时时教导、提醒，为兄我自问近年来，只在一个"悔"字诀上得力。为兄从前太自负，以为自己本领很大，能屈能伸，可以出仕也可以退隐，又每每看到别人的不是。自从丁巳、戊午两年之际大悔大悟过后，为兄我才知道自己什么本领都没有，什么事都能看出别人有几分做得对的地方。所以从戊午年到现在的九年里，我和四十岁以前完全不同。为兄我现在将"能有所创立和能够通达"作为人生根本，以"不怨天、不尤人"作为处世方针。所谓"立"，就是要发奋自强，站得住的意思；所谓"达"，就是办事圆融，行得通的意思。我这九年以来，痛下决心改掉缺乏恒心的毛病，看书写字，从不曾间断，选拔将官，训练士兵，也时时留心。这都是自强自立的功夫。奏疏和公文，我总是再三斟酌，没说过一句过头的话、一句自夸的词。这都是圆熟通达的功夫。至于说到怨天，我本来就不敢；尤人，却常常不免，但也能随时克制自己尽量避免。贤弟你如果想要自我警惕，似乎可以学学为兄我丁巳、戊午两年之际大悔大悟，然后痛下针砭功夫，去除陋习，一定会大有进益。

"立"、"达"二字，吾于己未年曾写于弟之手卷中①，弟亦刻刻思自立自强。但于能达处尚欠体验，于不怨尤处尚难强制。吾信中言皆随时指点，劝弟强制也。赵广汉本汉之贤臣，因星变而劾魏相②，后乃身当其灾，可为殷鉴。默存一"悔"字，无事不可挽回也。

【注释】

①己未年：即咸丰九年（1859）。手卷：只能卷舒而不能悬挂的横幅书画长卷。

②"赵广汉"二句：赵广汉，字子都，涿郡蠡吾（今河北博野）人。汉昭帝、宣帝时期名臣。执法不避权贵。魏相（？—前59），字弱翁，济阴定陶（今山东菏泽定陶区）人。汉昭帝、宣帝时期名臣。先后任茂陵令、扬州刺史、河南太守、大司农、御史大夫等职，官至丞相，封高平侯。赵广汉想告发丞相魏相，先向知星气的太史占问，太史说这一年当有大臣被戮死，赵广汉立即上书告发丞相的罪行。结果失利，被腰斩。星变，星象的异常变化。古时谓将有凶灾，往往有大臣会被处死。

【译文】

"立"和"达"二字，我在己未年曾经写在给贤弟你的手卷上，贤弟你也时时刻刻想着自立自强。但你在做事通达方面还缺乏体验，在不怨天、不尤人方面还难以克制自己。我在信中所说的，都是随时指点，劝贤弟努力克制自己。赵广汉本来是汉代贤臣，因为星变而弹劾丞相魏相，结果灾祸却降临在自己身上，可以当作前车之鉴。心里暗暗存一个

"悔"字,则没有什么事是不可以挽回的。

正月初四日　　致澄侯弟书

澄弟左右:

军事愈办愈坏。郭松林十二月初六日大败,淮军在德安附近挫败,统领张树珊阵亡。此东路任、赖一股也。其西路张逆一股①,十二月十八日,秦军在灞桥大败,几于全军覆没。捻匪凶悍如此,深可忧灼。

【注释】

①张逆:指张宗禹。

【译文】

澄弟左右:

军务越来越糟糕。郭松林十二月初六日大败,淮军在德安附近吃了败仗,统领张树珊阵亡。这是东路征讨任柱、赖文光一股贼匪的战况。西路征讨张宗禹一股匪贼的战况是,十二月十八日,陕西的军队在灞桥大败,几乎全军覆没。捻匪如此凶悍,这实在是让我焦虑。

余廿一日奏明正初暂回徐州,仍接督篆。正月初三日接奉寄谕。现定于正月初六日自周家口起行,节前后可到徐州。身体尚好,但在徐治军,实不能兼顾总督地方事件,三月再恳切奏辞耳。

【译文】

我二十一日向皇上奏明,正月初暂时回徐州,仍接任两江总督一职。正月初三日接到谕旨。现在我定于正月初六日从周家口出发，元宵节前后就能抵达徐州。我身体还好，但如果在徐州治理军务，就实在是不能够兼管地方事务，三月的时候我会再次奏请辞去两江总督一职。

沅弟劾官相，星使业已回京，而处分尚未见明文，胡公则已出军机矣①。吾家位高名重，不宜作此发挥殆尽之事②。米已成饭，木已成舟，只好听之而已。

【注释】

①胡公：指胡家玉。曾国荃弹劾奏折中揭露官文与胡家玉有公款私馈之罪。同治四年（1865），胡家玉自湖南查案归京途中路过湖北，官文"以胡家玉为贵近之臣，乃从粮台取银四千两，作为馈送之礼"。经尚书绵森、侍郎谭廷襄赴鄂调查，坐实此事件属于违纪受贿行为，胡家玉交部议处，免去军机处职务。

②发挥殆尽：指将气机发泄完尽，不留余地。此处亦指做事得理不饶人、穷追猛打到底。

【译文】

沅弟弹劾官文，钦差大臣也已经回到了京城，而对此事的处理结果还没有明确公布，胡公则已经被逐出了军机处。我们家位高名重，不应该这样把事情做绝了。至于这件事情，生米已经做成熟饭，木已成舟，只好任由它去了。

余作书架样子，兹亦送回家中，可照样多做数十个。取其花钱不多，又结实又精致。寒士之家，亦可勉做一二个。吾家现虽鼎盛，不可忘寒士家风味，子弟力戒傲惰。戒傲，以不大声骂仆从为首；戒惰，以不晏起为首。吾则不忘蒋市街卖菜篮情景，弟则不忘竹山坳拖碑车风景①。昔日苦况，安知异日不再尝之？自知谨慎矣。

【注释】

①竹山坳(ào)：即今湖南娄底双峰井字镇竹山村，与曾国藩家乡荷叶镇相邻。风景：情景。

【译文】

我做的书架样子，现在也送回去，可以在家里照样多做上十来个。因为花钱不多，而且既结实又精致。寒士的家里，也可以勉强做上一两个。我们家现在虽然鼎盛，但不能忘记了寒士家庭的好习惯，子弟们要竭力戒除骄傲和懒惰。戒除骄傲，首要的是不能大声骂仆人随从；戒除懒惰，首要的是不能晚起。我要不忘当日在蒋市街头卖菜篮的情景，而贤弟你则是不能忘记当时在竹山坳拖碑车时的景象。从前的苦境况，怎知将来会不会再遇到呢？这样一想，就自然晓得要谨慎了。

正月初十日　　行次归德府

沅弟左右：

得春霆信，贼去樊城仅六十里。余为雪所阻，今日在归德停住一日。批令霆军在河南西路六府专追任、赖一股，暂不赴秦，业已抄咨弟处。盖以大局而论，任、赖纵横五省，不可无多军缀之①。张逆仅在陕西三府一州之境，左、刘二军已足支持②。以私计而论，春霆与左帅积不相能，恐其溃败决裂，又生金口之变③；若留于南阳、汝、襄等处，豫西鄂北俱属有益。望弟将余苦心告知春霆，令其莫再奏事。余将来奏定，令渠军专办南、汝、襄、许四府州可也④。

【注释】

①缀：此指紧追其后，伺机歼灭。

②左、刘：左宗棠、刘松山。

③金口之变：指同治四年（1865）三月，鲍超所部因不欲远征，于湖
　北金口（武昌西南）哗变一事。

④南、汝、襄、许：南阳府、汝宁府、襄阳府、许州。襄阳府属湖北，其
　他三地属河南。

【译文】

沅弟左右：

　　收到鲍春霆的来信，知道捻匪离樊城只有六十里。我被大雪阻隔，
今天在归德停留了一天。我批令霆军在河南西路六府专门追剿任柱、
赖文光一股捻匪，暂时不到陕西去，咨文我已经抄了一份送到贤弟你那
里了。因为从大局出发，任柱、赖文光一股捻匪纵横五个省，不可不多
派军队追击。张宗禹一股捻匪仅在陕西三府一州之内活动，左、刘两支
军队就足够控制局面了。如果从个人关系出发，春霆和左宗棠大帅向
来不合，怕霆军一旦溃散决裂，又会发生金口哗变那样的事情；如果春
霆继续留在南阳、汝宁、襄阳等地，对河南西部、湖北北部都会有好处。
还望贤弟能够将我的苦心转告给春霆，让他不要再上奏章了。我将来
会向朝廷奏请，可以让他的军队专管南阳、汝宁、襄阳、许州四个府州。

　　弟之奏稿及咨札稿，动称"剿灭此股"，亦欠斟酌。余于
奏咨函牍，但称"或可大加惩创"而已。余见弟与各处函牍，
亦颇觉烦渎忙乱①。以后调度文书，以少为好。昔胡文忠亦
失之太多，多则未有不纷乱者。"殄灭"等字，不可轻用也。

【注释】

①烦渎：繁杂琐细。

【译文】

贤弟你的奏稿和咨文信稿，动不动就说"剿灭此股"，这话也欠考虑。我在写奏折、咨文和书信的时候，只是说"或许可以大大教训"。我看到贤弟你发给各地的信件公文，也觉得繁琐忙乱。以后军事调度方面的公文私书，要少一些才好。从前胡文忠公的失策也在写得太多，写得多了就不可能不乱。"殄灭"这样的字眼，不可以轻易使用。

正月十二日　　致沅浦弟书

沅弟左右：

今日至蒙城之太阳集①，接弟两信并抄与春霆来往信，具悉一切。

【注释】

①太阳集：地名。在安徽蒙城。

【译文】

沅弟左右：

我今天到达蒙城的太阳集，收到贤弟你的两封信以及抄写的与鲍春霆来往的信，已经知道一切事宜。

余与少荃皆坐视贼太轻，以致日久无功。弟则视贼尤轻。庄子云："两军相对，哀者胜矣。"咸丰三年以前，粤匪为哀者；咸丰十年以后，官军为哀者。今捻匪屡胜，而其谨畏如故①，官军屡败,而其骄蹇如故,是哀者尚在捻也。可虑孰甚!

【注释】

①谨畏:谨小慎微。《新唐书·席豫传》:"性谨畏,与子弟、属吏书,不作草字。"

【译文】

我和少荃都犯了太轻敌的错误,以致长期没有建立功劳。贤弟你就更加轻敌了。庄子说过:"两军对垒,哀者胜。"咸丰三年以前,太平军是哀兵;咸丰十年以后,官军是哀兵。现在捻匪多次获胜,但还是像原来那样谨慎戒备,官军多次战败,却还是像以前一样骄傲自大,可见哀兵还是捻匪。实在让人非常忧虑!

正月二十二日 致沅浦弟书

沅弟左右:

日内有战事否?留霆军剿任、赖一股,昨已附片具奏,另咨弟案。

【译文】

沅弟左右:

近来有没有战事?留鲍春霆一军进剿任柱、赖文光一股贼匪,这件事情,昨天已用附片奏明皇上,并另写了一件咨文给你。

嗣后奏事,宜请人细阅熟商,不可壹意孤行,是己非人。为嘱!

【译文】

以后贤弟你上奏事情，要请人仔细审阅、认真商量，不要一意孤行，以为只有自己对别人都不对。切记！

弟克复两省，勋业断难磨灭，根基极为深固。但患不能达，不患不能立；但患不稳适，不患不峥嵘^①。此后总从波平浪静处安身，莫从掀天揭地处着想^②。吾亦不甘为庸庸者。近来阅历万变，一味向平实处用功。非委靡也^③，位太高，名太重，不如是，皆危道也。

【注释】

①峥嵘（zhēng róng）：高峻貌，喻指卓越、不平凡。亦谓仕宦得意。

②掀天揭地：犹言翻天覆地，比喻声势浩大或本领高强。

③委靡：困顿不振，意志消沉。

【译文】

贤弟你收复了两个省城，这个功勋绝对不会磨灭，根基极其稳固。只担心不够通达，不怕不能自强自立；只怕不稳当妥帖，不怕不飞黄腾达、气象峥嵘。这以后总要风平浪静地为人处事，不要总想做出什么惊天动地的事。我也不是自甘平庸的人，但近年来经历了许多变化，懂得一味在追求平稳方面下功夫。这不是萎靡不振，而是因为地位太高，名声太大，不这样做，就很危险。

正月二十六日 致沅浦弟书

沅弟左右：

顷阅邸钞，官相处分极轻，公道全泯^①，亦殊可惧。惟以少帅督楚②，筱荃署之，又以韫斋先生抚湘，似均为安慰吾弟，不令掣肘起见。朝廷调停大臣，盖亦恐有党仇报复之事，弟不必因此而更怀郁郁也。

【注释】

①泯：灭，消失。

②少帅：指李少荃（鸿章）。

【译文】

沅弟左右：

刚看到朝廷官报，对官文的处分很轻，完全没有公道，也实在是可怕的事。只是让李少荃大帅做湖广总督，命李筱荃署理，又让刘韫斋先生做湖南巡抚，似乎都是为了安慰贤弟你，不让他人掣肘。朝廷调解大臣之间的矛盾，大概也是怕会出现党派仇视、报复这类事，贤弟你犯不着为这事心情忧郁。

少荃宫保于吾兄弟之事极力扶助，虽于弟劾官相不甚谓然，然但虑此后做官之不利，非谓做人之有损也。弟于渠兄弟，务须推诚相待，同心协力，以求有济。淮军诸将在鄂中者，有信至少荃处，皆感弟相待之厚，刘克仁感之尤深①。大约淮、湘两军，曾、李两家，必须联为一气，然后贼匪可渐平，外侮不能侵。

【注释】

①刘克仁：淮军将领。

【译文】

李少荃宫保对你我兄弟的事极力相助，虽然他对贤弟你弹劾官文这事也不大赞成,但只是考虑到这会对你日后当官不利,并不是说你为人有什么缺点。贤弟你对他们兄弟一定要以诚相待,同心协力做好事情。淮军在湖北的将领们写信给少荃,都感谢贤弟待人厚道,刘克仁的感慨尤其深。大概是淮、湘两军,曾、李两家必须连成一体,然后才能逐渐平定捻匪,不至于被外人欺侮。

少荃力劝余即回江宁,久于其位。余以精力日衰,屡被参劾,官兴索然,现尚未能定计。

【译文】

少荃极力劝我马上回到江宁,长期担任两江总督一职。我因为精力一天天衰退,多次被人参奏弹劾,做官的兴致一点儿都没有了,现在我还没有拿定主意。

霞仙去官,屡干谕旨严诘①,责余不能不与之通信。兹有一函,请弟专人妥交。

【注释】

①干:涉,牵扯。

【译文】

刘霞仙离职后,圣旨中多次严厉责问,我不能不和他通信。这里有一封信,请贤弟派专人妥善转交。

《鸣原堂文》亦思多选,以竟其事。若不作官,必可副弟之望。

【译文】

《鸣原堂论文》也想多选一些，好完成这件事。若是不当官，一定能做得合你期望。

二月初三日　致沅浦弟书

沅弟左右：

省三挫败，春霆大胜，所得似多于所失。惟窜回河南者，究未知尚有若干耳。

【译文】

沅弟左右：

刘省三打了败仗，鲍春霆大获全胜，所得好像多于所失。只是窜回到河南的捻匪，不知道到底还有多少。

余接印已十余日，公牍尚可了办。惟见客太多，甚以为苦，说话稍多，舌端蹇滞如故。

【译文】

我接掌官印已经十多天了，公文还能够办理。只是要接见的客人太多，很是辛苦，说话稍微多一些，舌尖就像原来那样干涩不利落。

两奉寄谕饬回金陵，拟于初十外移驻金陵。四月十九满三个月后，再行陈请开缺。少荃屡言"疏语不可太坚，徒觉痕迹太重，而未必能即退休。即使退休一二年，而他处或有兵事，仍不免诏旨促行，尤为进退两难"等语，皆属切中事理。余是以反复筹思，洎无善策①。申夫自京回，亦言都下公论，皆以求退为非。

【注释】

①洎(jì)：此处指到目前为止。

【译文】

　　两次接奉寄谕命令我回金陵，拟于初十日以后移驻金陵。等到四月十九日满三个月后，再请求辞职。少荃屡次劝我"奏疏的话不可太过坚决，白白地让人觉得痕迹太重，却未必能马上退休。即使退休一二年，而别处或有军事，仍免不了下圣旨催促前往督军，更加进退两难"等语，都说得切中事理。我因此反复思考，至今也没有什么好办法。李申夫从京城回来，也说京城的舆论都认为我想引退是不对的。

　　云仙新授两淮运使。霞仙与鹤侪互相纠参①，计两君皆不能无郁郁。

【注释】

①纠参：举发弹劾。

【译文】

　　郭云仙新近被授予两淮运使一职。刘霞仙与乔鹤侪互相弹劾，估计两人都难免郁郁不乐。

　　《船山集》尚在舟次未来。余至江宁，计已近三月矣。请弟寄书筱岑，令其迅速开刷①，不必等余信修改也。

【注释】

①开刷：开工印刷。

【译文】

《船山集》还在船上没有运来。等我到江宁，算起来已经接近三月了。请贤弟给欧阳筱岑写信，让他马上开工印刷，用不着等我的信到了再作修改。

二月初五日　　致澄侯弟书

澄弟左右：

正月初六日起行，十五日抵徐州，十九接印。近又两奉寄谕，令回金陵，文武官绅人人劝速赴江宁。申夫自京归，备述都中舆论，亦皆以回任为善，辞官为非。兹拟于二月移驻金陵，满三个月后，再行专疏奏请开缺。连上两疏，情辞务极恳至，不肯作恋栈无耻之徒①，然亦不为悻悻小丈夫之态②。允准与否，事未可知。

【注释】

①恋栈：原指马对马棚依恋之情，现用以说明做官之人对官位的依恋。

②悻悻：怨恨失意貌。

【译文】

澄弟左右：

我正月初六日起程，十五日抵达徐州，十九日接管两江总督大印。近日又两次接到谕旨，命令我返回金陵，文武官绅人人都劝我快点儿赶赴江宁。李申夫从京城回来，向我详细述说了京城的舆论，也都认为我回任是对的，辞职是错的。现在我暂定于二月移步驻守金陵，等满了三个月以后，我再上奏折请求离任。接连上两封奏疏，感情和言辞会极其诚恳，绝不做贪图官位的无耻之徒，然而也不会像卑鄙小人那样怨恨失意。朝廷批准与否，不得而知。

沅弟近日迭奉谕旨，谴责严切，令人难堪。固由劾官、胡二人激动众怒，亦因军务毫无起色，授人以口实①；而沅弟所作奏章，有难免于讪哂者②。计沅近日郁抑之怀，如坐针毡之上。

【注释】

① 口实：话柄，借口。

② 讪哂（xiào）：讥笑。哂，同"笑"。

【译文】

沅弟这几天接连收到朝廷的谕旨，受到严厉的谴责，让人难堪。固然是因为弹劾官文、胡家玉两个人而激起了众怒，然而也是因为军务没有一点儿起色，被别人抓到了话柄；而且沅弟写的奏章，其中也有些内容难免会被别人讥笑。估计沅弟这几天心情会很郁闷，如坐针毡之上。

霞仙系告病引退之员，忽奉严旨革职；云仙并无降调之案，忽以两淮运使降补。二公皆不能无郁郁。大约凡作大官，处安荣之境，即时时有可危可辱之道，古人所谓"富贵常蹈危机"也。纪泽腊月信言宜坚辞江督，余亦思之烂熟。平世辞荣避位①，即为安身良策；乱世仅辞荣避位，尚非良策也。

【注释】

①辞荣:逃避富贵荣华的生活。谓辞官退隐。晋陶潜《感士不遇赋》:"望轩唐而永叹,甘贫贱以辞荣。"

【译文】

刘霞仙本来是已经告病引退的人了,却忽然接到严旨被革职;郭云仙并没有被降职的案底,但也忽然被降补为两淮运使。他们两个人的心情都不可能不抑郁。大概凡是做大官的人,处于安稳荣显的境地,也就时时都可能会招致危险、招致侮辱,这也就是古人所说的"富贵常常带来危机"了。纪泽腊月给我写的信里,说我最好坚决辞去两江总督一职,我也考虑很长时间了。但在太平的时候推辞荣耀、避开高位,是安身的好办法;而在乱世的时候推辞荣耀、避开高位,就算不上好办法了。

二月二十一日　致沅浦弟书

沅弟左右:

澄弟之孙元五殇亡①,忧系之至。家中人口不甚兴旺,而后辈读书全未寻着门路,岂吾兄弟位高名大,遂将福分占尽耶?

【注释】

①殇亡:未成年而死。

【译文】

沅弟左右:

听闻澄弟的孙子元五夭折了,非常担忧牵挂。家中人口不是很兴旺,而且后辈读书的都还没有寻到治学门径,难道是因为我们兄弟职位高、名气大,就把福分都占尽了吗?

接吴竹庄信，捻似尚未入皖境。闻巴河、武穴焚掠一空，鄂饷日绌，军事久不得手，弟之名望必且日损，深以为虑。

【译文】

我收到吴竹庄的来信，知道捻匪似乎还没有进入安徽境内。听说巴河、武穴被劫掠一空，湖北的军饷日益艰难，战事也一直不顺利，贤弟你的名望必定会日渐受损，我对此深感忧虑。

吾所过之处，千里萧条，民不聊生。当乱世，处大位，而为军民之司命者，殆人生之不幸耳①！弟信云"英气为之一阻"。若兄则不特气阻而已，直觉无处不疚心②，无日不惧祸也。

【注释】

①殆(dài)：当，必。

②疚心：因愧疚而内心不安。

【译文】

我经过的地方，千里萧条，民不聊生。在乱世做高官，而且又掌管着军队、百姓的命运，真是人生的不幸！贤弟你信中说"因为这件事，英雄气概都被打击"。至于为兄，则觉得不只是气不顺，简直处处让人内心愧疚不安，天天都在害怕灾祸降临。

二月二十九日　致沅浦弟书

沅弟左右：

十八之败，杏南表弟阵亡，营官亡者亦多，计亲族邻里中或及于难^①。弟日内心绪之忧恼，万难自解。然事已如此，只好硬心很肠，付之不问，而壹意料理军务。补救一分，即算一分。弟已立大功于前，即使屡挫，识者犹当恕之。比之兄在岳州、靖港败后，栖身高峰寺，胡文忠在㟍山败后，舟居六溪口，气象犹当略胜。高峰寺、六溪口尚可再振，而弟今不求再振乎？

【注释】

①及于难：遇难。

【译文】

沅弟左右：

十八日的败仗，杏南表弟阵亡了，营官阵亡的也很多，估计亲族邻里也有遇难的。贤弟你近来心头的忧愁烦恼一定万分难以排遣。然而事已如此，也只好狠下心肠不管不问，专注于军务的料理了。补救一分，就算一分。贤弟你之前已经立过大功了，即使现在屡遭挫败，明白人也会谅解你的。比起为兄在岳州、靖港大败以后栖身在高峰寺，胡文忠在㟍山战败以后住在六溪口的船上，贤弟你的境况还算好一些。高峰寺、六溪口那样的状况，之后还可以重振旗鼓，难道贤弟你就不想重新振作了吗？

此时须将劾官相之案、圣眷之隆替、言路之弹劾一概不管^①。袁了凡所谓"从前种种譬如昨日死，从后种种譬如今日生"^②，另起炉灶，重开世界，安知此两番之大败，非天之磨炼英雄，使弟大有长进乎？谚云："吃一堑，长一智。"吾生平长进，全在受挫受辱之时。务须咬牙厉志^③，蓄其气而长其智,切不苶然自馁也④。

【注释】

①隆替:盛衰消长。言路:言官。

②袁了凡:袁黄,字坤仪,号了凡,浙江嘉善人。万历十四年(1586)进士。授宝坻知县,奏减邑之重赋,官至兵部职方司主事。曾佐经略宋应昌军援朝御日本。通天文、术数、医学、水利。著有《历法新书》、《皇都水利》、《群书备考》、《评注八代文宗》。《了凡四训》是袁黄所作的家训,影响甚大。

③厉志:励志。

④苶(nié)然:形容衰落不振。自馁:因失去自信而畏缩。

【译文】

现在这个时候贤弟你应该把弹劾官文的案子、皇上恩宠的衰减以及言官对你的弹劾统统抛在脑后,一概不管。正像袁了凡所说"从前种种譬如昨日死,从后种种譬如今日生",另起锅灶,重新开辟局面,怎知这两次大败,不是上天磨炼英雄,从而促使贤弟你大有长进呢?谚语说:"吃一堑,长一智。"我一生的进步,全是在受挫折受屈辱的时候得来的。贤弟你务必要咬紧牙关,磨砺自己的意志,积蓄志气,增长才智,千万不要萎靡不振,畏缩不前。

三月初二日　致沅浦弟书

沅弟左右:

接李少帅信,知春霆因弟复奏之片言"省三系与任逆接仗,霆军系与赖逆交锋",大为不平,自奏伤疾举发①,请开缺调理。又以书告少帅,谓弟自占地步②。弟当此百端拂逆之时^③，又添此至交龃龉之事，想心绪益觉难堪。然事已如此，亦只有逆来顺受之法，仍不外"悔"字诀，"硬"字诀而已。朱子尝言："'悔'字如春，万物蕴蓄初发。'吉'字如夏，万物茂盛已极。'吝'字如秋，万物始落。'凶'字如冬，万物枯凋。"又尝以"元"字配春，"亨"字配夏，"利"字配秋，"贞"字配冬。兄意"贞"字即"硬"字诀也。弟当此艰危之际，若能以"硬"字法冬藏之德，以"悔"字启春生之机，庶几可挽回一二乎？

【注释】

①伤疾举发：伤病齐发。举，齐，全。

②自占地步：指为人霸道，自己把好的地位都霸占了，不给人留余地。地步，犹地位。

③百端拂逆：指事事不顺。拂逆，与心意相违背。

【译文】

沅弟左右：

我收到李少荃大帅来信，知道鲍春霆因为贤弟你在奏章里说"刘省三是和任逆作战，鲍春霆是和赖逆交锋"，心中大为不平，自己上奏说伤病全发，要辞职回家养伤。又写信给李少帅，说你为人霸道，全不给人留余地。贤弟你在事事不顺之时，又遇到这种好友闹矛盾的事情，想必心里更加难受。然而事情已经到了这种地步，也只有用逆来顺受的办法，仍然不外是"悔"字诀和"硬"字诀。朱子曾经说过："'悔'字好比春天，万物蕴藏积蓄，刚要生机勃发。'吉'字好比夏天，万物茂盛到了极点。'吝'字好比秋天，万物开始败落。'凶'字好比冬天，万物枯萎凋谢。"朱子又曾用"元"字配春，"亨"字配夏，"利"字配秋，"贞"字配冬。为兄以为这个"贞"字就是"硬"字诀。弟弟你处在眼下正艰危的时候，如果能够用"硬"字诀效法冬天蓄藏的德行，用"悔"字诀开启春天的生机,这样或许能挽回一些吧?

闻左帅近日亦极谦慎^①。在汉口气象何如,弟曾闻其略否^②? 申夫阅历极深,若遇危难之际,与之深谈,渠尚能于恶风骇浪之中默识把舵之道,在司道中不可多得也。

【注释】

①谦慎:谦虚谨慎。《东观汉记·樊宏传》:"宏为人谦慎。"

②其略:大概情况。

【译文】

听说左季高大帅近来也很谦虚谨慎,他在汉口的情形如何,贤弟你知道大致情况不? 李申夫的阅历很深,如果碰到危难关口,可以和他深谈,在恶风骇浪之中,他还能默默认清掌舵的方法,知道正确的方向,在司道一级的官员中是不可多得的人才。

三月初七日　致澄侯弟书

澄弟左右:

沅弟治军甚不得手。二月十八之败,杏南、葆吾而外^①,营官殉难者五人,哨勇死者更多;而春霆又与沅弟龃龉。运气一坏,万弩齐发,沅弟急欲引退。余意此时名望大损,断无遽退之理。必须忍辱负重,咬牙做去。待军务稍转,人言稍息,再谋身而退。作函劝沅,不知弟肯听否?

【注释】

①葆吾:葛承霖(1839—1867),字建安,号葆吾,湖南湘乡人。诸

生。同治五年(1866)，曾国荃出任湖北巡抚，增募湘军剿捻，以彭毓橘为大将，葛承霖副之。同治六年(1867)二月十八日战殁。

【译文】

澄弟左右：

沅弟治理军务很不顺利。二月十八日的大败仗，除了彭杏南、葛葆吾以外，营官殉难的还有五人，士兵死伤得更多；而鲍春霆又和沅弟闹矛盾。一旦不走运，坏事情就如万箭齐发，沅弟就急着马上引退。我认为这个时候名望大损，断然没有马上引退的道理。必须忍辱负重，咬紧牙关去做。等到军情稍微好转了，旁人的议论也稍微平息了，再谋求全身引退。我写封信劝沅弟，不知道沅弟肯不肯听？

处兹乱世，凡高位、大名、重权三者皆在忧危之中。余已于三月六日入金陵城，寸心惕惕①，恒惧罹于大戾②。弟来信劝我总宜遵旨办理，万不可自出主意。余必依弟策而行，尽可放心。祸咎之来③，本难逆料④，然惟不贪财、不取巧、不沽名、不骄盈四者，究可弥缝一二⑤。

【注释】

①惕惕：恐惧。

②罹(lí)：遭遇。大戾：大罪，大的过错。

③咎：灾祸。

④逆料：预料，预测。

⑤弥缝：弥补缝合缺陷。

【译文】

处在如今这个乱世，凡是官位太高、名誉太大、权力太重，都处在忧患和危机当中。我已经在三月初六日进入金陵城，内心恐慌，时常害怕会遇上大祸。贤弟来信劝我，要我遇到事情总要奉旨办理，千万不能自作主张。我一定遵照贤弟的建议办事，你尽管放心。灾祸的到来，本来就是难以预料的，然而只要做到不贪图财物、不投机取巧、不沽名钓誉、不骄傲自满这四样，到底还是能有些补益的。

三月十二日 致沅浦弟书

沅弟左右：

春霆之郁抑不平，大约屡奉谕旨严责，虽上元之捷[①]，亦无奖许之辞，用是怏怏者十之四[②]；弟奏与渠奏报不符，用是怏怏者十之二；而少荃奏省三败挫，由于霆军爽约，其不服者亦十之二焉。余日内诸事忙冗，尚未作信劝驾[③]。向来于诸将有挟而骄者，从不肯十分低首恳求，亦"硬"字诀之一端。

【注释】

①上元：元宵节，正月十五日。

②怏怏：不服气或闷闷不乐的神情。《史记·绛侯周勃世家》："景帝以目送之，曰：'此怏怏者非少主臣也！'"

③劝驾：劝人做某事。

【译文】

沅弟左右：

鲍春霆抑郁不平，大概是因为屡次受到谕旨严厉斥责，虽然他在正月十五日那天打了胜仗，朝廷却对他连一句嘉奖赞许的话都没有，心中不痛快，这个原因占了十分之四；贤弟的奏报和他的不相符合，他不高兴，这个原因占了十分之二；而李少荃上奏章说刘省三失败的原因，是因为霆军失约了，这让春霆不服气，这个原因也占了十分之二吧。我这几天公务繁忙，还没有写信劝解他。我一向对于诸将居功自傲的，从来不肯低头恳求，这也是"硬"字诀的一个方面。

余到金陵已六日，应酬纷繁，尚能勉强支持，惟畏祸之心，刻刻不忘。

【译文】

我到金陵已经六天了，应酬纷杂繁多，还能勉强支持，只是害怕遇上灾祸，每时每刻都不敢忘记。

弟信以咸丰三年六月为余穷困之时。余生平吃数大堑①，而癸丑六月不与焉②：第一次壬辰年发佾生③，学台悬牌④，责其文理之浅。第二庚戌年上日讲疏⑤，内画一图甚陋，九卿中无人不冷哦而薄之。第三甲寅年岳州、靖港败后⑥，栖于高峰寺，为通省官绅所鄙夷。第四乙卯年九江败后⑦，赧颜走入江西⑧，又参抚、臬；丙辰被困南昌⑨，官绅人人目哄存之。吃此四堑，无地自容。故近虽忝窃大名，而不敢自诩为有本领，不敢自以为是。俯畏人言，仰畏天命，皆从磨炼后得来。

【注释】

①吃大堑：吃大亏，遭受大的挫折。

②癸丑：即咸丰三年（1853）。

③壬辰年：即道光十二年（1832）。佾（yì）生：清代朝廷及文庙举行

庆祀活动时充任乐舞的童生，文的执羽箭，武的执干戚，合乐作
舞。又叫"乐舞生"，简称"佾生"。

④学台：清代学政的俗称。悬牌：挂出告示牌。

⑤庚戌年：即道光三十年（1850）。

⑥甲寅年：即咸丰四年（1854）。

⑦乙卯年：即咸丰五年（1855）。

⑧赧（nǎn）颜：羞惭脸红。

⑨丙辰：即咸丰六年（1856）。

【译文】

贤弟的信中说咸丰三年六月是我窘迫困难的时候。我一生经受过
几次大挫折，但你说的癸丑年六月这次还算不上：第一次，是壬辰年公
布乐舞生，学政贴出公告，指责我文理浅陋。第二次，是庚戌年在一篇
日讲制度的奏章中，我画了一张非常差劲的图，朝中大臣没有一个不冷
嘲热讽我、轻视我的。第三次，是甲寅年岳州、靖港兵败以后，我栖身高
峰寺，被湖南全省的官绅鄙视。第四次，是乙卯年九江兵败以后，厚着
脸皮到江西，又参奏江西巡抚和提刑按察使；丙辰年被围困在南昌，官
绅人人眼里都有嘲笑的意味。这四个大挫折，让我无地自容。所以近
年来我虽然侥幸拥有大名气，但还不敢自夸有本领，不敢自以为是。既
害怕舆论，又敬畏命运，这都是经历磨炼后得来的心得。

弟今所吃之堑，与余甲寅岳州、靖港败后相等。虽难处
各有不同，被人指摘称快则一也。弟力守"悔"字、"硬"字两
诀，以求挽回。弟自任鄂抚，不名一钱①，整顿吏治，外间知
者甚多，并非全无公道。从此反求诸己，切实做去，安知大
堑之后，无大伸之日耶？

【注释】

①不名一钱：指不贪污挪用一文钱，形容极其清廉。名，占有。

【译文】

　　贤弟你现在遇到的挫折，和我在甲寅年岳州、靖港战败以后的境遇差不多。虽然我们遇到的困难各不相同，但被人指责、嘲讽的境遇却是一样的。贤弟当竭力坚守"悔"字、"硬"字两诀，能以求弥补。自贤弟你担任湖北总督一职后，不贪一文钱财，下力气整顿吏治，外边知道的人很多，可见并不是完全没有公道。从今以后，努力反省，切实去做，怎知在遇到大挫折以后，就没有大的成功在等着你呢？

四月十二日　　致沅浦弟书

沅弟左右：

　　弟手痛极苦，字迹亦露艰难之状，殊深忧系。若专由于风湿，自非药物不能为力；若肝家积郁血不养筋所致，则心病还须自心医，非药力所能达，非他人所能谋也。

【译文】

沅弟左右：

　　贤弟手痛一定非常折磨人，字迹也可看出艰难的境况，这真让我感到十分忧虑。如果单单是风湿引起的，那么除了药物治疗以外别无他法可以起效；如果是因为肝气郁结，血不养筋所致，那么心病还须心药医，不是药物所能治好，也不是别人能够帮忙的。

　　春霆果系真病。余前日误信人言，谓渠尚在襄城演戏燕乐①，是以初七调娄云庆疏内未将霆大加褒赞，于宋国永且有贬辞。发折后，接霆信，颇用悔之。幸疏中亦未说坏春霆耳。

【注释】

①燕乐：宴饮娱乐。

【译文】

鲍春霆果然是真的病了。我前些日子误信了别人的传言，说是他还在襄城请人演戏、宴饮作乐，所以初七日那天在奏请调用娄云庆的上疏内并没有对春霆大力称赞，对宋国永还说了不好的话。发出奏折以后，收到春霆的来信，我因此感到很后悔。幸好在奏折中也没有写不利于春霆的话。

四月二十日　致沅浦弟书

沅弟左右：

春霆已赏参四两，娄峻山奉旨来南①，不久当可到金陵。见一二次，即可坐轮船赴鄂，接统霆军。

【注释】

①娄峻山：娄云庆，字峻山。

【译文】

沅弟左右：

朝廷已经赏给春霆四两人参，娄峻山奉旨来南方，不久就应该到金陵了。我与他见过几面后，他就可以乘轮船赶到湖北去接任统帅春霆的军队了。

芳圃遣其侄来,言病已痊愈,可出治军,并云南云于四月初旬起程前来金陵。余令二人共招万人,已咨达弟处矣。

【译文】

朱芳圃派他的侄子来,说他的病已经痊愈,可以出来带兵了,并且说刘南云将在四月初起程前往金陵。我下令让他们两人一共招募一万士兵,咨文应该已经送到贤弟你那里了。

余回任后,诸事尚不甚棘手,惟久旱不雨,二麦已伤①,稻亦不能下种,深用焦灼。湖北前亦苦旱,近得雨否?

【注释】

①二麦:大麦、小麦。

【译文】

我回来上任以来,处理的各种事情还不算棘手,只是久旱不雨,大麦小麦都受到了影响,水稻也不能够下种,我因此非常心焦。湖北前些日子也苦于旱灾,不知道最近有没有下雨?

弟之处分①,无须谢恩。凡部议重而特旨改轻者,则照例谢恩;依议者则不谢,旧式然也。

【注释】

①处分:传忠书局本作"处否",据文义改。

【译文】

贤弟受到的处分,并不须要谢恩。凡是部议后所给处分重的而圣上特旨改轻的，那么就要依照旧例谢恩；如果依照部议给处分，那么就不须要谢恩，旧例就是这样的。

余身体如常，惟眼蒙较昔年更剧，作事全无兴致。老境颓唐，分所应尔，理所当然，无足怪者。弟之手疼，尚未及遽成痼疾之年，只要弟心宽和，肝郁稍纾，即可日就康复。古语云："心病还须自心医。"千万千万！

【译文】

我的身体还是平常那样，只是眼睛比往年昏花得更厉害了，做起事情来完全没有兴致。人老了就没有精神，本来就该是这样，理所当然，没有什么好奇怪的。至于贤弟手痛的毛病，由于目前还没有到突然患上痼疾的年纪，只要贤弟你心平气和，肝气舒畅，就可以一天天康复了。古话说："心病还须自心医。"千万记住了！

五月初一日　致沅浦弟书

沅弟左右：

炮位自协解直、东、晋、豫后①，现存六百尊，而可用者实已无几。顷饬伊卿带胡将等自往拣择三百尊②，大约明、后日可开船西上。民间修筑圩寨③，不难在炮械，而难在修寨之费与守寨为主之人，虽有告示，非年余不能办出头绪。

【注释】

①协解：解送他省。

②伊卿：潘鸿焘，字伊卿，湖南湘乡人。附生。曾国藩幕友，官至即
　　补道。曾国藩北征剿捻，令其总理北征粮台兼办金陵善后事宜。
　　胡将：指曾国荃派往金陵取火炮的湘军将领胡晖堂。
③圩（wéi）寨：四周围绕障碍物的村寨。圩，围子，即围绕村落四周
　　的障碍物。

【译文】

沅弟左右：

　　火炮自从协解直隶、山东、山西、河南以后，现存六百多尊，但能用
的实在寥寥无几。刚刚命令潘伊卿带领胡晖堂等人亲自挑选三百尊，
大约明、后天可以装船西上。民间修筑圩寨，困难不是缺少枪炮，而是
缺少修寨的钱和领头守寨的人选，虽然有告示，没有一年多时间，这件
事也理不出头绪来。

　　春霆之病，恐无生理①。顷各分统谭胜达、唐仁廉等公
禀②，不愿归娄统而愿归宋统③，由春霆转咨到此。既已不愿
归附娄镇，若勉强令娄驰入霆军，恐生他变，自应留娄在苏、
皖，另谋位置。惟宋公仁柔琐碎④，断非能统此万五千人者。
余意竟将霆军全行遣撤，另为招集；或令娄招五千，宋招五
千，各打一路，不知弟意云何？此军素无条理，即使春霆幸
而病痊，亦难保其无事。

【注释】

①生理：生存的希望。
②谭胜达（？—1875）：湖南长沙人，湘军将领。咸丰中，投效霆军，
　　无役不从。累擢至副将。赐号协勇巴图鲁，赐黄马褂，授直隶正
　　定镇总兵。光绪元年（1875），卒于官，赐恤，谥勇悫。唐仁廉

（？—1895）：湖南东安人，湘军将领。先后隶杨岳斌、鲍超部，转战各地，镇压太平军。同治五年（1866），从鲍超剿捻。鲍超解军事，又随李鸿章镇压东、西捻，官至广东水师提督。甲午中日衅起，率二十营北上守辽阳。和议后而回。

③娄：娄云庆。宋：宋国永。

④仁柔：心慈面软。

【译文】

鲍春霆的病，恐怕没有痊愈的希望了。刚才春霆麾下的各位分统领谭胜达、唐仁廉等人联名上书，不愿意接受娄云庆的统领，而只愿意接受宋国永的统领，春霆转发咨文到我这里。既然部队不愿意接受娄的统领，如果非让娄进入春霆的军营中，恐怕会发生什么变故，自然应该把娄留在江苏、安徽，为他另找一个职位。只是宋国永仁慈软弱、缺乏魄力，绝不是能统率这一万五千人队伍的人选。我想干脆把春霆原来的部队全部解散了，另行招募；或许可以让娄招募五千人，宋招募五千人，各负责一路军马，不知道贤弟的意见如何？春霆这支部队向来没有规矩，就算春霆有幸痊愈了，也很难保证他们不出事。

亢旱千里①，金陵虽得雨，尚难插秧。弟又手疼异常，焦灼之至。

【注释】

①亢旱：大旱。亢，极度，非常。

【译文】

大旱横行千里，金陵地区虽然下了些雨，还是很难插秧。贤弟手疼得非常厉害，实在让我非常忧虑。

五月初五日　致澄侯弟书

澄弟左右：

　　吾乡雨水沾足，甲五、科三、科九三侄妇皆有梦熊之祥，至为欢慰！吾自五十以后百无所求，惟望星冈公之后丁口繁盛，此念刻刻不忘。吾德不及祖父远甚，惟此心则与祖父无殊①。弟与沅弟望后辈添丁之念，又与阿兄无殊。或者天从人愿，鉴我三兄弟之诚心，从此丁口日盛，亦未可知。且即此一念，足见我兄弟之同心。无论哪房添丁②，皆有至乐。和气致祥，自有可卜昌盛之理③。

【注释】

①无殊：没有不同。

②添丁：唐卢仝生子，取名"添丁"，意谓为国家添一丁役（服力役的壮丁），后引申为生男孩。

③卜：预示。

【译文】

澄弟左右：

　　我们家乡雨水充足，甲五、科三、科九三个侄儿的媳妇都有了身孕，我很高兴也很欣慰！自从五十岁以后，我对任何事情都不上心了，只是祈盼星冈公的后代能够人丁兴旺，这个念头每时每刻都不曾忘记。我的德行比祖辈父辈差远了，只有此心和他们一样。贤弟你和沅弟希望后辈中能够多添几个男孩的想法，又和我没什么两样。或许天从人愿，看到我们三兄弟的诚心，从此家中人丁日益兴旺，这也是极有可能的。并且就这么一个念头来看，足以看出我们兄弟的同心同德。不管是哪家得了男孩,都是极大的喜事。家庭和睦就能够带来吉祥,这自然就预示着家族的昌盛。

沅弟自去冬以来忧郁无极。家眷拟不再接来署。吾精力日衰,断不能久作此官。内人率儿妇辈久居乡间,将一切规模立定,以"耕读"二字为本,乃是长久之计。

【译文】

自从去年冬天以来,沅弟就十分地忧郁。家眷不打算接到金陵官署来了。我的精力日渐衰退,断然不能长期待在这个位子上。内人带着儿子、媳妇等人长久居住在家乡,将日常生活格局确立下来,以"耕读"二字作为根本,这才是长远之计。

五月十二日　　致沅浦弟书

沅弟左右:

接两函,知贼实已出境,为之少慰①。

【注释】

①少:稍稍,略微。

【译文】

沅弟左右:

收到两封信,知道捻匪确实已经离开湖北境内,我稍稍有点儿宽慰。

亢旱不雨,鄂、苏所同。禾稻不能栽插,饥民立变流寇,亦鄂、苏所同也。惟盐河无水,盐不能出场入江;运河无水,贼可以渡运窜东,此则苏患较大于鄂。岂吾兄弟德薄位高,上干天和①,累及斯民,而李氏兄弟亦适罹此难耶②?中夜内省③,忧皇无措。

【注释】

①干:冒犯,冲犯。

②李氏兄弟:李瀚章、李鸿章兄弟。

③内省:在内心反省。

【译文】

久旱不雨,湖北、江苏的情况是一样的。稻苗不能栽插,饥民很快就会成为流寇,也是湖北、江苏所相同的。只是盐河里没水,盐不能出盐场进入长江;运河里没水,捻匪可以渡河向东流窜,在这方面则是江苏的祸患要大于湖北。难道是我们兄弟德行浅薄而地位偏高,以至于冒犯了天和,连累到了百姓,而李氏兄弟也恰恰因此不幸罹难吗?半夜在内心反省自己,忧郁惶恐,不知所措。

湖北饷绌若此,朱芳圃之军自可缓招。昨已用公牍咨复,由弟与筱荃会咨韫帅檄停矣①。春霆既无治军之望,其军宜全行遣撤。六月告病,七月开缺,弟意既定,余亦不便阻止。盖大局日坏,气机不如辛、壬、癸、甲等年之顺②,与其在任而日日如坐针毡,不如引退而寸心少受煎逼,亦未始非福。惟余辞江督,筠仙辞淮运司,均不能如愿,恐弟事亦难必允准。

【注释】

①韫帅：指湖南巡抚刘韫斋。

②气机：谓天地有规律运行的自然机能。辛、壬、癸、甲等年：指辛酉、壬戌、癸亥、甲子等年，即咸丰十一年（1861）、同治元年（1862）、二年（1863）、三年（1864）。

【译文】

湖北军饷短缺到了这种地步，朱芳圃的军队自然可以暂缓招募。昨天我已用公文回复他了，由贤弟你和李筱荃共同告知刘韫斋大帅发公文停止招募。春霆既然没有带兵的可能了，他的部队当全部遣散。六月请病假，七月辞职，既然贤弟你决心已下，我也不便阻止。眼看大局一天比一天坏，运气也不如辛酉、壬戌、癸亥、甲子那几年顺遂，与其当官每天如坐针毡，还不如引退而内心少受煎熬逼迫，也未必不是福气。只是我请辞两江总督，郭筠仙请辞两淮运司，都没获批准，可能你辞职也难以一定被批准。

至于官相入觐①，第一日未蒙召见，圣眷亦殊平平。弟谓其受恩弥重，系阅历太少之故。大抵中外人心，皆以弟之弹章多系实情；而圣意必留此公，为旗人稍存体面，亦中外人所共亮也②。

【注释】

①入觐：指地方官员入朝进见帝王。

②亮：明白。

【译文】

至于官文进京朝见皇帝，第一天未被接见，皇帝对他的态度也很一般。贤弟你说他受皇帝恩宠更重了，是因为你阅历太浅的缘故。大致上朝廷内外的人，都认为贤弟你参奏他的折子里说的事情都属实情；而皇上留用他，是为了给旗人稍微留些面子，这也是朝廷内外的人都心知肚明的。

五月二十一日　致沅浦弟书

沅弟左右：

湘乡土匪业已扫灭，为之一慰。余日来有焦虑者四事：大者则恐枯旱终不下雨，又恐捻匪窜至运河以东；小者则恐湘乡之会匪与阜宁之海匪养成气候①。今幸两处之匪，皆已扫除，金陵已得大雨，不至竟成旱灾，三事可放心矣。惟捻匪由东平境内窜过运河，大局弥坏，凶焰弥炽。江苏之东北四府，处处可虑。

【注释】

①阜宁：县名。今为江苏盐城下属县。建制始设于清。雍正九年（1731），清政府划出山阳县东境马逻、羊寨等四十个"图"、盐城县北境庙湾、草堰等十九个"里"，加上广袤的海滩，建阜宁县，隶属淮安府。

【译文】

沅弟左右：

湘乡的土匪都已经消灭干净了，我对此感到欣慰。我近来忧心的有四件事：大事是担心金陵会长期干旱不雨，又担心捻贼流窜到运河以东；小事是担心湘乡的会匪和阜宁的海匪会发展成大祸害。幸好如今这两处的土匪都已被扫除了，金陵已经下了一场大雨，最终不至于造成旱灾，这三件事都可以放心了。只是捻匪经过东平境内窜过运河，这使得大局更加糟糕，贼匪的气焰更加嚣张。江苏东北部的四个府，都有可能会遭殃。

　　顷见邸钞，御史佛尔国春参弟之案①，尚有"劾官相肃党不实照例反坐"之说②，虽经谕旨平反调停，而痕迹殊重。弟见之必更懊恼，又增几分退志。余观军务日形吃紧，朝廷必不允弟告病之请，而弟之中怀郁郁，勉强久留，恐致生病，兄亦踌躇不能代决。

【注释】

①佛尔国春：满洲正白旗人。咸丰六年（1856）进士，同治五年（1866）十月，由广西桂平梧郁道道员升任广西按察使。

②劾官相肃党：指曾国荃同治六年（1867）八月参劾官文一疏中"贿通肃顺"一语。反坐：指我国封建社会对诬告罪的刑罚，即把被诬告的罪名所应得的刑罚加在诬告人身上。

【译文】

　　不久前见到朝廷官报，看到御史佛尔国春参奏贤弟的案子，还有你"弹劾官文是肃顺党羽不符合事实，照例应该判你反坐"的说法，虽然皇上下旨为你平反调停，但对你的不满是很明显的。贤弟看了一定会更加烦恼，又会增添几分退隐的想法。我看眼下的军事形势日益紧张，朝廷必定不会允许你请病假，然而你心中郁闷不快，如果勉强留下来，恐怕时间长了会积郁成病，我也犹豫不决不能替你作决定。

　　弟之主意定后，如决志告病，望派专弁搭轮船前来，将折稿送兄斟酌商定再发。盖世局日变，物论日淆①，吾兄弟高爵显官，为天下第一指目之家②。总须于奏疏中加意检点③,不求获福,但求免祸。云仙得"藉词规避"之批④,盖"仍遵前旨进京候简"等语本不稳妥也。弟此时无论如何恼怫,如何穷窘,总以保养身体为第一着。

【注释】

①物论:众人的议论,舆论。

②指目:用手指,用眼看,引申为瞩目。

③检点:约束,慎重。

④藉词:借口。

【译文】

贤弟的主意一定下来后,如果决意请求病归,希望能派专人搭轮船前来,将奏折稿本送给我看一看,等我反复斟酌,商定以后再寄出去。主要是因为现在时局日益变化莫测,舆论日益混乱不堪,而我们兄弟爵位高,官做得大,是天下最受人瞩目的一家。总应该在奏疏中用心检查文字,不求能够获得福禄,只求能够免去灾祸。郭云仙受到皇上"藉词规避"的批评,是因为奏折中"仍遵前旨进京候简"一类的话本来就不稳妥。贤弟此时无论有多么懊恼,有多么窘迫不得志,总要把保养身体放在第一位。

六月初六日　致澄侯弟书

澄弟左右:

闻弟与内人白发颇多,吾白发者尚少,不及十分之一,惟齿落较多,精神亦尚能支持下去。诸事棘手,焦灼之际,未尝不思遁入眼闭箱子之中①,昂然甘寝②,万事不视,或比今日人世差觉快乐。乃焦灼愈甚,公事愈烦,而长夜快乐之期杳无音信。且又晋阶端揆③,责任愈重,指摘愈多。人以极品为荣,吾今实以为苦恼之境。然时势所处,万不能置身事外,亦惟有"做一日和尚撞一日钟"而已。

【注释】

①眼闭箱子:指棺材。

②昂然:什么都不顾的样子。

③晋阶端揆:指曾国藩同治六年(1867)五月补授大学士一事。端揆,指相位。宰相居百官之首,总揽国政,故称。

【译文】

澄弟左右:

听说你们夫妇有很多白头发,我的头发变白的还算少,不到十分之一,只是牙齿脱落得比较多,精神也还能支持下去。各种事情都很难处理,焦虑的时候,不是没有想过逃到棺材里,只管自顾自地睡大觉,什么事都不去管,也许比今天活在人世更觉快乐。就这样内心的焦灼更为严重,公事就更加杂乱,而长夜快乐之期却毫无音信。我又晋升到了相位,责任更重,受到的指责也越多。人们都以官品最高为荣耀,可我现在真把它看作苦恼的所在。然而时势处于这种状况,我绝不可能置身事外,也只有"当一天和尚撞一天钟"罢了。

哥老会匪,吾意总以解散为是。顷已刊刻告示,于沿江到处张贴,并专人至湖南发贴。兹寄一张与弟阅看。人多言湖南恐非乐土,必有劫数。湖南大乱,则星冈公之子孙自须全数避乱远出。若目前未乱,则吾一家不应轻去其乡也。

【译文】

哥老会匪,我的意思一直是解散他们为好。不久前已经刊刻好告示,到沿江各地到处张贴,并派专人到湖南寄送告示。现在寄一张给贤弟你看看。人们都说湖南恐怕不是乐土,必定会有劫数。如果湖南大乱,那么我们曾氏一门当然要全部远离避难。如果目前还没有乱,那我们一家不应轻易离开故乡。

南岳碑文,得闲即作。吾所欠文债甚多,不知何日可偿也。

【译文】

南岳碑文,有空闲时就写。我欠的文债太多了,不知哪天才能还清。

此间雨已透足,夏至插禾尚不为迟,但求此后晴霁耳①。

【注释】

①霁(jì):雨过天晴。

【译文】

这里雨水已经下透下足,夏至插秧还不算晚,只希望以后都是晴天就好了。

同治九年庚午

十二月二十一日　致澄侯、沅浦弟书

澄、沅弟左右:

连接沅弟两函、澄弟一函,具悉一切。符卿倅之次子殇亡^①,家中丁口不旺,殊深焦虑。

【注释】

①符卿:曾国荃子曾纪瑞,字符卿,又作"符卿"。

【译文】

澄弟、沅弟左右:

　　接连收到沅弟两封信、澄弟一封信,得以知道一切情况。符卿侄儿的次子夭折,家中人丁不旺,实在让人忧虑。

　　兄自十一月发眩晕后,每日服药一帖,服二十余日而停止。刻下眩晕未发,而左目甚蒙,恐又将如右目之废视。饭量少减,间食面条、薄饼之类,以换味而利脾。内人近无所苦,阖家大小平安。

【译文】

　　愚兄自从十一月眩晕发作之后,每天服一帖药,服了二十多天才停止。现在眩晕没有再发作,但左眼很蒙,恐怕又要像右眼一样失明。饭量略为减少,偶尔吃面条、薄饼之类的,也是为了换换口味而有利于脾胃。我内人近来没有什么病痛,全家大小平安。

　　澄弟汇督销局之银三千^①,不知已收到否?闻吾乡银钱奇窘。不练团,则有事难于应变;常练团,则中户难于捐赀。此中大费斟酌。两弟为一邑之望,此等处颇难措手。

【注释】

①督销局:官署名。清后期,在产盐、销盐的省份设立督销局,掌地

区的食盐运销。

【译文】

汇到督销局的三千两银子,不晓得澄弟是否已经收到?听说我们家乡银钱方面很窘困。不办团练,那一旦有事就难于应变;常办团练,那中等人家都为捐资所困。这里头的文章太伤脑筋。两位贤弟是全县的人望所在,这些方面很难下手。

兄自患目病,肝郁日甚。署中应治之事,无一能细心推求。居官则为溺职之员,不仕又无善退之法。恐日趋日下,徒为有识所指摘耳。惟望兄弟各善调摄,异日相见,尚各康强为幸。

【译文】

愚兄自从患了眼病,肝郁一天比一天严重。署里应该办的事,没有一件能细心深究。做官,就是尸位素餐的冗员,不做官,又没有一个很好的引退方案。恐怕情况会越来越糟糕,只能被有识者批评指责。只希望我们兄弟各自好好调理保养,他日相见,各自都还健康就好。

同治十年辛未

正月二十五日　致澄侯、沅浦弟书

澄、沅弟左右:

十八日寅刻,纪泽生一子,小大平安,深以为慰。纪泽今年三十三岁,正在望子极殷之际,如愿得之,满门欣喜。惟八字于五行缺水缺火,不知易于养成否?

【译文】

澄弟、沅弟左右：

十八日寅刻，纪泽生了一个儿子，母子平安，深感安慰。纪泽今年三十三岁，正是希望得子最为殷切的时候，如愿以偿，满门欣喜。只是这娃八字里五行缺水缺火，不晓得是否容易养大成人？

署中内外清吉。余眩晕之疾近日未发，目病则日益昏蒙，恐左目亦不能久保。

【译文】

衙门里里外外都好。我的眩晕病近日没有发作，眼病则一天比一天昏蒙，只怕左眼也快保不住了。

郑小山尚书自除夕到此①，初二日即督同司员审马制军之案②。至今熬审将近一月③，张汶详毫无确供④。即再熬亦属无益，只好仍照魁将军等上年原定之案具奏⑤。

【注释】

①郑小山尚书：郑敦谨，号小山。时为刑部尚书。

②马制军之案：指同治九年（1870）两江总督马新贻被张文祥刺杀一案。

③熬审：严刑审问。

④张汶详：即张文祥。同治九年（1870）刺杀两江总督马新贻的案犯。

⑤魁将军：指江宁将军魁玉。魁玉（1805—1884），字时若，富察氏，满洲镶红旗人。由二品荫生历擢凉州副都统。咸丰间会同曾国

藩等在湖北堵击太平军。后调江宁副都统，转战江南各地。军事结束后任江宁将军，旋调成都将军。卒谥果肃。喜吟咏，有《翠筠馆诗》。

【译文】

郑小山尚书自从除夕到这里，初二日就督促会同司员审马新贻总督被刺杀的案子。至今严刑审讯将近一个月时间，张汶详还是没有一点儿确定不移的供辞。就算再严刑审讯也没意义了，只好仍旧按照江宁将军魁玉等人去年原定的案情上奏朝廷。

长江水师，外间啧有烦言①。或谓遇民间有骨牌者、字牌者②，则以拿赌讹索，得数千或千余文乃肯释放。或以查拿私盐，查拿小钱③，搜索民舟及附近人家，讹钱释放。夜索打更之灯油钱。民船拉纤，不许在炮船桅上盖过。干预词讼④，至有哨官棍责举人者。甚且包庇私盐，祖护劫盗种种弊端。余设立水师，不能为长江除害，乃反为长江生害。两弟在省时，亦常闻此等闲话否？如有所闻，望详细告我。

【注释】

①啧(zé)有烦言：指议论纷纷，指责颇多。《左传·定公四年》："会同难，啧有烦言，莫之治也。"

②骨牌：也称"牙牌"。牌类娱乐用具，亦用作赌具。每副三十二张，用骨头、象牙、竹子或乌木制成，上面刻着以不同方式排列的从两个到十二个点子。俗传始行于宋代。

③小钱：分量不足或质量低劣的钱币。

④词讼：诉讼。

【译文】

长江水师，外边议论纷纷，指责甚多。有说他们遇到民间携带骨牌、字牌的，就以捉拿赌博为由敲诈勒索，得到几千或一千文以上，才肯释放。他们有时以查拿私盐、查拿伪钞劣币为由，搜索民船和附近人家，勒索到钱财才肯放人。索要夜晚打更的灯油钱。民船拉纤，纤绳一律不许在炮船桅杆上盖过。干预诉讼官司，甚至有哨官用棍子责打举人的。甚至还包庇盐贩子走私，袒护强盗，据说有种种弊端。我设立长江水师，不能为长江除害，竟反而成为长江一害。两位弟弟在省里的时候，也常常听到这类的闲话不？如果有听到，希望详细告诉我。

兄精神衰惫，加以目病，每日治事甚少，任内应尽之职，不克一一办妥。而昔年所办之事，又有大不妥如水师者，贻人讥议。用是寸心焦灼，了无乐趣。境颇顺而心不适，对老弟而滋愧矣。

【译文】

愚兄精神衰老疲惫，加上眼睛有病，每天处理事务很少，任内应尽的职责，不能一一办妥。而从前所办的事，又有像长江水师这样特别不妥当的，给人留下讥笑指责的话柄。因此内心焦虑，全无乐趣。处境很顺但内心不舒适，面对老弟就更加惭愧了。

沅弟若果居省城，澄弟又常不在家，则吾乡五家日益寂寞，深以为念。而苻、剑两侄欲求学问文章之日进①，又似宜在省会，多求良友，以扩充其识而激发其志。二者利害参半。若不得良友而亲损友，则居省之利少矣。

【注释】

①符、剑两侄：指曾纪瑞、曾纪官两位侄子。皆为曾国荃子。曾纪瑞，字符卿，又作"符卿"。曾纪官，字剑卿。

【译文】

沅弟如果真的要住省城，澄弟又常不在家，则在家乡的我曾氏五兄弟家就日益寂寞了，我很挂念这事。而符卿、剑卿两位侄儿想在学问、文章上追求进步，又似乎应该住在省会，多求良友，以扩充自己的见识而激发志向。二者好处坏处各占一半。如果不得良友而和损友亲近，那住省城的好处就太少了。

二月初七日　　致澄侯、沅浦弟书

澄、沅弟左右：

乡间银钱紧迫，萧条气象，亦殊可虑。

【译文】

澄弟、沅弟左右：

乡下银钱紧张窘迫，到处一片萧条气象，也让人非常担心。

纪鸿儿于正月廿六日又生一子。乙丑四月完婚①，六年未满，已生四子，亦云密矣。纪泽之子，名曰广铭，纪鸿之子，名曰广铨。只求易于长成，将来各房丁口，或者不至甚少。

【注释】

①乙丑：同治四年(1865)。

【译文】

纪鸿儿在正月二十六日又生了一个儿子。乙丑年四月完婚,六年时间不到,已经生了四个儿子,可以说是很密集了。纪泽的儿子,取名广铭,纪鸿的儿子,取名广铨。只求平安长大成人,将来各房人丁,或者不至太少。

郑小山于正月廿八日出来拜客一日;廿九日拜折后,即行起程。干礼水礼①,一概不收,一清彻骨②。

【注释】

①干礼:用作礼物的金钱。水礼:谓酒食之类普通礼物,相对于贵重礼物而言。

②一清彻骨:形容为官极度清廉。

【译文】

郑小山在正月二十八日出来拜客一日;二十九日拜折后,就起程返京了。无论干礼还是水礼,一概不收,真是清廉无比。

谷山之案①,竟未审出别情。仍照张、魁原拟定谳②。

【注释】

①谷山:马新贻,字谷山。见前注。

②张、魁:指在曾国藩、郑敦谨之前主审张文祥刺马案的漕运总督张之万、江宁将军魁玉。定谳(yàn):指司法上的定案。谳,议罪。

【译文】

马谷山被刺的案子,竟然没有审出别的隐情。仍旧依照张之万、魁玉原拟案情定案。

徐寿蘅学使于二月初五日来此①。一则由浙回京，必由扬州，迂道来宁见访；一则渠以奏事上干严谴②，亦欲与余一商进退之宜。余劝之回京复命学政任满，一面谢降调之恩。如久不得缺，再行引退。渠以为然。其精力才气，将来尚当再跻崇秩③。

【注释】

①徐寿蘅：徐树铭（1824—1900），字寿蘅，一字子卿，湖南长沙人。道光二十七年（1847）进士，选庶吉士，授编修。典四川乡试。咸丰二年（1852），迁中允，简山东学政。累迁内阁学士，授兵部右侍郎。同治元年（1862），补左副都御史，授工部右侍郎。历充顺天、浙江乡试正副考官，会试总裁。光绪二十五年（1899），拜工部尚书。旋病卒。幼颖异，先后问学于何桂珍、曾国藩、唐鉴诸人。生平无私蓄，唯嗜钟鼎书画，鉴赏考据甚为精赅。善诗文，有《澄园诗集》十卷。学使：学政。

②严谴：指朝廷的严厉指责。

③崇秩：指很高的官爵。

【译文】

徐寿蘅学使于二月初五日到我这里。一来是由浙江回京城，必经扬州，所以顺路绕道来金陵拜访；一来他因为奏事冒犯圣上遭到严厉指责，也想和我商量一下进退的方案。我劝他回京城复命学政任满，一面谢圣上将他降调的恩德。如果长期得不到实缺，再考虑引退。他认为我的建议有道理。以他的精力才气，将来还应当能升更大的官。

兄身体平安,目疾则日甚一日。春日肝旺,宜其更不如冬日之静。署中大小清吉。来此求差事者,无可位置。世上之苦人太多,好事太少,殊焦闷也。

【译文】

愚兄身体平安,眼睛的毛病则一天比一天厉害。春季肝火较旺,也难怪不如冬季安静之时。官署里大小都好。来这里求差事的,没有位置可以安排。这世上的穷苦人太多,好差事太少,让人很郁闷。

三月初三日　　致澄侯、沅浦弟书

澄、沅弟左右:

久未寄信,想弟望之殷殷。正月所生两孙,俱已满月,小大平安。内人于二月十三日患病,初似瘟症,竟日发热谵语①,十余天不愈。近日变为咳嗽,左手、右腿肿疼异常。多方医调,迄无效验②。余新患疝气疾③,右肾偏坠④,肿痛殊甚,旬日之后,渐见痊愈,日内痛已渐止,立坐均不碍事矣。

【注释】

①谵(zhān)语:病中神志不清,讲胡话。

②迄(qì):至,到。

③疝(shàn)气疾:通常指腹股沟部的疝。因小肠通过腹股沟区的腹壁肌肉弱点坠入阴囊内而引起,症状是腹股沟凸起或阴囊肿大,时有剧痛。也称"小肠串气"。

④右肾:指右睾丸。

【译文】

澄弟、沅弟左右：

　　许久没有寄信，想必贤弟盼信殷切。正月里所生的两个孙子，都已满月，母子平安。我内人在二月十三日患病，刚开始像是瘟症，整天发热说胡话，十多天不好。近日变成咳嗽，左手和右腿肿痛异常。多方医治调理，迄今还未见效。我新近患了疝气病，右睾丸偏坠，肿痛得厉害，十多日之后，渐渐痊愈，这几天疼痛已经渐渐停止，立和坐都不碍事。

　　沅弟挈家移居长沙①，不知即试馆旁之公馆否？住乡住城，各有好处，各有坏处。将来一二年后，仍望撤回廿四都，无轻去桑梓之邦为要。

【注释】

　　①挈（qiè）家：携带全家。

【译文】

　　沅弟携全家移居长沙，不晓得是否就住在试馆旁边的公馆里？住乡里和住城里，各有各的好处，各有各的坏处。将来一二年以后，仍然希望贤弟一家撤回二十四都，最好不要轻易离开家乡。

　　省城之湘乡昭忠祠索余匾字，自当写就寄去。惟目光昏蒙，字比往年更劣，徒供人讪笑耳。澄弟目光亦坏，不知两目同病乎？一目独苦乎？沅弟亦近五十，迩来目光何如？牙齿有落者否？夜间能坐至四五更不倦否？能竟夜熟睡不醒否？

【译文】

　　省城的湘乡昭忠祠要我题匾，我自当写好寄去。只是目光昏蒙，字比往年更差，徒自供人讪笑。澄弟视力也坏，不晓得是两只眼睛都不好？还是一只眼睛不好？沅弟也年近五十了，近来视力怎么样？牙齿有脱落的不？晚上能坐至四五更而不疲倦么？能整夜熟睡不醒么？

　　刘同坡翁恤典一事①，即日当查明，行知湖南本籍。刘文恪公之后②，至今尚有男丁若干？光景尚不甚窘否？吾乡显宦之家，世泽绵延者本少。吾兄弟叨忝爵赏，亦望后嗣子孙读书敦品③，略有成立，乃不负祖宗培植之德。吾自问服官三十余年④，无一毫德泽及人，且愆咎丛积⑤，恐罚及于后裔。老年痛自惩责⑥，思盖前愆⑦。望两弟于吾之过失时寄箴言。并望互相切磋，以勤俭自持，以忠恕教子。要令后辈洗净骄惰之气，各敦恭谨之风，庶几不坠家声耳。

【注释】

①刘同坡：刘若珪（？—1854），字同坡，湖南长沙人。刘权之子。嘉庆十八年（1813）中副榜。由工部员外郎就外职，咸丰二年（1852）署黄州府，题补安陆，迁盐法道。咸丰四年（1854）太平军再进武昌，作战而死。

②刘文恪公：刘权之（1739—1818），字德舆，号云房，湖南长沙人。乾隆二十五年（1760）进士，累擢司经局洗马。预修《四库全书》，以劳擢侍讲。屡任乡、会试考官。嘉庆间官至体仁阁大学士。卒谥文恪。

③敦品：砥砺品德。

④服官：居官，为官。

⑤愆咎：罪过。

⑥惩责：知前失而自责。

⑦思盖前愆：想方设法弥补从前的过失。

【译文】

刘同坡翁的恤典这件事，即日当查明，用公文知会湖南本籍。刘文恪公的后人，现在还有多少男丁？过日子的光景还不是太困窘吧？我乡做过大官的人家，世代繁荣绵延者本来就少。我们兄弟忝居高位，也盼望后代子孙努力读书、刻苦修身，小有成就，才不辜负祖宗积累的德泽。我自问做官三十多年，对人没有一丝一毫恩泽，却造了许多孽，害怕上天惩罚累及后代。老年痛下决心自责，想对以前的罪过有所补救。希望两位贤弟对我的过失时时寄箴言相劝。并希望我们能互相切磋，以勤俭自勉，以忠恕教育孩子。要让后辈洗净骄傲懒惰的坏习气，各自增强恭谨的作风，这样才差不多能让我们家美好的声誉不致坠落。

三月十七日　　致沅浦弟书

沅弟左右：

顷接来信，知弟已移居长沙。此后兄寄两弟信，仍各分写，两弟接信，彼此互阅。

【译文】

沅弟左右：

刚接到来信，得知贤弟已移居长沙。此后愚兄给两位弟弟寄信，仍然各自分开写，两位弟弟接到信后，可彼此互阅。

内人之病，自二月十三起，今已一月零五日。初系大热，谵语不止，三日转变为右脚大肿，疼痛异常，呻吟至于号泣，服药无效。近已肿至小腹，左脚及两手亦微肿，但不甚耳。以余观其症象，已难挽回。而医者谓脉无败象，尚有一线可望。李少荃送建昌花板二付①，交欧阳定果带来②，昨已命工匠做成矣。

【注释】

①建昌花板：辽宁建昌所产的花梨板材，是做棺材的上好木料。

②欧阳定果：曾国藩妻兄欧阳柄铨长子，清诰授资政大夫，花翎二品衔，曾总理“铁”字全军营务，湖北即补知府，特授直隶州知州。

【译文】

内人的病，自二月十三日起，病到现在已经一个月零五天了。刚开始是大热，说胡话不停，三日转变为右脚肿大，疼痛异常，呻吟乃至于号叫哭泣，服了药也没有效果。近日已经肿到小腹，左脚和两手也微肿，但不是很厉害。据我观察她的症象，已经难以挽回。但医生说脉看不出败象，还有一线希望。李少荃送建昌花梨棺材板二副，交由欧阳定果带来，昨日已经让工匠做成。

余于二月十三日发疝气疾，右肾坚肿下坠，近已消肿缩上，不甚为患。惟目疾日剧，右目久盲，左目亦极昏蒙，看文写字，深以为苦。除家信外，他处无一字亲笔。精神亦极衰惫，会客坐谈，即已渴睡成寐，核稿时亦或睡去，实属有玷此官。幸江南日下无甚难事。新中丞张子青心气平和①，与友山漕帅皆易于共事②。省三丁艰。孙琴西署盐道亦属顺手③。若无洋务突出变端④，尚不至遽蹈大戾耳。

【注释】

①张子青:张之万(1811—1897),字子青,直隶南皮人。张之洞兄。道光二十七年(1847)进士。同治间署河南巡抚,督军拒捻军、太平军各部。移督漕运,助淮军堵截赖文光部。历江苏巡抚、浙闽总督。光绪中官至东阁大学士。卒谥文达。

②友山漕帅:指时任漕运总督的张兆栋。张兆栋(1821—1887),字伯隆,号友山,山东潍县人。道光二十五年(1845)进士。光绪间官至福建巡抚。中法战争中,法舰队击毁福建水师各舰,乃改装匿民间,事定复出任事。后因马尾失守夺职。

③孙琴西:孙衣言(1814—1894),字劲闻,号琴西,浙江瑞安人。道光三十年(1850)进士,授编修。光绪间,官至太仆寺卿。不久以疾乞归。生平努力搜辑乡邦文献,刻《永嘉丛书》,筑玉海楼以藏书。有《逊学斋诗文钞》。盐道:"盐法道"的省称,官名。掌管一省盐政。清代或以分巡各道兼理盐运使。《清史稿·职官志三》:"明年(宣统三年),改各省运使为盐务正监督,省盐法道,改置副监督,统辖于盐政大臣。"

④洋务:洋人方面的事务。突出变端:突发重大事端。

【译文】

我在二月十三日发疝气病,右睾丸硬肿下坠,近日已经消肿上缩,不算大麻烦。只是眼病日益严重,右眼瞎了很久,左眼也很昏蒙,看文章、写字,都很痛苦。除家信外,写给他处的信,没有一个字是亲笔写的。精神也极其衰惫,会客坐谈,就已渴睡乃至睡着,核对文稿时也偶尔睡过去,实在属于对不住这个官位。幸亏江南眼下没有什么难事。新巡抚张子青中丞心气平和,和漕运总督张友山大帅都是很好共事的人。刘省三服丧。孙琴西署理盐道,也还算顺手。如果没有洋人方面的突发重大事端,还不至于犯大的差错。

　　闻倭相病势甚重①。李相在津②，众务毕兴。精神之衰旺，固全视乎年齿。两弟年不甚高，不知近日精力究竟何如？便中详书告我。

【注释】

①倭相：指倭仁。

②李相：指李鸿章。

【译文】

　　听说倭仁相国病情很重。李相国在天津，各方面事务都蓬勃兴起。精神的衰弱和旺盛，本来就全看年龄。两位弟弟年纪都不算太大，不晓得近日精力究竟怎么样？方便的时候请详细写信告诉我。

　　郑小山在清江请假养病，闻其将有退志，不知果否？

【译文】

　　郑小山在清江请假养病，听说他有退休的打算，不晓得是否果真如此？

四月初一日　致澄侯、沅浦弟书

澄、沅弟左右：

　　三月十七日寄去一缄，专写沅弟之号，意谓此后沅既住省，信当分寄。然细思吾兄弟三人之信，断未有不互观者，仍以共写一封为妥。两弟信皆甚密，阿兄目病，而又懒惰，去信较稀，致弟殷殷悬盼，殊抱不安。

【译文】

澄弟、沅弟左右：

　　三月十七日寄去一封信，专门写明寄给沅弟，以为今后沅弟既然住在省城，信应当分开寄。但是仔细一想我们兄弟三人之间的通信，绝对没有不互相传阅的，我给两位弟弟的信，仍然以共写一封为妥。两位弟弟来信都很密，阿兄眼睛不好，人又懒惰，去信相对较少，导致两位弟弟殷切盼望，内心不安。

　　余疝气之疾已愈，眩晕近亦未发；惟目光昏蒙日甚，作字为难之至。内人病已近五十天，前半月壮热谵语，后月余脚肿奇疼，寸步不能移，视星冈公更为难动①。目盲而肢体痿痹②，此病中极苦之境。而诊脉者谓其目下尚无死法。二女此次归宁③，恰好服侍母疾。余阖署小大平安。

【注释】

①视：比。

②痿痹：肢体不能动作或丧失感觉。

③归宁：嫁出去的女儿回娘家。

【译文】

　　我的疝气病已经痊愈，眩晕近来也没有发作；只是目光一天比一天昏蒙，写字觉得真是太为难了。内人已经病了近五十天，前半个来月发热说胡话，后一个多月脚肿疼得厉害，寸步难移，比星冈公晚年更加难以移动。眼睛瞎而肢体麻木不仁，这是疾病中最苦的境地。诊脉的医生却又说她眼下还没有要死的迹象。二女儿这次回娘家，恰好服侍母亲的病。我署里上上下下都平安。

广德州并未失守。土匪滋事，二月十七夜围建德城。城内团丁、差役等保守得完，生捦十余贼正法①。余已鼠窜，派兵各处搜捕。江、皖得雨沾足②，应不至煽成大变。惟万一有事，无兵可用。吾意欲招勇数营，不知沅弟意中有可靠之统领否？

【注释】

①捦(qín)：同"擒"。

②沾足：《诗经·小雅·信南山》："既沾既足。"后以"沾足"指雨水充分浸润土壤。

【译文】

广德州并没有失守。土匪生事，二月十七日夜包围建德城。城内的团丁、差役等守卫得力，县城得以保全，活捉十多名反贼处死。其余的贼匪已经抱头鼠窜，已派兵各处搜捕。江苏、安徽雨水充沛，应该不至于被贼匪煽动成大变乱。只怕万一有事，无兵可用。我想招募几个营的兵勇，不知沅弟心目中可有可靠的统领人选？

五月初十日　　致澄侯、沅浦弟书

澄、沅弟左右：

接寄信，报岳崧案首之喜①。

【注释】

①岳崧：曾纪寿(1855—1930)，字岳松(又作"岳崧")，湖南湘乡人。曾国华次子，曾国藩侄。

【译文】

澄弟、沅弟左右：

接到寄来的信，报岳崧侄儿取得县考案首之喜。

鲁秋航带到好茶①，及前此寄来之早茶，俱已收到。至情佳味，感谢感谢！

【注释】

①鲁秋航：曾国藩幕友。

【译文】

鲁秋航带到好茶，以及前次寄来的早茶，都已经收到。既出于至情，又是佳味，感谢感谢！

纪寿早得入庠，足以少慰高轩公、愍烈公于地下①，良为慰幸！惟府考、院考，尚须敬重将事。

【注释】

①高轩公：指曾纪寿的祖父曾骥云，字高轩。愍烈公：曾国华谥愍烈。

【译文】

纪寿能够早早地入县学，足以稍稍安慰高轩公和愍烈公地下之灵，实在让人觉得安慰和幸运！只是府考和院考，还要以恭敬之心加以重视。

余昏眩之疾，疝气之症近皆未发。目光则昏蒙如常，无法挽回。内人右脚肿已全消,疼亦大减,能伸缩而不能行走。虽眼不光、脚不健为极苦之境,而三月间势处必死,竟能逃出命来,亦不幸中之幸也。其余合室平安。

【译文】

我昏眩和疝气的毛病,近日都没有发作。目光还是和往常一样昏蒙,无法挽回。内人右脚肿已经全消,疼痛也大为减轻,能伸缩但不能行走。虽然眼睛看不见、脚不能走,是最为苦的境地,但三月间是必死的病势,竟然能逃出命来,也是不幸中的万幸了。其余的,全家平安。

澄弟问余所作"慎独""主敬"等四条,兹抄一分寄去。诸侄辈若能行之,于身心及治家,俱有大益。

【译文】

澄弟问我所写的"慎独""主敬"等四条,现在抄一份寄去。各位侄子如果能照着做,对修身和治家,都有很大帮助。

《阅微草堂笔记》系纪文达公所著①,多言狐鬼及因果报应之事。长沙如有可买,弟亦可常常阅之。

【注释】

①《阅微草堂笔记》:为清代鸿儒纪昀晚年所作的文言笔记志怪小说集。纪文达公:即纪昀(1724—1805),字晓岚,又字春帆,晚号石云,道号观弈道人,直隶河间府(今河北献县)人。乾隆十九年(1754)甲戌科进士,授翰林院庶吉士、编修,历任翰林院侍读、

《四库全书》总纂、内阁学士等职。谥文达。

【译文】

《阅微草堂笔记》，为纪文达公纪晓岚所著，内容多涉及狐鬼和因果报应的事。长沙如果有可买的，贤弟也可常常翻阅。

封爵敕书同治四年领得。错字极多，令纪泽带至湖北呈弟处。弟因其错误，一笑而未收，纪泽即带回湘乡，不知今尚在富原堂否？拟到京换领，尚未果行。

【译文】

封爵的敕书，是同治四年领得的。错字极多，我让纪泽带到湖北呈给沅弟一看。沅弟因为它有错误，报之一笑而没收，纪泽就带回湘乡了，不知现在尚在富原堂不？准备到京城换领，还没有去办。

养廉有领与否？可在外省藩库领否①？须托人到京一查。余之爵廉，未曾领过一次。

【注释】

①藩库：即省库。清代布政司所属储钱谷的仓库。

【译文】

养廉银有没有领呢？可以在外省的藩库领不？须要托人到京城一查。我的爵位养廉银，还未曾领过一次。

《湖南文征》收到①，研翁去年寄书②，意欲余为伯宜作碑传等③，语甚沉痛。余顷为作伯宜墓志，其《文征》之序，少迟亦当一作。俟作就一并寄南,请弟先告研翁。精力日衰,文笔日陋,则不能强者也。

【注释】

①《湖南文征》:湖南湘潭罗汝怀编撰,共一百九十卷。

②研翁:指罗研生。罗汝怀,字研生。见前注。

③伯宜:罗萱,字伯宜。罗汝怀子。

【译文】

《湖南文征》收到,研翁去年寄信来,想要我给伯宜作碑传,字里行间很沉痛。我刚为伯宜写了墓志,《湖南文征》的序,稍晚一阵子也会写。等写好了一并寄回湖南,请贤弟先告知研翁。精力日益衰朽,文笔日益浅陋,则是无法勉强的。

六月二十七日　致澄侯、沅浦弟书

澄、沅弟左右:

久未寄书,想我弟悬望之至。屡接弟信,承寄健脾糕、茶叶、腊肉之类,谢谢不尽!

【译文】

澄弟、沅弟左右:

许久未曾寄信回家,想来我两位弟弟一定十分盼望。屡次接到弟弟们的来信,承蒙寄我健脾糕、茶叶、腊肉等,感激不尽!

余身体尚好。今年不甚酷热,眩晕、疝气等病未发,惟目光昏蒙如常，亦不吃药点药。内人脚肿已消，膝尚作疼，略可站立，不能行动。久病之后，此已算痊愈矣。

【译文】

我身体还好。今年不太酷热，眩晕、疝气等病都没发作，只是目光和往常一样昏蒙，不吃药也不点药。内人脚肿已消，膝部还疼，稍能站立，但不能行动。久病之后，这样就已经算痊愈了。

冯树堂已抵家否？渠在此小住兼旬，又至上海访涂朗仙①，又至六安州代吴竹如先生相择阳宅阴地，并为涂家择地数处。又言八、九月间，将至湘乡廿四都等处为我预卜葬地。若果至吾乡，请澄弟殷勤款接。渠昔在祁门，余与之口角失欢，至今悔之。今年渠至此间，余对之甚愧也。

【注释】

①涂朗仙：涂宗瀛（1812—1894），号朗轩，一号阆仙，安徽六安人。道光年间举人。同治间得保任苏松太道，迁湖南按察使。光绪间，官至湖广总督。

【译文】

冯树堂已经到我们家了吗？他在这边小住了几十天，又到上海拜访涂朗仙，又到六安州代吴竹如先生看建屋起坟的风水，并为涂家选了几处风水宝地。又说八、九月间，将到湘乡二十四都等处为我预先选择葬地。若果真到了我们家乡，请澄弟殷勤款待。以前在祁门，我和他因口角失欢，现在想起来很后悔。今年他到我这边，我见到他，很惭愧。

　　余往年开罪之处,近日一一追悔,其于次青尤甚。昔与次青在营,曾有两家联姻之说。其时温弟、沅弟均尚有未定姻事者,系指同辈说媒言之,非指后辈言之也。顷闻次青欲与纪泽联姻,断无不允之理。特辈行不合,抱惭滋深耳。

【译文】

　　我往年得罪的人,近来一一追悔,尤其觉得对不住李次青。从前和李次青在军营,曾有两家联姻的说法。当时温弟、沅弟都还有没定的婚嫁之事,是指同辈之间联姻,不是指后辈结亲。刚听说次青想和纪泽做亲家,我当然万万没有不答应的道理。只是辈行不合,深深感到惭愧。

　　长沙无《阅微草堂笔记》,当即以此间一部寄弟。纸板亦坏,较之金陵市店之小板犹略胜耳。

【译文】

　　长沙无《阅微草堂笔记》可买,我当立即拿这边的一部寄给贤弟。纸板也不好,但比起金陵书店的小版本还是要略胜一筹的。

七月二十六日　致澄侯、沅浦弟书

澄、沅弟左右:

　　久未寄函与弟,近日亦未接弟信,想各家皆清吉也。

【译文】

澄弟、沅弟左右:

　　许久没有给两位贤弟寄信,近日也没有接到两位贤弟的来信,各家想必都平安清吉。

　　纪泽之子曰同儿者,于七月发慢惊风,便已殇亡。此儿初生时,余观八字于五行中缺水缺火,与甲一儿之缺水缺木者相同①,即已虑其难于长成,不料其如是之速。纪泽夫妇年逾三十,难免忧伤。然此等全凭天事,非人力所能主持,只得安命静听。余老年衰惫,亦畏闻此等事,强自排解,以惜余年,两弟尽可放心。

【注释】

①甲一儿:曾国藩长子曾纪第(又名"桢第"),乳名甲一,早夭。

【译文】

　　纪泽的儿子叫同儿的,在七月发慢惊风病,已经夭折。这孩儿刚生下来的时候,我看他八字,五行中缺水缺火,和甲一儿缺水缺木相同,就已经担心他难以长大成人,没想到这么快就夭折了。纪泽夫妇已经年过三十,难免忧伤。但这种事全看天意,不是人力所能做主的,只能听天安命。我老年衰朽疲惫,也怕听到这样的消息,只能勉强自我排遣,以保残年,两位贤弟尽可放心。

　　江境兵勇太少,缓急无可倚恃,现令章合才招湘勇三千东来①,派朱唐洲、李健斋为营务处②,梅煦庵为支应委员③,薪水则朱六十金,李、梅各四十金,略为位置三人。此外谋差而无以位置者尚极多也。

【注释】

①章合才(1830—1891):派名俊义,字作堂,湘乡大坪(今属湖南韶

山)人。湘军将领。咸丰六年(1856)投军,初随王鑫,后随左宗棠平西北,屡立战功,官至江南苏松镇总兵。

②朱唐洲:湘军将领。曾任湘恒右营统领,官至总兵。李健斋:李光久(1845—1900),字恒亨,号健斋,湘乡四十三都(今湖南涟源荷塘镇)人。为湘军名将李续宾之次子,承袭三等男爵。光绪二十年(1894)秋,随帮办军务、湖南巡抚吴大澂北上援辽抗日。光绪二十五年(1899)调补苏松太道,嗣调江海关道,不久晋升浙江按察使,奉命统领浙江省马步三十六营驻防宁波,以防御意大利海军侵扰。著有《誓师要言》,编《李忠武公(续宾)遗书》。

③梅煦庵:梅震荣,号煦庵。曾为湘潭县令。支应委员:即负责支应局事宜的委派人员。清代后期,各省总督、巡抚可以就地筹款,应付特殊用途,通常设置支应局,为非正式的财政机构。

【译文】

江南境内兵勇太少,如有突发事件,没有可以倚靠的军事力量,现在令章合才招募湘勇三千东来,派朱唐洲、李健斋为营务处,梅煦庵为支应委员,薪水,则朱六十两银子,李、梅二人各四十两银子,稍稍安排这三个人职位。此外来谋差事而没有位置安排的,还有很多。

余衰颓日甚,每日常思多卧,公事不能细阅,抱愧之至。看书未甚间断,不看则此心愈觉不安。偶作古文,全无是处。祖考两处墓表皆已作就,皆不称意,下次再行寄回。如其可用,则请沅弟书就刊刻。

【译文】

我一天比一天衰老颓唐,每天总想多躺一会儿,公事不能仔细过眼,惭愧之至。看书没有太间断过,不看,则内心更加不安。偶尔写作古文，全无是处。先祖父、先父的两处墓表，已经写就，都不满意，下次再寄回家。如果能用的话，就请沅弟写好刊刻。

左帅疏荐沅弟及芗泉，此间亦闻是说。其萌退志，则未尝闻之。章合才言其精神百倍，多酒健饭。现派刘省三出关剿新疆伊黎之贼。左帅平定甘肃之后，恐下文尚长，亦由天生过人之精力，任此艰巨也。

【译文】

左季高大帅上奏折推荐沅弟及蒋芗泉，这边也听到这个说法。他萌生引退念头，则还没有听到传闻。章合才说他精神百倍，能喝酒，饭量很好。现在派刘省三出关进剿新疆伊黎的叛贼。左大帅平定甘肃之后，只怕下一步的举动还很长远，也是因为天生有过人的精力，可以肩负这样艰巨的使命。

余拟于八月初出省大阅①，大约两月后乃可旋省。此间岁事丰稔，高田间有伤旱之处②，而亦可望七八分。

【注释】

①大阅：大规模地检阅军队。《左传·桓公六年》：“秋，大阅，简车马也。”
②间（jiàn）：间或。

【译文】

我计划在八月初出省城到各地巡视阅兵，大约两月后才可以回到省城。这边年成丰稔，地势高的田间有旱灾，但也可以指望有七八分的收成。

涂朗仙放湖南臬司。本属有德，近更优于才，湖南之福也。

【译文】

涂朗仙被任命为湖南按察使。他本来就是有德之人，近来在才能方面也很优秀，这是湖南的福气啊。

八月初十日　　致澄侯、沅浦弟书

澄、沅弟左右：

余脚上浮肿，肥而且硬，常服之袜已不能入。心血极亏，全不能用。现定于十三日出省，至淮、徐、苏、常等处大阅。日内酬应纷繁，勉强支持。

【译文】

澄弟、沅弟左右：

我脚上的浮肿，又肥又硬，经常穿的袜子已经穿不进去了。心血太亏，完全不能用了。现定在十三日出省城，到淮安、徐州、苏州、常州等地方巡视阅兵。这几天应酬太多，打起精神勉强支持。

同乡及外省求差事者络绎不绝，已位置十余人，而向隅者尚多[1]。大抵老年之人，血虚则气断难振，兄近来所以日见日衰，志欲强而气血不能副者[2]，亦由血虚之故。

【注释】

①向隅：面对着屋子的一个角落。汉刘向《说苑·贵德》："今有满

堂饮酒者,有一人独索然向隅而泣,则一堂之人皆不乐矣。"后遂以比喻孤独失意或不得机遇而失望。

②副:相配,相称。

【译文】

同乡及外省来求差事的络绎不绝,已经安排了十来个,而没有得到机会的还很多。大概老年人,心血虚弱则精气神绝对难以振作,愚兄近来之所以看上去一天比一天衰朽,意志想要强壮但气血不能相配,也是因为心血太虚的缘故。

盐务之事,户部奏复之文助鄂、川而抑淮,轩轾之情①,力透纸背②。余两次在京,不善应酬,为群公所白眼;加以天津之案物议沸腾,以后大小事件,部中皆有意吹求③,微言讽刺④。陈由立遣发黑龙江⑤,过通州时,其妻京控⑥,亦言余讯办不公及欠渠薪水四千不发等语。以是余心绪不免悒悒⑦。阅历数十年,岂不知宦途有夷必有险,有兴必有衰?而当前有不能遽释者。但求不大干咎戾为宗族乡党之羞足矣。

【注释】

①轩轾(zhì):语出《诗经·小雅·六月》:"戎车既安,如轾如轩。"朱子《集传》:"轾,车之覆而前也。轩,车之却而后也。凡车从后视之如轾,从前视之如轩,然后适调也。"车前高后低叫"轩",前低后高叫"轾",引申为褒贬抑扬。

②力透纸背:语本唐颜真卿《张长史十二意笔法记》:"其用锋,常欲使其透过纸背,此功成之极矣。"亦用来形容诗文等作品深刻有力,形容写字、画画笔力遒劲。

③吹求：犹言吹毛求疵，谓刻意寻找毛病。宋苏辙《代李谏议谢二府启》："虽循省之无瑕，顾吹求之已密。"

④微言：隐微不显的言辞。

⑤陈由立：湘军将领，鲍超部将。官至总兵。因托故离营，同治元年（1862）被曾国藩秘陈参劾，发配黑龙江。

⑥京控：清代官民有冤屈，经地方最高级官署审判仍不能解决时，可赴京向都察院及步军统领衙门控诉，谓之"京控"。

⑦悒悒（yì）：忧郁、愁闷的样子。

【译文】

　　盐务的事情，户部上奏回复的文件支持湖北、四川而抑制淮盐，轻重褒贬的意思，充溢字里行间。我两次在京城，不善于应酬，遭朝中诸位官员白眼；加上处理天津教案之事，导致舆论沸腾，此后大小各种事件，朝廷各部都有意吹毛求疵，含骨头带刺地讽刺我。陈由立被发配黑龙江，过通州时，他妻子京控，也说我审讯办理不公，并提到欠他薪水四千两不发。我因此内心不免闷闷不乐。我阅历数十年，又怎么会不知道宦途有平坦就一定有凶险，有兴盛就一定有衰败的道理呢？但目前还是有些不能释怀。只希望不犯大错让宗族乡党蒙羞就够了。

　　内人目疾已久，脚疼未痊，余却平安，饭量比亦稍加①，真所谓"贞疾恒不死"矣②。

【注释】

①比：近来。

②贞疾恒不死：《易》之《豫》卦六五爻辞。意思是：守持正固防范疾病，必将长久康健不致丧亡。贞疾，犹言"守正防疾"。

【译文】

　　内人患眼病太久，脚疼尚未痊愈，其余的倒都平安，饭量近来也稍稍增加,真是所谓"贞疾恒不死"啊。

九月初十日　　致澄侯、沅浦弟书

澄、沅弟左右:

自八月十三日出门,至淮、扬等处,久未寄信,殊以为歉。而接弟等信三次,有筱澄侄八月十九生子喜报①,阅之不胜欢欣。兄之望甲三得子,与澄弟之望甲五得子,此其心之同,众人所共知者也。沅弟之与两兄同心,亦众所共知者也。今甲五上托祖宗之福,如愿而偿,将来甲三或亦相继而起。老年兄弟,心中只有此事要紧。贺贺!

【注释】

①筱澄侄:即曾国潢长子曾纪梁。曾纪梁,字筱澄,乳名甲五。

【译文】

澄弟、沅弟左右:

我自从八月十三日出门,到淮安、扬州等处,许久没有给两位弟弟寄信,实在很抱歉。接到弟弟们三次来信,里头有筱澄侄八月十九日生儿子的喜报,读后欢喜高兴得不行。愚兄盼望甲三得子,与澄弟盼望甲五得子,是同样的心情,这是大家都知道的。沅弟和两位兄长是同样的心情,也是大家都知道的。现在甲五上托祖宗的福泽,如愿以偿,将来甲三或许也接着会有这样的喜事。老年兄弟,心中只有这件事要紧。祝贺啊祝贺!

兄自八月十八至扬阅操三日①,廿二日起行;廿八日至清江阅操三日,九月初三起行;初七至徐州,已阅一日。日内身体小有不适,幸渐痊愈。即当南旋,至常、镇、苏、松等郡校阅,大约十月二十前后可以完竣。人客繁多,较之在署更为劳剧②。所幸江南今年丰熟,所过无颠连憔悴之状③,为之少慰。

【注释】

①阅操:检阅军事操练。

②劳剧:事物繁重。

③颠连:困顿不堪,困苦。宋张载《西铭》:"凡天下疲癃残疾,茕独鳏寡,皆吾兄弟之颠连而无告者也。"

【译文】

愚兄自八月十八日到扬州检阅军队操练三天,二十二日启程;二十八日到清江检阅军队操练三天,九月初三日启程;初七日到徐州,已经检阅军队操练一天了。近日身体小有不适,幸好渐渐痊愈。马上就要回南边,到常州、镇江、苏州、松江等州府巡视检阅,大约十月二十日前后可以全部巡视检阅完毕。需要接见的人员很多,比在省城衙门还要繁重劳累。幸运的是江南今年大丰收,所过之处的人们没有困苦憔悴的状况,内心为之稍觉安慰。

老年记性愈坏,精力益散,于文武贤否、军民利弊全无体察。在疆吏中最为懈弛①,则又为之大愧。

【注释】

①懈弛:懈怠,松弛。

【译文】

上了年纪，记性越来越坏，精力更加涣散，对属下文武官员是否贤良、军务民政方面的利弊全无体察。在封疆大吏中最懈怠松弛，甚觉惭愧。

闻法国于天津之事，总不输服，现已派轮船七八号前来中国搦战①，不知确否？果尔，则上海、江宁皆将震扰。久作达官，深虑蹈叶相末路之愆②。

【注释】

①搦（nuò）战：挑战。

②叶相：指前两广总督叶名琛。英、法联军以"亚罗号事件"处理不善为由，在广东动武，咸丰七年（1857）十一月攻陷广州，俘获两广总督叶名琛，挟持至印度加尔各答，咸丰九年（1859）卒。

【译文】

听说法国对于天津教案事件，总是不服输，现在已经派轮船七八只前来中国挑战，不知是否确实如此？果真这样，那么上海、江宁都会震荡惊扰。做了很长时间的达官，深深担忧会重蹈前两广总督叶名琛的覆辙。

少荃时望甚好，而为各灾所困，亦颇棘手。筱荃则身名交泰，无往不顺。

【译文】

少荃当下声望很好，但被各种灾情所困扰，也很棘手。筱荃则名望和处境都好，没有一件事不顺。

仕途巨细皆关时运,余持此说久矣。然亦只可言于仕宦。若家事亦虽有运,然以尽人事为主,不可言运也。何如何如?

【译文】

仕途大小事情,都和时运有关,我持这种见解很长时间了。但这也只能说仕宦这件事。至于家事,虽然也有运气好坏,但以尽人事为主,不可总说运气。是吧是吧?

十月二十三日　　致澄侯、沅浦弟书

澄、沅两弟左右:

屡接弟信,并阅弟给纪泽等谕帖①,具悉一切。兄以八月十三出省,十月十五日归署,在外匆匆,未得常寄函与弟,深以为歉。

【注释】

①谕帖:上级给下级的手令、告诫的文书,长辈对晚辈的手示或训辞。

【译文】

澄弟、沅弟左右:

连续接到弟弟们的来信,并且读过弟弟给纪泽儿的信,知道一切情况。为兄我在八月十三日出省城,十月十五日回到官署,在外匆忙,未能经常寄信给弟弟们,深表歉意。

小澄生子，岳松入学①，是家中近日可庆之事。沅弟夫妇病而速痊，亦属可慰。

【注释】

①入学：旧指生徒或童生经考试录取后进府、州、县学读书。

【译文】

小澄侄生儿子，岳松侄入学，是家里最近值得庆贺的事。沅弟夫妇患病很快痊愈，也令人欣慰。

吾见家中后辈体皆虚弱，读书不甚长进，曾以养生六事勖儿辈①：一曰饭后千步；一曰将睡洗脚；一曰胸无恼怒；一曰静坐有常时；一曰习射有常时；射足以习威仪，强筋力，子弟宜多习。一曰黎明吃白饭一碗，不沾点菜。此皆闻诸老人，累试豪无流弊者②，今亦望家中诸侄试行之。

【注释】

①勖（xù）：勉励。

②流弊：指某事引起的坏作用。也指相沿下来的弊端。

【译文】

我看到家里的后辈，身体都很虚弱，读书也没有多大长进，曾经以养生六大要事勉励子侄辈：一是饭后走一千步；一是睡觉前泡脚；一是胸中没有恼怒；一是在固定时间按时静坐；一是在固定时间按时练习射箭；射箭可以学习威仪，强筋壮骨，子侄们应多学习。一是黎明时分吃一碗白米饭，一口菜都不沾。这些我都是听老人说的，屡试不爽，没有一丝流弊，而今希望家里的子侄们尝试去做。

又曾以为学四字勖儿辈：一曰看生书宜求速，不多阅则太陋；一曰温旧书宜求熟，不背诵则易忘；一曰习字宜有恒，不善写则如身之无衣、山之无木；一曰作文宜苦思，不善作则如人之哑不能言、马之跛不能行。四者缺一不可。盖阅历一生而深知之深悔之者，今亦望家中诸侄力行之。

【译文】

我又曾经以治学四要事勉励家中后辈：一是看生书要力求快，读书不多就会孤陋寡闻；一是温习旧书要力求熟，不背诵就很容易遗忘；一是写字要能持之以恒，字写不好，便好比身上无衣穿，山上不生树；一是写文章要用心思考，不会写文章，就好比哑巴不能说话，马跛了不能跑。这四者缺一不可，这是我一生阅历才知道并自悔的，而今也希望家里的子侄们能努力去做。

养生与力学，二者兼营并进，则志强而身亦不弱，或是家中振兴之象。两弟如以为然，望常以此教诫子侄为要。

【译文】

养生与力学两件事，齐头并进，就一定能意志坚强并且身体也不虚弱，或者是家中振兴的迹象。两位弟弟如果认为我的话有道理，希望常以此教导训示家中子侄要紧。

兄在外两月有余，应酬极繁，眩晕、疝气等症幸未复发，脚肿亦愈。惟目蒙日甚，小便太数，衰老相逼，时势当然，无足异也。

【译文】

为兄在外两个多月，应酬太过繁忙，眩晕和疝气等毛病幸好没有复发，脚肿的毛病也好了。只是老眼昏花，一天比一天厉害，小便也太多，衰弱和年老逼人，是当然之理，不足为怪。

十一月初八日　致澄侯、沅浦弟书

澄弟、沅弟左右：

近接澄弟一信、沅弟二信，具悉一切。

【译文】

澄弟、沅弟左右：

近日接到澄弟一信、沅弟二信，知道一切情况。

兄自大阅归来，倏已兼旬①。身体尚好，眩晕、疝气、脚肿等症俱未复发，惟目蒙日甚，小便太多，无非以一"衰"字蔽之。

【注释】

①倏（shū）：疾速、快貌。兼旬：二十天。

【译文】

愚兄自大阅归来，很快就过了二十天。身体还好，眩晕、疝气、脚肿等病症都没有复发，只是眼睛发蒙一天比一天厉害，小便太多，一言以蔽之，无非是一个"衰"字。

刘毅斋亦已告归①。其欠饷五十余万，余已为之设法，约二年可以完清，渠甚以为感。盖寿卿固可敬②，毅斋又极可爱，宜沅弟屡函思所以扶植之也。

【注释】

①刘毅斋：刘锦棠（1844—1894），字毅斋，湖南湘乡人。父亲刘厚荣是湘军将领，与太平军作战而死。刘锦棠十五岁投入叔父刘松山所在湘军，随同叔父镇压太平军和捻军；同治九年（1870）刘松山死，代统其军，后官至甘肃、新疆巡抚。

②寿卿：刘松山，字寿卿。见前注。

【译文】

刘毅斋也已经告病还乡。他那边欠的五十多万军饷，我已经替他想办法，大约两年可以结清，他也很感激。因他叔叔刘寿卿本就可敬，刘毅斋本人又极可爱，怪不得沅弟屡次来信想要扶植他。

吾将以十一月廿二日迁新衙门。历年有菲仪寄家乡族戚，今年亦稍为点缀，乞弟即为分致。豪末之情，知无补于各家之万一。

【译文】

我将在十一月二十二日搬迁到新衙门。每年都有微薄的礼金寄给家乡族人亲戚，今年也稍稍作些点缀，恳求贤弟分头送往各家。微不足道的一点儿小心意，也知道对亲族各家起不到什么作用。

纪鸿拟以一子出嗣纪泽。余自十月半由苏、沪归来始闻其说，力赞成之。本月拟即写约告祖①，不作活动之语②。中和公出嗣添梓坪，因活动而生讼端，不如李少荃抚幼泉之子作呆笔耳③。

【注释】

①写约：立字据，写契约。

②活动：灵活，不固定。

③呆笔：确定之语，不容改易。

【译文】

纪鸿打算让一个儿子出嗣纪泽为后。余从十月十五日由苏州、上海归来才听到这个说法，极力赞成。本月就打算立字据告知先祖，不作灵活可改动的说辞。中和公出嗣添梓坪，因变动而导致争讼，不如李少荃抚养李幼泉的儿子当初就说好了。

筱荃至湖南查案，必于韫帅有碍。夔石既署抚篆①，藩席另放吴公②，则中台开缺已无疑义③。韫帅和平明慎，不知同乡京僚何以啧啧评贬？宦途信可畏哉！

【注释】

①夔石：王文韶（1830—1908），字夔石，号耕娱、庚虞，又号退圃，仁和（今浙江杭州）人。咸丰二年（1852）进士。权户部主事，同治间任湖南巡抚，光绪间权兵部侍郎，直军机，后任云贵总督，擢直隶总督兼北洋大臣，奏设北洋大学堂、山海关北洋铁路官学堂等，旋以户部尚书协办大学士，官至政务大臣、武英殿大学士。

②吴公：指吴元炳（？—1886），字子健，固始城关（今属河南）人。咸丰十年（1860）进士，从团练大臣毛昶熙回籍办团练。累功超

　　擢侍讲学士。署湖南布政使、擢湖北巡抚,调安徽,再调江苏。
　　署两江总督者三,兼署江苏学政者一。授漕运总督。调安徽巡
　　抚。同治十二年(1873),卒。

③中台:此指湖南巡抚刘崐。汉代以来,以"三台"当"三公"之位,
　　"中台"比"司徒"或"司空",后遂成为"司徒"或"司空"的代称。

【译文】

　　李筱荃到湖南查案子,对刘韫斋大帅一定会有妨碍。王夔石既已
署理巡抚一职,按察使一职另派吴公上任,那中台辞去巡抚一职已经毫
无疑义。韫帅性情和平为人明白谨慎,不晓得同乡京官何以要对他多
有批评和贬责? 宦途实在是令人生畏啊!

十一月十七日　　致澄侯、沅浦弟书

澄、沅弟左右:

　　余身体觕健①,眩晕、疝气诸症未发,脚肿因穿洋袜而
消,幸未再发。惟眼蒙日甚,无术挽回。请医诊视,云:"两
尺脉甚虚②,然尚可以补救。惟目疾难治。"近世亦无精于眼
科者,不如不治为上策。

【注释】

①觕(cū)健:健壮。觕,同"粗"。

②尺脉:中医切脉部位名。手掌后桡骨高处下为寸;寸下一指处为
　　关;关下一指处为尺。

【译文】

澄弟、沅弟左右:

　　我身体康健,眩晕、疝气等病症都没发,脚肿因为穿洋袜而消肿,很

幸运地没有再发作。只是眼睛日益昏蒙，没有办法挽回。请医生诊视，医生说："两边尺脉很虚，但还可以补救。只是眼病难治。"近世也没有精于眼科的医生，还不如以不治为上策。

署中大小平安。本月廿二日移居新衙门，屋多人少，殊觉空旷。

【译文】

官署中大小平安。本月二十二日搬到新衙门住，房间多而人口少，觉得太过空旷。

聂宅世兄尚无来江之信①。

【注释】

①聂宅世兄：指聂亦峰之子聂缉椝（字仲芳）。后为曾国藩小女曾纪芬之婿。

【译文】

聂家公子还没有来金陵的消息。

刘、王二公急欲借洋饷六十万①。余前复信虽已允许，而仍多"筹商为难"之辞，不知辒帅接到后如何定计？新任上海沈道月内必来敝处②，当再与熟商之。湘省督销局入款，分拨甘省淮军，留湘用者无几，能还此巨款否？

【注释】

①刘、王二公：指前、后任湖南巡抚的刘崐、王文韶。洋饷：洋货

厘金。

②上海沈道：指上海道台沈秉成。沈秉成（1823—1895），字仲复。咸丰六年（1856）进士。授编修。迁侍讲，充武英殿总纂、文渊阁校理等，升苏松太道，河南、四川按察使，广西、安徽巡抚，任两江总督等要职，有政声。在皖时，曾创办经古书院，"以课经史实学"。工诗文书法，精鉴赏，收藏金石鼎彝、法书名画，美富一时。

【译文】

刘、王二公急切想借洋饷六十万。我此前复信虽然已经允许，但仍多"筹商为难"之类的言辞，不晓得韫帅接到信后如何商定计策？新任上海道台沈君月内一定会来我这里，还会再和他仔细商量。湖南省督销局的入款，分拨给在甘肃省的淮军，留给湖南本地使用的没剩多少，能还得上这笔巨款么？

李筱帅查办之案已就绪否？韫帅无大处分否？宦途险巇①，在官一日，即一日在风波之中，能妥帖登岸者，实不易易。如韫帅之和厚中正，以为可免于险难；不谓人言藉藉②，莫测所由，遽至于此。

【注释】

①险巇（xī）：崎岖险恶。

②藉藉：众多而杂乱的样子。

【译文】

李筱泉帅查办的案子已经有头绪了么？韫帅没有什么大处分吧？宦途凶险，做一天官，就有一天在风波之中，能平稳到达彼岸，实不容易。像韫帅这样平和厚道又中正，本以为可免于险难；没想到议论纷纷，不知道是从哪里来的，一下子就到了这里。

李申夫回籍后，光景甚窘。今年托兄追索浙江运使任内养廉，杨石泉慨然许给三千七百余金①，亦小可慰也。

【注释】

①杨石泉：杨昌濬（1825—1897），字石泉，号镜涵，别号壶天老人，湖南湘乡人。罗泽南弟子。湘军名将。太平军兴起之初，追随左宗棠、曾国藩等创办湘军团练出身。咸丰十年（1860），左宗棠帮办两江军务，杨昌濬应招复出，屡立战功，任知县加同知、衢州知府、浙江储运道、浙江布政使、浙江巡抚等职。因错批"葛毕氏谋害亲夫"案被革职。光绪四年（1878），左宗棠督办新疆军务，杨昌濬在帮办军务中再次崛起。先后担任甘肃布政使、署理陕甘总督、漕运总督、闽浙总督兼福建巡抚、陕甘总督兼甘肃巡抚、兵部尚书等职。封太子太保。光绪二十三年（1897），在湖南长沙病逝，诰赠太子太傅。

【译文】

李申夫回原籍后，生活状况很窘迫。今年托愚兄我追要浙江运使任内的养廉银，杨石泉慨然应允支付三千七百多两银子，也可以小小安慰一下了。

中华经典名著
全本全注全译丛书
（已出书目）